월드 풋볼
스카우팅 리포트
2023-24
유럽 5대 리그

Column 01 | 손흥민 – 역경을 넘어 건재함을 과시하라 · 004
Column 02 | 김민재 – 마라도나의 왕국에서 베켄바워의 본고장으로 · 010
Column 03 | 이강인 – 이제 세계적 미드필더로 올라설 시간 · 016
Column 04 | 꿈 이룬 'GOAT' 메시, 이젠 유럽 무대와 작별 · 022
Column 05 | '현재이자 미래' 새로운 라이벌 음바페 VS 홀란 · 028

플레이어 랭킹 & 스카우팅 리포트

공격형 미드필더 ATTACKING MF & WINGERS · 036

센터 포워드 CENTER FORWARDS · 082

중앙 미드필더 MIDFIELDERS · 106

풀백 FULL BACKS & WING BACKS · 142

센터백 CENTER BACKS · 176

골키퍼 GOAL KEEPERS · 210

잉글랜드 프리미어리그 · 228

맨체스터 시티 FC / 아스날 FC / 맨체스터 유나이티드 FC / 뉴캐슬 유나이티드 FC / 리버풀 FC / 브라이튼&호브 알비온 FC / 아스톤 빌라 FC / 토트넘 핫스퍼 FC / 브렌포드 FC / 풀럼 FC / 크리스털 팰리스 FC / 첼시 FC / 울버햄튼 원더러스 FC / 웨스트햄 유나이티드 FC / AFC 본머스 / 노팅엄 포리스트 FC / 에버튼 FC / 번리 FC / 셰필드 유나이티드 FC / 루턴 타운 FC

CONTENTS

스페인 라리가 ·276

FC 바르셀로나 / 레알 마드리드 CF / 아틀레티코 마드리드 / 레알 소시에다드 / 비야레알 CF / 레알 베티스 발롬피에 / CA 오사수나 / 아슬레틱 빌바오 / RCD 마요르카 / 히로나 FC / 라요 바예카노 / 세비야 FC / RC 셀타 비고 / 카디스 CF / 헤타페 CF / 발렌시아 CF / UD 알메리아 / 그라나다 CF / UD 라스 팔마스 / 데포르티보 알라베스

독일 분데스리가 ·322

FC 바이에른 뮌헨 / 보루시아 도르트문트 / RB 라이프치히 / FC 우니온 베를린 / SC 프라이부르크 / 바이에르 레버쿠젠 / 아인트라흐트 프랑크푸르트 / VfL 볼프스부르크 / FSV 마인츠 05 / 보루시아 묀헨글라트바흐 / FC 쾰른 / TSG 1899 호펜하임 / SV 베르더 브레멘 / VfL 보훔 / FC 아우크스부르크 / VfB 슈투트가르트 / FC 하이덴하임 / SV 다름슈타트 98

이탈리아 세리에 A ·364

SSC 나폴리 / SS 라치오 / 인테르 밀란 / AC 밀란 / 아탈란타 BC / AS 로마 / 유벤투스 FC / ACF 피오렌티나 / 볼로냐 FC 1909 / 토리노 FC / AC 몬차 / 우디네세 칼초 / US 사수올로 칼초 / 엠폴리 FC / US 살레르니타나 1919 / US 레체 / 엘라스 베로나 FC / 프로시노네 칼초 / 제노아 CFC / 칼리아리 칼초

프랑스 리그1 ·410

파리 생제르맹 FC / RC 랑스 / 올랭피크 마르세유 / 스타드 렌 FC / 릴 OSC / AS 모나코 FC / 올랭피크 리옹 / 클레어몽 풋 / OGC 니스 / FC 로리앙 / 스타드 렝 / 몽펠리에 HSC / 툴루즈 FC / 스타드 브레스트 / RC 스트라스부르 / FC 낭트 / 르아브르 AC / FC 메스

손흥민
— 역경을 넘어 건재함을 과시하라

한준희 | 대한축구협회 부회장 & 쿠팡플레이 축구 해설위원

다시 한 번 프리미어리그

만약 누군가 10여 년 전쯤 "머지않아 대한민국의 축구선수가 유럽 최고 레벨의 프로축구 리그에서 득점왕에 오를 것"이라 예측했다면, 그는 현실성 제로인 헛소리를 내뱉었다는 핀잔을 들었을 공산이 크다. 그런데 그 일이 실제로 일어났다. 이 불가능에 가까운 위업을 이룩했던 이가 바로 손흥민이다.

손흥민은 2021-22시즌 잉글랜드 프리미어리그 득점왕에 오르며 세계를 놀라게 했다. 물론 그가 유럽축구에 진출한 이래 꾸준히 쌓아올렸던 실적과 퍼포먼스를 고려하면 득점왕 등극이 아주 이상한 일은 아니지만, 몸값 비싼 공격수들이 즐비한 프리미어리그에서 그가 실제로 득점 순위표 꼭대기에 올라가리라 예상했던 이는 거의 없었다. 당장 같은 팀에도 해리 케인이라는 더 많은 골을 넣을 법한 공격수가 존재한다는 사실을 떠올리면 알기 쉽다. 그러나 이러한 모든 예상을 뛰어넘어 손흥민은 마침내 득점왕이 됐고, 심지어 페널티킥 골 하나 없이 이것을 이뤄냈

손흥민은 페널티킥 없이 득점왕이 됐다.

다. 소속팀 토트넘 또한 손흥민의 환상적인 득점 레이스에 힘입어 간발의 차로 '런던 라이벌' 아스날을 따돌리고 UEFA 챔피언스리그 진출권을 따내기에 이르렀으니, 그 감동과 드라마틱함이 배가될 수밖에 없었다.

이러한 시즌을 보냈기에 2022-23시즌을 맞이하는 기대치는 높을 수밖에 없었다. 그러나 첨예한 경쟁과 흥망성쇠가 반복되는 유럽축구의 세계는 언제나 그렇듯 그리 녹록지 않으며, 예상을 벗어나는 결과가 비일비재하게 펼쳐지곤 한다. 당초의 기대와는 달리, 손흥민과 토트넘에게는 근래 유례없을 정도의 고난의 시즌이 기다리고 있었던 것이다.

시즌 종료 후에야 밝혀진 일이지만 스포츠탈장이 8~9개월 동안이나 손흥민을 괴롭혔다. 그는 이로 인해 평상시 퍼포먼스의 60%밖에 해낼 수 없었다고 토로했다. 득점왕에 올랐을 당시와 거리가 멀어진 손흥민의 폼도 충분히 설명이 되는 셈이다. 엎친 데 덮친 격으로 작년 11월1일 손흥민은 마르세이유와의 챔피언스리그 조별리그 최종전에서 안와골절 부상을 입기까지 했다. 그는 3주 만에 보호마스크를 착용하고 월드컵 본선 첫 경기부터 그라운드에 복귀했지만, 한 동안 또 다른 불편함을 감수할 수밖에 없었다.

손흥민 개인의 폼도 떨어질 수밖에 없는 상황이었지만, 토트넘 전체의 팀 퍼포먼스에도 심각한 문제가 발생했다. 전반적으로 안토니오 콘테 감독의 판단에 실망감을 자아낼 수밖에 없었던 시즌임이 분명하다. 우선, 작년 여름 프리시즌부터 시행해온 강도 높은 체력 훈련이 그리 바람직하지 않았다는 생각이다. 카타르월드컵이 도중에 펼쳐지는 까닭에 초반부터 일정 자체가 매우 타이트하게 진행되는 시즌임을 고려하지 못했다. 과밀한 초반 일정 속에서 체력 훈련의 여파는 오히려 토트넘 선수들의 역동성과 활발함을 저하시키고 있었다.

야심차게 영입한 선수들을 기존 선수들과 조화시켜 팀 역량의 극대화를 꾀하는 전술적 복안도 매우 부족했는데, 히샬리송과 이반 페리시치가 대표적이다. 거액의 이적료를 쏟아 부었던 히샬리송의 리그 득점은 단 1골이었고 모든 대회 통틀어서도 3골을 넣는데 그쳤다. 부상과 불운이 있었다 하더라도 이는 충격적인 결과다. 히샬리송 개인에게도 문제가 있었으나 그가 케인, 손흥민과 더불어 뛸 적에 100% 위력을 발휘할 선수인지에 관한 전술적 확신이 있었는지는 다소간 의문이다. '클래스 높은 양발'로 기대됐던 페리시치 역시 당초의 기대치와는 거리가 있었다. 페리시치의 경우 시즌 내내 부진했다고까지 하기는 어렵지만, 적어도 팬들이 기대했던 손흥민과의 시너지는 찾아보기 어려웠다. 측면공격수를 방불케 하는 위치까지 올라가 반대편으로 크로스를 날리는 페리시치의 플레이는 손흥민과 조화를 이루지 못했다. 페리시치의 위치가 높을수록 손흥민의 위치는 낮아졌고 이는 손흥민에게 수비 부담만 가중시킬 뿐이

었다. 물론 손흥민 자신의 폼이 떨어졌던 시즌이기에 모든 책임을 페리시치에게 돌리는 것은 지나친 면이 있다. 그럼에도 콘테 감독의 근본적 계획이 영리했는지, 그리고 전술적 문제가 발생했을 적에 감독이 이를 합리적으로 해결했는지를 묻는다면 대답은 "아니오"일 수밖에 없다. 결국 콘테는 3월26일 토트넘과 등을 졌다.

시즌 내내 불안했던 토트넘의 수비도 팀 전체를 더욱 수렁에 빠뜨렸다. 토트넘이 지난 시즌 기록한 63실점은 리그 전체에서 나쁜 쪽으로 6위에 해당하는 충격적 결과다. 토트넘보다 많은 실점을 기록한 팀은 강등의 운명을 맞이한 세 클럽과 노팅엄 포리스트, 본머스가 전부일 정도이니 토트넘 수비의 심각성을 쉽사리 알 수 있다. 이 정도로 후방 수비가 불안하다면, 이는 손흥민 같은 측면공격수에게도 영향이 가지 않을 수 없다.

이렇듯 손흥민의 지난 시즌은 무수한 고난으로 점철됐다 해도 과언이 아니다. 그러나 이 모든 사실들을 고려할 때, 손흥민이 남긴 결과물은 최악이라 보기는 어렵다. 지난 시즌 그는 아시아 선수 최초로 프리미어리그 100골 고지를 돌파했고, 7시즌 연속 리그 10골 이상 득점에도 성공했다. 다른 대회들까지 도합 14골 6도움이라는 성적을 기록했으며, 토트넘 통산 득점도 145골로 늘어나 유서 깊은 토트넘에서 역대 6위 득점자에 이름을 올렸다. 케인(280골)과 지미 그리브스(268골), 보비 스미스(208골), 마틴 치버스(174골), 클리프 존스(159골)만이 손흥민보다 위에 있다. 또한 손흥민의 유럽무대 통산 득점도 194골이 됐는데, 바야흐로 기념비적인 200골 고지가 얼마 남지 않은 상황이다. 손흥민은 여전히 세계에서 가장 지명도 높은 아시아의 슈퍼스타다.

물론 손흥민에게도 다가오는 2023-24시즌은 매우 중요한 의미를 지닐 것이다. 30줄을 넘긴 연령 및 탈장 수술을 받은 점 등을 고려할 적에, 손흥민의 다음 시즌 퍼포먼스는 더욱 주목의 대상이 될 공산이 큰 까닭이다. 만약 직전 시즌 이하의 퍼포먼스가 나온다면, '하락세를 타는 선수'라는 인상이 짙어지게 된다. 반면, 여기서 성공적으로 반등한다면 "클래스는 영원하다"는 평가가 뒤따를 것이고 연령에 관계없이 가치 있는 선수로 대접받게 된다. 그의 성실성과 긍정적 마인드가 후자의 길을 이끌 것으로 기대한다.

한편 몇 개월 후 손흥민은 어쩌면 자신의 커리어 마지막으로 메이저 국가대항전 우승컵을 들어 올릴 수 있는 소중한 기회를 맞이하게 될 것인데, 바로 카타르에서 벌어질 AFC 아시안컵이다. 우리나라에서 개최됐던 1960년 대회 이후 한 차례도 우승을 거머쥐지 못한 대한민국이기에, 이번 대회는 손흥민 개인뿐 아니라 우리 축구 역사에서 차지하는 의미가 매우 크다. 대한민국 대표 팀의 새로운 수장 위르겐 클린스만 감독 또한 취임 당시부터 이번 아시안컵 우승을 목표로 하겠다는 포부를 누차 밝힌 바 있어, 대한민국으로서는 총력을 기울이는 대회가 될 수밖에 없다.

클린스만 감독은 부임 초기 3월 두 차례 평가전들을 통해 손흥민에게 중

앙에서 자유롭게 움직이며 공격적인 플레이에 집중하는 역할을 부여한
바 있다. 황의조, 조규성, 오현규 가운데 한 명과 더불어 손흥민을 중앙
에 기용하면서 손흥민의 다양하고도 위력적인 움직임을 극대화시키고
자 하는 바람이다. 이 역할을 맡은 손흥민은 매우 활발한 플레이로써
감독의 기대에 부응했다. 이러한 전략은 손흥민의 탈장 수술 여파로
인해 6월 평가전들에서는 시도되기 어려웠으나, 손흥민의 컨디션이 정
상이라면 클린스만 감독은 아시아 팀들과의 대결에서 다시금 이 카드를
꺼낼 확률이 높아 보인다. 이 경우 왼쪽에는 황희찬, 이재성 등이 있고
오른쪽에는 이강인이 나서게 될 것이다. 6월 평가전들에서 클린스만 감
독이 이강인을 줄곧 오른쪽으로 기용한 것도 근본적으로 손흥민의 '중앙
프리 롤'을 염두에 두고 있기에 그리 했다는 생각이다.

손흥민이 다가오는 아시안컵에서 대한민국
축구의 오랜 염원을 이루는 선봉장이
될까? 그리고 그가 다시 한 번 프리
미어리그 정상 대열의 공격수로
반등할까? 이 중요한 질문들
에 대한 대답을 목격할 시
간도 이제 얼마 남지 않
았다.

김민재
– 마라도나의 왕국에서 베켄바워의 본고장으로

한준희 | 대한축구협회 부회장 & 쿠팡플레이 축구 해설위원

지금껏 적지 않은 수의 이른바 '유럽파' 대한민국 축구선수들이 존재했다. 그 가운데에서도 20세기 아시아 축구의 영웅 차범근, 오늘날 아시아 축구의 간판 손흥민과 같은 유럽 정상 레벨의 공격수들이 믿을 수 없는 수준의 활약을 펼쳐보였다. 그러나 김민재라는 존재는 대한민국 축구 역사에 또 다른 특별한 의미로 다가온다. 다름 아닌 그가 활약하는 포지션이 '중앙수비수'인 까닭이다.

짧지 않은 세월에 걸쳐 우리 중앙수비수들은 다른 포지션에 비해 유럽축구 무대에 진출하기가 매우 힘들었다. 상대적으로 측면수비수들의 경우에는 유럽 리그를 밟았던 선수들이 꽤 있었다. 최성용, 이영표, 차두리, 송종국, 현영민, 김동진, 박주호, 윤석영, 김진수 등이 바로 그러한 케이스들이다. 각각이 얼마나 성공적이었느냐의 문제를 차치하고, 일단 유럽의 클럽들이 대한민국 측면수비수들에게는 어느 정도 관심을 지녀왔다는 것이다.

반면, 우리 중앙수비수들에게 유럽은 틀림없이 높은 벽이었다. 2001-02시즌 아인트라흐트 프랑크푸르트 소속으로 분데스리가 2부에서 뛴 심재원, 그리고 2013-14시즌부터 세 시즌에 걸쳐 분데스리가 아우크스부르크에서 활약한 홍정호 정도가 김민재보다 먼저 유럽에서 플레이한 중앙수비수로 떠오르는 이름들이다. 루마니아 리그에서 활약한 박재홍처럼 중소리그에서 뛴 사례들도 더러 존재하지만, 결국 유럽 최상위권 리그의 중앙수비수는 홍정호 한 명 정도에 불과했다. 물론 축구의 본고장과는 거리가 멀더라도 1980년대 초 북미축구리그(NASL)에 진출했던 레전드 수비수 조영증은 추가로 언급될 필요가 있다. 북미축구리그는 한때 펠레, 카를로스 알베르투, 요한 크루이프, 프란츠 베켄바워, 조지 베스트, 보비 무어, 에우제비우, 게르트 뮐러, 테오필로 쿠비야스, 조르지오 키날리아 등이 존재했던 곳이다.

조영증, 홍정호처럼 우리 축구 역사에 뛰어난 중앙수비수들이 없었던 것은 결코 아니다. 특히 홍명보와 같이 월드컵에서까지 맹활약한 '리베로' 스타일의 대선수가 유럽을 경험하지 못했던 것이 못내 아쉽다. 그러나 전반적으로 대한민국 중앙수비수들이 유럽에 입성하기에는 유럽 클럽들에 어필할 만한 매력 포인트가 부족했던 것 또한 사실이다. 체격조

건이나 파워, 속도, 기본기 등의 측면에서 그러했다. 상대적으로 측면수비수들의 경우에는 그 역할에 적합한 속도와 재간, 성실성을 나름 인정받았다고 볼 수 있다.

하지만 김민재는 어린 시절부터 옛 선배들과는 궤를 달리 하는 특성들을 지니고 있었다. 유럽 기준으로도 전혀 손색없는 신체조건 및 제공권 경합 능력, 중앙수비수로서 매우 빠른 스피드, 볼 다루는 기본기와 전진 능력, 패스 능력까지 두루 겸비한 그는 이른바 '육각형 수비수'로 불려왔다. 대한민국 중앙수비수 역사를 통틀어 괄목할 만큼 약점이 거의 없는 '완전체' 유형이라는 이야기다.

K리그와 대한민국 국가대표 팀에서 자신의 능력을 확고하게 증명해온 김민재는 2021-22시즌 튀르키예 명문 페네르바체에 입성하자마자 유럽이 전혀 낯설지 않은 선수처럼 맹활약을 펼쳤다. 요즈음에 이르기까지 김민재를 그리워하는 페네르바체 팬들이 존재할 정도이니, 김민재가 한 시즌 동안 남긴 인상과 공헌도가 어느 정도였는지를 능히 짐작케 한다. 하지만 이러한 김민재도 지난 시즌 세리에A의 강호 나폴리에 입성할 적에는 그의 성공가능성에 물음표가 붙기도 했다. 근본적으로 튀르키예 리그보다 한 수 위의 경쟁력을 지닌 무대임에 틀림없는데다 김민재의 역할이 나폴리의 영웅이던 칼리두 쿨리발리의 공백을 메우는 것이었기 때문이다.

하지만 김민재는 쿨리발리의 공백을 메우는 것을 넘어 쿨리발리의 '업그레이드 버전'처럼 플레이했다. 김민재의 빠른 스피드와 넓은 커버 범위는 공격적인 스타일의 나폴리로 하여금 안심하고 높은 라인을 형성해 상대를 몰아붙일 수 있게끔 했다. 또한 과감하게 올라가는 김민재의 전진 능력이 공간 싸움과 숫자 싸움에 있어 나폴리가 우위를 점할 수 있도록 했고, 그가 공급하는 후방으로부터의 롱패스는 나폴리의 역습 및 방향 전환에 있어 결정적 역할을 담당하곤 했다. 제공권 싸움과 득점 가담에 이르기까지 시즌 내내 탁월했던 김민재의 활약에다 흐비차 크바라츠켈리아, 빅터 오시멘 등의 위력이 결합되며 나폴리는 디에고 마라도나 이후 처음으로 33년만에 세리에A를 제패하는 쾌거를 이룩한다. 마라도나의 숨결이 아직도 흐르고 있는 도시 나폴리는 실로 오랜만에 감동과 환희의 물결로 휩싸였다. 세리에A 시즌 최고의 수비수는 단연 김민재였다.

상황이 이러할진대, 김민재는 다시 한 시즌 만에 나폴리를 떠날 것이 곧

기정사실화됐고 그의 영입에 유럽 유수의 거함, 명문들이 뛰어들었다. 김민재의 행선지로 빈번하게 예상됐던 곳은 맨체스터 유나이티드였으나, 독일 축구의 영원한 챔피언 바이에른 뮌헨이 신속, 화끈하게 영입전에 가세하면서 분위기는 급격하게 바이에른 쪽으로 기울었다. 11년 연속 분데스리가 우승이라는 믿기 어려운 행보에다 챔피언스리그에서도 언제나 강력 우승후보들 중 하나로 꼽히는 축구사의 거함 바이에른은 김민재의 입장에서도 거부하기 어려운 매력으로 다가왔을 것이다. 게다가 바이에른은 다름 아닌 '축구사 역대 최고 수비수' 베켄바워를 배출한 곳이기도 하다.

이 글을 쓰는 현재 바이에른에서는 루카스 에르난데스의 파리 생제르맹 행이 확실시되고 있으며, 뱅자맹 파바르 또한 팀을 떠날 것으로 예상되고 있다. 또, 바이에른은 지난 시즌 챔피언스리그 탈락의 원흉으로 비판의 도마 위에 올랐던 다요 우파메카노의 '큰 경기 울렁증'을 우려하고 있는 상태다. 따라서 김민재는 바이에른 뮌헨의 수비진 개편에 있어 핵심적인 자원으로 대두되고 있으며, 이는 김민재 영입을 위해 투입하는 바

이아웃 및 연봉 규모를 고려하더라도 매우 자연스러운 관측이다. 또한 김민재의 영입은 향후 토마스 투헬 감독이 4백과 3백을 자유롭게 오갈 수 있도록 하는 기반으로 작동할 수도 있다.

근본적으로 바이에른 뮌헨은 나폴리보다 더 공격적이면 공격적이지 덜 하지 않은 팀이다. 언제나 상대 진영에서 플레이하는 것을 즐긴다. 결국 필연적으로 나폴리보다도 넓은 배후 공간 위험을 감수하면서 경기를 치르는 팀이라는 이야기다. 바이에른은 나폴리에서 김민재가 이 넓은 공간을 능수능란하게 커버하는 모습을 지켜보았을 것이고, 바로 이 부분이 김민재의 영입을 결정한 가장 핵심적인 요인이라 해도 과언이 아닐 법하다. 또한 바이에른은 왼쪽 측면에 알폰소 데이비스, 그리고 새로 영입한 하파엘 게레이루 같은 매우 공격적인 자원들을 윙백으로 지니고 있는데, 이는 나폴리의 왼쪽 윙백 마리우 후이가 대단히 공격적인 성향이었던 것과 동일하다. 나폴리에서 김민재는 왼쪽 센터백을 담당하며 후이가 치고 나간 공간을 메워주는 플레이에도 매우 능숙했다. 이쯤 되면 여러 가지 측면에서 나폴리와 유사한 구조를 지닌 바이에른이 김민재에

거액을 투자하는 것도 결코 이상한 일이 아님을 감지할 수 있을 것이다.

물론 김민재에게도 바이에른 뮌헨은 나폴리와는 또 다른 거대한 도전이 아닐 수 없다. 나폴리가 마라도나의 영광을 33년만에 재현한 것과는 달리, 바이에른은 리그 우승을 '기본값'으로 여기는 팀이며 언제나 그들의 목표에는 챔피언스리그 정상이 있다. 따라서 김민재가 떠맡아야할 책무와 퍼포먼스의 기대치는 나폴리에 비해 더욱 무겁다 해야 할 것이다. 또한 경쟁에 있어서도 백업 수비수가 약했던 나폴리와는 판이하게 김민재는 경우에 따라 현란한 발재간의 우파메카노, 혹은 추가 영입될 다른 수비수와 경쟁 체제에 돌입하게 될 수도 있다. 이는 분명 세계 최정상급 전통과 네임밸류를 지닌 클럽으로 이적함에 있어 감수해야만 하는 부분이다.

대한민국 대표 팀에서도 마찬가지다. 손흥민, 이강인 등과 더불어 김민재 역시 아시안컵에서 큰 몫을 맡아줘야 한다. 특히 아시안컵에서는 우리가 대부분 상대에게 라인을 끌어올리고 주도적인 경기를 펼치는 시간

이 길어진다. 이 경우에도 김민재는 나폴리, 바이에른에서와 유사하게 후방을 든든하게 책임지는 한편, 종종 공격적으로도 기여할 필요가 있다. '아시아 역대 최고 수비수'의 위상을 향해 달려가는 김민재가 최정상의 클럽과 국가대표 팀에서 어떠한 퍼포먼스를 펼치게 될지를 지켜보는 것도 대단히 흥미로울 것이다.

약점이 거의 없는 '완전체' 유형이라는 이야기다.

이강인
─ 이제 세계적
미드필더로
올라설 시간

한준희 | 대한축구협회 부회장 & 쿠팡플레이 축구 해설위원

이 땅의 축구가 매우 미미하던 시절, 차범근은 혈혈단신 분데스리가로 건너가 10년의 세월 동안 유럽 전역이 존중하는 공격수로 맹활약했다. 그는 아시아 축구의 원조 영웅이자 대한민국이 낳은 자랑스러운 '갈색 폭격기'였다. 2002 한일월드컵이 배출한 스타 박지성은 자타가 공인하는 '하드 워커'이자 '전술적 지능'이 탁월한 선수로서 거함 맨체스터 유나이티드에서 꼭 필요한 존재가 됐다. 그로 인해 수많은 후배들이 유럽축구 무대를 꿈꾸게 됐음은 물론이다. 그리고 마침내 손흥민이 나타났다. 손흥민은 분데스리가와 프리미어리그, 챔피언스리그를 가리지 않고 공포의 양발을 과시하며 유럽 200골 고지를 눈앞에 두고 있다. 한 마디로 '손세이셔널'이다.

이들의 뒤를 이을 대한민국의 축구 재능은 누구일까? 적어도 공격적인 차원에서 첫 손꼽힐 주인공이 이강인이라는 것에 이의를 제기하기란 어렵다. 이강인에게는 우리 축구를 이끌어온 앞선 세대의 스타들과는 다른 유형의 독창성이 존재한다. 그는 이른바 '마에스트로 계열의 천재'다. '마에스트로'란 오케스트라의 지휘자처럼 그라운드 전체에 영향력을 행사하며 팀을 컨트롤하는 높은 수준의 선수를 일컫는다. 요한 크루이프, 미셸 플라티니, 지네딘 지단, 안드레아 피를로, 루카 모드리치 같은 유형들이 이에 해당할 것이다. 천재성의 크기에 있어서도 이강인은 괄목할 만하다. 대한민국 축구 역사에서 천재 소리를 들은 선수들은 예전에도 존재했지만, 그들이 이강인 수준의 진짜배기 창의성을 지녔었는지는 의문의 여지가 있다.

이강인의 비범함은 리얼리티 예능 '날아라 슛돌이' 시절부터 세상에 드러나기 시작했다. 그때부터 그는 몇 살 많은 형들을 제압하는 재능을 지니고 있었고 월반을 식은 죽 먹기처럼 했다. 어린이임에도 불구하고 고

난도 기술을 실전에서 구사함에 있어 어려움이 없었다. 어쩌면 지금 이강인이 보여주는 다양한 테크닉은 '숏돌이' 시절부터 장착된 것들이라 해도 좋을 정도다. 골든볼을 수상한 2019 U20 월드컵이야말로 그러한 재능의 첫 번째 증명 무대였다.

하지만 그럼에도 이강인의 프로 커리어는 순조로운 출발과는 거리가 멀었다. 오랜 세월 그를 키워낸 발렌시아는 비합리적 운영과 내부 갈등으로 얼룩지고 있던 클럽이었고, 결국에는 이 유망주를 이적료 한 푼 없이 마요르카로 넘겨주는 '역대급 오판'을 저지르고 만다. 이강인에게는 상처로 남을 법한 순간이었지만, 이는 얼마 지나지 않아 필연적인 반전의 계기가 된다.

마요르카에서의 첫 시즌 이강인의 팀 내 위상은 여전히 만족스럽지 않았지만, '소방수'로 부임했던 하비에르 아기레 감독이 새로운 시즌을 준비하는 과정에서부터 급격한 변화가 찾아온다. 아기레 감독은 위급했던 시즌 말미에는 이강인을 활용하지 않았으나, 자신의 새로운 풀 시즌을 맞이해서는 이강인의 재능이 팀의 중심이 될 수 있음을 정확히 간파했다.

2022-23시즌, 마침내 감독의 신임을 받는 플레이메이커로 올라선 이강인은 여러 포지션을 두루 소화하며 스페인 리그 정상급의 테크니션으로 떠오른다. 매우 비좁은 공간에서도 유려한 발재간으로 볼을 지켜내는 것은 물론, 유럽 전체에서도 손꼽힐 만큼 빼어난 드리블 역량을 과시했을 뿐 아니라, 장신 공격수 베다트 무리치를 향해 정교한 패스들을 공급했다. 이에 더하여, 과거에 지적되곤 했던 수비력, 피지컬 등의 측면에 있어서도 이제는 도무지 약점이라 할 수 없을 정도로 향상된 모습을 선보였다. 이강인이 천재성에만 머무르지 않고 자신의 문제점을 보완하기 위한 노력을 경주해왔음을 알 수 있는 대목이다.

지난 시즌 퍼포먼스에 비추어 만약 이강인이 유럽이나 남미 출신 선수였다면, 또 마요르카보다 좀 더 큰 클럽에서 활약했다면, 아마도 유럽 전역을 강타하는 센세이션이 일어났으리라 필자는 확신한다. 매우 냉정한 시각에서, 이강인의 지난 시즌 활약상은 스페인 무대의 어떠한 미드필더와 비교해도 뒤지는 수준이 아니기에 그러하다. 퍼포먼스 대비 주목도에는 약간 아쉬움이 있더라도, 바야흐로 이강인은 작은 클럽 마요르카가 계속 보유하기 어려운 선수로 우뚝 섰다. 자연스레 스페인의 강호 아틀레티코 마드리드를 비롯해 잉글랜드 프리미어리그의 여러 클럽들이 그의 행선지 후보로 떠오르기에 이른다.

영입 전쟁에서 앞서가는 것으로 여겨진 클럽은 아틀레티코 마드리드였다. 그러나 아틀레티코가 마요르카의 요구 조건을 선뜻 충족시키지 못하는 인상을 풍기고 있던 와중에, 프랑스의 지존 파리 생제르맹이 적극적으로 이강인 영입에 뛰어들면서 이강인의 파리 행은 급물살을 타게 된다. 카타르 자본으로 무장한 파리 생제르맹은 마요르카의 요구를 들어주는데 문제가 없으며, 이강인 본인도 유럽축구의 '럭셔리 강호' 파리 생제르맹에 끌리지 않을 이유가 없었을 것이다. 프랑스가 잉글랜드, 스페인, 이탈리아, 독일에 비해 리그 위상이 다소 떨어지는 곳이기는 해도, 전통의 '빅5 리그'의 하나인데다 특히 자신을 원하는 곳이 파리 생제르맹이라면 이야기가 사뭇 달라진다. 지금껏 챔피언스리그 우승을 거머쥐지 못했다는 아쉬움은 있으나, 파리 생제르맹은 앞으로도 꾸준히 그 고지에 도전할 수 있는 클럽임이 분명한 까닭이다.

거대한 스타들에만 주로 의존해온 파리 생제르맹은 이제는 다소간 클럽의 방향성을 재정립해야 하는 시기에 놓여있고, 그러한 새 출발의 일원으로 이강인을 낙점한 것은 탁월한 선택일 수 있다. 가격 대비 실력의 차원에서, 그리고 성공에 굶주린 열망의 차원에서 이강인만한 선수를 찾기도 쉽지 않을 것이기 때문이다. 또한 이강인의 스타일과 재능은 파리 생제르맹 새 감독이 유력한 루이스 엔리케의 성향과도 부합하는 면이 있다. 주도적 축구를 기반으로 하되 실리적 스타일도 가미할 줄 아는 엔리케 감독에게 있어 이강인은 상황에 부합하는 적절한 무기를 제공해줄 수 있는 유형이다. 세밀한 축구 기술과 한 방을 터뜨릴 수 있는 킥 솜씨를 모두 지니고 있는 까닭이다.

물론 소속팀이 파리 생제르맹이라면 첨예한 팀 내 경쟁은 피할 길이 없다. 이강인이 지난 시즌 뛰어난 활약을 했더라도 파리 생제르맹의 기존 선수들과 새로 영입될 다른 선수들 역시 가벼이 볼 수 없는 경쟁자들이다. 현재로선 거취가 100% 확실하지 않지만 킬리안 음바페와 네이마르가 팀에 잔류할 경우, 기본적으로 주전 두 자리가 사라진다는 측면 또한 존재한다. 이 경우 이강인은 '8번'에 해당하는 역삼각형 미드필드의 앞쪽 두 자리, 혹은 오른쪽 측면공격수 자리를 놓고 동료들과 치열한 주전 경쟁에 돌입할 법하다. 글을 쓰는 현재 기준으로 마르코 베라티, 비티냐, 파비안 루이스, 워렌 자이르 에메리, 셰르 은두르, 카를로스 솔레르, 마르코 아센시오 등등이 모두 경쟁자가 될 수 있고, 선수들이 더 영입되거나 이탈이 예상됐던 선수들이 잔류할 경우 경쟁자 수는 더 확대될 수도 있다. 그러나 다시 한 번 강조하건대, 이강인의 지난 시즌 폼은 유럽 전체 기준으로도 훌륭한 것이었기에, 이 정도 폼을 지속시킨다는 전제라면 그 어떤 선수와의 경쟁도 두려워할 이유는 없다. 뿐만 아니라 이강인 본인이 이와 같은 경쟁을 마다하는 성격도 아니다.

대한민국 대표 팀에서의 이강인의 위상 또한 날이 갈수록 상승하고 있음이 틀림없다. 실제로 6월 벌어졌던 두 차례 평가전에서 이강인은 대표팀 전체를 통틀어 가장 두드러진 퍼포먼스를 선보였다. 특히 유려한 드리블과 날카로운 크로스를 통한 찬스메이킹에 있어 이강인만한 자원이 없음을 국내 팬들 앞에서도 입증한 것이다. 물론 오른쪽 측면에서 뛸 경우 윙백과의 연계작업 및 손흥민, 황희찬 등 다른 공격자원들과의 공존에 있어 최선의 효율을 찾아내야 하는 과제가 대표 팀 코칭스태프에 남겨지기는 했으나, 이강인 개인의 능력만큼은 충분히 확인할 수 있었던 평가전들이었다. 다가오는 아시안컵에서도 이강인의 창의적 역량이야말로 대한민국이 보유한 가장 중요한 무기들 중 하나가 될 것이라 확신한다. 프랑스 무대와 챔피언스리그, 그리고 아시안컵에 이르기까지 거대한 과업들에 연거푸 임하게 될 이 젊은 천재의 도전을 즐거운 마음으로 지켜보도록 하자.

그는
이른바
'마에스트로
계열의
천재'다.

꿈이룬 'GOAT' 메시, 이젠 유럽 무대와 작별

박찬하 | SPOTV 축구 해설위원

'나는 바르셀로나에 돌아가길 원했고, 그럴 기회가 생겨 기뻤다. 하지만 내가 떠났을 때와 똑같은 상황을 겪고 싶지 않았다. 나 자신과 가족을 생각하면서 내 손으로 결정을 내리길 원했다. 라리가의 승인이 떨어졌고, 바르셀로나로 돌아가는 것이 괜찮아지는 모양새였다. 하지만 선수를 처분하거나 그들의 월급을 삭감해야 하는 등 여전히 많은 일이 해결되어야 했다. 나는 이미 바르셀로나에서 사실이 아닌 수많은 일들로 비난받았고 지쳤다. 다시 이를 반복하고 싶지 않았다.'

월드컵에서 우승하며 현존하는 세계 최고의 축구 선수를 넘어 'GOAT'(Greatest of all time)가 된 리오넬 메시의 마지막 꿈은 바르셀로나 복귀였다. 스페인 라리가 비율형 샐러리캡 제도 때문에 바르셀로나와의 재계약 실패, 한바탕 눈물을 쏟고 프랑스 파리로 떠난 지 2년이 지났다. 파리에서의 시간은 바르셀로나를 더 그립게 만들었을 뿐이다. 2021-22 첫 시즌은 프리 시즌을 제대로 소화하지 못해 경기력이 떨어졌고 가족들 역시 호텔 생활이 길어지며 새 도시 적응에 애를 먹었다. 메시를 영입하며 UEFA 챔피언스 리그 정상에 오르려던 PSG의 꿈도 레알 마드리드에 가로막혔다. 팬들은 메시의 등장에 찬사를 보냈지만, 기대와는 다른 저조한 활약까지 감싸주진 않았다. 언론은 이런 먹잇감을 놓칠 리 없었고 음바페와 네이마르, 메시 사이를 계속 갈라놓으며 팀을 흔들었다.

하지만 30대 중반에 접어든 메시가 여전히 세계 최고임을 증명하는 것은 간단한 일이었다. 프랑스 리그1 무대에 적응을 마친 2022-23시즌 개막전에서만 2골을 터트리며 예사롭지 않은 몸놀림을 보이더니 전반기 내내 뛰어난 활약을 이어가며 파리 승리를 견인했다. 그 사이 치러진 아르헨티나 대표팀 경기에서도 좋은 컨디션을 이어가기는 마찬가지. 메시의 마지막 도전, 월드컵 우승이 가능할지도 모르겠다는 예측이 점점 현실로 다가가던 시기였다. 실제로 2022년 겨울은 바르셀로나를 떠난 이후 메시에게 가장 행복한 시간이었다. 신이 축구에 관련된 모든 것을 다 주었지만, 4차례나 외면했던 월드컵을 끝끝내 차지하며 역대 최고 논쟁에 마침표를 찍은 것. 10년 동안 괴롭힌 2014년 브라질 월드컵 히우데자네이루 마라카나의 결승 악몽도 깨끗하게 지웠다.

그런데 카타르에서 꿈같은 시간을 보내고 돌아온 메시에게 이상한 분위기가 감지되기 시작했다. 모두가 메시에 박수를 보냈지만 결승에서 아르헨티나에 패한 프랑스만큼은 기뻐할 수 없었다. 팀 동료 음바페의 존재 때문에 PSG에서도 머쓱하긴 마찬가지. 월드컵 이후 전반기만큼의 퍼포먼스가 나오지 않자 어렵게 되돌린 팬들의 마음도 싸늘하게 식어갔다. 결국 UEFA 챔피언스 리그 16강에서 바이에른 뮌헨에 패하자 수많은 화살이 메시를 겨눴다. 계약 연장 옵션이 있었지만 파리를 떠나야 할 시간이 가까워지고 있었다. 이미 후반기부터 메시의 향후 거취에 대한 기사가 심심치 않게 쏟아졌다. 리그 막바지가 되자 바르셀로나 복귀부터 미국 그리고 최근 선수 영입에 천문학적인 이적료와 연봉을 쓰는 사우디아라비아까지 다양한 행선지가 기사를 장식했다.

여러 제안에도 월드컵까지 가져가 더 이룰 게 없는 메시의 마지막 꿈은 바르셀로나 복귀였다. 다른 유럽 클럽의 제안도, 천문학적인 연봉을 제시한 팀도 마다하며 황당하게 떠난 곳으로 돌아가려 했다. 실제로 협상은 순조롭게 진행되는 것 같았다. 바르셀로나도 진작 메시의 자리를 마련해두었다는 이야기를 감추지 않았고 시즌이 끝나면 곧바로 '메시 바르셀로나 복귀!' 같은 뉴스를 볼 것만 같았다. 그러나 바르셀로나는 메시 영입에 필요한 절차상의 문제를 하나도 해결하지 못한 상태였다. 쉽게 말해, 메시가 바르셀로나를 떠날 수밖에 없던 2년 전과 지금이 크게 다르지 않았던 것. 메시가 바르셀로나로 돌아가고 싶다고 말한 것이 어제 오늘 일이 아님에도 구단은 아무런 준비를 하지 않았다. 오히려 조안 라포르타 회장이 자신의 입지를 다지기 위해 정치적으로 메시를 이용한 것 아니냐는 이야기도 흘러나왔다. 2년 전이나 지금이나 샐러리캡에 대한 대비를 해두지 않았으면서 말로만 계약을 자신하고, 계약 실패의 책임을 자신들이 아닌 메시 측에 전가하려는 태도가 엿보였기 때문. 바르셀로나는 차일피일 기일을 미루면서 확답을 주지 않았다.

결국 메시의 바르셀로나 복귀는 물거품이 되고 말았다. 기다려달라는 말을 믿기에는 신뢰가 부족했다. 갑작스러운 선택 탓에 가족이 힘들어하는 모습을 볼 수는 없었다. 무엇보다 즐거움을 잃고 즐기지 못한 2년

이라는 시간을 되풀이할 수는 없었다. 바르셀로나가 아니라면 유럽은 의미가 없었기에 다음 행선지는 미국으로 결정했다. 데이빗 베컴이 구단주로 있는 MLS 인터 마이애미가 목적지다. 팬들은 벌써부터 유럽 빅 리그와 UEFA 챔피언스 리그에서 활약하는 메시의 모습을 보지 못하게 된 것에 아쉬운 목소리다. 메시가 5번의 도전 끝에 월드컵을 차지한 것처럼 바르셀로나로 돌아가 멋지게 활약하는 낭만을 만끽하고 싶기도 했다. 무엇보다 여전히 최고의 무대에서 활약하기에 충분한 기량을 가지고 있으니 말이다.

2004년 10월 16일, 카탈루냐 더비에서 에스파뇰을 상대로 데뷔 전을 치른 지 20여 년. 긴 머리 소년은 바르셀로나의 에이스로, 아르헨티나의 영웅으로, 세계 최고의 축구 선수로 우뚝 섰다. 메시의 월드컵 우승으로 축구의 한 페이지가 막을 내린 것처럼, 이제 메시의 선수 생활도 유럽 생활을 끝내고 마지막 페이지로 넘어가는 중이다.

※ 라리가 비율형 샐러리캡 : 총 수입에서 비 스포츠 비용을 뺀 급여 상
　한 (급여는 선수, 스텝, 직원 연봉 포함. 이적료, 운영비, 기타 모든 보
　수 등을 포함)

메시,
8번째 발롱도르
유력

프랑스 축구 전문지 〈프랑스 풋볼〉이 선정하는 올해의 유럽 남자 축구 선수상. 2023년 10월 발표될 2023년 주인공은 이변이 없는 한 리오넬 메시의 차지가 될 확률이 높다. 발롱도르 선정 기준은 다음과 같다. 지난해 기준 변화로 연 단위가 아닌 시즌 단위로 평가가 된다. 즉, 2023년 발롱도르는 2022-23시즌 가장 잘 한 선수에게 수여하는 상이다. 카타르월드컵은 2023년 발롱도르 심사 기준에 포함된다. 1) 개인 퍼포머스. 2) 팀 퍼포먼스 & 타이틀. 3) 선수 클래스 및 페어 플레이 정신. 을 종합적으로 고려해서 투표가 진행된다. 유력 후보는 크게 2명. 월드컵을 차지한 메시와 맨체스터 시티 3관왕의 주역 에를링 홀란이다. 메시가 월드컵에서 독보적인 활약으로 팀을 우승으로 이끌었다는 점에서 높은 점수를 받을 만하다. 반면 홀란은 챔피언스 리그 토너먼트 활약이 미미하다는 점에서 투표자들에 높은 점수를 받기는 어려울 전망. 메시가 2023년 발롱도르 수상자가 될 경우 통산 8번째 (2009, 2010, 2011, 2012, 2015, 2019, 2021) 주인공에 등극한다.

2009   **2010**   **2011**   **2012**

2015   **2019**   **2021**   **Again? 2023**

'현재이자
미래'
새로운
라이벌

음바페 vs 홀란

박찬하 | SPOTV 축구 해설위원

QATAR

라이벌은 스포츠를 더 풍성하게 만드는 요소다. 그 과정에서 자연스럽게 형성되는 정말 치열한 라이벌 구도가 있는 반면, 언론이나 팬들이 쥐어짜내는 억지스러운 라이벌도 있다. 물론 그런 라이벌 구도 역시 스토리를 만들고 이야깃거리를 끊임없이 배출한다는 점에서 긍정의 기능은 확실하다. 차이가 크지만 서로에게 도움이 된 '리오넬 메시 vs 크리스티아누 호날두', 일인자 자리를 두고 긴 시간 다툰 '펠레와 마라도나', 잉글랜드 최고의 중원은 누구인가?의 대명사 '스(스콜스) vs 램(램파드) vs 제(제라드)', 누구에게 공격 지휘를 맡기겠는가? '지네딘 지단 vs 챠비' 등 역사는 쉼 없이 라이벌을 배출했고 다양한 이야기로 재미를 더했다. 한 시대의 막이 내리고 세상은 새로운 라이벌을 기다렸다. 이번에도 억지스러운 관계는 아니다. 나이도 스타일도 활약도 엇비슷한, 조국의 실력에서만 차이가 나타나는 두 선수 이야기다.

먼저 킬리안 음바페 이야기를 해보자. 1998년 12월생. 이제 막 이십 대 중반을 넘어가는 음바페는 선수로 한 번도 뛰기 어렵다는 월드컵 결승전을 두 번이나 치렀다. 그는 2018 러시아월드컵 아르헨티나와의 16강에서 2골을 터트리며 단숨에 공격 에이스로 떠올랐고 결승에서도 쐐기에 쐐기를 박는 4번째 골을 성공, 처음 출전한 월드컵에서 우승을 차지했다. 월드컵 결승전 하프타임 라커룸 토크에서 디디에 데샹 감독이 '음바페 찾아. 음바페한테 공 줘.'라고 말했을 정도로 공격 전술에서 차지하는 비중이 컸다. 그리고 4년 후 카타르에서는 한 단계 더 성장한 모습으로 공격 중책을 맡았는데, 결승전 패색이 짙어가던 후반 만회골을 시작으로 내리 해트트릭을 달성하며 1956년 잉글랜드 제프 허스트 이후 처음으로 결승전 해트트릭 사나이가 됐다. 음바페의 무기는 폭발적인 스피드, 스피드를 한층 더 높이는 탄력, 좁은 공간을 순식간에 통과하는 드리블, 공간을 찾아들어가는 감각, 빠른 타이밍에 양발에서 터지는 강하고 정교한 슛이다. 공격수 특유의 위치 선정 본능이 있고, 수비가 알고도 막을 수 없는 스피드는 상상을 초월한다. 최고의 선수들이 총출동하는 월드컵에서도 훌륭한 공격력을 뽐냈으니, 음바페의 능력을 글로 풀어낸다는 것은 실례라는 생각이다.

음바페의 아버지는 아들의 재능을 일찍 발견했다. 클레르퐁텐(프랑스 국립 축구 센터)를 거쳤고 유소년 시절부터 수많은 프랑스 클럽과 레알 마드리드, 첼시, 리버풀, 맨체스터 시티, 바이에른 뮌헨 같은 해외 구단이 계약서를 내밀었다. 하지만 현명한 음바페의 선택은 출전 기회를 더 많이 얻을 수 있는 AS 모나코였다. 계획은 제대로 들어맞았다. 2015년 12월 1군 경기에 출전하면서 16세 347일로 모나코 최연소 1군 선수가 됐고 2016년 2월에는 구단 최연소 득점 기록도 갈아치웠다. 바로 다음 2016-17시즌 리그에서만 15골을 터트리며 놀라운 성장세를 나타내자 2017년 3월 18세 나이로 룩셈부르크 상대 국가대표 데뷔전을 치를 수 있었다. 스피드만큼이나 빠른 발전 속도는 거침없었다. 모나코를 떠나 해외 이적도 염두에 뒀지만 2017년 구단 차원의 적극적인 구애 덕분에 프랑스에서 최고로 거듭난 PSG 유니폼을 입었다. 음바페와 네이마르 영입으로 UEFA 챔피언스 리그 우승에 도전하려는 파리의 야망이 크게 드러나는 순간이기도 했다.

스피드만큼이나 빠른 발전 속도는 거침없었다

2000년 7월생. 에를링 홀란이 세상에 이름을 알린 것은 2019년 U-20 월드컵에서였다. 우리에게는 이강인 선수의 골든볼 수상으로 영원히 기억될 대회에서 홀란 역시 잊지 못할 기록을 하나 남겼는데, 바로 온두라스와의 조별 리그 3차전에서 무려 9골을 터트린 것. 육중한 체구를 지닌 선수가 빠른 발과 온몸을 무기로 하는 결정력을 선보였다는 점에서 많은 클럽들이 호기심을 나타냈다. 홀란은 과거 노팅험 포레스트와 리즈 유나이티드, 맨체스터 시티 등에서 활약한 알피 홀란의 아들이다. 어머니도 육상 7종 선수 출신으로 훌륭한 DNA를 잘 물려받고 성장했다. 잉글랜드 리즈에서 태어난 그는 노르웨이 브린을 거쳐 몰데에서 잠깐 활약한 경험이 있는데, 당시 감독이 맨체스터 유나이티드 레전드 올레 군나르 솔샤르였다. 얼마 전 솔샤르가 당시 여러 프리미어 리그 클럽에 홀란을 '제2의 루카쿠'라고 소개하며 저렴한 이적료에 영입하라고 제안을 했지만 맨체스터 유나이티드를 비롯한 클럽들이 거부했다는 일화를 밝힌 바 있다.

홀란은 아버지와 상의 끝에 철저하게 경력을 하나씩 설계해갔다. 꾸준한 출전을 우선순위로 삼았고 리그도 한 단계씩 높여갔다. 몰데를 떠난

다음 행선지는 오스트리아의 레드불 잘츠부르크. 출전 기회를 얻어 기량을 발전시키기에 좋은 선택. 게다가 리그 최강 팀이라 꾸준하게 유럽 대항전을 나갈 수 있다는 장점까지 있었다. 1시즌 만에 리그와 UEFA 챔피언스리그에서 활약하자 빅 클럽들이 영입 경쟁에 나섰다. 하지만 비슷한 이유로 업그레이드가 가능한 독일 분데스리가 도르트문트를 택했다. 홀란은 이미 그 즈음에 기량이 무르익어가고 있었다. 190cm가 넘는 장신이지만 수비 뒷공간으로 침투가 가능할 정도의 스피드를 지녔고, 순간 방향 전환이 가능하다. 장신이라 제공권이 탁월하고 왼발에서 터지는 강력한 슈팅은 골대를 부숴버릴 것만 같다. 덩치가 큰 선수가 빠르고, 방향 전환이 가능한데다가 머리와 발을 동시에 잘 쓰니 수비수들이 막을 재간이 없는 건 당연한 처사. 다만 큰 선수가 그렇게 움직이기에 잦은 부상이 아킬레스로 꼽혔다. 독일 무대를 누빈 다음 선택은 잉글랜드 최강 맨체스터 시티였다. 이제는 실력을 제대로 보여줄 때라 판단했다. 펩 과르디올라 감독이 그토록 찾던 9번 스트라이커. 진짜 공격수를 기용한 시티는 폭발적이었고 홀란은 잉글랜드 입성 초기부터 리그를 초토화시켰다. 그는 첫 시즌부터 3관왕을 (리그, FA컵, UEFA 챔피언스리그 우승) 차지하며 새로운 스타의 등장을 알렸다.

둘은 등장부터 스포트라이트를 받았고 비슷한 연령대, 완성된 기량, 놀라운 발전 속도, 공격수 포지션 등 많은 이유로 자연스럽게 라이벌 구도를 형성 중이다. 이십 대 초반 선수 가운데 단연 두각을 나타낼뿐더러 현 최고를 논함에 있어 빠질 수 없는 선수들. 그래서 현재이자 미래, 미래이자 현재라는 표현이 잘 어울린다. 음바페는 조국 프랑스와 함께 월드컵을 들었고, 홀란은 맨체스터 시티와 UEFA 챔피언스리그 정상에 올랐다. 음바페는 PSG를 떠나고 싶었지만 마음처럼 되지 않았고 UEFA 챔피언스리그 정상을 위해 어떤 결정을 내리려는 모양새다. 홀란은 노르웨이 유니폼을 입고 유로나 월드컵 같은 메이저 대회에서 맹활약을 꿈꾼다. 모든 걸 가진 것 같지만 가진 것도, 가져야 할 것도 엇비슷한 이들이다. 앞으로 두 라이벌이 써 내려갈 새로운 축구 이야기. 누가 먼저 아직 비어 있는 프로필을 완성하게 될까?

잉글랜드 입성 초기부터 리그를 초토화 시켰다

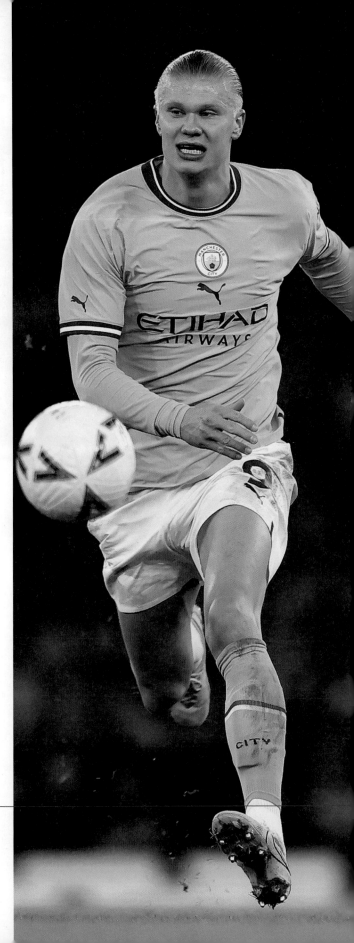

PLAYER'S RANKING & SCOUTING REPORT

국내 최초로 유럽 5대리그 선수들의 랭킹을 매겼다. 지난 시즌 프리미어리그, 라리가, 분데스리가, 세리에A, 리그1, 각국 FA 컵, 챔피언스리그, 유로파리그 등의 기록, 유럽 축구 전문 매체 20여곳의 평점, 지난 시즌 해당 선수들 소속팀의 성적 등을 합산해 10점 만점의 평점을 매겨 순위를 정했다. 기록은 90분 기준으로 환산한 다음, 해당 포지션에서 상위 몇%(혹은 하위 몇%)에 속하는지 백분율로 표기했다. 그 결과 리오넬 메시가 공격형 미드필더 1위는 물론이고 모든 포지션 통틀어 유럽 전체 1위에 올랐다. 포지션별로 보면 센터포워드 킬리안 음바페, 중앙 미드필더 케빈 더브라위너, 풀백(윙백) 키어런 트리피어, 센터백 김민재, 골키퍼 헤로니모 루이 등이 각 포지션별 평점 1위를 받았다.

게재 순서

ATTACKING MF & WINGERS

CENTER FORWARDS

MIDFIELDERS

FULL BACKS & WING BACKS

CENTER BACKS

GOAL KEEPERS

공격형 미드필더 & 윙어

공을 가장 잘 차는 천재들이다. 리오넬 메시, 펠레, 디에고 마라도나, 요한 크루이프, 알프레도 디스테파노, 크리스티안 호날두, 스탠리 매슈스, 가린샤, 조지 베스트, 차범근 등 축구 역사상 가장 위대했던 선수들이 맡은 포지션이다. 현대 축구에서는 공격형 미드필더와 윙어, 왼쪽-가운데-오른쪽의 구분이 없어졌다. 그냥 '2선 공격수'다. 스피드와 기술을 동반한 드리블, 정확한 장-단 패스, 넓은 시야, 박스 내외곽에서의 다양한 슈팅 등 모든 면에서 창조적인 플레이를 펼친다. 리오넬 메시는 지난 시즌 유럽 5대 리그에서 단연 최고였다. 올여름 미국 MLS의 인테르 마이애미로 떠나 유럽 무대에서는 그를 더는 볼 수 없게 되었다. 네이마르, 마르텡 테리에, 흐비차 크바라츠헬리아, 자말 무시알라, 앙투안 그리즈만 등도 최상위권 활약을 보였다. 대한민국의 이강인도 마요르카에서 뛰어난 플레이를 펼친 뒤 PSG로 이적했다.

전체 슈팅 시도·득점	직접프리킥 시도·득점	PK 시도·득점	LG 왼발 득점	RG 오른발 득점	HG 헤더 득점	출전횟수 선발·교체	출전시간 분(MIN)	A 도움	P 평균 패스 시도·성공	P% 패스 성공율	DR 평균드리블 시도·성공	TK 평균 태클 시도·성공	IC 평균 인터셉트	페어플레이 경고·퇴장	★ MOM	G 득점	A 도움

SH	SG	PC	P%	PP	CR	SC	TK	IC	BT	DC	PR
전체 슈팅	슈팅 시도	패스 성공	패스 성공율	박스 안 패스	크로스	슈팅기회 창출	태클	인터셉트	볼터치	드리블 성공	패스 받음

Lionel MESSI
평점 8.33
리오넬 메시 1987.06.24 / 170cm

SCOUTING REPORT
PSG에서의 2년을 마치며 여전한 클래스를 입증했다. 기록으로 본 메시의 2022-23시즌은 유럽 5대 리그 전체 포지션을 통틀어 1위였다. 전성기만큼의 활동량을 보이지는 못했지만, 공격형 미드필더로서 팀을 완벽히 이끌었다. 환상적인 드리블, 칼날 스루패스, '일발필살(一發必殺)'의 결정력, 정확한 프리킥 등 모든 면에서 여전히 세계 최고의 기량을 발휘했다.

PLAYER'S HISTORY
'GOAT'가 되었다. 꿈에 그리던 월드컵에서 우승하며 펠레, 마라도나를 뛰어넘었다. 대표팀, 소속팀의 모든 대회에서 우승했다. 통산 8번째 발롱도르 수상이 유력하다. 연봉 최대 6500만 유로에 인테르 마이애미로 이적했다.

슈팅-득점	국적	2022-23시즌 PSG	포지션

69-12							
60-4							

		A	P	P%	
32-0	2842	16	60.7-50.3	83%	

●129-16	LG-13			DR	TK	IC		★
●20-2	RG-3	아르헨티나		5.4-3.2	1.3-0.8	0.1	0-0	14
●0-0	HG-0							

유럽 5대리그 공격형 미드필더 & 윙어 항목별 랭킹 (90분 기준 기록, 100분율)

G	A	SH	SG	PC	P%	PP	CR	SC	TK	IC	BT	DC	PR
상위	상위	상위	상위	상위	상위	상위	하위	상위	하위	하위	상위	상위	상위
6%	1%	1%	2%	1%	14%	1%	49%	1%	31%	3%	1%	1%	1%

Martin TERRIER
평점 7.72
마르탱 테리에 1997.03.04 / 184cm

SCOUTING REPORT
2021-22시즌 21골 3어시스트에 이어 지난 시즌 전반기에 9골-4도움을 올리는 등 쾌속행진을 했다. 전반기 퍼포먼스는 유럽 5대리그 AM 중 단연 톱클래스였다. 그러나 2023년 1월 무릎 십자인대 부상으로 시즌 아웃됐다. 예상 복귀 시점은 9월말. 정상 컨디션일 경우 빠른 스피드를 이용해 저돌적인 직선 돌파를 즐기며 상당한 득점력과 강렬한 중거리포를 선보인다.

PLAYER'S HISTORY
LOSC 릴 유스 아카데미 출신으로 2015년 이 팀 2군에서 데뷔했다. 이듬해 릴 1군으로 승격했고, 2018년 올랭피크 리옹을 거쳐 202년부터 스타드 렌에서 뛰고 있다. 시장 가치는 3500만 유로, 추정 연봉은 626만 유로.

슈팅-득점	국적	2022-23시즌 스타드 렌	포지션

33-8							
14-1							

		A	P	P%	
16-0	1330		36.8-27.6	75%	

●47-9	LG-3			DR	TK	IC		★
●0-0	RG-2	프랑스		1.7-0.7	2.2-1.6	0.9	0-0	7
●0-0	HG-4							

유럽 5대리그 공격형 미드필더 & 윙어 항목별 랭킹 (90분 기준 기록, 100분율)

G	A	SH	SG	PC	P%	PP	CR	SC	TK	IC	BT	DC	PR
상위	상위	상위	상위	상위	하위	상위	상위	상위	상위	상위	상위	하위	상위
1%	26%	17%	2%	40%	35%	1%	46%	27%	13%	11%	37%	41%	32%

NEYMAR
평점 7.72
네이마르 1992.02.05 / 175cm

SCOUTING REPORT
지난 시즌 주로 공격형 미드필더로 나섰다. 그러나 팀 사정에 맞춰 이동한 레프트윙에서의 퍼포먼스가 더 좋았다. 플레이 스타일에 변화가 있었다. 예전보다 드리블 횟수를 줄이는 대신, 패스와 슈팅에 더 집중했다. 번뜩이는 창조성, 화려한 개인기는 여전하다. 테크닉만 놓고보면 그는 세계 최고 수준의 선수다. 그러나 PSG에서 메시, 음바페에게 밀린 측면이 있다.

PLAYER'S HISTORY
축구선수 인스타그램 팔로우 순위에서 호날두, 메시에 이은 3위다. 흥이 많은 선수로 라커룸에서 음악을 틀어놓고 춤추며 노래하는 영상을 쉽게 접할 수 있다. 시장 가치는 7000만 유로, 추정 연봉은 5636만 유로.

슈팅-득점	국적	2022-23시즌 PSG	포지션

27-13							
11-0							

		A	P	P%	
18-2	1553	11	59.0-48.9	83%	

●38-13	LG-3			DR	TK	IC		★
●6-0	RG-9	브라질		4.7-2.0	1.6-1.1	0.2	4-1	3
●2-2	HG-1							

유럽 5대리그 공격형 미드필더 & 윙어 항목별 랭킹 (90분 기준 기록, 100분율)

G	A	SH	SG	PC	P%	PP	CR	SC	TK	IC	BT	DC	PR
상위	상위	상위	상위	상위	상위	상위	상위	상위	상위	상위	상위	상위	상위
1%	1%	36%	17%	1%	15%	1%	41%	1%	33%	16%	1%	18%	1%

Khvicha KVARATSKHELIA
평점 7.51
흐비차 크바라츠헬리아 2001.02.12 / 183cm

SCOUTING REPORT
김민재, 오시멘과 함께 나폴리를 33년 만에 세리에A 우승으로 이끈 특급 미드필더다. 2선 공격수로서 레프트윙에서 가장 좋은 퍼포먼스를 선보인다. 좋은 발재간과 최고 34.5km/h의 속도를 활용해 과감히 드리블한다. 뒤에서 오는 패스를 원터치로 처리하고, 왼쪽을 드리블로 돌파한 다음 몸을 틀며 날카롭게 다이렉트 슈팅을 날린다. 칼날 스루패스도 압권이다.

PLAYER'S HISTORY
루빈 카잔 시절 황인범과 나폴리에서는 김민재와 각각 호흡을 맞춰 국내 축구 팬들에게도 인기가 높다. 레알 마드리드의 팬이고, 크리스티아누 호날두를 우상으로 여긴다. 시장 가치는 8500만 유로, 추정 연봉은 154만 유로.

슈팅-득점	국적	2022-23시즌 나폴리	포지션

53-11							
32-1							

		A	P	P%	
30-4	2541	10	30.6-25.7	84%	

●85-12	LG-2			DR	TK	IC		★
●3-0	RG-9	조지아		5.8-2.1	1.9-1.2	0.1	1-0	7
●2-2	HG-1							

유럽 5대리그 공격형 미드필더 & 윙어 항목별 랭킹 (90분 기준 기록, 100분율)

G	A	SH	SG	PC	P%	PP	CR	SC	TK	IC	BT	DC	PR
상위	상위	상위	상위	상위	상위	상위	하위	상위	하위	상위	상위	상위	상위
18%	5%	8%	5%	33%	28%	43%	47%	1%	36%	11%	26%	5%	23%

Jamal MUSIALA
평점 7.47
자말 무시알라
2003.02.26 / 180cm

SCOUTING REPORT
기본기가 잘 되어 있고, 기술, 축구 IQ를 겸비한 독일 축구 차세대 주역이다. 깔끔한 볼 터치와 침착한 플레이는 유럽 최고 수준이다. 구석으로 정확히 꽂히는 중거리 슈팅, 상대의 압박을 무력화시키는 패스, 화려한 드리블은 트레이드 마크다. 어린 선수지만 고난도 개인기인 라크로케타를 종종 사용한다. 폭발적인 스피드를 활용한 드리블로 측면을 파괴한다.

PLAYER'S HISTORY
아버지는 나이지리아계 영국인, 어머니는 폴란드계 독일인이다. 영어와 독일어를 모두 유창하게 구사한다. 런던에서 학교 다니던 시절 합기도를 배운 적이 있다. 시장 가치는 1억 1000만 유로, 추정 연봉은 500만 유로.

슈팅-득점: 47-9 / 18-3 / 65-12 · LG-3 / 0-0 · RG-9 / 0-0 · HG-0
국적: 독일

2022-23시즌 바이에른 뮌헨

선발-교체	MIN	A	P	P%	DR	TK	IC	경고-퇴장	★
26-7	2212	10	30.2-25.7	85%	4.5-2.2	1.8-1.1	0.7	1-1	4

유럽 5대리그 공격형 미드필더 & 윙어 항목별 랭킹(90분 기준 기록, 100분율)

G	A	SH	SG	PC	P%	PP	CR	SC	TK	IC	BT	DC	PR
상위 17%	상위 4%	상위 26%	상위 26%	상위 23%	상위 4%	상위 40%	하위 1%	상위 4%	하위 47%	상위 4%	상위 25%	상위 4%	상위 21%

Bukayo SAKA
평점 7.43
부카요 사카
2001.09.05 / 178cm

SCOUTING REPORT
아스날 돌풍을 이끈 공격형 MF. 주로 라이트 윙으로 출전하며 슈팅, 드리블, 패스 등 다방면에서 최고의 활약을 보였다. 타고난 볼 컨트롤, 바디 밸런스를 바탕으로 수비를 쉽게 따돌린다. 테크닉, 스피드를 이용해 과감히 드리블하면서도 공격 템포를 늦추지 않고, 팀플레이를 활성화시킨다. 프로 데뷔 때는 슈팅이 약점으로 지적되었으나, 지금은 많이 개선되었다.

PLAYER'S HISTORY
나이지리아계 이민 2세로 런던에서 태어났다. 19살 때 잉글랜드 국가대표로 발탁되어 현재는 팀의 주축 멤버 중 1명이다. 매일 밤 성경을 읽는 독실한 크리스천이다. 시장 가치는 1억 1000만 유로, 추정 연봉은 1167만 유로.

슈팅-득점: 67-13 / 89-14 · LG-11 / 1-0 · RG-3 / 3-2 · HG-0
국적: 잉글랜드

2022-23시즌 아스날 FC

선발-교체	MIN	A	P	P%	DR	TK	IC	경고-퇴장	★
37-1	3195	11	32.6-26.4	81%	4.2-1.8	2.3-1.7	0.4	6-0	4

유럽 5대리그 공격형 미드필더 & 윙어 항목별 랭킹(90분 기준 기록, 100분율)

G	A	SH	SG	PC	P%	PP	CR	SC	TK	IC	BT	DC	PR
상위 21%	상위 23%	상위 29%	상위 35%	상위 43%	상위 48%	상위 23%	상위 18%	상위 27%	하위 38%	상위 33%	상위 29%	상위 29%	상위 35%

Antoine GRIEZMANN
평점 7.43
앙투안 그리즈만
1991.03.21 / 176cm

SCOUTING REPORT
지난 시즌 센터포워드 혹은 공격형 MF로 주로 나섰다. '온 더 볼'과 '오프 더 볼' 모두 우수하다. 드리블, 테크닉, 밸런스를 겸비했다. 절묘하게 수비를 따돌리거나 오프사이드 라인을 잘 허문다. 퍼스트 터치가 우수해 슈팅하기 딱 좋은 위치에 볼을 놓는다. 왼발을 사용해 터뜨리는 박스 외곽에서의 중거리 슈팅, 직접 프리킥은 가히 폭발적이다. 수비도 좋은 편이다.

PLAYER'S HISTORY
축구계의 대표적인 미남 스타. 등 번호 7번에 항상 긴팔 유니폼을 입고 뛰는 건 데이비드 베컴의 팬이기 때문이다. NBA 스타 르브론 제임스의 팬으로 '디시전쇼'를 카피했다. 시장 가치는 2500만 유로, 추정 연봉은 1250만 유로.

슈팅-득점: 72-11 / 39-4 / 111-15 · LG-10 / 5-0 · RG-4 / 0-0 · HG-1
국적: 프랑스

22-23시즌 아틀레티코 마드리드

선발-교체	MIN	A	P	P%	DR	TK	IC	경고-퇴장	★
31-7	2863	16	38.6-31.7	82	2.3-1.3	2.6-1.4	0.7	2-0	13

유럽 5대리그 공격형 미드필더 & 윙어 항목별 랭킹(90분 기준 기록, 100분율)

G	A	SH	SG	PC	P%	PP	CR	SC	TK	IC	BT	DC	PR
상위 10%	상위 1%	상위 3%	상위 9%	상위 10%	상위 11%	상위 5%	상위 9%	상위 1%	상위 5%	상위 15%	상위 10%	상위 15%	상위 19%

Bruno FERNANDES
평점 7.42
브루누 페르난데스
1994.09.08 / 179cm

SCOUTING REPORT
지난 시즌 맨유에서 최고의 활약을 보였다. 또한, 카타르월드컵에서도 포르투갈 선수 중 단연 발군의 기량을 뽐냈다. 그는 '센트럴 브루'였다. 대부분을 중앙 공격형 미드필더, 혹은 중앙 미드필더로 뛰었다. 그라운드 전체를 커버하는 활동량(박스-투-박스), 간결한 볼 터치, 정확한 스루패스, 날카로운 컷인, 폭발적인 중거리 슈팅, 타이트한 압박 등 '풀패키지'다.

PLAYER'S HISTORY
취미는 맛있는 음식 먹기, 영화 보기, 축구 경기 관람이다. 예전 축구선수였던 아버지를 기리기 위해 오른팔에 숫자 8을 문신했다. 절친은 대표팀 동료 디오구 달롯이다. 시장 가치는 7500만 유로, 추정 연봉은 1437만 유로.

슈팅-득점: 45-7 / 47-1 / 92-8 · LG-0 / 6-0 · RG-8 / 2-2 · HG-0
국적: 포르투갈

2022-23시즌 맨체스터 유나이티드

선발-교체	MIN	A	P	P%	DR	TK	IC	경고-퇴장	★
37-0	3320	8	50.1-39.2	78%	1.9-1.0	3.0-1.9	0.7	6-0	6

유럽 5대리그 공격형 미드필더 & 윙어 항목별 랭킹(90분 기준 기록, 100분율)

G	A	SH	SG	PC	P%	PP	CR	SC	TK	IC	BT	DC	PR
하위 37%	상위 31%	상위 31%	상위 40%	상위 10%	하위 46%	상위 6%	상위 32%	상위 3%	상위 20%	상위 27%	하위 8%	하위 18%	상위 13%

●	●	●	●	LG RG HG	⏱	A	P	P%	DR	TK	IC		★	G	A	SH	SG	PC	P%	PP	CR	SC	TK	IC	BT	DC	PR
전체 슈팅 시도-득점	직접프리킥 시도-득점	PK 시도-득점	왼발·오른발·헤더 특점		출전횟수 선발·교체	출전시간 분(MIN)	도움	평균슈팅 시도-성공	패스 평균드리블	평균태클	평균 인터셉트	경고·퇴장	MOM	득점	도움	전체슈팅	슈팅시도	패스성공	박스안패스	크로스	크로스기회 창출	태클	인터셉트	볼터치	드리블성공	패스받음

Vinícius JÚNIOR

평점 7.41

비니시우스 주니오르   2000.07.12 / 176cm

SCOUTING REPORT

현시점, 레알 마드리드와 브라질 대표팀 최고의 크랙으로 꼽힌다. 드리블 능력은 단연 세계 최고 수준이다. 풀스피드로 볼을 몰고 가면서 체인지 디렉션, 체인지 페이스를 자유자재로 구사한다. 상대 수비 1~2명쯤은 쉽게 제압한다. 데뷔 초기 치명적인 약점으로 꼽혔던 골 결정력도 많이 좋아졌다. 강력한 중거리 슈팅, 정확한 스루패스, 날카로운 컷-인을 구사한다.

PLAYER'S HISTORY

골을 넣으면 '메롱 세리머니'를 한다. 2021년 7월, 자신의 이름을 내건 'Instituto Vini Jr.'라는 학생 교육 프로젝트를 출시했다. 라리가에서 인종차별을 자주 당했다. 시장 가치는 1억 2000만 유로, 추정 연봉은 2083만 유로.

슈팅-득점	국적	2022-23시즌 레알 마드리드	포지션
56-8			

		⏱	A	P	P%
21-2	🇧🇷 브라질	32-1	2833	9	32.0-25.8	81%

	DR	TK	IC		★
● 77-10 LG-	9.2-3.5	1.8-1.0	0.2	10-1	4
● 0-0 RG-					
● 0-0 HG-					

유럽 5대리그 공격형 미드필더 & 윙어 항목별 랭킹 (90분 기준 기록, 100분율)

G	A	SH	SG	PC	P%	PP	CR	SC	TK	IC	BT	DC	PR
상위 15%	상위 9%	상위 20%	상위 5%	상위 44%	상위 41%	상위 38%	하위 34%	상위 10%	하위 23%	하위 5%	상위 32%	하위 1%	상위 11%

Dominik SZOBOSZLAI

평점 7.39

도미니크 소보슬러이   2000.10.25 / 186cm

SCOUTING REPORT

순간 최고 35km/h의 폭발적인 스피드를 자랑한다. 역습 때 풀스피드 드리블로 전진한다. 발재간도 준수해 측면에서 상대 수비를 쉽게 제친다. 박스 외곽에서 폭발적인 중거리 슈팅과 직접 프리킥을 날린다. 모든 종류의 크로스(얼리크로스, 크로스, 컷백)가 날카롭다. 볼을 잘 지켜낸다. 강한 지구력을 바탕으로 부지런히 움직이면서 공격-수비 밸런스를 유지한다.

PLAYER'S HISTORY

잘 생긴 외모로 유명하다. 오스트리아에 갔을 때 독일어를 못해 고생했으나 주변으로부터 도움을 많이 받았다. 헝가리 U-17, U-19, U-21 대표를 거쳐 A대표로 활약 중이다. 시장 가치는 4000만 유로, 추정 연봉은 420만 유로.

슈팅-득점	국적	2022-23시즌 RB 라이프치히	포지션
23-4			

		⏱	A	P	P%
36-2	 헝가리	28-3	2453	6	45.2-37.6	83%

	DR	TK	IC		★
● 59-6 LG-0	3.3-1.6	2.3-1.6	0.5	3-2	4
● 9-1 RG-6					
● 1-1 HG-0					

유럽 5대리그 공격형 미드필더 & 윙어 항목별 랭킹 (90분 기준 기록, 100분율)

G	A	SH	SG	PC	P%	PP	CR	SC	TK	IC	BT	DC	PR
하위 42%	상위 15%	하위 48%	상위 33%	상위 6%	상위 20%	상위 35%	상위 29%	상위 9%	상위 37%	상위 43%	상위 7%	상위 42%	상위 15%

Martin ØDEGAARD

평점 7.38

마르틴 외데고르   1998.12.17 / 178cm

SCOUTING REPORT

프로 데뷔 후 최고 시즌을 보냈다. 레알 소시에다드 임대 시절 다이내믹한 공격형 MF였다. 그러나 2020년 중순, 건염 부상 이후 전진 드리블의 비중을 줄이고, 좀 더 간결하게 볼을 처리하는 스타일로 바뀌었다. 이제는 2선 공격수로서 볼을 지켜내고, 콤비네이션 플레이를 바탕으로 한 '패스의 회전'에 중점을 둔다. 박스 외곽 중거리 슈팅은 치명적인 무기다.

PLAYER'S HISTORY

마르틴의 아버지 한스 역시 축구 선수였다. 솔선수범하는 리더다. 선수들이 심판에게 과격하게 항의할 경우 이를 말리고 본인이 차분하게 어필하는 '팀 억제기' 역할을 한다. 시장 가치는 8000만 유로, 추정 연봉은 688만 유로.

슈팅-득점	국적	2022-23시즌 아스날 FC	포지션
47-12			

		⏱	A	P	P%
46-3	 노르웨이	37-0	3149	7	45.6-38.4	84%

	DR	TK	IC		★
● 93-15 LG-13	2.3-1.3	2.0-1.1	0.2	4-0	7
● 9-0 RG-2					
● 0-0 HG-0					

유럽 5대리그 공격형 미드필더 & 윙어 항목별 랭킹 (90분 기준 기록, 100분율)

G	A	SH	SG	PC	P%	PP	CR	SC	TK	IC	BT	DC	PR
상위 1%	상위 14%	상위 1%	상위 2%	상위 46%	하위 39%	상위 1%	상위 22%	상위 6%	하위 1%	하위 48%	상위 18%	상위 32%	

Paulo DYBALA

평점 7.37

파울로 디발라   1993.11.15 / 177cm

SCOUTING REPORT

AS 로마 이적 첫 시즌, 명암이 교차했다. 기량 면에서는 제 몫을 충분히 했다. 공격형 MF로 출전하며 볼을 잘 지켜내고, 정확한 장단 패스를 연결했으며, 간결한 드리블로 찬스를 만들었다. 전문 프리키커로 나섰다. 월드컵 결승 프랑스전 승부차기에선 한가운데로 차넣는 과감함도 보였다. 그러나 시즌 내내 햄스트링, 미세 골절, 발목 부상 등 잔 부상을 달고 살았다.

PLAYER'S HISTORY

아르헨티나 대표팀 내 별명은 '보석(La joya).' 축구계의 대표적인 꽃미남 중 1명이다. CNN 인터뷰에서 흑인, 아시아인에 대한 인종차별을 강력히 비판했다. '명품 카' 수집가다. 시장 가치는 3000만 유로, 추정 연봉은 704만 유로.

슈팅-득점	국적	2022-23시즌 AS 로마	포지션
36-9			

		⏱	A	P	P%
29-3	 아르헨티나	22-4	1752	6	29.7-24.4	82

	DR	TK	IC		★
● 65-12 LG-11	2.4-1.0	1.2-0.6	0.3	5-0	6
● 3-0 RG-1					
● 5-5 HG-0					

유럽 5대리그 공격형 미드필더 & 윙어 항목별 랭킹 (90분 기준 기록, 100분율)

G	A	SH	SG	PC	P%	PP	CR	SC	TK	IC	BT	DC	PR
상위 1%	상위 26%	상위 10%	상위 15%	상위 31%	상위 29%	상위 42%	상위 31%	상위 7%	하위 10%	하위 41%	상위 31%	상위 49%	상위 34%

| 전체 슈팅 시도-득점 | 직접프리킥 시도-득점 | PK 시도-득점 | LG 왼발 득점 | RG 오른발 득점 | HG 헤더 득점 | 출전횟수 선발·교체 | 출전시간 분(MIN) | ⏱ 도움 | Ⓐ 평균 패스 시도-성공 | Ⓟ 패스 | Ⓟ% 패스 성공률 | ⒹⓇ 평균드리블 시도-성공 | ⓉⓀ 태클 시도-성공 | ⒾⒸ 인터셉트 | 평균 경고·퇴장 | 페어플레이 | ★ MOM | Ⓖ 득점 | Ⓐ 도움 | ⓈⒽ 전체 슈팅 | ⓈⒼ 슈팅 시도 | ⓅⒸ 패스 성공 | Ⓟ% 패스 성공률 | ⓅⓅ 박스 안 패스 | ⒸⓇ 크로스 | ⓈⒸ 크로스기회 창출 | ⓉⓀ 태클 | ⒾⒸ 인터셉트 | ⒷⓉ 볼 터치 | ⒹⒸ 드리블 성공 | ⓅⓇ 패스 받음 |

Vincenzo GRIFO
평점 7.35
빈첸초 그리포 1993.04.07 / 180cm

SCOUTING REPORT
플레이 스타일은 필리피 쿠티뉴와 비슷하다. 레프트윙 혹은 공격형 미드필더로 출전한다. 최강의 무기는 오른발 킥. 박스 외곽에서 날리는 중거리 슈팅, 직접 프리킥의 정확도와 파워는 유럽 빅5 리그에서 정상급이다. 박스 안에서 인사이드킥, 발리킥 등 감각적인 득점을 올린다. 왼쪽에서 중앙으로 날카롭게 컷-인 한다. 또한, 정확한 장단 패스로 공격을 이끈다.

PLAYER'S HISTORY
이탈리아계 이민 2세로 독일 포르츠하임에서 태어났다. 2중 국적이다. 2012년 호펜하임에서 데뷔했고, 프라이부르크, 묀헨글라트바흐를 거쳐 2019년 프라이부르크로 복귀했다. 시장 가치는 1200만 유로, 추정 연봉은 95만 유로.

슈팅-득점	국적	2022-23시즌 프라이부르크	포지션

| 34-11 32-4 | | 30-3 2427 5 35.6-28.2 79 | |
| ● 66-15 LG-2
● 15-3 RG-12
● 8-7 HG-1 | 이탈리아 | DR 2.2-1.3 TK 1.5-0.9 IC 0.7 2-0 ★ 5 | |

유럽 5대리그 공격형 미드필더 & 윙어 항목별 랭킹(90분 기준 기록, 100분율)

Ⓖ	Ⓐ	ⓈⒽ	ⓈⒼ	ⓅⒸ	Ⓟ%	ⓅⓅ	ⒸⓇ	ⓈⒸ	ⓉⓀ	ⒾⒸ	ⒷⓉ	ⒹⒸ	ⓅⓇ
상위 5%	상위 50%	상위 41%	상위 29%	상위 13%	하위 45%	상위 20%	상위 16%	상위 12%	하위 36%	상위 36%	하위 11%	하위 45%	상위 20%

Jonas HOFMANN
평점 7.34
요나스 호프만 1992.07.14 / 176cm

SCOUTING REPORT
'우측면의 지배자'다. 라이트윙, 오른쪽 미드필더, 라이트백 등 여러 위치에서 제 몫을 해낸다. 소속팀에서는 라이트윙으로 대부분 출전했다. 준수한 스피드에 부드러운 볼 터치를 선보인다. 드리블과 전진 패스 성공률이 높다. 측면을 돌파한 후 날카로운 크로스를 올린다. 세트플레이 때 전문 키커 중 1명으로 나선다. 축구 IQ가 높아 팀플레이를 효율적으로 전개한다.

PLAYER'S HISTORY
호펜하임 유스 출신으로 2011년 이 팀 2군에서 데뷔했다. 도르트문트, 마인츠를 거쳐 2016년 묀헨글라트바흐로 이적했다. 독일 U-18, U-21 대표를 거쳐 현재 국가대표다. 시장 가치는 1300만 유로, 추정 연봉은 250만 유로.

슈팅-득점	국적	2022-23시즌 묀헨글라트바흐	포지션

| 32-12 13-0 | | 30-1 2693 9 41.7-33.8 81% | |
| ● 45-12 LG-3
● 5-0 RG-9
● 1-0 HG-0 | 독일 | DR 1.0-0.5 TK 2.2-1.0 IC 0.5 2-0 ★ 5 | |

유럽 5대리그 공격형 미드필더 & 윙어 항목별 랭킹(90분 기준 기록, 100분율)

Ⓖ	Ⓐ	ⓈⒽ	ⓈⒼ	ⓅⒸ	Ⓟ%	ⓅⓅ	ⒸⓇ	ⓈⒸ	ⓉⓀ	ⒾⒸ	ⒷⓉ	ⒹⒸ	ⓅⓇ
상위 15%	상위 15%	하위 15%	상위 48%	상위 16%	하위 48%	상위 46%	상위 5%	상위 6%	상위 29%	상위 39%	상위 16%	하위 3%	상위 28%

James MADDISON
평점 7.32
제임스 매디슨 1996.11.23 / 175cm

SCOUTING REPORT
1선과 2선의 여러 위치를 넘나든다. 지난 시즌 소속 팀에서는 공격형 미드필더 혹은 라이트윙으로 주로 뛰었다. 매디슨은 '클래식 No.10'에 가깝다. 볼을 잘 지켜내고, 정확한 패스와 날카로운 크로스를 연결한다. 볼 키핑을 잘 하기에 상대로부터 파울을 잘 얻어내고, 날카롭게 컷-인 한다. 최강의 무기는 직접 프리킥. 대포알같은 파워와 핀포인트 컨트롤로 골을 터뜨린다.

PLAYER'S HISTORY
맨시티 잭 그릴리시와 절친이다. 크로 작은 사건 사고에 자주 엮인다. 파티를 매우 좋아한다. 여자친구 케네디 알렉사와의 사이에 2021년 7월 태어난 아들 1명을 두고 있다. 시장 가치는 5500만 유로, 추정 연봉은 658만 유로.

슈팅-득점	국적	2022-23시즌 레스터 시티	포지션

| 39-7 46-3 | | 28-2 2486 9 33.9-26.9 79% | |
| ● 85-10 LG-2
● 13-2 RG-8
● 2-1 HG-0 | 잉글랜드 | DR 3.6-1.6 TK 2.8-1.8 IC 0.4 10-0 ★ 3 | |

유럽 5대리그 공격형 미드필더 & 윙어 항목별 랭킹(90분 기준 기록, 100분율)

Ⓖ	Ⓐ	ⓈⒽ	ⓈⒼ	ⓅⒸ	Ⓟ%	ⓅⓅ	ⒸⓇ	ⓈⒸ	ⓉⓀ	ⒾⒸ	ⒷⓉ	ⒹⒸ	ⓅⓇ
상위 22%	상위 10%	상위 12%	상위 23%	상위 35%	상위 36%	하위 26%	상위 24%	상위 13%	상위 17%	상위 49%	상위 38%	상위 43%	상위 33%

Rémy CABELLA
평점 7.31
레미 카벨라 1990.03.08 / 171cm

SCOUTING REPORT
2선 공격수. 2010-11시즌 프로 데뷔한 이래 역대 최고 퍼포먼스를 선보였다. 크로스와 스루패스 성공률은 리그1에서 최정상급이었고, 정확한 슈팅으로 골을 터뜨렸다. 부드러운 볼 터치와 낮은 무게 중심을 활용한 잔 드리블과 패스 콤비네이션으로 상대의 압박을 쉽게 풀어낸다. 활동 범위도 넓어 중원으로 내려와 공격을 풀어주고, 수비에도 적극적으로 가담한다.

PLAYER'S HISTORY
몽펠리에 유스 아카데미 출신으로 2009년 이 팀 1군에서 데뷔했다. 뉴캐슬, 마르세유, 생테티엔, 크라스노다르, 몽펠리에(복귀)를 거쳐 2022년 여름 OSC 릴로 이적했다. 시장 가치는 500만 유로, 추정 연봉은 144만 유로.

슈팅-득점	국적	2022-23시즌 릴	포지션

| 33-7 9-0 | | 28-4 2535 10 49.2-41.3 84% | |
| ● 42-7 LG-3
● 8-0 RG-3
● 0-0 HG-1 | 프랑스 | DR 2.5-1.4 TK 3.0-2.0 IC 0.6 3-0 ★ 5 | |

유럽 5대리그 공격형 미드필더 & 윙어 항목별 랭킹(90분 기준 기록, 100분율)

Ⓖ	Ⓐ	ⓈⒽ	ⓈⒼ	ⓅⒸ	Ⓟ%	ⓅⓅ	ⒸⓇ	ⓈⒸ	ⓉⓀ	ⒾⒸ	ⒷⓉ	ⒹⒸ	ⓅⓇ
상위 47%	상위 8%	하위 17%	상위 42%	상위 3%	상위 23%	상위 4%	상위 13%	상위 1%	상위 5%	상위 33%	상위 3%	하위 42%	상위 3%

Solly MARCH
솔리 마치
평점 7.30　　1994.07.20 / 180cm

SCOUTING REPORT
주 위치는 라이트윙이지만, 라이트백, 하프윙으로도 뛴다. 어느 위치에서든 제 몫을 충분히 해낸다. 축구 지능이 우수하고, 공수 밸런스가 잘 잡혀있다. 활동 폭이 넓고 발이 빠르며 측면에서 정확한 크로스를 올린다. 밖에서 안으로 접고 들어와 다이렉트 왼발 슈팅을 날린다. 안쪽으로 날카롭게 컷-인 한다. 경기 후반, 집중력 부족으로 기복을 보이는 편이다.

PLAYER'S HISTORY
2011년 브라이턴에서 프로로 데뷔해 10년 넘게 이 팀에서 뛰었다. 잉글랜드 U-20, U-21 대표 출신이지만 A대표 경험은 없다. 2017년 11월, 아멜리아 골드만과 결혼했다. 시장 가치는 1800만 유로, 추정 연봉은 299만 유로.

슈팅-득점	국적	2022-23시즌 브라이턴					포지션
52-6							
22-1		31-2	2728	7	33.3-26.4	79%	
●74-7 LG-6		DR	TK	IC		★	
●1-0 RG-1	잉글랜드	3.4-1.9	2.1-1.5	0.7	2-0	6	
●0-0 HG-0							

유럽 5대리그 공격형 미드필더 & 윙어 항목별 랭킹(90분 기준 기록, 100분율)

G	A	SH	SG	PC	P%	PP	CR	SC	TK	IC	BT	DC	PR
하위	상위	상위	상위	상위	하위	상위	상위	상위	상위	상위	상위	상위	상위
48%	33%	30%	18%	31%	33%	18%	17%	21%	23%	18%	30%	31%	42%

Julian BRANDT
율리안 브란트
평점 7.29　　1996.05.02 / 185cm

SCOUTING REPORT
주 위치는 공격형 MF지만, 좌우 윙어, 하프윙, 박스 투 박스 미드필더 등 여러 위치를 소화해낸다. 한때 '제2의 마르코 로이스'로 불린 적이 있지만, 로이스보다는 더 정통 플레이메이커형에 가깝다. 퍼스트터치가 부드럽고, 볼을 간결하게 처리한다. 축구 IQ가 높고, 짧은 패스 콤비네이션으로 공격을 만든다. 박스 외곽에서 터뜨리는 왼발 중거리 슈팅은 강력한 무기다.

PLAYER'S HISTORY
잘 생겼다. 그리즈만과 함께 유럽 젊은 여성 팬들로부터 가장 인기 있는 선수다. 레버쿠젠 시절 손흥민과 상당히 친했다. 1999년생 모델 루이스와 사귀었으나 지난 연말 헤어졌다. 시장 가치 4000만 유로, 추정 연봉 700만 유로.

슈팅-득점	국적	2022-23시즌 도르트문트					포지션
25-7							
17-2		29-3	2412	8	36.9-31.2	84%	
●42-9 LG-4		DR	TK	IC		★	
●1-0 RG-4	독일	2.6-1.4	1.8-1.0	0.4	2-0	3	
●0-0 HG-0							

유럽 5대리그 공격형 미드필더 & 윙어 항목별 랭킹(90분 기준 기록, 100분율)

G	A	SH	SG	PC	P%	PP	CR	SC	TK	IC	BT	DC	PR
상위	상위	하위	상위	상위	상위	상위	상위	상위	하위	상위	상위	상위	상위
28%	18%	26%	32%	15%	32%	33%	14%	17%	38%	40%	14%	46%	19%

Thomas MÜLLER
토마스 뮐러
평점 7.28　　1989.09.13 / 185cm

SCOUTING REPORT
AM, RW, LW, CF 등 1선과 2선의 모든 위치를 넘나든다. 그는 화려한 개인기를 갖춘 선수는 절대 아니다. 또한, 스피드가 뛰어난 선수도 아니다. 그러나 '공간 연주자'라는 별명처럼 최강의 오프 더 볼 움직임으로 기회를 포착하고, 야수처럼 무섭게 골을 터뜨린다. 공간을 찾아 움직이는 것뿐 아니라, 공간이 없으면 만들어낸다. 전성기는 지났지만 여전히 효율적이다.

PLAYER'S HISTORY
바이에른 뮌헨 원클럽맨으로 구단 역대 최다인 32개의 트로피를 수집했고, 두 번의 트레블을 이끈 주역이다. 2010 월드컵 득점왕을 차지했고, 2014 월드컵 정상에 올랐다. 시장 가치는 1200만 유로, 추정 연봉은 2050만 유로.

슈팅-득점	국적	2022-23시즌 바이에른 뮌헨					포지션
41-6							
6-1		21-6	1672	8	28.9-22.3	77%	
●47-7 LG-4		DR	TK	IC		★	
●0-0 RG-2	독일	0.6-0.3	1.2-0.8	0.1	0-0	1	
●0-0 HG-1							

유럽 5대리그 공격형 미드필더 & 윙어 항목별 랭킹(90분 기준 기록, 100분율)

G	A	SH	SG	PC	P%	PP	CR	SC	TK	IC	BT	DC	PR
상위	상위	상위	상위	상위	상위	하위	상위	하위	하위	상위	하위	상위	상위
22%	4%	28%	7%	27%	45%	19%	24%	25%	35%	17%	33%	1%	25%

Téji SAVANIER
테지 사바니에
평점 7.26　　1991.12.22 / 172cm

SCOUTING REPORT
몽펠리에 에이스로서 최고 퍼포먼스를 선보였다. 최강의 무기는 유럽 5대 리그 최고 수준의 오른발 킥이다. 지난 시즌 리그 1에서 직접 프리킥 19회가 2골을 넣었고, 페널티킥 6번을 시도해 모두 성공시켰다. 전진해 있는 동료에게 연결하는 로빙 패스도 압권. 단단한 체격에 밸런스가 좋아 드리블을 하면서 쉽게 볼을 뺏기지 않는다. 거친 수비로 카드를 많이 수집한다.

PLAYER'S HISTORY
통상 '집시(Gypsy)'라고 알려진 롬족(Romani people) 출신이다. 고향팀 몽펠리에 2군에서 데뷔했고, 알레, 님을 거쳐 2019년 몽펠리에로 복귀했다. 2021 도쿄 올림픽에 출전했다. 시장 가치 1000만 유로, 추정 연봉 1320만 유로.

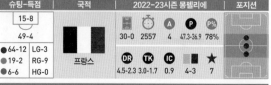

슈팅-득점	국적	2022-23시즌 몽펠리에					포지션
15-8							
49-4		30-0	2557	4	47.3-36.9	78%	
●64-12 LG-3		DR	TK	IC		★	
●19-2 RG-9	프랑스	4.5-2.3	3.0-1.7	0.9	4-3	7	
●6-6 HG-0							

유럽 5대리그 공격형 미드필더 & 윙어 항목별 랭킹(90분 기준 기록, 100분율)

G	A	SH	SG	PC	P%	PP	CR	SC	TK	IC	BT	DC	PR
상위	하위	하위	상위	상위	하위	상위	상위	상위	상위	상위	상위	상위	상위
10%	33%	44%	39%	8%	23%	28%	1%	22%	32%	7%	9%	12%	10%

Jack GREALISH
평점 7.25 잭 그릴리시   1995.09.10 / 175cm

SCOUTING REPORT
브라질, 아르헨티나 선수를 연상케 하는 2선 공격수. 그동안 잉글랜드에서는 보기 쉽지 않았던 유형이다. 기본기가 잘 잡혀있고, 정확한 발재간, 화려한 볼테크닉을 지녔다. 체인지 페이스, 체인지 디렉션을 겸비한 드리블로 수비를 제친다. 압박이 심할 때 간결한 패스로 압박을 풀어나간다. 본인은 "2선 공격보다 중앙 MF를 선호한다"는 인터뷰를 한 적이 있다.

PLAYER'S HISTORY
문란한 사생활로 경기장 안팎에서 구설수를 자주 일으킨다. 최근인 2022년 3월에는 음주운전 교통사고를 내 면허 취소 처분을 받았다. 그러나 팬 서비스를 정말 잘한다는 평이다. 시장 가치 7500만 유로, 추정 연봉 1824만 유로.

슈팅-득점	국적	2022-23시즌 맨체스터 시티					포지션
31-5		⧉	⏱	Ⓐ		Ⓟ%	
10-0		23-5	2064	7		88%	
● 41-5 LG-1	잉글랜드	35.6-31.0					
● 0-0 RG-3		Ⓓ	Ⓣ	Ⓘ	■	★	
● 0-0 HG-1		3.8-1.7	1.3-0.9	0.3	4-0	3	

유럽 5대리그 공격형 미드필더 & 윙어 항목별 랭킹 (90분 기준 기록, 100분율)													
Ⓖ	Ⓐ	Ⓢ	Ⓢ	Ⓟ	Ⓟ%	Ⓟ	Ⓒ	Ⓢ	Ⓣ	Ⓘ	Ⓑ	Ⓓ	Ⓟ
하위	상위	하위	상위	상위	상위	상위	하위	상위	하위	하위	상위	상위	상위
21%	30%	21%	23%	4%	5%	11%	38%	18%	26%	24%	19%	22%	10%

Gabriel MARTINELLI
평점 7.25 가브리엘마르티넬리   2001.06.18. / 178cm

SCOUTING REPORT
유망주 시절에는 센터포워드로 뛰며 득점에 주력했다. 그러나 2020-21시즌부터 윙어로 나서기 시작했다. 폭발적인 스피드를 활용한 직선 드리블이 특기다. 워낙 운동 능력이 좋기에 별다른 기술 없이 빠른 발과 기본기만 가지고 상대 수비를 제칠 수 있다. 볼을 오래 끌지 않고 최대한 간결하게 처리한다. 동료와의 패스 콤비네이션, 수비가담에서도 합격점을 받는다.

PLAYER'S HISTORY
유소년 시절 호날두가 뛰던 맨유로 가기 위해 4번 입단 테스트를 봤지만 모두 떨어졌다. 그러다 아스널 스카우트의 눈에 띄어 입단했고, 팀에 대한 충성을 다하고 있다. 시장 가치는 8000만 유로, 추정 연봉은 1094만 유로.

슈팅-득점	국적	2022-23시즌 아스날 FC					포지션
62-14		⧉	⏱	Ⓐ		Ⓟ%	
17-1		34-2	2806	5		82	
● 79-15 LG-4	브라질	27.4-22.5					
● 2-0 RG-8		Ⓓ	Ⓣ	Ⓘ	■	★	
● 0-0 HG-3		3.6-1.8	1.3-0.9	0.3	3-0	4	

유럽 5대리그 공격형 미드필더 & 윙어 항목별 랭킹 (90분 기준 기록, 100분율)													
Ⓖ	Ⓐ	Ⓢ	Ⓢ	Ⓟ	Ⓟ%	Ⓟ	Ⓒ	Ⓢ	Ⓣ	Ⓘ	Ⓑ	Ⓓ	Ⓟ
상위	하위	상위	상위	하위	상위	상위	상위	상위	하위	하위	하위	상위	상위
13%	44%	23%	28%	49%	43%	47%	38%	36%	25%	18%	47%	28%	46%

Armand LAURIENTÉ
평점 7.24 아르망 로리엔테   1998.04.12 / 171cm

SCOUTING REPORT
주위치는 레프트윙이고, 우측에 나설 때도 있다. 간결하고 짧은 볼터치를 활용한 풀스피드 직선 드리블을 구사한다. 드리블할 때 볼을 띄우거나 툭 치고 달리면서 수비를 제압한다. 저돌적이고 예측불허의 플레이를 하기에 수비하기 매우 까다롭다. 드리블 후 패스, 슈팅을 반 박자 빠르게 가져간다. 오른발 킥이 매우 강력하기에 팀의 프리킥 전문 키커로 나선다.

PLAYER'S HISTORY
프랑스령 과들루프계 이민 2세로 프랑스 고네스에서 태어났다. 스타드 렌 2군에서 데뷔했고, 오를레앙, 로리앙을 거쳐 2022년 사수올로로 이적했다. 프랑스 U-21 대표 출신. 시장 가치는 1800만 유로, 추정 연봉은 115만 유로.

슈팅-득점	국적	2022-23시즌 로리앙/사수올로					포지션
39-6		⧉	⏱	Ⓐ	Ⓟ	Ⓟ%	
31-2		30-1	2460	6	25.1-19.9	79%	
● 70-8 LG-0	프랑스						
● 12-2 RG-8		Ⓓ	Ⓣ	Ⓘ	■	★	
● 1-1 HG-0		5.1-2.5	1.5-0.9	0.5	1-4		

유럽 5대리그 공격형 미드필더 & 윙어 항목별 랭킹 (90분 기준 기록, 100분율)													
Ⓖ	Ⓐ	Ⓢ	Ⓢ	Ⓟ	Ⓟ%	Ⓟ	Ⓒ	Ⓢ	Ⓣ	Ⓘ	Ⓑ	Ⓓ	Ⓟ
상위	상위	상위	상위	하위	하위	상위	상위	상위	하위	상위	상위	상위	하위
33%	36%	22%	26%	32%	41%	14%	28%	86%	33%	34%	37%	8%	38%

RODRYGO
평점 7.24 호드리구   2001.01.09 / 174cm

SCOUTING REPORT
왼쪽에서 오른발을 사용하며 중앙으로 접고 들어가는 반대발 윙어다. 또한, 라이트윙으로 뛸 수도 있고 지난 시즌부터는 폴스나인, 공격형 MF(섀도스트라이커) 등 활동폭을 넓혔다. 밸런스가 우수하고, 빠른 스피드와 민첩성으로 볼을 다룬다. 브라질언답게 '드리블 마스터'로 불린다. 볼을 간결하게 처리하고, 콤비네이션 플레이에 최적화된 2선 공격수로 통한다.

PLAYER'S HISTORY
11살 때 나이키와 계약했다. 이는 나이키의 스포츠 계약 사상 최연소 기록이다. 남미 코파 리베르타도레스 최연소 득점자다. 본인 유튜브에 곰, 원숭이, 바늘을 무서워한다고 했다. 시장 가치 1억 유로, 추정 연봉 833만 유로.

슈팅-득점	국적	2022-23시즌 레알 마드리드					포지션
63-6		⧉	⏱	Ⓐ	Ⓟ	Ⓟ%	
35-3		25-9	2382	8	29.8-26.8	90%	
● 98-9 LG-0	브라질						
● 8-1 RG-9		Ⓓ	Ⓣ	Ⓘ	■	★	
● 1-1 HG-0		4.9-2.4	1.0-0.5	0.2	4-0	4	

유럽 5대리그 공격형 미드필더 & 윙어 항목별 랭킹 (90분 기준 기록, 100분율)													
Ⓖ	Ⓐ	Ⓢ	Ⓢ	Ⓟ	Ⓟ%	Ⓟ	Ⓒ	Ⓢ	Ⓣ	Ⓘ	Ⓑ	Ⓓ	Ⓟ
상위	상위	상위	상위	상위	상위	하위	하위	상위	하위	상위	상위	상위	상위
18%	19%	6%	11%	22%	1%	9%	10%	21%	8%	48%	35%	10%	15%

●	●	●	LG	RG	HG		⏱	A	P	P%	DR	TK	IC		★	G	A	SH	SG	PC	P%	PP	CR	SC	TK	IC	BT	DC	PR
전체 슈팅 시도-득점	직접프리킥 시도-득점	PK 시도-득점	왼발 득점	오른발 득점	헤더 득점		출전경기 선발-교체	출전시간 분(MIN)	도움	평균 패스 시도-성공	패스 성공률	평균드리블 시도-성공	평균 태클 시도-성공	평균 인터셉트	페어플레이 경고-퇴장	MOM	득점	도움	전체 슈팅	슈팅 시도	패스 성공	패스 성공률	박스안 패스	크로스	슈팅기회 창출	태클	인터셉트	볼 터치	드리블 성공	패스 받음

Ousmane DEMBÉLÉ

평점 7.23

우스만 뎀벨레 · 1997.05.15 / 178cm

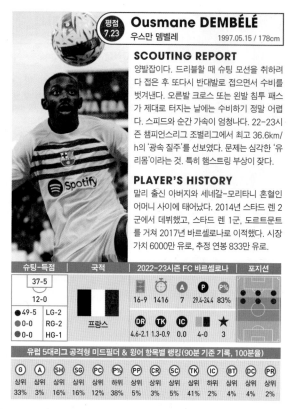

SCOUTING REPORT

양발잡이다. 드리블할 때 슈팅 모션을 취하려다 접은 후 또다시 반대발로 접으면서 수비를 벗겨낸다. 오른발 크로스 또는 왼발 침투 패스가 제대로 터지는 날에는 수비하기 정말 어렵다. 스피드와 순간 가속이 엄청나다. 22-23시즌 챔피언스리그 조별리그에서 최고 36.6km/h의 '광속 질주'를 선보였다. 문제는 심각한 '유리몸'이라는 것. 특히 햄스트링 부상이 잦다.

PLAYER'S HISTORY

말리 출신 아버지와 세네갈-모리타니 혼혈인 어머니 사이에 태어났다. 2014년 스타드 렌 2군에서 데뷔했고, 스타드 렌 1군, 도르트문트를 거쳐 2017년 바르셀로나로 이적했다. 시장 가치 6000만 유로, 추정 연봉 833만 유로.

슈팅-득점	국적	2022-23시즌 FC 바르셀로나					포지션
37-5 / 12-0	프랑스	⏱ 16-9	A 1416	P 7	P% 29.4-24.4	83%	
● 49-5 LG-2		DR 4.6-2.1	TK 1.3-0.9	IC 0.0	4-0	★ 3	
● 0-0 RG-2							
● 0-0 HG-1							

유럽 5대리그 공격형 미드필더 & 윙어 항목별 랭킹 (90분 기준 기록, 100분율)

G	A	SH	SG	PC	P%	PP	CR	SC	TK	IC	BT	DC	PR
상위 33%	상위 3%	상위 16%	상위 16%	상위 12%	하위 38%	상위 5%	상위 3%	상위 5%	상위 41%	하위 7%	상위 4%	상위 4%	상위 2%

Phil FODEN

평점 7.23

필 포든 · 2000.05.28 / 171cm

SCOUTING REPORT

잉글랜드에서 보기 힘든 테크니션 스타일의 2선 공격수. 저돌적인 기동력을 바탕으로 한 전진 플레이가 특기. 볼을 잘 다루고 스피드를 이용한 폭발적인 드리블로 파이널 서드, 페널티 박스로 진입한다. 왼발 킥은 상당한 수준. 과르디올라 감독은 그에 대해 "다른 차원에 있는 선수"라며 "그의 플레이를 온전히 묘사할 수 있는 표현을 찾기 어렵다"고 극찬했다.

PLAYER'S HISTORY

EPL 최연소 우승 선수로 기네스북에 올랐다. 우승 당시 그의 나이 만 17세 350일이었다. 47세에 세상을 떠난 할아버지 로니 포든을 기리기 위해 등번호 47번을 달았다. 시장 가치 1억 1000만 유로, 추정 연봉 1368만 유로.

슈팅-득점	국적	2022-23시즌 맨체스터 시티					포지션
35-10 / 11-1	잉글랜드	⏱ 22-10	A 1844	P 9	P% 31.2-26.9	86%	
● 46-11 LG-7		DR 2.6-1.4	TK 0.8-0.5	IC 0.2	1-0	★ 3	
● 1-0 RG-4							
● 0-0 HG-0							

유럽 5대리그 공격형 미드필더 & 윙어 항목별 랭킹 (90분 기준 기록, 100분율)

G	A	SH	SG	PC	P%	PP	CR	SC	TK	IC	BT	DC	PR
상위 7%	상위 12%	상위 44%	상위 13%	상위 7%	상위 15%	상위 23%	상위 16%	상위 17%	하위 39%	하위 10%	상위 33%	상위 5%	

Aleksandr GOLOVIN

평점 7.21

알렉산드르 골로빈 · 1996.05.30 / 180cm

SCOUTING REPORT

2선과 3선의 모든 위치를 넘나드는 멀티 포지션 플레이어. 물론 소속팀에서의 주 위치는 공격형 미드필더. 풋살 선수 출신답게 볼을 섬세하게 잘 다룬다. 볼 터치가 정확하고 간결하다. 양발을 잘 쓰고 볼 테크닉이 뛰어나기에 화려한 드리블 혹은 날카로운 장단 패스로 상대의 압박을 벗겨낸다. 우수한 축구 지능에서 나오는 패스 콤비네이션은 강력한 무기다.

PLAYER'S HISTORY

재능이 뛰어나 6살 때 축구를 시작했다. 2014년 CSKA에서 데뷔했고, 2018년 AS 모나코로 이적했다. 러시아 U-17부터 U-21까지 연령별 대표를 모두 거친 '축구 엘리트'다. 시장 가치는 2800만 유로, 추정 연봉은 480만 유로.

슈팅-득점	국적	2022-23시즌 AS 모나코					포지션
26-4 / 23-4	러시아	⏱ 29-5	A 2484	P 7	P% 28.4-21.3	75%	
● 49-8 LG-1		DR 1.5-0.9	TK 3.0-1.7	IC 1.1	5-0	★ 3	
● 2-0 RG-6							
● 0-0 HG-1							

유럽 5대리그 공격형 미드필더 & 윙어 항목별 랭킹 (90분 기준 기록, 100분율)

G	A	SH	SG	PC	P%	PP	CR	SC	TK	IC	BT	DC	PR
하위 49%	상위 41%	하위 31%	상위 48%	상위 49%	하위 26%	상위 13%	상위 40%	상위 29%	상위 8%	상위 1%	하위 48%	상위 17%	하위 34%

Florian SOTOCA

평점 7.21

플로리안 소토카 · 1990.10.25 / 187cm

SCOUTING REPORT

주 위치는 AM. 상황에 따라 RW, 최전방까지 넘나든다. 지난 시즌 랑스에서는 CF 오펜다의 뒤에서 공격을 조율하는 역할을 주로 맡았다. 볼을 잘 지켜내고, 정확한 장단 패스, 날카로운 스루패스로 기회를 창출한다. 컷-인 플레이도 OK. 라이트윙으로 출전할 경우 간결한 드리블로 돌파한 다음 정확한 크로스를 올린다. 많은 활동량으로 전방에서 열심히 압박한다.

PLAYER'S HISTORY

프랑스 나르본 출생. 2012년 고향팀 FU 나르본에서 데뷔했고, 마르티게스, 베이에르, 몽펠리에, 그르노블을 거쳐 2019년 랑스로 이적했다. 계약 기간은 2026년 6월 말까지다. 시장 가치는 400만 유로, 추정 연봉은 60만 유로.

슈팅-득점	국적	2022-23시즌 랑스					포지션
67-6 / 22-1	프랑스	⏱ 34-4	A 3064	P 9	P% 36.8-29.5	80%	
● 89-7 LG-0		DR 1.0-0.4	TK 1.8-1.1	IC 0.7	4-0	★ 4	
● 0-0 RG-6							
● 3-1 HG-1							

유럽 5대리그 공격형 미드필더 & 윙어 항목별 랭킹 (90분 기준 기록, 100분율)

G	A	SH	SG	PC	P%	PP	CR	SC	TK	IC	BT	DC	PR
하위 43%	상위 26%	상위 23%	상위 38%	상위 23%	하위 42%	상위 32%	상위 45%	상위 39%	하위 40%	하위 15%	상위 26%	상위 4%	상위 24%

Leroy SANÉ
평점 7.20　르로이 자네　1996.01.11 / 183cm

SCOUTING REPORT
'총알 탄 사나이'다. 최고 36.3km/h의 속도는 세계 윙어 중 톱클래스에 속한다. 폭발적인 순간 가속도에 긴 보폭을 활용한 큼직한 드리블로 상대 수비를 순식간에 제치고 슈팅까지 날린다. 자네의 드리블 돌파는 거의 '사기 유닛'이다. 왼발 킥의 파워와 정확도 역시 유럽 정상급이다. 팀의 전문 프리키커로 나선다. 경기마다 퍼포먼스에 기복이 큰 게 문제다.

PLAYER'S HISTORY
아버지 술레이만은 세네갈 축구선수였고, 어머니 레지나는 리듬체조 독일 국가대표 출신이다. 뮌헨, 맨체스터, 겔젠키르헨의 많은 사람에게 막대한 금액의 기부를 하였다. 시장 가치는 6500만 유로, 추정 연봉은 2000만 유로.

슈팅-득점 : 41-6 / 37-2
● 78-8　LG-4 / ● 6-0　RG-3 / ● 0-0　HG-1
국적 : 독일

2022-23시즌 바이에른 뮌헨
출전	분	Ⓐ	Ⓟ	P%
20-12	2012	7	32.5-27.0	83%

DR	TK	IC	경고-퇴장	★
4.2-2.2	1.8-1.3	0.2	4-0	1

유럽 5대리그 공격형 미드필더 & 윙어 항목별 랭킹(90분 기준 기록, 100분율)
G	A	SH	SG	PC	P%	PP	CR	SC	TK	IC	BT	DC	PR
상위 10%	상위 20%	상위 7%	상위 4%	상위 17%	상위 10%	상위 8%	하위 5%	상위 25%	상위 29%	하위 22%	상위 15%	상위 6%	상위 9%

Lorenzo PELLEGRINI
평점 7.19　로렌초 펠레그리니　1996.06.19 / 186cm

SCOUTING REPORT
프로 초창기 수비형 MF였으나 2018-19시즌부터 공격형 MF로 전진배치 되어 현재에 이른다. 볼을 다루는 기술은 평범하지만, 힘이 강하고, 밸런스가 좋아 드리블을 할 때 몸으로 잘 버틴다. 최고의 무기는 무시무시한 킥. 강하고 정확한 킥을 구사하며 프리킥, 코너킥, 페널티킥을 전담하고 있다. 2선 중앙에서 최전방, 혹은 좌우 날개로 정확한 패스를 찔러준다.

PLAYER'S HISTORY
16세부터 만나던 여자친구 베로니카와 2018년 5월 결혼했고, 현재 두 자녀를 두었다. 동료 중 스테판 엘샤라위, 잔루카 만치니, 레오나르도 스피나촐라와 가장 친하게 지낸다. 시장 가치는 3500만 유로, 추정 연봉은 648만 유로.

슈팅-득점 : 27-3 / 38-1
● 65-4　LG-1 / ● 9-0　RG-3 / ● 3-2　HG-0
국적 : 이탈리아

2022-23시즌 AS 로마
출전	분	Ⓐ	Ⓟ	P%
29-3	2558	5	29.8-23.9	80%

DR	TK	IC	경고-퇴장	★
2.4-1.1	2.3-1.5	0.9	5-0	5

유럽 5대리그 공격형 미드필더 & 윙어 항목별 랭킹(90분 기준 기록, 100분율)
G	A	SH	SG	PC	P%	PP	CR	SC	TK	IC	BT	DC	PR
하위 38%	상위 62%	상위 41%	하위 32%	하위 48%	하위 31%	하위 11%	상위 26%	상위 21%	상위 14%	상위 46%	상위 25%	하위 25%	하위 28%

Kingsley COMAN
평점 7.18　킹슬리 코망　1996.06.13 / 181cm

SCOUTING REPORT
측면을 돌파한 후 크로스를 올리는 클래식 윙어. 분데스리가에서 발이 가장 빠른 선수 중 1명이다. 2020-21시즌 35.6km/h, 2021-22시즌 36km/h의 최고속도를 기록했다. 파괴적인 스피드와 함께 순간 가속 역시 엄청나다. 워낙 빠르기에 별다른 몸동작이나 기술 없이 단순한 '치고 달리기'만 해도 수비수 1명쯤은 쉽게 제압한다. 문제는 심각한 '유리몸'이라는 점.

PLAYER'S HISTORY
롤 모델은 지네딘 지단. 한 인터뷰에서 "헤더를 두려워한다"고 고백했다. 모델 세포라 고이난과 결혼하였다가 곧 이혼했고, 현재는 스웨덴의 사브리나 두바드라와 사귀고 있다. 시장가치 6500만 유로, 추정 연봉 1700만 유로.

슈팅-득점 : 29-7 / 20-1
● 49-8　LG-1 / ● 0-0　RG-7 / ● 0-0　HG-0
국적 : 독일

2022-23시즌 바이에른 뮌헨
출전	분	Ⓐ	Ⓟ	P%
16-8	1421	5	31.5-25.2	85%

DR	TK	IC	경고-퇴장	★
3.8-2.1	1.0-0.6	0.1		4

유럽 5대리그 공격형 미드필더 & 윙어 항목별 랭킹(90분 기준 기록, 100분율)
G	A	SH	SG	PC	P%	PP	CR	SC	TK	IC	BT	DC	PR
상위 11%	상위 21%	상위 15%	상위 19%	상위 14%	상위 24%	상위 4%	상위 23%	상위 8%	상위 27%	상위 9%	상위 4%	상위 7%	상위 7%

Serge GNABRY
평점 7.17　세르주 나브리　1995.07.14 / 176cm

SCOUTING REPORT
뛰어난 순간 스피드와 슈팅력을 겸비한 '2선 공격수'. 주로 측면에서 활동하지만, 전통적인 윙어와 같은 직선적인 움직임보다는 하프스페이스를 공략하고, 안쪽으로 파고드는 인사이드 포워드의 성향을 지녔다. 발재간은 평범하지만 간결한 방향 전환으로 기회를 창출한다. 양발을 고루 사용하고 경기 평균 11km 정도를 뛴다. 경기마다 기복이 매우 심한 게 문제다.

PLAYER'S HISTORY
어린 시절부터 아스널의 광팬이었다. 최근 한 인터뷰에서 "만약 프리미어리그로 돌아갈 기회가 생긴다면 무조건 아스널로 간다"고 말했다. 요주아 키미히의 절친이다. 시장 가치는 5500만 유로, 추정 연봉은 1887만 유로.

슈팅-득점 : 71-14 / 11-0
● 82-14　LG-4 / ● 1-0　RG-8 / ● 1-1　HG-2
국적 : 독일

2022-23시즌 바이에른 뮌헨
출전	분	Ⓐ	Ⓟ	P%
22-12	1943	5	24.2-19.8	82%

DR	TK	IC	경고-퇴장	★
2.0-1.2	1.7-1.1	0.4	0-0	4

유럽 5대리그 공격형 미드필더 & 윙어 항목별 랭킹(90분 기준 기록, 100분율)
G	A	SH	SG	PC	P%	PP	CR	SC	TK	IC	BT	DC	PR
상위 2%	상위 14%	상위 3%	상위 1%	상위 28%	상위 21%	하위 48%	하위 29%	상위 41%	상위 28%	하위 44%	상위 33%	하위 31%	상위 27%

Mattia ZACCAGNI
마티아 차카니 1995.06.16 / 177cm

평점 7.16

SCOUTING REPORT
주로 공격형 미드필더로 출전한다. 그리고, 상황에 따라 중앙 미드필더 혹은 윙어로 나설 수도 있다. 기본기가 잘 잡힌 선수이기에 볼을 잘 다룬다. 또한, 빠른 스피드와 저돌적인 돌파를 자랑한다. 활동량도 많아서 전방에서 적극적으로 압박을 가한다. 시야가 넓고, 창의적이며 공격적인 전진 패스를 찌른다. 예전에는 패스 성공률이 낮았으나 2022-23시즌 좋아졌다.

PLAYER'S HISTORY
2012년 벨라리아 이제아에서 데뷔했고, 베로나, 베네치아, 시타델라를 거쳐 2022년 여름 라치오로 이적했다. 2020년 3월 18일, 코로나 양성 판정을 받아 격리 치료를 받았다. 시장 가치 3000만 유로, 추정 연봉 370만 유로.

슈팅-득점	국적	2022-23시즌 라치오					포지션
43-9				A	P	P%	
14-1		33-2	2783	6	27.7-23.5	85%	
●57-10 LG-3	이탈리아	DR	TK	IC		★	
●1-0 RG-6		3.5-1.8	2.0-1.2	0.7	9-0	5	
●1-1 HG-1							

유럽 5대리그 공격형 미드필더 & 윙어 항목별 랭킹(90분 기준 기록, 100분율)
G	A	SH	SG	PC	P%	PP	CR	SC	TK	IC	BT	DC	PR
상위	상위	하위	상위	상위	상위	하위	상위	하위	상위	상위	하위	상위	상위
35%	41%	33%	49%	46%	19%	33%	49%	49%	26%	49%	42%	26%	36%

Mohamed SALAH
모하메드 살라 1992.06.15 / 175cm

평점 7.16

SCOUTING REPORT
골문을 등진 플레이와 바라보는 플레이 모두 월드 클래스다. 최고 36.6km/h의 폭발적인 스피드에 자유롭게 가속 혹은 감속을 한다. 드리블할 때 볼을 툭 차 놓고 빠른 잔발을 이용해 돌파한다. 패스 콤비네이션, 좌우 대각선 패스, 칼날 스루패스도 압권. 기본적으로 슈팅을 많이 시도하지만, 성공률 자체는 높지 않다. 왼발잡이로 페널티킥 전문 키커 중 1명이다.

PLAYER'S HISTORY
리버풀에서 '이집트의 왕(The Egyptian King)'으로 불린다. 2013년 결혼한 아내 매기와의 사이에 두 딸 마카, 카야를 두었다. 글로벌 스포츠업체 아디다스의 후원을 받고 있다. 시장 가치는 6500만 유로, 추정 연봉은 2128만 유로.

슈팅-득점	국적	2022-23시즌 리버풀					포지션
104-18				A	P	P%	
21-1		37-1	3297	12	29.5-23.1	78%	
●125-19 LG-13	이집트	DR	TK	IC		★	
●2-0 RG-5		3.4-1.4	1.1-0.7	0.2	2-0	3	
●4-2 HG-1							

유럽 5대리그 공격형 미드필더 & 윙어 항목별 랭킹(90분 기준 기록, 100분율)
G	A	SH	SG	PC	P%	PP	CR	SC	TK	IC	BT	DC	PR
상위	상위	상위	상위	하위	상위	상위	하위	상위	하위	하위	상위	상위	상위
3%	13%	9%	5%	37%	38%	9%	17%	48%	49%	49%	31%	35%	49%

Domenico BERARDI
도메니코 베라르디 1992.09.14 / 183cm

평점 7.15

SCOUTING REPORT
사수올로를 상징하는 '반디에라'. 2013년부터 2년간 유벤투스에서 뛴 시절을 제외한 모든 커리어를 사수올로에서 보냈다. 주로 오른쪽 측면 공격형 미드필더로 뛰지만, 스트라이커 역할도 소화할 줄 안다. 동료의 움직임을 살리는 침투 패스가 뛰어나며, 기본 이상의 돌파력까지 가지고 있다. 저돌적인 플레이를 펼치다 보니 종종 거친 면모를 보이는 게 흠이다.

PLAYER'S HISTORY
아내 프란체스카와의 사이에 2021년생 아들을 두었다. 2022년 8월, 모데나 팬들이 본인의 가족을 조롱하자 화가 잔뜩 나 경기 종료 후 그 팬들을 쫓아가는 사건이 있었다. 시장 가치는 1800만 유로, 추정 연봉은 556만 유로.

슈팅-득점	국적	2022-23시즌 사수올로					포지션
44-11				A	P	P%	
39-1		22-4	1872	7	31.3-22.1	71%	
●83-12 LG-9	이탈리아	DR	TK	IC		★	
●4-0 RG-2		1.9-0.9	2.1-1.0	0.7	7-0	6	
●8-7 HG-1							

유럽 5대리그 공격형 미드필더 & 윙어 항목별 랭킹(90분 기준 기록, 100분율)
G	A	SH	SG	PC	P%	PP	CR	SC	TK	IC	BT	DC	PR
상위	상위	상위	상위	상위	하위	상위	상위	상위	하위	상위	상위	상위	상위
5%	10%	3%	31%	39%	17%	5%	35%	10%	36%	10%	23%	23%	21%

LEE Kangin
이강인 2001.02.19 / 173cm

평점 7.15

SCOUTING REPORT
향후 대한민국 축구 10년을 이끌고 갈 슈퍼 에이스. 순간적인 턴, 팬텀 드리블, 플립플랍, 체인지 페이스, 체인지 디렉션 등 고난도 테크닉을 가미한 드리블로 상대 수비를 쉽게 제압한다. 늘 동료들의 움직임을 파악하고, 전광석화처럼 날카롭게 패스를 찔러준다. 정교한 왼발 프리킥으로 득점을 올린다. AM, RW, LW, SS 등 2선 공격 어디에서든 제 몫을 해낸다.

PLAYER'S HISTORY
롤모델은 마라도나와 호나우지뉴. 시력이 좋지 않아 평소에는 안경을 끼고, 경기에 나설 때 렌즈를 사용한다. 2019 FIFA U-20 월드컵 골든볼 수상자다. 이적료 2200만 유로, 연봉 400만 유로로 파리 생제르맹으로 이적했다.

슈팅-득점	국적	2022-23시즌 마요르카					포지션
24-6				A	P	P%	
22-0		33-3	2841	6	24.6-19.7	80%	
●46-6 LG-5	대한민국	DR	TK	IC		★	
●7-0 RG-1		3.8-2.6	2.4-1.2	0.4	10-0	6	
●0-0 HG-0							

유럽 5대리그 공격형 미드필더 & 윙어 항목별 랭킹(90분 기준 기록, 100분율)
G	A	SH	SG	PC	P%	PP	CR	SC	TK	IC	BT	DC	PR
상위	상위	상위	상위	하위	하위	상위	상위	상위	하위	하위	하위	상위	하위
15%	13%	20%	25%	6%	33%	2%	14%	11%	4%	5%	30%	17%	17%

전체 슈팅 시도-득점 | 직접프리킥 시도-득점 | PK 시도-득점 | LG 왼발 득점 | RG 오른발 득점 | HG 헤더 득점 | ⏱ 출전횟수 선발·교체 | 출전시간 분(MIN) | A 평균 패스 시도-성공 | P 패스 성공률 | P% 패스 성공률 | DR 평균드리블 시도-성공 | TK 평균 태클 시도-성공 | IC 평균 인터셉트 | 페어플레이 경고·퇴장 | ★ MOM | G 득점 | A 도움 | SH 전체 슈팅 | SG 유효 슈팅 | PC 패스 시도 | P% 패스 성공 | PP 박스인 패스 | CR 크로스 | SC 슈팅기회 창출 | TK 태클 | IC 인터셉트 | BT 볼터치 | DC 드리블 성공 | PR 패스 받음

Benjamin BOURIGEAUD
평점 7.15
벤자맹 부리조
1994.01.14 / 178cm

SCOUTING REPORT
현재 프랑스 리그앙에서 가장 공격적인 패스를 시도하는 선수 중 하나다. 과감한 전진 패스로 상대 수비 배후를 깨뜨리는 플레이에 능하다. 동료에게 정확하게 배송하는 킥도 강점, 그렇기에 팀에서는 주로 전담 키커로 활동한다. 활동량과 테크닉도 기본 이상이다. 다만 지나치게 전진 패스를 시도해 전체적인 패스 성공률은 낮은 편. 드리블 돌파력은 평범하다.

PLAYER'S HISTORY
랑스 유스 출신으로 2012년 이 팀 2군에서 데뷔했다. 이듬해 랑스 1군으로 승격했고, 2017년 여름 스타드 렌으로 이적했다. 프랑스 U-20 대표 출신이지만 A대표 경력은 없다. 시장 가치 1800만 유로 추정 연봉 228만 유로.

슈팅-득점	국적	2022-23시즌 스타드 렌					포지션
37-5 / 36-2	프랑스	37-0	3084	10	A 46.5-37.8	P% 81%	
● 73-7 LG-2		DR 0.9-0.5	TK 2.3-1.2	IC 0.7	4-1	★ 4	
● 10-1 RG-5							
● 2-2 HG-0							

유럽 5대리그 공격형 미드필더 & 윙어 항목별 랭킹(90분 기준 기록, 100분율)

G	A	SH	SG	PC	P%	PP	CR	SC	TK	IC	BT	DC	PR
하위 29%	상위 15%	하위 42%	하위 29%	상위 7%	하위 44%	상위 21%	상위 4%	상위 17%	하위 42%	상위 16%	하위 5%	상위 1%	하위 14%

Moussa DIABY
평점 7.14
무사 디아비
1999.07.07 / 170cm

SCOUTING REPORT
'스피드 마스터'다. 분데스리가 데뷔 첫해에 최고속도 36km/h를 찍었다. 또한, 작은 신체에서 나오는 민첩함과 가속은 리그 정상급이다. 거기에 흑인 특유의 탄력과 유연성을 비롯한 운동 능력이 뛰어나 다양한 자세에서 볼을 다룰 수 있다. 스피드를 앞세워 상대 수비수 뒤쪽 공간을 노리고, 측면을 돌파해 박스 근처의 동료에게 정확히 내준다. 왼발 킥도 날카롭다.

PLAYER'S HISTORY
말리계 이민 2세로 프랑스 파리에서 태어났다. 2017년 PSG 2군에서 데뷔했고, 이듬해 이 팀 1군으로 승격했다. 크로토네 임대를 거쳐 2019년 여름 레버쿠젠으로 이적했다. 시장 가치는 5000만 유로, 추정 연봉은 226만 유로.

슈팅-득점	국적	2022-23시즌 바이에르 레버쿠젠					포지션
52-7 / 28-2	프랑스	33-0	2716	8	A 26.6-21.0	P% 79%	
● 80-9 LG-7		DR 3.3-1.6	TK 0.6-0.4	IC 0.3	4-0	★ 3	
● 0-0 RG-2							
● 1-0 HG-0							

유럽 5대리그 공격형 미드필더 & 윙어 항목별 랭킹(90분 기준 기록, 100분율)

G	A	SH	SG	PC	P%	PP	CR	SC	TK	IC	BT	DC	PR
상위 26%	상위 31%	상위 17%	하위 39%	상위 50%	상위 21%	상위 41%	하위 1%	상위 4%	하위 20%	하위 40%	상위 45%	상위 49%	하위

Rafael LEÃO
평점 7.13
하파엘 레앙
1999.06.10 / 188cm

SCOUTING REPORT
빠르고 폭발적인 드리블로 측면을 분쇄하는 특급 날개. 볼을 가지고 있을 때만큼은 유럽 정상급 돌격 대장이라 해도 무방하다. 두 시즌 연속 두 자릿수 득점-도움을 해냈을 정도로 공격 포인트 양산 능력도 출중하다. 그러나 오프더볼 움직임이 좋지 않고 수비에 잘 가담하지 않는다는 단점도 갖고 있다. 플레이 특성상 스프린트가 많아 후반 체력 고갈 증상도 보인다.

PLAYER'S HISTORY
앙골라 이민자 출신. 스포르팅 CP 시절 훈련장을 급습한 팬들의 공격에 놀라 일방적으로 계약 해지해 거액의 빚을 지기도 했다. WAY 45라는 이름으로 랩퍼로 활동하기도 한다. 시장 가치는 9000만 유로, 추정 연봉은 641만 유로.

슈팅-득점	국적	2022-23시즌 AC 밀란					포지션
60-12 / 32-3	포르투갈	28-7	2434	8	A 21.4-15.9	P% 74%	
● 92-15 LG-4		DR 4.8-2.3	TK 0.4-0.2	IC 0.4	5-1	★ 8	
● 0-0 RG-10							
● 0-0 HG-1							

유럽 5대리그 공격형 미드필더 & 윙어 항목별 랭킹(90분 기준 기록, 100분율)

G	A	SH	SG	PC	P%	PP	CR	SC	TK	IC	BT	DC	PR
상위 8%	상위 11%	상위 13%	상위 37%	하위 9%	하위 25%	상위 13%	하위 46%	상위 26%	하위 1%	상위 47%	상위 17%	상위 3%	하위 36%

SON Heungmin
평점 7.11
손흥민
1992.07.08 / 184cm

SCOUTING REPORT
가장 자신 있어하는 포지션은 레프트 윙이지만, 오른쪽 측면은 물론 이른바 '센트럴 손'이라 불리는 CF, AM 역할도 잘 한다. 폭발적 주력을 앞세운 돌파, 박스 외곽에서 사정거리와 적정한 각도가 주어지면 주저 없이 날리는 강슛이 트레이드마크다. 특히 오른발과 왼발할 것 없이 똑같이 정교한 슈팅을 날리는 것으로 유명하다. 다만 헤더를 시도하는 빈도가 낮다.

PLAYER'S HISTORY
EPL에서 7년 연속 두 자릿수 득점을 올렸으며, 2021-22시즌에는 아시아인 최초로 EPL 득점왕까지 거머쥐었다. 2020년 FIFA 푸스카스상 주인공이기도 한 아시아 최고 스타. 시장 가치는 6000만 유로, 추정 연봉은 988만 유로.

슈팅-득점	국적	2022-23시즌 토트넘 핫스퍼					포지션
47-7 / 34-3	대한민국	33-3	2899	6	A 21.8-17.9	P% 82%	
● 81-10 LG-4		DR 2.3-1.0	TK 1.3-0.7	IC 0.4	2-0	★ 2	
● 5-0 RG-6							
● 0-0 HG-0							

유럽 5대리그 공격형 미드필더 & 윙어 항목별 랭킹(90분 기준 기록, 100분율)

G	A	SH	SG	PC	P%	PP	CR	SC	TK	IC	BT	DC	PR
상위 30%	하위 38%	상위 28%	상위 18%	하위 36%	하위 25%	상위 36%	상위 49%	하위 20%	하위 31%	하위 6%	하위 21%	하위 12%	

Marcus RASHFORD
평점 7.10
마커스 래시포드
1997.10.31 / 185cm

SCOUTING REPORT
탄탄한 기본기와 빠른 주력으로 2선 전 지역은 물론 스트라이커까지 책임질 수 있는 자원. 유망주 시절부터 오른발 킥은 강하고 정교하기로 유명했다. 선천적 장점에 비해 영리하지 못하다는 평도 있었으나, 2022 FIFA 카타르월드컵 이후 모든 면에서 진일보했다는 평을 받을 정도로 각성했다. 득점뿐만 아니라 크로스나 패스로 찬스를 만드는 빈도도 증가했다.

PLAYER'S HISTORY
루이 판 할 감독에 의해 2016년 맨체스터 유나이티드 A팀에 데뷔, 현재까지 팀의 간판으로 활동하고 있다. 2022-23 UEFA 유로파리그서 6골을 터뜨리며 득점왕에 올랐다. 시장 가치는 8000만 유로, 추정 연봉은 1216만 유로.

슈팅-득점	국적	2022-23시즌 맨체스터 유나이티드					포지션
78-15			A	P	P%		
30-2		32-3	2890	5	22.2-17.6	79%	
● 108-17 LG-3							
● 7-0 RG-11	잉글랜드	DR	TK	IC		★	
● 0-0 HG-3		4.0-1.7	1.0-0.6	0.2	2-0	6	

유럽 5대리그 공격형 미드필더 & 윙어 항목별 랭킹(90분 기준 기록, 100분율)

G	A	SH	SG	PC	P%	PP	CR	SC	TK	IC	BT	DC	PR
상위	하위	상위	상위	하위	상위	상위	하위	상위	하위	하위	하위	상위	하위
4%	41%	2%	1%	14%	36%	33%	4%	17%	9%	8%	8%	38%	24%

Florian KAINZ
평점 7.10
플로리안 카인츠
1992.10.24 / 175cm

SCOUTING REPORT
주로 2선 왼쪽 날개 혹은 중앙 공격형 미드필더로 뛴다. 전담 키커로 나설 정도로 정교한 오른발 킥을 자랑하는데, 왼발 사용도 이에 못잖게 능숙하다. 동료들의 움직임을 최대한 살리는 킬 패스가 매우 예리하다. 2022-23 분데스리가에서 어시스트 10개를 올렸는데, 이는 도움 랭킹 3위 기록이다. 그러나 제공권 다툼에 약하며, 종종 기복을 보인다는 단점이 있다.

PLAYER'S HISTORY
2010년 슈투름 그라츠에서 데뷔했으며, 2016년 베르더 브레멘을 통해 분데스리가에 입성했다. 현 소속팀 쾰른의 1부리그 승격 공신이자 현재 에이스로 자리를 굳힌 충신. 시장 가치는 500만 유로, 추정 연봉은 140만 유로.

슈팅-득점	국적	2022-23시즌 FC 쾰른					포지션
24-6			A	P	P%		
30-0		31-1	2372	10	28.4-20.7	73%	
● 54-6 LG-0							
● 6-0 RG-6	오스트리아	DR	TK	IC		★	
● 3-3 HG-0		2.7-1.1	1.2-0.7	0.9	4-1	3	

유럽 5대리그 공격형 미드필더 & 윙어 항목별 랭킹(90분 기준 기록, 100분율)

G	A	SH	SG	PC	P%	PP	CR	SC	TK	IC	BT	DC	PR
하위	상위	하위	상위	상위	하위	상위	상위	상위	하위	상위	상위	하위	하위
46%	5%	40%	46%	43%	6%	8%	1%	13%	15%	3%	21%	32%	41%

MITOMA Kaoru
평점 7.10
미토마 카오루
1997.05.20 / 178cm

SCOUTING REPORT
거침없는 돌파 능력이 최대 강점인 일본의 크랙. 스프린트를 시도할 공간만 확보되어 있으면 재능을 최대치로 활용할 줄 안다. 돌파에만 집착하지 않고 유효적절하게 킬 패스를 날리는 것 역시 강점. 뿐만 아니라 일본 선수답게 오프더볼 등 전술적 움직임도 척척 소화해낸다. 무엇보다 일본 선수는 피지컬이 약하다는 편견을 깨뜨리는 유형이라는 점이 인상적이다.

PLAYER'S HISTORY
2020년 가와사키 프론탈레에서 데뷔했으나 이제 프로 4년차에 불과한 젊은 재능이다. 2022 FIFA 카타르월드컵서 일본의 16강 진출에 크게 기여하며 명성을 얻었다. 시장 가치는 3200만 유로, 추정 연봉은 60만 유로.

슈팅-득점	국적	2022-23시즌 브라이튼					포지션
46-5			A	P	P%		
6-2		24-9	2318	5	27.9-23.2	83%	
● 52-7 LG-0							
● 0-0 RG-5	일본	DR	TK	IC		★	
● 0-0 HG-2		3.8-1.9	2.0-1.3	0.6	0-0	4	

유럽 5대리그 공격형 미드필더 & 윙어 항목별 랭킹(90분 기준 기록, 100분율)

G	A	SH	SG	PC	P%	PP	CR	SC	TK	IC	BT	DC	PR
상위	상위	하위	상위	상위	상위	하위	하위	상위	상위	상위	상위	상위	상위
41%	46%	41%	43%	36%	21%	31%	28%	33%	26%	28%	44%	16%	63%

Patrick WIMMER
평점 7.09
파트리크 비머
2001.05.30 / 182cm

SCOUTING REPORT
분데스리가가 홈페이지에서 리오넬 메시 · 케빈 더 브라위너 등 쟁쟁한 스타들과 플레이스타일이 흡사하다고 평가하기도 했다. 온더볼 상황에서 매우 위협적인 드리블로 찬스를 만드는 데 능하며, 출전 시간 대비 득점 혹은 도움을 많이 만들어낸다. 2022-23 분데스리가에서는 4골 8도움을 올리기도 했다. 2선 전 지역을 커버하며, 수비에도 상당히 적극적으로 가담한다.

PLAYER'S HISTORY
2017년 SV 가플렌츠에서 데뷔했으며, 아우스트리아 빈 · 빌레펠트를 거쳐 2022년부터 볼프스부르크에서 뛰고 있다. 계약 기간은 2027년 6월까지이며, 국가대표로 5경기 출전 중. 시장 가치는 1800만 유로, 추정 연봉은 198만 유로.

슈팅-득점	국적	2022-23시즌 볼프스부르크					포지션
28-4			A	P	P%		
3-0		23-3	1665	8	17.5-11.6	66%	
● 31-4 LG-2							
● 0-0 RG-2	오스트리아	DR	TK	IC		★	
● 0-0 HG-0		2.4-1.1	2.6-1.6	0.5	7-0	0	

유럽 5대리그 공격형 미드필더 & 윙어 항목별 랭킹(90분 기준 기록, 100분율)

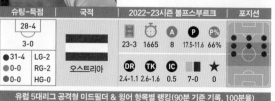

G	A	SH	SG	PC	P%	PP	CR	SC	TK	IC	BT	DC	PR
하위	상위	하위	상위	하위	하위	상위	상위	상위	상위	하위	상위	하위	하위
44%	4%	27%	47%	8%	2%	33%	37%	41%	9%	16%	32%	50%	9%

Edon ZHEGROVA

평점 7.08

에돈 제그로바   1999.03.31 / 174cm

SCOUTING REPORT

윙 전문 플레이어이자 전형적인 크랙형 테크니션. 볼을 잘 다루고, 몸동작이 매우 민첩하다. 전진 드리블을 시도하면서도 볼을 잘 지켜내며, 우수한 신체 밸런스와 바디 페이크를 통해 상대 수비를 쉽게 제압한다. 이런 특성 때문에 소속팀 릴 OSC 선배인 에덴 아자르와 흡사하다는 평을 받기도 한다. 단, 왼발에 너무 의존하는 플레이에서 벗어날 필요는 있다.

PLAYER'S HISTORY

코소보, 알바니아, 독일 등 3중 국적이고, 코소보 국가대표를 선택했다. 아이돌 같은 외모, 화려한 패션으로 여성팬들에게 최고 인기를 얻고 있다. 인스타그램 인플루언서이다. 시장 가치는 700만 유로, 추정 연봉은 120만 유로.

슈팅-득점	국적	2022-23시즌 릴						포지션
26-3		⏱	A	P	P%			
16-0	코소보	11-11 1056	4	23.1-19.2	83			
● 42-3 LG-3		DR	TK	IC	■	★		
● 1-0 RG-0		4.9-2.5	1.3-0.8	0.1	1-0	2		
● 0-0 HG-0								

유럽 5대리그 공격형 미드필더 & 윙어 항목별 랭킹(90분 기준 기록, 100분율)

G	A	SH	SG	PC	P%	PP	CR	SC	TK	IC	BT	DC	PR
상위	상위	상위	상위	상위	상위	상위	상위	상위	상위	하위	상위	상위	상위
45%	9%	4%	7%	14%	40%	3%	2%	1%	38%	6%	4%	7%

Felipe ANDERSON

평점 7.08

펠리페 안데르송   1993.04.15 / 177cm

SCOUTING REPORT

주로 라이트 윙으로 뛰지만 종종 폴스나인 역할도 맡을 정도로 영리한 공격수다. 브라질 특유의 현란한 개인 돌파가 강점이며, 정지된 상태에서 날리는 오른발 킥이 정교하고 위력적이다. 수비를 등한시하는 여타 브라질 크랙과 달리 수시로 후방으로 내려와 방어에 힘을 보탠다. 그러나 드리블할 때 날리는 패스는 다소 부정확하며, 기복이 다소 심한 게 단점이다.

PLAYER'S HISTORY

2010년 산투스에서 데뷔, 2013년 라치오와 인연을 맺었다. 새로운 도전을 위해 EPL과 포르투갈 프리메이라 리가에서도 뛰었지만 실패하고 2021년 다시 라치오로 복귀했다. 시장 가치는 1500만 유로, 추정 연봉은 282만 유로.

슈팅-득점	국적	2022-23시즌 라치오						포지션
31-9		⏱	A	P	P%			
10-0	브라질	35-3 2969	2	35.2-28.1	80%			
● 41-9 LG-2		DR	TK	IC	■	★		
● 0-0 RG-5		2.7-1.3	3.7-2.2	0.7	3-0	4		
● 0-0 HG-2								

유럽 5대리그 공격형 미드필더 & 윙어 항목별 랭킹(90분 기준 기록, 100분율)

G	A	SH	SG	PC	P%	PP	CR	SC	TK	IC	BT	DC	PR
상위	하위	하위	하위	상위	상위	상위	하위	상위	상위	상위	상위	상위	상위
43%	22%	10%	49%	23%	34%	45%	27%	36%	3%	11%	29%	44%	26%

Isi PALAZÓN

평점 7.08

이시 팔라손   1994.12.27 / 169cm

SCOUTING REPORT

주로 오른쪽에서 활약하는 왼발잡이 단신 테크니션. 주로 측면에서 중앙으로 치고 들어가는 인사이드 포워드 역할을 맡는다. 2022-23 라 리가에서 9골 5도움을 올렸다. 민첩한 드리블로 상대 수비진을 깨뜨리는 플레이를 즐기는데, 패스 실력 역시 기본 이상이라 찬스메이킹도 거뜬히 해낸다. 그러나 피지컬의 한계 때문에 상대의 거친 태클에 취약한 편이다.

PLAYER'S HISTORY

2009년 시에사에서 데뷔했으며 커리어 내내 하부리그 클럽에서 활동했다. 라요 바예카노에서는 2020년부터 뛰고 있으며, 지난 5월 2028년 6월까지 계약을 연장했다. 시장 가치는 1200만 유로, 추정 연봉은 120만 유로.

슈팅-득점	국적	2022-23시즌 라요 바예카노						포지션
34-6		⏱	A	P	P%			
60-3	스페인	36-1 2990	5	31.5-24.9	79%			
● 94-9 LG-9		DR	TK	IC	■	★		
● 3-0 RG-0		3.1-1.5	2.5-1.3	0.4	4-0	3		
● 3-1 HG-0								

유럽 5대리그 공격형 미드필더 & 윙어 항목별 랭킹(90분 기준 기록, 100분율)

G	A	SH	SG	PC	P%	PP	CR	SC	TK	IC	BT	DC	PR
상위	하위	상위	하위	상위	하위	상위	상위	상위	상위	상위	하위	상위	상위
39%	37%	18%	67%	38%	27%	46%	33%	43%	46%	44%	28%	43%	39%

Ademola LOOKMAN

평점 6.98

아데몰라 루크만   1997.10.20 / 174cm

SCOUTING REPORT

2022-23 세리에 A에서 13골 8도움이라는 훌륭한 성적을 냈다. 라이트 윙이지만, 폴스 나인 혹은 중앙 공격형 MF도 소화할 줄 안다. 폭발적 스피드로 상대 수비를 휘젓는 스타일이라 후반 슈퍼 서브로도 자주 기용되는 편. 키는 크지 않지만 단단한 피지컬을 가지고 있어 볼 간수 능력이 뛰어나며 좋은 킥력을 바탕으로 모험적인 패스로 동료에게 찬스를 제공한다.

PLAYER'S HISTORY

찰튼 애슬래틱 유스 출신이며 잉글랜드 연령별 대표 출신이다. 하지만 A대표는 '혈통'인 나이지리아를 선택했다. 한국에서 열린 2017 FIFA U-20 월드컵에 출전해 우승을 경험했다. 시장 가치는 3000만 유로, 추정 연봉은 231만 유로.

슈팅-득점	국적	2022-23시즌 아탈란타						포지션
40-12		⏱	A	P	P%			
12-1	나이지리아	20-11 1737	6	19.3-15.3	79%			
● 52-13 LG-2		DR	TK	IC	■	★		
● 1-0 RG-10		2.6-1.2	0.8-0.5	0.1	3-0	1		
● 3-3 HG-1								

유럽 5대리그 공격형 미드필더 & 윙어 항목별 랭킹(90분 기준 기록, 100분율)

G	A	SH	SG	PC	P%	PP	CR	SC	TK	IC	BT	DC	PR
상위	상위	상위	상위	하위	상위	상위	하위	상위	하위	하위	하위	상위	하위
1%	14%	22%	7%	40%	45%	27%	23%	9%	13%	35%	39%	39%	47%

Sofiane BOUFAL
평점 7.06
소피앙 부팔
1993.09.17 / 175cm

SCOUTING REPORT

양발 모두 사용 가능한 2선 공격 자원. 주로 레프트윙으로 뛴다. 탄탄한 기본기와 좋은 밸런스를 바탕으로 터치라인을 휩쓰는 탱크 스타일의 날개다. 돌파에 주력하는 스타일이다 보니 종종 볼을 끌어 공격 템포를 잡아먹는 경우가 많다. 그러나 패스나 슈팅의 정확성은 좋은 편이다. 수비에 열심히 가담하지만 파울이 많아 카드도 그만큼 많이 수집한다.

PLAYER'S HISTORY

2012년 앙제에서 데뷔한 후 프랑스에서만 활약하다 2022 FIFA 카타르월드컵 후 카타르 클럽 알 라얀으로 이적했다. 모로코의 카타르월드컵 4강 신화의 주역 중 하나다. 시장 가치는 800만 유로.

슈팅-득점	국적	2022-23시즌 앙제	포지션
11-4			
12-0		⏱ A P P%	
		9-4 838 3 33.8-27.4 81%	
●23-4 LG-1			
●4-0 RG-2	모로코	DR TK IC ■ ★	
●2-2 HG-1		6.1-3.1 1.8-1.0 0.4 1-1 3	

유럽 5대리그 공격형 미드필더 & 윙어 항목별 랭킹(90분 기준 기록, 100분율)

G	A	SH	SG	PC	P%	PP	CR	SC	TK	IC	BT	DC	PR
상위	상위	상위	상위	상위	상위	하위	상위	상위	상위	상위	상위	상위	상위
9%	12%	42%	24%	14%	44%	33%	35%	40%	39%	7%	1%	3%	

LEE Jaesung
평점 7.05
이재성
1992.10.08 / 180cm

SCOUTING REPORT

감독들이 가장 좋아하는 유형의 선수. 축구 지능과 에너지를 모두 갖춘 '육각형 미드필더'로 공격형과 수비형 가리지 않고 중원 전 지역을 커버한다. 빼어난 탈압박 능력과 오프 더 볼 실력을 앞세워 찬스를 만들어나가며, 팀이 수세에 몰리면 피치 곳곳에 발도장을 찍으며 후방 강화에 힘을 보탠다. 2022-23시즌을 통해 득점력에서도 비약적인 발전을 이뤄냈다.

PLAYER'S HISTORY

안드레스 이니에스타를 존경한다. 팬서비스를 정말 잘 하는 선수다. 네이버 블로그에 '이재성의 축구 이야기'를 연재했다. 2023년 6월 27일, 마인츠와 2026년까지 계약을 연장했다. 시장 가치 400만 유로, 추정 연봉 196만 유로.

슈팅-득점	국적	2022-23시즌 마인츠 05	포지션
26-7			
9-0		⏱ A P P%	
		24-10 1904 4 22.0-16.3 74%	
●35-7 LG-3			
●0-0 RG-1	대한민국	DR TK IC ■ ★	
●0-0 HG-3		1.2-0.8 1.7-1.2 0.5 2-0 3	

유럽 5대리그 공격형 미드필더 & 윙어 항목별 랭킹(90분 기준 기록, 100분율)

G	A	SH	SG	PC	P%	PP	CR	SC	TK	IC	BT	DC	PR
상위	상위	하위	상위	하위	하위	하위	상위	하위	상위	상위	하위	하위	하위
26%	31%	24%	44%	45%	29%	39%	24%	19%	16%	48%	28%	27%	

RAPHINHA
평점 7.04
하피냐
1996.12.14 / 176cm

SCOUTING REPORT

2022-23 라 리가에서 36경기 7골 7도움을 올린 바르셀로나의 주전 라이트윙. 왼발을 쓰는 반대발 날개이며, 화려한 개인기와 정교한 킥을 활용한 플레이메이킹이 장점이다. 강철 체력까지 지녀 공격뿐만 아니라 수비에도 쉴 새 없이 가담한다. 하지만 극단적으로 왼발에 편중된 플레이를 펼치며, 기복이 심해 안 되는 날에는 너무 많이 공격권을 상대에 넘긴다.

PLAYER'S HISTORY

2022년 7월 5년 계약 조건으로 바르셀로나에 입단했다. 우상 호나우지뉴가 전성기를 구가했던 '드림 클럽' 바르셀로나에서 뛴다는 것만으로도 커다란 충성심을 보인다. 시장 가치는 6000만 유로, 추정 연봉은 1250만 유로.

슈팅-득점	국적	2022-23시즌 FC 바르셀로나	포지션
46-7			
33-0		⏱ A P P%	
		25-11 2087 7 28.8-23.0 80%	
●79-7 LG-1			
●11-0 RG-3	브라질	DR TK IC ■ ★	
●0-0 HG-3		3.0-1.3 1.3-0.7 0.4 8-0 6	

유럽 5대리그 공격형 미드필더 & 윙어 항목별 랭킹(90분 기준 기록, 100분율)

G	A	SH	SG	PC	P%	PP	CR	SC	TK	IC	BT	DC	PR
상위	상위	상위	상위	상위	하위	상위	상위	상위	상위	상위	상위	상위	상위
37%	13%	5%	21%	15%	28%	3%	15%	6%	9%	25%	3%	38%	8%

Sadio MANÉ
평점 7.00
사디오 마네
1992.04.10 / 174cm

SCOUTING REPORT

의심의 여지없는 아프리카 최고 스타지만, 2022-23시즌 전 바이에른 뮌헨으로 이적하면서 주춤했다. 25경기 7골 5도움은 그의 명성에 비해 부족해보이는데, 부상 그리고 동료와 다툼 등 적응 문제 때문이다. 전성기 시절 마네는 밀집 수비를 폭발적인 스피드와 개인기로 뚫어버리는 '슈퍼 크랙'이었다. 수준 높은 플레이메이킹, 높은 수비 가담 빈도도 강점이었다.

PLAYER'S HISTORY

메스-잘츠부르크-사우샘프턴을 거쳐 2016년 리버풀에 입단, 맹활약하며 명성을 얻었다. 아프리카 올해의 선수상을 2회(2019·2022) 수상했다. EPL 득점왕 출신. 시장 가치는 2500만 유로, 추정 연봉은 2200만 유로.

슈팅-득점	국적	2022-23시즌 바이에른 뮌헨	포지션
52-7			
3-0		⏱ A P P%	
		18-7 1432 5 15.5-11.7 76%	
●55-7 LG-3			
●0-0 RG-2	세네갈	DR TK IC ■ ★	
●2-1 HG-2		2.0-1.1 0.8-0.4 0.0 5-2 0	

유럽 5대리그 공격형 미드필더 & 윙어 항목별 랭킹(90분 기준 기록, 100분율)

G	A	SH	SG	PC	P%	PP	CR	SC	TK	IC	BT	DC	PR
상위	상위	상위	상위	상위	하위	상위	하위	상위	상위	하위	하위	상위	하위
8%	23%	4%	13%	20%	49%	10%	34%	38%	24%	11%	16%	45%	33%

● ● ● LG RG HG | ⏱ A P P% DR TK IC ■ ★ G A SH SG PC P% PP CR SC TK IC BT DC PR

전체 슈팅 · 직접프리킥 · PK · 왼발 · 오른발 · 헤더 · 출전횟수 · 출전시간 · 평균 패스 · 패스 · 평균드리블 · 평균 태클 · 평균 · 페어플레이 · MOM · 득점 · 도움 · 전체 · 슈팅 · 패스 · 패스 · 박스 안 · 크로스 · 슈팅기회 · 태클 · 인터셉트 · 볼 터치 · 드리블 · 패스
시도-득점 · 시도-득점 · 시도-득점 · 득점 · 득점 · 득점 · 선발-교체 · 분(MIN) · 시도-성공 · 성공률 · 시도-성공 · 시도-성공 · 인터셉트 · 경고-퇴장 · 슈팅 · 시도 · 성공률 · 성공률 · 패스 · 창출 · 성공

Miguel ALMIRÓN
미겔 알미론   1994.02.10 / 174cm

평점 6.99

SCOUTING REPORT
작지만 탱크같은 피지컬을 가지고 있는 오른쪽 날개. 유연한 개인기와 민첩성을 바탕으로 볼을 가진 상태에서도 속도감 있는 드리블을 구사한다. 활동량도 풍부해 전방 압박 등 오프더볼 움직임도 굉장히 열심히 하는 편. 주변 동료와 연계 플레이도 훌륭하게 소화한다. 그러나 테크닉이 세밀하다고는 할 수 없다. 가장 치명적인 단점은 왼발에 편중된 플레이다.

PLAYER'S HISTORY
본격적 명성을 얻은 건 미국 MLS 클럽 애틀란타 유나이티드에서부터였다. 이곳에서 신인왕은 물론 2년 연속 베스트 일레븐을 차지해 뉴캐슬로 이적할 수 있었다. 시장 가치는 3200만 유로, 추정 연봉은 364만 유로.

슈팅-득점	국적	2022-23시즌 뉴캐슬 유나이티드				포지션
50-9		⏱	A	P	P%	
19-2		29-5 2508	2	27.3-23.1	85%	
● 69-11 LG-10	파라과이	DR	TK	IC	■ ★	
● 0-0 RG-1		2.4-1.1	2.0-1.3	0.3	2-0	2
● 0-0 HG-0						

유럽 5대리그 공격형 미드필더 & 윙어 항목별 랭킹(90분 기준 기록, 100분율)

G	A	SH	SG	PC	P%	PP	CR	SC	TK	IC	BT	DC	PR
상위	하위	상위	하위	상위	상위	하위	하위	하위	상위	하위	하위	하위	하위
16%	10%	28%	45%	41%	8%	55%	0%	28%	30%	31%	41%	31%	39%

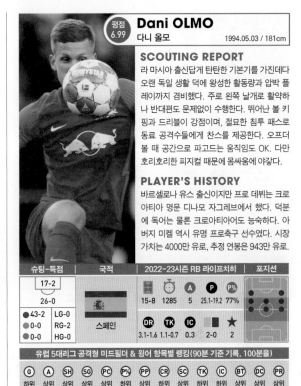

Dani OLMO
다니 올모   1994.05.03 / 181cm

평점 6.99

SCOUTING REPORT
라 마시아 출신답게 탄탄한 기본기를 가진데다 오랜 독일 생활 덕에 왕성한 활동량과 압박 플레이까지 겸비했다. 주로 왼쪽 날개로 활약하나 반대편도 문제없이 수행한다. 뛰어난 볼 키핑과 드리블이 강점이며, 절묘한 침투 패스로 동료 공격수들에게 찬스를 제공한다. 오프더볼 때 공간으로 파고드는 움직임도 OK. 다만 호리호리한 피지컬 때문에 몸싸움에 약하다.

PLAYER'S HISTORY
바르셀로나 유스 출신이지만 프로 데뷔는 크로아티아 명문 디나모 자그레브에서 했다. 덕분에 독어는 물론 크로아티아어도 능숙하다. 아버지 미켈 역시 유명 프로축구 선수였다. 시장 가치는 4000만 유로, 추정 연봉은 943만 유로.

슈팅-득점	국적	2022-23시즌 RB 라이프치히				포지션
17-2		⏱	A	P	P%	
26-0		15-8 1285	5	25.1-19.2	77%	
● 43-2 LG-0	스페인	DR	TK	IC	■ ★	
● 0-0 RG-2		3.1-1.6	1.1-0.7	0.3	2-0	2
● 0-0 HG-0						

유럽 5대리그 공격형 미드필더 & 윙어 항목별 랭킹(90분 기준 기록, 100분율)

G	A	SH	SG	PC	P%	PP	CR	SC	TK	IC	BT	DC	PR
하위	상위	상위	상위	상위	하위	상위	하위	상위	하위	상위	상위	상위	상위
16%	10%	12%	14%	33%	48%	24%	0%	23%	37%	24%	11%	24%

Adam OUNAS
아담 우나스   1996.11.11 / 172cm

평점 6.99

SCOUTING REPORT
2선 전 지역을 커버하나, 최근에는 주로 오른쪽 터치라인에서 활동한다. 2022-23 리그 1에서 21경기 1골 2도움에 그쳤는데, 이는 심각한 다리 부상 등 부침이 많았기 때문이다. 간결하면서도 재빠른 드리블이 강점이며, 돌파를 시도할 때 속도를 살려 슈팅까지 가져가는 플레이가 뛰어나다. 이때문에 피파울 빈도가 상당히 많다. 그러나 왼발에만 집착하는 게 단점이다.

PLAYER'S HISTORY
보르도 유스 출신. 프로 골키퍼 출신 아버지의 권유로 축구를 시작했다. 나폴리에 몸담은 적 있으나 입지를 다지지 못하고 여러 팀에 임대를 다니다 2022년 릴OSC에 합류했다. 시장 가치는 700만 유로, 추정 연봉은 273만 유로.

슈팅-득점	국적	2022-23시즌 나폴리+릴				포지션
13-1		⏱	A	P	P%	
14-0		12-11 1078	1	21.7-17.3	80%	
● 27-1 LG-1	알제리	DR	TK	IC	■ ★	
● 3-0 RG-0		3.7-2.0	1.1-0.9	0.3	2-0	1
● 0-0 HG-0						

유럽 5대리그 공격형 미드필더 & 윙어 항목별 랭킹(90분 기준 기록, 100분율)

G	A	SH	SG	PC	P%	PP	CR	SC	TK	IC	BT	DC	PR
하위	하위	상위	상위	상위	하위	상위	상위	상위	상위	상위	상위	상위	상위
6%	16%	44%	50%	22%	27%	3%	7%	15%	29%	27%	12%	3%	14%

Rafael RATÃO
하파엘 하탕   1995.11.30 / 183cm

평점 6.98

SCOUTING REPORT
좌우 측면을 모두 책임질 수 있는 윙. 수비수와 일대일 승부를 매우 즐긴다. 발 기술보다는 순간 스피드를 발휘해 상대를 쉽게 제치며 조금이라도 슈팅 각도가 주어지면 모험적인 슈팅을 날리는 편이다. 양발을 가리지 않는다는 점도 강점. 공격적 성향이지만 수비 가담 빈도도 많은 편이다. 그러나 파울의 잦으며 무리한 태클 때문에 카드를 받는 경우도 많다.

PLAYER'S HISTORY
2016년 K리그2 충주 험멜에서 17경기 5득점을 올린 기록이 있다. 한국뿐만 아니라 조국 브라질과 동유럽 우크라이나에서도 뛰었고, 툴루즈에서는 2021년부터 활약하고 있다. 시장 가치는 250만 유로, 추정 연봉은 50만 유로.

슈팅-득점	국적	2022-23시즌 툴루즈				포지션
27-5		⏱	A	P	P%	
4-0		25-5 1871	4	24.1-18.9	78%	
● 31-5 LG-0	브라질	DR	TK	IC	■ ★	
● 0-0 RG-5		2.8-1.4	3.2-1.6	0.7	2-0	1
● 0-0 HG-0						

유럽 5대리그 공격형 미드필더 & 윙어 항목별 랭킹(90분 기준 기록, 100분율)

G	A	SH	SG	PC	P%	PP	CR	SC	TK	IC	BT	DC	PR
상위	상위	하위	하위	상위	하위	상위	상위	하위	상위	상위	상위	상위	상위
50%	45%	18%	46%	39%	39%	37%	44%	13%	1%	8%	36%	36%	38%

●	●	●	LG	RG	HG	⏱	A	P	P%	DR	TK	IC	■	★												
전체 슈팅 시도-득점	직접프리킥 시도-득점	PK 시도-득점	왼발 득점	오른발 득점	헤더 득점	출전횟수 선발-교체	출전시간 분(MIN)	평균 패스 시도-성공	패스 성공률	평균드리블 시도-성공	평균 태클 시도-성공	평균 인터셉트	페어플레이 경고-퇴장	MOM 득점	G 도움	A	SH 전체 슈팅	SG 슈팅 시도	PC 패스 성공	P% 패스 성공률	PP 박스-인 패스	CR 크로스	SC 슈팅기회 창출	TK 태클	IC 인터셉트	BT 볼 터치	DC 드리블 성공	PR 패스 받음

Ludovic BLAS
평점 6.98 / 루도빅 블라스
1997.12.31 / 180cm

뛰어난 테크닉과 날카로운 왼발을 갖춘 크랙. 상대 압박을 기막힌 기술로 뚫어내는 플레이에 능하다. 리야드 마레즈와 굉장히 흡사하다는 평가를 받는다. 준수한 체격 조건 덕에 공중볼 싸움도 제법이다. 2017 FIFA 대한민국 U-20 월드컵 출전 선수다. 다만 지나치게 왼발에 의존하는 터라 상대가 이를 간파하면 쉽게 해결 활로를 찾지 못하는 편이다. 시장 가치는 1800만 유로, 추정 연봉은 96만 유로.

슈팅-득점	국적	2022-23시즌 낭트	포지션
39-5		⏱ 30-7 2821 A 5 P 27.8-23.8 P% 86%	
60-2	프랑스		
● 99-7 LG-5		DR 4.5-2.3 TK 2.0-1.2 IC 0.6 ■ 6-0 ★ 1	
● 4-0 RG-1			
● 4-2 HG-1			

G	A	SH	SG	PC	P%	PP	CR	SC	TK	IC	BT	DC	PR
상위	상위	상위	상위	상위	상위	하위	상위	상위	상위	상위	상위	상위	상위
44%	40%	10%	13%	38%	27%	26%	34%	36%	49%	33%	39%	9%	46%

Franck HONORAT
평점 6.98 / 프랑크 오노라
1996.08.11 / 180cm

프랑스 연령별 대표를 두루 거쳤으나 아직 A대표팀 레벨에는 이르지 못했다. OGC 니스에서 프로 데뷔해 소쇼·클레르몽·생테티엔을 거쳤으며 2020년 브레스트 입단 후 리그앙 정상급 공격형 MF로 인정받았다. 정교한 패스를 활용해 많은 어시스트를 만들어내는 플레이에 능하다. 중거리슛도 수준급이다. 다만 좋은 신장에도 공중볼 다툼에는 약하다. 시장 가치는 900만 유로, 추정 연봉은 60만 유로.

슈팅-득점	국적	2022-23시즌 브레스트	포지션
32-6		⏱ 29-4 2546 A 5 P 24.6-18.5 P% 75%	
15-0	프랑스		
● 47-6 LG-4		DR 1.7-0.6 TK 1.7-1.2 IC 0.6 ■ 14-0 ★	
● 4-0 RG-2			
● 0-0 HG-0			

G	A	SH	SG	PC	P%	PP	CR	SC	TK	IC	BT	DC	PR
하위	하위	하위	하위	하위	하위	상위	상위	상위	상위	상위	하위	하위	하위
44%	47%	24%	27%	35%	13%	24%	3%	42%	19%	7%	5%	24%

Ángel DI MARÍA
평점 6.98 / 앙헬 디마리아
1988.02.14 / 180cm

전성기를 지났다고는 하나, 2022 FIFA 카타르월드컵서 확인했듯 승부처에선 여전히 대단한 존재감을 뽐내는 날개. 거의 모든 플레이를 왼발로 소화하며 그 왼발로 만들어내는 찬스메이킹이 실로 대단하다. 승부처에서 보이는 '해결사' 기질 역시 디 마리아의 트레이드마크. 다소 볼을 끄는 버릇이 있었으나 이마저도 극복했다. 시장 가치는 1000만 유로, 추정 연봉은 769만 유로.

슈팅-득점	국적	2022-23시즌 유벤투스	포지션
19-3		⏱ 15-11 1364 A 4 P 21.3-16.7 P% 79%	
19-1	아르헨티나		
● 38-4 LG-4		DR 3.0-1.3 TK 1.0-0.5 IC 0.3 ■ 1-1 ★ 0	
● 1-0 RG-0			
● 1-1 HG-0			

G	A	SH	SG	PC	P%	PP	CR	SC	TK	IC	BT	DC	PR
상위	상위	상위	상위	상위	하위	상위	상위	상위	하위	하위	상위	상위	상위
22%	14%	21%	24%	4%	33%	5%	11%	4%	15%	2%	7%	16%	15%

ITO Junya
평점 6.97 / 이토 준야
1993.03.09 / 176cm

폭발적 스피드를 자랑하는 '사무라이 재팬'의 날개. 우측 터치라인에서는 모든 포지션에서 활약이 가능하다. 단순히 스피드에만 의존하는 게 아니라 기본 이상의 테크닉을 가지고 있어 전술적 움직임을 수행하는 것도 OK. 컷백·얼리 크로스 등 측면에서 동료의 움직임을 살리는 패스 선택지도 제법 많다. 다만 '덤비는' 수비 때문에 다소 파울이 많은 편. 시장 가치는 1000만 유로, 추정 연봉은 90만 유로.

슈팅-득점	국적	2022-23시즌 헹크+스타드 렝	포지션
37-5		⏱ 35-1 3020 A 5 P 26.1-18.7 P% 71%	
8-1	일본		
● 45-6 LG-2		DR 3.2-1.6 TK 1.3-1.2 IC 0.3 ■ 3-1 ★ 3	
● 0-0 RG-3			
● 0-0 HG-1			

G	A	SH	SG	PC	P%	PP	CR	SC	TK	IC	BT	DC	PR
하위	하위	하위	하위	하위	하위	상위	상위	상위	하위	하위	상위	상위	하위
32%	39%	7%	20%	23%	16%	10%	27%	45%	15%	36%	32%	36%

Youcef BELAÏLI
평점 6.97 / 유세프 벨라일리
1992.03.14 / 178cm

알제리 출신 2021 FIFA 아랍컵 실버볼 수상자. 오른발잡이 선수라 인버티드 윙으로 활약한다. 측면 공격수치고는 발이 빠르지 않지만, 정교한 테크닉으로 상대를 제치는 플레이로 공격을 전개한다. 골과 도움 중 어느 하나에 치중하지 않는 공격 포인트 능력도 우수하다. 다만 USM 알제에서 뛰었을 때 도핑 스캔들에 휘말렸던 오점을 가지고 있다. 시장가치는 180만 유로, 추정 연봉은 76만 유로.

슈팅-득점	국적	2022-23시즌 브레스트+아작시오	포지션
26-6		⏱ 19-4 1521 A 5 P 31.8-24.2 P% 76%	
16-0	알제리		
● 42-6 LG-0		DR 4.7-2.1 TK 2.3-1.3 IC 0.4 ■ 5-0 ★ 2	
● 5-0 RG-6			
● 6-5 HG-0			

G	A	SH	SG	PC	P%	PP	CR	SC	TK	IC	BT	DC	PR
하위	상위	하위	하위	하위	하위	상위	상위	상위	상위	상위	하위	상위	하위
42%	1%	45%	46%	16%	6%	9%	38%	43%	49%	15%	20%	43%	40%

Jonathan BAMBA
평점 6.97 / 조나탕 밤바
1996.03.26 / 175cm

양 측면을 가리지 않는 폭주기관차. 시원시원한 돌파 능력을 자랑한다. 오른발잡이 레프트 윙이라 손흥민처럼 중앙으로 치고 들어와 직접 골문을 노리는 걸 선호한다. 다만 극단적으로 오른발을 쓰는 탓에 플레이 패턴이 다소 뻔한 단점이 있다. 프랑스 연령별 대표 출신이나 올해 코트디부아르 A대표팀을 선택했다. 5년 계약을 마치고 릴에서 FA로 풀렸다. 시장가치는 2000만 유로, 추정 연봉은 144만 유로.

슈팅-득점	국적	2022-23시즌 릴	포지션
52-6		⏱ 32-2 2790 A 7 P 37.6-31.5 P% 84%	
19-0	프랑스		
● 71-6 LG-2		DR 2.8-1.0 TK 2.0-1.1 IC 0.6 ■ 6-0 ★ 2	
● 0-0 RG-3			
● 0-0 HG-1			

G	A	SH	SG	PC	P%	PP	CR	SC	TK	IC	BT	DC	PR
하위	상위	상위	상위	상위	상위	상위	상위	상위	하위	하위	상위	하위	하위
38%	35%	39%	33%	20%	19%	17%	45%	43%	26%	18%	26%	18%

전체 슈팅 시도-득점 / 직접프리킥 시도-득점 / PK 시도-득점 / LG 왼발 득점 / RG 오른발 득점 / HG 헤더 득점 / 출전횟수 선발-교체 / 출전시간 분(MIN) / A 도움 / P 평균 패스 시도-성공 / P% 패스 성공률 / DR 평균드리블 시도-성공 / TK 평균 태클 시도-성공 / IC 평균 인터셉트 / 경고-퇴장 / ★ 페어플레이 / MOM / G 득점 / A 도움 / SH 전체 슈팅 / SG 슈팅 시도 / PC 패스 성공 / P% 패스 성공률 / PP 박스안 패스 / CR 크로스 / SC 슈팅기회 창출 / TK 태클 / IC 인터셉트 / BT 볼 터치 / DC 드리블 성공 / PR 패스 받음

Riyad MAHREZ
평점 6.96
리야드 마레즈
1991.02.21 / 179cm

아프리카와 EPL을 대표하는 최고의 테크니션. 스피드를 실어 양발로 드리블하며 상대 수비를 제치는 플레이가 압권이다. 매서운 왼발 슈팅 능력을 갖춰 수준급 득점력까지 자랑한다. 이러한 장점은 역습형 전술에 더욱 빛을 발하며, 종종 빅 매치에서 더욱 존재감을 드러낸다. 이러한 강점에도 이타적 플레이에도 제법 능하다. 다만 기복이 있는 편이다. 시장가치는 3000만 유로로, 추정 연봉은 942만 유로.

슈팅-득점		국적	2022-23시즌 맨체스터 시티				포지션
27-5			⏱ 22-8 1924	A 10	P 34.3-29.8	P% 87%	
16-0							
●43-5 LG-3		알제리	DR 2.3-0.9	TK 1.9-1.1	IC 0.3	2-0	★
●7-0 RG-2							
●1-1 HG-0							

G	A	SH	SG	PC	P%	PP	CR	SC	TK	IC	BT	DC	PR
상위	상위	하위	하위	상위	상위	상위	상위	상위	상위	하위	상위	하위	상위
32%	3%	39%	27%	5%	6%	21%	27%	5%	42%	33%	8%	36%	8%

KAMADA Daichi
평점 6.96
카마다 다이치
1996.08.5 / 184cm

공격형 MF이지만 3선 중앙, 그리고 처진 스트라이커 위치에서도 제 능력을 발휘한다. 2022-2023시즌을 통해 독일 진출 후 가장 많은 득점을 올렸지만, 카마다의 진정한 강점은 동료를 살리는 이타적 플레이에 있다. 지능적인 오프 더 볼 움직임과 전술 이해도가 뒷받침됐기 때문이다. 마치 손흥민처럼 유스 시절 아버지에게서 축구를 배운 특이한 이력이 있다. 시장가치는 3000만 유로, 추정 연봉은 200만 유로.

슈팅-득점		국적	2022-23시즌 프랑크푸르트				포지션
31-5			⏱ 25-7 2271	A 6	P 37.2-30.9	P% 83%	
13-4							
●44-9 LG-0		일본	DR 1.2-0.6	TK 2.3-1.5	IC 0.6	1-0	★ 2
●4-2 RG-8							
●3-3 HG-1							

G	A	SH	SG	PC	P%	PP	CR	SC	TK	IC	BT	DC	PR
상위	하위	상위	상위	상위	상위	하위	하위	상위	하위	상위	상위	하위	상위
21%	49%	21%	16%	17%	30%	33%	23%	11%	17%	20%	7%	31%

Marcus TAVERNIER
평점 6.96
마커스 태버니어
1999.03.22 / 178cm

주 포지션은 공격형 미드필더이지만 3선 기용이 가능하며, 중앙과 측면을 가리지 않는 만능 자원. 뛰어난 패스와 장거리 슈팅 능력이 트레이드마크다. 역습 상황에서 창의적으로 찬스를 만드는 데 능하다. 줄곧 하부리그에서 뛰다, 2022-2023시즌을 통해 EPL에서도 통하는 선수임을 공인받았다. 스코틀랜드 명문 레인저스 캡틴 제임스 태버니어가 형이다. 시장가치는 1500만 유로, 추정 연봉은 177만 유로.

슈팅-득점		국적	2022-23시즌 본머스				포지션
25-4			⏱ 19-4 1749	A 5	P 26.0-20.1	P% 77%	
12-1							
●37-5 LG-4		잉글랜드	DR 4.1-2.1	TK 2.4-1.4	IC 0.3	1-0	★ 3
●2-0 RG-1							
●0-0 HG-0							

G	A	SH	SG	PC	P%	PP	CR	SC	TK	IC	BT	DC	PR
상위	상위	하위	하위	하위	상위	하위	하위	상위	하위	상위	상위	상위	하위
44%	40%	40%	44%	44%	26%	40%	9%	28%	49%	31%	16%	35%

TETÊ
평점 6.96
테테
2000.02.15 / 175cm

샤흐타르 도네츠크를 원 소속팀으로 두고 리옹을 거쳐 레스터에서 임대 생활 중인 브라질 신성. 왼발잡이 라이트윙이다. 자신의 테크닉에 강한 자신감을 가지고 있는 탓에 돌파를 즐기며, 과감한 전진 패스로 득점 찬스를 창출하는 데 능하다. 전담 키커로 나설 만큼 왼발 킥도 정교하다. 다만 볼을 끌어 템포를 잡아먹으며, 몸싸움에 약하다는 단점이 있다. 시장가치는 2500만 유로, 추정 연봉은 294만 유로.

슈팅-득점		국적	2022-23시즌 리옹+레스터시티				포지션
26-6			⏱ 23-7 1854	A 2	P 23.0-18.4	P% 80%	
19-1							
●45-7 LG-5		브라질	DR 2.9-1.4	TK 2.0-1.2	IC 0.5	3-0	★ 3
●1-0 RG-1							
●0-0 HG-1							

G	A	SH	SG	PC	P%	PP	CR	SC	TK	IC	BT	DC	PR
상위	하위	상위	하위	상위	하위	상위	하위	상위	상위	상위	상위	하위	하위
33%	19%	45%	49%	49%	14%	25%	21%	42%	26%	46%

Nicolas PÉPÉ
평점 6.96
니콜라 페페
1995.05.29 / 183cm

탄력 넘치는 피지컬과 스피드를 앞세워 상대 측면 공간을 공략하는 날개. 정교한 왼발 킥을 활용한 도움 능력이 특출 나다. 이 왼발 킥은 데드볼 상황에서 더욱 위력을 발휘한다. 다만 테크닉이 정교하진 않아, 정상급 윙에 비해 볼을 빼앗기는 빈도가 더 많다. 앞서 강점으로 소개된 왼발에 지나치게 편중된 플레이를 펼치는 것도 보완해야 할 점이다. 시장가치는 2200만 유로, 추정 연봉은 592만 유로.

슈팅-득점		국적	2022-23시즌 니스				포지션
36-6			⏱ 17-2 1529	A 0	P 33.5-27.8	P% 83%	
13-0							
●49-6 LG-5		코트디부아르	DR 4.0-1.9	TK 2.0-1.3	IC 0.2	2-0	★
●2-0 RG-1							
●3-3 HG-0							

G	A	SH	SG	PC	P%	PP	CR	SC	TK	IC	BT	DC	PR
상위	하위	상위	상위	상위	상위	하위	상위	하위	상위	하위	상위	상위	상위
22%	1%	18%	19%	27%	13%	35%	44%	36%	40%	7%	32%	24%	24%

Karl TOKO EKAMBI
평점 6.95
칼 토코 에캄비
1992.09.14 / 183cm

체격 조건에 비해 제법 빠른 발을 가졌다. 우수한 운동 능력을 자랑하며, 왼쪽 측면에서 중앙으로 침투해 직접 골문을 노리는 플레이에 능하다. 기본 피지컬도 충분히 경쟁력이 있어 골문 앞 제공권 다툼, 주변 동료와 연계 플레이에도 능하다. 다만 수비 가담 빈도가 적고, 안 터지는 날에는 갑갑함을 느끼게 할 정도로 기복이 있다. 시장가치는 1000만 유로이며, 추정 연봉은 153만 유로.

슈팅-득점		국적	2022-23시즌 스타드 렌+리옹				포지션
52-7			⏱ 26-10 2330	A 4	P 23.8-18.9	P% 79%	
11-0							
●63-7 LG-2		카메룬	DR 2.0-1.1	TK 0.8-0.3	IC 0.5	1-0	★
●0-0 RG-5							
●0-0 HG-0							

G	A	SH	SG	PC	P%	PP	CR	SC	TK	IC	BT	DC	PR
상위	하위	상위	상위	상위	상위	하위	상위	하위	하위	하위	상위	상위	하위
27%	35%	22%	14%	36%	36%	16%	17%	17%	5%	30%	43%	46%

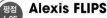

전체 슈팅	집접프리킥	PK	LG	RG	HG	출전횟수	출전시간	A	P	P%	DR	TK	IC	평균	페어플레이	★	G	A	SH	SG	PC	P%	PP	CR	SC	TK	IC	BT	DC	PR
시도-득점	시도-득점	시도-득점	왼발득점	오른발득점	헤더득점	선발·교체	분(MIN)	도움	평균 패스 시도-성공	패스 성공율	평균드리블 시도-성공	평균 태클 시도-성공	평균 인터셉트	경고·퇴장		MOM	득점	도움	전체 슈팅	슈팅 성공	패스 시도	패스 성공율	박스안 패스	크로스	슈팅기회 창출	태클	인터셉트	볼터치	드리블 성공	패스 받음

평점 6.95 Alexis FLIPS
알렉시 플립스   2000.01.18 / 173cm

왕성한 활동량을 앞세워 양 측면을 책임지는 날개. 주로 오른발잡이 레프트윙으로 뛴다. 기본적으로 수비력이 뒷받침되는 선수라, 팀이 뒷마당을 강화할 때 우측면 아랫 지역에서 뛰는 경우도 있다. 패스가 다소 둔탁한 편이지만, 그래도 상대 골문 앞에 제법 위협적인 크로스를 올릴 정도는 된다. 다만 파울이 잦고 몸싸움에서도 다소 밀리는 편이다. 시장 가치는 500만 유로, 추정 연봉은 20만 유로.

슈팅-득점	국적	2022-23시즌 스타드 렝	포지션
14-4 / 39-0	프랑스	28-5 1998 6 25.1-18.4 73%	
●53-4 LG-4 / ●9-0 RG-4 / ●0-0 HG-0		DR 1.3-0.5 TK 2.6-1.4 IC 0.7 평균 3-1 ★ 2	

G	A	SH	SG	PC	P%	PP	CR	SC	TK	IC	BT	DC	PR
하위	상위	상위	상위	상위	하위	상위	상위	상위	상위	상위	상위	하위	상위
31%	23%	33%	31%	33%	15%	12%	7%	28%	3%	5%	13%	5%	47%

평점 6.95 Rayan CHERKI
라얀 셰르키   2003.08.17 / 176cm

프랑스가 기대하고 있는 차세대 테크니션 유망주. 보는 이의 눈을 어지럽히는 발 기술과 돌파 능력을 자랑한다. 가장 큰 강점은 발을 가리는 듯한 드리블이다. 수비 처지에서는 공격 방향을 어디로 처리할지 모르는 시한폭탄같은 존재다. 심지어 밸런스도 아주 우수하다. 다만 지나치게 개인 플레이에 의존한다. 이 나이대 선수에게서 흔히 볼 수 있는 단점이다. 시장가치는 2700만 유로, 추정 연봉은 228만 유로.

슈팅-득점	국적	2022-23시즌 리옹	포지션
35-4 / 26-0	프랑스	21-13 1874 6 29.0-23.5 81%	
●61-4 LG-2 / ●3-0 RG-2 / ●0-0 HG-0		DR 4.7-2.3 TK 1.0-0.5 IC 0.1 평균 3-0 ★ 3	

G	A	SH	SG	PC	P%	PP	CR	SC	TK	IC	BT	DC	PR
하위	상위	상위	상위	상위	상위	상위	상위	상위	하위	하위	상위	상위	상위
36%	16%	15%	20%	10%	37%	3%	26%	8%	15%	9%	15%	1%	3%

평점 6.95 Rony LOPES
호니 로페스   1995.12.28 / 174cm

맨체스터 시티 유스 출신. 출전 기회를 얻기 위해 프랑스·스페인·그리스 등 여러 무대에서 뛰었다. 주로 중앙 공격형 MF로 활동하며, 주변 동료를 활용한 연계 플레이로 득점 찬스를 만드는 데 능하다. 정확한 킥 능력을 앞세워 팀의 전담 키커로 나서며, 종종 스트라이커로 기용될 때도 있다. 그러나 수비 가담 능력은 썩 좋은 편이 아니다. 시장 가치는 400만 유로, 추정 연봉은 220만 유로.

슈팅-득점	국적	2022-23시즌 트로이	포지션
29-5 / 28-2	포르투갈	29-3 2360 3 23.5-17.6 75%	
●57-7 LG-7 / ●5-1 RG-0 / ●0-0 HG-0		DR 2.8-1.4 TK 1.6-0.9 IC 0.2 평균 2-0 ★ 2	

G	A	SH	SG	PC	P%	PP	CR	SC	TK	IC	BT	DC	PR
상위	상위	상위	상위	하위	하위	하위	상위	하위	하위	하위	상위	상위	하위
41%	48%	48%	42%	28%	19%	48%	31%	48%	21%	27%	43%	41%	20%

평점 6.95 Dodi LUKÉBAKIO
도디 루케바키오   1997.09.24 / 187cm

뛰어난 운동 능력으로 승부하는 날개. 기본적으로 피지컬이 우수한 선수라 상황에 따라서는 최전방 스트라이커로도 기용된다. 골문 앞에서는 공중볼 다툼에서 우위를 점해 팀 공격에 힘을 보탠다. 체격에 비해 발도 제법 빠르다. 그러나 테크닉적인 측면에서는 높은 평가를 받진 못하고 있다. 동료를 살리는 플레이 역시 더 발전해야 한다는 평가가 많다. 시장 가치는 1200만 유로, 추정 연봉은 250만 유로.

슈팅-득점	국적	2022-23시즌 헤르타 베를린	포지션
42-11 / 22-0	벨기에	27-5 2407 3 17.1-12.7 74%	
●64-11 LG-8 / ●1-0 RG-2 / ●5-5 HG-1		DR 4.3-2.0 TK 1.3-0.7 IC 0.4 평균 8-0 ★ 3	

G	A	SH	SG	PC	P%	PP	CR	SC	TK	IC	BT	DC	PR
상위	하위	상위	상위	하위	하위	하위	상위	하위	하위	상위	하위	상위	하위
13%	24%	45%	41%	50%	18%	42%	29%	5%	47%	4%	9%	13%	6%

평점 6.94 Dejan KULUSEVSKI
데얀 클루셉스키   2000.04.25 / 184cm

북마케도니아 출신 스웨덴 국가대표 날개. 발이 빠르진 않지만, 상대의 강한 압박에 굴하지 않는 우수한 볼 간수 능력을 통해 전진하는 플레이가 일품인 윙어. 기본적으로 볼을 굉장히 잘 다루는 선수이며, 전진 패스도 매우 좋아 역습시 주변에 스피드를 자랑하는 동료가 있을 경우 더욱 파괴적인 면모를 보인다. 다만 양발을 보다 능숙하게 사용해야 한다. 시장가치는 5500만 유로, 추정 연봉은 647만 유로.

슈팅-득점	국적	2022-23시즌 토트넘 핫스퍼	포지션
28-2 / 15-0	스웨덴	23-7 2079 7 22.4-18.7 83%	
●43-2 LG-2 / ●0-0 RG-0 / ●0-0 HG-0		DR 3.6-1.8 TK 2.3-1.3 IC 0.3 평균 4 ★ 1	

G	A	SH	SG	PC	P%	PP	CR	SC	TK	IC	BT	DC	PR
하위	상위	하위	하위	상위	상위	상위	상위	상위	상위	하위	상위	하위	하위
5%	21%	35%	9%	41%	31%	46%	46%	30%	27%	38%	40%	24%	31%

평점 6.94 Bradley BARCOLA
브래들리 바르콜라   2002.09.02 / 182cm

토고 혈통을 가진 프랑스 공격수. 토고 국가대표인 형 말콤 역시 골키퍼로 활동하고 있다. 최전방은 물론 측면에서도 활약할 수 있으며, 낮은 위치의 측면 미드필더까지 소화하는 다재다능함을 자랑한다. 측면에서 뛸 때는 왼쪽을 선호하는 편. 동료를 활용한 창의적인 연계 플레이로 박스 인근에서 많은 찬스를 만들어낸다. 그러나 제공권 다툼에는 약하다. 시장 가치는 700만 유로, 추정 연봉은 39만 유로.

슈팅-득점	국적	2022-23시즌 리옹	포지션
25-5 / 2-0	프랑스	15-11 1438 8 16.9-12.3 72%	
●27-5 LG-1 / ●0-0 RG-4 / ●0-0 HG-0		DR 3.1-1.5 TK 2.2-1.1 IC 0.6 평균 3-0 ★ 1	

G	A	SH	SG	PC	P%	PP	CR	SC	TK	IC	BT	DC	PR
상위	하위	상위	상위	하위	하위	하위	하위	상위	하위	상위	하위	하위	하위
29%	1%	26%	43%	12%	22%	40%	19%	5%	35%	3%	26%	13%	16%

Álvaro GARCÍA
평점 6.94 · 알바로 가르시아 · 1992.10.27 / 167cm

단신이지만 단단한 피지컬을 가진 공격형 MF. 덕분에 쉽게 몸싸움에서 밀리지 않는다. 테크닉이 우수하다고는 볼 수 없으나, 활동량과 수비력으로 승부를 보는 타입이다. 볼이 없을 때 상대 수비 배후로 파고드는 움직임이 굉장히 좋고, 기대 이상의 득점력을 가졌다. 라요 입단 후 네 시즌 연속 30경기 이상 뛴 철강왕이다. 다만 패스는 다소 둔탁한 편. 시장 가치는 600만 유로, 추정 연봉은 80만 유로.

슈팅-득점		국적	2022-23시즌 라요 바예카노				포지션
39-5			⏱ 34-1	2890	Ⓐ 5	Ⓟ 23.3-16.8	Ⓟ% 72%
13-0							
● 52-5	LG-3	스페인	DR 1.4-0.6	TK 2.1-1.5	IC 0.9	▨ 7-0	★ 4
● 0-0	RG-2						
● 0-0	HG-0						

G	A	SH	SG	PC	P%	PP	CR	SC	TK	IC	BT	DC	PR
하위 23%	하위 41%	하위 22%	하위 33%	하위 16%	하위 9%	하위 43%	상위 18%	하위 20%	상위 38%	하위 6%	하위 18%	하위 9%	하위 8%

Jérémie BOGA
평점 6.93 · 제레미 보가 · 1997.01.03 / 172cm

작지만 폭발적인 침투 능력을 자랑한다. 가속도를 잔뜩 붙인 잔발 드리블이 굉장히 위협적이며, 이를 활용해 굉장히 위협적인 방향 전환 플레이를 펼쳐나간다. 왼쪽 측면에서 안으로 파고들어 직접 골을 노리는 유형이나 득점력이 그리 좋은 편은 아니다. 제법 무서운 드리블러이나, 기복이 다소 심해 안 풀릴 때는 헤매는 경우가 많다. 시장 가치는 1500만 유로, 추정 연봉은 278만 유로.

슈팅-득점		국적	2022-23시즌 아탈란타				포지션
5-1			⏱ 5-18	770	Ⓐ 3	Ⓟ 18.1-15.4	Ⓟ% 85%
8-1							
● 13-2	LG-1	코트디부아르	DR 4.0-2.0	TK 0.7-0.5	IC 0.0	▨ 3-0	★ 1
● 2-0	RG-1						
● 0-0	HG-0						

G	A	SH	SG	PC	P%	PP	CR	SC	TK	IC	BT	DC	PR
하위 46%	상위 1%	하위 17%	상위 5%	하위 7%	상위 17%	상위 8%	상위 1%	하위 29%	하위 3%	상위 3%	상위 1%	상위 1%	

KUBO Takefusa
평점 6.93 · 쿠보 타케후사 · 2001.06.04 / 173cm

유소년 시절부터 일본 축구계의 기대를 한몸에 받았던 신성. 마요르카 시절 이강인의 절친한 동료로 팬들에게 유명하다. 저돌적인 돌파력을 자랑하는 라이트 윙이며, 양발을 가리지 않는 편이라 찬스에서 활용할 선택지가 많다. 유소년 시절 약점이었던 피지컬도 크게 발전시켰다. 탈압박 테크닉은 훌륭한 편이지만, 경기 중 순간적 상황 판단 능력은 다소 아쉽다. 시장 가치는 1500만 유로, 추정 연봉은 204만 유로.

슈팅-득점		국적	2022-23시즌 레알 소시에다드				포지션
49-9			⏱ 29-6	2452	Ⓐ 4	Ⓟ 22.6-17.2	Ⓟ% 76
23-0							
● 72-9	LG-8	일본	DR 3.2-1.5	TK 1.9-1.3	IC 0.3	▨ 3-0	★ 4
● 3-0	RG-1						
● 0-0	HG-0						

G	A	SH	SG	PC	P%	PP	CR	SC	TK	IC	BT	DC	PR
상위 36%	상위 46%	상위 20%	상위 22%	하위 32%	하위 27%	하위 50%	상위 37%	상위 10%	하위 42%	상위 38%	하위 48%		

Hirving LOZANO
평점 6.93 · 이르빙 로사노 · 1995.07.30 / 175cm

현재 멕시코 최고의 축구 스타. 팬들로부터 추키(Chucky)라는 애칭으로 불린다. 유럽에서 가장 빠른 발을 지닌 날개 자원 중 하나로 평가받는다. 오른쪽 터치라인에서 제 능력을 발휘하지만 레프트 윙 임무도 거뜬하게 소화해낸다. 예리한 크로스와 슈팅으로 포인트도 제법 쌓는 편. 하지만 둔탁한 터치, 심각한 기복이 그의 단점으로 거론된다. 시장 가치는 2800만 유로, 추정 연봉은 513만 유로.

슈팅-득점		국적	2022-23시즌 나폴리				포지션
25-3			⏱ 20-12	1614	Ⓐ 3	Ⓟ 15.6-12.8	Ⓟ% 82%
17-0							
● 42-3	LG-0	멕시코	DR 2.5-1.3	TK 1.2-0.8	IC 0.6	▨ 3-0	★ 1
● 0-0	RG-3						
● 1-1	HG-0						

G	A	SH	SG	PC	P%	PP	CR	SC	TK	IC	BT	DC	PR
하위 28%	하위 46%	상위 33%	상위 33%	하위 18%	상위 49%	상위 41%	상위 20%	상위 33%	상위 23%	하위 38%			

Gabriel STREFEZZA
평점 6.93 · 가브리엘 스트레페차 · 1997.04.18 / 168cm

이탈리아계 브라질 출신 측면 공격수. 에스페토, 우리말로 '꼬치구이'라는 별명을 가지고 있다. 이는 헤어스타일에서 유래한 닉네임이다. 코린치안스 유스 출신이나 이탈리아 클럽 SPAL에서 프로 데뷔했다. 피지컬이 약점이나 빠른 발과 정확한 어시스트 능력으로 공격에 힘을 보태는 라이트 윙이다. 중앙 공격형 미드필더로도 활약 가능하다. 시장 가치는 1000만 유로, 추정 연봉은 46만 유로.

슈팅-득점		국적	2022-23시즌 레체				포지션
30-6			⏱ 30-5	2464	Ⓐ 4	Ⓟ 21.2-14.7	Ⓟ% 69%
41-2							
● 71-8	LG-1	브라질	DR 2.7-1.1	TK 2.3-1.4	IC 0.5	▨ 5-0	★ 1
● 4-0	RG-7						
● 3-2	HG-0						

G	A	SH	SG	PC	P%	PP	CR	SC	TK	IC	BT	DC	PR
상위 34%	하위 36%	상위 27%	상위 35%	하위 13%	하위 3%	상위 38%	상위 14%	상위 50%	하위 35%	하위 43%	하위 33%	하위 44%	

WILLIAN
평점 6.93 · 윌리안 · 1988.08.09 / 175cm

EPL에서 가장 성공적 커리어를 쌓은 브라질 공격형 MF 중 하나. 볼을 가진 상황에서 치고 나가는 드리블의 속도가 굉장히 빠르다. 활동량도 정상급인데다 탈압박 역시 수준급이며, 부상도 적어 꾸준히 출전을 이어가는 것도 강점이다. 제법 위력적인 프리킥도 장기다. 다만 정해진 플레이 패턴에 의존하는 경향이 있어 상대에 읽혀 고전하는 경우가 제법 된다. 시장 가치는 300만 유로, 추정 연봉은 235만 유로.

슈팅-득점		국적	2022-23시즌 풀럼 FC				포지션
26-3			⏱ 25-2	2144	Ⓐ 5	Ⓟ 31.5-25.7	Ⓟ% 82%
15-2							
● 41-5	LG-2	브라질	DR 2.6-1.4	TK 1.1-0.5	IC 0.2	▨ 2-0	★ 3
● 3-1	RG-3						
● 0-0	HG-0						

G	A	SH	SG	PC	P%	PP	CR	SC	TK	IC	BT	DC	PR
하위 44%	상위 39%	하위 32%	하위 44%	상위 28%	상위 41%	하위 44%	상위 25%	상위 10%	하위 35%	하위 44%	상위 47%	하위 47%	

전체 슈팅 시도-득점 | 직접프리킥 시도-득점 | PK 시도-득점 | LG 왼발 득점 | RG 오른발 득점 | HG 헤더 득점 | 출전횟수 선발-교체 | 출전시간 분(MIN) | A 도움 | P 평균 패스 시도-성공 | P% 패스 성공률 | DR 평균드리블 시도-성공 | TK 평균 태클 시도-성공 | IC 평균 인터셉트 | 페어플레이 경고-퇴장 | ★ MOM | G 득점 | A 도움 | SH 전체 슈팅 | SG 슈팅 시도 | PC 패스 성공 | P% 패스 성공률 | PP 박스안 패스 | CR 크로스 | SC 슈팅기회 창출 | TK 태클 | IC 인터셉트 | BT 볼터치 | DC 드리블 성공 | PR 패스 받음

Wilfried ZAHA
평점 6.92
윌프리드 자하
1992.11.10 / 180cm

EPL에서 가장 손꼽히는 드리블러 중 하나. 잉글랜드 A대표로 뛴 이력이 있으나, FIFA의 국가대표 변경 가능 규정에 의거해 2017년부터 코트디부아르 A대표로 뛰고 있다. 수비수와 일대일 대결을 굉장히 즐기는 편이나 다소 다혈질이라 심리적으로 흔들릴 때 크게 기복을 드러내기도 한다. 돌파 성공률은 좋지만 패스나 포인트 양산 능력은 조금 아쉽다. 시장 가치는 2700만 유로, 추정 연봉은 765만 유로.

슈팅-득점	국적	2022-23시즌 크리스털 팰리스	포지션
51-6 / 15-1	코트디부아르	27-0 2295 / A 2 / P 22.5-18.3 / P% 81%	
●66-7 LG-1 / ●0-0 RG-0 / ●2-0 HG-0		DR 5.0-2.1 / TK 1.8-1.2 / IC 0.5 / 5-0 / ★ 2	

G	A	SH	SG	PC	P%	PP	CR	SC	TK	IC	BT	DC	PR
상위 38%	하위 14%	상위 24%	상위 41%	하위 11%	상위 36%	상위 36%	하위 26%	하위 46%	하위 48%	상위 31%	하위 11%	상위 20%	하위 33%

Romain DEL CASTILLO
평점 6.92
로맹 델 카스티요
1996.03.29 / 172cm

프랑스 · 스페인 혼혈 측면 자원. 올랭피크 리옹 유스 출신이며 주로 오른쪽 날개를 책임진다. 중앙 공격형 MF나 레프트윙도 소화할 수 있다. 동료를 겨냥한 정확한 크로스가 강점이며, 찬스가 주어지면 제법 훌륭한 결정력을 보여준다. 2022-2023시즌에는 개인 리그 커리어 중 최다 득점을 올리고 있는 중이다. 다만 작은 체격 때문에 몸싸움에는 약한 편이다. 시장 가치는 300만 유로, 추정 연봉은 54만 유로.

슈팅-득점	국적	2022-23시즌 브레스트	포지션
23-6 / 13-0	프랑스	16-11 1429 / A 6 / P 20.5-14.8 / P% 72%	
●36-6 LG-5 / ●3-0 RG-0 / ●5-5 HG-1		DR 2.7-1.1 / TK 2.2-1.4 / IC 0.4 / 2-0 / ★ 2	

G	A	SH	SG	PC	P%	PP	CR	SC	TK	IC	BT	DC	PR
상위 20%	상위 6%	하위 40%	상위 39%	상위 49%	하위 14%	상위 9%	상위 29%	하위 1%	상위 27%	상위 24%	상위 39%	상위 42%	

Lars STINDL
평점 6.92
라스 슈틴들
1988.08.26 / 181cm

묀헨글라트바흐 중원의 핵심이었으나 2023-2024시즌부터는 프로 데뷔팀 카를스루어 SC에서 뛰게 된다. 지능적인 오프 더 볼 움직임과 깔끔한 골 결정력이 장기인 공격형 미드필더. 그래서 전방 공격수로도 기용된다. 좋은 침투 패스 능력을 가져 많은 도움을 양산해내기도 한다. 묀헨글라트바흐에서 8년 동안 주장으로 뛰었을 만큼 피치 위 리더십도 훌륭하다. 시장 가치는 250만 유로, 추정 연봉은 290만 유로.

슈팅-득점	국적	2022-23시즌 묀헨글라트바흐	포지션
25-4 / 25-4	독일	20-9 1745 / A 7 / P 25.9-21.1 / P% 82%	
●50-8 LG-2 / ●3-0 RG-5 / ●0-0 HG-1		DR 0.8-0.3 / TK 1.4-0.8 / IC 0.4 / 9-0 / ★ 0	

G	A	SH	SG	PC	P%	PP	CR	SC	TK	IC	BT	DC	PR
상위 12%	상위 6%	상위 21%	상위 24%	상위 28%	상위 16%	상위 19%	하위 11%	상위 3%	하위 46%	상위 36%	상위 45%	하위 2%	상위 31%

Michael OLISE
평점 6.91
마이클 올리세
2001.12.12 / 184cm

잉글랜드 · 프랑스 · 알제리 · 나이지리아 4중국적자라는 특이한 이력을 가졌다. 정확한 패스, 넓은 시야, 우수한 축구 지능에 바탕을 둔 창의적인 경기 운영을 두루 갖춘 차세대 중원 사령관. 주로 왼발을 사용한다. 아직 상대 견제를 견딜 만한 피지컬을 갖추지 못한 게 아쉽긴 하지만, 무궁무진한 성장성을 가진 선수인 만큼 차후 개선을 기대해 볼 만하다. 시장 가치는 2700만 유로, 추정 연봉은 265만 유로.

슈팅-득점	국적	2022-23시즌 크리스털 팰리스	포지션
21-1 / 30-1	잉글랜드	31-6 2757 / A 11 / P 31.4-24.4 / P% 78%	
●51-2 LG-2 / ●7-1 RG-0 / ●0-0 HG-0		DR 3.9-1.6 / TK 2.6-1.6 / IC 0.7 / 2-0 / ★ 5	

G	A	SH	SG	PC	P%	PP	CR	SC	TK	IC	BT	DC	PR
하위 5%	상위 7%	하위 24%	상위 29%	상위 22%	상위 5%	상위 26%	상위 13%	상위 1%	상위 4%	상위 12%	상위 4%	상위 39%	상위 31%

DOAN Ritsu
평점 6.91
도안 리쓰
1998.06.16 / 172cm

일본의 2022 FIFA 카타르월드컵 16강 돌풍 일등 공신. 잔뜩 힘이 실린 정교한 왼발 슈팅이 매우 위력적이다. 주로 오른쪽 날개에서 활약하기 때문에 중앙으로 접고 들어와 상대 골문을 노리는 플레이를 즐긴다. 볼을 다루는 기술도 훌륭하며 주변 동료의 움직임을 살리는 패스도 준수하다. 세트 피스 처리 능력도 수준급이며 큰 경기에 강한 편이다. 시장 가치는 1500만 유로, 추정 연봉은 94만 유로.

슈팅-득점	국적	2022-23시즌 프라이부르크	포지션
39-5 / 18-0	일본	30-3 2445 / A 4 / P 17.9-13.0 / P% 72%	
●57-5 LG-4 / ●0-0 RG-0 / ●0-0 HG-0		DR 3.8-1.5 / TK 2.8-1.9 / IC 0.4 / 4-0 / ★	

G	A	SH	SG	PC	P%	PP	CR	SC	TK	IC	BT	DC	PR
하위 33%	상위 40%	상위 50%	상위 24%	하위 6%	하위 30%	하위 23%	하위 14%	하위 12%	상위 41%	상위 10%	하위 31%	하위 13%	

Nico WILLIAMS
평점 6.91
니코 윌리암스
1997.12.31 / 180cm

아슬레틱 빌바오에서 함께 뛰고 있는 이냐키의 동생이다. 가나 국가대표를 선택한 형과 달리 스페인 국가대표를 선택했다. 순간적으로 치고 나가는 속도가 매우 빠르며, 드리블로 득점 가능 지역에 볼을 전달하는 능력이 우수하다. 강철 체력을 바탕으로 한 전방 압박 횟수도 굉장히 많은 편. 다만 테크닉이 다소 투박하며 종종 볼을 끌며 템포를 잡아먹는다. 시장 가치는 2500만 유로, 추정 연봉은 235만 유로.

슈팅-득점	국적	2022-23시즌 아슬레틱 빌바오	포지션
43-6 / 18-0	스페인	32-4 2675 / A 4 / P 21.5-16.8 / P% 78%	
●61-6 LG-3 / ●1-0 RG-3 / ●0-0 HG-0		DR 5.5-2.2 / TK 1.6-1.0 / IC 0.2 / 3-0 / ★ 3	

G	A	SH	SG	PC	P%	PP	CR	SC	TK	IC	BT	DC	PR
하위 41%	상위 31%	하위 45%	상위 36%	하위 21%	하위 15%	상위 38%	하위 12%	상위 31%	하위 18%	하위 39%	하위 8%	상위 35%	

● ● ● LG RG HG ┃ ⏱ A P P% DR TK IC ■ ★ Ⓖ Ⓐ ⓈⒽ ⓈⒼ ⒫Ⓒ ⒫% ⓅⓅ ⒸⓇ ⓈⒸ ⓉⓀ ⒾⒸ ⒷⓉ ⒹⒸ ⒫Ⓡ
전체 슈팅 직접프리킥 PK 왼발 오른발 헤더 출전횟수 출전시간 도움 평균 패스 패스 평균 드리블 평균 태클 평균 페어플레이 MOM 특점 도움 전체 슈팅 패스 패스 박스 안 크로스 슈팅기회 태클 인터셉트 볼 터치 드리블 패스
시도-득점 시도-득점 시도-득점 득점 득점 득점 선발-교체 분(MIN) 시도-성공 성공율 시도-성공 시도-성공 인터셉트 경고-퇴장 슈팅 시도 성공 성공율 패스 창출 성공 받음

평점 6.91 Bryan MBEUMO

브라이언 음베우모 1999.08.07 / 171cm

빠른 발을 활용해 우측면을 돌파해 문전에 위치한 동료를 겨냥한 정교한 크로스가 강점인 날개. 그렇다고 고전적 유형의 윙은 아니다. 안쪽으로 치고 들어오는 컷백 혹은 중거리슛도 상당히 즐기는 편이며, 위협적이다. 질 좋은 패스가 강점인 동료가 곁에 있으면 뛰어난 공간 침투 능력을 보인다. 다만 체격이 작아 몸싸움 상황에서 다소 밀린다. 시장 가치는 2800만 유로, 추정 연봉은 234만 유로.

슈팅-득점	국적	2022-23시즌 브렌포드				포지션
55-9		⏱	A	P	P%	
16-0		36-2 2931	5		74%	
●71-9 LG-9	카메룬	DR TK IC ■ ★				
●1-0 RG-0		2.4-1.3 1.7-0.7 0.3 5-0 4				
●1-1 HG-0						

Ⓖ	Ⓐ	ⓈⒽ	ⓈⒼ	⒫Ⓒ	⒫%	ⓅⓅ	ⒸⓇ	ⓈⒸ	ⓉⓀ	ⒾⒸ	ⒷⓉ	ⒹⒸ	⒫Ⓡ
상위	상위	하위	상위	하위	하위	상위	상위	하위	하위	하위	하위	하위	하위
38%	29%	49%	22%	12%	13%	48%	19%	21%	14%	38%	13%	37%	10%

평점 6.91 Krépin DIATTA

크레핀 디아타 1999.02.25 / 173cm

넥스트 사디오 마네를 꿈꾸는 세네갈의 라이징 스타. 스웨덴·벨기에를 거쳐 EPL에 입성한, 착실히 낮은 단계에서 높은 무대로 뛰어올랐다. 여타 아프리카 날개 공격수가 그러하듯 뛰어난 순간 가속도를 자랑한다. 볼 없는 상황에서 스프린트는 무시무시한 수준. 패스의 질도 나쁘지 않다. 다만 잦은 부상에 시달리는 편이다. 몸 싸움도 시원찮다. 시장 가치는 1500만 유로, 추정 연봉은 300만 유로.

슈팅-득점	국적	2022-23시즌 AS 모나코				포지션
29-3		⏱	A	P	P%	
11-1		22-9 2079	2	22.5-17.8	79%	
●40-4 LG-4	세네갈	DR TK IC ■ ★				
●0-0 RG-3		2.1-1.1 1.6-1.0 0.3 0-0 1				
●0-0 HG-0						

Ⓖ	Ⓐ	ⓈⒽ	ⓈⒼ	⒫Ⓒ	⒫%	ⓅⓅ	ⒸⓇ	ⓈⒸ	ⓉⓀ	ⒾⒸ	ⒷⓉ	ⒹⒸ	⒫Ⓡ
하위	하위	하위	상위	하위	상위	상위	하위	하위	상위	상위	하위	하위	하위
27%	32%	39%	45%	44%	49%	39%	44%	35%	15%	36%	40%	35%	

평점 6.90 Rodrigo ZALAZAR

로드리고 살라사르 1999.12.08 / 178cm

전 우루과이 국가대표 호세 살라자르의 아들. 태어난 곳은 스페인이지만 우루과이 대표를 선택했다. 주포지션은 중앙 미드필더지만 윙어, 공격형 미드필더도 소화한다. 화려한 드리블과 창의적인 패스를 활용한 탈압박에 능하다. 소속팀에서 세트피스를 전담할 만큼 킥 능력도 돋보인다. 스피드가 빠른 편은 아니다. 수비적인 기여도도 떨어진다. 시장 가치는 350만 유로, 추정 연봉은 166만 유로

슈팅-득점	국적	2022-23시즌 샬케 04				포지션
16-0		⏱	A	P	P%	
22-1		15-7 1326	6	13.8-9.5	69%	
●38-1 LG-0	우루과이	DR TK IC ■ ★				
●10-0 RG-1		3.8-1.7 1.4-0.7 0.3 4-0 3				
●0-0 HG-0						

Ⓖ	Ⓐ	ⓈⒽ	ⓈⒼ	⒫Ⓒ	⒫%	ⓅⓅ	ⒸⓇ	ⓈⒸ	ⓉⓀ	ⒾⒸ	ⒷⓉ	ⒹⒸ	⒫Ⓡ
하위	상위	상위	상위	하위	하위	하위	상위	상위	하위	상위	하위	상위	하위
5%	4%	21%	35%	6%	1%	4%	38%	2%	29%	48%	37%	16%	3%

평점 6.90 Marco REUS

마르코 로이스 1994.08.10 / 180cm

한때 세계 최고 공격형 MF 중 하나로 여겨졌다. 십자인대 등 큰 부상을 당한 후 민첩성 등 신체 능력이 떨어졌다. 과거처럼 돌격대장 이미지는 많이 퇴색된 편. 그래도 워낙 영리한 선수라 패스·연계·침투 등으로 꾸준히 공격 포인트를 만들어낸다. 수비 가담 능력 역시 평균 이상이다. 전술적 가치는 여전히 톱 클래스라 평해도 될 만한 선수라는 뜻이다. 시장 가치는 900만 유로, 추정 연봉은 700만 유로.

슈팅-득점	국적	2022-23시즌 도르트문트				포지션
26-5		⏱	A	P	P%	
11-1		14-11 1352	4	21.9-17.8	81%	
●37-6 LG-0	독일	DR TK IC ■ ★				
●6-1 RG-6		1.1-0.5 1.9-1.3 0.3 4-0 1				
●0 HG-0						

Ⓖ	Ⓐ	ⓈⒽ	ⓈⒼ	⒫Ⓒ	⒫%	ⓅⓅ	ⒸⓇ	ⓈⒸ	ⓉⓀ	ⒾⒸ	ⒷⓉ	ⒹⒸ	⒫Ⓡ
상위	상위	상위	하위	상위	상위	하위	하위	상위	하위	상위	상위	하위	하위
19%	21%	35%	36%	40%	2%	4%	18%	32%	15%	33%	46%	9%	36%

평점 6.90 Jesper LINDSTRØM

예스퍼 린스트림 2000.02.29 / 182cm

2선 공격 라인에서는 어느 위치든 기본 이상은 해내는 만능 자원. 볼을 가진 상태에서 속도를 살려 공간을 파고드는 플레이에 능하며 외곽에서는 이따금 위협적인 중거리슛으로 득점을 올리기도 한다. 전술 이해도가 좋아 가끔 3선으로 내려와 패스 분기점 구실도 거뜬히 소화해낸다. 다만 아직 신체적으로 성숙하지 못해 상대의 거친 견제에는 약한 편. 시장 가치는 2800만 유로, 추정 연봉은 164만 유로.

슈팅-득점	국적	2022-23시즌 프랑크푸르트				포지션
29-7		⏱	A	P	P%	
16-0		22-5 1696	2	16.9-11.5	68%	
●45-7 LG-0	스웨덴	DR TK IC ■ ★				
●4-0 RG-7		3.3-1.1 1.5-1.0 0.3 0-0				
●0-0 HG-0						

Ⓖ	Ⓐ	ⓈⒽ	ⓈⒼ	⒫Ⓒ	⒫%	ⓅⓅ	ⒸⓇ	ⓈⒸ	ⓉⓀ	ⒾⒸ	ⒷⓉ	ⒹⒸ	⒫Ⓡ
상위	하위	상위	상위	하위	하위	하위	하위	하위	하위	하위	하위	상위	하위
26%	15%	38%	27%	5%	7%	15%	40%	18%	44%	46%	16%	48%	8%

평점 6.90 Samuel CHUKWUEZE

사무엘 추크웨제 1999.05.22 / 172cm

온 더 볼 상황에서 거침없는 스피드로 상대 터치라인을 휘젓는 플레이에 능하다. 오른쪽이든 왼쪽이든 주어진 역할을 충실히 해내나, 왼발잡이인 탓에 오른쪽에서는 주로 인사이드 커팅 플레이에 주력하는 편이다. 주력만큼이나 필살기로 여겨지는 강점은 바로 강력한 왼발 킥이다. 다만 기복이 심한 편이며, 안 풀리는 날에는 쉽게 볼 소유권을 넘기는 편. 시장 가치는 2000만 유로, 추정 연봉은 110만 유로.

슈팅-득점	국적	2022-23시즌 비야레알				포지션
39-5		⏱	A	P	P%	
21-1		27-10 2350	5	21-13.2	78%	
●60-6 LG-5	나이지리아	DR TK IC ■ ★				
●0-0 RG-0		4.8-2.4 0.7-0.4 0.3 1-0				
●0-0 HG-0						

Ⓖ	Ⓐ	ⓈⒽ	ⓈⒼ	⒫Ⓒ	⒫%	ⓅⓅ	ⒸⓇ	ⓈⒸ	ⓉⓀ	ⒾⒸ	ⒷⓉ	ⒹⒸ	⒫Ⓡ
하위	상위	상위	상위	하위	상위	상위	하위	상위	하위	하위	하위	상위	상위
47%	46%	37%	31%	45%	40%	26%	16%	31%	44%	48%	45%	3%	40%

LG RG HG A P P% DR TK IC ★ G A SH SG PC P% PP CR SC TK IC BT DC PR

전체 슈팅	직접프리킥	PK	왼발	오른발	헤더	출전횟수	출전시간	도움	평균 패스	패스	패스	드리블	평균	평균	평균	패어플레이	MOM	전체	도움	전체	슈팅	패스	패스	박스안	크로스	슈팅기회	태클	인터셉트	볼 터치	드리블	패스
시도-득점	시도-득점	시도-득점	득점	득점	득점	선발·교체	분(MIN)		성공률	성공률	시도-성공	시도-성공	인터셉트	경고·퇴장			득점		슈팅	시도	성공	성공률	패스	창출			볼 터치	성공	받음		

Iker MUNIAIN

평점 6.90

이케르 무니아인　　1992.12.19 / 169cm

작지만 매서운 빌바오의 돌격대장. 2009년 빌바오에서 데뷔한 후 14년째 헌신하고 있는 충신이다. 주로 날개 위치에서 뛰지만 2선 공격수와 최전방까지 거뜬히 소화해내는 최전방의 재주꾼. 저돌적인 컷인 플레이와 빠른 주력을 앞세워 상대 골문을 노리며, 충분한 탈압박 능력도 갖추었다. 활동량도 우수한 편. 다만 몸집이 작다 보니 몸싸움에서 밀리는 편이다. 시장 가치는 1000만 유로, 추정 연봉은 440만 유로.

슈팅-득점	국적	2022-23시즌 아슬레틱 빌바오	포지션
17-0 / 11-0	스페인	19-11 1692 ⏱ 3 A 32.8-28.3 P 86% P%	
● 28-0 LG-0 / ● 1-0 RG-0 / ● 0-0 HG-0		DR 2.3-1.4　TK 1.1-0.7　IC 0.1　2-0　★ 1	

G	A	SH	SG	PC	P%	PP	CR	SC	TK	IC	BT	DC	PR
하위 1%	하위 43%	하위 16%	하위 8%	상위 4%	상위 3%	상위 44%	상위 10%	상위 4%	하위 37%	하위 10%	상위 6%	상위 23%	상위 6%

Alassane PLEA

평점 6.90

알라산 플레아　　1993.03.10 / 181cm

프랑스 연령별 대표를 두루 거친 베테랑. 다만 2022-2023 시즌에는 다소 부진했다. 2선의 모든 위치에서 활약할 수 있으며, 우수한 위치 선정과 찬스 포착 능력 등 볼 없는 상황에서 더 위력을 발휘하는 공격수다. 박스 안에서 상대 수비와 몸싸움하며 동료에게 찬스를 내주는 전술적 움직임을 충실히 수행한다. 다만 발 기술은 다소 서투르다. 시장 가치는 1000만 유로, 추정 연봉은 396만 유로.

슈팅-득점	국적	2022-23시즌 묀헨글라트바흐	포지션
19-2 / 10-0	프랑스	20-9 1780 ⏱ 9 A 24.1-17.6 P 73% P%	
● 29-2 LG-1 / ● 1-0 RG-0 / ● 0 HG-0		DR 1.1-0.6　TK 1.2-0.6　IC 0.4　5-0　★ 2	

G	A	SH	SG	PC	P%	PP	CR	SC	TK	IC	BT	DC	PR
하위 9%	상위 2%	하위 12%	상위 23%	상위 46%	상위 21%	상위 26%	하위 41%	상위 15%	상위 32%	상위 46%	상위 13%	상위 44%	상위 44%

Cengiz ÜNDER

평점 6.90

젠기즈 윈데르　　1997.07.14 / 173cm

튀르키예를 대표하는 공격 자원 중 하나. 어려서부터 빅 클럽의 관심을 받은 수재이며, 좌측면 인사이드 포워드로 커리어를 시작해 지금은 오른쪽도 소화해낼 수 있는 능력을 갖추었다. 폭발적인 스피드와 양발을 모두 사용하는 뛰어난 기술을 자랑하며, 손흥민처럼 중앙으로 파고들어 골문을 노리는 플레이에 능하다. 다만 지나치게 패턴 플레이에 의존하는 게 흠. 시장 가치는 1700만 유로, 추정 연봉은 396만 유로.

슈팅-득점	국적	2022-23시즌 마르세유	포지션
53-5 / 18-0	터키	28-9 2497 ⏱ 4 A 24.9-19.2 P 77% P%	
● 71-5 LG-3 / ● 2-0 RG-2 / ● 1-1 HG-0		DR 2.7-1.2　TK 1.6-1.0　IC 0.5　3-0　★ 4	

G	A	SH	SG	PC	P%	PP	CR	SC	TK	IC	BT	DC	PR
하위 27%	하위 31%	상위 21%	상위 44%	상위 44%	하위 26%	상위 19%	상위 15%	상위 23%	상위 47%	상위 29%	하위 36%	상위 36%	상위 49%

Désiré DOUÉ

평점 6.89

데지레 두에　　2005.06.03 / 181cm

프랑스가 기대하는 신성. 스타드 렌의 유소년 시스템이 발굴한 영재다. 주로 교체로 필드를 밟고 있으며, 가장 많이 소화하는 포지션은 중앙 공격형 미드필더다. 단, 성장 과정에 있는 선수라 추후 감독의 판단에 따라 위치가 바뀔 수 있다. 좋은 드리블 실력을 가지고 있으며 수비 가담도 꽤 열심히 한다. 그러나 신장에 비해 공중볼 다툼은 좋지 못한 편이다. 시장 가치는 1500만 유로, 추정 연봉은 36만 유로.

슈팅-득점	국적	2022-23시즌 스타드 렌	포지션
7-3 / 14-0	프랑스	11-15 1116 ⏱ 1 A 16.3-13.3 P 81% P%	
● 21-3 LG- / ● 0-0 RG- / ● 0 HG-		DR 2.9-1.8　TK 2.3-1.5　IC 0.5　5-0　★ 1	

G	A	SH	SG	PC	P%	PP	CR	SC	TK	IC	BT	DC	PR
상위 10%	상위 10%	상위 10%	상위 10%	상위 10%	상위 10%	상위 10%	상위 10%	상위 10%	상위 10%	상위 10%	상위 10%	상위 10%	상위 10%

Morgan GIBBS-WHITE

평점 6.89

모건 깁스-화이트　　2000.01.17 / 171cm

자메이카 혼혈 출신 공격형 미드필더. 잉글랜드 연령별 대표를 모두 거쳤으며, 2017 FIFA U-17 월드컵 우승 멤버이기도 하다. 온더볼 상황에서 공격 찬스를 창출하는 플레이에 능하다. 패스 역시 정교하며, 상당히 빠른 템포로 볼을 동료들에게 뿌린다. 과감하게 직접 골문을 노리는 '미드라이커' 기질을 가지고 있다. 그러나 골 결정력은 좋다고 할 수 없다. 시장 가치는 3000만 유로, 추정 연봉은 416만 유로.

슈팅-득점	국적	2022-23시즌 울버햄튼+노팅엄 포리스트	포지션
33-4 / 29-1	잉글랜드	36-1 3158 ⏱ 8 A 26.5-18.6 P 70% P%	
● 62-5 LG-0 / ● 3-0 RG-5 / ● 2-2 HG-0		DR 2.8-1.3　TK 1.4-0.8　IC 0.4　6-0　★ 4	

G	A	SH	SG	PC	P%	PP	CR	SC	TK	IC	BT	DC	PR
하위 18%	상위 34%	하위 28%	하위 26%	하위 19%	하위 4%	상위 36%	상위 20%	상위 44%	하위 16%	하위 41%	상위 32%	상위 39%	하위 18%

Samuel LINO

평점 6.89

사무엘 리누　　1999.12.23 / 170cm

2022-2023시즌 발렌시아의 에이스. 화려한 발 기술로 수비진을 돌파하는 걸 즐기는 전형적인 브라질리언 오른발잡이 날개. 드리블은 라 리가 최상위권에 위치할 정도로 성공률이 높다. 부상을 잘 당하지 않는다. 그러나 인버티드 윙을 소화할 수는 없다. 우측면에서 돌파를 시도하다 결국 크로스하는 빈도가 많아 패턴이 다소 뻔하다는 단점이 있다. 시장 가치는 1600만 유로, 추정 연봉은 125만 유로.

슈팅-득점	국적	2022-23시즌 발렌시아	포지션
63-5 / 33-1	브라질	33-5 2897 ⏱ 1 A 27.9-22.3 P 80% P%	
● 96-5 LG-2 / ● 0-0 RG-4 / ● 0-0 HG-0		DR 3.2-1.5　TK 3.1-1.8　IC 0.5　4-0　★ 4	

G	A	SH	SG	PC	P%	PP	CR	SC	TK	IC	BT	DC	PR
하위 34%	하위 3%	상위 14%	상위 18%	상위 47%	상위 46%	상위 21%	상위 46%	상위 24%	상위 11%	상위 37%	상위 49%	상위 44%	상위 48%

전체 슈팅 시도-득점 / 직접프리킥 시도-득점 / PK 시도-득점 / LG 왼발 시도-득점 / RG 오른발 시도-득점 / HG 헤더 득점 / 출전횟수 선발-교체 / 출전시간 분(MIN) / A 도움 / P 평균 패스 시도-성공 / P% 패스 성공률 / DR 평균 드리블 시도-성공 / TK 평균 태클 시도-성공 / IC 평균 인터셉트 / 페어플레이 경고-퇴장 / ★ MOM / G 득점 / A 도움 / SH 전체 슈팅 / SG 유효 슈팅 / PC 패스 시도 / P% 패스 성공률 / PP 박스안 패스 / CR 크로스 / SC 슈팅기회 창출 / TK 태클 / IC 인터셉트 / BT 볼 터치 / DC 드리블 성공 / PR 패스 받음

Andreas PEREIRA
평점 6.89 · 안드레아스 페레이라 · 1996.01.01 / 178cm

브라질 혈통이나, 벨기에에서 활동한 프로축구 선수였던 아버지 덕에 벨기에에서 태어났다. 브라질 축구사상 본토가 아닌 곳에서 출생한 최초의 국가대표라는 특이한 이력을 가진 이유다. 역습 때 굉장한 파괴력을 자랑하는 공격형 미드필더. 굉장한 스피드를 자랑하며, 간결하면서도 효과적인 드리블로 수비진을 공략한다. 그러나 기복이 심하다. 시장 가치는 1600만 유로, 추정 연봉은 260만 유로.

슈팅-득점	국적	2022-23시즌 풀럼 FC				포지션
23-4			A	P	P%	
39-0	브라질	33-0 2178	6	25.8-19.0	74%	
● 62-4 LG-1		DR	TK	IC	★	
● 12-0 RG-3		1.5-0.6	1.4-0.6	0.2	8-0	3
● 1-1 HG-0						

G	A	SH	SG	PC	P%	PP	CR	SC	TK	IC	BT	DC	PR
하위	상위	하위	하위	하위	하위	하위	상위	상위	하위	하위	하위	하위	하위
16%	42%	43%	46%	30%	11%	10%	5%	40%	5%	12%	28%	6%	19%

Allan SAINT-MAXIMIN
평점 6.89 · 알랑 생막시맹 · 1997.03.12 / 173cm

늘 헤어 밴드를 착용하는 외모가 트레이드 마크. 프리미어리그에서 돌파력 하나만큼은 확실히 인정받는 왼쪽 날개다. 과감한 드리블 이후 컷백에서 어시스트를 올리는 데 능하다. 패스 역시 수준급이다. 그러나 온더볼 플레이에 지나치게 집착하며, 위협적이지만 템포를 죽인다는 평을 받고 있다. 수비 가담도 다소 아쉬우며, 킥은 정확하지 못하다. 시장 가치는 3500만 유로, 추정 연봉은 364만 유로.

슈팅-득점	국적	2022-23시즌 뉴캐슬 유나이티드				포지션
18-0			A	P	P%	
10-1	프랑스	12-13 1119	5	16.3-12.3	75%	
● 28-1 LG-1		DR	TK	IC	★	
● 0-0 RG-1		4.0-2.3	0.8-0.4	0.2	1-0	2
● 0-0 HG-0						

G	A	SH	SG	PC	P%	PP	CR	SC	TK	IC	BT	DC	PR
하위	상위	상위	상위	하위	하위	상위	상위	하위	하위	상위	하위	상위	상위
6%	4%	43%	35%	38%	26%	3%	46%	4%	38%	47%	1%	45%	45%

Nicolás GONZÁLEZ
평점 6.89 · 니콜라스 곤잘레스 · 1998.04.06 / 180cm

아르헨티나의 2022 FIFA 카타르월드컵 최종 엔트리에 승선할 만큼 실력을 인정받았으나, 대회 직전 부상으로 낙마해 동료들의 우승을 TV로 지켜봐야 했던 불운을 맛봤다. 과감하면서도 직선적인 드리블이 강점이며, 제공권과 득점력에도 우수한 면모를 보인다. 주로 왼발을 사용하는 선수. 그러나 정확하지 못한 패스 때문에 자주 볼 소유권을 넘기는 편이다. 시장 가치는 2800만 유로, 추정 연봉은 321만 유로.

슈팅-득점	국적	2022-23시즌 피오렌티나				포지션
38-5			A	P	P%	
22-1	아르헨티나	13-11 1355	1	21.9-15.0	69%	
● 60-6 LG-3		DR	TK	IC	★	
● 1-0 RG-1		3.0-1.1	1.3-0.8	0.2	3-0	2
● 2-2 HG-2						

G	A	SH	SG	PC	P%	PP	CR	SC	TK	IC	BT	DC	PR
상위	하위	상위	상위	상위	하위	상위	하위	상위	하위	하위	상위	상위	상위
16%	9%	1%	10%	32%	15%	41%	35%	36%	39%	17%	33%	43%	26%

Jarrod BOWEN
평점 6.89 · 재러드 보언 · 1996.12.20 / 180cm

유소년 시절 몸담았던 팀이 해체되는 등 어려운 과정을 밟았으나 이를 이겨내고 프리미어리그까지 진출한 스토리를 가지고 있다. 오른쪽에서 뛰는 왼발잡이가 반대발 날개이나 오른발도 제법 능숙하게 사용한다. 피치 곳곳을 누비는 엄청난 체력을 지녔으며, 이를 통해 수비에 힘을 보태는 전술적 움직임을 성실히 수행해낸다. 그러나 시야가 좁다는 평을 받고 있다. 시장 가치는 3800만 유로, 추정 연봉은 312만 유로.

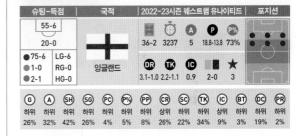

슈팅-득점	국적	2022-23시즌 웨스트햄 유나이티드				포지션
55-6			A	P	P%	
20-0	잉글랜드	36-2 3237	5	18.8-13.8	73%	
● 75-6 LG-6		DR	TK	IC	★	
● 1-0 RG-0		3.1-1.0	2.2-1.1	0.9	2-0	3
● 2-1 HG-0						

G	A	SH	SG	PC	P%	PP	CR	SC	TK	IC	BT	DC	PR
하위	하위	하위	하위	하위	하위	하위	상위	하위	하위	상위	하위	하위	하위
26%	32%	42%	46%	4%	5%	26%	20%	7%	5%	17%	19%	2%

ANTONY
평점 6.89 · 안토니 · 2000.02.24 / 177cm

수비수와 일대일 싸움을 즐기는 돌격대장. 현란한 발기술과 스피드 모두 갖춰 드리블 성공률도 높다. 솔로 플레이에 집착하지 않고 질 좋은 패스로 동료와 연계를 즐긴다. 오른쪽에서 중앙으로 치고 들어간 후 날리는 왼발 슛은 전매특허 중 하나. 어린 선수임에도 큰 경기에 강한 해결사 기질을 가지고 있다. 그러나 왼발 의존과 약한 피지컬은 개선이 필요하다. 시장 가치는 7000만 유로, 추정 연봉은 1040만 유로.

슈팅-득점	국적	2022-23시즌 아약스+맨체스터 Utd.				포지션
38-3			A	P	P%	
43-2	브라질	25-2 1999	4	32.1-26.2	82%	
● 81-5 LG-5		DR	TK	IC	★	
● 0-0 RG-0		3.3-1.5	1.6-0.9	0.4	5-0	2
● 0-0 HG-0						

G	A	SH	SG	PC	P%	PP	CR	SC	TK	IC	BT	DC	PR
하위	하위	상위	상위	상위	상위	상위	하위	상위	하위	상위	상위	상위	상위
44%	13%	5%	6%	32%	23%	24%	31%	47%	44%	34%	45%	29%

Riccardo ORSOLINI
평점 6.88 · 리카르도 오르솔리니 · 1997.01.24 / 183cm

한국에서 열린 2017 FIFA U-20 월드컵 득점왕을 거머쥐었다. 뛰어난 피지컬과 훌륭한 테크닉을 고루 갖춰 성장성이 높다는 평을 받았다. 왼발잡이 날개 공격수이며 우측면에서 뛰어도 거뜬히 역할을 수행한다. 볼 간수 능력도 나이에 비해 출중하다. 중앙으로 치고 들어가 컷백하거나 직접 골문을 노리는 플레이에 능하나 크로스는 좀 더 발전할 필요가 있다. 시장 가치는 1000만 유로, 추정 연봉은 204만 유로.

슈팅-득점	국적	2022-23시즌 볼로냐				포지션
47-10			A	P	P%	
45-1	이탈리아	22-10 2122	4	23.8-16.2	68%	
● 92-11 LG-11		DR	TK	IC	★	
● 8-0 RG-0		2.8-1.2	1.8-0.9	0.3	6-2	3
● 3-3 HG-0						

G	A	SH	SG	PC	P%	PP	CR	SC	TK	IC	BT	DC	PR
상위	하위	상위	상위	하위	하위	하위	상위	상위	하위	하위	상위	하위	상위
8%	46%	1%	4%	29%	8%	2%	30%	35%	49%	26%	41%	38%	41%

전체 슈팅 직접프리킥 PK 왼발 RG HG ... 출전횟수 A P P% DR TK IC ★ G A SH SG PC P% PP CR SC TK IC BT DC PR
시도-득점 시도-득점 시도-득점 득점 득점 선발·교체 분(MIN) 도움 평균 패스 패스성공률 평균드리블 평균 태클 인터셉트 MOM 득점 도움 전체슈팅 슈팅시도 패스성공 패스성공률 박스안패스 크로스 슈팅기회창출 태클 인터셉트 볼터치 드리블성공 패스받음

Sergio CANALES
평점 6.88 세르히오 카날레스   991.02.16 / 176cm

최상위 수준의 볼 스킬을 갖췄으며, 이를 통해 창의적으로 찬스를 만들어가는 베테랑 공격형 MF. 스피드를 살린 채 온더볼 상태에서 과감한 방향 전환으로 공격을 이어가는 데 능하다. 기복 없는 경기력도 카날레스의 강점 중 하나로 꼽히며, 특히 중요한 경기에서 그 존재감이 부각된다. 그러나 부상이 많은데다 피지컬이 약해 몸싸움에서 열세를 보인다. 시장 가치는 2000만 유로, 추정 연봉은 137만 유로.

슈팅-득점	국적	2022-23시즌 레알 베티스	포지션
17-4			
22-0		28-3 2417 3 42.4-34.8 82%	
●39-4 LG-3	스페인		
●6-0 RG-1		DR TK IC ★	
●1-1 HG-0		1.8-0.9 1.5-0.9 0.5 2-2	

G	A	SH	SG	PC	P%	PP	CR	SC	TK	IC	BT	DC	PR
하위 35%	하위 18%	하위 28%	하위 16%	상위 5%	상위 30%	상위 16%	상위 21%	상위 36%	하위 23%	상위 41%	하위 5%	상위 22%	상위 5%

Jadon SANCHO
평점 6.88 제이든 산초   2000.03.25 / 180cm

방향을 가리지 않는 날개 자원. 저돌적인 돌파 능력과 탈압박으로 공격에 힘을 보탠다. 축구 지능이 높아 주어진 상황에서 가장 효율적인 찬스를 만들어내는 영리한 플레이가 돋보인다. 파이널 서드 지역에서 공간을 선점해 수비수를 유도한 후 공간에 자리한 동료에게 찬스를 열어주는 데 능하다. 그러나 맨체스터 유나이티드 이적 후 성장세가 꺾였다. 시장 가치는 5500만 유로, 추정 연봉은 1820만 유로.

슈팅-득점	국적	2022-23시즌 맨체스터 유나이티드	포지션
18-6			
3-0		21-5 1699 3 28.7-24.4 85%	
●21-6 LG-1	잉글랜드		
●0-0 RG-5		DR TK IC ★	
●0-0 HG-0		3.0-1.4 1.4-0.7 0.3 0 0	

G	A	SH	SG	PC	P%	PP	CR	SC	TK	IC	BT	DC	PR
상위 36%	하위 26%	하위 7%	하위 13%	상위 24%	상위 5%	하위 10%	상위 20%	상위 41%	하위 40%	상위 35%	상위 28%		

Alex BERENGUER
평점 6.88 알렉스 베렝게르   1995.07.04 / 175cm

오프 더 볼과 온 더 볼을 가리지 않고 최상위급 플레이를 펼치는 2선 공격 자원. 훌륭한 볼 테크닉과 수준급 스피드를 활용해 돌파를 시도하며, 볼이 없을 때는 뛰어난 위치 선정 능력을 발휘하며 팀이 공격 전개하는 데 큰 힘이 된다. 그러나 피지컬이 강하지 못해 거친 상대 견제에 쉽게 무너지는 경향이 있다. 수비에 치중하는 상대와 상성이 좋지 못하다. 시장 가치는 1500만 유로, 추정 연봉은 285만 유로.

슈팅-득점	국적	2022-23시즌 아슬레틱 빌바오	포지션
34-3			
22-1		26-11 2304 1 20.7-15.4 75%	
●56-4 LG-2	스페인		
●4-0 RG-2		DR TK IC ★	
●0-0 HG-0		2.4-1.1 2.6-1.7 0.3 2-0	

G	A	SH	SG	PC	P%	PP	CR	SC	TK	IC	BT	DC	PR
하위 22%	하위 6%	상위 47%	상위 50%	하위 12%	하위 36%	상위 44%	상위 37%	상위 46%	상위 37%	하위 47%	상위 37%		

Chimy AVILA
평점 6.88 치미 아빌라   1994.02.06 / 172cm

치미는 애칭이며, 풀네임은 에세키엘 아빌라. 2019년 오사수나에 합류하자마자 팀을 대표하는 골잡이로 자리매김했다. 뛰어난 골문 앞 득점력을 자랑하며, 신장이 작아도 뛰어난 위치 선정 능력을 갖추고 있어 의외로 헤더 골도 많은 편이다. 그러나 수비 견제에 취약해 파트너 공격수의 스타일을 제법 타는 편. 동료들의 전술적 도움이 많이 의지한다. 시장 가치는 1000만 유로, 추정 연봉은 150만 유로.

슈팅-득점	국적	2022-23시즌 오사수나	포지션
33-7			
34-1		23-6 1724 2 15.1-9.1 60%	
●67-8 LG-1	아르헨티나		
●2-0 RG-3		DR TK IC ★	
●3-2 HG-4		1.3-0.7 0.9-0.3 0.3 7-1 3	

G	A	SH	SG	PC	P%	PP	CR	SC	TK	IC	BT	DC	PR
상위 48%	하위 44%	상위 14%	상위 41%	상위 46%	하위 3%	상위 9%	상위 20%	하위 38%	상위 11%	하위 7%	상위 46%	상위 35%	

Christian KOUAMÉ
평점 6.88 크리스티안 쿠아메   1997.12.06 / 185cm

코트디부아르 출신이나, 16세 때 부모를 따라 이민을 온 이탈리아에서 모든 커리어를 쌓았다. 좌우를 가리지 않는 날개이며, 탄탄한 피지컬 덕에 스트라이커로 기용되는 경우도 많다. 제공권 장악에 상당한 강점을 보이며, 패스 실력도 기본 이상이라 동료의 파괴력을 배가시키는 데 능하다. 그러나 볼 테크닉이 약해 자주 턴 오버를 범하는 편이다. 시장 가치는 1300만 유로, 추정 연봉은 220만 유로.

슈팅-득점	국적	2022-23시즌 피오렌티나	포지션
34-4			
8-0		22-6 1871 4 21.2-15.5 73%	
●42-4 LG-0	코트디부아르		
●1-0 RG-2		DR TK IC ★	
●0-0 HG-2		2.3-0.8 1.2-1.0 0.4 3	

G	A	SH	SG	PC	P%	PP	CR	SC	TK	IC	BT	DC	PR
하위 37%	상위 46%	하위 42%	하위 29%	하위 24%	상위 26%	하위 43%	상위 40%	상위 38%	상위 50%	하위 37%	상위 37%	하위 21%	상위 42%

Raheem STERLING
평점 6.88 라힘 스털링   1994.12.08 / 172cm

EPL에서는 비교 대상을 추리기 쉽지 않을 정도로 독보적으로 발이 빠른 날개. 볼 테크닉도 수준급이라 공격진에 볼을 운반하는 능력이 대단하다. 맨체스터 시티 시절을 거친 후 신체 능력에만 의지하는 게 아니라 전술 이해도가 대단히 높아졌다는 평을 받고 있다. 2선에서는 위치를 안 가리는 멀티 공격 옵션. 그러나 킥력은 고질적 단점으로 거론된다. 시장 가치는 6000만 유로, 추정 연봉은 1690만 유로.

슈팅-득점	국적	2022-23시즌 첼시	포지션
35-5			
7-1		23-5 1905 2 22.4-17.7 79%	
●42-6 LG-0	잉글랜드		
●0-0 RG-6		DR TK IC ★	
●0-0 HG-0		3.2-1.5 1.0-0.6 0.1 4-0 2	

G	A	SH	SG	PC	P%	PP	CR	SC	TK	IC	BT	DC	PR
상위 27%	하위 34%	상위 34%	하위 44%	상위 41%	상위 45%	상위 44%	하위 26%	상위 22%	하위 33%	하위 49%	상위 45%		

●	●	●	LG	RG	HG	⏱	⏱	Ⓐ	Ⓟ	Ⓟ%	Ⓓⓡ	Ⓣⓚ	Ⓘⓒ	★	Ⓖ	Ⓐ	Ⓢⓗ	Ⓢⓖ	Ⓟⓒ	Ⓟ%	Ⓟⓟ	Ⓒⓡ	Ⓢⓒ	Ⓣⓚ	Ⓘⓒ	Ⓑⓣ	Ⓓⓒ	Ⓟⓡ
전체 슈팅 시도-득점	직접프리킥 시도-득점	PK 시도-득점	왼발 시도-득점	오른발 시도-득점	헤더 득점	출전횟수 선발-교체	출전시간 분(MIN)	도움	평균 패스 시도-성공	패스 성공률	평균드리블 시도-성공	평균 태클 시도-성공	평균 인터셉트	평어페어플레이 경고-퇴장	MOM	득점	도움	전체 슈팅	슈팅 시도	패스 성공	패스 성공률	박스안 패스	크로스	슈팅기회 창출	태클	인터셉트	볼터치	드리블 성공	패스 받음

Gonzalo PLATA
평점 6.87 곤살로 플라타 2000.11.01 / 178cm

양발 드리블 등 화려한 테크닉을 자랑하는 왼발잡이 날개이며, 주로 오른쪽 터치라인에서 뛰는 인버티드 윙이다. 민첩함과 주력 모두 최상위권으로 평가받는다. 때문에 역습 상황에서 그 능력이 배가된다. 외견상 몸집이 작긴 해도 보디 밸런스가 좋아 쉽게 밀리지 않는다. 상당한 체력의 소유자라 수비 가담도 열심히 한다. 다만 플레이가 다소 투박하다. 시장 가치는 500만 유로, 추정 연봉은 48만 유로.

슈팅-득점	국적	2022-23시즌 레알 바야돌리드	포지션
22-1 / 15-0	에콰도르	26-58 2310 ⏱ Ⓐ5 Ⓟ20.3-15.8 Ⓟ%78%	
●37-1 LG-1 ●1-0 RG-0 ●0-0 HG-0		Ⓓⓡ5.0-1.8 Ⓣⓚ3.4-1.9 Ⓘⓒ0.4 ▣1-0 ★2	

Ⓖ	Ⓐ	Ⓢⓗ	Ⓢⓖ	Ⓟⓒ	Ⓟ%	Ⓟⓟ	Ⓒⓡ	Ⓢⓒ	Ⓣⓚ	Ⓘⓒ	Ⓑⓣ	Ⓓⓒ	Ⓟⓡ
하위	상위	하위	하위	하위	하위	하위	하위	하위	상위	상위	하위	상위	하위
3%	44%	13%	17%	26%	46%	10%	36%	49%	1%	49%	41%	11%	22%

Mason MOUNT
평점 6.87 메이슨 마운트 1999.01.10 / 181cm

첼시 성골 공격형 미드필더. 매서운 킥과 활동량으로 박스와 박스 사이를 부지런히 오가는 하드 워커. 공수 전환도 상당히 빠르고, 발 기술도 수준급이라 상대 압박에서 손쉽게 벗어난다. 군더더기 없는 기본기의 소유자이기에 경기 템포 역시 상당히 빠르다. 다만 득점 가능 지역으로 투입하는 패스의 질은 향상시켜야 보다 많은 찬스를 만들 수 있을 것이다. 시장 가치는 6500만 유로, 추정 연봉 416만 유로.

슈팅-득점	국적	2022-23시즌 첼시	포지션
19-1 / 14-2	잉글랜드	20-4 1658 ⏱ Ⓐ2 Ⓟ29.4-23.6 Ⓟ%80%	
●33-3 LG-0 ●2-1 RG-3 ●0-0 HG-0		Ⓓⓡ1.3-0.6 Ⓣⓚ1.9-1.4 Ⓘⓒ0.3 ▣1-0 ★2	

Ⓖ	Ⓐ	Ⓢⓗ	Ⓢⓖ	Ⓟⓒ	Ⓟ%	Ⓟⓟ	Ⓒⓡ	Ⓢⓒ	Ⓣⓚ	Ⓘⓒ	Ⓑⓣ	Ⓓⓒ	Ⓟⓡ
하위	상위	하위	하위	하위	상위	상위	상위	하위	상위	상위	상위	하위	상위
14%	46%	42%	24%	23%	42%	27%	37%	45%	44%	44%	24%	14%	32%

Dwight MCNEIL
평점 6.87 드와이트 맥닐 1999.11.22 / 183cm

강력한 왼발 슈팅이 트레이드 마크. 좌측면에서 질 좋은 크로스와 패스로 동료들에게 득점 기회를 제공한다. 발도 제법 빠른데다 상대 수비가 방어 타이밍을 잡기 힘든 독특한 드리블 스타일을 가졌다. 전술 이해도가 높고 수비 가담 능력도 훌륭해 감독이 사랑할 수밖에 없는 자원. 비상 상황시 측면 수비수로도 뛸 수 있는 뛰어난 포지션 범용성도 갖췄다. 시장 가치는 1800만 유로, 추정 연봉 130만 유로.

슈팅-득점	국적	2022-23시즌 에버튼	포지션
22-5 / 24-2	잉글랜드	28-8 2502 ⏱ Ⓐ3 Ⓟ21.2-16.1 Ⓟ%76%	
●46-7 LG-7 ●1-0 RG-0 ●0-0 HG-0		Ⓓⓡ3.1-1.6 Ⓣⓚ2.7-1.7 Ⓘⓒ0.9 ▣5-0 ★4	

Ⓖ	Ⓐ	Ⓢⓗ	Ⓢⓖ	Ⓟⓒ	Ⓟ%	Ⓟⓟ	Ⓒⓡ	Ⓢⓒ	Ⓣⓚ	Ⓘⓒ	Ⓑⓣ	Ⓓⓒ	Ⓟⓡ
상위	하위	하위	하위	상위	하위	하위	상위	상위	상위	하위	상위	상위	하위
46%	23%	23%	21%	31%	14%	24%	4%	41%	4%	49%	31%	6%	13%

Brahim DÍAZ
평점 6.87 브라힘 디아스 1999.08.03 / 171cm

2선에서 포지션을 가리지 않는 만능 자원. AC 밀란서 3년 동안 뛰고 있으나 원 소속팀은 레알 마드리드다. 능숙한 양발잡이 공격 자원이며, 정교한 드리블과 환상적인 감아차기 능력으로 포인트를 쌓아나간다. 공간 활용 능력도 좋아 박스 내에서 위치 선정도 훌륭하다. 다만 기복을 드러낼 때 좁은 시야 때문에 옳지 못한 판단을 하는 경우가 많다. 시장 가치는 2000만 유로, 추정 연봉은 192만 유로.

슈팅-득점	국적	2022-23시즌 AC 밀란	포지션
28-6 / 7-0	스페인	27-6 1947 ⏱ Ⓐ7 Ⓟ20.1-17.1 Ⓟ%82%	
●35-6 LG-3 ●1-0 RG-3 ●0-0 HG-0		Ⓓⓡ2.7-1.3 Ⓣⓚ1.3-1.0 Ⓘⓒ0.2 ▣3-0 ★2	

Ⓖ	Ⓐ	Ⓢⓗ	Ⓢⓖ	Ⓟⓒ	Ⓟ%	Ⓟⓟ	Ⓒⓡ	Ⓢⓒ	Ⓣⓚ	Ⓘⓒ	Ⓑⓣ	Ⓓⓒ	Ⓟⓡ
상위	상위	하위	하위	상위	하위	상위	하위	상위	하위	상위	하위	상위	하위
48%	28%	23%	43%	42%	14%	39%	10%	32%	49%	31%	27%	43%

João FÉLIX
평점 6.87 주앙 펠릭스 1999.11.10 / 181cm

2선 중앙 혹은 세컨드 스트라이커 위치에서 뛰어난 득점력을 발휘하는 포르투갈의 차세대 공격수. 드리블, 슈팅, 패스 등 오른발을 활용하는 테크닉은 최고 수준이다. 큰 경기에서 결정적 역할을 하는 '해결사' 기질도 갖췄다. 다만 피지컬적으로 강한 선수는 아니다. 발도 빠르다고 할 수 없어 역습 상황에서 템포가 죽는 편이다. 그래도 몸싸움은 발전했다. 시장 가치는 5000만 유로, 추정 연봉은 1014만 유로.

슈팅-득점	국적	2022-23시즌 At.마드리드+첼시	포지션
40-6 / 32-2	스페인	18-12 1595 ⏱ Ⓐ3 Ⓟ18.2-14.4 Ⓟ%79%	
●72-8 LG-1 ●4-0 RG-2 ●0-0 HG-0		Ⓓⓡ2.8-0.9 Ⓣⓚ1.2-0.8 Ⓘⓒ0.1 ▣6-1 ★	

Ⓖ	Ⓐ	Ⓢⓗ	Ⓢⓖ	Ⓟⓒ	Ⓟ%	Ⓟⓟ	Ⓒⓡ	Ⓢⓒ	Ⓣⓚ	Ⓘⓒ	Ⓑⓣ	Ⓓⓒ	Ⓟⓡ
상위	하위	상위	상위	하위	상위	하위	상위	상위	하위	하위	상위	상위	상위
22%	29%	1%	2%	42%	45%	하위 33%	45%	44%	6%	49%	35%	42%

David SILVA
평점 6.87 다비드 실바 1986.01.08 / 170cm

전성기 시절에는 세계 최고의 공격형 미드필더로 통했다. 노장인 지금도 라 리가에서는 정상급 테크닉과 찬스 메이킹 실력을 인정받고 있다. 스피드는 떨어졌지만 여전히 뛰어난 탈압박 실력을 자랑하며, 동료들의 파괴력을 최대로 살리는 환상적인 패스 실력을 갖추었다. 이 때문에 맨체스터 시티 시절에는 '마법사 멀린'이라는 멋진 별명을 얻기도 했다. 시장 가치는 400만 유로, 추정 연봉은 290만 유로.

슈팅-득점	국적	2022-23시즌 레알 소시에다드	포지션
23-2 / 7-0	스페인	25-3 1958 ⏱ Ⓐ5 Ⓟ40.5-34.8 Ⓟ%86%	
●30-2 LG-1 ●1-0 RG-1 ●0 HG-0		Ⓓⓡ1.8-0.8 Ⓣⓚ1.5-..2 Ⓘⓒ0.5 ▣4-0 ★2	

Ⓖ	Ⓐ	Ⓢⓗ	Ⓢⓖ	Ⓟⓒ	Ⓟ%	Ⓟⓟ	Ⓒⓡ	Ⓢⓒ	Ⓣⓚ	Ⓘⓒ	Ⓑⓣ	Ⓓⓒ	Ⓟⓡ
하위	상위	하위	하위	상위	상위	상위	하위	상위	상위	상위	상위	하위	상위
12%	44%	9%	23%	4%	45%	32%	11%	45%	33%	26%	9%	17%	7%

전체 슈팅 시도-득점 | 직접프리킥 시도-득점 | PK 시도-득점 | LG 왼발 득점 | RG 오른발 득점 | HG 헤더 득점 | 출전횟수 선발-교체 | 출전시간 분(MIN) | Ⓐ 도움 | Ⓟ 평균 패스 시도-성공 | Ⓟ% 패스 성공률 | DR 평균드리블 시도-성공 | TK 태클 시도-성공 | IC 평균 인터셉트 | 평균 경고-퇴장 | ★ 페어플레이 | MOM

Ⓖ 득점 | Ⓐ 도움 | SH 전체 슈팅 | SG 슈팅 시도 | PC 패스 성공 | P% 패스 성공률 | PP 박스 안 패스 | CR 크로스 | SC 크로스기회 창출 | TK 태클 | IC 인터셉트 | BT 볼터치 | DC 드리블 성공 | PR 패스 받음

Saîf-Eddine KHAOUI
평점 6.87
사이프-에딘 카우위 1995.04.27 / 180cm

2018 FIFA 러시아 월드컵 당시 튀니지의 핵심 공격형 미드필더로 뛰었다. 본래 득점이 많은 선수는 아니었으나, 2022-2023시즌을 통해 진일보를 이뤄냈다는 평가를 받고 있다. 이따금 날리는 중거리슛이 상당히 위협적이며, 박스와 박스를 쉴 새 없이 오가는 하드워커 기질을 가지고 있어 수비 기여도도 준수한 편. 다만 좀 더 정확히 패스할 필요가 있다. 시장 가치는 400만 유로, 추정 연봉은 10만 유로.

슈팅-득점	국적	2022-23시즌 클레어몽 풋					포지션
20-6				Ⓐ	Ⓟ	Ⓟ%	
27-1	튀니지	23-11	2036	3	19.2-14.1	73%	
●47-7 LG-7		DR	TK	IC		★	
●6-0 RG-0		1.5-0.7	2.3-1.4	1.0	4-0	2	
●0-0 HG-0							

Ⓖ	Ⓐ	SH	SG	PC	P%	PP	CR	SC	TK	IC	BT	DC	PR
상위	하위	하위	상위	하위	하위	하위	상위	상위	하위	하위	상위	하위	하위
29%	30%	47%	23%	21%	18%	5%	42%	35%	10%	1%	21%	30%	9%

Mario GÖTZE
평점 6.87
마리오 괴체 1992.06.03 / 176cm

2014 FIFA 브라질 월드컵 당시 독일에 우승컵을 안기는 결승골을 넣은 주인공. 그때만 해도 세계 최고의 재능으로 평가됐으나, 이후 커리어에는 굴곡이 많았다. 한창 때는 뛰어난 찬스 메이킹으로 공격을 주도했으며, 많이 뛰면서도 영리하게 플레이하는 '천재형' 공격형 미드필더였다. 과거 발목 부상 악령에 시달렸으나 지금은 건강하게 뛰고 있다. 시장 가치는 1300만 유로, 추정 연봉은 350만 유로.

슈팅-득점	국적	2022-23시즌 프랑크푸르트					포지션
20-2				Ⓐ	Ⓟ	Ⓟ%	
6-1	독일	32-0	2749	1	43.8-34.1	78%	
●26-3 LG-0		DR	TK	IC		★	
●0-0 RG-3		2.2-0.8	2.2-1.2	0.4	6-0	-	
●0-0 HG-0							

Ⓖ	Ⓐ	SH	SG	PC	P%	PP	CR	SC	TK	IC	BT	DC	PR
하위	하위	하위	하위	상위	상위	상위	상위	상위	하위	상위	상위	하위	상위
6%	15%	1%	1%	19%	41%	49%	41%	33%	47%	45%	18%	12%	23%

Aleksey MIRANCHUK
평점 6.87
알렉세이 미란추크 1995.10.17 / 182cm

러시아에서는 안톤과 더불어 쌍둥이 형제 국가대표로 유명하다. A대표팀 데뷔전은 2017년 한국전이었으며, 그때 한 골을 넣었다. 우수한 드리블이 최대 강점이며, 상대 견제를 뚫은 후 질 좋은 패스로 공격 찬스를 만들어나간다. 기본적으로 볼 테크닉에 관해서는 상당한 자신감을 안고 있는 선수라 할 수 있다. 스피드와 민첩성도 평균 이상이다. 시장 가치는 1200만 유로, 추정 연봉은 278만 유로.

슈팅-득점	국적	2022-23시즌 토리노					포지션
18-3				Ⓐ	Ⓟ	Ⓟ%	
22-1	러시아	24-5	2099	5	27.0-21.9	81%	
●40-4 LG-4		DR	TK	IC		★	
●1-0 RG-0		1.5-0.6	0.7-0.4	0.1	0-0	-	
●0-0 HG-0							

Ⓖ	Ⓐ	SH	SG	PC	P%	PP	CR	SC	TK	IC	BT	DC	PR
하위	상위	하위	하위	상위	하위	상위	상위	하위	하위	하위	하위	하위	하위
28%	38%	30%	31%	50%	41%	18%	49%	39%	2%	1%	35%	8%	45%

Marco RICHTER
평점 6.87
마르코 리히터 1997.11.24 / 176cm

아우크스부르크 시절 구자철과 함께 2선 공격을 함께 책임진 선수로 한국 팬들에게 얼굴을 알렸다. 빠른 발을 활용한 침투 능력이 강점이며, 상대 수비의 거친 견제를 뛰어난 드리블로 뚫고 나가는 실력도 일품이다. 세트 피스에서 일격을 날릴 줄 아는 수준급 데드볼 처리 능력도 강점이다. 다만 제공권 다툼에서 다소 밀리는 편이며, 패스가 투박하다. 시장 가치는 600만 유로, 추정 연봉은 45만 유로.

슈팅-득점	국적	2022-23시즌 헤르타 베를린					포지션
22-4				Ⓐ	Ⓟ	Ⓟ%	
27-2	독일	21-8	1844	5	20.1-13.5	67%	
●49-6 LG-2		DR	TK	IC		★	
●4-0 RG-4		2.9-1.3	2.4-1.4	0.8	8-0	2	
●0-0 HG-0							

Ⓖ	Ⓐ	SH	SG	PC	P%	PP	CR	SC	TK	IC	BT	DC	PR
상위	상위	상위	상위	하위	하위	하위	상위	하위	상위	하위	상위	상위	하위
35%	29%	34%	46%	24%	3%	17%	14%	10%	3%	37%	41%	12%	

Moses SIMON
평점 6.87
모세스 시몬 1995.07.12 / 168cm

작지만 폭발적인 날개 자원. 높은 드리블 성공률을 자랑하며, 득점력도 수준급이라 평가받는다. 작은 체격이지만, 화려한 발재간과 스피드로 상대 터치라인을 허물어나간다. 돌파뿐만 아니라 주변 공격수의 움직임을 살리는 패스 역시 대단히 좋다는 평가를 받고 있다. 그러나 문전에 위치한 스트라이커를 향한 크로스가 부정확하고, 수비 가담이 적다. 시장 가치는 900만 유로, 추정 연봉은 180만 유로.

슈팅-득점	국적	2022-23시즌 낭트					포지션
22-3				Ⓐ	Ⓟ	Ⓟ%	
11-2	나이지리아	28-6	2359	4	16.8-12.5	74%	
●33-5 LG-0		DR	TK	IC		★	
●1-0 RG-5		2.8-1.1	0.9-0.5	0.3	3-0	1	
●1-1 HG-0							

Ⓖ	Ⓐ	SH	SG	PC	P%	PP	CR	SC	TK	IC	BT	DC	PR
하위	하위	하위	하위	하위	하위	상위	하위	상위	하위	하위	하위	상위	하위
24%	29%	6%	6%	8%	10%	36%	14%	29%	7%	32%	5%	34%	7%

Sofiane DIOP
평점 6.87
소피앙 디오프 2000.06.09 / 175cm

프랑스 연령별 대표를 두루 거친 특급 유망주. 2선에서는 위치를 가리지 않으나 주로 왼쪽 날개로 활약하는 편이다. 민첩한 드리블로 상대 수비진을 헤집는 플레이에 능하다. 침투 패스도 출중하고, 지속적으로 전방 압박을 가해 팀 전체에 큰 보탬이 되고 있다. 체격에 비해 몸싸움에서 잘 밀리지 않는 것도 디오프의 강점. 그러나 탈압박은 좀 더 개선해야 한다. 시장 가치는 1800만 유로, 추정 연봉은 102만 유로.

슈팅-득점	국적	2022-23시즌 AS 모나코 + 니스					포지션
16-2				Ⓐ	Ⓟ	Ⓟ%	
14-0	프랑스	15-8	1297	4	29.4-24.1	82%	
●30-2 LG-0		DR	TK	IC		★	
●1-0 RG-1		3.3-2.0	1.6-1.0	0.7	1-0	1	
●0-0 HG-1							

Ⓖ	Ⓐ	SH	SG	PC	P%	PP	CR	SC	TK	IC	BT	DC	PR
하위	상위	하위	상위	상위	상위	상위	상위	상위	상위	상위	상위	상위	상위
17%	20%	39%	34%	14%	27%	48%	37%	24%	3%	10%	45%	11%	

●	●	●	LG	RG	HG	⏱	A	P	P%	DR	TK	IC			★	G	SH	SG	PC	P%	PP	CR	SC	IC	BT	DC	PR
전체 슈팅 시도-득점	직접프리킥 시도-득점	PK 시도-득점	왼발 득점	오른발 득점	헤더 득점	출전횟수 선발-교체	출전시간 분(MIN)	평균 패스 시도-성공	패스 성공률	평균드리블 시도-성공	평균 태클 시도-성공	평균 인터셉트	페어플레이 경고-퇴장		MOM	득점	도움	전체 슈팅	슈팅 시도	패스 성공	패스 성공률	박스안 패스	크로스	슈팅기회 창출	태클	인터셉트	볼 터치	드리블 성공	패스 받음

Chris FÜHRICH

평점 6.87
크리스 퓌리히   1998.01.19 / 178cm

퀼른·도르트문트 등 명문 클럽에 잠깐 몸담은 바 있으나 프로로 인정받은 건 2020년 파더보른 입단 이후부터다. 주로 왼쪽에서 플레이하지만, 2선 전 지역은 물론 최전방까지 커버하는 범용성을 자랑한다. 질 좋은 드리블과 크로스, 우수한 볼 운반 능력을 갖춰 공격에 활기를 불어넣는다. 공중볼 다툼이나 태클에는 취약하며 수비 가담도 좋은 편이라고는 할 수 없다. 시장 가치는 400만 유로, 추정 가치는 38만 유로.

슈팅-득점	국적	2022-23시즌 슈투트가르트	포지션

29-4				A	P	P%	
15-1		21-12 1892	2	19.1-15.7	82%		
● 44-5 LG-0	독일	DR	TK	IC		★	
● 0-0 RG-5		3.2-1.6	1.7-1.1	2-0	1		
● 1-1 HG-0							

G	A	SH	SG	PC	P%	PP	CR	SC	TK	IC	BT	DC	PR
상위	하위	하위	하위	하위	상위	하위	하위	상위	하위	하위	상위	하위	하위
50%	19%	45%	29%	44%	26%	27%	40%	47%	24%	25%	36%	16%	25%

Nikola VLASIC

평점 6.86
니콜라 블라시치   1997.10.07 / 178cm

뛰어난 양발 테크닉을 자랑하는 공격형 미드필더. 돌파 등 온더볼 플레이가 뛰어나며, 이를 통해 상대 박스 인근까지 부지런히 볼을 운반한다. 득점 가능 지역에서는 다양한 슈팅 스킬을 자랑한다. 주로 돌파에 치중하는 편이나, 마음 먹고 침투 패스를 날리면 그 정확도도 상당히 준수한 편. 그러나 위치 선정 등 볼이 없을 때 움직임은 큰 단점으로 제기된다. 시장 가치는 2000만 유로, 추정 연봉은 321만 유로.

슈팅-득점	국적	2022-23시즌 토리노	포지션

31-4				A	P	P%	
22-1		29-5 2732	6	27.2-22.2	82%		
● 53-5 LG-3	크로아티아	DR	TK	IC		★	
● 1-0 RG-2		1.9-1.0	1.7-1.0	2-0	1		
● 0-0 HG-0							

G	A	SH	SG	PC	P%	PP	CR	SC	TK	IC	BT	DC	PR
하위	상위	하위	하위	하위	상위	하위	상위	하위	하위	하위	하위	하위	하위
25%	44%	33%	38%	38%	25%	17%	24%	46%	32%	23%	21%	18%	32%

Marco ASENSIO

평점 6.86
마르코 아센시오   1996.01.21 / 182cm

발이 빠르다고는 할 수 없으나 상대 수비수 한두 명을 너끈하게 제치는 뛰어난 테크닉을 갖췄다. 왼발 킥은 가히 세계 정상급이라고 표현해도 될 만큼 정교하고 폭발적이다. 중원 곳곳에 발도장을 찍는 활동량도 아센시오의 강점. 다만 부상이 잦은데다, 2019-2020시즌 개막 전 십자인대 파열 부상 이후 주력이 더욱 떨어졌다. 탈압박도 신통찮은 편. 시종 가치는 2500만 유로, 추정 연봉은 983만 유로.

슈팅-득점	국적	2022-23시즌 레알 마드리드	포지션

25-7				A	P	P%	
34-2		15-16 1436	6	22.8-20.1	88%		
● 59-9 LG-8	스페인	DR	TK	IC		★	
● 5-0 RG-1		1.2-0.8	0.9-0.5	0.2	1	3	
● 1-0 HG-0							

G	A	SH	SG	PC	P%	PP	CR	SC	TK	IC	BT	DC	PR
상위	상위	상위	상위	상위	상위	상위	상위	상위	하위	상위	상위	하위	상위
3%	8%	4%	3%	4%	9%	41%	21%	18%	45%	13%	71%	14%

Óscar TREJO

평점 6.86
오스카르 트레호   1988.04.26 / 180cm

엄청난 체력을 바탕으로 2선과 3선을 부지런히 오가며 중원에 활기를 불어넣는 '에너자이저'. 공격형과 수비형을 가리지 않으며, 중앙과 측면 모두 소화할 줄 아는 멀티 자원이다. 공간 침투 능력을 활용해 득점에 성공하는 빈도도 높다. 그러나 테크닉이 우수하다고는 볼 수 없다. 특히 공격형 MF에게 요구되는 덕목인 패스는 다소 부정확한 편이다. 시장 가치는 300만 유로, 추정 연봉은 62만 유로.

슈팅-득점	국적	2022-23시즌	포지션

16-3				A	P	P%	
9-0		28-6 2164	9	28.1-23.3	83%		
● 25-3 LG-0	아르헨티나	DR	TK	IC		★	
● 0-0 RG-3		3.5-1.8	2.4-1.4	0.3	9-0	1	
● 2-1 HG-0							

G	A	SH	SG	PC	P%	PP	CR	SC	TK	IC	BT	DC	PR
하위	하위	하위	상위	상위	하위	상위	하위	상위	상위	상위	상위	상위	상위
14%	45%	7%	3%	13%	36%	28%	6%	28%	12%	26%	24%	15%	25%

Jack HARRISON

평점 6.86
잭 해리슨   1996.11.20 / 175cm

빠른 발을 가진 레프트 윙. 볼 터치가 많은 드리블을 선호하며 수비수와 일대일 승부를 즐긴다. 왼발잡이 선수지만, 꼭 필요한 상황에는 오른발 플레이도 제법 능숙하게 해내는 편이다. 때문에 오른쪽에서도 윙 플레이를 해낼 수 있다. 활동량도 기본 이상이며, 이를 통해 조직적인 압박에 힘을 보탠다. 다만 기복이 심하고 공격 상황에서 판단이 좋지 않다. 시장 가치는 2200만 유로, 추정 연봉은 468만 유로.

슈팅-득점	국적	2022-23시즌 리즈 유나이티드	포지션

25-5				A	P	P%	
14-0		34-2 2729	4	25.9-18.4	71%		
● 39-5 LG-3	잉글랜드	DR	TK	IC		★	
● 3-0 RG-2		3.2-1.4	2.3-1.1	0.6	2-0	4	
● 0-0 HG-0							

G	A	SH	SG	PC	P%	PP	CR	SC	TK	IC	BT	DC	PR
하위	상위	하위	하위	하위	하위	하위	상위	상위	상위	하위	상위	상위	하위
26%	32%	8%	15%	34%	7%	8%	46%	14%	21%	41%	46%	44%

Eljif ELMAS

평점 6.86
엘리프 엘마스   1999.09.24 / 182cm

주로 왼쪽에서 활약하는 2선 공격 자원. 주로 왼쪽 공격형 미드필더로 뛰지만, 상황에 따라서는 레프트 윙으로도 뛸 수 있다. 볼을 상대 박스 인근으로 운반하는 온더볼 플레이를 잘하며, 수준급 드리블 실력을 지니고 있어 좁은 공간에서도 상대 압박을 깨고 다음 공격 장면으로 전개해나가는 데 능하다. 다만 날개로 뛸 때는 파괴력이 다소 떨어진다는 평. 시장 가치는 2600만 유로, 추정 연봉은 192만 유로.

슈팅-득점	국적	2022-23시즌 나폴리	포지션

21-6				A	P	P%	
12-0		14-22 1618	3	26.9-23.7	88%		
● 33-6 LG-2	마케도니아	DR	TK	IC		★	
● 1-0 RG-4		1.4-0.7	1.0-0.7	0.3	5-0	1	
● 1-1 HG-0							

G	A	SH	SG	PC	P%	PP	CR	SC	TK	IC	BT	DC	PR
상위	상위	하위	하위	상위	상위	상위	하위	상위	상위	상위	상위	하위	상위
37%	32%	27%	3%	1%	3%	22%	29%	40%	43%	9%	27%	3%

| 전체 슈팅 시도-득점 | 직접프리킥 시도-득점 | PK 시도-득점 | LG 왼발 득점 | RG 오른발 득점 | HG 헤더 득점 | 출전횟수 선발-교체 | 출전시간 분(MIN) | A 도움 | P 평균 패스 시도-성공 | P% 패스 성공률 | DR 평균 드리블 시도-성공 | TK 평균 태클 시도-성공 | IC 평균 인터셉트 | 페어플레이 경고-퇴장 | ★ MOM | G 득점 | A 도움 | SH 전체 슈팅 | SG 슈팅 시도 | PC 패스 성공 | P% 패스 성공률 | PP 박스 안 패스 | CR 크로스 | SC 크로스기회 창출 | TK 태클 | IC 인터셉트 | BT 볼 터치 | DC 드리블 성공 | PR 패스 받음 |

David COSTA
평점 6.86 다비드 코스타
2001.01.05 / 168cm

포르투갈 태생이지만, 축구를 배운 곳은 프랑스다. 랑스에서 큰 기대를 가지고 있는 왼쪽 날개 유망주. 작은 체격이라는 핸디캡을 가졌지만, 많은 찬스를 만들어내는 게 장점이다. 상대 수비 배후를 찌르는 침투 패스가 위협적이다. 다만 체격적 한계 때문에 몸싸움과 공중볼 다툼에 약하며, 수준급 패스에 비해 문전을 향하는 크로스는 좀 더 보완할 필요가 있다. 시장 가치는 1000만 유로, 추정 연봉은 3만 유로.

슈팅-득점	국적	2022-23시즌 랑스	포지션
17-0			
9-1	포르투갈	16-15 1410 3 22.7-19.5 86%	
●26-1 LG-0		DR TK IC ★	
●3-0 RG-0		1.5-0.9 0.9-0.5 0.4 2-0 0	
●0-0 HG-0			

G	A	SH	SG	PC	P%	PP	CR	SC	TK	IC	BT	DC	PR
하위	상위	하위	하위	상위	상위	상위	상위	상위	하위	상위	상위	상위	상위
4%	47%	24%	14%	14%	13%	12%	40%	38%	17%	26%	20%	41%	10%

Nabil FEKIR
평점 6.86 나빌 페키르
1995.05.29 / 183cm

작지만 단단한 '탱크'. 뛰어난 드리블러이며, 보디 밸런스가 좋아 상대 수비가 거칠게 다그쳐도 쉽게 쓰러지지 않는다. 볼을 다루는 기술 자체가 훌륭한데다, 패스와 슈팅을 가리지 않는 빼어난 왼발 킥 능력을 자랑한다. 득점력도 준수한 터라 최전방으로 전진 배치도 가능하다. 그러나 지나치게 왼발에 의존한다. 십자인대 부상 후 기량 저하 평가도 받고 있다. 시장 가치는 3000만 유로, 추정 연봉은 690만 유로.

슈팅-득점	국적	2022-23시즌 레알 베티스	포지션
13-1			
12-1	프랑스	12-3 970 2 28.6-24.3 85%	
●25-2 LG-2		DR TK IC ★	
●9-1 RG-0		2.9-1.2 1.2-0.7 0.5 3-1 0	
●1-1 HG-0			

G	A	SH	SG	PC	P%	PP	CR	SC	TK	IC	BT	DC	PR
상위	하위	상위	하위	상위	상위	상위	상위	상위	하위	하위	상위	상위	상위
23%	46%	37%	37%	17%	26%	29%	5%	23%	1%	17%	49%	49%	10%

Jordan AYEW
평점 6.86 조르당 아유
1991.9.11 / 180cm

형 안드레와 오랫동안 가나 축구를 대표했으며, 아버지 아베디 펠레는 아프리카 축구 올타임 레전드 중 하나다. 상대 수비진을 깨뜨리는 돌파력과 뛰어난 볼 스킬을 가진 공격수다. 스피드도 뛰어난데, 무엇보다 많이 뛰는 선수라 최고의 컨디션을 발휘할 경우 상대 수비진이 무척 애먹는다. 다만 조금 더 슈팅이 정교할 필요가 있다. 득점력은 그리 좋지 않기 때문. 시장 가치는 600만 유로, 추정 연봉은 260만 유로.

슈팅-득점	국적	2022-23시즌 크리스털 팰리스	포지션
25-4			
7-0	가나	31-7 2721 3 21.5-17.5 81%	
●32-4 LG-0		DR TK IC ★	
●0-0 RG-2		3.8-1.8 2.6-1.6 0.4 5-0 1	
●0-0 HG-2			

G	A	SH	SG	PC	P%	PP	CR	SC	TK	IC	BT	DC	PR
하위	하위	하위	하위	하위	상위	하위	하위	상위	상위	상위	하위	상위	하위
15%	21%	3%	4%	22%	34%	6%	7%	46%	30%	21%	8%	28%	28%

Zakaria ABOUKHLAL
평점 6.86 자카리아 아부크랄
2000.02.18 / 179cm

네덜란드 태생 모로코-리비아 혼혈 선수. 2022 FIFA 카타르 월드컵 당시 모로코의 4강 돌파 주역 중 하나. 저돌적으로 상대 수비진을 들쑤시는 돌파력을 자랑한다. 주로 오른발을 쓰지만, 왼발 사용도 제법 능숙하다. 때문에 터치라인 끝까지 파고들어 컷백으로 동료에게 찬스를 제공한다. 다만 득점력에 있어서는 매우 아쉬운 면모를 보인다는 평이 지배적이다. 시장 가치는 700만 유로, 추정 연봉은 30만 유로.

슈팅-득점	국적	2022-23시즌 툴루즈	포지션
65-10			
18-0	모로코	28-9 2480 5 19.4-14.9 77%	
●83-10 LG-5		DR TK IC ★	
●0-0 RG-4		2.9-1.2 1.8-0.9 0.6 4-0 3	
●0-0 HG-1			

G	A	SH	SG	PC	P%	PP	CR	SC	TK	IC	BT	DC	PR
상위	하위	상위	상위	하위	상위	하위	하위	상위	하위	하위	상위	하위	하위
21%	49%	11%	12%	15%	41%	13%	17%	44%	17%	18%	49%	49%	26%

Luiz HENRIQUE
평점 6.86 루이스 엔히키
2001.12.14 / 173cm

시원시원한 주력과 브라질리언다운 화려한 테크닉을 주무기로 삼는다. 체구에서 알 수 있듯 보디 밸런스도 대단히 훌륭하며, 온더볼과 오프더볼을 가리지 않고 빠르게 볼을 처리하는 능력이 뛰어나다. 다만 좀 더 좋은 선수로 거듭나려면 볼이 없을 때 전술적 움직임을 좀 더 매섭게 가져가야 한다는 비판도 받고 있다. 득점력도 발전시켜야 한다는 평. 시장 가치는 1500만 유로, 추정 연봉은 583만 유로.

슈팅-득점	국적	2022-23시즌 레알 베티스	포지션
26-0			
16-1	브라질	21-12 1816 3 15.9-12.1 76%	
●42-1 LG-0		DR TK IC ★	
●0-0 RG-1		3.8-1.8 2.3-1.5 0.4 6-0 0	
●0-0 HG-0			

G	A	SH	SG	PC	P%	PP	CR	SC	TK	IC	BT	DC	PR
하위	상위	상위	상위	하위	상위	하위	하위	상위	상위	하위	상위	하위	상위
12%	42%	44%	30%	13%	39%	7%	21%	5%	20%	7%	30%	15%	21%

Farès CHAÏBI
평점 6.86 파레스 차이비
2002.11.28 / 183cm

최근 아스널이 주목하고 있는 것으로 전해진 프랑스 태생 알제리 국가대표 공격형 미드필더. 볼 없는 상황에서 가져가는 전술적 움직임이 우수하나, 그렇다고 해서 온더볼에 약점을 보이지도 않는다. 상대 수비 배후를 깨뜨리는 침투 패스를 통한 어시스트가 강점이다. 또한 엄청나게 뛰어다니며 태클, 가로채기를 많이 시도해 수비에 힘이 된다. 시장 가치는 1000만 유로, 추정 연봉은 12만 유로.

슈팅-득점	국적	2022-23시즌 툴루즈	포지션
39-5			
24-0	알제리	24-12 2345 5 26.0-20.1 77%	
●63-5 LG-0		DR TK IC ★	
●2-0 RG-5		1.0-0.3 1.8-0.9 0.5 2-0 0	
●0-0 HG-0			

G	A	SH	SG	PC	P%	PP	CR	SC	TK	IC	BT	DC	PR
하위	상위	상위	상위	상위	하위	하위	하위	하위	상위	상위	상위	하위	상위
36%	47%	32%	25%	48%	33%	20%	38%	11%	42%	22%	47%	3%	41%

●	●	●	LG	RG	HG	⏱	A	P	P%	DR	TK	IC	■ ■	★	G	A	SH	SG	PC	P%	PP	CR	SC	TK	IC	BT	DC	PR
전체 슈팅 시도-득점	직접프리킥 시도-득점	PK 시도-득점	왼발 득점	오른발 득점	헤더 득점	출전횟수 선발-교체	출전시간 분(MIN)	도움	평균 패스 시도-성공	패스 성공률	평균드리블 시도-성공	평균 태클 시도-성공	평균 인터셉트	페어플레이 경고-퇴장	MOM	득점	도움	전체 슈팅	슈팅 시도	패스 성공	패스 성공률	박스안 패스	크로스	슈팅기회 창출	태클	인터셉트	볼 터치	드리블 성공	패스 받음

Giovanni REYNA

평점 6.86 지오바니 레이나 2002.11.13 / 185cm

부친이 미국 축구 레전드 클라우디오 레이나. 2선 전지역을 커버할 수 있으나, 선수는 중앙 공격형 미드필더 역할을 선호한다. 예리한 오른발 킥 능력을 갖췄다. 데드볼 처리 능력이 우수하며, 넓은 시야와 질 좋은 패스를 갖추고 동료들에게 찬스를 제공하는 중원 사령관이다. 아직 어린 선수라 판단력에 문제가 있으며, 돌파 능력은 좀 더 향상시킬 필요가 있다. 시장 가치는 2800만 유로, 추정 연봉은 13만 유로.

슈팅-득점	국적	2022-23시즌 도르트문트					포지션
20-7		⏱		A	P	P%	
5-0	미국	4-18	612	2	13.0-10.6	81%	
● 25-7 LG-2							
● 1-0 RG-5		DR	TK	IC		★	
● 1-1 HG-0		1.0-0.4	0.9-0.6	0.1	2-0	0	

G	A	SH	SG	PC	P%	PP	CR	SC	TK	IC	BT	DC	PR
상위	상위	상위	상위	상위	상위	상위	하위	상위	상위	상위	상위	하위	상위
2%	7%	33%	14%	26%	26%	45%	42%	38%	40%	40%	24%	27%	24%

Emiliano BUENDÍA

평점 6.86 에밀리아노 부엔디아 1996.12.25 / 172cm

작지만 단단한 탱크. 돌파 능력이 우수한 공격형 미드필더이며, 수준급 패스까지 갖춘 덕에 찬스 메이킹 빈도가 상당히 많다. 작은 키에도 불구하고 적극적으로 공중볼 경합을 시도하며 많이 뛰며 수비에도 공헌하는 '에너자이저'. 반면 이처럼 투쟁심 넘치는 플레이스타일 때문에 파울이 많은 편이다. 그러나 스피드는 평균 이하라는 평을 받고 있다. 시장 가치는 2800만 유로, 추정 연봉은 390만 유로.

슈팅-득점	국적	2022-23시즌 아스톤 빌라					포지션
37-5		⏱		A	P	P%	
12-0	아르헨티나	27-11	2423	2	25.9-20.4	79%	
● 49-5 LG-1							
● 2-0 RG-2		DR	TK	IC		★	
● 0-0 HG-2		1.7-0.8	2.7-1.3	0.5	0-0	2	

G	A	SH	SG	PC	P%	PP	CR	SC	TK	IC	BT	DC	PR
하위	하위	하위	하위	상위	상위	상위	하위	상위	상위	상위	상위	하위	상위
33%	13%	36%	12%	41%	36%	41%	38%	41%	18%	50%	50%	20%	50%

Darko LAZOVIC

평점 6.85 다르코 라조비치 1990.09.15 / 181cm

순발력, 민첩성 등 운동능력이 탁월한 미드필더. 왕성한 체력을 바탕으로 넓은 활동범위를 자랑한다. 공격형 미드필더나 윙어까지 소화하는 다재다능함을 갖췄다. 적극적으로 공격에 가담하면서 과감한 슈팅으로 공격포인트를 생산한다. 특히 역습 상황에서 스피드가 더욱 돋보인다. 수비 기술이나 적극성은 떨어지는 편. 패스 성공률도 아쉽다. 시장 가치는 250만 유로, 추정 연봉은 111만 유로.

슈팅-득점	국적	2022-23시즌 베로나					포지션
24-4		⏱		A	P	P%	
19-0	세르비아	28-3	2313	6	20.9-14.2	68%	
● 43-4 LG-0							
● 4-0 RG-4		DR	TK	IC		★	
● 0-0 HG-0		1.5-0.6	1.6-0.8	0.5	0-0	2	

G	A	SH	SG	PC	P%	PP	CR	SC	TK	IC	BT	DC	PR
하위	상위	하위	하위	하위	하위	상위	상위	하위	하위	상위	하위	하위	하위
24%	42%	30%	24%	15%	36%	50%	24%	11%	24%	29%	17%	12%	3%

Matteo POLITANO

평점 6.85 마테오 폴리타노 1993.08.03 / 171cm

오른쪽 공격을 책임지는 돌격대장. 뛰어난 주력과 볼 스킬을 앞세워 상대 수비와 일대일 싸움을 즐기는 날개다. 왼발잡이라 중앙으로 파고들어 슈팅이나 동료를 겨냥한 날카로운 패스를 시도하는 경우가 많다. 보통 이런 유형의 선수는 수비 공헌도가 크지 않은데 폴리타노는 그렇지도 않아 감독 처지에서는 사랑할 수밖에 없는 자원. 다만 오른발 사용이 서툴다. 시장 가치는 2000만 유로, 추정 연봉은 407만 유로.

슈팅-득점	국적	2022-23시즌 나폴리					포지션
23-3		⏱		A	P	P%	
10-0	이탈리아	14-13	1168	3	19.8-16.2	82%	
● 33-3 LG-3							
● 1-0 RG-0		DR	TK	IC		★	
● 3-2 HG-0		2.1-1.0	1.3-0.7	0.4	1-0	0	

G	A	SH	SG	PC	P%	PP	CR	SC	TK	IC	BT	DC	PR
하위	상위	하위	하위	상위	하위	상위	상위	하위	상위	하위	상위	상위	상위
46%	33%	33%	18%	25%	31%	10%	9%	36%	46%	33%	14%	49%	22%

Silas MVUMPA

평점 6.85 실라스 음붐파 1998.10.06 / 189cm

잘못된 에이전트를 만나 신원이 조작된 상태에서 프로 무대에서 활약한 어두운 이력을 가지고 있다. 이때문에 과거에는 실라스 와망기투카라는 이름으로 불렸었다. 장신임에도 불구하고 폭발적인 스피드를 앞세운 플레이를 펼친다. 다만 지나치게 신체 능력에 치중하는 플레이를 펼쳐 상대 수비 처지에서는 대응하기가 수월한 타입이다. 기복도 심한 편. 시장 가치는 1000만 유로, 추정 연봉은 114만 유로.

슈팅-득점	국적	2022-23시즌 슈투트가르트					포지션
36-5		⏱		A	P	P%	
7-0	콩고민주공화국	23-7	2004	2	11.9-9.4	79%	
● 43-5 LG-1							
● 0-0 RG-4		DR	TK	IC		★	
● 1-1 HG-0		3.7-1.7	1.3-0.8	0.3	4-0	0	

G	A	SH	SG	PC	P%	PP	CR	SC	TK	IC	BT	DC	PR
하위	상위	하위	하위	하위	하위	하위	하위	하위	하위	하위	상위	하위	하위
45%	17%	40%	45%	1%	40%	15%	24%	13%	4%	32%	1%	19%	1%

Yeremy PINO

평점 6.85 예레미 피노 2002.10.20 / 172cm

온더볼 돌파 능력이 굉장히 좋은 공격형 미드필더. 좌우 측면은 물론 중앙에서도 플레이가 가능하다. 변칙적인 드리블 템포 때문에 상대 수비를 꽤나 진땀 흘리게 하며, 기본적으로 볼을 다루는 기술에 자신감을 가지고 있어 능숙하게 상대 압박에서 벗어나는 플레이가 뛰어나다. 다만 질 좋은 패스는 가졌으나, 크로스는 정교하지 않아 보완이 필요하다. 시장 가치는 3800만 유로, 추정 연봉은 135만 유로.

슈팅-득점	국적	2022-23시즌 비야레알					포지션
45-4		⏱		A	P	P%	
5-0	스페인	31-5	2465	5	22.4-17.9	80%	
● 49-4 LG-1							
● 0-0 RG-3		DR	TK	IC		★	
● 0-0 HG-0		2.6-1.3	2.6-1.6	0.7	7-0	2	

G	A	SH	SG	PC	P%	PP	CR	SC	TK	IC	BT	DC	PR
하위	상위	하위	하위	상위	상위	하위	상위	하위	상위	상위	상위	상위	하위
21%	37%	37%	39%	33%	38%	3%	31%	6%	38%	24%	41%	30%	

LG RG HG   **DR TK IC** **★** **G SH SG PC P% PP CR SC TK IC BT DC PR**

전체 슈팅 | 직접프리킥 | PK | 왼발 | 오른발 | 헤더 | 출전횟수 | 출전시간 | 평균 패스 | 패스 | 평균드리블 | 평균 태클 | 평균 | 페어플레이 | MOM | 득점 | 도움 | 전체 | 슈팅 | 패스 | 패스 | 박스안 | 크로스 | 슈팅기회 | 태클 | 인터셉트 | 볼터치 | 드리블 | 패스
시도-득점 | 시도-득점 | 시도-득점 | 득점 | 득점 | 득점 | 선발·교체 | 분(MIN) | 시도-성공 | 성공률 | 시도-성공 | 시도-성공 | 인터셉트 | 경고·퇴장 | | | | 슈팅 | 시도 | 성공 | 성공률 | 패스 | | 창출 | | | | 성공 | 받음

Karim ADEYEMI
평점 6.85
카림 아데예미　　2002.01.18 / 180cm

독일·나이지리아·루마니아 3중 국적자. 국가대표팀은 '전차 군단'을 선택했다. 무시무시한 스피드와 돌파 능력으로 상대 측면을 헤집는데 능하며, 상대 수비 라인을 깨뜨리는 지능적인 침투 능력으로 득점 찬스를 잡는 데 능하다. 예리한 왼발 슈팅 능력을 갖췄으며, 수비 가담 능력도 평균 이상이다. 다만 깔끔하지 못한 수비 스킬 때문에 파울이 많은 편이다. 시장 가치는 3500만 유로, 추정 연봉은 500만 유로.

슈팅-득점	국적	2022-23시즌 도르트문트	포지션
25-6		⏱ A P P%	
13-0		20-4 1399 5 22.6-13.5 77%	
● 38-6 LG-2	독일		
● 0-0 RG-3		DR TK IC ★	
● 1-0 HG-1		3.9-1.5 1.6-0.7 9-0 1	

G	A	SH	SG	PC	P%	PP	CR	SC	TK	IC	BT	DC	PR
상위	상위	상위	상위	하위	하위	하위	하위	상위	하위	하위	하위	상위	하위
14%	28%	31%	36%	20%	39%	46%	26%	44%	19%	47%	23%	17%	23%

Leon BAILEY
평점 6.85
레온 베일리　　1997.08.09 / 176cm

한번 가속도가 붙으면 상대 수비수가 쫓아가기 버거워하는 광속 윙어. 체격이 크다고 할 수 없으나 단단한 몸집에 상대 압박에도 쉽게 밀리지 않는다. 정교한 왼발 킥은 슈팅과 크로스를 가리지 않으며, 활동량도 준수한 터라 전방 압박을 통해 수비에도 공헌한다. 상황에 따라서는 레프트백으로 뛸 수도 있다. 다만 종종 기복이 심한 플레이를 펼친다. 시장 가치는 2500만 유로, 추정 연봉은 520만 유로.

슈팅-득점	국적	2022-23시즌 아스톤 빌라	포지션
35-4		⏱ A P P%	
16-0		26-7 1984 4 13.3-9.2 69%	
● 51-4 LG-4	자메이카		
● 3-0 RG-0		DR TK IC ★	
● 0-0 HG-0		3.5-1.3 0.9-0.5 4-0 3	

G	A	SH	SG	PC	P%	PP	CR	SC	TK	IC	BT	DC	PR
상위	상위	상위	상위	하위	하위	상위	하위	상위	하위	하위	하위	상위	하위
31%	50%	35%	29%	5%	22%	22%	8%	6%	19%	6%	8%	37%	6%

Adrián EMBARBA
평점 6.85
아드리안 엠바르바　　1992.05.07 / 173cm

전성기 시절에는 매우 민첩한 플레이를 자랑했던 날개였다. 상체 페이크 움직임을 펼친 후 빠른 순간 속도로 상대 수비를 무너뜨리는 돌파 능력이 우수하다. 측면에서 날리는 크로서의 정확도도 출중하다. 수비 가담도 준수하며, 등 뒤의 풀백과 질 좋은 콤비 플레이를 펼칠 줄 안다. 그러나 탈압박에 다소 서투르며, 득점력도 좋다고 볼 수 없다. 다소 기복이 있다. 시장 가치는 300만 유로, 추정 연봉은 96만 유로.

슈팅-득점	국적	2022-23시즌 에스파뇰+알메리아	포지션
13-1		⏱ A P P%	
20-3		18-12 1511 3 14.1-10.6 75%	
● 33-4 LG-	스페인		
● 13-1 RG-		DR TK IC ★	
● 1-1 HG-		4.0-1.7 2.5-1.7 0.3 3-1 3	

G	A	SH	SG	PC	P%	PP	CR	SC	TK	IC	BT	DC	PR
상위	상위	상위	상위	상위	상위	상위	상위	상위	상위	상위	상위	상위	상위
10%	10%	10%	10%	10%	10%	10%	10%	10%	10%	10%	10%	10%	10%

Jérémy LE DOUARON
평점 6.85
제레미 르 두아롱　　1998.04.21 / 189cm

브레스트 입단 전에는 2부에서 뛰었다. 우수한 피지컬을 자랑하는 공격 자원. 최전방 스트라이커와 2선 공격형 미드필더를 소화하며 상황에 따라서는 왼쪽 날개에서도 뛴다. 주로 짧은 패스로 플레이를 전개해나가며, 평균 이상의 크로스 실력을 갖췄다. 제공권과 골문 앞 결정력도 좋은 편. 다만 볼 간수 능력은 신통찮으며, 패스 정확도는 개선할 여지가 있다. 시장 가치는 300만 유로, 추정 연봉은 36만 유로.

슈팅-득점	국적	2022-23시즌 브레스트	포지션
51-10		⏱ A P P%	
4-0		24-8 2080 3 11.0-8.0 73%	
● 55-10 LG-4	프랑스		
● 0-0 RG-1		DR TK IC ★	
● 0-0 HG-5		2.3-0.8 1.2-0.5 0.1 1-0 1	

G	A	SH	SG	PC	P%	PP	CR	SC	TK	IC	BT	DC	PR
상위	하위	상위	상위	하위	하위	하위	하위	하위	상위	하위	하위	하위	하위
8%	28%	35%	21%	1%	17%	4%	19%	6%	48%	1%	1%	18%	3%

Saïd BENRAHMA
평점 6.85
사이드 벤라마　　1995.08.10 / 172cm

뛰어난 온더볼 능력을 자랑하는 크랙 유형 날개. 돌파 능력이 좋고, 드리블 상태에서 더 좋은 위치를 가져가는 동료 움직임을 살리는 패스 역시 매우 날카롭다. 특히 역습 때 파괴력을 발휘하는 편. 데이비드 모예스 감독의 지도 하에 수비 공헌 능력도 크게 발전시켰다. 그러나 화려한 플레이에 비해 득점력과 판단력이 좋지 못한데다 기복이 다소 심하다. 시장 가치는 2200만 유로, 추정 연봉은 286만 유로.

슈팅-득점	국적	2022-23시즌 웨스트햄 유나이티드	포지션
33-4		⏱ A P P%	
40-2		22-13 2073 3 20.0-16.4 82%	
● 73-6 LG-0	알제리		
● 5-0 RG-6		DR TK IC ★	
● 4-4 HG-0		3.4-1.6 1.2-0.7 0.3 0-0 1	

G	A	SH	SG	PC	P%	PP	CR	SC	TK	IC	BT	DC	PR
상위	하위	상위	상위	하위	상위	하위	상위	상위	하위	하위	상위	상위	하위
44%	28%	13%	21%	44%	49%	25%	37%	38%	35%	36%	44%	19%	46%

Harvey BARNES
평점 6.85
하비 반스　　1997.12.09 / 174cm

저돌적인 카운터어택 플레이가 뛰어난 윙. 폭발적인 순간 가속도가 강점이며, 강력한 킥까지 탑재한 터라 종종 모두를 놀라게 하는 원더골을 만들어낸다. 오른발잡이지만 왼발 사용도 능숙하다. 그러나 볼 다루는 기술이 다소 투박하며, 찬스 대비 득점력은 좋다고 볼 수 없다. 경기 흐름을 읽는 지능적인 면모를 볼 수 없다. 이때문에 오프사이드에 자주 걸린다. 시장 가치는 3200만 유로, 추정 연봉은 182만 유로.

슈팅-득점	국적	2022-23시즌 레스터 시티	포지션
56-10		⏱ A P P%	
16-3		32-2 2720 3 21.6-15.8 74%	
● 72-13 LG-3	잉글랜드		
● 0-0 RG-10		DR TK IC ★	
● 0-0 HG-0		2.7-0.9 1.6-0.8 0.2 3-0 0	

G	A	SH	SG	PC	P%	PP	CR	SC	TK	IC	BT	DC	PR
상위	하위	상위	상위	하위	하위	하위	상위	상위	하위	하위	하위	하위	하위
9%	3%	35%	10%	8%	23%	22%	5%	25%	18%	17%	16%	15%	23%

전체 슈팅 시도-득점 | 직접프리킥 시도-득점 | PK 시도-득점 | LG 왼발 득점 | RG 오른발 득점 | HG 헤더 득점 | 출전횟수 선발-교체 | 출전시간 분(MIN) | A 도움 | P 평균 패스 시도-성공 | P% 패스 성공률 | DR 평균 드리블 시도-성공 | TK 평균 태클 시도-성공 | IC 평균 인터셉트 | 페어플레이 경고-퇴장 | ★ MOM | G 득점 | A 도움 | SH 전체 슈팅 | SG 슈팅 시도 | PC 패스 성공 | P% 패스 성공률 | PP 박스안 패스 | CR 크로스 | SC 슈팅기회 창출 | TK 태클 | IC 인터셉트 | BT 볼 터치 | DC 드리블 성공 | PR 패스 받음

Anthony GORDON
평점 6.85 | 앤서니 고든
2001.02.24 / 183cm

EPL에서 최상위권으로 평가받는 스피드가 최대 강점이다. 유려한 퍼스트 터치와 준수한 볼 테크닉까지 갖춰 수비수 처지에서는 굉장히 곤혹스러운 날개 공격수다. 슈팅도 제법 강력하고 정교한데, 무엇보다 양발을 가리지 않는다. 수비 가담에는 꽤 열심히 임하나 수비 스킬이 좋지 못해 파울이 너무 많다. 피지컬 싸움에도 열세를 드러내는 경우가 많다. 시장 가치는 4000만 유로, 추정 연봉은 312만 유로.

슈팅-득점	국적	22-23시즌 에버튼+뉴캐슬 Utd.	포지션
26-4			
8-0		16-16 1579 A 13.7-10.9 P% 80%	
● 34-4 LG-2	잉글랜드		
● 1-0 RG-2		DR 2.1-0.6 TK 2.3-1.5 IC 0.2 7-0 ★ 2	
● 0-0 HG-0			

G	A	SH	SG	PC	P%	PP	CR	SC	TK	IC	BT	DC	PR
하위	하위	하위	상위	하위	하위	하위	하위	하위	상위	하위	하위	하위	하위
45%	1%	40%	19%	12%	44%	20%	33%	4%	1%	27%	17%	21%	16%

Bobby DE CORDOVA-REID
평점 6.85 | 보비 데 코르도바 리드
1993.02.02 / 170cm

보통 보비 리드라고 불린다. 2선과 최전방의 모든 위치에서 활약할 수 있다. 심지어 지난해에는 소속팀 사정에 따라 오른쪽 풀백으로도 뛴 적이 있는 멀티 자원이다. 전술 이해도가 좋고 수준급 패스 능력을 갖춰 공격적인 윤활유 구실을 한다. 그러나 본래 측면 공격수 출신임에도 불구하고 돌파력이 좋지 않으며, 찬스가 주어졌을 때 득점력 역시 좋다고 볼 수 없다. 시장 가치는 700만 유로, 추정 연봉은 182만 유로.

슈팅-득점	국적	2022-23시즌 풀럼	포지션
25-4			
6-0		29-7 2487 A 1 21.9-15.8 P% 72%	
● 31-4 LG-0	자메이카		
● 0-0 RG-1		DR 1.6-0.6 TK 1.7-1.2 IC 0.6 8-0 ★	
● 0-0 HG-3			

G	A	SH	SG	PC	P%	PP	CR	SC	TK	IC	BT	DC	PR
하위	하위	하위	하위	하위	하위	상위	하위	하위	상위	상위	하위	하위	하위
20%	5%	5%	8%	27%	24%	49%	33%	7%	39%	23%	25%	7%	14%

Jérémy DOKU
평점 6.85 | 제레미 도쿠
2002.05.27 / 171cm

어마어마한 스피드로 상대의 터치라인을 뒤흔드는 윙. 심지어 볼 테크닉이 준수한데다 좌우를 가리지 않는다. 온더볼뿐만 아니라 적재적소에 패스를 뿌리는 판단력도 우수하며, 정확하기까지 하다. 이를 통해 프랑스 리그1 최강의 날개 자원으로 평가받고 있다. 단점인 크로스를 좀 더 보완한다면 더 크게 중용될 특급 유망주다. 다만 부상이 잦다. 시장 가치는 1800만 유로, 추정 연봉은 156만 유로.

슈팅-득점	국적	2022-23시즌 스타드 렌	포지션
21-6			
5-0		13-16 1287 A 17.1-14.6 P% 86%	
● 26-6 LG-2	벨기에		
● 0-0 RG-4		DR 5.5-3.3 TK 1.3-0.9 IC 0.2 0-0 ★ 4	
● 0-0 HG-0			

G	A	SH	SG	PC	P%	PP	CR	SC	TK	IC	BT	DC	PR
상위	상위	상위	상위	하위	상위	상위	상위	하위	하위	하위	상위	상위	상위
9%	25%	18%	16%	40%	13%	8%	27%	26%	26%	11%	3%	5%	50%

PEDRO
평점 6.84 | 페드로
1987.07.28 / 169cm

전성기 시절 리오넬 메시와 더불어 바르셀로나 최전방을 책임졌던 날개. 굉장히 우수한 골 결정력을 자랑하며, 스피드와 돌파 능력은 톱 클래스로 평가되지 않으나 연계 플레이와 공간 침투로 상대 측면을 파괴하는 능력이 뛰어나다. 훌륭한 테크닉까지 갖춰 다양한 공격 패턴을 만든다. 만 35세임에도 최고 수준 경기력을 갖춘 '장수만세' 공격 자원이다. 시장 가치는 250만 유로, 추정 연봉은 321만 유로.

슈팅-득점	국적	2022-23시즌 라치오	포지션
22-4			
20-0		17-19 1896 A 3 P% 87%	
● 42-4 LG-2	스페인		
● 0-0 RG-2		DR 1.8-0.8 TK 1.6-1.0 IC 0.2 1-0 ★ 1	
● 0-0 HG-0			

G	A	SH	SG	PC	P%	PP	CR	SC	TK	IC	BT	DC	PR
상위	하위	하위	상위	상위	상위	하위	상위	상위	하위	하위	하위	상위	상위
49%	26%	34%	46%	12%	35%	32%	7%	31%	21%	28%	49%	16%	

Wilfried GNONTO
평점 6.84 | 윌프레드 논토
2003.11.05 / 170cm

코트디부아르 혈통을 가진 이탈리안 돌격대장. 스피드가 주무기인 날개이지만, 자신의 주력을 발휘하기 힘든 좁은 공간에서도 어떻게든 뚫고 나오는 우수한 볼 테크닉을 가졌다. 이따금 날리는 중거리슛도 굉장히 위협적이다. 그러나 파울이 많으며 측면 공격 자원치고는 크로스가 정교하진 않다. 문전 골 결정력도 더욱 발전시킬 필요가 있다. 시장 가치는 1800만 유로, 추정 연봉은 104만 유로.

슈팅-득점	국적	2022-23시즌 리즈 유나이티드	포지션
14-1			
8-1		14-10 1353 A 4 18.8-14.6 P% 77%	
● 22-2 LG-1	이탈리아		
● 0-0 RG-1		DR 3.2-2.3 TK 2.0-1.0 IC 0.2 7-0 ★	
● 0-0 HG-0			

G	A	SH	SG	PC	P%	PP	CR	SC	TK	IC	BT	DC	PR
하위	상위	하위	하위	하위	하위	하위	상위	하위	상위	하위	하위	하위	하위
15%	25%	15%	20%	16%	32%	40%	49%	36%	19%	25%	46%	38%	41%

Justin KLUIVERT
평점 6.84 | 저스틴 클루이베르트
1991.02.16 / 176cm

부친 파트릭은 1990년대를 대표했던 세계적인 스트라이커 중 하나로 유명했다. 속도감있는 양발 드리블로 상대 측면을 헤집는데 능하다. 볼 테크닉에 강한 자신감을 가지고 있는 선수라 그런지 다양한 패턴의 돌파로 풀백들을 괴롭힌다. 그러나 좀 더 우수한 공격수가 되려면 볼이 없을 때 전술적 움직임을 개선할 필요가 있다. 수비 가담 횟수도 늘려야 한다. 시장 가치는 1200만 유로, 추정 연봉은 375만 유로.

슈팅-득점	국적	2022-23시즌 발렌시아	포지션
24-5			
20-1		15-11 1452 A 0 12.5-9.9 P% 79%	
● 44-6 LG-2	네덜란드		
● 2-0 RG-3		DR 2.5-1.3 TK 0.9-0.7 IC 0.3 4-0 ★ 2	
● 1-1 HG-1			

G	A	SH	SG	PC	P%	PP	CR	SC	TK	IC	BT	DC	PR
상위	하위	상위	상위	하위	하위	상위	상위	상위	하위	하위	상위	상위	하위
21%	1%	20%	28%	6%	19%	10%	35%	45%	44%	3%	35%	3%	

전체 슈팅 시도-득점 | 직접프리킥 시도-득점 | PK 시도-득점 | LG 왼발 득점 | RG 오른발 득점 | HG 헤더 득점 | 출전시간 선발·교체 분(MIN) | A 도움 | P 평균 패스 시도-성공 | P% 패스 성공률 | DR 평균드리블 시도-성공 | TK 평균 태클 시도-성공 | IC 평균 인터셉트 | 페어플레이 경고·최장 | ★ MOM | G 득점 | A 도움 | SH 전체 슈팅 | SG 슈팅 시도 | PC 패스 성공 | P% 패스 성공률 | PP 박스 안 패스 | CR 크로스 | SC 슈팅기회 창출 | TK 태클 | IC 인터셉트 | BT 볼 터치 | DC 드리블 성공 | PR 패스 받음

Stephan EL SHAARAWY
평점 6.84 스테판 엘 샤라위 — 1992.10.27 / 178cm

주력 싸움에서 특히 강점을 보이는 인사이드 포워드. 볼 테크닉은 그리 대단한 편은 아니나, 그 단점을 상쇄할 민첩성을 가지고 있다. 볼을 받을 때 뛰어난 퍼스트 터치 능력을 발휘하는 것도 그의 특기. 출중한 패스 능력까지 갖춰 2선 위치에서 많은 찬스를 만들어낸다. 피지컬에 비해 공중볼 경합 능력도 우수하다. 다만 감독의 전술을 많이 타는 편이다. 시장 가치는 500만 유로, 추정 연봉은 648만 유로.

슈팅-득점	국적	2022-23시즌 AS 로마				포지션
18-7		⏱ 14-15	A 1523	P 2	P% 24.3-19.6 81%	
24-0	이탈리아					
● 42-7 LG-1		DR 2.3-0.9	TK 1.2-0.6	IC 0.5	3-0 ★ 2	
● 0-0 RG-6						
● 0-0 HG-0						

G	A	SH	SG	PC	P%	PP	CR	SC	TK	IC	BT	DC	PR
상위 17%	하위 17%	상위 22%	상위 12%	상위 17%	상위 22%	하위 45%	하위 28%	상위 41%	상위 46%	상위 26%	상위 15%	상위 35%	상위 32%

Léo BAPTISTÃO
평점 6.84 레오 밥티스탕 — 1992.08.26 / 185cm

최전방과 2선 위치에서는 위치를 가리지 않는다. 주로 측면에서 활약하지만 스피드나 테크닉 등 윙어가 갖춰야 할 덕목이 그리 대단하지는 않다. 하지만 굉장히 영리한 플레이를 펼치며 전술 이해도가 높아 감독 처지에서는 꽤 유능한 공격 자원임에는 틀림없다. 승부처에서 유달리 강한 면모도 밥티스탕의 강점. 전체적으로 공격을 조율하는 능력도 우수하다. 시장 가치는 180만 유로, 추정 연봉은 60만 유로.

슈팅-득점	국적	2022-23시즌 알메리아				포지션
34-5		⏱ 24-4	A 1746	P 2	P% 18.2-12.4 68%	
11-0	브라질					
● 45-5 LG-2		DR 1.3-0.6	TK 1.9-1.1	IC 0.6	7-0 ★ 1	
● 0-0 RG-1						
● 0-0 HG-0						

G	A	SH	SG	PC	P%	PP	CR	SC	TK	IC	BT	DC	PR
상위 44%	하위 8%	상위 35%	상위 41%	하위 9%	하위 14%	하위 5%	하위 9%	상위 11%	상위 29%	하위 7%	하위 12%	하위 10%	하위 13%

Emil FORSBERG
평점 6.84 에밀 포르스베리 — 1991.10.23 / 177cm

주로 좌측면에서 활약한다. 전성기 시절에는 분데스리가 최고 수준 도움 능력을 뽐냈다. 패스 정확도는 다소 떨어진다는 평이 지배적이나, 굉장한 축구 센스를 바탕으로 상대 허를 찌르는 패스를 뿌리는 데 능하다. 거리를 가리지 않는 킥 능력도 굉장히 위협적이며, 주변 동료를 활용해 압박에서 벗어나는 움직임도 뛰어나다. 굉장한 활동량으로 수비에 기여한다. 시장 가치는 900만 유로, 추정 연봉은 660만 유로.

슈팅-득점	국적	2022-23시즌 RB 라이프치히				포지션
15-5		⏱ 16-14	A 1487	P 4	P% 16.4-13.8 84%	
8-1	스웨덴					
● 23-6 LG-0		DR 1.0-0.5	TK 1.0-0.5	IC 0.1	2-0 ★ 0	
● 1-0 RG-6						
● 2-2 HG-0						

G	A	SH	SG	PC	P%	PP	CR	SC	TK	IC	BT	DC	PR
상위 25%	상위 49%	하위 8%	상위 29%	하위 44%	상위 7%	하위 47%	하위 8%	하위 39%	하위 10%	하위 14%	하위 14%	하위 27%	

Jakub KAMINSKI
평점 6.84 야쿱 카민스키 — 2002.06.05 / 179m

유소년 시절부터 폴란드에서는 유망주로 각광받았다. 양 측면 모두 소화할 수 있는 날개. 빠른 발을 활용한 직선적인 돌파를 즐긴다. 양발 드리블에 능하며, 슈팅과 크로스 없이 굉장히 우수하다. 특히 안으로 접고 들어가 골문을 겨냥하는 플레이가 굉장히 위협적이다. 활동량도 왕성한 터라 헌신적으로 수비에 힘을 보탠다. 태클도 적극적으로 시도한다. 시장 가치는 1000만 유로, 추정 연봉은 198만 유로.

슈팅-득점	국적	2022-23시즌 볼프스부르크				포지션
30-4		⏱ 25-6	A 2074	P 2	P% 19.1-14.4 76%	
9-0	폴란드					
● 39-4 LG-0		DR 2.1-1.0	TK 1.8-1.2	IC 0.3	0-0 ★ 1	
● 0-0 RG-3						
● 0-0 HG-1						

G	A	SH	SG	PC	P%	PP	CR	SC	TK	IC	BT	DC	PR
하위 29%	하위 16%	하위 27%	하위 28%	하위 32%	하위 43%	상위 28%	하위 23%	상위 34%	하위 12%	하위 9%	하위 30%	하위 10%	

Demarai GRAY
평점 6.84 데머레이 그레이 — 1996.06.28 / 180cm

이른바 '치달'을 즐기는 날개. 압도적 스피드를 십분 활용해 상대 풀백을 무너뜨리는 데 능하다. 에버턴에 입단한 후부터 오른발 킥이 무척 발전했다. 좌측면에서 활약할 때, 오른발 슈팅으로 파 포스트를 공략해 곧잘 득점하는 모습을 보이기도 한다. 다만 속도에 치중하는 터라 볼 테크닉이 단순하며, 돌파 패턴도 많지 않다. 다소 기복이 있는 편이기도 하다. 시장 가치는 2000만 유로, 추정 연봉은 130만 유로.

슈팅-득점	국적	2022-23시즌 에버튼				포지션
34-3		⏱ 27-6	A 2512	P 1	P% 81%	
25-1	잉글랜드					
● 59-4 LG-4		DR 2.7-1.1	TK 1.4-1.0	IC 0.4	1-0 ★	
● 8-0 RG-0						
● 0 HG-0						

G	A	SH	SG	PC	P%	PP	CR	SC	TK	IC	BT	DC	PR
상위 10%	상위 10%	상위 10%	상위 10%	상위 10%	상위 10%	상위 10%	상위 10%	상위 10%	상위 10%	상위 10%	상위 10%	상위 10%	상위 10%

Óscar PLANO
평점 6.84 오스카르 플라노 — 1991.02.11 / 180cm

레알 마드리드 유스 출신이며 2017년부터 레알 바야돌리드의 공격 한 축을 책임지고 있다. 양발을 안 가리는 드리블 테크닉을 자랑하며, 스피드도 제법 준수한 터라 돌파에 특히 강점을 보인다. 패스와 킥도 우수한 편. 주로 숏 패스를 선택하는 경우가 많다. 보통 레프트윙으로 출전하나 팀이 필요할 때 최전방에서 활약할 정도로 제법 득점력도 출중하다. 시장 가치는 300만 유로, 추정 연봉은 49만 유로.

슈팅-득점	국적	2022-23시즌 레알 바야돌리드				포지션
20-0		⏱ 22-11	A 2048	P 1	P% 18.5-13.9 75%	
10-1	스페인					
● 30-1 LG-1		DR 1.0-0.4	TK 2.0-1.2	IC 0.9	3-0 ★ 0	
● 0-0 RG-0						
● 0-0 HG-0						

G	A	SH	SG	PC	P%	PP	CR	SC	TK	IC	BT	DC	PR
하위 3%	하위 7%	하위 11%	하위 13%	하위 15%	하위 35%	하위 1%	하위 12%	하위 8%	상위 22%	상위 2%	하위 8%	하위 7%	하위 4%

전체 슈팅 시도-득점 | 직접프리킥 시도-득점 | PK 시도-득점 | LG 왼발 득점 | RG 오른발 득점 | HG 헤더 득점 | 출전횟수 선발-교체 | 출전시간 분(MIN) | A 도움 | P 평균 패스 시도-성공 | P% 패스 성공율 | DR 평균드리블 시도-성공 | TK 평균 태클 | IC 인터셉트 | 페어플레이 경고-퇴장 | ★ MOM | G 전체 슈팅 | A 도움 | SH 슈팅 시도 | SG 슈팅 성공 | PC 패스 성공 | P% 패스 성공율 | PP 박스 안 패스 | CR 크로스 | SC 슈팅기회 창출 | TK 태클 | IC 인터셉트 | BT 볼 터치 | DC 드리블 성공 | PR 패스 받음

Jacob RAMSEY
평점 6.84 · 제이콥 램지 · 2001.05.28 / 180cm

잉글랜드 연령별 대표를 모두 거친 유망주. 주로 중앙 공격형 미드필더로 출전하나 양 측면 윙도 거뜬히 소화해낸다. 기본 이상의 테크닉을 갖췄으며 '하드 워커'라 평해도 될 만큼 성실한 체력도 갖추고 있다. 상대 수비 사이를 공략하는 굉장히 도전적인 침투 패스를 즐긴다. 패스 템포도 상당히 빠른 편. 다만 정확도는 많이 올릴 필요가 있다. 시장 가치는 3200만 유로, 추정 연봉은 364만 유로.

슈팅-득점	국적	2022-23시즌 아스톤 빌라	포지션
23-6 / 10-0	잉글랜드	⏱31-4 · A 7 · P 24.6-20.6 · P% 84%	
●33-6 LG-2 / ○0-0 RG-4 / ○0-0 HG-0		DR 2.2-1.0 · TK 3.0-2.0 · IC 0.7 · 5-0 · ★1	

G	A	SH	SG	PC	P%	PP	CR	SC	TK	IC	BT	DC	PR
하위 42%	상위 30%	하위 5%	하위 14%	하위 37%	상위 10%	하위 2%	하위 11%	하위 3%	상위 18%	상위 19%	하위 19%	상위 22%	하위 16%

Wahbi KHAZRI
평점 6.84 · 와흐비 카즈리 · 1991.02.08 / 176cm

범용성이 매우 큰 공격 자원. 최전방과 2선에서는 포지션을 가리지 않는다. 정확한 킥과 부드러운 볼 터치가 최대 강점이며, 특히 상대 수비진의 허를 찌르는 침투 패스가 매우 뛰어나다. 주로 동료의 움직임을 살리는 이타적 플레이에 집중하나 다양한 슈팅 테크닉까지 갖춘 터라 기회가 주어지면 골 사냥에도 능한 면모를 보인다. 다만 몸 싸움이 약하다. 시장 가치는 300만 유로, 추정 연봉은 300만 유로.

슈팅-득점	국적	2022-23시즌 몽펠리에	포지션
23-4 / 15-0	튀니지	⏱20-7 · A 1 · P 15.9-11.9 · P% 75%	
●38-4 LG-2 / ○0-0 RG-2 / ○0-0 HG-0		DR 2.3-1.1 · TK 1.7-1.0 · IC 0.3 · 5-1 · ★0	

G	A	SH	SG	PC	P%	PP	CR	SC	TK	IC	BT	DC	PR
하위 44%	하위 8%	상위 47%	상위 35%	하위 27%	하위 36%	하위 4%	상위 42%	상위 47%	하위 7%	하위 2%	하위 49%	하위 7%	

Joe ARIBO
평점 6.83 · 조 아리보 · 1996.07.21 / 183cm

중원에서 모든 포지션을 볼 수 있다. 2선에서도 위치를 가리지 않는 멀티 자원이다. 탄탄한 피지컬을 활용해 미드필드 지역에서 뛰어난 볼 키핑 능력을 발휘하며, 주력도 상당해 역습시 재빠르게 상대 페널티박스 인근으로 볼을 운반하는 능력이 뛰어난 박스 투 박스 유형의 선수다. 그러나 볼을 다루는 기술은 우수하진 않고, 득점 찬스에서 다소 서투른다. 시장 가치는 1500만 유로, 추정 연봉은 364만 유로.

슈팅-득점	국적	2022-23시즌 사우샘튼	포지션
14-2 / 0-0	나이지리아	⏱13-8 · A 0 · P 17.9-13.3 · P% 74%	
●14-2 LG-1 / ○0-0 RG-1 / ○0-0 HG-0		DR 1.9-0.9 · TK 2.1-1.6 · IC 0.5 · 2-0 · ★0	

G	A	SH	SG	PC	P%	PP	CR	SC	TK	IC	BT	DC	PR
하위 21%	하위 1%	하위 3%	하위 4%	하위 14%	하위 33%	하위 7%	하위 2%	하위 4%	상위 20%	상위 16%	하위 31%	하위 7%	

SUSO
평점 6.83 · 수소 · 1993.11.19 / 177cm

박스 인근에서 펼치는 왼발에 의존하는 플레이를 두고 외부에서는 다소 패턴이 단순하다는 평을 하나, 기본적으로 볼 다루는 스킬과 킥력이 뒷받침되는 탓에 먹히는 경우가 상당히 많다. 콤비 플레이를 펼칠 우수한 풀백이 뒷받침되면 더욱 위력이 배가된다는 평. 그러나 공격 템포를 질질 끌어 역습 시 속도를 죽인다는 비판은 피하지 못하고 있다. 시장 가치는 700만 유로, 추정 연봉은 280만 유로.

슈팅-득점	국적	2022-23시즌 세비야	포지션
5-1 / 19-1	스페인	⏱10-15 · A 4 · P 19.2-16.8 · P% 87%	
●24-2 LG-2 / ●2-0 RG-0 / ○0-0 HG-0		DR 1.8-1.1 · TK 1.1-0.6 · IC 1-0 · 1-0 · ★1	

G	A	SH	SG	PC	P%	PP	CR	SC	TK	IC	BT	DC	PR
하위 27%	상위 35%	상위 27%	상위 19%	상위 17%	상위 9%	상위 8%	상위 6%	하위 13%	상위 32%	하위 1%	상위 19%	상위 27%	상위 15%

Kamory DOUMBIA
평점 6.83 · 카모리 둠비아 · 2002.02.02 / 170cm

스타드 랭스 유스 출신 신예 중앙 공격형 미드필더. 중거리 슛과 드리블이 제법 위협적이다. 드리블과 숏 패스를 자주 시도하나, 패스의 정확도는 많이 발전해야 할 필요가 있다. 대단하다고 볼 수 없는 체격 조건 탓에 제공권과 몸싸움에서 열세를 보인다. 그래도 쉴 새 없이 박스와 박스를 오가며 수비에 공헌하는 전술적 움직임은 충실히 해낸다. 시장 가치는 250만 유로, 추정 연봉은 4만 유로.

슈팅-득점	국적	2022-23시즌 스타드 랭	포지션
14-1 / 12-1	말리	⏱13-13 · A 2 · P 19.9-16.4 · P% 82%	
●26-2 LG-0 / ○0-0 RG-2 / ●1-1 HG-0		DR 1.4-0.7 · TK 2.3-1.3 · IC · ★	

G	A	SH	SG	PC	P%	PP	CR	SC	TK	IC	BT	DC	PR
하위 22%	상위 40%	하위 40%	상위 40%	상위 26%	하위 22%	상위 32%	하위 2%	상위 29%	상위 1%	상위 29%	하위 40%	상위 39%	

Donyell MALEN
평점 6.83 · 도니얼 말런 · 1999.01.09 / 176cm

시속 35km에 이르는 압도적 스피드로 저돌적으로 상대 풀백과 일대일을 즐기는 레프트 윙. 수비가 조금이라도 틈을 보이면 치고 달리기를 시도해 상대 터치라인을 뒤흔든다. 제법 단단한 피지컬을 갖춘 터라 풀백과 경합 상황에서도 이겨내는 빈도가 많다. 중앙으로 파고든 후 직접 골문을 노리는 패턴 플레이도 위력적이다. 수비 가담은 많지 않은 편. 추정 연봉은 1600만 유로, 추정 연봉은 450만 유로.

슈팅-득점	국적	2022-23시즌 도르트문트	포지션
45-9 / 19-0	네덜란드	⏱22-4 · A 5 · P 21.1-16.9 · P% 80%	
●64-9 LG-0 / ●3-0 RG-8 / ○0-0 HG-0		DR 4.5-2.1 · TK 0.8-0.5 · IC 0.2 · ★3	

G	A	SH	SG	PC	P%	PP	CR	SC	TK	IC	BT	DC	PR
상위 13%	상위 22%	상위 4%	상위 3%	하위 28%	상위 43%	상위 39%	하위 37%	상위 6%	하위 11%	하위 28%	하위 13%	상위 48%	

| 전체 슈팅 시도-득점 | 직접프리킥 시도-득점 | PK 시도-득점 | LG 왼발 득점 | RG 오른발 득점 | HG 헤더 득점 | 출전횟수 선발·교체 | 출전시간 분(MIN) | A 도움 | P 평균 패스 시도-성공 | P% 패스 성공율 | DR 평균 드리블 시도-성공 | TK 평균 태클 시도-성공 | IC 평균 인터셉트 | 평균 경고-퇴장 | ★ 페어플레이 | MOM | G 득점 | A 도움 | SH 전체 슈팅 | SG 슈팅 시도 | PC 패스 성공 | P% 패스 성공율 | PP 박스안 패스 | CR 크로스 | SC 슈팅기회 창출 | TK 태클 | IC 인터셉트 | BT 볼 터치 | DC 드리블 성공 | PR 패스 받음 |

평점 6.83 Chidera EJUKE
치데라 에주케 　　　　　1998.01.02 / 173cm

뛰어난 볼 테크닉을 자랑하는 레프트윙. 마치 발에 붙어있다고 할 정도로 끊임없이 볼을 터치하며 돌파하는 플레이를 즐긴다. 때문에 상대의 강한 압박을 뚫어내며 공격을 전개하는 데 능하다. 좌측면에서 중앙으로 파고들어 골문을 겨냥하는 인사이드 플레이를 주로 시도하는 편. 하지만 골 결정력은 좋다고 할 수 없고, 경기 중 상황 대처 능력은 아쉽다. 시장 가치는 750만 유로, 추정 연봉은 162만 유로.

슈팅-득점	국적	2022-23시즌 헤르타 베를린	포지션
11-0 / 13-0	나이지리아	9-11 885 3 13.7-11.1 82%	

● 24-0 LG-0
● 0-0 RG-0
● 0-0 HG-0

DR 4.8-2.4 | TK 0.5-0.3 | IC 0.2 | 0-0 | ★ 0

G	A	SH	SG	PC	P%	PP	CR	SC	TK	IC	BT	DC	PR
하위 1%	상위 14%	상위 32%	하위 17%	하위 27%	상위 30%	하위 28%	하위 28%	상위 36%	하위 1%	하위 40%	상위 29%	상위 1%	하위 29%

평점 6.83 Dimitri PAYET
디미트리 파예 　　　　　1987.03.29 / 175cm

전성기 시절 그의 킥력은 세계적이라고 해도 될 만치 위력적이었다. 특히 박스 외곽에서 시도하는 프리킥은 그의 필살기라 해도 될 만치 파괴력이 대단했다. 주로 공격형 미드필더로 나서고 있으나, 상황에 따라서는 윙으로도 뛸 수 있다. 최정상급은 아니나 볼 테크닉과 스피드도 나름 준수한 편이다. 다만 불 같은 성격 탓에 카드를 받는 횟수가 다소 많은 편. 시장 가치는 200만 유로, 추정 연봉은 600만 유로.

슈팅-득점	국적	2022-23시즌 마르세유	포지션
16-4 / 12-0	프랑스	9-15 828 3 19.0-15.2 80%	

● 28-4 LG-0
● 1-0 RG-4
● 1-1 HG-0

DR 1.3-0.8 | TK 0.0 | IC 0.0 | 0-0 | ★ 2

G	A	SH	SG	PC	P%	PP	CR	SC	TK	IC	BT	DC	PR
상위 17%	상위 15%	상위 17%	하위 37%	상위 4%	상위 50%	상위 4%	상위 6%	상위 2%	하위 7%	하위 35%	상위 35%	상위 6%	

평점 6.83 Pere MILLA
페레 미야 　　　　　1992.09.23 / 184cm

대부분의 커리어를 하부리그에서 경험했으며, 엘체에서는 2019년부터 뛰고 있다. 2선에서는 모든 위치에서 뛸 수 있으나, 주 포지션은 레프트 윙이다. 좌우 측면 모두 임무 수행 가능하다. 다만 측면 공격수로서 크로스 능력은 시원찮다. 대신 골문 앞 득점력이 제법 준수하며 제공권 장악 능력이 좋다. 수비 가담도 충실히 한다. 다만 파울이 잦은 게 흠이다. 시장 가치는 300만 유로, 추정 연봉은 34만 유로.

슈팅-득점	국적	2022-23시즌 엘체	포지션
30-6 / 6-0	스페인	22-10 1875 1 18.1-13.1 72%	

● 36-6 LG-4
● 1-0 RG-0
● 3-3 HG-2

DR 1.5-0.6 | TK 1.8-1.0 | IC 0.4 | 7-0 | ★ 2

G	A	SH	SG	PC	P%	PP	CR	SC	TK	IC	BT	DC	PR
상위 35%	하위 7%	하위 21%	하위 5%	하위 12%	하위 24%	하위 3%	하위 3%	하위 40%	하위 44%	하위 9%	하위 14%	하위 13%	

평점 6.83 Rodrigo RIQUELME
로드리고 리켈메 　　　　　2000.04.02 / 174cm

아틀레티코 마드리드 유스 출신이며 임대 신분으로 여러 팀을 돌며 수련하는 중이다. 오른발을 사용하는 반대발 레프트 윙이며, 수준급의 주력을 활용해 과감한 전진 드리블을 시도한다. 뿐만 아니라 오른발 킥이 정교한 터라 상황에 따라서는 중앙 미드필더로도 뛸 수 있다. 2021-2022 세군다 디비시온 도움왕을 차지할 정도로 패스 능력도 우수하다. 시장 가치는 1000만 유로, 추정 연봉은 36만 유로.

슈팅-득점	국적	2022-23시즌 히로나	포지션
29-1 / 27-3	스페인	25-9 2188 4 18.3-13.9 76%	

● 56-4 LG-0
● 2-0 RG-4
● 0-0 HG-0

DR 4.1-1.8 | TK 1.4-0.6 | IC 0.3 | 1-0 | ★ 2

G	A	SH	SG	PC	P%	PP	CR	SC	TK	IC	BT	DC	PR
하위 25%	하위 44%	상위 37%	상위 32%	하위 14%	하위 22%	상위 40%	상위 16%	상위 46%	상위 17%	하위 4%	상위 16%	상위 30%	

평점 6.83 Ruslan MALINOVSKYI
루슬란 말리노우스키 　　　　　1993.05.04 / 181cm

왼발 킥이 최대 강점인 공격형 MF. 정교한 패스로 찬스를 제공하는 데 능하며, 2020-2021시즌에는 세리에 A 도움왕을 차지하기도 했다. 과감한 왼발 중거리슛으로 직접 골망을 흔드는 경우도 많다. 드리블도 평균 이상이다. 다만 볼이 없을 때 움직임이 좋지 못해 동료와 동선이 겹치는 경우가 자주 빚어진다. 보다 전방에서 뛰어야 제 능력을 발휘하는 편. 시장 가치는 1800만 유로, 추정 연봉은 420만 유로.

슈팅-득점	국적	22-23시즌 아탈란타+마르세유	포지션
12-1 / 42-1	우크라이나	18-17 1780 3 22.7-18.2 80%	

● 54-2 LG-2
● 6-0 RG-0
● 0-0 HG-0

DR 1.8-1.0 | TK 1.8-1.0 | IC 0.2 | 6-0 | ★

G	A	SH	SG	PC	P%	PP	CR	SC	TK	IC	BT	DC	PR
하위 8%	하위 36%	상위 19%	하위 33%	하위 26%	상위 46%	상위 31%	상위 44%	상위 33%	상위 21%	하위 40%	상위 23%	상위 37%	상위 28%

평점 6.83 Samu CASTILLEJO
사무 카스티예호 　　　　　1995.01.18 / 182cm

빠른 잔발 드리블로 터치라인을 돌파하는 플레이가 일품이다. 제법 정교한 왼발 킥을 가져 크로스나 침투 패스를 시도할 때 위력을 발휘한다. 다만 슈팅 상황에서 파워가 실리지 않는다는 게 그의 킥이 가진 단점이다. 카스티예호는 굉장히 많이 뛰는 '하드 워커'다. 중원 전 지역은 물론 왼쪽 풀백 위치에서 열심히 수비에 힘을 보탠다. 몸 싸움은 다소 약한 편. 시장 가치는 800만 유로, 추정 연봉은 250만 유로.

슈팅-득점	국적	2022-23시즌 발렌시아	포지션
22-3 / 15-1	스페인	17-8 1371 0 21.0-17.8 85%	

● 37-4 LG-1
● 2-0 RG-3
● 0-0 HG-0

DR 2.7-1.0 | TK 2.1-0.8 | IC 0.4 | 7-0 | ★

G	A	SH	SG	PC	P%	PP	CR	SC	TK	IC	BT	DC	PR
상위 43%	하위 1%	상위 31%	상위 35%	하위 33%	상위 43%	상위 48%	하위 14%	상위 34%	상위 33%	상위 28%	하위 43%	상위 31%	

		LG	RG	HG				A	P	P%	DR	TK	IC		★	G	A	SH	SG	PC	P%	PP	CR	SC	TK	IC	BT	DC	PR
전체 슈팅 시도-득점	직접프리킥 시도-득점	왼발 시도-득점	오른발 득점	헤더 득점	출전횟수 선발-교체	출전시간 분(MIN)		도움	평균 패스 시도-성공	패스 성공율	평균드리블 시도-성공	평균 태클 시도-성공	평균 인터셉트	페어플레이 경고-퇴장	MOM	득점	도움	전체 슈팅	슈팅 시도	패스 성공	패스 성공율	박스 안 패스	크로스	슈팅기회 창출	태클	인터셉트	볼 터치	드리블 성공	패스 받음

Christopher ANTWI-ADJEI
평점 6.83 크리스토퍼 안트위아제이 1994.02.07 / 173cm

경기 중 굉장히 많은 스프린트를 시도하는 레프트 윙. 시속 35.47km에 이르는 폭발적 주력을 갖췄다. 2022-2023시즌을 통해 크로스를 활용한 도움 능력이 매우 향상된 모습을 보였다. 다만 피지컬이 좋은 편이 아니라 제공권 다툼에서 열세를 보이는 편이며, 상대가 거칠게 압박할 때 볼을 잃어버리는 경우가 많다. 수비 가담도 많지 않은 편이다. 시장 가치는 180만 유로, 추정 연봉은 3만 유로.

슈팅-득점	국적	2022-23시즌 보훔						포지션
15-3				A	P	P%		
14-0	독일	22-7 1990	6	16.1-11.5	71%			
●29-3 LG-0		DR	TK	IC		★		
●0-0 RG-3		2.9-1.2 1.4-0.8 2-0 1						
●0-0 HG-0								

G	A	SH	SG	PC	P%	PP	CR	SC	TK	IC	BT	DC	PR
하위 17%	상위 24%	하위 10%	하위 7%	하위 10%	상위 2%	상위 50%	하위 46%	하위 46%	하위 31%	하위 14%	하위 36%	상위 40%	하위 5%

Adama TRAORÉ
평점 6.82 아다마 트라오레 1996.01.21 / 182cm

마치 보디 빌더처럼 느껴지는 압도적 피지컬과 무시무시한 스피드로 우측면을 헤집는다. 일단 굉장히 탄탄한 체격 조건인 터라 속도를 발휘할 수 없을 때 몸 싸움으로 극복하고 나오는 경우가 많다. 다만 피지컬에 의존하는 플레이가 너무 심하다. 전술 이해도가 굉장히 떨어지며 킥도 상당히 좋지 못하다는 어두운 이면도 가지고 있다. 결정력도 나쁜 편. 시장 가치는 1200만 유로, 추정 연봉은 286만 유로.

슈팅-득점	국적	2022-23시즌 울버햄튼						포지션
15-2				A	P	P%		
4-0	스페인	12-22 1492	1	12.0-8.9	74%			
●19-2 LG-0		DR	TK	IC		★		
●0-0 RG-1		3.1-1.5 0.6-0.4 0.1 2-0 1						
●0-0 HG-1								

G	A	SH	SG	PC	P%	PP	CR	SC	TK	IC	BT	DC	PR
하위 12%	하위 9%	하위 6%	하위 13%	하위 10%	하위 12%	하위 45%	상위 14%	하위 14%	하위 19%	하위 7%	하위 22%	하위 7%	하위 40%

Tommaso BALDANZI
평점 6.82 톰마소 발단치 2003.03.23 / 170cm

이탈리아 연령별 대표팀을 모두 밟은 영재. 주로 공격형 미드필더로 활약하며, 측면에서 뛸 때는 오른쪽에서 뛴다. 피지컬이 좋지 못해 제공권 및 몸싸움에서 크게 밀린다. 다만 보디 밸런스가 나쁘진 않아 상대 태클에 의해 저항을 받아도 쉽게 쓰러지지 않는다. 빼어난 패스를 활용한 찬스 메이킹에 능하다. 이따금 날리는 중거리슛도 굉장히 위협적이다. 시장 가치는 1000만 유로, 추정 연봉은 56만 유로.

슈팅-득점	국적	2022-23시즌 엠폴리						포지션
15-3					P	P%		
18-1	이탈리아	1789	0	24.0-20.3	86%			
●33-4 LG-3		DR	TK	IC		★		
●0-0 RG-1		2.4-1.0 1.8-1.0 0.1 1						
●0-0 HG-0								

G	A	SH	SG	PC	P%	PP	CR	SC	TK	IC	BT	DC	PR
하위 40%	하위 1%	하위 26%	하위 28%	하위 46%	상위 8%	하위 18%	하위 15%	하위 23%	하위 49%	하위 3%	하위 20%	하위 27%	하위 25%

Roberto SORIANO
평점 6.82 로베르토 소리아노 1991.02.08 / 182cm

독일 태생 이탈리아 2중 국적 선수다. 바이에른 뮌헨 유스 출신이나 대부분의 커리어를 이탈리아에서 쌓았다. 주 포지션은 레프트 윙이나 스트라이커부터 중앙 미드필더까지 여러 임무를 수행해내는 멀티 플레이어다. 발 기술이 평균 이상이며, 볼 간수 능력도 출중하다. 침투 패스로 공격에 힘을 보태며 수비 가담도 상당히 빈번하다. 다만 크로스는 좋지 않다. 시장 가치는 350만 유로, 추정 연봉은 205만 유로.

슈팅-득점	국적	2022-23시즌 볼로냐						포지션
6-0				A	P	P%		
7-1	이탈리아	15-12 1326	3	21.9-17.8	81%			
●13-1 LG-0		DR	TK	IC		★		
●0-0 RG-1		0.5-0.2 1.6-1.1 0.1 1						
●0-0 HG-0								

G	A	SH	SG	PC	P%	PP	CR	SC	TK	IC	BT	DC	PR
하위 5%	상위 42%	하위 1%	상위 27%	상위 17%	하위 9%	상위 10%	하위 40%	상위 50%	상위 45%	하위 1%	상위 36%		

Aimar OROZ
평점 6.82 아이마르 오로스 2001.11.27 / 177cm

뛰어난 패스와 어린 선수 답지 않은 노련한 공격 조율 능력이 인상적인 공격형 미드필더. 발이 빠르다고 할 수 없으나 필요에 따라 순간적인 스피드로 상대 수비수를 제칠 줄 아는 영리함도 갖췄다. 볼 다루는 기술이 출중한데다 좋은 위치에서 볼을 받아 다음 장면을 전개해나가는 데 능하다. 그러나 많은 활동량에 비해 경기에 끼치는 영향력이 적다. 시장 가치는 600만 유로, 추정 연봉은 36만 유로.

슈팅-득점	국적	2022-23시즌 오사수나						포지션
16-3				A	P	P%		
7-0	스페인	23-8 2023	6	26.1-20.8	80%			
●23-3 LG-1		DR	TK	IC		★		
●2-0 RG-2		2.1-1.1 1.5-0.8 0.7 3						
●1-1 HG-0								

G	A	SH	SG	PC	P%	PP	CR	SC	TK	IC	BT	DC	PR
상위 29%	상위 2%	하위 46%	상위 47%	하위 18%	상위 36%	하위 22%	하위 16%	상위 7%	상위 47%	하위 18%	상위 16%	하위 36%	

Iván SÁNCHEZ
평점 6.82 이반 산체스 1992.09.23 / 171cm

2선 공격형 미드필더. 측면에서 뛸 수 있으며, 오른쪽에서 뛸 때 좀 더 위협적인 면모를 보인다. 뛰어난 데드볼 처리 능력을 갖췄으며, 크로스와 침투 패스 모두 우수한 면모를 보인다. 피지컬이 좋진 않지만 볼 간수 능력은 기본 이상이며, 볼 테크닉이 좋아 드리블도 제법 훌륭하게 수행해내는 편. 그러나 공중볼 다툼에 약하며 수비 스킬도 좋지 않다. 시장 가치는 80만 유로, 추정 연봉은 108만 유로.

슈팅-득점	국적	2022-23시즌 레알 바야돌리드						포지션
6-0				A	P	P%		
11-1	스페인	13-12 1122	1	18.4-14.7	84%			
●17-1 LG-1		DR	TK	IC		★		
●0-0 RG-0		2.6-1.5 1.5-0.8 -0 1						
●0-0 HG-0								

G	A	SH	SG	PC	P%	PP	CR	SC	TK	IC	BT	DC	PR
하위 5%	하위 14%	하위 12%	하위 23%	상위 38%	하위 22%	상위 40%	상위 35%	상위 35%	하위 37%	상위 46%	하위 9%	상위 45%	

전체 슈팅 직접프리킥 PK 왼발 오른발 헤더 출전횟수 출전시간 도움 평균 패스 패스 평균드리블 평균 태클 시도-성공 인터셉트 베어플레이 MOM 득점 도움 전체 슈팅 패스 패스 박스 안 크로스 슈팅기회 태클 인터셉트 볼 터치 드리블 패스
시도-득점 시도-득점 시도-득점 득점 득점 득점 선발-교체 분(MIN) 시도-성공 성공률 시도-성공 시도-성공 경고-퇴장 슈팅 시도 성공 성공률 패스 창출 성공 받음

LG RG HG | A P P% DR TK IC ★ | G A SH SG PC P% PP CR SC TK IC BT DC PR

평점 6.82 Ansu FATI
안수 파티
2002.10.31 / 178cm

리오넬 메시가 가졌던 바르셀로나 최연소 골 기록을 깨뜨리며 혜성 같이 등장한 레프트윙. 그러나 데뷔 시즌의 임팩트를 이어가지 못해 아쉬움을 주고 있다. 스피드·테크닉이 최상급이며, 이런 유형의 플레이를 펼치는 여타 선수들과 달리 연계에서도 최고의 모습을 보인다. 득점력도 제법 준수한 편. 가냘픈 체격 때문에 피지컬 싸움에서 밀리는 편이다. 시장 가치는 3500만 유로, 추정 가치는 1395만 유로.

슈팅-득점	국적	2022-23시즌 FC 바르셀로나	포지션
49-6			
12-1		12-24 1382 / 3 / 16.4-13.8 85%	
●61-7 LG-1	스페인		
●3-0 RG-5		DR TK IC ★	
●0-0 HG-1		1.3-0.6 0.8-0.4 0.1 3-0 0	

G	A	SH	SG	PC	P%	PP	CR	SC	TK	IC	BT	DC	PR
상위	상위	상위	상위	상위	상위	하위	하위	하위	하위	하위	상위	하위	상위
21%	39%	5%	11%	27%	6%	36%	4%	29%	21%	17%	39%	32%	25%

평점 6.82 Arnaud NORDIN
아르노 노르댕
1998.06.17 / 170cm

프랑스 연령별 국가대표 코스를 착실히 밟은 날개. 주로 오른쪽 측면에서 플레이한다. 득점 찬스에서 제법 준수한 골 결정력을 보이나, 상대 수비의 저항에도 불구하고 쉽게 쓰러지는 모습을 보이지 않는다. 그러나 패스와 크로스는 보다 발전시킬 필요가 있으며, 수비 가담이 적어 그와 호흡을 맞추는 풀백에게 주어지는 과부하가 심한 편이다. 시장 가치는 500만 유로, 추정 연봉은 75만 유로.

슈팅-득점	국적	2022-23시즌 몽펠리에	포지션
43-8			
16-1		30-6 2419 / 3 / 16.5-12.9 78%	
●59-9 LG-6	프랑스		
●0-0 RG-2		DR TK IC ★	
●0-0 HG-1		2.8- 0.7 0.4 4-0 1	

G	A	SH	SG	PC	P%	PP	CR	SC	TK	IC	BT	DC	PR
상위	하위	상위	상위	하위	하위	하위	상위	하위	하위	하위	상위	하위	하위
24%	24%	46%	34%	7%	36%	31%	6%	24%	42%	3%	41%	6%

평점 6.82 Marius BÜLTER
마리우스 뷜터
1993.03.29 / 188cm

거의 모든 커리어를 하부리그에서 쌓았으며, 2021년 샬케 04 이적 후 팀과 함께 승격하며 1부리그를 밟게 된 대기만성형 선수. 2022-2023시즌 뛰어난 득점력을 보여 주목받고 있다. 최전방 스트라이커는 물론 좌측면 날개, 중앙 공격형 미드필더 등 여러 포지션에서 뛸 수 있는 재간꾼이다. 그러나 전방에서부터 수비에 힘을 보태는 조직적 움직임은 없는 편이다. 시장 가치는 250만 유로, 추정 연봉은 204만 유로.

슈팅-득점	국적	2022-23시즌 샬케 04	포지션
46-10			
22-1		30-3 2605 / 1 / 18.8-12.1 64%	
●68-11 LG-1	독일		
●1-0 RG-8		DR TK IC ★	
●4-4 HG-2		2.9-1.1 1.3-0.7 0.3 5-0 2	

G	A	SH	SG	PC	P%	PP	CR	SC	TK	IC	BT	DC	PR
상위	하위	상위	상위	하위	하위	상위	상위	하위	하위	하위	하위	하위	하위
20%	4%	45%	44%	3%	1%	42%	33%	28%	13%	28%	7%	26%	11%

평점 6.82 Elbasan RASHANI
엘바산 라샤니
1993.05.09 / 181cm

현지 팬들에게는 '엘바'라는 애칭으로 불린다. 연령별 대표 코스는 노르웨이에서 밟았지만, A대표는 신생국인 코소보를 선택했다. 고향은 스웨덴이라는 점에서 꽤 복잡한 이력의 소유자. 엄청난 체력을 바탕으로 터치라인을 쉴 새 없이 오르내리는 좌측 날개. 성실히 전술적 움직임을 가져가며, 수비 가담 빈도도 상당히 많다. 그러나 패스가 좋지 못하다는 건 단점이다. 시장 가치는 200만 유로, 추정 연봉은 14만 유로.

슈팅-득점	국적	2022-23시즌 클레어몽 풋	포지션
28-3			
7-0		26-6 2173 / 2 / 20.4-16.4 80%	
●35-3 LG-2	코소보		
●0-0 RG-1		DR TK IC ★	
●0-0 HG-0		1.8-0.8 2.1-1.2 0.7 3-0 1	

G	A	SH	SG	PC	P%	PP	CR	SC	TK	IC	BT	DC	PR
하위	하위	하위	하위	하위	하위	하위	하위	하위	상위	상위	하위	하위	하위
13%	27%	14%	14%	25%	48%	5%	41%	14%	12%	15%	16%	15%

평점 6.82 Daniel PODENCE
다니엘 포덴스
1995.10.21 / 165cm

2선 전 지역을 커버 가능하나 선호하는 포지션은 레프트윙. 작은 체격 때문에 피지컬 싸움에서 애먹는 경우는 있지만 테크닉은 대단히 훌륭하다. 현란한 개인기로 쉴 새 없이 상대 터치라인을 흔드는 돌파력이 뛰어나며, 동료의 움직임을 십분 살리는 치명적 패스로 득점 기회를 제공한다. 그러나 골 결정력은 그리 좋다고 볼 수 없으며 기복이 있다. 시장 가치는 2000만 유로, 추정 연봉은 312만 유로.

슈팅-득점	국적	2022-23시즌 울버햄튼	포지션
30-9			
13-0		20-12 1773 / 0 / 18.7-13.2 71%	
●43-9 LG-2	포르투갈		
●0-0 RG-4		DR TK IC ★	
●0-0 HG-0		1.9-0.9 1.5-0.7 0.2 5-0 2	

G	A	SH	SG	PC	P%	PP	CR	SC	TK	IC	BT	DC	PR
상위	하위	상위	상위	하위	하위	상위	상위	하위	하위	하위	하위	하위	하위
31%	1%	49%	38%	26%	16%	15%	47%	44%	44%	30%	35%	28%	31%

평점 6.81 Crysencio SUMMERVILLE
크리센시오 서머빌
2001.10.30 / 174cm

뛰어난 볼 터치와 최상급 스피드로 훌륭한 드리블을 펼쳐 보이는 윙. 좌우 측면을 가리지 않는다. 크로스보다는 박스 안 침투 후 직접 골문을 겨냥하는 플레이를 즐기며, 공격 상황에서 내리는 판단도 어린 나이답지 않게 훌륭한 편이다. 작은 체격에 비해 몸싸움도 제법 하는 편이다. 다만 수비 전환 시 위치 선정 등에서 어려워하는 기색을 보인다. 시장 가치는 1200만 유로, 추정 연봉은 78만 유로.

슈팅-득점	국적	2022-23시즌 리즈 유나이티드	포지션
23-4			
6-0		12-16 1418 / 2 / 14.0-10.9 78%	
●29-4 LG-1	네덜란드		
●0-0 RG-3		DR TK IC ★	
●0-0 HG-0		2.1-1.0 1.5-1.1 0.5 4-0 1	

G	A	SH	SG	PC	P%	PP	CR	SC	TK	IC	BT	DC	PR
상위	하위	상위	하위	하위	하위	하위	하위	상위	상위	하위	하위	하위	하위
46%	28%	36%	24%	10%	10%	12%	6%	25%	15%	10%	46%	15%

			LG	RG	HG		⏱	Ⓐ	Ⓟ	P%	DR	TK	IC		★	Ⓖ	Ⓐ	SH	SG	PC	P%	PP	CR	SC	TK	IC	BT	DC	PR

전체 슈팅 시도·득점 / 직접프리킥 시도·득점 / PK 시도·득점 / 왼발 득점 / 오른발 득점 / 헤더 득점 / 출전횟수 선발·교체 / 출전시간 분(MIN) / 도움 / 평균 패스 시도·성공 / 패스 성공률 / 평균드리블 시도·성공 / 평균 태클 시도·성공 / 평균 인터셉트 / 경고·퇴장 / MOM / 득점 / 도움 / 전체 슈팅 / 슈팅 시도 / 패스 성공 / 박스안 패스 / 패스 성공률 / 키패스 / 크로스 / 슈팅기회 창출 / 태클 / 인터셉트 / 볼 터치 / 드리블 성공 / 패스 받음

Rubén SOBRINO
평점 6.81
루벤 소브리노
1992.06.01 / 184cm

레알 마드리드 유스 출신이나 대부분 커리어를 중하위권 팀에서 보냈다. 2선 전 지역을 책임질 수 있으며, 상황에 따라서는 스트라이커로 전진 배치할 수 있는 자원. 최적의 기량은 왼쪽 날개에서 펼친다는 평이 많다. 좋은 피지컬을 가진 만큼 제공권 다툼에도 열심히 하는 면모를 보인다. 다만 윙으로 뛸 때 크로스의 질은 끌어올릴 필요가 있다. 시장 가치는 200만 유로, 추정 연봉은 70만 유로.

슈팅-득점		국적	2022-23시즌 카디스					포지션
26-3				⏱	Ⓐ	Ⓟ	P%	
7-0			28-5	2471	2	18.1-13.3	73%	
● 33-3	LG-2	스페인	DR	TK	IC		★	
● 0-0	RG-0		2.3-1.0	2.6-1.6	0.7	11-0	1	
● 0-0	HG-1							

Ⓖ	Ⓐ	SH	SG	PC	P%	PP	CR	SC	TK	IC	BT	DC	PR
하위	하위	하위	하위	하위	하위	하위	하위	하위	상위	상위	하위	하위	하위
11%	12%	6%	13%	5%	29%	1%	1%	12%	11%	2%	22%	1%	

Stéphane DIARRA
평점 6.81
스테판 디아라
1998.12.09 / 172cm

코트디부아르·프랑스 이중국적자. 두 나라에서는 연령별을 포함한 국가대표 커리어는 없다. 적극적으로 상대 풀백과 일대일 싸움을 즐기는 라이트 윙. 숏 패스로 썰어가며 주변 동료와 연계로 다음 공격 장면을 이어나가는 플레이도 좋다. 그러나 크로스와 패스가 좋다고 볼 수 없는 수준이나 그런 포인트는 많지 않은 편이다. 2020년 로리앙 입단 후 골이 없다. 시장 가치는 300만 유로, 추정 연봉은 22만 유로.

슈팅-득점		국적	2022-23시즌 로리앙					포지션
15-2				⏱	Ⓐ	Ⓟ	P%	
5-0			14-14	1070	1	10.8-8.2	75%	
● 20-2	LG-1	프랑스	DR	TK	IC		★	
● 0-0	RG-1		2.7-1.0	1.6-0.9	0.7			
● 0-0	HG-0							

Ⓖ	Ⓐ	SH	SG	PC	P%	PP	CR	SC	TK	IC	BT	DC	PR
하위	하위	하위	하위	하위	하위	하위	하위	하위	상위	상위	하위	상위	하위
27%	1%	26%	36%	4%	35%	28%	18%	18%	10%	9%	30%	24%	6%

Musa BARROW
평점 6.80
무사 바로우
1998.11.14 / 184cm

리드미컬한 드리블 플레이가 돋보이는 왼쪽 날개. 측면에서 중앙으로 파고들어 골문을 직접 공략하는 플레이를 주로 펼치며, 팀 사정에 따라 스트라이커로도 뛸 수 있다. 피지컬이 튼튼한 편이라 상대 골문 앞에서 수비수들을 상대로 몸싸움을 치열하게 펼치는 편이다. 그러나 볼 터치가 좋지 못한데다 오프사이드에 걸리는 빈도가 많다. 수비 가담도 개선해야 한다. 추정 연봉은 1200만 유로, 추정 연봉은 148만 유로.

슈팅-득점		국적	2022-23시즌 볼로냐					포지션
24-2				⏱	Ⓐ	Ⓟ	P%	
41-1			26-6	1971	8	21.1-16.9	80%	
● 65-3	LG-3	감비아	DR	TK	IC		★	
● 1-0	RG-3		2.2-0.9	0.9-0.7		3-0	0	
● 0-0	HG-0							

Ⓖ	Ⓐ	SH	SG	PC	P%	PP	CR	SC	TK	IC	BT	DC	PR
하위	상위	상위	하위	하위	하위	상위	하위	하위	하위	하위	상위	하위	상위
17%	6%	14%	46%	45%	32%	46%	22%	34%	24%	10%	48%	25%	47%

Ante REBIC
평점 6.80
안테 레비치
1993.09.21 / 185cm

능히 스트라이커로 뛸 법한 피지컬을 갖추었으면도 대단히 빠른 주력을 가진 선수라 그런지 레프트 윙으로 뛸 때 대단한 위력을 발휘한다. 킥에 실리는 힘이 굉장한데다 정교함까지 갖추어 골은 물론 도움에 있어서도 일가견을 보이고 있다. 다만 베테랑임에도 불구하고 되는 날과 안 되는 날의 격차가 크다는 게 단점. 테크닉도 섬세하지 못하다는 게 아쉽다. 시장 가치는 1000만 유로, 추정 연봉은 449만 유로.

슈팅-득점		국적	2022-23시즌					포지션
20-3				⏱	Ⓐ	Ⓟ	P%	
7-0			10-13	977	2	12.6-7.8	62%	
● 27-3	LG-1	크로아티아	DR	TK	IC		★	
● 2-0	RG-2		1.3-0.7	0.8-0.4		4-0	1	
● 0-0	HG-0							

Ⓖ	Ⓐ	SH	SG	PC	P%	PP	CR	SC	TK	IC	BT	DC	PR
하위	하위	상위	상위	하위	하위	하위	상위	상위	하위	하위	하위	하위	하위
44%	35%	32%	27%	4%	36%	37%	42%	46%	17%	17%	33%	31%	

Evann GUESSAND
평점 6.79
에반 게상
2001.07.01 / 185cm

피지컬과 주력을 모두 겸비한 라이트 윙. 훌륭한 체격 덕에 스트라이커로 종종 기용된다. 큰 체구를 활용해 제공권과 몸싸움에서 두각을 보이며 공격에 힘을 보탠다. 게다가 볼 테크닉도 좋은데, 종종 상대 수비 머리 위나 상체의 허점을 겨냥한 개인기를 부리는 경우도 있다. 그러나 패스는 우수한 편이 아니며 무엇보다 파울이 많아 템포를 끊어먹는 편이다. 시장 가치는 500만 유로, 추정 연봉은 30만 유로.

슈팅-득점		국적	2022-23시즌 낭트					포지션
20-3				⏱	Ⓐ	Ⓟ	P%	
2-0			15-15	1257	2	9.0-6.4	71%	
● 22-3	LG-1	프랑스	DR	TK	IC		★	
● 0-0	RG-1		2.7-1.3	1.0-0.8	0.3	2-0	1	
● 0-0	HG-1							

Ⓖ	Ⓐ	SH	SG	PC	P%	PP	CR	SC	TK	IC	BT	DC	PR
하위	상위	하위	하위	상위	상위	상위	하위	하위	상위	상위	상위	상위	상위
8%	36%	2%	5%	9%	3%	18%	43%	32%	28%	23%	21%	25%	12%

RODRI
평점 6.79
로드리
2000.02.16 / 168cm

레알 베티스가 큰 기대를 걸고 있는 측면 공격 유망주. 어린 나이에도 불구하고 A팀 데뷔 후 세 시즌 연속 두 자릿수 출전을 이어가고 있는 하드 워커. 2선 전 지역에서 활약할 수 있으나, 오른쪽에서 반대발 윙으로 최적의 기량을 발휘한다. 정교한 왼발 슈팅 능력을 보유하고 있으며, 지능적으로 패스를 뿌리고 영리하게 상대 압박에서 벗어나는 플레이가 일품. 시장 가치는 800만 유로, 추정 연봉은 40만 유로.

슈팅-득점		국적	2022-23 프리미어리그					포지션
11-2				⏱	Ⓐ	Ⓟ	P%	
4-0			19-11	1610	3	26.6-23.9	90%	
● 15-2	LG-1	스페인	DR	TK	IC		★	
● 0-0	RG-1		2.4-1.1	0.8-0.5	0.4	0-0	1	
● 0-0	HG-0							

Ⓖ	Ⓐ	SH	SG	PC	P%	PP	CR	SC	TK	IC	BT	DC	PR
하위	상위	하위	하위	상위	상위	상위	하위	하위	상위	상위	상위	상위	상위
8%	36%	2%	5%	9%	3%	18%	43%	32%	28%	23%	21%	25%	12%

●	●	●	LG	RG	HG		⏱	A	P	P%	DR	TK	IC		★	G	A	SH	SG	PC	P%	PP	CR	SC	TK	IC	BT	DC	PR
전체슈팅시도-득점	직접프리킥시도-득점	PK시도-득점	왼발득점	오른발득점	헤더득점		충전수선발·교체	출전시간분(MIN)	도움	질좋은패스시도-성공	패스성공률%	평균드리블시도-성공	평균태클시도-성공	평균인터셉트	페어플레이경고·퇴장	MOM	전체슈팅	도움	슈팅시도	패스성공	박스안패스	크로스	슈팅기회창출	태클	인터셉트	볼터치	드리블성공	패스받음

Kike BARJA
키케 바르하
평점 6.79
1997.04.01 / 178cm

2013년부터 오사수나 한 팀에서 뛰고 있는 '원 클럽 맨'. 유망주 시절에는 스페인 연령별 대표팀에도 자주 호출된 적이 있다. 왼쪽에서 뛸 수 있으나 선호하는 포지션은 라이트 윙이다. 위협적인 드리블 실력을 가지고 있고, 질 좋은 크로스로 동료에게 찬스를 제공한다. 그러나 볼 간수 능력이 좋지 못하고 종종 패스 선택에서 아쉬운 면모를 보인다. 시장 가치는 300만 유로, 추정 연봉은 46만 유로.

슈팅-득점	국적	2022-23시즌 오사수나	포지션

13-1		⏱ 15-12	A 6	P 13.6-10.4	P% 76%	
4-0	스페인	1316				
● 17-1 LG-0		DR 3.4-1.5	TK 1.2-0.6	IC 0.1	1-0	★
● 0-0 RG-1						
● 0-0 HG-0						

G	A	SH	SG	PC	P%	PP	CR	SC	TK	IC	BT	DC	PR
하위 5%	상위 4%	하위 6%	하위 12%	하위 22%	하위 10%	상위 27%	상위 3%	하위 40%	하위 28%	하위 19%	하위 38%	상위 9%	하위 42%

Mario PASALIC
마리오 파살리치
평점 6.78
1995.02.09 / 188cm

박스와 박스 사이를 쉴 새 없이 오가며 팀 경기력 전체에 동력을 불어넣는 '엔진'. 볼 없을 때 공간을 활용하는 능력이 출중하며 질 좋은 패스로 공격진에 도움을 준다. 상황에 따라서는 과감하게 드리블 돌파를 시도하는 장면도 만든다. 체격도 좋아 세트 피스 때 공격 가담 능력도 우수하다 다만 수비적인 센스는 좋지 않아 후방에 놓이면 부담이 되는 편. 시장 가치는 2500만 유로, 추정 연봉은 185만 유로.

슈팅-득점	국적	2022-23시즌 아탈란타	포지션

28-5		⏱ 24-8	A 2	P 21.6-17.6	P% 81%	
4-0	크로아티아	1789				
● 32-5 LG-3		DR 0.8-0.3	TK 1.2-0.7	IC 0.7	3-0	★ 1
● 0-0 RG-2						
● 0-0 HG-0						

G	A	SH	SG	PC	P%	PP	CR	SC	TK	IC	BT	DC	PR
상위 45%	하위 21%	하위 21%	하위 11%	상위 44%	하위 16%	상위 41%	하위 1%	하위 10%	상위 38%	하위 38%	상위 38%	하위 1%	하위 40%

Amine ADLI
아민 아들리
평점 6.78
2000.05.10 / 174cm

출중한 스피드를 가진 왼발잡이 날개. 하지만 오른발도 굉장히 능숙하게 사용해 사실상 양발잡이 드리블러라 봐도 무방하다. 아들리의 최대 강점은 정교한 볼 터치로 드리블을 자유자재로 펼친다는 것이다. 덕분에 좁은 공간에서도 순식간에 압박에서 벗어나 다음 공격으로 넘어가는 장면이 많다. 그러나 상황 판단 능력은 좀 더 개선할 필요가 있다. 시장 가치는 1500만 유로, 추정 연봉은 114만 유로.

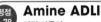

슈팅-득점	국적	22-23시즌 바이에르 레버쿠젠	포지션

31-4		⏱ 16-10	A 3	P 20.6-16.2	P% 78%	
6-1	프랑스	1443				
● 37-5 LG-5		DR 2.2-1.1	TK 1.2-0.7	IC 0.2	2-2	★ 1
● 1-0 RG-0						
● 0-0 HG-0						

G	A	SH	SG	PC	P%	PP	CR	SC	TK	IC	BT	DC	PR
상위 23%	하위 35%	상위 34%	상위 14%	상위 49%	상위 47%	하위 20%	상위 3%	상위 45%	상위 64%	상위 45%	상위 38%	상위 29%	상위 33%

Jonathan IKONÉ
조나단 이코네
평점 6.78
1998.05.02 / 175cm

매서운 왼발을 가진 날개. 양 측면을 모두 소화할 수 있다. 중앙 공격형 미드필더로도 뛸 수 있다. 그만큼 볼 다루는 기술이 출중하기 때문이다. 시원시원한 주력을 수반한 드리블로 상대를 괴롭히지만, 사실 이코네의 최대 강점은 허를 찌르는 키 패스다. 즉 솔로 플레이와 팀 플레이 모두 능한 선수다. 킬리앙 음바페와 어렸을 적부터 '절친'인 것으로 유명하다. 시장 가치는 1600만 유로, 추정 연봉은 218만 유로.

슈팅-득점	국적	2022-23시즌 피오렌티나	포지션

36-4		⏱ 24-9	A 4	P 18.8-15.8	P% 84%	
15-0	프랑스	2012				
● 51-4 LG-3		DR 2.8-1.6	TK 0.8-0.5	IC 0.1	4-0	★ 1
● 1-0 RG-1						
● 0-0 HG-0						

G	A	SH	SG	PC	P%	PP	CR	SC	TK	IC	BT	DC	PR
하위 30%	하위 47%	상위 40%	상위 16%	하위 37%	상위 15%	하위 7%	하위 13%	상위 21%	상위 33%				

Yoane WISSA
요안 위사
평점 6.77
1996.09.03 / 176cm

운동 능력이 대단한 선수다. 빠른 발, 몸싸움에 쉽게 밀리지 않는 신체 밸런스, 지칠 줄 모르는 스태미너, 수비 가담 등 팀적 측면에서 상당히 보탬이 되는 요소를 두루 갖고 있다. 심지어 교체 투입시 클러치 능력도 발휘하는 경우가 많다. 다만 오프사이드에 걸리는 빈도가 제법 되는 편이며, 측면 크로스나 상대 배후를 노리는 패스는 정교해질 필요가 있다. 시장 가치는 1500만 유로, 추정 연봉은 130만 유로.

슈팅-득점	국적	2022-23시즌 브렌포드	포지션

26-6		⏱ 16-22	A 3	P 8.7-6.3	P% 72%	
6-1	콩고민주공화국	1601				
● 32-7 LG-1		DR 1.2-0.6	TK 0.6-0.4	IC 0.2	3-0	★
● 0-0 RG-3						
● 0-0 HG-3						

G	A	SH	SG	PC	P%	PP	CR	SC	TK	IC	BT	DC	PR
상위 19%	하위 45%	상위 35%	상위 40%	하위 6%	하위 19%	하위 3%	하위 2%	하위 24%	상위 26%	하위 1%	상위 26%	하위 1%	

Rubén GARCÍA
루벤 가르시아
평점 6.77
1993.07.14 / 171cm

2선의 모든 포지션을 소화할 수 있으나, 제 기량을 발휘하려면 왼쪽 날개로 뛰어야 한다. 민첩함을 자랑하는 선수라 상대보다 반 템포 빨리 공격을 풀어가는 능력이 뛰어나다. 발 기술도 상당히 현란한 편이다. 종종 먼 거리에서 상대 골키퍼 허를 찌르는 중거리슛으로 득점하는 모습을 연출한다. 그러나 수비 전환시 잘 가담하지 못하며 기복이 다소 심하다. 시장 가치는 600만 유로, 추정 연봉은 135만 유로.

슈팅-득점	국적	2022-23시즌 오사수나	포지션

11-1		⏱ 11-18	A 2	P 16.4-13.1	P% 80%	
9-1	스페인	1152				
● 20-2 LG-2		DR 0.6-0.3	TK 1.4-0.8	IC 0.3	2-0	★
● 1-0 RG-0						
● 0-0 HG-0						

G	A	SH	SG	PC	P%	PP	CR	SC	TK	IC	BT	DC	PR
하위 22%	하위 40%	하위 19%	하위 4%	상위 30%	상위 33%	하위 28%	하위 9%	상위 33%	하위 10%	상위 29%	하위 3%	상위 49%	

전체 슈팅 시도-득점 | 직접프리킥 시도-득점 | PK 시도-득점 | LG 왼발 득점 | RG 오른발 득점 | HG 헤더 득점 | 출전횟수 선발-교체 | 출전시간 분(MIN) | A 도움 | P 평균 패스 시도-성공 | P% 패스 성공률 | DR 평균드리블 시도-성공 | TK 평균 태클 시도-성공 | IC 평균 인터셉트 | 페어플레이 경고-퇴장 | ★ MOM | G 득점 | A 도움 | SH 전체 슈팅 | SG 슈팅 시도 | PC 패스 성공 | P% 패스 성공률 | PP 박스 안 패스 | CR 크로스 | SC 슈팅기회 창출 | TK 태클 | IC 인터셉트 | BT 볼 터치 | DC 드리블 성공 | PR 패스 받음

평점 6.76 Yoann CATHLINE
요안 카틀린
2002.07.22 / 176cm

프랑스 연령별 국가대표 출신 레프트 윙. 갱강 유스 출신이며 소속팀에서 스테판 디아라와 포지션 경쟁 중이다. 오른발을 쓰는 반대발 날개이며, 박스 안으로 파고들어 골문을 겨냥하는 컷인 플레이를 즐긴다. 그러나 공격 포인트로 이어지는 장면은 많지 않다. 압박에 다소 약하며 평범한 체격 조건 때문인지 공중볼 다툼에서 열세를 보이는 경우가 많다. 시장 가치는 250만 유로, 추정 연봉은 18만 유로.

슈팅-득점	국적	2022-23시즌 로리앙	포지션

12-0			
14-1	프랑스	11-12 1085 / A 1 / P 12.7-9.4 / P% 73%	
●26-1 LG-0			
●0-0 RG-1		DR 2.8-1.1 / TK 1.1-0.8 / IC 1-1 / ★	
●0-0 HG-0			

G	A	SH	SG	PC	P%	PP	CR	SC	TK	IC	BT	DC	PR
하위	하위	하위	상위	하위	하위	하위	상위	하위	상위	상위	하위	상위	하위
6%	15%	49%	50%	12%	16%	30%	5%	4%	35%	28%	35%	34%	24%

평점 6.76 Gianluca CAPRARI
잔루카 카프라리
1993.07.30 / 176cm

현 소속팀 AS 몬차가 그의 커리어에서 열두 번째 팀이다. 세리에 A에서 대표적인 저니맨 중 하나다. 그리 큰 키는 아니지만 상대 문전에서 볼을 지키고 연계하는 플레이가 뛰어나다. 또한 상대 수비 허점을 찌르는 패스 능력도 뛰어나다. 주로 공격형 미드필더 자리에서 뛰는 이유다. 드리블 실력도 기본 이상이라 왼쪽 날개에서도 활약할 수 있다. 시장 가치는 900만 유로, 추정 연봉은 167만 유로.

슈팅-득점	국적	2022-23시즌 몬차	포지션

31-4			
20-1	이탈리아	32-5 2466 / A 2 / P 26.9-22.2 / P% 83%	
●51-4 LG-0			
●1-0 RG-5		DR 2.5-1.2 / TK 1.0-0.6 / IC 1-1 / ★	
●1-1 HG-0			

G	A	SH	SG	PC	P%	PP	CR	SC	TK	IC	BT	DC	PR
하위	하위	하위	하위	상위	하위	상위	하위	상위	하위	상위	하위	하위	상위
31%	12%	38%	15%	32%	26%	51%	49%	16%	26%	28%	49%	44%	30%

평점 6.74 Hakim ZIYECH
하킴 지예흐
1993.03.19 / 180cm

마법 같은 왼발 킥 능력을 자랑한다. 정교하면서도 힘이 잔뜩 실린 이 왼발 킥은 슈팅과 패스 가릴 것 없이 대단히 위협적이다. 승부처에서도 매우 강한 편. 뿐만 아니라 굉장히 기민하게 움직이며, 개인 돌파가 쉽지 않을 경우 주변 동료를 활용한 연계 플레이로 상황을 해결하는 영리함도 갖췄다. 다만 좋은 민첩성에도 불구하고 주력은 평범한 게 단점이다. 시장 가치는 1800만 유로, 추정 연봉은 520만 유로.

슈팅-득점	국적	2022-23시즌 첼시	포지션

7-0			
9-0	모로코	6-12 653 / A 3 / P 17.8-13.0 / P% 73%	
●16-0 LG-0			
●0-0 RG-0		DR 1.9-0.9 / TK 1.5-1.1 / IC 0.3 / 1-0 / ★ 1	
●0-0 HG-0			

G	A	SH	SG	PC	P%	PP	CR	SC	TK	IC	BT	DC	PR
하위	상위	상위	상위	상위	하위	상위	상위	상위	상위	상위	하위	상위	상위
1%	10%	11%	35%	42%	6%	19%	6%	1%	18%	18%	3%	27%	10%

평점 6.73 Ferran TORRES
페란 토레스
2000.02.29 / 184m

발렌시아 시절 이강인의 '절친'으로 유명했던 스페인의 초신성. 번개처럼 빠른 스피드로 측면을 헤집는 날개다. 기본기도 굉장히 탄탄한 터라 유사시에는 공격의 혈을 뚫는 플레이메이커로도 기용된다. 크로스와 컷인 플레이할 것 없이 뛰어난 면모를 보이며, 폴스 나인 역할도 꽤 준수하게 소화한다. 그러나 훌륭한 찬스메이킹에 비해 득점력이 크게 떨어진다. 시장 가치는 3000만 유로, 추정 연봉은 1000만 유로.

슈팅-득점	국적	2022-23시즌 FC 바르셀로나	포지션

31-4			
7-0	스페인	14-19 1385 / A 2 / P 15.2-12.3 / P% 81%	
●38-4 LG-2			
●1-0 RG-2		DR 2.1-1.0 / TK 0.8-0.4 / IC 0.1 / 5-1 / ★ 1	
●1-0 HG-0			

G	A	SH	SG	PC	P%	PP	CR	SC	TK	IC	BT	DC	PR
상위	하위	상위	상위	상위	상위	상위	하위	상위	하위	하위	하위	상위	상위
19%	45%	19%	25%	47%	41%	22%	36%	21%	6%	49%	28%	28%	36%

평점 6.73 Alexis CLAUDE-MAURICE
알렉시스 클로드-모리스
1998.06.06 / 174cm

프랑스 연령별 국가대표 출신 레프트 윙. 중앙 공격형 미드필더 역할도 해낸다. 2022-2023시즌에는 주로 교체로 출전해 경기 흐름을 뒤집는 '슈퍼 서브' 역할을 맡았다. 준수한 드리블 실력을 가졌으며, 세트 피스 처리 능력도 상당히 우수하다. 다만 측면에 자리할 경우 크로스가 다소 부정확한 게 흠이다. 득점 찬스가 주어졌을 때 골 결정력도 아쉽다. 시장 가치는 500만 유로, 추정 연봉은 120만 유로.

슈팅-득점	국적	2022-23시즌 니스+랑스	포지션

10-5			
6-0	프랑스	6-16 661 / A 3 / P 11.7-10.1 / P% 86%	
●16-5 LG-1			
●0-0 RG-4		DR 1.4-0.8 / TK 1.2-0.8 / IC 0.2 / 3-0 / ★	
●0-0 HG-0			

G	A	SH	SG	PC	P%	PP	CR	SC	TK	IC	BT	DC	PR
상위	상위	하위	상위	상위	상위	하위	상위	하위	하위	상위	상위	상위	상위
1%	4%	49%	7%	37%	6%	31%	17%	8%	45%	39%	50%	45%	35%

평점 6.72 Julien PONCEAU
쥴리엥 퐁소
2000.11.28 / 170cm

프랑스-앙골라 혼혈 출신 중앙 공격형 미드필더. 로리앙 유스 출신 성골이다. 프랑스 연령별 대표 경력을 두루 거쳤으며, 2019 UEFA U-19 챔피언십 준우승 멤버다. 높은 위치에서 적극적으로 압박하며 상대가 원하는 대로 플레이를 하는 데 막는 전진 방어 기지 구실을 한다. 다만 공격형 MF라는 본연의 임무를 수행하려면 패스 실력을 늘려야 한다. 시장 가치는 250만 유로, 추정 연봉은 39만 유로.

슈팅-득점	국적	2022-23시즌 로리앙	포지션

9-1			
5-0	프랑스	20-11 1663 / A 4 / P 26.3-22.1 / P% 84%	
●14-1 LG-1			
●0-0 RG-0		DR 0.9-0.3 / TK 1.7-1.0 / IC 1-0 / ★	
●0-0 HG-0			

G	A	SH	SG	PC	P%	PP	CR	SC	TK	IC	BT	DC	PR
하위	상위	하위	하위	상위	상위	하위	하위	상위	상위	상위	상위	하위	상위
4%	38%	1%	1%	17%	9%	7%	11%	44%	18%	29%	5%	5%	36%

전체 슈팅 시도-득점 / 직접프리킥 시도-득점 / PK 시도-득점 / LG 왼발 득점 / RG 오른발 득점 / HG 헤더 득점 / 출전횟수 선발-교체 / 출전시간 분(MIN) / A 도움 / P 평균 패스 시도-성공 / P% 패스 성공률 / DR 평균드리블 시도-성공 / TK 평균 태클 시도-성공 / IC 평균 인터셉트 / 페어플레이 경고-퇴장 / ★ MOM-득점 / G 득점 / A 도움 / SH 전체 슈팅 / SG 유효 슈팅 / PC 패스 시도 / P% 패스 성공 / PP 박스 안 패스 / CR 크로스 / SC 슈팅기회 창출 / TK 태클 / IC 인터셉트 / BT 볼 터치 / DC 드리블 성공 / PR 패스 받음

Linton MAINA
평점 6.72
린톤 마이나   1999.06.23 / 173cm

케냐 혈통 독일 국적 2선 공격 자원. 독일 연령별 국가대표를 모두 거쳤으나 A대표 승급은 실패했다. 날개와 중앙 공격형 미드필더 모두 소화하나 주로 뛰는 포지션은 라이트 윙이다. 쾰른에서 제법 많은 출전 기회를 부여받고 있음에도 불구하고 파인트가 적다는 건 아쉽다. 자주 오프사이드에 걸리며 수비 가담 빈도가 적다는 점에서 개선할 여지가 많은 선수다. 시장 가치는 450만 유로, 추정 연봉은 36만 유로.

슈팅-득점		국적	2022-23시즌 FC 쾰른				포지션
28-3			⏱	A	P	P%	
7-0			27-6 2258	7	17.7-13.7	77%	
●35-3	LG-2	독일	DR	TK	IC	★	
●0-0	RG-1		2.1-0.8	1.2-0.5	0.2	1-0	1
●0-0	HG-0						

G	A	SH	SG	PC	P%	PP	CR	SC	TK	IC	BT	DC	PR
하위	상위	하위	하위	하위	상위	상위	상위	하위	하위	하위	하위	하위	하위
13%	19%	13%	18%	9%	21%	28%	38%	15%	11%	13%	4%	15%	3%

Kamaldeen SULEMANA
평점 6.71
카말딘 술레마나   1991.02.08 / 176cm

무지막지한 스피드로 우측면을 휩쓰는 광속 날개. 단순히 빠른 게 아니라 뛰어난 볼 테크닉까지 갖춰 수비 처지에서는 상대하기가 매우 까다로운 유형이다. 보통 드리블러들은 시야가 좁은 경우가 많은데 술레마나는 그렇지 않다. 볼 없을 때 전술적 움직임을 가져가는 것 역시 영리하다는 평가를 받고 있다. 다만 기복이 심하고 특히 골 결정력이 저조하다. 시장 가치는 2200만 유로, 추정 연봉은 208만 유로.

슈팅-득점		국적	22-23시즌 스타드 렌+사우샘튼				포지션
21-2			⏱	A	P	P%	
16-1			12-20 1285	1	12.0-9.6	80%	
●37-3	LG-0	가나	DR	TK	IC	★	
●0-0	RG-3		3.1-1.6	1.1-0.7	0.3	2-0	1
●0-0	HG-0						

G	A	SH	SG	PC	P%	PP	CR	SC	TK	IC	BT	DC	PR
하위	하위	상위	상위	하위	상위	하위	상위	상위	상위	하위	하위	상위	하위
31%	49%	20%	46%	20%	50%	24%	32%	45%	40%	13%	36%	1%	33%

Muhammed CHAM
평점 6.71
무하메드 참   2000.09.26 / 180cm

2022-2023시즌 프랑스 리그1에서 두 자릿수 공격 포인트를 올리는 등 가장 두각을 나타내고 있는 유망주. 공격형 미드필더지만, 오른쪽 날개로 활약해도 파괴력을 발휘한다. 상대 수비 라인을 깨는 침투 패스와 난데없이 터지는 중거리 숏이 전매특허, 그러나 체격에 비해 공중볼 다툼은 영 신통찮다. 오스트리아 국가대표이나, 보스니아-세네갈 혼혈 선수다. 시장 가치는 500만 유로, 추정 연봉은 27만 유로.

슈팅-득점		국적	2022-23시즌 클레어몽 풋				포지션
23-6			⏱	A	P	P%	
30-1			23-15 1976	4	25.2-20.9	83%	
●53-6	LG-7	오스트리아	DR	TK	IC	★	
●7-0	RG-0		1.8-0.8	1.4-0.8	0.3	2-0	1
●2-2	HG-0						

G	A	SH	SG	PC	P%	PP	CR	SC	TK	IC	BT	DC	PR
상위	하위	상위	상위	상위	상위	상위	상위	하위	상위	하위	상위	하위	상위
28%	49%	36%	36%	18%	27%	38%	39%	26%	44%	23%	20%	41%	17%

Jan THIELMANN
평점 6.70
얀 틸만   2002.02.02 / 178cm

U-15부터 독일 연령별 대표를 모두 거친 영재 라이트윙. 2002년 태생 선수 중 분데스리가 공식 경기에 뛴 1호 선수라는 특이한 이력을 가지고 있다. 폴스 나인으로도 뛸 수 있다. 상대 수비 사이를 가르는 침투 패스가 굉장히 위협적이다. 사정거리가 적당히 주어지면 적극적으로 중거리숏을 시도한다. 다만 탈압박에 서툰 편이며, 파울이 다소 많다. 시장 가치는 750만 유로, 추정 연봉은 13만 유로.

슈팅-득점		국적	2022-23시즌 FC 쾰른				포지션
8-1			⏱	A	P	P%	
5-1			6-17 858	2	8.5-5.7	68%	
●13-2	LG-0	독일	DR	TK	IC	★	
●0-0	RG-2		1.6-0.9	0.8-0.4	0.3	5-0	1
●0-0	HG-0						

G	A	SH	SG	PC	P%	PP	CR	SC	TK	IC	BT	DC	PR
하위	상위	하위	상위	하위	하위	상위	상위	하위	하위	상위	하위	상위	하위
43%	40%	12%	45%	5%	4%	35%	35%	20%	22%	10%	6%	28%	4%

Adam LALLANA
평점 6.70
아담 랄라나   1988.05.10 / 175cm

전성기 시절에는 리그 내 최고의 기교파 미드필더로 통했다. 여타 잉글랜드 출신 선수와 달리 기본적으로 볼 다루는 기술이 매우 유려하다. 순간 스피드로 상대 수비를 제치는 기민함도 갖췄으며, 창의적인 패스를 배급하는 시야와 킥력도 모두 갖췄다. 다만 주력 자체는 느린 편이며, 부상이 잦다. 시장 가치는 150만 유로, 추정 연봉은 468만 유로.

슈팅-득점		국적	2022-23시즌 브라이튼				포지션
7-2			⏱	A	P	P%	
1-0			12-4 730	1	19.4-16.1	83%	
●8-2	LG-0	잉글랜드	DR	TK	IC	★	
●0-0	RG-1		0.4-0.2	1.1-0.7	0.1	0-0	1
●0-0	HG-1						

G	A	SH	SG	PC	P%	PP	CR	SC	TK	IC	BT	DC	PR
상위	하위	상위	하위	상위	상위	하위	상위	하위	하위	하위	상위	하위	상위
48%	27%	3%	29%	27%	8%	34%	1%	11%	38%	16%	39%	1%	45%

Mathias PEREIRA LAGE
평점 6.70
마티아스 페레이라 라게   1996.11.30 / 180cm

포르투갈 혈통 프랑스 국적 2선 공격 자원. 2선 전 포지션은 물론 스트라이커까지 볼 수 있으며, 유사시 중앙 미드필더로 후방 배치도 가능하다. 뛰어난 데드볼 처리 능력을 가졌으며, 중거리숏을 비롯해 골을 넣는 스킬이 다양하다. 지능적으로 상대 패스 줄기를 자르는 인터셉트 역시 출중한 편. 다만 피지컬에 비해 몸으로 하는 수비에는 약한 편이다. 시장 가치는 250만 유로, 추정 연봉은 51만 유로.

슈팅-득점		국적	2022-23시즌 브레스트				포지션
11-1			⏱	A	P	P%	
10-1			16-8 1272	1	14.6-10.4	71%	
●21-2	LG-0	프랑스	DR	TK	IC	★	
●1-1	RG-1		1.1-0.4	1.6-0.8	0.6	2-0	1
●0-0	HG-1						

G	A	SH	SG	PC	P%	PP	CR	SC	TK	IC	BT	DC	PR
하위	하위	하위	상위	하위	하위	하위	하위	상위	상위	상위	하위	하위	하위
17%	10%	2%	29%	9%	13%	8%	2%	42%	6%	6%	7%	7%	6%

LG RG HG   A P P% DR TK IC ★ G A SH SG PC P% PP CR SC TK IC BT DC PR

전체 슈팅 시도-득점 / 직접프리킥 시도-득점 / PK 시도-득점 / 왼발 득점 / 오른발 득점 / 헤더 득점 / 출전횟수 선발-교체 / 출전시간 분(MIN) / 도움 / 평균 패스 시도-성공 / 패스 성공률 / 평균드리블 시도-성공 / 평균 태클 시도-성공 / 평균 인터셉트 / 페어플레이 경고-퇴장 / MOM / 득점 / 도움 / 전체 슈팅 / 슈팅 시도 / 패스 성공 / 패스 성공률 / 박스안 패스 / 크로스 / 슈팅기회 창출 / 태클 / 인터셉트 / 볼터치 / 드리블 성공 / 패스 받음

Lewis FERGUSON
평점 6.73
루이스 퍼거슨
999.08.24 / 181cm

아버지와 삼촌이 모두 스코틀랜드 국가대표 출신. 본인도 2021년 9월 스코틀랜드 대표팀 데뷔전을 치렀다. 미드필드는 물론 최전방 스트라이커까지 맡을 정도로 다재다능하다. 미드필더로선 강한 압박으로 상대 공격을 저지하고 태클로 공을 따내는데 능하다. 패스 정확도도 준수하다. 볼컨트롤, 드리블이나 킥 등 기술적 부분은 좋은 평가를 받지 못하는데. 시장 가치는 900만 유로, 추정 연봉은 51만 유로.

슈팅-득점	국적	2022-23시즌 볼로냐				포지션
30-6			A	P	P%	
13-1		27-5 2324	0	37.3-32.1	86%	
●43-6 LG-0	스코틀랜드	DR	TK	IC	★	
●0-0 RG-5		0.8-0.3	2.0-1.4	4-0	2	
●0-0 HG-2						

G	A	SH	SG	PC	P%	PP	CR	SC	TK	IC	BT	DC	PR
상위	하위	하위	하위	상위	상위	하위	하위	하위	상위	상위	상위	하위	상위
40%	1%	25%	40%	11%	3%	1%	2%	8%	24%	19%	22%	1%	18%

Brenden AARONSON
평점 6.69
브랜던 애런슨
2000.10.22 / 178cm

중원 전 지역을 커버하는 에너자이저이며, 온더볼 상황에서 굉장한 자신감을 가지는 테크니션이다. 전방을 향해 도전적인 패스로 득점 찬스 창출에 힘을 보태며, 자신의 개인기에 자신이 있다 보니 저돌적으로 돌파를 시도한다. 다만 이런 과감한 플레이 때문에 상대에게 자주 볼을 빼앗기는 경우도 많다. 몸으로 밀어붙치는 거친 압박에도 다소 약한 편. 시장 가치는 3000만 유로, 추정 연봉은 234만 유로.

슈팅-득점	국적	2022-23시즌 리즈 유나이티드				포지션
24-1			A	P	P%	
17-0		28-8 2384	3	20.2-15.9	79%	
●41-1 LG-0	미국	DR	TK	IC	★	
●2-0 RG-1		2.8-1.0	2.1-1.2	0.1	2-0	0
●0-0 HG-0						

G	A	SH	SG	PC	P%	PP	CR	SC	TK	IC	BT	DC	PR
하위	상위	상위	하위	하위	하위	하위	상위	상위	상위	하위	하위	상위	하위
2%	25%	20%	5%	24%	44%	49%	47%	26%	10%	하위	33%	21%	

Filip DJURICIC
평점 6.69
필립 주리치치
1992.01.30 / 181cm

네덜란드·포르투갈·잉글랜드·독일 등 여러 리그에서 활약했던 베테랑. 2016년 이후 세리에 A에서 정착하고 있다. 활동량과 적극적 압박 능력으로 중원에 힘을 보태는 미드필더이며, 주로 좌측 혹은 중앙에서 활약한다. 수비력이 제법 좋기 때문에 유사시 라이트백으로도 기능할 수 있다. 다만 파울이 다소 많고 패스도 다소 투박한 편. 키에 비해 제공권에 약하다. 시장 가치는 250만 유로, 추정 연봉은 148만 유로.

슈팅-득점	국적	2022-23시즌 삼프도리아				포지션
15-3			A	P	P%	
11-0		27-5 2186	0	22.3-17.8	80%	
●26-3 LG-0	세르비아	DR	TK	IC	★	
●1-0 RG-1		2.2-1.1	2.0-1.4	0.2	9-0	0
●0-0 HG-2						

G	A	SH	SG	PC	P%	PP	CR	SC	TK	IC	BT	DC	PR
하위	하위	하위	상위	하위	상위	하위	하위	상위	하위	하위	상위	상위	하위
13%	1%	4%	16%	34%	34%	11%	29%	20%	21%	12%	28%	19%	

Callum HUDSON-ODOI
평점 6.67
칼럼 허드슨-오도이
2000.11.07 / 178cm

첼시에서 데뷔해 줄곧 스탬포드 브리지를 누볐으나 출전 기회를 얻기 위해 2022-2023시즌에는 바이엘 레버쿠젠에서 임대 생활 중이다. 현란한 드리블 스킬이 강점이며, 발을 가리지 않고 정교한 슈팅과 패스를 구사할 수 있다. 패스할 때 시야가 넓어 적재적소에 찬스를 배급하는 능력도 출중하다. 그러나 과거에 비해 돌파를 시도하는 빈도가 다소 줄었다. 시장 가치는 1700만 유로, 추정 연봉은 400만 유로.

슈팅-득점	국적	22-23시즌 바이에르 레버쿠젠				포지션
2-0			A	P	P%	
2-0		7-7 609	1	16.3-14.3	87%	
●4-0 LG-0	잉글랜드	DR	TK	IC	★	
●0-0 RG-0		2.0-1.0	0.4-0.4	0.1	0-0	0
●0-0 HG-0						

G	A	SH	SG	PC	P%	PP	CR	SC	TK	IC	BT	DC	PR
하위	상위	하위	하위	상위	상위	상위	상위	하위	하위	상위	상위	상위	상위
6%	16%	4%	9%	45%	33%	31%	4%	42%	38%	24%	38%	24%	39%

Arbër ZENELI
평점 6.67
아르베르 제넬리
1995.02.25 / 176cm

스웨덴 연령별 대표 코스를 밟았으나 A대표팀은 '뿌리'인 코소보를 선택했다. 작지만 단단한 탱크. 상대의 거친 압박을 몸으로 뚫고 전진하는 플레이가 뛰어나며 박스 외곽에서부터 적극적으로 골문을 노리는데, 슈팅 궤적이 상당히 다양해 골키퍼 처지에서는 골칫거리다. 활동량도 우수하고 동료를 이용해 상대 압박을 벗어나는 영리함도 갖췄다. 시장 가치는 400만 유로, 추정 연봉은 72만 유로.

슈팅-득점	국적	2022-23시즌 스타드 렝				포지션
18-0			A	P	P%	
13-0		12-11 1003	2	15.8-12.1	76%	
●31-0 LG-0	코소보	DR	TK	IC	★	
●5-0 RG-0		2.6-0.8	0.7-0.4	0.1	4-0	1
●0-0 HG-0						

G	A	SH	SG	PC	P%	PP	CR	SC	TK	IC	BT	DC	PR
하위	하위	상위	하위	하위	하위	상위	상위	상위	하위	하위	상위	상위	상위
1%	47%	17%	21%	47%	24%	27%	24%	31%	15%	7%	32%	49%	49%

Mohamed ELYOUNOUSSI
평점 6.65
모하메드 엘유누시
1994.02.07 / 173cm

측면에서는 좌우전후 위치를 가리지 않는다. 하지만 선호하는 포지션은 레프트 윙이다. 뛰어난 볼 컨트롤 실력을 가졌으며, 상대 수비 허를 찌르는 테크닉도 겸비했다. 주력 역시 평균 이상. 오른발잡이지만 왼발도 제법 잘 사용해 사실상 양발잡이라 봐도 무방하다. 다만 솔로 플레이에 의존해 템포를 많이 잡아먹는다. 플레이스타일에 비해 포인트도 적다. 시장 가치 1200만 유로, 추정 연봉은 312만 유로.

슈팅-득점	국적	2022-23시즌 사우샘튼				포지션
23-1			A	P	P%	
13-0		27-6 2180	1	17.8-12.3	69%	
●36-1 LG-1	노르웨이	DR	TK	IC	★	
●0-0 RG-0		1.4-0.7	2.1-1.4	0.8	4-0	0
●0-0 HG-1						

G	A	SH	SG	PC	P%	PP	CR	SC	TK	IC	BT	DC	PR
하위	하위	하위	하위	하위	하위	하위	하위	상위	하위	상위	상위	하위	하위
3%	6%	17%	13%	6%	17%	3%	19%	41%	4%	4%	6%	19%	2%

전체 슈팅 시도-득점 | 직접프리킥 시도-득점 | PK 시도-득점 | LG 왼발 득점 | RG 오른발 득점 | HG 헤더 득점 | 출전횟수 선발-교체 | 출전시간 분(MIN) | A 도움 | P 평균 패스 시도-성공 | P% 패스 성공률 | DR 평균드리블 시도-성공 | TK 평균 태클 시도-성공 | IC 평균 인터셉트 | 경고-퇴장 | MOM | ★ | G 득점 | A 도움 | SH 전체 슈팅 | SG 슈팅 시도 | PC 패스 성공 | P% 패스 성공률 | PP 박스안 패스 | CR 크로스 | SC 슈팅기회 창출 | TK 태클 | IC 인터셉트 | BT 볼터치 | DC 드리블 성공 | PR 패스 받음

평점 6.65 Roland SALLAI

롤란드 살라이 · 1997.05.22 / 182cm

속도감 있는 잔발 드리블이 굉장히 위협적인 라이트 윙. 지나치게 모험적인 패스를 시도해 자주 볼 소유권을 넘기는 편이긴 해도,수비를 깨뜨리는 창의적인 '킬 패스'가 자주 나온다. 그러나 패스보다 직접 골을 노리는 플레이를 선호해 종종 탐욕적이라는 비판을 받기도 한다. 1980년대 헝가리 축구 레전드 수비수 산도르가 그의 삼촌이다. 시장 가치는 1000만 유로, 추정 연봉은 56만 유로.

슈팅-득점	국적	2022-23시즌 프라이부르크				포지션
6-0		⏱	A	P	P%	
4-1		10-9	1003	3	27.8-23.6	75%
● 10-1 LG-0	헝가리	DR	TK	IC	★	
● 0-0 RG-1		1.5-0.7	0.9-0.6	0.1	6-0	1
● 0-0 HG-0						

G	A	SH	SG	PC	P%	PP	CR	SC	TK	IC	BT	DC	PR
하위	상위	상위	상위	하위	하위	하위	상위	하위	상위	하위	하위	상위	하위
6%	26%	19%	35%	21%	18%	24%	8%	26%	50%	5%	24%	26%	26%

평점 6.65 Ryan CHRISTIE

라이언 크리스티 · 1996.01.21 / 182cm

2선 전 지역을 아우르는 공격 자원. 스코틀랜드 리그 시절에는 두 자릿수 득점도 넣은 적이 있을 정도로 득점력도 좋다. 공격형 미드필더로 출전할 때는 상대 수비를 손쉽게 깨는 침투 패스로 공격에 활기를 불어넣는다. 여기에 질 좋은 크로스까지 갖추고 있다. 측면 기용도 가능한 이유다. 활동량도 출중해 경기 내내 박스와 박스를 쉴 새 없이 오간다. 시장 가치는 900만 유로, 추정 연봉은 156만 유로.

슈팅-득점	국적	2022-23시즌 본머스				포지션
30-1		⏱	A	P	P%	
3-0		22-10	1842	1	19.1-15.9	83%
● 33-1 LG-1	스코틀랜드	DR	TK	IC	★	
● 0-0 RG-0		2.7-1.3	2.2-1.1	0.8	1-0	1
● 0-0 HG-0						

G	A	SH	SG	PC	P%	PP	CR	SC	TK	IC	BT	DC	PR
하위	하위	하위	하위	하위	상위	하위	하위	하위	상위	상위	하위	상위	하위
4%	7%	21%	14%	38%	20%	20%	32%	9%	15.9%	7%	38%	38%	20%

평점 6.64 Riccardo SAPONARA

리카르도 사포나라 · 1991.12.21 / 184cm

저돌적인 돌파 능력을 자랑하는 날개. 스피드 · 피지컬 · 테크닉이 화려하다고 볼 수 없으나, 모든 요소가 평균 이상이다. 때문에 본인의 돌파에 굉장한 자신감을 가지고 있다. 여기에 양발을 가리지 않고 동료 움직임을 최대한으로 살리는 수준 높은 패스를 구사한다. 다만 지나치게 볼을 끄는 편이며, 부상이 잦다. 이 부상 때문에 최근 스피드가 다소 떨어졌다는 평. 시장 가치는 200만 유로, 추정 연봉은 128만 유로.

슈팅-득점	국적	2022-23시즌 피오렌티나				포지션
18-3		⏱	A	P	P%	
19-1		14-15	1207	3	14.2-10.8	76%
● 37-4 LG-1	이탈리아	DR	TK	IC	★	
● 0-0 RG-3		1.4-0.7	0.5-0.3	0.2	4-0	2
● 0-0 HG-0						

G	A	SH	SG	PC	P%	PP	CR	SC	TK	IC	BT	DC	PR
상위	상위	상위	상위	하위	하위	상위	하위	상위	하위	하위	하위	상위	상위
31%	36%	19%	24%	35%	31%	34%	13%	40%	50%	12%	35%	34%	46%

평점 6.63 Mattéo GUENDOUZI

마테오 귀엥두지 · 1999.04.14 / 185cm

프랑스의 떠오른 미드필더 기대주. 2021년 11월 A매치 데뷔했다. 중앙과 수비형 미드필더 모두 소화 가능하다. 공격적인 성향이 강하다. 과감하고 정교한 전진패스를 통해 순간적으로 찬스를 만든다. 때로 빠른 드리블로 상대 압박을 뚫고 공격에 힘을 불어넣는다. 승부욕도 강해 그라운드 위에서 투지가 넘친다. 때로 이게 독이 돼 잘 흥분하기도 한다. 시장 가치는 2500만 유로, 추정 연봉은 3840만 유로.

슈팅-득점	국적	2022-23시즌 마르세유				포지션
17-2		⏱	A	P	P%	
8-0		25-8	2113	4	37.2-23.7	88%
● 25-2 LG-0	프랑스	DR	TK	IC	★	
● 0-0 RG-1		0.9-0.4	1.8-1.1	0.7	3-0	0
● 1-1 HG-0						

G	A	SH	SG	PC	P%	PP	CR	SC	TK	IC	BT	DC	PR
하위	상위	하위	하위	상위	상위	하위	하위	상위	상위	하위	상위	하위	하위
18%	33%	4%	2%	4%	49%	3%	38%	10%	12%	5%	45%	13%	13%

평점 6.63 Wilson ODOBERT

윌슨 오도베르 · 2004.11.28 / 182cm

현재 프랑스가 크게 주목하고 있는 측면 공격수 유망주. 훌륭한 피지컬을 가진 오른발잡이 레프트윙이다. 그러나 왼발 실력도 나쁜 편이라고 할 수 없다. 볼을 다루는 스킬이 뛰어나고 볼 처리 템포도 상당히 빠르다. 중앙으로 파고든 후 동료와 연계 플레이로 찬스를 만드는 데 능하다. 체력도 왕성해 풀백 위치까지 내려가 수비하는 성실함도 갖추었다. 시장 가치는 500만 유로, 추정 연봉은 4만 유로.

슈팅-득점	국적	2022-23시즌 트로이				포지션
17-4		⏱	A	P	P%	
10-0		19-13	1767	2	15.4-12.3	80%
● 27-4 LG-2	프랑스	DR	TK	IC	★	
● 0-0 RG-2		2.9-1.1	1.1-0.6	0.5	4-0	1
● 0-0 HG-0						

G	A	SH	SG	PC	P%	PP	CR	SC	TK	IC	BT	DC	PR
하위	하위	하위	하위	상위	하위	하위	하위	하위	상위	하위	상위	하위	하위
42%	22%	12%	44%	16%	45%	7%	29%	29%	27%	18%	7%	42%	19%

평점 6.63 Charles DE KETELAERE

샤를 더 케틸라르 · 2001.03.10 / 192cm

공격형 미드필더로서 모든 요소를 갖추었다고 평가받는 벨기에 유망주. 윙이나 스트라이커도 볼 수 있지만, 이 위치에서는 재능을 많이 발휘하지 못하는 편이다. 부지런히 박스와 박스를 오가며 창의적인 패스를 곳곳에 뿌리고 공격의 윤활유 구실을 한다. 축구 지능이 굉장하다는 평가를 받고 있으며, 체력도 왕성해 수비에도 굉장히 열심히 가담하는 편이다. 시장 가치는 2700만 유로, 추정 연봉은 282만 유로.

슈팅-득점	국적	2022-23시즌 AC 밀란				포지션
18-0		⏱	A	P	P%	
1-0		9-23	1102	1	11.4-9.1	79%
● 19-0 LG-0	벨기에	DR	TK	IC	★	
● 0-0 RG-0		1.9-1.2	1.2-0.7	0.1	2-0	0
● 0-0 HG-0						

G	A	SH	SG	PC	P%	PP	CR	SC	TK	IC	BT	DC	PR
하위	하위	하위	하위	상위	하위	상위	하위	상위	하위	상위	상위	하위	하위
1%	9%	18%	3%	31%	39%	46%	7%	34%	15%	50%	22%	13%	18%

| 전체 슈팅 시도-득점 | 직접프리킥 시도-득점 | PK 시도-득점 | LG 왼발 득점 | RG 오른발 득점 | HG 헤더 득점 | 출전횟수 선발·교체 | A 평균 패스 시도-성공 | P 평균 패스 성공률 | P% 평균 드리블 시도-성공 | DR 평균 태클 시도-성공 | TK 평균 인터셉트 | IC 평균 경고-퇴장 | ★ MOM 페어플레이 | G 득점 | A 도움 | SH 전체 슈팅 | SG 슈팅 시도 | PC 패스 성공 | P% 박스 안 패스 | PP 크로스 | CR 슈팅기회 창출 | SC 태클 | TK 인터셉트 | IC 볼 터치 | BT 드리블 성공 | DC 패스 받음 | PR |

Abdessamad EZZALZOULI

평점 6.61 압데사마드 에잘줄리 2001.12.17 / 177cm

상대와 적극적으로 일대일 싸움을 시도하는 공격성 강한 날개. 양 측면 모두 뛸 수 있으나, 주로 왼쪽에서 활약한다. 볼 테크닉도 뛰어나 상대 한두 명은 손쉽게 제치는 탈압박 횟수가 많다. 오사수나에 합류한 후에는 득점력도 개선됐다는 평. 다만 기복이 심한데다 돌파 이후 공격 상황에 대처하는 능력은 다소 모자란 편이다. 에즈 압데라는 별명으로도 불린다. 시장 가치는 800만 유로, 추정 연봉은 18만 유로.

슈팅-득점	국적	2022-23시즌 오사수나				포지션
23-3 / 17-1	모로코	19-9	1516	2	16.1-11.9	74%
● 40-4 LG-0		DR	TK	IC		★
● 0-0 RG-4		4.2-2.1	1.5-1.1	0.1	2-2	2
● 0-0 HG-0						

G	A	SH	SG	PC	P%	PP	CR	SC	TK	IC	BT	DC	PR
상위	하위	상위	상위	하위	하위	상위	상위	하위	상위	하위	하위	상위	상위
50%	25%	35%	26%	22%	14%	45%	34%	43%	24%	14%	47%	1%	48%

RICHARLISON

평점 6.61 히샬리송 1997.05.10 / 184cm

최전방에서는 스트라이커와 날개를 가리지 않는다. 폭발적 주력, 뛰어난 서전트 점프 능력을 활용해 박스 안에서 굉장한 파괴력을 발휘한다. 출중한 체력까지 갖춰 수비시에는 쉴 새 없이 전방 압박을 시도하는 팀 플레이도 펼칠 줄 안다. 다만 브라질 선수치고는 전체적으로 투박하다는 평이 많다. 불같은 성격이라 평정심을 잃을 때가 많고 기복이 심하다. 시장 가치는 5500만 유로, 추정 연봉은 468만 유로.

슈팅-득점	국적	2022-23시즌 토트넘 핫스퍼				포지션
25-1 / 2-0	브라질	12-15	1008	3	9.7-7.1	73%
● 27-1 LG-0		DR	TK	IC		★
● 0-0 RG-0		1.2-0.4	1.4-0.8	0.2	3-0	1
● 0-0 HG-1						

G	A	SH	SG	PC	P%	PP	CR	SC	TK	IC	BT	DC	PR
하위	상위	상위	상위	하위	하위	하위	상위	하위	하위	상위	하위	하위	하위
39%	44%	32%	12%	6%	26%	13%	17%	27%	15%	46%	7%	18%	13%

Stephy MAVIDIDI

평점 6.56 스테피 마비디디 1998.05.31 / 182cm

어렸을 적부터 아스널·유벤투스의 관심을 받았던 특급 유망주 출신. 2020년 몽펠리에 이적 후 프로로서 기반을 잡았다. 최전방에서는 모든 위치를 수행할 수 있으며, 이런 장점 덕에 소속팀에서는 주로 교체로 투입되는 편. 우수한 드리블 실력을 가졌으며, 이따금 시도하는 중거리슛이 꽤 위력적이다. 득점력도 준수하고 빠르다. 다만 수비 가담 횟수는 적다. 시장 가치는 800만 유로, 추정 연봉은 50만 유로.

슈팅-득점	국적	2022-23시즌 몽펠리에				포지션
27-4 / 10-0	잉글랜드	14-12	1285	2	11.7-8.8	75%
● 37-4 LG-1		DR	TK	IC		★
● 0-0 RG-2		2.8-1.3	1.5-0.9	0.2	1-1	0
● 0-0 HG-1						

G	A	SH	SG	PC	P%	PP	CR	SC	TK	IC	BT	DC	PR
상위	하위	상위	상위	하위	하위	하위	하위	상위	하위	하위	하위	상위	하위
37%	32%	21%	16%	5%	43%	14%	3%	24%	29%	19%	4%	18%	3%

Ross BARKLEY

평점 6.54 로스 바클리 1993.12.05 / 189cm

뛰어난 피지컬과 준수한 스피드, 무엇보다 상대 박스 인근까지 볼을 운반하는 능력이 대단히 뛰어난 미드필더. 강력한 중거리슛도 바클리의 전매특허다. 주로 공격형 미드필더로 출전하나 니스에서는 종종 왼쪽 날개로도 출전한다. 그러나 판단력에서 다소 문제가 있으며, 찬스로 이어지는 패스 빈도가 적다. 골문 앞에서 찬스가 주어졌을 때 해결 능력도 아쉽다. 시장 가치는 800만 유로, 추정 연봉은 156만 유로.

슈팅-득점	국적	2022-23시즌 니스				포지션
16-3 / 22-1	잉글랜드	9-18	923	2	16.3-13.7	84%
● 38-4 LG-2		DR	TK	IC		★
● 3-0 RG-2		0.8-0.4	0.8-0.6	0.2	1-0	0
● 0 HG-0						

G	A	SH	SG	PC	P%	PP	CR	SC	TK	IC	BT	DC	PR
상위	상위	상위	상위	상위	상위	상위	상위	상위	상위	상위	상위	상위	상위
10%	10%	10%	10%	10%	10%	10%	10%	10%	10%	10%	10%	10%	10%

Erik LAMELA

평점 6.54 에릭 라멜라 1992.03.04 / 181cm

토트넘 시절 손흥민의 경쟁자로서 한국 팬들에게 친숙하다. 유망주 시절에는 테크니션으로 유명했으나, EPL에서 살아남기 위해 피지컬을 강화하면서 하드 워커 스타일로 조금 바뀌었다. 매서운 왼발을 가졌으나, 오른발 사용 각도에서도 왼발로 라보나를 시도할 정도로 극단적인 왼발잡이라는 특성을 가지고 있다. 패스는 좋은 편이나 판단과 시야가 좋지 않다. 시장 가치는 1000만 유로 추정 연봉은 330만 유로.

슈팅-득점	국적	2022-23시즌 세비야				포지션
37-6 / 10-0	아르헨티나	20-12	1847	4	22.6-18.1	80%
● 47-6 LG-5		DR	TK	IC		★
● 2-0 RG-0		2.3-1.1	2.2-1.5	0.2	8-1	1
● 0-0 HG-1						

G	A	SH	SG	PC	P%	PP	CR	SC	TK	IC	BT	DC	PR
상위	하위	상위	상위	상위	상위	상위	하위	상위	상위	하위	상위	상위	상위
36%	11%	49%	15%	42%	31%	28%	14%	42%	33%	42%	48%	43%	43%

Federico DI FRANCESCO

평점 6.52 페데리코 디 프란체스코 1994.06.14 / 171cm

작지만 단단한 체격을 가진 날개. 주로 왼쪽에서 활약하나 우측 터치라인도 무리없이 소화한다. 윙이지만 박스 안에서 플레이하기 즐기며, 뛰어난 위치 선정 능력을 갖춰 전문 공격수 못지않게 찬스에서 침착하다. 그러나 좋지 못한 신체 조건 때문에 공중볼 다툼에서 약하며, 크로스의 질이 좋지 않다. 시장 가치는 150만 유로, 추정 연봉은 139만 유로.

슈팅-득점	국적	2022-23시즌 레체				포지션
26-2 / 13-0	이탈리아	23-13	2040	2	12.6-9.2	72%
● 39-2 LG-0		DR	TK	IC		★
● 1-0 RG-0		1.5-0.5	1.2-0.8	0.2	6-0	1
● 0-0 HG-0						

G	A	SH	SG	PC	P%	PP	CR	SC	TK	IC	BT	DC	PR
하위	상위	하위	하위	하위	하위	하위	하위	상위	하위	상위	하위	하위	하위
7%	17%	31%	41%	2%	14%	13%	33%	10%	46%	29%	2%	11%	3%

LG RG HG   A P P% TK IC ★ G A SG PC P% PP CR SC TK IC BT DC PR

전체슈팅 직접프리킥 PK 왼발 오른발 헤더 출전횟수 출전시간 도움 평균패스 패스 평균드리블 평균 평균 페어플레이 MOM 득점 도움 전체 슈팅 패스 패스 박스안 크로스 크로스기회 태클 인터셉트 볼터치 드리블 패스
시도-득점 시도-득점 시도-득점 득점 득점 득점 선발-교체 (MIN) 시도-성공 성공율 시도-성공 태클 인터셉트 경고-퇴장 슈팅 시도 성공 성공율 패스 창출 성공 받음

Javier PUADO

평점 6.51
하비에르 푸아도
1998.05.25 / 177cm

에스파뇰 유스 출신 측면 공격수. 2020 도쿄 올림픽 축구 은 메달리스트. 주 포지션은 라이트 윙이지만 2선에서 모든 임무를 수행할 수 있는 다기능 공격 자원이다. 뛰어난 퍼스트 터치와 볼 테크닉을 가졌으며, 볼을 가진 상태에서 가속도도 준수한 편이다. 득점력도 훌륭해 팀 사정에 따라 스트라이커로도 된다. 그러나 수비에 좀 더 적극적으로 가담해야 한다. 시장 가치는 700만 유로, 추정 연봉은 38만 유로.

슈팅-득점	국적	2022-23시즌 에스파뇰	포지션
48-5		25-12 2350 **A** 2 **P** 14.6-11.8 **P%** 80%	
9-2	스페인		
● 57-5 LG-1		**DR** 1.5-0.6 **TK** 1.0-1.0 **IC** 0.3 4-0-1 ★	
○ 0-0 RG-6			
● 0-0 HG-0			

G	A	SH	SG	PC	P%	PP	CR	SC	TK	IC	BT	DC	PR
상위	하위	상위	상위	하위	상위	하위	하위	하위	하위	하위	하위	하위	하위
41%	14%	47%	35%	6%	42%	14%	19%	4%	13%	35%	1%	15%	3%

Adrien THOMASSON

평점 6.48
아드리앙 토마손
1993.12.10 / 182cm

스웨덴 아버지와 크로아티아 어머니 사이에서 태어났다. 공격형 미드필더와 양 날개 모두 소화할 수 있으며, 유사시 중앙 미드필더나 심지어 라이트백으로도 뛰는 놀라운 범용성을 자랑한다. 굉장히 민첩한 미드필더이며, 변칙적인 드리블과 좋은 스피드를 갖춰 공격 첨병 구실을 훌륭하게 해낸다. 득점력도 제법 좋다. 다만 더 정확하게 크로스를 구사해야 한다. 시장 가치는 400만 유로, 추정 연봉은 108만 유로.

슈팅-득점	국적	22-23시즌 스트라스부르+랭스	포지션
31-5		26-9 2226 **A** 7 **P** 30.3-24.7 **P%** 81%	
7-0	프랑스		
● 38-5 LG-3		**DR** 1.0-0.6 **TK** 2.7-1.3 **IC** 2 3-0-0 ★	
○ 0-0 RG-2			
● 0-0 HG-0			

G	A	SH	SG	PC	P%	PP	CR	SC	TK	IC	BT	DC	PR
하위	상위	하위	하위	상위	상위	상위	하위	하위	상위	상위	상위	하위	상위
40%	17%	19%	25%	21%	17%	34%	5%	33%	22%	20%	31%	13%	32%

Denis HUSEINBASIC

평점 6.47
데니스 후세인바시치
2001.07.03 / 184cm

독일 U-21 대표 출신이나 보스니아 헤르체고비나 A대표팀을 선택할 것이라는 설이 나돌고 있다. 주로 교체로 피치를 밟고 있으며, 최전방부터 공격형 미드필더, 나아가 중앙 미드필더까지 척추 라인에서는 모든 임무를 수행할 수 있다. 이중 가장 선호하는 포지션은 공격형 MF. 박스 인근에서 날카로운 오른발 슈팅으로 적극적으로 골문을 노린다. 시장 가치는 500만 유로, 추정 연봉은 24만 유로.

슈팅-득점	국적	2022-23시즌 FC 쾰른	포지션
14-4		7-17 782 **A** 1 **P** 12.0-8.8 **P%** 80%	
2-0	독일		
● 16-4 LG-2		**DR** 0.9-0.4 **TK** 1.6-0.7 **IC** 0.2 3-0-0 ★	
○ 0-0 RG-0			
● 0-0 HG-0			

G	A	SH	SG	PC	P%	PP	CR	SC	TK	IC	BT	DC	PR
상위	하위	하위	하위	상위	하위	하위	하위	상위	하위	하위	하위	상위	하위
8%	25%	35%	14%	3%	41%	4%	19%	1%	46%	39%	6%	13%	13%

Gaetan PERRIN

평점 6.47
가에탕 페랭
1996.06.07 / 169cm

올랭피크 리옹 유스 시절에는 알렉상드르 라카제트와 더불어 크게 주목받던 유망주였으나 기대만큼 성장하지 못했다. 오세르의 프랑스 리그1 승격 주역 중 하나다. 작은 체격이지만 강력한 슈팅을 갖췄으며, 수준급 스피드에 지능적인 라인 브레이킹 실력까지 갖췄다. 다만 수비 가담이 적고 상대 압박에 볼을 잃어버리는 장면이 많다. 패스도 좀 더 좋아져야 한다. 시장 가치는 120만 유로, 추정 연봉은 31만 유로.

슈팅-득점	국적	2022-23시즌 오세르	포지션
12-3		15-22 1388 **A** 1 **P** 10.8-8.3 **P%** 76%	
15-0	프랑스		
● 27-3 LG-1		**DR** 2.6-1.7 **TK** 1.1-0.5 **IC** 0.3 1-0-0 ★ 1	
○ 0-0 RG-2			
● 1-1 HG-0			

G	A	SH	SG	PC	P%	PP	CR	SC	TK	IC	BT	DC	PR
하위	하위	하위	하위	상위	하위	하위	상위	하위	상위	하위	상위	하위	하위
38%	9%	26%	26%	13%	33%	33%	47%	34%	29%	11%	1%	9%	18%

Pablo FORNALS

평점 6.45
파블로 포르날스
1996.02.22 / 178cm

유려한 볼 테크닉과 정교한 패스로 중무장한 전형적인 스페니시 미드필더. 주로 왼쪽에서 활약하지만 중앙 공격형 MF 구실도 무리없이 해낸다. 뛰어난 볼 간수 능력을 바탕으로 득점 가능 지역에 예리한 침투 패스를 날린다. 그러나 측면에서 뛸 때는 크로스가 정확하진 않다. 활동량과 기본 이상의 수비력이 있어 팀에 보이지 않게 공헌하는 '언성 히어로'다. 시장 가치는 2500만 유로, 추정 연봉은 338만 유로.

슈팅-득점	국적	2022-23시즌 웨스트햄	포지션
10-2		17-15 1506 **A** 1 **P** 21.9-17.1 **P%** 78%	
17-1	스페인		
● 27-3 LG-0		**DR** 0.7-0.3 **TK** 1.6-0.9 **IC** 0.4 0-0-0 ★ 2	
○ 0-0 RG-3			
● 0-0 HG-0			

G	A	SH	SG	PC	P%	PP	CR	SC	TK	IC	BT	DC	PR
하위	하위	하위	하위	상위	하위	상위	하위	상위	상위	상위	하위	하위	상위
30%	9%	21%	13%	26%	32%	5%	37%	41%	12%	14%	30%	7%	43%

Andrea COLPANI

평점 6.44
안드레아 콜파니
1999.05.11 / 184cm

호리호리한 체격 때문에 '엘 플라코(마른 녀석)'이라는 별명으로 불린다. 주로 공격형 미드필더로 활약하며 우수한 볼 운반 능력을 지녔다. 상대 압박에 짓눌리지 않고 플레이를 이어가는 악착같은 면모도 가졌다. 적재적소에 뿌리는 패스 역시 질이 매우 좋다. 그러나 체격에 비해 몸싸움과 공중볼 다툼에서는 다소 부족한 면모를 보인다. 시장 가치는 250만 유로, 추정 연봉은 17만 유로.

슈팅-득점	국적	2022-23시즌 몬차	포지션
16-3		10-17 944 **A** 1 **P** 13.6-11.3 **P%** 83%	
9-1	이탈리아		
● 25-4 LG-4		**DR** 1.6-0.8 **TK** 0.8-0.5 **IC** 0.1 1-0-0 ★	
○ 0-0 RG-0			
● 0-0 HG-0			

G	A	SH	SG	PC	P%	PP	CR	SC	TK	IC	BT	DC	PR
상위	하위	상위	상위	상위	상위	상위	하위	상위	상위	하위	상위	상위	상위
20%	9%	35%	27%	29%	29%	46%	42%	52%	49%	20%	42%	35%	33%

전체 슈팅 시도-득점 / 직접프리킥 시도-득점 / PK 시도-득점 / LG 왼발 득점 / RG 오른발 득점 / HG 헤더 득점 / 출전횟수 선발·교체 / 출전시간(MIN) / A 도움 / P 평균 패스 시도-성공 / P% 패스 성공률 / DR 평균드리블 시도-성공 / TK 평균 태클 시도-성공 / IC 평균 인터셉트 / 경고-퇴장 / ★ 페어플레이 / MOM / G 득점 / A 도움 / SH 전체 슈팅 / PC 패스 시도 / P% 패스 성공 / PP 박스안 패스 / CR 크로스 / SC 슈팅기회 창출 / TK 태클 / IC 인터셉트 / BT 볼 터치 / DC 드리블 성공 / PR 패스 받음

Luca DE LA TORRE
평점 6.44 · 루카 데 라 토레 · 1998.05.23 / 177cm

스페인 혈통을 가졌으나 샌디에고 태생이라 미국 국적을 지녔다. 데 라 토레의 최대 강점은 정밀한 패스를 뿌리는 왼발 킥이다. 기본 이상의 볼 키핑이 되는 터라 셀타 비고에서 공격의 완급 조절을 도맡는다. 상황에 따라서는 측면에서도 배치되며, 이때는 주로 왼쪽에서 활동한다. 몸싸움에는 다소 약하며, 득점 찬스시 좋지 못한 결정력 때문에 애먹는 편이다. 시장 가치는 300만 유로, 추정 연봉은 27만 유로.

슈팅-득점	국적	2022-23시즌 셀타 비고				포지션
8-0		⏱ 16-12	A 1489	P 2	P% 20.9-18.1 87%	
9-0	🇺🇸 미국					
● 17-0 LG-0		DR 0.8-0.4	TK 1.8-1.1	IC 6-0	★	
● 0-0 RG-0						
● 0-0 HG-0						

G	A	SH	SG	PC	P%	PP	CR	SC	TK	IC	BT	DC	PR
하위 11%	상위 32%	상위 48%	하위 30%	하위 23%	상위 43%	하위 23%	상위 38%	하위 43%	하위 29%	하위 11%	하위 18%	상위 49%	하위 31%

Daniele VERDE
평점 6.43 · 다니엘레 베르데 · 1996.06.28 / 168cm

만 26세의 많지 않은 나이지만, 벌써 거친 팀이 8개 클럽이나 된다. 떠돌이 임대 생활이 많았기 때문이다. 스페치아에는 2021년부터 정착했다. 양 측면을 모두 뛸 수 있으나 보통 오른쪽 터치라인을 오르내리는 걸 좋아한다. 제법 빠른 발과 저돌적인 드리블 테크닉을 지녔지만, 성공률이 크지 않다는 게 단점. 자신의 장점을 보다 효율적으로 발휘할 필요가 있다. 시장 가치는 400만 유로, 추정 연봉은 74만 유로.

슈팅-득점	국적	2022-23시즌 스페치아				포지션
19-2		⏱ 11-15	A 998	P 0	P% 14.4-11.2 78%	
16-1	🇮🇹 이탈리아					
● 35-3 LG-2		DR 0.4-0.2	TK 0.5-0.2	IC 1-0	★	
● 1-0 RG-0						
● 1-1 HG-1						

G	A	SH	SG	PC	P%	PP	CR	SC	TK	IC	BT	DC	PR
상위 41%	하위 1%	상위 17%	상위 33%	하위 50%	하위 26%	상위 40%	상위 2%	상위 40%	하위 1%	상위 23%	상위 47%	하위 3%	하위 29%

Adrien HUNOU
평점 6.43 · 아드리앵 우누 · 1997.05.22 / 182cm

프랑스에서 태어났지만 조모가 폴란드 출신이라 폴란드를 A 대표로 원하는 것으로 알려졌다. 하지만 아직 호출이 없다. 최전방부터 공격형 MF, 중앙 MF까지 척추 라인에서 모든 역할을 도맡을 수 있다. 상대가 압박해도 볼을 간수하고 동료에게 찬스를 열어주는 플레이에 능하다. 그러나 좀 더 승부에 몰입해 자신의 장점을 최대치로 발휘하려는 노력이 필요하다. 시장 가치는 280만 유로, 추정 연봉은 96만 유로.

슈팅-득점	국적	2022-23시즌 앙제				포지션
37-4		⏱ 28-6	A 2248	P 1	P% 21.0-16.5 78%	
8-0	🇫🇷 프랑스					
● 45-4 LG-1		DR 1.0-0.4	TK 2.0-1.1	IC 0.2	★ 2-0	
● 0-0 RG-2						
● 0-0 HG-1						

G	A	SH	SG	PC	P%	PP	CR	SC	TK	IC	BT	DC	PR
하위 24%	하위 6%	하위 35%	하위 45%	하위 27%	상위 44%	하위 1%	하위 2%	상위 35%	하위 19%	하위 11%	하위 5%	하위 19%	

Óliver TORRES
평점 6.43 · 올리버 토레스 · 1994.11.10 / 175cm

10대 시절 '제2의 이니에스타'로 기대를 받았던 미드필더. 위치를 가리지 않는 왕성한 활동범위가 큰 장점이다. 탈압박 능력도 돋보인다. 공간을 파고든 뒤 날카로운 전진패스를 연결한다. 오프더볼 능력과 플레이메이킹도 높은 평가를 받는다. 왼쪽 윙어나 윙포워드로도 종종 활약한다. 부족한 피지컬은 약점. 수비적인 부분에서도 아쉬움을 지적받는다. 시장 가치는 900만 유로, 추정 연봉은 230만 유로.

슈팅-득점	국적	2022-23시즌 세비야				포지션
14-3		⏱ 27-5	A 2149	P 1	P% 31.6-25.9 82%	
8-0	🇪🇸 스페인					
● 22-3 LG-1		DR 1.3-0.6	TK 2.5-1.3	IC 0.3	★ 2-0 / 2	
● 0-0 RG-1						
● 0-0 HG-1						

G	A	SH	SG	PC	P%	PP	CR	SC	TK	IC	BT	DC	PR
하위 11%	하위 10%	하위 1%	상위 21%	상위 32%	상위 45%	하위 4%	상위 38%	상위 35%	상위 35%	상위 27%	하위 11%	하위 26%	

Raúl GARCÍA
평점 6.43 · 라울 가르시아 · 1986.07.11 / 183cm

전성기는 지났지만, 미드필더부터 최전방에 이르기까지 여러 포지션을 오가며 팀을 지탱하는 백전노장이다. 상대 골문에 가까워질수록 우수한 위치 선정과 간결한 마무리 능력을 발휘한다. 굉장히 투쟁적인 선수라 파울이 많고, 상대와 심리전에도 상당히 능한 편. 본래 수비형 MF 출신이기에 수비 전환시 뒷마당을 보호하는 전술적 움직임도 충실히 해낸다. 시장 가치는 200만 유로, 추정 연봉은 832만 유로.

슈팅-득점	국적	2022-23시즌 아슬레틱 빌바오				포지션
43-2		⏱ 6-29	A 948	P 3	P% 8.5-5.6 65%	
9-0	🇪🇸 스페인					
● 52-9 LG-2		DR 0.3-0.2	TK 0.6-0.3	IC 0.2	★ 4-0	
● 0-0 RG-0						
● 0-0 HG-0						

G	A	SH	SG	PC	P%	PP	CR	SC	TK	IC	BT	DC	PR
하위 32%	상위 20%	상위 1%	상위 6%	하위 9%	하위 4%	하위 7%	상위 17%	하위 24%	하위 37%	상위 37%	하위 16%	하위 6%	하위 22%

센터 포워드 & 폴스9

축구의 목표인 골에 가장 근접해 있는 선수들이다. 페널티 박스 안에서 기회를 잡으면 '일발필살(一發必殺)'로 마무리해야 한다. 역습 때는 풀스피드로 질주해 간결하게 마무리한다. 이런 사항들은 고전적인 축구에서나 현대축구에서나 마찬가지다. 현대축구에서는 여기에 더해 센터포워드의 공간 침투나 공간 창출, 포스트 피딩 능력이 더욱 중요해졌다. 공격형 미드필더 중에 최전방에 포진하면서 상대 수비를 교란하는 '폴스-나인'도 전술 옵션의 하나이다. 지난 시즌 이 포지션에선 킬리안 음바페와 엘링 홀란의 '2파전'이 전개되었다. 이들은 메시, 호날두 시대를 이어 2020년대 최고 선수 자리를 놓고 다툴 것이다. 또한, 해리 케인, 로베르트 레반도프스키도 이름값을 제대로 해냈다. 카림 벤제마 역시 최상급 활약을 보였지만, 올여름 사우디리그로 떠나 유럽 무대에서는 그를 더 볼 수 없게 되었다.

Kylian MBAPPÉ

평점 8.07

킬리안 음바페   1998.12.20 / 178cm

SCOUTING REPORT

펠레-마라도나-메시의 대를 잇는 월드 클래스 슈퍼스타. 현재 맨시티의 엘링 홀란과 함께 세계 최고 자리를 두고 다툰다. 최고 36km/h의 엄청난 스피드와 화려한 개인기를 주무기로 상대 수비수 2~3명을 순식간에 제친다. 또한, 다양한 각도에서 고난도 슈팅을 구사하며 밀집된 박스 안 여러명 사이에서 거침없이 킥을 한다. 2022-23시즌 34경기 29골로 득점왕에 올랐다.

PLAYER'S HISTORY

명실공히 프랑스의 톱스타. 메시 다음 황제가 될 가능성이 가장 큰 선수다. 이미 FIFA 월드컵을 정복했으며, 역사상 최초의 FIFA 월드컵 결승전 해트트릭도 달성했다. 시장 가치는 1억 8000만 유로, 추정 연봉은 7200만 유로.

슈팅-득점	국적	2022-23시즌 PSG	포지션

114-26			
35-3		A 5 P 38.0-31.5 P% 83%	
● 149-29 LG-6	프랑스	경기 32-2 시간 2822	
● 1-0 RG-22		DR 5.8-2.3 TK 0.6-0.3 IC 0.1 6-0 ★ 7	
● 5-3 HG-1			

유럽 5대리그 센터포워드 항목별 랭킹(90분 기준 기록, 100분율)

G	xG	A	xA	SH	SG	PC	P%	SC	BT	DC	TK	IC	A%
상위	상위	상위	상위	상위	상위	상위	상위	상위	상위	상위	하위	하위	상위
1%	4%	18%	7%	1%	1%	4%	7%	4%	3%	7%	34%	5%

Erling HAALAND

평점 7.85

엘링 홀란   2000.07.21 / 195cm

SCOUTING REPORT

2022-23시즌 EPL에 입성하자마자 35경기에 출전해 36골을 몰아치며 득점왕을 거머쥐었다. 폭발적인 신체 능력을 앞세워 피치를 누비는 플레이가 압권이며, 강력한 왼발 슈팅, 영리한 위치 선정으로 상대 골문을 폭격한다. 단, 과르디올라 감독은 "메시는 동료가 필요 없지만 홀란드는 필요하다"라고 말했다. 제 능력을 발휘하려면 우수한 파트너가 반드시 필요하다.

PLAYER'S HISTORY

2019년 잘츠부르크에서 지금의 맨시티에 이르기까지, 오스트리아-독일-잉글랜드에서 모두 MVP와 득점왕을 휩쓸었다. 부친 알프 잉에 역시 과거 EPL을 누비던 스타였다. 시장 가치는 1억 8000만 유로, 추정 연봉은 2266만 유로.

슈팅-득점	국적	2022-23시즌 맨체스터 시티	포지션

115-35			
8-1		A 8 P 13.7-10.3 P% 75%	
● 123-36 LG-23	노르웨이	경기 33-2 시간 2779	
● 0-0 RG-6		DR 0.9-0.3 TK 0.2-0.1 IC 0.1 5-0 ★ 6	
● 7-7 HG-7			

유럽 5대리그 센터포워드 항목별 랭킹(90분 기준 기록, 100분율)

G	xG	A	xA	SH	SG	PC	P%	SC	BT	DC	TK	IC	A%
상위	상위	상위	상위	상위	상위	하위	상위	하위	하위	상위	하위	하위	상위
1%	1%	12%	6%	3%	2%	15%	35%	48%	4%	26%	13%	32%	14%

Karim BENZEMA

평점 7.53

카림 벤제마   1987.12.19 / 185cm

SCOUTING REPORT

훌륭한 피지컬과 준수한 득점력을 앞세워 지난 수 년 간 유럽 최고의 스트라이커로 군림했다. 14년을 뛴 레알 마드리드에서 뛰며 한 자릿수에 그친 건 두 시즌에 불과할 정도로 정말 꾸준한 면모를 보였다. 마지막 해인 2022-2023시즌에는 19골을 성공시켰다. 상대 수비수나 골키퍼의 실수를 유발하는 전방 압박 능력도 굉장히 훌륭하다.

PLAYER'S HISTORY

리옹 유스 출신. 레알 마드리드 역대 외국인 선수 출전 1위이자, 클럽 통산 최다 득점 2위인 레전드다. 최근 사우디 클럽 알 이티하드로 이적하며 유럽 생활을 청산했다. 시장 가치는 2500만 유로, 추정 연봉은 2400만 유로.

슈팅-득점	국적	2022-23시즌 레알 마드리드	포지션

80-17			
27-2		A 3 P 44.1-38.4 P% 87%	
● 107-19 LG-3	프랑스	경기 24-0 시간 2044	
● 6-1 RG-15		DR 1.9-0.9 TK 0.8-0.4 IC 0.1 6-0 ★ 6	
● 8-7 HG-1			

유럽 5대리그 센터포워드 항목별 랭킹(90분 기준 기록, 100분율)

G	xG	A	xA	SH	SG	PC	P%	SC	BT	DC	TK	IC	A%
상위	상위	상위	상위	상위	상위	상위	상위	상위	상위	하위	하위	상위
7%	1%	42%	3%	3%	5%	2%	1%	3%	3%	48%	16%	11%	45%

Harry KANE

평점 7.51

해리 케인   1993.07.28 / 188cm

SCOUTING REPORT

킥을 활용한 골 결정력만큼은 EPL을 넘어 유럽 최고라 할 만하다. 2022-2023시즌에도 30골을 터뜨렸다. 페널티킥은 전매특허다. 날개 공격수와 연계 플레이로 찬스를 배급하는 능력도 굉장히 출중하다. '철강왕'이라 부를 만큼 체력 역시 출중하며, 이를 바탕으로도 수비에도 열심히 가담한다. 하지만 선천적으로 빠르지 않고, 잔부상에 시달리는 게 흠이다.

PLAYER'S HISTORY

EPL 득점왕 3회에 특유의 찬스메이킹 능력 때문에 도움왕 이력까지 가지고 있다. 포인트 양산 능력만큼은 최고인 선수다. 현재 잉글랜드 축구 국가대표팀 주장이다. 시장 가치는 9000만 유로, 추정 연봉은 1208만 유로.

슈팅-득점	국적	2022-23시즌 토트넘 홋스퍼	포지션

98-27			
32-3		A 3 P 22.4-16.2 P% 72%	
● 130-30 LG-2	잉글랜드	경기 38-0 시간 3408	
● 3-0 RG-17		DR 2.8-1.2 TK 0.8-0.4 IC 0.1 6-0 ★ 8	
● 6-5 HG-10			

유럽 5대리그 센터포워드 항목별 랭킹(90분 기준 기록, 100분율)

G	xG	A	xA	SH	SG	PC	P%	SC	BT	DC	TK	IC	A%
상위	상위	하위	상위	상위	상위	상위	하위	상위	상위	하위	하위	상위	상위
10%	18%	45%	16%	20%	20%	30%	48%	10%	29%	34%	15%	19%	25%

전체 슈팅 시도-득점 | 직접프리킥 시도-득점 | PK 시도-득점 | LG 왼발득점 | RG 오른발득점 | HG 헤더득점 | 출전횟수 선발-교체 | 평균출전시간(MIN) | A 도움 | P 평균패스 시도-성공 | P% 패스성공률 | DR 평균드리블 시도-성공 | TK 평균태클 시도-성공 | IC 평균인터셉트 | 페어플레이 경고-최장 | ★ MOM | G 득점 | xG 득점기대값 | A 도움 | xA 도움기대값 | SH 슈팅시도 | SG 유효슈팅 | PC 패스성공 | P% 패스성공률 | SC 슈팅기회창출 | BT 볼터치 | DC 드리블성공 | TK 태클 | IC 인터셉트 | A% 공중전승률

평점 7.50 Robert LEWANDOWSKI
로베르트 레반도프스키 1988.08.21 / 185cm

SCOUTING REPORT
십수 년간 최고의 '9번' 스트라이커로 군림하고 있다. 만 34세이지만, 라 리가 첫해인 2022-2023시즌 34경기에서 23골을 넣을 정도로 여전히 폭발적인 득점력을 과시 중이다. 오프더볼·헤더·페널티킥 등 모든 덕목을 두루 갖춘 완성형 스트라이커라 할 수 있다. 그러나 UEFA 챔피언스리그 등 큰 무대에서는 더 큰 폭발력을 과시할 수 없어 아쉬움을 남겼다.

PLAYER'S HISTORY
폴란드 축구 사상 최다 A매치 출전 및 득점 기록을 가지고 있다. 분데스리가에서 다섯 번 차지했던 득점왕 사냥 실력을 라 리가에서도 발휘했다. '레비'라는 별명으로 불린다. 시장 가치는 3000만 유로, 추정 연봉은 2083만 유로.

슈팅-득점	국적	2022-23시즌 FC 바르셀로나					포지션
107-22 / 28-1				A	P	P%	
135-23 LG-6		33-1	2852	7	22.5-17.6	78%	
5-0 RG-16	폴란드	DR	TK	IC		★	
1-0 HG-1		1.8-0.9	0.7-0.5	0.1	2-1	7	

유럽 5대리그 센터포워드 항목별 랭킹 (90분 기준 기록, 100분율)

G	xG	A	xA	SH	SG	PC	P%	SC	BT	DC	TK	IC	A%
상위 6%	상위 6%	상위 29%	상위 14%	상위 3%	상위 6%	상위 7%	상위 5%	상위 27%	상위 27%	상위 39%	하위 47%	하위 24%	상위 12%

평점 7.49 Victor OSIMHEN
빅터 오시멘 1998.12.29 / 185cm

SCOUTING REPORT
2022-23시즌 세리에 A에서 23골을 넣었는데, 이는 생애 첫 단일 시즌 20골대 기록이다. 오시멘은 많이 뛰는데다 숨 막힐 정도로 빠르고, 심지어 헌신적이다. 유럽 최정상급 득점력을 자랑하면서도 정말 부지런히 상대 문전에서 수비를 누르는 압박 플레이를 수행한다. 다만 좀 더 쉬운 찬스에서 득점력을 더 발휘해야 한다. 부상이 제법 잦다는 것도 오시멘의 단점.

PLAYER'S HISTORY
2017년 볼프스부르크에서 프로 데뷔했으며, 샤를루아→릴을 거치며 스텝업에 성공해 빅 리그에 입성했다. 2021년 겨울 광대뼈 부상 이후 헤드기어를 착용하고 뛰고 있다. 시장 가치는 1억 2000만 유로, 추정 연봉은 545만 유로.

슈팅-득점	국적	2022-23시즌 나폴리					포지션
121-26 / 14-0				A	P	P%	
135-26 LG-2		30-2	2583	A	11.8-8.4	71%	
1-0 RG-17	나이지리아	DR	TK	IC		★	
3-2 HG-7		2.3-0.9	0.5-0.3	0.2	4-0	5	

유럽 5대리그 센터포워드 항목별 랭킹 (90분 기준 기록, 100분율)

G	xG	A	xA	SH	SG	PC	P%	SC	BT	DC	TK	IC	A%
상위 2%	상위 3%	상위 49%	하위 39%	상위 1%	상위 3%	하위 6%	상위 48%	상위 2%	하위 31%	상위 40%	하위 40%	상위 40%	상위 4%

평점 7.49 Gabriel JESUS
가브리엘 제수스 1997.04.03 / 175cm

SCOUTING REPORT
아스널 이적 후 첫 시즌인 2022-2023시즌에 11골 7도움을 올리며 성공적으로 정착했다. 시즌 초 임팩트가 대단했으나 끝까지 이어지지 못했다. 본래 윙어였으나 스트라이커로 포지션을 바꿔 활약 중이다. 당연히 뛰어난 드리블링 실력을 갖추고 있으며, 가장 빛나는 건 절묘하게 상대 후방을 깨뜨리는 라인브레이킹이다. 전방을 휩쓰는 활동량도 최고 수준이다.

PLAYER'S HISTORY
2015년 데뷔하자마자 브라질 신인상, 이듬해엔 리그 MVP를 차지할 정도로 어려서부터 자국 내에서 인정받았다. 굴곡 진 맨시티 커리어를 끝내고 2022년부터 아스널서 활약 중. 시장 가치는 7500만 유로, 추정 연봉은 1601만 유로.

슈팅-득점	국적	2022-23시즌 아스날 FC					포지션
73-11 / 4-0				A	P	P%	
77-11 LG-3		24-2	2075	6	25.7-21.1	82%	
0-0 RG-4	브라질	DR	TK	IC		★	
1-1 HG-4		4.3-1.8	1.9-1.3	0.4	6-0	4	

유럽 5대리그 센터포워드 항목별 랭킹 (90분 기준 기록, 100분율)

G	xG	A	xA	SH	SG	PC	P%	SC	BT	DC	TK	IC	A%
상위 46%	상위 12%	상위 6%	상위 9%	상위 12%	상위 9%	상위 9%	상위 6%	상위 8%	상위 5%	상위 6%	상위 3%	상위 9%	하위 27%

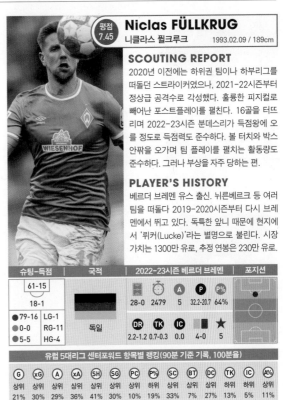

평점 7.45 Niclas FÜLLKRUG
니클라스 퓔크루그 1993.02.09 / 189cm

SCOUTING REPORT
2020년 이전에는 하위권 팀이나 하부리그를 떠돌던 스트라이커였으나, 2021-22시즌부터 정상급 공격수로 각성했다. 훌륭한 피지컬로 빼어난 포스트플레이를 펼친다. 16골을 터뜨리며 2022-23시즌 분데스리가 득점왕에 오를 정도로 득점력도 준수하다. 볼 터치와 박스 안팎을 오가며 팀 플레이를 펼치는 활동량도 준수하다. 그러나 부상을 자주 당하는 편.

PLAYER'S HISTORY
베르더 브레멘 유스 출신. 뉘른베르크 등 여러 팀을 떠돌다 2019-2020시즌부터 다시 브레멘에서 뛰고 있다. 독특한 앞니 때문에 현지에서 '뤼커(Lucke)'라는 별명으로 불린다. 시장 가치는 1300만 유로, 추정 연봉은 230만 유로.

슈팅-득점	국적	2022-23시즌 베르더 브레멘					포지션
61-15 / 18-1				A	P	P%	
79-16 LG-1		28-0	2479	5	32.2-20.7	64%	
0-0 RG-11	독일	DR	TK	IC		★	
5-5 HG-4		2.2-1.2	0.7-0.3	0.4	4-0	5	

유럽 5대리그 센터포워드 항목별 랭킹 (90분 기준 기록, 100분율)

G	xG	A	xA	SH	SG	PC	P%	SC	BT	DC	TK	IC	A%
상위 21%	상위 30%	상위 29%	상위 36%	상위 41%	상위 30%	하위 10%	상위 19%	상위 33%	하위 7%	상위 27%	하위 13%	하위 5%	상위 11%

●	●	●	LG	RG	HG	⏱	⏱	A	P	P%	DR	TK	IC	■	★	G	xG	A	xA	SH	SG	PC	P%	SC	BT	DC	TK	IC	A%
전체 슈팅 시도-득점	직접프리킥 시도-득점	PK 시도-득점	왼발 득점	오른발 득점	헤더 득점	출전횟수 선발·교체	출전시간 분(MIN)	도움	평균 패스	패스 성공율	평균드리블 시도-성공	평균 태클 시도-성공	평균 인터셉트	경고·퇴장	베어톨레이MOM	득점 기대값	득점 기대값	도움 기대값	도움 기대값	슈팅 시도	유효 슈팅	패스 성공	패스 성공률	슈팅기회 창출	볼터치	드리블 성공	태클	인터셉트	공중전 승률

평점 7.43

Alexandre LACAZETTE
알렉상드르 라카제트   1991.05.28 / 175cm

SCOUTING REPORT

가진 피지컬에 비해 제법 포스트플레이를 잘한다. 수비수를 등진 상태에서 터닝슛이 일품이다. 박스 외곽으로 나와 주변 2선 공격수와 연계 플레이로 공격 기점 구실을 훌륭히 해낸다. 강력하면서도 정교한 킥이 최대 강점이다. 이를 활용해 2022-23시즌 프랑스 리그1에 복귀해 27골을 몰아쳤다. 그러나 이따금 기복을 드러낸다. 우측 날개로 뛰는 걸 좋아하지 않는다.

PLAYER'S HISTORY

5년을 뛴 아스널 시절을 제외한 모든 커리어를 리옹에서 쌓았다. 현 소속팀 리옹에서만 160골을 넣었는데, 이는 클럽 통산 역대 2위다. 한국 공격수 지동원과 생년월일이 같다. 시장 가치는 1200만 유로, 추정 연봉은 540만 유로.

슈팅-득점	국적	2022-23시즌 리옹					포지션
92-26		🗓	⏱	A	P	P%	
23-1		34-1	2938	5	24.6-18.7	76%	
● 115-27 LG-5	프랑스	DR	TK	IC	■	★	
● 8-0 RG-19		2.2-1.1	1.9-1.3	0.3	3-0	5	
● 8-6 HG-3							

유럽 5대리그 센터포워드 항목별 랭킹 (90분 기준 기록, 100분율)

G	xG	A	xA	SH	SG	PC	P%	SC	BT	DC	TK	IC	A%
상위 3%	상위 5%	상위 35%	상위 20%	상위 15%	상위 13%	상위 13%	상위 36%	상위 9%	상위 17%	상위 25%	상위 6%	상위 6%	하위 38%

평점 7.35

Christopher NKUNKU
크리스토퍼 은쿠쿠   1997.11.14 / 178cm

SCOUTING REPORT

프랑스의 뉴 스타. 지난 시즌 소속 팀에서 센터 포워드로 17회, 2선 공격수(AM, LW, RW)로 16회 출전했다. 볼을 잘 다루고, 폭발적인 드리블로 수비진을 돌파한다. 슈팅, 패스 등 여러 방면에서 공격 중심을 이룬다. 역습에 최적화된 선수로 라인 브레이킹과 단독 돌파, 콤비네이션 플레이 등 다양한 공격 루트를 보여준다. 태클, 인터셉트 등 수비력도 크게 향상됐다.

PLAYER'S HISTORY

콩고민주공화국 이민 2세다. 골을 넣은 후 풍선 부는 세리머니를 즐긴다. 아들이 풍선을 좋아하기 때문이라고. 프랑스 U-16부터 U-21까지 연령별 대표를 차례로 지냈다. 시장 가치는 8000만 유로, 추정 연봉은 1000만 유로.

슈팅-득점	국적	2022-23시즌 RB 라이프치히					포지션
56-14		🗓	⏱	A	P	P%	
18-2		20-5	1899	4	23.6-19.4	82%	
● 74-16 LG-5	프랑스	DR	TK	IC	■	★	
● 7-2 RG-9		3.2-1.6	0.4-0.2	0.3	4-0	8	
● 4-3 HG-2							

유럽 5대리그 센터포워드 항목별 랭킹 (90분 기준 기록, 100분율)

G	xG	A	xA	SH	SG	PC	P%	SC	BT	DC	TK	IC	A%
상위 8%	상위 13%	상위 27%	상위 3%	상위 21%	상위 27%	상위 4%	상위 6%	상위 9%	상위 5%	상위 3%	상위 29%	상위 6%	하위 43%

평점 7.29

Randal KOLO MUANI
랑달 콜로 무아니   1998.12.05 / 187cm

SCOUTING REPORT

프랑스의 미래인 '9.5번' 스트라이커다. 보폭이 길고 움직임이 민첩하며 폭발적인 스피드를 자랑한다. 오프 더 볼 움직임이 좋아 빈공간으로 잘 침투하고, 2선으로 내려가 동료와 콤비네이션 플레이를 통해 기회를 만든다. 저돌적인 드리블과 위력적인 슈팅이 특기다. 공중전도 OK. 전방 압박, 수비가담도 열심히 해주기에 현대 축구에 최적화된 완성형 공격수가 되었다.

PLAYER'S HISTORY

낭트 유스 출신으로 낭트 1군을 거쳐 2022년 여름 프랑크푸르트로 이적했다. 카타르 월드컵 아르헨티나와 결승전 연장 종료 직전 완벽한 1대1 찬스를 놓쳐 아쉬움을 남겼다. 시장 가치는 6500만 유로, 추정 연봉은 150만 유로.

슈팅-득점	국적	2022-23시즌 프랑크푸르트					포지션
67-14		🗓	⏱	A	P	P%	
10-1		31-1	2648	11	19.5-13.1	67%	
● 77-15 LG-4	프랑스	DR	TK	IC	■	★	
● 0-0 RG-8		4.9-2.3	0.7-0.4	0.2	4-1	10	
● 2-2 HG-3							

유럽 5대리그 센터포워드 항목별 랭킹 (90분 기준 기록, 100분율)

G	xG	A	xA	SH	SG	PC	P%	SC	BT	DC	TK	IC	A%
상위 28%	상위 48%	상위 3%	상위 11%	하위 46%	상위 44%	하위 42%	하위 28%	상위 13%	상위 33%	하위 5%	하위 37%	상위 39%	상위 48%

평점 7.25

Ivan TONEY
아이반 토니   1996.03.16 / 179cm

SCOUTING REPORT

공중볼 경합과 관련해서는 EPL 최고로 평가받고 있다. 탄탄한 피지컬과 우수한 제공권 능력 덕에 팀 내에서는 첼시 레전드 드로그바와 비교되기도. 유독 승부처에서 강한 골잡이도. 지난 두 시즌 동안 EPL에서 연속 두 자릿수 득점에 성공했다. 페널티킥 성공률도 상당히 높다. 들쭉날쭉한 기복을 보완하고 좀 더 섬세한 패스 플레이를 한다면 더 높은 평을 받을 수 있다.

PLAYER'S HISTORY

리그2(4부)에서 EPL까지 스텝업한 대기만성형 스타. 2015년 뉴캐슬에서 잠깐 뛴 적 있으나 시쳇말로 '찍먹' 수준이었다. 2022-2023시즌 EPL 득점 랭킹 3위(20골)다. 시장 가치는 3500만 유로, 추정 연봉은 120만 유로.

슈팅-득점	국적	2022-23시즌 브렌포드					포지션
70-17		🗓	⏱	A	P	P%	
24-3		33-0	2955	4	22.1-13.7	62%	
● 94-20 LG-3	잉글랜드	DR	TK	IC	■	★	
● 9-2 RG-15		1.6-0.6	1.2-0.7	0.4	0-1	5	
● 7-6 HG-2							

유럽 5대리그 센터포워드 항목별 랭킹 (90분 기준 기록, 100분율)

G	xG	A	xA	SH	SG	PC	P%	SC	BT	DC	TK	IC	A%
상위 15%	상위 15%	상위 48%	상위 24%	상위 43%	상위 48%	하위 12%	상위 29%	상위 21%	상위 18%	상위 30%	상위 39%	상위 9%	상위 24%

Lautaro MARTÍNEZ
평점 7.19
라우타로 마르티네스   1997.08.22 / 174cm

SCOUTING REPORT

작지만 단단한 체격을 십분 활용해 최전방에서 강력한 포스를 발휘한다. 세밀하진 않지만 전 투적으로 보일 정도로 피지컬 플레이에 뛰어나 다. 개인 기술에 자신이 있어 좁은 공간에서도 과감하게 드리블을 시도하며, 최고의 '하드 워 커'다. 최근 두 시즌 세리에 A에서 두 자릿수, 그것도 20골대 득점에 성공하는 등 골잡이 능 력도 출중하다. 그런데 기복이 매우 심하다.

PLAYER'S HISTORY

자국 클럽 라싱에서 데뷔했으며, 인터 밀란에 서 벌써 다섯 시즌을 뛰고 있다. 스위스 스타 제르단 샤키리와 닮은 외모로 유명하다. 우상 은 콜롬비아 레전드 라다멜 팔카오. 시장 가치 는 8500만 유로, 추정 연봉은 1111만 유로.

슈팅-득점	국적	2022-23시즌 인테르 밀란				포지션
99-18		⏱	Ⓐ	Ⓟ	Ⓟ%	
28-3		33-1				
	아르헨티나	27-11 2577	6	17.3-13.2	76%	
●127-21 LG-10		ⒹⓇ	ⓉⓀ	ⒾⒸ ■	★	
●0-0 RG-9		1.9-0.9	1.1-0.7	0.3	3-0 8	
●2-1 HG-2						

유럽 5대리그 센터포워드 항목별 랭킹(90분 기준 기록, 100분율)														
Ⓖ	ⓍⒼ	Ⓐ	ⓍⒶ	ⓈⒽ	ⓈⒼ	ⓅⒸ	Ⓟ%	ⓈⒸ	ⒷⓉ	ⒹⒸ	ⓉⓀ	ⒾⒸ	Ⓐ%
상위	상위	상위	상위	상위	상위	상위	상위	상위	상위	상위	상위	상위	상위
16%	21%	10%	15%	6%	12%	34%	32%	12%	24%	40%	15%	2%	34%

JOSELU
평점 7.14
호셀루   1990.03.27 / 191cm

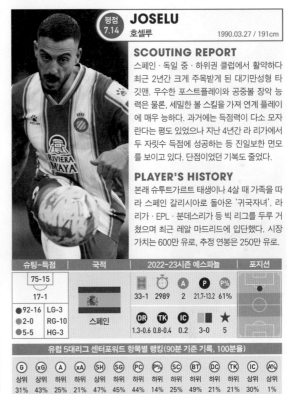

SCOUTING REPORT

스페인·독일 중·하위권 클럽에서 활약하다 최근 2년간 크게 주목받게 된 대기만성형 타 깃맨. 우수한 포스트플레이와 공중볼 장악 능 력은 물론, 세밀한 볼 스킬을 가져 연계 플레이 에 매우 능하다. 과거에는 득점력이 다소 모자 란다는 평도 있었으나 지난 4년간 라 리가에서 두 자릿수 득점에 성공하는 등 진일보한 면모 를 보이고 있다. 단점이었던 기복도 줄었다.

PLAYER'S HISTORY

본래 슈투트가르트 태생이나 4살 때 가족을 따 라 스페인 갈리시아로 돌아온 '귀국자녀'. 라 리가·EPL·분데스리가 등 빅 리그를 두루 거 쳤으며 최근 레알 마드리드에 입단했다. 시장 가치는 600만 유로, 추정 연봉은 250만 유로.

슈팅-득점	국적	2022-23시즌 에스파뇰				포지션
75-15		⏱	Ⓐ	Ⓟ	Ⓟ%	
17-1		33-1				
	스페인	33-1 2989	2	21.7-13.2	61%	
●92-16 LG-3		ⒹⓇ	ⓉⓀ	ⒾⒸ ■	★	
●2-0 RG-10		1.3-0.6	0.8-0.4	0.2	3-0 5	
●5-5 HG-3						

유럽 5대리그 센터포워드 항목별 랭킹(90분 기준 기록, 100분율)														
Ⓖ	ⓍⒼ	Ⓐ	ⓍⒶ	ⓈⒽ	ⓈⒼ	ⓅⒸ	Ⓟ%	ⓈⒸ	ⒷⓉ	ⒹⒸ	ⓉⓀ	ⒾⒸ	Ⓐ%
상위	상위	하위	하위	상위	하위	하위	하위	상위	하위	하위	하위	상위	상위
31%	43%	25%	21%	47%	45%	44%	14%	25%	49%	21%	30%	1%	

Aleksandar MITROVIC
평점 7.09
알렉산다르 미트로비치   1994.09.16 / 189cm

SCOUTING REPORT

2022-23시즌 EPL에서 14골을 넣으며 득점 랭킹 공동 10위에 랭크됐다. 압도적 피지컬로 상대 골문 앞에서 파괴적인 득점력을 뽐내는 스트라이커다. 투박한 외모와 달리 볼을 굉장 히 잘 다룬다. 화려한 테크닉은 아니지만 수비 수 한 명 정도는 제칠 수 있을 정도로 기본기가 탄탄하다. 그러나 느린 발은 고질적인 약점으 로 평가받는다. 다소 심한 다혈질이기도 하다.

PLAYER'S HISTORY

현재 세르비아 축구 국가대표팀의 역대 통 산 최다 A매치 득점 기록(52골)을 가지고 있 다. 골을 넣을 때 얼굴 옆에서 손을 흔드는 시 그니처 세리머니를 가지고 있다. 시장 가치는 2800만 유로, 추정 연봉은 483만 유로.

슈팅-득점	국적	2022-23시즌 풀럼				포지션
81-14		⏱	Ⓐ	Ⓟ	Ⓟ%	
12-0		23-1				
	세르비아	23-1 2015	1	20.2-12.2	61%	
●93-14 LG-1		ⒹⓇ	ⓉⓀ	ⒾⒸ ■	★	
●0-0 RG-7		2.1-1.1	1.0-0.6	0.1	7-0 4	
●8-4 HG-6						

유럽 5대리그 센터포워드 항목별 랭킹(90분 기준 기록, 100분율)														
Ⓖ	ⓍⒼ	Ⓐ	ⓍⒶ	ⓈⒽ	ⓈⒼ	ⓅⒸ	Ⓟ%	ⓈⒸ	ⒷⓉ	ⒹⒸ	ⓉⓀ	ⒾⒸ	Ⓐ%
상위	상위	하위	하위	상위	상위	하위	하위	상위	상위	상위	하위	하위	상위
13%	9%	16%	39%	6%	26%	36%	14%	43%	27%	36%	49%	37%	23%

Marcus THURAM
평점 7.08
마르쿠스 튀랑   1997.08.06 / 192cm

SCOUTING REPORT

2022-23시즌 13골 6도움을 올렸다. 득점 수 는 프로 데뷔 후 최고 수치다. 레프트윙으로 커 리어를 시작했으나 지금은 스트라이커로 활동 하고 있다. 타깃맨으로 비춰지는 외형이지만, 본래 날개 출신이라 발도 상당히 빠르다. 위협 적인 드리블은 튀랑의 강점이며, 오프더볼 움 직임도 영리하게 가져간다. 그러나 안 되는 날 에는 실수가 너무 많은 게 흠이다.

PLAYER'S HISTORY

프랑스 레전드 릴리앙 튀랑의 아들로 유명하 다. 이름은 자메이카의 흑인 인권 운동가 마커 스 가비에서 유래했다. 2022-23시즌을 끝으 로 보루시아 묀헨글라트바흐와 결별했다. 시장 가치는 3200만 유로, 추정 연봉은 320만 유로.

슈팅-득점	국적	2022-23시즌 묀헨글라트바흐				포지션
85-12		⏱	Ⓐ	Ⓟ	Ⓟ%	
7-1		28-2				
	프랑스	28-2 2519	6	18.3-13.7	75%	
●92-13 LG-6		ⒹⓇ	ⓉⓀ	ⒾⒸ ■	★	
●0-0 RG-6		3.2-1.5	0.7-0.5	0.2	4-0 4	
●0-0 HG-1						

유럽 5대리그 센터포워드 항목별 랭킹(90분 기준 기록, 100분율)														
Ⓖ	ⓍⒼ	Ⓐ	ⓍⒶ	ⓈⒽ	ⓈⒼ	ⓅⒸ	Ⓟ%	ⓈⒸ	ⒷⓉ	ⒹⒸ	ⓉⓀ	ⒾⒸ	Ⓐ%
상위	상위	상위	상위	상위	상위	상위	상위	상위	상위	상위	하위	상위	상위
33%	11%	13%	12%	15%	8%	48%	24%	50%	47%	13%	36%	39%	49%

Enes ÜNAL
에네스 위날

평점 **7.07**

1997.05.10 / 185cm

SCOUTING REPORT
터키 연령별 대표를 두루 거친 정통파 스트라이커. 2022-23 라 리가에서 14골을 넣었는데, 이전 시즌에 이어 2년 연속 두 자릿수 득점에 성공했다. 큼직하고 단단한 피지컬을 활용하 상대 골문 앞을 파괴하는 골잡이이며, 양발을 가리지 않는 폭발적 슈팅력을 자랑한다. 그러나 스피드가 상당히 느려 역습에 취약하다. 때문에 주로 전방에 남아있는 경우가 많다.

PLAYER'S HISTORY
만 16세 유망주였던 부르사스포르 시절 터키 쉬페르리그 최연소 득점에 성공한 바 있다. 잠재성을 인정받아 맨시티에 입단했으나 뿌리를 내리지 못하고 떠돌이 임대 생활을 했다. 시장 가치는 2500만 유로, 추정 연봉은 86만 유로.

슈팅-득점	국적	2022-23시즌 헤타페				포지션
62-11						
26-3		35-0	2986	3	20.7-12.6	61%
●88-14 LG-1	터키					
●16-2 RG-12		DR 1.3-0.7	TK 1.3-0.6	IC 0.3	6-0	★ 5
●6-5 HG-1						

유럽 5대리그 센터포워드 항목별 랭킹(90분 기준 기록, 100분율)

G	xG	A	xA	SH	SG	PC	P%	SC	BT	DC	TK	IC	A%
상위	하위	하위	하위	하위	하위	하위	하위	하위	상위	하위	상위	상위	하위
47%	38%	36%	42%	45%	40%	39%	12%	31%	46%	30%	30%	48%	23%

Darwin NÚÑEZ
다르윈 누녜스

평점 **7.05**

1999.06.24 / 187cm

SCOUTING REPORT
벤피카 소속이던 2021-22시즌 26골을 터뜨리며 포르투갈 프리메이라 리가 득점왕에 올랐으나, EPL 첫해인 2022-23시즌에는 9골에 그쳤다. 제 능력을 발휘 못했으나 적응치고는 준수했다. 체격에 비해 폭발적 스피드와 돌파 능력을 가진 스트라이커이며, 이런 장점 때문에 박스 안 중앙 지역보다 측면에서 빠져 뛰는 걸 선호한다. 볼 터치 등 기본기는 미숙하다는 평.

PLAYER'S HISTORY
페냐롤 시절부터 자국 최대 유망주로 꼽혔으며 향후 10년간 우루과이 공격진을 책임질 스타로 기대를 모은다. 17세 때 당한 십자인대 파열 부상으로 꽤나 고생해야 했다. 시장 가치는 6500만 유로, 추정 연봉은 728만 유로.

슈팅-득점	국적	2022-23시즌 리버풀 FC				포지션
66-9						
18-0		19-10	1701		12.7-8.5	67%
●84-9 LG-2	우루과이					
●0-0 RG-4		DR 1.6-0.7	TK 0.8-0.4	IC 0.1	1-1	★ 2
●0-0 HG-3						

유럽 5대리그 센터포워드 항목별 랭킹(90분 기준 기록, 100분율)

G	xG	A	xA	SH	SG	PC	P%	SC	BT	DC	TK	IC	A%
상위	상위	상위	하위	상위	하위	하위	하위	상위	상위	상위	상위	상위	하위
23%	24%	32%	6%	4%	1%	42%	14%	24%	39%	45%	45%	50%	40%

Amine GOUIRI
아민 구이리

평점 **7.05**

2000.02.16 / 180cm

SCOUTING REPORT
현재 프랑스 리그1에서 가장 꾸준한 득점력을 이어가는 스트라이커 중 하나다. 스타드 렌 입단 후 첫해인 2022-23시즌에 15골을 성공시켰으며, 니스 소속이던 이전 두 시즌에도 두 자릿수 득점에 성공했다. 현란한 드리블과 낮은 무게 중심을 활용한 돌파 능력이 매우 뛰어나다. 이 장점을 활용해 절묘하게 상대 하프 스페이스를 공략한다. 연계 플레이도 준수하다.

PLAYER'S HISTORY
2017 UEFA U-17 챔피언십 득점왕(9골)에 올랐을 정도로 유망주 시절부터 떡잎이 다른 골잡이였다. 프랑스-알제리 혼혈이며, 이때문에 선배 카림 벤제마와 종종 비교되곤 한다. 시장 가치는 3500만 유로, 추정 연봉은 120만 유로.

슈팅-득점	국적	2022-23시즌 니스+스타드 렌				포지션
66-15						
13-0		32-4	2956	3	22.2-17.7	80%
●79-15 LG-2	프랑스					
●0-0 RG-11		DR 2.2-1.0	TK 1.8-1.2	IC 0.3	3-0	★ 1
●0-0 HG-2						

유럽 5대리그 센터포워드 항목별 랭킹(90분 기준 기록, 100분율)

G	xG	A	xA	SH	SG	PC	P%	SC	BT	DC	TK	IC	A%
상위	하위	상위	하위	하위	하위	상위	상위	상위	상위	상위	상위	상위	하위
33%	39%	33%	26%	44%	48%	11%	12%	14%	19%	28%	5%	11%	35%

Vedat MURIQI
베다트 무리치

평점 **7.04**

1994.04.24 / 194cm

SCOUTING REPORT
터키에서 대부분 커리어를 쌓다가 2020-21시즌 라치오 이적을 통해 빅 리그에 데뷔했다. 하지만 빅 리그 성공 가능성을 확인한 건 마요르카에 완전 이적한 2022-23시즌이었다. 15골을 넣었으며 라 리가 득점 랭킹 4위에 올랐다. 전통적인 타깃맨이며, 강한 피지컬과 제공권 능력을 활용해 득점과 연계 모두 강점을 보인다. 다만 볼을 다루는 기술은 그리 좋진 않다.

PLAYER'S HISTORY
코소보 역대 최다 A매치 득점(24골) 기록을 가지고 있다. 코소보 전쟁 당시 부친을 잃은 아픔을 가지고 있다. 별명은 '해적'이며, 본인이 상당히 좋아해 세리머니에 활용한다. 시장 가치는 1500만 유로, 추정 연봉은 458만 유로.

슈팅-득점	국적	2022-23시즌 마요르카				포지션
65-14						
11-1		34-1	2953	3	23.2-13.4	58%
●76-15 LG-10	코소보					
●0-0 RG-0		DR 0.9-0.4	TK 0.6-0.3	IC 0.3	6-1	★ 4
●5-4 HG-5						

유럽 5대리그 센터포워드 항목별 랭킹(90분 기준 기록, 100분율)

G	xG	A	xA	SH	SG	PC	P%	SC	BT	DC	TK	IC	A%
상위	하위	상위	하위	하위	하위	하위	상위	하위	하위	하위	하위	상위	상위
36%	47%	36%	15%	27%	27%	48%	3%	28%	9%	18%	15%	15%	6%

Terem MOFFI
평점 7.04
테렘 모피   1999.05.25 / 188cm

SCOUTING REPORT
2020-21시즌 로리앙을 통해 프랑스 무대에 입성해 14골을 넣으며 센세이션을 일으켰다. 2022-23시즌에도 12골을 성공했으며, 3년 연속 팀 내 최다 득점을 도맡았다. 빼어난 라인 브레이킹과 강력한 왼발 킥을 자랑하며, 훌륭한 피지컬에만 기대지 않고 경기 상황을 영리하게 활용하는 플레이도 능숙히 해낸다. 강팀과 대결에서 특히 강하다는 점도 강점이다.

PLAYER'S HISTORY
부친인 레오는 골키퍼 출신 축구인. 2022-23시즌 중반 니스로 임대 간 뒤 시즌 종료 후 완전 이적했다. 니스는 모피를 데려오기 위해 클럽 역사상 가장 많은 이적료를 썼다. 시장 가치는 2000만 유로, 추정 연봉은 90만 유로.

슈팅-득점	국적	2022-23시즌 로리앙+니스				포지션
66-17						
13-1		32-2	2732	3	12.9-10.1	78%	
●79-18 LG-11	나이지리아	DR	TK	IC		★
●0-0 RG-5		2.5-1.4	0.8-0.6	0.1	3-0	4
●0-0 HG-2						

유럽 5대리그 센터포워드 항목별 랭킹 (90분 기준 기록, 100분율)

G	xG	A	xA	SH	SG	PC	P%	SC	BT	DC	TK	IC	A%
상위	상위	하위	상위	하위	상위	하위	상위	상위	상위	상위	하위	상위	하위
18%	23%	42%	48%	48%	27%	16%	12%	40%	11%	3%	11%	46%	11%

Iago ASPAS
평점 7.01
이아고 아스파스   1987.08.01 / 176cm

SCOUTING REPORT
2022-23시즌 12골을 넣었다. 2015-16시즌 셀타 비고 입단 후 여덟 시즌 연속 두 자릿수 득점에 성공했다. 2020-21시즌에는 도움왕(13어시스트)에 오를 정도로 찬스메이킹 능력도 우수하다. 작지만 민첩하고 빠른 돌격대장형 공격수이며, 연계와 탈압박을 통해 지능적으로 공격을 풀어간다. 약점은 피지컬을 앞세운 거친 압박. 즉, 피지컬적 한계를 종종 드러낸다.

PLAYER'S HISTORY
스페인 선수 중 시즌 최다 득점자에게 주어지는 사라 트로피를 통산 4회 수상했다. '메날두'가 지배하던 라 리가에서 스페인 선수로는 최상급 득점력을 뽐냈다는 얘기다. 시장 가치는 600만 유로, 시장 가치는 260만 유로.

슈팅-득점	국적	2022-23시즌 셀타 비고				포지션
45-10						
33-2		31-6	2868	3	31.7-25.0	79%	
●78-12 LG-10	스페인	DR	TK	IC		★
●7-0 RG-1		1.4-0.5	0.8-0.3	0.1	5-0	2
●3-2 HG-0						

유럽 5대리그 센터포워드 항목별 랭킹 (90분 기준 기록, 100분율)

G	xG	A	xA	SH	SG	PC	P%	SC	BT	DC	TK	IC	A%
하위	상위	하위	상위	하위	상위	하위	상위	상위	상위	하위	하위	상위	하위
45%	36%	39%	15%	36%	39%	5%	16%	5%	36%	6%	20%	38%	47%

Alexis SÁNCHEZ
평점 7.01
알렉시스 산체스   1988.12.19 / 178cm

SCOUTING REPORT
전성기를 지났다는 평을 받고 있지만, 프랑스 리그1 첫해인 2022-23시즌 35경기에서 14골을 넣으며 여전함을 과시하고 있다. 작지만 단단한 피지컬을 가졌으며 저돌적인 돌파로 상대 수비를 깨뜨린다. 골과 도움할 것 없이 포인트 생산 능력이 굉장히 좋다는 것도 강점이다. 아스널 시절에는 폴스나인으로 뛰기도 했다. 다만 볼을 지나치게 끈다는 건 고질적 단점이다.

PLAYER'S HISTORY
칠레 축구의 리빙 레전드. 어렸을 적 실제 광부로 일한 적이 있다는 특이한 이력으로 유명하다. 불운한 유년 생활에도 불구하고 축구 선수로서 꿈을 이룬 인생의 승리자다. 시장 가치는 450만 유로, 추정 연봉은 600만 유로.

슈팅-득점	국적	2022-23시즌 마르세유				포지션
53-12						
13-2		32-3	2699	3	25.3-19.3	76%	
●66-14 LG-1	칠레	DR	TK	IC		★
●5-2 RG-12		2.4-1.3	1.5-0.9	0.1	3-0	6
●3-2 HG-1						

유럽 5대리그 센터포워드 항목별 랭킹 (90분 기준 기록, 100분율)

G	xG	A	xA	SH	SG	PC	P%	SC	BT	DC	TK	IC	A%
상위	상위	하위	상위	하위	상위	상위	상위	상위	상위	상위	하위	상위	하위
34%	39%	48%	12%	33%	50%	9%	28%	9%	11%	21%	18%	39%	18%

Leandro TROSSARD
평점 6.98
레안드로 트로사르   1994.12.04 / 172cm

SCOUTING REPORT
브라이튼에서 보낸 훌륭한 4년 덕에 2022-23시즌 아스널에 입단, 8골 13도움을 올리며 최고의 한 해를 보냈다. 주 포지션은 레프트윙이지만, 화려한 볼 테크닉으로 작은 체격에 따르는 약점을 극복한다. 세트 피스를 종종 전담할 정도로 킥이 정확하고 강하다. 종종 폴스 나인으로도 뛰는데 전술 이해도가 높아 척척 수행해낸다. 오른발잡이지만 왼발도 제법 능숙하다.

PLAYER'S HISTORY
벨기에 헹크에서 데뷔했으며, 초반 다섯 시즌은 임대생으로 수련하며 실력을 닦았다. 망원경 세리머니로 유명한데, 아들이 원해서라고 한다. 백모증(白毛症)이 있어 최근 염색했다. 시장 가치는 3500만 유로, 추정 연봉은 468만 유로.

슈팅-득점	국적	2022-23시즌 브라이튼+아스널				포지션
44-8						
11-0		26-10	2256	12	24.0-19.0	79%	
●55-8 LG-6	벨기에	DR	TK	IC		★
●0-0 RG-2		1.5-0.8	1.1-0.6	0.3	1-0	4
●0-0 HG-0						

유럽 5대리그 센터포워드 항목별 랭킹 (90분 기준 기록, 100분율)

G	xG	A	xA	SH	SG	PC	P%	SC	BT	DC	TK	IC	A%
하위	하위	상위	상위	하위	상위	하위	상위	상위	상위	하위	상위	하위	하위
33%	11%	2%	2%	하위	37%	5%	29%	11%	5%	27%	25%	5%	18%

			LG	RG	HG			A	P	P%	DR	TK	IC		★	G	xG	A	xA	SH	SG	PC	P%	SC	BT	DC	TK	IC	A%
전체 슈팅 시도-득점	직접프리킥 시도-득점	PK 시도-득점	왼발 득점	오른발 득점	헤더 득점	출전횟수 선발-교체	출전시간 분(MIN)	도움 시도-성공	패스 시도-성공	패스 성공률	평균드리블 시도-성공	평균태클 시도-성공	평균 인터셉트	페어플레이 경고-퇴장	MOM	득점	득점 기대값	도움	도움 기대값	슈팅 시도	유효 슈팅	패스 성공	패스 성공률	슈팅기회 창출	볼 터치	드리블 성공	태클 성공	인터셉트	공중전 승리

Breel EMBOLO
평점 6.95 브릴 엠볼로 　1997.02.14 / 187cm

SCOUTING REPORT
2022-23시즌 12골을 터뜨렸는데, 이는 FC 바젤 시절 이후 7년 만의 두 자릿수 득점이다. 최전방 포워드뿐만 아니라 발까지 빨라 왼쪽 날개로도 활약할 수 있다. 피지컬을 이용해 2선 공격수들과 연계로 찬스를 만드는 플레이에 주력한다. 그러나 골 결정력이 들쭉날쭉하며 무엇보다 잔부상이 많다는 게 아쉽다. 전술 이해 능력 역시 더 발전해야 한다는 평.

PLAYER'S HISTORY
카메룬 이민자 출신. 카메룬 국가대표 호출을 받은 적이 있으나 스위스를 택했다. 카타르 월드컵 본선에서 두 골을 넣었다. 난민 어린이를 지원하기 위한 재단을 운영하고 있다. 시장 가치는 2200만 유로, 추정 연봉은 402만 유로.

슈팅-득점	국적	2022-23시즌 AS 모나코					포지션
39-12				A	P	P%	
2-0		19-13	1856	2	13.5-9.4	70%	
●41-12　LG-0	스위스	DR	TK	IC		★	
●0-0　RG-7		2.4-1.1	0.6-0.5	0.2	3-0	1	
●1-0　HG-5							

유럽 5대리그 센터포워드 항목별 랭킹(90분 기준 기록, 100분율)

G	xG	A	xA	SH	SG	PC	P%	SC	BT	DC	TK	IC	A%
상위 21%	상위 34%	상위 33%	상위 21%	하위 27%	상위 45%	하위 49%	상위 21%	상위 39%	상위 16%	상위 27%	상위 41%	하위 41%	

Roberto FIRMINO
평점 6.95 호베르투 피르미누　1997.03.04 / 184cm

SCOUTING REPORT
2015-16시즌 리버풀에 입단한 후 세계 최고의 '폴스 나인'으로 군림했다. 연계로 동료에게 찬스를 제공하는 플레이가 뛰어난데다 적극적인 수비 가담까지 수행해 전술적 측면에서 감독들이 매우 좋아할 유형이다. 그런데 스트라이커로서 전통적 임무가 주어지면 도리어 경기력이 떨어진다. 다만 최근 수년 간 골 결정력 기복, 잦은 턴오버 등 많은 단점을 노출했다.

PLAYER'S HISTORY
브라질 선수로는 EPL 최다 득점(82골) 기록도 보유하고 있다. 유달리 아스널에 강한 기질을 보이는 선수로 유명하다. 호펜하임 시절 한국 레프트백 김진수와 친분을 쌓았다. 시장 가치는 1800만 유로, 추정 연봉은 936만 유로.

슈팅-득점	국적	2022-23시즌 리버풀					포지션
35-11				A	P	P%	
4-0		13-12	1213	4	21.8-17.5	80%	
●39-11　LG-2	브라질	DR	TK	IC		★	
●0-0　RG-7		1.0-0.5	1.4-0.7	0.3	0-0	2	
●0-0　HG-2							

유럽 5대리그 센터포워드 항목별 랭킹(90분 기준 기록, 100분율)

G	xG	A	xA	SH	SG	PC	P%	SC	BT	DC	TK	IC	A%
상위 8%	하위 33%	상위 5%	상위 7%	하위 45%	하위 8%	상위 5%	상위 9%	상위 9%	상위 3%	상위 28%	상위 4%	하위 1%	하위 40%

Gerard MORENO
평점 6.94 헤라르드 모레노　1992.04.07 / 180cm

SCOUTING REPORT
왼발 슈팅으로 유명하다. 힘을 실은 강슛뿐만 아니라 절묘한 궤적으로 감아차는 등 궤적이 매우 다양해서다. 때문에 오른쪽 날개로 뛸 때 반댓발 날개로 굉장한 위력을 발휘한다. 스트라이커로 뛸 때는 득점보다는 뛰어난 볼 키핑과 패스로 연계에 주력한다. 다만 피지컬이 강하지는 않아 중앙에서는 다소 힘들어하는 편. 2022-2023시즌에는 7골 3도움을 올렸다.

PLAYER'S HISTORY
비야레알 유스 출신이며, 마요르카·헤타페를 거쳐 2018년부터 다시 비야레알에서 뛰고 있다. 연령별 대표 커리어 없이 스페인 A대표팀에 발탁됐다. 다만 부상 때문에 다소 멀어졌다. 시장 가치는 2000만 유로, 추정 연봉은 362만 유로.

슈팅-득점	국적	2022-23시즌 비야레알					포지션
34-6				A	P	P%	
9-1		14-7	1227	3	22.1-16.5	75%	
●43-7　LG-4	스페인	DR	TK	IC		★	
●0-0　RG-3		2.8-1.4	0.8-0.5	0.2	4-0	1	
●2-1　HG-0							

유럽 5대리그 센터포워드 항목별 랭킹(90분 기준 기록, 100분율)

G	xG	A	xA	SH	SG	PC	P%	SC	BT	DC	TK	IC	A%
상위 26%	상위 11%	상위 13%	상위 10%	상위 25%	상위 15%	상위 7%	상위 31%	상위 9%	상위 6%	상위 8%	상위 26%	상위 15%	상위 14%

Philipp HOFMANN
평점 6.93 필립 호프만　1993.03.30 / 195cm

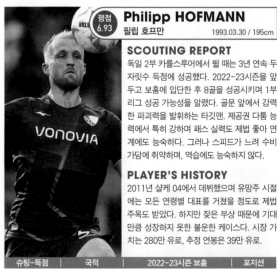

SCOUTING REPORT
독일 2부 카를스루어에서 뛸 때는 3년 연속 두 자릿수 득점에 성공했다. 2022-23시즌을 앞두고 보훔에 입단한 후 8골을 성공시키며 1부 리그 성공 가능성을 알렸다. 골문 앞에서 강력한 파괴력을 발휘하는 타깃맨. 제공권 다툼 능력에서 특히 강하며 패스 실력도 제법 좋아 연계에도 능숙하다. 그러나 스피드가 느려 수비 가담에 취약하며, 역습에도 능숙하지 않다.

PLAYER'S HISTORY
2011년 샬케 04에서 데뷔했으며 유망주 시절에는 모든 연령별 대표를 거쳤을 정도로 제법 주목도 받았다. 하지만 잦은 부상 때문에 기대만큼 성장하지 못한 불운한 케이스다. 시장 가치는 280만 유로, 추정 연봉은 39만 유로.

슈팅-득점	국적	2022-23시즌 보훔					포지션
42-8				A	P	P%	
10-0		31-3	2643	2	21.6-12.8	59%	
●52-8　LG-3	독일	DR	TK	IC		★	
●0-0　RG-2		0.6-0.3	0.7-0.5	0.2	5-0	3	
●0-0　HG-3							

유럽 5대리그 센터포워드 항목별 랭킹(90분 기준 기록, 100분율)

G	xG	A	xA	SH	SG	PC	P%	SC	BT	DC	TK	IC	A%
하위 28%	하위 25%	하위 31%	하위 36%	상위 21%	하위 9%	상위 49%	하위 30%	상위 43%	하위 7%	하위 46%	하위 43%	상위 7%	

Karim ONISIWO

평점 6.92

카림 오니지보 — 1992.03.17 / 188cm

SCOUTING REPORT

2022-23시즌 10골을 터뜨리며 생애 첫 분데스리가 단일 시즌 두 자릿수 득점에 성공했다. 바꿔 말하면 커리어 내내 좋은 득점력을 보인 적이 거의 없다는 얘기다. 강인한 피지컬로 상대 골문 앞에서 센터백과 싸워 주변 동료에게 찬스를 제공한다. 활동 반경도 넓어 중앙과 측면 것 없이 상대 수비 허점을 집요하게 파고든다. 테크닉은 다소 투박한 편이다.

PLAYER'S HISTORY

오스트리아-나이지리아 혼혈 공격수. 비슷한 이력을 가지고 있는 다비드 알라바와 친하다. 2016년부터 7년 째 마인츠에서 뛰고 있는, 요즘 축구판에서 보기 드문 '충신'이다. 시장 가치는 350만 유로, 추정 연봉은 170만 유로.

슈팅-득점	국적	2022-23시즌 마인츠 05						포지션
53-9		▢	⏱	Ⓐ	Ⓟ	Ⓟ%		
15-1		28-3	2549	3	17.5-10.5	60%		
● 68-10 LG-1	오스트리아	ⒹⓇ	ⓉⓀ	ⒾⒸ	▢▢	★		
● 0-0 RG-5		3.3-1.3	1.2-0.6	0.1	4-0	2		
● 0-0 HG-4								

유럽 5대리그 센터포워드 항목별 랭킹(90분 기준 기록, 100분율)

Ⓖ	ⓍⒼ	Ⓐ	ⓍⒶ	ⓈⒽ	ⓈⒼ	ⓅⒸ	Ⓟ%	ⓈⒸ	ⒷⓉ	ⒹⒸ	ⓉⓀ	ⒾⒸ	Ⓐ%
하위	하위	하위	상위	하위	상위	하위	하위	상위	상위	상위	상위	하위	상위
42%	21%	32%	44%	41%	35%	22%	5%	18%	38%	18%	45%	14%	34%

Marvin DUCKSCH

평점 6.91

마르빈 두크슈 — 1994.03.07 / 188cm

SCOUTING REPORT

지난 5년간 독일 2부에서 뛰어난 득점력을 뽐냈으며, 2022-23시즌을 통해 1부에서도 12골을 넣으며 성공 가능성을 알린 대기만성형 스트라이커. 박스 안팎에서 위협적인 중거리 슛과 예리한 침투 패스로 득점 찬스 창출에 관여한다. 프리킥도 제법 위협적이다. 다만 피지컬에 비해 몸싸움이 약하다. 제공권 다툼에 특히 약한 편이며 수비 가담 빈도도 적다.

PLAYER'S HISTORY

도르트문트 유스 출신. 독일 연령별 대표를 두루 거칠 정도로 유망주 시절에는 각광받았다. 2021-22시즌 필크루크와 더불어 브레멘의 쌍포 구실을 하며 승격을 견인했다. 시장 가치는 750만 유로, 추정 연봉은 230만 유로.

슈팅-득점	국적	2022-23시즌 베르더 브레멘						포지션
59-10		▢	⏱	Ⓐ	Ⓟ	Ⓟ%		
36-2		34-0	2867	6	22.9-15.9	69%		
● 95-12 LG-3	독일	ⒹⓇ	ⓉⓀ	ⒾⒸ	▢▢	★		
● 14-1 RG-8		1.2-0.5	0.6-0.2	0.3	4-0	2		
● 1-0 HG-1								

유럽 5대리그 센터포워드 항목별 랭킹(90분 기준 기록, 100분율)

Ⓖ	ⓍⒼ	Ⓐ	ⓍⒶ	ⓈⒽ	ⓈⒼ	ⓅⒸ	Ⓟ%	ⓈⒸ	ⒷⓉ	ⒹⒸ	ⓉⓀ	ⒾⒸ	Ⓐ%
하위	하위	상위	상위	상위	상위	상위	하위	상위	상위	하위	하위	상위	상위
45%	39%	23%	17%	27%	17%	24%	5%	11%	15%	16%	6%	21%	46%

Habib DIALLO

평점 6.91

하비브 디알로 — 1995.06.18 / 186cm

SCOUTING REPORT

2022-23시즌 37경기에서 20골을 터뜨렸다. 생애 첫 리그 20골대 득점이며, 프랑스 리그1 득점 순위 6위에 랭크됐다. 골문 앞 마무리 능력이 상당히 깔끔하며, 좋은 신장과 탄력 넘치는 점프력을 활용해 박스 안 헤더 슈팅으로 골 사냥한다. 공간으로 뛰어들어가는 동료를 위한 도움 능력도 좋고, 예리한 궤적을 그리는 왼발 킥을 가졌다. 다만 패스가 투박하다.

PLAYER'S HISTORY

세네갈의 2021 CAF 네이션스컵 우승 멤버. 사상 첫 대회 우승이라 세네갈 정부가 내린 훈장을 수여받았다. 성공적이었던 2022-23시즌 활약상 덕에 EPL 이적설이 거론되고 있다. 시장 가치는 1400만 유로, 추정 연봉은 61만 유로.

슈팅-득점	국적	2022-23시즌 스트라스부르						포지션
82-20		▢	⏱	Ⓐ	Ⓟ	Ⓟ%		
12-0		32-5	2880	1	15.8-10.8	68%		
● 94-20 LG-3	세네갈	ⒹⓇ	ⓉⓀ	ⒾⒸ	▢▢	★		
● 1-0 RG-12		1.9-0.9	0.9-0.6	0.3	2-1	5		
● 4-3 HG-5								

유럽 5대리그 센터포워드 항목별 랭킹(90분 기준 기록, 100분율)

Ⓖ	ⓍⒼ	Ⓐ	ⓍⒶ	ⓈⒽ	ⓈⒼ	ⓅⒸ	Ⓟ%	ⓈⒸ	ⒷⓉ	ⒹⒸ	ⓉⓀ	ⒾⒸ	Ⓐ%
상위	상위	하위	하위	상위	상위	하위	상위	하위	하위	상위	상위	상위	상위
14%	17%	12%	45%	33%	36%	26%	37%	24%	35%	44%	42%	14%	32%

Dusan VLAHOVIC

평점 6.90

두산 블라호비치 — 2000.01.28 / 190cm

SCOUTING REPORT

2022-23시즌 27경기에서 10골 2도움을 올렸으나, 사타구니 부상 등 여러 이유 때문에 기대만큼의 퍼포먼스는 보이지 못했다. 우월한 피지컬 때문에 전통적 스타일의 타깃맨처럼 보일 수 있으나 그렇지 않다. 강력하면서도 정교한 왼발 킥은 그의 전매특허. 하지만 지나치게 왼발에만 의존하는 플레이는 단점으로 제기된다. 수비 가담 역시 좀 더 열심히 해야 한다.

PLAYER'S HISTORY

최근 은퇴를 선언한 즐라탄 이브라히모비치를 우상으로 삼고 있다. 자신의 이름을 이니셜로 줄인 DV9라는 별명으로 불린다. 어렸을 적에는 농구 선수의 길을 걸었다. 시장 가치는 7000만 유로, 추정 연봉은 1296만 유로.

슈팅-득점	국적	2022-23시즌 유벤투스						포지션
58-7		▢	⏱	Ⓐ	Ⓟ	Ⓟ%		
10-3		22-5	1932	2	13.9-10.1	72%		
● 68-10 LG-8	세르비아	ⒹⓇ	ⓉⓀ	ⒾⒸ	▢▢	★		
● 4-2 RG-1		1.2-0.6	0.6-0.4	0.1	1-0	3		
● 3-2 HG-1								

유럽 5대리그 센터포워드 항목별 랭킹(90분 기준 기록, 100분율)

Ⓖ	ⓍⒼ	Ⓐ	ⓍⒶ	ⓈⒽ	ⓈⒼ	ⓅⒸ	Ⓟ%	ⓈⒸ	ⒷⓉ	ⒹⒸ	ⓉⓀ	ⒾⒸ	Ⓐ%
상위	상위	상위	상위	상위	상위	상위	상위	하위	상위	하위	하위	하위	하위
40%	21%	43%	43%	24%	48%	22%	39%	30%	18%	29%	21%	33%	33%

| 전체 슈팅 시도·득점 | 직접프리킥 시도·득점 | PK 시도·득점 | LG 왼발 득점 | RG 오른발 득점 | HG 헤더 득점 | 출전횟수 선발·교체 | A 평균 도움 | P 평균 패스 시도·성공 | P% 패스 성공률 | DR 평균드리블 시도·성공 | TK 평균 태클 시도·성공 | IC 평균 인터셉트 | 페어플레이 경고·퇴장 | ★ MOM | G 득점 | xG 득점 기대값 | A 도움 | xA 도움 기대값 | P 슈팅 시도 | PC 유효 슈팅 | P% 패스 성공률 | SC 패스 슈팅기회 창출 | BT 볼 터치 | DC 드리블 성공 | TK 태클 | IC 인터셉트 | A% 공중전 승률 |

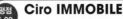

Ciro IMMOBILE

평점 6.90   1990.02.20 / 185cm

해외에서는 영 힘을 못 썼지만, 세리에 A에서는 늘 톱 수준 골잡이 능력을 보였다. 상대 수비 배후를 단번에 깨는 움직임과 침착한 골문 앞 득점력을 앞세워 세리에 A에서 오랫동안 정상급 스트라이커로 군림했다. 발을 가리지 않는 슈팅 역시 임모빌레의 최대 강점 중 하나다. 종종 심각하게 기복을 타는 모습을 보이지만, 전체적으로는 꾸준한 편이다. 시장 가치는 1800만 유로, 추정 연봉은 741만 유로.

슈팅-득점		국적	2022-23시즌 라치오					포지션
68-12			⏱	A	P	P%		
9-0			27-4 2228	5	19.6-14.9	76%		
● 77-12	LG-4	이탈리아	DR	TK	IC		★	
● 0-0	RG-7							
● 5-4	HG-1		1.5-0.7	0.5-0.1	0.0	3-0	4	

G	xG	A	xA	SH	SG	PC	P%	SC	BT	DC	TK	IC	A%
상위	상위	상위	하위	상위	상위	상위	상위	상위	상위	하위	하위	하위	하위
36%	12%	7%	23%	31%	34%	16%	21%	21%	31%	37%	32%	4%	9%

Folarin BALOGUN

평점 6.90   2001.07.03 / 178cm

미국 태생 아스널 유스 출신 스트라이커. 어리지만 능숙하게 문전에서 해결하는 능력이 출중하다. 공격 상황에서 굉장히 영리하게 위치를 가져가며, 드리블과 스피드 역시 기본 이상이다. 빠른데다 많이 뛰는 발을 가져 수시로 적극적으로 전방 압박을 가하는 등 성실함까지 갖췄다. 기복이 있다 해도 아직 어린 선수임을 고려하면 추후 개선 여지가 있다. 시장 가치는 2500만 유로, 추정 연봉은 180만 유로.

슈팅-득점		국적	2022-23시즌 라치오					포지션
105-21			⏱	A	P	P%		
23-0			34-3 3013	2	14.9-10.9	73%		
● 128-21	LG-5	미국	DR	TK	IC		★	
● 2-0	RG-14							
● 7-6	HG-2		2.4-1.0	0.8-0.3	0.0	5-0	4	

G	xG	A	xA	SH	SG	PC	P%	SC	BT	DC	TK	IC	A%
상위	상위	상위	상위	상위	상위	하위	상위	상위	하위	상위	하위	하위	하위
12%	3%	24%	46%	49%	10%	23%	42%	46%	21%	33%	9%	21%	3%

Tammy ABRAHAM

평점 6.85   1997.10.02 / 194cm

뛰어난 박스 안 위치 선정과 찬스에서의 집중력이 매우 좋은 장신 스트라이커. 슈팅 대비 득점 비율이 상당히 높으며, 2m에 가까운 거함임에도 불구하고 빠른 발과 탄력 넘치는 운동신경을 가졌다. 다만 슈팅이 강력하다고는 볼 수 없며, 동료를 이용하는 플레이가 여전히 서투르다. 체격 조건에 비해 몸 싸움을 잘하지 못하는 단점도 고쳐야 할 부분이다. 시장 가치는 4500만 유로, 추정 연봉은 577만 유로.

슈팅-득점		국적	2022-23시즌 AS 로마					포지션
57-7			⏱	A	P	P%		
5-1			24-14 2199	3	13.1-9.0	68%		
● 62-8	LG-0	잉글랜드	DR	TK	IC		★	
● 0-0	RG-4							
● 0-0	HG-4		1.9-0.7	0.8-0.4	0.1	2-0	2	

G	xG	A	xA	SH	SG	PC	P%	SC	BT	DC	TK	IC	A%
하위	상위	상위	상위	하위	상위	하위	하위	상위	하위	하위	상위	하위	상위
26%	45%	18%	29%	39%	33%	39%	24%	27%	42%	42%	24%	20%	13%

Álvaro MORATA

평점 6.85   1992.10.23 / 189cm

현재 스페인 축구 국가대표팀의 간판 스트라이커. 본래 측면 공격수 출신이라 체격에 비해 상당히 빠른 발을 가졌으며, 개인 돌파 능력도 굉장히 준수하다. 스트라이커 보직 변경 후에는 수비 라인을 깨거나 박스 안에서 슈팅 공간을 확보하는 지능적인 움직임으로 킬러로서 존재감을 더욱 키웠다. 그러나 슈팅이나 볼 터치까지 테크닉은 전체적으로 투박하다. 시장 가치는 2500만 유로, 추정 연봉은 980만 유로.

슈팅-득점		국적	2022-23시즌 아틀레티코 마드리드					포지션
61-12			⏱	A	P	P%		
10-1			23-13 1906	2	11.3-7.3	65%		
● 71-13	LG-6	스페인	DR	TK	IC		★	
● 0-0	RG-6							
● 0-0	HG-1		1.2-0.6	0.6-0.4	0.0	4-0	2	

G	xG	A	xA	SH	SG	PC	P%	SC	BT	DC	TK	IC	A%
상위	상위	상위	상위	상위	하위	상위	상위	하위	상위	상위	하위	상위	상위
24%	22%	43%	27%	22%	15%	27%	36%	26%	47%	48%	5%	3%	

Edin DZEKO

평점 6.85   1986.03.16 / 193cm

전성기 시절의 파괴력은 아니라고 해도, 여전히 빅 리그 빅 클럽에서 그 입지가 탄탄한 '장수만세형' 타깃맨. 빠르지는 않지만 상대 수비수의 방어 범위 밖에서 최적의 위치를 잡는 법에 능통하다. 농익은 라인 브레이킹 능력은 여전히 유럽 정상급으로 평가받으며, 박스 바깥에서 시도하는 중거리슛도 굉장히 위협적이다. 슈팅시 발을 안 가리는 것도 강점. 시장 가치는 400만 유로, 추정 연봉은 926만 유로.

슈팅-득점		국적	2022-23시즌 인테르 밀란					포지션
56-9			⏱	A	P	P%		
17-0			18-15 1729	3	15.2-11.0	72%		
● 73-9	LG-3	보스니아헤르체고비나	DR	TK	IC		★	
● 0-0	RG-4							
● 0-0	HG-2		0.8-0.3	0.2-0.1	0.1	3-0	3	

G	xG	A	xA	SH	SG	PC	P%	SC	BT	DC	TK	IC	A%
상위	상위	상위	상위	상위	상위	상위	하위	상위	하위	하위	하위	상위	상위
38%	36%	39%	28%	12%	24%	27%	41%	18%	18%	34%	5%	24%	12%

Georginio RUTTER

평점 6.83   2002.04.20 / 182cm

프랑스 연령별 대표를 두루 거친 차세대 공격수. 렌에서 데뷔했으나 대부분의 프로 커리어는 독일 호펜하임에서 쌓았다. 리즈 유니폼을 입은지는 이제 반년 됐다. 굉장히 많이 뛴다. 강력한 체력을 앞세워 전방 압박을 펼쳐 수비에 보탬이 된다. 드리블도 제법 준수하며 스피드도 괜찮은 편. 다만 본업이 공격수라면 기복 있는 득점력은 개선해야 한다. 시장 가치는 2200만 유로, 추정 연봉은 364만 유로.

슈팅-득점		국적	2022-23시즌 호펜하임+리즈 Utd.					포지션
23-2			⏱	A	P	P%		
8-0			12-14 1276	3	8.0-4.8	60%		
● 31-2	LG-1	프랑스	DR	TK	IC		★	
● 0-0	RG-0							
● 0-0	HG-1		3.8-1.8	0.8-0.6	0.3	2-0	1	

G	xG	A	xA	SH	SG	PC	P%	SC	BT	DC	TK	IC	A%
하위	하위	상위	상위	하위	하위	하위	상위	상위	상위	상위	상위	하위	하위
7%	9%	17%	14%	28%	44%	5%	7%	17%	43%	1%	8%	2%	40%

| ● 전체 슈팅 시도-득점 | ● 직접프리킥 시도-득점 | ● PK 시도-득점 | LG 왼발 득점 | RG 오른발 득점 | HG 헤더 득점 | ⏱ 출전횟수 선발·교체 | 출전시간(MIN) | A 도움 | P 평균 패스 시도-성공 | P% 패스 성공률 | DR 평균드리블 시도-성공 | TK 평균 태클 시도-성공 | IC 평균 인터셉트 | 패어플레이 경고-퇴장 | ★ MOM | G 득점 | xG 득점 기대값 | A 도움 | XA 도움 기대값 | SH 슈팅 시도 | SG 유효 슈팅 | PC 패스 성공 | P% 패스 성공률 | SC 슈팅기회 창출 | BT 볼 터치 | DC 드리블 성공 | TK 태클 | IC 인터셉트 | A% 공중전 승률 |

Serhou GUIRASSY
6.83 (평점)
세루 기라시 — 1996.03.12 / 187cm

프랑스 태생 기니 국가대표 스트라이커. 우월한 하드웨어를 십분 활용하는 포스트플레이가 인상적이다. 특히 공중볼과 관련해서는 뛰어난 능력을 보인다. 직접 슈팅도 위협적이지만, 문전에서 동료에게 완벽한 찬스를 만들어내는 것에도 능하다. 왼발 사용이 보다 능숙해야 하지만, 심각한 수준은 아니다. 스피드 역시 제법 빠른 편이다. 다만 지능적이진 않다. 시장 가치는 1000만 유로, 추정 연봉은 216만 유로.

슈팅-득점	국적	2022-23시즌 스타드 렌+슈투트가르트		포지션
38-11 / 13-0		⏱ 20-3 1675 A 0 P 19.4-14.5 P% 75%		
● 51-11 LG-1	프랑스			
● 4-0 RG-8		DR 1.5-0.6 TK 0.2-0.2 IC 0.0 2-1 ★ 1		
● 2-2 HG-2				

G	xG	A	XA	SH	SG	PC	P%	SC	BT	DC	TK	IC	A%
상위	상위	하위	하위	상위	상위	상위	상위	상위	상위	하위	하위	하위	상위
18%	14%	6%	29%	45%	49%	25%	42%	35%	30%	41%	4%	2%	17%

Loïs OPENDA
6.82 (평점)
로이스 오펜다 — 2000.02.16 / 177cm

프랑스 진출 첫 해부터 뛰어난 득점력을 통해 리그1를 뒤흔들고 있다. 최전방 스트라이커로 뛰고 있지만, 폭발적 스피드와 빼어난 테크닉 덕에 측면에서도 뛸 수 있다. 이때 좌우를 가리지 않는다. 출중한 득점력과 돌파력 덕에 상대 박스 인근에서 상당히 많은 파울을 이끌어낸다. 상대의 조직적인 오프사이드에 취약하다는 약점이 있다. 패스도 좀 더 늘어나야 한다. 시장 가치는 2000만 유로, 추정 연봉은 84만 유로.

슈팅-득점	국적	2022-23시즌 랑스		포지션
90-21 / 14-0		⏱ 29-9 2529 A 4 P 10.7-7 P% 71%		
● 114-21 LG-8	벨기에			
● 0-0 RG-7		DR 1.3-0.6 TK 0.6-0.3 IC 0.1 2-0 ★ 6		
● 1-1 HG-6				

G	xG	A	XA	SH	SG	PC	P%	SC	BT	DC	TK	IC	A%
상위	상위	상위	상위	상위	상위	하위	상위	하위	하위	하위	하위	하위	하위
6%	9%	39%	27%	7%	4%	12%	41%	47%	8%	36%	22%	15%	41%

Elye WAHI
6.81 (평점)
엘리예 와히 — 2003.01.02 / 184cm

골문 앞에서 뛰어난 슈팅 스킬을 자랑한다. 제공권이 좋아 위협적인 헤더를 갖추었으며, 종종 환상적인 발리 슈팅으로 골망을 흔드는 등 어떠한 상황에서도 골문을 노릴 줄 아는 스트라이커다. 경기당 슈팅 빈도도 상당히 많은 편이라 수비 처지에서는 긴장을 놓을 수 없는 존재다. 지칠 줄 모르는 체력의 소유자라 부지런히 수비에 가담해 팀에 보탬이 된다. 시장 가치는 2500만 유로, 추정 연봉은 10만 유로.

슈팅-득점	국적	2022-23 프리미어리그		포지션
51-19 / 12-0		⏱ 29-4 2530 A 5 P 12.5-8.9 P% 71%		
● 63-19 LG-4	프랑스			
● 1-0 RG-12		DR 2.3-1.0 TK 0.5-0.3 IC 0.1 8-1 ★ 2		
● 1-1 HG-3				

G	xG	A	XA	SH	SG	PC	P%	SC	BT	DC	TK	IC	A%
상위	상위	상위	상위	하위	상위	하위	하위	하위	하위	상위	하위	하위	하위
9%	42%	30%	30%	13%	45%	16%	9%	35%	12%	25%	4%		

Lucas BOYÉ
6.80 (평점)
루카스 보예 — 1996.02.28 / 183cm

절묘한 타이밍으로 상대 수비 라인을 깨는 침투 능력이 위협적인 선수다. 또한 공격 흐름을 잘 읽고 좋은 위치를 먼저 선점해 자신에게 주어지는 찬스는 물론 팀 전체가 수월하게 공격을 전개하는 꼭짓점 구실을 한다. 키에 비해 스피드도 준수한데, 이런 장점 덕에 세컨드 스트라이커나 측면 날개로도 뛸 수 있다. 그러나 패스와 슈팅은 세밀하지 못하다. 시장 가치는 600만 유로, 추정 연봉은 32만 유로.

슈팅-득점	국적	2022-23시즌 엘체		포지션
59-6 / 13-1		⏱ 29-6 2475 A 2 P 17.9-14.3 P% 80%		
● 72-7 LG-0	아르헨티나			
● 1-0 RG-4		DR 3.7-2.2 TK 1.5-1.0 IC 0.0 7-1 ★ 4		
● 1-0 HG-3				

G	xG	A	XA	SH	SG	PC	P%	SC	BT	DC	TK	IC	A%
하위	상위	하위	하위	상위	하위	상위	상위	상위	상위	상위	상위	상위	상위
24%	26%	33%	42%	49%	22%	21%	10%	30%	12%	1%	6%	3%	31%

전체 슈팅 시도-득점 | 직접프리킥 시도-득점 | PK 시도-득점 | LG 왼발 득점 | RG 오른발 득점 | HG 헤더 득점 | 출전횟수 선발·교체 | 출전시간(MIN) | A 도움 | P 평균 패스 시도-성공 | P% 패스 성공률 | DR 평균 드리블 시도-성공 | TK 평균 태클 시도-성공 | IC 평균 인터셉트 | 페어플레이 경고-퇴장 | ★ MOM | G 득점 | xG 득점 기대값 | A 도움 | XA 도움 기대값 | SH 슈팅 시도 | SG 유효 슈팅 | PC 패스 성공 | P% 패스 성공률 | SC 패스기회 창출 | BT 볼 터치 | DC 드리블 성공 | TK 태클 | IC 인터셉트 | A% 공중전 승률

평점 6.80 RODRIGO
호드리고
1991.03.06 / 182cm

브라질 리우 태생이나 어렸을 적 스페인으로 건너와 축구에 입문, 현재 스페인 국가대표로 활약하고 있다. 주로 최전방 스트라이커로 뛰지만 우측면 2선 공격수로도 뛸 수 있다. 스피드·테크닉·피지컬 등 공격수로서 갖춰야 할 요소를 어느 것 하나 빠뜨리지 않고 갖췄다. 가장 강력한 무기는 매서운 왼발 슈팅. 그러나 커리어 내내 기복 있다는 평이 뒤따른다. 시장 가치는 900만 유로, 추정 연봉은 520만 유로.

슈팅-득점	국적	2022-23시즌 리즈 유나이티드					포지션
52-12		🕐	A	P	P%		
15-1		23-8 1945	1	16.6-12.2	73%		
●67-13 LG-9	스페인	DR	TK	IC		★	
●2-0 RG-1		0.9-0.5	1.1-0.7	0.2	6-0	1	
●1-1 HG-3							

G	xG	A	XA	SH	SG	PC	P%	SC	BT	DC	TK	IC	A%
상위	하위	하위	하위	상위	상위	상위	상위	하위	상위	하위	상위	상위	하위
15%	45%	18%	24%	23%	30%	27%	40%	33%	21%	24%	11%	23%	18%

평점 6.80 Olivier GIROUD
올리비에 지루
1986.09.30 / 193cm

최전방에서 묵직한 존재감을 발휘하는 베테랑 타깃맨. 강력한 피지컬로 센터백과 몸싸움에서 우위를 점하며, 볼을 다루는 기술도 수준급이다. 이를 통해 골문 앞 찬스 포착은 물론 동료를 활용한 전술적 연계 장면도 굉장히 잘 만들어낸다. 체력에 비해 유연한 신체 능력을 가졌다. 스피드가 느리지만, 그의 장점을 십분 발휘하면 파괴적인 공격을 펼칠 수 있다. 시장 가치는 400만 유로, 추정 연봉은 449만 유로.

슈팅-득점	국적	2022-23시즌 AC 밀란					포지션
71-13		🕐	A	P	P%		
9-0		25-8 2148	5	16.8-10.6	63%		
●80-13 LG-8	프랑스	DR	TK	IC		★	
●6-0 RG-0		0.4-0.2	0.5-0.3	0.1	6-1		
●3-3 HG-5							

G	xG	A	XA	SH	SG	PC	P%	SC	BT	DC	TK	IC	A%
상위	상위	상위	상위	상위	상위	하위	하위	상위	하위	하위	하위	하위	상위
25%	20%	19%	31%	28%	50%	48%	22%	46%	4%	30%	40%	2%	

평점 6.78 Arkadiusz MILIK
아르카디우스 밀리크
1994.02.28 / 186cm

한때 폴란드 국가대표 선배 로베르트 레반도프스키에 비견될 정도로 스트라이커로서 가진 재능이 충만했던 선수였다. 신체 능력을 최대한 활용한 포스트 플레이와 골문 앞 해결 능력, 준수한 스피드에 활동량도 왕성해 공수 가릴 것 없이 팀 플레이에 매우 큰 힘이 되었었다. 하지만 십자인대 부상을 여러 번 당해 가진 잠재성을 모두 살리진 못했다는 평. 시장 가치는 1000만 유로, 추정 연봉은 449만 유로.

슈팅-득점	국적	2022-23시즌 마르세유+유벤투스					포지션
37-6		🕐	A	P	P%		
8-1		19-10 1714	1	16.4-12.9	78%		
●45-7 LG-5	폴란드	DR	TK	IC		★	
●2-1 RG-1		0.8-0.4	0.7-0.4	0.0	2-1	1	
●1-0 HG-0							

G	xG	A	XA	SH	SG	PC	P%	SC	BT	DC	TK	IC	A%
하위	하위	하위	상위	하위	상위	상위	상위	하위	상위	하위	상위	하위	하위
44%	23%	15%	40%	31%	38%	21%	20%	25%	45%	18%	38%	17%	33%

평점 6.77 Timo WERNER
티모 베르너
1996.03.06 / 180cm

커리어 초창기 폭발적 스피드를 활용한 침투로 많은 골을 만들어내며 주목받았으나, 첼시 이적 후 커리어가 꺾였다. 다행스러운 점은 분데스리가 복귀 후에는 어느 정도 기량을 되찾았다는 것이다. 역습 때 피지컬로 상대 수비를 묶어놓는 파트너 유무에 따라 경기력이 크게 갈리는 편이다. 볼 테크닉도 굉장히 투박하며, 포스트 플레이는 기대할 수 없는 수준. 시장 가치는 2500만 유로, 추정 연봉은 1000만 유로.

슈팅-득점	국적	2022-23시즌 RB 라이프치히					포지션
52-7		🕐	A	P	P%		
9-2		23-4 1948	3	23.2-17.9	77%		
●61-9 LG-2	독일	DR	TK	IC		★	
●0-0 RG-7		2.5-1.1	0.7-0.4	0.3	2-0	4	
●0-0 HG-0							

G	xG	A	XA	SH	SG	PC	P%	SC	BT	DC	TK	IC	A%
상위	상위	상위	상위	상위	상위	상위	하위	상위	상위	상위	하위	상위	하위
49%	47%	26%	33%	40%	40%	8%	23%	22%	26%	30%	25%	16%	

평점 6.76 Ollie WATKINS
올리 왓킨스
1995.12.30 / 180cm

날개 역할을 맡아도 무방할 정도로 빠른 발을 가졌다. 뛰어난 발목 힘 덕에 슈팅에 무게가 실리는데다 궤적도 상당히 다양하다. 주로 왼쪽에 치우쳐서 플레이하는 걸 즐기며, 이를 통해 동료를 살리는 크로스나 수비진을 깨는 질 좋은 패스로 찬스를 제공한다. 본인 역시 상대 뒷마당을 깨는 침투 플레이에 능하다. 다만 오프사이드에는 자주 걸리는 편. 시장 가치는 3200만 유로, 추정 연봉은 448만 유로.

슈팅-득점	국적	2022-23시즌 아스톤 빌라					포지션
81-14		🕐	A	P	P%		
5-1		36-1 3136	6	14.9-10.4	70%		
●86-15 LG-3	잉글랜드	DR	TK	IC		★	
●0-0 RG-9		1.7-0.6	1.0-0.5	0.3	4-0	3	
●2-1 HG-3							

G	xG	A	XA	SH	SG	PC	P%	SC	BT	DC	TK	IC	A%
상위	상위	상위	하위	상위	상위	하위	하위	하위	하위	하위	상위	하위	하위
45%	27%	31%	45%	42%	18%	15%	45%	46%	11%	20%	41%	20%	48%

평점 6.75 Mama BALDÉ
마마 발데
1995.11.06 / 181cm

두 자릿수 득점에 성공한 2022-2023시즌을 통해 두각을 나타낸 대기만성형 공격수. 스트라이커로서 존재감을 보였으나 본래 포지션은 날개였다. 상황에 따라서는 라이트백으로 뛰고 있으나 골잡이로 각성한 만큼 이 위치에 뛸 가능성은 향후 별로 없을 듯하다. 뛰어난 돌파 능력과 마무리 능력을 자랑하며 준족이다. 다만 오프사이드에 자주 걸리며 파울이 많다. 시장 가치는 800만 유로, 추정 연봉은 76만 유로.

슈팅-득점	국적	2022-23시즌 트로이					포지션
54-11		🕐	A	P	P%		
21-1		30-4 2672	3	16.9-11.5	68%		
●75-12 LG-2	기니비소	DR	TK	IC		★	
●0-0 RG-10		3.5-1.7	1.8-1.4	0.3	4-2	3	
●2-2 HG-0							

G	xG	A	XA	SH	SG	PC	P%	SC	BT	DC	TK	IC	A%
상위	하위	상위	하위	하위	하위	하위	하위	상위	상위	상위	상위	상위	하위
50%	40%	43%	18%	43%	31%	38%	39%	41%	6%	1%	16%	20%	28%

전체 슈팅 직접프리킥 PK 왼발 오른발 헤더 출전횟수 출전시간 평균 패스 패스 평균드리블 평균 태클 평균 페어플레이 MOM 특점 특점 도움 도움 슈팅 유효 패스 패스 슈팅기회 볼터치 드리블 태클 인터셉트 공중전
시도-특점 시도-특점 시도-특점 특점 특점 특점 선발·교체 분(MIN) 시도-성공 성공률 시도-성공 시도-성공 인터셉트 경고-퇴장 기대값 기대값 시도 슈팅 성공 성공률 창출 성공
LG RG HG ⏱ A P P% DR TK IC ★ G xG PC P% SC BT DC TK IC A%

Lucas HÖLER
평점 6.75
루카스 휠러 · 1994.07.10 / 184cm

가진 장점이 상당히 많은 스트라이커. 다부진 체격을 바탕으로 문전에서 펼치는 몸싸움을 통해 주변 동료 공격수에게 찬스를 제공한다. 동료에게 결정적 찬스를 제공하는 패스 역시 출중한 편. 체력도 뛰어나 쉴 새 없이 전방 압박을 가해 팀 전체에 힘이 되는 존재다. 전체적으로 이타적 플레이에 특출난 스타일인데, 공격수 본연의 골 결정력이 부족해 아쉽다. 시장 가치는 500만 유로, 추정 연봉은 43만 유로.

슈팅-특점	국적	2022-23시즌 프라이부르크	포지션
25-5		⏱ 16-10 1508 · A 2 · P 18.2-12.1 · P% 66%	
5-0	독일		
●30-5 LG-2		DR 0.9-0.5 · TK 1.4-0.7 · IC 0.4 · ▨ 1-0 · ★	
●0-0 RG-1			
●0-0 HG-2			

G	xG	A	xA	SH	SG	PC	P%	SC	BT	DC	TK	IC	A%
하위	하위	하위	하위	하위	하위	상위	하위	하위	상위	하위	상위	상위	상위
25%	2%	44%	40%	6%	32%	24%	30%	47%	15%	35%	7%	2%	4%

David OKEREKE
평점 6.75
다비드 오케레케 · 1997.08.29 / 182cm

최전방 스트라이커로 주로 활약하지만, 날개로 활약할 수 있다. 윙으로 출전할 때는 주로 왼쪽에서 플레이한다. 출중한 볼 테크닉과 스피드가 강점이라 전력이 약한 팀이 펼치는 역습에 최적화된 유형이다. 상대 수비진의 조직적 압박에서 쉽게 벗어날 줄 알며, 등진 상태에서 볼을 받아 동료에게 찬스를 열어주는 연계에도 능숙하다. 골 결정력도 수준급. 시장 가치는 430만 유로, 추정 연봉은 77만 유로.

슈팅-특점	국적	2022-23시즌 크레모네세	포지션
39-4		⏱ 25-8 2277 · A 0 · P 14.1-10.3 · P% 73%	
22-3	나이지리아		
●61-7 LG-2		DR 2.6-1.3 · TK 0.8-0.4 · IC 0.3 · ▨ 4-0 · ★	
●0-0 RG-4			
●1-1 HG-1			

G	xG	A	xA	SH	SG	PC	P%	SC	BT	DC	TK	IC	A%
하위	하위	하위	하위	하위	하위	상위	상위	하위	상위	하위	상위	하위	하위
30%	7%	6%	6%	하위	30%	45%	16%	22%	33%	10%	34%	12%	30%

Mostafa MOHAMED
평점 6.74
모스타파 모하메드 · 1997.11.28 / 185cm

굉장히 강인한 체격 조건을 갖춘 정통파 스트라이커. 장신이라고는 볼 수 없으나 워낙 단단한 체구라 그런지 몸싸움이나 제공권에서 쉽게 밀리지 않는다. 덕분에 모하메드의 포스트 플레이는 팀에서 주요한 공격 옵션 중 하나다. 주력 역시 상당히 우수한 편인데, 라인 브레이킹을 시도할 때 타이밍을 읽는 센스도 뛰어나다. 슈팅 역시 정교하고 파워풀하다. 시장 가치는 600만 유로, 추정 연봉은 177만 유로.

슈팅-특점	국적	2022-23시즌 낭트	포지션
47-7		⏱ 18-18 1936 · A 2 · P 9.4-5.9 · P% 63%	
11-1	이집트		
●58-8 LG-0		DR 1.1-0.6 · TK 0.8-0.5 · IC 0.3 · ▨ 1-0 · ★	
●0-0 RG-4			
●0-0 HG-4			

G	xG	A	xA	SH	SG	PC	P%	SC	BT	DC	TK	IC	A%
하위	하위	하위	하위	상위	상위	상하위	하위	하위	하위	상위	상위	상위	상위
41%	30%	44%	30%	39%	31%	9%	18%	11%	17%	44%	35%	10%	34%

Valentín CASTELLANOS
평점 6.74
발렌틴 카스테야노스 · 1998.10.03 / 178cm

2021시즌 미국 MLS 득점왕. 원 소속팀인 뉴욕 시티가 선수의 유럽 진출 열망을 받아들여 현재 임대 형식으로 지로나에서 뛰고 있다. 2022-2023시즌 레알 마드리드를 상대로 혼자 네 골을 성공시키는 괴력을 발휘한 적도 있다. 상대 박스 인근에서 쉴 새 없이 움직이며 허점을 찾는데, 무작정 체력을 소진하는 게 아니라 조직적인 틈을 찾는데 굉장히 능하다. 시장 가치는 1000만 유로, 추정 연봉은 91만 유로.

슈팅-특점	국적	2022-23시즌 히로나	포지션
67-12		⏱ 33-2 2618 · A 0 · P 10.8-6.8 · P% 63%	
19-1	아르헨티나		
●86-13 LG-1		DR 1.1-0.4 · TK 0.8-0.3 · IC 0.2 · ▨ 11-0 · ★ 1	
●0-0 RG-7			
●1-1 HG-5			

G	xG	A	xA	SH	SG	PC	P%	SC	BT	DC	TK	IC	A%
상위	하위	하위	하위	상위	상위	하위	하위	하위	하위	상위	상위	상위	상위
39%	46%	6%	11%	27%	39%	3%	16%	2%	3%	17%	25%	42%	47%

Omar MARMOUSH
평점 6.73
오마르 마르무시 · 1999.02.07 / 183cm

스피디한 돌파가 최대 강점이다. 상대 수비의 태클에도 쉽게 넘어지지 않는 강인한 면모를 자랑하며, 찬스 공급을 책임지는 파트너가 뒷받침된다면 우수한 라인 브레이킹 실력을 뽐낸다. 다만 공격 찬스를 만들어내는 빈도에 비해 득점력은 좀 더 개선되어야 한다는 평. 드리블러 유형에게 대체적으로 보이는 무리한 시뮬레이션 액션 시도로 경고를 자주 받는다. 시장 가치는 600만 유로, 추정 연봉은 23만 유로.

슈팅-특점	국적	2022-23시즌 볼프스부르크	포지션
36-3		⏱ 15-18 1480 · A 1 · P 12.9-8.9 · P% 68%	
12-2	이집트		
●48-5 LG-1		DR 2.9-1.3 · TK 0.9-0.5 · IC 0.2 · ▨ 2-0 · ★ 1	
●1-0 RG-4			
●0-0 HG-0			

G	xG	A	xA	SH	SG	PC	P%	SC	BT	DC	TK	IC	A%
하위	하위	하위	하위	상위	상위	하위	하위	상위	하위	상위	상위	상위	상위
33%	42%	26%	22%	29%	44%	9%	31%	35%	7%	34%	19%	10%	5%

Eddie NKETIAH
평점 6.73
에디 은케티아 · 1999.05.30 / 180cm

굉장히 많이 뛰어 상대 수비수들을 굉장히 힘들게 하는 스트라이커. 게다가 기동력마저 좋다. 체격 조건이 우월하다고 볼 만한 수준은 아니지만, 원체 운동 능력이 좋아 그 약점을 상쇄한다. 골문 앞 득점력도 준수하며, 특히 골문 앞 혼전 상황에서 찬스 포착 능력이 우수하다. 그러나 다소 기복이 있는 편이다. 동료를 살리는 연계 역시 좀 더 발전해야 한다. 시장 가치는 2500만 유로, 추정 연봉은 598만 유로.

슈팅-특점	국적	2022-23시즌 아스날	포지션
38-4		⏱ 9-21 1073 · A 1 · P 8.4-6.9 · P% 82%	
3-0	잉글랜드		
●41-4 LG-0		DR 1.1-0.6 · TK 0.7-0.4 · IC 0.3 · ▨ 3-0 · ★	
●0-0 RG-3			
●0-0 HG-0			

G	xG	A	xA	SH	SG	PC	P%	SC	BT	DC	TK	IC	A%
하위	상위	하위	하위	상위	상위	상위	상위	하위	상위	상위	상위	하위	하위
38%	10%	45%	33%	10%	28%	28%	19%	39%	37%	30%	7%	10%	9%

전체 슈팅 시도-득점 | 직접프리킥 시도-득점 | PK 시도-득점 | 완발 득점 | 오른발 득점 | 헤더 득점 | 출전횟수 선발-교체 | 출전시간 분(MIN) | A 도움 | P 평균 패스 시도-성공 | P% 패스 성공률 | DR 평균드리블 시도-성공 | TK 평균 태클 시도-성공 | IC 평균 인터셉트 | 페어플레이 경고-퇴장 | ★ MOM | G 득점 | xG 득점 기대값 | A 도움 | xA 도움 기대값 | SH 슈팅 시도 | SG 유효 슈팅 | PC 패스 성공 | P% 패스 성공률 | SC 슈팅기회 창출 | BT 볼 터치 | DC 드리블 성공 | TK 태클 성공 | IC 인터셉트 | A% 공중전 승률

평점 6.73 Jonas WIND
요나스 빈 1999.02.07 / 190cm

강력한 피지컬로 승부를 보는 최전방 타깃맨. 큰 키를 활용한 고공 폭격에 능하며, 긴 거리는 아니어도 순간 스피드로 상대 선수 한 명 정도는 제칠 수 있는 속도를 가지고 있다. 박스 안 위치 선정도 좋아 동료들의 좋은 패스가 있으면 파괴력이 배가된다. 반대로 이타적 플레이도 OK. 그러나 스트라이커로서는 득점력이 아쉬우며 잔부상이 많다는 평. 시장 가치는 1400만 유로, 추정 연봉은 204만 유로.

슈팅-득점		국적	2022-23시즌 볼프스부르크						포지션
26-5									
4-1			15-9	1294	0	15.4-10.4	67%		
●30-6 LG-1									
●0-0 RG-4		덴마크	DR 0.9-0.4	TK 0.7-0.5	IC 1-0	★ 2			
●1-0 HG-1									

G	xG	A	xA	SH	SG	PC	P%	SC	BT	DC	TK	IC	A%
상위	하위	하위	하위	하위	하위	상위	하위	상위	상위	하위	상위	하위	상위
48%	41%	6%	35%	20%	20%	32%	38%	36%	17%	18%	19%	14%	14%

평점 6.73 Florian NIEDERLECHNER
플로리안 니더레흐너 1990.10.24 / 186cm

유소년 시절 자질이 없다는 이유로 1860 뮌헨 유스팀에서 퇴출됐던 아픔을 딛고 프로 무대에서 입지를 다졌다. 5부리그에서 시작해 1부리그로 진출한 근성의 사나이. 스트라이커로 활약하지만 오른쪽 날개로도 뛸 수 있다. 많이 뛰며 상대 수비진을 압박하고 수비수와 경합 상황에서 볼을 잘 지켜 동료와 연계플레이를 자주 시도한다. 다만 패스는 더 나아져야 한다. 시장 가치는 220만 유로, 추정 연봉은 132만 유로.

슈팅-득점		국적	2022-23시즌 아우크스부르크+헤르타 베를린						포지션
38-5									
11-0			21-9	1699	1	11.2-7.1	63%		
●49-5 LG-2									
●0-0 RG-3		독일	DR 1.5-0.6	TK 1.0-0.6	IC	★			
●0-0 HG-0									

G	xG	A	xA	SH	SG	PC	P%	SC	BT	DC	TK	IC	A%
하위	하위	하위	하위	상위	상위	하위	하위	하위	상위	상위	상위	상위	하위
27%	15%	21%	3%	48%	29%	18%	17%	16%	31%	49%	16%	39%	37%

평점 6.72 Callum WILSON
칼럼 윌슨 1992.02.27 / 180cm

2022-2023시즌 득점력이 가장 급상승한 공격수 중 하나다. 빠른 발을 활용해 저돌적인 드리블과 배후 침투를 시도해 골을 넣는다. 체격 조건에 비해 제법 훌륭한 공중볼 다툼 능력도 갖추었으며, 지능적인 위치 선정 후 깔끔한 마무리로 뉴캐슬에 많은 골을 안겼다. 잔부상이 심했던 선수였으나 2022-2023시즌에는 그런 기색이 없다. 다만 수비 기여도가 적다. 시장 가치는 1800만 유로, 추정 연봉은 275만 유로.

슈팅-득점		국적	2022-23시즌 뉴캐슬 유나이티드						포지션
66-15									
7-3			21-10	1887	5	7.5-5.1	68%		
●73-18 LG-2									
●0-0 RG-13		잉글랜드	DR 1.3-0.5	TK 0.4-0.3	IC 0.0	★ 4			
●3-3 HG-3									

G	xG	A	xA	SH	SG	PC	P%	SC	BT	DC	TK	IC	A%
상위	상위	상위	상위	상위	상위	하위	하위	하위	하위	하위	하위	하위	하위
3%	2%	8%	37%	14%	11%	9%	33%	32%	9%	27%	27%	6%	12%

평점 6.72 Kai HAVERTZ
카이 하베르츠 1999.06.11 / 178cm

리그 기준 첼시 입단 후 두 자릿수 득점을 한 번도 올린 적이 없다. 그래도 중용되는 이유는 최전방에서 전술적 움직임을 정말 영리하게 가져가기 때문이다. 특히 공격수로서 전방 압박 능력은 현재 유럽 최고라고 봐도 무방할 정도로 훌륭하다. '폴스 나인' 등 까다로운 임무도 제법 잘해내며, 승부처에서는 그래도 한 방씩 해낸다. 활동량도 왕성하다. 시장 가치는 6000만 유로, 추정 연봉은 897만 유로.

슈팅-득점		국적	2022-23시즌 첼시						포지션
63-7									
8-0			30-5	2580	1	24.9-20.5	82%		
●71-7 LG-4									
●1-0 RG-0		독일	DR 1.7-0.6	TK 1.5-1.0	IC 0.2	★ 2			
●1-1 HG-3									

G	xG	A	xA	SH	SG	PC	P%	SC	BT	DC	TK	IC	A%
하위	하위	하위	상위	상위	상위	상위	상위	상위	상위	상위	상위	상위	상위
24%	49%	12%	22%	42%	41%	6%	42%	6%	46%	10%	35%	6%	

평점 6.72 Marko ARNAUTOVIC
마르코 아르나우토비치 1989.04.19 / 192cm

오스트리아 국가대표 스트라이커로서 이미 센추리 클럽에 가입했다. 최전방과 측면을 안 가리는 공격수다. 거함임에도 불구하고 제법 빠른데다 양발을 활용한 볼 테크닉을 지녔고, 강력하면서도 정교한 슈팅으로 골을 낚는 능력이 뛰어나다. 제법 많은 나이임에도 여전히 EPL 러브콜을 받을 정도로 노쇠화 기색이 크지 않다는 것도 장점이다. 시장 가치는 800만 유로, 추정 연봉은 346만 유로.

슈팅-득점		국적	2022-23시즌 볼로냐						포지션
23-9									
8-1			18-3	1540	0	21.2-15.3	72%		
●31-10 LG-2									
●0-0 RG-6		오스트리아	DR 1.3-0.6	TK 0.7-0.4	IC 0.1	★ 1			
●3-3 HG-2									

G	xG	A	xA	SH	SG	PC	P%	SC	BT	DC	TK	IC	A%
상위	상위	하위	상위	하위	하위	상위	상위	상위	상위	하위	상위	상위	상위
20%	48%	6%	50%	6%	36%	17%	41%	36%	28%	42%	39%	28%	34%

평점 6.72 Mërgim BERISHA
머르김 베리샤 1998.06.06 / 186cm

페네르바체 시절 김민재의 소속팀 동료 중 하나였다. 코소보 혈통을 가진 독일 국가대표 스트라이커. 기용 빈도는 적지만 우측면 날개도 가능하다. 골문 앞 득점력이 우수하며, 박스 외곽에서도 적극적으로 중거리슛을 날려 상대 수비에 위협을 가한다. 그러나 파울이 잦으며, 동료와 연계 플레이를 적극 시도하기는 하나 패스의 질은 그리 좋은 편은 아니다. 시장 가치는 1200만 유로, 추정 연봉은 283만 유로.

슈팅-득점		국적	2022-23시즌 페네르바체+아우크스부르크						포지션
40-9									
18-1			20-4	1704	1	11.1-6.0	55%		
●58-10 LG-3									
●7-0 RG-6		세르비아	DR 1.2-0.2	TK 0.9-0.5	IC 0.0	★ 4			
●4-3 HG-1			8-1						

G	xG	A	xA	SH	SG	PC	P%	SC	BT	DC	TK	IC	A%
상위	상위	상위	상위	상위	상위	하위	하위	하위	하위	하위	하위	하위	하위
30%	44%	15%	30%	37%	19%	1%	25%	24%	9%	2%	2%	2%	39%

●	●	●	LG	RG	HG			A	P	P%	DR	TK	IC		★	G	xG		A	SG	PC		SC	BT		TK	IC	A%

전체 슈팅 / 직접프리킥 / PK / 왼발 / 오른발 / 헤더 / 출전횟수 / 출전시간 / 도움 / 평균 패스 / 패스 성공률 / 평균드리블 / 평균 태클 / 평균 인터셉트 / 페어플레이 / MOM / 득점 / 득점 기대값 / 도움 / 도움 기대값 / 슈팅 시도 / 유효 슈팅 / 패스 성공 / 패스기회 창출 / 볼터치 / 드리블 성공 / 태클 / 인터셉트 / 공중전 승률

Ignatius GANAGO
평점 6.72
이그나티우스 가나고 1999.02.16 / 179cm

키가 크지 않아도, 탱크처럼 단단한 피지컬을 갖췄다. 키의 열세에도 불구하고 공중볼 다툼에도 쉽게 밀리지 않으며, 주력 역시 굉장히 출중하다. 기본적인 운동 능력이 굉장히 좋은 선수로, 스트라이커는 물론 날개까지 모두 소화한다. 그러나 투박한 퍼스트 터치 등 볼 다루는 기술이 좋지 못하다. 당연히 이후 전개해야 할 연계에서도 미숙한 모습을 보인다. 시장 가치는 400만 유로, 추정 연봉은 78만 유로.

슈팅-득점 / 국적 / 2022-23시즌 랑스+낭트 / 포지션

28-5					
6-0			A	P	P%
		16-16 1578	3	10.4-6.9	66
● 34-5	LG-0		DR	TK	IC	★
● 0-0	RG-3	카메룬	0.9-0.4	0.4-0.3	0.1	
● 0-0	HG-1					

G	xG	A	xA	SH	SG	PC	P%	SC	BT	DC	TK	IC	A%
하위	하위	상위	상위	하위	하위	하위	하위	하위	하위	하위	하위	하위	상위
31%	5%	38%	40%	20%	28%	29%	23%	9%	23%	17%	40%	22%	24%

Krzysztof PIĄTEK
평점 6.72
크시슈토프 피옹테크 1995.07.01 / 183cm

뛰어난 골문 앞 찬스 포착 능력으로 한때 로베르트 레반도프스키 못잖게 폴란드 내에서 큰 기대를 받았던 선수였다. 그러나 AC 밀란에서 경험한 실패 이후 꾸준한 내림세다. 끊임없이 움직이다 적절한 찬스가 주어질 때 뛰어난 순간 가속도를 선보이며 찬스를 만들어나가는 데는 능하다. 하지만 몸싸움에서 다소 약하며, 동료를 살리는 연계 플레이 빈도가 적다. 시장 가치는 850만 유로, 추정 연봉은 350만 유로.

슈팅-득점 / 국적 / 2022-23시즌 살레르니타나 / 포지션

44-4					
14-0			A	P	P%
		23-10 2144	5	16.1-11.4	70%
● 58-4	LG-1		DR	TK	IC	★
● 1-0	RG-3	폴란드	0.7-0.4	1.0-0.5	0.1	5-0	
● 1-1	HG-0					

G	xG	A	xA	SH	SG	PC	P%	SC	BT	DC	TK	IC	A%
하위	하위	상위	하위	하위	하위	상위	하위	상위	하위	하위	상위	하위	상위
9%	37%	17%	32%	40%	30%	41%	24%	43%	30%	13%	33%	18%	40%

Adam HLOZEK
평점 6.71
아담 흘로제크 2002.07.25 / 188cm

2020-2021시즌 체코 리그 득점왕. 본래 날개 공격수였으나 2022-2023시즌부터는 최전방 스트라이커로 보직 이동했다. 빼어난 체격 조건을 앞세운 포스트플레이가 강점이지만, 윙플레이에서도 일가견이 있다는 얘기다. 넓은 보폭으로 시원시원하게 치고나가는 돌파가 위협적이다. 오프더볼 움직임도 준수해 동료들과 연계에서도 굉장히 능숙한 면모를 보인다. 시장 가치는 1500만 유로, 추정 연봉은 188만 유로.

슈팅-득점 / 국적 / 2022-23시즌 바이에르 레버쿠젠 / 포지션

21-5					
9-0			A	P	P%
		16-13 1290	3	10.8-8.0	74%
● 30-5	LG-3		DR	TK	IC	★
● 2-0	RG-1	체코	0.8-0.3	0.5-0.3	0.2	2-0	2
● 0-0	HG-0					

G	xG	A	xA	SH	SG	PC	P%	SC	BT	DC	TK	IC	A%
하위	하위	상위	상위	하위	하위	상위	상위	상위	상위	하위	하위	상위	하위
30%	14%	5%	14%	26%	36%	32%	31%	40%	40%	37%	40%	11%	32%

Julián ÁLVAREZ
평점 6.71
훌리안 알바레스 2000.01.31 / 170cm

2022 FIFA 카타르 월드컵을 통해 리오넬 메시와 멋진 호흡을 뽐내며 세계적 주목을 받았다. 볼이 없을 때 가장 효율적인 위치로 움직이는 법을 알며, 미드필더와 연계 플레이도 훌륭하다. 그만큼 전술 이해도가 굉장히 우수한 공격수. 본인이 해결사 구실을 할 때는 양발을 가리지 않는 정교한 슈팅을 자랑한다. 피지컬적인 약점은 더 보완할 필요가 있다. 시장 가치는 5000만 유로, 추정 연봉은 598만 유로.

슈팅-득점 / 국적 / 2022-23시즌 맨체스터 시티 / 포지션

34-8					
13-1			A	P	P%
		13-18 1454	9	15.2-12.6	83%
● 47-9	LG-1		DR	TK	IC	★
● 0-0	RG-8	아르헨티나	1.3-0.7	1.4-0.8	0.1	0-0	2
● 1-1	HG-0					

G	xG	A	xA	SH	SG	PC	P%	SC	BT	DC	TK	IC	A%
상위	상위	하위	상위	상위	상위	상위	하위	상위	상위	상위	하위	상위	하위
23%	44%	38%	37%	34%	27%	10%	12%	20%	28%	4%	47%	18%

Danny INGS
평점 6.71
대니 잉스 1992.07.30 / 178cm

공수겸장 공격수. 박스 인근에서 날리는 슈팅의 궤적이 다양하고 상당히 강하다. 또한 박스 안으로 파고들어 동료를 이용하는 영리함도 갖췄다. 활동량도 엄청나 쉴 새 없이 상대 수비진을 압박해 팀 전체에도 힘이 된다. 그러나 패스의 질은 좋다고 볼 수 없다. 무엇보다 자주 다친다는 게 잉스의 최대 단점. 주변의 컨디션 관리가 절대적으로 필요하다. 시장 가치는 1600만 유로, 추정 연봉은 748만 유로.

슈팅-득점 / 국적 / 2022-23시즌 아스톤 빌라+웨스트햄 Utd. / 포지션

38-8					
4-0			A	P	P%
		15-20 1590	2	8.7-5.8	67%
● 42-8	LG-2		DR	TK	IC	★
● 0-0	RG-6	잉글랜드	1.1-0.5	0.9-0.5	0.1	4-0	
● 0-0	HG-0					

G	xG	A	xA	SH	SG	PC	P%	SC	BT	DC	TK	IC	A%
상위	상위	하위	상위	하위	하위	하위	하위	하위	하위	상위	상위	상위	하위
39%	27%	46%	41%	32%	37%	21%	24%	6%	15%	48%	12%	36%	45%

Ludovic AJORQUE
평점 6.71
루도빅 아조르케 1994.02.25 / 197cm

2m에 육박하는 어마어마한 피지컬을 주무기로 삼는 타깃맨. 당연히 헤더 등 제공권에서 나오는 모든 플레이가 그의 주 무기다. 롱 패스 카운터어택을 시도할 때 꼭짓점 구실을 하는 전술적 옵션으로 활약하고 있다. 키에만 의존하는 투박한 유형이 아니라 볼 테크닉도 제법 뛰어나다. 그러나 패스는 정교하지 못하다. 이런 유형의 선수가 그렇듯 발도 느리다. 시장 가치는 900만 유로, 추정 연봉은 170만 유로.

슈팅-득점 / 국적 / 2022-23시즌 스트라스부르+마인츠 05 / 포지션

43-6					
12-1			A	P	P%
		24-6 1992	1	21.8-14.1	65%
● 55-7	LG-4		DR	TK	IC	★
● 1-0	RG-2	프랑스	0.7-0.4	0.8-0.4	0.1	6-0	
● 0-0	HG-1					

G	xG	A	xA	SH	SG	PC	P%	SC	BT	DC	TK	IC	A%
하위	하위	하위	상위	하위	하위	상위	하위	상위	상위	하위	하위	하위	상위
36%	41%	17%	45%	42%	42%	18%	21%	38%	13%	14%	36%	38%	9%

전체 슈팅 시도-득점 | 직접프리킥 시도-득점 | PK 시도-득점 | 왼발 득점 | 오른발 득점 | 헤더 득점 | 출전횟수 선발-교체 | 출전시간(MIN) | A 도움 | P 평균 패스 시도-성공 | P% 패스 성공률 | DR 평균드리블 시도-성공 | TK 평균 태클 시도-성공 | IC 평균 인터셉트 | 페어플레이 경고-퇴장 | ★ MOM | G 득점 | xG 득점 기대값 | A 도움 | xA 도움 기대값 | SH 슈팅 시도 | SG 유효 슈팅 | PC 패스 성공 | P% 패스 성공률 | SC 찬스 창출 | BT 볼 터치 | DC 드리블 성공 | TK 태클 | IC 인터셉트 | A% 공중전 승률

평점 6.70 Iñaki WILLIAMS
이냐키 윌리암스　1994.06.15 / 186cm

스페인 바스크 지방에서 태어난 가나 이민자 출신 스트라이커. 리그 최상위권 스피드를 가진 준족 공격수이며, 이를 활용해 상대 수비진 라인을 깨뜨리는 플레이에 대단히 능하다. 그러나 전문 골잡이치고 득점력이 개선되어야 하며, 상대 압박에 취약하다는 단점을 가지고 있다. 이 때문에 스트라이커로 뛰지 않을 경우 우측 날개로 보직 변경해 활약하기도 한다. 시장 가치는 2500만 유로, 추정 연봉은 597만 유로.

슈팅-득점	국적	2022-23시즌 아슬레틱 빌바오	포지션
69-10 / 16-0 / ●85-10 LG-1 / ●0-0 RG-7 / ●2-1 HG-2	스페인	34-2 2853 / A 3 / P 19.7-14.1 / P% 71% / DR 2.9-1.4 / TK 1.0-0.6 / IC 0.2 / 2-0 / ★ 3	

G	xG	A	xA	SH	SG	PC	P%	SC	BT	DC	TK	IC	A%
하위 35%	하위 33%	상위 39%	상위 24%	상위 46%	하위 49%	상위 3%	상위 26%	상위 32%	상위 0%	상위 12%	상위 39%	상위 37%	하위 28%

평점 6.70 Dominic SOLANKE
도미닉 솔란케　1997.09.14 / 187cm

한국에서 열린 2017 FIFA U-20 월드컵 당시 잉글랜드에 우승을 안긴 주역. 본인은 골든볼까지 가져갔다. 뛰어난 피지컬을 활용해 상대 골문 앞에서 수비수와 싸우는 능력이 뛰어나며 문전 해결 능력도 굉장히 준수하다. 활동폭을 넓게 가져가는 선수로, 박스 외곽으로 빠져 동료들의 움직임을 살리는 찬스 메이킹 실력도 출중하다. 다만 테크닉은 투박하다. 시장 가치는 1800만 유로, 추정 연봉은 299만 유로.

슈팅-득점	국적	2022-23시즌 본머스	포지션
66-6 / 10-0 / ●76-6 LG-2 / ●0-0 RG-4 / ●0-0 HG-0	잉글랜드	32-1 2873 / A 7 / P 15.6-10.8 / P% 70% / DR 3.4-1.5 / TK 1.0-0.5 / IC 0.2 / 2-0 / ★ 3	

G	xG	A	xA	SH	SG	PC	P%	SC	BT	DC	TK	IC	A%
하위 11%	하위 20%	상위 12%	상위 42%	하위 39%	하위 44%	하위 19%	상위 46%	상위 7%	상위 37%	상위 6%	상위 43%	상위 46%	하위 22%

평점 6.70 Boulaye DIA
불라이 디아　1996.11.16 / 180cm

2022 FIFA 카타르 월드컵 당시 한 골을 넣으며 세네갈의 16강 진출에 공헌했다. 단단한 피지컬과 왕성한 체력을 갖춘 스트라이커이며, 이를 통해 부지런히 상대 골문 앞에서 전방 압박을 가한다. 골문 앞 해결 능력 못잖게 질 좋은 패스를 뿌릴 수 있다. 주력 역시 준수한 터라 유사시 오른쪽 날개로도 기용된다. 다소 투박하지만 팀에 활기를 불어넣는 타입. 시장 가치는 1400만 유로, 추정 연봉은 179만 유로.

슈팅-득점	국적	2022-23시즌 살레르니타나	포지션
37-14 / 11-2 / ●48-16 LG-7 / ●0-0 RG-9 / ●1-1 HG-0	세네갈 ★	27-6 2527 / A 6 / P 17.5-13.6 / P% 77% / DR 2.8-1.2 / TK 1.0-0.4 / IC 0.2 / 4-0 / ★ 4	

G	xG	A	xA	SH	SG	PC	P%	SC	BT	DC	TK	IC	A%
상위 22%	하위 28%	상위 14%	상위 48%	하위 6%	하위 26%	상위 39%	상위 17%	상위 47%	상위 36%	상위 22%	상위 27%	상위 27%	하위 6%

평점 6.69 MBala NZOLA
음발라 은졸라　1996.08.18 / 185cm

프랑스 태생 앙골라 국적 스트라이커이며 대부분의 커리어를 하부리그에서 쌓았다. 스페치아에 입단한 후부터 비로소 1부리그로서 기량을 검증받았는데, 이는 박스 안팎 할 것 없이 뛰어난 득점력을 발휘하기 때문이다. 벌써 세리에 A 통산 두 번째 두 자릿수 시즌을 가졌다. 그러나 상대 압박에 취약해 공격권을 넘기는 장면이 제법 많이 나오는 편이다. 시장 가치는 650만 유로, 추정 연봉은 102만 유로.

슈팅-득점	국적	2022-23시즌 스페치아	포지션
52-12 / 14-1 / ●66-13 LG-7 / ●0-0 RG-5 / ●3-3 HG-1	앙골라	29-2 2654 / A 2 / P 18.3-14.8 / P% 81% / DR 2.5-1.0 / TK 0.6-0.4 / IC 0.2 / 8-0 / ★ 3	

G	xG	A	xA	SH	SG	PC	P%	SC	BT	DC	TK	IC	A%
상위 44%	하위 43%	하위 30%	상위 25%	하위 21%	하위 15%	상위 40%	상위 45%	하위 45%	상위 37%	상위 24%	상위 32%	상위 32%	하위 20%

평점 6.69 Danny WELBECK
대니 웰백　1990.11.26 / 185cm

유망주 시절부터 최전방 공격수로서 좋은 요소를 두루 갖추고 있다고 평가받았다. 민첩성과 피지컬, 특히 높이 싸움에서 강한 면모를 보여 상대 문전에서 다양한 플레이를 펼칠 수 있는 카드라 평가받았다. 동료를 살리는 연계 역시 준수하다. 이처럼 좋은 장점을 지녔음에도 불구하고 스트라이커로서 반드시 갖추어야 할 득점력이 부족하다는 게 문제다. 시장 가치는 800만 유로, 추정 연봉은 329만 유로.

슈팅-득점	국적	2022-23시즌 브라이튼	포지션
48-4 / 14-2 / ●62-6 LG-1 / ●1-0 RG-2 / ●0-0 HG-3	잉글랜드	21-10 1859 / A 3 / P 14.2-12.1 / P% 85% / DR 1.5-0.8 / TK 0.7-0.5 / IC 0.2 / 0-0 / ★ 2	

G	xG	A	xA	SH	SG	PC	P%	SC	BT	DC	TK	IC	A%
하위 31%	상위 35%	상위 37%	하위 8%	상위 24%	상위 42%	상위 7%	상위 2%	상위 15%	상위 48%	상위 32%	상위 36%	상위 29%	상위 10%

평점 6.68 Martin BRAITHWAITE
마르틴 브레이스웨이트　1991.06.05 / 180cm

빠른 발을 가진 침투형 스트라이커. 덕분에 날개 공격수로도 활약할 수 있다. 볼의 소유 유무를 떠나 속도감 있는 플레이를 펼치는 게 인상적이다. 다만 최전방에서 상대 수비수와 몸싸움을 벌이기엔 체격적으로 좋지 못하다. 동료와 연계 역시 열심히 하는 편이지만, 패스의 질이 좋지 못하다는 게 아쉽다. 뛰어난 사업 능력으로 엄청난 부를 축적한 선수로 유명하다. 시장 가치는 600만 유로, 추정 연봉은 312만 유로.

슈팅-득점	국적	2022-23시즌 에스파뇰	포지션
39-10 / 19-0 / ●58-10 LG-2 / ●4-0 RG-8 / ●0-0 HG-0	덴마크	29-2 2468 / A 3 / P 13.6-9.5 / P% 69% / DR 1.7-0.5 / TK 0.7-0.4 / IC 0.2 / 5-1 / ★ 2	

G	xG	A	xA	SH	SG	PC	P%	SC	BT	DC	TK	IC	A%
하위 44%	하위 32%	하위 33%	하위 8%	하위 26%	하위 19%	하위 32%	하위 5%	하위 8%	하위 30%	하위 30%	상위 48%	상위 48%	상위 38%

| 전체 슈팅 시도-득점 | 직접프리킥 시도-득점 | PK 시도-득점 | LG 왼발 득점 | RG 오른발 득점 | HG 헤더 득점 | 출전횟수 선발-교체 | A 출전시간 분(MIN) | P 평균 패스 시도-성공 | P% 패스 성공률 | DR 평균드리블 시도-성공 | TK 평균 태클 시도-성공 | IC 평균 인터셉트 | 페어플레이 경고-퇴장 | ★ MOM | G 득점 | xG 득점 기대값 | A 도움 | xA 도움 기대값 | SH 슈팅 시도 | SG 유효 슈팅 | PC 패스 성공 | P% 패스 성공률 | SC 패스기회 창출 | BT 볼 터치 | DC 드리블 성공 | TK 태클 | IC 인터셉트 | A% 공중전 승률 |

평점 6.67 Andrea PETAGNA
안드레아 페타냐 1995.06.30 / 190cm

'불도저'라는 별명에서 알 수 있듯 우수한 피지컬을 활용해 굉장히 전술적인 포스트플레이를 가져간다. 본인은 덜 빛나는 타입이지만, 2선 공격수 파트너들은 페타냐가 전방에서 싸워준 덕에 많은 찬스를 얻을 수 있다는 전술적 강점을 가지고 있다. 드리블 등 테크닉도 나무랄 데 없이 좋다. 그러나 스트라이커로서 득점력이 좋지 못하다는 게 아쉽다. 시장 가치는 1000만 유로, 추정 연봉은 333만 유로.

슈팅-득점: 31-4 / 5-0
36-4 LG-4 / 0-0 RG-0 / 1-1 HG-0
국적: 이탈리아
2022-23시즌 몬차: 19-12 1671 A 5 P 13.9-10.3 P% 74%
DR 1.3-0.6 TK 0.3-0.2 IC 0.1 2-0 ★ -

G	xG	A	xA	SH	SG	PC	P%	SC	BT	DC	TK	IC	A%
하위	하위	상위	상위	하위	하위	상위	상위	하위	상위	상위	하위	하위	상위
15%	27%	6%	5%	12%	14%	32%	33%	42%	37%	30%	20%	46%	16%

평점 6.67 Hugo EKITIKE
위고 에키티케 2002.06.20 / 190cm

박스 안 공간 지각 능력이 굉장히 좋다. 어린데도 불구하고 위치 선정이 매우 노련하며, 찬스가 주어지면 낮게 깔리는 정교한 슈팅으로 제법 골을 많이 만들어낸다. 뛰어난 순간 가속도를 가졌기에 라인브레이킹 실력을 더 키운다면 보다 위협적인 공격수로 거듭날 수 있다. 다만 아직 어린 선수라 체력에서 문제가 있다. 후반으로 갈수록 지치는 기색을 보인다. 시장 가치는 2500만 유로, 추정 연봉은 480만 유로.

슈팅-득점: 25-3 / 9-0
34-3 LG-0 / 0-0 RG-3 / 0-0 HG-0
국적: 프랑스
2022-23시즌 PSG: 12-13 1155 A 4 P 12.9-10.7 P% 83%
DR 1.6-0.7 TK 0.8-0.6 IC 0.3 4-0 ★ -

G	xG	A	xA	SH	SG	PC	P%	SC	BT	DC	TK	IC	A%
하위	하위	상위	상위	상위	상위	하위	상위	상위	상위	상위	상위	하위	상위
16%	20%	5%	44%	41%	46%	11%	44%	26%	20%	20%	2%	47%	

평점 6.66 Brennan JOHNSON
브레넌 존슨 2001.05.23 / 179cm

주 포지션은 날개 공격수지만, 스트라이커로도 뛸 수 있다. 중앙 공격수로 뛸 때는 최전방과 2선을 가리지 않는다. 폭발적인 스피드로 터치라인을 휩쓰는 '새로운 웨일스 마법사'. 수비수 처지에서는 감당할 수 없을 수준의 주력의 소유자라 상당히 많은 파울을 유도해낸다. 또한 라인 브레이킹 역시 굉장히 위협적이다. 그러나 포인트 양산 능력은 아쉽다. 시장 가치는 3000만 유로, 추정 연봉은 179만 유로.

슈팅-득점: 43-8 / 12-0
55-8 LG-2 / 0-0 RG-6 / 3-1 HG-0
국적: 웨일스
2022-23시즌 노팅엄 포리스트: 33-5 2941 A 2 P 11.7-7.4 P% 63%
DR 2.3-1.0 TK 1.4-0.9 IC 0.1 6-0 ★ 2

G	xG	A	xA	SH	SG	PC	P%	SC	BT	DC	TK	IC	A%
하위	하위	하위	하위	하위	하위	하위	하위	하위	상위	상위	하위	하위	하위
20%	15%	37%	24%	3%	23%	5%	38%	14%	43%	8%			

평점 6.66 Anthony MODESTE
앙토니 모데스테 1988.04.14 / 184cm

전성기 시절에는 강력한 피지컬과 수준급 스피드를 두루 갖춘 위협적인 스트라이커로 통했다. 하지만 30대 중반에 들어선 지금은 주 무기 중 하나였던 주력이 크게 떨어진 상태다. 포스트 플레이를 통해 골문 앞에서 많은 슈팅을 시도하는 선수지만, 볼이 없을 때도 적절한 위치를 선점해 좋은 찬스를 많이 만들어나간다. 다만 한창 때에도 기복이 좀 있었다. 시장 가치는 100만 유로, 추정 연봉은 600만 유로.

슈팅-득점: 20-2 / 3-0
23-2 LG-0 / 0-0 RG-0 / 0-0 HG-2
국적: 프랑스
2022-23시즌 도르트문트: 7-12 807 A 1 P 6.5-3.9 P% 60%
DR 0.2-0.0 TK 0.4-0.2 IC 0.1 4-0 ★ -

G	xG	A	xA	SH	SG	PC	P%	SC	BT	DC	TK	IC	A%
하위	하위	하위	하위	하위	하위	하위	하위	하위	하위	상위	하위	하위	상위
8%	47%	34%	26%	24%	2%	1%	9%	3%	1%	32%	44%	29%	

평점 6.65 Nicolò CAMBIAGHI
니콜로 캄비아기 2000.12.28 / 173cm

최전방 스트라이커로 뛸 수 있지만, 피지컬이 좋진 않아 레프트 윙으로 뛰는 경우가 좀 더 많다. 오른발을 사용하는 반대발 날개이며, 뛰어난 운동 능력과 테크닉을 앞세워 상대 수비수와 일대일 대결을 즐긴다. 활동량도 우수해 적극적으로 수비에 가담하며 볼 간수 능력도 기본 이상이다. 본인의 설명에 의하면 로렌초 인시녜의 플레이에서 영감을 많이 받았다는 평. 시장 가치는 300만 유로, 추정 연봉은 15만 유로.

슈팅-득점: 24-6 / 12-0
36-6 LG-5 / 0-0 RG-0 / 0-0 HG-1
국적: 이탈리아
2022-23시즌 엠폴리: 12-16 1218 A 1 P 13.6-11.0 P% 81%
DR 2.0-0.9 TK 1.8-1.1 IC 0.3 3-1 ★ 1

G	xG	A	xA	SH	SG	PC	P%	SC	BT	DC	TK	IC	A%
상위	하위	하위	하위	하위	하위	상위	상위	상위	상위	상위	상위	상위	하위
48%	9%	32%	23%	47%	44%	10%	25%	9%	7%	11%	1%	2%	2%

평점 6.65 Andrej KRAMARIC
안드레이 크라마리치 1991.06.19 / 177cm

최전방에서는 포지션을 가리지 않는 다기능 공격 자원. 드리블, 볼 테크닉 등 볼을 가진 상황에서 굉장히 위협적이지만, 침투, 위치 선정 등 볼 없는 상태에서도 날카로운 면모를 보인다. 심지어 많이 뛰는 선수라 수비시 전방에서 적극적으로 상대 수비수를 눌러준다. 그러나 몸싸움에서 약하며, 유독 강팀과 대결에서 존재감이 흐릿해지는 징크스가 있다. 시장 가치는 900만 유로, 추정 연봉은 290만 유로.

슈팅-득점: 48-11 / 15-1
63-12 LG-4 / 4-1 RG-6 / 6-4 HG-2
국적: 크로아티아
2022-23시즌 호펜하임: 26-6 2394 A 3 P 29.2-24.2 P% 83%
DR 1.8-0.9 TK 0.5-0.2 IC 0.2 3-0 ★ 2

G	xG	A	xA	SH	SG	PC	P%	SC	BT	DC	TK	IC	A%
상위	상위	상위	하위	하위	상위	상위	상위	상위	상위	상위	하위	상위	하위
38%	26%	35%	23%	26%	29%	5%	9%	11%	9%	33%	3%	35%	18%

● 전체 슈팅 시도-득점	◐ 직접프리킥 시도-득점	● PK 시도-득점	LG 왼발 득점	RG 오른발 득점	HG 헤더 득점	출전횟수 선발-교체	출전시간 문(MIN)	A 도움	P 평균 패스 시도-성공	P% 패스 성공률	DR 평균드리블 시도-성공	TK 평균 태클 시도-성공	IC 평균 인터셉트	페어플레이 경고-퇴장	★ MOM	G 득점

G 득점 기대값	xG 득점 기대값	A 도움	xA 도움 기대값	SH 슈팅 시도	SG 유효 슈팅	PC 패스 성공	P% 패스 성공률	SC 슈팅기회 창출	BT 볼 터치	DC 드리블 성공	TK 태클	IC 인터셉트	A% 공중전 승률

El Bilal TOURÉ
평점 6.65 · 엘 비랄 투레 · 2001.10.03 / 185cm

코트디부아르 출신이지만 말리 국가대표로 활동하고 있다. 말리의 2019 CAF U-19 챔피언십 우승을 주도해 명성을 얻었다. 최전방 스트라이커와 라이트 윙을 소화할 수 있으며, 뛰어난 주력과 볼 테크닉을 자랑한다. 짧은 스텝을 수반한 드리블로 슈팅 타이밍을 만든 후 골문을 노리는 플레이가 우수하다. 다만 볼을 가지고 돌파할 때 다소 속도가 죽는다. 시장 가치는 1000만 유로로, 추정 연봉은 30만 유로.

슈팅-득점	국적	2022-23시즌 스타드 렌+알메리아	포지션
27-7 / 3-0		16-8 · 1366 · A 2 · P 11.3-8.1 · P% 72%	
●30-7 LG-1 / ●0-0 RG-4 / ●0-0 HG-2	말리	DR 0.8-0.4 · TK 0.3-0.2 · IC 0-0 · 0-0 · ★ 2	

G	xG	A	xA	SH	SG	PC	P%	SC	BT	DC	TK	IC	A%
상위 35%	상위 46%	상위 41%	하위 29%	하위 18%	상위 47%	하위 33%	상위 37%	상위 39%	하위 19%	하위 15%	하위 8%	하위 13%	상위 27%

Youssoufa MOUKOKO
평점 6.65 · 유수파 무코코 · 2004.11.20 / 179cm

분데스리가 역대 최연소 출전 및 득점 기록을 가지고 있는 차세대 월톱 유망주. 아직 신체적으로 미성숙한 선수라 그런지 거친 몸싸움에는 다소 약한 편이지만, 측면 공간을 활용한 침투나 연계를 통해 찬스를 만들어나간다. 킥이 강한 편이라 박스 안팎에서는 어느 위치에서든 골문을 노린다. 드리블도 수준급이나 다소 볼을 끄는 편이라 템포를 죽인다. 시장 가치는 3000만 유로로, 추정 연봉은 300만 유로.

슈팅-득점	국적	2022-23시즌 도르트문트	포지션
24-5 / 11-2		11-15 · 1135 · A 3 · P 7.5-5.2 · P% 71%	
●35-7 LG-4 / ●0-0 RG-2 / ●0-0 HG-1	독일	DR 1.7-0.8 · TK 0.6-0.5 · IC 0.1 · · ★ 1	

G	xG	A	xA	SH	SG	PC	P%	SC	BT	DC	TK	IC	A%
상위 38%	상위 17%	상위 2%	상위 32%	상위 32%	상위 14%	하위 35%	상위 45%	상위 11%	상위 23%	상위 19%	하위 35%	상위 20%

Borja IGLESIAS
평점 6.63 · 보르하 이글레시아스 · 1993.01.17 / 187cm

뛰어난 피지컬과 훌륭한 테크닉을 고루 갖춘 베테랑 스트라이커. 수비수와 몸싸움에서도 쉽게 밀리지 않고 동료를 지능적으로 활용해 공간에 침투해 득점 찬스를 만드는 데 능하다. 기본적으로 볼 다루는 기술이 좋은 선수라 연계 플레이나 낮은 위치에서의 플레이메이킹도 충실히 해낸다. 주력도 기본 이상이며, 오른발잡이지만 왼발도 제법 쓸 안다. 시장 가치는 2500만 유로로, 추정 연봉은 129만 유로.

슈팅-득점	국적	2022-23시즌 레알 베티스	포지션
55-15 / 9-0		29-6 · 2385 · A 3 · P 14.8-11.3 · P% 76%	
●64-15 LG-1 / ●0-0 RG-14 / ●6-5 HG-0	스페인	DR 0.9-0.4 · TK 0.5-0.2 · IC 0.0 · 2-1 · ★ 2	

G	xG	A	xA	SH	SG	PC	P%	SC	BT	DC	TK	IC	A%
상위 24%	상위 18%	상위 38%	하위 33%	상위 30%	상위 28%	상위 42%	하위 15%	하위 27%	하위 21%	하위 17%	하위 15%	하위 19%

André SILVA
평점 6.63 · 안드레 실바 · 1995.11.06 / 185m

골문 앞 암살자. 뛰어난 위치 선정, 그리고 적극적인 라인브레이킹으로 상대에게 골칫거리를 안기며 마무리 능력도 훌륭하다. 안정적인 볼 키핑과 제법 넓은 시야를 활용한 연계도 수준급. 그러나 온더볼보다는 오프더볼 플레이에 특화된 선수다 보니 오프사이드 트랩등 상대의 조직적인 대처에는 약한 편이다. 나쁘지 않은 피지컬을 가졌음에도 몸싸움은 약한 편. 시장 가치는 2000만 유로, 추정 연봉은 500만 유로.

슈팅-득점	국적	2022-23시즌 RB 라이프치히	포지션
53-3 / 7-1		20-11 · 1741 · A 3 · P 15.0-11.0 · P% 74%	
●60-4 LG-2 / ●0-0 RG-2 / ●0-0 HG-0	포르투갈	DR 1.9-0.8 · TK 0.5-0.4 · IC 0.1 · 3-0 · ★ 0	

G	xG	A	xA	SH	SG	PC	P%	SC	BT	DC	TK	IC	A%
하위 29%	상위 38%	상위 9%	하위 34%	상위 26%	상위 32%	상위 19%	하위 24%	상위 22%	상위 31%	상위 36%	하위 45%	하위 24%

Arnaud KALIMUENDO
평점 6.62 · 아르노 칼리뮈앙도 · 2002.01.20 / 175cm

최전방 공격수를 맡기에는 다소 작은 체격을 가졌지만, 단단한 근육 피지컬과 어지간해서는 밀리지 않는 보디 밸런스로 약점을 극복했다. 시원시원한 주력, 왕성한 체력을 바탕으로 한 활동량도 갖춰 종종 측면 자원으로 기용되기도 한다. 때문에 드리블, 크로스 등 골문 앞 동료를 살리는 플레이에도 능하다. 다만 어린 선수다 보니 경기 중 기복이 심한 편이다. 시장 가치는 2500만 유로, 추정 연봉은 150만 유로.

슈팅-득점	국적	2022-23시즌 스타드 렌	포지션
38-6 / 5-1		24-6 · 1862 · A 3 · P 14.3-12.0 · P% 84%	
●43-7 LG-1 / ●0-0 RG-6 / ●0-0 HG-0	프랑스	DR 1.9-0.9 · TK 0.5-0.1 · IC 0.1 · 0-0 · ★ 0	

G	xG	A	xA	SH	SG	PC	P%	SC	BT	DC	TK	IC	A%
하위 30%	하위 32%	상위 46%	상위 48%	하위 19%	하위 38%	상위 31%	상위 4%	상위 24%	상위 34%	상위 23%	상위 47%	하위 30%	하위 1%

●	●	●	LG	RG	HG		⏱	Ⓐ	Ⓟ	Ⓟ%	DR	TK	IC		★	Ⓖ	xG	Ⓐ	xA	SH	SG	PC	P%	SC	BT	DC	TK	IC	A%
전체 슈팅 시도-득점	직접프리킥 시도-득점	PK 시도-득점	왼발 득점	오른발 득점	헤더 득점		출전횟수 선발-교체	출전시간 분(MIN)	도움	평균 패스 시도-성공	패스 성공율	평균드리블 시도-성공	평균 태클 시도-성공	평균 인터셉트	페어플레이 경고-퇴장	MOM	득점	득점 기대값	도움	도움 기대값	슈팅 시도	유효 슈팅	패스 성공	패스 성공율	슈팅기회 창출	볼터치	드리블 성공	태클	인터셉트	공중전 승율

Dany MOTA
평점 6.60
다니 모타
1998.05.02 / 180cm

축구 소국 룩셈부르크 태생 스트라이커. 포르투갈 연령별 대표 출신이나 향후 룩셈부르크 A대표를 선택할 가능성을 배제할 수 없다. 굉장히 역동적인 플레이를 펼치는 스트라이커다. 상대 진영 좁은 공간을 빠르게 돌파하는 우수한 테크닉을 가졌으며, 골문 앞 마무리 능력도 출중하다. 무려 5개 국어를 구사하는 능력자인데, 영어는 하지 못한다. 시장 가치는 550만 유로, 추정 연봉은 44만 유로.

슈팅-득점	국적	2022-23시즌 몬차	포지션

25-5		⏱	Ⓐ	Ⓟ	Ⓟ%	
3-0		21-8	1925	1	19.2-14.2	74%
● 28-5 LG-2	포르투갈	DR	TK	IC		★
● 0-0 RG-3		2.5-1.3	0.6-0.3	0.2	2-0	
● 0-0 HG-4						

Ⓖ	xG	Ⓐ	xA	SH	SG	PC	P%	SC	BT	DC	TK	IC	A%
하위 18%	하위 9%	하위 18%	하위 38%	하위 2%	하위 6%	상위 14%	상위 43%	상위 33%	상위 16%	하위 19%	상위 19%	상위 22%	상위 25%

Ante BUDIMIR
평점 6.60
안테 부디미르
1991.07.22 / 190cm

클래시컬한 스타일을 가진 노장 타깃맨. 좋은 체격 조건을 활용해 상대 문전에서 제공권 다툼 등으로 부지런히 상대 수비수와 싸운다. 위치 선정도 좋아 세트 피스식 득점력이 상당히 위협적이며, 전성기만큼은 아니지만 활동량도 준수해 쉴 새 없이 상대 골문 앞에서 압박을 가한다. 포스트 플레이 이후의 연계 플레이도 OK. 그러나 기복이 있고 패스가 좋지 못하다. 시장 가치는 600만 유로, 추정 연봉은 63만 유로.

슈팅-득점	국적	2022-23시즌 오사수나	포지션

56-8		⏱	Ⓐ	Ⓟ	Ⓟ%	
2-0		22-9	1811	0	10.1-6.3	62%
● 58-8 LG-4	크로아티아	DR	TK	IC		★
● 0-0 RG-0		1.2-0.6	0.9-0.6	0.2	5-0	2
● 0-0 HG-4						

Ⓖ	xG	Ⓐ	xA	SH	SG	PC	P%	SC	BT	DC	TK	IC	A%
하위 48%	하위 48%	하위 40%	하위 1%	상위 30%	상위 45%	하위 17%	하위 14%	상위 16%	하위 48%	하위 20%	상위 27%	상위 24%	

Wesley SAÏD
평점 6.59
웨슬리 사이드
1995.04.19 / 171cm

프랑스 연령별 대표를 두루 거친 영재였지만 기대만큼은 성장하진 못했다. 주로 왼쪽 날개나 세컨드 스트라이커로 출전한다. 순간 가속도가 굉장히 좋은 침투 능력을 가졌으며, 과감한 드리블로 상대 수비진을 파괴하는 데 능하다. 피파울 횟수도 상당히 많다. 측면에서 굉장히 좋은 크로스를 공급한다. 주로 경기 흐름을 바꿀 때 기용되는 교체 자원이다. 시장 가치는 250만 유로, 추정 연봉은 54만 유로.

슈팅-득점	국적	2022-23시즌 랑스	포지션

23-5		⏱	Ⓐ	Ⓟ	Ⓟ%	
4-0		6-15	638	0	8.9-7.3	82%
● 27-5 LG-0	프랑스	DR	TK	IC		★
● 0-0 RG-5		1.2-0.8	0.4-0.2	0.1	2-0	
● 0-0 HG-0						

Ⓖ	xG	Ⓐ	xA	SH	SG	PC	P%	SC	BT	DC	TK	IC	A%
상위 8%	상위 33%	하위 6%	상위 40%	상위 7%	상위 14%	상위 10%	상위 2%	상위 4%	상위 42%	하위 7%	하위 38%	상위 48%	

Sardar AZMOUN
평점 6.59
사르다르 아즈문
1995.01.01 / 186cm

박스 안 움직임이 매우 좋은 스트라이커. 좁은 공간에서도 어떻게든 상대보다 유리한 위치를 찾아내 골망을 흔드는데 능하다. 센터백은 물론 골키퍼와도 공중볼 경합하는 걸 마다하지 않는 저돌성을 갖추었다. 정교한 논스톱 슈팅은 아즈문의 강점 중 하나. 그러나 상대의 그물망 수비에는 약하다. 이는 개인 능력으로 탈압박을 벗어나는 데 미숙하기 때문이다. 시장 가치는 1200만 유로, 추정 연봉은 320만 유로.

슈팅-득점	국적	2022-23시즌 바이에르 레버쿠젠	포지션

26-4		⏱	Ⓐ	Ⓟ	Ⓟ%	
2-0		8-15	917	1	10.7-7.1	66%
● 28-4 LG-0	이란	DR	TK	IC		★
● 0-0 RG-3		0.5-0.3	0.5-0.3	0.1	1-0	
● 0-0 HG-1						

Ⓖ	xG	Ⓐ	xA	SH	SG	PC	P%	SC	BT	DC	TK	IC	A%
하위 33%	상위 41%	상위 35%	하위 2%	상위 48%	상위 46%	상위 44%	상위 19%	하위 47%	하위 49%	상위 20%	상위 31%	하위 49%	하위 18%

Edinson CAVANI
평점 6.59
에딘손 카바니
1987.02.14 / 184cm

전성기 시절에는 굉장히 다이내믹한 플레이로 많은 골을 뽑아낸 스트라이커였다. 특히 박스 안에서 역동적인 헤더 슈팅은 카바니의 전매특허였다. 그리고 한 경기에 모든 체력을 소진하겠다는 각오가 보일 정도로 정말 많이 뛴다. 측면에서도 제법 준수한 플레이를 펼쳐보이는 다기능 자원이다. 다만 터치가 좋지 못하며 종종 치명적인 실수를 저지르는 때가 많다. 시장 가치는 400만 유로, 추정 연봉은 417만 유로.

슈팅-득점	국적	2022-23시즌 발렌시아	포지션

29-5		⏱	Ⓐ	Ⓟ	Ⓟ%	
5-0		20-5	1463	2	13.7-10.4	76%
● 34-5 LG-1	우루과이	DR	TK	IC		★
● 3-0 RG-2		0.4-0.2	0.8-0.4	0.1	6-0	
● 3-2 HG-2						

Ⓖ	xG	Ⓐ	xA	SH	SG	PC	P%	SC	BT	DC	TK	IC	A%
하위 33%	하위 42%	상위 45%	하위 41%	상위 15%	하위 4%	상위 38%	상위 25%	하위 4%	상위 24%	하위 4%	하위 28%	상위 30%	상위 48%

Wilfried KANGA
평점 6.58
윌프리드 캉가
1998.02.21 / 198cm

어마어마한 하드웨어가 인상적인 스트라이커. 2021-2022 시즌 스위스 리그에서 12골을 넣으며 성인 무대에서 본격적으로 두각을 나타내기 시작했다. 강력한 포스트플레이를 주무기로 삼지만, 빅 리그에서는 여러모로 발전할 요소가 많다는 평이다. 특히 볼 다루는 기술이 좋지 못해 턴오버하는 상황이 많고, 기동력이 뒷받침되지 못하다보니 수비 가담 빈도가 적다. 시장 가치는 300만 유로, 추정 연봉은 102만 유로.

슈팅-득점	국적	2022-23시즌 헤르타 베를린	포지션

23-2		⏱	Ⓐ	Ⓟ	Ⓟ%	
2-0		15-8	1421	0	10.6-6.7	63%
● 25-2 LG-0	프랑스	DR	TK	IC		★
● 0-0 RG-1		1.0-0.4	0.3-0.2	0.1	3-0	
● 0-0 HG-1						

Ⓖ	xG	Ⓐ	xA	SH	SG	PC	P%	SC	BT	DC	TK	IC	A%
하위 6%	하위 3%	하위 4%	하위 36%	하위 9%	하위 8%	하위 4%	상위 38%	하위 19%	하위 12%	하위 33%	하위 3%	상위 30%	

범례 아이콘

전체슈팅 시도-성공 · 직접프리킥 시도-성공 · PK 시도-성공 · LG 왼발특점 · RG 오른발특점 · HG 헤더특점 · 출전횟수 선발-교체 · 출전시간 분(MIN) · A 도움 · P 평균패스 시도-성공 · P% 패스성공률 · DR 평균드리블 시도-성공 · TK 평균태클 시도-성공 · IC 평균인터셉트 · 경고-퇴장 · 셰어플레이 · ★ MOM · G 득점 · xG 득점기대값 · A 도움 · xA 도움기대값 · SH 슈팅시도 · SG 유효슈팅 · PC 패스성공 · P% 패스성공률 · SC 슈팅기회창출 · BT 볼터치 · DC 드리블성공 · TK 태클 · IC 인터셉트 · A% 공중전승률

Steffen TIGGES

평점 6.58 · 슈테펜 티게스 · 1998.07.31 / 193cm

정말 많이 뛴다. 심지어 상대 문전뿐만 아니라 2선 아래까지 적극적으로 활동폭을 가져간다. 덕분에 티게스를 선봉에 내세웠을 때 상대가 후방에서 쉽게 빌드업하지 못한다. 전술적 가치가 굉장히 높은 선수라는 얘기다. 훌륭한 체격 조건을 활용한 헤더 역시 유용한 공격 옵션이다. 그러나 발이 느리다. 좋은 왼발 킥을 가졌지만 오른발은 거의 쓰지 못한다. 시장 가치는 2500만 유로, 추정 연봉은 66만 유로.

슈팅-득점	국적	2022-23시즌 FC 쾰른						포지션
31-5		⏱	A	P	P%			
4-1		17-13 1598	1	10.7-6.3	59%			
●35-6 LG-3	독일	DR	TK	IC	★			
●0-0 RG-1		0.8-0.3	0.7-0.4	0.3	1-0	2		
●0-0 HG-2								

G	xG	A	xA	SH	SG	PC	P%	SC	BT	DC	TK	IC	A%
하위 39%	하위 18%	하위 22%	하위 43%	하위 17%	하위 10%	하위 17%	하위 8%	하위 20%	하위 25%	상위 43%	하위 6%	상위 43%	

Andy DELORT

평점 6.57 · 앙디 델로르 · 1991.10.09 / 181cm

본래 라이트 윙이었으나 스트라이커로 포지션을 바꾼 후 좀 더 자신의 재능을 잘 표출하기 시작했다. 강력한 피지컬과 스피드를 활용해 마치 탱크처럼 돌파를 시도한다. 게다가 축구 지능이 좋아 절묘한 타이밍으로 라인브레이킹을 시도해 골을 잡아낸다. 종종 세트 피스 전담 키커로 나설 만큼 데드볼 처리 능력도 좋다. 다만 수비에는 거의 가담하지 않는다. 시장 가치는 1000만 유로, 추정 연봉은 252만 유로.

슈팅-득점	국적	2022-23시즌 니스+낭트						포지션
31-6		⏱	A	P	P%			
13-0		15-11 1252	1	12.8-8.0	62%			
●44-6 LG-1	알제리	DR	TK	IC	★			
●3-0 RG-5		0.8-0.4	0.1	0.1	0-0			
●0-0 HG-0								

G	xG	A	xA	SH	SG	PC	P%	SC	BT	DC	TK	IC	A%
상위 48%	상위 17%	하위 32%	상위 30%	상위 32%	상위 23%	상위 46%	하위 9%	상위 50%	상위 29%	상위 37%	하위 30%	하위 14%	상위 32%

Thijs DALLINGA

평점 6.57 · 티이스 달링가 · 2000.08.03 / 180cm

엑셀시오르 소속이던 2021-2022시즌 에이르스터 디비시(네덜란드 2부)에서 32골을 넣으며 득점왕에 오른 유망주 스트라이커. 해외 진출 첫 시즌인 2022-2023시즌에도 두 자릿수 득점을 달성할 정도로 빼어난 적응력을 보였다. 우수한 헤더와 질 좋은 퍼스트 터치를 가졌으며, 동료를 살리는 패스도 곧잘 한다. 다만 수비 가담이 적고, 오프사이드에 제법 걸린다. 시장 가치는 700만 유로, 추정 연봉은 12만 유로.

슈팅-득점	국적	2022-23시즌 툴루즈						포지션
54-12		⏱	A	P	P%			
7-0		28-8 2363	1	13.9-9.1	65%			
●61-12 LG-3	네덜란드	DR	TK	IC	★			
●0-0 RG-7		0.7-0.3	0.6-0.2	0.1	4-0	1		
●0-0 HG-2								

G	xG	A	xA	SH	SG	PC	P%	SC	BT	DC	TK	IC	A%
상위 37%	하위 44%	하위 14%	상위 22%	하위 36%	상위 33%	하위 27%	하위 20%	하위 7%	하위 12%	하위 10%	하위 11%	하위 27%	상위 37%

Kevin BEHRENS

평점 6.57 · 케빈 베렌스 · 1991.02.03 / 184cm

골문 앞 헤더가 출중한 고공 폭격기. 신장이 그리 크다고는 할 수 없으나 뛰어난 체공 시간을 활용해 문전에서 위협적인 제공권을 장악한다. 상대 수비수의 집중 견제에도 아랑곳하지 않고 볼을 지키는 능력도 준수한 편. 다만 플레이스타일 상 충돌 상황이 많다보니 그만큼 파울도 많다. 독일 내에서는 배구 스타 킴 판 더 발데가 그의 여동생으로 유명하다. 시장 가치는 150만 유로, 추정 연봉은 19만 유로.

슈팅-득점	국적	2022-23시즌 우니온 베를린						포지션
31-8		⏱	A	P	P%			
4-0		17-16 1536	1	14.1-8.4	60%			
●35-8 LG-3	독일	DR	TK	IC	★			
●0-0 RG-2		0.7-0.4	0.8-0.4	0.2	6-0	4		
●0-0 HG-3								

G	xG	A	xA	SH	SG	PC	P%	SC	BT	DC	TK	IC	A%
하위 46%	하위 13%	하위 19%	하위 21%	하위 20%	하위 33%	하위 1%	하위 30%	하위 12%	하위 30%	상위 48%	상위 31%	하위 9%	

Rasmus HØJLUND

평점 6.56 · 라스무스 회이룬 · 2003.02.04 / 191cm

장신임에도 불구하고 전문 윙 못잖은 폭발적 스피드를 갖추고 있다. 이 스피드로 끊임없이 배후 침투를 시도하는데, 상대 수비 처지에서는 실로 골칫거리다. 피지컬이 뒷받침하는 만큼 제공권 다툼에도 밀리지 않으며, 플레이 범위도 상당히 넓어 전술적 가치가 높다. 다만 골잡이로서 득점력은 많이 개선해야 한다. 패스 역시 연계 빈도에 비해 정확하지 않다. 시장 가치는 3500만 유로, 추정 연봉은 64만 유로.

슈팅-득점	국적	2022-23시즌 슈투름 그라츠+아탈란타						포지션
58-11		⏱	A	P	P%			
6-1		24-13 2236	4	13.3-9.7	73%			
●64-12 LG-4	덴마크	DR	TK	IC	★			
●0-0 RG-8		2.2-0.8	0.3-0.1	0.1	1-0	3		
●0-0 HG-0								

G	xG	A	xA	SH	SG	PC	P%	SC	BT	DC	TK	IC	A%
상위 42%	상위 30%	하위 41%	상위 45%	상위 44%	하위 15%	상위 31%	상위 28%	상위 39%	하위 17%	상위 3%	하위 6%	하위 33%	

Antonio SANABRIA

평점 6.56 · 안토니오 사나브리아 · 1996.03.04 / 180cm

골문 앞 골 사냥 능력이 출중하다. 마무리만큼은 확실히 좋은 선수인데, 문제는 스트라이커로서 가진 능력이 여기에 한정되어 있다는 것이다. 패스는 기본 이상이나 연계 플레이가 뛰어난 편은 아니며, 돌파 능력도 좋지 않다. 즉, 가진 능력을 발휘하려면 동료의 도움이 절실한 고전적인 '포처'. 2022-2023시즌 커리어 두 번째 두 자릿수 득점에 성공했다. 시장 가치는 700만 유로, 추정 연봉은 296만 유로.

슈팅-득점	국적	2022-23시즌 토리노						포지션
56-11		⏱	A	P	P%			
12-1		28-5 2442	4	20.8-15.8	76%			
●68-12 LG-3	파라과이	DR	TK	IC	★			
●0-0 RG-7		1.2-0.7	0.5-0.3	0.1	4-0	4		
●1-1 HG-2								

G	xG	A	xA	SH	SG	PC	P%	SC	BT	DC	TK	IC	A%
상위 42%	하위 35%	상위 36%	하위 49%	하위 45%	하위 36%	하위 15%	상위 18%	하위 18%	상위 34%	상위 50%	하위 41%	상위 41%	하위 48%

전체 슈팅 시도-득점 / 직접프리킥 시도-득점 / PK 시도-득점 / LG 왼발 득점 / RG 오른발 득점 / HG 헤더 득점 / 출전횟수 선발-교체 / 출전시간(MIN) / A 도움 / P 평균 패스 / P% 패스 성공률 / DR 평균 드리블 시도-성공 / TK 평균 태클 시도-성공 / IC 평균 인터셉트 / 페어플레이 경고-퇴장 / ★ MOM / G 득점 / xG 득점 기대값 / A 도움 / xA 도움 기대값 / SH 슈팅 시도 / SG 유효 슈팅 / PC 패스 성공 / P% 패스 성공률 / SC 슈팅기회 창출 / BT 볼터치 / DC 드리블 성공 / TK 태클 / IC 인터셉트 / A% 공중전 승률

Jordan SIEBATCHEU

평점 6.56 조던 시베체우 — 1996.04.26 / 191cm

강력한 피지컬로 상대 센터백과 골문 앞 전쟁을 벌이는 공격수. 단순히 몸싸움에만 능한 게 아니라 굉장히 지능적인 포지셔닝으로 득점 찬스를 만들어낸다. 특히 큰 신장을 활용한 헤더가 굉장히 위력적이다. 어떤 상황에서든 크로스를 헤더로 연결하는 좋은 제공권 스킬을 가졌다. 다만 이런 유형의 선수가 대개 그렇듯 스피드가 느린데다 많이 뛰지 않는다. 시장 가치는 900만 유로, 추정 연봉은 174만 유로.

슈팅-득점	국적		2022-23시즌 우니온 베를린			포지션
32-3		⏱	A	P	P%	
2-1	미국	16-15 1359	3	9.7-5.4	56%	
●34-3 LG-0		DR	TK	IC	★	
●0-0 RG-2		0.5-0.3 1.0-0.5	0.1	3-0	2	
●2-0 HG-2						

G	xG	A	xA	SH	SG	PC	P%	SC	BT	DC	TK	IC	A%
하위	하위	상위	상위	하위	하위	하위	하위	하위	하위	하위	상위	상위	상위
12%	17%	21%	39%	24%	2%	0%	3%	27%	28%	24%	22%	44%	18%

Sergio CAMELLO

평점 6.54 세르히오 카메요 — 2001.02.10 / 177cm

아틀레티코 마드리드가 원 소속팀이며, 현재 임대를 통해 수련중이다. 2021-2022시즌 두 자릿수 득점을 올린 적은 있지만, 1부리그에서는 아직 폭발력을 보여준 적은 없다. 아틀레티코 마드리드 유스 출신의로, 강력한 킥 능력을 갖추고 있어 적당한 사정 거리가 주어지면 적극적으로 골문을 노린다. 다만 피지컬이 좋지 못해 공중볼 다툼 등에서 열세를 보인다. 시장 가치는 1000만 유로, 추정 연봉은 46만 유로.

슈팅-득점	국적		2022-23시즌 라요 바예카노			포지션
56-5		⏱	A	P	P%	
20-1	스페인	27-11 2412	5	13.4-10.6	79%	
●76-5 LG-2		DR	TK	IC	★	
●0-0 RG-4		1.2-0.6 0.7-0.4	0.1	2-0	1	
●0-0 HG-0						

G	xG	A	xA	SH	SG	PC	P%	SC	BT	DC	TK	IC	A%
하위	하위	상위	상위	하위	하위	상위	상위	하위	하위	상위	하위	하위	하위
16%	16%	24%	34%	33%	0%	45%	14%	48%	21%	45%	16%	16%	25%

Patrik SCHICK

평점 6.54 파트리크 시크 — 1996.01.24 / 191cm

유로 2020 실버부트(득점 2위). 압도적인 하드웨어를 가져 포스트플레이 등 박스 안에서 굉장히 위협적인 선수다. 그런데 한때 레프트 윙으로 뛰었을 만큼 발까지 빠르다. 드리블 테크닉은 좋다고 볼 수 없으나, 적당한 공간이 있으면 시원시원한 스피드로 상대 수비진을 파괴한다. 활동량이 많은 유형은 아니며, 온전히 골 사냥에만 집중하는 타입이다. 시장 가치는 3000만 유로, 추정 연봉은 600만 유로.

슈팅-득점	국적		2022-23시즌 바이에르 레버쿠젠			포지션
29-3		⏱	A	P	P%	
5-0	체코	10-4 941	0	17.2-12.0	70%	
●34-3 LG-2		DR	TK	IC	★	
●1-0 RG-0		1.2-0.6 0.1-0.1	0.1	0-0	0	
●0-0 HG-1						

G	xG	A	xA	SH	SG	PC	P%	SC	BT	DC	TK	IC	A%
하위	상위	상위	하위	상위	상위	하위	상위	상위	하위	하위	하위	하위	상위
10%	33%	26%	6%	18%	43%	36%	34%	49%	47%	40%	1%	32%	39%

Mounaïm EL IDRISSY

평점 6.54 무나임 엘 드리시 — 1999.02.10 / 181cm

본래 포지션이 라이트윙이었다. 즉, 위협적인 스피드를 기본 장착하고 있다. 다만 스트라이커로 보직 변경한 후에도 주요 활동 범위는 우측에 치우치는 경향을 보인다. 활동량도 상당히 많아 수시로 상대 수비를 전방 압박한다. 크다고 할 수 없으나 단단한 체격을 갖춰 수비수와 몸싸움도 곧잘 해낸다. 제공권 다툼에서도 어지간해서는 밀리지 않는 편이다. 시장 가치는 180만 유로, 추정 연봉은 2만 유로.

슈팅-득점	국적		2022-23시즌 AC 아작시오			포지션
41-6		⏱	A	P	P%	
9-0	프랑스	30-2 2509	0	18.8-13.0	69%	
●50-6 LG-1		DR	TK	IC	★	
●0-0 RG-4		0.9-0.4 1.7-1.0	0.3	10-0	2	
●0-0 HG-1						

G	xG	A	xA	SH	SG	PC	P%	SC	BT	DC	TK	IC	A%
하위	하위	하위	하위	하위	상위	하위	상위	하위	상위	상위	상위	하위	하위
15%	14%	1%	2%	18%	48%	35%	9%	48%	11%	6%	5%	5%	30%

Kevin GAMEIRO

평점 6.54 케빈 가메이로 — 1987.05.09 / 172cm

전성기 시절 굉장히 영리하고 다이내믹한 플레이를 펼쳤었다. 프랑스 국가대표로도 한때 활약했던 가메이로의 최대 강점은 재빠른데다 상대 수비 허를 찌르는 오프더볼 움직임이었다. 종종 측면 자원으로 뛰었을 만큼 민첩하고 스피드도 훌륭한 수준. 다만 커리어 내내 기복이 심하다는 평을 받았다. 아틀레티코 마드리드 시절에는 주로 교체 자원으로 쓰였다. 시장 가치는 150만 유로, 추정 연봉은 144만 유로.

슈팅-득점	국적		2022-23시즌 스트라스부르			포지션
41-9		⏱	A	P	P%	
5-1	프랑스	23-11 2103	0	21.1-17.0	80%	
●46-10 LG-3		DR	TK	IC	★	
●0-0 RG-7		1.4-0.7 1.1-0.6	0.3	4-0	1	
●2-1 HG-0						

G	xG	A	xA	SH	SG	PC	P%	SC	BT	DC	TK	IC	A%
상위	하위	하위	상위	하위	상위	하위	상위	상위	하위	상위	상위	상위	하위
45%	34%	6%	32%	12%	41%	7%	9%	44%	12%	45%	23%	13%	14%

BETO

평점 6.54 베투 — 1998.01.31 / 194cm

세리에 A 진출 후 2년 연속 두 자릿수 득점을 올려 빅 클럽으로부터 최근 주목받고 있다. 기니비사우 혈통을 가진 포르투갈 장신 공격수이며, 큰 키에 비해 굉장히 좋은 드리블 스킬을 가졌다. 기본 이상의 탈압박 능력도 갖추고 있다. 적당하게 공간이 주어지면 치고 달려 상대를 제칠 수 있을 정도로 준수한 스피드도 자랑한다. 연계 플레이도 훌륭한 편. 시장 가치는 1300만 유로, 추정 연봉은 19만 유로.

슈팅-득점	국적		2022-23시즌 우디네세			포지션
52-10		⏱	A	P	P%	
9-0	포르투갈	23-10 2132	1	8.9-5.9	66%	
●61-10 LG-3		DR	TK	IC	★	
●0-0 RG-6		2.3-1.1 0.9-0.5	0.2	2-0	3	
●1-1 HG-1						

G	xG	A	xA	SH	SG	PC	P%	SC	BT	DC	TK	IC	A%
상위	상위	상위	하위	상위	상위	하위	하위	하위	하위	상위	상위	상위	상위
48%	33%	15%	46%	48%	32%	2%	4%	33%	13%	44%	44%	26%	15%

전체 슈팅 시도-득점 | 직접프리킥 시도-득점 | PK 시도-득점 | 왼발 득점 | 오른발 득점 | 헤더 득점 | 출전횟수 선발-교체 | 출전시간 분(MIN) | A 도움 | P 평균 패스 시도-성공 | P% 패스 성공률 | DR 평균드리블 시도-성공 | TK 평균 태클 시도-성공 | IC 평균 인터셉트 | 페어플레이 경고-퇴장 | ★ MOM | G 득점 | xG 득점 기대값 | A 도움 | xA 도움 기대값 | SH 슈팅 시도 | SG 유효 슈팅 | PC 패스 성공 | P% 패스 성공률 | SC 슈팅기회 창출 | BT 볼 터치 | DC 드리블 성공 | TK 태클 | IC 인터셉트 | A% 공중전 승률

Gianluca SCAMACCA 잔루카 스카마카
평점 6.53 — 1999.01.01 / 195cm

체격 조건만 보면 투박한 타깃맨처럼 보이지만 그렇지 않다. 볼 테크닉이 대단히 훌륭하다. 이를 자신의 하드웨어 강점과 적절히 결부시켜 동료들에게 찬스를 내주는 플레이가 매우 좋다. 중장거리 패스로 공격을 풀어갈 때 유용한 전술적 옵션이라 할 수 있다. 박스 외곽에서는 이따금 강력한 중거리 슛으로 골망을 흔드는 모습을 보일 정도로 킥력이 좋다. 시장 가치는 2700만 유로, 추정 연봉은 468만 유로.

슈팅-득점 19-1 / 11-2 | ●30-3 LG-0 | ●1-0 RG-3 | ●0-0 HG-0 | 국적 이탈리아 | 2022-23시즌 웨스트햄 유나이티드: 11-5 929 0 11.0-7.4 67% / DR 0.8-0.4 TK 0.6-0.6 IC 0.3 3-0 ★

| G | xG | A | xA | SH | SG | PC | P% | SC | BT | DC | TK | IC | A% |
|하위 32%|하위 10%|하위 6%|하위 17%|상위 29%|하위 44%|하위 20%|하위 39%|상위 50%|하위 4%|하위 28%|상위 20%|상위 13%|상위 38%|

Patson DAKA 팻슨 다카
평점 6.53 — 1998.10.09 / 183cm

레드불 잘츠부르크 시절 황희찬과 합(슴)을 맞추었던 잠비아 골잡이. 아프리칸 특유의 운동 능력을 앞세운 저돌적인 돌파로 승부한다. 측면에서 중앙으로 파고들어 골문을 겨냥하는 플레이가 특기다. 박스 안에서 수비수와 몸싸움을 하는 과정에서도 제법 준수하다. 그러나 공중볼 다툼에서는 열세를 보인다. 강팀과 대결에서 약하다는 것도 아쉬운 대목. 시장 가치는 2000만 유로, 추정 연봉은 448만 유로.

슈팅-득점 24-2 / 6-2 | ●30-4 LG-1 | ●0-0 RG-3 | ●0-0 HG-0 | 국적 잠비아 | 2022-23시즌 레스터 시티: 13-17 1181 4 9.0-6.1 68% / DR 0.6-0.2 TK 0.8-0.5 IC — 2-0 ★

| G | xG | A | xA | SH | SG | PC | P% | SC | BT | DC | TK | IC | A% |
|하위 33%|하위 15%|상위 4%|상위 8%|하위 32%|상위 26%|하위 33%|하위 36%|상위 48%|상위 20%|하위 13%|하위 3%|상위 30%| |

Assan CEESAY 아산 시세이
평점 6.52 — 1994.03.17 / 188cm

커리어 내내 스몰 리그에서 활약하다 2022-2023시즌부터 세리에 A에서 뛸 기회를 잡은 대기만성형 공격수. 날카롭고 강력한 왼발 슈팅을 가졌으나, 지나치게 왼발에 의존하는 편이다. 지능적으로 골문 앞에서 좋은 위치를 선점해 해결하는 능력이 좋다. 침투 능력과 수비 가담 역시 수준급. 그러나 동료와 연계에 약하며, 자주 오프사이드에 걸리는 편이다. 시장 가치는 300만 유로, 추정 연봉은 128만 유로.

슈팅-득점 34-5 / 8-1 | ●42-6 LG-4 | ●0-0 RG-2 | ●1-1 HG-0 | 국적 감비아 | 2022-23시즌 레체: 20-14 1818 0 11.0-6.5 59% / DR 1.1-0.6 TK 0.9-0.7 IC 0.1 2-0 ★1

| G | xG | A | xA | SH | SG | PC | P% | SC | BT | DC | TK | IC | A% |
|하위 33%|하위 12%|하위 6%|하위 4%|하위 21%|하위 3%|하위 14%|하위 7%|하위 17%|하위 33%|상위 29%|상위 9%|하위 42%|상위 39%|

Arthur CABRAL 아르투르 카브랄
평점 6.52 — 1998.04.25 / 186cm

2020-2021시즌 스위스 리그에서 우승·MVP·득점왕을 싹쓸이한 뒤 피오렌티나와 유니폼을 입었다. 탄탄한 체격 조건을 활용한 포스트 플레이와 오프더볼 움직임이 뛰어나며, 이를 통해 이타적 플레이에 주력하지만 찬스가 오면 굉장히 과감해진다. 종종 주 무기인 화려한 왼발 발리슈팅이나 중거리 슛으로 원더골을 만들어내기도 한다. 드리블도 위협적이다. 시장 가치는 1400만 유로, 추정 연봉은 218만 유로.

슈팅-득점 34-5 / 8-1 | ●42-6 LG-4 | ●0-0 RG-2 | ●2-2 HG-0 | 국적 브라질 | 2022-23시즌 피오렌티나: 15-13 1433 1 9.4-6.5 69% / DR 1.3-0.6 TK 0.5-0.3 IC 0.0 4-0 ★1

| G | xG | A | xA | SH | SG | PC | P% | SC | BT | DC | TK | IC | A% |
|상위 27%|상위 26%|하위 27%|하위 8%|상위 43%|상위 29%|하위 42%|상위 29%|상위 43%|상위 43%|상위 9%|하위 43%|하위 9%|상위 20%|

Sam LAMMERS 샘 라머르스
평점 6.52 — 1997.04.30 / 191cm

2018-2019시즌 16골을 터뜨리며 에레디비시에 정상급 공격수로 두각을 보였으나 이것 이외에는 이렇다 할 성과는 없다. 큰 체격 조건을 갖춘 스트라이커로서 적극적으로 포스트 플레이를 시도한다. 또한 볼 다루는 기술 역시 굉장히 우수하다. 강인한 체력을 바탕으로 수비에도 적극 가담한다. 그러나 득점력은 좋지 않아 포인트 양상 능력이 매우 취약하다. 시장 가치는 240만 유로, 추정 연봉은 103만 유로.

슈팅-득점 41-1 / 10-1 | ●51-2 LG-0 | ●0-0 RG-1 | ●0 HG-1 | 국적 네덜란드 | 2022-23시즌 엠폴리+삼프도리아: 23-10 1989 2 14.5-9.6 66% / DR 1.5-0.7 TK 1.4-1.0 IC 0.3 1-0 ★1

| G | xG | A | xA | SH | SG | PC | P% | SC | BT | DC | TK | IC | A% |
|하위 3%|하위 5%|하위 35%|상위 27%|하위 35%|하위 17%|하위 47%|하위 30%|상위 45%|상위 36%|상위 24%|상위 3%|상위 12%|상위 29%|

●	●	●	LG	RG	HG	⬚	⏱	A	P	P%	DR	TK	IC	◨	★	G	xG	A	xA	SH	SG	PC	P%	SC	BT	DC	TK	IC	A%
전체슈팅시도-득점	직접프리킥시도-득점	PK시도-득점	왼발득점	오른발득점	헤더득점	출전횟수선발·교체	출전시간분(MIN)	도움	평균패스시도-성공	패스성공률	평균드리블시도-성공	평균태클시도-성공	평균인터셉트	경고·퇴장	페어플레이MOM	득점	득점기대값	도움	도움기대값	슈팅시도	유효슈팅	패스성공	패스성공률	슈팅기회창출	볼터치	드리블성공	태클	인터셉트	공중전승률

Marcus INGVARTSEN

평점 6.51
마르쿠스 잉바첸 · 1996.01.04 / 182cm

덴마크 U-21 대표팀 통산 최다 득점자에 랭크되어 있다. 레프트윙을 제외한, 공격진에서 모든 포지션에서 뛸 수 있다. 안정적인 볼 터치를 자랑하며, 볼 다루는 테크닉도 수준급. 세트 피스 전담 키커로도 나설 만큼 정교한 왼발 킥이 최대 강점이다. 최전방에서 활약하며 쉴 새 없이 뛰어다니며 전방 압박을 가한다. 그러나 찬스 빈도에 비해 결정력이 아쉽다. 시장 가치는 450만 유로, 추정 연봉은 72만 유로.

슈팅-득점	국적	2022-23시즌 마인츠 05	포지션

32-10			
4-0			

	⏱	A	P	P%
16-12	1318	0	12.1-8.1	67%

● 36-10	LG-5	덴마크	DR	TK	IC	◨	★
● 1-0	RG-4		1.3-0.4	0.5-0.1	0.1	2-0	0
● 4-4	HG-1						

G	xG	A	xA	SH	SG	PC	P%	SC	BT	DC	TK	IC	A%
상위 8%	상위 14%	하위 6%	하위 7%	하위 29%	하위 37%	상위 42%	하위 32%	하위 3%	하위 24%	하위 47%	하위 9%	상위 23%	하위 24%

Borja MAYORAL

평점 6.51
보르하 마요랄 · 1997.04.05 / 182cm

2020-2021시즌 유로파리그 공동 득점왕 중 하나이다. 최전방에서 뛰어난 연계 플레이로 동료들에게 많은 찬스를 제공한다. 안정적인 볼 키핑과 스피드도 강점으로 꼽히며, 상대 문전에만 머물지 않고 적극적으로 2선으로 내려와 볼을 받아주는 팀 플레이를 펼친다. 그러나 피지컬에 비해 몸싸움과 공중볼 다툼에 약하며, 수비 가담은 다소 서투르다. 시장 가치는 900만 유로, 추정 연봉은 479만 유로.

슈팅-득점	국적	2022-23시즌 헤타페	포지션

46-7			
6-1			

	⏱	A	P	P%
33-2	2775	2	21.0-16.4	78%

● 53-8	LG-5	스페인	DR	TK	IC	◨	★
● 0-0	RG-2		2.0-0.9	1.0-0.3	0.1	4-0	1
● 2-0	HG-1						

G	xG	A	xA	SH	SG	PC	P%	SC	BT	DC	TK	IC	A%
하위 25%	하위 12%	하위 29%	하위 31%	하위 5%	하위 9%	상위 21%	상위 19%	하위 44%	상위 46%	하위 10%	하위 23%	하위 10%	

Jørgen Strand LARSEN

평점 6.50
예르겐 스트란 라르센 · 2000.02.06 / 193cm

골문 앞 찬스가 주어질 때 뛰어난 집중력을 발휘하는 노르웨이 장신 스트라이커. 갑작스러운 세컨드 볼 찬스에도 침착하게 대처해 골을 만들어낸다. 수비수와 경합 중에서도 볼을 다루며 종종 시저스 킥으로 원더골에 도전하는 모습을 보인다. 스피드는 빠르다고는 볼 수 없으나, 역습에는 제법 충실히 가담하는 편. 다만 연계에는 다소 취약하다. 시장 가치는 1100만 유로, 추정 연봉은 45만 유로.

슈팅-득점	국적	2022-23시즌 흐로닝언+셀타 비고	포지션

46-5			
5-0			

	⏱	A	P	P%
24-12	2073	5	10.9-7.6	70%

● 51-5	LG-1	노르웨이	DR	TK	IC	◨	★
● 0-0	RG-3		1.0-0.5	1.1-0.5	0.1	4-0	1
● 0-0	HG-1						

G	xG	A	xA	SH	SG	PC	P%	SC	BT	DC	TK	IC	A%
하위 14%	하위 21%	상위 16%	상위 41%	하위 24%	하위 29%	하위 48%	하위 6%	하위 27%	하위 39%	하위 27%	상위 44%	하위 27%	

Lukas NMECHA

평점 6.48
루카스 은메차 · 1998.12.14 / 185cm

연령별 대표 시절 2019 UEFA U-19 챔피언십은 잉글랜드 유니폼을 입고, 2021 UEFA U-21 챔피언십은 독일 소속으로 우승한 특이한 이력을 가지고 있다. 현재 독일 국가대표 스트라이커이며, 크고 단단한 체격 조건을 앞세워 골문 앞에서 전통적인 포스트 플레이를 통해 동료에게 찬스를 제공하는데 능하다. 그러나 득점력에는 다소 기복이 있는 게 단점. 시장 가치는 1400만 유로, 추정 연봉은 62만 유로.

슈팅-득점	국적	2022-23시즌 볼프스부르크	포지션

18-4			
4-0			

	⏱	A	P	P%
10-6	901	0	12.4-8.2	66%

● 22-4	LG-1	독일	DR	TK	IC	◨	★
● 0-0	RG-3		1.6-0.7	0.3-0.3	0.2	3-0	0
● 0-0	HG-0						

G	xG	A	xA	SH	SG	PC	P%	SC	BT	DC	TK	IC	A%
하위 48%	하위 25%	하위 6%	하위 9%	하위 20%	하위 35%	상위 34%	상위 32%	하위 47%	상위 40%	상위 36%	하위 17%	상위 36%	상위 27%

Youssef EN-NESYRI

평점 6.45
유세프 엔 네시리 · 1997.06.01 / 188cm

뛰어난 체격 조건과 테크닉을 두루 갖춘 스트라이커. 양발을 가리지 않는 매서운 슈팅 능력이 일품이다. 체격 조건에 비해 민첩하며, 최근 수년간 포스트 플레이의 파괴력을 높였다는 평가를 받고 있다. 수비 가담도 굉장히 열심히 한다. 하지만 지나치게 솔로 플레이에 의존할 때가 많다. 동료들과 조직적인 연계도 수준을 높여야 하며, 기복도 없어야 한다. 시장 가치는 1500만 유로, 추정 연봉은 300만 유로.

슈팅-득점	국적	2022-23시즌 세비야	포지션

57-8			
3-0			

	⏱	A	P	P%
17-14	1660	1	7.4-4.9	66%

● 60-8	LG-4	모로코	DR	TK	IC	◨	★
● 0-0	RG-1		0.7-0.1	0.8-0.5	0.1	4-0	0
● 0-0	HG-3						

G	xG	A	xA	SH	SG	PC	P%	SC	BT	DC	TK	IC	A%
상위 32%	상위 45%	하위 13%	하위 18%	상위 18%	상위 16%	하위 9%	하위 31%	하위 9%	하위 8%	하위 8%	상위 17%	상위 42%	하위 46%

Komnen ANDRIC

평점 6.42
콤넨 안드리치 · 1995.07.01 / 189cm

지난 시즌 선발 출전 16회에 교체 출전 18회였다. 팀의 완벽한 조커였다. 189cm의 큰 체격에 파워가 좋다. 박스 안에서 위치를 잘 잡고 양발과 머리 등 다양한 패턴으로 슈팅을 시도한다. 2013년 라드니츠키에서 데뷔한 이래 현재의 클레어몽풋까지 10년간 8번이나 소속팀이 바뀐 '저니맨'이다. 세르비아 U-20 대표 출신이지만 국가대표 경험은 없다. 시장 가치는 180만 유로, 추정 연봉은 30만 유로.

슈팅-득점	국적	2022-23시즌 클레어몽 풋	포지션

25-4			
5-0			

	⏱	A	P	P%
16-18	1442	3	12.5-9.5	75%

● 29-4	LG-0	세르비아	DR	TK	IC	◨	★
● 0-0	RG-3		0.4-0.2	0.8-0.4	0.2	4-0	0
● 2-1	HG-1						

G	xG	A	xA	SH	SG	PC	P%	SC	BT	DC	TK	IC	A%
하위 22%	하위 33%	하위 24%	상위 9%	하위 18%	하위 15%	상위 22%	하위 20%	하위 23%	하위 9%	상위 25%	하위 3%	하위 42%	

중앙 MF
& 수비형 MF

미드필더는 그라운드의 '야전사령관'이다. 상대의 공을 뺏고, 공격과 수비를 연결하며 공격에도 적극적으로 가담한다. 필드 한가운데 위치하기에 넓은 시야를 바탕으로 경기를 조율한다. 이 포지션은 야구의 포수, 미식축구의 쿼터백, 농구의 포인트가드, 배구의 세터와 자주 비교된다. 미드필더의 가장 큰 임무는 팀 공격과 수비의 밸런스를 유지시키는 일이다. 지구력이 강하고, 축구 IQ가 높아야 하며 최고의 패스 능력을 갖춰야 제대로 역할을 할 수 있다. 미드필더는 플레이메이커, 딥-라잉 플레이메이커, 수비형 미드필더, 박스-투-박스 등 여러 기능이 있다. 중앙 미드필더 중 윙을 겸하는 선수를 하프윙이라 부른다(이탈리아어 메찰라). 지난 시즌 유럽 5대리그 최고의 미드필더는 케빈 더브라위너였다. 또한, 주드 벨링엄, 요주아 키미히, 로드리, 엔조 르페 등도 야전사령관으로서 톡톡히 제 몫을 해냈다.

●	●	●	LG	RG	HG			A	P	P%	DR	TK	IC		★	G	A	SH	SG	PC	P%	LC	L%	SC	BT	DC	TK	IC	BR
전체 슈팅 시도-득점	직접프리킥 시도-득점	PK 시도-득점	왼발 득점	오른발 득점	헤더 득점	출전횟수 선발·교체	출전시간 분(MIN)	도움	평균 패스 시도-성공	평균 패스 성공률	평균 드리블 시도-성공	평균 태클 시도-성공	평균 인터셉트	페어플레이 경고·퇴장	MOM	득점	도움	슈팅 시도	유효 슈팅	패스 성공	패스 성공률	롱패스 성공	롱패스 성공률	슈팅기회 창출	볼 터치	드리블 성공	태클	인터셉트	리커버리

Kevin DE BRUYNE

평점 **7.58**

케빈 더브라위너   1991.06.28 / 181cm

SCOUTING REPORT

세계 최고의 중앙 미드필더. '월드클래스'라는 수식어가 전혀 어색하지 않다. 지난 시즌 EPL 도움왕(16어시스트)을 차지했다. 탄탄한 기본기를 바탕으로 흔들림 없는 플레이가 강점이다. 간결하고 빠른 드리블로 공격을 이끈다. 모든 패스에 능하고 중거리슛도 일품이다. 축구선수로서 모든 장점을 가졌다. 30대에 접어들면서 잔부상이 늘고 있는 것은 아쉬운 부분.

PLAYER'S HISTORY

2022~23시즌 맨체스터 시티의 트레블 일등공신이다. 벨기에 국민이 가장 사랑하는 운동선수. 독일서 함께 뛴 인연으로 손흥민과 친하다. 한국 팬도 많다. 대표적 인물은 봉준호 감독. 시장 가치 7000만 유로, 추정 연봉은 2418만 유로.

슈팅-득점	국적		2022-23시즌 맨체스터 시티					포지션
16-3 / 49-4			28-4	2425	16	42.5-34.4	81%	
● 65-7 LG-2	벨기에		DR	TK	IC		★	
● 7-1 RG-5			1.9-1.1	1.8-0.9	0.3	1-0	9	
● 0-0 HG-0								

유럽 5대리그 중앙 미드필더 & 수비형 미드필더 항목별 랭킹(90분 기준 기록, 100분율)

G	A	SH	SG	PC	P%	LC	L%	SC	BT	DC	TK	IC	BR
상위 5%	상위 1%	상위 3%	상위 4%	상위 43%	하위 8%	상위 20%	하위 25%	상위 1%	상위 27%	상위 21%	하위 3%	하위 2%	상위 1%

Jude BELLINGHAM

평점 **7.58**

주드 벨링엄   2003.06.29 / 186cm

SCOUTING REPORT

스티븐 제라드의 후계자다. 미드필더 전포지션을 소화할 수 있다. 가장 빛나는 위치는 많이 뛰면서 공수 플레이에 최대한 관여할 수 있는 박스투박스 중앙 미드필더. 어린 나이임에도 축구 지능이 탁월하고 경기장을 보는 시야가 넓다. 득점과 어시스트 모두 능하다. 미드필더임에도 지난 시즌 분데스리가서 8골 4도움을 기록했다. 의욕이 넘쳐 카드를 많이 받는 편.

PLAYER'S HISTORY

17살이던 2000년 A매치에 데뷔했다. 카타르 월드컵을 통해 에이스로 우뚝 섰다. 도르트문트서 기량을 꽃피운 뒤 2023년 6월 레알 마드리드로 이적했다. 등번호는 5번. 시장 가치 1억2000만 유로, 추정 연봉은 2000 만 유로.

슈팅-득점	국적		2022-23시즌 도르트문트					포지션
42-6 / 25-2			30-1	2693	4	51.1-42.4	83%	
● 67-8 LG-2	잉글랜드		DR	TK	IC		★	
● 2-0 RG-6			5.0-2.9	3.0-2.5	1.0	8-0	6	
● 1-1 HG-0								

유럽 5대리그 중앙 미드필더 & 수비형 미드필더 항목별 랭킹(90분 기준 기록, 100분율)

G	A	SH	SG	PC	P%	LC	L%	SC	BT	DC	TK	IC	BR
상위 1%	상위 28%	상위 6%	상위 9%	상위 40%	상위 45%	상위 24%	상위 22%	상위 7%	상위 3%	상위 1%	상위 27%	상위 29%	하위 48%

Joshua KIMMICH

평점 **7.47**

요주아 키미히   1995.02.08 / 177cm

SCOUTING REPORT

월드클래스 수비형 미드필더 중 한 명이다. 좌우 풀백은 물론 공격 포지션까지 소화 가능하다. 명품으로 불리는 패스 및 크로스 능력을 자랑한다. 경기를 보는 시야가 탁월하다. 영리하면서 지능적인 플레이를 펼친다. 위치선정, 활동량, 압박, 볼배급 등 수비형 미드필더에 필요한 모든 것을 갖췄다. 부상도 거의 당하지 않는다. 잘 흥분하는 다혈질 성격은 옥에 티.

PLAYER'S HISTORY

라이프치히, 슈투트가르트를 거쳐 2015년부터 바이에른 뮌헨서 활약 중이다. 2016년부터 독일 대표팀을 지키고 있다. 한국팬들 사이에선 '김미희'라는 별명으로 불린다. 시장 가치 7500만 유로, 추정 연봉은 1950만 유로.

슈팅-득점	국적		2022-23시즌 바이에른 뮌헨					포지션
6-3 / 22-2			32-1	2815	6	75.2-67.6	90%	
● 28-5 LG-0	독일		DR	TK	IC		★	
● 3-1 RG-5			0.8-0.4	3.5-2.1	1.1	4-1	4	
● 1-1 HG-0								

유럽 5대리그 중앙 미드필더 & 수비형 미드필더 항목별 랭킹(90분 기준 기록, 100분율)

G	A	SH	SG	PC	P%	LC	L%	SC	BT	DC	TK	IC	BR
상위 25%	상위 6%	상위 35%	상위 18%	상위 2%	상위 32%	상위 1%	하위 41%	상위 4%	하위 1%	상위 23%	상위 29%	상위 14%	상위 12%

RODRI

평점 **7.30**

로드리   1996.06.22 / 191cm

SCOUTING REPORT

191cm라는 큰 키에 압도적인 피지컬을 자랑한다. 볼 컨트롤이 뛰어나 상대 강한 압박에도 쉽게 빠져나온 뒤 날카로운 패스를 연결한다. 수비형 미드필더로서 수비 라인을 보호하는 것을 넘어 역습을 위한 빌드업의 출발점 역할을 훌륭히 수행한다. 기회가 나면 직접 슈팅도 아끼지 않는다. 맨체스터 중원의 대체불가 자원. 상대 강한 압박에 가끔 흔들리는 경우가 있다.

PLAYER'S HISTORY

비야레알에서 프로 데뷔 후 아틀레티코 마드리드를 거쳐 2019년부터 맨체스터 시티서 활약 중이다. 맨시티의 트레블 일등공신. 챔스 결승전 우승을 결정 짓는 결승골을 터뜨렸다. 시장 가치 9000만 유로, 추정 연봉은 1330만 유로.

슈팅-득점	국적		2022-23시즌 맨체스터 시티					포지션
31-2 / 19-0			34-2	2921	6	83.0-75.5	91%	
● 50-2 LG-0	스페인		DR	TK	IC		★	
● 0-0 RG-1			1.1-0.7	2.6-1.9	1.0	5-0	3	
● 0-0 HG-1								

유럽 5대리그 중앙 미드필더 & 수비형 미드필더 항목별 랭킹(90분 기준 기록, 100분율)

G	A	SH	SG	PC	P%	LC	L%	SC	BT	DC	TK	IC	BR
상위 43%	상위 26%	상위 18%	상위 29%	상위 1%	상위 1%	상위 3%	상위 1%	상위 42%	상위 1%	상위 47%	상위 47%	상위 47%	상위 1%

● 전체 슈팅 시도-득점	● 직접프리킥 시도-득점
● PK 시도-득점	

LG 링발 득점 RG 오른발 득점 HG 헤더 득점 | ⏱ 출장횟수 선발-교체 | A 출장시간 분(MIN) | P 도움 | P% 평균 패스 시도-성공 | DR 패스 성공률 | TK 평균 드리블 시도-성공 | IC 평균 태클 시도-성공 | 평균 인터셉트 | 페어플레이 경고-퇴장 | ★ MOM | G 득점 | A 도움 | SH 슈팅 시도 | SG 유효 슈팅 | PC 패스 성공 | P% 패스 성공률 | LC 롱볼 | L% 롱볼 성공률 | SC 슈팅기회 창출 | BT 볼 터치 | DC 드리블 성공 | TK 태클 | IC 인터셉트 | BR 리커버리 |

Enzo LE FÉE
평점 7.30
엔조 르페
2000.02.03 / 170cm

SCOUTING REPORT
중앙과 측면을 포함해 미드필더 전 포지션을 소화한다. 축구 지능이 높고 볼을 다루는 테크닉이 뛰어나다. 탈압박 후 직접 드리블을 하거나 날카로운 키패스로 공격을 이끈다. 오른발 킥이 좋아 세트피스 상황에서도 위력을 발휘한다. 왕성한 활동량을 바탕으로 수비에 성실하게 가담한다. 작은 체격은 약점이다. 몸싸움 등 경합이 필요한 상황에서 어려움을 겪는다.

PLAYER'S HISTORY
로리앙 유스 출신, 18살이던 2018년 프로 계약 후 줄곧 로리앙의 핵심 선수로 활약했다. 2021년 도쿄올림픽 직전 한국 올림픽대표팀과 평가전에 출전해 좋은 경기력을 뽐냈다. 시장 가치 2000만 유로, 추정 연봉은 10만 유로.

슈팅-득점	국적	2022-23시즌 로리앙	포지션
13-2			
32-3	프랑스	⏱ 35-0 A 3039 P 5 P% 55.8-47.4 85%	
● 45-5 LG-2			
● 8-1 RG-3		DR 4.3-2.0 TK 5.2-3.2 IC 1.0 5-0 ★ 5	
● 0-0 HG-0			

유럽 5대리그 중앙 미드필더 & 수비형 미드필더 항목별 랭킹(90분 기준 기록, 100분율)

G	A	SH	SG	PC	P%	LC	L%	SC	BT	DC	TK	IC	BR
상위	상위	상위	상위	상위	하위	상위	하위	상위	상위	상위	상위	하위	상위
26%	17%	27%	16%	22%	40%	22%	33%	14%	10%	4%	7%	48%	26%

JOELINTON
평점 7.29
조엘린통
1996.08.14 / 186cm

SCOUTING REPORT
프로 초창기에는 공격수였다. 그러나 2021-22시즌 이후 중앙 미드필더로 위치를 바꿨다. 장점인 운동 능력과 체격을 이용한 플레이가 중원에서 먹히고, 공격수 시절 단점이었던 공격 생산력 부족을 덮으면서 꽤 알토란같은 활약을 펼치고 있다. 2022-23시즌 태클은 상위 30%, 인터셉트는 상위 10%, 롱볼 성공률은 상위 8%에 들어갔다. 카드를 많이 수집하는 게 문제.

PLAYER'S HISTORY
10대 시절부터 사귄 2살 연하의 브라질인 여자친구 타이스 곤딤과 뉴슬에서 살고 있다. 슬하에 2명의 자녀를 두고 있으며 2022년 말 셋째를 임신했다. 아직 미혼이다. 시장 가치는 4200만 유로, 추정 연봉은 517만 유로.

슈팅-득점	국적	2022-23시즌 뉴캐슬 유나이티드	포지션
39-6			
12-0	브라질	⏱ 30-2 A 2664 P 1 P% 38.7-31.8 82%	
● 51-6 LG-3			
● 0-0 RG-1		DR 3.4-1.6 TK 3.4-2.2 IC 1.6 12-0 ★ 3	
● 0-0 HG-2			

유럽 5대리그 중앙 미드필더 & 수비형 미드필더 항목별 랭킹(90분 기준 기록, 100분율)

G	A	SH	SG	PC	P%	LC	L%	SC	BT	DC	TK	IC	BR
상위	하위	상위	상위	하위	하위	상위	상위	하위	상위	상위	상위	상위	상위
14%	21%	13%	10%	26%	16%	8%	36%	44%	6%	30%	30%	10%	38%

Mikel MERINO
평점 7.21
미켈 메리노
1996.06.22 / 189cm

SCOUTING REPORT
190cm에 육박하는 큰 키에 뛰어난 운동능력과 테크닉을 자랑한다. 탈압박, 볼키핑, 킥 능력 등 미드필더로서 필요한 능력을 모두 갖췄다. 미드필더 전 포지션은 물론 심지어 센터백까지 소화하는 멀티맨이다. 지난 시즌 9도움을 기록한 만큼 기회 창출 능력이 탁월하다. 세트피스 상황에서도 위협적이다. 가끔 공을 오래 끌고 거친 수비로 카드를 많이 수집하는 흠이 있다.

PLAYER'S HISTORY
2020년부터 스페인 대표로 활약 중이다. 오사수나에서 데뷔 후 도르트문트, 뉴캐슬을 거쳐 2018년 레알 소시에다드 이적 후 주목받았다. 아버지도 오사수나에서 뛴 프로선수였다. 시장 가치 5000만 유로, 추정 연봉은 320만 유로.

슈팅-득점	국적	2022-23시즌 레알 소시에다드	포지션
26-2			
16-0	스페인	⏱ 28-5 A 2500 P 9 P% 44.1-34.4 78%	
● 42-2 LG-1			
● 0-0 RG-0		DR 1.3-0.7 TK 3.3-2.3 IC 0.6 6-1 ★ 7	
● 1-0 HG-1			

유럽 5대리그 중앙 미드필더 & 수비형 미드필더 항목별 랭킹(90분 기준 기록, 100분율)

G	A	SH	SG	PC	P%	LC	L%	SC	BT	DC	TK	IC	BR
하위	상위	상위	상위	상위	하위	하위	하위	상위	상위	상위	하위	하위	상위
44%	2%	22%	12%	48%	16%	39%	19%	21%	39%	45%	17%	43%	10%

Benjamin ANDRÉ
평점 7.20
뱅자맹 앙드레
1990.08.03 / 180cm

SCOUTING REPORT
다양한 미드필더 포지션에서 뛸 수 있는 다재다능함을 자랑한다. 전술 소화 능력이 뛰어나 어느 포메이션에서도 자기 역할을 해낸다. 인터셉션, 태클 등 수비 스킬이 뛰어나다. 화려하진 않지만 3선에서 안정적으로 공을 지키면서 패스를 배급한다. 팀의 리더로서 동료들을 이끄는 능력도 있다. 스피드가 느려 빠른 공격수에 고전한다. 거친 수비로 파울을 많이 범한다.

PLAYER'S HISTORY
아작시오에서 데뷔 후 스타드 렌을 거쳐 2019년부터 LOSC 릴에서 활약 중이다. 릴의 2020~21시즌 리그앙 우승 주역이다. 세네갈인 어머니와 프랑스인 아버지 사이에서 태어났다. 시장 가치 900만 유로, 추정 연봉은 156만 유로.

슈팅-득점	국적	2022-23시즌 릴	포지션
14-0			
10-1	프랑스	⏱ 33-1 A 2919 P 1 P% 68.0-57.1 84%	
● 24-1 LG-0			
● 0-0 RG-0		DR 1.2-0.6 TK 5.3-3.8 IC 1.3 12-0 ★ 3	
● 0-0 HG-0			

유럽 5대리그 중앙 미드필더 & 수비형 미드필더 항목별 랭킹(90분 기준 기록, 100분율)

G	A	SH	SG	PC	P%	LC	L%	SC	BT	DC	TK	IC	BR
하위	하위	하위	하위	상위	상위	하위	상위	하위	상위	하위	상위	상위	하위
25%	19%	29%	18%	9%	40%	7%	24%	43%	4%	38%	1%	19%	4%

전체 슈팅 시도-득점 | 직접프리킥 시도-득점 | PK LG RG HG 시도-득점 | 완퇴 오른발 헤더 득점 득점 득점 | 출전횟수 선발·교체 | 출전시간(MIN) | A 도움 | P 평균 패스 시도-성공 | P% 패스 성공률 | DR 평균드리블 시도-성공 | TK 평균 태클 | IC 평균 인터셉트 | 페어플레이어 경고·퇴장 | ★ MOM | G 득점 | A 도움 | SH 슈팅 시도 | SG 유효 슈팅 | PC 패스 성공 | P% 패스 성공률 | LC 롱패스 성공 | L% 롱패스 성공률 | SC 슈팅기회 창출 | BT 볼 터치 | DC 드리블 성공 | TK 태클 | IC 인터셉트 | BR 리커버리

Rodrigo BENTANCUR
평점 7.20
로드리고 벤탄쿠르 1997.06.25 / 187cm

SCOUTING REPORT
우루과이 축구를 이끄는 중원 심장이다. 소속팀 토트넘에서도 없어선 안될 존재. 그가 부상으로 시즌 아웃된 뒤 토트넘의 추락이 본격 시작됐다. 90분 내내 엄청난 활동량을 자랑한다. 상대를 미친 듯이 압박하면서 볼 경합을 시도하는 하드워커. 빠르고 간결한 드리블이 일품이다. 공격에 강점이 있는 선수는 아니다. 가끔씩 어이없는 실수로 결정적 찬스를 헌납한다.

PLAYER'S HISTORY
손흥민의 토트넘 팀동료다. 2017년부터 우루과이 대표로 활약 중. 한국전 포함, 카타르월드컵 조별리그 3경기에 모두 선발 출전했다. 지난 시즌 전방십자인대 파열로 일찍 시즌아웃됐다. 시장 가치 4000만 유로, 추정 연봉은 453만 유로.

슈팅-득점	국적	2022-23시즌 토트넘 핫스퍼				포지션
11-4		⏱	A	P	P%	
4-1	🇺🇾	17-1 1506	2	47.3-40.7	85%	
●15-5 LG-1	우루과이	DR	TK	IC	★	
●0-0 RG-4		2.1-1.1	3.1-2.5	2.2	8-0	1
●0-0 HG-0						

유럽 5대리그 중앙 미드필더 & 수비형 미드필더 항목별 랭킹(90분 기준 기록, 100분율)

G	A	SH	SG	PC	P%	LC	L%	SC	BT	DC	TK	IC	BR
상위 4%	상위 46%	하위 40%	상위 24%	상위 30%	상위 34%	하위 28%	상위 47%	상위 30%	상위 21%	상위 24%	상위 42%	상위 16%	

Aleix GARCÍA
평점 7.14
알레시 가르시아 1997.06.28 / 173cm

SCOUTING REPORT
패스에 뚜렷한 강점이 있다. 길고 짧은 패스 가리지 않고 정확도가 높다. 경기를 보는 시야가 넓어 공격을 한층 원활하게 만들어준다. 킥 능력이 좋아 세트피스 키커로도 나선다. 기동력이 좋고 활동범위가 넓다. 상대 압박과 공간 커버도 열심히 한다. 후방 빌드업에도 적극 가담한다. 수비형 미드필더치고 수비력은 부족하다. 공중볼 등 경합 상황에서 약점이 뚜렷하다.

PLAYER'S HISTORY
맨체스터 시티 시절 한국팬들을 위해 수능 응원 메시지 영상을 찍어 화제가 됐다. 맨체스터 시티 유스를 거쳐 1군 데뷔까지 했다. 이후 여러 팀을 거쳐 2021년 지로나에 둥지를 틀었다. 시장 가치 1000만 유로, 추정 연봉은 72만 유로.

슈팅-득점	국적	2022-23시즌 히로나				포지션
11-1		⏱	A	P	P%	
21-0	🇪🇸	26-4 2341	5	48.2-42.9	89%	
●32-1 LG-1	스페인	DR	TK	IC	★	
●4-0 RG-0		1.0-0.5	1.9-1.2	1.0	1-0	2
●0-0 HG-0						

유럽 5대리그 중앙 미드필더 & 수비형 미드필더 항목별 랭킹(90분 기준 기록, 100분율)

G	A	SH	SG	PC	P%	LC	L%	SC	BT	DC	TK	IC	BR
하위 31%	상위 13%	하위 31%	상위 33%	상위 18%	상위 46%	상위 8%	상위 34%	상위 1%	상위 31%	하위 14%	상위 37%	하위 14%	

Bruno GUIMARÃES
평점 7.14
브루누 기마랑이스 1997.11.16 / 182cm

SCOUTING REPORT
다양한 재능을 갖춘 딥라잉 플레이메이커. 넓은 시야와 정확한 킥 능력을 자랑한다. 후방에서 안정된 패스를 뿌려주면서 빌드업을 이끈다. 피지컬이 단단해 상대 압박에도 좀처럼 공을 뺏기지 않는다. 지난 시즌 4골 5도움을 기록할 정도로 공격 기여도가 높다. 기습적인 중거리슛으로 상대 골문을 위협한다. 스피드는 떨어지는 편. 거친 수비로 경고를 꽤 받는다.

PLAYER'S HISTORY
뉴캐슬 돌풍의 주역. 파나시엔스, 리옹을 거쳐 2022년부터 뉴캐슬 유니폼을 입었다. 브라질 대표로 카타르월드컵에 참가했다. 2022년 6월 한국과 친선전에 후반전 도움을 기록했다. 시장 가치 7000만 유로, 추정 연봉은 725만 유로.

슈팅-득점	국적	22-23시즌 뉴캐슬 유나이티드				포지션
13-2		⏱	A	P	P%	
15-2	🇧🇷	32-0 2735	5	50.8-43.2	85%	
●28-4 LG-0	브라질	DR	TK	IC	★	
●0-0 RG-3		3.0-1.5	3.2-2.3	1.5	7-0	1
●0-0 HG-1						

유럽 5대리그 중앙 미드필더 & 수비형 미드필더 항목별 랭킹(90분 기준 기록, 100분율)

G	A	SH	SG	PC	P%	LC	L%	SC	BT	DC	TK	IC	BR
상위 29%	상위 19%	하위 42%	하위 44%	상위 34%	상위 43%	상위 28%	상위 31%	상위 13%	상위 31%	상위 13%	상위 23%	상위 28%	상위 14%

Thomas PARTEY
평점 7.14
토마스 파티 1995.07.13 / 185cm

SCOUTING REPORT
월등한 피지컬과 운동능력을 자랑한다. 좋은 체격조건을 바탕으로 경합이나 압박 상황에서 월등한 모습을 보인다. 활동량이 풍부하고 축구 지능이 높아 팀플레이에 능하다. 야야 투레를 떠올리게 할 정도로 탈압박에 강점이 있다. 지난 시즌 3골을 기록할 만큼 득점력도 갖췄다. 거친 수비스타일 탓에 위험지역에서 종종 프리킥을 내준다. 잔부상도 점점 늘고 있다.

PLAYER'S HISTORY
가나를 대표하는 스타. 카타르월드컵 한국전에서도 발군의 기량을 뽐냈다. 아틀레티코 마드리드 유스 출신으로 2013년 프로 데뷔 후 2020년부터 아스널에서 활약 중이다. 시장 가치 3500만 유로, 추정 연봉은 1040만 유로.

슈팅-득점	국적	2022-23시즌 아스날				포지션
10-1		⏱	A	P	P%	
18-2	🇬🇭	28-5 2487	0	58.9-51.8	88%	
●28-3 LG-0	가나	DR	TK	IC	★	
●0-0 RG-3		1.4-1.1	2.8-2.1	0.9	5-0	1
●0-0 HG-0						

유럽 5대리그 중앙 미드필더 & 수비형 미드필더 항목별 랭킹(90분 기준 기록, 100분율)

G	A	SH	SG	PC	P%	LC	L%	SC	BT	DC	TK	IC	BR
상위 40%	하위 8%	상위 49%	하위 21%	상위 9%	상위 15%	상위 16%	상위 18%	상위 42%	상위 6%	상위 21%	상위 26%	상위 49%	상위 9%

●	◆	●	LG	RG	HG		⏱	Ⓐ	Ⓟ	Ⓟ%	DR	TK	IC			★	Ⓖ	Ⓐ	SH	SG	PC	Ⓟ%	LC	L%	SC	BT	DC	TK	IC	BR
전체 슈팅 시도-득점	직접프리킥 시도-득점	PK 시도-득점	왼발 득점	오른발 득점	헤더 득점	출전횟수 선발-교체	출전시간 분(MIN)	도움	평균 패스 시도-성공	패스 성공률	평균드리블 시도-성공	평균 태클 시도-성공	인터셉트	경고-퇴장		MOM	득점	도움	슈팅 시도	유효 슈팅	패스 성공	패스 성공률	롱볼 성공	롱볼 성공률	슈팅기회 창출	볼 터치	드리블 성공	태클	인터셉트	리커버리

Branco van den BOOMEN
브랑코 판 덴 보먼
평점 7.12

1995.07.21 / 188cm

SCOUTING REPORT

좋은 피지컬, 왕성한 활동량을 겸비한 중앙 미드필더다. 킥 능력이 탁월하다. 팀 공격 대부분이 그의 오른발에서 시작한다. 정교한 장거리 전진패스가 트레이드마크. 스탯 괴물이다. 지난 시즌 리그1에서 5골 8도움을 기록했다. 오른쪽 측면에서 올리는 크로스도 일품이다. 스피드와 민첩성이 떨어져 수비에서 약점을 드러낸다. 큰 키에도 불구, 공중볼을 거의 따내지 못한다.

PLAYER'S HISTORY

아약스 유스 출신, 네덜란드 리그를 전전하다 2020년 툴루즈와 계약했다. 2021~22시즌 리그에서 12골 21도움으로 팀의 1부 승격을 이끌었다. 2023년 5월 친정팀 아약스에 복귀했다. 시장 가치 1200만 유로, 추정 연봉은 84만 유로.

슈팅-득점	국적	2022-23시즌 툴루즈				포지션
18-4		⏱	Ⓐ	Ⓟ	Ⓟ%	
34-1		32-3 2893	8	54.3-45.1	83%	
● 52-5 LG-0						
● 16-1 RG-5	네덜란드	DR	TK	IC	■ ■	★
● 4-4 HG-0		1.2-0.6	3.5-2.0	0.3	6-0	1

유럽 5대리그 중앙 미드필더 & 수비형 미드필더 항목별 랭킹(90분 기준 기록, 100분율)

Ⓖ	Ⓐ	SH	SG	PC	Ⓟ%	LC	L%	SC	BT	DC	TK	IC	BR
상위	상위	상위	상위	상위	하위	상위	하위	상위	상위	하위	상위	하위	상위
23%	3%	19%	11%	18%	16%	1%	37%	2%	12%	38%	41%	1%	28%

CASEMIRO
카세미루
평점 7.11

1992.02.23 / 185cm

SCOUTING REPORT

브라질 대표팀 중원의 기둥. 세계 최고의 홀딩 유형의 수비형 미드필더다. 월등한 피지컬과 넓은 활동 범위, 뛰어난 수비스킬, 제공권 장악 등 홀딩 미드필더의 교과서 같은 선수다. 전투적인 수비 스타일 때문에 '탱크'라는 별명도 얻었다. 맨체스터 유나이티드 이적 후 감춰졌던 패스 능력까지 빛나고 있다. 거친 플레이 탓에 파울과 카드 수집이 많고 퇴장도 종종 당한다.

PLAYER'S HISTORY

레알 마드리드의 최전성기를 이끈 주역. 2022년 맨체스터 유나이티드에 새 둥지를 틀었다. 2011년부터 브라질 대표로 활약 중. 카타르월드컵 한국과 16강전서 발군의 기량을 뽐냈다. 시장 가치 4000만 유로, 추정 연봉은 2116만 유로.

슈팅-득점	국적	22-23시즌 레알 마드리드+맨체스터 Utd.				포지션
16-4		⏱	Ⓐ	Ⓟ	Ⓟ%	
18-0		24-5 2133	9	49.0-38.4	79%	
● 34-4 LG-0						
● 0-0 RG-2	브라질	DR	TK	IC	■ ■	★
● 0-0 HG-2		0.6-0.3	4.4-2.9	1.2	1-0	5

유럽 5대리그 중앙 미드필더 & 수비형 미드필더 항목별 랭킹(90분 기준 기록, 100분율)

Ⓖ	Ⓐ	SH	SG	PC	Ⓟ%	LC	L%	SC	BT	DC	TK	IC	BR
상위	상위	상위	상위	상위	상위	상위	상위	상위	하위	상위	상위	상위	상위
34%	34%	17%	24%	27%	24%	28%	24%	27%	11%	3%	4%	16%	3%

Legend (top): 전체 시도-득점 · 직접프리킥 시도-득점 · LG RG HG · 왼발 득점 · 오른발 득점 · 헤더 득점 · 출전횟수 선발-교체 · 출전시간 분(MIN) · A 도움 · P 평균 패스 시도-성공 · P% 패스 성공률 · DR 평균 드리블 시도-성공 · TK 평균 태클 시도-성공 · IC 평균 인터셉트 · 경고-퇴장 · 페어플레이 · ★ MOM · G 득점 · A 도움 · SH 슈팅 시도 · SG 슈팅 유효 · PC 패스-성공 · P% 패스 성공률 · LC 롱패스 · L% 롱패스 성공률 · SC 슈팅기회 창출 · BT 볼터치 · DC 드리블 성공 · TK 태클 · IC 인터셉트 · BR 리커버리

Ilkay GÜNDOGAN
일카이 귄도안 평점 7.10 1990.10.24 / 180cm

SCOUTING REPORT
다양한 강점을 지닌 최고의 중앙 미드필더 중 한 명이다. 뛰어난 축구 재능과 더불어 훌륭한 경기 멘탈과 리더십까지 갖췄다. 미드필더이면서도 특급공격수 못지 않은 골 결정력을 자랑한다. 간결하면서 빠르고 정확한 볼테크닉은 최대 장점. 플레이메이커로서 경기를 조율하는가 하면 결정적 순간에는 직접 해결사로 나선다. 스피드 등 운동능력은 다소 떨어지는 편.

PLAYER'S HISTORY
2022~23시즌 맨체스터 시티의 주장이자 트레블 주역. 최고의 시즌을 보낸 뒤 2023년 6월 바르셀로나 이적을 결정했다. 2011년부터 독일 대표팀에서 활약 중이다. 튀르키예계 독일인. 시장 가치 2000만 유로, 추정 연봉은 846만 유로.

슈팅-득점	국적	2022~23시즌 맨체스터 시티				포지션
31-6		⏱	A	P	P%	
23-2		27-4	2359	4	49.9-43.8 88%	
●54-8 LG-2	독일	DR	TK	IC	경고 ★	
●5-1 RG-6		1.4-0.5	1.6-1.0	0.6	0-0 2	
●1-0 HG-0						

유럽 5대리그 중앙 미드필더 & 수비형 미드필더 항목별 랭킹(90분 기준 기록, 100분율)

G	A	SH	SG	PC	P%	LC	L%	SC	BT	DC	TK	IC	BR
상위 6%	상위 20%	상위 9%	상위 6%	상위 15%	상위 12%	상위 40%	상위 11%	상위 17%	상위 20%	하위 48%	하위 6%	하위 23%	하위 35%

PEDRI
페드리 평점 7.10 2002.11.25 / 174cm

SCOUTING REPORT
천재 미드필더. 유스 시절 레프트윙이었지만 현 스페인 대표팀과 바르셀로나에서는 공격형 MF 혹은 하프윙으로 정착했다. 몸놀림이 민첩하고, 볼을 정말 잘 다룬다. 좁은 공간에서 여유 있게 볼을 지킨다. 날카로운 전진 패스와 과감한 장-단 패스, 고난도 테크닉을 활용한 드리블까지 다양하게 선보인다. 지난 시즌부터는 박스 내외곽에서 과감히 슈팅을 시도한다.

PLAYER'S HISTORY
페드리와 가족은 모두 진정한 '꾸레'다. 어린 시절부터 롤모델 이니에스타 유튜브를 보며 축구를 배웠다. 절친은 가비. 2017년 고향인 카나리아 제도의 바나나 홍보대사가 됐다. 시장 가치는 1억 유로, 추정 연봉은 938만 유로.

슈팅-득점	국적	2022~23시즌 FC 바르셀로나				포지션
14-6		⏱	A	P	P%	
8-0		22-4	1983	1	53.9-47.5 88%	
●22-6 LG-2	스페인	DR	TK	IC	경고 ★	
●0-0 RG-4		2.2-1.3	2.8-1.6	0.5	2-0 3	
●0-0 HG-0						

유럽 5대리그 중앙 미드필더 & 수비형 미드필더 항목별 랭킹(90분 기준 기록, 100분율)

G	A	SH	SG	PC	P%	LC	L%	SC	BT	DC	TK	IC	BR
상위 9%	하위 25%	상위 44%	상위 24%	상위 13%	상위 20%	상위 7%	상위 2%	상위 14%	상위 7%	상위 29%	하위 19%	하위 40%	

Federico VALVERDE
페데리코 발베르데 평점 7.10 1998.07.22 / 182cm

SCOUTING REPORT
레알 마드리드 중원의 핵인 '육각형 미드필더.' 뛰어난 운동 능력과 우수한 축구 IQ로 팀의 공격-수비 밸런스를 유지 시킨다. 빌드업 과정에서 부지런히 빈공간을 찾아다니며 볼을 받고 내주는 등 윤활유 역할을 제대로 해낸다. 간결하고 과감한 드리블로 상대 수비 1~2명을 쉽게 제압하며, 대포알 같은 중거리 슈팅을 날린다. 짧은 패스 콤비네이션은 강력한 무기다.

PLAYER'S HISTORY
실력과는 달리 인성은 별로다. 특히 인종차별 '눈 찢기 세리머니'를 너무 자주 하는 게 문제다. 5살 연상인 아르헨티나 언론인 미나 보니노와의 사이에 아들 베니시오를 두었다. 시장 가치는 1억 유로, 추정 연봉은 813만 유로.

슈팅-득점	국적	2022~23시즌 레알 마드리드				포지션
22-3		⏱	A	P	P%	
41-4		29-5	2509	4	47.1-41.5 88%	
●63-7 LG-2	우루과이	DR	TK	IC	경고 ★	
●2-0 RG-5		1.4-1.0	1.2-0.8	0.6	2-0 4	
●0-0 HG-0						

유럽 5대리그 중앙 미드필더 & 수비형 미드필더 항목별 랭킹(90분 기준 기록, 100분율)

G	A	SH	SG	PC	P%	LC	L%	SC	BT	DC	TK	IC	BR
상위 7%	상위 16%	상위 5%	상위 6%	상위 24%	상위 16%	상위 49%	상위 13%	상위 21%	상위 30%	상위 27%	하위 8%	하위 29%	하위 6%

Hakan ÇALHANOGLU
하칸 찰하놀루 평점 7.10 1994.02.08 / 178cm

SCOUTING REPORT
중원 전 지역을 커버할 수 있으나 느리고 커버 범위도 좁아 주로 2선 공격형 MF로 뛴다. 찰하놀루의 대표적 강점은 마법같은 오른발 킥이다. 데드볼은 물론 인플레이 상황엣도 벼락같으면서도 믿기지 않는 궤적을 그리며 골문을 겨냥한다. 자잘한 부상 없이 꾸준하게 출전한다는 것도 주목할 만한 장점이다. 과거에는 기복이 심하다는 평도 있었지만 많이 개선됐다.

PLAYER'S HISTORY
함부르크 · 레버쿠젠 시절 손흥민과 '절친'으로 한국 팬들에게도 유명했다. AC 밀란에서 인터 밀란으로 갈 때 FA 이적을 한 탓에 밀라니스타들에게 엄청난 원성을 들었다. 시장 가치는 4000만 유로, 추정 연봉은 926만 유로.

슈팅-득점	국적	2022~23시즌 인테르 밀란				포지션
10-2		⏱	A	P	P%	
46-1		28-5	2375	6	45.7-40.2 88%	
●56-3 LG-0	터키	DR	TK	IC	경고 ★	
●10-0 RG-3		0.7-0.2	2.2-1.4	0.9	3-0 1	
●1-1 HG-0						

유럽 5대리그 중앙 미드필더 & 수비형 미드필더 항목별 랭킹(90분 기준 기록, 100분율)

G	A	SH	SG	PC	P%	LC	L%	SC	BT	DC	TK	IC	BR
상위 35%	상위 9%	상위 9%	상위 13%	상위 23%	상위 42%	상위 9%	하위 43%	상위 3%	상위 21%	하위 38%	하위 41%	하위 19%	

●	●	●	LG	RG	HG		⏱	A	P	P%	DR	TK	IC		★	G	A	SH	SG	PC	P%	LC	L%	SC	BT	DC	TK	IC	BR
전체 슈팅 시도-득점	직접프리킥 시도-득점	PK 시도-득점	왼발 득점	오른발 득점	헤더 득점		출전시간 선발·교체 분(MIN)	도움	평균 패스 시도-성공	패스 성공률	평균드리블 시도-성공	평균 태클 시도-성공	평균 인터셉트	페어플레이 경고-퇴장	MOM	득점	도움	슈팅 시도	유효 슈팅	패스 성공	패스 성공률	롱볼 성공	롱볼 성공률	슈팅기회 창출	볼터치	드리블 성공	태클	인터셉트	리커버리

Eberechi EZE
평점 7.10
에베레치 에제
1998.06.29 / 178cm

SCOUTING REPORT
2년 전까지 주로 윙어로 뛰었다. 그러나 지난 시즌엔 중원에서 주로 활약했다. 중앙 MF로 17회, 공격형 MF로 9회, LW로 2회 출전하며 멀티-포지션의 효율성을 극대화시켰다. 화려한 드리블은 최대의 강점. 또한, 패스가 정확하고, 박스 외곽에서 강렬한 중거리 슈팅을 날린다. 당연히, 데드볼 스페셜리스트이기도 하다. 슈팅 수 대비 적중률은 그렇게 높지 않다.

PLAYER'S HISTORY
나이지리아계 잉글랜드 선수다. 독특한 레게 머리 때문에 국내 네티즌들로부터 '수정궁의 홀리트'로 불린다. 잉글랜드 U-20 대표 출신이고, 2023년 6월, A대표로 데뷔했다. 시장 가치는 3000만 유로, 추정 연봉은 156만 유로.

슈팅-득점	국적	2022-23시즌 FC 바르셀로나				포지션
29-7 / 42-3		⏱ 30-8 2644	A 4	P 29.4-23.6	P% 82%	
● 71-10 LG-2	잉글랜드	DR 3.3-2.0	TK 1.5-1.1	IC 1.1		★
● 14-0 RG-6			3-0			4
● 1-1 HG-2						

유럽 5대리그 중앙 미드필더 & 수비형 미드필더 항목별 랭킹(90분 기준 기록, 100분율)

G	A	SH	SG	PC	P%	LC	L%	SC	BT	DC	TK	IC	BR
상위	상위	상위	상위	하위	하위	하위	하위	상위	하위	상위	하위	하위	하위
1%	27%	2%	2%	25%	26%	24%	6%	6%	29%	1%	14%	6%	45%

Frenkie DE JONG
평점 7.10
프랭키 더용
1997.05.12 / 181cm

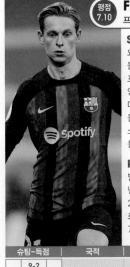

SCOUTING REPORT
요한 크루이프의 후계자. 수비형 미드필더는 물론 센터백, 풀백, 공격형 미드필더 등 못하는 포지션이 없다. 뛰어난 축구센스와 넓은 시야, 영리한 위치선정 등으로 후방을 든든히 책임진다. 탁월한 스피드와 드리블로 전방까지 치고 올라간다. 전방으로 찔러주는 장거리 스루패스도 일품이다. 수비수치고 체격이 작아 공중볼, 몸싸움 등 경합 상황에서 약점을 드러낸다.

PLAYER'S HISTORY
빌럼에서 프로 데뷔 후 아약스를 거쳐 2019년부터 바르셀로나 핵심 멤버로 자리잡았다. 2018년부터 네덜란드 대표팀에 합류해 카타르월드컵 중원 사령관으로 맹활약. 시장 가치 7500만 유로, 추정 연봉은 3750만 유로.

슈팅-득점	국적	2022-23시즌 FC 바르셀로나				포지션
9-2 / 9-0		⏱ 29-4 2539	A 3	P 68.6-62.4	P% 91%	
● 18-2 LG-0	네덜란드	DR 1.8-1.1	TK 2.0-1.4	IC 1.1		★
● 0-0 RG-2			3-0			1
● 0-0 HG-0						

유럽 5대리그 중앙 미드필더 & 수비형 미드필더 항목별 랭킹(90분 기준 기록, 100분율)

G	A	SH	SG	PC	P%	LC	L%	SC	BT	DC	TK	IC	BR
하위	상위	하위	상위	상위	상위	상위	하위	상위	상위	상위	하위	상위	상위
46%	31%	17%	49%	2%	3%	30%	14%	3%	1%	26%	39%	39%	44%

Maximilian ARNOLD
평점 7.09
막시밀리안 아르놀트
1994.05.27 / 184cm

SCOUTING REPORT
볼프스부르크 중원을 책임지는 기둥. 왼발 킥 능력이 탁월한 데드볼 스페셜리스트다. 종류를 가리지 않고 패싱 능력이 좋다. 세트피스 키커로도 위협적이고 중거리슛도 강력하다. 후방 빌드업 핵심. 공을 다루는 테크닉이 좋은데다 피지컬도 탄탄해 볼 키핑에 강점이 있다. 활동 범위가 넓고 공을 따내려는 집중력도 높다. 거친 플레이로 파울과 카드 수집이 잦다.

PLAYER'S HISTORY
2011년 볼프스부르크에서 데뷔한 뒤 줄곧 팀을 지키고 있는 원클럽맨이다. 주장도 맡고 있다. 지난 시즌 분데스리가에서 5골 3어시스트를 기록했다. 최근 독일 대표로 다시 뽑히고 있다. 시장 가치 1400만 유로, 추정 연봉은 550만 유로.

슈팅-득점	국적	2022-23시즌 볼프스부르크				포지션
7-3 / 28-2		⏱ 32-0 2775	A 3	P 46.0-38.2	P% 83%	
● 35-5 LG-5	독일	DR 0.5-0.3	TK 2.9-1.9	IC 0.7		★
● 6-1 RG-0			5-0			2
● 5-3 HG-0						

유럽 5대리그 중앙 미드필더 & 수비형 미드필더 항목별 랭킹(90분 기준 기록, 100분율)

G	A	SH	SG	PC	P%	LC	L%	SC	BT	DC	TK	IC	BR
상위	상위	하위	상위	상위	하위	상위	하위	상위	상위	하위	상위	하위	상위
21%	42%	44%	33%	47%	22%	4%	24%	38%	41%	9%	48%	33%	20%

Adrien RABIOT
평점 7.09
아드리앵 라비오
1995.04.03 / 188cm

SCOUTING REPORT
탄탄한 신체조건과 뛰어난 볼테크닉, 왕성한 활동량을 자랑하는 중앙 미드필더. 중거리슛도 위협적이다. 특히 전방으로 한번에 찔러주는 롱패스가 일품이다. 상대 압박을 뚫어낸 뒤 전진 드리블로 기회를 만드는 모습도 종종 보여준다. 축구 센스가 뛰어나 측면 풀백과 연계 플레이도 잘한다. 스피드와 민첩성이 떨어진다. 체격에 비해 경합에서 약한 것도 아쉬운 점.

PLAYER'S HISTORY
프랑스 중원을 책임지는 엔진. 카타르월드컵에서 주전으로 활약했다. PSG 유스 출신. 2019년 유벤투스로 이적했다. 에이전트인 어머니가 종종 논란을 일으킨다. 별명도 '마마보이'. 시장 가치 4000만 유로, 추정 연봉은 897만 유로.

슈팅-득점	국적	2022-23시즌 유벤투스				포지션
31-8 / 17-0		⏱ 31-1 2751	A 4	P 35.2-29.6	P% 84%	
● 48-8 LG-2	프랑스	DR 1.7-0.9	TK 2.9-2.1	IC 0.8		★
● 0-0 RG-2			9-0			3
● 0-0 HG-4						

유럽 5대리그 중앙 미드필더 & 수비형 미드필더 항목별 랭킹(90분 기준 기록, 100분율)

G	A	SH	SG	PC	P%	LC	L%	SC	BT	DC	TK	IC	BR
상위	상위	상위	상위	상위	상위	하위	상위	상위	하위	상위	상위	하위	하위
5%	27%	22%	10%	31%	50%	32%	19%	39%	31%	26%	43%	36%	41%

●	●	●	LG	RG	HG	⏱	⏱	Ⓐ	Ⓟ	P%	DR	TK	IC	■■	★	Ⓖ	Ⓐ	SH	SG	PC	P%	LC	L%	SC	BT	DC	TK	IC	BR
전체 슈팅 시도-득점	직접프리킥 시도-득점	PK 시도-득점	왼발 득점	오른발 득점	헤더 득점	출전횟수 선발-교체	출전시간 (MIN)	도움	평균 패스 시도-성공	패스 성공률	평균드리블 시도-성공	평균 태클 시도-성공	평균 인터셉트	페어플레이 경고-퇴장	MOM	득점	도움	슈팅 시도	유효 슈팅	패스 성공	패스 성공률	롱볼 성공	롱볼 성공률	슈팅기회 창출	볼 터치	드리블 성공	태클	인터셉트	리커버리

Ellyes SKHIRI
평점 7.05
엘리스 스키리 1995.05.10 / 185cm

SCOUTING REPORT
독일 분데스리가 최고의 수비형 미드필더 중 한명. 수비력 뿐만 아니라 공격적인 능력도 탁월하다. 2022~23시즌 쾰른에서 7골이나 기록했다. 인터셉트, 태클 등 뛰어난 수비 스킬을 바탕으로 깔끔한 플레이를 펼친다. 공을 따낸 뒤 빠르게 공격을 전개한다. 후방 빌드업 운영도 안정적이다. 스피드는 떨어지는 편. 대인방어, 공중볼 등 경합 상황에서도 살짝 아쉽다.

PLAYER'S HISTORY
프랑스에서 태어났지만 부모의 혈통을 따라 대표팀은 튀니지를 선택했다. 2018년부터 튀니지 대표로 활약 중이다. 몽펠리에를 거쳐 2019년부터 쾰른을 대표하는 간판선수로 활약했다. 시장 가치 1300만 유로, 추정 연봉은 170만 유로.

슈팅-득점	국적	2022-23시즌 FC 쾰른					포지션
20-7		⏱ 32-0	⏱ 2857	Ⓐ 1	Ⓟ 52.8-46.5	P% 88%	
12-0	튀니지						
● 32-7 LG-0		DR 1.0-0.8	TK 3.8-2.6	IC 1.7	■ 5-0	★ 2	
● 0-0 RG-6							
● 0-0 HG-1							

유럽 5대리그 중앙 미드필더 & 수비형 미드필더 항목별 랭킹(90분 기준 기록, 100분율)

Ⓖ	Ⓐ	SH	SG	PC	P%	LC	L%	SC	BT	DC	TK	IC	BR
상위	하위	하위	상위	상위	상위	상위	하위	상위	상위	상위	상위	상위	상위
10%	20%	49%	42%	29%	12%	2%	45%	34%	50%	27%	4%	11%

André-Frank ZAMBO ANGUISSA
평점 7.04
안드레-프랑크 잠보 앙기사 1995.11.16 / 184cm

SCOUTING REPORT
뛰어난 피지컬과 테크닉을 바탕으로 중원을 든든하게 책임진다. 활발한 전진 드리블로 상대 수비를 뒤흔들고 찬스를 만든다. 워낙 힘이 좋아 좀처럼 공을 뺏기지 않는다. 패스 성공률이 90%에 육박할 만큼 패싱력도 탁월하다. 수비 시 적극적인 압박으로 공을 따낸다. 투지 넘치는 허슬플레이로 팀 사기를 높인다. 경기 기복이 다소 있는 편. 공을 오래 끄는 경향이 있다.

PLAYER'S HISTORY
김민재의 나폴리 팀동료. 나폴리가 33년 만에 세리에A 우승을 차지하는데 핵심멤버다. 2017년부터 카메룬 대표팀에서 활약 중. 카타르월드컵 조별리그 3경기에 모두 출전했다. 시장 가치 4000만 유로, 추정 연봉은 346만 유로.

슈팅-득점	국적	2022-23시즌 나폴리					포지션
31-3		⏱ 36-0	⏱ 3062	Ⓐ 5	Ⓟ 61.6-54.8	P% 89%	
19-0	카메룬						
● 50-3 LG-0		DR 1.9-0.9	TK 2.8-1.5	IC 1.4	■ 3-0	★	
● 1-0 RG-2							
● 0-0 HG-1							

유럽 5대리그 중앙 미드필더 & 수비형 미드필더 항목별 랭킹(90분 기준 기록, 100분율)

Ⓖ	Ⓐ	SH	SG	PC	P%	LC	L%	SC	BT	DC	TK	IC	BR
상위	상위	상위	상위	상위	상위	상위	상위	상위	상위	상위	상위	상위	상위
42%	11%	22%	30%	13%	14%	30%	38%	5%	12%	25%	24%	13%	33%

Youri TIELEMANS
평점 7.04
유리 틸레망스 1997.05.07 / 176cm

SCOUTING REPORT
CM 겸 DM. 안정적인 볼 터치를 자랑하는 박스투박스 미드필더. 공을 가졌을 때 안정적인 볼 터치와 키핑 능력으로 공격을 이끈다. 세트피스를 담당할 만큼 킥 능력도 탁월하다. 주발은 오른발이지만 왼발도 잘 사용한다. 페널티박스 밖에서 기습적인 중거리슛도 트레이드 마크. 공간을 향해 찔러주는전진패스도 빛난다. 스피드가 떨어지고 수비력이 살짝 아쉬운 편.

PLAYER'S HISTORY
UEFA 챔피언스리그 출전 최연소 기록 5위(16세 148일)다. 18세 때까지 축구와 학업을 병행했다. 기에 U-15, U-16, U-21 대표 출신이고, 2016년부터 A대표로 활약해왔다. 시장 가치는 3000만 유로, 추정 연봉은 182만 유로.

슈팅-득점	국적	2022-23시즌 에스파뇰					포지션
4-1		⏱ 27-4	⏱ 2351	Ⓐ 2	Ⓟ 50.2-41.2	P% 82%	
27-2	네덜란드						
● 31-3 LG-0		DR 1.2-0.8	TK 3.3-2.1	IC 0.9	■ 4-0	★ 1	
● 1-0 RG-3							
● 2-1 HG-0							

유럽 5대리그 중앙 미드필더 & 수비형 미드필더 항목별 랭킹(90분 기준 기록, 100분율)

Ⓖ	Ⓐ	SH	SG	PC	P%	LC	L%	SC	BT	DC	TK	IC	BR
상위	하위	상위	상위	상위	상위	상위	하위	상위	상위	상위	상위	상위	상위
35%	47%	42%	48%	24%	38%	36%	19%	2%	19%	32%	25%	46%	18%

Lucas PAQUETÁ
평점 7.04
루카스 파케타 1997.08.27 / 180cm

SCOUTING REPORT
브라질 대표팀 핵심 미드필더. 주포지션은 중앙 또는 공격형 미드필더. 상황에 따라 측면과 수비형 미드필더도 소화 가능한 멀티플레이어다. 뛰어난 볼 컨트롤과 패스 능력을 자랑한다. 세트피스에서도 중요한 역할을 자랑한다. 활동량을 바탕으로 넓은 지역을 커버한다. 수비 시 저돌적인 태클도 아끼지 않는다. 볼을 다소 끄는 편이고, 다혈질이다.

PLAYER'S HISTORY
파케타는 그가 자란 리우데자네이루 근처 섬의 이름에서 따왔다. 형 마테우스도 현재 브라질 3부리그에서 뛰고 있는 '축구 가족.' 플라멩구 시절 함께 뛰었던 비니시우스와 절친이다. 시장 가치 4500만 유로, 추정 연봉은 898만 유로.

슈팅-득점	국적	22-23시즌 리옹+웨스트햄 Utd.					포지션
33-3		⏱ 29-1	⏱ 2332	Ⓐ 3	Ⓟ 41.6-33.7	P% 80%	
25-1	브라질						
● 58-4 LG-2		DR 2.2-1.2	TK 3.8-2.5	IC 0.6	■ 5-0	★ 4	
● 1-0 RG-1							
● 1-1 HG-1							

유럽 5대리그 중앙 미드필더 & 수비형 미드필더 항목별 랭킹(90분 기준 기록, 100분율)

Ⓖ	Ⓐ	SH	SG	PC	P%	LC	L%	SC	BT	DC	TK	IC	BR
상위	상위	상위	상위	하위	하위	하위	상위	상위	상위	상위	상위	하위	하위
23%	34%	2%	12%	46%	43%	40%	16%	39%	15%	10%	19%	40%	

Pierre-Emile HØJBJERG

평점 7.04

피에르-에밀 호이비어　1995.08.05 / 185cm

SCOUTING REPORT

세계 톱클래스 홀딩 미드필더다. '덴마크산 진 공청소기'로 불린다. 지칠줄 모르는 체력과 탄탄한 피지컬로 중원에서 힘싸움을 펼친다. 엄청난 활동량으로 상대를 압박하고 공 소유권을 따낸다. 태클, 인터셉트 등 수비 스킬에도 강점이 있다. 전방으로 찔러주는 롱패스도 일품이다. 볼테크닉이 좋은 편이 아니다. 수비에 비해 공격적 부분은 아쉽다. 카드를 종종 수집한다.

PLAYER'S HISTORY

덴마크인 아버지와 프랑스인 어머니 사이에서 태어났다. 2012년 바이에른 뮌헨에서 데뷔 후 아우크스부르크, 샬케04, 사우샘프턴을 거쳐 토트넘서 활약 중. 2014년 A대표팀에 데뷔했다. 시장 가치 4500만 유로, 추정 연봉은 604만 유로.

슈팅-득점	국적	2022-23시즌 토트넘 핫스퍼				포지션
13-3 / 20-1			A	P	P%	
		35-0 3133	5	64.4-57.0	89%	
● 33-4 LG-0	덴마크	DR	TK	IC		★
● 0-0 RG-4		1.3-0.9	2.8-1.6	1.4	5-0	3
● 0-0 HG-0						

유럽 5대리그 중앙 미드필더 & 수비형 미드필더 항목별 랭킹 (90분 기준 기록, 100분율)

G	A	SH	SG	PC	P%	LC	L%	SC	BT	DC	TK	IC	BR
상위	상위	하위	하위	상위	상위	상위	상위	상위	상위	상위	하위	상위	상위
33%	19%	43%	44%	11%	8%	12%	12%	36%	13%	39%	25%	20%	22%

Alexis MAC ALLISTER

평점 7.04

알렉시스 맥칼리스터　1998.12.24 / 174cm

SCOUTING REPORT

뛰어난 볼 테크닉을 자랑하는 미드필더. 위치를 가리지 않고 모든 포지션을 소화한다. 화려하진 않지만 간결한 드리블과 부드러운 볼터치가 일품. 뛰어난 개인기량을 갖췄음에도 이타적인 플레이를 잘한다. 강력하면서 정교한 오른발 킥을 자랑한다. 세트피스 키커로도 위력적이다. 피지컬이나 운동능력이 좋은 편은 아니다. 압박에 고전하고 경합에서 약점이 있다.

PLAYER'S HISTORY

아르헨티노스 주니어스, 브라이튼을 거쳐 2023년 6월 리버풀로 이적했다. 등번호는 10번. 2019년부터 아르헨티나 대표팀으로 발탁, 카타르월드컵으로 주가가 급상승했다. 시장 가치 6500만 유로, 추정 연봉 302만 유로.

슈팅-득점	국적	2022-23시즌 브라이튼				포지션
34-9 / 52-1			A	P	P%	
		31-4 2886	2	51.6-44.9	87%	
● 86-10 LG-0	아르헨티나	DR	TK	IC		★
● 8-1 RG-8		2.2-2.3	3.0-2.1	0.6	8-0	4
● 6-6 HG-2						

유럽 5대리그 중앙 미드필더 & 수비형 미드필더 항목별 랭킹 (90분 기준 기록, 100분율)

G	A	SH	SG	PC	P%	LC	L%	SC	BT	DC	TK	IC	BR
상위	하위	상위	상위	상위	상위	하위	상위	상위	상위	상위	상위	하위	상위
2%	39%	1%	1%	26%	24%	41%	6%	26%	11%	44%	20%	20%	40%

Leon GORETZKA

평점 7.02

레온 고레츠카　1995.02.06 / 189cm

SCOUTING REPORT

공격적인 플레이를 펼치는 미드필더. '발락의 후계자'로 불린다. 그 별명답게 후방에서 살림꾼 역할을 책임진다. 주포지션은 중앙 미드필더지만 공격형 또는 3선 미드필더도 소화한다. 월등한 피지컬을 바탕삼아 경합에서 강한 모습이다. 공중볼 장악 능력이 탁월하다. 전방으로 찔러주는 패스가 날카롭고 정확하다. 중거리슛도 강력하다. 후방 빌드업이 능한 편은 아니다.

PLAYER'S HISTORY

보훔, 샬케04를 거쳐 2018년부터 바이에른 뮌헨에서 활약 중. 무릎수술을 받고 복귀해 건재함을 보여줬다. 러시아월드컵 한국전에 미드필더가 아닌 윙어로 출전했다. 시장 가치 4500만 유로, 추정 연봉은 1800만 유로.

슈팅-득점	국적	2022-23시즌 바이에른 뮌헨				포지션
23-2 / 17-1			A	P	P%	
		22-5 1738	2	36.9-30.6	83%	
● 40-3 LG-0	독일	DR	TK	IC		★
● 0-0 RG-2		0.6-0.3	2.5-1.7	1.1	5-0	1
● 0-0 HG-1						

유럽 5대리그 중앙 미드필더 & 수비형 미드필더 항목별 랭킹 (90분 기준 기록, 100분율)

G	A	SH	SG	PC	P%	LC	L%	SC	BT	DC	TK	IC	BR
상위	상위	상위	상위	상위	상위	하위	하위	상위	상위	하위	상위	상위	상위
15%	4%	5%	5%	44%	46%	22%	40%	36%	9%	38%	21%	24%	

Toni KROOS

평점 7.02

토니 크로스　1990.01.04 / 183cm

SCOUTING REPORT

독일 축구 최고의 '마에스트로'이자 월드클래스 미드필더. 현대 축구에서 최고의 패싱력을 자랑하는 중앙 미드필더. 매 시즌 패스 성공률이 90% 이상을 찍는다. 기본기가 탄탄하고 볼 컨트롤 능력이 탁월하다. 공을 지키는 능력도 돋보인다. 프로 데뷔 후 체력을 보강해 활동량도 한층 발전한 모습이다. 공격에 비해 수비력은 많이 아쉽다. 스피드나 순발력이 떨어진다.

PLAYER'S HISTORY

바이에른 뮌헨, 레버쿠젠을 거쳐 2014년부터 레알 마드리드 핵심 멤버로 활약 중. 독일 대표로 A매치 106경기를 소화한 뒤 2021년 대표팀에서 은퇴했다. 브라질월드컵 우승 주역. 시장 가치 4500만 유로, 추정 연봉은 6364만 유로.

슈팅-득점	국적	2022-23시즌 레알 마드리드				포지션
5-0 / 26-2			A	P	P%	
		25-5 2164	3	77.5-73.6	95%	
● 31-2 LG-0	독일	DR	TK	IC		★
● 5-0 RG-2		0.9-0.3	3.2-1.7	0.8	0-1	1
● 0-0 HG-0						

유럽 5대리그 중앙 미드필더 & 수비형 미드필더 항목별 랭킹 (90분 기준 기록, 100분율)

G	A	SH	SG	PC	P%	LC	L%	SC	BT	DC	TK	IC	BR
하위	상위	상위	상위	상위	상위	상위	상위	상위	상위	하위	상위	하위	하위
45%	16%	33%	39%	1%	2%	1%	5%	1%	15%	36%	45%	45%	49%

●	●	●	LG	RG	HG	⏱	⏱	Ⓐ	Ⓟ	P%	DR	TK	IC	■■	★	Ⓖ	Ⓐ	SH	SG	PC	P%	LC	L%	SC	BT	DC	TK	IC	BR
전체 슈팅 시도-득점	직접드리블 시도-득점	PK 시도-득점	왼발 득점	오른발 득점	헤더 득점	출전횟수 선발·교체	출전시간 (MIN)	도움	평균 패스 시도-성공	패스 성공률	평균드리블 시도-성공	평균 태클 시도-성공	평균 인터셉트	페어플레이 경고·퇴장	MOM	득점	도움	슈팅 시도	유효 슈팅	패스 성공	패스 성공률	롱볼 성공	롱볼 성공률	슈팅기회 창출	볼 터치	드리블 성공	태클	인터셉트	리커버리

Teun KOOPMEINERS
평점 7.01
퇸 코프메이너르스
1998.02.28 / 183cm

SCOUTING REPORT
영리하고 기술적인 수비를 펼친다. 위치 선정이 뛰어나고 상대 움직임을 예측해 패스를 차단한다. 날카로운 왼발 킥이 일품이다. 후방에서 길게 찔러주는 롱패스가 소속팀의 중요한 공격루트다. 피지컬이 단단해 볼 경합 상황에서 강하다. 수비형 미드필더는 물론 센터백, 공격형 미드필더 등 다양한 포지션을 맡는다. 스피드는 느린 편. 빠른 역습 상황에서 고전한다.

PLAYER'S HISTORY
알크마르에서 데뷔 후 2021년부터 아탈란타에서 뛰고 있다. 2020년 네덜란드 대표팀에 처음 합류했다. 카타르월드컵 당시 아르헨티나와 8강전에서 동점골을 어시스트했다. 시장 가치 3000만 유로, 추정 연봉은 1920만 유로.

슈팅-득점	국적	2022-23시즌 아탈란타	포지션

26-6 / 33-4			
● 59-10 LG-7		32-1 2861 Ⓐ 4 Ⓟ 46.8-36.5 P% 78%	
● 6-0 RG-2	네덜란드		
● 4-2 HG-1		DR 1.7-0.9 TK 2.2-1.4 IC 0.7 ■■ 7-0 ★ 2	

유럽 5대리그 중앙 미드필더 & 수비형 미드필더 항목별 랭킹 (90분 기준 기록, 100분율)													
Ⓖ	Ⓐ	SH	SG	PC	P%	LC	L%	SC	BT	DC	TK	IC	BR
상위	상위	상위	상위	하위	상위	하위	상위	하위	상위	상위	하위	하위	하위
2%	29%	12%	7%	48%	10%	28%	5%	34%	8%	15%	15%	15%	43%

João PALHINHA
평점 7.00
주앙 팔리냐
1995.07.09 / 190cm

SCOUTING REPORT
네마냐 마티치를 떠올리게 한다. 엄청난 피지컬을 자랑하는 미드필더. 장신답게 공중볼과 볼 경합 상황에서 강점이 있다. 일대일 방어에 능하고 수비시 위치선정이 좋다. 활동량이 상당해 후방 커버 범위가 넓다. 3선에서 원활한 볼배급을 책임진다. 전방으로 한번에 넘겨주는 롱패스가 날카롭다. 스피드와 민첩성이 떨어진다. 위험한 수비로 경고를 많이 받는다.

PLAYER'S HISTORY
2021년부터 포르투갈 대표로 활약 중. 카타르 월드컵 한국전서 후반 교체 투입돼 활약했다. 스포르팅 출신. 스포르팅에서 데뷔해 브라가 임대를 거쳐 2022년부터 풀럼서 활약 중이다. 시장 가치 4000만 유로, 추정 연봉은 302만 유로.

슈팅-득점	국적	2022-23시즌 풀럼	포지션

24-2 / 15-1			
● 39-3 LG-0		35-3 3113 Ⓐ Ⓟ 36.3-30.1 P% 83%	
● 0-0 RG-1	포르투갈		
● 0-0 HG-2		DR 1.2-0.5 TK 6.1-4.2 IC 1.2 ■■ 14-0 ★	

유럽 5대리그 중앙 미드필더 & 수비형 미드필더 항목별 랭킹 (90분 기준 기록, 100분율)													
Ⓖ	Ⓐ	SH	SG	PC	P%	LC	L%	SC	BT	DC	TK	IC	BR
상위	하위	상위	하위	하위	상위	상위	상위	하위	상위	하위	상위	상위	하위
45%	8%	40%	43%	21%	48%	38%	32%	1%	23%	5%	1%	28%	44%

Daniel PAREJO
평점 6.97
다니엘 파레호
1989.04.16 / 182cm

SCOUTING REPORT
패싱 능력, 드리블 및 탈압박 능력이 상당하다. 후방 빌드업, 경기 조율 등 미드필더로서 갖춰야 할 능력을 고루 장착했다. 최대 장점은 킥. 패스를 실수 없이 연결하면서 후방 빌드업을 전개한다. 프리킥, 코너킥 등 세트피스 키커로도 나선다. 중거리슛도 위협적. 과감한 드리블 돌파로 득점을 노린다. 최대 약점은 체력. 경기 후반 급격히 지친다. 스피드도 아쉽다.

PLAYER'S HISTORY
레알 마드리드 유스팀 출신으로 프로 데뷔까지 했다. 빛을 보지 못했다. 이후 헤타페, 발렌시아를 거쳐 비야레알에서 선수로서 꽃을 피웠다. 2017~18, 2018~19 '라리가 올해의 팀' 선정. 시장 가치 600만 유로, 추정 연봉은 380만 유로.

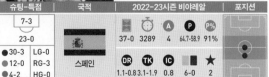

슈팅-득점	국적	2022-23시즌 비야레알	포지션

7-3 / 23-0			
● 30-3 LG-0		37-0 3289 Ⓐ 4 Ⓟ 64.7-58.9 P% 91%	
● 12-0 RG-3	스페인		
● 4-2 HG-0		DR 1.1-0.8 TK 3.1-1.9 IC 0.8 ■■ 6-0 ★ 2	

유럽 5대리그 중앙 미드필더 & 수비형 미드필더 항목별 랭킹 (90분 기준 기록, 100분율)													
Ⓖ	Ⓐ	SH	SG	PC	P%	LC	L%	SC	BT	DC	TK	IC	BR
상위	상위	하위	하위	상위	상위	상위	상위	상위	상위	하위	하위	상위	상위
46%	35%	27%	37%	8%	18%	9%	48%	25%	9%	46%	43%	28%	28%

Ismaël BENNACER
평점 6.96
이스마엘 베나세르
1997.12.01 / 175cm

SCOUTING REPORT
드리블 능력이 뛰어난 미드필더. 공을 잘 키핑한 뒤 전방으로 날카로운 패스를 찔러주는 후방 플레이메이커다. 주포지션은 3선 미드필더지만 공격형 미드필더도 소화 가능하다. 왕성한 활동량을 바탕으로 상대를 강하게 압박해 공을 빼앗는다. 스피드가 좋고 축구 지능이 높다. 저돌적인 스타일 탓에 카드를 많이 받고 부상도 잦은 편. 몸이 왜소해 경합에서 밀린다.

PLAYER'S HISTORY
2019년부터 AC밀란 주축 선수로 활약 중이다. 프랑스에서 모로코인 아버지와 알제리인 어머니 사이에서 태어났다. 독실한 무슬림. 2019년 알제리의 네이션스컵 우승 당시 MVP였다. 시장 가치 4000만 유로, 추정 연봉은 704만 유로.

슈팅-득점	국적	2022-23시즌 AC 밀란	포지션

3-2 / 13-0			
● 16-2 LG-2		24-4 2015 Ⓐ 2 Ⓟ 47.8-42.5 P% 89%	
● 3-0 RG-0	알제리		
● 0-0 HG-0		DR 1.9-1.1 TK 2.9-2.1 IC 0.9 ■■ 5-0 ★ 2	

유럽 5대리그 중앙 미드필더 & 수비형 미드필더 항목별 랭킹 (90분 기준 기록, 100분율)													
Ⓖ	Ⓐ	SH	SG	PC	P%	LC	L%	SC	BT	DC	TK	IC	BR
상위	하위	상위	하위	상위	상위	상위	상위	상위	상위	상위	상위	상위	상위
40%	43%	32%	35%	19%	18%	14%	39%	12%	16%	10%	10%	41%	3%

평점 6.96 Jean-Ricner BELLEGARDE
장 리크너 벨가르드 1998.06.27 / 172cm

SCOUTING REPORT
킥력이 좋은 박스투박스 미드필더다. 팀내에서 세트피스 키커도 맡고 있다. 위치를 가리지 않고 부지런히 움직이면서 적극적인 압박과 수비를 시도한다. 드리블을 적극 활용하지만 상황에 따라 날카로운 전진패스를 찔러넣는다. 측면으로 빠져 문전으로 크로스를 올리기도 한다. 경기 전반으로 다재다능함이 돋보인다. 체격이 워낙 왜소해 경합 상황에서 많이 밀린다.

PLAYER'S HISTORY
랑스에서 유스 시절을 보낸 뒤 2016년 프로 무대에 데뷔했다. 2019년 스트라스부르로 이적했다. 아이티계 프랑스인. 2019년 아이티 대표에 이름을 올렸지만 A매치에 데뷔하진 않았다. 시장 가치 1000만 유로, 추정 연봉은 34만 유로.

슈팅-득점	국적	2022-23시즌 스트라스부르				포지션
12-0		⏱ 29-1	2428	A 6	P P% 36.2-29.7 82%	
26-2	프랑스					
●38-2 LG-0		DR TK IC		★		
●11-1 RG-2		3.7-1.9 2.0-1.6 0.9	5-0	5		
●0-0 HG-0						

유럽 5대리그 중앙 미드필더 & 수비형 미드필더 항목별 랭킹(90분 기준 기록, 100분율)

G	A	SH	SG	PC	P%	LC	L%	SC	BT	DC	TK	IC	BR
상위	상위	상위	상위	상위	하위	상위	상위	상위	하위	상위	하위	상위	하위
48%	6%	23%	20%	36%	19%	45%	19%	47%	3%	32%	44%	34%

평점 6.95 Rúben NEVES
후뱅 네베스 1997.03.13 / 180cm

SCOUTING REPORT
뛰어난 패스 능력을 자랑하는 수비형 미드필더. 전형적인 딥라잉 플레이메이커다. 정확한 킥 능력을 바탕으로 경기를 풀어간다. 중거리 슛이 위협적이고 직접 프리킥 득점도 종종 기록한다. 위치 선정이 좋고 경기 흐름을 읽는 눈이 돋보인다. 피지컬과 활동량을 바탕으로 압박 및 경합도 나쁘지 않다. 단점은 느린 발. 주력 탓에 수비 커버가 늦은 것이 아쉽다.

PLAYER'S HISTORY
울버햄프턴의 주축 선수로 활약하다 2023년 6월 사우디 알 힐랄로 이적했다. 2015년부터 포르투갈 대표로 활약중. 카타르월드컵 한국전에도 선발 출전했다. 황희찬 선정 미남순위 1위. 시장 가치 4000만 유로, 추정 연봉은 302만 유로.

슈팅-득점	국적	2022-23시즌 울버햄튼				포지션
15-4		⏱ 33-2	3022	A 1	P P% 58.1-48.8 84%	
51-2	포르투갈					
●66-6 LG-1		DR TK IC		★		
●11-0 RG-5		0.9-0.5 3.4-2.2 1.5	12-0	5		
●3-3 HG-0						

유럽 5대리그 중앙 미드필더 & 수비형 미드필더 항목별 랭킹(90분 기준 기록, 100분율)

G	A	SH	SG	PC	P%	LC	L%	SC	BT	DC	TK	IC	BR
상위	하위	상위	상위	상위	상위	상위	상위	상위	상위	하위	상위	상위	상위
17%	18%	11%	34%	50%	2%	44%	49%	14%	36%	31%	15%	28%

평점 6.95 Nabil BENTALEB
나빌 벤탈렙 1994.11.24 / 187cm

SCOUTING REPORT
볼테크닉이 뛰어난 플레이메이커다. 공을 지키는 능력이 좋고 드리블과 볼 컨트롤이 돋보인다. 큰 키를 활용한 제공권 장악에도 강점이 있다. 3선 미드필더임에도 지난 시즌 4골 4도움을 기록할 정도로 공격포인트 생산력을 갖췄다. 수비시 부지런히 움직이며 강한 압박을 펼쳐 공을 빼앗는다. 경기에 따라 기복이 심한 편이다. 결정적인 패스미스나 턴오버가 잦다.

PLAYER'S HISTORY
토트넘에서 데뷔했고 손흥민과도 2017년까지 함께 했다. 샬케, 뉴캐슬 등을 거쳐 앙제에서 뛰고 있다. 프랑스 출신으로 프랑스 연령별 대표팀을 지냈지만 A대표는 알제리를 선택했다. 시장 가치 700만 유로, 추정 연봉은 78만 유로.

슈팅-득점	국적	2022-23시즌 앙제				포지션
7-2		⏱ 29-1	2492	A 4	P P% 58.5-49.7 85%	
34-2	알제리					
●41-2 LG-4		DR TK IC		★		
●8-1 RG-0		3.6-2.1 3.4-2.5 1.4	5-1	4		
●2-2 HG-0						

유럽 5대리그 중앙 미드필더 & 수비형 미드필더 항목별 랭킹(90분 기준 기록, 100분율)

G	A	SH	SG	PC	P%	LC	L%	SC	BT	DC	TK	IC	BR
상위	상위	상위	상위	상위	하위	상위	하위	상위	상위	상위	상위	상위	상위
27%	23%	23%	21%	16%	44%	8%	40%	40%	9%	2%	19%	12%	6%

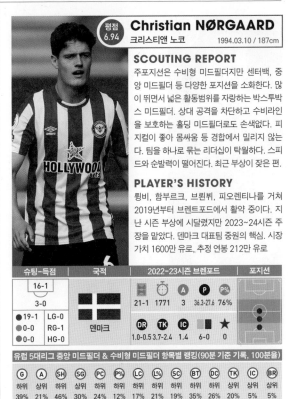

평점 6.94 Christian NØRGAARD
크리스티앤 노코 1994.03.10 / 187cm

SCOUTING REPORT
주포지션은 수비형 미드필더지만 센터백, 중앙 미드필더 등 다양한 포지션을 소화한다. 많이 뛰면서 넓은 활동범위를 자랑하는 박스투박스 미드필더. 상대 공격을 차단하고 수비라인을 보호하는 홀딩 미드필더로도 손색없다. 피지컬이 좋고 몸싸움 등 경합에서 밀리지 않는다. 팀을 하나로 묶는 리더십이 탁월하다. 스피드와 순발력이 떨어진다. 최근 부상이 잦은 편.

PLAYER'S HISTORY
룅비, 함부르크, 브뢴뷔, 피오렌티나를 거쳐 2019년부터 브렌트포드에서 활약 중이다. 지난 시즌 부상에 시달렸지만 2023~24시즌 주장을 맡았다. 덴마크 대표팀 중원의 핵심. 시장 가치 1600만 유로, 추정 연봉 212만 유로

슈팅-득점	국적	2022-23시즌 브렌트포드				포지션
16-1		⏱ 21-1	1771	A 3	P P% 36.3-27.6 76%	
3-0	덴마크					
●19-1 LG-0		DR TK IC		★		
●0-0 RG-1		1.0-0.5 3.7-2.4 1.4	6-0	0		
●0-0 HG-0						

유럽 5대리그 중앙 미드필더 & 수비형 미드필더 항목별 랭킹(90분 기준 기록, 100분율)

G	A	SH	SG	PC	P%	LC	L%	SC	BT	DC	TK	IC	BR
하위	상위	상위	상위	하위	하위	하위	하위	하위	하위	상위	상위	상위	상위
39%	21%	46%	30%	24%	12%	17%	21%	35%	26%	20%	5%	5%

Marco VERRATTI
평점 6.94
마르코 베라티 1992.11.05 / 165cm

SCOUTING REPORT
월등한 탈압박과 패싱 능력을 갖춘 월드클래스 미드필더. 뛰어난 테크닉과 축구지능을 자랑하는 '축구도사'. 볼 컨트롤도 안정적이고 한방에 상대 수비를 깨는 전진패스도 일품이다. 스타들이 즐비한 PSG의 실질적인 살림꾼. 정교한 슬라이딩태클도 트레이드마크다. 수비 스킬과 투쟁심을 겸비했다. 피지컬 열세는 어쩔수 없다. 다혈질 성격 탓에 카드를 많이 받는다.

PLAYER'S HISTORY
2012년부터 PSG를 이끄는 터줏대감. PSG에서만 9차례 리그 우승을 경험했다. 이탈리아 대표팀에서도 10년 넘게 활약 중. 유로2020 우승 주역이다. 상당한 애연가로 알려져 있다. 시장 가치 4000만 유로, 추정 연봉이 1440만 유로.

슈팅-득점	국적	2022-23시즌 PSG					포지션
6-0 / 2-0	이탈리아	27-2	2206	0(A)	87.4-81.3(P)	93%(P%)	
●8-0 LG-0		DR 1.8-1.0	TK 4.4-2.6	IC 0.9	10-1	★ 0	
●0-0 RG-0							
●0-0 HG-0							

유럽 5대리그 중앙 미드필더 & 수비형 미드필더 항목별 랭킹 (90분 기준 기록, 100분율)

G	A	SH	SG	PC	P%	LC	L%	SC	BT	DC	TK	IC	BR
하위 11%	하위 20%	하위 5%	하위 2%	상위 1%	상위 1%	상위 15%	상위 5%	상위 23%	상위 1%	상위 19%	상위 5%	상위 49%	상위 22%

Seko FOFANA
평점 6.94
세코 포파나 1995.03.07 / 185cm

SCOUTING REPORT
고르게 능력을 갖춘 육각형 중앙 미드필더. 지난 시즌 7골 5어시스트를 기록한 만큼 공격 생산력이 탁월하다. 박스투박스 미드필더로서 엄청난 활동량을 자랑한다. 강한 체력을 바탕으로 끊임없이 상대를 압박한다. 태클, 인터셉트 등 수비 스킬도 뛰어나다. 오른발잡이지만 왼발도 잘 쓴다. 중거리슛이 강하고 정확하다. 가끔 거친 행동이나 실수로 경기를 그르친다.

PLAYER'S HISTORY
파리 출신이지만 국가대표는 부모의 나라 코트디부아르를 선택했다. 우디네세에서 데뷔한 뒤 2020년부터 랑스에서 뛰고 있다. 랑스 20년 만의 챔스 진출 일등공신이다. 시장 가치 3200만 유로, 추정 연봉 180만 유로.

슈팅-득점	국적	2022-23시즌 랑스					포지션
38-5 / 46-2	코트디부아르	34-1	3079	5(A)	50.4-44.9(P)	89%(P%)	
●84-7 LG-0		DR 3.2-1.8	TK 1.5-0.8	IC 0.5	2-0	★ 4	
●0-0 RG-7							
●2-1 HG-0							

유럽 5대리그 중앙 미드필더 & 수비형 미드필더 항목별 랭킹 (90분 기준 기록, 100분율)

G	A	SH	SG	PC	P%	LC	L%	SC	BT	DC	TK	IC	BR
상위 13%	상위 22%	상위 2%	상위 9%	상위 31%	상위 15%	하위 49%	상위 34%	상위 38%	상위 6%	하위 12%	하위 1%	상위 30%	

Piotr ZIELINSKI
평점 6.93
피오트르 지엘린스키 1994.05.20 / 180cm

SCOUTING REPORT
지난 시즌 나폴리에서 최고의 활약을 펼쳤다. 3선 미드필더임에도 공식전(48경기) 통틀어 7골 10어시스트를 기록했다. 공을 잡으면 무섭게 전진하는 돌격형 드리블러. 정교한 키패스로 동료에게 찬스를 만들어준다. 양 발을 잘 쓰고 수비수 1~2명은 손쉽게 제치는 개인기를 자랑한다. 킥력이 좋아 직접 슈팅으로 골망을 흔든다. 공격에 비해 수비력은 살짝 아쉽다.

PLAYER'S HISTORY
나폴리의 세리에A 우승 주역. 우디네세를 거쳐 2016년부터 나폴리를 지키고 있다. 레반도프스키와 더불어 폴란드 대표팀에서 없어선 안될 존재. 카타르월드컵에 전경기 선발 출전했다. 시장 가치 3500만 유로, 추정 연봉은 648만 유로.

슈팅-득점	국적	2022-23시즌 나폴리					포지션
18-3 / 35-0	폴란드	27-10	2306	8(A)	38.4-33.9(P)	88%(P%)	
●53-3 LG-2		DR 1.7-0.7	TK 0.8-0.5	IC 0.4	3-0	★ 1	
●6-0 RG-1							
●0-0 HG-0							

유럽 5대리그 중앙 미드필더 & 수비형 미드필더 항목별 랭킹 (90분 기준 기록, 100분율)

G	A	SH	SG	PC	P%	LC	L%	SC	BT	DC	TK	IC	BR
상위 11%	상위 1%	상위 7%	상위 3%	상위 25%	상위 41%	상위 50%	하위 24%	상위 1%	상위 27%	상위 36%	하위 1%	하위 13%	하위 1%

Nicolò BARELLA
평점 6.93
니콜로 바렐라 1997.02.07 / 175cm

SCOUTING REPORT
왕성한 활동량을 바탕으로 부지런히 그라운드를 누비는 박스투박스 미드필더. 기동력과 체력은 세리에A 최상위권으로 인정받는다. 투지 넘치는 플레이로 기회를 창출한다. 끊임없는 압박이 돋보이며 태클 실력도 수준급. 화려하진 않지만 안정되고 다양한 패스를 뿌려준다. 지난 시즌 리그 6골을 기록할 만큼 결정력도 갖췄다. 승부욕이 지나쳐 카드를 자주 받는다.

PLAYER'S HISTORY
칼리아리에서 프로 데뷔 후 2019년부터 인테르 밀란에서 활약 중이다. 지난 시즌 챔스 결승 진출 일등공신. 세리에A 최우수 미드필더로 선정됐다. 유로2020 이탈리아 우승을 이끌었다. 시장 가치 4500만 유로, 추정 연봉은 636만 유로.

슈팅-득점	국적	2022-23시즌 인테르 밀란					포지션
12-5 / 21-1	이탈리아	31-4	2622	6(A)	43.1-36.6(P)	85%(P%)	
●33-6 LG-1		DR 2.1-1.2	TK 2.1-1.4	IC 0.3	6-0	★ 1	
●1-1 RG-5							
●0-0 HG-0							

유럽 5대리그 중앙 미드필더 & 수비형 미드필더 항목별 랭킹 (90분 기준 기록, 100분율)

G	A	SH	SG	PC	P%	LC	L%	SC	BT	DC	TK	IC	BR
상위 9%	상위 21%	상위 28%	상위 24%	상위 50%	상위 42%	하위 45%	하위 32%	상위 12%	상위 48%	상위 22%	상위 36%	하위 4%	상위 42%

Azor MATUSIWA
평점 6.92
아조르 마투시와　　1998.04.28 / 173cm

SCOUTING REPORT
중원의 살림꾼. 체격은 작지만 단단하고 다부진 플레이로 그라운드를 휘젓는다. 최대 강점은 수비력. 왕성한 활동량과 기동력을 바탕으로 끊임없이 압박하고 공을 빼앗는다. 태클, 인터셉션 등 수비 스킬이 뛰어나다. 뒷공간을 든든히 지키면서 공을 클리어링한다. 몸을 던져 슛을 막아내는 장면이 종종 나온다. 공격적인 재능은 떨어진다. 피지컬 열세도 어쩔 수 없다.

PLAYER'S HISTORY
네덜란드에서 태어났고 부모는 앙골라계 이민자 출신이다. 아약스에서 유스 생활을 한 뒤 프로데뷔를 이뤘다. 네덜란드 팀들을 거쳐 2021년부터 랭스에서 활약 중이다. 시장 가치 750만 유로, 추정 연봉은 72만 유로.

슈팅-득점	국적	2022-23시즌 스타드 렝	포지션
1-0 / 10-0		⏱ 29-1　A 2492　P 0　34.53.1-45.7　P% 86%	
●11-0 LG-0 / ●0-0 RG-0 / ●0-0 HG-0	네덜란드	DR 0.8-0.5　TK 3.1-2.2　IC 1.5　■ 4-0　★ 0	

유럽 5대리그 중앙 미드필더 & 수비형 미드필더 항목별 랭킹 (90분 기준 기록, 100분율)

G	A	SH	SG	PC	P%	LC	L%	SC	BT	DC	TK	IC	BR
하위	하위	하위	하위	상위	상위	상위	하위	상위	상위	하위	상위	상위	상위
11%	8%	12%	22%	25%	30%	9%	4%	45%	22%	37%	29%	9%	4%

Moisés CAICEDO
평점 6.92
모이세스 카이세도　　2001.11.02 / 178cm

SCOUTING REPORT
세계 최고의 유망주 중 하나로 인정받는다. 왕성한 활동량과 강인한 체력 및 기동력을 자랑하는 박스투박스 미드필더. 은골로 캉테를 떠올릴 만큼 수비적 기여가 절대적이다. 상대 공격 루트를 미리 파악하고 끊는데 탁월하다. 몸싸움이나 공중볼 다툼에서 밀리지 않는다. 태클 등 수비 스킬도 좋은 능력을 자랑한다. 플레이가 다소 투박하고 실수가 잦은 것은 단점.

PLAYER'S HISTORY
에콰도르의 간판스타. 국내팬들 사이선 원피스 등장인물인 카이도로 불린다. 에콰도르 자국리그에서 활약하다 2021년 브라이튼에 자리매김했다. 19살부터 국가대표로 뛰었다. 시장 가치 7500만 유로, 추정 연봉 363만 유로.

슈팅-득점	국적	2022-23시즌 브라이튼	포지션
5-1 / 23-0		⏱ 34-3　A 3141　P 1　59.4-52.9　P% 89%	
●28-1 LG-0 / ●0-0 RG-1 / ●0-0 HG-0	에콰도르	DR 1.5-0.8　TK 3.5-2.8　IC 1.4　■ 10-0　★ 0	

유럽 5대리그 중앙 미드필더 & 수비형 미드필더 항목별 랭킹 (90분 기준 기록, 100분율)

G	A	SH	SG	PC	P%	LC	L%	SC	BT	DC	TK	IC	BR
하위	하위	하위	하위	상위	상위	상위	상위	상위	상위	상위	상위	상위	상위
24%	18%	33%	39%	6%	48%	12%	43%	14%	45%	13%	11%	27%	

Pascal GROSS
평점 6.92
파스칼 그로스　　1991.06.15 / 181cm

SCOUTING REPORT
지난 시즌 리그 9골 8어시스트를 기록할 만큼 공격적인 능력이 탁월하다. 주로 공격형 미드필더로 나서지만 최전방에서 풀백까지 다양한 포지션이 가능하다. 정확한 킥을 바탕으로 공격을 풀어가는 플레이메이커. 전방으로 찔러주는 키패스는 트레이드마크. 세트피스 전담 키커다. 공중볼 등 경합 상황에서 약점이 있다. 부족한 수비 스킬 탓에 경고를 많이 받는다.

PLAYER'S HISTORY
호펜하임, 카를스루어, 잉골슈타트 등 분데스리가에서 활약하다 2017년 브라이튼에 둥지를 텄다. 구단 역사상 최고의 영입으로 꼽힌다. 맨유를 상대로 6골을 넣을 만큼 유독 강하다. 시장 가치 800만 유로, 추정 연봉은 393만 유로.

슈팅-득점	국적	2022-23시즌 브라이튼	포지션
24-8 / 15-1		⏱ 37-0　A 3246　P 8　54.8-47.1　P% 86%	
●39-9 LG-4 / ●1-0 RG-5 / ●0-0 HG-0	독일	DR 0.9-0.5　TK 2.4-1.6　IC 0.4　■ 7-0　★ 0	

유럽 5대리그 중앙 미드필더 & 수비형 미드필더 항목별 랭킹 (90분 기준 기록, 100분율)

G	A	SH	SG	PC	P%	LC	L%	SC	BT	DC	TK	IC	BR
상위	상위	상위	상위	상위	하위	상위	하위	상위	상위	하위	하위	하위	하위
5%	6%	43%	16%	19%	37%	40%	9%	8%	18%	30%	26%	5%	1%

Brais MÉNDEZ
평점 6.92
브라이스 멘데스　　1997.01.07 / 187cm

SCOUTING REPORT
2선과 3선 지역을 두루 커버하는 다기능 미드필더. 주로 중앙에서 활약한다. 스페인 출신답게 깔끔하고 정교한 패스가 최대 강점이며, 기복이 없는 편이다. 스프린트 속도가 빠르진 않아도 볼을 가졌을 때 재빠른 방향 전환으로 경기를 풀어간다. 그러나 상대 압박에 다소 취약하다는 약점이 있다. 2022-2023시즌에는 공식전 기준 47경기에 11골 8도움을 올렸다.

PLAYER'S HISTORY
2014년 셀타에서 데뷔했으며, 2022년부터 레알 소시에다드에서 뛰고 있다. 유로 2020을 앞두고 스페인 예비 명단에 이름을 올렸으나 복귀한 노장 부스케츠에게 밀리고 말았다. 시장 가치는 2500만 유로, 추정 연봉은 220만 유로.

슈팅-득점	국적	2022-23시즌 레알 소시에다드	포지션
24-6 / 36-2		⏱ 28-6　A 2418　P 4　34.8-28.4　P% 82%	
●60-8 LG-6 / ●9-1 RG-1 / ●0-0 HG-1	스페인	DR 1.5-0.4　TK 2.8-1.6　IC 0.6　■ 6-0　★ 0	

유럽 5대리그 중앙 미드필더 & 수비형 미드필더 항목별 랭킹 (90분 기준 기록, 100분율)

G	A	SH	SG	PC	P%	LC	L%	SC	BT	DC	TK	IC	BR
상위	상위	상위	상위	하위	상위	상위	하위	상위	상위	상위	상위	하위	하위
2%	21%	4%	4%	44%	21%	35%	0%	8%	45%	39%	42%	17%	11%

LG RG HG A P P% DR TK IC ★ G A SH SG PC LC BT DC TK IC BR

전체 슈팅 직접프리킥 PK 왼발 오른발 헤더 출전횟수 출전시간 도움 평균 패스 패스 평균드리블 평균 태클 평균 페어플레이 MOM 득점 도움 슈팅 유효 패스 패스 롱패스 통패 슈팅기회 볼터치 드리블 태클 인터셉트 리커버리
시도-득점 시도-득점 시도-득점 득점 득점 득점 선발-교체 분(MIN) 시도-성공 성공 시도-성공 시도-성공 평균 인터셉트 경고-퇴장 시도 시도 유효 성공 성공 성공 성공 창출 성공

THIAGO
티아고　　1991.11.04 / 174cm
평점 6.90

테크닉과 다재다능함, 침착성을 모두 갖춘 중앙 미드필더다. 탄탄한 기본기와 정교한 패싱력, 상대 압박에 대처하는 개인기, 드리블 능력 등 미드필더가 갖춰야 할 기술적인 능력을 모두 갖췄다. 수비 능력까지 수준급이다. '그라운드의 감독'이라 불릴 만큼 리더십도 남다르다. 유리몸이라는 점은 치명적 단점, 거의 매 시즌 부상에 시달려 팬을 안타깝게 한다. 시장 가치는 1800만 유로, 추정 연봉은 1178만 유로.

슈팅-득점	국적	2022-23시즌	포지션
2-0 / 8-0	스페인	14-4 1256 0 60.1-52.3 87%	
●10-0 LG-0		DR TK IC ★	
●0-0 RG-0		1.7-1.2 2.9-2.4 1.2 2-0 1	
●0-0 HG-0			

G	A	SH	SG	PC	P%	LC	L%	SC	BT	DC	TK	IC	BR
하위 11%	하위 8%	하위 29%	하위 27%	상위 4%	상위 18%	상위 2%	상위 6%	상위 25%	상위 3%	상위 17%	상위 4%	상위 11%	상위 5%

Valentin RONGIER
발렌틴 론지에　　1994.12.07 / 172cm
평점 6.90

주 포지션은 중앙 미드필더지만 공격형과 수비형 모두 소화 가능하다. 전형적인 '박스투박스' 미드필더. 공간 창출 능력이 탁월하다는 평가다. 기동력과 활동량이 뛰어나고 수비에도 적극 가담한다. 패싱력도 발군이라 후방 빌드업에 기여한다. 축구 센스가 좋은데다 팀에 헌신하는 자세도 경기장에서 빛난다. 피지컬이 떨어져 몸싸움에서 밀리는 점은 약점. 시장 가치는 1800만 유로, 추정 연봉은 396만 유로.

슈팅-득점	국적	2022-23시즌 마르세유	포지션
10-1 / 12-0	프랑스	34-2 3034 2 57.8-51.4 89%	
●22-1 LG-0		DR TK IC ★	
●0-0 RG-1		1.4-0.9 3.5-2.5 1.5 8-0 1	
●0-0 HG-0			

G	A	SH	SG	PC	P%	LC	L%	SC	BT	DC	TK	IC	BR
하위 23%	하위 33%	하위 24%	하위 20%	상위 12%	상위 7%	상위 32%	상위 14%	상위 38%	상위 13%	상위 42%	상위 15%	상위 12%	상위 12%

James WARD-PROWSE
제임스 워드-프라우스　　1994.11.01 / 177cm
평점 6.90

주로 중앙 미드필더를 맡지만 공격형과 오른쪽 미드필더도 소화 가능하다. 가장 큰 장점은 프리킥 능력. EPL 최고의 세트피스 전문가. 강한 체력을 바탕으로 왕성한 활동력을 자랑한다. 매 시즌 거의 전 경기를 소화할 정도로 부상도 잘 당하지 않는다. 여러 빅클럽의 영입 리스트에 올라있다. 스피드와 몸싸움이 약해 탈압박 능력은 떨어지는 편. 시장 가치는 3800만 유로, 추정 연봉은 520만 유로.

슈팅-득점	국적	2022-23시즌 사우샘튼	포지션
10-6 / 34-3	잉글랜드	38-0 3373 4 50.7-43.1 85%	
●44-9 LG-0		DR TK IC ★	
●17-3 RG-8		0.5-0.2 2.8-1.7 1.4 6-0 2	
●4-2 HG-1			

G	A	SH	SG	PC	P%	LC	L%	SC	BT	DC	TK	IC	BR
상위 6%	상위 37%	상위 46%	상위 28%	상위 33%	하위 29%	상위 40%	하위 5%	상위 16%	상위 32%	상위 4%	상위 31%	상위 17%	상위 37%

Aurélien TCHOUAMÉNI
오렐리앙 추아메니　　2000.01.27 / 187cm
평점 6.90

프랑스 대표팀의 새로운 중원의 핵심. 폴 포그바와 은골로 캉테의 재능을 합쳤다는 극찬을 받는다. 수비형 미드필더로 화려하진 않지만 안정적인 플레이를 펼친다. 압도적인 피지컬을 앞세워 경합에서 밀리는 법이 없다. 세트피스 상황에서 헤더골도 종종 기록한다. 전방으로 길게 찔러주는 롱패스도 일품. 간혹 집중력을 잃고 실수를 범하는 것은 옥에 티. 시장 가치는 9000만 유로, 추정 연봉은 1250만 유로

슈팅-득점	국적	2022-23시즌 레알 마드리드	포지션
16-0 / 22-0	프랑스	24-9 2120 1 50.9-47.9 94%	
●38-0 LG-0		DR TK IC ★	
●0-0 RG-0		1.2-0.8 2.4-1.8 1.6 2-0 2	
●0-0 HG-0			

G	A	SH	SG	PC	P%	LC	L%	SC	BT	DC	TK	IC	BR
하위 11%	상위 25%	상위 14%	상위 40%	상위 3%	상위 1%	상위 55%	상위 1%	상위 45%	상위 3%	상위 61%	상위 22%	상위 1%	상위 28%

Lucas ROBERTONE
루카스 로베르토네　　1997.03.18 / 169cm
평점 6.90

체격은 작지만 왕성한 활동량을 자랑하는 박스투박스형 미드필더. 라이트백으로도 종종 나선다. 그라운드를 넓게 누비면서 강한 압박을 펼친다. 공을 가졌을 때는 날카로운 킥이 일품이다. 세트피스를 책임질 정도로 킥 능력이 돋보인다. 공간 침투 능력도 뛰어나 역습에 기여한다. 피지컬 약점이 있다보니 무리한 수비로 카드를 받는 경우가 잦다. 시장 가치는 700만 유로, 추정 연봉은 114만 유로

슈팅-득점	국적	2022-23시즌 알메리아	포지션
10-2 / 27-0	아르헨티나	34-3 2860 7 32.8-26.9 82%	
●37-2 LG-1		DR TK IC ★	
●4-0 RG-0		1.7-0.7 2.4-1.3 1.2 7-0	
●0-0 HG-0			

G	A	SH	SG	PC	P%	LC	L%	SC	BT	DC	TK	IC	BR
하위 47%	상위 7%	상위 38%	하위 38%	하위 30%	하위 35%	하위 36%	하위 13%	상위 15%	상위 36%	하위 41%	상위 21%	상위 18%	상위 42%

Stanislav LOBOTKA
스타니슬라프 로보트카　　1994.11.25 / 170cm
평점 6.89

체격은 작지만 단단한 수비형 미드필더. 나폴리의 세리에A 우승 일등공신이자 슬로바키아 대표팀 중심이다. 단신의 약점을 민첩성과 스피드로 만회한다. 통패스 능력이 돋보이진 않지만 대신 간결한 원터치 패스로 상대 압박을 이겨낸다. '이니에스타와 차비를 합친 것 같다'는 찬사를 받을 정도다. 몸싸움에서 밀려 공을 뺏기는 경우가 간혹 있다. 시장 가치는 3800만 유로, 추정 연봉은 359만 유로

슈팅-득점	국적	2022-23시즌 나폴리	포지션
4-1 / 7-0	슬로바키아	34-4 3113 1 60.5-56.8 94%	
●11-1 LG-0		DR TK IC ★	
●0-0 RG-1		0.7-0.5 3.0-2.3 0.5 2-0 1	
●0 HG-0			

G	A	SH	SG	PC	P%	LC	L%	SC	BT	DC	TK	IC	BR
상위	상위	상위	하위	상위	상위	상위	상위	상위	상위	상위	상위	상위	상위

			LG	RG	HG		A	P	P%	DR	TK	IC		★	G	A	SH	SG	PC	P%	LC	L%	SC	BT	DC	TK	IC	BR
전체 슈팅 시도-득점	직접프리킥 시도-득점	PK 시도-득점	왼발 득점	오른발 득점	헤더 득점	출전횟수 선발-교체	출전시간 분(MIN)	도움	평균 패스 시도-성공	패스 성공률	평균드리블 시도-성공	평균 태클 시도-성공	평균 인터셉트	페어플레이 경고-퇴장	MOM	득점	도움	슈팅 시도	유효 슈팅	패스 성공	패스 성공률	롱패스 성공	롱패스 성공률	슈팅기회 창출	볼 터치	드리블 성공	태클	인터셉트	리커버리

Baptiste SANTAMARÍA
밥티스트 산타마리아
평점 **6.89**
1995.09.03 / 183cm

3선 중앙 미드필더나 수비형 미드필더로 활약한다. 강한 체력을 바탕으로 넓은 활동 범위를 자랑하는 박스투박스 플레이어이다. 장신은 아니지만 탁월한 위치선정 능력과 점프력으로 공중볼 장악에 종종 구사한다. 장거리 롱패스도 종종 과시한다. 소속팀에서 후방 빌드업 중심이다. 수비력은 뛰어난 편이 아니니고 파울을 자주 범한다. 카드도 많이 받는 편이다. 시장 가치는 1500만 유로, 추정 연봉은 157만 유로

슈팅-득점	국적	2022-23시즌 스타드 렌	포지션

4-1			
15-1		20-5	1815		A 5	P 52.9-44.6	P% 86%
●19-2 LG-0	프랑스						
●0-0 RG-2		DR 0.7-0.4	TK 2.5-1.7	IC 0.7	2-0	★ 1
●0-0 HG-0						

G	A	SH	SG	PC	P%	LC	L%	SC	BT	DC	TK	IC	BR
상위 44%	하위 8%	하위 38%	상위 40%	상위 14%	상위 30%	하위 4%	상위 9%	상위 39%	하위 14%	상위 24%	상위 40%	상위 46%	상위 4%

ENDO Wataru
엔도 와타루
평점 **6.88**
1993.02.09 / 178cm

주 포지션은 수비형 미드필더지만 다양한 포지션을 소화하는 멀티플레이어. 특히 센터백이 가능할 정도로 수비력이 뛰어나다. 키가 크지는 않지만 몸싸움에서 밀리지 않는다. 점프력도 나쁘지 않아 헤더 경합에서 자신감이 있다. 아시아 선수임에도 소속팀 주장을 맡을 정도로 리더십도 탁월하다. 가끔 감정을 주체 못하고 파울이 잦다는 점은 단점이다. 시장 가치는 650만 유로, 추정 연봉은 66만 유로

슈팅-득점	국적	2022-23시즌 슈투트가르트	포지션

28-2			
17-3		33-0	2925		A 4	P 44.3-35.4	P% 80%
●45-5 LG-1	일본						
●0-0 RG-4		DR 1.7-0.8	TK 3.2-2.1	IC 0.8	3-0	★ 1
●0-0 HG-0						

G	A	SH	SG	PC	P%	LC	L%	SC	BT	DC	TK	IC	BR
상위 24%	상위 30%	상위 25%	상위 22%	상위 39%	상위 31%	상위 42%	상위 37%	상위 41%	상위 46%	하위 45%	상위 29%	상위 27%	

Declan RICE
데클란 라이스
평점 **6.88**
1999.01.14 / 188cm

잉글랜드 대표팀의 핵심으로 떠오른 미드필더. 센터백으로 출발해 현재는 수비형 미드필더로 자리잡았다. 전형적인 홀딩 미드필더로 수비력에서 높은 평가를 받는다. 대인마크 능력이 돋보이고 공간 커버도 뛰어나다. 태클 성공률도 높다. 좋은 피지컬을 가지고 있는 것은 물론 수비 범위도 높다. 소속팀 전력이 떨어지다보니 공격 재능을 발휘하기 어렵다. 시장 가치는 8000만 유로, 추정 연봉은 353만 유로

슈팅-득점	국적	2022-23시즌 웨스트햄	포지션

7-2			
29-2		36-1	3272		A 2	P 56.1-49.4	P% 94%
●36-4 LG-4	잉글랜드						
●1-0 RG-4		DR 1.8-0.9	TK 2.7-2.1	IC 1.6	5-0	★ 1
●1-0 HG-0						

G	A	SH	SG	PC	P%	LC	L%	SC	BT	DC	TK	IC	BR
상위 37%	하위 17%	하위 45%	상위 37%	상위 22%	상위 19%	상위 17%	상위 33%	상위 34%	상위 26%	상위 34%	상위 44%	상위 5%	상위 1%

Sergio BUSQUETS
세르히오 부스케츠
평점 **6.87**
1988.07.16 / 189cm

2010년대 바르셀로나 전성기를 이끈 레전드. 전성기 시절 세계 최고의 수비형 미드필더였다. 완벽에 가까운 패스와 볼 컨트롤, 탈압박 테크닉을 자랑했다. 상대 패스 를 예측하고 미리 차단하는 지능적인 수비에 능하다. 상대를 거칠게 몰아붙이는 스타일은 아니다. 30대 나이에 접어들면서 노쇠화가 뚜렷하다. 트레이드 마크였던 패싱 능력도 전같지 않다. 시장 가치는 500만 유로, 추정 연봉은 3700만 유로

슈팅-득점	국적	2022-23시즌 FC 바르셀로나	포지션

2-0			
7-0		28-2	2347		A 4	P 64.2-57.1	P% 89%
●9-0 LG-0	스페인						
●0-0 RG-0		DR 0.5-0.4	TK 2.6-1.9	IC 2.7-1.9	6-1	★ 0
●0-0 HG-0						

G	A	SH	SG	PC	P%	LC	L%	SC	BT	DC	TK	IC	BR
하위 11%	상위 28%	하위 8%	하위 11%	상위 5%	상위 12%	상위 13%	상위 3%	상위 13%	상위 5%	하위 28%	상위 32%	상위 39%	상위 23%

Maxence CAQUERET
막상스 카쿼레
평점 **6.87**
2000.02.15 / 174cm

뛰어난 테크닉을 갖춘 박스투박스 미드필더. 피지컬의 열세를 민첩함과 강한 체력으로 메운다. 공을 빼앗은 뒤 원터치 스루패스가 트레이드마크. 간결한 볼컨트롤과 패스로 후방 빌드업을 책임진다. '리옹의 스위스 아미 나이프'라 불릴 만큼 다재다능하다. 체격이 작아 경합 상황에선 약점을 드러낸다. 득점 상황에 관여하는 비중이 적은 것도 아쉬운 점. 시장 가치는 2500만 유로, 추정 연봉은 336만 유로

슈팅-득점	국적	2022-23시즌 리옹	포지션

14-3			
12-1		32-4	2778		A 7	P 46.5-40.0	P% 86%
●26-4 LG-2	프랑스						
●3-1 RG-2		DR 2.4-1.2	TK 4.3-2.5	IC 1.0	2-0	★ 1
●0-0 HG-0						

G	A	SH	SG	PC	P%	LC	L%	SC	BT	DC	TK	IC	BR
상위 30%	상위 5%	하위 35%	상위 28%	상위 29%	상위 45%	상위 48%	상위 32%	상위 9%	상위 21%	상위 17%	상위 14%	상위 31%	상위 29%

Marshall MUNETSI
마샬 무네시
평점 **6.87**
1996.06.22 / 188cm

짐바브웨를 대표하는 간판 미드필더. 뛰어난 피지컬과 운동 능력을 자랑한다. 공격형, 중앙, 수비형 모두 소화 가능한 다재다능함도 보유하고 있다. 본인은 득점에 더 많이 가담하는 공격형 미드필더를 선호한다고. 팀 사정상 센터백을 맡을 때도 있다. 공중볼 장악과 대인마크에 능하다. 패스와 태클은 약점. 경기 중 파울이 많은 것도 아쉬운 부분이다. 시장 가치는 500만 유로, 추정 연봉은 18만 유로

슈팅-득점	국적	2022-23시즌 스타드 렌	포지션

46-7			
22-0		31-3	2708		A 3	P 25.6-19.2	P% 75%
●68-7 LG-3	짐바브웨						
●0-0 RG-3		DR 1.3-0.6	TK 2.5-1.7	IC 0.8	0-0	★
●0-0 HG-1						

G	A	SH	SG	PC	P%	LC	L%	SC	BT	DC	TK	IC	BR
상위 8%	상위 41%	상위 4%	상위 5%	하위 5%	하위 10%	하위 14%	하위 15%	상위 43%	하위 45%	하위 42%	하위 35%	하위 17%	

●	●	●	LG	RG	HG	□	⏱	Ⓐ	Ⓟ	Ⓟ%	DR	TK	IC	□	★	Ⓖ	Ⓐ	SH	SG	PC	P%	LC	L%	SC	BT	DC	TK	IC	BR
전체 슈팅 시도-득점	직접프리킥 시도-득점	PK 시도-득점	왼발 득점	오른발 득점	헤더 득점	출전횟수 선발-교체	출전시간 분(MIN)	도움	평균 패스 시도-성공	패스 성공률	평균드리블 시도-성공	평균 태클 시도-성공	평균 인터셉트	경고-퇴장	MOM	득점	도움	슈팅 시도	유효 슈팅	패스 성공	패스 성공률	롱볼 성공	롱볼 성공률	슈팅기회 창출	볼 터치	드리블 성공	태클	인터셉트	리카버리

평점 6.86 Youssouf FOFANA
유수프 포파나 1999.01.10 / 185cm

수비형 또는 중앙 미드필더로 활약한다. 말리계 이민자 가정 출신. 스피드가 뛰어나고 활동량이 월등하다. 태클 등 수비적인 부분에 압도적인 능력을 발휘한다. 리그 최정상급 태클 지표를 보여준다. 적극적으로 공을 뺏아낸 뒤 역습을 이끈다. 중원과 후방을 오가면서 후방 빌드업에 적극 가담한다. 너무 적극적인 스타일 때문에 파울과 카드가 많은 편. 시장 가치는 2500만 유로, 추정 연봉은 28만 유로.

슈팅-득점	국적	2022-23시즌 AS 모나코	포지션

11-1					
31-1		⏱ 35-1	3089	Ⓐ	Ⓟ 47.8-39.2	P% 83%
● 42-2 LG-1					
● 1-0 RG-0	프랑스	DR 2.6-1.3	TK 3.2-2.2	IC 1.7	□ 1-2	★ 0
● 0-0 HG-0					

Ⓖ	Ⓐ	SH	SG	PC	P%	LC	SC	BT	DC	TK	IC	BR
하위 36%	하위 31%	상위 26%	상위 41%	상위 47%	하위 43%	상위 39%	상위 39%	상위 48%	상위 44%	상위 16%	상위 32%	상위 15%	상위 8%

평점 6.86 Sergi DARDER
세르지 다르데르 1993.12.22 / 180cm

왕성한 활동, 안정된 패스로 중원을 책임진다. 직접 공을 몰고 간 뒤 기습적으로 때리는 중거리 슈팅도 위협적. 팀 성적과 별개로 개인기록은 6골 3도움으로 단연 돋보였다. 수비는 아쉽다. 몸싸움에 약점을 보인다. 스피드와 순발력이 떨어져 상대의 돌파를 종종 허용한다. 말라가, 리옹을 거쳐 2017년부터 에스파뇰에서 활약했다. 시장 가치 1600만 유로, 추정 연봉 6364만 유로.

슈팅-득점	국적	2022-23시즌 에스파뇰	포지션

13-4					
26-2		⏱ 38-0	3325	Ⓐ 3	Ⓟ 37.3-29.5	P% 79%
● 39-6 LG-0					
● 0-0 RG-6	스페인	DR 3.6-1.9	TK 2.9-1.7	IC 0.6	□ 4-0	★ 5
● 0-0 HG-0					

Ⓖ	Ⓐ	SH	SG	PC	P%	LC	SC	BT	DC	TK	IC	BR
상위 21%	상위 50%	상위 47%	상위 41%	하위 28%	하위 9%	상위 34%	하위 5%	상위 35%	상위 40%	하위 18%	하위 24%

평점 6.86 Manuel LOCATELLI
마누엘 로카텔리 1998.01.08 / 185cm

탄탄한 피지컬을 갖춘 박스투박스형 미드필더. 볼을 다루는 테크닉과 패싱력이 뛰어나 후방 플레이메이커로도 활약한다. 수비, 공격 모두 팀에 기여하는 다재다능함이 돋보인다. 전방으로 길게 찔러주는 패스가 일품. 경합에서도 쉽게 밀리지 않고 오히려 밀어내면서 공격을 전개한다. 스피드가 느린 편이라 개인 돌파를 기대하기 어려운 것은 아쉬운 점이다. 시장 가치는 3000만 유로, 추정 연봉은 556만 유로

슈팅-득점	국적	2022-23시즌 유벤투스	포지션

6-0					
23-0		⏱ 29-3	2460	Ⓐ 2	Ⓟ 41.8-34.6	P% 83%
● 29-0 LG-0					
● 0-0 RG-0	이탈리아	DR 0.9-0.5	TK 2.6-1.8	IC 0.8	□ 8-0	★ 1
● 0-0 HG-0					

Ⓖ	Ⓐ	SH	SG	PC	P%	LC	L%	SC	BT	DC	TK	IC	BR
하위 11%	하위 35%	상위 39%	상위 36%	상위 43%	상위 50%	상위 14%	상위 34%	하위 44%	상위 40%	하위 33%	상위 37%	하위 49%

평점 6.86 Granit XHAKA
그라니트 자카 1992.09.27 / 186cm

알바니아 부모 밑에서 태어났지만 본인은 자신이 태어난 스위스 대표를 선택했다. 중앙 또는 수비형 미드필더를 소화한다. 후방에서 왼발로 연결하는 롱패스가 일품이다. 강력한 왼발 중거리슛은 트레이드 마크. 탄탄한 피지컬을 갖춰 좀처럼 부상을 당하지 않는다. 민첩성이 부족하고 탈압박에 취약한 편이다. 쉽게 흥분하는 성격이라 카드를 많이 받는다. 시장 가치는 2800만 유로, 추정 연봉은 624만 유로

슈팅-득점	국적	2022-23시즌 아스날	포지션

26-7					
14-0		⏱ 36-1	3004	Ⓐ 7	Ⓟ 42.1-36.6	P% 87%
● 40-7 LG-4					
● 3-0 RG-1	스위스	DR 0.8-0.4	TK 1.6-0.9	IC 0.4	□ 5-0	★ 1
● 0-0 HG-2					

Ⓖ	Ⓐ	SH	SG	PC	P%	LC	L%	SC	BT	DC	TK	IC	BR
상위 9%	상위 20%	상위 4%	상위 31%	상위 40%	상위 31%	상위 44%	하위 16%	상위 39%	상위 31%	하위 6%	하위 7%	하위 12%

평점 6.86 Guido RODRÍGUEZ
기도 로드리게스 1994.04.12 / 185cm

수비적인 부분이 특화된 전형적인 홀딩 미드필더. 아르헨티나 대표팀에서도 주전 멤버로 활약 중이다. 위치선정 능력이 탁월하고 인터셉트 능력도 돋보인다. 태클을 시도하는 것을 즐기고 성공률이 높다. 피지컬과 테크닉이 좋아 공을 한 번 소유하면 좀처럼 다시 뺏기지 않는다. 활동량이 좋고 부상도 좀처럼 당하지 않는다. 패스 능력이 떨어지는 것은 옥에 티. 시장 가치는 2800만 유로, 추정 연봉은 268만 유로

슈팅-득점	국적	2022-23시즌 레알 베티스	포지션

6-1					
16-0		⏱ 33-1	2878	Ⓐ 0	Ⓟ 49.5-43.1	P% 87%
● 22-1 LG-0					
● 0-0 RG-0	아르헨티나	DR 1.0-0.6	TK 4.8-3.4	IC 1.2	□ 8-0	★ 3
● 0-0 HG-1					

Ⓖ	Ⓐ	SH	SG	PC	P%	LC	L%	SC	BT	DC	TK	IC	BR
하위 43%	하위 8%	하위 28%	하위 38%	상위 32%	하위 17%	상위 37%	하위 6%	상위 32%	상위 44%	상위 1%	상위 25%	상위 34%

평점 6.86 Mohamed CAMARA
모하메드 카마라 2000.06.01 / 173cm

왕성한 활동량을 바탕으로 그라운드를 넓게 누비는 중앙 또는 수비형 미드필더. 상대 역습을 앞선에서 저지하는 능력이 돋보인다. 신장은 작지만 탄탄한 피지컬을 갖췄다. 경합에서 쉽게 밀리지 않는다. 강한 투쟁심도 갖춰 팀 기여도가 높다. 패스 능력이 떨어지는 편. 2021년 도핑양성 반응으로 3개월 선수 자격정지 징계를 받은 적이 있다. 시장 가치는 2800만 유로, 추정 연봉은 28만 유로

슈팅-득점	국적	2022-23시즌 AS 모나코	포지션

2-0					
25-0		⏱ 25-4	2200	Ⓐ 3	Ⓟ 43.8-38.4	P% 88%
● 27-0 LG-0					
● 0-0 RG-0	말리	DR 1.7-0.8	TK 4.4-2.9	IC 0.9	□ 6-1	★ 1
● 0-0 HG-0					

Ⓖ	Ⓐ	SH	SG	PC	P%	LC	L%	SC	BT	DC	TK	IC	BR
하위 11%	상위 56%	상위 50%	상위 32%	상위 37%	하위 17%	하위 16%	하위 12%	상위 25%	상위 41%	상위 28%	상위 11%	상위 50%	상위 11%

●	●	●	LG	RG	HG		⏱	A	P	P%	DR	TK	IC	■	★	G	A	SH	SG	PC	P%	LC	L%	SC	BT	DC	TK	IC	BR
전체 슈팅 시도-득점	직접프리킥 시도-득점	PK 시도-득점	왼발 득점	오른발 득점	헤더 득점		출전횟수 선발-교체	출전시간 분(MIN)	도움	평균 패스 시도-성공	패스 성공률	평균드리블 시도-성공	평균 태클 시도-성공	평균 인터셉트	평균 경고-퇴장	맨오브플레이 MOM	득점	도움	슈팅 시도	유효 슈팅	패스 성공	패스 성공률	롱패스 성공률	롱패스 성공	슈팅기회 창출	볼 터치	드리블 성공	태클	인터셉트	리커버리

Khéphren THURAM

평점 6.86
케프렌 튀랑
2001.03.26 / 192cm

프랑스의 전설적인 수비수 릴리앙 튀랑의 차남. 주로 수비형 미드필더로 나서지만 중앙과 왼쪽을 맡기도 한다. 아버지의 DNA를 물려받아 월등한 신체조건을 자랑한다. 일대일 경합이나 공중볼 싸움에서 우위를 자랑한다. 패스 능력이 좋고 양발 사용이 가능해 후방 빌드업에 기여하는 바가 크다. 위치선정 능력이 떨어져 상대에 역습 빌미를 제공하곤 한다. 시장 가치는 3200만 유로로, 추정 연봉은 87만 유로.

슈팅-득점		국적	2022-23시즌 니스				포지션
18-1			⏱ 30-5	A 2560	P 4	P% 37.6-32.7 87%	
20-1		프랑스					
● 38-2 LG-0			DR 2.2-1.3	TK 2.1-1.5	IC 1.1	■ 3-0	★ 1
● 0-0 RG-2							
● 0-0 HG-0							

G	A	SH	SG	PC	P%	LC	L%	SC	BT	DC	TK	IC	BR
상위	상위	상위	상위	상위	상위	하위	상위	상위	하위	상위	하위	하위	하위
50%	25%	27%	46%	49%	30%	30%	41%	28%	47%	9%	36%	26%	16%

Morten HJULMAND

평점 6.86
모르텐 율맨
1999.06.25 / 185cm

뛰어난 체격조건을 갖춘 수비형 미드필더. 왕성한 활동량에 태클능력이 돋보인다. 적극적인 몸싸움 경합을 통해 공을 빼앗거나 상대 공격 속도를 늦추는데 능하다. 공격시 과감한 크로스로 공격수에게 도움을 준다. 패싱 정확도는 다소 떨어지는 편. 다른 수비형 미드필더에 비해 후방 빌드업에 관여하는 비중이 적다. 거친 수비스타일로 카드가 많은 점도 흠. 시장 가치는 1200만 유로, 추정 연봉은 37만 유로

슈팅-득점		국적	2022-23시즌 레체				포지션
3-0			⏱ 34-1	A 2963	P 4	P% 37.5-29.6 79%	
14-0		덴마크					
● 17-0 LG-0			DR 0.7-0.5	TK 3.4-2.6	IC 2.1	■ 9-1	★ 5
● 0-0 RG-0							
● 0-0 HG-0							

G	A	SH	SG	PC	P%	LC	L%	SC	BT	DC	TK	IC	BR
하위	상위	하위	하위	상위	하위	상위	하위	하위	하위	상위	상위	하위	상위
11%	32%	15%	17%	24%	27%	37%	39%	28%	26%	32%	16%	1%	15%

Hicham BOUDAOUI

평점 6.86
이샴 부다위
1999.09.23. / 175cm

영리함과 부지런함으로 중원을 책임진다. 주포지션은 중앙 미드필더지만 좌우 윙어로도 활약한다. 상대 공격 흐름을 저지하고 공을 가로채는 능력이 뛰어나다. 태클 등 수비적인 기여가 크다. 패스 능력도 나쁘지 않다. 특히 동료들과 숏패스를 주고받으며 공격을 풀어간다. 체격이 작아 몸싸움 약점이 뚜렷하다. 때로 무리한 수비로 경고를 많이 받는 편이다. 시장 가치는 700만 유로, 추정 연봉은 29만 유로

슈팅-득점		국적	2022-23시즌 니스				포지션
5-0			⏱ 22-5	A 1882	P 2	P% 44.2-39.8 90%	
16-1		알제리					
● 21-1 LG-0			DR 2.5-1.2	TK 3.1-2.5	IC 1.3	■ 5-0	★ 0
● 0-0 RG-1							
● 0-0 HG-0							

G	A	SH	SG	PC	P%	LC	L%	SC	BT	DC	TK	IC	BR
하위	상위	상위	상위	상위	상위	하위	상위	상위	상위	상위	상위	상위	상위
38%	43%	49%	27%	5%	8%	41%	24%	41%	15%	7%	7%	10%	21%

Vinicius SOUZA

평점 6.85
비니시우스 수자
1999.06.17 / 187cm

피지컬을 앞세워 중원을 책임지는 수비형 미드필더. 3선에서 다양한 역할을 수행한다. 최대 강점은 피지컬이다. 큰 키를 활용해 공중볼 경합에 강점을 보인다. 좀처럼 부상당하지 않고 기복없이 꾸준한 활약을 펼친다. 공을 간수하고 패스를 분배하는데 능하다. 후방 빌드업에 중요한 역할을 한다. 스피드가 느린 편이라 공격 가담에 소극적인 것은 단점이다. 시장 가치는 700만 유로, 추정 연봉은 42만 유로

슈팅-득점		국적	2022-23시즌 에스파뇰				포지션
3-1			⏱ 27-7	A 2434	P 1	P% 26.5-21.2 80%	
7-0		브라질					
● 10-1 LG-0			DR 0.6-0.3	TK 3.8-2.9	IC 1.5	■ 8-1	★ 0
● 0-0 RG-0							
● 0-0 HG-1							

G	A	SH	SG	PC	P%	LC	L%	SC	BT	DC	TK	IC	BR
하위	상위	하위	하위	하위	하위	하위	상위	하위	하위	하위	상위	하위	하위
30%	25%	9%	23%	15%	36%	26%	42%	6%	16%	21%	7%	4%	26%

Davide FRATTESI

평점 6.85
다비데 프라테시
1999.09.22 / 184cm

지칠 줄 모르는 체력을 자랑하는 박스투박스형 미드필더. 왕성한 활동량을 바탕으로 적극적으로 공격에 가담한다. 스피드가 탁월하고 볼을 다루는 기술이 수준급이다. 드리블로 탈압박 후 전방으로 공을 찔러준다. 세트피스를 책임질 정도로 킥의 정교함도 수준급이다. 수비적인 부분은 아쉽다. 특히 강한 피지컬을 가진 상대 압박에 고전하는 경향이 있다. 시장 가치는 2200만 유로, 추정 연봉은 130만 유로

슈팅-득점		국적	2022-23시즌 사수올로				포지션
55-7			⏱ 35-1	A 2891	P 0	P% 27.7-22.4 81%	
9-0		이탈리아					
● 64-7 LG-0			DR 2.1-0.9	TK 2.3-1.8	IC 0.4	■ 4-0	★ 1
● 0-0 RG-5							
● 0-0 HG-2							

G	A	SH	SG	PC	P%	LC	L%	SC	BT	DC	TK	IC	BR
상위	하위	상위	상위	하위	하위	상위	상위	상위	하위	상위	상위	하위	하위
10%	8%	8%	6%	13%	32%	27%	31%	44%	13%	29%	45%	10%	10%

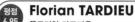

전체 슈팅 시도-득점 | 직접프리킥 시도-득점 | PK 시도-득점 | LG 왼발 득점 | RG 오른발 득점 | HG 헤더 득점 | 출전횟수 선발·교체 | 출전시간 분(MIN) | A 평균 패스 | P 패스 시도-성공 | P% 패스 성공률 | DR 평균드리블 시도-성공 | TK 평균 태클 시도-성공 | IC 평균 인터셉트 | 평균 파울·경고·퇴장 | ★ 페어플레이 | MOM | G 득점 | A 도움 | SH 슈팅 시도 | SG 유효 슈팅 | PC 패스 성공 | P% 패스 성공률 | LC 롱볼 성공 | L% 롱볼 성공률 | SC 슈팅기회 창출 | BT 볼 터치 | DC 드리블 성공 | TK 태클 | IC 인터셉트 | BR 리커버리

Florian TARDIEU

평점 6.85 플로리안 타르디유
1992.04.22. / 184cm

지칠줄 모르는 체력으로 그라운드를 누비는 중앙 미드필더. 넓은 활동 범위를 자랑하면서 공격과 수비 연결고리 역할을 수행한다. 상대 파울을 유도해 세트피스를 얻는데 능하다. 역습 상황에서 날카로운 롱패스로 찬스를 이끌어낸다. 수비적인 부분은 아쉽다. 강한 압박에 종종 고전한다. 30대에 접어들면서 부상이 잦은 것도 아쉬운 부분. 시장 가치는 250만 유로, 추정 연봉은 17만 유로

슈팅-득점	국적	2022-23시즌 트로이				포지션
5-3		11-4 1010	0	A 47.3-42.6	P% 90%	
8-0	프랑스					
●13-3 LG-0		DR 0.8-0.5	TK 3.3-2.1	IC 1.5	2-0	★ 0
●1-0 RG-3						
●3-3 HG-0						

G	A	SH	SG	PC	P%	LC	L%	SC	BT	DC	TK	IC	BR
상위 4%	하위 8%	하위 37%	하위 29%	상위 10%	상위 17%	상위 6%	하위 43%	상위 7%	하위 10%	상위 40%	상위 15%	상위 1%	상위 13%

Stijn SPIERINGS

평점 6.85 스틴 스피어링스
1996.03.12 / 188cm

뛰어난 체격조건을 갖춘 수비형 미드필더. 때로 중앙 미드필더로 올라오기도 한다. 공중볼 장악에 능하고 상대 패스나 슈팅을 저지하는 능력도 뛰어나다. 공격적인 역량은 뛰어난 편이 아니다. 수비에 특화된 스타일이다. 공을 잡으면 통패스를 주로 구사한다. 경기 집중력을 높이는 평가를 받는다. 종종 거친 파울을 범해 옐로카드를 수집하기도 한다. 시장 가치는 400만 유로, 추정 연봉은 16만 유로

슈팅-득점	국적	2022-23시즌 툴루즈				포지션
10-1		35-1 3123	0	A 57.0-49.0	P% 86%	
14-1	네덜란드					
●24-1 LG-0		DR 1.1-0.44	TK 3-2.6	IC 1.5	2-0	★
●0-0 RG-2						
●0-0 HG-0						

G	A	SH	SG	PC	P%	LC	L%	SC	BT	DC	TK	IC	BR
하위 43%	하위 8%	하위 26%	하위 22%	상위 21%	상위 28%	상위 18%	하위 24%	상위 23%	상위 22%	하위 29%	상위 16%	상위 14%	상위 1%

Lucas TOUSART

평점 6.85 뤼카 투자르
1997.04.29 / 185cm

강한 피지컬과 투쟁심을 지닌 홀딩 미드필더. 적극적인 경합을 통해 볼을 빼앗는데 능하다. 신체능력과 더불어 경기 집중력이 뛰어나다는 평가. 공중볼 경합에서도 강점을 지닌다. 상대 공을 가로챈 뒤 전진패스로 역습을 이끈다. 패스 능력은 떨어지는 편. 후방 빌드업시 패스미스가 잦다. 스피드가 떨어지고 움직임이 거칠어 파울을 자주 범한다. 시장 가치는 1100만 유로, 추정 연봉은 260만 유로

슈팅-득점	국적	2022-23시즌 헤르타 베를린				포지션
30-4		33-0 2948	2	A 25.6-15.9	P% 62%	
13-1	프랑스					
●43-5 LG-2		DR 1.6-0.73	TK 3.2-2.2	IC 1.6	1-0	★ 3
●0-0 RG-1						
●0-0 HG-2						

G	A	SH	SG	PC	P%	LC	L%	SC	BT	DC	TK	IC	BR
상위 25%	하위 38%	상위 29%	상위 19%	하위 4%	하위 3%	하위 6%	하위 5%	하위 5%	상위 46%	상위 40%	상위 17%	하위 15%	

Anton STACH

평점 6.85 안톤 슈타흐
1998.11.15 / 194cm

주포지션은 수비형 미드필더지만 중앙 미드필더와 공격형 미드필더도 소화 가능한 멀티플레이어다. 준수한 피지컬을 바탕으로 공중볼 경합과 힘싸움에 강점을 보인다. 많은 활동량을 자랑하며 볼경합에도 자신감을 가지고 있다. 긴 다리를 이용해 공을 가로채는 스타일이다. 패스 능력은 상대적으로 떨어진다. 태클이 서툴러 거의 시도하지 않는다. 시장 가치는 1500만 유로, 추정 연봉은 260만 유로

슈팅-득점	국적	2022-23시즌 마인츠 05				포지션
14-1		22-8 2078	4	A 27.5-19.8	P% 72%	
22-0	독일					
●36-1 LG-0		DR 1.8-0.91	TK 1.6-0.7	IC 1.4	4-0	★ 1
●4-0 RG-1						
●0-0 HG-0						

G	A	SH	SG	PC	P%	LC	L%	SC	BT	DC	TK	IC	BR
하위 34%	상위 18%	상위 16%	상위 27%	상위 16%	하위 3%	상위 22%	하위 10%	상위 42%	상위 28%	상위 27%	하위 7%	상위 3%	상위 21%

Manu KONÉ

평점 6.85 마누 코네
2001.05.17 / 185cm

드리블이 탁월한 중앙 미드필더. 좋은 피지컬을 가지고 있으면서 운동능력도 돋보인다. 경합 상황에서 볼을 따내는 능력은 최정상급이다. 공을 지켜내고 수비시 상대를 힘있게 압박하는 것도 그의 장점이다. 강한 투쟁심으로 팀의 사기를 끌어올리는 역할도 한다. 저돌적인 스타일이 지나쳐 파울을 자주 범한다. 드리블에 비해 패스 능력이 떨어지는 편이다. 시장 가치는 3000만 유로, 추정 연봉은 35만 유로

슈팅-득점	국적	2022-23시즌 묀헨글라트바흐				포지션
4-0		30-0 2620	1	A 45.5-39.6	P% 87%	
22-1	프랑스					
●26-1 LG-0		DR 3.9-2.0	TK 3.2-2.5	IC 1.2	12-0	★
●0-0 RG-1						
●0-0 HG-0						

G	A	SH	SG	PC	P%	LC	L%	SC	BT	DC	TK	IC	BR
하위 28%	하위 22%	상위 39%	상위 21%	상위 48%	상위 22%	하위 16%	하위 47%	상위 40%	상위 43%	상위 4%	상위 25%	상위 43%	상위 16%

Yannick GERHARDT
야니크 게르하르트
평점 6.85 · 1994.03.13 / 184cm

공수 능력을 겸비한 미드필더. 가운데는 물론 공격형 미드필더, 왼쪽 윙어 및 풀백도 소화 가능하다. 왕성한 활동량을 자랑하고 공중볼 경합에 강점을 가진다. 미드필더면서 골 결정력이 뛰어나 득점도 심심치 않게 기록한다. 공격적인 재능이 돋보이는 스타일이다. 상대적으로 부족한 패스 능력은 약점으로 지적된다. 수비적인 부분도 아쉬움이 있다. 시장 가치는 700만 유로, 추정 연봉은 360만 유로

슈팅-득점 / 24-6 / 3-0 / ●27-6 LG-4 / ●0-0 RG-1 / ●0-0 HG-1
국적 독일
2022-23시즌 볼프스부르크 : 22-7 1869 4 22.2-17.0 76%
DR 0.6-0.1 TK 1.6-1.0 IC 0.2 ★ 2

G	A	SH	SG	PC	P%	LC	L%	SC	BT	DC	TK	IC	BR
상위	상위	상위	상위	하위	하위	하위	하위	하위	하위	하위	하위	하위	하위
3%	12%	29%	11%	9%	12%	7%	10%	44%	6%	4%	12%	3%	2%

Gabri VEIGA
가브리 베이가
평점 6.85 · 2002.05.27 / 185cm

여러 포지션을 소화하는 전천후 플레이어이다. 기본 포지션은 중앙 미드필더지만 공격형, 수비형, 좌우 윙어로도 활약 가능하다. 왼쪽 풀백으로 나선 적도 있다. 신체 밸런스와 발재간이 돋보인다. 드리블을 통해 공을 전진하는 능력이 탁월하다. 날카로운 스루패스와 기습적인 중거리슛도 일품. 후방 빌드업시 패스미스가 잦은 것은 약점으로 지적된다. 시장 가치는 3000만 유로, 추정 연봉은 18만 유로

슈팅-득점 / 30-7 / 32-4 / ●62-11 LG-2 / ●0-0 RG-9 / ●0-0 HG-0
국적 스페인
2022-23시즌 셀타 비고 : 28-8 2308 4 19.5-15.0 77%
DR 2.1-1.1 TK 2.2-1.2 IC 0.6 ★ 6-1 · 3

G	A	SH	SG	PC	P%	LC	L%	SC	BT	DC	TK	IC	BR
상위	상위	상위	상위	하위	하위	하위	하위	상위	하위	상위	하위	상위	하위
1%	20%	2%	1%	4%	11%	13%	49%	24%	6%	28%	32%	16%	

Jordan VERETOUT
조르당 베레투
평점 6.85 · 1993.03.01 / 177cm

프랑스 국가대표로 카타르월드컵에도 참가했다. 킥에 특화된 중앙 미드필더. 날카로운 전진패스나 로빙패스로 공격을 이끈다. 중거리슛으로 직접 득점을 노리기도 한다. 소속팀에서 페널티킥 및 세트피스 키커를 맡는다. 미드필더로서 필요한 넓은 시야와 빠른 판단력을 자랑한다. 수비력은 물음표. 상대 압박시나 공을 빼앗는데 능한 편이 아니다. 시장 가치는 1400만 유로, 추정 연봉은 660만 유로

슈팅-득점 / 15-4 / 16-0 / ●31-4 LG-3 / ●1-0 RG-1 / ●1-1 HG-0
국적 프랑스
2022-23시즌 마르세유 : 31-7 2864 5 53.8-47.3 88%
DR 0.5-0.3 TK 2.2-1.5 IC 0.8 ★ 4-0 · 1

G	A	SH	SG	PC	P%	LC	L%	SC	BT	DC	TK	IC	BR
상위	상위	하위	상위	상위	상위	상위	하위	상위	상위	하위	하위	하위	상위
38%	36%	37%	50%	2%	27%	6%	22%	12%	19%	42%	48%	18%	

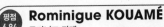

Rominigue KOUAMÉ
로미니그 쾨메
평점 6.84 · 1996.12.17 / 177cm

2016년부터 말리 국가대표로 활약 중이다. 드리블 능력이 돋보이는 중앙 미드필더. 수비형 미드필더로도 활약 가능하다. 리그에서 손꼽히는 드리블러. 개인기와 숏패스를 활용한 탈압박에 능하다. 상대 파울을 유도해 세트피스 찬스를 만든다. 왕성한 스태미너가 돋보인다. 패스 정확도나 슈팅 능력은 떨어진다. 공중볼 경합 등 수비 능력도 아쉽다. 시장 가치는 500만 유로, 추정 연봉은 660만 유로

슈팅-득점 / 9-0 / 15-1 / ●24-1 LG-1 / ●0-0 RG-0 / ●0-0 HG-0
국적 말리
2022-23시즌 트루아 : 31-1 2669 1 43.7-38.9 89%
DR 2.2-1.6 TK 2.2-1.5 IC 1.4 ★ 9-0 · 1

G	A	SH	SG	PC	P%	LC	L%	SC	BT	DC	TK	IC	BR
하위	하위	하위	하위	상위	상위	상위	상위	하위	상위	하위	하위	상위	상위
27%	24%	33%	26%	45%	5%	41%	3%	46%	43%	2%	16%	10%	14%

Nicolò ROVELLA
니콜로 로벨라
평점 6.84 · 2001.12.04 / 179cm

이탈리아 대표팀을 이끌 차세대 기대주. 수비형 미드필더가 주위치지만 중앙과 공격형 미드필더 소화도 가능하다. 오른발잡이 웰라운드 플레이어. 퍼스트 터치가 뛰어나고 넓은 시야와 패스 범위를 자랑한다. 전술적인 지능도 높다는 평가를 받는다. 나이는 어리지만 그라운드에서 강한 카리스마가 돋보인다. 피지컬 약점으로 경합 상황에서 자주 밀린다. 시장 가치는 1200만 유로, 추정 연봉은 185만 유로

슈팅-득점 / 5-1 / 18-0 / ●23-1 LG-0 / ●1-0 RG-1 / ●0-0 HG-1
국적 이탈리아
2022-23시즌 유벤투스+몬차 : 21-7 1772 2 48.2-43.4 90%
DR 0.6-0.3 TK 2.4-1.6 IC 1.5 ★ 7-1 · 1

G	A	SH	SG	PC	P%	LC	L%	SC	BT	DC	TK	IC	BR
하위	상위	상위	상위	상위	상위	상위	상위	상위	상위	하위	상위	상위	상위
39%	40%	37%	49%	6%	6%	39%	15%	37%	6%	26%	3%	1%	22%

Mathias JENSEN
마티아스 옌슨
평점 6.84 · 1996.01.01 / 180cm

덴마크를 대표하는 간판 미드필더. 카타르 월드컵에도 참가했다. 많은 활동량과 성실한 움직임이 돋보이는 박스투박스 미드필더다. 높은 축구지능을 바탕으로 끊임없이 공간을 찾아다니며 연결고리 역할을 한다. 뛰어난 킥력과 넓은 시야를 활용해 결정적인 패스를 찔러준다. 스피드가 좋은 편은 아니다. 태클, 몸싸움 등 수비면에서 종종 약점을 드러낸다. 시장 가치는 1400만 유로, 추정 연봉은 294만 유로

슈팅-득점 / 10-5 / 13-0 / ●23-5 LG-1 / ●4-0 RG-3 / ●0-0 HG-1
국적 덴마크
2022-23시즌 브렌트포드 : 37-0 2830 6 32.6-24.8 76%
DR 1.6-0.6 TK 3.6-1.9 IC 0.9 ★ 5-0 · 1

G	A	SH	SG	PC	P%	LC	L%	SC	BT	DC	TK	IC	BR
상위	상위	하위	상위	하위	하위	상위	하위	상위	상위	상위	상위	하위	하위
22%	12%	29%	49%	35%	6%	15%	18%	47%	49%	39%	49%		27%

전체 슈팅 시도-득점	직접프리킥 시도-득점	PK 시도-득점	LG 왼발 득점	RG 오른발 득점	HG 헤더 득점	출전횟수 선발-교체	출전시간 분(MIN)	A 도움	P 평균 패스 시도-성공	P% 패스 성공률	DR 평균 드리블 시도-성공	TK 평균 태클 시도-성공	IC 평균 인터셉트	페어플레이 경고-퇴장	★ MOM	G 득점	A 도움	SH 슈팅 시도	SG 유효 슈팅	PC 패스 성공	P% 패스 성공률	LC 롱패스 성공	L% 롱패스 성공률	SC 슈팅기회 창출	BT 볼터치	DC 드리블 성공	TK 태클	IC 인터셉트	BR 리커버리

Philip BILLING
평점 6.84 필리프 빌링   1996.06.11 / 193cm

나이지리아계 덴마크인. 큰 키와 헤어스타일 때문에 마루앙 펠라이니와 종종 비교된다. 압도적인 피지컬을 자랑하는 중앙 미드필더. 공격수와 센터백까지 소화할 정도로 다재다능하다. 장신임에도 몸이 유연하고 개인능력이 상당하다. 큰 키를 이용한 공중볼 경합에 강점이 있다. 헤더 득점도 종종 올린다. 기동력이 떨어지고 부상이 잦은 것은 약점이다. 시장 가치는 1800만 유로, 추정 연봉은 236만 유로

슈팅-득점		국적	2022-23시즌 본머스				포지션
22-5			34-2	2787	1	28.2-22.3 79%	
16-2		덴마크					
●38-7 LG-4			DR 1.3-0.7	TK 2.6-1.8	IC 0.9	5-0 ★3	
●5-0 RG-3							
●0-0 HG-0							

G	A	SH	SG	PC	P%	LC	L%	SC	BT	DC	TK	IC	BR
상위	하위	상위	상위	하위	하위	하위	하위	하위	상위	상위	하위	하위	하위
8%	21%	33%	12%	15%	21%	10%	24%	16%	42%	50%	48%	9%	

Simone BASTONI
평점 6.84 시모네 바스토니   1995.11.5 / 181cm

왼발을 잘 쓰는 중앙 미드필더. 왼쪽 윙어 또는 풀백으로도 활약 가능하다. 가장 큰 장점은 패스 능력이다. 과감하고 날카로운 키패스로 공격수에 찬스를 만들어준다. 드리블 능력도 돋보인다. 측면에서 올려 주는 크로스가 수준급. 태클을 즐기는 편이고 중거리슛도 종종 시도한다. 빌드업 시 패스 정확도가 떨어지고 볼을 간수하는 데도 약점이 보인다. 시장 가치는 750만 유로, 추정 연봉은 19만 유로

슈팅-득점		국적	2022-23시즌 스페치아				포지션
8-1			15-4	1198	4	23.9-16.5 69%	
14-1		이탈리아					
●22-2 LG-2			DR 1.1-0.5	TK 3.4-2.5	IC 0.4	7-0 ★0	
●2-0 RG-0							
●0-0 HG-0							

G	A	SH	SG	PC	P%	LC	L%	SC	BT	DC	TK	IC	BR
상위	상위	상위	상위	상위	하위	하위	하위	하위	하위	하위	상위	하위	상위
25%	14%	14%	16%	17%	4%	38%	2%	48%	42%	33%	7%	15%	41%

Luka MODRIC
평점 6.84 루카 모드리치   1985.09.09 / 172cm

설명이 필요없는 세계 최고의 미드필더. 30대 후반에 접어들었지만 여전히 건재한 모습이다. 크로아티아 대표팀 최다 A매치 기록 보유자. 체격은 작지만 단단한 신체 밸런스와 왕성한 체력을 자랑한다. 뛰어난 민첩성과 볼컨트롤이 일품이다. 좀처럼 공을 뺏기지 않고 최정상급 탈압박 능력을 보여준다. 수비력까지 미드필더가 지녀야 할 모든 능력을 갖췄다. 시장 가치는 1000만 유로, 추정 연봉은 2188만 유로

슈팅-득점		국적	2022-23시즌 레알 마드리드				포지션
16-3			19-14	1746	3	43.6-39.7 91%	
14-1		크로아티아					
●30-4 LG-0			DR 1.4-0.7	TK 1.0-0.6	IC 0.3	7-0 ★	
●1-0 RG-4							
●1-1 HG-0							

G	A	SH	SG	PC	P%	LC	L%	SC	BT	DC	TK	IC	BR
상위	상위	상위	하위	상위	상위	하위	하위	상위	상위	상위	하위	상위	하위
11%	23%	32%	42%	3%	10%	19%	36%	8%	4%	30%	16%	16%	9%

Luis ALBERTO
평점 6.83 루이스 알베르토   1992.09.28 / 182cm

다재다능함이 돋보이는 중앙 미드필더. 공격형 미드필더와 왼쪽 인버티드 윙어로도 활약한다. 드리블, 플레이메이킹 등으로 중앙과 측면에 영향을 주는 메짤라에 어울린다. 뛰어난 축구지능과 볼 컨트롤, 드리블 능력이 돋보인다. 패스와 크로스로 동료들에게 어시스트를 제공한다. 세트피스로 종종 득점도 올린다. 체력적인 약점이 있고 수비력도 아쉽다. 시장 가치는 1800만 유로, 추정 연봉은 463만 유로

슈팅-득점		국적	2022-23시즌 라치오				포지션
17-3			27-8	2444	7	51.9-45.7 88%	
30-3		스페인					
●47-6 LG-0			DR 1.1-0.5	TK 2.8-1.5	IC 0.3	4 ★3	
●4-0 RG-6							
●2-1 HG-0							

G	A	SH	SG	PC	P%	LC	L%	SC	BT	DC	TK	IC	BR
상위	상위	상위	상위	상위	상위	하위	상위	상위	상위	하위	하위	하위	하위
8%	2%	12%	7%	4%	34%	11%	4%	3%	48%	30%	3%	3%	35%

William CARVALHO
평점 6.83 윌리엄 카르발류   1992.04.17 / 187cm

좋은 피지컬을 가진 수비형 미드필더. 포르투갈 대표팀 핵심 주전이다. 뛰어난 패스 능력을 통해 후방 빌드업을 이끈다. 전방에 찔러주는 패스 질이 상당하다. 큰 체격에도 불구, 볼을 가지고 있을 때 테크닉이 수준급이다. 경합 상황에서 좀처럼 밀리지 않는다. 스피드가 느려 활동 범위가 좁은 것은 가장 큰 약점이다. 투박한 움직임 탓에 카드도 많이 받는다. 시장 가치는 1600만 유로, 추정 연봉은 463만 유로

슈팅-득점		국적	2022-23시즌 레알 베티스				포지션
19-3			31-2	2454	0	52.4-45.6 87%	
7-0		포르투갈					
●26-3 LG-0			DR 1.6-0.9	TK 2.1-1.3	IC 0.5	6-1 ★	
●0-0 RG-3							
●0-0 HG-0							

G	A	SH	SG	PC	P%	LC	L%	SC	BT	DC	TK	IC	BR
상위	하위	하위	상위	상위	상위	상위	하위	상위	상위	하위	상위	하위	하위
42%	20%	43%	44%	12%	19%	22%	13%	48%	15%	26%	36%	14%	39%

Pierre LEES-MELOU
평점 6.83 피에르 리멜루   1993.05.25 / 185cm

공수에서 고르게 팀에 기여하는 중앙 미드필더. 볼을 다루는 개인능력이 우수하고 패싱력도 뛰어나다. 전방으로 찔러주는 롱패스가 종종 위력을 발휘한다. 정교한 중거리슛으로 골도 자주 넣는다. 제공권 싸움에서 좀처럼 밀리지 않는다. 적극적인 압박으로 공을 빼앗거나 상대 공격을 저지하는데 능하다. 수비 스타일이 다소 투박해 카드를 많이 받는 편. 시장 가치는 400만 유로, 추정 연봉은 204만 유로

슈팅-득점		국적	2022-23시즌 브레스트				포지션
9-2			32-0	2773	5	44.0-37.0 84%	
34-3		프랑스					
●43-5 LG-0			DR 1.4-0.7	TK 5.1-3.0	IC 1.6	10-1 ★3	
●2-0 RG-4							
●0-0 HG-1							

G	A	SH	SG	PC	P%	LC	L%	SC	BT	DC	TK	IC	BR
상위	상위	상위	상위	상위	하위	하위	상위	하위	상위	하위	상위	상위	상위
21%	20%	25%	28%	45%	49%	7%	32%	27%	47%	7%	8%	2%	

| 전체 슈팅 시도-득점 | 직접프리킥 시도-득점 | PK 시도-득점 | LG 왼발 득점 | RG 오른발 득점 | HG 헤더 득점 | 출전횟수 선발-교체 | 출전시간 분(MIN) | A 평균 패스 시도-성공 | P 평균 패스 성공 | P% 패스 성공률 | DR 평균드리블 시도-성공 | TK 평균 태클 시도-성공 | IC 평균 인터셉트 | 페어플레이 경고-퇴장 | MOM | ★ 득점 | 도움 | SH 슈팅 시도 | SG 유효 슈팅 | PC 패스 성공 | P% 패스 성공률 | LC 롱볼 성공 | L% 롱볼 성공률 | SC 슈팅기회 창출 | BT 볼터치 | DC 드리블 성공 | TK 태클 | IC 인터셉트 | BR 리커버리 |

André ALMEIDA

평점 6.83

안드레 알메이다   2000.05.30 / 176cm

공을 다루는 솜씨가 좋은 중앙 미드필더. 넓은 시야를 바탕으로 중원에서 창의적인 키패스를 찔러준다. 드리블 실력이 돋보이고 스피드도 갖췄다. 세트피스 키커로서 능력이 탁월하다. 최전방 스트라이커도 가능할 정도로 공격에 강점이 뚜렷하다. 왕성한 활동량을 바탕으로 중원에서 압박 능력이 돋보인다. 몸싸움이 약하고 경합에 취약한 것은 아쉬운 점. 시장 가치는 1500만 유로, 추정 연봉은 60만 유로

슈팅-득점	국적	22-23시즌 비토리아+발렌시아								포지션
8-1				A	P	P%				
19-1		32-5	2791	6	36.6-31.1	85%				
●27-2 LG-0	포르투갈	DR	TK	IC		★				
●3-1 RG-2		2.8-1.5	2.7-1.9	0.6		4-0	1			
●0-0 HG-0										

G	A	SH	SG	PC	P%	LC	L%	SC	BT	DC	TK	IC	BR
상위 50%	상위 24%	하위 33%	하위 48%	하위 46%	하위 31%	상위 45%	하위 16%	상위 20%	하위 49%	상위 9%	상위 34%	하위 22%	하위 29%

Nicolas HÖFLER

평점 6.82

니콜라스 회플러   1990.03.09 / 181cm

투쟁심이 강한 수비형 미드필더. 다부진 체격과 월등한 체력으로 중원을 든든히 책임진다. 경합을 통해 볼을 뺏는데 능하고 공중볼을 따내는데도 일가견이 있다. 슈팅을 막는데 몸을 아끼지 않고 태클을 즐겨 사용한다. 터프한 수비로 상대기를 꺾고 팀 사기를 끌어올린다. 가끔 큰 실수를 범하는 것은 아쉬운 부분. 리그에서 손꼽히는 카드 수집가. 시장 가치는 250만 유로, 추정 연봉은 90만 유로

슈팅-득점	국적	2022-23시즌 프라이부르크								포지션
15-0				A	P	P%				
6-0		32-0	2822	1	40.4-36.0	89%				
●21-0 LG-0	독일	DR	TK	IC		★				
●0-0 RG-0		0.9-0.5	3.1-2.1	1.8		9-1	1			
●0-0 HG-0										

G	A	SH	SG	PC	P%	LC	L%	SC	BT	DC	TK	IC	BR
하위 24%	하위 17%	하위 25%	하위 25%	하위 50%	하위 17%	상위 43%	하위 10%	상위 44%	하위 29%	상위 49%	상위 2%	하위 44%

Nicolás DOMÍNGUEZ

평점 6.82

니콜라스 도밍게스   1998.06.28 / 179cm

아르헨티나 대표팀 차세대 미드필더로 기대가 크다. 볼 다루는 기술이 좋은 박스투박스 스타일. 주로 수비에서 기여도가 크다. 많은 활동량을 바탕으로 중원에서 넓게 움직인다. 중원에서 몸싸움 등 궂은일을 책임진다. 경합을 통해 공을 빼앗으면 빠른 드리블 또는 전진패스로 역습을 이끈다. 득점 및 어시스트 등 공격적인 생산 능력은 떨어지는 편. 시장 가치는 1500만 유로, 추정 연봉은 90만 유로.

슈팅-득점	국적	2022-23시즌 볼로냐								포지션
13-2				A	P	P%				
29-1		26-5	2309	2	12.9-36.8	84%				
●42-3 LG-0	아르헨티나	DR	TK	IC		★				
●0-0 RG-3		1.3-0.8	3.7-2.5	0.7		10-0	1			
●0-0 HG-0										

G	A	SH	SG	PC	P%	LC	L%	SC	BT	DC	TK	IC	BR
상위 34%	하위 49%	상위 14%	상위 8%	상위 34%	상위 33%	하위 44%	상위 46%	상위 33%	상위 31%	상위 38%	상위 9%	하위 31%	상위 43%

Aaron RAMSEY

평점 6.82

애런 램지   1990.12.26 / 178cm

웨일스를 대표하는 베테랑 선수. 활동량을 바탕으로 경기를 풀어가는 박스투박스 미드필더. 패스 능력이 좋고 공이 없을 때 페널티박스 안으로 침투하는 능력도 뛰어나다. 공간을 오가며 패스를 주고받는데도 능하다. 오른발을 고집하다보니 공을 간수하는데 어려움이 있다. 경기력 기복이 있는 편. 종종 큰 실수를 범하는 점이 아쉬움으로 남는다. 시장 가치는 300만 유로, 추정 연봉은 545만 유로.

슈팅-득점	국적	2022-23시즌 니스								포지션
15-1				A	P	P%				
7-0		18-9	1588	1	37.7-33.2	88%				
●22-1 LG-0	웨일스	DR	TK	IC		★				
●1-0 RG-1		0.9-0.5	2.6-1.7	0.6		3-0	1			
●0-0 HG-0										

G	A	SH	SG	PC	P%	LC	L%	SC	BT	DC	TK	IC	BR
하위 43%	하위 36%	상위 32%	상위 43%	하위 19%	상위 38%	상위 21%	상위 15%	상위 17%	상위 45%	상위 20%	하위 44%	상위 43%

Sandro TONALI

평점 6.82

산드로 토날리   2000.05.08 / 181cm

이탈리아 축구를 짊어지고 나갈 젊은 수비형 미드필더. '피를로와 가투소를 합친 선수'라는 찬사 받기도. 3선에서 공을 받고 배급하는 역할을 맡는다. 롱패스에 강점이 있지만 전진 드리블 능력도 탁월하다. 피지컬을 활용한 수비능력도 돋보인다. 공격과 수비의 균형이 잘 갖춰져있다. 상대 강한 압박에 취약하다는 약점도 최근 크게 개선된 모습이다. 시장 가치는 5000만 유로, 추정 연봉은 463만 유로.

슈팅-득점	국적	2022-23시즌 AC 밀란								포지션
13-2				A	P	P%				
30-4		30-4	2721	7	41.2-33.4	81%				
●32-2 LG-0	이탈리아	DR	TK	IC		★				
●6-0 RG-1		0.7-0.3	2.4-1.9	0.7		7-0	2			
●0-0 HG-0										

G	A	SH	SG	PC	P%	LC	L%	SC	BT	DC	TK	IC	BR
상위 38%	상위 8%	하위 46%	상위 39%	상위 42%	하위 13%	상위 32%	상위 25%	하위 19%	하위 46%	하위 21%	하위 27%

전체 슈팅 | 직접프리킥 | PK | 왼발 | 오른발 | 헤더 | 출전횟수 | 출전시간 | A | P | P% | DR | TK | IC | 페어플레이 | ★ | G | A | SH | SG | PC | P% | LC | L% | SC | BT | DC | TK | IC | BR
시도-득점 | 시도-득점 | 시도-득점 | 득점 | 득점 | 득점 | 선발/교체 | 분(MIN) | 도움 | 평균패스 시도-성공 | 패스 성공률 | 평균드리블 시도-성공 | 평균태클 시도-성공 | 평균 인터셉트 | 경고-퇴장 | MOM | 득점 | 도움 | 슈팅 시도 | 유효 슈팅 | 패스 성공 | 패스 성공률 | 롱볼 성공 | 롱볼 성공률 | 찬스 창출 | 볼터치 | 드리블 성공 | 태클 | 인터셉트 | 리커버리

Tomás SOUCEK
평점 6.82 · 토마시 소우첵 · 1995.02.27 / 192cm

체코 국가대표팀 핵심 주전. 뛰어난 피지컬과 활동량이 돋보이는 박스투박스 미드필더. 높은 축구 지능을 바탕으로 위치 선정 능력이 돋보인다. 체격조건이 좋아 몸싸움에 능하고 제공권 장악에 특히 강점이 있다. 힘으로 상대 공격수를 압박하고 공을 빼앗는 데 능하다. 공격에 가담했을 때 종종 골을 기록한다. 볼을 다루는 기술이나 패스 능력은 떨어진다. 시장 가치는 3500만 유로, 추정 연봉은 389만 유로.

슈팅-득점	국적	2022-23시즌 웨스트햄	포지션
31-2		32-4 2820 3 27.1-19.5 72%	
3-0			

● 34-2 LG-1 | 체코 | DR TK IC ★ |
○ 0-0 RG-1 | | 0.5-0.1 3.0-2.1 1.5 |
○ 0-0 HG-0 | |

G	A	SH	SG	PC	P%	LC	L%	SC	BT	DC	TK	IC	BR
하위	상위	상위	상위	하위	하위	하위	하위	하위	하위	하위	상위	상위	하위
48%	43%	43%	29%	7%	7%	9%	42%	21%	12%	1%	28%	7%	6%

Eduardo CAMAVINGA
평점 6.82 · 에두아르도 카마빙가 · 2002.11.10 / 182cm

프랑스 대표팀의 중원 에이스. 중앙 미드필더는 물론 레프트백도 소화 가능하다. 앙골라에서 태어난 이중국적자. 17살 때 성인대표팀에 뽑힐 정도로 재능을 타고났다. 성장 가능성이 무궁무진하다. 왕성한 활동력과 탈압박 능력을 자랑한다. 수비력은 이미 세계 최정상급. 공격 능력도 최근 급성장하고 있다. 왼발 의존도가 크고 패스 판단이 다소 아쉽다는 지적. 시장 가치는 6000만 유로, 추정 연봉은 833만 유로.

슈팅-득점	국적	2022-23시즌 레알 마드리드	포지션
5-0		21-16 2003 1 38.4-34.8 91%	
13-0			

● 18-0 LG-0 | 프랑스 | DR TK IC ★ |
○ 0-0 RG-0 | | 1.9-1.0 2.9-1.8 0.5 |
○ 0-0 HG-0 | | 6-0 |

G	A	SH	SG	PC	P%	LC	L%	SC	BT	DC	TK	IC	BR
하위	상위	하위	하위	하위	하위	상위	하위	상위	상위	상위	상위	하위	하위
11%	42%	28%	11%	11%	3%	43%	6%	33%	11%	14%	9%	25%	31%

Douglas LUIZ
평점 6.82 · 도글라스 루이즈 · 1998.05.09 / 180cm

공격과 수비 균형이 잘 잡힌 박스투박스 미드필더. 테크닉과 운동능력을 겸비했다. 뛰어난 패스와 드리블 능력을 바탕으로 볼을 전진시키고 탈압박에 능하다. 성실한 움직임으로 넓은 범위를 책임진다. 전방 압박이나 리커버리에도 도움을 준다. 수비 스킬이 좋은 편은 아니다. 대인마크시 실수를 하거나 파울을 범하는 편. 다혈질 성격이라 카드를 많이 받는다. 시장 가치는 3500만 유로, 추정 연봉은 449만 유로.

슈팅-득점	국적	2022-23시즌 아스톤 빌라	포지션
9-4		33-4 2933 6 46.2-39.7 86%	
25-2			

● 34-6 LG-0 | 브라질 | DR TK IC ★ |
○ 7-1 RG-6 | | 1.2-0.6 2.9-2.0 1.1 6-1 3 |
○ 0-0 HG-0 | |

G	A	SH	SG	PC	P%	LC	L%	SC	BT	DC	TK	IC	BR
상위	상위	상위	상위	상위	상위	상위	하위	상위	상위	상위	상위	상위	하위
17%	15%	47%	38%	33%	48%	29%	73%	29%	33%	50%	39%	34%	42%

Suat SERDAR
평점 6.81 · 수아트 세르다르 · 1997.04.11 / 183cm

활동량을 바탕으로 공수에서 영향력을 미치는 박스투박스 미드필더. 가장 큰 장점은 기동력이다. 스피드를 활용한 드리블로 탈압박에 능하다. 빠른 패스로 동료에게 찬스를 만들어주는 것은 물론 종종 공간을 파고들어 직접 득점을 노린다. 수비에서도 효율적인 압박과 커버 능력을 보여준다. 패스 성공률이 낮고 공을 자주 끄는 것은 단점이다. 시장 가치는 650만 유로, 추정 연봉은 313만 유로.

슈팅-득점	국적	2022-23시즌 헤르타 베를린	포지션
13-3		24-8 2034 2 18.9-13.5 71%	
10-1			

● 23-4 LG-1 | 독일 | DR TK IC ★ |
○ 0-0 RG-2 | | 2.3-1.2 2.3-1.6 0.9 7-0 1 |
○ 0-0 HG-1 | |

G	A	SH	SG	PC	P%	LC	L%	SC	BT	DC	TK	IC	BR
상위	상위	상위	상위	상위	하위	하위	상위	하위	하위	상위	상위	상위	하위
17%	47%	48%	47%	6%	23%	48%	28%	7%	10%	38%	30%	46%	

Laurent ABERGEL
평점 6.81 · 로랑 아베르겔 · 1993.02.01 / 170cm

다부진 플레이를 펼치는 수비형 미드필더. 왕성한 스태미너를 앞세워 활발하게 그라운드를 누빈다. 태클로 상대 공격을 저지하고 공을 빼앗는데 능하다. 볼 컨트롤 능력이 돋보이고 패스 성공률도 높다. 피지컬 열세를 운동능력과 성실함으로 만회한다. 리더로서 능력도 갖췄다. 체격이 작다보니 몸싸움 약점은 어쩔 수 없다. 무리한 수비로 카드 수집이 많은 편. 시장 가치는 300만 유로, 추정 연봉은 24만 유로.

슈팅-득점	국적	2022-23시즌 로리앙	포지션
2-0		28-1 2351 1 50.6-45.0 89%	
11-0			

● 13-0 LG-0 | 프랑스 | DR TK IC ★ |
○ 0-0 RG-0 | | 1.4-0.8 5.0-3.2 1.1 5-1 |
○ 0-0 HG-0 | |

G	A	SH	SG	PC	P%	LC	L%	SC	BT	DC	TK	IC	BR
하위	상위	하위	하위	상위	상위	상위	상위	하위	상위	상위	상위	상위	상위
11%	25%	15%	13%	23%	8%	36%	29%	8%	25%	39%	3%	29%	19%

Fabián RUIZ
평점 6.81 · 파비앙 루이스 · 1996.04.03 / 189cm

강력한 피지컬을 갖춘 스페인 국가대표 미드필더. 패스, 볼 컨트롤, 넓은 시야 등 다재다능함이 돋보이는 선수다. 주포지션은 수비형 미드필더지만 공격형 미드필더도 활약 가능하다. 왼발을 잘 사용한다. 세트피스 키커로 나서기도 하고 중거리슛도 능하다. 큰 체격에도 기동력이 좋고 활동량이 많다. 수비력은 상대적으로 약한 편. 드리블 돌파도 평범하다. 시장 가치는 3800만 유로, 추정 연봉은 909만 유로.

슈팅-득점	국적	2022-23시즌 PSG	포지션
15-3		21-6 1899 2 72.3-59.3 92%	
11-0			

● 26-3 LG-3 | 스페인 | DR TK IC ★ |
○ 0-0 RG-0 | | 1.1-0.7 3.6-2.3 0.7 0-0 |
○ 0-0 HG-0 | |

G	A	SH	SG	PC	P%	LC	L%	SC	BT	DC	TK	IC	BR
상위	상위	상위	상위	상위	상위	상위	상위	하위	상위	상위	하위	상위	상위
31%	50%	29%	36%	1%	2%	6%	11%	40%	7%	33%	21%	29%	20%

●	●	●	LG	RG	HG	⏱	A	P	P%	DR	TK	IC	▨	★	G	A	SH	SG	PC	P%	LC	L%	SC	BT	DC	TK	IC	BR
전체 슈팅 시도-득점	직접프리킥 시도-득점	PK 시도-득점	왼발 특점	오픈발 득점	헤더 득점	출전횟수 선발-교체	출전시간 분(MIN)	도움	평균 패스 시도-성공	패스 성공률	평균드리블 시도-성공	평균 태클 시도-성공	평균 인터셉트	페어플레이 경고-퇴장	MOM	득점	도움	슈팅 시도	유효 슈팅	패스 성공	패스 성공률	롱볼 성공	롱볼 성공률	롱볼 성공	볼터치	드리블 성공	태클	인터셉트	리커버리

평점 6.81 **Moi GÓMEZ**
모이 고메스   1994.06.23. / 176cm

스피드가 일품인 미드필더. 주포지션은 중앙 미드필더지만 좌우 윙어, 공격형 미드필더 등 다양한 포지션 소화가 가능하다. 빠른 발과 뛰어난 드리블을 활용해 과감한 돌파를 즐긴다. 활동량이 많고 수비도 열심히 가담한다. 윙어로 활약할 때는 날카로운 크로스도 일품이다. 제공권 약점이 뚜렷하다. 공격 가담에 비해 마무리 능력도 좋은 편이 아니다. 시장 가치는 1000만 유로, 추정 연봉은 115만 유로.

슈팅-득점	국적	2022-23시즌 오사수나	포지션

8-2		⏱	A	P	P%	
11-1		28-5	2458	2	43.1-38.4	89%

● 19-3	LG-1	DR	TK	IC	▨	★
● 0-0	RG-2	1.2-0.8	1.3-0.8	0.3		
● 0-0	HG-0	스페인				

G	A	SH	SG	PC	P%	LC	L%	SC	BT	DC	TK	IC	BR
상위	하위	하위	상위	상위	상위	상위	상위	상위	상위	상위	하위	하위	상위
36%	46%	27%	44%	28%	37%	10%	48%	16%	41%	33%	3%	5%	46%

평점 6.81 **Alex IWOBI**
알렉스 이워비   1996.05.03 / 183cm

나이지리아 대표팀 핵심 미드필더. 주 포지션은 중앙 미드필더지만 오른쪽 윙어, 윙포워드까지 소화 가능하다. 양발을 모두 잘 사용한다. 피지컬이 좋아 경합에서도 쉽게 밀리지 않는다. 드리블을 활용해 압박에서 잘 벗어난다. 패스 성공률이 높고 크로스도 즐겨 사용한다. 체격이 크다보니 스피드와 민첩성은 떨어진다. 킥이나 슈팅도 아쉬운 부분. 시장 가치는 2500만 유로, 추정 연봉은 718만 유로.

슈팅-득점	국적	2022-23시즌 에버튼	포지션

18-1		⏱	A	P	P%	
24-1		38-0	3382	7	36.6-28.9	79%

● 42-2	LG-0	DR	TK	IC	▨	★
● 0-0	RG-2	2.9-1.5	2.7-1.8	0.7	2-0	
● 0-0	HG-0	나이지리아				

G	A	SH	SG	PC	P%	LC	L%	SC	BT	DC	TK	IC	BR
하위	상위	상위	상위	상위	상위	하위	상위	하위	상위	상위	하위	하위	상위
41%	14%	42%	32%	22%	49%	34%	22%	27%	14%	39%	19%	31%	

평점 6.81 **Xaver SCHLAGER**
크사버 슐라거   1997.09.28 / 174cm

오스트리아 대표팀 주축 멤버. 박스투박스 미드필더로서 엄청난 활동량과 활동 범위를 자랑한다. 탁월한 체력과 지구력을 앞세워 쉴새없이 상대를 압박한다. 상대 입장에선 껄끄러운 존재다. 축구 센스도 뛰어나 어느 위치에 갖다놓아도 제 몫을 해낸다. 볼 테크닉이 좋아 좀처럼 공을 뺏기지 않는다. 수비 스타일이 거칠다보니 파울이 많다. 스피드도 약점. 시장 가치는 2200만 유로, 추정 연봉은 400만 유로.

슈팅-득점	국적	2022-23시즌 RB 라이프치히	포지션

1-1		⏱	A	P	P%	
4-0		16-6	1505	1	41.7-35.1	84%

● 5-1	LG-0	DR	TK	IC	▨	★
● 0-0	RG-1	1.1-0.6	2.9-2.0	0.8	2-0	
● 0-0	HG-0	오스트리아				

G	A	SH	SG	PC	P%	LC	L%	SC	BT	DC	TK	IC	BR
하위	하위	하위	하위	상위	상위	상위	상위	하위	상위	상위	상위	하위	상위
33%	28%	4%	19%	30%	33%	34%	19%	35%	47%	40%	43%	10%	

평점 6.80 **Salis ABDUL SAMED**
살리스 압둘 사메드   2000.03.26 / 179cm

가나 국가대표 미드필더. 중앙 미드필더로서 과감한 수비와 적극적인 압박을 펼친다. 왕성한 체력을 바탕으로 넓은 활동 범위를 자랑한다. 투지 넘치는 플레이로 팀에 활기를 불어넣는다. 기동력이 좋아 역습 상황에서 더 빛난다. 패스 성공률과 드리블도 수준급이다. 짧은 패스를 즐긴다. 볼을 따내는 기술은 거친 편이다. 종종 의욕이 넘쳐 카드가 많이 받는다. 시장 가치는 1300만 유로, 추정 연봉은 40만 유로.

슈팅-득점	국적	2022-23시즌 랑스	포지션

7-1		⏱	A	P	P%	
6-0		33-0	2897	1	59.1-55.0	93%

● 13-1	LG-1	DR	TK	IC	▨	★
● 0-0	RG-0	1.5-0.9	2.1-1.4	1.1	6-1	
● 0-0	HG-0	가나				

G	A	SH	SG	PC	P%	LC	L%	SC	BT	DC	TK	IC	BR
하위	하위	하위	하위	상위	상위	하위	상위	상위	상위	상위	하위	상위	
25%	19%	12%	19%	13%	1%	35%	1%	23%	38%	14%	43%	40%	

평점 6.80 **Leandro BARREIRO**
레안드루 바헤이루   2000.01.03 / 174cm

룩셈부르크 대표팀 핵심 미드필더. 체격은 작지만 강한 체력을 바탕으로 왕성한 활동범위를 자랑한다. 상대와 몸싸움을 즐기고 과감한 태클도 즐겨 사용한다. 공격에도 적극 가담해 심심치 않게 공격포인트를 올린다. 단신임에도 점프력이 좋아 공중볼 경합에서 밀리지 않는다. 패스 능력은 떨어진다. 터프한 스타일이다보니 파울과 카드도 많이 받는다. 시장 가치는 1000만 유로, 추정 연봉은 13만 유로.

슈팅-득점	국적	2022-23시즌 마인츠 05	포지션

27-4		⏱	A	P	P%	
5-0		25-6	2144	3	17.7-12.3	69%

● 32-4	LG-1	DR	TK	IC	▨	★
● 0-0	RG-3	0.6-0.2	2.8-1.9	1.2	5-0	2
● 0-0	HG-0	룩셈부르크				

G	A	SH	SG	PC	P%	LC	L%	SC	BT	DC	TK	IC	BR
상위	상위	상위	상위	하위	하위	하위	하위	하위	상위	하위	상위	상위	하위
19%	29%	27%	12%	1%	1%	1%	34%	1%	5%	25%	6%	39%	

평점 6.80 **Exequiel PALACIOS**
에세키엘 팔라시오스   1998.10.05 / 177cm

아르헨티나 대표팀 중원 엔진. 활동량과 활동범위가 월등하다. 공수 연결고리 역할을 수행한다. 공을 가졌을 때 테크닉이 좋고 경기를 보는 시야가 넓고, 수비도 열심히 한다. 체력이 좋아 끊임없이 상대를 압박한다. 거리 가리지 않고 패스도 잘 찬다. 피지컬 약점을 뛰어난 운동능력과 정신력으로 만회한다. 패스나 킥에 비해 드리블은 좋은 편이 아니다. 시장 가치는 1500만 유로, 추정 연봉은 170만 유로.

슈팅-득점	국적	2022-23시즌 바이에르 레버쿠젠	포지션

7-3		⏱	A	P	P%	
13-1		19-6	1656	0	47.8-40.6	85%

● 20-4	LG-0	DR	TK	IC	▨	★
● 0-0	RG-4	0.6-0.4	3.2-2.5	1.2	4-0	3
● 3-3	HG-0	아르헨티나				

G	A	SH	SG	PC	P%	LC	L%	SC	BT	DC	TK	IC	BR
상위	하위	상위	상위	상위	상위	하위	상위	상위	상위	하위	상위	상위	상위
14%	49%	48%	47%	10%	32%	40%	38%	5%	1%	3%	6%	1%	

●	●	●	LG	RG	HG	⏱	A	P	P%	DR	TK	IC	■	★	SH	SG	PC	P%	LC	L%	SC	BT	DC	TK	IC	BR
전체 슈팅 시도-득점	직접프리킥 시도-득점	PK 시도-득점	왼발 특점	오른발 특점	헤더 특점	출전횟수 선발-교체	출전시간 분(MIN)	도움	평균 패스 시도-성공	패스 성공률	평균드리블 시도-성공	평균 태클 시도-성공	평균 인터셉트	페어플레이 경고-퇴장	MOM	특점	도움	슈팅 시도	유효 슈팅	패스 성공	롱볼 성공	롱볼 성공률	패스기회 창출	볼 터치	드리블 성공	태클	인터셉트	리커버리

Djibril SOW

평점 6.80 지브릴 소우 · 1997.02.066 / 184cm

스위스 국가대표로 활약 중인 중앙 미드필더. 세네갈 이중국적을 보유하고 있다. 왕성한 움직임으로 그라운드 전 지역을 커버하는 박스투박스 미드필더. 3선에서 전방으로 찔러주는 롱패스가 돋보인다. 적극적인 몸싸움으로 상대 공을 빼앗는데 능하다. 드리블 등 직접 공을 다루는 능력은 떨어진다. 거친 수비 스타일 탓에 카드를 많이 받는 편이다. 시장 가치는 2000만 유로, 추정 연봉은 207만 유로.

슈팅-득점	국적	2022-23시즌 프랑크푸르트	포지션

8-4
20-0
● 28-4 LG-1
● 0-0 RG-3
● 0-0 HG-0
스위스

	⏱	A	P	P%
30-2	2648	0	48.1-41.3	86%

DR 0.7-0.3 | TK 2.0-1.3 | IC 0.9 | ■ 9-0 | ★ 0

G	A	SH	SG	PC	P%	LC	L%	SC	BT	DC	TK	IC	BR
상위	하위	하위	하위	상위	상위	하위	상위	하위	상위	하위	하위	상위	상위
38%	8%	34%	45%	35%	32%	48%	30%	43%	43%	13%	16%	34%	29%

Lazar SAMARDZIC

평점 6.80 라자르 사마르지치 · 2002.02.24 / 184cm

세르비아계 독일 국적의 젊은 미드필더. 주포지션은 중앙 미드필더지만 공격형으로도 활약 가능하다. 왼발에 강점이 있는 테크니션. 볼을 다루는 능력이 뛰어나고 드리블도 탁월하다. 좁은 공간에서 개인기로 상대 압박을 뚫는데 능하다. 중원에서 창의적인 전진 패스를 연결하는데 능하다. 킥력과 활동량도 나쁘지 않다. 공격에 비해 수비력은 아쉽다. 시장 가치는 750만 유로, 추정 연봉은 51만 유로.

슈팅-득점	국적	2022-23시즌 우디네세	포지션

16-1
34-4
● 50-5 LG-4
● 7-0 RG-1
● 0-0 HG-0
독일

	⏱	A	P	P%
19-18	1848	4	21.6-18.3	85%

DR 1.6-0.8 | TK 1.6-0.9 | IC 0.3 | ■ 1-0 | ★ 2

G	A	SH	SG	PC	P%	LC	L%	SC	BT	DC	TK	IC	BR
상위	상위	상위	상위	하위	하위	상위	하위	상위	하위	상위	하위	하위	하위
6%	11%	1%	1%	35%	37%	15%	45%	7%	34%	16%	22%	11%	17%

Dani CEBALLOS

평점 6.80 다니 세바요스 · 1996.08.07 / 179cm

테크닉이 뛰어난 중앙 미드필더. 축구 지능이 높고 전방에 찔러주는 패스 능력이 탁월하다. 동료를 활용한 패스 앤 무브 플레이에 능하다. 독특한 속임수 동작으로 상대 수비수 사이를 빠져나오는 모습은 세바요스의 트레이드 마크. 왕성한 활동량을 바탕으로 적극적으로 수비에 가담한다. 플레이에 기복이 있고 수비시 파울이 많은 것은 단점으로 지적. 시장 가치는 1200만 유로, 추정 연봉은 313만 유로.

슈팅-득점	국적	2022-23시즌 레알 마드리드	포지션

6-0
12-0
● 18-0 LG-0
● 0-0 RG-0
● 0-0 HG-0
스페인

	⏱	A	P	P%
19-11	1568	4	48.5-44.6	92%

DR 2.2-1.3 | TK 2.7-1.4 | IC 0.8 | ■ 5-0 | ★ 0

G	A	SH	SG	PC	P%	LC	L%	SC	BT	DC	TK	IC	BR
하위	상위	상위	상위	상위	상위	상위	상위	상위	상위	상위	하위	상위	상위
11%	8%	43%	35%	1%	3%	13%	8%	3%	1%	1%	24%	25%	14%

Stefano SENSI

평점 6.80 스테파노 센시 · 1995.08.05 / 168cm

단신이지만 뛰어난 테크닉과 왕성한 활동량을 자랑하는 중앙 미드필더. 최대 강점은 전진 능력이다. 날카로운 전방 패스는 물론 과감한 드리블로 공격 상황을 이끈다. 강한 발목 힘을 바탕으로 중거리슛도 자주 시도한다. 경기를 보는 시야가 넓고 판단력이 좋다는 평가를 받는다. 체격이 작다보니 수비에서 종종 문제를 노출한다. 부상이 잦은 유리몸. 시장 가치는 800만 유로, 추정 연봉은 370만 유로.

슈팅-득점	국적	2022-23시즌 몬차	포지션

4-1
14-2
● 18-3 LG-1
● 4-1 RG-2
● 0-0 HG-0
이탈리아

	⏱	A	P	P%
21-7	1629	1	43.9-38.3	87%

DR 1.0-0.4 | TK 2.5-1.5 | IC 0.7 | ■ 4-0 | ★ 1

G	A	SH	SG	PC	P%	LC	L%	SC	BT	DC	TK	IC	BR
상위	하위	하위	상위	상위	상위	상위	상위	상위	상위	하위	상위	상위	상위
20%	36%	48%	34%	8%	31%	6%	31%	5%	39%	37%	43%	31%

Corentin TOLISSO

평점 6.80 코랑탱 톨리소 · 1994.08.03 / 181cm

토고 혈통의 프랑스 미드필더. 2017년부터 프랑스 대표로 활약 중이다. 전형적인 박스투박스 미드필더. 3선에서 전방으로 길게 찔러주는 패스가 트레이드 마크. 공간을 침투하는 오프더볼 능력도 강점이다. 단단한 피지컬을 앞세워 공중볼 경합에도 강점이 있고 볼을 간수하는데도 능하다. 공격에 비해 수비력은 떨어지는 편. 잔실수가 많은 것도 단점이다. 시장 가치는 1400만 유로, 추정 연봉은 480만 유로.

슈팅-득점	국적	2022-23시즌 리옹	포지션

9-0
21-1
● 30-1 LG-0
● 0-0 RG-1
● 0-0 HG-0
프랑스

	⏱	A	P	P%
25-5	2050	2	63.6-56.6	89%

DR 0.6-0.2 | TK 2.8-1.6 | IC 0.8 | ■ 3-0 | ★ 1

G	A	SH	SG	PC	P%	LC	L%	SC	BT	DC	TK	IC	BR
하위	상위	상위	상위	상위	상위	상위	상위	상위	상위	하위	상위	상위	상위
34%	48%	28%	33%	2%	5%	5%	5%	2%	13%	43%	47%	3%

Tyler ADAMS

평점 6.80 타일러 애덤스 · 1999.02.14 / 175cm

주포지션은 수비형 미드필더지만 원백, 윙어도 가능한 멀티 플레이어. 미국 대표팀 주장을 맡고 있다. 지칠줄 모르는 체력과 왕성한 활동량을 자랑한다. 축구 지능도 뛰어나다. 저돌적이면서 영리하게 압박하는 스타일. 수비 성공률이 높다. 어린 나이지만 팀 전체를 이끄는 리더십도 탁월하다. 피지컬의 열세로 몸싸움 등에서 밀리는 것은 어쩔 수 없다. 시장 가치는 2000만 유로, 추정 연봉은 329만 유로.

슈팅-득점	국적	2022-23시즌 리즈 유나이티드	포지션

0-0
4-0
● 4-0 LG-0
● 0-0 RG-0
● 0-0 HG-0
미국

	⏱	A	P	P%
24-0	2157	0	55.4-45.4	82%

DR 1.0-0.3 | TK 4.9-3.7 | IC 1.5 | ■ 4-1 | ★ 0

G	A	SH	SG	PC	P%	LC	L%	SC	BT	DC	TK	IC	BR
하위	하위	상위	상위	상위	상위	하위	상위	하위	상위	상위	상위	상위	상위
11%	8%	2%	2%	32%	48%	31%	26%	26%	12%	1%	18%	7%

● ● ● LG RG HG ⏱ A P P% DR TK IC ▣ ★ SH SG PC P% LC L% SC BT DC TK IC BR
전체슈팅 직접프리킥 PK 왼발 오른발 헤더 출전횟수 출전시간 도움 평균패스 패스 평균드리블 평균태클 평균 페어플레이 MOM 득점 도움 슈팅 유효 패스 패스 롱볼 롱볼 슈팅기회 볼터치 드리블 태클 인터셉트 리커버리
시도-득점 시도-득점 시도-득점 득점 득점 득점 선발-교체 분(MIN) 시도-성공 성공 성공% 시도-성공 시도-성공 인터셉트 경고-퇴장 시도 슈팅 시도 성공 성공 성공 창출 성공

평점 6.80 Robert ANDRICH
로베르트 안드리히
1994.09.22 / 187cm

뛰어난 피지컬과 운동능력을 갖춘 중앙 미드필더. 그라운드를 부지런히 누비는 하드워커. 몸싸움을 피하지 않고 강한 압박으로 공을 뺏거나 상대 공격 흐름을 끊는다. 공중볼 장악 능력이 탁월하고 패스 능력도 나쁘지 않다. 공격포인트도 심심치 않게 올린다. 중거리슛 능력도 갖췄다. 플레이 스타일이 거칠다보니 파울이 많고 카드 수집이 많은게 흠. 시장 가치는 1100만 유로, 추정 연봉은 160만 유로.

슈팅-득점	국적	22-23시즌 바이에르 레버쿠젠			포지션
10-1		⏱ A P P%			
20-1	독일	28-1 1409 1 49.6-41.7 84%			
● 30-2 LG-1		DR TK IC ★			
● 1-0 RG-1		0.2-0.2 2.8-2.1 1.4 8-0			
● 0-0 HG-0					

G	A	SH	SG	PC	P%	LC	L%	SC	BT	DC	TK	IC	BR
상위	하위	상위	하위	상위	상위	하위	상위	하위	상위	하위	상위	상위	하위
47%	34%	46%	49%	36%	39%	42%	16%	38%	7%	41%	19%	31%

평점 6.80 Johan GASTIEN
요한 가스티엥
1988.01.25 / 179cm

프랑스 리그1에서 10년 넘게 활약 중인 베테랑 미드필더. 피지컬은 돋보이지 않지만 풍부한 경험을 자랑한다. 전방 패스 능력이 돋보이고 중거리슛도 능하다. 공을 영리하게 가로채는 스타일. 오프더볼 움직임도 뛰어나다. 적극적으로 공간을 파고들어 공격포인트를 생산해낸다. 볼 컨트롤 등 개인 기술은 떨어지는 편. 운동능력도 내리막길을 걷고 있다. 시장 가치는 80만 유로, 추정 연봉은 54만 유로.

슈팅-득점	국적	2022-23시즌 클레르몽 풋			포지션
3-2		⏱ A P P%			
16-2	프랑스	29-2 2607 3 64.9-55.2 85%			
● 19-4 LG-1		DR TK IC ★			
● 1-0 RG-3		0.8-0.3 4.4-2.0 1.1 7-0			
● 0 HG-0					

G	A	SH	SG	PC	P%	LC	L%	SC	BT	DC	TK	IC	BR
상위	상위	하위	상위	상위	하위	상위	하위	상위	상위	하위	상위	하위	하위
38%	40%	23%	47%	45%	39%	48%	6%	14%	45%	33%	14%

평점 6.80 Emre CAN
엠레 잔
1994.01.12 / 186cm

막강한 피지컬을 앞세워 경합을 즐기는 박스 투박스 미드필더. 미드필더는 물론 센터백, 풀백 등도 소화 가능한 유틸리티 플레이어다. 큰 체격에 비해 발이 빠르고 활동량이 왕성하다. 운동능력을 활용한 압박 능력이 월등하다. 전진 드리블을 활용한 탈압박에 능하다. 중거리슛으로 간간이 득점을 올린다. 공을 자주 끄는 편. 턴오버가 잦은 것도 단점. 시장 가치는 1400만 유로, 추정 연봉은 880만 유로.

슈팅-득점	국적	2022-23시즌 도르트문트			포지션
6-1		⏱ A P P%			
10-1	독일	20-7 1896 1 47.2-42.5 90%			
● 16-2 LG-0		DR TK IC ★			
● 0-0 RG-2		0.9-0.5 2.9-2.1 0.9 8-0			
● 1-1 HG-0					

G	A	SH	SG	PC	P%	LC	L%	SC	BT	DC	TK	IC	BR
상위	하위	상위	하위	상위	상위	상위	상위	하위	상위	상위	상위	상위	상위
49%	23%	49%	31%	21%	5%	26%	15%	24%	24%	43%	20%	23%	15%

평점 6.80 Henrikh MKHITARYAN
헨리크 미키타리안
1989.01.21 / 177cm

아르메니아 축구를 대표하는 에이스. 2022년 3월 국가대표 은퇴를 선언했다. 전성기 시절에는 빠른 스피드를 앞세워 윙포워드를 기용되곤 했지만 최근에는 중앙 미드필더로 주로 나온다. 패스와 드리블 능력을 활용한 찬스 메이킹에 능하다. 예전에 비해 운동능력은 떨어졌지만 축구 지능은 여전히 살아있다. 플레이 기복이 심하다. 패스의 안정감도 아쉽다. 시장 가치는 600만 유로, 추정 연봉은 487만 유로.

슈팅-득점	국적	2022-23시즌 인테르 밀란			포지션
17-3		⏱ A P P%			
18-0	아르메니아	24-7 1997 2 33.4-29.4 88%			
● 35-3 LG-1		DR TK IC ★			
● 0-0 RG-2		1.1-0.5 2.2-1.3 0.9 8-0 1			
● 0-0 HG-0					

G	A	SH	SG	PC	P%	LC	L%	SC	BT	DC	TK	IC	BR
상위	하위	상위	상위	하위	상위	하위	상위	상위	하위	하위	상위	상위	상위
24%	39%	24%	17%	44%	28%	36%	10%	22%	39%	48%	40%	16%

평점 6.80 Joe WILLOCK
조 윌록
1999.08.20 / 186cm

왕성한 활동량을 자랑하는 미드필더. 젊은 나이임에도 축구 센스카 탁월하다는 평가를 받는다. 간결한 드리블과 전진패스로 팀 공격을 이끈다. 동료를 활용한 패스 연계플레이도 능하다. 주도적으로 찬스를 만들면서 공격포인트에 자주 기여한다. 수비 상황에선 부지런히 움직이며 빈공간을 찾아 메운다. 볼컨트롤이 다소 투박하고 대인마크에 약점이 있다. 시장 가치는 3000만 유로, 추정 연봉은 479만 유로.

슈팅-득점	국적	22-23시즌 뉴캐슬 유나이티드			포지션
36-3		⏱ A P P%			
22-0	잉글랜드	31-4 2578 6 25.3-21.5 85%			
● 58-3 LG-0		DR TK IC ★			
● 0-0 RG-2		2.7-1.1 2.4-1.5 0.7 1-0 2			
● 0-0 HG-1					

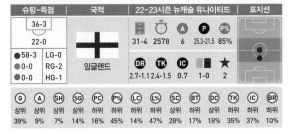

G	A	SH	SG	PC	P%	LC	L%	SC	BT	DC	TK	IC	BR
상위	상위	상위	상위	하위	하위	하위	상위	상위	상위	하위	하위	상위	하위
39%	9%	47%	14%	16%	45%	14%	47%	28%	17%	18%	35%	37%	10%

평점 6.79 Kiernan DEWSBURY-HALL
키어넌 듀스버리-홀
1998.09.06 / 178cm

중앙 미드필더로서 넓은 활동범위와 월등한 압박능력을 보인다. 수비형 미드필더 출신인 만큼 공을 따내고 상대 공격 흐름을 저지하는데 탁월하다. 왼발을 활용한 세트피스킥 능력도 나쁘지 않다. 전진 패스를 즐겨 사용하며 직접 중거리슛을 노리기도 한다. 종종 깊숙이 올라와 공격포인트에 기여한다. 피지컬에 약점이 뚜렷해 몸싸움에서 자주 밀린다. 시장 가치는 2500만 유로, 추정 연봉은 120만 유로.

슈팅-득점	국적	2022-23시즌 레스터 시티			포지션
9-1		⏱ A P P%			
17-1	잉글랜드	28-3 2316 3 35.2-27.8 79%			
● 26-2 LG-2		DR TK IC ★			
● 0-0 RG-0		2.4-1.3 2.6-1.7 0.9 3-1 1			
● 0-0 HG-0					

G	A	SH	SG	PC	P%	LC	L%	SC	BT	DC	TK	IC	BR
상위	하위	상위	상위	하위	하위	하위	상위	상위	상위	상위	상위	상위	하위
47%	49%	50%	40%	42%	15%	10%	26%	46%	11%	49%	49%	33%

●	●	●	LG	RG	HG			A	P	P%	DR	TK	IC		★		A	P	SH	SG	PC	P%	LC	L%	SC	BT	DC	TK	IC	BR
전체슈팅 시도-득점	직접프리킥 시도-득점	PK 시도-득점	왼발특점	오른발특점	헤더특점	출전횟수 선발·교체	출전시간(MIN)	도움	평균패스 시도-성공	패스성공율	평균드리블 시도-성공	평균태클 시도-성공	평균인터셉트	경고·퇴장	페어플레이 MOM	득점	도움	슈팅시도	유효슈팅	패스성공	패스성공율	롱볼성공	롱볼성공율	슈팅기회창출	볼터치	드리블성공	태클	인터셉트	리커버리

Azzedine OUNAHI
평점 6.79
아제딘 우나히 · 2000.04.19 / 182cm

모로코의 떠오르는 엘리트 미드필더. 카타르 월드컵 4강 진출을 견인했다. 개인기술과 운동능력을 활용해 공을 전진시키는데 능하다. 시야가 넓어 전방 패스를 효과적으로 찔러준다. 활동량이 풍부하고 기동력도 남다르다. 긴 다리를 이용해 태클로 공을 따내는데 능하다. 마른 체형이다보니 몸싸움에 약점이 뚜렷하다. 패스에 비해 슈팅 능력도 떨어지는 편. 시장 가치는 1500만 유로, 추정 연봉은 415만 유로.

슈팅-득점	국적	2022-23시즌 앙제+마르세유	포지션
14-1 / 12-0		14-8 1254 0 31.9-28.4 89%	
● 26-1 LG-0 / ● 2-0 RG-1 / ● 0-0 HG-0	모로코	DR TK IC ★ / 3.4-2.1 1.5-1.0 0.7 1 0	

G	A	SH	SG	PC	P%	LC	L%	SC	BT	DC	TK	IC	BR
상위 49%	하위 8%	상위 11%	상위 13%	상위 35%	상위 16%	상위 41%	상위 17%	상위 15%	상위 34%	상위 1%	하위 18%	상위 46%	하위 26%

Amadou ONANA
평점 6.79
아마두 오나나 · 2001.08.16 / 192cm

압도적 피지컬을 갖춘 수비형 미드필더. 중앙 미드필더, 센터백까지 소화 가능하다. 세네갈 출신이지만 벨기에 대표로 활약 중이다. 2m에 육박하는 큰 체격을 바탕으로 공중볼 및 몸싸움 등 경합 상황에서 좀처럼 밀리는 법이 없다. 양발을 자유롭게 사용하면서 후방 빌드업을 주도한다. 스피드도 나쁘지 않다. 상대 압박에 종종 흔들리는 것은 아쉬운 부분. 시장 가치는 4200만 유로, 추정 연봉은 599만 유로.

슈팅-득점	국적	2022-23시즌 에버튼	포지션
21-1 / 13-0		29-4 2496 2 29.4-24.7 84%	
● 34-1 LG-0 / ● 0-0 RG-1 / ● 0-0 HG-1	벨기에	DR TK IC ★ / 1.6-0.5 2.5-2.2 1.1 9-0 0	

G	A	SH	SG	PC	P%	LC	L%	SC	BT	DC	TK	IC	BR
하위 29%	하위 45%	상위 34%	하위 36%	상위 20%	하위 17%	하위 27%	상위 18%	하위 17%	상위 43%	상위 23%	상위 26%	하위 21%

Johann LEPENANT
평점 6.79
조앙 르페낭 · 2002.10.22 / 176cm

프랑스의 떠오르는 젊은 기대주. 중앙 및 수비형 미드필더를 소화한다. 어린 나이지만 탁월한 시야와 정교한 패싱력을 자랑한다. 후방 빌드업 중심 역할을 한다. 축구 지능과 센스가 탁월하다는 평가다. 태클 및 볼 경합, 후방 리커버리 등 수비 기여도 만만치 않다. 아직 나이가 어려 간혹 집중력이 흐트러진다. 결정적 순간 턴오버가 잦은 점은 아쉬운 부분. 시장 가치는 1000만 유로, 추정 연봉은 72만 유로.

슈팅-득점	국적	2022-23시즌 리옹	포지션
5-1 / 14-0		21-0 1935 2 41.3-37.2 90%	
● 19-1 LG-0 / ● 0-0 RG-1 / ● 0-0 HG-0	프랑스	DR TK IC ★ / 1.6-0.8 3.6-1.9 0.9 4-0 0	

G	A	SH	SG	PC	P%	LC	L%	SC	BT	DC	TK	IC	BR
하위 36%	상위 45%	하위 37%	하위 5%	상위 16%	상위 4%	하위 38%	상위 1%	하위 19%	상위 33%	상위 18%	상위 29%	상위 15%

Mario LEMINA
평점 6.79
마리오 르미나 · 1993.09.01 / 184cm

가봉 출신의 미드필더. 2022년 1월 대표팀 은퇴를 선언했다. 주로 중앙 미드필더로 나서지만 센터백 또는 풀백으로도 활약 가능하다. 뛰어난 운동능력과 활동력을 자랑한다. 공을 다루는 기술이 좋고 전방으로 찔러주는 패스가 일품이다. 피지컬도 나쁘지 않아 경합 상황에서 공을 잘 뺏기지 않는다. 경기 중 집중력이 떨어지고 기복이 심하다는 점은 단점. 시장 가치는 1000만 유로, 추정 연봉은 269만 유로.

슈팅-득점	국적	2022-23시즌 니스+울버햄튼	포지션
4-0 / 11-0		28-5 2150 1 45.1-40.6 89%	
● 15-0 LG-0 / ● 0-0 RG-0 / ● 0-0 HG-0	가봉	DR TK IC ★ / 1.0-0.7 2.8-2.1 0.7 3-2 0	

G	A	SH	SG	PC	P%	LC	L%	SC	BT	DC	TK	IC	BR
하위 11%	하위 27%	하위 22%	상위 35%	상위 29%	하위 9%	상위 44%	상위 46%	하위 1%	상위 37%	상위 37%	상위 11%	상위 49%	상위 47%

Santi COMESAÑA
평점 6.79
산티 코메사냐 · 1996.10.05 / 188cm

좋은 피지컬을 자랑하는 중앙 미드필더. 190cm에 육박하는 큰 체격에도 패스, 볼터치, 드리블 능력 등 개인능력을 고르게 갖췄다. 피지컬이 뛰어나 몸싸움에서도 쉽게 밀리지 않고 공을 소유한다. 공격보다는 수비적인 측면에 더 강점이 있다. 태클로 상대 공격을 끊고 공을 빼앗는데도 능하다. 스피드가 느려 빠른 공격수를 상대하는데 어려움이 있다. 시장 가치는 500만 유로, 추정 연봉은 52만 유로.

슈팅-득점	국적	2022-23시즌 라요 바예카노	포지션
16-3 / 9-0		29-6 2470 2 34.6-29.1 84%	
● 25-3 LG-2 / ● 0-0 RG-0 / ● 0-0 HG-1	스페인	DR TK IC ★ / 1.7-0.3 3.3-2.0 0.9 6-0 1	

G	A	SH	SG	PC	P%	LC	L%	SC	BT	DC	TK	IC	BR
상위 36%	하위 46%	상위 42%	상위 43%	상위 43%	하위 41%	상위 38%	상위 21%	상위 42%	상위 19%	상위 22%	상위 39%	상위 49%

● 전체 슈팅 시도-득점	● 직접프리킥 시도-득점	● PK 시도-득점	LG 왼발 특점 RG 오른발 득점 HG 헤더 득점

⏱ 출전횟수 선발·교체 ⏱ 출전시간 분(MIN) Ⓐ 도움 Ⓟ 평균 패스 시도-성공 Ⓟ% 패스 성공률 DR 평균드리블 시도-성공 TK 평균 태클 시도-성공 IC 평균 인터셉트 ■ 경고-퇴장 ★ 페어플레이 MOM

Ⓖ 특점 Ⓐ 도움 SH 슈팅 시도 SG 유효 슈팅 PC 패스 성공 P% 패스 성공률 LC 롱볼 성공 L% 롱볼 성공률 SC 슈팅기회 창출 BT 터치 DC 드리블 성공 TK 태클 IC 인터셉트 BR 리커버리

Dominik KOHR
평점 6.79
도미니크 코어
1994.01.31 / 183cm

독일 분데스리가에서 잔뼈가 굵은 미드필더. 터프한 수비력이 돋보인다. 중앙 미드필더로 주로 나서지만 때에 따라 센터백 기용도 가능하다. 과감한 태클로 공을 따내는데 능하다. 키가 아주 크진 않지만 공중볼 경합에서도 좀체 밀리지 않는다. 후방에서 롱볼을 올리는 것을 즐긴다. 패스 정확도는 높지 않다. 경기 스타일이 거칠어 카드를 많이 수집한다. 시장 가치는 400만 유로, 추정 연봉은 119만 유로.

슈팅-득점	국적	2022-23시즌 마인츠 05	포지션

22-2					
17-1		⏱ 27-3	⏱ 2296	Ⓐ 0	Ⓟ 38.9-28.8	P% 74%

● 39-3 LG-1
● 0-0 RG-2
● 0-0 HG-0

독일

DR 0.7-0.3 TK 3.0-2.0 IC 1.2 ■ 11-0 ★

Ⓖ	Ⓐ	SH	SG	PC	P%	LC	L%	SC	BT	DC	TK	IC	BR
상위 33%	하위 8%	상위 19%	상위 47%	하위 33%	하위 9%	하위 28%	하위 6%	하위 42%	하위 43%	하위 23%	상위 35%	하위 27%	하위 9%

Giacomo BONAVENTURA
평점 6.79
자코모 보나벤투라
1989.08.22 / 180cm

이탈리아 국가대표 미드필더. 공격형 미드필더로도 종종 나선다. 볼 컨트롤이 좋고 공도 몰고 전진하는 능력이 돋보인다. 기회가 날 때마다 과감히 슈팅을 때리고 골을 생산한다. 활동 범위가 넓고 수비적인 기여도 나쁘지 않다. 경력이 쌓이면서 경기를 조율하는 능력까지 장착했다. 부상이 잦다는 것은 아쉬운 점. 경기력이 기복 있다는 지적도 받는다. 시장 가치는 250만 유로, 추정 연봉은 278만 유로.

슈팅-득점	국적	2022-23시즌 피오렌티나	포지션

22-5					
27-0		⏱ 21-9	⏱ 1914	Ⓐ 1	Ⓟ 28.7-24.7	P% 86%

● 49-5 LG-3
● 2-0 RG-1
● 0-0 HG-1

이탈리아

DR 1.8-0.9 TK 1.6-1.2 IC 0.5 ■ 4-1 ★ 2

Ⓖ	Ⓐ	SH	SG	PC	P%	LC	L%	SC	BT	DC	TK	IC	BR
상위 7%	하위 31%	상위 3%	상위 8%	하위 37%	하위 34%	하위 34%	하위 40%	상위 11%	하위 33%	상위 28%	하위 27%	하위 25%	상위 41%

Flavien TAIT
평점 6.79
플라비엔 타이트
1993.02.02 / 175cm

다부진 플레이를 펼치는 중앙 미드필더. 윙포워드로도 나설 정도로 공격적인 플레이가 돋보인다. 전방으로 키패스를 연결하는데 능하고 과감한 중거리슛도 일품이다. 패스 성공률이 높고 드리블 전진에도 능하다. 공격포인트도 심심치 않게 기록한다. 경기에 임하는 집중력이 뛰어나다는 평가. 피지컬이 약해 공중볼 경합이나 몸싸움에 약점이 있다. 시장 가치는 700만 유로, 추정 연봉은 144만 유로.

슈팅-득점	국적	2022-23시즌 스타드 렌	포지션

13-2					
12-0		⏱ 19-11	⏱ 1685	Ⓐ 2	Ⓟ 35.9-30.9	P% 87%

● 25-2 LG-2
● 0-0 RG-0
● 0-0 HG-0

프랑스

DR 1.5-0.8 TK 1.8-1.0 IC 0.7 ■ 2-0 ★ 1

Ⓖ	Ⓐ	SH	SG	PC	P%	LC	L%	SC	BT	DC	TK	IC	BR
상위 45%	상위 48%	상위 23%	상위 42%	상위 18%	하위 20%	하위 24%	상위 28%	상위 29%	상위 32%	하위 45%	하위 38%		

Óscar VALENTÍN
평점 6.79
오스카르 발렌틴
1994.08.20 / 177cm

체격은 크지 않지만 다부진 수비가 돋보이는 수비형 미드필더. 과감한 태클과 몸싸움으로 상대 공격을 저지한다. 공을 가로채는 능력도 돋보인다. 강한 체력과 투지 넘치는 플레이로 팀에 활기를 불어넣는다. 짧은 패스를 활용해 후방 빌드업에도 깊이 관여한다. 플레이 스타일은 다소 거친 편. 파울이 많고 카드 수집도 잦다. 공격적인 재능은 크지 않다. 시장 가치는 400만 유로, 추정 연봉은 40만 유로.

슈팅-득점	국적	2022-23시즌 라요 바예카노	포지션

3-0					
10-0		⏱ 29-5	⏱ 2564	Ⓐ 0	Ⓟ 34.4-28.2	P% 82%

● 13-0 LG-0
● 0-0 RG-0
● 0-0 HG-0

스페인

DR 0.6-0.2 TK 4.9-2.7 IC 1.3 ■ 11-0 ★

Ⓖ	Ⓐ	SH	SG	PC	P%	LC	L%	SC	BT	DC	TK	IC	BR
하위 11%	하위 8%	하위 13%	하위 3%	하위 32%	하위 44%	하위 46%	하위 36%	하위 22%	하위 31%	하위 6%	상위 6%	상위 13%	상위 24%

Cheick OUMAR DOUCOURÉ
평점 6.79
셰이크 우마르 두쿠레
2000.01.08 / 180cm

말리 출신의 떠오르는 수비형 미드필더. 뛰어난 운동능력과 강한 체력을 바탕으로 넓은 범위를 커버한다. 단단한 피지컬에 스피드도 겸비해 수원 힘싸움에서 특히 강점을 보인다. 전형적인 하드워커. 3선에서 강한 압박으로 공을 가로챈 뒤 전방으로 빠르게 연결하는 능력이 돋보인다. 볼을 다루는 테크닉은 떨어지는 편. 공격적인 기여도는 아쉬운 부분이다. 시장 가치는 3000만 유로, 추정 연봉은 359만 유로.

슈팅-득점	국적	2022-23시즌 크리스털 팰리스	포지션

9-0					
27-0		⏱ 34-0	⏱ 2786	Ⓐ 3	Ⓟ 36.4-30.6	P% 84%

● 36-0 LG-0
● 0-0 RG-0
● 0-0 HG-0

말리

DR 0.6-0.4 TK 2.9-2.3 IC 1.6 ■ 9-1 ★

Ⓖ	Ⓐ	SH	SG	PC	P%	LC	L%	SC	BT	DC	TK	IC	BR
하위 11%	상위 42%	상위 38%	상위 39%	상위 43%	하위 25%	상위 32%	하위 34%	하위 29%	하위 31%	상위 26%	하위 3%	상위 25%	

전체 시도-득점 · 직접프리킥 시도-득점 · PK 시도-득점 · LG 왼발 득점 · RG 오른발 득점 · HG 헤더 득점 · 출전횟수 선발-교체 · 출전시간 분(MIN) · A 도움 · P 평균패스 시도-성공 · P% 패스 성공률 · DR 평균드리블 시도-성공 · TK 평균태클 시도-성공 · IC 평균 인터셉트 · 페어플레이 경고-퇴장 · ★ MOM · G 득점 · A 도움 · SH 슈팅 시도 · SG 유효슈팅 · PC 패스 성공 · P% 패스 성공률 · LC 롱볼 성공 · L% 롱볼 성공률 · SC 슈팅기회 창출 · BT 볼 터치 · DC 드리블 성공 · TK 태클 · IC 인터셉트 · BR 리커버리

Martín ZUBIMENDI
평점 6.78 · 마르틴 수비멘디 · 1999.02.02 / 180cm

최근 스페인 대표팀에 데뷔한 기대주. 수비형 미드필더이면서 볼 기술이 뛰어나고 날카로운 패싱 능력을 자랑한다. 짧은 패스, 긴 패스 가리지 않고 전방에 정확히 찔러준다. 공을 따내는 수비 능력도 돋보인다. 체격은 크지 않지만 경합에서도 밀리지 않는다. 경기 내내 부지런히 움직이면서 상대를 압박한다. 스피드는 떨어지는 편. 공격적인 기여는 크지 않다. 시장 가치는 4000만 유로, 추정 연봉은 300만 유로.

슈팅-득점	국적	2022-23시즌 레알 소시에다드	포지션
7-1 / 6-0	스페인	35-1 · 3102 · A 3 · P 49.7-42.7 · P% 86%	
● 13-1 LG-0 / ● 0-0 RG-1 / ● 0-0 HG-0		DR 0.7-0.3 · TK 2.2-1.6 · IC 1.0 · 12-0 · ★ 1	

G	A	SH	SG	PC	P%	LC	L%	SC	BT	DC	TK	IC	BR
하위 24%	하위 48%	하위 8%	하위 7%	상위 35%	상위 29%	상위 50%	상위 46%	하위 13%	상위 46%	하위 12%	하위 23%	상위 31%	상위 44%

Tom KRAUSS
평점 6.78 · 톰 크라우스 · 2001.06.22 / 182cm

그라운드에서 투지가 빛나는 수비형 미드필더. 과감한 태클과 몸싸움으로 공을 따내는데 능하다. 뛰어난 활동량과 상대 패스 차단 능력이 돋보인다. 공중볼 경합에서도 쉽게 밀리지 않는다. 기술력의 중거리슛도 강점이다. 짧은 패스를 즐기지만 패스 성공률은 높지 않은 편이다. 플레이 기복이 있는 편이다. 경기 집중력이 떨어진다는 지적을 받는다. 시장 가치는 600만 유로, 추정 연봉은 94만 유로.

슈팅-득점	국적	2022-23시즌 샬케 04	포지션
11-2 / 14-0	독일	31-1 · 2531 · A 0 · P 24.4-17.8 · P% 73%	
● 25-2 LG-0 / ● 0-0 RG-2 / ● 0-0 HG-0		DR 1.0-0.6 · TK 4.9-3.5 · IC 8-0 · ★ 1	

G	A	SH	SG	PC	P%	LC	L%	SC	BT	DC	TK	IC	BR
상위 49%	하위 8%	상위 39%	상위 45%	하위 8%	하위 4%	하위 12%	상위 16%	하위 5%	상위 48%	하위 1%	상위 30%	상위 8%	상위 9%

Rolando MANDRAGORA
평점 6.78 · 롤란도 만드라고라 · 1997.06.29 / 183cm

이탈리아 엘리트코스를 착실히 거친 수비형 미드필더. 제2의 티아고 모타로 불린다. 강인한 피지컬로 포백 수비라인을 보호하는 것은 물론 뛰어난 패싱 능력으로 후방 빌드업과 역습을 이끈다. 수비형 미드필더임에도 공격포인트를 심심치 않게 생산한다. 키가 큰 편은 아니지만 공중볼도 잘 따낸다. 플레이 스타일이 거칠고 잘 흥분해 종종 카드를 받는다. 시장 가치는 900만 유로, 추정 연봉은 296만 유로.

슈팅-득점	국적	2022-23시즌 피오렌티나	포지션
13-1 / 24-1	이탈리아	22-7 · 1955 · A 4 · P 31.3-26.3 · P% 84%	
● 27-2 LG-2 / ● 2-0 RG-1 / ● 0-0 HG-0		DR 0.6-0.2 · TK 2.4-1.4 · IC 0.6 · 8-0 · ★ 1	

G	A	SH	SG	PC	P%	LC	L%	SC	BT	DC	TK	IC	BR
상위 43%	상위 15%	상위 14%	하위 40%	하위 40%	하위 38%	상위 33%	하위 7%	상위 6%	하위 38%	하위 7%	상위 43%	하위 24%	상위 25%

Vitaly JANELT
평점 6.78 · 비탈리 야넬트 · 1998.05.10 / 184cm

주포지션인 수비형 미드필더는 윙어, 센터백까지 소화하는 만능 유틸리티맨. 심지어 공식경기에서 골키퍼로 나선 적도 있다. 많은 활동량을 바탕으로 하는 미드필드에 활기를 불어넣는다. 전방으로 날카로운 패스를 찔러주고 후반 빌드업에도 중심 역할을 한다. 부상을 잘 당하지 않는 것도 장점. 수비가 너무 저돌적이어서 옐로카드를 자주 받는다. 시장 가치는 1600만 유로, 추정 연봉은 180만 유로.

슈팅-득점	국적	2022-23시즌 브렌트포드	포지션
10-3 / 4-0	독일	24-11 · 2212 · A 1 · P 27.9-22.7 · P% 81%	
● 14-3 LG-2 / ● 0-0 RG-1 / ● 0-0 HG-0		DR 0.7-0.4 · TK 2.3-1.5 · IC 0.9 · 3-0 · ★ 2	

G	A	SH	SG	PC	P%	LC	L%	SC	BT	DC	TK	IC	BR
상위 32%	하위 27%	상위 18%	상위 34%	상위 30%	하위 34%	상위 47%	상위 50%	상위 31%	상위 20%	상위 43%	상위 38%	상위 45%	

Hamza SAKHI
평점 6.77 · 함자 사키 · 1996.06.07 / 173cm

주로 중앙 미드필더로 나서면서 공격적인 플레이가 돋보인다. 체격은 작지만 패스, 드리블, 볼 컨트롤 등 기술적인 부분이 강점이다. 순발력, 민첩성 등 운동능력도 강점이다. 특히 동료를 활용한 패스 연계플레이에 능하다. 수비에선 영리한 위치 선점 능력과 과감한 태클로 공을 따내는데 능하다. 키가 작아 공중볼 장악과 몸싸움 경합은 취약하다. 시장 가치는 200만 유로, 추정 연봉은 27만 유로.

슈팅-득점	국적	2022-23시즌 오세르	포지션
10-0 / 20-1	모로코	18-9 · 1660 · A 2 · P 31.9-27.4 · P% 86%	
● 30-1 LG-0 / ● 2-0 RG-0 / ● 0-0 HG-0		DR 1.0-0.6 · TK 2.4-1.6 · IC 0.9 · 1-0 · ★ 1	

G	A	SH	SG	PC	P%	LC	L%	SC	BT	DC	TK	IC	BR
하위 42%	상위 36%	상위 15%	상위 19%	상위 48%	하위 35%	상위 5%	상위 47%	상위 9%	상위 42%	상위 43%	상위 29%	상위 25%	상위 69%

Niklas SCHMIDT
평점 6.77 · 니클라스 슈미트 · 1998.03.01 / 184cm

중앙 미드필더와 공격형 미드필더를 소화한다. 세트피스 전담키커를 맡는 등 킥에 상당한 강점이 있다. 직접 프리킥으로 골도 심심치 않게 기록한다. 중원에서 키패스를 적절히 찔러주고 드리블로 전진하는데도 능하다. 모험적인 패스를 즐겨 사용하고 크로스도 날카롭다. 스피드나 순발력은 떨어지는 편. 몸싸움 등 수비에서 약점이 뚜렷하다. 시장 가치는 250만 유로, 추정 연봉은 13만 유로.

슈팅-득점	국적	2022-23시즌 베르더 브레멘	포지션
10-2 / 11-1	독일	11-13 · 1084 · A 0 · P 23.7-18.0 · P% 77%	
● 21-3 LG-0 / ● 2-0 RG-2 / ● 0-0 HG-1		DR 1.8-1.3 · TK 1.8-1.1 · IC 0.2 · 3-0 · ★ 1	

G	A	SH	SG	PC	P%	LC	L%	SC	BT	DC	TK	IC	BR
상위 6%	하위 8%	상위 12%	하위 7%	상위 42%	하위 11%	상위 10%	상위 45%	상위 9%	상위 1%	상위 48%	상위 5%	하위 6%	상위 6%

●	●	●	LG	RG	HG	🕐	🕐	A	P	P%	DR	TK	IC	▮ ▮	★	G	A	SH	SG	PC	P%	LC	L%	SC	BT	DC	TK	IC	BR
전체 슈팅 시도-득점 / 직접프리킥 시도-득점 / PK 시도-득점 / 왼발 득점 / 오른발 득점 / 헤디 득점 / 출전횟수 선발·교체 / 출전시간 분(MIN) / 도움 / 평균 패스 시도-성공 / 패스 성공률 / 평균드리블 시도-성공 / 평균 태클 시도-성공 / 평균 인터셉트 / 경고·퇴장 / 페어플레이 / MOM / 득점 / 도움 / 슈팅 시도 / 유효 슈팅 / 패스 성공 / 패스 성공률 / 롱볼 성공 / 롱볼 성공률 / 슈팅기회 창출 / 볼터치 / 드리블 성공 / 태클 / 인터셉트 / 리커버리

평점 6.77 · Felix NMECHA
펠릭스 은메차
2000.10.10 / 190cm

압도적인 피지컬을 자랑하는 젊은 중앙 미드필더. 독일과 잉글랜드 이중국적이지만 2023년 3월 독일 대표팀으로 A매치에 데뷔했다. 큰 키와 점프력을 활용해 공중볼을 따내는 데 능하다. 세트피스 상황에서 헤딩골을 종종 기록한다. 상대 공을 가로채고 슈팅을 막는 능력도 돋보인다. 몸이 유연하고 볼을 다루는 기술도 나쁘지 않다. 패싱력은 다소 아쉽다. 시장 가치는 800만 유로, 추정 연봉은 11만 유로.

슈팅-득점	국적	2022-23시즌 볼프스부르크	포지션

	23-3			🕐	🕐	A	P	P%	
	14-0			19-11	1841	5	22.9-17.6	77%	
● 37-3	LG-0	잉글랜드	DR	TK	IC	▮ ▮	★	
● 0-0	RG-0		1.6-1.0	2.0-1.4	0.9			
● 0-0	HG-3							

G	A	SH	SG	PC	P%	LC	L%	SC	BT	DC	TK	IC	BR
상위	상위	상위	상위	하위	하위	상위	하위	상위	하위	상위	상위	상위	하위
26%	4%	11%	26%	14%	15%	26%	37%	46%	20%	19%	50%	34%	29%

평점 6.77 · Marten DE ROON
마르턴 더론
1991.03.29 / 185cm

네덜란드 국가대표 미드필더. 지칠 줄 모르는 체력과 왕성한 활동량으로 중원을 휘젓는다. 대인마크나 공중볼 경합에서 자신감이 넘친다. 상대 역습을 저지하고 수비라인을 보호하는 전형적인 홀딩 미드필더. 부상도 잘 당하지 않고 패스 정확도도 높은 편이다. 수비에 비해 공격적 기여는 떨어지는 편이다. 기술이 투박하고 플레이가 거칠어 카드를 많이 받는다. 시장 가치는 1200만 유로, 추정 연봉은 185만 유로.

슈팅-득점	국적	2022-23시즌 아탈란타	포지션

	8-2			🕐	🕐	A	P	P%	
	11-1			34-1	2966	1	53.3-44.8	84%	
● 19-3	LG-0	네덜란드	DR	TK	IC	▮ ▮	★	
● 0-0	RG-2		0.3-0.1	3.6-2.3	1.1		7-0	
● 0-0	HG-1							

G	A	SH	SG	PC	P%	LC	L%	SC	BT	DC	TK	IC	BR
상위	하위	하위	하위	상위	상위	상위	상위	하위	상위	하위	상위	상위	상위
44%	19%	18%	24%	28%	44%	32%	49%	45%	29%	1%	34%	45%	41%

평점 6.76 · Razvan MARIN
러즈반 마린
1996.05.23 / 178cm

루마니아 국가대표 핵심 미드필더. 2018년 루마니아 축구협회 선정 올해의 선수상을 받았다. 주 포지션은 중앙 미드필더지만 축구 센스와 지능이 뛰어나 미드필더 전 포지션 소화 가능하다. 키패스 능력이 돋보이고 중거리슛도 잘 때린다. 경기를 치르는 집중력이 좋고 성실함이 남다르다. 공격에 비해 수비력은 다소 떨어진다는 평가. 시장 가치는 800만 유로, 추정 연봉은 128만 유로.

슈팅-득점	국적	2022-23시즌 엠폴리	포지션

	3-0			🕐	🕐	A	P	P%	
	30-2			28-3	2539	4	43.8-36.8	85%	
● 33-2	LG-0	루마니아	DR	TK	IC	▮ ▮	★	
● 10-0	RG-2		1.2-0.7	2.1-1.4	0.5	7-0	1	
● 0-0	HG-0							

G	A	SH	SG	PC	P%	LC	L%	SC	BT	DC	TK	IC	BR
상위	상위	상위	하위	상위	하위	상위	하위	상위	상위	상위	하위	하위	하위
50%	24%	38%	48%	37%	29%	12%	25%	19%	37%	47%	20%	9%	17%

평점 6.76 · Rade KRUNIC
라데 크루니치
1993.10.07 / 184cm

보스니아 헤르체고비나를 대표하는 미드필더. 2선과 3선을 가리지 않고 멀티포지션 소화가 가능하다. 좋은 피지컬을 바탕으로 공을 안정적으로 간수한다. 기회가 나면 전방에 날카로운 키패스를 찔러준다. 킥 능력도 준수해 날카로운 중거리슛을 때린다. 수비도 적극적으로 가담한다. 플레이 기복이 심한 것은 아쉬운 부분. 스피드와 민첩성도 떨어지는 편. 시장 가치는 900만 유로, 추정 연봉은 278만 유로.

슈팅-득점	국적	2022-23시즌 AC 밀란	포지션

	12-0			🕐	🕐	A	P	P%	
	2-0			18-5	1659	1	41.0-35.3	86%	
● 14-0	LG-0	보스니아헤르체고비나	DR	TK	IC	▮ ▮	★	
● 0-0	RG-0		1.2-0.8	3.2-1.7	0.7	8-0	1	
● 0-0	HG-0							

G	A	SH	SG	PC	P%	LC	L%	SC	BT	DC	TK	IC	BR
하위	하위	상위	상위	상위	상위	하위	상위	상위	상위	하위	상위	하위	상위
29%	23%	26%	47%	23%	18%	26%	39%	42%	50%	44%	33%	43%	43%

평점 6.76 · Kevin STÖGER
케빈 스퇴거
1993.08.27 / 175cm

다부진 플레이를 펼치는 오스트리아 출신 미드필더. 멀티 포지션 소화가 가능하다. 부지런히 움직이면서 넓은 지역을 커버한다. 볼을 가지고 전진하는 능력과 공이 없을 때 움직임도 나쁘지 않다. 롱패스를 즐기고 중거리슛도 아끼지 않는다. 프리킥 키커로 자주 나선다. 키가 작아 공중볼 경합에 약점이 있다. 거의 매 시즌 부상에 시달리는 점도 아쉽다. 시장 가치는 250만 유로, 추정 연봉은 78만 유로.

슈팅-득점	국적	2022-23시즌 보훔	포지션

	16-4			🕐	🕐	A	P	P%	
	32-1			29-3	2610	3	44.5-32.9	74%	
● 48-5	LG-5	오스트리아	DR	TK	IC	▮ ▮	★	
● 7-0	RG-0		1.6-0.8	4.6-2.6	0.8		2	
● 3-3	HG-0							

G	A	SH	SG	PC	P%	LC	L%	SC	BT	DC	TK	IC	BR
상위	상위	상위	상위	하위	상위	상위	하위	상위	상위	상위	상위	하위	하위
28%	39%	17%	36%	44%	4%	22%	14%	5%	31%	42%	12%	39%	49%

평점 6.75 · KOKE
코케
1992.01.08 / 176cm

스페인을 대표하는 베테랑 미드필더. 아틀레티코 마드리드 원클럽맨이자 역대 최다 출장 기록 보유자다. 탄탄한 기본기와 왕성한 활동량에 성실함과 영리함까지 겸비한 톱클래스다. 멀티 포지션 활약이 가능하고 부상도 잘 당하지 않는다. 플레이가 화려하진 않지만 상대 압박에서 공을 지켜내고 다양한 패스로 찬스를 만들어낸다. 수비도 열심히 한다. 시장 가치는 1600만 유로, 추정 연봉은 1600만 유로.

슈팅-득점	국적	22-23시즌 아틀레티코 마드리드	포지션

	6-0			🕐	🕐	A	P	P%	
	10-0			30-3	2560	3	60.6-53.9	89%	
● 16-0	LG-0	스페인	DR	TK	IC	▮ ▮	★	
● 0-0	RG-0		0.7-0.4	3.0-1.7	0.6	6-0		
● 0-0	HG-0							

G	A	SH	SG	PC	P%	LC	L%	SC	BT	DC	TK	IC	BR
하위	상위	하위	하위	상위	상위	상위	상위	상위	상위	하위	상위	하위	하위
11%	44%	17%	9%	5%	3%	30%	34%	47%	5%	34%	18%	30%	33%

전체 슈팅 / 직접프리킥 / PK / 왼발 / 오른발 / 헤더 / 출전횟수 / 출전시간 / 도움 / 평균 패스 / 패스 / P% / 평균드리블 / 평균 태클 / 평균 / 페어플레이 / MOM / 득점 / 도움 / 슈팅 / 유효 / 패스 / 패스 / 롱볼 / 롱볼 / 슈팅기회 / 볼터치 / 드리블 / 태클 / 인터셉트 / 리커버리
시도-득점 / 시도-득점 / 시도-득점 / 득점 / 득점 / 득점 / 선발-교체 / 분(MIN) / / 시도-성공 / 성공 / 성공률 / 시도-성공 / 시도-성공 / 인터셉트 / 경고-퇴장 / / / / 시도 / 슈팅 / 성공 / 성공률 / 성공 / 성공률 / 창출 / / 성공

Angel GOMES
평점 6.75
에인절 곰스
2000.08.31 / 168cm

EPL 역사상 최초의 2000년대생 선수 기록을 보유한 미드필더. 체격은 작지만 빠른 스피드와 화려한 기술이 돋보인다. 과감한 돌파력이 일품이고 전방에 찔러주는 키패스도 능하다. 워낙 민첩하고 순발력이 좋아 상대 압박에서 쉽게 벗어난다. 약점으로 지적된 수비력도 많이 보완된 모습. 취약한 피지컬은 큰 약점이다. 경합 상황에서 번번이 밀린다. 시장 가치는 1300만 유로, 추정 연봉은 71만 유로.

슈팅-득점	국적	2022-23시즌 릴	포지션

| 14-1 | | | |
| 42-1 | | | |

| | 34-2 | 2836 | A 6 | P 47.3-41.6 | P% 88% |

●56-2	LG-0		
◐4-0	RG-2	잉글랜드	
○1-1	HG-0		DR 1.6-0.8	TK 2.0-1.1	IC 0.4	9-0	★

G	A	SH	SG	PC	P%	LC	L%	SC	BT	DC	TK	IC	BR
하위 48%	상위 13%	상위 12%	상위 15%	상위 27%	상위 26%	상위 27%	하위 48%	상위 32%	상위 35%	상위 35%	하위 10%	하위 5%	하위 4%

Rodrigo DE PAUL
평점 6.75
로드리고 데 파울
1994.05.24 / 180cm

카타르월드컵 아르헨티나 우승 주역. '메시의 호위무사'로 불린다. 지칠줄 모르는 체력을 자랑하는 하드워커. 미드필드 전 지역을 커버한다. 단순히 많이 뛰는 것이 아니라 적극적으로 경합에 몸싸움도 능하다. 드리블은 물론 패싱력도 일품이다. 전방에 롱패스를 찔러 찬스를 만든다. 거친 플레이로 카드를 많이 수집하는 편이다. 시장 가치는 4000만 유로, 추정 연봉은 667만 유로.

슈팅-득점	국적	2022-23시즌	포지션

| 5-1 | | | |
| 16-1 | | | |

| | 24-6 | 1935 | A 7 | P 45.1-37.8 | P% 84% |

●21-2	LG-0		
◐1-0	RG-2	아르헨티나	
○0-0	HG-0		DR 1.1-0.6	TK 1.7-1.2	IC 0.3	5-0	★ 2

G	A	SH	SG	PC	P%	LC	L%	SC	BT	DC	TK	IC	BR
상위 31%	상위 1%	상위 44%	상위 37%	상위 14%	하위 41%	상위 8%	하위 49%	상위 5%	상위 10%	상위 46%	하위 23%	하위 7%	상위 40%

Oihan SANCET
평점 6.75
오이안 산세트
2000.04.25 / 188cm

뛰어난 피지컬과 탁월한 킥력을 갖춘 미드필더. 나이는 젊지만 축구 아이큐가 남다르다는 평가를 받는다. 볼 컨트롤이 능하고 드리블도 잘한다. 특히 패스 능력이 발군이다. 날카로운 전진패스로 결정적인 찬스를 만들어낸다. 역습 상황에서 존재감이 더 빛난다. 약점으로 지적됐던 체력도 많이 보완됐다. 태클 등 수비 능력은 떨어지는 편. 시장 가치는 3000만 유로, 추정 연봉은 110만 유로.

슈팅-득점	국적	2022-23시즌 아슬레틱 빌바오	포지션

| 38-10 | | | |
| 20-0 | | | |

| | 32-4 | 2555 | A 2 | P 26.4-21.9 | P% 83% |

●58-10	LG-2		
◐0-0	RG-8	스페인	
○2-2	HG-0		DR 2.3-1.3	TK 1.5-0.8	IC 0.1	6-1	★ 1

G	A	SH	SG	PC	P%	LC	L%	SC	BT	DC	TK	IC	BR
상위 1%	상위 44%	상위 8%	상위 8%	하위 17%	상위 40%	하위 8%	상위 28%	상위 17%	하위 8%	상위 3%	하위 1%	하위 0%	하위 11%

FABINHO
평점 6.75
파비뉴
1993.10.23 / 188cm

좋은 신체조건과 체력을 갖춘 수비형 미드필더. 긴 다리와 정확한 위치선정으로 볼을 따내는데 최상급 능력을 자랑한다. 공을 간수하면서 압박에서 벗어나는데 능하다. 박스 안 경합도 좀처럼 밀리지 않는다. 킥력이 월등해 종종 환상적인 중거리슛 골을 터뜨리곤 한다. 후방 빌드업을 이끌고 정교한 롱패스도 찔러준다. 스피드나 주력은 좋은 편이 아니다. 시장 가치는 4500만 유로, 추정 연봉은 1077만 유로.

슈팅-득점	국적	2022-23시즌 리버풀	포지션

| 6-0 | | | |
| 12-0 | | | |

| | 31-5 | 2678 | A 2 | P 50.1-44.6 | P% 89% |

●18-0	LG-0		
◐0-0	RG-0	브라질	
○0-0	HG-0		DR 0.4-0.2	TK 2.8-1.7	IC 1.1	11-0	★

G	A	SH	SG	PC	P%	LC	L%	SC	BT	DC	TK	IC	BR
하위 11%	하위 35%	하위 14%	상위 16%	상위 15%	상위 40%	하위 38%	상위 31%	상위 52%	상위 21%	상위 8%	상위 46%	상위 32%	하위 38%

Lucas TORRÓ
평점 6.74
루카스 토로
1994.07.19 / 190cm

큰 신장에도 좋은 기술을 갖춘 수비형 미드필더. 3선에서 찔러주는 전진패스가 가장 큰 특기다. 패스 판단력이 좋고 정확도도 탁월하다. 활동량도 많다. 적극적인 압박으로 중원싸움에 힘을 보탠다. 큰 키를 앞세워 공중볼 경합에서도 뚜렷한 강점을 가진다. 수비 기술이 좋은 편은 아니다. 파울이 많고 카드 수집도 잦다. 공격포인트 기여도 떨어진다. 시장 가치는 700만 유로, 추정 연봉은 45만 유로.

슈팅-득점	국적	2022-23시즌 오사수나	포지션

| 11-1 | | | |
| 17-0 | | | |

| | 31-2 | 2489 | A 0 | P 35.1-28.4 | P% 81% |

●28-1	LG-0		
◐0-0	RG-1	스페인	
○0-0	HG-0		DR 0.6-0.3	TK 2.4-1.5	IC 1.3	10-0	★

G	A	SH	SG	PC	P%	LC	L%	SC	BT	DC	TK	IC	BR
하위 29%	하위 8%	상위 50%	하위 23%	상위 33%	하위 64%	하위 26%	하위 30%	하위 2%	하위 32%	하위 24%	상위 31%	상위 14%	하위 39%

Oriol ROMEU
평점 6.74
오리올 로메우
1991.09.24 / 183cm

바르셀로나 유소년팀 출신의 수비형 미드필더. 탄탄한 피지컬과 체력을 바탕으로 왕성한 활동량을 자랑한다. 상대 역습을 저지하고 수비라인을 보호하는 홀딩 역할에 충실하다. 공중볼 경합에서 밀리지 않고 몸싸움에도 강점이 있다. 정확한 태클로 공을 따내는데 능하다. 스피드가 떨어져 빠른 공격에 고전하곤 한다. 플레이 스타일이 투박하고 거친 편이다. 시장 가치는 500만 유로, 추정 연봉은 260만 유로.

슈팅-득점	국적	2022-23시즌 사우샘턴+히로나	포지션

| 13-1 | | | |
| 11-1 | | | |

| | 34-0 | 3027 | A 0 | P 48.1-39.5 | P% 82% |

●24-2	LG-1		
◐0-0	RG-0	스페인	
○0-0	HG-1		DR 0.7-0.6	TK 2.7-2.1	IC 1.1	8-1	★

G	A	SH	SG	PC	P%	LC	L%	SC	BT	DC	TK	IC	BR
하위 45%	하위 8%	상위 27%	하위 24%	상위 43%	상위 19%	상위 46%	하위 43%	하위 48%	상위 45%	하위 46%	상위 41%	상위 41%	하위 41%

●	●	●	LG	RG	HG	🔲	⏱	Ⓐ	Ⓟ	Ⓟ%	ⓓⓡ	Ⓣⓚ	ⒾⒸ	🟥	★	Ⓖ	Ⓐ	ⓢⓗ	ⓢⓖ	ⓟⓒ	Ⓟ%	Ⓛⓒ	Ⓛ%	ⓢⓒ	Ⓑⓣ	ⓓⒸ	Ⓣⓚ	ⒾⒸ	Ⓑⓡ
전체 슈팅 시도-득점	직접프리킥 시도-득점	PK 시도-득점	왼발 득점	오른발 득점	헤더 득점	출전횟수 선발-교체	출전시간 분(MIN)	도움	평균 패스 시도-성공	평균패스 성공률	평균드리블 시도-성공	평균 태클 시도-성공	평균 인터셉트	페어플레이 경고-퇴장	MOM	득점	도움	슈팅 시도	유효 슈팅	패스 시도	패스 성공률	롱볼 성공	롱볼 성공률	슈팅기회 창출	볼터치	드리블 성공	태클	인터셉트	리커버리

VITINHA
비티냐

평점 6.74 | 2000.02.13 / 172cm

체격은 작지만 단단한 플레이를 펼치는 미드필더. 초창기에는 공격형 미드필더로 활약했지만 이후 중앙 미드필더로 내려왔다. 우월한 기동력과 볼 컨트롤로 팀 공격을 이끈다. 탈압박 후 한 박자 템포의 패스로 전방 공격에 활기를 불어넣는다. 수비 시에도 적극적인 압박으로 상대를 괴롭힌다. 피지컬 문제로 경합에서 밀리는 것은 어쩔 수 없는 부분. 시장 가치는 4200만 유로, 추정 연봉은 545만 유로.

슈팅-득점	국적	2022-23시즌 PSG	포지션
11-1			
20-1	포르투갈	⏱ 29-7 / 2461 · Ⓐ 3 · Ⓟ 53.5-49.2 · Ⓟ% 92%	
● 31-1 LG-0			
● 0-0 RG-2		ⓓⓡ 1.6-0.7 · Ⓣⓚ 3.1-1.6 · ⒾⒸ 0.8 · 🟥 3-0 · ★ 0	
● 0-0 HG-0			

Ⓖ	Ⓐ	ⓢⓗ	ⓢⓖ	ⓟⓒ	Ⓟ%	Ⓛⓒ	Ⓛ%	ⓢⓒ	Ⓑⓣ	ⓓⒸ	Ⓣⓚ	ⒾⒸ	Ⓑⓡ
하위 44%	상위 47%	상위 45%	상위 35%	상위 5%	상위 1%	상위 50%	상위 2%	상위 45%	상위 7%	하위 24%	상위 44%	상위 42%	상위 48%

John MCGINN
존 맥긴

평점 6.74 | 1994.10.18 / 178cm

스코틀랜드 국가대표 미드필더. 중원 전 포지션을 소화하는 멀티플레이어다. 공수를 오가며 활발하게 움직이며 영향력을 미친다. 키가 크진 않지만 탄탄한 피지컬로 경합에서도 좀처럼 밀리지 않는다. 볼에 대한 집중력이 좋고 개인 기술도 나쁘지 않다. 왼발 킥이 정확해 세트피스 키커로 나서기도 한다. 수비력은 좋은 편이 아니다. 카드도 많이 받는다. 시장 가치는 2700만 유로, 추정 연봉은 329만 유로.

슈팅-득점	국적	2022-23시즌 아스톤 빌라	포지션
12-0			
30-1	스코틀랜드	⏱ 30-4 / 2698 · Ⓐ 3 · Ⓟ 28.5-23.3 · Ⓟ% 82%	
● 42-1 LG-0			
● 0-0 RG-0		ⓓⓡ 2.1-1.3 · Ⓣⓚ 3.0-1.9 · ⒾⒸ 0.7 · 🟥 7-0 · ★ 2	
● 0-0 HG-0			

Ⓖ	Ⓐ	ⓢⓗ	ⓢⓖ	ⓟⓒ	Ⓟ%	Ⓛⓒ	Ⓛ%	ⓢⓒ	Ⓑⓣ	ⓓⒸ	Ⓣⓚ	ⒾⒸ	Ⓑⓡ
하위 27%	상위 41%	상위 24%	상위 38%	하위 15%	하위 26%	하위 45%	하위 38%	상위 37%	하위 12%	상위 42%	하위 29%	하위 36%

Janik HABERER
야니크 하버러

평점 6.73 | 1994.04.02 / 186cm

준수한 패스 능력과 득점력을 겸비한 미드필더. 기회가 날 때마다 적극적으로 공격에 가담해 골을 만들어낸다. 2선 공격수로 출전하는 경우도 있다. 큰 키를 활용한 공중볼 경합에서도 우위를 보인다. 드리블이나 볼 컨트롤도 나쁜 편이 아니다. 부상이 잦다보니 자신의 능력을 100% 발휘하지 못한 아쉬움이 있다. 스피드가 떨어져 빠른 역습에 고전한다. 시장 가치는 700만 유로, 추정 연봉은 108만 유로.

슈팅-득점	국적	2022-23시즌 우니온 베를린	포지션
17-2			
15-3	독일	⏱ 30-2 / 2213 · Ⓐ 1 · Ⓟ 20.3-15.0 · Ⓟ% 74%	
● 32-5 LG-1			
● 0-0 RG-4		ⓓⓡ 1.0-0.3 · Ⓣⓚ 1.9-1.0 · ⒾⒸ 0.4 · 🟥 1-0 · ★ 1	
● 0-0 HG-0			

Ⓖ	Ⓐ	ⓢⓗ	ⓢⓖ	ⓟⓒ	Ⓟ%	Ⓛⓒ	Ⓛ%	ⓢⓒ	Ⓑⓣ	ⓓⒸ	Ⓣⓚ	ⒾⒸ	Ⓑⓡ
상위 22%	하위 40%	상위 24%	상위 15%	하위 3%	하위 9%	하위 34%	상위 49%	하위 2%	하위 22%	하위 9%	하위 5%	하위 24%

Grischa PRÖMEL
그리샤 프뢰멜

평점 6.73 | 1995.01.09 / 184cm

2016년 리우 올림픽 당시 독일의 은메달을 이끈 주역이다. 열심히 뛰면서 궂은 일을 도맡아하는 하드워커다. 왕성한 활동량과 몸을 아끼지 않는 투지로 팀에 활기를 불어넣는다. 몸싸움을 아끼지 않고 공중볼 경합에서도 밀리지 않는다. 플레이 스타일은 거칠고 투박하다. 워낙 몸을 혹사하다보니 잔부상이 끊이지 않는다. 패스미스가 많은 것도 단점. 시장 가치는 750만 유로, 추정 연봉은 96만 유로.

슈팅-득점	국적	2022-23시즌 호펜하임	포지션
16-1			
8-0	독일	⏱ 17-1 / 1450 · Ⓐ 1 · Ⓟ 25.5-19.9 · Ⓟ% 78%	
● 24-1 LG-0			
● 0-0 RG-1		ⓓⓡ 0.8-0.3 · Ⓣⓚ 2.4-1.5 · ⒾⒸ 0.4 · 🟥 4-0 · ★ 0	
● 0-0 HG-0			

Ⓖ	Ⓐ	ⓢⓗ	ⓢⓖ	ⓟⓒ	Ⓟ%	Ⓛⓒ	Ⓛ%	ⓢⓒ	Ⓑⓣ	ⓓⒸ	Ⓣⓚ	ⒾⒸ	Ⓑⓡ
하위 46%	하위 38%	상위 20%	상위 48%	하위 19%	하위 8%	하위 25%	하위 7%	하위 3%	상위 14%	하위 28%	하위 9%	하위 15%

●	●	●	LG	RG	HG	□	⏱	Ⓐ	Ⓟ	Ⓟ%	DR	TK	IC	★	Ⓖ	Ⓐ	SH	SG	PC	P%	LC	L%	SC	BT	DC	TK	IC	BR
전체 슈팅 시도-득점	직접프리킥 시도-득점	PK 시도-득점	왼발 득점	오른발 득점	헤더 득점		출전횟수 선발-교체 분(MIN)	도움	평균 패스 시도-성공	패스 성공률	평균 드리블 시도-성공	평균 태클 시도-성공	평균 인터셉트	페어플레이 경고-퇴장	MOM	득점	도움	슈팅 시도	유효 슈팅	패스 시도	패스 성공률	통합 성공	통합 성공률	슈팅기회 창출	볼 터치	드리블 성공	태클	인터셉트	리커버리

Gonzalo MELERO
평점 **6.73**
곤살로 멜레로
1994.01.02 / 183cm

전진 드리블 능력이 뛰어난 수비형 미드필더. 상대 압박을 풀어내는 능력이 돋보이고 수비시 공중볼 장악이나 몸싸움에서 강점을 보인다. 공에 대한 집중력이 높아 쉽게 공을 뺏기지 않는다. 세트피스 공격에 적극 가담해 심심치 않게 공격포인트를 생산한다. 패스를 잘하는 선수는 아니다. 후방에서 빌드업을 전개하는 능력은 떨어진다. 시장 가치는 400만 유로, 추정 연봉은 54만 유로.

슈팅-득점	국적	2022-23시즌 알메리아	포지션

15-4
9-0

● 24-4	LG-0
● 0-0	RG-4
● 1-1	HG-0

스페인

⏱ 24-3	1877	Ⓐ 3	Ⓟ 27.8-24.1	P% 87%

| DR 1.3-0.7 | TK 2.4-1.2 | IC 0.3 | 5-0 | ★ 0 |

Ⓖ	Ⓐ	SH	SG	PC	P%	LC	L%	SC	BT	DC	TK	IC	BR
상위	상위	상위	상위	하위	상위	하위	상위	상위	하위	상위	하위	하위	하위
14%	22%	42%	40%	26%	29%	3%	41%	16%	43%	20%	3%	9%

WALACE
평점 **6.72**
왈라시
1995.04.04 / 188cm

월등한 피지컬을 자랑하는 수비형 미드필더. 큰 키와 긴 다리를 이용해 공을 따내는데 강점이 있다. 태클도 즐겨 사용한다. 볼에 대한 집중력이 높아 쉽게 공을 뺏기지 않는다. 패스 정확도도 나쁘지 않다. 후방 빌드업에도 적극 기여한다. 세트피스 상황에서 헤더 경합에 적극 관여한다. 스피드는 떨어지는 편. 큰 키에 비해 공중볼을 따내는 비율도 낮다. 시장 가치는 700만 유로, 추정 연봉은 103만 유로.

슈팅-득점	국적	2022-23시즌 우디네세	포지션

8-0
24-0

● 32-0	LG-0
● 0-0	RG-0
● 0-0	HG-0

브라질

⏱ 37-0	3200	Ⓐ 1	Ⓟ 46.9-39.9	P% 85%

| DR 0.8-0.3 | TK 3.5-2.2 | IC 1.3 | 6-0 | ★ 0 |

Ⓖ	Ⓐ	SH	SG	PC	P%	LC	L%	SC	BT	DC	TK	IC	BR
하위	하위	하위	상위	상위	상위	상위	상위	상위	하위	상위	하위	상위	상위
11%	18%	40%	27%	46%	40%	24%	14%	47%	14%	36%	20%	5%	

Christian ERIKSEN
평점 **6.72**
크리스티안 에릭센
1992.02.14 / 182cm

현재 덴마크를 대표하는 간판스타. 심정지를 이겨낸 인간승리 주인공이다. 킥 마스터. 모든 종류 패스는 물론 세트피스, 중거리슛까지 능하다. 드리블로 상대 압박을 쉽게 벗어난다. 공간을 만드는 능력이 탁월하고 공을 지키는데도 문제없다. 2선에선 어시스트 제조기, 3선에선 플레이메이커로서 돋보인다. 건강에 대한 물음표는 항상 뒤따른다. 시장 가치는 2500만 유로, 추정 연봉은 898만 유로.

슈팅-득점	국적	22-23시즌 맨체스터 유나이티드	포지션

18-1
21-0

● 39-1	LG-0
● 4-0	RG-1
● 0-0	HG-0

덴마크

⏱ 25-3	2062	Ⓐ 8	Ⓟ 49.5-42.1	P% 85%

| DR 0.6-0.3 | TK 1.6-0.8 | IC 0.4 | 3-0 | ★ |

Ⓖ	Ⓐ	SH	SG	PC	P%	LC	L%	SC	BT	DC	TK	IC	BR
하위	상위	상위	상위	상위	하위	상위	하위	상위	상위	하위	하위	하위	상위
28%	1%	15%	29%	15%	41%	25%	23%	10%	13%	18%	2%	8%	36%

Marcel SABITZER
평점 **6.72**
마르첼 자비처
1994.03.17 / 177cm

공수 밸런스가 뛰어난 미드필더. 오스트리아 대표팀 에이스다. 강한 체력을 바탕으로 풍부한 활동량을 자랑한다. 킥의 질과 정확도가 뛰어나다. 종종 과감한 중거리슛으로 재미를 본다. 위치를 가리지 않고 끊임없이 압박을 펼친다. 태클 등으로 공을 따내는데도 강점이 있다. 수비적인 기여가 높다. 볼을 다루는 테크닉은 좋은 편이 아니다. 잔부상이 잦은 편. 시장 가치는 2000만 유로, 추정 연봉은 1257만 유로.

슈팅-득점	국적	22-23시즌 바이에른 뮌헨+맨체스터 Utd.	포지션

11-1
15-0

● 26-1	LG-0
● 1-0	RG-1
● 0-0	HG-0

오스트리아

⏱ 14-12	1255	Ⓐ 2	Ⓟ 28.8-23.5	P% 81%

| DR 0.2-0.1 | TK 2.2-1.5 | IC 0.7 | 3-0 | ★ |

Ⓖ	Ⓐ	SH	SG	PC	P%	LC	L%	SC	BT	DC	TK	IC	BR
상위	상위	상위	상위	상위	하위	상위	하위	상위	하위	상위	하위	상위	상위
23%	39%	6%	7%	45%	48%	36%	36%	42%	5%	17%	37%	40%	

Boubacar KAMARA
평점 **6.72**
부바카르 카마라
1999.11.23 / 184cm

아버지는 세네갈인, 어머니는 프랑스인이다. 2022년 프랑스 대표팀에 데뷔했다. 수비력이 돋보인다. 원래 센터백이었지만 수비형 미드필더 변신 후 한층 발전한 모습. 영리하게 상대 패스 길을 차단하고 태클로 공을 따내는데 능하다. 안정된 패스로 전방에 볼을 배급한다. 마른 체격이다보니 몸싸움에서 종종 밀린다. 볼을 다루는 기술도 좋은 편은 아니다. 시장 가치는 2500만 유로, 추정 연봉은 898만 유로.

슈팅-득점	국적	2022-23시즌 아스톤 빌라	포지션

1-0
3-0

● 4-0	LG-0
● 0-0	RG-0
● 0-0	HG-0

프랑스

⏱ 21-3	1779	Ⓐ 0	Ⓟ 39.1-33.2	P% 85%

| DR 1.5-0.8 | TK 3.6-2.4 | IC 0.4 | 4-0 | ★ |

Ⓖ	Ⓐ	SH	SG	PC	P%	LC	L%	SC	BT	DC	TK	IC	BR
하위	하위	하위	하위	하위	상위	하위	상위	하위	상위	상위	상위	하위	상위
11%	33%	1%	7%	49%	33%	46%	22%	4%	45%	44%	11%	43%	48%

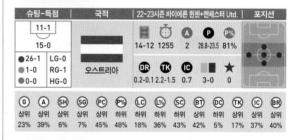

JORGINHO
평점 **6.72**
조르지뉴
1991.12.20 / 178cm

브라질 출신이지만 이탈리아에서 자랐다. 대표팀도 이탈리아를 선택했다. 전형적인 수비형 미드필더. 후방 빌드업에 기여하고 상대 역습을 저지하면서 수비를 보호한다. 축구지능이 높아 3선에서 패스를 적절하게 찔러준다. 빠른 숏패스를 즐기고 페널티킥 전담키커로 나설 만큼 킥능력도 발군이다. 발이 느리고 운동능력이 떨어진다 수비스킬도 거친 편이다. 시장 가치는 3500만 유로, 추정 연봉은 658만 유로.

슈팅-득점	국적	2022-23시즌 첼시+아스날	포지션

5-2
6-0

● 11-2	LG-0
● 0-0	RG-2
● 0-0	HG-0

이탈리아

⏱ 24-8	2137	Ⓐ 1	Ⓟ 50.5-43.4	P% 86%

| DR 0.6-0.3 | TK 3.2-1.9 | IC 0.9 | 4-0 | ★ |

Ⓖ	Ⓐ	SH	SG	PC	P%	LC	L%	SC	BT	DC	TK	IC	BR
상위	하위	하위	하위	상위	상위	상위	하위	상위	하위	상위	상위	상위	상위
41%	21%	9%	11%	7%	15%	5%	24%	45%	8%	24%	21%	15%	10%

●	●	●	LG	RG	HG	⏱	A	P	P%	DR	TK	IC	■ ■	★	G	A	SH	SG	PC	P%	LC	L%	SC	BT	DC	TK	IC	BR
전체 슈팅 시도-득점	직접프리킥 시도-득점	PK 시도-득점	왼발 득점	오른발 득점	헤더 득점	출전횟수 선발-교체	출전시간 분(MIN)	평균 패스 시도-성공	패스 성공률	평균드리블 시도-성공	평균 태클 시도-성공	평균 인터셉트	페어플레이 경고-퇴장	MOM	득점	도움	슈팅 시도	유효 슈팅	패스 성공	패스 성공률	롱볼 성공	롱볼 성공률	수비기회 창출	볼 터치	드리블 성공	태클	인터셉트	리커버리

Geoffrey KONDOGBIA

평점 6.71
조프레 콩도그비아
1993.02.15 / 188cm

중앙아프리카공화국 수비형 미드필더. 프랑스에서 태어났고 프랑스 대표로도 5경기에 출전했다. 하지만 결국 중앙아프리카공화국을 택했다. 월등한 피지컬을 앞세워 상대 공격을 저지한다. 특히 상대 집중 압박에서 공을 지키는데 능하다. 일대일 경합에서도 강점을 갖는다. 안정적인 패스로 후방 빌드업에도 기여한다. 공을 잡아두려는 성향이 강하다. 시장 가치는 1800만 유로, 추정 연봉은 690만 유로.

슈팅-득점	국적	22-23시즌 아틀레티코 마드리드			포지션

		⏱	A	P	P%
5-0 / 6-0	중앙아프리카공화국	11-10 1001	2	31.9-28.3	89%
●11-0 LG-0 / ●0-0 RG-0 / ●0-0 HG-0		DR 0.5-0.2	TK 2.4-1.9	IC 1.2	■ ■ 5-0 ★

G	A	SH	SG	PC	P%	LC	L%	SC	BT	DC	TK	IC	BR
하위 11%	상위 22%	상위 28%	하위 2%	상위 16%	하위 5%	상위 26%	상위 16%	하위 12%	상위 16%	하위 29%	상위 3%	상위 1%	상위 1%

Sean LONGSTAFF

평점 6.71
션 롱스태프
1997.10.30 / 180cm

왕성한 활동량과 뛰어난 패싱력을 자랑하는 박스투박스 미드필드. 중원에서 넓은 범위를 움직이면서 공을 후방에서 전방에서 연결해주는 역할을 맡는다. 특히 오른발로 뿌려주는 롱패스가 돋보인다. 공격에 올라왔을 때는 날카로운 중거리 슛도 시도한다. 침착하고 안정적인 플레이로 경기력 기복이 적다는 평가다. 공을 다루는 기술이 뛰어난 편은 아니다. 시장 가치는 2200만 유로, 추정 연봉은 299만 유로.

슈팅-득점	국적	22-23시즌 뉴캐슬 유나이티드			포지션

		⏱	A	P	P%
21-1 / 12-0	잉글랜드	28-5 2517	4	33.9-28.1	83%
●33-1 LG-0 / ●0-0 RG-1 / ●0-0 HG-0		DR 0.8-0.2	TK 2.2-1.3	IC 0.5	■ ■ 2-0 ★

G	A	SH	SG	PC	P%	LC	L%	SC	BT	DC	TK	IC	BR
하위 28%	상위 24%	상위 36%	하위 41%	하위 31%	하위 42%	상위 33%	상위 24%	상위 46%	하위 28%	하위 17%	하위 13%	하위 14%

Xavier CHAVALERIN

평점 6.71
사비에르 차발레린
1991.03.07 / 179cm

홀딩 능력이 돋보이는 수비형 미드필더. 공을 지키는데 능하다. 왕성한 스태미너를 바탕으로 열심히 뛰면서 끊임없이 상대를 압박한다. 과감한 태클을 즐긴다. 상대 공을 가로챈 뒤 전방으로 긴 패스를 연결한다. 강한 투쟁심이 돋보인다. 후방 빌드업에도 적극 가담한다. 스피드나 순발력이 좋은 편은 아니다. 공중볼 경합에도 약점이 있다. 시장 가치는 180만 유로, 추정 연봉은 78만 유로.

슈팅-득점	국적	2022-23시즌 트로이			포지션

		⏱	A	P	P%
11-2 / 16-2	프랑스	25-9 2422	3	29.9-25.2	84%
●27-4 LG-3 / ●0-0 RG-0 / ●0-0 HG-1		DR 0.5-0.3	TK 3.7-2.4	IC 1.2	■ ■ 3-0 ★

G	A	SH	SG	PC	P%	LC	L%	SC	BT	DC	TK	IC	BR
상위 26%	하위 46%	하위 48%	상위 31%	하위 29%	하위 48%	하위 29%	하위 29%	하위 14%	상위 23%	상위 16%	상위 9%	상위 14%	하위 15%

Mikel VESGA

평점 6.71
미켈 베스가
1993.04.08 / 191cm

압도적 피지컬을 자랑하는 수비형 미드필더. 측면이나 중앙 미드필더도 소화 가능하다. 공중볼 경합에 탁월한 능력을 보인다. 탈압박에 능하고 좋은 패싱 능력을 보유했다. 체력이 좋고 수비 범위가 넓다. 세트피스 키커로 종종 나설 만큼 킥 능력이 수준급이다. 중거리슛도 위협적이다. 볼을 다루는 테크닉과 수비 기술은 떨어지는 편. 파울이 많다. 시장 가치는 500만 유로, 추정 연봉은 60만 유로.

슈팅-득점	국적	2022-23시즌 아슬레틱 빌바오			포지션

		⏱	A	P	P%
14-2 / 14-1	스페인	28-8 2576	3	41.4-34.8	84%
●28-3 LG-0 / ●0-0 RG-0 / ●3-2 HG-0		DR 0.5-0.3	TK 2.8-1.6	IC 1.0	■ ■ 5-0 ★

G	A	SH	SG	PC	P%	LC	L%	SC	BT	DC	TK	IC	BR
상위 39%	상위 38%	하위 36%	하위 15%	상위 42%	상위 42%	상위 24%	하위 30%	상위 40%	하위 19%	상위 47%	하위 32%	상위 29%

Jens CAJUSTE

평점 6.71
옌스 카쥐스트
1999.08.10 / 188cm

스웨덴이 기대하는 젊은 미드필더. 어릴적 중국에서 생활한 탓에 중국에서 축구를 시작했다. 아버지는 아이티계 미국인. 하지만 어머니 국적을 따라 스웨덴 대표팀을 선택했다. 박스투박스 미드필더. 패스 능력이 안정됐고 상대 압박에서 벗어날 볼 기술도 갖췄다. 공중볼을 따내는데도 능하다. 큰 키에 비해 체중이 덜나가다보니 몸싸움에서 어려움이 따른다. 시장 가치는 450만 유로, 추정 연봉은 72만 유로.

슈팅-득점	국적	2022-23시즌 스타드 렝			포지션

		⏱	A	P	P%
15-2 / 12-1	스웨덴	14-17 1529	0	23.7-19.6	83%
●27-3 LG-1 / ●0-0 RG-2 / ●0-0 HG-0		DR 2.5-1.3	TK 2.2-1.5	IC 0.6	■ ■ 7-1 ★

G	A	SH	SG	PC	P%	LC	L%	SC	BT	DC	TK	IC	BR
상위 18%	하위 37%	상위 16%	상위 30%	하위 37%	하위 49%	상위 37%	하위 43%	상위 27%	하위 43%	상위 2%	상위 18%	상위 48%	하위 38%

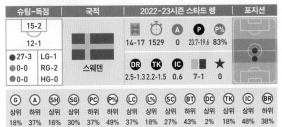

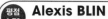

| 전체 슈팅 시도-득점 | 직접프리킥 시도-득점 | PK 시도-득점 | LG 왼발 득점 | RG 오른발 득점 | HG 헤더 득점 | 출전횟수 선발-교체 | 출전시간 분(MIN) | A 도움 | P 평균 패스 시도-성공 | P% 패스 성공율 | DR 평균드리블 시도-성공 | TK 평균 태클 시도-성공 | IC 평균 인터셉트 | 평균 경고-퇴장 | 페어플레이 | ★ MOM | G 득점 | A 도움 | SH 슈팅 시도 | SG 유효 슈팅 | PC 패스 시도 | P% 패스 성공율 | LC 롱볼 성공율 | L% 롱볼 성공율 | SC 슈팅기회 창출 | BT 볼 터치 | DC 드리블 성공 | TK 태클 | IC 인터셉트 | BR 리커버리 |

Alexis BLIN
평점 6.70 알렉시스 블린
1996.09.16 / 184cm

탄탄한 피지컬과 지칠줄 모르는 체력을 자랑하는 수비형 미드필더. 공중볼 장악 능력이 탁월하다. 과감한 태클도 아끼지 않는다. 몸을 아끼지 않는 투쟁심이 두드러지는 스타일. 스피드나 순발력은 떨어진다. 빠르고 돌파력이 좋은 공격수를 만나면 고전한다. 기술적인 부분도 좋은 편이 아니다. 플레이가 투박해서 카드를 자주 받는다. 시장 가치는 200만 유로, 추정 연봉은 64만 유로.

슈팅-득점
| 19-1 |
| 3-0 |
● 22-1	LG-0
● 0-0	RG-0
● 0-0	HG-1

국적 프랑스

2022-23시즌 레체
	A	P	P%
26-9 2380	0	26.3-21.3	81%
DR	TK	IC		★
0.3-0.1	3.0-2.0	1.0	8-0	1

G	A	SH	SG	PC	P%	LC	L%	SC	BT	DC	TK	IC	BR
하위	하위	하위	하위	하위	하위	하위	하위	하위	하위	상위	하위	상위	상위
31%	8%	31%	31%	18%	33%	24%	39%	17%	21%	21%	30%	13%

Ruben LOFTUS-CHEEK
평점 6.70 루벤 로프터스-치크
1996.01.23 / 191cm

다양한 미드필더 포지션을 수행하는 멀티맨. 거구임에도 뛰어난 드리블 능력과 발재간이 상당하다. 유연함과 스피드까지 겸비했다. 탈압박 후 직접 볼을 몰고 올라가는 것을 즐긴다. 공중볼 장악과 패스 능력도 돋보인다. 온더볼 상황을 좋아하다보니 볼을 끄는 경향이 있다. 피지컬에 비해 수비력은 떨어진다는 지적. 잔부상이 많다는 점도 아쉬운 점이다. 시장 가치는 2500만 유로, 추정 연봉은 624만 유로.

슈팅-득점
| 4-0 |
| 5-0 |
● 9-0	LG-0
● 0-0	RG-0
● 0-0	HG-0

국적 잉글랜드

2022-23시즌 첼시
	A	P	P%
19-6 1543	1	34.0-30.3	89%
DR	TK	IC		★
2.4-1.2	1.4-1.0	0.5		

G	A	SH	SG	PC	P%	LC	L%	SC	BT	DC	TK	IC	BR
하위	상위	하위	하위	상위	상위	하위	상위	상위	상위	하위	상위	하위	하위
11%	41%	16%	14%	31%	19%	20%	37%	37%	8%	21%	42%	48%

Éderson
평점 6.70 에데르송
1999.07.07 / 183cm

뛰어난 기술과 수비력을 겸비한 중앙 미드필더. 공을 다루는 테크닉이 뛰어나다. 길고 짧은 것을 가리지 않고 패스 정확도도 높다. 후방 빌드업의 핵심 역할을 한다. 수비력도 나쁘지 않다. 태클 등으로 공을 따내는 기술이 좋다. 세트피스 상황에서 공격포인트에 적극 관여한다. 상대 파울을 자주 유도한다. 몸싸움 등 경합 상황에서 강한 편이 아니다. 시장 가치는 2000만 유로, 추정 연봉은 256만 유로.

슈팅-득점
| 15-0 |
| 21-1 |
● 36-1	LG-0
● 0-0	RG-1
● 0-0	HG-0

국적 브라질

2022-23시즌 아탈란타
	A	P	P%
25-10 2226	1	30.7-25.2	82%
DR	TK	IC		★
1.9-1.1	3.0-1.9	1.0	4-0	

G	A	SH	SG	PC	P%	LC	L%	SC	BT	DC	TK	IC	BR
하위	하위	상위	상위	하위	하위	상위	상위	하위	상위	상위	하위	상위	상위
32%	26%	21%	31%	38%	41%	43%	20%	47%	13%	17%	18%	34%	

Samuele RICCI
평점 6.69 사무엘레 리치
2001.08.21 / 174cm

나이답지 않은 노련함이 빛나는 차세대 에이스감. 패싱 능력이 돋보이고 상황 판단력과 경기 집중력도 나쁘지 않다. 10대 시절에는 '리틀 조르지뉴'라 불리기도 했다. 공수 균형이 잘 맞춰졌다는 평가를 받는다. 키가 작고 피지컬이 왜소하다. 몸싸움에서 어려움이 있다. 체격 열세를 극복하기 위해 거친 플레이를 하다보니 카드를 많이 수집한다. 시장가치는 1500만 유로, 추정 연봉은 185만 유로.

슈팅-득점
| 10-2 |
| 11-0 |
● 21-2	LG-1
● 0-0	RG-1
● 0-0	HG-0

국적 이탈리아

2022-23시즌 토리노
	A	P	P%
23-5 2073	1	40.6-36.5	90%
DR	TK	IC		★
0.9-0.3	1.3-1.1	0.6	6-0	0

G	A	SH	SG	PC	P%	LC	L%	SC	BT	DC	TK	IC	BR
상위	하위	하위	상위	상위	상위	상위	하위	상위	하위	하위	하위	하위	하위
45%	28%	41%	49%	36%	49%	20%	49%	18%	49%	12%	24%	37%	

Sandi LOVRIC
평점 6.69 산디 로브리치
1998.03.28 / 180cm

부모는 모두 크로아티아 혈통이고 본인은 오스트리아 출신. 슬로베니아 축구감독이었던 아버지 영향을 받아 슬로베니아 국가대표를 선택했다. 롤모델이 루카 모드리치일 정도로 패스와 활동량에 강점이 있다. 중원에서 단번에 득점 기회를 만드는 키패스가 일품이다. 공격포인트 생산 능력이 돋보인다. 수비력은 떨어지는 편. 경합에서 밀리는 모습을 보인다. 시장 가치는 700만 유로, 추정 연봉은 90만 유로.

슈팅-득점
| 26-5 |
| 45-0 |
● 71-5	LG-0
● 4-0	RG-5
● 0-0	HG-0

국적 오스트리아

2022-23시즌 우디네세
	A	P	P%
28-9 2351	6	23.7-19.9	84%
DR	TK	IC		★
1.0-0.4	1.5-1.1	0.8	4-0	

G	A	SH	SG	PC	P%	LC	L%	SC	BT	DC	TK	IC	BR
상위	상위	상위	상위	하위	하위	하위	하위	상위	하위	하위	하위	하위	하위
15%	5%	1%	4%	20%	34%	42%	30%	17%	22%	34%	19%	47%	25%

Axel WITSEL
평점 6.69 악셀 비첼
1989.01.12 / 186cm

벨기에 국가대표로 A매치 130경기에 출전한 베테랑 미드필더. 역대 최다 출전 2위에 올라있다. 탄탄하고 다부진 체격에 훌륭한 볼 컨트롤 능력과 테크닉을 갖추고 있다. 패스에도 능하다. 강한 체력을 바탕으로 왕성한 활동량을 자랑한다. 나이를 들면서 노쇠화는 어쩔 수 없는 부분. 원래 빠른 편이 아니었는데 최근들어 스피드가 더 떨어진 모습이다. 시장 가치는 500만 유로, 추정 연봉은 833만 유로.

슈팅-득점
| 7-0 |
| 2-0 |
● 9-0	LG-0
● 0-0	RG-0
● 0-0	HG-0

국적 벨기에

22-23시즌 아틀레티코 마드리드
	A	P	P%
25-8 2255	0	40.1-37.3	93%
DR	TK	IC		★
0.2-0.1	1.5-1.1	0.7	2-1	

G	A	SH	SG	PC	P%	LC	L%	SC	BT	DC	TK	IC	BR
하위	하위	하위	하위	상위	상위	하위	상위	상위	하위	하위	하위	하위	하위
11%	21%	6%	2%	21%	1%	26%	23%	40%	7%	12%	34%	11%	

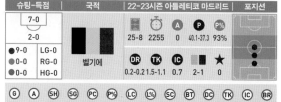

●	●	●	LG	RG	HG	⏱	A	P	P%	DR	TK	IC	■ ■	★	G	A	SH	SG	PC	P%	LC	L%	SC	BT	DC	TK	IC	BR
전체 슈팅 시도-득점	직접프리킥 시도-득점	PK 시도-득점	왼발 득점	오른발 득점	헤더 득점	출전횟수 선발-교체	출전시간 분(MIN)	도움	평균 패스 시도-성공	패스 성공률	평균드리블 시도-성공	평균 태클 시도-성공	평균 인터셉트	페어플레이 경고-퇴장	MOM	득점	도움	슈팅 시도	유효 슈팅	패스 성공	패스 성공률	롱볼 성공	롱볼 성공률	슈팅기회 창출	볼 터치	드리블 성공	태클	인터셉트	리커버리

Íñigo Ruíz DE GALARRETA
평점 6.69

이니고 루이스 데 갈라레타 1993.08.06 / 175cm

다부진 플레이로 팀에 활기를 불어넣는다. 패싱력이 가장 큰 장점이다. 언제 어디서든 좋은 패스를 찔러줄 수 있다. 볼 컨트롤이 탁월하고 공을 지키는 능력도 준수하다. 후방 빌드업을 공격으로 이어주는 연결고리 역할을 책임진다. 경기 집중력도 돋보이고 투쟁심도 만만치 않다. 체격이 작다보니 수비에 약점이 있다. 리그에서 손꼽히는 카드 수집가다. 시장 가치는 200만 유로, 추정 연봉은 66만 유로.

슈팅-득점	국적	2022-23시즌 마요르카	포지션

1-0						
9-0		⏱	A	P	P%	
		28-2	2457	1	39.4-33.5	85%

● 10-0	LG-0
● 0-0	RG-0
● 0-0	HG-0

스페인

DR	TK	IC	■	★
1.4-0.7	2.9-1.8	1.0	12-0	

G	A	SH	SG	PC	P%	LC	L%	SC	BT	DC	TK	IC	BR
하위 11%	하위 24%	하위 8%	하위 12%	하위 42%	하위 45%	상위 45%	하위 39%	하위 21%	하위 32%	하위 46%	하위 46%	상위 44%	상위 25%

Nemanja MATIC
평점 6.69

네마냐 마티치 1988.08.01 / 194cm

한때는 세계 최고의 수비형 미드필더로 인정받았다. 194cm 장신이면서 피지컬과 볼 기술 모두를 갖췄다는 평가. 압도적인 피지컬로 수비라인을 보호하며 공중볼을 따낸다. 상대 압박에도 좀처럼 밀리지 않는다. 상대에게서 공을 뺏는 능력도 돋보인다. 스피드나 민첩성은 떨어진다. 빠른 공격수에게 더 고전한다. 나이 들면서 신체 능력이 많이 감소됐다. 시장 가치는 400만 유로, 추정 연봉은 513만 유로.

슈팅-득점	국적	2022-23시즌 AS 로마	포지션

8-1						
3-1		⏱	A	P	P%	
		16-19	1839	2	36.3-31.5	87%

● 11-2	LG-1
● 0-0	RG-1
● 0-0	HG-0

세르비아

DR	TK	IC	■	★
0.9-0.7	1.7-1.3	0.7	5-0	

G	A	SH	SG	PC	P%	LC	L%	SC	BT	DC	TK	IC	BR
하위 45%	하위 37%	하위 13%	상위 30%	상위 23%	상위 28%	상위 20%	상위 25%	상위 44%	상위 24%	상위 22%	상위 35%	상위 22%	상위 2%

André GOMES
평점 6.69

안드레 고메스 1993.07.30 / 188cm

드리블이 뛰어난 중앙 미드필더. 2014년부터 포르투갈 대표로 활약 중이다. 장신임에도 스피드가 빠르고 볼 컨트롤도 떨어지지 않는다. 장신이 움직이면서 미드필드에 활기를 불어넣는다. 패싱력도 나쁘지 않다. 체력을 활용해 공을 지키는데도 능하다. 패스미스나 턴오버가 많다는 점은 아쉬운 부분. 수비 기술이 떨어지는 편이고 실수 종종 나온다. 시장 가치는 1400만 유로, 추정 연봉은 676만 유로.

슈팅-득점	국적	2022-23시즌 릴	포지션

7-2						
11-1		⏱	A	P	P%	
		18-8	1628	2	50.6-45.0	89%

● 18-3	LG-1
● 0-0	RG-2
● 0-0	HG-0

포르투갈

DR	TK	IC	■	★
1.6-1.1	2.7-1.4	0.3	6-0	1

G	A	SH	SG	PC	P%	LC	L%	SC	BT	DC	TK	IC	BR
상위 20%	상위 35%	하위 47%	하위 46%	상위 4%	상위 4%	상위 18%	상위 28%	상위 45%	상위 5%	상위 1%	하위 46%	하위 9%	상위 12%

Kerem DEMIRBAY
평점 6.68

케림 데미르바이 1993.07.03 / 183cm

연령별 대표팀은 터키에서 뛰었지만 성인대표팀은 독일을 선택했다. 여러 포지션을 소화하지만 기본적으로 공격적 성향이 강하다. 위치선정 능력이 좋아 심심치 않게 공격포인트를 생산한다. 패스 정확도도 높고 중거리슛도 과감하게 때린다. 끊임없이 상대를 압박하고 태클도 시도한다. 키가 작지는 않지만 공중볼 등 경합 상황에선 약점을 보인다. 시장 가치는 900만 유로, 추정 연봉은 320만 유로.

슈팅-득점	국적	2022-23시즌 바이에르 레버쿠젠	포지션

6-3						
25-1		⏱	A	P	P%	
		17-8	1548	3	38.3-31.8	83%

● 31-4	LG-2
● 8-1	RG-1
● 0-0	HG-1

독일

DR	TK	IC	■	★
1.0-0.3	2.1-1.4	0.6	5-0	2

G	A	SH	SG	PC	P%	LC	L%	SC	BT	DC	TK	IC	BR
상위 11%	상위 29%	상위 9%	상위 13%	상위 80%	상위 24%	상위 19%	하위 11%	상위 32%	상위 56%	하위 30%	상위 46%	하위 46%	하위 47%

Lassana COULIBALY
평점 6.68

라사나 쿨리발리 1996.04.10 / 183cm

2016년부터 말리 국가대표로 활약 중이다. 중앙 미드필더로 드리블에 강점이 있다. 드리블과 짧은 패스로 탈압박을 쉽게 한다. 공격포인트 생산력도 나쁘지 않다. 수비적인 부분에도 기여도가 크다. 왕성한 체력을 바탕으로 많은 활동량을 가져간다. 킥은 좋은 편이 아니다. 전진패스나 키패스가 많지 않다. 경기 중 흥분을 잘해 카드를 많이 받는다. 시장 가치는 400만 유로, 추정 연봉은 51만 유로.

슈팅-득점	국적	2022-23시즌 살레르니타나	포지션

6-2						
10-1		⏱	A	P	P%	
		34-1	2901	3	33.1-27.8	84%

● 16-3	LG-0
● 0-0	RG-3
● 0	HG-0

말리

DR	TK	IC	■	★
2.7-1.4	3.6-2.4	0.7	12-0	2

G	A	SH	SG	PC	P%	LC	L%	SC	BT	DC	TK	IC	BR
상위 11%	상위 29%	상위 8%	상위 13%	상위 20%	하위 24%	상위 19%	하위 11%	상위 24%	하위 0%	상위 28%	상위 30%	하위 46%	하위 47%

Etienne CAPOUE
평점 6.68

에티엔 카푸에 1988.07.11 / 189cm

수비력이 우수한 '박스-투-박스' 미드필더. 지난 시즌부터 좀 더 앞선에서 플레이했다. 강한 지구력을 바탕으로 활동범위를 넓게 가져간다. 몸싸움에 강점이 있고, 공중전에도 능하다. 박스 외곽에서 기회가 생기면 강력한 중거리 슈팅을 날린다. 넓은 시야와 창의적인 패스를 구사한다. 롱볼 시도 횟수는 많지 않으나 꼭 필요할 때 정확하게 날려준다. 시장 가치는 300만 유로, 추정연봉은 190만 유로.

슈팅-득점	국적	2022-23시즌 비야레알	포지션

12-2						
14-1		⏱	A	P	P%	
		22-6	1958	0	36.9-32.5	88%

● 26-3	LG-1
● 1-0	RG-2
● 0-0	HG-0

프랑스

DR	TK	IC	■	★
2.2-1.1	1.0-0.8	0.7	4-0	

G	A	SH	SG	PC	P%	LC	L%	SC	BT	DC	TK	IC	BR
상위 28%	하위 8%	상위 35%	상위 15%	상위 44%	상위 12%	하위 25%	상위 41%	상위 41%	상위 40%	상위 15%	하위 3%	상위 36%	하위 16%

풀백 & 윙백

현대축구에서 측면 수비수의 역할은 점점 커지는 추세다. 터치 라인 수비가 가장 중요하지만 빌드업과 찬스메이킹, 어시스트, 득점까지 다양한 역할을 한다. 브라질의 디자우마 산토스와 카푸는 이 방면의 선구자격이다. 1대1에 강하고, 상대로부터 볼을 뺏으면 드리블 혹은 패스 콤비네이션으로 최단시간에 역습을 전개했다. 그러면서도 수비에 허점을 보이지 않았다. 측면 수비수는 기본적으로 '수비수'다. 태클, 마킹, 커버플레이 등 수비를 하는 게 우선이다. 그러면서도 윙처럼 공격해야 한다. 풀백은 4백 시스템의 측면 수비수이다. 윙백은 '윙 미드필더&풀백'의 줄임말로 3백 시스템에서 측면 수비와 미드필더를 겸하는 선수다. 지난 시즌 측면의 지배자는 단연 키어런 트리피어였다. 그리고 파비앙 셍통즈, 알폰소 데이비스, 마리우 후이, 벵자맹 파바르, 디오구 달롯, 주앙 칸셀루 등도 이름값을 해냈다.

●	●	●	LG	RG	HG	⏱	⏱	A	P	P%	DR	TK	IC	■	★	G	A	SH	SG	PC	P%	SC	BT	DC	TK	IC	CL	CR	BR
전체 슈팅 시도-득점	직접프리킥 시도-득점	PK 시도-득점	왼발 득점	오른발 득점	헤더 득점	출전횟수 선발·교체	출전시간 분(MIN)	도움	평균 패스 시도-성공	패스 성공율	평균드리블 시도-성공	평균 태클 시도-성공	평균 인터셉트	페어플레이 경고·퇴장	MOM	득점	도움	슈팅 시도	유효 슈팅	패스 성공	패스 성공율	슈팅기회 창출	볼터치	드리블 성공	태클	인터셉트	클리어링	크로스	리커버리

Kieran TRIPPIER
키어런 트리피어
평점 7.45 · 1990.09.19 / 173cm

SCOUTING REPORT
엄청난 활동량을 앞세워 끊임없이 오버래핑과 크로스를 시도한다. 최대 장점은 정확한 오른발 킥이다. 프리킥, 코너킥 능력은 전세계에서 손꼽힐 정도다. '킥의 전설' 데이비드 베컴의 후계자로 불릴 정도다. 박스 부근에서 차는 직접 프리킥은 득점 성공률이 매우 높다. 워낙 공격 지향적이라 수비는 아쉽다. 일대일 마크 능력이 떨어지고 스피드도 빠른 편이 아니다.

PLAYER'S HISTORY
2022~23시즌 EPL 최고 라이트백이었다. 각 매체에서 뽑은 시즌 베스트11에 거의 이름을 올렸다. 뉴캐슬의 UCL 진출 일등공신이었다. 선수인생 최고의 전성기를 활짝 열었다. 시장 가치는 1100만 유로. 추정 연봉은 725만 유로.

슈팅-득점	국적		22-23시즌 뉴캐슬 유나이티드					포지션
1-0		⏱	⏱	A	P	P%		
13-1		38-0	3348	7	54.4-41.4	76%		
●14-1 LG-0	잉글랜드	DR	TK	IC	■	★		
●12-1 RG-1		1.0-0.6	2.9-1.9	1.1	5-0	8		
●0-0 HG-0								

유럽 5대리그 풀백 &윙백 항목별 랭킹(90분 기준 기록, 100분율)

G	A	SH	SG	PC	P%	SC	BT	DC	TK	IC	CL	CR	BR
하위 41%	상위 13%	하위 26%	하위 33%	상위 13%	하위 19%	상위 1%	상위 6%	하위 34%	상위 45%	하위 37%	상위 36%	상위 1%	상위 5%

Raphaël GUERREIRO
하파엘 게헤이루
평점 7.29 · 1993.12.22 / 170cm

SCOUTING REPORT
분데스리가 최고의 풀백 중 한 명. 도르트문트 전술의 핵심이었다. 주포지션은 레프트백이지만 왼쪽 전체 포지션 소화가 가능하다. 탄탄한 기본기를 바탕으로 안정된 플레이를 펼친다. 활동량이 풍부하고 킥의 파워나 정확도도 수준급이다. 직접 슈팅도 아끼지 않는다. 단점은 수비력. 체격이 작다보니 몸싸움에 취약하고 태클 등 위치 스킬도 아쉽다. 최근 부상이 잦다.

PLAYER'S HISTORY
2016년부터 7년간 도르트문트에서 활약하다 이번 여름 FA로 바이에른 뮌헨 유니폼을 입었다. 지난 시즌 도움을 12개(4골)나 기록했다. 2014년부터 포르투갈 대표팀에서 활약 중이다. 시장 가치는 2000만 유로, 추정 연봉은 350만 유로.

슈팅-득점	국적		2022-23시즌 도르트문트					포지션
19-3		⏱	⏱	A	P	P%		
14-1		26-1	2296	12	56.8-48.3	85%		
●33-4 LG-3	포르투갈	DR	TK	IC	■	★		
●6-0 RG-1		1.7-1.0	1.8-1.3	1.3	4-0	3		
●0-0 HG-0								

유럽 5대리그 풀백 &윙백 항목별 랭킹(90분 기준 기록, 100분율)

G	A	SH	SG	PC	P%	SC	BT	DC	TK	IC	CL	CR	BR
상위 5%	상위 1%	상위 9%	상위 2%	상위 10%	상위 12%	상위 2%	상위 10%	하위 29%	상위 16%	하위 7%	상위 22%	상위 14%	

Alphonso DAVIES
알폰소 데이비스
평점 7.24 · 2000.11.02 / 185cm

SCOUTING REPORT
압도적인 스피드를 자랑한다. 속도에 관한 한 전세계적으로 손꼽힐 정도다. 상대 수비수를 속도로만 따돌리는 모습을 쉽게 볼 수 있다. 체력도 엄청나다. 90분 내내 쉴새없이 그라운드를 누빈다. 짧은 풀백 경력 탓에 수비 스킬은 부족하지만 스피드와 운동능력으로 충분히 만회한다. 크로스 정확도가 다소 떨어져 공격포인트가 많지는 않다. 잔부상이 잦은 것은 흠.

PLAYER'S HISTORY
17살이던 2017년부터 캐나다 대표팀에서 활약 중이다. 라이베리아 난민 부모 사이에서 태어났다. 캐나다 국적 취득 당일 A대표팀에 발탁됐다. 캐나다의 월드컵 역사상 첫 골 주인공. 시장 가치는 7000만 유로, 추정 연봉은 1125만 유로.

슈팅-득점	국적		2022-23시즌 바이에른 뮌헨					포지션
12-1		⏱	⏱	A	P	P%		
7-0		24-2	2049	4	53.3-46.4	87%		
●19-1 LG-1	캐나다	DR	TK	IC	■	★		
●0-0 RG-0		5.5-2.8	2.6-1.7	0.9	0-0	1		
●0-0 HG-0								

유럽 5대리그 풀백 &윙백 항목별 랭킹(90분 기준 기록, 100분율)

G	A	SH	SG	PC	P%	SC	BT	DC	TK	IC	CL	CR	BR
하위 48%	상위 11%	상위 33%	상위 16%	상위 9%	상위 4%	상위 5%	상위 9%	상위 1%	상위 32%	상위 40%	하위 12%	하위 9%	상위 1%

João CANCELO
주앙 칸셀루
평점 7.18 · 1994.05.27 / 182cm

SCOUTING REPORT
뛰어난 드리블 능력을 바탕으로 돌파에 강점이 뚜렷하다. 멀티포지션 소화가 가능하다. 주포지션은 오른쪽 풀백 또는 윙백이지만 때에 따라 왼쪽 풀백 또는 수비형 미드필더로 나선다. 킥 능력도 상당하다. 발목 힘이 좋아 크로스, 패스, 슈팅 모두 능하다. 수비력은 부족한 편이다. 공격에 치중해 뒷공간을 자주 내준다. 독선적인 성격 탓에 종종 팀내 불화를 일으킨다.

PLAYER'S HISTORY
한때 월드클래스 풀백으로 군림했지만 지난 시즌 맨시티와 대표팀 주전에서 밀렸다. 1월 바이에른 뮌헨으로 임대 이적했지만 활약이 만족스럽지 못했고 끝내 완전 이적이 무산됐다. 시장 가치는 5000만 유로, 추정 연봉은 1528만 유로.

슈팅-득점	국적		22-23시즌 맨체스터 시티+ 바이에른 뮌헨					포지션
16-2		⏱	⏱	A	P	P%		
13-1		27-5	2294	5	57.0-49.1	86%		
●29-3 LG-1	포르투갈	DR	TK	IC	■	★		
●0-0 RG-2		3.9-2.0	2.3-1.6	1.1	6-1	1		
●0-0 HG-0								

유럽 5대리그 풀백 &윙백 항목별 랭킹(90분 기준 기록, 100분율)

G	A	SH	SG	PC	P%	SC	BT	DC	TK	IC	CL	CR	BR
상위 17%	상위 1%	상위 14%	상위 23%	상위 2%	상위 14%	상위 17%	상위 1%	상위 2%	상위 40%	상위 30%	하위 7%	상위 31%	상위 10%

Benjamin PAVARD

평점 7.18

뱅자맹 파바르   1996.03.28 / 186cm

SCOUTING REPORT

라이트백은 물론 센터백도 소화 가능하다. 프랑스 축구 전설인 윌리엄 튀랑과 비슷한 스타일. 뛰어난 수비 스킬과 좋은 기동력을 보유했다. 무리하지 않고 공만 깔끔하게 빼내는 능력이 돋보인다. 큰 키를 활용해 세트피스 상황에서 헤더를 적극적으로 시도한다, 안정감 있는 볼 컨트롤과 패싱력을 보여준다. 스피드가 빠른 편은 아니라 종종 돌파를 종종 허용한다.

PLAYER'S HISTORY

2017년부터 프랑스 대표팀의 핵심 수비수로 활약 중이다. 카타르월드컵에선 쥘 쿤데에 밀려 벤치에 머물렀다. 대표팀서 몇안되는 순수 프랑스 혈통이지만 리그앙 경험은 거의 없다. 시장 가치는 4000만 유로, 추정 연봉은 500만 유로.

슈팅-득점	국적	2022-23시즌 바이에른 뮌헨		포지션

19-4		⏱	A	P	P%
15-0		27-3 2432	1	74.4-67.0	90%

● 34-4	LG-0		DR	TK	IC	■■	★
● 0-0	RG-4	프랑스	0.2-0.1	2.7-2.3	1.6	6-0	2
● 0-0	HG-0						

유럽 5대리그 풀백 & 윙백 항목별 랭킹(90분 기준 기록, 100분율)

G	A	SH	SG	PC	P%	SC	BT	DC	TK	IC	CL	CR	BR
상위	하위	상위	상위	상위	상위	하위	상위	하위	상위	상위	상위	하위	상위
6%	23%	15%	8%	1%	3%	23%	1%	8%	23%	4%	9%	20%	39%

Jeremie FRIMPONG

평점 7.15

제레미 프림퐁   2000.12.10 / 171cm

SCOUTING REPORT

분데스리가 최고의 스피드와 순간 가속도를 자랑한다. 스프린트 횟수 1~2위를 다툴 정도다. 특별한 테크닉 없이 치고 달리는 것만으로도 위협적이다. 공격포인트 생산력이 탁월하다. 수비수인데도 지난 시즌 8골 7도움을 기록했다. 시야가 넓고 패스가 간결하고 정확하다. 공격 가담 후 빠르게 수비로 복귀한다. 체격이 작아 몸싸움 등 경합 상황에선 어려움을 겪는다.

PLAYER'S HISTORY

맨시티 유스 출신, 프로 데뷔는 셀틱에서 했다. 네덜란드인 아버지와 가나인 어머니 사이에서 태어났고 7살 때 영국에 왔다. 가나의 러브콜을 뿌리치고 네덜란드 국가대표를 선택했다. 시장 가치는 4000만 유로, 추정 연봉은 132만 유로.

슈팅-득점	국적	22-23시즌 바이에르 레버쿠젠		포지션

33-8		⏱	A	P	P%
5-0		32-2 2723	7	27.7-22.4	81%

● 38-8	LG-2		DR	TK	IC	■■	★
● 0-0	RG-6	네덜란드	4.8-2.4	2.3-1.7	0.5	4-0	4
● 0-0	HG-0						

유럽 5대리그 풀백 & 윙백 항목별 랭킹(90분 기준 기록, 100분율)

G	A	SH	SG	PC	P%	SC	BT	DC	TK	IC	CL	CR	BR
상위	상위	상위	상위	하위	상위	상위	상위	하위	상위	하위	하위	하위	하위
3%	10%	8%	4%	22%	31%	12%	8%	35%	8%	20%	39%	3%

Achraf HAKIMI

평점 7.14

아쉬라프 하키미   1998.11.04 / 181cm

SCOUTING REPORT

풀백으로서 세계 최정상급 스피드를 자랑한다. 드리블 능력도 탁월해 상대 수비수 한 두명은 손쉽게 제친다. 지칠줄 모르는 체력도 갖췄다. 경기 후반까지 그라운드를 종횡무진 누빈다. 수비수임에도 지난 시즌 리그 5골 3도움을 기록할 만큼 공격포인트 생산력이 돋보인다. 화끈한 공격력에 비해 수비는 다소 아쉽다. 다혈질적인 성격 탓에 카드도 자주 수집한다.

PLAYER'S HISTORY

현재 세계 최고의 라이트백이다. 레알 마드리드 유스 출신, 레알, 도르트문트(임대), 인터밀란을 거쳐 2021년부터 PSG에서 활약 중이다. 모로코의 카타르월드컵 4강 기적 일등공신. 시장 가치는 7000만 유로, 추정 연봉은 1455만 유로.

슈팅-득점	국적	2022-23시즌 PSG		포지션

12-3		⏱	A	P	P%
6-2		23-5 2053	3	49.9-44.9	90%

● 18-5	LG-1		DR	TK	IC	■■	★
● 0-0	RG-4	모로코	2.6-1.1	2.9-2.0	0.6	5-2	0
● 0-0	HG-0						

유럽 5대리그 풀백 & 윙백 항목별 랭킹(90분 기준 기록, 100분율)

G	A	SH	SG	PC	P%	SC	BT	DC	TK	IC	CL	CR	BR
상위	상위	상위	상위	상위	상위	상위	상위	상위	상위	하위	하위	하위	하위
8%	16%	32%	14%	9%	2%	19%	12%	5%	39%	30%	7%	29%	47%

Kenny TETE

평점 7.14

케니 테터   1995.10.09 / 180cm

SCOUTING REPORT

뛰어난 수비력과 운동력을 갖춘 라이트백이다. 스피드와 파워를 겸비해 일대일 상황에서 강점을 가진다. 상대 움직임을 예측하고 패스를 가로채는 능력이 돋보인다. 수준 높은 태클러이면서 몸싸움도 두려워하지 않는다. 풀백으로서 나쁘지 않은 오버래핑과 크로스 능력을 자랑한다. 패스 정확도가 떨어진다. 무리한 수비로 카드를 자주 수집하는 것도 흠이다.

PLAYER'S HISTORY

모잠비크인 아버지와 인도네시아인 어머니 사이에서 태어났다. 국가대표는 네덜란드를 선택했다. 유망주 산실 아약스 유스 출신이다. 지난 시즌 리그 공격포인트 6개는 커리어하이다. 시장 가치는 1500만 유로, 추정 연봉은 302만 유로.

슈팅-득점	국적	2022-23시즌 풀럼		포지션

6-1		⏱	A	P	P%
7-0		29-2 2575	5	36.2-27.5	76%

● 13-1	LG-0		DR	TK	IC	■■	★
● 0-0	RG-0	네덜란드	1.2-0.7	3.2-2.7	1.8	8-0	0
● 0-0	HG-1						

유럽 5대리그 풀백 & 윙백 항목별 랭킹(90분 기준 기록, 100분율)

G	A	SH	SG	PC	P%	SC	BT	DC	TK	IC	CL	CR	BR
하위	상위	하위	상위	하위	상위	하위	상위	상위	상위	상위	상위	상위	하위
49%	16%	35%	47%	48%	23%	30%	37%	45%	9%	3%	16%	32%	23%

● ● ● | LG RG HG | ⬡ | ⏱ | Ⓐ Ⓟ P% DR TK IC | ⬛⬛ ★ | Ⓖ Ⓐ SH SG PC P% SC BT DC TK IC CL CR BR

전체 슈팅 직접프리킥 PK 원발 오른발 헤더 출전횟수 출전시간 평균 패스 패스 평균드리블 평균 태클 평균 페어플레이 MOM 득점 도움 슈팅 유효 패스 패스 슈팅기회 볼 드리블 태클 인터셉트 클리어링 크로스 리커버리
시도-득점 시도-득점 시도-득점 특점 특점 특점 선발-교체 뛴(MIN) 시도-성공 성공% 시도-성공 시도-성공 인터셉트 경고-퇴장 시도 슈팅 성공 성공% 창출 터치 성공 성공

Trent ALEXANDER-ARNOLD
평점 7.14
트렌트 알렉산더-아놀드　　1998.10.07 / 180cm

SCOUTING REPORT
원래 중앙 미드필더였지만 1군 콜업 후 당시 코치진과 상의 끝에 라이트백으로 전환했다. 이는 신의 한수가 됐다. 오른발 킥은 월드클래스. 길고 짧은 패스 모두 완벽에 가깝다. 특히 전방으로 길게 찔러주는 롱패스는 명품이다. 돌파력도 수준급. 긴 다리를 이용한 치고 달리기에 능하다. 축구 지능이 높고 경기를 읽는 눈이 좋다. 공격에 비해 수비력은 살짝 아쉽다

PLAYER'S HISTORY
잉글랜드를 대표하는 최정상급 라이트백. 리버풀에서 태어나고 리버풀 유스에서 성장한 원클럽맨이다. 2016년 1군 데뷔 후 리버풀을 떠난 적이 없다. 심지어 우상도 스티븐 제라드다. 시장 가치는 6500만 유로, 추정 연봉은 1088만 유로.

슈팅-득점	국적		2022-23시즌 리버풀					포지션
10-0			⏱	Ⓐ	Ⓟ	P%		
30-2			34-3 2932	9	62.3-49.2	79%		
● 40-2 LG-0	잉글랜드		DR	TK	IC	★		
● 5-1 RG-2			1.2-0.8	2.6-1.5	1.3	5-0	2	
● 0-0 HG-0								

유럽 5대리그 풀백 & 윙백 항목별 랭킹(90분 기준 기록, 100분율)

Ⓖ	Ⓐ	SH	SG	PC	P%	SC	BT	DC	TK	IC	CL	CR	BR
상위	상위	상위	상위	상위	하위	상위	상위	상위	하위	상위	하위	상위	상위
25%	8%	11%	4%	4%	40%	4%	2%	32%	47%	31%	7%	4%	3%

Juan FOYTH
평점 7.13
후안 포이스　　1998.01.12 / 187cm

SCOUTING REPORT
주포지션은 라이트백이지만 유망주 시절엔 센터백을 봤다. 수비형 미드필더도 가능한 유틸리티 플레이어다. 포지션마다 특출나지는 않지만 기본은 해낸다. 비야레알에서 라이트백으로 꾸준히 출전하면서 기량이 눈에 띄게 발전했다. 큰 신장을 바탕으로 공중볼 경합에 강점이 있다. 수비력에 비해 크로스 등 공격 지원은 아쉽다. 부상으로 경기에 빠지는 일이 잦다.

PLAYER'S HISTORY
아르헨티나, 이탈리아, 폴란드 3중 국적자. 2017~21년 토트넘에서 손흥민과 한솥밥을 먹었다. 이후 비야레알로 이적했다. 2018년부터 아르헨티나 대표팀에서 활약 중이다. 시장 가치는 2500만 유로, 추정 연봉은 200만 유로.

슈팅-득점	국적		2022-23시즌 비야레알					포지션
11-1			⏱	Ⓐ	Ⓟ	P%		
3-0			22-2 1960	2	45.2-39.8	88%		
● 14-1 LG-0	아르헨티나		DR	TK	IC	★		
● 0-0 RG-0			2.0-1.1	3.7-3.0	0.8	6-0	1	
● 0-0 HG-1								

유럽 5대리그 풀백 & 윙백 항목별 랭킹(90분 기준 기록, 100분율)

Ⓖ	Ⓐ	SH	SG	PC	P%	SC	BT	DC	TK	IC	CL	CR	BR
상위	하위	상위	상위	상위	하위	상위	상위	상위	하위	상위	하위	상위	상위
41%	11%	50%	45%	17%	4%	12%	16%	41%	42%	6%	1%	40%	

Fabien CENTONZE
평점 7.13
파비앙 상톤체　　1996.01.16 / 182cm

SCOUTING REPORT
다재다능함이 돋보이는 라이트백이다. 레프트백 및 라이트 윙어도 소화 가능하다. 뛰어난 드리블링과 스피드를 활용해 적극적으로 측면을 파고든다. 풀백치고 장신이라 공중볼에도 강점을 가지고 있다. 수비도 안정감이 높다. 인터셉션 및 태클 등 수비 기술이 뛰어나다. 공격 생산력는 다소 아쉽다. 지난 시즌 리그에서 골과 어시스트를 1개도 기록하지 못했다.

PLAYER'S HISTORY
지난 시즌 낭트에서 환상적인 활약을 펼쳤다. 공수에서 그의 분전이 아니었다면 팀은 강등을 면치 못했을것이다! 2027년까지 낭트와 장기 계약을 맺었다. 국가대표 경력은 아직 없다. 시장 가치는 500만 유로, 추정 연봉은 94만 유로.

슈팅-득점	국적		2022-23 프리미어리그					포지션
5-0			⏱	Ⓐ	Ⓟ	P%		
9-0			19-4 1963	0	31.9-25.2	79%		
● 14-0 LG-0	프랑스		DR	TK	IC	★		
● 0-0 RG-0			2.8-1.6	3.1-2.6	1.8	4-0	1	
● 0-0 HG-0								

유럽 5대리그 풀백 & 윙백 항목별 랭킹(90분 기준 기록, 100분율)

Ⓖ	Ⓐ	SH	SG	PC	P%	SC	BT	DC	TK	IC	CL	CR	BR
하위	하위	상위	하위	하위	상위	하위	상위	상위	상위	상위	상위	상위	상위
20%	11%	40%	5%	45%	43%	42%	43%	4%	5%	1%	13%	27%	45%

Giovanni DI LORENZO
평점 7.13
지오반니 디 로렌초　　1993.08.04 / 183cm

SCOUTING REPORT
주포지션은 오른쪽 풀백이지만 센터백도 무난히 소화할 만큼 안정된 수비력을 자랑한다. 스리백으로 나설 경우 오른쪽 스토퍼로 나선다. 좋은 피지컬을 바탕으로 일대일 수비에 강점을 갖는다. 경기 시야가 넓고 축구 지능이 높다. 안쪽으로 파고들어 상대 박스 안으로 침투하는 것을 즐긴다. 강철체력에 부상도 잘 당하지 않는다. 풀백치고 크로스 능력은 다소 아쉽다.

PLAYER'S HISTORY
33년 만의 세리에A 우승을 차지한 나폴리의 주장이다. 김민재가 팀에 적응하는데 큰 도움을 줬다. 이탈리아의 유로2020 우승 멤버다. 당시 우승 후 종아리에 기념 문신을 새겼다. 시장 가치는 2500만 유로, 추정 연봉은 444만 유로.

슈팅-득점	국적		2022-23시즌 나폴리					포지션
27-2			⏱	Ⓐ	Ⓟ	P%		
4-1			36-1 3257	3	61.6-53.0	86%		
● 31-3 LG-1	이탈리아		DR	TK	IC	★		
● 0-0 RG-1			0.9-0.4	2.4-1.7	0.8	2-0	5	
● 0-0 HG-1								

유럽 5대리그 풀백 & 윙백 항목별 랭킹(90분 기준 기록, 100분율)

Ⓖ	Ⓐ	SH	SG	PC	P%	SC	BT	DC	TK	IC	CL	CR	BR
상위	상위	상위	상위	상위	상위	상위	상위	하위	하위	하위	하위	하위	하위
13%	27%	26%	12%	8%	12%	13%	9%	27%	33%	40%	39%	44%	22%

전체 슈팅 시도-득점 · 직접프리킥 시도-득점 · PK 시도-득점 · LG 왼발 득점 · RG 오른발 득점 · HG 헤더 득점 · 출전횟수 선발-교체 · 출전시간 분(MIN) · A 도움 · P 평균 패스 시도-성공 · P% 패스 성공률 · DR 평균드리블 시도-성공 · TK 평균 태클 시도-성공 · IC 평균 인터셉트 · 페어플레이 경고-퇴장 · MOM · ★ MOM · G 득점 · A 도움 · SH 슈팅 시도 · SG 유효 슈팅 · PC 패스 성공 · P% 패스 성공률 · SC 슈팅기회 창출 · BT 볼터치 · DC 드리블 성공 · TK 태클 · IC 인터셉트 · CL 클리어링 · CR 크로스 · BR 리커버리

José GAYÀ
평점 7.05
호세 가야 1995.05.25 / 172cm

SCOUTING REPORT
놀라운 스피드와 민첩성으로 측면 공수를 책임진다. 오버래핑에 이은 크로스는 물론 안으로 들어와 키패스를 찔러주는 것도 능하다. 수비 시 괴물 같은 체력과 스피드로 상대를 압박한다. 상대 허점이 조금이라도 보이면 빠르게 달려와 물고 늘어진다. 드리블 등 볼테크닉도 탁월하다. 체격이 작다보니 피지컬이 좋은 공격수와 경합에서 고전한다. 잔부상이 잦은 편.

PLAYER'S HISTORY
발렌시아의 심장 같은 선수. 유스팀을 시작으로 줄곧 발렌시아에서만 활약 중이다. 빅클럽 러브콜이 와도 떠나지 않을 만큼 애정이 남다르다. 2018년부터 스페인 대표로 활약 중이다. 시장 가치는 3000만 유로, 추정 연봉은 583만 유로.

슈팅-득점	국적	2022-23시즌 발렌시아					포지션
12-1 / 11-0	스페인	31-1	2716	3	39.5-32.0	81%	
23-1 LG-1 · 2-0 RG-0 · 1-0 HG-0		DR 1.2-0.8	TK 3.7-2.6	IC 0.8	4-0	★ 3	

유럽 5대리그 풀백&윙백 항목별 랭킹(90분 기준 기록, 100분율)

G	A	SH	SG	PC	P%	SC	BT	DC	TK	IC	CL	CR	BR
하위 46%	상위 38%	상위 39%	상위 29%	상위 43%	하위 29%	상위 12%	상위 39%	상위 36%	상위 14%	하위 26%	상위 5%	상위 50%	

Borna SOSA
평점 7.05
보르나 소사 1998.01.21 / 187cm

SCOUTING REPORT
뛰어난 신체조건과 빠른 스피드를 겸비했다. 측면에서 왼발로 올리는 크로스가 일품이다. 슈투트가르트의 주된 공격루트일 정도다. 드리블 등 볼 테크닉도 수준급이다. 직접 공을 몰고 전진하는 것도 즐긴다. 풀백치고 장신이라 공중볼 경합에 강점이 있다. 공격에 비해 수비적인 부분은 아쉽다. 위치선정에서 종종 실수를 범한다. 경기력 기복이 심한 점도 단점.

PLAYER'S HISTORY
2015년 디나모 자그레브에서 프로 데뷔한 뒤 2018년 슈투트가르트로 이적해 줄곧 활약 중이다. 카타르월드컵에서 크로아티아 주전 레프트백으로 활약했다. 독일 이중국적 보유자다. 시장 가치는 1200만 유로, 추정 연봉은 64만 유로.

슈팅-득점	국적	2022-23시즌 슈투트가르트					포지션
6-0 / 9-2	크로아티아	22-3	1961	7	41.2-33.7	82%	
15-2 LG-2 · 6-1 RG-0 · 0-0 HG-0		DR 1.3-0.7	TK 1.6-1.2	IC 0.9	5-0	★ 1	

유럽 5대리그 풀백&윙백 항목별 랭킹(90분 기준 기록, 100분율)

G	A	SH	SG	PC	P%	SC	BT	DC	TK	IC	CL	CR	BR
상위 19%	상위 2%	상위 43%	상위 27%	상위 19%	하위 28%	상위 1%	상위 40%	상위 11%	상위 37%	하위 36%	하위 2%	상위 35%	하위 34%

Nicolás TAGLIAFICO
평점 6.97
니콜라스 타글리아피코 1992.08.31 / 172cm

SCOUTING REPORT
왕성한 활동량과 투지넘치는 플레이를 펼친다. 주포지션은 레프트백이지만 센터백이나 수비형 미드필더도 가능하다. 기본적으로 수비력이 돋보인다. 일대일 마크나 압박에 능하다. 단신임에도 점프력과 위치선정이 좋아 공중볼 경합에서 밀리지 않는다. 오버래핑은 물론 안으로 접고 들어오는 언더래핑도 능하다. 최대 약점은 스피드. 빠른 공격수를 만나면 유독 고전한다.

PLAYER'S HISTORY
아약스를 거쳐 2022년부터 리옹에 둥지를 틀었다. 카타르월드컵 당시 4강전, 결승전에 선발 출전해 아르헨티나의 우승을 견인했다. 2021 코파아메리카 우승컵도 들어 올렸다. 시장 가치는 900만 유로, 추정 연봉은 455만 유로.

슈팅-득점	국적	2022-23시즌 리옹					포지션
15-1 / 8-0	아르헨티나	34-0	2995	3	45.7-39.3	86%	
23-1 LG-1 · 0-0 RG-0 · 0-0 HG-0		DR 1.1-0.3	TK 3.5-2.7	IC 1.8	5-0	★	

유럽 5대리그 풀백&윙백 항목별 랭킹(90분 기준 기록, 100분율)

G	A	SH	SG	PC	P%	SC	BT	DC	TK	IC	CL	CR	BR
하위 43%	상위 43%	상위 43%	하위 45%	상위 26%	상위 12%	하위 36%	상위 34%	상위 12%	상위 13%	상위 4%	하위 19%	하위 34%	하위 26%

Jonathan CLAUSS
평점 6.96
조나단 클로스 1992.09.25 / 178cm

SCOUTING REPORT
포백 보다는 스리백에 특화된 선수다. 스리백의 오른쪽 윙백이 주포지션이다. 최대 장점은 날카로운 크로스. 오른쪽 측면을 파고든 뒤 크로스나 컷백을 배급하는 능력이 탁월하다. 어시스트를 9개나 기록할 만큼 파괴력이 강력하다. 안으로 좁혀 들어오는 언더래핑도 즐긴다. 순간 스피드가 리그 정상급. 수비력은 떨어진다. 피지컬이 약해 몸싸움에서 자주 밀린다.

PLAYER'S HISTORY
여러 팀을 떠돌다 랑스를 거쳐 2022년 마르세유에 정착했다. 같은 해 30살에 프랑스 국가대표로도 처음 발탁되자 감격의 눈물을 흘렸다. 어릴 적부터 열렬한 첼시 팬이었다고. 시장 가치는 1500만 유로, 추정 연봉은 330만 유로.

슈팅-득점	국적	2022-23시즌 마르세유					포지션
31-2 / 17-0	프랑스	32-2	2604	9	33.2-25.2	76%	
48-2 LG-1 · 0-0 RG-1 · 0-0 HG-0		DR 1.9-1.0	TK 2.2-1.4	IC 0.9	1-0	★ 2	

유럽 5대리그 풀백&윙백 항목별 랭킹(90분 기준 기록, 100분율)

G	A	SH	SG	PC	P%	SC	BT	DC	TK	IC	CL	CR	BR
상위 33%	상위 3%	상위 3%	상위 12%	상위 34%	하위 34%	상위 10%	상위 18%	상위 26%	상위 40%	하위 14%	상위 26%	하위 26%	상위 30%

Paulo OTÁVIO
파울로 오타비오 · 평점 6.95 · 1994.11.23 / 173cm

SCOUTING REPORT
브라질 출신답게 탁월한 운동능력과 드리블 실력을 자랑한다. 리그에서 손꼽히는 스피드를 바탕으로 왼쪽 측면을 지배한다. 체격은 작지만 밸런스가 잘 잡혀있어 좀처럼 공을 뺏기지 않고 넘어지지도 않는다. 왕성한 체력을 바탕으로 끊임없이 전방 압박을 시도한다. 그라운드 위에서 성실함이 돋보인다. 수비 스킬은 좋지 않다. 거친 플레이로 카드를 많이 받는다.

PLAYER'S HISTORY
2019년부터 4년간 볼프스부르크에서 활약하다 2023~24시즌부터 카타르리그 알 사드로 이적했다. 2021년 살인적인 백태클로 전세계 축구팬의 비난을 한몸에 받은 바 있다. 시장 가치는 400만 유로, 추정 연봉은 48만 유로

슈팅-득점	국적	2022-23시즌 볼프스부르크				포지션
6-0		25-0	2051	A 5	P 36.9-27.7	P% 75%	
13-0	브라질					
●19-0 LG-0		DR 1.9-0.9	TK 3.8-2.9	IC 1.3	7-0	★ 1	
●0-0 RG-0						
●0-0 HG-0						

유럽 5대리그 풀백 & 윙백 항목별 랭킹 (90분 기준 기록, 100분율)

G	A	SH	SG	PC	P%	SC	BT	DC	TK	IC	CL	CR	BR
상위 20%	상위 10%	상위 32%	하위 18%	상위 46%	하위 29%	상위 31%	상위 36%	상위 5%	상위 20%	하위 7%	상위 41%	상위 21%	

Mário RUI
마리우 후이 · 평점 6.95 · 1991.05.27 / 168cm

SCOUTING REPORT
체격은 작지만 폭발적인 스피드를 자랑한다. 지칠줄 모르는 체력과 왕성한 기동력 및 활동량으로 왼쪽 측면을 휘젓는다. 왼발 킥이 일품이다. 측면에서 올리는 얼리 크로스가 날카롭다. 세트피스 키커로 나설 만큼 킥의 날카로움이 돋보인다. 승부욕이 강하고 수비 스킬이 좋아 쉽게 돌파를 내주지 않는다. 경기력 기복이 심한 것은 흠. 결정적 순간 실수가 잦다.

PLAYER'S HISTORY
나폴리의 세리에A 우승 주역. 2017년부터 나폴리에서 뛰고 있다. 포르투갈 대표팀에서도 꾸준히 활약 중. 벤피카 유스 출신이지만 2011부터 이탈리아 무대를 떠나지 않고 있다. 시장 가치는 800만 유로, 추정 연봉은 389만 유로.

슈팅-득점	국적	2022-23시즌 나폴리				포지션
4-0		21-1	1763	A 6	P 65.1-54.7	P% 84%	
7-0	포르투갈					
●11-0 LG-0		DR 0.8-0.5	TK 2.6-1.5	IC 0.7	2-1	★ 2	
●0-0 RG-0						
●0-0 HG-0						

유럽 5대리그 풀백 & 윙백 항목별 랭킹 (90분 기준 기록, 100분율)

G	A	SH	SG	PC	P%	SC	BT	DC	TK	IC	CL	CR	BR
하위 20%	상위 3%	상위 41%	상위 38%	상위 28%	상위 28%	하위 2%	상위 32%	상위 43%	하위 11%	하위 12%	상위 2%		

Stefan POSCH
슈테판 포쉬 · 평점 6.95 · 1997.05.14 / 190cm

SCOUTING REPORT
수비수임에도 공격포인트 생산력이 탁월하다. 지난 시즌 세리에A에서 6골 2도움을 기록했다. 위치선정 감각이 좋아 상대 공격을 영리하게 차단한다. 몸을 아끼지 않는 허슬플레이어. 태클 스킬도 나쁘지 않다. 큰 신장을 바탕으로 공중볼에 강하고 헤딩 기술도 좋다. 세트피스 상황에서 특히 위협적이다. 체격이 크다보니 스피드가 떨어져 돌파를 종종 허용한다.

PLAYER'S HISTORY
2022~23시즌 호펜하임에서 볼로냐로 임대된 뒤 이번 시즌 바이아웃 옵션을 통해 완전이적했다. 바이아웃 이적료는 510만유로. 2019년부터 오스트리아 국가대표로 활약 중이다. 시장 가치는 1400만 유로, 추정 연봉은 100만 유로.

슈팅-득점	국적	22-23시즌 호펜하임+볼로냐				포지션
20-5		31-0	2560	A 2	P 48.0-36.8	P% 77%	
8-1	오스트리아					
●28-6 LG-0		DR 1.4-0.5	TK 3.6-2.6	IC 1.1	6-1	★ 7	
●1-0 RG-3						
●0-0 HG-3						

유럽 5대리그 풀백 & 윙백 항목별 랭킹 (90분 기준 기록, 100분율)

G	A	SH	SG	PC	P%	SC	BT	DC	TK	IC	CL	CR	BR
상위 3%	하위 49%	상위 22%	상위 15%	상위 19%	상위 48%	하위 44%	상위 12%	상위 31%	상위 10%	상위 28%	상위 26%	상위 27%	상위 49%

Diogo DALOT
디오구 달로 · 평점 6.95 · 1999.03.18 / 183cm

SCOUTING REPORT
주포지션은 라이트백이지만 레프트백도 소화 가능하다. 자신의 강점인 스피드를 활용해 직선적인 오버래핑을 즐긴다. 빠른 발 덕분에 후방 커버도 큰 문제가 없다. 크로스 능력이 수준급이고 풀백 치고 큰 신장 덕분에 제공권에도 강점이 있다. 수비 위치를 잡는데 종종 실수를 범해 위기를 자초한다. 피지컬이 좋은 상대 압박에 고전하곤 한다. 잔부상이 잦은 편.

PLAYER'S HISTORY
2021년부터 포르투갈 대표팀에서 활약 중이다. 카타르월드컵 한국전에 선발 출전해 선제골을 어시스트했다. 지난 시즌 초반엔 맨유의 붙박이 주전이었지만 중반 이후 백업으로 밀렸다. 시장 가치는 4000만 유로, 추정 연봉은 514만 유로.

슈팅-득점	국적	22-23시즌 맨체스터 유나이티드				포지션
10-1		24-2	2155	A 2	P 46.1-36.9	P% 81%	
12-0	포르투갈					
●22-1 LG-0		DR 1.3-0.8	TK 2.6-2.1	IC 1.4	6-0	★ 2	
●0-0 RG-1						
●0-0 HG-0						

유럽 5대리그 풀백 & 윙백 항목별 랭킹 (90분 기준 기록, 100분율)

G	A	SH	SG	PC	P%	SC	BT	DC	TK	IC	CL	CR	BR
상위 29%	하위 48%	상위 36%	상위 31%	상위 19%	상위 28%	상위 21%	상위 35%	상위 13%	상위 47%	하위 47%	상위 28%	상위 19%	

●	●	●	LG	RG	HG		⏱	A	P	P%	DR	TK	IC		★	G	A	SH	SG	PC	P%	SC	BT	DC	TK	IC	CL	CR	BR
전체 슈팅 시도-득점	직접프리킥 시도-득점	PK 시도-득점	왼발 득점	오른발 득점	헤더 득점	출전횟수 선발-교체	출전시간 분(MIN)	도움	평균 패스 시도-성공	패스 성공률	평균드리블 시도-성공	평균 태클 시도-성공	평균 인터셉트	평균 경고-퇴장	페어플레이 MOM	득점	도움	슈팅 시도	유효 슈팅	패스 성공	패스 성공률	슈팅기회 창출	볼 터치	드리블 성공	태클	인터셉트	클리어링	크로스	리커버리

평점 6.93

Caio HENRIQUE
카이우 엔리케 1997.07.31 / 178cm

SCOUTING REPORT

원래 미드필더로 활약하면서 빛을 보지 못하다가 레프트백으로 전향한 뒤 본격 두각을 나타냈다. 볼 컨트롤 능력이 좋고 강한 체력을 바탕으로 활동량이 풍부하다. 부지런히 오버래핑을 시도하면서 컷백과 크로스를 연결한다. 지난 시즌 어시스트를 9개나 기록할 만큼 기회창출 능력이 탁월하다. 스피드가 느리고 피지컬도 빈약해 경합 상황에서 약점을 보인다.

PLAYER'S HISTORY

아틀레티코 마드리드에서 프로 데뷔, 2020년 모나코로 이적했다. 브라질 연령별 대표였지만 2021년 스페인 시민권을 얻었다. 스페인 대표팀 합류 가능성도 열어둔 상황이다. 시장 가치는 2000만 유로, 추정 연봉은 270만 유로.

슈팅-득점	국적	2022-23시즌 AS 모나코					포지션
3-0 / 7-1	브라질	⏱	A	P	P%		
		32-3 2898	9	44.5-35.6	80%		
● 10-1 LG-1		DR	TK	IC		★	
● 2-1 RG-0		0.9-0.5	3.0-2.1	0.7	3-0	2	
● 0-0 HG-0							

유럽 5대리그 풀백 &윙백 항목별 랭킹(90분 기준 기록, 100분율)

G	A	SH	SG	PC	P%	SC	BT	DC	TK	IC	CL	CR	BR
하위 40%	상위 7%	하위 22%	상위 47%	상위 30%	하위 35%	상위 20%	상위 26%	하위 36%	상위 33%	하위 36%	하위 44%	상위 10%	상위 19%

평점 6.93

Nuno MENDES
누누 멘데스 2002.06.19 / 183cm

SCOUTING REPORT

어린 시절 윙어나 공격형 미드필더로 활약하다 레프트백으로 전향했다. 최대 강점은 스피드. 빠른 선수들이 많은 풀백 가운데서도 단연 돋보인다. 왕성한 체력을 바탕으로 활동량이 풍부하다. 드리블 실력도 좋아 상대 압박을 쉽게 벗겨낸다. 수비력도 탄탄하다. 태클, 인터셉트 등 수비 스킬이 깔끔하다. 패스나 킥의 정교함이 떨어지는 편. 잔부상이 잦은 것도 고민이다.

PLAYER'S HISTORY

앙골라계 이민자 후손. 스포르팅에서 데뷔 후 2021년 PSG로 이적했다. 2020년부터 포르투갈 대표로 활약 중. 카타르월드컵 H조 2차전 도중 햄스트링을 다쳐 한국전에 못나왔다. 시장 가치는 6500만 유로, 추정 연봉은 144만 유로.

슈팅-득점	국적	2022-23시즌 PSG					포지션
8-1 / 2-0	포르투갈	⏱	A	P	P%		
		18-5 1554	5	36.0-31.3	87%		
● 10-1 LG-1		DR	TK	IC		★	
● 0-0 RG-0		2.9-1.3	2.5-2.0	0.7	2-0	0	
● 0-0 HG-0							

유럽 5대리그 풀백 &윙백 항목별 랭킹(90분 기준 기록, 100분율)

G	A	SH	SG	PC	P%	SC	BT	DC	TK	IC	CL	CR	BR
상위 21%	상위 4%	하위 39%	상위 14%	상위 20%	상위 20%	상위 26%	상위 44%	상위 9%	상위 34%	상위 20%	하위 10%	하위 32%	하위 44%

평점 6.91

Nuno TAVARES
누누 타바레스 2000.01.26 / 183cm

SCOUTING REPORT

공격적인 움직임이 돋보이는 레프트백. 뛰어난 피지컬과 스피드를 겸비하고 있다. 현란하진 않지만 직선적인 드리블이 돋보인다. 일대일 상황에서 특히 강한 모습, 체력이 좋아 쉴새없이 오버래핑을 시도한다. 양발을 잘 쓰기 때문에 크로스나 컷백은 물론 가운데로 좁혀들어가 박스 침투도 능하다. 수비력은 아쉽다. 적극성이 지나쳐 파울이 잦고 턴오버도 많은 편이다.

PLAYER'S HISTORY

2019년 벤피카에서 데뷔 후 2021년 아스널로 이적했다. 지난 시즌엔 마르세유로 임대돼 성공적인 시즌을 보냈다. 원래 첼리스트를 꿈꿨지만 부모님 뜻을 따라 축구로 진로를 정했다. 시장 가치는 1800만 유로, 추정 연봉은 167만 유로.

슈팅-득점	국적	2022-23시즌 마르세유					포지션
33-4 / 32-2	포르투갈	⏱	A	P	P%		
		23-8 2349	0	33.3-26.3	79%		
● 65-6 LG-3		DR	TK	IC		★	
● 0-0 RG-3		4.4-1.8	2.8-1.8	0.5	6-1	1	
● 0-0 HG-0							

유럽 5대리그 풀백 &윙백 항목별 랭킹(90분 기준 기록, 100분율)

G	A	SH	SG	PC	P%	SC	BT	DC	TK	IC	CL	CR	BR
상위 5%	하위 11%	상위 1%	상위 2%	상위 47%	상위 47%	상위 28%	상위 25%	상위 2%	상위 46%	하위 12%	하위 4%	상위 23%	상위 9%

평점 6.90

Javi GALÁN
하비 갈란 1994.11.19 / 172cm

SCOUTING REPORT

키는 작지만 다부진 체격과 뛰어난 운동능력으로 위력을 발휘한다. 빠른 발과 왕성한 체력을 바탕으로 넓은 범위를 커버한다. 순간적인 속도의 변화를 활용한 드리블 돌파가 트레이드 마크. 수비 기술과 집중력도 나쁘지 않다. 운동 능력을 앞세워 일대일 방어에도 강하다. 수비력에 비해 공격력은 아쉽다. 공을 다루는 스타일이 투박한 편이라 종종 턴오버가 나온다.

PLAYER'S HISTORY

코르도바, 우에스카를 거쳐 2021년부터 셀타 비고에서 활약 중이다. 팀의 에이스로서 꾸준히 좋은 활약을 펼치고 있다. 아틀레티코 마드리드 등 빅클럽이 꾸준히 영입을 노리고 있다. 시장 가치는 1200만 유로, 추정 연봉은 150만 유로.

슈팅-득점	국적	2022-23시즌 셀타 비고					포지션
7-0 / 6-0	스페인	⏱	A	P	P%		
		36-1 3163	3	40.9-33.1	81%		
● 13-0 LG-0		DR	TK	IC		★	
● 0-0 RG-0		4.2-2.0	4.3-2.9	1.1	6-0	5	
● 0-0 HG-0							

유럽 5대리그 풀백 &윙백 항목별 랭킹(90분 기준 기록, 100분율)

G	A	SH	SG	PC	P%	SC	BT	DC	TK	IC	CL	CR	BR
하위 20%	상위 44%	하위 25%	하위 11%	상위 33%	상위 49%	상위 22%	상위 20%	상위 3%	상위 33%	상위 40%	상위 15%	상위 29%

Oleksandr ZINCHENKO

평점 6.89

올렉산드르 진첸코 · 1996.12.15 / 175cm

SCOUTING REPORT

원래 공격형 미드필더였다가 맨시티 이적 후 레프트백으로 변신했다. 드리블과 탈압박에 능하고 패싱 정확도도 높다. 왼발 킥 능력이 날카로워 크로스나 컷백은 물론 직접 슈팅으로 골문을 노린다. 아스널 이적 후 인버티드 풀백으로 활약하면서 팀의 빌드업을 책임지고 있다. 크고 작은 부상이 많은 것은 아쉬운 부분. 공격에 비해 수비력은 떨어지는 편.

PLAYER'S HISTORY

우크라이나를 대표하는 간판스타. 2015년 A매치에 데뷔했다. 샤흐타르에서 프로 데뷔 후 맨시티를 거쳐 2022년 아스널로 이적했다. 맨시티 시절 케빈 더브라위너와 닮아 화제가 됐다. 시장 가치는 4200만 유로, 추정 연봉은 907만 유로.

슈팅-득점	국적	2022-23시즌 아스날					포지션
8-0				A	P	P%	
20-1		26-1	2135	2	63.5-55.9	88%	
●28-1 LG-1	우크라이나	DR	TK	IC		★	
○0-0 RG-0		0.9-0.6	2.1-1.5	0.8	3-0	1	
○0-0 HG-0							

유럽 5대리그 풀백 & 윙백 항목별 랭킹 (90분 기준 기록, 100분율)													
G	A	SH	SG	PC	P%	SC	BT	DC	TK	IC	CL	CR	BR
상위	상위	상위	상위	상위	상위	상위	상위	상위	하위	하위	하위	하위	상위
47%	42%	16%	20%	3%	7%	31%	3%	47%	34%	48%	27%	19%	9%

Jules KOUNDÉ

평점 6.89

쥘 쿤데 · 1998.11.12 / 180cm

SCOUTING REPORT

빠른 발과 탄탄한 기본기를 갖춘 볼플레잉 센터백. 엄청난 활동량을 바탕으로 넓은 범위를 커버한다. 공을 빼앗은 뒤 드리블과 롱패스로 직접 전진을 이끈다. 수비수로서 키는 큰 편이 아니지만 점프력을 바탕으로 공중볼 경합에서 쉽게 밀리지 않는다. 골라인 클리어링에도 강점이 뚜렷하다. 지나치게 승부욕이 강하고 다혈질 성격이라 카드를 많이 받는다.

PLAYER'S HISTORY

보르도와 세비야를 거쳐 2022년부터 바르셀로나에서 뛴다. 아버지가 베냉인이고 어머니는 프랑스인. 롤모델은 첼시의 레전드 존 테리다. 2021년부터 프랑스 대표팀에서 뛰고 있다. 시장 가치는 6000만 유로, 추정 연봉은 1355만 유로.

슈팅-득점	국적	2022-23시즌 FC 바르셀로나					포지션
12-1				A	P	P%	
2-0		28-1	2429	3	63.8-56.9	89%	
●14-1 LG-0	프랑스	DR	TK	IC		★	
○0-0 RG-0		1.0-0.5	1.6-1.3	0.7	2-1	1	
○0-0 HG-1							

유럽 5대리그 풀백 & 윙백 항목별 랭킹 (90분 기준 기록, 100분율)													
G	A	SH	SG	PC	P%	SC	BT	DC	TK	IC	CL	CR	BR
하위	상위	하위	상위	상위	상위	상위	상위	하위	상위	상위	상위	하위	상위
44%	19%	37%	23%	5%	4%	25%	7%	25%	21%	25%	47%	16%	33%

Mitchell WEISER

평점 6.89

미첼 바이저 · 1994.04.21 / 177cm

SCOUTING REPORT

라이트백과 오른쪽 윙어를 소화한다. 왕성한 활동량과 날카로운 공격력이 돋보인다. 지난 시즌 2골 9어시스트를 기록하며 커리어 하이 시즌을 보냈다. 활발한 오버래핑에 의한 크로스로 득점 찬스를 만든다. 안쪽으로 들어와 빌드업에도 크게 기여한다. 전방으로 날카로운 키패스를 찔러준다. 피지컬이 좋은 편이 아니라 몸싸움 등 경합 상황에선 약점이 있다.

PLAYER'S HISTORY

FC쾰른에서 데뷔 후 바이에른 뮌헨, 헤르타 BSC, 레버쿠젠을 거쳐 2021년부터 베르더 브레멘에서 활약 중이다. 좋은 평가를 받지 못하다 브레멘 임대 후 축구인생에 꽃을 피웠다. 시장 가치는 600만 유로, 추정 연봉은 198만 유로.

슈팅-득점	국적	2022-23시즌 베르더 브레멘					포지션
19-2				A	P	P%	
9-0		29-1	2520	9	33.1-23.2	70%	
●28-2 LG-2	독일	DR	TK	IC		★	
○0-0 RG-0		4.0-1.5	3.7-2.5	1.0	4-0	2	
○0-0 HG-0							

유럽 5대리그 풀백 & 윙백 항목별 랭킹 (90분 기준 기록, 100분율)													
G	A	SH	SG	PC	P%	SC	BT	DC	TK	IC	CL	CR	BR
상위	상위	상위	상위	하위	하위	상위	상위	하위	상위	상위	상위	상위	상위
26%	2%	21%	26%	28%	19%	10%	45%	9%	19%	47%	17%	46%	7%

Issiaga SYLLA

평점 6.89

이시아가 실라 · 1994.01.01 / 180cm

SCOUTING REPORT

수비능력이 돋보이는 레프트백. 위치선정이 뛰어나고 태클 기술이 좋아 가로채기를 잘한다. 빠른 스피드와 체력을 갖추고 있어 왼쪽 측면을 효과적으로 커버한다. 주로 왼쪽 풀백으로 나서지만 왼쪽 윙어나 미드필더로도 나선다. 팀 전술에 유연성을 제공한다. 공중볼도 잘 따낸다. 강한 압박을 받을 때 실수가 잦다. 공격 기여도가 높은 편은 아니다.

PLAYER'S HISTORY

기니아 코나크리 출신. 17살 때 고향 팀 오로야 AC에서 데뷔했고, 툴루즈 2군, 툴루즈 1군, 가젤렉 아작시오(임대), 랑스(임대)를 거쳐 2023년 몽펠리에로 이적했다. 시장 가치는 200만 유로, 추정 연봉은 30만 유로.

슈팅-득점	국적	2022-23시즌 툴루즈+몽펠리에					포지션
14-1				A	P	P%	
5-0		31-1	2382	3	41.0-32.8	%	
●19-1 LG-1	기니아	DR	TK	IC		★	
○0-0 RG-0		1.9-0.7	2.7-1.8	2.1	3-0	2	
○0-0 HG-0							

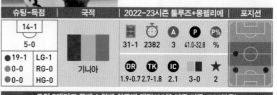

유럽 5대리그 풀백 & 윙백 항목별 랭킹 (90분 기준 기록, 100분율)													
G	A	SH	SG	PC	P%	SC	BT	DC	TK	IC	CL	CR	BR
하위	상위	상위	상위	상위	상위	상위	상위	하위	상위	상위	상위	상위	상위
47%	38%	50%	41%	37%	43%	29%	32%	48%	44%	1%	26%	50%	4%

| 전체 슈팅 시도-득점 | 직접프리킥 시도-득점 | PK 시도-득점 | LG 왼발 득점 | RG 오른발 득점 | HG 헤더 득점 | 출전횟수 선발-교체 | 출전시간 분(MIN) | A 도움 | P 평균 패스 시도-성공 | P% 패스 성공률 | DR 평균드리블 시도-성공 | TK 평균태클 시도-성공 | IC 인터셉트 | 페어플레이 경고-퇴장 | ★ MOM | G 득점 | A 도움 | SH 슈팅 시도 | SG 유효 슈팅 | PC 패스 성공 | P% 패스 성공률 | SC 슈팅기회 창출 | BT 볼터치 | DC 드리블 성공 | TK 태클 | IC 인터셉트 | CL 클리어링 | CR 크로스 | BR 리커버리 |

Carlos AUGUSTO

평점 6.86

카를로스 아우구스투

1999.01.07 / 184cm

SCOUTING REPORT

브라질 선수 답게 빠르고 화려한 기술을 자랑한다. 두 자릿수 공격포인트를 기록할 만큼 화끈한 공격력을 자랑한다. 활동량이 상당하다. 90분 내내 왼쪽 측면을 끊임없이 오버래핑한다. 장신 풀백 답게 공중볼에도 강점이 있다. 기회가 날 때마다 직접 슈팅으로 골문을 노리는 것을 즐긴다. 활동량을 바탕으로 수비 기여도 높다. 크로스가 날카로운 높은 편은 아니다.

PLAYER'S HISTORY

브라질 코린치안스를 거쳐 2020년부터 몬차에서 활약 중이다. 지난 시즌 세리에A에서 35경기에 나와 6골 5어시스트를 기록, 최고의 시즌을 보냈다. 빅클럽 이적설이 끊이지 않는다. 시장 가치는 1500만 유로, 추정 연봉은 63만 유로.

슈팅-득점	국적	2022-23시즌 몬차				포지션
34-6 / 8-0			A	P	P%	
	브라질	35-0	3087	5	39.2-33.3	85%
●42-6 LG-4		DR	TK	IC		★
●0-0 RG-2		1.7-0.9	2.8-2.2	0.7	4-0	4
●0-0 HG-0						

유럽 5대리그 풀백 &윙백 항목별 랭킹(90분 기준 기록, 100분율)

G	A	SH	SG	PC	P%	SC	BT	DC	TK	IC	CL	CR	BR
상위	상위	상위	상위	상위	상위	하위	하위	상위	상위	하위	상위	하위	하위
6%	21%	12%	6%	46%	19%	25%	40%	30%	41%	19%	25%	22%	11%

Ramy BENSEBAÏNI

평점 6.86

라미 벤세바이니

1995.04.16 / 187cm

SCOUTING REPORT

주포지션은 레프트백이지만 센터백으로도 종종 나선다. 월등한 피지컬을 바탕으로 제공권 장악에 탁월한 능력을 발휘한다. 장신임에도 스피드가 좋다. 빠른 윙어와 속도 싸움에서도 밀리지 않는다. 일대일 방어에도 강하다. 지난 시즌 리그 6골을 기록할 만큼 골결정력이 뛰어나다. 크로스가 좋은 편은 아니다. 패스미스도 잦은 편. 무리한 수비로 카드를 많이 받는다.

PLAYER'S HISTORY

2017년부터 알제리 국가대표 주전 멤버로 활약 중이다. 렌, 묀헨글라트바흐를 거쳐 2023년 6월 도르트문트와 4년 계약을 맺었다. 엄지와 검지로 L 모양을 만드는 골세리머니를 즐긴다. 시장 가치는 2000만 유로, 추정 연봉은 190만 유로.

슈팅-득점	국적	22-23시즌 묀헨글라트바흐				포지션
29-6 / 12-0			A	P	P%	
	알제리	28-0	2487	1	44.2-34.5	78%
●41-6 LG-5		DR	TK	IC		★
●3-0 RG-0		1.2-0.5	1.8-1.3	1.2	5-1	1
●2-2 HG-1						

유럽 5대리그 풀백 &윙백 항목별 랭킹(90분 기준 기록, 100분율)

G	A	SH	SG	PC	P%	SC	BT	DC	TK	IC	CL	CR	BR
상위	하위	상위	상위	상위	상위	하위	상위	하위	하위	상위	상위	하위	상위
2%	28%	24%	8%	40%	41%	12%	29%	28%	10%	22%	1%	11%	21%

Alejandro BALDE

평점 6.86

알레한드로 발데

2003.10.18 / 175cm

SCOUTING REPORT

킬리안 음바페를 떠올릴 만큼 폭발적인 스피드를 자랑한다. 속도를 활용한 과감한 전진 드리블을 즐긴다. 운동능력을 타고난 천재형 선수. 공이 없을 때는 빈 공간으로 침투해 찬스를 만드는데 능하다. 벌크업으로 피지컬까지 좋아져 경합 상황에서 좀처럼 밀리지 않는다. 경험이 부족해 전술 이해도는 떨어진다. 위치 선정이 아직은 서툴다. 볼컨트롤도 더 발전해야 한다.

PLAYER'S HISTORY

스페인의 신성 레프트백. 19살이던 2022년 스페인 대표팀에 데뷔했다. 카타르월드컵도 경험했다. 바르셀로나 유스 출신, 아버지는 기니비사우, 어머니는 도미니카공화국 출신이다. 시장 가치는 5000만 유로, 추정 연봉은 16만 유로.

슈팅-득점	국적	2022-23시즌 FC 바르셀로나				포지션
12-1 / 7-0			A	P	P%	
	스페인	30-3	2477	6	42.6-38.8	91%
●19-1 LG-1		DR	TK	IC		★
●0-0 RG-0		2.9-1.5	1.8-1.3	0.4	4-0	1
●0-0 HG-0						

유럽 5대리그 풀백 &윙백 항목별 랭킹(90분 기준 기록, 100분율)

G	A	SH	SG	PC	P%	SC	BT	DC	TK	IC	CL	CR	BR
하위	상위	상위	하위	상위	상위	상위	상위	상위	하위	하위	하위	상위	하위
46%	12%	48%	38%	13%	3%	32%	21%	4%	18%	2%	1%	48%	36%

Destiny UDOGIE

평점 6.85

데스티니 우도지

2002.11.28 / 188cm

SCOUTING REPORT

압도적인 피지컬과 운동능력을 자랑한다. 체격이 큰 데다 몸이 단단해 일대일 상황에서 우위를 점한다. 신체적인 특징을 활용해 우직하면서도 저돌적인 돌파를 즐긴다. 빠른 스피드와 왕성한 활동량을 자랑한다. 수비에서는 강한 압박으로 상대 공격을 끊는다. 태클 능력도 수준급. 패스나 크로스 능력은 아쉬운 편. 플레이 스타일이 거칠다보니 경고를 많이 받는다.

PLAYER'S HISTORY

2022년 토트넘과 계약했지만 2022~23시즌은 우디네세에서 임대로 활약했다. 새 시즌 토트넘에 본격 합류할 예정. 부모는 나이지리아 이민자 출신. 이탈리아-나이지리아 복수국적이다. 시장 가치는 2500만 유로, 추정 연봉은 28만 유로.

슈팅-득점	국적	2022-23시즌 우디네세				포지션
22-2 / 5-1			A	P	P%	
	이탈리아	31-2	2714	4	29.2-24.2	83%
●27-3 LG-2		DR	TK	IC		★
●0-0 RG-1		3.7-1.6	2.9-2.2	1.2	7-0	
●0 HG-0						

유럽 5대리그 풀백 &윙백 항목별 랭킹(90분 기준 기록, 100분율)

G	A	SH	SG	PC	P%	SC	BT	DC	TK	IC	CL	CR	BR
상위	상위	상위	상위	하위	상위	상위	하위	상위	상위	상위	하위	하위	상위
16%	25%	28%	34%	16%	21%	16%	50%	7%	28%	20%	1%	7%	36%

전체 슈팅 직접프리킥 PK LG RG HG 출전횟수 A P P% DR TK IC 베이플레이 ★ G A SH SG PC P% SC BT DC TK IC CL CR BR
시도-득점 시도-득점 시도-득점 왼발 오른발 헤더 교체 출전시간 도움 평균 패스 평균드리블 평균 태클 평균 MOM 득점 도움 슈팅 유효 패스 패스 슈팅기회 볼 터치 드리블 태클 인터셉트 클리어링 크로스 리커버리
득점 득점 득점 선발-교체 분(MIN) 시도-성공 성공율 시도-성공 시도-성공 인터셉트 경고-퇴장 시도 슈팅 성공 성공율 창출 성공

Juan CUADRADO

평점 6.85

후안 콰드라도 1988.05.26 / 176cm

SCOUTING REPORT

뛰어난 발재간과 스피드가 일품이다. 오른발 킥도 매섭다. 주포지션은 라이트백이지만 오른쪽 포지션은 모두 소화한다. 측면 돌파에 이은 날카로운 크로스가 전매특허다. 패스플레이보다는 드리블로 기회를 만드는 것을 즐긴다. 중요한 순간 골을 터뜨리는 해결사 기질도 있다. 후방 빌드업에도 크게 기여한다. 수비 스킬은 아쉽다. 불필요한 경고를 많이 받는 편이다.

PLAYER'S HISTORY

콜롬비아 축구를 대표하는 라이트백. 2010년부터 국가대표로 활약 중이다. 세리에A에 잔뼈가 굵다. 우디네세, 피오렌티나를 거쳐 2015년부터 유벤투스(임대 포함)에 몸담고 있다. 시장 가치는 400만 유로, 추정 연봉은 926만 유로.

슈팅-득점	국적	2022-23시즌 유벤투스	포지션
15-1		⏱ A P%	
17-0		24-7 2090 3 35.1-31.2 89%	
●32-1 LG-0	콜롬비아	DR TK IC ■ ★	
●6-0 RG-1		1.9-0.9 2.8-1.6 0.8 6-1 2	
●0-0 HG-0			

유럽 5대리그 풀백 & 윙백 항목별 랭킹 (90분 기준 기록, 100분율)

G	A	SH	SG	PC	P%	SC	BT	DC	TK	IC	CL	CR	BR
하위	상위	상위	상위	상위	상위	상위	상위	상위	상위	상위	하위	상위	하위
42%	33%	9%	10%	23%	15%	11%	29%	16%	37%	36%	16%	27%	33%

Serge AURIER

평점 6.85

세르주 오리에 1992.12.24 / 176cm

SCOUTING REPORT

탁월한 운동능력과 탄탄한 피지컬을 바탕으로 공수에서 존재감을 뽐낸다. 오른발로 올리는 강력한 크로스는 그의 최대 무기. 과감한 중거리슛으로 직접 득점을 노리곤 한다. 기동력을 앞세워 저돌적인 돌파를 펼친다. 수비에서는 강한 압박이 돋보인다. 경합 상황에서 쉽게 밀리지 않는다. 패스미스와 턴오버가 많은 것은 단점. 경기력 기복이 심하고 카드 수집이 잦다.

PLAYER'S HISTORY

2013년부터 코트디부아르 대표팀에서 활약 중이다. 2017년부터 4년간 토트넘에서 손흥민과 한솥밥을 먹었다. 정작 어릴적 좋아한 팀은 아스널이라고. 2022년 노팅엄으로 이적했다. 시장 가치는 800만 유로, 추정 연봉은 302만 유로.

슈팅-득점	국적	2022-23시즌 노팅엄 포리스트	포지션
5-1		⏱ A P%	
4-0		22-2 1949 0 30.4-22.2 73%	
●9-1 LG-1	코트디부아르	DR TK IC ■ ★	
●0-0 RG-0		1.4-0.7 3.2-2.7 1.1 2-0 1	
●0-0 HG-0			

유럽 5대리그 풀백 & 윙백 항목별 랭킹 (90분 기준 기록, 100분율)

G	A	SH	SG	PC	P%	SC	BT	DC	TK	IC	CL	CR	BR
상위	하위	상위	상위	하위	하위	상위	상위	상위	상위	상위	상위	하위	상위
40%	11%	29%	43%	16%	15%	8%	26%	4%	7%	19%	2%	30%	35%

Malo GUSTO

평점 6.85

말로 귀스토 2003.05.19 / 179cm

SCOUTING REPORT

압도적인 스피드와 순발력을 자랑한다. '음바페 천적'이라 불릴 만큼 음바페와 비교해도 밀리지 않는다. 드리블 등 볼컨트롤 능력도 탁월하다. 상대 압박에도 공을 좀처럼 뺏기지 않는다. 크로스나 패싱도 수준급이다. 공격 가담 후 재빨리 수비로 내려온다. 지칠줄 모르는 왕성한 활동량을 자랑한다. 공중볼 다툼은 약점. 아직 경험이 부족하다보니 잔실수가 제법 나온다.

PLAYER'S HISTORY

올랭피크 리옹에서 활약하다 2023년 1월 첼시로 이적했지만 다시 리옹으로 재임대됐다. 2023~24시즌부터 첼시에 본격 합류한다. 프랑스와 포르투갈 이중국적을 가지고 있다. 시장 가치는 2500만 유로, 추정 연봉은 40만 유로.

슈팅-득점	국적	2022-23시즌 리옹	포지션
4-0		⏱ A P P%	
3-0		19-2 1602 1 54.2-46.1 85%	
●7-0 LG-0	프랑스	DR TK IC ■ ★	
●0-0 RG-0		2.5-1.1 3.1-2.1 1.2 1-0 1	
●0-0 HG-0			

유럽 5대리그 풀백 & 윙백 항목별 랭킹 (90분 기준 기록, 100분율)

G	A	SH	SG	PC	P%	SC	BT	DC	TK	IC	CL	CR	BR
하위	하위	하위	상위	상위	상위	상위	상위	상위	상위	상위	하위	상위	상위
20%	43%	28%	48%	4%	25%	19%	3%	20%	27%	8%	14%	6%	2%

Neto BORGES

평점 6.85

네투 보르헤스 1996.09.13 / 185cm

SCOUTING REPORT

2022~23시즌 리그앙에 3골 1도움을 기록했다. 레프트백이 주포지션이지만 왼쪽 윙어, 미드필더로도 활약하는 유틸리티 플레이어다. 브라질 출신답게 화려한 드리블 실력을 자랑한다. 공중볼 싸움도 강점이다. 볼 집중력이 좋고 슛 블록도 잘한다. 패스 정확도는 아쉽다. 크로스가 뛰어난 편이 아니다. 잘 흥분하고 감정기복이 크다. 레드카드로 경기를 그르치곤 한다.

PLAYER'S HISTORY

함마르뷔, 헹크 등 유럽 중소팀을 거쳐 2022년 프랑스 리그앙 클레르몽에 자리 잡았다. 어릴적 축구선수 꿈을 위해 매일 220km를 자동차로 이동하며 힘들게 훈련한 사연이 있다. 시장 가치는 200만 유로, 추정 연봉은 45만 유로.

슈팅-득점	국적	2022-23시즌 클레르몽 풋	포지션
17-3		⏱ A P P%	
6-0		33-0 2840 1 34.9-27.9 80%	
●23-3 LG-1	브라질	DR TK IC ■ ★	
●0-0 RG-0		2.7-1.4 3.2-2.4 1.2 2-2 4	
●0-0 HG-2			

유럽 5대리그 풀백 & 윙백 항목별 랭킹 (90분 기준 기록, 100분율)

G	A	SH	SG	PC	P%	SC	BT	DC	TK	IC	CL	CR	BR
상위	상위	상위	상위	상위	상위	상위	상위	하위	상위	상위	하위	상위	상위
28%	25%	40%	36%	38%	45%	27%	36%	10%	26%	23%	48%	47%	32%

Pascal STRUIJK
평점 6.83
파스칼 스트라위크 1999.08.11 / 190cm

SCOUTING REPORT
왼발을 잘 쓰는 장신 수비수. 주로 레프트백으로 활약하지만 센터백도 소화한다. 유소년 시절 판다이크 후계자로 주목받았다. 아약스 유스 출신답게 패스 능력이 돋보인다. 큰 키 덕분에 제공권 경합에서 밀리지 않는다. 왼발 수비수라는 특징 덕분에 빌드업에 적극 기여한다. 호리호리한 체격 탓에 몸싸움에서 종종 밀린다. 실수가 잦은 편이고 카드도 자주 받는다.

PLAYER'S HISTORY
벨기에에서 태어났지만 아버지는 네덜란드령 동인도제도 출신이다. 본인은 네덜란드 대표팀을 선택했다. 2018년 아약스 유스팀에서 리즈로 이적한 뒤 줄곧 리즈에서 활약 중이다. 시장 가치는 1800만 유로, 추정 연봉은 302만 유로.

슈팅-득점	국적	2022-23시즌 리즈 유나이티드					포지션
14-2			A		P	P%	
2-0	네덜란드	26-3	2205	1	36.9-29.5	80%	
●16-2 LG-1		DR	TK	IC		★	
●0-0 RG-0		0.6-0.3	3.7-2.8	1.2	5-0		
●0-0 HG-1							

유럽 5대리그 풀백 &윙백 항목별 랭킹 (90분 기준 기록, 100분율)

G	A	SH	SG	PC	P%	SC	BT	DC	TK	IC	CL	CR	BR
상위	상위	상위	상위	상위	상위	하위	상위	하위	상위	상위	상위	하위	상위
77%	32%	47%	25%	42%	36%	19%	38%	21%	2%	21%	14%	5%	43%

REINILDO
평점 6.82
헤이닐두 만다바 1994.01.21 / 180cm

SCOUTING REPORT
뛰어난 운동능력과 스피드를 자랑하는 레프트백. 발군의 기동력과 활동량을 갖추고 있다. 빠르고 역동적인 드리블로 측면 돌파를 즐긴다. 역습 상황에서 더 위력적이다. 피지컬이 탄탄해 경합 상황에서도 밀리지 않는다. 수비력도 나쁘지 않다. 공격 가담 후 빠르게 수비 위치로 내려온다. 패스나 크로스 능력은 떨어진다. 적극적인 수비 탓에 카드를 많이 받는다.

PLAYER'S HISTORY
모잠비크 축구를 대표하는 간판스타. 릴의 2020~21시즌 리그앙 우승 주역이다. 2022년 아틀레티코 마드리드로 이적했다. 시즌 중반 십자인대 파열 부상을 당해 수술을 받았다. 시장 가치는 2500만 유로, 추정 연봉은 80만 유로.

슈팅-득점	국적	22-23시즌 아틀레티코 마드리드					포지션
2-0			A		P	P%	
4-0	모잠비크	22-0	1860	0	43.4-37.8	87%	
●6-0 LG-0		DR	TK	IC		★	
●0-0 RG-0		1.2-0.4	3.5-3.0	1.5	4-0	1	
●0-0 HG-0							

유럽 5대리그 풀백 &윙백 항목별 랭킹 (90분 기준 기록, 100분율)

G	A	SH	SG	PC	P%	SC	BT	DC	TK	IC	CL	CR	BR
하위	하위	하위	상위	상위	하위	상위	상위	상위	상위	상위	상위	하위	상위
20%	11%	21%	5%	25%	7%	4%	41%	18%	9%	20%	23%	5%	16%

Federico DIMARCO
평점 6.82
페데리코 디마르코 1997.11.10 / 175cm

SCOUTING REPORT
공수 능력을 겸비한 레프트백. 최근 기량이 만개했다는 평가를 받는다. 주로 공격적인 윙백으로 나서지만 스리백의 스토퍼도 소화한다. 어떤 역할을 맡든 왕성한 활동량으로 팀에 기여한다. 볼컨트롤 능력이 좋고 패싱 능력도 수준급이다. 왼발을 이용한 킥이 일품이다. 크로스는 물론 세트피스 키커로도 활약한다. 체격이 작아 공중볼 등 경합 에선 약점이 있다.

PLAYER'S HISTORY
2022년부터 이탈리아 국가대표로 활약 중. 인테르 밀란의 성골유스 출신. 지난 시즌 인테르 밀란의 UEFA 챔피언스리그 준우승 일등공신이다. 시즌 뒤 챔스 '시즌 스쿼드'에 선정됐다. 시장 가치는 3500만 유로, 추정 연봉은 296만 유로.

슈팅-득점	국적	2022-23시즌 인테르 밀란					포지션
25-3			A		P	P%	
24-1	이탈리아	26-7	2089	3	28.3-22.8	81%	
●49-4 LG-3		DR	TK	IC		★	
●7-1 RG-1		0.7-0.3	1.3-0.9	0.5	0-0		
●0-0 HG-0							

유럽 5대리그 풀백 &윙백 항목별 랭킹 (90분 기준 기록, 100분율)

G	A	SH	SG	PC	P%	SC	BT	DC	TK	IC	CL	CR	BR
상위	상위	상위	상위	하위	하위	상위	상위	하위	하위	하위	하위	상위	하위
11%	6%	1%	3%	46%	22%	2%	49%	12%	13%	39%	13%	2%	45%

Andrew ROBERTSON
평점 6.82
앤드류 로버트슨 1994.03.11 / 178cm

SCOUTING REPORT
빠르고 정확한 왼발 크로스는 단연 월드클래스다. 지칠줄 모르는 체력으로 90분 내내 그라운드를 휘젓는다. 단단한 피지컬로 부상도 좀처럼 당하지 않는다. 수비에 주력하다 역습시 직선적인 오버래핑에 이어 크로스를 올리는 클래식한 플레이를 펼친다. 테크닉이 뛰어난 편은 아니지만 높은 축구지능으로 메운다. 공중볼 등 경합 상황에서 살짝 약한 것은 옥에 티.

PLAYER'S HISTORY
스코틀랜드 대표팀의 기둥. 주장도 맡고 있다. 2017년부터 리버풀에 몸담고 있다. 셀틱 유스 시절 실력 부족으로 방출된 뒤 파트타임 일을 하면서도 포기하지 않고 최고의 자리에 섰다. 시장 가치는 4000만 유로, 추정 연봉은 604만 유로.

슈팅-득점	국적	2022-23시즌 리버풀					포지션
12-0			A		P	P%	
1-0	스코틀랜드	29-5	2588	2	54.0-45.5	84%	
●13-0 LG-0		DR	TK	IC		★	
●0-0 RG-0		1.2-0.6	1.7-1.1	0.5	3-0		
●0-0 HG-0							

유럽 5대리그 풀백 &윙백 항목별 랭킹 (90분 기준 기록, 100분율)

G	A	SH	SG	PC	P%	SC	BT	DC	TK	IC	CL	CR	BR
하위	상위	하위	하위	상위	하위	상위	상위	하위	하위	하위	하위	상위	상위
20%	2%	35%	22%	35%	8%	5%	45%	9%	13%	33%	5%	2%	28%

●	●	●	LG	RG	HG	⏱	A	P	P%	DR	TK	IC	★	G	A	SH	SG	PC	P%	SC	BT	DC	TK	IC	CL	CR	BR
전체 슈팅 시도-득점	직접프리킥 시도-득점	PK 시도-득점	왼발 득점	오른발 득점	헤더 득점	출전횟수 선발-교체	출전시간 분(MIN)	도움	평균 패스 시도-성공	패스 성공률	평균드리블 시도-성공	평균 태클 시도-성공	평균 인터셉트	페어플레이 경고-퇴장	MOM	득점	도움	슈팅 시도	유효 슈팅	패스 성공	패스 성공률	슈팅기회 창출	볼터치	드리블 성공	태클	인터셉트	클리어링	크로스	리커버리

평점 6.81 Jordan LOTOMBA
조르당 로톰바
1998.09.29 / 177cm

콩고민주공화국 출신 아버지와 앙골라 출신 어머니 사이에서 태어났다. 국가대표팀은 태어나고 자란 스위스를 선택했다. 라이트백이 주포지션이지만 레프트백도 문제없이 소화한다. 스피드와 피지컬을 활용한 드리블 돌파가 장점. 직접드리블로 상대 진영 깊숙이 들어가 공격에 적극 가담하고 슈팅도 과감히 때린다. 패스나 수비력은 좋은 편이 아니다. 시장 가치는 600만 유로, 추정 연봉은 76만 유로.

슈팅-득점	국적	2022-23시즌 니스						포지션
6-0 / 7-0	스위스	⏱ 27-6	2456	A 2	P 34.6-29.4	P% 85%		
● 13-0 LG-0		DR 2.3-1.2	TK 2.6-2.1	IC 1.0	4-0	★ 2		
● 0-0 RG-0								
● 0-0 HG-0								

G	A	SH	SG	PC	P%	SC	BT	DC	TK	IC	CL	CR	BR
하위 20%	상위 50%	하위 38%	상위 45%	상위 37%	상위 16%	상위 49%	상위 50%	상위 11%	상위 26%	상위 33%	하위 46%	하위 28%	하위 19%

평점 6.81 ISMAILY
이스마일리
1990.01.11 / 177cm

원래 공격수로 시작했지만 이후 풀백으로 전환했다. 주로 왼쪽 풀백으로 나서지만 왼쪽 미드필더로도 출전한다. 빠르고 화려한 개인기를 자랑한다. 공격적으로 적극적인 움직임을 보여준다. 측면에서 패스 플레이를 통한 박스 안 침투에 능하다. 키가 크지 않지만 공중볼을 따내는데 능하다. 기복이 심하고 일대일 수비는 약점. 크로스도 정확한 편은 아니다. 시장 가치는 300만 유로, 추정 연봉은 180만 유로.

슈팅-득점	국적	2022-23시즌 릴						포지션
9-2 / 4-0	브라질	⏱ 21-2	1785	A 1	P 42.6-34.5	P% 81%		
● 13-2 LG-2		DR 1.8-0.8	TK 2.4-1.8	IC 0.9	0-0	★ 0		
● 0-0 RG-0								
● 0-0 HG-0								

G	A	SH	SG	PC	P%	SC	BT	DC	TK	IC	CL	CR	BR
상위 15%	하위 40%	상위 47%	상위 21%	상위 26%	상위 45%	상위 27%	상위 34%	상위 45%	상위 43%	상위 49%	하위 3%	하위 43%	상위 43%

평점 6.81 Jordi ALBA
조르디 알바
1989.03.21 / 170cm

스페인 축구 황금기를 이끈 왼쪽 풀백. 체격은 작지만 강철 체력과 기동력을 앞세워 그라운드 측면을 지배한다. 원래 윙어 출신이지만 풀백으로 전환 후 빛을 보기 시작했다. 작은 공간이라도 생기면 재빨리 침투해 크로스나 패스를 연결한다. 오버래핑은 물론 언더래핑도 능하다. 장점인 스피드는 전성기에서 내려왔지만 수비 안정감은 더 향상됐다는 평가. 시장 가치는 500만 유로, 추정 연봉은 2083만 유로.

슈팅-득점	국적	2022-23시즌 FC 바르셀로나						포지션
4-2 / 9-0	스페인	⏱ 14-10	1423	A 3	P 50.8-44.2	P% 87%		
● 13-2 LG-2		DR 0.3-0.2	TK 1.8-1.1	IC 0.5	4-1	★ 1		
● 0-0 RG-0								
● 0-0 HG-0								

G	A	SH	SG	PC	P%	SC	BT	DC	TK	IC	CL	CR	BR
상위 13%	상위 9%	상위 37%	상위 28%	상위 1%	상위 16%	상위 3%	상위 1%	하위 18%	상위 17%	하위 20%	하위 24%	상위 11%	상위 2%

평점 6.81 VANDERSON
반데르송
2001.06.21 / 173cm

브라질의 떠오르는 공격적 풀백. 여러 빅클럽이 호시탐탐 노리고 있다. 탁월한 속도와 테크닉을 바탕으로 적극적으로 공격에 가담한다. 드리블 전진 속도가 발군이고 킥력도 탁월하다. 크로스와 컷백 모두 능하다. 세트피스 키커로 나서기도 한다. 가운데로 치고 들어가 미드필더 역할을 맡기도 한다. 너무 공격에만 신경쓰다보니 수비는 부족한 점이 많다. 시장 가치는 1800만 유로, 추정 연봉은 300만 유로.

슈팅-득점	국적	2022-23시즌 AS 모나코						포지션
13-1 / 13-0	브라질	⏱ 24-7	2220	A 4	P 35.3-27.5	P% 78%		
● 26-1 LG-0		DR 2.2-1.0	TK 3.7-2.7	IC 1.5	3-1	★ 1		
● 0-0 RG-1								
● 0-0 HG-0								

G	A	SH	SG	PC	P%	SC	BT	DC	TK	IC	CL	CR	BR
상위 50%	상위 23%	상위 18%	상위 26%	상위 41%	하위 37%	상위 28%	상위 24%	상위 21%	상위 3%	상위 2%	상위 21%	상위 24%	상위 11%

평점 6.80 Julian RYERSON
율리안 뤼에르손
1997.11.17 / 183cm

노르웨이 국가대표 풀백. 주 포지션은 오른쪽. 왼쪽 풀백, 수비형 미드필더, 센터백도 소화할 수 있는 멀티플레이어다. 양발을 잘 쓰고 패스 판단이 좋아 후방 빌드업에 기여한다. 기동력을 바탕으로 공격에도 적극 가담한다. 상대와 경합 상황에서도 좀처럼 밀리지 않는다. 패싱이나 크로스 정확도가 떨어지는 편. 수비 기술이 투박해 파울이 잦다. 시장 가치는 1000만 유로, 추정 연봉은 204만 유로.

슈팅-득점	국적	22-23시즌 우니온 베를린+도르트문트						포지션
9-0 / 17-1	노르웨이	⏱ 29-1	2459	A 0	P 37.9-30.7	P% %		
● 26-1 LG-1		DR 2.4-1.2	TK 2.8-1.8	IC 0.7	4-0	★		
● 0-0 RG-0								
● 0-0 HG-0								

G	A	SH	SG	PC	P%	SC	BT	DC	TK	IC	CL	CR	BR
하위 43%	상위 24%	상위 25%	상위 33%	상위 50%	하위 45%	상위 50%	상위 15%	하위 39%	상위 17%	하위 40%	하위 33%	상위 16%	

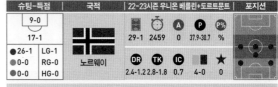

전체슈팅 직접프리킥 PK 완발 오른발 헤더 **LG RG HG** 출전횟수 출전시간 도움 평균패스 패스 평균드리블 평균태클 평균 패어플레이 **MOM ★** 득점 도움 슈팅 유효 패스 패스 슈팅기회 볼터치 드리블 태클 인터셉트 클리어링 크로스 리커버리
시도-득점 시도-득점 시도-득점 특점 특점 특점 신발-교체 분(MIN) 시도-성공 성공율 시도-성공 시도-성공 인터셉트 경고-퇴장 시도 슈팅 성공 성공율 창출 성공

Fabiano PARISI
평점 6.80
파비아노 파리시 2000.11.09 / 178cm

이탈리아의 떠오르는 왼쪽 풀백. 스피드를 활용한 전진 드리블로 측면 공격에 힘을 불어넣는다. '리틀 호르디 알바'라고 불릴 만큼 플레이스타일이 알바와 비슷하다. 키가 큰 편은 아니지만 공중볼 경합에 소질이 있다. 상대 공격을 압박하고 공을 따내는 능력에 수준급이다. 패스 및 크로스 정확도가 떨어지는게 흠. 무리한 수비로 카드 수집이 잦다. 시장 가치는 1000만 유로, 추정 연봉은 19만 유로.

슈팅-득점		국적	2022-23시즌 엠폴리				포지션
9-1			⏱ 33-0 2835	A 0	P 38.9-30.7	P% 79%	
12-1							
● 21-2	LG-1	이탈리아	DR 3.9-2.0	TK 3.2-2.0	IC 1.3	▨ 10-1	★ 1
● 0-0	RG-0						
● 0-0	HG-1						

G	A	SH	SG	PC	P%	SC	BT	DC	TK	IC	CL	CR	BR
상위	하위	상위	하위	상위	하위	상위	상위	상위	상위	상위	하위	상위	하위
31%	11%	45%	23%	49%	45%	48%	36%	3%	46%	22%	12%	31%	4%

Youcef ATAL
평점 6.80
유세프 아탈 1996.05.17 / 176cm

알제리 국가대표 측면 수비수. 오른쪽 윙백과 윙어를 오가면서 폭발적인 드리블을 자랑한다. 해트트릭을 한 적이 있을 정도로 득점력도 갖췄다. 태클 성공률이 높고 볼 경합도 밀리지 않는다. 공격은 물론 수비로도 기여도가 높다. 볼을 다루는 테크닉이 뛰어나고 스루패스도 효과적이다. 크로스 능력은 아쉽다. 가끔 무리한 수비로 카드를 받곤 한다. 시장 가치는 1000만 유로, 추정 연봉은 180만 유로.

슈팅-득점		국적	2022-23시즌 니스				포지션
8-1			⏱ 8-10 777	A 0	P 22.4-18.8	P% 84%	
4-0							
● 12-1	LG-1	알제리	DR 2.4-1.2	TK 2.6-2.1	IC 0.8	▨ 4-0	★ 1
● 0-0	RG-0						
● 0-0	HG-0						

G	A	SH	SG	PC	P%	SC	BT	DC	TK	IC	CL	CR	BR
상위	하위	상위	상위	상위	상위	상위	상위	상위	상위	상위	하위	상위	상위
12%	11%	7%	1%	28%	31%	5%	17%	2%	1%	7%	24%	15%	33%

Theo HERNÁNDEZ
평점 6.80
테오 에르난데스 1997.10.06 / 184cm

프랑스 대표팀 주전 왼쪽 풀백. 카타르월드컵서 부상 당한 형(루카 에르난데스) 대신 주전으로 활약했다. 장점은 기동력과 드리블. 최상급 스피드를 자랑한다. 역습 상황에서 혼자 공을 몰고 공격을 전개할 정도로 드리블이 뛰어나다. 중거리 슛도 일품이다. 활동량이 엄청나고 단단한 피지컬 덕분에 잔부상도 없다. 패스미스가 많고 기복이 심한 편. 시장 가치는 6000만 유로, 추정 연봉은 513만 유로.

슈팅-득점		국적	2022-23시즌 AC 밀란				포지션
20-3			⏱ 32-0 2777	A 3	P 43.1-34.9	P% 81%	
32-1							
● 52-4	LG-4	프랑스	DR 2.1-0.7	TK 1.9-1.4	IC 0.7	▨ 7-0	★ 2
● 5-0	RG-0						
● 1-1	HG-0						

G	A	SH	SG	PC	P%	SC	BT	DC	TK	IC	CL	CR	BR
상위	상위	상위	상위	상위	상위	상위	상위	하위	하위	하위	하위	상위	상위
17%	40%	4%	19%	35%	30%	36%	47%	33%	5%	16%	46%	18%	

Adrien TRUFFERT
평점 6.79
아드리앙 트뤼페르 2001.11.20 / 176cm

체격은 작지만 다부진 플레이를 펼치는 왼쪽 측면 자원. 막강한 공격력을 갖췄다. 드리블, 패스, 크로스 등 공으로 할 수 있는 기술 모두 뛰어나다. 나이는 어리지만 축구센스가 뛰어나 경기장에서 플레이 메이커 역할을 할 때도 있다. 직접 볼을 몰고 들어간 뒤 키패스를 연결하는 것이 능하다. 공격적인 성향이 워낙 강해 뒷공간을 자주 노출한다. 시장 가치는 1800만 유로, 추정 연봉은 15만 유로.

슈팅-득점		국적	2022-23시즌 스타드 렌				포지션
5-0			⏱ 24-4 1962	A 6	P 40.4-32.7	P% 81%	
5-0							
● 10-0	LG-0	프랑스	DR 1.6-0.8	TK 2.8-2.2	IC 0.9	▨ 2-0	★ 1
● 0-0	RG-0						
● 0-0	HG-0						

G	A	SH	SG	PC	P%	SC	BT	DC	TK	IC	CL	CR	BR
하위	상위	상위	상위	상위	상위	상위	상위	하위	상위	상위	하위	상위	상위
20%	95%	44%	36%	24%	40%	33%	17%	15%	36%	28%	27%	45%	

Filip KOSTIC
평점 6.79
필립 코스티치 1992.11.01 / 184cm

세계 톱클래스 윙백 중 한 명. 특히 스리백에서 왼쪽 윙백으로서 최고의 퍼포먼스를 보여준다. 크로스의 달인이다. 스피드를 활용해 안쪽으로 파고든 뒤 문전으로 올리는 컷백이나 크로스가 일품이다. 체력이 좋고 활동량이 풍부하다. 수비 전환 속도가 빠르고 압박도 열심히 한다. 피지컬도 단단해 부상을 잘 당하지 않는다. 패스 성공률이 높은 편은 아니다. 시장 가치는 2400만 유로, 추정 연봉은 321만 유로.

슈팅-득점		국적	22-23시즌 프랑크푸르트+유벤투스				포지션
22-3			⏱ 34-4 2656	A 8	P 23.7-18.4	P% 78%	
16-0							
● 48-3	LG-3	세르비아	DR 1.4-0.6	TK 1.8-1.1	IC 0.4	▨ 4-0	★
● 0-0	RG-0						
● 0-0	HG-0						

G	A	SH	SG	PC	P%	SC	BT	DC	TK	IC	CL	CR	BR
상위	상위	상위	상위	하위	하위	상위	하위	상위	하위	하위	상위	상위	하위
24%	6%	7%	13%	12%	12%	5%	47%	25%	19%	5%	11%	3%	25%

Álex MORENO
평점 6.79
알렉스 모레노 1993.06.08 / 179cm

바르셀로나 유스 라 마시아 출신의 왼쪽 풀백. 오랜 무명시절을 겪은 뒤 뒤늦게 꽃을 피웠다. 스피드를 활용해 측면을 파고든 뒤 크로스를 올리는 전형적인 스타일. 때로 직접 박스 안으로 침투해 득점을 노린다. 3선으로 올라가 키패스를 찔러주는데 능하다. 수비력도 나쁘지 않다. 종종 센터백 공백을 메울 때도 있다. 패스미스 등 턴오버가 많은 것은 흠. 시장 가치는 2000만 유로, 추정 연봉은 210만 유로.

슈팅-득점		국적	22-23시즌 레알 베티스+아스톤 빌라				포지션
16-0			⏱ 29-5 2686	A 6	P 32.5-25.5	P% 78%	
10-0							
● 26-0	LG-0	스페인	DR 2.6-1.1	TK 2.7-1.5	IC 0.8	▨ 4-0	★
● 0-0	RG-0						
● 0-0	HG-0						

G	A	SH	SG	PC	P%	SC	BT	DC	TK	IC	CL	CR	BR
하위	상위	상위	상위	하위	하위	하위	상위	하위	상위	하위	상위	상위	하위
20%	12%	31%	36%	40%	46%	43%	15%	42%	30%	21%	49%	28%	

전체 슈팅 / 직접프리킥 / PK / 왼발 / 오른발 / 헤더 / 출전횟수 / 출전시간 / 도움 / 평균 패스 / 패스 / 평균드리블 / 평균 태클 / 평균 / 페어플레이 / MOM / 득점 / 도움 / 슈팅 / 유효 / 패스 / 패스 / 슈팅기회 / 볼 터치 / 드리블 / 태클 / 인터셉트 / 클리어링 / 크로스 / 리커버리
시도-득점 / 시도-득점 / 시도-득점 / 특점 / 특점 / 특점 / 선발-교체 / 분(MIN) / 시도-성공 / 성공률 / 시도-성공 / 시도-성공 / 인터셉트 / 경고-퇴장 / 시도 / 슈팅 / 성공 / 성공률 / 창출 / 성공

Hamari TRAORÉ
평점 **6.79**
아마리 트라오레
1992.01.27 / 175cm

말리 국가대표 오른쪽 측면 수비수. 유소년 시절부터 프랑스에서 축구를 익혔다. 체격은 작지만 공수 밸런스가 안정적이다. 수비수로서 가치가 크다. 대인마크, 태클, 커버 등 수비력이 돋보인다. 공격에선 오버래핑 후 올리는 크로스나 컷백이 위협적이다. 연계플레이도 돋보인다. 주장을 맡을 만큼 리더십도 뛰어나다. 개인기나 운동능력이 좋은 편은 아니다. 시장 가치는 1000만 유로, 추정 연봉은 216만 유로.

슈팅-득점 / 국적 / 2022-23시즌 스타드 렌 / 포지션

22-1
8-0

● 30-1	LG-1
● 0-0	RG-0
● 0	HG-0

말리

	A	P	P%
28-3	2531	4	51.0-44.3	87%

DR	TK	IC	★
0.7-0.4	2.4-1.5	1.3		

G	A	SH	SG	PC	P%	SC	BT	DC	TK	IC	CL	CR	BR
하위	상위	상위	상위	상위	상위	상위	상위	하위	하위	상위	상위	상위	상위
45%	27%	21%	24%	14%	13%	34%	16%	20%	43%	18%	29%	36%	47%

Ben WHITE
평점 **6.78**
벤 화이트
1997.10.08 / 186cm

잉글랜드가 기대하는 오른쪽 풀백. 센터백, 수비형 미드필더 등 어느 포지션에 갖다놔도 무난히 활약한다. 공을 잘 다루고 패스 질이 좋다. 특히 롱패스가 일품이다. 팀 공격의 주된 루트가 될 정도다. 드리블을 통한 탈압박도 능하다. 부상을 당하지 않는 강철 피지컬을 자랑한다. 상대와 볼 경합 상황에서도 거의 이긴다. 장신이지만 공중볼에 약한 것은 흠. 시장 가치는 5000만 유로, 추정 연봉은 718만 유로.

슈팅-득점 / 국적 / 2022-23시즌 아스날 / 포지션

6-2
4-0

● 10-2	LG-0
● 0-0	RG-2
● 0-0	HG-0

잉글랜드

	A	P	P%
36-2	3068	5	51.1-44.5	87%

DR	TK	IC	★
0.9-0.3	2.2-1.5	0.6	5-0	

G	A	SH	SG	PC	P%	SC	BT	DC	TK	IC	CL	CR	BR
상위	상위	하위	상위	상위	상위	상위	상위	하위	하위	상위	상위	하위	하위
37%	26%	12%	21%	3%	10%	38%	15%	7%	3%	17%	43%	21%	12%

Gédéon KALULU
평점 **6.78**
게데온 칼루루
1997.08.29 / 179cm

프랑스에서 태어났고 축구선수로서 성장했다. 국가대표는 어머니 나라인 콩고민주공화국을 선택했다. 오른쪽 풀백 또는 윙백을 맡는다. 간혹 센터백으로 출전할 때도 있다. 안정된 수비력이 돋보인다. 장신은 아니지만 공중볼 경합에서 쉽게 밀리지 않는다. 전방으로 연결하는 롱패스도 위협적이다. 드리블이나 볼 컨트롤은 좋은 편이 아니다. 시장 가치는 500만 유로, 추정 연봉은 54만 유로.

슈팅-득점 / 국적 / 2022-23시즌 로리앙 / 포지션

6-0
4-0

● 10-0	LG-0
● 0-0	RG-0
● 0-0	HG-0

콩고민주공화국

	A	P	P%
28-1	2442	4	40.4-33.1	82%

DR	TK	IC	★
1.4-0.7	2.9-2.3	0.9	6-0	1

G	A	SH	SG	PC	P%	SC	BT	DC	TK	IC	CL	CR	BR
하위	상위	하위	하위	상위	상위	하위	하위	상위	상위	상위	상위	하위	상위
20%	20%	24%	27%	49%	31%	21%	42%	41%	29%	44%	12%	1%	40%

Cristiano BIRAGHI
평점 **6.78**
크리스티아누 비라기
1992.09.01 / 185cm

미드필더로 축구를 시작했지만 왼쪽 풀백으로 자리 잡았다. 월등한 수비력을 자랑한다. 피지컬을 활용한 대인마크에 강점이 있다. 태클로 공을 떼내는 데도 있다. 스피드도 좋아 경합에서 밀리지 않는다. 패스 능력도 갖춰 후방 빌드업에 기여도가 크다. 전방으로 질 좋은 키패스를 찔러준다. 오버래핑 능력은 떨어진다. 거친 플레이로 카드를 많이 받는다. 시장 가치는 650만 유로, 추정 연봉은 222만 유로.

슈팅-득점 / 국적 / 2022-23시즌 피오렌티나 / 포지션

4-0
21-2

● 25-2	LG-2
● 15-2	RG-2
● 1-0	HG-0

이탈리아

	A	P	P%
30-3	2556	4	41.9-33.1	79%

DR	TK	IC	★
0.6-0.2	3.0-2.0	0.4		2

G	A	SH	SG	PC	P%	SC	BT	DC	TK	IC	CL	CR	BR
상위	상위	상위	상위	상위	상위	상위	상위	하위	상위	하위	상위	상위	하위
27%	22%	32%	47%	18%	21%	11%	31%	5%	23%	1%	23%	1%	20%

Iza CARCELÉN
평점 **6.77**
이사 카르셀렌
1993.04.23 / 170cm

단신이지만 다부진 플레이를 펼치는 오른쪽 수비수. 수비에 강점을 가지고 있다. 과감한 태클로 상대 돌파를 저지하고 영리하게 공을 가로챈다. 패스 정확도가 높은 편이다. 키가 작은에도 위치선정이 좋아 공중볼 경합에서 밀리지 않는다. 오른쪽 윙어로도 가끔씩 나선다. 피지컬 탓에 몸싸움에선 약점이 있다. 공격은 큰 역할을 하지 못한다. 부상이 잦은 편. 시장 가치는 150만 유로, 추정 연봉은 48만 유로.

슈팅-득점 / 국적 / 2022-23시즌 카디스 / 포지션

1-0
6-0

● 7-0	LG-0
● 3-0	RG-0
● 0-0	HG-0

스페인

	A	P	P%
25-2	2204	1	27.4-22.2	81%

DR	TK	IC	★
0.8-0.5	3.5-2.7	0.7	4-0	

G	A	SH	SG	PC	P%	SC	BT	DC	TK	IC	CL	CR	BR
하위	상위	하위	하위	상위	상위	하위	하위	하위	상위	하위	상위	상위	상위
20%	32%	15%	17%	15%	45%	41%	40%	10%	27%	4%	41%	50%	

Marius WOLF
평점 **6.77**
마리우스 볼프
1995.05.27 / 187cm

월등한 피지컬을 자랑하는 오른쪽 수비수. 27살 늦은 나이에 처음 독일 대표팀에 발탁됐다. 풀백은 물론 윙백, 윙어까지 소화 가능한 멀티 플레이어다. 최정상급 스피드를 자랑한다. 빠르게 측면을 돌파한 뒤 크로스나 컷백을 연결한다. 드리블과 패싱력도 갖췄다. 스트라이커 출신 답게 공격포인트 생산도 나쁘지 않다. 민첩성이 떨어져 수비력은 아쉬운 편. 시장 가치는 900만 유로, 추정 연봉은 330만 유로.

슈팅-득점 / 국적 / 2022-23시즌 도르트문트 / 포지션

14-1
9-0

● 23-1	LG-1
● 0-0	RG-0
● 0-0	HG-0

독일

	A	P	P%
17-8	1570	1	34.0-27.2	80%

DR	TK	IC	★
2.4-1.4	1.5-1.0	0.7	2-0	3

G	A	SH	SG	PC	P%	SC	BT	DC	TK	IC	CL	CR	BR
상위	상위	상위	상위	상위	상위	상위	하위	상위	하위	상위	상위	상위	하위
38%	40%	5%	4%	29%	40%	2%	19%	18%	45%	22%	29%	35%	

전체 슈팅 시도-득점 · 직접프리킥 시도-득점 · PK 시도-득점 · LG 왼발 득점 · RG 오른발 득점 · HG 헤더 득점 · 출전횟수 선발-교체 · A 출전시간 분(MIN) · P 평균 패스 시도-성공 · P% 패스 성공률 · DR 평균드리블 시도-성공 · TK 평균 태클 시도-성공 · IC 평균 인터셉트 · 페어플레이 경고-퇴장 · ★ MOM · G 득점 · A 도움 · SH 슈팅 시도 · SG 유효 슈팅 · PC 패스 성공 · P% 패스 성공률 · SC 슈팅기회 창출 · BT 볼 터치 · DC 드리블 성공 · TK 태클 · IC 인터셉트 · CL 클리어링 · CR 크로스 · BR 리커버리

Ola AINA
올라 아이나

평점 6.76 · 1996.10.08 / 184cm

런던에서 태어났고 잉글랜드 유소년 대표로 활약했지만 성인 대표팀은 나이지리아를 선택했다. 운동능력이 돋보이는 측면 수비수. 오른쪽, 왼쪽을 모두 책임지고 센터백 수비도 가능하다. 스피드를 활용한 돌파가 일품이다. 양발을 다 잘 쓰는 점도 강점이다. 수비 집중력이 많이 좋아진 편. 기술적인 부분은 투박하다. 크로스 및 패스 정확도도 떨어진다. 시장 가치는 350만 유로, 추정 연봉은 185만 유로.

슈팅-득점	국적	2022-23시즌 토리노				포지션
6-1			A	P	P%	
2-0		9-10 874	1	21.4-16.5	77%	
●8-1 LG-1	나이지리아	DR	TK	IC	★	
●0-0 RG-0		2.6-1.3	1.3-0.9	0.6	5-0	2
●0-0 HG-0						

G	A	SH	SG	PC	P%	SC	BT	DC	TK	IC	CL	CR	BR
상위	상위	상위	상위	상위	하위	상위	상위	상위	하위	상위	상위	상위	상위
14%	38%	33%	20%	47%	29%	21%	24%	1%	37%	37%	19%	30%	19%

Ridle BAKU
리들레 바쿠

평점 6.76 · 1998.04.08 / 176cm

콩고민주공화국 출신 부모에서 태어났지만 독일에서 태어나 자랐다. 주포지션은 라이트백이지만 오른쪽 전포지션 소화가 가능하다. 지칠줄 모르는 스태미너를 바탕으로 왕성한 활동량을 자랑한다. 스피드를 이용해 치고 달리기 돌파를 끊임없이 시도한다. 수비에선 강한 압박과 커버 능력이 돋보인다. 패스 정교함이 떨어지고 뒷공간을 쉽게 내주는 것은 약점. 시장 가치는 1300만 유로, 추정 연봉은 60만 유로.

슈팅-득점	국적	2022-23시즌 볼프스부르크				포지션
14-5			A	P	P%	
14-0		29-4 2582	3	37.5-29.6	79%	
●28-5 LG-1	독일	DR	TK	IC	★	
●0-0 RG-4		1.8-0.8	2.3-1.5	0.7	6-0	1
●0-0 HG-0						

G	A	SH	SG	PC	P%	SC	BT	DC	TK	IC	CL	CR	BR
상위	상위	상위	상위	상위	상위	상위	상위	하위	하위	하위	상위	하위	하위
7%	36%	23%	9%	44%	40%	38%	39%	26%	36%	47%	47%	46%	46%

Diego RICO
디에고 리코

평점 6.75 · 1993.02.23 / 183cm

스페인의 베테랑 왼쪽 수비수. 폭발적인 공격력이 일품이다. 빠른 스피드를 활용해 오버래핑을 한 뒤 날카로운 크로스를 올리는 직선적인 풀백이다. 매 시즌 어시스트를 심심치 않게 기록한다. 상대 공격을 저지하고 볼을 가로채는데도 능하다. 공중볼 경합도 나쁘지 않다. 잔실수가 많은 것은 아쉬운 부분. 간혹 패스미스로 결정적 실점 빌미를 제공하곤 한다. 시장 가치는 300만 유로, 추정 연봉은 225만 유로.

슈팅-득점	국적	2022-23시즌 레알 소시에다드				포지션
1-0			A	P	P%	
8-0		18-2 1647	0	37.2-29.4	79%	
●9-0 LG-0	스페인	DR	TK	IC	★	
●0-0 RG-0		1.4-0.7	2.5-1.8	1.1	3-0	1
●0-0 HG-0						

G	A	SH	SG	PC	P%	SC	BT	DC	TK	IC	CL	CR	BR
상위	하위	상위	하위	상위	하위	하위	상위	하위	하위	상위	상위	상위	상위
46%	11%	44%	45%	36%	36%	45%	33%	44%	49%	43%	36%	37%	41%

Davide CALABRIA
다비데 칼라브리아

평점 6.75 · 1996.12.06 / 176cm

AC밀란 주장 계보를 잇는 정신적 지주. 10살이던 2006년부터 AC밀란에서만 활약하고 있다. 오른쪽 풀백으로서 빠른 발과 뛰어난 피지컬을 갖추고 있다. 지칠줄 모르는 체력을 바탕으로 엄청난 활동량을 자랑한다. 패스, 드리블 능력도 돋보인다. 패스 플레이나 공간 침투 모두 능하다. 최근 부상이 잦은 편이다. 과거에 비해 스피드가 눈에 띄게 떨어졌다. 시장 가치는 2000만 유로, 추정 연봉은 370만 유로.

슈팅-득점	국적	2022-23시즌 AC 밀란				포지션
4-1			A	P	P%	
12-0		21-4 1697	4	42.2-35.0	83%	
●16-1 LG-0	이탈리아	DR	TK	IC	★	
●0-0 RG-0		0.6-0.1	3.8-2.8	1.4	6-0	1
●0-0 HG-1						

G	A	SH	SG	PC	P%	SC	BT	DC	TK	IC	CL	CR	BR
상위	상위	상위	하위	상위	하위	상위	하위	상위	상위	하위	상위	하위	상위
44%	18%	36%	14%	26%	43%	5%	49%	5%	43%	43%	38%	20%	

Dan BURN
댄 번

평점 6.75 · 1992.05.09 / 198cm

어마무시한 피지컬을 자랑하는 레프트백 겸 센터백. 2m에 가까운 큰 키가 가장 큰 장점이다. 공중볼 장악 능력은 리그 최정상이다. 체격을 바탕으로 일대일 수비에서 상대를 압도한다. 축구 센스도 뛰어나다. 위치선정 능력이 좋고 동료와 패스 연계도 훌륭하게 소화한다. 발이 느리고 크로스 능력도 떨어지는 편. 경기 중 자주 흥분해 경고를 많이 받는다. 시장 가치는 1200만 유로, 추정 연봉은 210만 유로.

슈팅-득점	국적	22-23시즌 뉴캐슬 유나이티드				포지션
19-1			A	P	P%	
2-0		35-3 3117	0	37.7-29.8	79%	
●21-1 LG-0	잉글랜드	DR	TK	IC	★	
●0-0 RG-0		0.8-0.4	2.3-1.5	0.8	6-0	1
●0-0 HG-1						

G	A	SH	SG	PC	P%	SC	BT	DC	TK	IC	CL	CR	BR
하위	하위	하위	하위	하위	하위	하위	하위	하위	하위	하위	상위	하위	하위
42%	11%	47%	35%	49%	36%	5%	37%	16%	36%	43%	2%	2%	18%

Aarón MARTÍN
아론 마르틴

평점 6.74 · 1997.04.22 / 180cm

킥 능력이 탁월한 왼쪽 측면 수비수. 왼쪽 윙어로도 종종 나선다. 최대 장점은 킥이다. 직접 프리킥으로 종종 득점을 올린다. 크로스와 키패스로 어시스트도 자주 기록한다. 볼 컨트롤과 민첩성이 나쁘지 않다. 활동량도 수준급이다. 다른 기량은 아쉽다. 스피드가 느리고 드리블 등 개인기량도 상대를 압도하지 못한다. 패스 정확도도 떨어진다. 시장 가치는 700만 유로, 추정 연봉은 200만 유로.

슈팅-득점	국적	2022-23시즌 마인츠 05				포지션
4-2			A	P	P%	
15-3		20-8 1848	3	24.3-19.7	81%	
●19-5 LG-5	스페인	DR	TK	IC	★	
●8-3 RG-0		0.8-0.4	2.2-1.5	0.6	3-0	1
●1-0 HG-0						

G	A	SH	SG	PC	P%	SC	BT	DC	TK	IC	CL	CR	BR
상위	상위	상위	상위	하위	하위	상위	하위	하위	상위	하위	하위	상위	하위
2%	21%	30%	16%	39%	29%	18%	30%	33%	50%	21%	26%	5%	27%

Antonee ROBINSON
평점 6.74
안토니 로빈슨
1997.08.08 / 183cm

미국 국적이지만 영국에서 태어났고 잉글랜드 시스템에서 자랐다. 미국대표팀 주전 왼쪽 수비수. 카타르월드컵 당시 4경기 모두 풀타임 출전했다. 빠른 스피드를 이용한 오버래핑이 일품이다. 순간적인 가속도가 어마어마하다. 점프력이 좋아 공중볼 경합도 강하다. 패스 정확도는 낮은 편이다. 수비 기술이 떨어져 파울 잦고 카드를 받는 횟수도 많다. 시장 가치는 1200만 유로, 추정 연봉은 150만 유로.

슈팅-득점	국적	2022-23시즌 풀럼				포지션
0-0		35-0	3089	A 1	P 41.7-32.1	P% 77%
3-0						
●3-0 LG-0	미국	DR 2.2-1.2	TK 2.4-1.8	IC 1.6	8-0	★
●0-0 RG-0						
●0-0 HG-0						

G	A	SH	SG	PC	P%	SC	BT	DC	TK	IC	CL	CR	BR
하위 20%	하위 22%	하위 2%	하위 5%	상위 48%	하위 27%	하위 40%	상위 20%	상위 40%	하위 10%	상위 29%	상위 25%	상위 9%	

Marcos LLORENTE
평점 6.74
마르코스 요렌테
1995.01.30 / 184cm

스페인 국가대표 라이트백으로 활약 중. 세컨드 스트라이커와 윙어로도 나서는 멀티 플레이어다. 레알 마드리드 유스 출신. 모델 뺨치는 꽃미남이다. 단단한 피지컬에 스태미너가 좋다. 기동력과 활동량이 돋보인다. 톱클래스 스피드를 자랑한다. 드리블 돌파에 이은 강력한 슈팅이 트레이드마크. 경기 중 집중력이 떨어지고 경기력 기복이 있는 것이 약점. 시장 가치는 3500만 유로, 추정 연봉은 210만 유로.

슈팅-득점	국적	22-23시즌 아틀레티코 마드리드				포지션
16-1		21-1	1712	A 2	P 32.3-27.8	P% 86%
8-0						
●24-1 LG-0	스페인	DR 1.2-0.6	TK 2.1-1.6	IC 0.8	5-0	★
●0-0 RG-1						
●0-0 HG-0						

G	A	SH	SG	PC	P%	SC	BT	DC	TK	IC	CL	CR	BR
상위 39%	상위 41%	상위 15%	상위 9%	상위 33%	상위 28%	상위 12%	상위 16%	상위 58%	상위 29%	상위 39%	상위 4%	상위 39%	상위 44%

Nordi MUKIELE
평점 6.73
노르디 무키엘레
1997.11.01 / 187cm

월등한 체격조건을 갖춘 라이트백. 센터백으로도 활약 가능하다. 프랑스에서 태어났지만 뿌리는 콩고민주공화국이다. 단단한 피지컬을 앞세운 대인마크가 강점이다. 큰 체격에도 스피드가 느리지 않다. 깔끔한 태클로 상대 공격을 끊는다. 우직하고 전투적인 플레이로 공격에 힘을 보탠다. 기술적으로 뛰어난 것은 아니다. 패스 정확도가 낮고 실수가 잦다. 시장 가치는 2000만 유로, 추정 연봉은 840만 유로.

슈팅-득점	국적	2022-23시즌 PSG				포지션
10-0		12-7	1133	A 3	P 31.9-28.1	P% 88%
1-0						
●11-0 LG-0	프랑스	DR 1.2-0.3	TK 2.3-1.7	IC 0.8	0-0	★ 1
●0-0 RG-0						
●0-0 HG-0						

G	A	SH	SG	PC	P%	SC	BT	DC	TK	IC	CL	CR	BR
하위 20%	상위 10%	상위 34%	하위 34%	상위 8%	상위 20%	하위 47%	하위 27%	상위 31%	상위 40%	상위 14%	하위 14%	하위 15%	

Pervis ESTUPIÑÁN
평점 6.73
페르비스 에스투피냔
1998.01.21 / 175cm

에콰도르 대표팀을 이끄는 레프트백. 공수 양면에서 강점을 가진다. 빠른 스피드를 활용해 측면을 돌파한 뒤 크로스나 컷백으로 연결한다. 세트피스 키커를 맡을 정도로 킥이 정확하고 날카롭다. 부지런히 움직이면서 적극적인 압박으로 상대 공격을 괴롭힌다. 드리블 등 개인 기술은 떨어지는 편이다. 피지컬이 취약해 공중볼 경합, 대인마크도 아쉽다. 시장 가치는 2000만 유로, 추정 연봉은 299만 유로.

슈팅-득점	국적	2022-23시즌 브라이튼				포지션
18-1		31-4	2683	A 5	P 46.2-38.8	P% 84%
11-0						
●29-1 LG-1	에콰도르	DR 1.2-0.6	TK 2.6-1.8	IC 1.0	4-0	★ 2
●0-0 RG-0						
●0-0 HG-0						

G	A	SH	SG	PC	P%	SC	BT	DC	TK	IC	CL	CR	BR
하위 47%	상위 17%	상위 24%	상위 42%	상위 16%	상위 23%	하위 13%	상위 48%	상위 26%	상위 13%	상위 32%	상위 18%		

Timothy CASTAGNE
평점 6.73
티모시 카스타뉴
1995.12.05 / 185cm

벨기에 국가대표로 활약 중인 측면 수비수. 양발을 자유롭게 쓰기 때문에 좌우를 가리지 않는 활약이 가능하다. 좋은 피지컬과 운동능력을 보유하고 있다. 활동량이 풍부하고 대인마크 및 공중볼 경합에서 좀처럼 밀리지 않는다. 오버래핑은 물론 가운데로 파고드는 언더래핑에도 능하다. 공격포인트를 심심치 않게 올린다. 크로스나 패스 정확도는 떨어지는 편. 시장 가치는 2800만 유로, 추정 연봉은 389만 유로.

슈팅-득점	국적	2022-23시즌 레스터 시티				포지션
18-2		36-1	3257	A 3	P 40.4-32.7	P% 81%
1-0						
●19-2 LG-1	벨기에	DR 0.8-0.4	TK 3.6-2.5	IC 1.2	3-0	★
●0-0 RG-0						
●0-0 HG-1						

G	A	SH	SG	PC	P%	SC	BT	DC	TK	IC	CL	CR	BR
상위 35%	상위 46%	하위 42%	하위 43%	상위 48%	상위 31%	하위 16%	상위 46%	하위 14%	상위 25%	상위 31%	하위 9%	상위 23%	상위 48%

Emerson ROYAL
평점 6.72
에메르송 로얄
1999.01.14 / 183cm

브라질 출신의 라이트백. 손흥민과 함께 토트넘에서 활약해 국내팬에 친숙하다. 좋은 피지컬과 스피드를 보유한다. 운동능력을 이용한 직선적인 드리블 돌파가 강점이다. 태클이나 대인마크 등 수비 능력도 수준급이다. 태클을 활용해 공을 뺏는데도 능하다. 패스 성공률도 나쁘지 않다. 부정확한 크로스는 최대 약점. 경기 기복이 심한 점도 아쉽다. 시장 가치는 2500만 유로, 추정 연봉은 239만 유로.

슈팅-득점	국적	2022-23시즌 토트넘 핫스퍼				포지션
12-2		20-6	1737	A 1	P 33.1-27.6	P% 83%
5-0						
●17-2 LG-0	브라질	DR 1.2-0.6	TK 2.6-2.1	IC 0.7	2-1	★ 1
●0-0 RG-0						
●0-0 HG-0						

G	A	SH	SG	PC	P%	SC	BT	DC	TK	IC	CL	CR	BR
상위 23%	하위 21%	상위 22%	하위 14%	상위 39%	상위 36%	상위 24%	상위 31%	상위 50%	상위 12%	하위 32%	하위 24%	상위 44%	하위 30%

●	●	●	LG	RG	HG	⬛	⏱	A	P	P%	DR	TK	IC	⬛	★	Ⓖ	Ⓐ	SH	SG	P%	P%	SC	BT	DC	TK	IC	CL	CR	BR
전체 슈팅 시도-득점	직접프리킥 시도-득점	PK 시도-득점	왼발 득점	오른발 득점	헤더 득점	출전횟수 선발-교체	출전시간 분(MIN)	도움	평균 패스 시도-성공	패스 성공률	평균드리블 시도-성공	평균 태클 시도-성공	평균 인터셉트	페어플레이 경고-퇴장	MOM	득점	도움	슈팅 시도	유효 슈팅	패스 성공	패스 성공률	찬스 창출	볼 터치	드리블	태클	인터셉트	클리어링	크로스	리커버리

Yuri BERCHICHE

 평점 6.72
유리 베르치체
1990.02.10 / 181cm

알제리인 아버지와 스페인인 어머니 사이에서 태어났다. 2008년 토트넘에서 이영표와 함께 뛴 적이 있다. 공격력이 돋보이는 풀백이다. 스피드를 바탕으로 왼쪽 측면을 직선적으로 파고든 뒤 크로스를 연결한다. 왼발 킥 능력이 좋아 세트피스 키커로도 종종 나선다. 공중볼 장악 능력도 월등하다. 지나치게 공격적이다보니 뒷공간을 허용하는 일이 잦다. 시장 가치는 200만 유로, 추정 연봉은 420만 유로.

슈팅-득점	국적	2022-23시즌 아슬레틱 빌바오	포지션

14-0 / 14-1

⏱		A	P	P%
27-2	2408	1	42.9-36.1	84%

● 28-1　LG-1
● 0-0　RG-0
● 0-0　HG-0

스페인

DR	TK	IC		★
1.0-0.5	2.8-1.9	1.4		7-1

Ⓖ	Ⓐ	SH	SG	PC	P%	SC	BT	DC	TK	IC	CL	CR	BR
상위	하위	상위	상위	상위	상위	상위	하위	상위	상위	상위	하위	상위	상위
49%	29%	19%	31%	21%	21%	39%	47%	31%	43%	12%	40%	47%	16%

Adam MARUSIC

 평점 6.72
아담 마루시치
1992.10.17 / 185cm

몬테네그로를 대표하는 측면 수비수. 왼쪽, 오른쪽 가리지 않고 나선다. 윙어, 윙포워드도 가능한 멀티 플레이어. 공을 지키는데 능하고 패스의 질과 정확도도 높다. 왕성한 활동량과 상대를 압박하고 상대 패스길을 차단한다. 피지컬도 좋아 경합 상황에서 밀리지 않는다. 뛰어난 스피드에 비해 돌파력이 떨어지는 편. 무리한 수비로 카드를 많이 받는다. 시장 가치는 750만 유로, 추정 연봉은 167만 유로.

슈팅-득점	국적	2022-23시즌 라치오	포지션

4-0 / 12-0

⏱		A	P	P%
31-2	2767	2	47.6-41.9	88%

● 16-0　LG-1
● 0-0　RG-0
● 0-0　HG-0

몬테네그로

DR	TK	IC		★
0.5-0.3	1.7-1.2	1.3		8-1

Ⓖ	Ⓐ	SH	SG	PC	P%	SC	BT	DC	TK	IC	CL	CR	BR
하위	상위	하위	상위	상위	상위	하위	상위	하위	하위	상위	상위	하위	상위
20%	44%	41%	35%	16%	7%	11%	33%	19%	15%	39%	46%	41%	40%

Quentin MERLIN

 평점 6.72
쿠엔탕 메를랑
2002.05.16 / 173cm

미래가 기대되는 젊은 레프트백. 체격은 작지만 다부진 플레이로 두각을 나타내고 있다. 스피드를 바탕으로 측면을 파고든 뒤 크로스로 득점 찬스를 만든다. 안쪽으로 들어와 키패스를 연결하는데도 능하다. 공을 뺏기지 않고 지키면서 세트피스를 유도하는데 강점이 있다. 키가 작고 체중이 덜 나가다보니 대인마크나 공중볼 경합에선 뚜렷한 약점이 있다. 시장 가치는 700만 유로, 추정 연봉은 7만 유로.

슈팅-득점	국적	2022-23시즌 낭트	포지션

6-1 / 9-0

⏱		A	P	P%
22-2	1803	2	37.4-29.2	78%

● 15-1　LG-1
● 1-0　RG-0
● 0-0　HG-0

프랑스

DR	TK	IC		★
1.6-0.9	2.1-1.3	1.1		2-0	1

Ⓖ	Ⓐ	SH	SG	PC	P%	SC	BT	DC	TK	IC	CL	CR	BR
상위	상위	상위	상위	상위	하위	상위	상위	상위	하위	상위	하위	상위	상위
43%	45%	42%	49%	38%	27%	14%	30%	28%	26%	26%	25%	9%	42%

Deiver MACHADO

 평점 6.71
데이베르 마차도
1993.09.02 / 180cm

콜롬비아 출신의 레프트백. 레프트 윙어로도 가끔 나선다. 개인 돌파보다는 동료와 패스 연계로 찬스를 만든다. 크로스와 키패스 모두 능하다. 후방 빌드업에도 적극 참여한다. 수비 기여도 높다. 부지런히 움직이고 적극적인 압박을 통해 상대 공격을 차단한다. 피지컬이 약하고 수비 스킬이 떨어진다. 무리한 파울로 경고를 종종 받는다. 시장 가치는 300만 유로, 추정 연봉은 54만 유로.

슈팅-득점	국적	2022-23시즌 랑스	포지션

9-3 / 9-1

⏱		A	P	P%
26-7	2206	3	20.2-17.4	86%

● 18-4　LG-1
● 1-0　RG-2
● 0-0　HG-1

콜롬비아

DR	TK	IC		★
1.6-0.5	1.7-1.3	0.6		5-1	2

Ⓖ	Ⓐ	SH	SG	PC	P%	SC	BT	DC	TK	IC	CL	CR	BR
상위	상위	상위	상위	하위	상위	하위	상위	하위	하위	하위	하위	상위	하위
8%	29%	38%	25%	10%	22%	31%	47%	43%	36%	8%	48%	16%

James JUSTIN

평점 6.71
제임스 저스틴
1998.02.23 / 183cm

4부리그 팀 루턴 타운을 두 시즌 연속 승격시켜 화제가 된 주인공. 2022년 6월에는 잉글랜드 대표팀 데뷔전을 치렀다. 인터뷰에서 손흥민을 가장 막기 힘든 선수로 꼽았다. 주포지션은 왼쪽 풀백이지만 오른쪽도 가능하다. 공을 잘 다루고 킥력이 좋다. 날카로운 크로스 실력을 뽐낸다. 종종 치명적인 실수를 범한다. 최근 큰 부상이 잦아 미래가 불투명하다. 시장 가치는 2500만 유로, 추정 연봉은 180만 유로.

슈팅-득점	국적	2022-23시즌 레스터 시티	포지션

1-0 / 4-0

⏱		A	P	P%
14-0	1254	3	48.5-39.8	82%

● 5-0　LG-0
● 0-0　RG-0
● 0-0　HG-0

잉글랜드

DR	TK	IC		★
1.4-0.4	1.8-1.4	1.1		0-0

Ⓖ	Ⓐ	SH	SG	PC	P%	SC	BT	DC	TK	IC	CL	CR	BR
하위	하위	하위	상위	상위	하위	상위	하위	상위	상위	상위	상위	하위	하위
20%	11%	23%	5%	49%	26%	21%	23%	11%	18%	41%	3%	49%	11%

Alfonso PEDRAZA

 평점 6.70
알폰소 페드라사
1996.04.09 / 184cm

스피드와 활동량이 돋보이는 왼쪽 수비수. 기동력을 앞세운 공격능력이 탁월하다. 프로 초창기에는 레프트 윙어로 활약하다 레프트백으로 자리를 옮겼다. 왼발로 크로스나 컷백을 연결해 찬스를 만든다. 공격이 안풀리면 직접 골문을 노리기도 한다. 공격에 비해 수비력은 떨어진다. 스피드로 뒷공간을 커버하지만 기본적인 수비 스킬이 떨어진다. 시장 가치는 1500만 유로, 추정 연봉은 220만 유로.

슈팅-득점	국적	2022-23시즌 비야레알	포지션

18-0 / 8-0

⏱		A	P	P%
20-6	1636	3	23.3-19.1	82%

● 26-0　LG-0
● 0-0　RG-0
● 0　HG-0

스페인

DR	TK	IC		★
2.3-0.9	1.7-1.3	0.7		5-0

Ⓖ	Ⓐ	SH	SG	PC	P%	SC	BT	DC	TK	IC	CL	CR	BR
하위	상위	하위	상위	상위	하위	상위	하위	상위	하위	하위	하위	하위	하위
20%	6%	6%	3%	48%	48%	28%	19%	47%	49%	35%	19%	20%

전체슈팅 직접프리킥 PK 왼발 오른발 헤더 출전횟수 출전시간 A P P% DR TK IC MOM G A SH SG PC SC BT DC TK IC CL CR BR
시도-득점 시도-득점 시도-득점 득점 득점 득점 선발·교체 분(MIN) 도움 평균패스 패스 패스드리블 평균태클 평균 페어플레이 득점 도움 슈팅 유효 패스 패스기회 볼터치 드리블 태클 인터셉트 클리어링 크로스 리커버리
시도-성공 성공률 시도-성공 시도-성공 인터셉트 경고-퇴장 시도 슈팅 성공 성공률 창출 성공

Christopher TRIMMEL
평점 6.70
크리스토퍼 트리멜
1987.02.24 / 189cm

오스트리아 출신 라이트백. 2009년부터 국가대표로 활약했다. 킥 능력이 최대 강점. 프리킥 등 세트피스 전담 키커를 맡는다. 롱패스 한 방으로 종종 찬스를 만든다. 대인마크 등 수비력도 갖춰 센터백으로도 가끔 나선다. 장신을 활용한 공중볼 장악도 확실하다. 패스 정확도는 떨어진다. 원래 스피드가 좋은 편이 아닌데 나이 들면서 약점이 더 두드러진다. 시장 가치는 80만 유로, 추정 연봉은 68만 유로.

슈팅-득점	국적	2022-23시즌 우니온 베를린				포지션
10-0		A	P	P%		
4-0		20-5 1811	6	25.1-16.8	67%	
●14-0 LG-0	오스트리아	DR	TK	IC	★	
●1-0 RG-0						
●0-0 HG-0		0.6-0.3 1.7-1.2	1.1	1-0	0	

G	A	SH	SG	PC	P%	SC	BT	DC	TK	IC	CL	CR	BR

Benjamin HENRICHS
평점 6.70
벤냐민 헨리크스
1997.02.23 / 185cm

독일인 아버지와 가나인 어머니 사이에서 태어났다. 라이프치히 시절 황희찬과 절친이었다. 주포지션은 라이트백이지만 레프트백과 미드필더도 소화 가능할 만큼 다재다능하다. 볼을 다루는 기술과 패스 능력이 돋보인다. 크로스도 수준급이다. 뛰어난 운동능력을 바탕으로 수비도 무난하게 해낸다. 다만 무리한 파울로 경고를 자주 받는다. 잔부상도 잦은 편. 시장 가치는 1500만 유로, 추정 연봉은 380만 유로.

슈팅-득점	국적	2022-23시즌 RB 라이프치히				포지션
13-1		A	P	P%		
18-1		23-7 2188	2	43.5-33.9	78%	
●31-2 LG-0	독일	DR	TK	IC	★	
●0-0 RG-2						
●0-0 HG-0		1.4-0.8 3.2-2.4	1.2	8-0	0	

G	A	SH	SG	PC	P%	SC	BT	DC	TK	IC	CL	CR	BR
상위	상위	상위	하위	상위	상위	상위	상위	상위	상위	상위	하위	하위	상위
26%	49%	11%	46%	24%	57%	43%	15%	39%	7%	16%	42%	33%	12%

Gideon MENSAH
평점 6.70
기데온 멘사
1998.07.18 / 178cm

가나 대표팀 레프트백. 카타르월드컵 한국전에 선발출전했다. 왼쪽 미드필더로도 간혹 나선다. 빠른 스피드와 저돌적인 움직임이 돋보인다. 공격적인 성향이 뚜렷하고 드리블과 크로스 능력을 겸비했다. 압박도 열심히 하고 공중볼도 잘 따낸다. 기술적인 세밀함은 떨어진다. 경기 중 실수가 많은 편이다. 수비 스킬이 떨어지고 공을 자주 뺏기는 편이다. 시장 가치는 200만 유로, 추정 연봉은 42만 유로.

슈팅-득점	국적	2022-23시즌 오세르				포지션
1-0		A	P	P%		
4-0		26-0 2263	0	43.9-35.1	80%	
●5-0 LG-0	가나	DR	TK	IC	★	
●0-0 RG-0						
●0-0 HG-0		2.3-1.3 4.3-3.1	1.6	5-0	2	

G	A	SH	SG	PC	P%	SC	BT	DC	TK	IC	CL	CR	BR
하위	하위	하위	하위	상위	상위	하위	상위	상위	상위	하위	상위	상위	상위
20%	11%	8%	15%	34%	49%	49%	24%	26%	4%	11%	31%	47%	1%

Pasquale MAZZOCCHI
평점 6.70
파스콸레 마초키
1995.07.27 / 183cm

2022년 9월 이탈리아 대표팀 데뷔전을 치렀다. 프로 데뷔 후 2, 3부리그를 전전하다 뒤늦게 빛을 보기 시작했다. 레프트백과 레프트 윙어를 비슷한 비율로 맡는다. 오른쪽 윙백으로도 기용된다. 장점은 스피드를 활용한 드리블 돌파. 크로스로 찬스를 만들지만 공격이 안풀리면 직접 골문을 노린다. 패스 성공률은 높지 않은 편. 압박에 취약한 면도 있다. 시장 가치는 500만 유로, 추정 연봉은 30만 유로.

슈팅-득점	국적	2022-23시즌 살레르니타나				포지션
8-1		A	P	P%		
10-1		23-4 1968	3	44.1-35.3	80%	
●18-2 LG-1	이탈리아	DR	TK	IC	★	
●1-0 RG-1						
●0-0 HG-0		3.8-2.1 1.9-1.2	0.4	2-0	1	

G	A	SH	SG	PC	P%	SC	BT	DC	TK	IC	CL	CR	BR
상위	상위	상위	상위	상위	하위	상위	하위	상위	상위	하위	하위	상위	상위
20%	24%	33%	28%	29%	16%	22%	1%	9%	34%	20%	31%

G	A	SH	SG	PC	P%	SC	BT	DC	TK	IC	CL	CR	BR

Rasmus KRISTENSEN
평점 6.70
래스무스 크리스턴슨
1997.07.11 / 187cm

월등한 피지컬을 자랑하는 라이트백 겸 윙어. 2021년부터 덴마크 국가대표로 활약 중이다. 당찬 체격에 뛰어난 기동력을 겸비했다. 대인마크, 공중볼 처리 등 경합 상황에서 강점이 있다. 세트피스 공격에서도 위협적이다. 경기 집중력이 높고 투쟁심도 강하다. 순간 스피드를 활용한 돌파력이 만만치 않다. 기술은 투박하다. 크로스 등 패스력이 아쉽다. 시장 가치는 1500만 유로, 추정 연봉은 240만 유로.

슈팅-득점	국적	2022-23시즌 리즈 유나이티드				포지션
10-2		A	P	P%		
3-1		21-5 1962	1	32.3-22.3	69%	
●13-3 LG-0	덴마크	DR	TK	IC	★	
●0-0 RG-3						
●0-0 HG-0		0.6-0.3 3.8-2.5	1.2	4-0	0	

G	A	SH	SG	PC	P%	SC	BT	DC	TK	IC	CL	CR	BR
상위	하위	하위	상위	상위	하위	하위	상위	하위	상위	상위	상위	상위	하위
10%	36%	46%	35%	26%	15%	10%	32%	16%	11%	7%	17%	24%	47%

Aitor RUIBAL
평점 6.69
아이토르 루이발
1996.03.22 / 176cm

오른발 쓰는 라이트백. 오른쪽 미드필더와 윙어도 소화 가능하다. 왕성한 활동량을 바탕으로 팀에 공격 기회를 만들어준다. 과감한 드리블로 상대 수비를 흔들고 파울을 이끌어낸다. 수비에선 쉴틈 없는 압박이 일품이다. 깔끔한 태클과 위치선정으로 공을 가로채는 데도 능하다. 크로스 등 패스나 킥 능력이 떨어지다보니 강한 인상을 주지 못한다. 시장 가치는 500만 유로, 추정 연봉은 44만 유로.

슈팅-득점	국적	2022-23시즌 레알 베티스				포지션
7-0		A	P	P%		
8-0		15-11 1451	0	26.0-20.3	78%	
●15-0 LG-0	스페인	DR	TK	IC	★	
●0-0 RG-0						
●0-0 HG-0		2.6-1.3 2.9-1.8	0.9	4-1	2	

G	A	SH	SG	PC	P%	SC	BT	DC	TK	IC	CL	CR	BR
상위	하위	상위	하위	상위	상위	상위	하위	상위	상위	상위	하위	상위	상위
22%	14%	22%	13%	44%	43%	34%	5%	8%	38%	25%	22%

전체 슈팅 ● 직접프리킥 ● PK ● LG 왼발 RG 오른발 HG 헤더 시도-득점 시도-득점 시도-득점 득점 득점 득점 ⏱ 출전횟수 선발-교체 A 출전시간 분(MIN) P 도움 P% 평균 패스 시도-성공 DR 패스 성공율 TK 평균드리블 시도-성공 IC 평균 태클 시도-성공 ★ 평균 인터셉트 시도-성공 G 페어플레이 경고-퇴장 A MOM 득점 SH 도움 SG 슈팅 시도 PC 유효 슈팅 P% 패스 성공 SC 패스 성공율 BT 슈팅기회 창출 DC 볼 터치 TK 드리블 성공 IC 태클 CL 인터셉트 CR 클리어링 BR 크로스 리커버리

Youssouf SABALY

평점 6.69 유수프 사발리　　1993.03.05 / 173cm

세네갈 국가대표 라이트백. 프랑스에서 태어났지만 국가대표는 세네갈을 선택했다. PSG 유스 출신이다. 월등한 스피드와 풍부한 활동량이 돋보이는 측면 자원. 운동능력을 활용한 직선적인 돌파가 장점이다. 윙어나 윙포워드로도 활약 가능하다. 왕성한 스태미너를 바탕으로 수비에서도 기여도가 높다. 세밀함은 떨어지는 편. 뒷공간을 비우는 일이 많다. 시장 가치는 500만 유로, 추정 연봉은 75만 유로.

슈팅-득점	국적	2022-23시즌 레알 베티스					포지션
5-0		⏱	A	P	P%		
7-1		19-4 1681	1	33.5-27.8	83%		
● 12-1 LG-1		DR	TK	IC	★		
● 0-0 RG-0	세네갈	1.7-0.8	2.5-2.0	0.8	2-0		
● 0-0 HG-0							

G	A	SH	SG	PC	P%	SC	BT	DC	TK	IC	CL	CR	BR
상위	상위	상위	하위	상위	상위	하위	상위	상위	상위	상위	상위	하위	상위
39%	41%	46%	47%	47%	25%	37%	47%	17%	24%	32%	17%	10%	38%

Sergi ROBERTO

평점 6.69 세르지 로베르토　　1992.02.07 / 178cm

바르셀로나 유스 출신. 데뷔 후 줄곧 바르셀로나서 활약 중이다. 다재다능함이 돋보이는 라이트백 겸 중앙 미드필더. 센터백과 최전방 공격수를 제외한 모든 포지션을 소화하는 멀티 플레이어다. 각 포지션에서 최고는 아니어도 기본 이상은 해낸다. 드리블, 패스 등 기본기가 탄탄하고 축구 지능이 높다. 최근 잔부상이 잦다. 신체적 능력 감퇴가 뚜렷하다. 시장 가치는 600만 유로, 추정 연봉은 500만 유로.

슈팅-득점	국적	2022-23시즌 FC 바르셀로나					포지션
13-4		⏱	A	P	P%		
5-0		15-8 1309	1	36.2-33.7	93%		
● 18-4 LG-0		DR	TK	IC	★		
● 0-0 RG-4	스페인	0.6-0.2	1.4-1.0	0.6	3-0		
● 0-0 HG-0							

G	A	SH	SG	PC	P%	SC	BT	DC	TK	IC	CL	CR	BR
하위	상위	하위	하위	하위	하위	상위	상위	하위	하위	하위	하위	하위	하위
2%	18%	12%	7%	8%	2%	39%	46%	10%	25%	31%	3%	21%	15%

Marcos ACUÑA

평점 6.69 마르코스 아쿠냐　　1991.10.28 / 172cm

아르헨티나의 카타르월드컵 우승 주역이다. 주포지션은 레프트백이지만, 왼쪽 측면 모든 포지션은 물론 중앙 미드필더까지 소화 가능하다. 빠른 스피드와 왕성한 활동량이 일품. 투지 넘치는 플레이로 팀에 활기를 불어넣는다. 공을 간수하는 능력이 좋고 크로스도 수준급. 키가 작아 공중볼 경합에 취약하다. 저돌적인 스타일 탓에 잔부상도 많은 편. 시장 가치는 1200만 유로, 추정 연봉은 290만 유로.

슈팅-득점	국적	2022-23시즌 세비야					포지션
7-2		⏱	A	P	P%		
14-1		21-9 1917	2	32.7-26.5	81%		
● 21-3 LG-2		DR	TK	IC	★		
● 1-0 RG-0	아르헨티나	1.8-0.9	2.3-1.9	0.8	9-3	1	
● 0-0 HG-1							

G	A	SH	SG	PC	P%	SC	BT	DC	TK	IC	CL	CR	BR
상위	상위	상위	상위	상위	하위	상위	상위	상위	상위	하위	하위	상위	상위
18%	41%	26%	33%	45%	26%	22%	30%	17%	11%	45%	32%	7%	13%

Pablo MAFFEO

평점 6.68 파블로 마페오　　1997.07.12 / 172cm

아버지는 이탈리아, 어머니는 아르헨티나 출신. 본인은 스페인에서 태어났다. 삼중국적 보유자. 투지 넘치는 플레이가 돋보인다. 직접 드리블 돌파 후 크로스 능력이 뛰어나다. 빠른 발과 왕성한 활동량도 보유하고 있다. 대인마크 능력도 좋아 상대 에이스 전담 수비수로 나선다. 축구 센스는 높지 않다. 거친 행동으로 마찰과 논란을 종종 일으킨다. 시장 가치는 800만 유로, 추정 연봉은 98만 유로.

슈팅-득점	국적	2022-23시즌 마요르카					포지션
15-2		⏱	A	P	P%		
6-0		34-1 2980	4	24.2-17.2	71%		
● 21-2 LG-0		DR	TK	IC	★		
● 0-0 RG-0	스페인	2.4-1.0	3.1-2.1	0.7	6-1	3	
● 0-0 HG-2							

G	A	SH	SG	PC	P%	SC	BT	DC	TK	IC	CL	CR	BR
상위	상위	하위	하위	하위	하위	하위	상위	하위	상위	하위	상위	상위	하위
32%	31%	49%	37%	5%	9%	41%	7%	24%	33%	28%	35%	26%	22%

Melvin BARD

평점 6.67 멜빙 바르　　2000.11.06 / 173cm

체격은 작지만 다부짐이 돋보이는 레프트백. 왼쪽 윙어로도 활약한다. 수비적 기여가 높다. 축구 지능이 높아 상대 공격을 예측하고 공을 가로채는데 능하다. 나이에 비해 침착하고 영리한 플레이를 펼친다. 단신이지만 공중볼 다툼에서도 크게 밀리지 않는다. 과감한 태클로 공을 따내곤 한다. 공격적인 역할은 떨어진다. 킥의 질이나 정확도가 좋지 않다. 시장 가치는 800만 유로, 추정 연봉은 20만 유로.

슈팅-득점	국적	2022-23시즌 니스					포지션
6-0		⏱	A	P	P%		
1-0		28-5 2460	0	37.6-30.8	82%		
● 7-0 LG-0		DR	TK	IC	★		
● 0-0 RG-0	프랑스	1.7-0.8	3.7-2.8	1.9	6-0		
● 0-0 HG-0							

G	A	SH	SG	PC	P%	SC	BT	DC	TK	IC	CL	CR	BR
하위	하위	하위	하위	상위	상위	상위	상위	상위	상위	상위	하위	상위	상위
20%	11%	11%	26%	36%	33%	35%	35%	35%	35%	30%	22%	50%	15%

● 전체 슈팅 시도-득점	● 직접프리킥 시도-득점	● PK 시도-득점	LG 왼발 득점	RG 오른발 득점	HG 헤더 득점	출전횟수 선발-교체	출전시간(MIN)	A 도움	P 평균 패스 시도-성공	P% 패스 성공율	DR 평균드리블 시도-성공	TK 평균 태클 시도-성공	IC 평균 인터셉트	페어플레이 경고-퇴장	★ MOM	G 득점	A 도움	SG 슈팅 시도	SG 유효 슈팅	PC 패스 성공	P% 패스 성공율	SC 슈팅기회 창출	BT 볼 터치	DC 드리블 성공	TK 태클 성공	IC 인터셉트	CL 클리어링	CR 크로스	BR 리커버리

Matteo DARMIAN
평점 6.67 · 마테오 다르미안 · 1989.12.02 / 183cm

양발을 모두 잘 쓰는 측면 수비수. 오른쪽과 왼쪽 모두 가능하고 센터백으로도 활약한다. 수비에 강점이 있는 전통적인 풀백이다. 무리하게 몸을 쓰기 보다 영리한 움직임으로 수비를 펼친다. 위치 선정과 테크닉으로 깔끔하게 공을 따낸다. 대인마크 능력도 상당하다. 수비에 비해 공격은 아쉽다. 크로스 정확도가 떨어진다. 운동능력도 좋은 편이 아니다. 시장 가치는 400만 유로, 추정 연봉은 321만 유로.

슈팅-득점	국적	2022-23시즌 인테르 밀란	포지션
3-1 / 4-0	이탈리아	24-7 · 2032 · A:2 · P:40.0-34.7 · P%:87%	
● 7-1 LG-0 · ○ 0-0 RG-1 · ○ 0-0 HG-0		DR 0.8-0.3 · TK 2.3-1.8 · IC 3-0 · ★ 0	

G	A	SH	SG	PC	P%	SC	BT	DC	TK	IC	CL	CR	BR
하위 44%	하위 46%	하위 14%	하위 13%	상위 29%	상위 9%	하위 15%	상위 49%	하위 15%	상위 25%	상위 25%	상위 49%	하위 12%	하위 22%

Thierry CORREIA
평점 6.67 · 티에리 코헤이아 · 1999.03.09 / 176cm

부모가 카보베르데 출신 이민자다. 빠른 스피드와 왕성한 활동량을 가진 라이트백이다. 레프트백으로도 좋은 모습을 보여준다. 강한 체력과 기동력을 바탕으로 쉴새없이 압박을 시도한다. 태클이나 인터셉트 능력도 나쁘지 않다. 키는 작은 편이지만 점프력이 좋아 공중볼 경합에 강하다. 크로스 정확도가 떨어진다. 경기력 기복이 심하다는 점도 아쉬움. 시장 가치는 1200만 유로, 추정 연봉은 184만 유로.

슈팅-득점	국적	2022-23시즌 발렌시아	포지션
4-0 / 2-0	포르투갈	24-3 · 2015 · A:0 · P:39.9-31.6 · P%:79%	
● 6-0 LG-0 · ○ 0-0 RG-0 · ○ 0-0 HG-0		DR 1.3-0.5 · TK 3.5-2.6 · IC 0.9 · ★ 0	

G	A	SH	SG	PC	P%	SC	BT	DC	TK	IC	CL	CR	BR
하위 20%	하위 11%	하위 12%	하위 5%	상위 28%	상위 46%	하위 17%	상위 45%	상위 5%	상위 42%	상위 28%	상위 25%	상위 12%	

WILFRIED SINGO
평점 6.66 · 윌프리드 싱고 · 2000.12.25 / 190cm

코트디부아르의 차세대 라이트백 주역. 당당한 체격이 돋보인다. 오른쪽 윙어와 윙포워드로도 활약한다. 기동력이 좋은데다 순간 스피드가 단연 돋보인다. 피지컬을 활용해 공을 잘 지킨다. 체력이 좋고 많이 움직이는 스타일. 공격에 나섰다가 수비로 전환하는 속도가 빠르다. 기술이 뛰어난 편이 아니다. 플레이가 투박하고 기복이 심한 편이다. 시장 가치는 1400만 유로, 추정 연봉은 26만 유로.

슈팅-득점	국적	2022-23시즌 토리노	포지션
28-2 / 6-0	코트디부아르	24-7 · 2056 · A:1 · P:28.6-22.0 · P%:77%	
● 34-2 LG-1 · ○ 0-0 RG-1 · ○ 0-0 HG-0		DR 1.8-1.1 · TK 1.1-0.9 · IC 0.4 · ★ 0	

G	A	SH	SG	PC	P%	SC	BT	DC	TK	IC	CL	CR	BR
상위 21%	하위 36%	상위 4%	상위 7%	하위 41%	하위 37%	하위 48%	하위 36%	상위 13%	하위 6%	하위 7%	하위 22%	하위 47%	하위 29%

Patrick CIURRIA
평점 6.66 · 파트리크 치우리아 · 1995.02.09 / 178cm

왼발을 잘쓰는 라이트백이다. 공격적인 성향이 뚜렷하다. 윙어는 물론 공격형 미드필더까지 가능하다. 기회가 생기면 적극적으로 득점을 노린다. 페널티박스 밖에서 때리는 중거리 슛이 위협적이다. 공격으로 올라온 뒤 전방에 찔러주는 키패스도 장점이다. 수비는 잘하는 편이 아니다. 공중볼 경합과 몸싸움에 약점이다. 옐로카드도 종종 받는다. 시장 가치는 350만 유로, 추정 연봉은 126만 유로.

슈팅-득점	국적	2022-23시즌 몬차	포지션
22-5 / 28-1	이탈리아	31-5 · 2757 · A:5 · P:30.1-24.9 · P%:83%	
● 50-6 LG-4 · ○ 0-0 RG-2 · ○ 0-0 HG-0		DR 1.5-0.5 · TK 1.3-0.9 · IC 1 · 경고 4-0 · ★ 3	

G	A	SH	SG	PC	P%	SC	BT	DC	TK	IC	CL	CR	BR
상위 4%	하위 19%	상위 2%	상위 1%	하위 29%	상위 35%	상위 40%	하위 13%	상위 43%	하위 2%	하위 1%	하위 5%	상위 36%	하위 11%

ANGELIÑO
평점 6.66 · 앙헬리뇨 · 1997.01.04 / 171cm

공격 가담에 특화된 왼쪽 윙백. 풀백 보다는 스리백 전술에서 윙백에 어울린다. 왼발로 올리는 날카로운 크로스나 컷백이 최대 장점. 측면 공격에서 영향력이 절대적이다. 문전으로 찔러주는 키패스가 위협적이다. 어시스트 생산 능력이 탁월하다. 패스 정확도는 높지 않다. 수비력도 부족한 편이다. 대인마크 상황에서 집중력이 떨어져 쉽게 뚫린다. 시장 가치는 1400만 유로, 추정 연봉은 470만 유로.

슈팅-득점	국적	2022-23시즌 호펜하임	포지션
10-0 / 11-0	스페인	30-3 · 2622 · A:9 · P:32.7-22.2 · P%:68%	
● 21-0 LG-0 · ● 4-0 RG-0 · ○ 0-0 HG-0		DR 0.8-0.4 · TK 1.6-1.2 · IC 0.8 · 경고 2-0 · ★ 1	

G	A	SH	SG	PC	P%	SC	BT	DC	TK	IC	CL	CR	BR
하위 20%	상위 4%	상위 40%	상위 42%	하위 30%	하위 9%	상위 14%	상위 46%	상위 24%	하위 35%	하위 33%	상위 8%	상위 25%	하위 29%

Mikkel DESLER
평점 6.65 · 미켈 데슬러 · 1995.02.19 / 184cm

좋은 체격조건을 갖춘 라이트백. 프로 선수 데뷔 당시 '덴마크의 다니엘레 데 로시'로 기대를 한몸에 받았다. 좋은 스피드와 피지컬을 앞세워 수비 기여도가 높다. 공을 지키는데 능하고 공중볼 경합에서 밀리지 않는다. 태클 등으로 공을 따내는데 강점이 있다. 테크닉면에서 뛰어난 선수는 아니다. 공격적인 면에서 뚜렷한 강점이 보이지 않는다. 시장 가치는 250만 유로, 추정 연봉은 60만 유로.

슈팅-득점	국적	2022-23시즌 툴루즈	포지션
7-1 / 4-0	덴마크	26-1 · 2262 · A:2 · P:49.1-42.3 · P%:86%	
● 11-1 LG-0 · ○ 0-0 RG-1 · ○ 0-0 HG-0		DR 1.9-1.0 · TK 3.5-2.6 · IC 1.3 · 경고 4-1 · ★ 1	

G	A	SH	SG	PC	P%	SC	BT	DC	TK	IC	CL	CR	BR
상위 46%	상위 47%	상위 33%	상위 46%	상위 9%	상위 47%	하위 16%	상위 15%	하위 49%	상위 17%	상위 45%	상위 25%	상위 15%	

●	●	●	LG	RG	HG	🏁	⏱	Ⓐ	Ⓟ	Ⓟ%	DR	TK	IC	⬛⬜	★	Ⓖ	Ⓐ	SH	SG	PC	❯	SC	BT	❯	TK	IC	CL	CR	BR
전체 슈팅 시도-득점	직접프리킥 시도-득점	PK 시도-득점	왼발 득점	오른발 득점	헤더 득점	출전횟수 선발·교체	출전시간 분(MIN)	도움	평균 패스 시도-성공	패스 성공률	평균드리블 시도-성공	평균 태클 시도-성공	평균 인터셉트	경고·퇴장	페어플레이 MOM	득점	도움	슈팅 시도	유효 슈팅	패스 성공	패스 성공률	슈팅기회 창출	볼터치	드리블	태클	인터셉트	클리어링	크로스	리커버리

평점 6.65 Joël VELTMAN
조엘 펠트만   1992.01.15 / 184cm

센터백과 라이트백을 모두 소화하는 멀티 플레이어. 수비 범위가 넓고 위치선정 능력도 나쁘지 않다. 꾸준히 안정적인 플레이를 펼친다. 태클을 통해 공을 따내는 것도 능하다. 기본기가 탄탄하고 패스 정확도도 높다. 공중볼 경합에서도 강점이 있다. 공격적인 부분에선 장점이 보이지 않는다. 스피드가 좋은 편은 아니라 빠른 공격수에게 고전한다. 시장 가치는 1000만 유로, 추정 연봉은 240만 유로.

슈팅-득점	국적	2022-23시즌 브라이튼	포지션
10-1 / 5-0	🇳🇱 네덜란드	⏱ 25-6 ⏱ 2196 Ⓐ 1 Ⓟ 42.0-35.7 Ⓟ% 85%	
● 15-1 LG-0		DR 0.6-0.2 TK 2.6-2.0 IC ⬛6-0	
● 0-0 RG-0			
● 0-0 HG-0			

Ⓖ	Ⓐ	SH	SG	PC	P%	SC	BT	DC	TK	IC	CL	CR	BR
상위	하위	하위	상위	상위	상위	하위	상위	하위	상위	하위	상위	하위	상위
45%	33%	48%	40%	17%	18%	20%	19%	5%	19%	28%	45%	7%	31%

평점 6.65 Arnau MARTINEZ
아르나우 마르티네스   2003.04.25 / 182cm

바르셀로나 유스 출신의 라이트백. 리그 정상급 오른쪽 풀백으로 떠오르고 있다. 좋은 피지컬에 스피드와 돌파력을 겸비했다. 공격적인 재능과 성향이 뚜렷하다. 정확한 크로스나 키패스로 동료의 득점을 돕는다. 공격이 풀리지 않을 때는 직접 골문을 노린다. 공중볼 경합에서도 강점이 있다. 아직 어리다보니 세기는 다소 부족하다. 카드도 많이 받는 편. 시장 가치는 1500만 유로, 추정 연봉은 40만 유로.

슈팅-득점	국적	2022-23시즌 히로나	포지션
19-3 / 1-0	🇪🇸 스페인	⏱ 32-1 ⏱ 2737 Ⓐ 4 Ⓟ 38.3-31.4 Ⓟ% 82%	
● 20-3 LG-1		DR 1.6-0.8 TK 3.5-2.1 IC 0.8 ⬛11-0 ★2	
● 0-0 RG-1			
● 0-0 HG-1			

Ⓖ	Ⓐ	SH	SG	PC	P%	SC	BT	DC	TK	IC	CL	CR	BR
상위	상위	상위	하위	상위	상위	상위	하위	상위	상위	상위	하위	하위	상위
16%	26%	47%	32%	41%	25%	26%	39%	33%	31%	38%	33%	46%

평점 6.64 Denzel DUMFRIES
덴젤 둠프리스   1996.04.18 / 188cm

뛰어난 피지컬과 운동능력을 겸비한 라이트백. 아루바인 아버지와 수리남인 어머니 사이에서 태어났다. 공격적 성향이 뚜렷하다. 순간 스피드를 활용해 상대 깊숙한 곳까지 빠르게 파고든 뒤 크로스나 컷백을 연결한다. 기회가 오면 직접 슈팅도 아끼지 않는다. 피지컬로 밀어붙이는 수비도 나쁘지 않다. 공중볼 장악능력은 탁월. 패싱 정확도는 아쉽다. 시장 가치는 2800만 유로, 추정 연봉은 321만 유로.

슈팅-득점	국적	2022-23시즌 인테르 밀란	포지션
33-1 / 0-0	🇳🇱 네덜란드	⏱ 25-9 ⏱ 2223 Ⓐ 4 Ⓟ 22.2-17.5 Ⓟ% 79%	
● 33-1 LG-0		DR 1.7-0.7 TK 1.5-1.0 IC 0.4 ⬛4-0 ★	
● 0-0 RG-0			
● 0-0 HG-0			

Ⓖ	Ⓐ	SH	SG	PC	P%	SC	BT	DC	TK	IC	CL	CR	BR
상위	상위	상위	상위	하위	상위	상위	하위	상위	하위	하위	하위	상위	하위
34%	33%	9%	4%	9%	21%	26%	8%	43%	12%	11%	15%	42%	1%

평점 6.64 Juan BERNAT
후안 베르나트   1993.03.01 / 177cm

원래 윙어였지만 풀백으로 변경 후 빛을 보기 시작했다. 폭발적인 공격력이 일품. 월등한 스피드와 부드러운 볼 컨트롤 능력을 보유했다. 축구 센스가 높은데다 기본기도 탄탄해 팀 플레이의 중심을 잡아준다. 빠르게 침투한 뒤 왼발로 올리는 크로스나 컷백이 날카롭다. 중요한 경기에서 결정적 득점을 종종 넣는다. 수비 시 뒷공간을 자주 내주는 것은 약점이다. 시장 가치는 1200만 유로, 추정 연봉은 876만 유로.

슈팅-득점	국적	2022-23시즌 PSG	포지션
7-1 / 0-0	🇪🇸 스페인	⏱ 18-10 ⏱ 1648 Ⓐ 4 Ⓟ 33.8-31.4 Ⓟ% 93%	
● 7-1 LG-1		DR 1.4-0.8 TK 1.8-1.1 IC 0.3 ⬛1-0 ★0	
● 0-0 RG-0			
● 0-0 HG-0			

Ⓖ	Ⓐ	SH	SG	PC	P%	SC	BT	DC	TK	IC	CL	CR	BR
상위	상위	하위	상위	상위	상위	하위	상위	상위	하위	하위	하위	하위	하위
40%	14%	19%	26%	12%	4%	45%	43%	29%	4%	9%	3%	5%	13%

평점 6.64 Ferland MENDY
페를랑 멘디   1995.06.08 / 180cm

주가가 급부상한 레프트백. 장신은 아니지만 단단한 피지컬을 바탕으로 다부진 플레이를 펼친다. 운동능력이 탁월하고 기동력과 활동량이 돋보인다. 양발을 자유자재로 사용한다. 왼쪽 측면에서 오른발로 연결하는 패스나 슈팅이 위협적이다. 후방 빌드업에도 적극 참여한다. 기분에 따라 경기력 기복이 심한 것은 단점. 실수가 많은 편이며 잔부상이 잦다. 시장 가치는 3500만 유로, 추정 연봉은 1042만 유로.

슈팅-득점	국적	2022-23시즌 레알 마드리드	포지션
1-0 / 0-0	🇫🇷 프랑스	⏱ 17-1 ⏱ 1359 Ⓐ 1 Ⓟ 42.7-39.7 Ⓟ% 93%	
● 1-0 LG-0		DR 1.6-1.1 TK 1.6-1.2 IC 0.8 ⬛2-0 ★	
● 0-0 RG-0			
● 0-0 HG-0			

Ⓖ	Ⓐ	SH	SG	PC	P%	SC	BT	DC	TK	IC	CL	CR	BR
하위	상위	하위	상위	상위	상위	하위	상위	상위	하위	하위	상위	하위	하위
20%	41%	3%	10%	1%	40%	34%	22%	12%	4%	6%	1%	37%

전체 슈팅 · 시도-득점 | 직접프리킥 시도-득점 | PK 시도-득점 | LG 왼발 득점 | RG 오른발 득점 | HG 헤더 득점 | 출전횟수 선발-교체 | 출전시간 분(MIN) | A 도움 | P 평균 패스 시도-성공 | P% 패스 성공률 | DR 평균 드리블 시도-성공 | TK 평균 태클 시도-성공 | IC 평균 인터셉트 | 파울플레이 경고-퇴장 | MOM | ★ 득점 | G 득점 | A 도움 | SH 슈팅 시도 | SG 유효 슈팅 | PC 패스 성공 | P% 패스 성공률 | SC 슈팅기회 창출 | BT 볼터치 | DC 드리블 성공 | TK 태클 | IC 인터셉트 | CL 클리어링 | CR 크로스 | BR 리커버리

평점 6.64 David RAUM
다비드 라움
1998.04.22 / 180cm

독일대표팀 주전 레프트백. 카타르월드컵 조별리그 3경기에 모두 출전했다. 빠른 스피드, 과감한 오버래핑, 날카로운 크로스 등 공격력이 돋보인다. 강한 체력을 바탕으로 활동량이 많다. 공수를 빠르게 전환한다. 공을 소유하면서 상대 파울을 유도하는 능력도 좋다. 공격이 안풀리면 직접 중거리슛도 때린다. 압박은 강력하지만 수비 스킬은 좋은 편이 아니다. 시장 가치는 2000만 유로, 추정 연봉은 755만 유로.

슈팅-득점	국적	2022-23시즌 RB 라이프치히					포지션
6-0			A	P	P%		
8-0		19-9 1688	2	31.0-25.2	81%		
●14-0 LG-0	독일	DR	TK	IC		★	
●0-0 RG-0		1.2-0.3	1.8-1.4	0.6			
●0-0 HG-0							

G	A	SH	SG	PC	P%	SC	BT	DC	TK	IC	CL	CR	BR
하위	상위	하위	상위	상위	하위	상위	상위	하위	상위	하위	상위	하위	상위
20%	46%	44%	60%	23%	49%	21%	18%	33%	42%	45%	33%	4%	47%

평점 6.64 Hans HATEBOER
한스 하테부르
1994.01.09 / 185cm

좋은 체격조건을 갖춘 라이트백. 월등한 피지컬을 바탕으로 경합에서 강한 모습을 보여준다. 상대 압박에도 쉽게 밀려나지 않고 공을 지켜낸다. 체력이 강하고 활동량이 상당하다. 기본기가 잘 갖춰져 안정적으로 경기를 풀어간다. 중앙으로 파고드는 언더래핑을 선호한다. 개인 능력보다는 패스 연계 플레이를 통해 찬스를 만든다. 수비 세밀함은 떨어지는 편. 시장 가치는 600만 유로, 추정 연봉은 148만 유로.

슈팅-득점	국적	2022-23시즌 아탈란타					포지션
12-1			A	P	P%		
0-0		17-0 1402	1	32.4-26.6	82%		
●12-1 LG-1	네덜란드	DR	TK	IC		★	
●0-0 RG-0		0.5-0.2	2.2-1.2	0.7		7-0	
●0-0 HG-0							

G	A	SH	SG	PC	P%	SC	BT	DC	TK	IC	CL	CR	BR
상위	하위	상위	상위	상위	상위	하위	하위	하위	상위	상위	상위	하위	하위
30%	47%	36%	32%	35%	33%	17%	16%	14%	26%	29%	19%	1%	

평점 6.63 Aaron CRESSWELL
애런 크레스웰
1989.12.15 / 170cm

3부리그에서 EPL까지 오르고 국가대표까지 뽑힌 인생역전 주인공. 주포지션은 레프트윙이지만 쓰리백 왼쪽 스토퍼로도 나선다. 왼발에서 나오는 크로스가 일품이다. 세트피스 키커를 맡을 정도로 왼발 킥이 정교하고 날카롭다. 수비 위치를 잘 찾고 후방 빌드업에도 적극적으로 기여한다. 키가 작다보니 제공권 장악에선 아쉬움이 크다. 기동력도 떨어지는 편. 시장 가치는 250만 유로, 추정 연봉은 300만 유로.

슈팅-득점	국적	22-23시즌 웨스트햄 유나이티드					포지션
4-0			A	P	P%		
5-0		24-4 2237	1	40.4-32.6	81%		
●9-0 LG-0	잉글랜드	DR	TK	IC		★	
●0-0 RG-0		0.3-0.1	1.4-0.8	1.0		3-0	
●0-0 HG-0							

G	A	SH	SG	PC	P%	SC	BT	DC	TK	IC	CL	CR	BR
하위	상위	하위	하위	상위	상위	상위	상위	하위	하위	상위	상위	상위	하위
20%	31%	24%	16%	33%	44%	15%	43%	1%	40%	37%	12%	19%	

평점 6.63 Christopher LENZ
크리스토퍼 렌츠
1994.09.22 / 180cm

원래 포지션은 레프트백이지만 최근 센터백으로도 자주 등장한다. 기동력이 가장 큰 무기다. 빠른 발과 왕성한 활동량이 일품이다. 오버래핑과 언더래핑 모두 능한 모습이다. 축구 지능이 뛰어나 상황에 맞춰 다양한 플레이를 가져갈 수 있다. 수비 시 적극적인 압박을 펼치며 뒷공간 커버도 열심히 한다. 크로스나 패스의 정확도가 떨어지는 점은 아쉽다. 시장 가치는 500만 유로, 추정 연봉은 72만 유로.

슈팅-득점	국적	2022-23시즌 프랑크푸르트					포지션
4-0			A	P	P%		
8-0		13-11 1286	2	25.8-21.4	83%		
●12-0 LG-0	독일	DR	TK	IC		★	
●1-0 RG-0		0.6-0.5	2.1-1.2	0.9		1-0	
●0-0 HG-0							

G	A	SH	SG	PC	P%	SC	BT	DC	TK	IC	CL	CR	BR
하위	상위	상위	상위	상위	하위	상위	상위	하위	상위	상위	하위	상위	상위
20%	32%	32%	46%	45%	35%	20%	39%	50%	45%	14%	37%	9%	24%

평점 6.63 Marc CUCURELLA
마르크 쿠쿠렐라
1998.07.22 / 173cm

바르셀로나 유스 라마시아 출신. 주 포지션은 레프트백이지만 측면 미드필더, 윙백, 왼쪽 스토퍼도 소화 가능하다. 좋은 기동력과 풍부한 체력을 갖추고 있다. 공을 다루는 기술이 부드럽고 드리블 돌파력도 상당하다. 후방 빌드업에 적극 가담하고 이해도도 높다. 단신인 만큼 공중볼 장악은 약점이다. 간혹 경기 중 집중력이 흔들리는 모습도 볼 수 있다. 시장 가치는 4000만 유로, 추정 연봉은 1048만 유로.

슈팅-득점	국적	2022-23시즌 첼시					포지션
5-0			A	P	P%		
2-0		21-3 1679	2	45.8-39.4	86%		
●7-0 LG-0	스페인	DR	TK	IC		★	
●0-0 RG-0		0.6-0.2	3.9-2.7	0.7		4-0	
●0-0 HG-0							

G	A	SH	SG	PC	P%	SC	BT	DC	TK	IC	CL	CR	BR
하위	상위	하위	상위	상위	상위	상위	상위	상위	상위	상위	상위	하위	상위
20%	44%	21%	18%	7%	13%	8%	8%	1%	44%	50%	30%	47%	7%

평점 6.63 Vincent LE GOFF
빈센트 르 고프
1989.10.15 / 177cm

프랑스 출신의 경험 많은 레프트백. 센터백으로도 활약한다. 화려하진 않지만 안정되고 견실한 플레이를 펼친다. 수비적인 면에서 높은 평가를 받는다. 좋은 위치를 선정하고 타이밍을 읽어 영리하게 상대 패스를 끊어낸다. 일대일 경합에서도 크게 밀리지 않는다. 패스나 드리블 등 공격적인 부분은 뚜렷한 강점이 없다. 제공권도 약점으로 분류된다. 시장 가치는 120만 유로, 추정 연봉은 50만 유로.

슈팅-득점	국적	2022-23시즌 로리앙					포지션
11-0			A	P	P%		
6-0		37-0 3330	4	46.8-39.3	84%		
●17-0 LG-0	프랑스	DR	TK	IC		★	
●0-0 RG-0		0.9-0.3	2.5-2.0	1.2		4-0	
●0-0 HG-0							

G	A	SH	SG	PC	P%	SC	BT	DC	TK	IC	CL	CR	BR
하위	하위	상위	상위	상위	하위	상위	하위	상위	상위	상위	상위	하위	상위
20%	11%	36%	50%	31%	19%	3%	47%	50%	50%	38%	16%	9%	50%

전체 슈팅 시도-득점	직접프리킥 시도-득점	PK 시도-득점	LG 왼발 득점	RG 오른발 득점	HG 헤더 득점	출전횟수 선발-교체	출전시간(MIN)	A 도움	P 평균 패스 시도-성공	P% 패스 성공률	DR 평균 드리블 시도-성공	TK 평균 태클 시도-성공	IC 평균 인터셉트	평균 경고-퇴장	레어플레이	★ MOM	G 득점	A 도움	SH 슈팅 시도	SG 유효 슈팅	PC 패스 성공	P% 패스 성공률	SC 슈팅기회 창출	BT 볼 터치	DC 드리블 성공	TK 태클	IC 인터셉트	CL 클리어링	CR 크로스	BR 리커버리

평점 6.62 Fran GARCÍA
프란 가르시아   1999.08.14 / 169cm

체격은 작지만 투지 넘치는 플레이를 펼치는 레프트백이다. 뛰어난 스피드와 체력을 자랑한다. 공격과 수비 모두 왼쪽 측면을 효과적으로 커버한다. 왼쪽 측면에서 박스 안으로 정확한 크로스를 올리고 양질의 패스를 전달한다. 기회가 날때마다 오버래핑하면서 공격을 지원한다. 후방 빌드업에도 깊이 관여한다. 패스나 수비위치 선정에서 실수가 잦은 편. 시장 가치는 1000만 유로, 추정 연봉은 20만 유로.

슈팅-득점	국적	2022-23시즌 레알 마드리드	포지션

6-1 / 24-1
● 30-2 LG-2
● 0-0 RG-0
● 0-0 HG-0
스페인

A 38-0 | P 3407 | 3 | 40.7-33.4 | P% 82%
DR 1.6-0.8 | TK 3.2-2.2 | IC 1.2 | 1-0 | ★ 2

G	A	SH	SG	PC	P%	SC	BT	DC	TK	IC	CL	CR	BR
상위 36%	상위 47%	상위 34%	상위 24%	상위 40%	상위 39%	하위 41%	상위 44%	상위 36%	상위 35%	상위 34%	상위 36%	상위 21%	상위 28%

평점 6.62 Zeki ÇELIK
제키 첼리크   1997.02.17 / 180cm

2018년부터 터키 대표팀에서 활약 중. 주포지션은 라이트백으로 공격적인 의지와 성향이 강하다. 왕성한 활동량과 기동력, 킥력을 자랑한다. 오버래핑에 이은 크로스로 찬스를 만든다. 피지컬도 뛰어나 상대 공격수와 경합에서 좀처럼 밀리지 않는다. 스피드가 빠르고 기술 좋은 윙어에 고전한다. 뒷공간을 자주 내주고 패스 성공률이 낮다. 실수도 잦은 편. 시장 가치는 1000만 유로, 추정 연봉은 256만 유로.

슈팅-득점	국적	2022-23시즌 AS 로마	포지션

4-0 / 1-0
● 5-0 LG-0
● 0-0 RG-0
● 0-0 HG-0
터키

A 16-8 | P 1503 | 1 | 29.6-22.5 | P% 76%
DR 0.8-0.4 | TK 2.5-1.8 | IC 0.6 | 5-1 | ★

G	A	SH	SG	PC	P%	SC	BT	DC	TK	IC	CL	CR	BR
하위 20%	하위 37%	하위 19%	하위 20%	하위 43%	하위 47%	상위 44%	하위 39%	상위 38%	하위 39%	상위 38%	하위 39%	하위 38%	

평점 6.60 Christian GÜNTER
크리스티안 귄터   1993.02.28 / 184cm

탄탄한 수비력을 갖춘 레프트백. 2014년부터 독일 국가대표로 활약 중이다. 영리한 위치 선정으로 공을 따내는데 능하다. 체력이 좋아 왼쪽 측면을 부지런히 누빈다. 팀을 하나로 묶는 리더십이 남다르다. 왼발 킥이 정확하고 패스 능력도 준수하다. 스피드는 떨어지는 편. 빠르고 민첩한 공격수를 상대로 고전한다. 큰 키에 비해 제공권 장악도 아쉽다. 시장 가치는 1000만 유로, 추정 연봉은 81만 유로.

슈팅-득점	국적	2022-23시즌 프라이부르크	포지션

10-0 / 17-1
● 27-1 LG-1
● 0-0 RG-0
● 0-0 HG-0
독일

A 31-2 | P 2749 | 4 | 29.3-22.3 | P% 76%
DR 0.5-0.3 | TK 1.8-0.9 | IC 0.5 | 5-0 | ★ 1

G	A	SH	SG	PC	P%	SC	BT	DC	TK	IC	CL	CR	BR
하위 40%	상위 19%	하위 31%	상위 37%	하위 31%	하위 20%	상위 6%	하위 21%	하위 12%	하위 4%	하위 8%	하위 12%	상위 6%	하위 3%

평점 6.59 Ivan PERISIC
이반 페리시치   1989.02.02 / 186cm

크로아티아 축구의 전성기를 이끈 장본인. 윙어로 활약하다 30대로 접어든 뒤 왼쪽 윙백으로 전환했다. 빠른 발, 많은 활동량, 날카로운 킥과 헤더 등 장점이 많다. 측면에서 올리는 크로스가 일품이다. 강력한 킥력과 헤더 능력을 바탕으로 공격포인트를 많이 생산한다. 수비에선 아쉬움이 많다. 공격을 위해 자주 올라오기 때문에 후방이 자주 뚫린다. 시장 가치는 1000만 유로, 추정 연봉은 1077만 유로.

슈팅-득점	국적	2022-23시즌 토트넘 핫스퍼	포지션

23-1 / 6-0
● 29-1 LG-1
● 2-0 RG-0
● 0-0 HG-0
크로아티아

A 23-11 | P 2112 | 8 | 23.2-16.7 | P% 72%
DR 1.2-0.6 | TK 1.9-1.3 | IC 0.6 | 6-0 | ★

G	A	SH	SG	PC	P%	SC	BT	DC	TK	IC	CL	CR	BR
하위 47%	상위 1%	상위 19%	상위 29%	하위 4%	하위 9%	상위 4%	하위 33%	상위 49%	하위 37%	상위 37%	상위 2%	하위 18%	

평점 6.59 Brian OLIVÁN
브라이언 올리반   1994.04.01 / 175cm

스페인 출신의 레프트백. 빠른 스피드로 측면을 돌파한 뒤 크로스를 올리는 데도 능하다. 안쪽으로 파고들어 키패스를 잘 찔러준다. 공이 없는 상황에서도 오프더볼 플레이를 잘하고 후방에서 롱볼도 효과적으로 연결한다. 성실하고 부지런한 움직임으로 압박에도 큰 힘을 준다. 신장이 크지 않아 공중볼 경합에 약점이 있다. 패스 정확도도 낮은 편이다. 시장 가치는 600만 유로, 추정 연봉은 54만 유로.

슈팅-득점	국적	2022-23시즌 에스파뇰	포지션

3-1 / 12-0
● 15-1 LG-1
● 1-0 RG-0
● 0-0 HG-0
스페인

A 29-1 | P 2413 | 7 | 25.1-17.6 | P% 70%
DR 0.4-0.1 | TK 1.9-1.6 | IC 0.7 | 7-0 | ★

G	A	SH	SG	PC	P%	SC	BT	DC	TK	IC	CL	CR	BR
상위 48%	상위 5%	하위 44%	하위 44%	하위 6%	하위 2%	하위 49%	하위 2%	상위 38%	하위 31%	상위 23%	상위 13%	하위 49%	

| 전체 슈팅 시도-득점 | 직접프리킥 시도-득점 | PK 시도-득점 | LG 왼발 득점 | RG 오른발 득점 | HG 헤더 득점 | 출전횟수 신발-교체 | 출전시간 분(MIN) | A 도움 | P 평균 패스 시도-성공 | P% 패스 성공율 | DR 평균드리블 시도-성공 | TK 평균 태클 시도-성공 | IC 평균 인터셉트 | 페어플레이 경고-퇴장 | ★ MOM | G 득점 | A 도움 | SH 슈팅 시도 | SG 유효 슈팅 | PC 패스 성공 | P% 패스 성공율 창출 | SC 슈팅기회 | BT 볼 터치 | DC 드리블 성공 | TK 태클 | IC 인터셉트 | CL 클리어링 | CR 크로스 | BR 리커버리 |

Rico HENRY 리코 헨리
평점 6.58 · 1997.07.08 / 170cm

체격은 작지만 빠른 발이 돋보이는 레프트백. 공수에서 상당한 영향력을 미친다. 기동력이 탁월하고 오버래핑 타이밍을 잘 읽어 성공률이 높다. 경기에 대한 집중력도 좋다. 크로스와 컷백은 물론 2대1 패스를 통해 찬스를 만든다. 공격 가담 후 수비 전환도 빠르게 이어진다. 피지컬이 좋지 않아 경합 상황에서는 어려움이 많다. 기술이 좋은 편은 아니다. 시장 가치는 2200만 유로, 추정 연봉은 209만 유로

슈팅-득점	국적	2022-23시즌 브렌포드	포지션
9-0 / 13-0		37-0 3244 2 26.4-19.8 75%	
●22-0 LG-0 / ●0-0 RG-0 / ●0-0 HG-0	잉글랜드	DR 4-0.7 TK 2.1-1.5 IC 0.8 ★ 4-0 0	

G	A	SH	SG	PC	P%	SC	BT	DC	TK	IC	CL	CR	BR
하위 20%	하위 43%	하위 47%	하위 35%	하위 5%	하위 24%	하위 17%	하위 1%	상위 46%	하위 28%	하위 32%	상위 32%	상위 45%	하위 47%

Leonardo SPINAZZOLA 레오나르도 스피나졸라
평점 6.58 · 1993.03.25. / 186cm

오른발잡이면서 레프트백을 맡는 반대발 풀백. 오버래핑 대신 측면에서 가운데로 파고드는 언더래핑을 즐겨 사용한다. 오른발잡이지만 왼발도 잘 사용하고 크로스로 잘 올린다. 라이트백으로도 활약 가능하다. 폭발적이고 정교한 드리블 돌파를 자랑한다. 왼쪽 측면에 오른발로 길게 올리는 얼리 크로스가 강점이다. 공격에 비해 수비력은 약점이다. 시장 가치는 1800만 유로, 추정 연봉은 551만 유로.

슈팅-득점	국적	2022-23시즌 AS 로마	포지션
7-1 / 3-0		18-8 1656 4 29.2-22.5 77%	
●10-1 LG-0 / ●0-0 RG-1 / ●0-0 HG-0	이탈리아	DR 2.3-1.1 TK 1.2-0.6 IC 1.1 ★ 3-0 1	

G	A	SH	SG	PC	P%	SC	BT	DC	TK	IC	CL	CR	BR
상위 28%	상위 15%	하위 43%	상위 27%	상위 47%	상위 35%	상위 23%	상위 41%	상위 8%	하위 3%	하위 9%	하위 34%	상위 34%	하위 38%

Alfonso ESPINO 알폰소 에스피노
평점 6.58 · 1992.01.05 / 172cm

수비력이 뛰어난 우루과이 출신 레프트백. 체격은 작지만 성실하고 다부진 플레이로 측면 수비를 책임진다. 과감한 태클과 가로채기도 상대 공격을 저지한다. 측면 돌파 후 크로스나 컷백으로 어시스트를 심심치 않게 올린다. 단신이지만 공중볼 경합도 크게 밀리지 않는다. 상대 압박에 종종 고전한다. 공을 뺏기는 일도 많다. 무리한 파울로 카드도 많은 편. 시장 가치는 400만 유로, 추정 연봉은 114만 유로.

슈팅-득점	국적	2022-23시즌 카디스	포지션
8-0 / 12-0		35-1 3123 4 32.1-21.5 67%	
●20-0 LG-0 / ●0-0 RG-0 / ●0-0 HG-0	우루과이	DR 1.4-0.7 TK 3.8-2.4 IC 1.3 ★ 7-0 2	

G	A	SH	SG	PC	P%	SC	BT	DC	TK	IC	CL	CR	BR
하위 20%	상위 34%	하위 45%	하위 12%	하위 9%	하위 4%	상위 49%	하위 27%	상위 46%	상위 21%	상위 17%	상위 15%	상위 37%	상위 5%

Cédric BRUNNER 세드릭 브루너
평점 6.57 · 1994.02.17 / 180cm

스위스 출신 라이트백. 수비적인 기여가 높다. 센터백 활약도 가능하다. 뛰어난 위치선정과 태클 기술을 갖추고 있다. 상대와 일대일 상황에서 공을 따내는데 능하다. 상대 압박에도 침착하게 대처한다. 제공권에 강점이 있고 세트피스 상황에서 존재감을 발휘한다. 수비라인을 이끄는 리더십도 돋보인다. 스피드와 기동성이 약점. 패스 정확성도 떨어진다. 시장 가치는 250만 유로, 추정 연봉은 102만 유로.

슈팅-득점	국적	2022-23시즌 샬케 04	포지션
2-0 / 8-0		28-0 2325 30.1-21.1 70%	
●10-0 LG-0 / ●0-0 RG-0 / ●0-0 HG-0	스위스	DR 0.5-0.3 TK 1.9-1.4 IC 1.5 ★ 5-0 0	

G	A	SH	SG	PC	P%	SC	BT	DC	TK	IC	CL	CR	BR
하위 20%	하위 11%	하위 28%	하위 6%	하위 13%	상위 9%	하위 21%	하위 6%	하위 4%	상위 47%	상위 6%	상위 9%	하위 43%	하위 39%

Emil HOLM 에밀 홀름
평점 6.57 · 2000.05.13 / 191cm

스웨덴 출신의 장신 라이트백. 2022년 11월 스웨덴 대표팀에 데뷔했다. 때로 포워드로도 기용된다. 큰 키를 활용한 공중볼 경합에서 압도적인 능력을 발휘한다. 경기 당 평균 3~4개씩 공중볼을 따낸다. 큰 체격에 비해 몸이 유연하고 기술이 좋다. 드리블 돌파를 즐기고 숏패스로 찬스를 만든다. 스피드가 떨어지고 패스 정확도도 좋은 편이 아니다. 시장 가치는 500만 유로, 추정 연봉은 20만 유로.

슈팅-득점	국적	2022-23시즌 스페치아	포지션
12-1 / 3-0		17-3 1398 1 20.9-12.8 61%	
●15-1 LG-1 / ●0-0 RG-0 / ●0-0 HG-0	스웨덴	DR 2.2-1.0 TK 2.1-1.8 IC 0.5 ★ 4-0 1	

G	A	SH	SG	PC	P%	SC	BT	DC	TK	IC	CL	CR	BR
상위 30%	하위 48%	상위 25%	상위 18%	하위 1%	하위 1%	상위 34%	하위 12%	상위 19%	하위 7%	하위 12%	상위 19%	상위 36%	하위 37%

Óscar De MARCOS 오스카 데 마르코스
평점 6.57 · 1998.04.14 / 182cm

아틀레틱 클루브의 베테랑이자 정신적 지주. 주포지션은 라이트백이지만 윙어나 미드필더도 가능하다. 순간 스피드가 리그 톱클래스 수준. 탁월한 기동력과 많은 활동량이 강점이다. 투지 넘치는 플레이로 열심히 뛰면서 팀에 활기를 불어넣는다. 후방에서 안정적인 빌드업 전개에 기여한다. 공격 기여도는 떨어진다. 볼 컨트롤이나 패스 정확도도 약점이다. 시장 가치는 180만 유로, 추정 연봉은 185만 유로.

슈팅-득점	국적	2022-23시즌 아슬레틱 빌바오	포지션
2-1 / 2-0		32-5 2824 6 39.5-31.2 79%	
●4-1 LG-0 / ●0-0 RG-0 / ●0-0 HG-0	스페인	DR 0.8-0.3 TK 2.8-1.8 IC 0.8 ★ 4-0 0	

G	A	SH	SG	PC	P%	SC	BT	DC	TK	IC	CL	CR	BR
하위 45%	하위 13%	하위 4%	하위 24%	상위 25%	상위 46%	하위 3%	상위 22%	하위 40%	상위 43%	상위 61%	하위 20%	상위 20%	하위 20%

전체 슈팅 | 직접프리킥 | PK | LG | RG | HG | 출전횟수 | 출전시간 | A | P | P% | DR | TK | IC | 페어플레이 | ★ | G | A | SH | SG | PC | P% | SC | BT | DC | TK | IC | CL | CR | BR
시도-득점 시도-득점 시도-득점 | 왼발 오른발 헤더 득점 득점 득점 | 선발-교체 분(MIN) | 도움 평균 패스 패스 평균 드리블 평균 태클 평균 경고-퇴장 | 시도-성공 성공율 시도-성공 시도-성공 인터셉트 | MOM | 득점 도움 슈팅 유효 패스 패스 슈팅기회 볼터치 드리블 태클 인터셉트 클리어링 크로스 리커버리 | 시도 슈팅 성공 성공율 창출 성공

Neco WILLIAMS
평점 6.56 | 니코 윌리엄스 | 2001.04.13 / 183cm

웨일즈 국적 라이트백. 2020년부터 웨일즈 국가대표로 활약 중이다. 리버풀 유스 출신. 원래 공격형 미드필더로 활약하다 풀백으로 내려왔다. 테크닉과 볼 컨트롤이 준수하다. 스피드와 체력도 나쁘지 않다. 오버래핑에 이은 크로스가 강점이다. 좋은 위치 선정과 태클로 공을 따내는데 능하다. 경기 집중력이 떨어지고 기복이 심한 것은 아쉬운 점. 시장 가치는 1800만 유로, 추정 연봉은 300만 유로.

슈팅-득점	국적	2022-23시즌 노팅엄 포리스트				포지션
12-0			⏱	A	P	P%
13-1	웨일즈	20-11	1877	0	19.6-13.1	67%
●25-1 LG-0		DR	TK	IC		★
●2-0 RG-1		1.8-0.7	3.4-2.3	1.2	7-0	1
●0-0 HG-0						

G	A	SH	SG	PC	P%	SC	BT	DC	TK	IC	CL	CR	BR
상위	하위	상위	상위	하위	하위	상위	하위	상위	상위	상위	상위	상위	상위
39%	11%	15%	16%	6%	3%	41%	22%	32%	2%	9%	35%	19%	27%

Ainsley MAITLAND-NILES
평점 6.56 | 에인슬리 메이틀랜드-나일스 | 1997.08.29 / 180cm

잉글랜드 대표로 활약 중인 라이트백. 미드필더 전 포지션 소화 가능한 다재다능한 선수다. 운동능력이 탁월하다. 순간 스피드가 리그 톱클래스다. 피지컬과 스피드를 활용한 드리블이 위협적이다. 마음먹고 치고 달리면 막기 쉽지 않다. 체력도 좋아 넓은 지역을 부지런히 움직인다. 플레이 스타일은 투박하다. 감정에 따른 경기력 기복이 뚜렷하다. 시장 가치는 800만 유로, 추정 연봉은 210만 유로.

슈팅-득점	국적	2022-23시즌 사우샘턴				포지션
0-0			⏱	A	P	P%
1-0	잉글랜드	13-9	1405	0	28.5-23.1	81%
●1-0 LG-0		DR	TK	IC		★
●0-0 RG-0		1.0-0.8	2.8-2.0	1.0	3-0	
●0-0 HG-0						

G	A	SH	SG	PC	P%	SC	BT	DC	TK	IC	CL	CR	BR
하위	하위	하위	상위	상위	상위	상위	하위	상위	하위	상위	상위	하위	상위
20%	11%	1%	24%	35%	36%	21%	8%	22%	17%	13%	14%	38%	

Íñigo LEKUE
평점 6.56 | 이니고 레쿠에 | 1993.05.04 / 180cm

다재다능함이 돋보이는 라이트백. 상황에 따라 오른쪽 윙어나 미드필더로도 뛸 수 있다. 뛰어난 신체 능력을 자랑한다. 빠르고 민첩한 동시에 좋은 체력을 자랑한다. 신속하게 그라운드를 커버하고 공격에 가담할 수 있다. 수비적인 견고함도 돋보인다. 뒷공간 커버를 잘하고 일대일 마크도 강하다. 꾸준함이 부족하고 수비 위치선정에서 실수가 잦은 편이다. 시장 가치는 300만 유로, 추정 연봉은 204만 유로.

슈팅-득점	국적	2022-23시즌 아슬레틱 빌바오				포지션
1-0			⏱	A	P	P%
8-0	스페인	14-6	1323	1	32.1-26.0	81%
●9-0 LG-0		DR	TK	IC		★
●0-0 RG-0		1.1-0.6	1.5-1.2	0.7	1-0	
●0-0 HG-0						

G	A	SH	SG	PC	P%	SC	BT	DC	TK	IC	CL	CR	BR
하위	하위	하위	하위	상위	상위	상위	상위	하위	하위	상위	상위	상위	상위
20%	49%	48%	24%	43%	49%	48%	44%	44%	31%	38%	45%	42%	1%

Ashley YOUNG
평점 6.56 | 애슐리 영 | 1985.07.09 / 175cm

킥 능력이 탁월한 측면 수비수. 오른발 감아차기가 트레이드 마크다. 오른쪽과 왼쪽 풀백 및 윙백 모두 가능하다. 한때 센터백 빼곤 전 포지션을 소화한 적도 있다. 30대 후반 나이에도 여전히 뛰어난 체력과 기동력을 자랑한다. 수비수 한 명은 쉽게 제치고 기회를 만들 수 있는 개인기를 가지고 있다. 공격 패턴이 단순하고 수비력이 떨어지는 것은 약점. 시장 가치는 100만 유로, 추정 연봉은 300만 유로.

슈팅-득점	국적	2022-23시즌 아스톤 빌라				포지션
3-0			⏱	A	P	P%
12-1	잉글랜드	23-6	2039	0	32.9-25.7	78%
●15-1 LG-0		DR	TK	IC		★
●0-0 RG-1		0.8-0.3	2.2-1.7	0.8	7-0	
●0-0 HG-0						

G	A	SH	SG	PC	P%	SC	BT	DC	TK	IC	CL	CR	BR
상위	하위	상위	하위	하위	상위	하위	상위	하위	상위	하위	하위	하위	상위
42%	11%	45%	40%	36%	41%	36%	50%	36%	36%	44%	14%	30%	36%

Kyle WALKER-PETERS
평점 6.56 | 카일 워커-피터스 | 1997.04.13 / 173cm

직선적인 파괴력이 돋보이는 라이트백. 왼쪽 수비도 가능하다. 압도적인 피지컬과 활동량으로 측면을 장악한다. 스피드는 세계 톱클래스 수준. 엄청난 대포알 중거리슛도 구사한다. 프리킥 키커로 나설 만큼 킥력이 탁월하다. 수비도 안정적이다. 손흥민이 "가장 상대하기 힘든 수비수"라고 한 적이 있다. 패스 정확도가 높은 편은 아니다 제공권도 약점이다. 시장 가치는 2500만 유로, 추정 연봉은 120만 유로.

슈팅-득점	국적	2022-23시즌 사우샘턴				포지션
9-1			⏱	A	P	P%
4-0	잉글랜드	30-3	2653	0	32.8-25.7	79%
●13-1 LG-0		DR	TK	IC		★
●0-0 RG-1		3.3-1.7	2.6-2.0	0.9	4-0	
●0-0 HG-0						

G	A	SH	SG	PC	P%	SC	BT	DC	TK	IC	CL	CR	BR
하위	하위	상위	상위	하위	상위	하위	하위	상위	하위	하위	하위	하위	하위
48%	11%	33%	48%	29%	48%	39%	8%	46%	41%	37%	26%	40%	

Nahuel MOLINA
평점 6.56 | 나후엘 몰리나 | 1998.04.06 / 175cm

아르헨티나 국가대표 라이트백. 공격력이 빼어나다. 스피드와 활동량, 돌파력, 드리블 등 공격적인 능력을 고루 가지고 있다. 성실함과 투쟁심까지 갖춰 경기에 긍정적인 영향을 미친다. 수비를 앞에 둔 채 일대일 돌파를 즐긴다. 언더래핑으로 가운데를 파고든 뒤 직접 슈팅을 노릴 때도 있다. 수비 스킬은 떨어진다. 판단 미스로 공을 뺏기는 경우가 잦다. 시장 가치는 2400만 유로, 추정 연봉은 120만 유로.

슈팅-득점	국적	22-23시즌 아틀레티코 마드리드				포지션
16-4			⏱	A	P	P%
5-0	아르헨티나	33-0	2872	2	45.9-36.2	79%
●21-4 LG-0		DR	TK	IC		★
●0-0 RG-4		1.5-0.7	3.7-2.1	0.5	7-1	
●0-0 HG-0						

G	A	SH	SG	PC	P%	SC	BT	DC	TK	IC	CL	CR	BR
상위	하위	상위	상위	상위	상위	상위	하위	상위	상위	상위	하위	상위	하위
14%	41%	49%	50%	30%	36%	18%	22%	47%	48%	6%	40%	18%	24%

전체 슈팅 | 직접프리킥 | PK | 왼발 | 오른발 | 헤더 | 출전횟수 | 출전시간 | A | P | P% | DR | TK | IC | 페어플레이 | ★ | G | A | SH | SG | PC | P% | SC | BT | DC | TK | IC | CL | CR | BR
시도-득점 | 시도-득점 | 시도-득점 | 특점 | 특점 | 특점 | 선발-교체 | 분(MIN) | 도움 | 평균 패스 | 패스 성공율 | 평균 드리블 시도-성공 | 평균 태클 시도-성공 | 평균 인터셉트 | 경고-퇴장 | MOM | 특점 | 도움 | 슈팅 시도 | 유효 슈팅 | 패스 성공 | 패스 성공율 | 슈팅기회 창출 | 볼 터치 | 드리블 성공 | 태클 | 인터셉트 | 클리어링 | 크로스 | 리커버리

Valentin Gendrey
평점 6.56
발렌틴 젠드리
2000.06.21 / 179cm

뛰어난 수비력을 갖춘 오른쪽 풀백. 프랑스에서 태어났지만 과달루페 혈통이다. 공을 빼앗는 능력이 돋보인다. 태클도 과감하면서 기술적으로 펼친다. 경기에 임하는 집중력이 높다. 장신은 아니지만 점프력이 좋아 공중볼에 강하다. 수비적으로 팀에 기여하는 바가 크다. 공격적인 부분은 인상적이지 않다. 패스 정확도가 낮고 크로스도 아쉽다. 시장 가치는 400만 유로, 추정 연봉은 12만 유로.

슈팅-득점		국적	2022-23시즌 레체					포지션
3-0			🕐	A	P	P%		
7-0			35-2 3103	2	27.2-20.1	74%		
● 10-0	LG-0		DR	TK	IC		★	
● 0-0	RG-0	프랑스	0.9-0.5	3.2-2.4	1.0	4-0	0	
● 0-0	HG-0							

G	A	SH	SG	PC	P%	SC	BT	DC	TK	IC	CL	CR	BR
하위	하위	상위	상위	하위	하위	하위	하위	하위	상위	상위	상위	하위	상위
20%	43%	하위	하위	12%	17%	18%	14%	25%	41%	42%	21%	37%	39%

Anthony JUNG
평점 6.55
앤서니 융
1991.11.03 / 186cm

독일인 아버지, 스페인 어머니 사이에서 태어났다. 출생지는 스페인이지만 국적은 독일을 선택했다. 안정된 수비력을 갖춘 레프트백이다. 왼쪽 미드필더와 센터백도 소화 가능하다. 공을 소유하는데 능하고 패싱력도 갖췄다. 큰 키를 활용해 공중볼을 쉽게 따낸다. 압박도 부지런히 한다. 공격적인 부분은 아쉽다. 크로스 및 패스 정확도가 떨어진다. 시장 가치는 150만 유로, 추정 연봉은 226만 유로.

슈팅-득점		국적	2022-23시즌 베르더 브레멘					포지션
12-2			🕐	A	P	P%		
5-0			32-1 2637	5	34.2-26.3	77%		
● 17-2	LG-1		DR	TK	IC		★	
● 0-0	RG-1	독일	0.7-0.4	2.1-1.4	0.6	2-0	0	
● 0-0	HG-0							

G	A	SH	SG	PC	P%	SC	BT	DC	TK	IC	CL	CR	BR
상위	상위	상위	하위	하위	하위	하위	하위	하위	하위	상위	하위	하위	하위
28%	16%	28%	45%	39%	35%	13%	9%	24%	41%	23%	29%		

Robert SKOV
평점 6.55
로베르트 스코프
1996.05.20 / 185cm

2019년부터 덴마크 대표로 활약 중인 라이트백. 레프트백, 좌우 미드필더로도 활약 가능하다. 덴마크 리그 시절에는 한 시즌 30골을 넣는 공격수였으나, 독일 분데스리가 이적 후 미드필더를 거쳐 측면 수비수로 자리잡았다. 빠른 스피드와 테크닉을 이용한 돌파가 장점이다. 크로스도 날카롭고 정확하다. 수비 스킬이나 위치선정, 패스 정교함은 떨어지는 편. 시장 가치는 900만 유로, 추정 연봉은 180만 유로.

슈팅-득점		국적	2022-23시즌 호펜하임					포지션
20-3			🕐	A	P	P%		
21-0			16-7 1356	2	22.1-15.8	72%		
● 41-3	LG-3		DR	TK	IC		★	
● 8-0	RG-0	덴마크	1.2-0.4	1.7-1.0	0.3	1-0	1	
● 2-2	HG-0							

G	A	SH	SG	PC	P%	SC	BT	DC	TK	IC	CL	CR	BR
상위	상위	상위	상위	하위	하위	상위	하위	하위	하위	하위	하위	상위	하위
3%	25%	1%	1%	25%	14%	13%	40%	32%	20%	8%	16%	13%	23%

Bafodé DIAKITÉ
평점 6.55
바포데 디아키테
2001.01.06 / 185cm

탄탄한 피지컬이 돋보이는 라이트백. 센터백으로도 활약 가능하다. 속도, 순발력 등 기동력이 탁월하다. 수비 스킬이 좋고 태클도 잘한다. 공을 가로챈 뒤 역습 전환하는 테크닉도 돋보인다. 미리 자리를 잡고 공을 클리어하는데 능하다. 공중볼 징악 능력이 상당하다. 패스 정확도도 나쁘지 않다. 크로스 등 공격적인 능력은 아쉽다. 카드 수집도 잦은 편. 시장 가치는 800만 유로, 추정 연봉은 36만 유로.

슈팅-득점		국적	2022-23시즌 릴					포지션
17-3			🕐	A	P	P%		
2-0			29-4 2656	0	50.9-45.9	90%		
● 19-3	LG-1		DR	TK	IC		★	
● 0-0	RG-0	프랑스	0.6-0.6	2.4-1.6	0.5	6-0	1	
● 0-0	HG-2							

G	A	SH	SG	PC	P%	SC	BT	DC	TK	IC	CL	CR	BR
상위	하위	상위	상위	상위	상위	하위	상위	하위	상위	하위	상위	하위	하위
15%	11%	49%	49%	9%	9%	14%	9%	41%	11%	48%	2%	44%	

Mohamed YOUSSOUF
평점 6.55
모하메드 유수프
1988.03.26 / 169cm

파리 출신이지만 부모의 나라 코모로스 대표를 선택했다. 주로 라이트백으로 나서지만 레프트백으로도 출전한다. 체격은 작지만 왕성한 활동량과 투쟁심으로 팀에 기여한다. 끈질긴 압박으로 상대 공을 따내는데 능하다. 작은 키에도 볼 예측이 좋아 공중볼에 강점을 갖는다. 패스, 크로스 등 공격적인 기여는 아쉽다. 무리한 수비로 경고도 자주 받는다. 시장 가치는 20만 유로, 추정 연봉은 10만 유로.

슈팅-득점		국적	2022-23시즌 AC 아작시오					포지션
3-0			🕐	A	P	P%		
2-0			27-3 2457	0	30.5-22.5	74%		
● 5-0	LG-0		DR	TK	IC		★	
● 0-0	RG-0	코모로스	1.1-0.4	3.2-2.4	2.2	5-1	1	
● 0-0	HG-0							

G	A	SH	SG	PC	P%	SC	BT	DC	TK	IC	CL	CR	BR
하위	하위	상위	하위	하위	하위	하위	하위	하위	상위	상위	상위	상위	하위
20%	11%	7%	14%	26%	25%	하위	31%	23%	16%	1%	22%	35%	30%

Yannick CARRASCO
평점 6.55
야니크 카라스코
1993.09.04 / 181cm

2015년부터 벨기에 국가대표로 활약 중인 레프트백. 윙포워드까지 왼쪽 전포지션 소화가 가능하다. 수비수임에도 한 시즌 10득점-5도움이 가능할 만큼 공격력이 탁월하다. 좋은 피지컬, 빠른 스피드를 바탕으로 호쾌한 독특한 드리블을 펼친다. 오버래핑, 크로스 등 측면 플레이 모두 능하다. 상대 강한 압박에 고전하는 편, 경기력 기복이 다소 있다. 시장 가치는 2500만 유로, 추정 연봉은 756만 유로.

슈팅-득점		국적	22-23시즌 아틀레티코 마드리드					포지션
49-7			🕐	A	P	P%		
18-0			26-9 2330	3	26.1-22.2	85%		
● 67-7	LG-2		DR	TK	IC		★	
● 2-0	RG-5	벨기에	3.6-1.8	1.9-1.0	0.3	2-0	1	
● 1-1	HG-0							

G	A	SH	SG	PC	P%	SC	BT	DC	TK	IC	CL	CR	BR
상위	상위	상위	하위	상위	상위	상위	하위	상위	하위	하위	상위	상위	하위
1%	23%	1%	하위	29%	38%	4%	26%	20%	21%	하위	16%	31%	

| 전체 슈팅 시도-득점 | 직접프리킥 시도-득점 | PK 시도-득점 | LG 왼발 득점 | RG 오른발 득점 | HG 헤더 득점 | 교체투입수 선발-교체 | 출전시간(MIN) | A 도움 | P 평균 패스 시도-성공 | P% 패스 성공율 | DR 평균 드리블 시도-성공 | TK 평균 태클 시도-성공 | IC 평균 인터셉트 | 페어플레이 경고-퇴장 | ★ MOM | G 득점 | A 도움 | SH 슈팅 시도 | SG 유효 슈팅 | PC 패스 성공 | P% 패스 성공율 | SC 슈팅기회 창출 | BT 볼 터치 | DC 드리블 성공 | TK 태클 | IC 인터셉트 | CL 클리어링 | CR 크로스 | BR 리커버리 |

평점 6.55 Séamus COLEMAN 세이머스 콜먼
1988.10.11 / 177cm

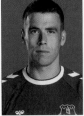

2011년부터 아일랜드 대표로 활약 중인 라이트백. 측면 미드필더는 물론 스리백 스토퍼로도 활약한다. 스피드를 바탕으로 직선적인 오버래핑을 즐긴다. 체력이 좋고 활동량이 풍부하다. 한때 '오른발의 베일'이라 불렸을 만큼 오른발 킥이 일품이다. 크로스는 물론 직접 슈팅도 일품이다. 볼 컨트롤은 투박하다. 다소 약한 피지컬 탓에 경합에서 자주 밀린다. 시장 가치는 120만 유로, 추정 연봉은 330만 유로.

슈팅-득점	국적	2022-23시즌 에버튼	포지션

| 3-1 | | | |
| 4-0 | | A 0 | P 20-3 | ⏱ 1667 | P 26.5-19.9 | P% 76% |

● 7-1	LG-0	
● 0-0	RG-1	아일랜드
● 0-0	HG-0	

| DR 1.7-0.8 | TK 2.0-1.5 | IC 1.0 | 1-0 | ★ 1 |

G	A	SH	SG	PC	P%	SC	BT	DC	TK	IC	CL	CR	BR
상위	하위	하위	하위	하위	하위	하위	하위	상위	하위	상위	상위	하위	하위
36%	11%	26%	34%	20%	42%	5%	17%	33%	44%	30%	6%	12%	45%

평점 6.55 Vitaliy MYKOLENKO 비탈리 미콜렌코
1999.05.29 / 180cm

우크라이나 대표 레프트백. 2018년부터 A매치에 나서고 있다. 기동력, 크로스, 활동량, 수비력 등 측면 수비수가 갖춰야 할 능력을 고루 갖췄다. 오버래핑 후 직접 슈팅을 노리는 경우도 많다. 키가 큰 편은 아니지만 피지컬이 단단히 경합에서 쉽게 밀리지 않는다. 대인마크 능력도 나쁘지 않다. 패싱 능력이 좋은 편은 아니다. 가끔 잔실수를 범하곤 한다. 시장 가치는 2200만 유로, 추정 연봉은 347만 유로.

슈팅-득점	국적	2022-23시즌 에버튼	포지션

| 6-0 | | | |
| 4-0 | | A 0 | P 30-4 | ⏱ 2657 | P 29.3-22.3 | P% 76% |

● 10-0	LG-0	
● 0-0	RG-0	우크라이나
● 0-0	HG-0	

| DR 0.8-0.4 | TK 2.4-1.7 | IC 1.4 | 4-0 | ★ |

G	A	SH	SG	PC	P%	SC	BT	DC	TK	IC	CL	CR	BR
하위	하위	하위	하위	하위	하위	하위	하위	하위	상위	하위	상위	하위	하위
20%	11%	20%	33%	22%	35%	2%	20%	21%	48%	10%	31%	24%	28%

평점 6.54 Antonino GALLO 안토니노 갈로
2000.01.05 / 183cm

왼발을 잘 쓰는 레프트백. 왼쪽 미드필더도 소화한다. 운동 능력이 뛰어나다. 스프린트 속도가 탁월하다. 스피드와 기동력을 활용한 오버래핑에 이은 크로스가 강점이다. 오프더볼 움직임도 나쁘지 않다. 전방에 롱패스도 종종 연결한다. 태클로 공을 따내는 능력도 수준급이다. 패스 정확도는 아쉽다. 볼 테크닉이 떨어지다보니 공격포인트 기여가 떨어진다. 시장 가치는 200만 유로, 추정 연봉은 96만 유로.

슈팅-득점	국적	2022-23시즌 레체	포지션

| 1-0 | | | |
| 9-0 | | A 0 | P 28-4 | ⏱ 1486 | P 28.4-19.6 | P% 69% |

● 10-0	LG-0	
● 0-0	RG-0	이탈리아
● 0-0	HG-0	

| DR 0.9-0.5 | TK 2.4-1.9 | IC 0.4 | 3-1 | ★ |

G	A	SH	SG	PC	P%	SC	BT	DC	TK	IC	CL	CR	BR
하위	하위	하위	하위	하위	하위	상위	하위	상위	상위	하위	상위	상위	상위
20%	28%	26%	26%	14%	9%	35%	21%	36%	50%	4%	22%	36%	5%

평점 6.54 Josh DOIG 조시 도이그
2002.05.18 / 189cm

압도적인 피지컬을 자랑하는 레프트백. 2022년 9월 스코틀랜드 대표팀에 처음 발탁됐다. 190cm에 육박한 큰 키에도 스피드, 민첩성을 갖췄다. 체력도 좋아 활동량이 왕성하다. 과감한 오버래핑에 이어 정확한 크로스를 박스 안에 전달한다. 몸싸움을 두려워하지 않고 위치 선정 능력도 좋다. 패스 정교함이 떨어진다. 경기력 기복이 심한 편이다. 시장 가치는 1000만 유로, 추정 연봉은 64만 유로.

슈팅-득점	국적	2022-23시즌 베로나	포지션

| 13-2 | | | |
| 5-0 | | A 3 | P 15-7 | ⏱ 1356 | P 16.9-11.7 | P% 70% |

● 18-2	LG-1	
● 0-0	RG-1	스코틀랜드
● 0-0	HG-0	

| DR 2.0-1.0 | TK 1.8-0.9 | IC 0.5 | 1-0 | ★ 1 |

G	A	SH	SG	PC	P%	SC	BT	DC	TK	IC	CL	CR	BR
상위	상위	상위	상위	하위	하위	상위	하위	상위	하위	하위	하위	상위	상위
11%	14%	14%	11%	4%	10%	33%	12%	16%	22%	2%	2%	38%	23%

평점 6.54 Luke AYLING 루크 아일링
1991.08.25 / 183cm

수비력이 뛰어난 라이트백. 피지컬을 바탕으로 일대일 및 공중볼 경합 상황에서 강점을 보인다. 센터백도 활약 가능하다. 체력이 좋고 활동량이 왕성해 그라운드를 넓게 커버한다. 태클 성공률이 리그 최상급. 공격 기여도도 높다. 활발한 오버래핑에 이은 빠른 크로스로 상대 수비를 흔든다. 민첩성은 떨어지는 편. 패스 정확도가 낮은 점이 아쉽다. 시장 가치는 200만 유로, 추정 연봉은 150만 유로.

슈팅-득점	국적	2022-23시즌 리즈 유나이티드	포지션

| 17-2 | | | |
| 7-0 | | A 1 | P 22-7 | ⏱ 2049 | P 30.1-20.8 | P% 69% |

● 24-2	LG-1	
● 0-0	RG-0	잉글랜드
● 0-0	HG-1	

| DR 1.2-0.5 | TK 3.8-2.4 | IC 0.9 | 3-0 | ★ |

G	A	SH	SG	PC	P%	SC	BT	DC	TK	IC	CL	CR	BR
상위	하위	상위	상위	하위	하위	하위	하위	하위	상위	상위	상위	상위	상위
22%	35%	19%	37%	28%	13%	33%	34%	39%	10%	36%	36%	45%	13%

평점 6.53 Jaume COSTA 자우메 코스타
1988.03.18 / 171cm

수비력이 돋보이는 레프트백. 화려하진 않지만 견고한 수비력을 자랑한다. 태클 실력이 뛰어나고 작은 신장에도 공중볼 경합에서 밀리지 않는다. 축구 센스가 뛰어나 상대 패스를 예측하고 차단하는데 능하다. 괜찮은 크로스 능력을 갖췄다. 수비 조직력을 이끄는 리더로서 능력도 탁월하다. 스피드는 약점. 빠른 윙어를 상대로 고전한다. 카드 수집이 잦다. 시장 가치는 120만 유로, 추정 연봉은 33만 유로.

슈팅-득점	국적	2022-23시즌 마요르카	포지션

| 7-0 | | | |
| 4-0 | | A 0 | P 30-2 | ⏱ 2610 | P 27.6-20.6 | P% 75% |

● 11-0	LG-0	
● 0-0	RG-0	스페인
● 0-0	HG-0	

| DR 0.9-0.4 | TK 2.3-1.6 | IC 0.7 | 11-0 | ★ |

G	A	SH	SG	PC	P%	SC	BT	DC	TK	IC	CL	CR	BR
하위	하위	하위	상위	하위	하위	상위	하위	하위	하위	하위	상위	상위	하위
20%	26%	27%	38%	9%	27%	50%	24%	19%	35%	26%	26%	49%	6%

전체 슈팅 시도-득점 | 직접프리킥 시도-득점 | PK 시도-득점 | LG 왼발 득점 | RG 오른발 득점 | HG 헤더 득점 | 출전횟수 선발·교체 | 출전시간 분(MIN) | A 도움 | P 평균 패스 시도-성공 | P% 패스 성공률 | DR 평균드리블 시도-성공 | TK 평균 태클 시도-성공 | IC 평균 인터셉트 | 페어플레이 경고·퇴장 | MOM | ★ 득점 | G 도움 | A 슈팅 시도 | SH 유효 슈팅 | SG 패스 성공 | PC 패스 성공률 | P% 슈팅기회 창출 | SC 볼 터치 | BT 드리블 성공 | DC 태클 | TK 인터셉트 | IC 클리어런스 | CL 크로스 | CR 리커버리 | BR

Niko GIESSELMANN
평점 6.53
니코 기셀만
1991.09.26 / 182cm

독일 분데스리가 경험이 풍부한 레프트백. 왼발 스페셜리스트다. 왼발 측면에서 찔러주는 크로스가 일품이다. 깊숙한 위치에서 연결하는 패스는 물론 길게 올려주는 얼리크로스도 위협적이다. 세트피스 키커로도 존재감을 뽐낸다. 뛰어난 체력과 기동력을 바탕으로 측면을 부지런히 움직인다. 경기력 기복이 있다. 부족한 수비력으로 허점을 자주 노출한다. 시장 가치는 200만 유로, 추정 연봉은 60만 유로.

슈팅-득점	국적	2022-23시즌 우니온 베를린					포지션
10-0		14-12	1298	2	18.7-13.3	71%	
10-0							
● 20-0 / LG-0		DR	TK	IC		★	
● 2-0 / RG-0	독일	0.5-0.2	1.5-0.8	0.3	4-0	0	
● 0-0 / HG-0							

G	A	SH	SG	PC	P%	SC	BT	DC	TK	IC	CL	CR	BR
하위	상위	상위	상위	하위	상위	하위	상위	하위	하위	하위	상위	하위	하위
20%	29%	10%	44%	31%	48%	11%	47%	14%	22%	17%	41%	7%	5%

César AZPILICUETA
평점 6.53
세자르 아스필리쿠에타
1989.08.28 / 178cm

스페인을 대표하는 측면 수비수. 첼시의 레전드. 수비 전포지션이 가능한 멀티플레이어다. EPL, FA컵, EFL컵, UCL, UEL, 슈퍼컵, 클럽 월드컵을 모두 우승해본 선수. 기동력, 크로스, 수비력 등 풀백으로서 갖춰야 할 능력치를 모두 갖췄다. 내구성도 강하다. 부상을 거의 당하지 않고 꾸준히 제 역할을 한다. 나이로 인한 체력 저하로 공격력은 감퇴했다. 시장 가치는 800만 유로, 추정 연봉은 1077만 유로.

슈팅-득점	국적	2022-23시즌 첼시					포지션
5-0		16-9	1526	0	35.8-30.1	84%	
4-0							
● 9-0 / LG-0		DR	TK	IC		★	
● 2-0 / RG-0	스페인	0.5-0.3	2.3-1.7	0.8	3-0	0	
● 0-0 / HG-0							

G	A	SH	SG	PC	P%	SC	BT	DC	TK	IC	CL	CR	BR
하위	하위	하위	하위	상위	상위	하위	상위	하위	하위	상위	상위	하위	하위
20%	11%	34%	21%	11%	18%	29%	9%	24%	20%	28%	10%	19%	1%

Mohamed SIMAKAN
평점 6.52
모하메드 시마칸
2000.05.03 / 187cm

라이트백 겸 센터백. 기니 혈통이지만 프랑스 대표팀을 선택했다. 월등한 피지컬을 활용한 제공권과 몸싸움이 강점이다. 전형적인 파이터형 수비수. 큰 체격에 비해 주력도 빠른 편이다. 공을 뺏기면 끝까지 쫓아가 되찾을 만큼 투쟁심도 강하다. 주력에 비해 민첩성은 떨어진다. 순발력이 좋은 공격수에게 종종 돌파를 허용한다. 경기 중 실수도 잦은 편이다. 시장 가치는 2800만 유로, 추정 연봉은 170만 유로.

슈팅-득점	국적	2022-23시즌 RB 라이프치히					포지션
10-1		18-6	1461	1	41.5-33.5	81%	
2-0							
● 12-1 / LG-0		DR	TK	IC		★	
● 0-0 / RG-1	프랑스	1.3-0.6	1.2-0.9	0.7	2-0	1	
● 0-0 / HG-0							

G	A	SH	SG	PC	P%	SC	BT	DC	TK	IC	CL	CR	BR
상위	상위	상위	상위	상위	상위	하위	상위	상위	하위	상위	상위	하위	상위
20%	14%	50%	46%	14%	31%	37%	10%	36%	33%	24%	15%	8%	48%

Valentino LAZARO
평점 6.52
발렌티노 라자로
1996.03.24 / 180cm

2014년부터 오스트리아 대표로 활약 중인 라이트백. 앙골라계 아버지와 그리스계 어머니 사이에서 태어났다. 오른쪽 윙어로도 종종 활약한다. 탁월한 스피드와 순발력, 민첩성으로 수비를 압도한다. 기술적으로 능숙하다. 볼컨트롤과 드리블 능력이 뛰어나다. 양발을 잘쓰는 것도 강점. 양질의 크로스를 전달한다. 경기력 기복이 심한 편. 패스에 약점이 있다. 시장 가치는 650만 유로, 추정 연봉은 192만 유로.

슈팅-득점	국적	2022-23시즌 토리노					포지션
7-0		15-8	1377	3	29.2-22.7	78%	
0-0							
● 7-0 / LG-0		DR	TK	IC		★	
● 0-0 / RG-0	오스트리아	1.6-0.7	0.8-0.4	0.1	4-0	2	
● 0-0 / HG-0							

G	A	SH	SG	PC	P%	SC	BT	DC	TK	IC	CL	CR	BR
하위	상위	하위	하위	상위	하위	상위	상위	상위	하위	하위	하위	상위	상위
20%	12%	36%	39%	35%	34%	35%	39%	1%	1%	43%	12%	44%

Ben CHILWELL
평점 6.52
벤 칠웰
1996.12.21 / 180cm

2018년부터 잉글랜드 대표로 활약 중인 레프트백. 폭발적인 운동 능력이 큰 장점이다. 스피드와 순발력은 물론 경기 후반까지 스프린트가 가능한 압도적인 체력을 갖추고 있다. 크로스가 정확하고 일관적이다. 세트피스에서도 강점이 있다. 길고 짧은 패스 모두 날카롭게 구사한다. 경기를 읽는 시야가 넓다. 종종 집중력이 떨어져 결정적 실수를 범한다. 시장 가치는 3500만 유로, 추정 연봉은 1200만 유로.

슈팅-득점	국적	2022-23시즌 첼시					포지션
11-2		15-8	1408	2	33.0-27.4	83%	
5-0							
● 16-2 / LG-2		DR	TK	IC		★	
● 0-0 / RG-0	잉글랜드	1.0-0.4	1.4-0.9	0.8	3-0	0	
● 0-0 / HG-0							

G	A	SH	SG	PC	P%	SC	BT	DC	TK	IC	CL	CR	BR
상위	상위	상위	상위	상위	상위	상위	하위	상위	상위	상위	하위	상위	하위
20%	42%	20%	46%	22%	43%	19%	18%	49%	23%	46%	19%	11%	12%

전체 슈팅 | 직접프리킥 | PK | LG | RG | HG | 출전횟수 | A | P | P% | DR | TK | IC | ★ | G | A | SH | SG | PC | P% | SC | BT | DC | TK | IC | CL | CR | BR
시도-득점 | 시도-득점 | 시도-득점 | 왼발득점 | 오른발득점 | 헤더득점 | 선발-교체 | 출전시간 분(MIN) | 도움 | 평균 패스 시도-성공 | 패스 성공률 | 평균드리블 시도-성공 | 평균 태클 시도-성공 | 평균 인터셉트 | 페어플레이 경고-퇴장 | MOM | 득점 | 도움 | 슈팅 시도 | 유효 슈팅 | 패스 성공 | 패스 성공률 | 슈팅기회 창출 | 볼터치 | 드리블 성공 | 태클 | 인터셉트 | 클리어링 | 크로스 | 리카버리

Bradley LOCKO
평점 6.52 · 브래들리 록코 · 2002.05.06 / 180cm

콩코 혈통의 프랑스 국적 레프트백. 왼쪽 윙백과 미드필더도 소화한다. 다부진 피지컬과 탄탄한 운동능력이 돋보인다. 수비력이 탄탄하다. 태클로 공을 따내는데도 능하다. 드리블을 통해 공을 전진하는 능력이 강점이다. 볼 컨트롤과 패스 성공률도 수준급이다. 공격포인트 생산 부분에선 기대할 것이 크지 않다. 경기력 기복이 심한 것도 단점이다. 시장 가치는 1800만 유로, 추정 연봉은 96만 유로.

슈팅-득점		국적	22-23시즌 스타드 렌+브레스트				포지션
1-0		프랑스	15-7	1330	A 0	P 20.4-16.5	P% 82%
4-0							
●5-0	LG-0		DR 2.3-1.2	TK 2.2-1.6	IC 1.0	★ 3-1	0
●0-0	RG-0						
●0-0	HG-0						

G	A	SH	SG	PC	P%	SC	BT	DC	TK	IC	CL	CR	BR
하위 20%	하위 11%	하위 20%	하위 5%	하위 17%	상위 50%	하위 35%	하위 16%	상위 27%	상위 13%	상위 34%	하위 14%	상위 17%	

Leonardo SERNICOLA
평점 6.51 · 레오나르도 세르니콜라 · 1997.07.30 / 187cm

좋은 피지컬을 갖춘 레프트백. 여러 팀을 임대 다닌 경험이 많다. 운동능력이 돋보인다. 장신에 점프력까지 겸비해 공중볼 장악에 강점이 뚜렷하다. 스태미나도 좋아 활동량이 풍부하다. 수비적인 강점이 뚜렷하다. 큰 체격에도 스피드가 나쁘지 않다. 패스 능력도 수준급이다. 볼을 다루는 기술은 좋은 편이 아니다. 수비 기술에 투박해 카드를 많이 수집한다. 시장 가치는 190만 유로, 추정 연봉은 15만 유로.

슈팅-득점		국적	2022-23시즌 크레모네세				포지션
11-2		이탈리아	27-5	2319	A 2	P 20.0-14.6	P% 73%
14-0							
●25-2	LG-2		DR 1.8-0.9	TK 1.8-1.4	IC 1.2	★ 11-0	3
●0-0	RG-0						
●0-0	HG-0						

G	A	SH	SG	PC	P%	SC	BT	DC	TK	IC	CL	CR	BR
상위 24%	상위 48%	상위 24%	상위 42%	하위 3%	하위 5%	하위 20%	하위 31%	상위 14%	상위 43%	상위 16%	하위 39%		

Jonjoe KENNY
평점 6.51 · 존조 케니 · 1997.03.15 / 176cm

수비력이 돋보이는 라이트백. 오른쪽 미드필더와 레프트백도 소화한다. 태클과 공 가로채기에서 강점이 있다. 스피드와 체력이 좋아 넓은 범위를 커버한다. 오버래핑 이후 신속하게 수비에 복귀한다. 정확한 크로스 능력을 갖추고 있다. 동료를 이용한 연계 플레이도 능하다. 단신이다보니 공중볼 다툼에선 약점이 뚜렷하다. 결정적인 턴오버도 잦은 편이다. 시장 가치는 400만 유로, 추정 연봉은 120만 유로.

슈팅-득점		국적	2022-23시즌 헤르타 베를린				포지션
1-0		잉글랜드	25-4	2243	A 1	P 31.5-23.5	P% 75%
5-0							
●6-0	LG-0		DR 0.8-0.4	TK 2.2-1.6	IC 1.5	★ 3-0	0
●0-0	RG-0						
●0-0	HG-0						

G	A	SH	SG	PC	P%	SC	BT	DC	TK	IC	CL	CR	BR
하위 20%	하위 30%	하위 9%	하위 15%	하위 32%	하위 24%	하위 35%	하위 35%	하위 33%	상위 3%	상위 11%	하위 37%	상위 34%	

Damián SUÁREZ
평점 6.51 · 다미안 수아레즈 · 1988.04.27 / 173cm

2022년 34살에 우루과이 대표팀 데뷔전을 치렀다. 오른발을 잘 쓰는 라이트백. 키는 작지만 지칠줄 모르는 체력과 왕성한 활동량이 일품이다. 넓게 움직이면서 끊임없이 상대를 압박한다. 태클, 인터셉션 등 수비기술과 위치선정 능력이 준수하다. 문전으로 단번에 올려주는 킥이 날카롭고 정확하다. 스피드가 좋은 편이 아니라 빠른 공격수에게 고전한다. 시장 가치는 100만 유로, 추정 연봉은 62만 유로.

슈팅-득점		국적	2022-23시즌 헤타페				포지션
3-1		우루과이	26-2	1961	A 1	P 24.3-16.3	P% 67%
3-0							
●6-1	LG-0		DR 1.2-0.6	TK 2.5-1.8	IC 0.5	★ 7-0	0
●0-0	RG-1						
●0-0	HG-0						

G	A	SH	SG	PC	P%	SC	BT	DC	TK	IC	CL	CR	BR
상위 40%	하위 37%	하위 13%	하위 12%	하위 11%	상위 42%	하위 18%	상위 44%	하위 34%	상위 18%	하위 32%	상위 29%	상위 24%	

Daniel CARVAJAL
평점 6.50 · 다니엘 카르바할 · 1992.01.11 / 173cm

레알 마드리드를 대표하는 라이트백. 2014년부터 스페인 대표팀에서 활약 중이다. 현대 풀백의 교과서로 불린다. 스피드, 활동량, 오버래핑, 크로스 등 풀백에 필요한 능력을 고루 갖췄다. 한창 때는 직접 공을 몰고 돌파하는 능력도 탁월하다. 강철체력과 투지를 앞세워 일대일 방어에도 능하다. 잦은 부상으로 운동능력이 감퇴하는 것은 아쉬운 점. 시장 가치는 1500만 유로, 추정 연봉은 1042만 유로.

슈팅-득점		국적	2022-23시즌 레알 마드리드				포지션
8-0		스페인	20-7	1788	A 2	P 42.5-37.0	P% 87%
4-0							
●12-0	LG-0		DR 0.6-0.3	TK 1.8-1.2	IC 0.6	★ 6-1	0
●0-0	RG-0						
●0	HG-0						

G	A	SH	SG	PC	P%	SC	BT	DC	TK	IC	CL	CR	BR
하위 20%	상위 24%	상위 37%	하위 5%	상위 11%	상위 9%	상위 46%	하위 12%	하위 13%	상위 33%	하위 23%	상위 31%	상위 43%	하위 24%

Renan LODI
평점 6.50 · 헤낭 로지 · 1998.04.08 / 173cm

체격은 작지만 스피드와 볼기술, 킥능력을 겸비한 브라질 출신 레프트백이다. 2019년부터 브라질대표로 활약 중이다. 체력도 우수하다. 경기 후반까지도 기동력을 그대로 유지한다. 위치 선정이 뛰어나 패스를 잘 가로챈다. 태클로 상대 공격을 차단하는데도 능하다. 강하고 정교한 왼발로 동료에게 득점 기회를 자주 제공한다. 때로 불필요한 파울이 많다. 시장 가치는 2000만 유로, 추정 연봉은 360만 유로.

슈팅-득점		국적	2022-23시즌 노팅엄 포리스트				포지션
6-0		브라질	26-2	2222	A 1	P 24.1-17.1	P% 71%
9-0							
●15-0	LG-0		DR 1.4-0.7	TK 2.9-1.9	IC 1.3	★ 7-0	0
●2-0	RG-0						
●0-0	HG-0						

G	A	SH	SG	PC	P%	SC	BT	DC	TK	IC	CL	CR	BR
하위 20%	상위 31%	상위 47%	하위 5%	하위 8%	하위 9%	상위 33%	상위 50%	상위 42%	상위 19%	상위 10%	상위 39%	상위 22%	

전체 슈팅 / 직접프리킥 / PK / LG / RG / HG / 출전횟수 / A / P / P% / DR / TK / IC / ★ / G / A / SH / SG / PC / P% / SC / BT / DC / TK / IC / CL / CR / BR
시도-득점 / 시도-득점 / 시도-득점 / 왼발득점 / 오른발득점 / 헤더득점 / 선발·교체 / 출전시간 도움 / 평균패스 / 패스성공률 / 평균드리블 / 평균태클 / 평균 / 페어플레이 / MOM / 득점 / 도움 / 슈팅 / 유효 / 패스 / 패스 / 슈팅기회 / 볼터치 / 드리블 / 인터셉트 / 클리어링 / 크로스 / 리커버리
 분(MINI) / 시도-성공 / 성공률 / 시도-성공 / 시도-성공 / 인터셉트 / 경고-퇴장 / / / 시도 / 슈팅 / 성공 / 성공률 / 창출 / / 성공 / / / / / /

Konstantinos TSIMIKAS
평점 6.50
콘스탄티노스 치미카스 1996.05.12 / 179cm

그리스를 대표하는 스타플레이어. 2019년부터 그리스 대표로 활약 중. 공격적인 성향이 뚜렷한 레프트백. 오버래핑을 하고 왼발로 박스 안에 날카로운 크로스를 연결한다. 측면에서 안으로 파고드는 언더래핑도 자연스럽다. 폭발적이면서 직선적인 드리블이 강점. 볼 테크닉은 떨어진다. 상대 압박에 자주 공을 뺏기다보니 파울도 자연스레 많다. 시장 가치는 1800만 유로, 추정 연봉은 300만 유로.

슈팅-득점		국적	2022-23 프리미어리그				포지션
5-0				A	P	P%	
2-0			9-11	769	4	22.1-18.8	85%
● 7-0	LG-0	그리스	DR	TK	IC		★
○ 0-0	RG-0		0.8-0.3	1.1-0.8	0.6	3-0	
○ 0-0	HG-0						

G	A	SH	SG	PC	P%	SC	BT	DC	TK	IC	CL	CR	BR
하위	상위	상위	하위	상위	하위	상위	상위	하위	하위	상위	하위	상위	상위
20%	1%	34%	49%	17%	38%	7%	9%	49%	25%	36%	34%	99%	32%

Andrea CAMBIASO
평점 6.50
안드레아 캄비아소 2000.02.20 / 183cm

양발을 모두 잘 쓰는 레프트백 기대주. 왼쪽 미드필더로도 종종 나온다. 좋은 피지컬을 바탕으로 공을 잘 간수한다. 패싱 능력이 돋보인다. 경기에 임하는 집중력도 나쁘지 않고 태클, 인터셉션 등 공을 뺏는 기술도 탁월하다. 패스 정확도는 물론 스프린트 스피드도 수준급이다. 수비에 비해 공격이 투박하다. 풀백 치고 크로스가 좋은 편이 아니다. 시장 가치는 650만 유로, 추정 연봉은 185만 유로.

슈팅-득점		국적	2022-23시즌 볼로냐				포지션
9-0				A	P	P%	
8-0			25-7	2172	3	39.1-33.5	86%
● 17-0	LG-0	이탈리아	DR	TK	IC		★
○ 0-0	RG-0		1.9-1.0	2.9-1.8	0.8	2-0	1
○ 0-0	HG-0						

G	A	SH	SG	PC	P%	SC	BT	DC	TK	IC	CL	CR	BR
상위	상위	상위	상위	상위	상위	상위	상위	상위	상위	상위	상위	하위	상위
20%	29%	42%	39%	16%	15%	36%	14%	14%	28%	41%	18%	42%	19%

Manuel LAZZARI
평점 6.49
마누엘 라차리 1993.11.29 / 174cm

오른쪽 측면 포지션을 모두 소화가 가능한 멀티 플레이어. 리그 정상급 스피드를 자랑한다. 드리블 등 공을 다루는 능력도 뛰어나 좀처럼 공을 잘 뺏기지 않는다. 측면 돌파 후 올리는 정확한 크로스가 위협적이다. 패싱력도 갖춰 후방 빌드업에 기여하는 바가 크다. 공격에 비해 수비적인 부분은 떨어진다. 나이가 들면서 잔부상이 많은 점도 아쉽다. 시장 가치는 1500만 유로, 추정 연봉은 315만 유로.

슈팅-득점		국적	2022-23시즌 라치오				포지션
4-0				A	P	P%	
2-0			23-6	1888	0	34.6-30.8	90%
● 6-0	LG-0	이탈리아	DR	TK	IC		★
○ 0-0	RG-0		1.5-0.7	1.6-1.1	0.6	9-0	
○ 0-0	HG-0						

G	A	SH	SG	PC	P%	SC	BT	DC	TK	IC	CL	CR	BR
하위	gdnl	하위	하위	상위	상위	하위	상위	상위	하위	하위	하위	상위	하위
20%	11%	23%	41%	18%	5%	19%	37%	34%	30%	35%	34%	26%	9%

Robert GUMNY
평점 6.49
로베르트 굼니 1998.06.04 / 182cm

오른쪽 측면을 책임지는 라이트백. 2020년부터 폴란드 국가대표로 활약 중이다. 뛰어난 속도와 민첩성이 최대 강점이다. 드리블 등 공을 다루는 기술이 뛰어나다. 수비적으로도 견고한 포지셔닝과 판단력을 자랑한다. 깔끔한 태클로 공을 따낸다. 패스 정확성이 떨어진다. 크로스도 풀백치고 좋은 편이 아니다. 압박 상황에서 공을 자주 뺏긴다. 시장 가치는 350만 유로, 추정 연봉은 25만 유로.

슈팅-득점		국적	2022-23시즌 아우크스부르크				포지션
7-1				A	P	P%	
2-0			23-6	2021	2	20.7-13.9	67%
● 9-1	LG-0	폴란드	DR	TK	IC		★
○ 0-0	RG-1		0.8-0.3	1.7-1.2	0.9	5-1	
○ 0-0	HG-0						

G	A	SH	SG	PC	P%	SC	BT	DC	TK	IC	CL	CR	BR
상위	상위	하위	상위	하위	하위	하위	하위	상위	상위	하위	하위	상위	하위
42%	43%	3%	40%	3%	3%	9%	14%	3%	15%	24%	35%	43%	16%

Charalampos LYKOGIANNIS
평점 6.49
차랄람보스 리코지아니스 1993.10.22 / 190cm

장신의 레프트백. 센터백으로도 활약 가능하다. 2017년부터 그리스 대표로 활약 중, 큰 체격에도 수준급 스피드와 운동능력을 자랑한다. 강력한 피지컬을 앞세워 몸싸움과 공중볼 경합에 강점을 갖는다. 경기를 읽는 시야가 넓고 위치선정에도 능하다. 집중력이 떨어질 경우 종종 일대일 상황에서 상대 공격수를 놓친다. 크로스 능력도 좋은 편이 아니다. 시장 가치는 150만 유로, 추정 연봉은 930만 유로.

슈팅-득점		국적	2022-23시즌 볼로냐				포지션
4-2				A	P	P%	
15-0			11-10	1105	0	26.7-20.0	75%
● 19-2	LG-0	그리스	DR	TK	IC		★
● 5-0	RG-0		0.7-0.3	1.2-0.8	0.6	3-0	
○ 0-0	HG-1						

G	A	SH	SG	PC	P%	SC	BT	DC	TK	IC	CL	CR	BR
상위	하위	상위	상위	상위	하위	상위	상위	하위	하위	상위	상위	상위	하위
8%	11%	3%	6%	45%	15%	31%	25%	17%	13%	28%	26%	12%	9%

Aleksa TERZIC
평점 6.48
알렉사 테르지치 1999.08.17 / 184cm

2021년부터 세르비아 국가대표로 활약 중인 레프트백. 공격력이 돋보인다. 드리블 돌파에 이은 크로스가 일품이다. 패스 정확도와 센스도 수준급이다. 강한 피지컬을 바탕으로 상대 압박에도 공을 지키는데 능하다. 전방으로 키패스를 심심치않게 질러준다. 큰 신장에 비해 제공권 장악은 약하다. 컨디션이 좋을 때와 그렇지 않을 때 경기력 기복이 크다. 시장 가치는 150만 유로, 추정 연봉은 38만 유로.

슈팅-득점		국적	2022-23시즌 피오렌티나				포지션
2-1				A	P	P%	
8-0			8-14	929	1	24.2-20.8	86%
● 10-1	LG-1	세르비아	DR	TK	IC		★
○ 0-0	RG-0		1.2-0.7	1.2-0.7	0.2	2-0	
○ 0-0	HG-0						

G	A	SH	SG	PC	P%	SC	BT	DC	TK	IC	CL	CR	BR
상위	상위	상위	하위	상위	상위	상위	하위	하위	하위	하위	하위	상위	상위
17%	40%	25%	42%	11%	30%	9%	25%	4%	27%	4%	41%	4%	43%

●	●	●	LG	RG	HG		⏱	A	P	P%	DR	TK	IC	■	★	G	A	SH	SG	PC	P%	SC	BT	DC	TK	IC	CL	CR	BR
전체 슈팅 시도-득점	직접프리킥 시도-득점	PK 시도-득점	왼발 득점	오른발 득점	헤더 득점	출전횟수 선발-교체	출전시간 분(MIN)	도움	평균 패스 시도-성공	패스 성공률	평균드리블 시도-성공	평균 태클 시도-성공	평균 인터셉트	페어플레이 경고-퇴장	MOM	득점	도움	슈팅 시도	유효 슈팅	패스 성공	패스 성공률	슈팅기회 창출	볼터치	드리블 성공	태클	인터셉트	클리어링	크로스	리커버리

평점 6.48 Manu SÁNCHEZ
마누 산체스 2000.08.24 / 171cm

아틀레티코 마드리드 유스 출신 레프트백. 공격과 수비 모두 수준급이다. 최대 장점은 왼발 킥임능력. 날카롭고 정확한 크로스로 공격 찬스를 끊임없이 만들어낸다. 볼컨트롤 능력도 나쁘지 않다. 드리블을 통한 오버래핑을 잘한다. 수비시 태클로 공을 따내는데 능하다. 약점은 피지컬. 체격이 작다보니 공중볼 경합 및 몸싸움에서 자주 밀린다. 시장 가치는 1000만 유로, 추정 연봉은 126만 유로.

슈팅-득점	국적	2022-23시즌 오사수나				포지션
5-0 / 5-0	스페인	⏱ 22-9 2117	A 2	P 28.2-23.1	P% 82%	
●10-0 LG-0		DR 1.3-0.6	TK 2.6-1.6	IC 0.5	■ 3-0	★ 0
●0-0 RG-0 ●0-0 HG-0						

G	A	SH	SG	PC	P%	SC	BT	DC	TK	IC	CL	CR	BR
하위 20%	상위 45%	하위 30%	하위 38%	하위 47%	상위 31%	상위 24%	하위 33%	상위 49%	상위 38%	하위 12%	상위 41%	상위 40%	하위 42%

평점 6.48 Matty CASH
매티 캐시 1997.08.07 / 185cm

2021년부터 폴란드 대표로 활약 중인 라이트백. 태어난 곳은 영국. 폴란드어는 못한다. 빠른 오버래핑에 이어 안정적으로 크로스를 올린다. 길고 정확한 장거리 스로인으로 세트피스 상황에 힘을 보탠다. 깔끔한 태클을 자랑하고 공중볼도 잘 따낸다. 공격 상황에서 플레이가 단순한 편, 패스 정확도도 떨어진다. 파울이 많고 카드 수집이 잦다. 시장 가치는 2200만 유로, 추정 연봉은 479만 유로.

슈팅-득점	국적	2022-23시즌 아스톤 빌라				포지션
2-0 / 5-0	폴란드	⏱ 20-6 1821	A 1	P 30.0-23.6	P% 79%	
●7-0 LG-0		DR 1.3-0.7	TK 2.5-2.1	IC 1	■ 4-0	★ 1
●0-0 RG-0 ●0-0 HG-0						

G	A	SH	SG	PC	P%	SC	BT	DC	TK	IC	CL	CR	BR
하위 21%	하위 39%	하위 22%	하위 20%	하위 44%	상위 50%	하위 14%	하위 39%	상위 38%	상위 24%	상위 43%	상위 41%	하위 42%

평점 6.48 Nathan PATTERSON
네이션 패터슨 2001.10.16 / 189cm

좋은 체격조건을 가진 라이트백. 2021년부터 스코틀랜드 대표로 활약 중이다. 뛰어난 축구센스를 갖췄다는 평가다. 특히 짧은 패스를 활용한 동료와 연계 플레이에 강점이 있다. 공격시 측면을 파고드는 것은 물론 박스 안으로 침투해 직접 헤더를 노린다. 긴 다리를 이용한 태클 및 인터셉션에 능하다. 크로스 기복이 심한 편. 개인 기술도 투박하다. 시장 가치는 1400만 유로, 추정 연봉은 168만 유로.

슈팅-득점	국적	2022-23시즌 에버튼				포지션
4-0 / 4-0	스코틀랜드	⏱ 14-5 1274	A 1	P 24.9-19.9	P% 80%	
●8-0 LG-0		DR 1.4-0.6	TK 3.9-2.7	IC 0.7	■ 3-0	★ 0
●0-0 RG-0 ●0-0 HG-0						

G	A	SH	SG	PC	P%	SC	BT	DC	TK	IC	CL	CR	BR
하위 20%	하위 11%	하위 44%	하위 25%	하위 28%	하위 38%	하위 15%	하위 34%	상위 41%	상위 2%	상위 43%	하위 6%	상위 44%	상위 46%

평점 6.47 Rayan AÏT-NOURI
라얀 아이트-누리 2001.06.06 / 180cm

왼발을 잘쓰는 레프트백. 왼쪽 미드필더로도 활약한다. 프랑스에서 태어났지만 2023년 어머니 나라 알제리 대표로 데뷔전을 치렀다. 과감하고 저돌적인 드리블 돌파로 측면을 장악한다. 볼 테크닉이 좋아 수비를 쉽게 제친다. 쉽게 공을 뺏기지 않고 태클도 수준급이다. 스피드와 피지컬이 떨어지다보니 빠른 공격수를 만나면 고전한다. 패스미스도 잦다. 시장 가치는 2200만 유로, 추정 연봉은 60만 유로.

슈팅-득점	국적	2022-23시즌 울버햄튼				포지션
9-1 / 1-0	알제리	⏱ 9-12 1070	A 0	P 22.7-18.6	P% 82%	
●10-1 LG-1		DR 2.4-1.3	TK 1.9-1.6	IC 0.4	■ 4-0	★ 0
●0-0 RG-0 ●0-0 HG-0						

G	A	SH	SG	PC	P%	SC	BT	DC	TK	IC	CL	CR	BR
상위 22%	하위 11%	상위 32%	하위 9%	하위 48%	하위 27%	상위 48%	하위 28%	상위 41%	하위 28%	하위 31%	하위 28%	하위 29%

평점 6.47 Danny DA COSTA
대니 다코스타 1993.07.13 / 187cm

탄탄한 피지컬을 자랑하는 라이트백. 센터백으로도 활약한다. 독일에서 태어났지만 아버지는 앙골라인, 어머니는 콩고민주공화국 출신이다. 피지컬을 활용한 저돌적인 압박과 돌파가 강점이다. 오버래핑에 이어 문전으로 올리는 크로스도 수준급이다. 강한 체력을 바탕으로 꾸준한 활동량을 유지한다. 패싱력은 떨어지는 편이다. 볼 테크닉도 투박하다. 시장 가치는 200만 유로, 추정 연봉은 96만 유로.

슈팅-득점	국적	2022-23시즌 마인츠 05				포지션
5-0 / 2-0	독일	⏱ 14-9 1238	A 2	P 17.8-11.4	P% 64%	
●7-0 LG-0		DR 1.2-0.6	TK 1.2-0.9	IC 0.4	■ 1	★
●0-0 RG-0 ●0-0 HG-0						

G	A	SH	SG	PC	P%	SC	BT	DC	TK	IC	CL	CR	BR
하위 20%	상위 21%	하위 40%	하위 26%	하위 6%	하위 1%	상위 33%	하위 23%	상위 38%	하위 6%	하위 15%	상위 43%	상위 25%	상위 33%

평점 6.47 Arkadiusz RECA
아르카디우스 레카 1995.06.17 / 187cm

2018년부터 폴란드 대표로 활약 중인 레프트백. 왼쪽 미드필더로도 활약한다. 다양한 포지션을 소화하는 다재다능함이 돋보인다. 왕성한 체력과 활동량으로 공수에 영향력을 미친다. 측면에서 드리블에 이은 크로스를 즐긴다. 공에 대한 집중력이 높고 공을 따내는데도 강점이 있다. 패스미스가 잦은 것은 아쉬운 점, 수비가 거칠어 카드도 많이 받는다. 시장 가치는 300만 유로, 추정 연봉은 115만 유로.

슈팅-득점	국적	2022-23시즌 스페치아				포지션
8-1 / 15-0	폴란드	⏱ 25-6 2173	A 1	P 28.6-20.5	P% 72%	
●23-1 LG-1		DR 1.7-0.6	TK 2.2-1.5	IC 0.8	■ 2	★ 2
●0-0 RG-1 ●0-0 HG-0						

G	A	SH	SG	PC	P%	SC	BT	DC	TK	IC	CL	CR	BR
상위 44%	하위 33%	상위 27%	하위 17%	하위 26%	하위 12%	상위 47%	하위 43%	상위 40%	상위 41%	상위 48%	상위 39%	하위 21%	하위 34%

●	●	●	LG	RG	HG	⏱	A	P	P%	DR	TK	IC	■★	G	A	SH	SG	PC	P%	SC	BT	DC	TK	IC	CL	CR	BR
전체 슈팅 시도-득점	직접프리킥 시도-득점	PK 시도-득점	왼발 득점	오른발 득점	헤더 득점	출전횟수 선발·교체	출전시간 분(MIN)	도움	평균 패스 시도-성공	패스 성공률	평균드리블 시도-성공	평균 태클 시도-성공	평균 인터셉트	페어플레이 경고·퇴장	MOM	득점	도움	슈팅 시도	유효 슈팅	패스 성공	패스 성공률	슈팅기회 창출	볼터치	드리블 성공	태클	인터셉트	클리어링	크로스	리커버리

평점 6.46 Marcel HALSTENBERG
마르셀 할슈텐베르크 1991.09.27 / 188cm

월등한 체격조건을 자랑하는 독일 출신 레프트백 겸 센터백. 국가대표 경력도 있다. 피지컬을 이용한 수비력이 강점이다. 1대1 수비, 공중볼 경합, 몸싸움 등에 모두 능하고 인터셉트 능력도 좋다. 왼발로 전방에 찔러주는 롱패스가 정확하다. 오버래핑 후 크로스도 나쁘지 않다. 스피드와 민첩성이 떨어져 빠른 공격수에게 고전한다. 잔부상도 있는 편. 시장 가치는 400만 유로, 추정 연봉은 300만 유로.

슈팅-득점		국적	2022-23시즌 RB 라이프치히				포지션

9-1						
0-0		⏱ 17-14	A 1557	P 1	P% 31.3-24.7	79%
● 9-1	LG-1		DR	TK	IC	■★
● 0-0	RG-0	독일	0.5-0.3	1.9-1.3	0.7	2-0
● 0-0	HG-0					

G	A	SH	SG	PC	P%	SC	BT	DC	TK	IC	CL	CR	BR
상위	상위	하위	하위	상위	상위	하위	상위	하위	상위	상위	하위	상위	상위
37%	36%	40%	48%	15%	37%	44%	11%	40%	40%	16%	29%	43%	44%

평점 6.46 Nicolas COZZA
니콜라 코자 1999.01.08 / 178cm

프랑스와 이탈리아 이중국적을 가지고 있다. 연령별 대표팀은 태어난 프랑스를 선택했다. 다부진 수비가 좋은 레프트백 겸 센터백이다. 두 포지션을 고르게 책임진다. 강력한 태클로 상대 공을 따내는데 능하다. 풀백으로 출전할 때도 크로스 대신 전방으로 긴 패스를 찔러주는 것을 즐긴다. 전체적으로 기술이 투박하며 패스가 정확한 편이 아니다. 시장 가치는 500만 유로, 추정 연봉은 75만 유로.

슈팅-득점		국적	22-23시즌 몽펠리에+볼프스부르크				포지션

6-2						
1-0		⏱ 14-8	A 1373	P 1	P% 24.3-17.8	74%
● 7-2	LG-1		DR	TK	IC	■★
● 0-0	RG-1	프랑스	0.8-0.3	2.5-1.9	1.1	3-0
● 0-0	HG-0					

G	A	SH	SG	PC	P%	SC	BT	DC	TK	IC	CL	CR	BR
상위	하위	하위	상위	하위	하위	하위	하위	상위	상위	상위	상위	하위	하위
11%	48%	35%	31%	13%	24%	46%	13%	14%	14%	35%	6%	10%	

평점 6.46 Hugo MALLO
휴고 말로 1991.06.22 / 174cm

스페인의 베테랑 라이트백. 프로 데뷔 후 줄곧 셀타비고에서만 뛰고 있다. 최대 강점은 수비. 체격은 작지만 축구 센스가 뛰어나다. 태클 및 인터셉션이 수준급이다. 오른쪽 측면에서 올리는 크로스가 날카롭다. 셀타의 정신적 지주로서 필드에서 강력한 리더십을 발휘한다. 스피드가 떨어져 빠른 윙어에게 고전한다. 드리블 등 볼 기술도 좋은 편이 아니다. 시장 가치는 350만 유로, 추정 연봉은 259만 유로.

슈팅-득점		국적	2022-23시즌 셀타 비고				포지션

18-0						
1-0		⏱ 26-0	A 2171	P 1	P% 44.7-35.6	79%
● 19-0	LG-0		DR	TK	IC	■★
● 0-0	RG-0	스페인	0.7-0.2	2.6-2.0	0.9	5-1	1
● 0-0	HG-0					

G	A	SH	SG	PC	P%	SC	BT	DC	TK	IC	CL	CR	BR
하위	하위	상위	하위	상위	하위	상위	상위	하위	상위	상위	상위	상위	하위
20%	33%	35%	23%	32%	45%	46%	23%	6%	37%	47%	9%	44%	33%

평점 6.46 Fabio DEPAOLI
파비오 데파올리 1997.04.24 / 182cm

다재다능함이 돋보이는 라이트백. 오른쪽 미드필더로도 활약 가능하다. 스피드와 민첩성이 강점. 오버래핑 후 빠르게 수비에 복귀한다. 패스와 크로스는 수준급. 체력이 좋아 수비 기여도가 높다. 상대를 부지런히 압박하고 공에 대한 집중력이 좋다. 수비 위치 선정에서 실수가 잦은 편, 공중볼 경합에서 약점이 있다. 불필요한 경고를 받는 일이 많다. 시장 가치는 300만 유로, 추정 연봉은 65만 유로.

슈팅-득점		국적	2022-23시즌 엘라스 베로나				포지션

15-2						
6-0		⏱ 26-9	A 2309	P 2	P% 15.2-9.9	65%
● 21-2	LG-0		DR	TK	IC	■★
● 0-0	RG-0	스페인	1.2-0.4	2.7-1.7	0.6	9-0	1
● 0-0	HG-2					

G	A	SH	SG	PC	P%	SC	BT	DC	TK	IC	CL	CR	BR
상위	상위	상위	상위	하위	하위	하위	상위	하위	상위	하위	상위	상위	하위
24%	47%	33%	47%	1%	7%	46%	37%	47%	22%	21%	47%	47%	14%

평점 6.46 Massadio HAÏDARA
마사디오 하이다라 1992.12.02 / 179cm

2019년부터 말리 국가대표로 활약 중인 레프트백. 프랑스에서 태어났지만 혈통을 따라 말리 대표를 선택했다. 센터백으로도 활약할 정도로 수비력이 강점이다. 신장이 크지 않지만 제공권에서 강점이 있다. 강한 체력과 스피드를 앞세워 상대 공격을 저지하는데 능하다. 압박이 몰릴 때 집중력을 잃고 실수를 자주 범한다. 풀백 출전 시 공격 기여도가 떨어진다. 시장 가치는 300만 유로, 추정 연봉은 60만 유로.

슈팅-득점		국적	2022-23시즌 랑스				포지션

12-0						
1-0		⏱ 1657	A	P 1	P% 24.5-21.4	87%
● 13-0	LG-0		DR	TK	IC	■★
● 0-0	RG-0	말리	0.7-0.3	1.0-0.7	1.0	5-0	
● 0-0	HG-0					

G	A	SH	SG	PC	P%	SC	BT	DC	TK	IC	CL	CR	BR
하위	하위	상위	하위	상위	상위	하위	상위	하위	하위	상위	상위	하위	하위
20%	41%	42%	5%	32%	11%	2%	45%	27%	13%	3%	45%	32%	15%

평점 6.46 Iván BALLIU
이반 발리우 1992.01.01 / 172cm

2017년부터 알바니아 대표로 활약 중인 라이트백. 스페인에서 태어났지만 아버지 혈통을 따라 알바니아를 선택했다. 바르셀로나 유스 출신. 운동능력이 돋보인다. 빠르게 그라운드를 커버하고 위치 선정 능력이 좋다. 계속 오버래핑을 시도하면서 공격을 지원한다. 패스나 크로스가 능한 편은 아니다. 체격 열세로 몸싸움이나 제공권에서 약점이 있다. 시장 가치는 400만 유로, 추정 연봉은 45만 유로.

슈팅-득점		국적	2022-23시즌 라요 바예카노				포지션

4-0						
2-0		⏱ 37-0	A 3237	P 0	P% 35.6-28.5	80%
● 6-0	LG-0		DR	TK	IC	■★
● 0-0	RG-0	알바니아	0.9-0.4	1.7-1.4	0.7	6-0	
● 0-0	HG-0					

G	A	SH	SG	PC	P%	SC	BT	DC	TK	IC	CL	CR	BR
하위	하위	하위	하위	상위	상위	하위	상위	하위	하위	하위	상위	상위	하위
20%	11%	5%	11%	50%	47%	40%	35%	14%	19%	18%	50%	43%	4%

●	●	○	LG	RG	HG	⏱	Ⓐ	Ⓟ	Ⓟ%	DR	TK	IC	■	★	Ⓖ	Ⓐ	SH	SG	PC	P%	SC	BT	DC	TK	IC	CL	CR	BR
전체 슈팅 시도-득점	직접프리킥 시도-득점	PK 시도-득점	왼발 득점	오른발 득점	헤더 득점	출전횟수 선발-교체	출전시간 분(MIN)	도움	평균 패스 시도-성공	패스 성공율	평균드리블 시도-성공	평균 태클 시도-성공	평균 인터셉트	페어플레이 경고-퇴장	MOM	득점	도움	슈팅 시도	유효 슈팅	패스 성공	패스 성공율	슈팅기회 창출	볼 터치	드리블 성공	태클	인터셉트	클리어링	크로스	리커버리

평점 6.46 Yan COUTO
얀 쿠투

2002.01.03 / 168cm

브라질 출신의 공격적인 풀백. 나이는 어리지만 압도적인 스피드, 드리블 기술로 수비를 무너뜨린다. 측면 미드필더는 물론 때로 윙포워드로 좋은 모습을 보인다. 오버래핑은 물론 가운데로 파고드는 언더래핑에도 능하다. 피지컬 열세는 어쩔 수 없다. 공중볼 다툼, 몸싸움 등 수비적인 약점이 뚜렷하다. 모험적인 패스를 즐기다보니 패스 정확도가 떨어진다. 시장 가치는 400만 유로, 추정 연봉은 26만 유로.

슈팅-득점		국적	2022-23시즌 히로나					포지션

4-1 / 4-0

● 8-1	LG-1
● 0-0	RG-0
● 0-0	HG-0

브라질

⏱	Ⓐ	Ⓟ	Ⓟ%
12-13 1154	2	18.9-14.8	79%

DR	TK	IC	■	★
2.4-1.1	1.3-1.1	3-0	0	

Ⓖ	Ⓐ	SH	SG	PC	P%	SC	BT	DC	TK	IC	CL	CR	BR
상위	상위	하위	하위	하위	하위	상위	하위	상위	하위	하위	하위	상위	상위
24%	20%	48%	28%	28%	31%	5%	26%	2%	47%	1%	1%	14%	28%

평점 6.46 Hugo BUENO
우고 부에노

2002.09.18 / 180cm

스페인 출신의 공격적 풀백. 쌍둥이 동생도 프로선수로 활동 중이다. 빠른 발과 드리블, 크로스 등 풀백이 갖춰야 할 능력을 모두 갖췄다. 볼 테크닉이 뛰어나 후방에 공을 지키는 데 능하다. 패스 정확도가 나쁘지 않고 기술적인 태클로 공을 따낸다. 피지컬을 이용한 경합에선 약점이 뚜렷하다. 힘이 좋은 공격수에게 고전한다. 제공권 싸움에서 밀린다. 시장 가치는 20만 유로, 추정 연봉은 30만 유로.

슈팅-득점		국적	2022-23시즌 울버햄튼					포지션

3-0 / 1-0

● 4-0	LG-0
● 0-0	RG-0
● 0-0	HG-0

포르투갈

⏱	Ⓐ	Ⓟ	Ⓟ%
16-5 1316	1	24.2-20.2	85%

DR	TK	IC	■	★
1.6-0.7	2.3-1.6	1-0	1	

Ⓖ	Ⓐ	SH	SG	PC	P%	SC	BT	DC	TK	IC	CL	CR	BR
하위	하위	하위	하위	하위	하위	상위	상위	하위	상위	상위	하위	상위	상위
20%	49%	13%	24%	41%	29%	47%	27%	32%	34%	17%	25%	21%	23%

평점 6.46 Rogerio
호제리우

1998.01.13 / 178cm

브라질 출신의 젊은 레프트백. 뛰어난 기술과 함께 매우 공격적이다. 드리블과 크로스 능력이 수준급이다. 패싱력도 갖춰 후방 빌드업에서 큰 도움을 준다. 키는 큰 편이 아니지만 긴 다리를 이용한 태클이 강점. 스피드가 좋아 공격 가담 후 빠르게 수비에 복귀한다. 저돌적 스타일이라 파울이 많고 카드를 자주 수집한다. 수비력은 전체적으로 떨어진다. 시장 가치는 580만 유로, 추정 연봉은 130만 유로.

슈팅-득점		국적	2022-23시즌 사수올로					포지션

5-0 / 10-0

● 15-0	LG-0
● 0-0	RG-0
● 0-0	HG-0

브라질

⏱	Ⓐ	Ⓟ	Ⓟ%
34-2 2999	3	44.1-36.6	83%

DR	TK	IC	■	★
1.2-0.7	1.5-1.1	0.9	5-1	2

Ⓖ	Ⓐ	SH	SG	PC	P%	SC	BT	DC	TK	IC	CL	CR	BR
하위	상위	하위	하위	상위	하위	상위	상위	상위	하위	상위	상위	상위	하위
20%	43%	34%	45%	20%	29%	38%	26%	48%	5%	37%	45%	33%	21%

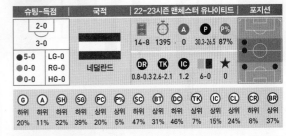

평점 6.45 Tyrell MALACIA
타이렐 말라시아

1999.08.17 / 169cm

2021년부터 네덜란드 대표로 활약 중인 좌우 풀백. 퀴라소인 아버지와 수리남인 어머니 사이에 태어났지만 대표팀은 태어난 네덜란드를 선택했다. 운동능력을 바탕으로 공수 양면에서 적극적인 플레이를 펼친다. 드리블 및 스피드가 탁월하다. 활동량도 왕성하다. 오버래핑보다 언더래핑을 더 선호한다. 피지컬 열세로 각종 경합에서 밀리는 게 뚜렷하다. 시장 가치는 2200만 유로, 추정 연봉은 449만 유로.

슈팅-득점		국적	22-23시즌 맨체스터 유나이티드					포지션

2-0 / 3-0

● 5-0	LG-0
● 0-0	RG-0
● 0-0	HG-0

네덜란드

⏱	Ⓐ	Ⓟ	Ⓟ%
14-8 1395	0	30.3-26.5	87%

DR	TK	IC	■	★
0.8-0.3	2.6-2.1	1.2	6-0	0

Ⓖ	Ⓐ	SH	SG	PC	P%	SC	BT	DC	TK	IC	CL	CR	BR
하위	하위	하위	상위	하위	하위	상위	하위	하위	상위	하위	상위	하위	상위
20%	11%	32%	39%	20%	5%	47%	31%	46%	7%	11%	24%	8%	37%

평점 6.45 Joel WARD
조엘 워드

1989.10.29 / 186cm

잉글랜드 출신 베테랑 풀백 및 센터백. 경기를 읽는 능력과 위치 선정이 좋아 상대 패스를 쉽게 차단한다. 적절한 타이밍에 태클과 가로채기를 시도한다. 라이트백은 물론 센터백, 윙백까지 소화 가능하다. 지칠 줄 모르는 체력도 강점이다. 수비력에 비해 공격에선 큰 활약이 없다. 스피드가 떨어져 빠른 공격수의 돌파를 막는데 고전한다. 시장 가치는 200만 유로, 추정 연봉은 210만 유로.

슈팅-득점		국적	2022-23시즌 크리스털 팰리스					포지션

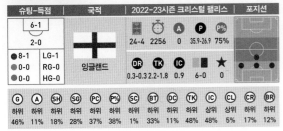

6-1 / 2-0

● 8-1	LG-0
● 0-0	RG-0
● 0-0	HG-0

잉글랜드

⏱	Ⓐ	Ⓟ	Ⓟ%
24-4 2256	1	35.9-26.9	75%

DR	TK	IC	■	★
0.3-0.3	2.2-1.8	0.9	6-0	0

Ⓖ	Ⓐ	SH	SG	PC	P%	SC	BT	DC	TK	IC	CL	CR	BR
하위	하위	상위	하위	상위	하위	하위	하위	하위	상위	상위	상위	하위	하위
46%	11%	18%	28%	37%	38%	0%	33%	11%	48%	48%	48%	17%	12%

평점 6.45 Dimitri LIÉNARD
드미트리 리에나르

1988.02.13 / 181cm

왼쪽 풀백과 측면 미드필더를 책임진다. 왼발 스페셜리스트. 좋은 킥력을 갖췄다. 날카로운 크로스를 문전에 올리고 소속팀 세트피스 키커로도 활약한다. 경기를 읽는 시야가 넓다. 전방으로 긴 패스를 찔러주는 것을 선호한다. 페널티박스 밖에서 중거리슛도 과감하게 때린다. 스피드는 떨어진다. 빠른 공격수에게 애를 먹을 때가 많다. 기복이 심한 편이다. 시장 가치는 60만 유로, 추정 연봉은 96만 유로.

슈팅-득점		국적	2022-23시즌 스트라스부르					포지션

4-0 / 9-0

● 13-0	LG-0
● 2-0	RG-0
● 0-0	HG-0

프랑스

⏱	Ⓐ	Ⓟ	Ⓟ%
18-10 1546	0	27.1-21.4	79%

DR	TK	IC	■	★
1.0-0.4	2.5-1.6	0.6	4-0	0

Ⓖ	Ⓐ	SH	SG	PC	P%	SC	BT	DC	TK	IC	CL	CR	BR
하위	하위	상위	상위	상위	하위	하위	상위	상위	상위	하위	하위	상위	상위
20%	11%	38%	35%	43%	30%	0%	30%	43%	14%	45%	18%	5%	6%

센터백

센터백은 축구에서 가장 뒤쪽(또는 안쪽)에서 수비하는 선수다. 볼을 가진 상대 공격수가 골키퍼와 1대1 상황이 된다면 실점할 확률이 대단히 높아진다. 센터백은 동료 수비수들을 잘 컨트롤 해서 그런 상황을 만들지 않도록 해야 한다. 센터백은 축구 IQ가 높고, 체격과 파워가 좋으며 강력한 투쟁심으로 무장한다. 태클, 마킹, 인터셉트, 커버플레이, 라인 컨트롤 등 다양한 능력을 발휘해야 한다. 지난 시즌 유럽 5대리그 최고의 센터백은 김민재였다. 개인 퍼포먼스와 팀 성적 모두 압도적이었다. 이런 활약을 바탕으로 올여름 나폴리에서 바이에른 뮌헨으로 이적했다. 바이에른 뮌헨은 레알 마드리드와 함께 유럽 양대 명문으로 꼽힌다. 대한민국 축구 역사상 이 팀에 주전급으로 입단한 선수는 김민재가 최초다. 김민재에 이어 루카스 마르티네스, 니코 슐로터벡, 윌리 오르반 등이 지난 시즌 좋은 활약을 펼쳤다.

전체 슈팅 시도-득점 | 직접프리킥 시도-득점 | PK 시도-득점 | LG 왼발 특점 | RG 오른발 특점 | HG 헤더 특점 | 출전횟수 선발-교체 | 출전시간 분(MIN) | A 도움 | P 평균 패스 시도-성공 | P% 패스 성공률 | DR 평균드리블 시도-성공 | TK 평균 태클 시도-성공 | IC 평균 인터셉트 | 페어플레이 경고-퇴장 | ★ MOM | OP 공격 포인트 | SH 슈팅 시도 | SG 유효 슈팅 | PC 패스 성공 | P% 패스 성공률 | LC 롱패스 성공 | BT 볼터치 | DC 드리블 성공 | TK 태클 성공 | DT% 드리블 태클성공률 | BL 블로킹 | IC 인터셉트 | CL 클리어링 | A% 공중전 승률

KIM Minjae
평점 7.27
김민재
1996.11.15 / 190cm

SCOUTING REPORT
5대리그 센터백 중 최고의 퍼포먼스를 선보였다. 강력한 신체와 유려한 볼 컨트롤 기술을 겸비한 완벽한 센터백이다. 스탠딩 태클, 슬라이딩 태클, 1대1, 블로킹, 라인컨트롤, 커버플레이 등 수비의 모든 면에서 압도적인 실력을 발휘했다. 35km/h의 폭발적인 스피드를 활용해 공격에도 적극 가담했다. 과감한 드리블과 정확한 빌드업 패스로 공격을 뒷받침한다.

PLAYER'S HISTORY
별명은 '철기둥', '코리언 몬스터', '한국의 베켄바우어' 등이다. 몸에 기독교 관련 문신이 많다. 특이하게 딩굴 키보드를 사용한다. 추정 이적료 5000만 유로, 추정 연봉 1200만 유로에 독일 바이에른 뮌헨으로 이적했다.

슈팅-득점	국적		2022-23시즌 나폴리				포지션
8-2			35-0	3055	2	80.1-72.8	91%
0-0		A	P	P%			
● 8-2 LG-0	대한민국						
● 0-0 RG-0		DR	TK	IC		★	
● 0-0 HG-2		0.2-0.1	1.7-1.6	1.2	5-0	5	

유럽 5대리그 센터백 항목별 랭킹 (90분 기준 기록, 100분율)

OP	SH	SG	PC	P%	LC	BT	DC	TK	DT%	BL	IC	CL	A%
상위	하위	하위	상위	상위	상위	상위	하위	상위	상위	상위	상위	하위	상위
25%	12%	29%	4%	9%	29%	2%	39%	43%	1%	29%	27%	48%	24%

Lucas MARTÍNEZ QUARTA
평점 7.23
루카스 마르티네스 콰르타
1996.05.10 / 181cm

SCOUTING REPORT
'풀패키지 센터백'이자 '1대1 수비의 달인'이다. 지난 시즌 드리블러 상대 태클 성공률에서 상위 1%에 올랐다(김민재와 동률). 또한, 포지셔널 디펜스(인터셉트, 블로킹)에서도 유럽 최상위권을 마크했다. 아르헨티나 출신답게 드리블 능력도 우수하고, 기습적인 롱볼 빌드업은 최고 수준이다. 센터백치고 체격은 작지만, 위치 선정, 점프력이 좋아 공중전에도 능하다.

PLAYER'S HISTORY
2016년 아르헨티나 명문 리버 플레이트에서 데뷔했고, 2020년 10월 피오렌티나로 이적했다. 연령별 국가대표팀을 거치지는 않았지만, 실력이 뛰어나서 바로 국대에 승선했다. 시장 가치는 1000만 유로, 추정 연봉은 1280만 유로.

슈팅-득점	국적		2022-23시즌 피오렌티나				포지션
22-1			25-2	2173	1	55.9-45.8	82%
5-0		A	P	P%			
● 27-1 LG-0	아르헨티나						
● 0-0 RG-1		DR	TK	IC		★	
● 0-0 HG-0		0.6-0.4	3.8-3.1	1.8	6-0	5	

유럽 5대리그 센터백 항목별 랭킹 (90분 기준 기록, 100분율)

OP	SH	SG	PC	P%	LC	BT	DC	TK	DT%	BL	IC	CL	A%
상위	상위	상위	상위	하위	상위	상위	상위	상위	상위	상위	상위	하위	상위
32%	3%	2%	29%	31%	4%	16%	13%	1%	1%	9%	8%	30%	16%

Nico SCHLOTTERBECK
평점 7.20
니코 슐로터베크
1999.12.01 / 191cm

SCOUTING REPORT
1대1 수비가 좋은 장신 센터백. 지난 시즌 태클 성공 횟수 상위 12%였다. 과감하게 전진하는 파이터형 센터백이다. 후방 빌드업 시 전방으로 직접 롱볼을 보내고, 본인이 직접 드리블로 돌파하기도 한다. 빠른 주력과 준수한 볼 테크닉, 뛰어난 판단 덕분에 롱패스는 물론, 드리블 성공률도 높은 편이다. 지난 시즌 5개의 어시스트로 센터백 중 최고 수준이었다.

PLAYER'S HISTORY
독일 U-18, U-19, U-20, U-21 등 연령별 대표를 차례로 지냈고, 2022년부터 A대표로 활약해 왔다. 니코의 형 케벤은 현재 보훔에서 활약 중인 축구 선수 가족이다. 시장 가치는 4000만 유로, 추정 연봉은 472만 유로.

슈팅-득점	국적		2022-23시즌 도르트문트				포지션
10-3			27-1	2255	5	67.4-58.6	87%
8-1		A	P	P%			
● 18-4 LG-3	독일						
● 0-0 RG-0		DR	TK	IC		★	
● 0-0 HG-1		0.7-0.4	2.7-2.1	1.1	3-0	0	

유럽 5대리그 센터백 항목별 랭킹 (90분 기준 기록, 100분율)

OP	SH	SG	PC	P%	LC	BT	DC	TK	DT%	BL	IC	CL	A%
상위	상위	상위	상위	상위	상위	상위	상위	상위	상위	하위	하위	상위	상위
1%	28%	23%	9%	37%	8%	1%	12%	12%	25%	28%	39%	14%	27%

Willi ORBÁN
평점 7.18
윌리 오르반
1992.11.03 / 186cm

SCOUTING REPORT
분데스리가 탑 센터백 중 1명. 소속팀의 상위권 진출에도 큰 몫을 담당했다. 주장으로서 라인 컨트롤과 수비 리드가 우수한 커멘더형 센터백이다. 축구 IQ가 우수하고, 시야가 넓은 데다, 판단이 빠르다. 위치를 잘 잡고 과감하게 플레이하면서 커버플레이, 패스 커팅을 해낸다. 일반적인 공중전 능력은 뛰어나지 않지만 세트플레이 때의 기습적인 헤더는 꽤 위력적이다.

PLAYER'S HISTORY
헝가리인 아버지와 폴란드 어머니 사이에 독일 카이저스라우테른에서 태어난 '3중 국적'이다. 독일 U-21 대표팀에서 2경기를 치렀지만 2018년 헝가리 국가대표를 선택했다. 시장 가치는 1000만 유로, 추정 연봉은 420만 유로.

슈팅-득점	국적		2022-23시즌 RB 라이프치히				포지션
26-4			33-0	2951	0	79.8-71.0	89%
1-0		A	P	P%			
● 27-4 LG-1	헝가리						
● 1-0 RG-0		DR	TK	IC		★	
● 0-0 HG-3		0.5-0.2	1.9-1.5	1.2	3-0	0	

유럽 5대리그 센터백 항목별 랭킹 (90분 기준 기록, 100분율)

OP	SH	SG	PC	P%	LC	BT	DC	TK	DT%	BL	IC	CL	A%
상위	상위	상위	상위	상위	상위	상위	상위	하위	하위	상위	하위	상위	하위
23%	15%	9%	4%	17%	12%	3%	34%	48%	49%	35%	43%	46%	37%

●	●	●	LG	RG	HG	⏱	⬤	Ⓟ	Ⓟ%	ⒹⓇ	ⓉⓀ	ⒾⒸ	▣	★	ⓄⓅ	ⓈⒽ	ⓈⒼ	ⓅⒸ	Ⓟ%	ⓁⒸ	ⒷⓉ	ⒹⒸ	ⓉⓀ	ⒹⓉ%	ⒷⓁ	ⒾⒸ	ⒸⓁ	Ⓐ%
전체 슈팅 시도-득점	직접프리킥 시도-득점	PK 시도-득점	왼발 득점	오른발 득점	헤더 득점	출전횟수 선발·교체	출전시간 분(MIN)	평균 패스 시도-성공	패스 성공률	평균드리블 시도-성공	평균 태클 시도-성공	평균 인터셉트	경고·퇴장	페어플레이 MOM	공격 포인트	슈팅 시도	유효 슈팅	패스 성공	패스 성공률	롱볼 성공	볼 터치	드리블	태클	드리블러 태클성공률	블로킹	인터셉트	클리어링	공중전 승률

Fabian SCHÄR

평점 7.17

파비안 셰어

1991.12.20 / 186cm

SCOUTING REPORT

지난 시즌 뉴캐슬 수비의 핵으로 맹활약했다. 그는 전형적인 포지셔널 디펜더다. 정확한 위치 선정과 빠른 판단을 이용해 상대의 패스를 날카롭게 자르고, 위기 상황에서 결정적인 클리어링을 한다. 공중전 승률이 높고, 공격에 자주 가담해 경기 평균 2회 정도는 꼭 슈팅을 시도한다. 반면, 태클과 블로킹에서는 아쉬움이 있다. 올 시즌 더 발전해야 할 부분이다.

PLAYER'S HISTORY

원래 은행원이 목표라 축구를 취미로 했다. 그러다 18살 때부터 본격적으로 볼을 찼다. 독일 IST 대학에서 스포츠 경영학을 전공했다. 잘생긴 얼굴로 여성팬에게 인기가 많다. 시장 가치는 1000만 유로, 추정 연봉은 243만 유로.

슈팅-득점	국적	2022-23시즌 뉴캐슬 유나이티드				포지션
40-0 / 16-1	스위스	⬤ 36-0	⏱ 3209	Ⓐ 3	Ⓟ 50.3-39.3	Ⓟ% 78%
● 56-1 LG-0						
● 3-0 RG-1		ⒹⓇ 0.4-0.1	ⓉⓀ 1.7-1.3	ⒾⒸ 1.4	▣ 7-0	★ 2
● 0-0 HG-0						

유럽 5대리그 센터백 항목별 랭킹(90분 기준 기록, 100분율)

ⓄⓅ	ⓈⒽ	ⓈⒼ	ⓅⒸ	Ⓟ%	ⓁⒸ	ⒷⓉ	ⒹⒸ	ⓉⓀ	ⒹⓉ%	ⒷⓁ	ⒾⒸ	ⒸⓁ	Ⓐ%
상위	상위	상위	하위	하위	상위	하위	하위	하위	하위	하위	상위	상위	상위
16%	1%	3%	34%	9%	35%	49%	30%	38%	46%	20%	28%	40%	18%

Danilho DOEKHI

평점 7.15

다닐료 두키

1998.06.30 / 190cm

SCOUTING REPORT

좋은 체격에 우수한 운동 능력을 겸비한 센터백이다. 태클 성공률, 태클 성공 횟수에서 유럽 5대리그 센터백 중 상위권에 올랐다. 인터셉트와 드리블러 상대 태클 성공률도 나름 우수한 편이다. 후방에서 짧은 패스 빌드업을 잘 하는 편이다. 수비 집중력이 좋아 잔 실수를 많이 범하지 않는다. 반면 롱볼 성공률이 높지 않아 역습 기회를 잘 살리지 못하는 편이다.

PLAYER'S HISTORY

수리남계 이민 2세로 네덜란드 로테르담에서 태어났다. 네덜란드 U-18부터 U-21까지 연령별 대표를 차례로 거쳤다. 전 네덜란드 대표 출신 빈스톤 보하르데의 조카다. 시장 가치는 1700만 유로, 추정 연봉은 60만 유로.

슈팅-득점	국적	2022-23시즌 우니온 베를린				포지션
15-5 / 2-0	네덜란드	⬤ 25-0	⏱ 2218	Ⓐ 1	Ⓟ 37.9-30.3	Ⓟ% 80%
● 17-5 LG-0						
● 0-0 RG-0		ⒹⓇ 0.3-0.1	ⓉⓀ 2.0-1.5	ⒾⒸ 1.2	▣ 0-0	★ 4
● 0-0 HG-5						

유럽 5대리그 센터백 항목별 랭킹(90분 기준 기록, 100분율)

ⓄⓅ	ⓈⒽ	ⓈⒼ	ⓅⒸ	Ⓟ%	ⓁⒸ	ⒷⓉ	ⒹⒸ	ⓉⓀ	ⒹⓉ%	ⒷⓁ	ⒾⒸ	ⒸⓁ	Ⓐ%
상위	상위	상위	하위	하위	상위	하위	상위	상위	상위	상위	상위	하위	하위
2%	19%	6%	13%	21%	6%	12%	34%	31%	48%	29%	45%	46%	30%

Ethan PINNOCK

평점 7.13

이선 피녹

1993.05.29 / 187cm

SCOUTING REPORT

운동 능력이 뛰어난 자메이카 혈통의 센터백. 큰 체구를 바탕으로 경합 상황에서 공을 잘 따낸다. 힘 있는 1대1 수비를 통해 상대 공격수를 공에서 멀리 밀어낸다. 큰 키에 비해 스피드가 빠르다. 또한, 왼발을 사용하기에 빌드업 시 좋은 옵션을 제공해 줄 수 있다. 과감하게 전진하면서 수비하다 보니 인터셉트 성공률이 매우 높다. 대신 뒤쪽 공간을 종종 노출한다.

PLAYER'S HISTORY

그야말로 '개천에서 용 난' 케이스다. 논리그 출신임에도 꾸준한 성장을 거쳐 2부리그에서 정상급 활약을 펼쳤고, 프리미어리그 입성 및 국가대표 선발까지 '꿈'을 이뤄냈다. 시장 가치는 1400만 유로, 추정 연봉은 만 유로.

슈팅-득점	국적	2022-23시즌 브렌포드				포지션
14-3 / 1-0	자메이카	⬤ 30-0	⏱ 2700	Ⓐ 1	Ⓟ 36.4-29.1	Ⓟ% 80%
● 15-3 LG-3						
● 0-0 RG-0		ⒹⓇ 0.2-0.1	ⓉⓀ 1.9-1.7	ⒾⒸ 1.2	▣ 0-0	★ 2
● 0-0 HG-0						

유럽 5대리그 센터백 항목별 랭킹(90분 기준 기록, 100분율)

ⓄⓅ	ⓈⒽ	ⓈⒼ	ⓅⒸ	Ⓟ%	ⓁⒸ	ⒷⓉ	ⒹⒸ	ⓉⓀ	ⒹⓉ%	ⒷⓁ	ⒾⒸ	ⒸⓁ	Ⓐ%
상위	상위	상위	하위	하위	하위	하위	하위	상위	상위	상위	하위	상위	상위
21%	48%	10%	7%	19%	7%	15%	17%	34%	6%	29%	45%	1%	20%

DANILO

평점 7.09

다닐루

1991.07.15 / 184cm

SCOUTING REPORT

'육각형 수비수'. 브라질 대표팀에서는 라이트백을 맡지만, 소속팀 유벤투스에서는 센터백으로 출전한다. 상황에 따라 레프트백, 하프윙, 수비형 미드필더도 가능하다. 다닐루의 최대강점은 1대1 수비. 지난 시즌 센터백 중 태클 횟수 상위 4%, 드리블러 상대 태클 성공률 상위 11% 톱클래스의 1대1 수비를 선보였다. 드리블, 슈팅, 패스 등 공격 능력도 우수하다.

PLAYER'S HISTORY

사교성이 좋은 라커룸 분위기메이커다. 2020년 7월, 유벤투스가 세리에A 우승을 하면서 라리가, EPL에 이어 유럽 3대 리그에서 우승한 두 번째 선수가 되었다(첫 번째는 호날두). 시장 가치 1500만 유로, 추정 연봉 513만 유로.

슈팅-득점	국적	2022-23시즌 유벤투스				포지션
24-2 / 8-1	브라질	⬤ 35-2	⏱ 3182	Ⓐ 3	Ⓟ 56.2-47.8	Ⓟ% 85%
● 32-3 LG-0						
● 1-0 RG-2		ⒹⓇ 0.6-0.2	ⓉⓀ 3.1-2.4	ⒾⒸ 1.2	▣ 5-0	★ 2
● 0-0 HG-1						

유럽 5대리그 센터백 항목별 랭킹(90분 기준 기록, 100분율)

ⓄⓅ	ⓈⒽ	ⓈⒼ	ⓅⒸ	Ⓟ%	ⓁⒸ	ⒷⓉ	ⒹⒸ	ⓉⓀ	ⒹⓉ%	ⒷⓁ	ⒾⒸ	ⒸⓁ	Ⓐ%
상위	상위	상위	상위	하위	상위	상위	상위	상위	상위	하위	상위	하위	하위
13%	10%	47%	27%	9%	15%	23%	24%	4%	11%	29%	28%	43%	47%

●	●	LG	RG	HG	⏱	⏱	A	P	P%	DR	TK	IC	■	★	OP	SH	SG	PC	P%	LC	BT	DC	TK	DT%	BL	IC	CL	A%
전체슈팅 시도·득점	직접프리킥 시도·득점	PK 시도·득점	왼발 득점	오른발 득점	헤더 득점	출전횟수 선발·교체	출전시간 분(MIN)	도움	평균패스 시도·성공	패스 성공률	평균드리블 시도·성공	평균태클 시도·성공	평균 인터셉트	페어플레이 경고·퇴장	MOM	공격 포인트	슈팅 시도	유효 슈팅	패스 성공	패스 성공률	롱볼 성공	볼터치	드리블 성공	태클	드리블태클 성공률	블로킹	인터셉트	클리어링	공중전 승률

Konstantinos MAVROPANOS
평점 7.05
콘스탄티노스 마브로파노스
194cm

SCOUTING REPORT
체격이 좋은 데다, 스피드까지 갖춘 '내추럴-본' 센터백이다. 맨유 시절의 로멜루 루카쿠와 몸싸움, 스피드 경쟁에서 우위를 보였다. 지난 시즌 인터셉트, 블로킹, 드리블러 태클 성공률, 공중전 등 대부분의 수비 지표에서 상위권에 올랐다. 센터백 중에선 드리블, 슈팅, 패스 등 공격 능력에서도 탑클래스로 꼽힌다. 양발을 사용하고, 빌드업 과정에서 잔실수가 줄었다.

PLAYER'S HISTORY
동료들로부터 디노스(Dinos) 로 불린다. 그리스 대표팀 선배 소크라티스 파파스타토풀로스와 자주 같이 다닌다. 그리스 청소년 대표 출신이고, 2021년부터 A대표로 활약해 왔다. 시장가치는 1500만 유로, 추정 연봉은 76만 유로.

슈팅-득점	국적	2022-23시즌 슈투트가르트	포지션

35-2		⏱ A P P%
13-0		26-2 2288 49.9-41.4 92%
●48-2 LG-0	그리스	DR TK IC ■ ★
●0-0 RG-0		1.5-0.7 2.2-1.8 2.2 7-1 2
●0-0 HG-2		

OP	SH	SG	PC	P%	LC	BT	DC	TK	DT%	BL	IC	CL	A%
상위 15%	상위 1%	상위 1%	상위 35%	하위 61%	상위 2%	상위 20%	상위 4%	상위 20%	상위 9%	상위 16%	상위 1%	상위 41%	상위 8%

Armando IZZO
평점 7.03
아르만도 이초
1992.03.02 / 183cm

SCOUTING REPORT
몬차는 세리에A의 마이너 팀이다. 하지만 이초는 그 팀에서 단연 빛나는 보석이었다. 지난 시즌 팀의 주전 센터백으로 출전해 태클 상위 3%, 인터셉트 상위 13%에 오르는 등 좋은 수비력을 선보였다. 수비할 때의 공중전은 그리 우수하지 않지만, 팀의 세트플레이 기회 때 날리는 헤더 슈팅은 매우 위력적이다. 드리블로 볼을 운반하고, 정확한 패스로 빌드업 한다.

PLAYER'S HISTORY
세리에B 경기 승부 조작 혐의로 수사를 받았다. 결국, 18개월 출전 정지와 5만 유로의 벌금형에 처해졌고 나중에 6개월로 줄었다. 2019년부터 이탈리아 A대표로 활약해 왔다. 시장 가치 300만 유로, 추정 연봉 315만 유로.

슈팅-득점	국적	2022-23시즌 몬차	포지션

16-1		⏱ A P P%
0-0		29-1 2475 51.9-45.7 88%
●16-1 LG-0	이탈리아	DR TK IC ■ ★
●0-0 RG-0		0.7-0.4 3.0-2.4 1.7 10-0 3
●0-0 HG-1		

OP	SH	SG	PC	P%	LC	BT	DC	TK	DT%	BL	IC	CL	A%
하위 34%	상위 3%	상위 38%	상위 32%	상위 31%	하위 49%	상위 30%	상위 17%	상위 3%	하위 31%	상위 13%	하위 28%	하위 14%	

Éder MILITÃO
평점 7.03
에데르 밀리탕
1998.01.18 / 186cm

SCOUTING REPORT
월드클래스 센터백. 필요한 모든 요건을 갖췄다. 탄력 넘치는 체형에 스피드, 점프력, 지구력 등 운동 능력이 뛰어나다. 1대1이 좋기에 드리블러 상대 태클 성공률은 최고 수준이다. 브라질 출신답게 드리블, 또는 정확한 패스 콤비네이션으로 후방 빌드업을 주도한다. 타점 높은 헤더로 지난 시즌 무려 5골을 터뜨렸다. 라이트백으로도 훌륭한 퍼포먼스를 선보인다.

PLAYER'S HISTORY
목, 상반신 대부분, 하반신 일부까지 다양한 문신을 새겼다. 유쾌한 성격의 소유자로 팀의 분위기 메이커를 맡는다. 경기장에 입장할 때 항상 맨 뒤에 들어서는 루틴이 있다. 시장 가치는 7000만 유로, 추정 연봉은 729만 유로.

슈팅-득점	국적	2022-23시즌 레알 마드리드	포지션

18-5		⏱ A P P%
4-0		30-3 2703 0 55.5-49.4 89%
●22-5 LG-0	브라질	DR TK IC ■ ★
●0-0 RG-0		0.6-0.3 1.7-1.4 1.2 4-0
●0-0 HG-5		

OP	SH	SG	PC	P%	LC	BT	DC	TK	DT%	BL	IC	CL	A%
상위 6%	상위 22%	상위 16%	상위 24%	상위 26%	상위 24%	상위 23%	상위 20%	하위 47%	상위 8%	상위 3%	상위 40%	상위 50%	상위 27%

Ben MEE
평점 7.01
벤 미
1989.09.21 / 183cm

SCOUTING REPORT
센터백 겸 레프트백. 브렌포드는 지난 시즌, 프리미어리그에서 최소 실점 5위였다. 침착한 성격, 빠른 판단력, 정확한 위치 선정으로 이 팀에서 수비진을 완벽히 통제했다. 적극적으로 상대의 슈팅을 블록한다. 센터백치고 단신이지만 강한 투쟁심과 높은 점프력으로 공중전에도 강점을 보인다. 나이가 들면서 태클이 반 박자 정도 늦고, 빌드업에도 기복을 보인다.

PLAYER'S HISTORY
2006년 맨시티에서 데뷔했고, 레스터 임대, 번리 임대를 거쳐 2022년 브렌포드로 이적했다. 잉글랜드 연령별 대표를 차례로 거쳤지만 2023년 6월 현재 A대표 경험은 없다. 시장 가치는 200만 유로, 추정 연봉은 334만 유로.

슈팅-득점	국적	2022-23시즌 브렌포드	포지션

28-3		⏱ A P P%
0-0		37-0 3272 2 44.9-34.6 77%
●28-3 LG-1	잉글랜드	DR TK IC ■ ★
●0-0 RG-0		0.4-0.3 1.7-1.2 1.2 2-0 2
●0-0 HG-2		

OP	SH	SG	PC	P%	LC	BT	DC	TK	DT%	BL	IC	CL	A%
하위 19%	상위 14%	상위 23%	하위 25%	하위 46%	하위 33%	하위 24%	상위 32%	상위 25%	하위 19%	상위 41%	상위 36%	하위 31%	

●	●	●	LG	RG	HG	▣	⏱	Ⓐ	Ⓟ	Ⓟ%	ⒹⓇ	ⓉⓀ	ⒾⒸ	▨	★	ⓄⓅ	ⓈⒽ	ⓈⒼ	ⓅⒸ	Ⓟ%	ⓁⒸ	ⒷⓉ	ⒹⒸ	ⓉⓀ	ⒹⓉ%	ⒷⓁ	ⒾⒸ	ⒸⓁ	Ⓐ%
전체 슈팅 시도-득점	직접프리킥 시도-득점	PK 시도-득점	왼발 득점	오른발 득점	헤더 득점	출전횟수 선발-교체	출전시간 분(MIN)	도움	평균 패스 시도-성공	패스 성공률	평균드리블 시도-성공	평균 태클 시도-성공	평균 인터셉트	페어플레이 경고-퇴장	MOM	공격 포인트	슈팅 시도	유효 슈팅	패스 성공	패스 성공률	롱볼 성공	볼 터치	드리블 성공	태클	드리블러 태클성공률	블로킹	인터셉트	클리어링	공중전 승률

평점 7.01
Thiago SILVA
치아구 실바
1984.09.22 / 181cm

SCOUTING REPORT
지난 시즌 유럽 5대 리그 센터백 중 공중전 승률 상위 7%에 올랐다. 판단이 빠르고, 침착한 데다 스피드까지 갖췄기에 안정적인 커버 플레이를 펼친다. 수비 리더로서 라인 컨트롤은 세계 정상급이다. 간결한 전술적 드리블로 볼을 운반하고, 정확한 장·단 패스로 빌드업을 주도한다. 브라질 대표팀에서는 은퇴했지만, 소속팀에서는 여전히 핵심 멤버로 활약한다.

PLAYER'S HISTORY
국내 축구팬들로부터 '유정이 오빠'로 불린다. 배우 김유정과 닮은 데다 두 사람은 생일도 9월 22일로 같다. 김유정 역시 한 인터뷰에서 실바를 "우리 오빠"라고 불렀다. 시장 가치는 200만 유로, 추정 연봉은 667만 유로.

슈팅-득점	국적	2022-23시즌 첼시					포지션
13-0							
2-0	브라질	⏱ 26-1	2352	Ⓐ 2	Ⓟ 75.4-68.6	Ⓟ% 91%	
● 15-0 LG-0							
● 0-0 RG-0		ⒹⓇ 0.1-0.1	ⓉⓀ 1.9-1.5	ⒾⒸ 1.3	▨ 2-0	★ 1	
● 0-0 HG-0							

유럽 5대리그 센터백 항목별 랭킹(90분 기준 기록, 100분율)

ⓄⓅ	ⓈⒽ	ⓈⒼ	ⓅⒸ	Ⓟ%	ⓁⒸ	ⒷⓉ	ⒹⒸ	ⓉⓀ	ⒹⓉ%	ⒷⓁ	ⒾⒸ	ⒸⓁ	Ⓐ%
상위 46%	상위 25%	상위 36%	상위 7%	상위 8%	상위 6%	상위 16%	상위 24%	하위 24%	상위 44%	상위 31%	상위 7%		

평점 6.99
IBAÑEZ
호제르 이바녜스
1998년 11월 23일 / 185cm

SCOUTING REPORT
AS 로마 무리뉴 감독의 두터운 신임을 받으며 좋은 활약을 펼쳤다. 태클 시도, 드리블러 상대 태클 성공률 등에서 유럽 5대리그 센터백 중 상위권에 올랐다. 수비 시 파이팅 넘치는 1대1을 전개한다. 체격은 평범하지만, 점프력과 위치 선정이 우수하기에 임팩트 있는 헤더골을 종종 터뜨린다. 기습적인 롱볼 빌드업은 압권이다. 침착하게 경기를 운영하는 것도 장점.

PLAYER'S HISTORY
브라질 아버지와 우루과이 어머니 사이에 브라질 히우그란두지술에서 태어났다. 브라질, 우루과이, 이탈리아 3중 국적이다. 브라질 U-23 대표 출신이고, 2022년 A대표로 발탁됐다. 시장 가치 3000만 유로, 추정 연봉 192만 유로.

슈팅-득점	국적	2022-23시즌 AS 로마					포지션
25-3							
4-0	브라질	⏱ 32-1	2797	Ⓐ 0	Ⓟ 49.7-43.7	Ⓟ% 88%	
● 29-3 LG-0							
● 0-0 RG-0		ⒹⓇ 0.7-0.4	ⓉⓀ 2.6-2.1	ⒾⒸ 2.0	▨ 9-1	★ 1	
● 0 HG-3							

유럽 5대리그 센터백 항목별 랭킹(90분 기준 기록, 100분율)

ⓄⓅ	ⓈⒽ	ⓈⒼ	ⓅⒸ	Ⓟ%	ⓁⒸ	ⒷⓉ	ⒹⒸ	ⓉⓀ	ⒹⓉ%	ⒷⓁ	ⒾⒸ	ⒸⓁ	Ⓐ%
상위 39%	상위 8%	상위 12%	하위 47%	상위 27%	상위 62%	상위 46%	상위 23%	상위 18%	상위 33%	상위 43%	하위 3%	하위 32%	상위 14%

평점 6.98
Amir RRAHMANI
아미르 라흐마니
1994.02.24 / 192cm

SCOUTING REPORT
김민재와 센터백 콤비를 이뤄 나폴리를 33년 만에 세리에A 우승으로 견인했다. 김민재의 바이에른 이적으로 올 시즌 팀 내에서 역할은 훨씬 커질 것이다. 라흐마니는 큰 체격과 엄청난 파워로 저돌적인 수비를 선보인다. 세트플레이 때의 헤더는 위력적이다. 양발을 고루 사용해 빌드업을 주도한다. 장·단 패스 성공률은 유럽 5대 리그 센터백 중 최상위권이다.

PLAYER'S HISTORY
알바니아계 이민 2세로 코소보의 프리슈티나에서 태어났다. 파르티잔, 디나모 자그레브 등 동구권 명문팀에서 경험을 쌓았고, 헬라스 베로나를 거쳐 2020년 나폴리로 이적했다. 시장 가치 2500만 유로, 추정 연봉 321만 유로.

슈팅-득점	국적	2022-23시즌 나폴리					포지션
19-2							
2-0	코소보	⏱ 27-2	2450	Ⓐ 1	Ⓟ 74.7-68.0	Ⓟ% 91%	
● 21-2 LG-0							
● 0-0 RG-1		ⒹⓇ 0.2-0.1	ⓉⓀ 1.5-1.2	ⒾⒸ 0.6	▨ 2-0	★ 1	
● 0-0 HG-1							

유럽 5대리그 센터백 항목별 랭킹(90분 기준 기록, 100분율)

ⓄⓅ	ⓈⒽ	ⓈⒼ	ⓅⒸ	Ⓟ%	ⓁⒸ	ⒷⓉ	ⒹⒸ	ⓉⓀ	ⒹⓉ%	ⒷⓁ	ⒾⒸ	ⒸⓁ	Ⓐ%
상위 29%	상위 19%	상위 49%	상위 4%	상위 7%	상위 2%	상위 5%	하위 32%	하위 32%	상위 48%	상위 36%	하위 1%	상위 25%	상위 46%

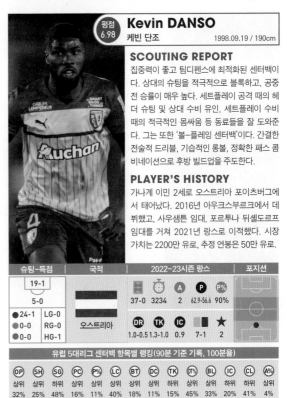

평점 6.98
Kevin DANSO
케빈 단조
1998.09.19 / 190cm

SCOUTING REPORT
집중력이 좋고 팀디펜스에 최적화된 센터백이다. 상대의 슈팅을 적극적으로 블록하고, 공중전 승률이 매우 높다. 세트플레이 공격 때의 헤더 슈팅 및 상대 수비 유인, 세트플레이 수비 때의 적극적인 몸싸움 등 동료들을 잘 도와준다. 그는 또한 '볼-플레잉 센터백'이다. 간결한 전술적 드리블, 기습적인 롱볼, 정확한 패스 콤비네이션으로 후방 빌드업을 주도한다.

PLAYER'S HISTORY
가나계 이민 2세로 오스트리아 포이츠버그에서 태어났다. 2016년 아우크스부르크에서 데뷔했고, 사우샘턴 임대, 포르투나 뒤셀도르프 임대를 거쳐 2021년 랑스로 이적했다. 시장 가치는 2200만 유로, 추정 연봉은 50만 유로.

슈팅-득점	국적	2022-23시즌 랑스					포지션
19-1							
5-0	오스트리아	⏱ 37-0	3234	Ⓐ 2	Ⓟ 62.9-56.6	Ⓟ% 90%	
● 24-1 LG-0							
● 0-0 RG-0		ⒹⓇ 1.0-0.5	ⓉⓀ 1.3-1.0	ⒾⒸ 0.9	▨ 7-1	★ 2	
● 0-0 HG-1							

유럽 5대리그 센터백 항목별 랭킹(90분 기준 기록, 100분율)

ⓄⓅ	ⓈⒽ	ⓈⒼ	ⓅⒸ	Ⓟ%	ⓁⒸ	ⒷⓉ	ⒹⒸ	ⓉⓀ	ⒹⓉ%	ⒷⓁ	ⒾⒸ	ⒸⓁ	Ⓐ%
상위 32%	상위 25%	하위 48%	상위 16%	상위 11%	상위 40%	상위 18%	상위 15%	상위 45%	상위 33%	상위 20%	상위 41%	상위 4%	

전체 슈팅 시도-득점	직접프리킥 시도-득점	PK 시도-득점	LG 왼발 득점	RG 오른발 득점	HG 헤딩 득점	출전횟수 선발-교체	출전시간 분(MIN)	A 도움	P 평균 패스 시도-성공	P% 패스 성공률	DR 평균드리블 시도-성공	TK 평균 태클 시도-성공	IC 평균 인터셉트	평균 경고-퇴장	페어플레이	★ MOM	OP 공격 포인트	SH 슈팅 시도	SG 유효 슈팅	PC 패스 성공	P% 패스 성공률	LC 롱패스 성공	BT 볼터치	DC 드리블 성공	TK 태클 태클성공률	DT% 드리블 저지율	BL 블로킹	IC 인터셉트	CL 클리어링	A% 공중전 승률

Yunis ABDELHAMID
평점 6.97

유니스 압델하미드 — 1987.09.28 / 190cm

SCOUTING REPORT
스타드 렝 핵심 수비수로서 뛰어난 활약을 보였다. 좋은 체격에 우수한 운동 능력을 수비할 때 십분 활용했다. 유럽 5대 리그 센터백 중 드리블러 상대 태클 성공률 상위 6%, 태클 횟수 상위 12%, 인터셉트 상위 16%, 블로킹 상위 7% 등 수비 여러 항목에서 유럽 정상권 실력을 뽐냈다. 세트플레이 헤더도 강력한 무기다. 간결한 드리블로 볼을 쉽게 운반한다.

PLAYER'S HISTORY
모로코계 이민 2세로 프랑스 몽펠리에에서 태어났다. 2중 국적이지만 프랑스 국가대표를 선택했다. 라투아즈, 알레, 발랑시엔, 디종을 거쳐 2017년 스타드 렝으로 이적했다. 시장 가치는 70만 유로, 추정 연봉은 120만 유로.

슈팅-득점	국적	2022-23시즌 스타드 렝	포지션

25-1				
7-0				

			A	P	P%
		37-0 3330	2	54.5-45.1	83%

●32-1	LG-0		DR	TK	IC		★
●0-0	RG-0	모로코	1.1-0.7	2.6-2.2	1.7	6-0	1
●0-0	HG-1						

OP	SH	SG	PC	P%	LC	BT	DC	TK	DT%	BL	IC	CL	A%
상위	상위	하위	상위	하위	하위	상위	상위	상위	상위	상위	상위	하위	상위
34%	7%	35%	49%	37%	36%	39%	8%	12%	6%	7%	16%	25%	30%

DANTE
평점 6.96

단치 — 1983.10.18 / 188cm

SCOUTING REPORT
니스는 지난 시즌 리그1에서 37실점을 기록, 랑스(29실점)에 이어 최소 실점 2위에 올랐다. 그 중심에 베테랑 센터백 단치가 있었다. 우수한 축구 IQ, 넓은 시야, 강한 리더십을 선보였다. 라인 컨트롤, 커버 플레이, 태클, 블로킹, 인터셉트 등 여러 항목에서 돋보였다. 나이가 들어서인지 순발력이 떨어졌고, 상대의 드리블 돌파에 취약한 모습을 보이기도 했다.

PLAYER'S HISTORY
2002년 브라질 주벤투지에서 데뷔했고, 릴, 샤를루아, 스탕다르, 묀헨글라트바흐, 바이에른 묀헨, 볼프스부르크를 거쳐 2016년 니스에 입단했다. 계약 기간은 2024년 6월까지. 시장 가치는 60만 유로, 추정 연봉은 150만 유로.

슈팅-득점	국적	2022-23시즌 니스	포지션

19-1				
4-0				

			A	P	P%
		37-0 3300	2	71.2-64.1	90%

●23-1	LG-1		DR	TK	IC		★
●0-0	RG-0	브라질	0.4-0.2	2.5-1.9	1.3	6-0	1
●0-0	HG-0						

OP	SH	SG	PC	P%	LC	BT	DC	TK	DT%	BL	IC	CL	A%
상위	상위	상위	상위	상위	상위	상위	상위	상위	하위	상위	상위	하위	상위
32%	29%	41%	8%	12%	15%	8%	43%	44%	44%	24%	46%	39%	3%

Matthias GINTER
평점 6.96

마티아스 긴터 — 1994.01.19 / 191cm

SCOUTING REPORT
독일에서 '마츠 후멜스의 후계자'로 불리는 센터백. 볼을 잘 다루고, 우수한 축구 지능을 이용해 침착하게 수비를 컨트롤 한다. 지난 시즌 유럽 5대리그 센터백 중 드리블러 상대 태클 성공률 상위 28%, 클리어링 상위 33%에 올랐다. 긴터의 또 다른 강점은 후방 빌드업. 기습적인 롱-볼은 매우 날카롭다. 큰 키와 좋은 위치 선정에서 나오는 공중전도 수준급이다.

PLAYER'S HISTORY
2012년 프라이부르크에서 데뷔했고, 도르트문트, 묀헨글라트바흐를 거쳐 2022년 프라이부르크로 복귀했다. 2018년 5월, 크리스티나와 결혼했고, 2020년 1월, 아들을 낳았다. 시장 가치는 1800만 유로, 추정 연봉은 755만 유로.

슈팅-득점	국적	2022-23시즌 프라이부르크	포지션

20-4				
1-0				

			A	P	P%
		34-0 3060	1	55.2-45.8	83%

●21-4	LG-1		DR	TK	IC		★
●0-0	RG-1	독일	0.1-0.1	1.7-1.3	1.1		
●0-0	HG-2						

OP	SH	SG	PC	P%	LC	BT	DC	TK	DT%	BL	IC	CL	A%
상위	상위	상위	상위	하위	상위	상위	하위	하위	상위	하위	상위	상위	상위
8%	37%	7%	43%	41%	20%	41%	18%	39%	28%	35%	44%	33%	31%

Matthijs DE LIGT
평점 6.94

마테이스 더리흐트 — 1999.08.12 / 189cm

SCOUTING REPORT
현시점, 세계 최고의 센터백 중 1명이다. 네덜란드 대표팀에선 반데이크와, 소속팀에서는 올시즌부터 김민재와 각각 호흡을 맞춘다. 압도적인 신체 조건과 뛰어난 운동 능력을 십분 활용한다. 저돌적인 1대1, 강한 마킹을 선보인다. 경기 중에 흥분하지 않고 매우 침착하게 수비진을 리드한다. 아약스 유스 출신답게 장단패스를 통한 후방 빌드업도 매우 우수하다.

PLAYER'S HISTORY
넓은 어깨 덕분에 네티즌들로부터 '어깨 깡패'로 불린다. 네덜란드어, 영어, 이탈리아어, 독일어 등 4개국어에 능통하다. 1999년생 톱모델 아네케이와 묀헨에서 동거 중이다. 시장 가치는 7500만 유로, 추정 연봉은 1600만 유로.

슈팅-득점	국적	2022-23시즌 바이에른 묀헨	포지션

17-1				
6-2				

			A	P	P%
		27-4 2405	1	67.3-61.2	91%

●23-3	LG-0		DR	TK	IC		★
●0-0	RG-2	네덜란드	0.1-0.0	1.3-1.0	0.8	4-0	1
●0-0	HG-1						

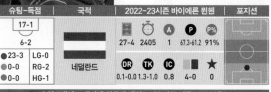

OP	SH	SG	PC	P%	LC	BT	DC	TK	DT%	BL	IC	CL	A%
상위	상위	상위	상위	상위	상위	상위	하위	하위	하위	하위	하위	하위	하위
14%	18%	15%	5%	6%	23%	6%	2%	20%	40%	36%	28%	27%	49%

전체 슈팅	직접프리킥	PK	LG 왼발	RG 오른발	HG 헤더	출전횟수	A 도움	P 평균 패스	P% 패스	DR 평균드리블	TK 평균 태클	IC 평균	페어플레이	★ MOM	OP 공격	SH 슈팅	SG 유효	PC 패스	P% 패스	LC 롱패스	BT 볼터치	DC 드리블	TK 태클	DT% 드리블	BL 블로킹	IC 인터셉트	CL 클리어링	A% 공중전
시도-득점	시도-득점	시도-득점	득점	득점	득점	선발-교체		시도-성공	성공률	시도-성공	시도-성공	시도-성공 인터셉트	경고-퇴장		포인트	시도	슈팅	성공	성공률	성공			태클성공률				승률

Jaka BIJOL
평점 6.94
야카 비욜 1999.02.05 / 190cm

SCOUTING REPORT
슬로베니아 대표팀의 주축. 큰 체격에 축구 지능이 우수하다. 리베로 스타일의 센터백으로 포지셔널 디펜더 유형이다. 위치 선정 및 판단력을 이용해 커버 플레이, 라인 컨트롤, 블로킹, 클리어링 등에 강점을 보인다. 세트플레이 헤더도 강력한 무기. 반면, 태클, 인터셉트, 몸싸움 등에서는 아직 보완해야 할 점이 있다.

PLAYER'S HISTORY
2017년 루다르 벨레니에에서 데뷔했고, CSKA 모스크바, 하노버 임대를 거쳐 2022년 우디네세 유니폼을 입었다. 슬로베니아 연령별 대표를 거쳐 2018년 A대표로 발탁됐다. 시장 가치는 1000만 유로, 추정 연봉은 103만 유로.

슈팅-득점	국적	2022-23시즌 우디네세	포지션
20-3 / 0-0	슬로베니아	32-0 2732 / A 43.1-36.4 / P% 85%	
●20-3 LG-1 / ●0-0 RG-0 / ●0-0 HG-2		DR 0.2-0.1 / TK 1.6-1.2 / IC 0.9 / 10-0 / ★	

유럽 5대리그 센터백 항목별 랭킹(90분 기준 기록, 100분율)

OP	SH	SG	PC	P%	LC	BT	DC	TK	DT%	BL	IC	CL	A%
상위	상위	상위	하위	하위	하위	하위	하위	하위	하위	상위	하위	상위	상위
5%	26%	16%	29%	48%	44%	27%	10%	35%	40%	30%	25%	4%	29%

Chris SMALLING
평점 6.94
크리스 스몰링 1989.11.22 / 194cm

SCOUTING REPORT
큰 체격에 빠른 스피드를 보유한 센터백. 발 빠른 상대 공격수들과의 속도 경쟁에서 밀리지 않는다. 수비 스킬이 좋기에 드리블러 상대 태클 성공률에서 유럽 5대 리그 센터백 상위권에 올랐다. 또한, 블로킹과 공중볼 경합에서도 두각을 보였다. 지난 시즌 세트 플레이 헤더로 3골을 터트렸다. 맨유에서 뛸 때는 기복이 심했으나 AS 로마의 백3 시스템에 잘 정착했다.

PLAYER'S HISTORY
2014년 새벽, 고성방가하다 경찰에 체포됐다. 그는 당시 새벽 음주 후 만취 상태에서 맨유 응원가를 불렀다고 한다. 2017년 6월, 모델 샘 쿡과 결혼해 아들 레오를 두었다. 시장 가치는 800만 유로, 추정 연봉은 449만 유로.

슈팅-득점	국적	2022-23시즌 AS 로마	포지션
17-3 / 0-0	잉글랜드	31-1 2808 / A 1 / 41.5-36.5 / P% 88%	
●17-3 LG-0 / ●0-0 RG-0 / ●0-0 HG-3		DR 0.1-0.1 / TK 1.1-0.8 / IC 1.4 / 7-0 / ★ 2	

유럽 5대리그 센터백 항목별 랭킹(90분 기준 기록, 100분율)

OP	SH	SG	PC	P%	LC	BT	DC	TK	DT%	BL	IC	CL	A%
상위	상위	상위	하위	상위	하위	하위	상위	하위	상위	상위	상위	상위	상위
27%	49%	49%	23%	34%	18%	13%	9%	8%	21%	13%	44%	39%	3%

Rafael TOLÓI
평점 6.92
하파엘 톨로이 1990.10.10 / 185cm

SCOUTING REPORT
수비 지능이 우수한 센터백. 아탈란타 3백 시스템의 우측 스토퍼로 출전한다. 체격은 평범하다. 그러나 상대의 패스를 읽고 잘 자르며, 커버플레이를 잘 해낸다. 어깨가 넓고 강해 몸싸움에도 능하다. 태클, 블로킹, 클리어링은 유럽 5대리그 센터백 중 상위권에 속한다. 간결한 전술적 드리블로 볼을 운반한다. 그러나 지난 시즌 패스 성공률은 높지 않아 아쉬웠다.

PLAYER'S HISTORY
브라질 출신이다. 그러나 "특정국가에서 5년을 머무르면 특별 귀화할 수 있다"는 FIFA의 규정에 따라 2021년 3월 이탈리아 국적을 취득했다. 그리고 UEFA 유로 2020에 참가했다. 시장 가치 600만 유로, 추정 연봉 185만 유로.

슈팅-득점	국적	2022-23시즌 아탈란타	포지션
23-2 / 6-0	이탈리아	32-0 2791 / A 51.2-41.5 / P% 81%	
●29-2 LG-0 / ●0-0 RG-2 / ●0-0 HG-0		DR 0.5-0.2 / TK 3.1-2.2 / IC 1.9 / 8-0 / ★ 3	

유럽 5대리그 센터백 항목별 랭킹(90분 기준 기록, 100분율)

OP	SH	SG	PC	P%	LC	BT	DC	TK	DT%	BL	IC	CL	A%
상위	상위	상위	하위	하위	하위	상위	하위	상위	하위	상위	상위	하위	하위
23%	5%	8%	46%	21%	47%	41%	49%	11%	27%	30%	12%	16%	28%

James TARKOWSKI
평점 6.92
제임스 타코우스키 1992.11.19 / 185cm

SCOUTING REPORT
축구 지능이 우수하고, 판단력이 빠르며, 매우 침착하다. 리베로형 센터백으로 전형적인 '포지셔널 디펜더'다. 지난 시즌 유럽 5대리그 센터백 중 블로킹은 상위 1%였고, 클리어링 상위 6%, 인터셉트 상위 39%에 올랐다. 반면, 태클 횟수 및 드리블러 상대 태클 성공률은 하위권에 머물렀다. 수비라인을 올리는 팀보다는 두줄 수비로 내려서는 팀에 더 어울린다.

PLAYER'S HISTORY
폴란드계 이민 2세로 잉글랜드 맨체스터에서 태어났다. 어린 시절부터 데이비드 베컴과 폴 스콜스를 좋아한 '찐 맨유 팬'이었다. 2018년부터 잉글랜드 국가대표로 활약했다. 시장 가치는 1800만 유로, 추정 연봉은 607만 유로.

슈팅-득점	국적	2022-23시즌 에버튼	포지션
32-1 / 0-0	잉글랜드	38-0 3420 / A 1 / 42.6-34.5 / P% 81%	
●32-1 LG-0 / ●0-0 RG-0 / ●0-0 HG-1		DR 0.3-0.2 / TK 1.8-1.3 / IC 1.3 / 6-0 / ★ 2	

유럽 5대리그 센터백 항목별 랭킹(90분 기준 기록, 100분율)

OP	SH	SG	PC	P%	LC	BT	DC	TK	DT%	BL	IC	CL	A%
하위	상위	상위	하위	상위	하위	하위	상위	하위	하위	상위	상위	상위	상위
46%	9%	15%	19%	25%	40%	23%	38%	40%	27%	1%	39%	6%	6%

●	●	●	LG	RG	HG	▨	⏱	Ⓐ	Ⓟ	Ⓟ%	Ⓓ	Ⓣ	Ⓘ	▨	★	Ⓞ	Ⓢ	Ⓢ	Ⓟ	Ⓟ%	Ⓛ	Ⓑ	Ⓓ	Ⓣ	Ⓓ%	Ⓑ	Ⓘ	Ⓒ	Ⓐ%
전체 슈팅 시도-득점	직접프리킥 시도-득점	PK 시도-득점	왼발 득점	오른발 득점	헤더 득점	출전횟수 선발-교체	출전시간 분(MIN)	도움	평균 패스 시도-성공	패스 성공률	평균 드리블 시도-성공	평균 태클 시도-성공	평균 인터셉트	페어플레이 경고-퇴장	MOM	공격 포인트	슈팅 시도	유효 슈팅	패스 성공	패스 성공률	롱볼 성공	볼 터치	드리블 성공	태클	드리블러 태클성공률	블로킹	인터셉트	클리어링	공중전 승률

Andreas CHRISTENSEN
평점 6.90

앤드레아스 크리스텐슨 1996.04.10 / 187cm

SCOUTING REPORT
'볼-플레잉 센터백'이다. 지난 시즌 패스 성공률 94%(!)로 5대 리그 센터백 중 상위 1%였다. 기본적으로 패스를 많이 받기에 볼 터치가 많고, 세밀한 패스 콤비네이션으로 빌드업을 전개한다. 또한, 예전보다 롱볼 시도 횟수도 늘었다. 간결한 드리블로 볼을 운반한다. 수비 지능이 우수하고, 판단력이 빠르며 침착하다. 공중전, 블로킹, 인터셉트에 강점이 있다.

PLAYER'S HISTORY
덴마크 국적이지만 15살 때 첼시 아카데미에 입단했기에 홈그로운이 적용된다. 좋아하는 선수는 대표팀 선배 다니엘 아게르. 덴마크어, 영어, 독일어, 스페인어 4개국어를 한다. 시장 가치는 4000만 유로, 추정 연봉은 900만 유로.

슈팅-득점		국적	2022-23시즌 FC 바르셀로나	포지션
9-1				
1-0		덴마크	22-1 1767 1 65.1-61.1 94%	
● 10-1 LG-0			Ⓓ 0.1-0.0 Ⓣ 1.2-0.9 Ⓘ 0.9 ▨ ★ 2-0 0	
● 0-0 RG-0				
● 0-0 HG-1				

유럽 5대리그 센터백 항목별 랭킹(90분 기준 기록, 100분율)

Ⓞ	Ⓢ	Ⓢ	Ⓟ	Ⓟ%	Ⓛ	Ⓑ	Ⓓ	Ⓣ	Ⓓ%	Ⓑ	Ⓘ	Ⓒ	Ⓐ%
상위 30%	상위 43%	상위 11%	상위 3%	상위 1%	상위 25%	상위 6%	하위 9%	하위 26%	상위 39%	하위 11%	상위 31%	하위 5%	상위 10%

Axel DISASI
평점 6.90

악셀 디사시 1998.03.11 / 190cm

SCOUTING REPORT
190대의 큰 체격을 지녀 프랑스 대표팀 동료 쿠르트 주마와 자주 비교된다. 디사시는 발로 볼을 잘 다루고, 빌드업에 강점이 있다. 전진 패스가 꽤 날카롭다(주마는 빌드업이 약점으로 지적된다). 디사시는 어린 나이에 리더십이 좋고, 라인 컨트롤과 커버 플레이를 잘 해낸다. 포지셔널 디펜더로서 블로킹, 인터셉트에 강점이 있다. 타점 높은 헤더도 강력한 무기.

PLAYER'S HISTORY
콩고민주공화국계 이민 2세로 프랑스의 일드프랑스 발두아즈에서 태어났다. 2중 국적이고, 콩고민주공화국 U-20 대표로 소집된 적이 있지만 프랑스 국가대표를 선택했다. 시장 가치는 3000만 유로, 추정 연봉은 72만 유로.

슈팅-득점		국적	2022-23시즌 AS 모나코	포지션
22-3				
7-0		프랑스	37-1 3330 3 50.5-42.4 84%	
● 29-3 LG-2			Ⓓ 0.8-0.6 Ⓣ 1.2-0.8 Ⓘ 1.6 ▨ ★ 3-0 1	
● 0-0 RG-1				
● 0-0 HG-0				

유럽 5대리그 센터백 항목별 랭킹(90분 기준 기록, 100분율)

Ⓞ	Ⓢ	Ⓢ	Ⓟ	Ⓟ%	Ⓛ	Ⓑ	Ⓓ	Ⓣ	Ⓓ%	Ⓑ	Ⓘ	Ⓒ	Ⓐ%
상위 3%	상위 4%	상위 10%	상위 49%	상위 40%	상위 28%	상위 49%	하위 7%	상위 4%	상위 39%	상위 14%	상위 16%	상위 14%	

Chancel MBEMBA
평점 6.89

샹셀 음벰바 1994.08.08 / 182cm

SCOUTING REPORT
주 위치는 센터백이고, 좌우 풀백과 수비형 미드필더를 겸한다. 센터백치고 체격은 작은 편이지만, 이를 만회할 빠른 발과 넓은 커버 범위를 선보인다. 동료 센터백이 저돌적으로 전진해서 생기는 뒤쪽 공간을 음벰바가 커버하는 모습을 자주 볼 수 있다. 드리블러 상대 태클 성공률은 유럽 정상급이다. 또한, 패싱력까지 갖추고 있어 후방 빌드업에 능하다.

PLAYER'S HISTORY
어머니는 콩고민주공화국 여자농구 대표선수 출신이다. 한때 그에 대해 1991년생이냐 1994년생이냐 논쟁이 있었다. 결국, 뼈를 스캔하는 의학적 방법으로 1994년생으로 확정됐다. 시장 가치 2000만 유로, 추정 연봉 384만 유로.

슈팅-득점		국적	2022-23시즌 마르세유	포지션
27-5				
0-0		콩고민주공화국	32-4 2850 0 46.3-39.1 84%	
● 27-5 LG-1			Ⓓ 0.7-0.4 Ⓣ 1.5-1.2 Ⓘ 1.2 ▨ ★ 2-0 1	
● 0-0 RG-2				
● 0-0 HG-2				

유럽 5대리그 센터백 항목별 랭킹(90분 기준 기록, 100분율)

Ⓞ	Ⓢ	Ⓢ	Ⓟ	Ⓟ%	Ⓛ	Ⓑ	Ⓓ	Ⓣ	Ⓓ%	Ⓑ	Ⓘ	Ⓒ	Ⓐ%
상위 2%	상위 7%	상위 7%	상위 46%	하위 36%	하위 34%	상위 41%	상위 16%	상위 42%	상위 4%	하위 10%	상위 47%	상위 9%	상위 21%

Virgil VAN DIJK
평점 6.89

버질 반데이크 1991.07.08 / 195cm

SCOUTING REPORT
지난 시즌 살짝 하향세를 보였으나 여전히 유럽 톱클래스 센터백 중 1명이다. 공중전 성공률은 유럽 상위권 1~2%다. 195cm의 장신임에도 최고 35km/h의 스피드를 자랑한다. 축구 IQ가 뛰어나 위치를 잘 잡고, 완벽한 커버 플레이와 라인 컨트롤을 전개한다. 단순 태클 횟수는 적다. 그러나 꼭 필요할 때 훌륭한 기술을 동반한 태클을 구사하기에 효율성이 높다.

PLAYER'S HISTORY
유니폼에 성(姓) 반데이크 대신 이름(名) 버질을 새긴다. 2019 발롱도르 시상식에 참석해 "발롱도르에 패자는 없다"는 명언을 남겼다. 아내 리커와의 사이에 딸 2명을 두었다. 시장 가치 3500만 유로, 추정 연봉 1334만 유로.

슈팅-득점		국적	2022-23시즌 리버풀	포지션
27-3				
3-0		네덜란드	32-0 2836 1 80.1-72.9 91%	
● 30-3 LG-1			Ⓓ 0.1-0.1 Ⓣ 1.2-0.8 Ⓘ 1.0 ▨ ★ 2-0 2	
● 0-0 RG-0				
● 0-0 HG-2				

유럽 5대리그 센터백 항목별 랭킹(90분 기준 기록, 100분율)

Ⓞ	Ⓢ	Ⓢ	Ⓟ	Ⓟ%	Ⓛ	Ⓑ	Ⓓ	Ⓣ	Ⓓ%	Ⓑ	Ⓘ	Ⓒ	Ⓐ%
상위 12%	상위 3%	상위 4%	상위 5%	상위 12%	상위 15%	상위 4%	하위 4%	상위 2%	하위 4%	하위 18%	상위 37%	상위 2%	

전체 수팅 시도-득점	직접프리킥 시도-득점	PK 시도-득점	LG 왼발 득점	RG 오른발 득점	HG 헤더 득점	출전횟수 선발-교체	출전시간 분(MIN)	P 도움	P 평균 패스 시도-성공	P% 패스 성공률	DR 평균드리블 시도-성공	TK 평균 태클 시도-성공	IC 인터셉트	경고-퇴장	페어플레이	★ MOM	OP 공격 포인트	SH 슈팅 시도	SG 유효 슈팅	PC 패스 성공	P% 패스 성공률	LC 롱볼 성공	BT 볼터치	DC 드리블 성공	TK 태클	DT% 드리블 태클성공률	BL 블로킹	IC 인터셉트	CL 클리어링	A% 공중전 승률

José GIMÉNEZ

평점 6.89

호세 히메네스   1995.01.20 / 185cm

SCOUTING REPORT

파이터형 센터백. 2019년까지 대표팀 선배 디에고 고딘과 함께하며 지능적인 플레이까지 배웠다. 지난 시즌엔 마리오 에르모소, 스테판 사비치와 호흡을 맞췄다. 센터백치고 체격은 평범하지만 좋은 위치 선정, 높은 점프로 커버한다. 과감한 1대1 수비를 펼치기에 드리블러 상대 태클 성공률이 높은 편이다. 킥이 좋기에 후방에서 과감하게 롱볼 빌드업을 시도한다.

PLAYER'S HISTORY

2022 월드컵 때 판정에 불만을 품고 심판에게 욕설과 폭행을 해 FIFA로부터 4경기 출전 정지, 2만 스위스프랑의 벌금 징계를 받았다. 아내 레히나와의 사이에 아들 2명이 있다. 시장 가치 3500만 유로, 추정 연봉 400만 유로.

슈팅-득점	국적	22-23시즌 아틀레티코 마드리드						포지션
18-2				26-2	2421	1	47.2-42.0	89%
4-0			A	P	P%			
● 22-2 LG-0	우루과이	DR	TK	IC		★		
● 0-0 RG-0		0.4-0.2	2.0-1.5	0.8	9-0	2		
● 0-0 HG-2								

	유럽 5대리그 센터백 항목별 랭킹(90분 기준 기록, 100분율)												
OP	SH	SG	PC	P%	LC	BT	DC	TK	DT%	BL	IC	CL	A%
상위	상위	상위	상위	상위	상위	하위	하위	상위	상위	상위	하위	상위	상위
24%	10%	8%	47%	19%	13%	48%	49%	43%	30%	41%	24%	10%	37%

Alessio ROMAGNOLI

평점 6.89

알레시오 로마뇰리   1995.03.03 / 186cm

SCOUTING REPORT

왼발잡이 센터백. 도전하기보다는 좋은 위치에서 길목을 차단하는 수비를 펼친다. 수비의 개별 스탯은 높지 않더라도, 팀디펜스에 녹아들어가 전체적인 효율을 높이는 수비를 보여준다. 라인을 올리는 팀보다는 내리는 팀에서 더 효과적이다. 로마뇰리는 '볼-플레잉 센터백'이다. 미드필더 출신답게 유연한 볼 컨트롤과 정확한 전진패스로 후방 빌드업을 주도한다.

PLAYER'S HISTORY

본인 이름처럼 AS 로마에서 데뷔했다. 이후 AC 밀란을 거쳐 2022-23시즌, 로마의 동향(同鄕) 라이벌 라치오로 이적했다. 알레산드로 네스타를 존경해 등번호 13번을 선택했다. 시장 가치 1800만 유로, 추정 연봉 556만 유로.

슈팅-득점	국적	2022-23시즌 라치오						포지션
11-1				33-1	2925	0	54.4-49.0	91%
2-1			A	P	P%			
● 13-2 LG-1	이탈리아	DR	TK	IC		★		
● 0-0 RG-0		0.0-0.0	1.4-1.1	1.4	6-0	1		
● 0-0 HG-1								

	유럽 5대리그 센터백 항목별 랭킹(90분 기준 기록, 100분율)												
OP	SH	SG	PC	P%	LC	BT	DC	TK	DT%	BL	IC	CL	A%
상위	하위	상위	상위	상위	하위	상위	하위	하위	하위	하위	하위	상위	상위
50%	36%	30%	27%	8%	48%	38%	12%	15%	29%	21%	37%	26%	39%

David GARCÍA

평점 6.87

다비드 가르시아   1994.02.14 / 185cm

SCOUTING REPORT

'마이너 팀' 오사수나는 지난 시즌 라리가 최소 실점 7위(42실점)였다. 그 수비의 중심에 다비드 가르시아가 있었다. 빠른 스피드와 민첩한 움직임으로 지역을 넓게 커버한다. 지난 시즌 드리블러 상대 태클 성공률은 유럽 5대 리그 최고 수준이었고, 클리어링, 인터셉트, 공중전 승률 역시 유럽 상위권이었다. 넓은 시야를 이용해 기습적인 롱-볼 빌드업을 주도한다.

PLAYER'S HISTORY

9살 때 오사수나 유스에 입단해 기본기를 다졌고, 2011년 이 팀 2군에서 데뷔했다. 2014년 오사수나 1군으로 승격해 레오네사 임대 6개월을 제외하곤 쭉 이 팀에서 활약해 왔다. 시장 가치 2000만 유로, 추정 연봉 80만 유로.

슈팅-득점	국적	2022-23시즌 오사수나						포지션
15-2				31-1	2684	0	44.4-36.0	81%
0-0			A	P	P%			
● 15-2 LG-0	스페인	DR	TK	IC		★		
● 0-0 RG-0		0.1-0.1	1.2-1.1	1.5	8-1	0		
● 0-0 HG-2								

	유럽 5대리그 센터백 항목별 랭킹(90분 기준 기록, 100분율)												
OP	SH	SG	PC	P%	LC	BT	DC	TK	DT%	BL	IC	CL	A%
상위	상위	상위	하위	상위	상위	하위	하위	상위	상위	하위	상위	상위	상위
41%	47%	42%	30%	24%	26%	34%	37%	24%	1%	19%	26%	9%	9%

		LG	RG	HG			A	P	P%	DR	TK	IC		★	OP	SH	SG	PC	P%	LC	BT	DC	TK	DT%	BL	IC	CL	A%
전체 수비 시도-득점	직접프리킥 시도-득점	왼발 특점	오른발 특점	헤더 특점	출전횟수 선발-교체	출전시간 분(MIN)	도움	평균 패스 시도-성공	평균 패스 성공률	드리블 시도-성공	평균 태클 시도-성공	평균 인터셉트	경고-퇴장	MOM	공격 포인트	수비 시도	유효 수비	패스 성공	패스 성공률	롱패스 성공	볼터치	드리블 성공	태클	드리블러 태클성공률	블로킹	인터셉트	클리어링	공중전 승률

Stefan DE VRIJ
평점 6.87
스테판 더브레이 · 1992.02.05 / 189cm

SCOUTING REPORT
축구 지능이 매우 높고, 판단력이 빠르며, 안정적으로 수비를 펼친다. 커버플레이, 라인컨트롤, 인터셉트, 클리어링 등 '포지셔널 디펜더'로서 높은 평가를 받는다. 큰 키와 좋은 위치 선정을 이용한 타점 높은 헤더는 강력한 무기다. 정확한 장·단 패스를 활용한 후방 빌드업도 위력적이다. 단지, 2021-22시즌부터 폼이 떨어지기 시작했다는 지적이 나오고 있다.

PLAYER'S HISTORY
원래 '더브레이(家) 3형제'가 축구를 했다. 그런데 두 형은 뮤지션, 영화인이 되었고, 막내 스테판만 축구를 계속했다. 훈남이다. 루마니아 출신 여자 친구 사이에 1남을 두었다. 시장가치 800만 유로, 추정 연봉 704만 유로.

슈팅-득점	국적	2022-23시즌 인테르 밀란					포지션
20-1 / 0-0							

	22-5	1944	0	44.2-39.8	90%

● 20-1	LG-0	네덜란드
○ 0-0	RG-0	
○ 0-0	HG-1	

DR	TK	IC		★
0.2-0.1	1.3-1.0	1.6	4-0	

유럽 5대리그 센터백 항목별 랭킹 (90분 기준 기록, 100분율)

OP	SH	SG	PC	P%	LC	BT	DC	TK	DT%	BL	IC	CL	A%
하위 36%	상위 11%	상위 14%	상위 47%	상위 16%	하위 7%	상위 47%	하위 42%	상위 47%	상위 46%	하위 21%	상위 15%	상위 37%	상위 5%

Josko GVARDIOL
평점 6.87
요시코 그바르디올 · 2002.01.23 / 185cm

SCOUTING REPORT
무섭게 주가가 오른 젊은 수비수. 19살이던 2021년부터 크로아티아 대표로 활약 중이다. 현대 축구에서 가치가 높은 왼발 센터백이다. 카타르월드컵에서 본격적으로 존재감을 뽐냈다. 운동능력과 기술을 겸비한 완성형 선수다. 빌드업, 공격 가담 능력도 갖췄다. 전진 패스나 드리블로 볼을 운반한다. 큰 키에 비해 제공권은 평범한 수준이다.

PLAYER'S HISTORY
어린 시절 리버풀 팬이었다. 성(姓) 그바르디올이 과르디올라와 발음이 비슷해 '리틀 펩'으로 불린다. 안면 보호대를 끼고 경기에 임하는 모습에 '마스크맨'이라는 별명도 생겼다. 시장가치 7500만 유로, 추정 연봉 112만 유로.

슈팅-득점	국적	2022-23시즌 RB 라이프치히					포지션
11-1 / 3-0							

	24-6	2171	0	71.3-63.5	89%

● 14-1	LG-1	크로아티아
○ 0-0	RG-0	
○ 0-0	HG-0	

DR	TK	IC		★
0.6-0.5	1.2-0.8	1.2	2-0	

유럽 5대리그 센터백 항목별 랭킹 (90분 기준 기록, 100분율)

OP	SH	SG	PC	P%	LC	BT	DC	TK	DT%	BL	IC	CL	A%
상위 22%	상위 42%	상위 22%	상위 2%	상위 16%	상위 5%	상위 1%	상위 4%	상위 18%	하위 2%	상위 49%	상위 49%	상위 36%	하위 17%

Yeray ÁLVAREZ
평점 6.87
예라이 알바레스 · 1995.01.23 / 182cm

SCOUTING REPORT
안정적으로 수비를 리드하는 센터백이다. 좋은 위치를 잡고, 상대 공격수의 의도를 미리 파악해 정확히 볼을 탈취한다. 동작이 민첩하고, 판단력이 빠르기에 드리블러 상대 태클 성공률은 유럽 5대리그 센터백 중 최상위권에 속한다 (3%). 또한, 인터셉트와 클리어링 등 '포지셔널 디펜스'에도 일가견이 있다. 기습적인 롱-볼 빌드업도 OK. 반면, 공중전 승률은 높지 않다.

PLAYER'S HISTORY
2016년 고환암 판정을 받고 이후 수술과 재활로 시간을 보냈다. 그럼에도 현재 좋은 활약을 보여 '인간 승리'로 불린다. 물론, 부상 이전보다는 퍼포먼스가 떨어진 건 사실이다. 시장 가치는 1500만 유로, 추정 연봉은 240만 유로.

슈팅-득점	국적	2022-23시즌 아슬레틱 빌바오					포지션
6-1 / 2-0							

	27-1	2337	1	49.1-39.8	81%

● 8-1	LG-0	스페인
○ 0-0	RG-0	
○ 0-0	HG-1	

DR	TK	IC		★
0.4-0.2	1.6-1.2	1.1	5-0	1

유럽 5대리그 센터백 항목별 랭킹 (90분 기준 기록, 100분율)

OP	SH	SG	PC	P%	LC	BT	DC	TK	DT%	BL	IC	CL	A%
상위 37%	하위 21%	하위 14%	하위 45%	상위 23%	상위 21%	상위 48%	상위 40%	상위 36%	상위 3%	상위 15%	상위 11%	상위 40%	하위 38%

Fikayo TOMORI
평점 6.87
피카요 토모리 · 1997.12.19 / 185cm

SCOUTING REPORT
'태클의 달인'이다. 최종 수비 상황에서 결정적인 태클로 위기를 넘긴다. 태클 기술이 우수해 파울을 범하지 않고 상대의 볼만 쏙 빼낸다. 지난 시즌 태클 성공 횟수, 드리블러 상대 태클 성공률 모두 최상위권이었다. 또한, 패스 성공 횟수 및 성공률, 롱-볼 성공 횟수 역시 좋은 결과를 냈다. 첼시 시절 수비 실책이 많았으나 AC 밀란 이적 후 보완됐다는 평이다.

PLAYER'S HISTORY
그의 이름은 '신이 나를 기쁨으로 채워줬다'는 뜻이다. 존경하는 선수는 존 테리. '농구 신(神)' 마이클 조던의 팬이라 AC 밀란에서 23번을 골랐다. 축구와 경영학 수업을 병행한다. 시장 가치 4000만 유로, 추정 연봉 449만 유로.

슈팅-득점	국적	2022-23시즌 AC 밀란					포지션
7-1 / 2-0							

	32-1	2765	1	57.5-51.0	89%

● 9-1	LG-1	잉글랜드
○ 0-0	RG-0	
○ 0-0	HG-0	

DR	TK	IC		★
0.2-0.1	2.5-2.1	0.9	5-0	2

유럽 5대리그 센터백 항목별 랭킹 (90분 기준 기록, 100분율)

OP	SH	SG	PC	P%	LC	BT	DC	TK	DT%	BL	IC	CL	A%
하위 43%	하위 18%	하위 42%	상위 26%	상위 26%	상위 7%	상위 28%	하위 19%	상위 10%	상위 24%	상위 20%	상위 26%	하위 18%	상위 37%

| ● 전체 슈팅 시도-득점 | ● 직접프리킥 시도-득점 | ● PK 시도-득점 | LG 왼발 득점 | RG 오른발 득점 | HG 헤더 득점 | ⏱ 출전횟수 선발·교체 | A 출전시간 분(MIN) | P 도움 | P 평균 패스 시도-성공 | P% 패스 성공률 | DR 평균드리블 시도-성공 | TK 평균태클 시도-성공 | IC 인터셉트 | 베어풀플레이 경고-퇴장 | ★ MOM | OP 공격 포인트 | SH 슈팅 시도 | SG 유효 슈팅 | PC 패스 성공 | P% 패스 성공률 | LC 롱볼 성공 | BT 볼 터치 | DC 드리블 성공 | TK 태클 | DT% 드리블성공률 태클성공률 | BL 블로킹 | IC 인터셉트 | CL 클리어링 | A% 공중전 승률 |

Nicolò CASALE
평점 6.87
니콜로 카살레   1998.02.14 / 191cm

SCOUTING REPORT
강한 신체와 운동능력을 이용한 1대1 수비에 강점이 있다. 태클 성공률이 높고 파울을 적게 범한다. 베로나의 3백 시스템 중앙에 출전해 주로 공을 걷어내는 역할을 맡는다. 지난 시즌 패스 성공률 92%로 유럽 5대 리그 센터백 중 최상위권이었고, 패스 성공 횟수, 롱볼 성공 횟수도 평균 이상이었다. 그러나 큰 키에 비해 공중전 능력이 압도적인 편은 아니다.

PLAYER'S HISTORY
2017년 베로나에서 데뷔했고, 이후 4년간 페루자, 프라토, 쥐트티롤, 베네치아, 엠폴리 등 5개 구단에서 임대 신분으로 뛰었다. 그리고 2022년 여름 라치오로 완전히 이적했다. 시장 가치 2200만 유로, 추정 연봉 185만 유로.

슈팅-득점	국적	2022-23시즌 라치오	포지션

| 8-1 / 0-0 | | ⏱ 27-2   A 2437   P 1   55.7-51.2   P% 92% | |
| ● 8-1   LG-0
 ● 0-0   RG-1
 ● 0-0   HG-0 | 이탈리아 | DR 0.1-0.0   TK 1.9-1.4   IC 0.6   6-0   ★ 0 | |

유럽 5대리그 센터백 항목별 랭킹(90분 기준 기록, 100분율)

OP	SH	SG	PC	P%	LC	BT	DC	TK	DT%	BL	IC	CL	A%
상위	하위	하위	상위	상위	상위	상위	하위	상위	상위	하위	하위	하위	상위
38%	19%	29%	21%	4%	37%	35%	7%	49%	39%	15%	4%	11%	44%

BREMER
평점 6.87
브레메르   1997.03.18 / 188cm

SCOUTING REPORT
다부진 근육질 체격을 이용해 볼 경합 상황에서 우위를 점한다. 지난 시즌 유럽 5대리그 센터백 중 드리블러 상대 태클 성공률, 블로킹, 인터셉트, 클리어링 등 여러 수비 항목에서 상위권에 올랐다. 공중전 승률 자체는 그렇게 압도적으로 높은 건 아니다. 하지만 세트플레이 헤더 슈팅은 5대 리그 최상위권이다. 브라질 출신답게 기본적인 볼 컨트롤이 우수하다.

PLAYER'S HISTORY
기상 캐스터 출신 아내와 사이에 2살 된 아들이 있다. 브레메르는 전 독일 국가대표 안드레아스 브레메의 성(姓)에서 따온 것이다. 존경하는 선수는 전 브라질 대표 CB 루시우. 시장 가치 4000만 유로, 추정 연봉 926만 유로.

슈팅-득점	국적	2022-23시즌 유벤투스	포지션

| 31-4 / 1-0 | | ⏱ 30-0   A 2640   P 1   55.7-50.1   P% 90% | |
| ● 32-4   LG-0
 ● 0-0   RG-0
 ● 0-0   HG-4 | 브라질 | DR 0.2-0.1   TK 1.2-1.0   IC 1.4   6-0   ★ 3 | |

유럽 5대리그 센터백 항목별 랭킹(90분 기준 기록, 100분율)

OP	SH	SG	PC	P%	LC	BT	DC	TK	DT%	BL	IC	CL	A%
상위	상위	상위	상위	상위	상위	상위	하위	상위	상위	상위	상위	상위	상위
11%	3%	21%	34%	13%	38%	36%	35%	18%	19%	12%	37%	27%	42%

Ardian ISMAJLI
평점 6.87
아르디안 이스마일리   1996.09.30 / 185cm

SCOUTING REPORT
지난 시즌 엠폴리는 강등권을 넘나들었으나 실점은 49점으로 리그에서 8번째로 적었다. '마이너 팀' 엠폴리가 강등당하지 않고 버틴 건 전적으로 '수비의 힘'이었다. 그리고 그 중심에 센터백 이스마일리가 큰 역할을 했다. 유럽 5대 리그 센터백 중 블로킹 상위 3%, 드리블러 상대 태클 성공률 상위 6%, 클리어링 상위 8% 등 각종 수비 지표에서 톱클래스 성적을 냈다.

PLAYER'S HISTORY
2018년 5월, 알바니아를 상대로 코소보 국가대표 데뷔전을 치렀다. 그런데 그해 9월, 크리스티안 파누치 감독의 부름을 받고 알바니아로 국적을 변경해 현재까지 활약 중이다. 시장 가치는 350만 유로, 추정 연봉은 167만 유로.

슈팅-득점	국적	2022-23시즌 엠폴리	포지션

| 8-0 / 1-0 | | ⏱ 22-3   A 2091   P 0   40.8-34.7   P% 85% | |
| ● 9-0   LG-0
 ● 0-0   RG-0
 ● 0-0   HG-0 | 알바니아 | DR 0.1-0.1   TK 1.8-1.6   IC 1.2   3-0   ★ 2 | |

유럽 5대리그 센터백 항목별 랭킹(90분 기준 기록, 100분율)

OP	SH	SG	PC	P%	LC	BT	DC	TK	DT%	BL	IC	CL	A%
하위	하위	하위	하위	하위	하위	하위	상위	상위	상위	상위	상위	상위	하위
12%	36%	36%	27%	47%	24%	24%	34%	34%	6%	3%	43%	8%	35%

Gabriel MAGALHÃES
평점 6.87
가브리엘 마갈량이스   1997.12.19 / 190cm

SCOUTING REPORT
왼발잡이로 4백 또는 3백에서 주로 왼쪽 센터백으로 출전한다. 도전적으로 수비하기보다는 좋은 위치를 선정하고 기다렸다가 각도를 좁히고, 효율적으로 상대의 볼을 뺏어낸다. 드리블러 상대 태클 성공률이 높은 편이다. 브라질 출신답게 볼을 잘 다룬다. 세트플레이 때 득점력이 매우 높다. 중장거리 패스, 콤비네이션 플레이를 통한 빌드업을 더 보완해야 한다.

PLAYER'S HISTORY
트루아 시절 석현준과 절친이었다. 존경하는 선수는 네이마르. 힙합 스타일을 즐긴다. 2022년 5월 브라질 대표로 방한했을 때 롤러코스터를 타면서 무척 무서워했다고 한다. 시장 가치 5500만 유로, 추정 연봉 607만 유로.

슈팅-득점	국적	2022-23시즌 아스날	포지션

| 26-3 / 6-0 | | ⏱ 38-0   A 3411   P 0   62.7-56.6   P% 90% | |
| ● 32-3   LG-2
 ● 0-0   RG-0
 ● 0-0   HG-1 | 브라질 | DR 0.1-0.1   TK 1.6-1.3   IC 0.9   5-0   ★ 2 | |

유럽 5대리그 센터백 항목별 랭킹(90분 기준 기록, 100분율)

OP	SH	SG	PC	P%	LC	BT	DC	TK	DT%	BL	IC	CL	A%
상위	상위	상위	상위	상위	상위	상위	하위	하위	상위	상위	하위	하위	하위
39%	8%	17%	18%	17%	30%	17%	35%	14%	47%	15%	35%	48%

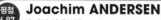

전체 슈팅 시도-득점 / 직접프리킥 시도-득점 / PK 시도-득점 / LG 왼발 득점 / RG 오른발 득점 / HG 헤더 득점 / 출전횟수 선발-교체 / 출전시간 분(MIN) / A 도움 / P 평균 패스 시도-성공 / P% 패스 성공률 / DR 평균 드리블 시도-성공 / TK 평균 태클 시도-성공 / IC 평균 인터셉트 / 케어플레이 경고-퇴장 / ★ MOM / OP 공격 포인트 / SH 공격 슈팅 / SG 유효 슈팅 / PC 패스 시도 / P% 패스 성공률 / LC 롱패스 성공 / BT 볼터치 / DC 드리블 / TK 태클 / DT% 드리블러 태클성공률 / BL 블로킹 / IC 인터셉트 / CL 클리어링 / A% 공중전 승률

Joachim ANDERSEN
평점 6.87
요아킴 안데르센   1996.05.31 / 192cm

강력한 피지컬을 자랑하는 센터백. 2019년부터 덴마크 대표로 활동 중이다. 190cm가 넘는 키를 활용한 제공권 장악이 탁월하다. 대인마크 능력이 좋고 위치 선정도 잘한다. 패스 능력이 뛰어나다. 후방 빌드업 중심 역할을 한다. 전방으로 길게 찔러주는 롱패스도 일품이다. 스피드가 느리다보니 커버 범위가 좁다. 가끔씩 결정적인 실수를 범하기도 한다. 시장가치는 3200만 유로, 추정 연봉은 479만 유로.

슈팅-득점	국적		2022-23시즌 크리스털 팰리스					포지션
19-1			32-0	2784		60.3-48.2	80%	
3-0					A	P	P%	

덴마크

● 22-1   LG-0
● 1-0   RG-0
● 0-0   HG-0

DR 0.3-0.2   TK 1.9-1.4   IC 0.8   8-0   ★ 0

OP	SH	SG	PC	P%	LC	BT	DC	TK	DT%	BL	IC	CL	A%
하위	상위	상위	상위	하위	상위	상위	하위	하위	하위	하위	하위	상위	상위
30%	18%	7%	32%	16%	3%	19%	43%	42%	13%	16%	12%	1%	4%

Dayot UPAMECANO
평점 6.87
다요 우파메카노   1998.10.27 / 186cm

프랑스 국가대표팀 핵심 센터백. 부모는 아프리카 기니비사우 출신이다. 센터백 치고 장신은 아니지만 월등한 피지컬과 운동능력을 갖췄다. 센터백 가운데 최상위 수준의 스피드를 자랑한다. 피지컬을 이용한 대인마크 능력도 압도적이다. 공을 다루는 기술이 좋고 전방으로 찔러주는 패스도 날카롭다. 가끔씩 결정적 판단미스로 실수를 범하는게 옥에 티. 시장가치는 6000만 유로, 추정 연봉은 1000만 유로.

슈팅-득점	국적		2022-23시즌 바이에른 뮌헨					포지션
7-0			27-2	2348	1	79.5-72.3	91%	
0-0					A	P	P%	

프랑스

● 7-0   LG-0
● 0-0   RG-0
● 0-0   HG-0

DR 0.5-0.3   TK 2.7-2.1   IC 1.0   6-1   ★ 0

OP	SH	SG	PC	P%	LC	BT	DC	TK	DT%	BL	IC	CL	A%
하위	하위	하위	상위	상위	상위	상위	상위	상위	상위	하위	하위	하위	하위
26%	11%	11%	1%	2%	2%	4%	41%	22%	46%	12%	16%	12%	15%

Guillermo MARIPÁN
평점 6.86
기예르모 마리판   1994.05.06 / 190cm

월등한 체격조건을 갖춘 센터백. 2017년부터 칠레 대표팀에서 활약 중이다. 상대를 거칠게 몰아붙이는 대신 안전하고 영리한 수비를 펼친다. 대인마크에서 좀처럼 밀리지 않는다. 패스가 안정적이라 후방 빌드업에 크게 기여한다. 제공권 장악도 월등하다. 세트피스 상황에서 헤더로 종종 골을 터뜨린다. 스피드가 떨어져 커버 범위가 좁다. 잔실수도 많은 편. 시장가치는 1800만 유로, 추정 연봉은 96만 유로.

슈팅-득점	국적		2022-23시즌 AS 모나코					포지션
15-3			25-1	2160	0	44.4-39.1	88%	
1-0					A	P	P%	

칠레

● 16-3   LG-0
● 0-0   RG-0
● 0-0   HG-3

DR 0.2-0.0   TK 2.5-1.9   IC 1.4   4-1   ★ 1

OP	SH	SG	PC	P%	LC	BT	DC	TK	DT%	BL	IC	CL	A%
상위	상위	상위	하위	상위	상위	하위	하위	상위	하위	상위	하위	하위	하위
8%	31%	18%	41%	29%	36%	33%	7%	31%	6%	15%	23%	49%	24%

Emmanuel AGBADOU
평점 6.86
에마뉘엘 아그바두   1997.06.17 / 192cm

코트디부아르가 큰 기대를 거는 젊은 센터백. 2022년 A매치에 데뷔했다. 중앙 미드필더로도 간혹 나선다. 강한 피지컬을 바탕으로 한 대인마크 능력이 일품. 태클로 공을 따내는데 능하고 공중볼 장악 능력이 탁월하다. 패스도 정확해 후방 빌드업에 크게 기여한다. 수비 스타일이 거칠다보니 카드를 많이 수집한다. 잘 흥분해 레드카드까지 종종 받는다. 시장가치는 600만 유로, 추정 연봉은 60만 유로.

슈팅-득점	국적		2022-23시즌 스타드 렝					포지션
15-0			27-2	2390	3	51.0-43.9	86%	
7-0					A	P	P%	

코트디부아르

● 22-0   LG-0
● 0-0   RG-0
● 0-0   HG-0

DR 0.5-0.3   TK 3.3-2.5   IC 1.1   5-3   ★ 1

OP	SH	SG	PC	P%	LC	BT	DC	TK	DT%	BL	IC	CL	A%
상위	상위	하위	상위	상위	하위	상위	상위	상위	상위	하위	상위	상위	상위
16%	9%	49%	39%	44%	9%	34%	31%	3%	40%	38%	47%	35%	41%

Sven BOTMAN
평점 6.86
스벤 보트만   2000.01.12 / 195cm

강력한 피지컬을 자랑하는 센터백. 네덜란드 연령별 대표팀을 두루 거쳤다. 가장 큰 강점은 2m에 육박하는 큰 키. 제공권을 확실하게 장악한다. 몸싸움도 밀리는 법이 거의 없다. 체격에 비해 스피드와 볼 테크닉도 나쁘지 않다. 전방으로 찔러주는 전진 패스도 강점이다. 아직 어리다보니 크고 작은 실수가 많은 편. 순간 판단력이 떨어지는 점도 아쉽다. 시장가치는 4500만 유로, 추정 연봉은 539만 유로.

슈팅-득점	국적		2022-23시즌 뉴캐슬 유나이티드					포지션
22-0			35-1	3129	0	48.5-42.2	87%	
0-0					A	P	P%	

네덜란드

● 22-0   LG-0
● 0-0   RG-0
● 0-0   HG-0

DR 0.0-0.0   TK 1.3-1.2   IC 0.8   2-0   ★ 1

OP	SH	SG	PC	P%	LC	BT	DC	TK	DT%	BL	IC	CL	A%
하위	상위	상위	하위	상위	상위	하위	하위	하위	상위	하위	하위	상위	상위
12%	28%	22%	47%	36%	43%	38%	7%	20%	2%	43%	27%	48%	28%

Alexander DJIKU
평점 6.86
알렉산더 지쿠   1994.08.09 / 182cm

가나 국가대표 센터백. 프랑스에서 태어났지만 아버지의 나라 가나 대표팀을 선택했다. 라이트백과 수비형 미드필더도 가능하다. 센터백 치고 큰 편은 아니지만 공중볼 경합에서 강한 모습을 자랑한다. 세트피스 헤더 득점도 올린다. 상대 공을 가로챈 뒤 빠르게 전방 역습을 이끈다. 저돌적인 파이터형 수비수. 덕분에 경고를 많이 받으며 실수도 잦은 편. 시장가치는 800만 유로, 추정 연봉은 84만 유로.

슈팅-득점	국적		2022-23시즌 스트라스부르					포지션
14-1			31-0	2681	2	48.0-38.9	81%	
3-0					A	P	P%	

가나

● 17-1   LG-1
● 1-0   RG-0
● 0-0   HG-0

DR 0.2-0.1   TK 2.4-1.7   IC 2.0   8-1   ★ 1

OP	SH	SG	PC	P%	LC	BT	DC	TK	DT%	BL	IC	CL	A%
상위	상위	상위	하위	상위	상위	상위	상위	상위	하위	상위	상위	하위	상위
21%	35%	28%	37%	42%	20%	50%	3%	29%	32%	18%	2%	9%	4%

전체 슈팅 시도-득점 | 직접프리킥 시도-득점 | PK 시도-득점 | LG 왼발 득점 | RG 오른발 득점 | HG 헤더 득점 | 출전횟수 선발-교체 | 출전시간 (MIN) | A 평균 패스 시도-성공 | P 패스 성공률 | P% 평균드리블 시도-성공 | DR 평균 태클 시도-성공 | TK 평균 인터셉트 | IC 경고-퇴장 | 페어플레이 | ★ MOM | OP 공격 포인트 | SH 슈팅 시도 | SG 유효 슈팅 | PC 패스 성공 | P% 패스 성공률 | LC 롱패스 성공 | BT 볼터치 | DC 드리블 성공 | TK 태클 성공 | DT% 드리블 태클성공률 | BL 블로킹 | IC 인터셉트 | CL 클리어링 | A% 공중전 승률

Rasmus NICOLAISEN
평점 6.86
래스무스 니콜라이슨　1997.03.16 / 191cm

당당한 체격과 기본기를 갖춘 덴마크 출신 센터백. 상대 공을 한 박자 빠르게 걷어내는 것이 장점이다. 큰 키를 활용한 제공권 장악에서 월등한 실력을 자랑한다. 일대일 몸싸움에서도 거의 지는 법이 없다. 세트피스 상황에 적극 참여해 헤더슛을 노린다. 스피드와 민첩성이 떨어져 빠른 공격수에게 종종 고전한다. 전체적으로 공격력이 부족하다. 시장 가치는 500만 유로, 추정 연봉은 55만 유로.

슈팅-득점	국적	2022-23시즌 툴루즈				포지션
12-0		A	P	P%		
1-0		34-0	2997	2	51.8-43.5 84%	
● 13-0 LG-0	덴마크	DR	TK	IC	★	
● 0-0 RG-0		0.4-0.3	1.9-1.4	1.5	5-1	1
● 0-0 HG-0						

OP	SH	SG	PC	P%	LC	BT	DC	TK	DT%	BL	IC	CL	A%
상위 46%	하위 37%	상위 19%	상위 50%	하위 45%	상위 32%	상위 46%	상위 34%	하위 46%	상위 47%	상위 7%	상위 26%	상위 22%	상위 2%

Ronald ARAÚJO
평점 6.85
로날드 아라우호　1999.03.07 / 188cm

압도적인 피지컬과 운동능력을 갖춘 센터백. 2012년부터 우루과이 대표로 활동 중이다. 헤비급 복서를 떠올리게 하는 체격조건에 엄청난 스피드까지 갖췄다. 일대일 수비나 볼 경합에서 거의 밀리는 법이 없다. 공격수 출신이라 기회가 생기면 적극적으로 슈팅을 때린다. 세트피스 상황에서도 위협적이다. 빌드업 능력은 살짝 떨어진다. 잔부상도 잦은 편. 시장 가치는 7000만 유로, 추정 연봉은 700만 유로.

슈팅-득점	국적	2022-23시즌 FC 바르셀로나				포지션
14-0		A	P	P%		
4-0		21-1	1802	2	56.9-50.6 89%	
● 18-0 LG-0	우루과이	DR	TK	IC	★	
● 0-0 RG-0		0.6-0.5	1.4-1.2	0.5	6-1	1
● 0-0 HG-0						

OP	SH	SG	PC	P%	LC	BT	DC	TK	DT%	BL	IC	CL	A%
상위 29%	상위 6%	하위 37%	상위 23%	상위 25%	상위 31%	상위 29%	상위 12%	상위 34%	상위 21%	하위 9%	하위 7%	하위 7%	하위 45%

Eric DIER
평점 6.85
에릭 다이어　1994.01.15 / 188cm

2015년부터 잉글랜드 대표팀에서 활약 중이다. 원래 수비형 미드필더였지만 지금은 센터백으로 자리매김했다. 피지컬이 좋고 위치 선정이 뛰어나다. 공중볼 경합에도 강점이 있다. 프리킥 키커로 나설 정도로 탁월한 킥 능력을 자랑한다. 전방으로 길게 찔러주는 롱패스가 위협적이다. 스피드가 떨어져 수비 범위가 좁다. 경기력 기복이 심한 것도 약점. 시장 가치는 2500만 유로, 추정 연봉은 509만 유로.

슈팅-득점	국적	2022-23시즌 토트넘 핫스퍼				포지션
15-2		A	P	P%		
2-0		31-2	2817	1	59.8-51.4 86%	
● 17-2 LG-2	잉글랜드	DR	TK	IC	★	
● 2-0 RG-0		0.2-0.1	1.3-0.9	1.2	3-0	1
● 0-0 HG-2						

OP	SH	SG	PC	P%	LC	BT	DC	TK	DT%	BL	IC	CL	A%
상위 36%	상위 21%	상위 32%	상위 20%	상위 40%	상위 22%	상위 19%	하위 11%	하위 6%	하위 46%	하위 40%	하위 44%	상위 18%	

Rodrigo BECÃO
평점 6.85
호드리구 베캉　1996.01.19 / 191cm

월등한 체격조건을 갖춘 센터백. 힘과 운동능력을 겸비해 상대 선수와 경합에서 우위를 점한다. 상대 움직임을 잘 예측하고 경기를 읽는 능력이 좋다. 태클 및 인터셉션이 뛰어나고 패스 능력도 수준급이다. 상대 압박에 흔들리지 않고 공을 간수한다. 가끔 불필요한 파울로 팀에 손해를 끼치곤 한다. 스피드가 느린 것은 아니지만 민첩함은 다소 떨어진다. 시장 가치는 1000만 유로, 추정 연봉은 77만 유로.

슈팅-득점	국적	2022-23시즌 우디네세				포지션
18-2		A	P	P%		
1-0		28-0	2487	0	44.3-35.3 80%	
● 19-0 LG-0	브라질	DR	TK	IC	★	
● 0-0 RG-0		0.4-0.2	3.0-2.5	1.0	11-1	1
● 0-0 HG-2						

OP	SH	SG	PC	P%	LC	BT	DC	TK	DT%	BL	IC	CL	A%
상위 19%	상위 21%	상위 26%	상위 33%	하위 10%	하위 46%	상위 42%	상위 47%	상위 4%	상위 5%	상위 13%	상위 23%	하위 7%	상위 11%

Timo HÜBERS
평점 6.85
티모 휘버스　1996.07.20 / 190cm

뛰어난 신체조건을 갖춘 센터백. 위치 선정을 잘해 상대 패스를 가로채거나 슈팅을 막는데 능하다. 게임을 읽는 지능이 뛰어나다는 평가. 공중볼 경합에서 절대 우위를 자랑한다. 세트피스 공격에서도 위력을 발휘한다. 태클 및 일대일 경합에서 강하다. 수비 조직을 이끄는 리더십도 갖췄다. 볼 테크닉은 떨어진다. 수비 스타일이 거칠어 카드를 자주 받는다. 시장 가치는 750만 유로, 추정 연봉은 20만 유로.

슈팅-득점	국적	2022-23시즌 FC 쾰른				포지션
14-3		A	P	P%		
1-0		28-1	2558	0	58.5-48.0 82%	
● 15-3 LG-0	독일	DR	TK	IC	★	
● 0-0 RG-1		0.2-0.2	2.5-1.6	2.1	8-0	1
● 0-0 HG-2						

OP	SH	SG	PC	P%	LC	BT	DC	TK	DT%	BL	IC	CL	A%
상위 20%	상위 42%	하위 13%	상위 36%	하위 34%	상위 39%	상위 27%	상위 46%	상위 48%	하위 1%	하위 20%	상위 7%	상위 64%	하위 42%

Eric GARCÍA
평점 6.85
에릭 가르시아　2001.01.09 / 182cm

스페인과 바르셀로나를 대표하는 젊은 센터백. 19살이던 2000년부터 국가대표로 활약 중. 월드클래스급 빌드업 능력을 자랑한다. 경기마다 패스 성공률이 월등하다. 운동능력이 압도적인 수준은 아니지만 기술과 위치선정 능력으로 부족함을 메운다. 몸싸움이나 경합 상황에서 약점이 있다. 수비 스타일이 소극적이라 적극적으로 압박하는 상대에 고전한다. 시장 가치는 1200만 유로, 추정 연봉은 600만 유로.

슈팅-득점	국적	2022-23시즌 FC 바르셀로나				포지션
5-1		A	P	P%		
2-0		15-9	1414	0	51.8-47.1 91%	
● 7-1 LG-0	스페인	DR	TK	IC	★	
● 0-0 RG-1		0.2-0.1	1.5-1.0	0.9	3-0	1
● 0-0 HG-0						

OP	SH	SG	PC	P%	LC	BT	DC	TK	DT%	BL	IC	CL	A%
하위 49%	하위 35%	하위 21%	상위 3%	상위 9%	상위 9%	상위 4%	하위 29%	상위 45%	상위 9%	상위 37%	상위 49%	상위 5%	하위 38%

전체슈팅 시도-득점 · 직접프리킥 시도-득점 · PK 시도-득점 · LG 왼발특점 · RG 오른발특점 · HG 헤더특점 · 출전횟수 선발-교체 · 출전시간 분(MIN) · A 도움 · P 평균패스 시도-성공 · P% 패스성공률 · DR 평균드리블 시도-성공 · TK 평균태클 시도-성공 · IC 평균 인터셉트 · 경고-퇴장 · 페어플레이 · MOM · ★ · OP 공격포인트 · SH 슈팅시도 · SG 유효슈팅 · PC 패스성공 · P% 패스성공률 · LC 롱볼성공 · BT 볼터치성공 · DC 드리블성공 · TK 태클 · DT% 드리블러태클성공률 · BL 블로킹 · IC 인터셉트 · CL 클리어링 · A% 공중전승률

Sead KOLASINAC

평점 6.85 · 세아드 콜라시나츠 · 1993.06.20 / 183cm

2013년부터 보스니아 대표로 활약 중이다. 독일에서 태어났지만 부모님 국적을 따랐다. 센터백은 물론 레프트백, 수비형 미드필더 등이 가능한 멀티자원. 주로 스리백 왼쪽 스토퍼로 나선다. 키는 작지만 피지컬이 단단하다. 별명이 '헐크'일 정도, 스피드와 파워가 좋고 태클도 뛰어나다. 플레이스타일이 공격적이고 거칠다. 위험한 파울을 자주 범한다. 시장 가치는 500만 유로, 추정 연봉은 258만 유로.

슈팅-특점	국적	2022-23시즌 마르세유	포지션
20-4		26-7 2219 / A 1 / P 38.6-33.2 / P% 86%	
2-0	보스니아헤르체고비나		
●22-4 LG-2		DR 0.4-0.1 TK 2.0-1.6 IC 1.4 / 3-0 ★2	
●0-0 RG-0			
●0-0 HG-2			

OP	SH	SG	PC	P%	LC	BT	DC	TK	DT%	BL	IC	CL	A%
상위	상위	상위	상위	상위	하위	상위	하위	상위	상위	하위	상위	하위	하위
4%	6%	5%	42%	47%	1%	47%	41%	13%	34%	7%	19%	31%	10%

Marc-Oliver KEMPF

평점 6.85 · 마르크-올리버 켐프 · 1995.01.28 / 186cm

독일 분데스리가에서 잔뼈가 굵은 센터백. 왼발을 잘 쓴다. 패싱력이 좋아 후방 빌드업을 이끈다. 커맨더형 센터백. 운동능력이 뛰어난 것은 아니지만 축구 센스가 좋고 리더십이 뛰어나 수비 조직력을 이끈다. 헤더 능력이 좋아 제공권 싸움은 물론 세트피스 공격에서 힘을 보탠다. 스피드와 민첩성은 떨어지는 편. 상대 빠른 공격수에 종종 고전한다. 시장 가치는 450만 유로, 추정 연봉은 108만 유로.

슈팅-특점	국적	2022-23시즌 헤르타 베를린	포지션
15-1		31-0 2713 / A 0 / P 41.9-32.7 / P% 78%	
1-0	독일		
●16-1 LG-0		DR 0.5-0.4 TK 1.6-1.4 IC 1.5 / 5-0 ★1	
●0-0 RG-0			
●0-0 HG-1			

OP	SH	SG	PC	P%	LC	BT	DC	TK	DT%	BL	IC	CL	A%
하위	상위	상위	하위	하위	하위	상위	상위	하위	상위	상위	상위	상위	상위
31%	41%	29%	15%	14%	20%	20%	48%	19%	26%	18%	15%	49%

Samuel GIGOT

평점 6.84 · 사뮈엘 지고 · 1993.10.12 / 187cm

전형적인 파이터형 센터백. 럭비선수 출신 답게 단단한 피지컬을 앞세워 상대 선수를 숨막히게 몰아붙인다. 10대 시절엔 복싱도 함께 했다고. 몸싸움 및 공중볼 경합에서 탁월한 모습이다. 패싱 정확도도 수준급. 후방 빌드업에서 중요한 역할을 한다. 거친 플레이스타일은 동시에 약점이 된다. 카드 수집이 잦은 편. 다이렉트 레드카드도 종종 받는다. 시장 가치는 1000만 유로, 추정 연봉은 108만 유로.

슈팅-특점	국적	2022-23시즌 마르세유	포지션
12-2		24-2 1889 / A 2 / P 43.4-37.8 / P% 87%	
0-0	프랑스		
●12-2 LG-0		DR 0.3-0.2 TK 2.0-1.8 IC 1.6 / 3-2 ★2	
●0-0 RG-1			
●0-0 HG-0			

OP	SH	SG	PC	P%	LC	BT	DC	TK	DT%	BL	IC	CL	A%
상위	상위	상위	상위	상위	하위	상위	하위	상위	상위	상위	상위	상위	상위
4%	38%	45%	40%	26%	13%	40%	34%	21%	43%	5%	46%	1%

Jonathan GRADIT

평점 6.84 · 조나단 그라딧 · 1992.11.24 / 180cm

프랑스 리그1에서 잔뼈가 굵은 센터백. 라이트백으로도 종종 나선다. 패싱력이 뛰어나다. 후방 빌드업 중심 역할을 한다. 전방으로 찔러주는 날카로운 롱패스로 어시스트를 종종 기록한다. 태클 및 인터셉션이 능하고 수비 위치 선정도 나쁘지 않다. 센터백 치고 단신인 탓에 공중볼 경합에선 약점이 있다. 몸싸움에서 밀리다보니 무리한 파울이 많은 편. 시장 가치는 450만 유로, 추정 연봉은 84만 유로.

슈팅-특점	국적	2022-23시즌 랑스	포지션
3-1		33-0 2830 / A 3 / P 62.4-56.2 / P% 90%	
2-0	프랑스		
●5-1 LG-0		DR 0.8-0.4 TK 2.5-1.9 IC 1.3 / 7-0 ★0	
●0-0 RG-1			
●0-0 HG-0			

OP	SH	SG	PC	P%	LC	BT	DC	TK	DT%	BL	IC	CL	A%
상위	하위	하위	상위	상위	상위	상위	상위	상위	상위	상위	하위	하위	하위
11%	6%	13%	14%	3%	46%	16%	19%	19%	37%	41%	48%	10%	12%

Robin KNOCHE

평점 6.83 · 로빈 크노헤 · 1992.05.22 / 189cm

독일 분데스리가에서 오랫동안 활약 중인 센터백. 탁월한 피지컬을 바탕으로 대인마크와 제공권 싸움에서 강점을 보인다. 세트피스 상황에서도 위협적인 공격 옵션이다. 공을 다루는 기술과 패싱력도 갖췄다. 후방 빌드업 기여도가 높다. 최대 약점은 스피드와 민첩성. 움직임이 느리다보니 빠른 공격수에게 고전한다. 수비 치고 태클에 능한 편은 아니다. 시장 가치는 500만 유로, 추정 연봉은 150만 유로.

슈팅-특점	국적	2022-23시즌 우니온 베를린	포지션
10-2		32-0 2874 / A 3 / P 51.0-41.5 / P% 81%	
0-0	독일		
●10-2 LG-0		DR 0.4-0.3 TK 2.0-1.4 IC 1.2 / 4-0 ★1	
●0-0 RG-0			
●2-1 HG-1			

OP	SH	SG	PC	P%	LC	BT	DC	TK	DT%	BL	IC	CL	A%
상위	하위	하위	상위	상위	상위	상위	상위	하위	상위	하위	상위	상위	상위
1%	31%	30%	49%	30%	16%	45%	29%	40%	42%	45%	40%	21%

Rúben DIAS

평점 6.83 · 후벵 디아스 · 1997.05.14 / 187cm

피지컬, 운동능력, 판단력, 볼 스킬 등 센터백이 갖춰야 할 모든 것을 갖췄다는 평가를 받는다. 체격이 크면서 스피드도 밀리지 않는다. 상대를 거칠게 다루면서도 무모한 플레이를 하지 않는다. 경합 상황에서 강하고 볼 기술도 좋아 상대 압박에도 흔들리지 않는다. 부상도 잘 당하지 않는다. 유일한 약점은 공격적인 성향 탓에 카드를 자주 수집한다는 점. 시장 가치는 7500만 유로, 추정 연봉은 1077만 유로.

슈팅-특점	국적	2022-23시즌 맨체스터 시티	포지션
10-0		22-4 1999 / A 0 / P 79.2-73.7 / P% 93%	
0-0	포르투갈		
●10-0 LG-0		DR 0.4-0.3 TK 1.1-0.8 IC 0.8 / 3-0 ★0	
●0-0 RG-0			
●0-0 HG-0			

OP	SH	SG	PC	P%	LC	BT	DC	TK	DT%	BL	IC	CL	A%
하위	상위	상위	상위	상위	상위	상위	상위	하위	상위	상위	하위	하위	상위
27%	22%	20%	1%	2%	18%	1%	25%	44%	1%	9%	10%	6%	50%

전체 슈팅 시도-득점	직접프리킥 시도-득점	PK 시도-득점	LG 왼발 득점	RG 오른발 득점	HG 헤더 득점	출전횟수 선발-교체	A 도움	P 평균 패스 시도-성공	P% 패스 성공률	DR 평균드리블 시도-성공	TK 평균 태클 시도-성공	IC 평균 인터셉트	페어플레이 경고-퇴장	★ MOM	OP 공격 포인트	SH 슈팅 시도	SG 유효 슈팅	PC 패스 성공	P% 패스 성공률	LC 롱볼 성공	BT 볼 터치	DC 드리블	TK 태클	DT% 드리블러 태클성공률	BL 블로킹	IC 인터셉트	CL 클리어링	A% 공중전 승률

Mats HUMMELS
평점 6.82
마츠 훔멜스
1988.12.16 / 191cm

오랫동안 독일 대표팀 수비를 책임진 베테랑 센터백. 바이에른 뮌헨과 도르트문트를 두 번이나 오간 이색경력자다 패싱력이 뛰어난데다 양발을 잘 쓴다. 후방 빌드업 핵심. 실질적인 후방 플레이메이커. 공중볼을 잘 따내고 인터셉션과 태클 능력도 강력하다. 볼 키핑도 안정적이고 깔끔하다. 스피드는 약점. 전성기에 비해 커버 범위가 눈에 띄게 줄었다. 시장 가치는 650만 유로, 추정 연봉은 700만 유로.

슈팅-득점	국적	2022-23시즌 도르트문트	포지션

16-1			
1-0		24-6 2022 / 0 / 55.1-48.5 / 88%	
17-1 LG-0	독일		
0-0 RG-0		DR TK IC ★	
0-0 HG-1		0.3-0.2 2.7-2.1 1.2 4-0 0	

OP	SH	SG	PC	P%	LC	BT	DC	TK	DT%	BL	IC	CL	A%
하위	상위	상위	상위	상위	하위	상위	상위	상위	하위	상위	상위	상위	상위
35%	20%	49%	9%	30%	1%	5%	40%	0%	30%	16%	24%	23%	38%

JEAN-CLAIR Todibo
평점 6.82
장-클레르 토디보
1999.12.30 / 190cm

'포스트 바란'으로 불리는 프랑스 차세대 센터백. 큰 체격에 스피드에서 뒤지지 않는다. 피지컬을 앞세워 경합에서 밀리지 않는다. 태클이 깔끔하고 볼키핑 능력도 준수하다. 승부욕과 투쟁심이 강하다. 패스도 뛰어나 후방 빌드업에 기여하는 바가 크다. 큰 키에 비해 공중볼 다툼에서 강한 편은 아니다. 거친 파울로 가끔 다이렉트 레드카드를 받는다. 시장 가치는 3000만 유로, 추정 연봉은 118만 유로.

슈팅-득점	국적	2022-23시즌 니스	포지션

12-0			
2-0		33-1 2873 / 0 / 63.8-56.8 / 89%	
14-0 LG-0	프랑스		
0-0 RG-0		DR TK IC ★	
0-0 HG-0		0.9-0.6 2.8-2.1 1.1 2-2 1	

OP	SH	SG	PC	P%	LC	BT	DC	TK	DT%	BL	IC	CL	A%
하위	상위	상위	상위	상위	상위	상위	상위	상위	상위	상위	상위	하위	하위
12%	45%	46%	13%	20%	47%	11%	7%	0%	9%	45%	45%	40%	31%

Alidu SEIDU
평점 6.80
알리두 세이두
2000.06.04 / 173cm

2022년부터 가나 대표팀에서 활약 중인 센터백. 카타르월드컵 한국전에선 벤치를 지켰다. 키는 작지만 운동능력과 패싱력이 뛰어나다. 드리블 등 공을 다루는 기술이 좋다. 상대 압박에도 쉽게 공을 뺏기지 않는다. 태클 등으로 공을 따내는데도 능하다. 취약한 피지컬 탓에 몸싸움에서 밀린다. 이를 만회하려 거친 플레이를 하다보니 카드도 많이 받는다. 시장 가치는 500만 유로, 추정 연봉은 30만 유로.

슈팅-득점	국적	2022-23시즌 클레르몽 풋	포지션

0-0			
6-0		28-0 2463 / 0 / 43.4-37.8 / 87%	
6-0 LG-0	코트디부아르		
0-0 RG-0		DR TK IC ★	
0-0 HG-0		2.3-1.2 2.5-1.8 2.0 10-1 0	

OP	SH	SG	PC	P%	LC	BT	DC	TK	DT%	BL	IC	CL	A%
하위	하위	하위	하위	하위	상위	하위	상위	상위	하위	상위	하위	상위	상위
12%	12%	31%	42%	42%	30%	41%	1%	23%	44%	28%	10%	1%	2%

Ozan KABAK
평점 6.80
오잔 카바크
2000.03.25 / 187cm

피지컬이 단단하고 운동능력까지 겸비한 센터백. 2019년부터 터키 대표팀서 활약 중이다. 공중볼 경합 능력이 최정상급이다. 스태미너가 좋아 센터백임에도 많이 뛰고 활동 범위가 넓다. 상대를 터프하게 몰아붙이는 파이터형 수비수. 경기 기복이 심한 점은 약점, 종종 치명적인 실수를 범한다. 플레이 스타일이 거칠다보니 파울과 카드 수집도 잦다. 시장 가치는 1000만 유로, 추정 연봉은 315만 유로.

슈팅-득점	국적	2022-23시즌 호펜하임	포지션

19-1			
5-1		28-2 2395 / 2 / 42.4-35.2 / 83%	
24-2 LG-0	터키		
0-0 RG-1		DR TK IC ★	
0-0 HG-1		1.1-0.6 2.0-1.6 1.6 8-2 1	

OP	SH	SG	PC	P%	LC	BT	DC	TK	DT%	BL	IC	CL	A%
상위	상위	상위	하위	하위	하위	하위	상위	상위	하위	상위	상위	하위	상위
7%	5%	17%	34%	37%	41%	39%	7%	33%	37%	17%	25%	50%	50%

Pau TORRES
평점 6.80
파우 토레스
1997.01.16 / 191cm

뛰어난 피지컬에 패싱력과 볼 컨트롤까지 겸비한 센터백. 심지어 잘 생기기까지 했다. 왼발 패싱력은 최상급. 소속팀 후방 빌드업의 중심이다. 위치 선정도 잘한다. 예측을 잘 해 길을 미리 읽어 상대 패스를 가로챈다. 빈 공간을 커버하는데도 능하다. 키에 비해 제공권은 다소 아쉽다. 몸싸움도 강한 편은 아니다. 민첩성이 떨어져 빠른 상대에 고전한다. 시장 가치는 4500만 유로, 추정 연봉은 380만 유로.

슈팅-득점	국적	2022-23시즌 비야레알	포지션

11-1			
1-0		34-0 3055 / 0 / 63.8-54.2 / 85%	
12-1 LG-1	스페인		
0-0 RG-0		DR TK IC ★	
0-0 HG-0		1.0-0.8 1.7-1.3 0.4 10-1 0	

OP	SH	SG	PC	P%	LC	BT	DC	TK	DT%	BL	IC	CL	A%
하위	하위	상위	상위	상위	상위	상위	하위	상위	상위	하위	하위	상위	하위
27%	29%	38%	23%	49%	9%	21%	3%	34%	42%	32%	1%	30%	23%

Armel BELLA-KOTCHAP
평점 6.78
아르멜 벨라-코차프
2001.12.11 / 190cm

2022년부터 독일 대표로 활약 중인 센터백. 카메룬 출신 부모 사이에서 태어났지만 고향은 프랑스 파리다. 발군의 피지컬과 운동능력을 보유했다. 큰 키에 발도 빠르다. 긴 다리를 이용해 공을 따내는 능력이 탁월하다. 태클 실력도 일품이다. 나이는 어리지만 침착하고 안정된 수비를 펼친다. 볼컨트롤 능력이 좋은 편은 아니다. 패스미스도 잦은 편. 시장 가치는 2000만 유로, 추정 연봉은 90만 유로.

슈팅-득점	국적	2022-23시즌 사우샘턴	포지션

10-0			
4-0		24-0 1885 / 2 / 39.0-31.2 / 80%	
14-0 LG-0	독일		
0-0 RG-0		DR TK IC ★	
0-0 HG-0		0.6-0.3 1.9-1.5 1.7 4-0 0	

OP	SH	SG	PC	P%	LC	BT	DC	TK	DT%	BL	IC	CL	A%
상위	상위	하위	하위	하위	하위	하위	상위	상위	상위	상위	상위	상위	하위
23%	24%	41%	23%	20%	10%	31%	0%	30%	6%	26%	4%	7%	41%

전체 슈팅 시도-득점	직접프리킥 시도-득점	PK 시도-득점	완발 특징	오른발 특징	헤더 특징	출전횟수 선발-교체	출전시간 분(MIN)	도움	평균 패스 시도-성공	패스 성공률(%)	평균 드리블 시도-성공	평균 태클 시도-성공	평균 인터셉트	경고-퇴장	페어플레이	MOM	공격 포인트	슈팅 시도	유효 슈팅	패스 성공	패스 성공률	롱볼 성공	볼터치	드리블 성공	태클	드리블러 태클성공률	블로킹	인터셉트	클리어링	공중전 승률

Danilo PEREIRA

평점 6.78 **Danilo PEREIRA**
다닐루 페레이라
1991.09.09 / 190cm

CB, DM, CM 등 센터라인 전문가다. 지난 시즌 리그1에서는 센터백으로 34회, 중앙 미드필더로 3회, 수비형 미드필더로 1회씩 출전했다(선발 출전 기준). 190cm의 큰 체격에 운동능력이 뛰어나다. 지난 시즌 유럽 5대 리그 센터백 중 패스 성공률 상위 1%, 드리블러 상대 태클 성공률 상위 4%에 올랐다. 또한, 인터셉트도 평균 이상의 성적을 냈다. 시장가치는 1000만 유로, 추정 연봉은 320만 유로.

슈팅-득점	국적	2022-23시즌 PSG	포지션
17-2 / 5-0	포르투갈	27-6 2411 0 61.7-58.6 95%	

● 22-2 LG-0
● 0-0 RG-0
● 0-0 HG-2

DR 0.5-0.3 TK 1.2-1.0 IC 1.2 ★ 3-0

OP	SH	SG	PC	P%	LC	BT	DC	TK	DT%	BL	IC	CL	A%
상위	상위	상위	상위	상위	상위	상위	하위	상위	하위	상위	하위	하위
43%	17%	24%	4%	1%	42%	7%	15%	38%	4%	16%	41%	5%	42%

Gianluca MANCINI

평점 6.77 **Gianluca MANCINI**
잔루카 만치니
1996.04.17 / 190cm

2017년부터 이탈리아 대표로 활동 중. 큰 키를 활용한 헤더 능력이 탁월하다. 제공권 장악은 물론 세트피스 상황에서 종종 골을 터뜨린다. 피지컬을 활용해 상대를 강하게 압박하고 공을 뺏는다. 위치 선정도 정확하다. 킥력이 상당하다. 최전방으로 한 번에 넘기는 패스가 날카롭다. 다혈질이다. 리그에서 알아주는 카드 수집가다. 스피드와 민첩성이 떨어진다. 시장 가치는 1800만 유로, 추정 연봉은 648만 유로.

슈팅-득점	국적	2022-23시즌 AS 로마	포지션
19-0 / 3-1	이탈리아	33-2 2867 2 45.4-37.2 82%	

● 22-1 LG-0
● 0-0 RG-1
● 0-0 HG-0

DR 0.6-0.4 TK 1.5-1.1 IC 1.2 ★ 4-0

OP	SH	SG	PC	P%	LC	BT	DC	TK	DT%	BL	IC	CL	A%
상위	상위	하위	상위	상위	상위	상위	하위	하위	상위	하위	상위	하위	상위
30%	27%	45%	31%	22%	45%	26%	40%	24%	39%	41%	20%	4%	27%

Lisandro MARTÍNEZ

평점 6.77 **Lisandro MARTÍNEZ**
리산드로 마르티네스
1998.01.18 / 175cm

2019년부터 아르헨티나 대표로 활동 중. 센터백 치고 단신이지만 탁월한 패스력과 빌드업 능력으로 인정받는다. 드리블로 탈압박한 뒤 전방으로 연결하는 완발 패스가 일품이다. 스피드와 기술이 좋아 영리하게 공을 따내고 지킨다. 때로 몸을 아끼지 않는 파이터 같은 모습도 보여준다. 피지컬 탓에 공중볼 다툼에선 약점이 있다. 카드도 제법 받는 편. 시장 가치는 5000만 유로, 추정 연봉은 713만 유로.

슈팅-득점	국적	22-23시즌 맨체스터 유나이티드	포지션
8-1 / 2-0	아르헨티나	24-3 2117 0 56.6-49.2 87%	

● 10-1 LG-0
● 0-0 RG-0
● 0-0 HG-1

DR 0.7-0.5 TK 2.6-2.1 IC 1.1 ★ 6-0

OP	SH	SG	PC	P%	LC	BT	DC	TK	DT%	BL	IC	CL	A%
하위	하위	하위	상위	상위	하위	상위	상위	상위	상위	상위	상위	상위	하위
29%	39%	12%	16%	9%	48%	13%	11%	5%	5%	35%	35%	35%	14%

Francesco ACERBI

평점 6.76 **Francesco ACERBI**
프란세스코 아체르비
1988.02.10 / 192cm

2014년부터 이탈리아 대표로 활약한 베테랑. 센터백으로서 월등한 피지컬을 자랑한다. 제공권 싸움에서 확실한 우위를 자랑한다. 영리한 위치선정과 기술적인 수비로 상대 공을 쉽게 따낸다. 패싱력도 탁월해 후방 빌드업의 핵심 역할을 한다. 전방으로 길게 찔러주는 킥이 위협적이다. 스피드와 민첩성은 떨어진다. 나이를 들면서 부상도 잦은 편. 시장 가치는 400만 유로, 추정 연봉은 278만 유로.

슈팅-득점	국적	2022-23시즌 인테르 밀란	포지션
13-0 / 5-0	이탈리아	25-6 2418 2 51.2-46.1 90%	

● 18-0 LG-0
● 0-0 RG-0
● 0-0 HG-0

DR 0.4-0.2 TK 1.4-1.4 IC 1.4 ★ 4-0

OP	SH	SG	PC	P%	LC	BT	DC	TK	DT%	BL	IC	CL	A%
하위	상위	하위	상위	상위	상위	상위	상위	하위	상위	하위	상위	상위	상위
48%	20%	45%	28%	21%	42%	31%	44%	25%	18%	15%	34%	43%	43%

Tim REAM

평점 6.75 **Tim REAM**
팀 림
1987.10.05 / 186cm

미국을 대표하는 센터백. 2010년부터 미국 대표팀 수비를 책임지고 있다. 카타르월드컵에서도 주전으로 활약했다. 왼발을 잘 쓰는 커맨더형 센터백. 패싱 능력이 뛰어나고 후방 빌드업을 이끈다. 수비 조직력을 이끄는 리더십이 탁월하다. 영리한 위치선정과 테크닉으로 공을 따낸다. 몸싸움은 약한 편이다. 상대 강한 압박에 고전한다. 스피드도 평범하다. 시장 가치는 100만 유로, 추 연봉은 180만 유로.

슈팅-득점	국적	2022-23시즌 풀럼	포지션
3-1 / 0-0	미국	33-0 2899 0 57.7-50.2 87%	

● 3-1 LG-1
● 0-0 RG-0
● 0-0 HG-0

DR 0.6-0.4 TK 1.4-0.9 IC 1.2 ★ 2-0

OP	SH	SG	PC	P%	LC	BT	DC	TK	DT%	BL	IC	CL	A%
하위	하위	하위	상위	상위	하위	상위	하위	상위	상위	상위	하위	상위	상위
29%	2%	26%	29%	36%	6%	3%	29%	9%	9%	25%	47%	47%	49%

Florian LEJEUNE

평점 6.73 **Florian LEJEUNE**
플로리앙 르죈
1991.05.20 / 190cm

프랑스 출신 센터백. 여러 큰 부상을 딛고 여전히 건재한 모습이다. 뛰어난 위치 선정을 바탕으로 상대 공을 빼앗거나 클리어링한다. 공중볼 경합과 세트피스 공격에서 특히 강점이 있다. 스피드는 떨어진다. 특히 발목, 무릎인대 부상 이후 운동능력이 눈에 띄게 감퇴된다. 패스 정확도가 떨어지는 편이다. 무리한 파울로 다이렉트 퇴장을 자주 받는다. 시장 가치는 1800만 유로, 추정 연봉은 96만 유로.

슈팅-득점	국적	2022-23시즌 라요 바예카노	포지션
11-2 / 30-2	프랑스	31-0 2570 1 44.9-35.6 79%	

● 41-4 LG-1
● 18-2 RG-2
● 0-0 HG-0

DR 0.2-0.1 TK 1.2-0.9 IC 0.6 ★ 4-0 1

OP	SH	SG	PC	P%	LC	BT	DC	TK	DT%	BL	IC	CL	A%
상위	상위	상위	상위	하위	상위	상위	상위	하위	상위	하위	상위	상위	하위
9%	1%	1%	31%	13%	8%	34%	12%	12%	38%	12%	23%	15%	29%

Dani VIVIAN
평점 6.73
다니 비비안
1999.07.05 / 184cm

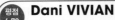

스페인의 바스크 지역 출신 젊은 센터백. 스피드가 일품이다. 빠른 발을 바탕으로 넓은 지역을 커버하고 공을 처리한다. 직접 프리킥으로 득점을 올릴 만큼 킥 능력이 수준급이다. 전방으로 찔러주는 전진패스도 날카롭다. 패스 정확도는 떨어진다. 피지컬이 나쁘지 않은데 공중볼이나 일대일 경합에서 종종 밀린다. 카드 수집은 물론 퇴장도 자주 당한다. 시장 가치는 1400만 유로, 추정 연봉은 118만 유로.

슈팅-득점	국적	2022-23시즌 아슬레틱 빌바오				포지션
11-1		⏱	A	P	P%	
2-0	🇪🇸	26-3 2374	0	49.4-40.1	82%	
● 13-1 LG-0	스페인	DR	TK	IC	■ ★	
○ 0-0 RG-0		0.5-0.2	2.4-2.0	0.9	8-1	
○ 0-0 HG-0						

OP	SH	SG	PC	P%	LC	BT	DC	TK	DT%	BL	IC	CL	A%
하위	상위	하위	하위	하위	상위	상위	하위	상위	상위	하위	하위	하위	하위
35%	49%	32%	48%	24%	12%	43%	41%	14%	2%	27%	19%	38%	1%

Stefan BELL
평점 6.73
슈테판 벨
1991.08.24 / 192cm

이재성의 마인츠 팀동료. 팀 수비의 핵심이다. 압도적인 피지컬을 앞세운 강력한 헤더 능력이 일품. 공중볼 다툼과 세트피스 상황에서 위력을 발휘한다. 경기를 읽는 판단력과 센스가 뛰어나다. 태클 능력이 좋아 공을 깔끔하게 따낸다. 베테랑으로서 리더십 면에서 높은 평가를 받는다. 패싱력은 떨어진다. 빌드업 기여도가 낮다. 스피드도 좋은 편이 아니다. 시장 가치는 250만 유로, 추정 연봉은 180만 유로.

슈팅-득점	국적	2022-23시즌 마인츠 05				포지션
7-0		⏱	A	P	P%	
0-0	🇩🇪	26-4 2395	0	40.6-31.3	77%	
● 7-0 LG-0	독일	DR	TK	IC	■ ★	
○ 0 RG-0		0.2-0.2	2.3-1.5	1.4		
○ 0 HG-0						

OP	SH	SG	PC	P%	LC	BT	DC	TK	DT%	BL	IC	CL	A%
하위	하위	하위	하위	하위	하위	상위	상위	상위	하위	상위	상위	상위	상위
34%	16%	32%	21%	5%	47%	32%	41%	41%	13%	14%	19%	11%	47%

ITAKURA Ko
평점 6.72
이타쿠라 코
1997.01.27 / 188cm

일본을 대표하는 센터백. 카타르월드컵에서 맹활약했다. 2019년 유럽에 진출했다. 볼컨트롤 능력이 뛰어나다. 패싱력이 좋아 후방 빌드업 중심 역할을 한다. 상황에 따라 수비형 미드필더로 올라간다. 몸싸움을 즐기진 않지만 깔끔하고 기술적인 수비를 펼친다. 경합 상황에선 약점을 드러낸다. 공중볼 싸움에서 자주 밀린다. 상대 압박에 종종 흔들린다. 시장 가치는 1200만 유로, 추정 연봉은 189만 유로.

슈팅-득점	국적	2022-23시즌 묀헨글라트바흐				포지션
8-0		⏱	A	P	P%	
3-0	⚪	22-2 1982	2	64.8-59.0	91%	
● 11-0 LG-0	일본	DR	TK	IC	■ ★	
○ 0-0 RG-0		0.6-0.4	1.7-1.1	1.2	1-2	0
○ 0-0 HG-0						

OP	SH	SG	PC	P%	LC	BT	DC	TK	DT%	BL	IC	CL	A%
상위	상위	상위	상위	상위	하위	상위	상위	하위	하위	상위	하위	상위	하위
27%	48%	26%	8%	1%	16%	9%	21%	37%	23%	5%	49%	29%	43%

Mohammed SALISU
평점 6.72
모하메드 살리수
1999.04.17 / 188cm

카타르월드컵을 통해 가나 대표팀 데뷔전을 치렀다. 한국전에서 선제골을 터뜨린 주인공. 뛰어난 피지컬과 더불어 스피드, 운동능력을 겸비했다. 앞으로 튀어나와 적극적인 일대일 마크를 펼치는 것을 선호한다. 제공권 장악과 태클도 수준급이다. 패싱력도 점점 좋아지고 있다. 거친 플레이 스타일 때문에 카드를 많이 받는다. 경기력 기복이 심한 편이다. 시장 가치는 1800만 유로, 추정 연봉은 150만 유로.

슈팅-득점	국적	2022-23시즌 사우샘턴				포지션
17-0		⏱	A	P	P%	
2-0	⭐	21-1 1973	1	49.2-37.9	77%	
● 19-0 LG-0	가나	DR	TK	IC	■ ★	
○ 0-0 RG-0		0.5-0.3	2.8-2.3	1.3	5-0	
○ 0-0 HG-0						

OP	SH	SG	PC	P%	LC	BT	DC	TK	DT%	BL	IC	CL	A%
하위	상위	상위	하위	하위	상위	상위	하위	상위	상위	하위	상위	하위	하위
39%	6%	25%	35%	4%	28%	31%	27%	9%	18%	1%	31%	4%	16%

Philipp LIENHART
평점 6.72
필립 리엔하르트
1996.07.11 / 189cm

2017년부터 오스트리아 대표로 활약 중이다. 탁월한 피지컬을 바탕으로 후방을 든든히 지킨다. 헤더 능력이 좋다. 제공권은 물론 세트피스에서 한 방을 기대할 수 있다. 일대일 마크는 물론 공간 커버가 능숙하다. 전방으로 찔러주는 롱패스도 위협적이다. 스피드는 떨어진다. 빠른 공격수에게 뒷공간을 내주는 일이 잦다. 수비 치고 태클도 잘 못하는 편. 시장 가치는 2000만 유로, 추정 연봉은 68만 유로.

슈팅-득점	국적	2022-23시즌 프라이부르크				포지션
11-1		⏱	A	P	P%	
6-0		27-2 2498	0	55.2-46.9	85%	
● 17-1 LG-0	오스트리아	DR	TK	IC	■ ★	
○ 0-0 RG-0		0.3-0.1	1.5-1.0	1.3	3-0	1
○ 0-0 HG-0						

OP	SH	SG	PC	P%	LC	BT	DC	TK	DT%	BL	IC	CL	A%
하위	상위	상위	상위	상위	상위	상위	하위	하위	하위	하위	하위	상위	상위
28%	29%	48%	30%	43%	10%	31%	32%	31%	40%	34%	46%	35%	44%

Federico BASCHIROTTO
평점 6.71
페데리코 바스키로토
1996.09.20 / 187cm

센터백과 풀백 등 여러 수비 포지션을 소화하는 멀티플레이어. 최대 강점은 큰 키와 높은 점프력을 앞세운 공중볼 장악. 세트피스에서 헤더 능력이 빛을 발한다. 몸을 아끼지 않고 슈팅을 몸으로 막는데도 능하다. 풀백으로 나설 때는 날카로운 크로스 능력을 뽐낸다. 다만 패스 정확도가 떨어진다. 공을 다루는 기술이 떨어져 상대에게 자주 공을 뺏긴다. 시장 가치는 800만 유로, 추정 연봉은 56만 유로.

슈팅-득점	국적	2022-23시즌 레체				포지션
19-3		⏱	A	P	P%	
2-0	🇮🇹	37-0 3330	0	37.3-27.6	74%	
● 21-3 LG-0	이탈리아	DR	TK	IC	■ ★	
○ 0-0 RG-0		0.1-0.1	1.6-1.2	1.1	6-0	1
○ 0-0 HG-0						

OP	SH	SG	PC	P%	LC	BT	DC	TK	DT%	BL	IC	CL	A%
상위	상위	상위	상위	하위	하위	하위	하위	하위	상위	상위	하위	상위	하위
34%	36%	31%	42%	3%	44%	4%	20%	17%	45%	48%	26%	7%	40%

| 전체 슈팅 시도-득점 | 직접프리킥 시도-득점 | LG RG HG PK 시도-득점 | 왼발 득점 | 오른발 득점 | 헤더 득점 | 출전횟수 선발-교체 | 출전시간 분(MIN) | A 도움 | P 평균 패스 시도-성공 | P% 패스 성공률 | DR 평균 드리블 시도-성공 | TK 평균 태클 시도-성공 | IC 평균 인터셉트 | 페어플레이 경고-퇴장 | ★ MOM | OP 공격 포인트 | SH 슈팅 시도 | SG 유효 슈팅 | PC 패스 성공 | P% 패스 성공률 | LC 롱볼 성공 | BT 볼 터치 | DC 드리블 성공 | TK 태클 성공 | DT% 드리블 태클성공률 | BL 블로킹 | IC 인터셉트 | CL 클리어링 | A% 공중전 승률 |

Jean-Charles CASTELLETTO
평점 6.71
장-샤를 카스텔레토 1995.01.26 / 186cm

이탈리아인 아버지와 카메룬인 어머니 사이에서 태어났다. 출생지는 프랑스. 프랑스, 카메룬, 이탈리아 등 3개 국적자다. 국가대표는 카메룬을 택했다. 안정적인 수비와 후방 빌드업을 책임진다. 공에 대한 집중력이 높고 상대 슈팅을 막는데 능하다. 패싱력이 나쁘진 않지만 종종 실수를 저지른다. 공중볼 다툼이 경합에서 강한 편은 아니다. 시장 가치는 400만 유로, 추정 연봉은 54만 유로.

슈팅-득점	국적	2022-23시즌 낭트	포지션
8-0 / 1-0		🟨30-2 2569 A 0 P 41.2-34.2 P% 83%	
●9-0 LG-0 ●0-0 RG-0 ●0-0 HG-0	카메룬	DR 0.6-0.3 TK 1.9-1.4 IC 1.7 ★ 3 ●	

OP	SH	SG	PC	P%	LC	BT	DC	TK	DT%	BL	IC	CL	A%
하위 25%	하위 28%	상위 50%	하위 32%	하위 40%	하위 22%	하위 28%	상위 27%	상위 46%	상위 34%	하위 38%	상위 10%	하위 40%	상위 23%

Alessandro BASTONI
평점 6.71
알레산드로 바스토니 1999.04.13 / 190cm

2020년부터 이탈리아 대표로 활약 중이다. 왼발을 잘쓰는 센터백으로 더 큰 가치를 인정받는다. 후방 빌드업에 크게 기여하고 직접 올라가 날카로운 슈팅도 때린다. 센터백임에도 크로스가 위협적이다. 단점으로 지적됐던 수비 기술도 차츰 발전하고 있다. 느린 스피드는 약점. 큰 키에 비해 체중이 덜 나간다. 몸싸움에서 밀리는 모습이 종종 나온다. 시장 가치는 5500만 유로, 추정 연봉은 54만 유로.

슈팅-득점	국적	2022-23시즌 인테르 밀란	포지션
10-0 / 2-0		🟨26-3 2168 A 2 P 53.4-45.4 P% 85%	
●12-0 LG-0 ●0-0 RG-0 ●0-0 HG-0	이탈리아	DR 0.5-0.3 TK 2.0-1.4 IC 0.9 ★ 3 ●	

OP	SH	SG	PC	P%	LC	BT	DC	TK	DT%	BL	IC	CL	A%
상위 8%	하위 46%	상위 50%	상위 25%	하위 38%	상위 6%	상위 21%	상위 32%	상위 32%	하위 11%	상위 46%	상위 23%	하위 4%	상위 34%

Kalidou KOULIBALY
평점 6.71
칼리두 쿨리발리 1991.06.20 / 186cm

세네갈 대표팀 주장. 2015년부터 국가대표로 활약 중이다. 태어난 곳은 프랑스. 피지컬과 운동능력, 수비 기술 등 센터백으로서 능력을 고루 갖췄다. 제공권, 태클이 뛰어난 파이터형 수비수. 상대 압박에 쉽게 벗어나는 볼 테크닉을 가지고 있다. 세트피스 득점도 종종 기록한다. 경기력 기복이 있는 편. 순간적 상황 판단력이 떨어져 결정적 실수를 범한다. 시장 가치는 2500만 유로, 추정 연봉은 1766만 유로.

슈팅-득점	국적	2022-23시즌 첼시	포지션
10-2 / 1-0		🟨20-3 1801 A 1 P 63.0-54.8 P% 87%	
●11-2 LG-1 ●0-0 RG-1 ●0-0 HG-0	세네갈	DR 0.3-0.2 TK 2.6-2.0 IC 1.4 ★ 5-1 ● 0	

OP	SH	SG	PC	P%	LC	BT	DC	TK	DT%	BL	IC	CL	A%
상위 15%	상위 41%	상위 35%	상위 14%	상위 31%	하위 41%	상위 10%	상위 48%	상위 14%	상위 39%	하위 6%	상위 33%	상위 49%	하위 12%

Germán PEZZELLA
평점 6.71
헤르만 페첼라 1991.06.27 / 187cm

2017년부터 아르헨티나 대표팀에서 활약 중. 남미 최정상 센터백으로 인정받는다. 공에 대한 집중력이 좋고 위치선정 능력이 탁월하다. 대인방어 능력도 뛰어나고 큰 신장을 활용한 공중볼 장악도 돋보인다. 세트피스 상황에서 헤더골도 간간히 터뜨린다. 최후방 수비 조직을 이끄는 리더십이 강하다. 민첩성은 떨어지는 편. 간혹 결정적인 실수를 한다. 시장 가치는 500만 유로, 추정 연봉은 417만 유로.

슈팅-득점	국적	2022-23시즌 레알 베티스	포지션
10-0 / 0-0		🟨29-2 2515 A 0 P 42.3-36.5 P% 86%	
●10-0 LG-0 ●0-0 RG-0 ●0-0 HG-0	아르헨티나	DR 0.2-0.1 TK 1.7-1.3 IC 1.7 ★ 4-3 ● 2	

OP	SH	SG	PC	P%	LC	BT	DC	TK	DT%	BL	IC	CL	A%
하위 12%	상위 46%	하위 5%	하위 33%	상위 42%	하위 21%	하위 26%	상위 45%	하위 42%	상위 27%	상위 39%	상위 16%	상위 27%	상위 14%

Alejandro CATENA
평점 6.71
알레한드로 카테나 1994.10.28 / 194cm

크고 단단한 피지컬을 자랑하는 파이터형 센터백. 최대 강점은 체격조건을 활용한 일대일 대인마크다. 큰 체격에 비해 운동능력도 수준급이다. 오른쪽 풀백으로 볼 정도로 스피드가 좋은 편이다. 장신을 활용한 제공권 장악은 단연 돋보인다. 경기력 기복이 있는 편. 패스 성공률이 떨어져 빌드업에 약점이 있다. 수비 스타일이 거칠다보니 카드를 많이 받는다. 시장 가치는 800만 유로, 추정 연봉은 36만 유로.

슈팅-득점	국적	2022-23시즌 라요 바예카노	포지션
13-1 / 1-0		🟨35-0 3105 P 51.6-42.8 P% 83%	
●14-1 LG-0 ●0-0 RG-0 ●0-0 HG-1	스페인	DR 0.1-0.1 TK 1.2-0.8 IC 0.8 ★ 12-1 ● 0	

OP	SH	SG	PC	P%	LC	BT	DC	TK	DT%	BL	IC	CL	A%
상위 48%	하위 40%	상위 39%	상위 45%	하위 36%	상위 1%	상위 14%	하위 45%	하위 14%	하위 10%	하위 18%	하위 14%	상위 21%	하위 14%

전체 슈팅 시도-득점 ● | 직접프리킥 시도-득점 ● | PK 시도-득점 | RG 원발 득점 | HG 헤더 득점 | 출전횟수 선발-교체 | 출전시간 분(MIN) | A 도움 | P 평균 패스 시도-성공 | P% 패스 성공률 | DR 평균드리블 시도-성공 | TK 평균 태클 시도-성공 | IC 평균 인터셉트 | 페어플레이 경고-퇴장 | ★ MOM | OP 공격 포인트 | SH 슈팅 시도 | SG 유효 슈팅 | PC 패스 성공 | P% 롱볼 성공 | LC 볼 터치 | BT 드리블 성공 | DC 태클 | TK 드리블러 블로킹 태클성공 | DT% 블로킹 | BL | IC 인터셉트 | CL 클리어링 | A% 공중전 승률

Cristian ROMERO
평점 6.71
크리스티안 로메로 1998.04.27 / 185cm

아르헨티나를 대표하는 간판 센터백. 2021년부터 대표팀에서 활약 중이다. 센터백으로서 큰 키는 아니지만 빠른 스피드와 뛰어난 위치선정으로 상대 공격을 저지한다. 일대일 경합에서도 좀처럼 밀리지 않는다. 공중볼 경합에도 능하고 후방 빌드업도 갖췄다. 뒷공간 커버도 잘한다. 다혈질 성격 때문에 가끔 경기를 그르친다. 부상이 잦은 것도 아쉬움. 시장 가치는 6000만 유로, 추정 연봉은 988만 유로.

슈팅-득점	국적	2022-23시즌 토트넘 핫스퍼	포지션
9-0 / 2-0		26-1 2365 / A 1 / P 58.2-51.2 / P% 88%	
● 11-0 LG-0	아르헨티나	DR 0.8-0.5 / TK 3.2-2.6 / IC 1.5 / 9-1 / ★ 1	
● 0-0 RG-0			
● 0-0 HG-0			

OP	SH	SG	PC	P%	LC	BT	DC	TK	DT%	BL	IC	CL	A%
하위 20%	하위 39%	하위 39%	상위 23%	상위 23%	하위 38%	상위 23%	상위 17%	하위 5%	하위 43%	상위 23%	하위 20%	상위 41%	상위 5%

Antonio RAÍLLO
평점 6.71
안토니오 라일로 1991.10.08 / 187cm

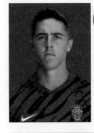

뛰어난 신체조건을 갖춘 센터백. 축구 센스가 뛰어나고 위치선정 능력도 돋보인다. 제공권 장악에도 강점이 있다. 패스 능력이 좋아 후방 빌드업에 기여하는 바가 크다. 역습시 전방으로 날카로운 패스도 찔러준다. 수비 리더로서 동료들과 잘 소통한다. 운동능력은 떨어지는 편. 스피드와 파워에서 상대 공격수에 밀린다. 가끔씩 결정적인 실수를 범한다. 시장 가치는 350만 유로, 추정 연봉은 88만 유로.

슈팅-득점	국적	2022-23시즌 마요르카	포지션
21-2 / 1-0		31-1 2767 / A 3 / P 35.2-29.1 / P% 83%	
● 22-2 LG-1	스페인	DR 0.1-0.1 / TK 1.3-1.1 / IC 1.0 / 11-1 / ★ 0	
● 0-0 RG-0			
● 0-0 HG-1			

OP	SH	SG	PC	P%	LC	BT	DC	TK	DT%	BL	IC	CL	A%
하위 6%	상위 43%	상위 31%	하위 6%	상위 38%	하위 4%	상위 16%	상위 21%	하위 1%	상위 48%	상위 29%	하위 8%	상위 31%	

Eray CÖMERT
평점 6.70
에라이 죄메르트 1998.02.04 / 183cm

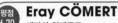

2019년부터 스위스 대표로 활약 중인 센터백. 체격은 크지 않지만 스피드가 좋고 태클 등 수비 기술이 뛰어나다. 위치선정 능력과 점프력이 좋아 공중볼에도 밀리지 않는다. 최대 강점은 빌드업. 양발을 모두 잘 쓰고 패스 능력이 수준급이다. 강한 승부욕과 저돌성 때문에 카드를 많이 받는다. 종종 경기 집중력이 떨어져 엉뚱한 실수를 범하곤 한다. 시장 가치는 400만 유로, 추정 연봉은 110만 유로.

슈팅-득점	국적	22-23시즌 발렌시아	포지션
7-0 / 3-1		19-4 1675 / A 0 / P 40.6-35.5 / P% 87%	
● 10-1 LG-1	스위스	DR 0.1-0.1 / TK 2.2-1.6 / IC 1.4 / 5-1 / ★ 0	
● 0-0 RG-1			
● 0-0 HG-0			

OP	SH	SG	PC	P%	LC	BT	DC	TK	DT%	BL	IC	CL	A%
하위 48%	상위 40%	상위 6%	하위 46%	상위 39%	상위 24%	상위 43%	상위 28%	상위 24%	하위 17%	상위 47%	상위 53%	상위 36%	하위 40%

Jeffrey GOUWELEEUW
평점 6.70
예프리 하우엘레이우 1991.07.10 / 187cm

탄탄한 체격조건을 자랑하는 센터백. 이름의 철자와 발음이 어려운 대표적인 선수. 상황 판단력과 위치선정 능력이 뛰어나다. 공중볼 등 경합에서도 밀리지 않는다. 태클 능력도 좋아 깔끔하게 공을 뺏는다. 안정된 패스 능력을 갖췄고 빌드업 기여도가 높다. 베테랑으로서 리더십도 인정받는다. 최대 약점은 스피드와 민첩성. 빠른 공격수를 상대로 고전한다. 시장 가치는 350만 유로, 추정 연봉은 150만 유로.

슈팅-득점	국적	2022-23시즌 아우크스부르크	포지션
11-0 / 4-0		32-0 2797 / A 1 / P 45.6-32.4 / P% 71%	
● 15-0 LG-0	네덜란드	DR 0.7-0.5 / TK 2.1-1.2 / IC 1.7 / 12-0 / ★ 0	
● 0-0 RG-0			
● 0-0 HG-0			

OP	SH	SG	PC	P%	LC	BT	DC	TK	DT%	BL	IC	CL	A%
하위 30%	상위 50%	상위 44%	하위 14%	하위 1%	상위 32%	상위 35%	하위 12%	상위 12%	상위 36%	상위 21%	상위 23%	상위 25%	

Sergio RAMOS
평점 6.70
세르히오 라모스 1986.03.30 / 184cm

2010년대 세계 최고의 센터백이다. 대표팀과 클럽 모두 최고의 커리어를 자랑한다. 전성기 시절에는 완벽한 수비수로 인정받았다. 상대 공격수를 막는 것은 물론 수비진을 이끄는 리더십도 탁월하다. 정신력과 승부욕도 톱클래스다. 운동능력은 전성기에 떨어진 편. 풍부한 경험과 관록으로 여전히 클래스를 증명하고 있다. 유일한 단점은 다혈질이라는 점. 시장 가치는 600만 유로, 추정 연봉은 1090만 유로.

슈팅-득점	국적	2022-23시즌 PSG	포지션
15-2 / 4-0		31-2 2709 / A 2 / P 75.3-71.5 / P% 95%	
● 19-2 LG-0	스페인	DR 0.4-0.2 / TK 1.7-1.0 / IC 1.1 / 3-1 / ★ 0	
● 1-0 RG-0			
● 0-0 HG-2			

OP	SH	SG	PC	P%	LC	BT	DC	TK	DT%	BL	IC	CL	A%
상위 35%	상위 27%	상위 16%	상위 2%	상위 1%	상위 3%	상위 3%	상위 46%	하위 22%	하위 26%	상위 30%	하위 45%	상위 23%	상위 45%

Sinaly DIOMANDÉ
평점 6.70
시날리 디오망데 2001.04.09 / 184cm

코트디부아르의 젊은 센터백. 2020년부터 국가대표로 활약 중이다. 센터백으로서 키가 큰 편은 아니지만 운동능력이 상당하다. 점프력이 탁월해 공중볼 경합에서 밀리지 않는다. 스피드와 민첩성이 돋보인다. 후방 클리어링과 뒷공간 커버에 능하고 압박도 잘한다. 아직 나이가 어리다보니 실수가 잦다. 패스 정확도나 판단력도 떨어진다. 잔부상도 많은 편. 시장 가치는 700만 유로, 추정 연봉은 61만 유로.

슈팅-득점	국적	2022-23시즌 리옹	포지션
9-0 / 1-0		22-2 1959 / A 0 / P 58.4-50.2 / P% 86%	
● 10-0 LG-0	코트디부아르	DR 0.9-0.5 / TK 1.8-1.2 / IC 2.1 / 2-1 / ★ 0	
● 0-0 RG-0			
● 0-0 HG-0			

OP	SH	SG	PC	P%	LC	BT	DC	TK	DT%	BL	IC	CL	A%
하위 12%	하위 47%	하위 44%	상위 18%	상위 45%	상위 46%	하위 12%	상위 22%	상위 45%	하위 47%	상위 5%	하위 40%	하위 11%	

		LG	RG	HG		A	P	P%	DR	TK	IC	★	OP	SH	SG	PC	P%	LC	BT	DC	TK		BL	IC	CL	A%
전체슈팅 시도-특점	직접프리킥 시도-특점	왼발 시도-특점	오른발 시도-특점	헤더 특점	출전횟수 선발-교체	출전시간 분(MIN)	평균패스 시도-성공	패스 성공률	평균드리블 시도-성공	평균태클 시도-성공	평균 인터셉트	페어플레이 경고-퇴장	MOM	공격 포인트	슈팅 시도	유효 슈팅	패스 성공	패스 성공률	롱패스 성공	볼터치	드리블 성공	태클 태클성공률	드리블러 블로킹	인터셉트	클리어링	공중전 승률

Evan NDICKA
평점 6.70
에방 은디카   1999.08.20 / 192cm

카메룬계 프랑스인. 프랑스 연령별 대표팀을 두루 거쳤다. 정작 국가대표는 코트디부아르를 선택했다. 엄청난 피지컬이 최대 장점. 큰 키를 앞세워 제공권 장악에 능하고 대인마크에도 밀리지 않는다. 후방 클리어링도 능하다. 현대축구에서 귀하다는 왼발 센터백, 때로 집중력이 떨어지는 모습을 드러낸다. 다혈질 성격으로 불필요한 카드를 받는다. 시장가치는 3200만 유로, 추정 연봉은 120만 유로.

슈팅-특점	국적	2022-23시즌 프랑크푸르트	포지션
14-0 3-1			

		A	P	P%
	30-0	2693	0	60.2-51.8	86%

			DR	TK	IC		★
● 17-1 LG-1	프랑스	0.3-0.2	1.3-0.8	1.1	4-0		1
● 0-0 RG-0							
● 0-0 HG-0							

OP	SH	SG	PC	P%	LC	BT	DC	TK	DT%	BL	IC	CL	A%
하위	상위	상위	상위	상위	하위	상위	하위	하위	하위	상위	하위	상위	상위
47%	42%	34%	32%	45%	11%	29%	42%	13%	15%	20%	43%	17%	46%

William SALIBA
평점 6.70
윌리엄 살리바   2001.03.24 / 192cm

'제2의 라파엘 바란'으로 기대를 모으는 프랑스 센터백. 2022년부터 대표팀서 활약 중. 최근 주가가 급성장하고 있다. 탁월한 피지컬에 운동능력과 볼 테크닉까지 겸비했다. 어린 나이에 비해 침착하고 축구 센스가 뛰어나다. 패싱력이 좋아 후방 빌드업 중심 역할을 한다. 직접 공을 몰고 전진하는 데도 능하다. 가끔 결정적 실수를 범하는 것은 약점이다. 시장 가치는 5500만 유로, 추정 연봉은 240만 유로.

슈팅-특점	국적	2022-23시즌 아스날	포지션
5-2 1-0			

		A	P	P%
	27-0	2416	0	69.0-62.8	91%

		DR	TK	IC	★
● 6-2 LG-1	프랑스	0.4-0.3	1.5-1.3	1.1	4-0	1
● 0-0 RG-0						
● 0-0 HG-1						

OP	SH	SG	PC	P%	LC	BT	DC	TK	DT%	BL	IC	CL	A%
상위	하위	상위	상위	상위	하위	상위	상위	하위	상위	하위	하위	상위	상위
10%	13%	43%	8%	7%	40%	12%	35%	32%	8%	9%	9%	22%	26%

Leonardo BALERDI
평점 6.69
레오나르도 발레르디   1999.01.26 / 187cm

좋은 신체조건과 안정된 빌드업 능력을 갖춘 센터백. 태클로 공을 따내는 능력과 상대 공격을 차단하기 위해 위치 선정도 돋보인다. 공중볼 경합에도 강점이 있다. 패스 성공률이 높아 후방 빌드업에서도 큰 역할을 한다. 세트피스 상황에서 공격도 적극 가담한다. 발이 느리다는 점은 약점이다. 플레이 스타일이 거칠어 카드를 많이 받는다. 시장 가치는 1000만 유로, 추정 연봉은 99만 유로.

슈팅-특점	국적	2022-23시즌 마르세유	포지션
11-0 0-0			

		A	P	P%
	30-5	2643	0	46.9-39.4	84%

		DR	TK	IC	★
● 11-0 LG-0	아르헨티나	0.4-0.3	2.0-1.6	1.9	9-1	0
● 0-0 RG-0						
● 0-0 HG-0						

OP	SH	SG	PC	P%	LC	BT	DC	TK	DT%	BL	IC	CL	A%
상위	하위	하위	상위	하위	상위	상위	상위	상위	상위	하위	상위	하위	상위
48%	40%	10%	36%	46%	16%	27%	37%	20%	50%	18%	3%	19%	33%

Facundo MEDINA
평점 6.69
파쿤도 메디나   1999.05.28 / 184cm

센터백과 레프트백을 함께 소화하는 다재다능함을 갖추고 있다. 2020년 아르헨티나 대표팀에 데뷔했다. 현대축구에서 희귀한 왼발 수비수. 패싱력이 좋아 후방 빌드업은 물론 전방으로 찔러주는 롱패스도 능하다. 크로스로 공격포인트를 제법 올린다. 직접 공을 몰고 전진할 때도 많다. 센터백치고 키가 작아 공중볼에 약점이 있다. 경기 중 실수도 잦은 편. 시장 가치는 1600만 유로, 추정 연봉은 84만 유로.

슈팅-특점	국적	2022-23시즌 랑스	포지션
15-2 3-0			

		A	P	P%
	32-0	2784	4	76.4-69.5	91%

		DR	TK	IC	★
● 18-2 LG-1	아르헨티나	1.2-0.8	1.7-1.1	0.9	7-0	1
● 0-0 RG-1						
● 0-0 HG-0						

OP	SH	SG	PC	P%	LC	BT	DC	TK	DT%	BL	IC	CL	A%
상위	상위	상위	상위	상위	상위	상위	하위	상위	하위	하위	하위	하위	하위
3%	34%	44%	3%	3%	9%	3%	13%	3%	15%	15%	2%	5%	

Robin LE NORMAND
평점 6.69
로뱅 르 노르망   1996.11.11 / 187cm

프랑스에서 태어났지만 스페인으로 귀화한 뒤 대표팀까지 뽑혔다. 뛰어난 축구 지능과 피지컬로 두각을 나타낸다. 안정적인 공간 커버와 위치 선정을 통한 깔끔한 수비가 돋보인다. 제공권 싸움에서도 밀리지 않는다. 공을 다루는 테크닉을 갖춰 후방 빌드업과 탈압박에도 강점이 있다. 스피드가 좋은 편은 아니다. 가끔 무리한 파울로 위기를 자초한다. 시장 가치는 3500만 유로, 추정 연봉은 280만 유로.

슈팅-특점	국적	2022-23시즌 레알 소시에다드	포지션
10-0 2-0			

		A	P	P%
	31-2	2795	0	53.0-46.6	88%

		DR	TK	IC	★
● 12-0 LG-0	스페인	0.1-0.1	1.5-1.1	1.1	6-0	1
● 0-0 RG-0						
● 0-0 HG-0						

OP	SH	SG	PC	P%	LC	BT	DC	TK	DT%	BL	IC	CL	A%
하위	하위	상위	상위	상위	상위	상위	하위	하위	상위	하위	하위	하위	하위
12%	44%	23%	30%	19%	23%	42%	13%	17%	19%	4%	31%	15%	3%

John STONES
평점 6.69
존 스톤스   1994.05.28 / 188cm

잉글랜드 대표팀 핵심 센터백. 2014년부터 대표팀서 활약 중이다. 뛰어난 축구 지능과 안정적인 패싱력으로 후방 빌드업을 이끈다. 탁월한 전술 이해도와 위치 선정을 바탕으로 팀 전술의 핵심 역할을 한다. 헤더 경합에서도 밀리지 않는다. 수비형 미드필더나 라이트백을 훌륭하게 소화한다. 수비수지만 공격포인트 생산능력도 갖췄다. 잔부상이 잦은 편. 시장 가치는 3000만 유로, 추정 연봉은 1496만 유로.

슈팅-특점	국적	2022-23시즌 맨체스터 시티	포지션
10-1 1-1			

		A	P	P%
	21-2	1849	2	65.8-61.2	93%

		DR	TK	IC	★
● 11-2 LG-1	잉글랜드	0.4-0.3	1.2-1.0	0.4	2-2	1
● 0-0 RG-0						
● 0-0 HG-1						

OP	SH	SG	PC	P%	LC	BT	DC	TK	DT%	BL	IC	CL	A%
상위	상위	상위	상위	상위	하위	상위	하위	하위	상위	하위	하위	하위	상위
2%	10%	상위	7%	상위	42%	14%	8%	8%	46%	11%	1%	1%	25%

●	●	●	LG	RG	HG	🚪	⏱	A	P	P%	DR	TK	IC	■	★	OP	SH	SG	PC	P%	LC	BT	DC	TK	DT%	BL	IC	CL	A%
전체 슈팅 시도-득점	직접프리킥 시도-득점	PK 시도-득점	왼발 득점	오른발 득점	HG 득점	출전횟수 선발-교체	출전시간 분(MIN)	도움	평균 패스 시도-성공	패스 성공률	평균드리블 시도-성공	평균 태클 시도-성공	평균 인터셉트	파울유도/경고-퇴장	MOM	공격 포인트	슈팅 시도	유효 슈팅	패스 성공	패스 성공률	롱볼 성공	볼 터치	드리블 성공	태클	드리블러 블로킹	블로킹	인터셉트	클리어링	공중전 승률

평점 6.69 Marquinhos
마르퀴뇨스
1994.05.14 / 183cm

세계 최고의 수비수 중 한 명. 주포지션은 센터백이지만 수비형 미드필더로도 활약한다. 2013년부터 브라질 대표팀 수비를 책임지고 있다. 대인마크, 태클, 볼 키핑, 위치선정 등 센터백으로 갖춰야 할 모든 능력을 갖췄다. 숏패스를 이용한 후방 빌드업에 능하다. 스피드, 민첩성이 좋아 수비 범위가 넓다. 상대적으로 키가 작아 공중볼 경합은 살짝 약점이다. 시장 가치는 7000만 유로, 추정 연봉은 1680만 유로.

슈팅-득점	국적	2022-23시즌 PSG	포지션

17-2		⏱ 30-3	🕐 2718	A 0	P 65.4-62.1	P% 95%	
1-0							
● 18-2 / LG-0	브라질	DR 0.1-0.0	TK 1.2-1.0	IC 0.8	■ 4-0	★	
● 0-0 / RG-0							
● 0-0 / HG-2							

OP	SH	SG	PC	P%	LC	BT	DC	TK	DT%	BL	IC	CL	A%
하위	상위	상위	상위	상위	하위	상위	하위	하위	상위	상위	하위	상위	상위
48%	40%	43%	7%	1%	37%	15%	0%	14%	30%	34%	7%	13%	37%

평점 6.68 Christopher JULLIEN
크리스토퍼 쥘리앙
1993.03.22 / 196cm

엄청난 피지컬이 강점인 센터백. 최대 강점은 역시 큰 키를 활용한 제공권 장악. 세트피스 공격에서도 상대 박스 안에서 압도적인 존재감을 뽐낸다. 일대일 방어에도 강한 면모를 보인다. 긴 다리로 상대 공을 쉽게 빼앗는 것은 물론 수비 뒷공간도 빠르게 커버한다. 스피드와 민첩성은 떨어진다. 빠른 공격수에 종종 돌파를 허용한다. 패스 능력도 떨어진다. 시장 가치는 350만 유로, 추정 연봉은 90만 유로.

슈팅-득점	국적	2022-23시즌 몽펠리에	포지션

17-0		⏱ 30-0	🕐 2696	A 2	P 35.5-29.5	P% 83%	
0-0							
● 17-0 / LG-0	프랑스	DR 0.2-0.2	TK 2.4-1.6	IC 1.3	■	★	
● 0-0 / RG-0							
● 0-0 / HG-0							

OP	SH	SG	PC	P%	LC	BT	DC	TK	DT%	BL	IC	CL	A%
상위	상위	하위	하위	하위	하위	하위	하위	상위	하위	하위	상위	상위	상위
41%	36%	27%	6%	39%	30%	0%	44%	45%	27%	45%	30%	46%	15%

평점 6.68 Unai NÚÑEZ
우나이 누녜스
1997.01.30 / 186cm

탄탄한 피지컬을 자랑하는 전형적인 파이터형 수비수. 몸싸움을 피하지 않고 제공권 싸움에도 밀리지 않는다. 승부욕이 강하다. 투지 넘치는 플레이로 팀 사기를 끌어올린다. 상대 움직임을 예측하고 위치를 미리 선점해 패스를 차단한다. 태클도 수준급이다. 플레이 스타일이 터프하다보니 카드를 많이 받는다. 빌드업 능력이 떨어지고 공격적 기여가 낮다. 시장 가치는 600만 유로, 추정 연봉은 224만 유로.

슈팅-득점	국적	2022-23시즌 셀타 비고	포지션

12-0		⏱ 35-1	🕐 3151	A 0	P 56.3-48.4	P% 86%	
3-0							
● 15-0 / LG-0	스페인	DR 0.4-0.3	TK 1.8-1.3	IC 2.0	■ 8-0	★ 1	
● 0-0 / RG-0							
● 0-0 / HG-0							

OP	SH	SG	PC	P%	LC	BT	DC	TK	DT%	BL	IC	CL	A%
하위	하위	상위	상위	상위	상위	상위	하위	하위	상위	하위	상위	상위	하위
12%	44%	40%	34%	39%	29%	0%	28%	40%	21%	8%	6%	43%	29%

평점 6.68 Merih DEMIRAL
메리흐 데미랄
1998.03.05 / 190cm

강력한 피지컬을 바탕으로 공격적인 수비를 펼치는 파이터형 센터백. 과감한 태클이 일품이며 제공권 장악도 강점이다. 보이는 스타일은 전투적이지만 실질적으로는 플레이가 안정적이고 기복이 적다. 기술적으로도 수준급 실력을 갖췄다. 약점은 패스. 상대 압박이 들어오면 패스미스가 자주 나온다. 거친 파울로 카드를 많이 받는다. 부상도 잦은 편. 시장 가치는 2500만 유로, 추정 연봉은 370만 유로.

슈팅-득점	국적	2022-23시즌 아탈란타	포지션

5-1		⏱ 14-14	🕐 1525	A 0	P 23.0-19.8	P% 86%	
1-0							
● 6-1 / LG-0	터키	DR 0.3-0.1	TK 1.9-1.5	IC 0.9	■ 5-0	★ 1	
● 0-0 / RG-0							
● 0-0 / HG-1							

OP	SH	SG	PC	P%	LC	BT	DC	TK	DT%	BL	IC	CL	A%
상위	하위	상위	하위	상위	하위	하위	상위	상위	상위	상위	상위	하위	상위
47%	28%	24%	14%	44%	10%	0%	31%	7%	12%	25%	33%	35%	33%

평점 6.67 Micky VAN DE VEN
미키 판더펜
2001.04.19 / 193cm

압도적인 피지컬과 뛰어난 운동능력을 갖춘 센터백이다. 네덜란드 축구를 이끌 차세대 수비수로 기대를 모은다. 거구임에도 정상급 수준의 스피드를 자랑한다. 후방 커버와 클리어링에도 뛰어난 모습이다. 스피드와 드리블 능력을 활용해 직접 공을 전진시키기도 한다. 큰 키에도 불구, 공중볼 싸움 승률이 높지 않다. 가끔 무리한 파울로 기회를 헌납한다. 시장 가치는 1800만 유로, 추정 연봉은 42만 유로.

슈팅-득점	국적	2022-23시즌 볼프스부르크	포지션

12-1		⏱ 33-0	🕐 2970	A 1	P 50.6-44.5	P% 88%	
4-0							
● 16-1 / LG-0	네덜란드	DR 1.0-0.6	TK 1.8-1.4	IC 0.8	■ 5-0	★	
● 0-0 / RG-0							
● 0-0 / HG-0							

OP	SH	SG	PC	P%	LC	BT	DC	TK	DT%	BL	IC	CL	A%
상위	상위	하위	상위	상위	상위	상위	상위	하위	상위	상위	하위	하위	하위
45%	50%	11%	44%	27%	40%	46%	7%	43%	14%	42%	16%	31%	14%

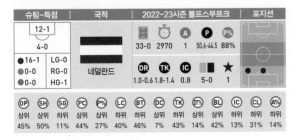

평점 6.67 Stefan SAVIC
스테판 사비치
1991.01.08 / 187cm

몬테네그로를 대표하는 간판 수비수. 2010년부터 국가대표로 활약 중이다. 탄탄한 피지컬을 활용한 경합 상황에 강하다. 제공권과 태클은 리그 최정상급으로 인정 받는다 강한 압박과 영리한 위치 선정으로 상대 공격수를 숨막히게 만든다. 패싱력도 안정돼 후방 빌드업에 크게 기여한다. 스피드가 느린 점은 약점. 기복이 심한 편이나 잔부상도 잦다. 시장 가치는 750만 유로, 추정 연봉은 450만 유로.

슈팅-득점	국적	22-23시즌 아틀레티코 마드리드	포지션

2-0		⏱ 22-0	🕐 1946	A 0	P 51.3-45.1	P% 88%	
0-0							
● 2-0 / LG-0	몬테네그로	DR 0.2-0.0	TK 2.4-1.8	IC 1.6	■ 5-2	★	
● 0-0 / RG-0							
● 0-0 / HG-0							

OP	SH	SG	PC	P%	LC	BT	DC	TK	DT%	BL	IC	CL	A%
하위	하위	하위	상위	상위	상위	상위	하위	상위	상위	상위	하위	하위	상위
12%	1%	16%	40%	23%	42%	49%	43%	35%	30%	5%	30%	20%	30%

| ● 전체 슈팅 시도-득점 | ● 직접프리킥 시도-득점 | ● PK 시도-득점 | LG 왼발 득점 | RG 오른발 득점 | HG 헤더 득점 | 출전횟수 선발-교체 | 출전시간 분(MINI) | A 도움 | P 평균 패스 시도 | P% 패스 성공률 | DR 평균 드리블 시도-성공 | TK 평균 태클 시도-성공 | IC 평균 인터셉트 | 페어플레이 경고-퇴장 | MOM | OP 공격 포인트 | SH 슈팅 시도 | SG 유효 슈팅 | PC 패스 시도 | P% 패스 성공률 | LC 롱볼 성공 | BT 볼터치 | DC 드리블 성공 | TK 태클 성공 | DT% 드리블러 태클성공률 | BL 블로킹 | IC 인터셉트 | CL 클리어링 | A% 공중전 승률 |

평점 6.67 — Julien LAPORTE
줄리앙 라포르테
1993.11.04 / 185cm

좋은 신체조건을 갖춘 센터백. 수비적인 면에서 높은 기량을 자랑한다. 공중볼 처리 능력이 탁월하고 상대 슈팅을 블로킹 하는데도 능하다. 패스 성공률이 수준급이고 파울 관리도 잘한다. 쉽게 흥분하지 않고 침착하게 제 역할을 해낸다. 전방에 길게 패스를 찔러주는 것을 좋아한다. 공격적인 기여는 높지 않다. 스피드, 민첩성이 떨어지는 것도 약점. 시장 가치는 300만 유로, 추정 연봉은 60만 유로.

슈팅-득점		국적		2022-23시즌 로리앙				포지션
5-0				🕐	A	P	P%	
1-0		프랑스		19-1 1656	0	42.8-34.2	85%	
●6-0 LG-0				DR	TK	IC	★	
●0-0 RG-0				0.1-0.1	1.4-1.1	0.9	1-0	
●0-0 HG-0								

OP	SH	SG	PC	P%	LC	BT	DC	TK	DT%	BL	IC	CL	A%
하위	하위	하위	하위	상위	상위	하위	하위	하위	상위	상위	하위	상위	하위
12%	24%	46%	25%	48%	40%	21%	12%	28%	10%	6%	27%	2%	44%

평점 6.67 — Thiago MENDES
티아구 멘데스
1992.03.15 / 177cm

투지 넘치고 성실한 멀티맨. 주포지션은 센터백이지만 딥라잉 플레이메이커, 박스 투 박스 미드필더, 공격형 미드필더까지 다양한 포지션을 소화한다. 기술적인 능력이 탁월하고 볼컨트롤이 뛰어나다. 가로채기과 태클로 적극적으로 공소유권을 가져온다. 스피드와 활동량도 좋다. 키가 작다보니 공중볼 약점이 있다. 간혹 치명적 실수로 경기를 그르친다. 시장 가치는 600만 유로, 추정 연봉은 360만 유로.

슈팅-득점		국적		2022-23시즌 리옹				포지션
2-0				🕐	A	P	P%	
12-1		브라질		22-9 2065	1	53.1-46.2	87%	
●14-1 LG-0				DR	TK	IC	★	
●2-1 RG-1				0.4-0.2	1.9-1.5	1.6	3-0	
●0-0 HG-0								

OP	SH	SG	PC	P%	LC	BT	DC	TK	DT%	BL	IC	CL	A%
상위	상위	상위	상위	상위	상위	상위	상위	상위	상위	상위	상위	하위	상위
29%	31%	26%	10%	37%	14%	8%	36%	16%	45%	50%	6%	4%	39%

평점 6.67 — Samuel UMTITI
사뮈엘 움티티
1993.11.14 / 182cm

2016년부터 프랑스 대표팀에서 활약 중인 베테랑 센터백. 바르셀로나 활약 당시에는 카를레스 푸욜의 후계자로 기대를 모으기도 했다. 뛰어난 기동력과 점프력을 앞세워 적극적인 수비를 펼친다. 제공권 장악과 대인방어에 강점이 있다. 현대축구에서 희귀한 왼발 센터백이다. 고질적인 무릎 부상에 시달린다. 부상이 반복되면서 운동능력도 크게 떨어졌다. 시장 가치는 400만 유로, 추정 연봉은 1231만 유로.

슈팅-득점		국적		2022-23시즌 레체				포지션
8-0				🕐	A	P	P%	
4-0		프랑스		24-1 2115	0	34.4-28.9	84%	
●12-0 LG-0				DR	TK	IC	★	
●0-0 RG-0				0.6-0.3	2.5-2.1	1.0	8-0	
●0-0 HG-0								

OP	SH	SG	PC	P%	LC	BT	DC	TK	DT%	BL	IC	CL	A%
하위	상위	하위	하위	하위	하위	하위	상위	상위	상위	하위	하위	하위	하위
12%	45%	5%	10%	41%	32%	5%	37%	14%	22%	36%	37%	37%	28%

평점 6.67 — PATRIC
파트리크
1993.04.17 / 184cm

바르셀로나 유스 출신 수비수. 주포지션은 센터백이지만 라이트백, 수비형 미드필더도 소화 가능하다. 뛰어난 패싱능력과 기본기, 테크닉을 자랑한다. 패싱력이 뛰어나 후방 빌드업에 기여한다. 과감한 전진패스로 종종 공격 찬스를 제공한다. 투지 넘치는 허슬플레이를 펼친다. 때로 선을 넘어 카드 수집으로 연결된다. 스피드가 느려 뒷공간을 허용한다. 시장 가치는 600만 유로, 추정 연봉은 222만 유로.

슈팅-득점		국적		2022-23시즌 라치오				포지션
0-0				🕐	A	P	P%	
2-0		스페인		16-2 1415	0	59.0-52.6	89%	
●2-0 LG-0				DR	TK	IC	★	
●0-0 RG-0				0.2-0.1	1.2-0.9	0.7	1-0	1
●0-0 HG-0								

OP	SH	SG	PC	P%	LC	BT	DC	TK	DT%	BL	IC	CL	A%
하위	하위	하위	상위	상위	상위	상위	하위	상위	하위	상위	하위	상위	하위
12%	3%	22%	2%	17%	9%	14%	29%	12%	30%	30%	8%	34%	1%

평점 6.67 — Montassar TALBI
몬타사르 탈비
1998.05.26 / 190cm

2020년부터 튀니지 대표로 활약 중인 센터백. 프랑스에서 태어났지만 부모의 뜻에 따라 튀니지를 선택했다. 큰 키를 활용한 제공권 장악이 강점이다. 공에 대한 집중력이 뛰어나고 공을 블록하는 능력도 탁월하다. 세트피스시 공격에도 큰 위협이 된다. 숏패스를 중심으로 후방 빌드업에 적극 관여한다. 스피드나 민첩성은 떨어지고 경기력 기복이 있는 편. 장 가치는 500만 유로, 추정 연봉은 57만 유로.

슈팅-득점		국적		2022-23시즌 로리앙				포지션
8-1				🕐	A	P	P%	
1-0		튀니지		38-0 3420	2	51.5-45.9	89%	
●9-1 LG-0				DR	TK	IC	★	
●0-0 RG-0				0.3-0.2	1.8-1.4	1.2	0-0	
●0-0 HG-1								

OP	SH	SG	PC	P%	LC	BT	DC	TK	DT%	BL	IC	CL	A%
상위	하위	상위	상위	상위	하위	상위	상위	상위	상위	하위	상위	하위	상위
35%	13%	32%	46%	16%	8%	47%	48%	45%	48%	21%	33%	10%	25%

평점 6.66 — Joe GOMEZ
조 고메즈
1997.05.23 / 188cm

탁월한 피지컬에 훌륭한 운동능력을 겸비했다. 2017년부터 잉글랜드 국가대표로 활약 중. 센터백임에도 스피드가 떨어지지 않는다. 공격수들과 속도 경합에도 거의 밀리지 않는다. 넓은 수비 범위를 자랑하고 태클과 일대를 경합도 탁월하다. 스피드를 활용해 직접 드리블 전진을 시도한다. 위치 선정, 집중력 등 수비센스는 떨어진다. 부상이 잦은 편이다. 시장 가치는 3000만 유로, 추정 연봉은 515만 유로.

슈팅-득점		국적		2022-23시즌 리버풀				포지션
1-0				🕐	A	P	P%	
5-0		잉글랜드		15-6 1461	0	62.8-54.6	87%	
●6-0 LG-0				DR	TK	IC	★	
●0-0 RG-0				0.3-0.1	1.7-1.3	1.1	3-0	
●0-0 HG-0								

OP	SH	SG	PC	P%	LC	BT	DC	TK	DT%	BL	IC	CL	A%
하위	하위	하위	하위	상위	하위	상위	상위	상위	상위	하위	상위	하위	하위
45%	30%	43%	49%	10%	2%	47%	39%	43%	21%	27%	18%	35%

●	●	●	LG	RG	HG	⏱	✈	A	P	P%	DR	TK	IC	■	★	OP	SH	SG	PC	P%	LC	BT	DC	TK	DT%	BL	IC	CL	A%
전체 슈팅 시도·득점	직접프리킥 시도·득점	PK 시도·득점	왼발 득점	오른발 득점	헤더 득점	출전횟수 선발·교체	출전시간 분(MIN)	도움	평균 패스 시도·성공	패스 성공률	평균드리블 시도·성공	평균 태클 시도·성공	평균 인터셉트	페어플레이 경고·퇴장	MOM	공격 포인트	슈팅 시도	유효 슈팅	패스 성공	패스 성공률	롱패스 성공	볼터치	드리블 성공	태클 성공	드리블된 블로킹된 태클성공률	블로킹	인터셉트	클리어링	공중전 승률

평점 6.66 Tiago DJALÓ
티아구 디알로 2000.04.09 / 190cm

포르투갈 국적이지만 기니비사우 부모 밑에서 태어났다. 잠재력이 뛰어난 수비수. 주 포지션은 센터백이지만 풀백도 가능하다. 나이는 어리지만 위치선정이 뛰어나고 경기를 보는 눈이 넓다. 태클 실력도 견고하다. 후방 빌드업은 물론 전방 롱패스도 위협적이다. 키가 크지만 제공권 장악력은 떨어진다. 수비 스타일이 거칠어 카드를 자주 받는다. 시장 가치는 1600만 유로, 추정 연봉은 33만 유로.

슈팅-득점	국적	2022-23시즌 릴	포지션

12-2 / 3-0
● 15-2 LG-0
● 0-0 RG-1
● 0-0 HG-1
포르투갈
24-1 2022 0 62.8-58.4 93%
DR 0.6-0.2 TK 1.6-1.2 IC 0.9 7-0 ★

OP	SH	SG	PC	P%	LC	BT	DC	TK	DT%	BL	IC	CL	A%
상위	상위	상위	상위	하위	상위	상위	상위	하위	상위	하위	하위	하위	하위
28%	24%	26%	7%	3%	38%	10%	42%	43%	38%	7%	30%	11%	6%

평점 6.66 Raúl ALBIOL
라울 알비올 1985.09.04 / 190cm

스페인을 대표하는 베테랑 센터백. 2007년부터 2021년까지 대표팀에서 활약했다. 전형적인 커맨더형 센터백이자 수비 리더다. 뒤에서 후방 빌드업을 이끌면서 끊임없이 후방 공간을 커버한다. 큰 키를 앞세운 제공권 장악이 탁월하고 스피드가 나쁘지 않다. 깔끔하게 공만 따내는 태클 능력은 발군이다. 나이가 들면서 운동능력이 눈에 띄게 떨어지고 있다. 시장 가치는 300만 유로, 추정 연봉은 284만 유로.

슈팅-득점	국적	2022-23시즌 비야레알	포지션

1-0 / 1-0
● 2-0 LG-0
● 0-0 RG-0
● 0-0 HG-0
스페인
24-1 2120 0 58.4-52.0 89%
DR 0.3-0.1 TK 1.2-1.0 IC 0.6 6-0 ★

OP	SH	SG	PC	P%	LC	BT	DC	TK	DT%	BL	IC	CL	A%
하위	하위	하위	상위	상위	상위	상위	하위	상위	하위	하위	하위	상위	하위
12%	2%	17%	21%	20%	21%	26%	17%	3%	5%	3%	3%	16%	48%

평점 6.65 Igor ZUBELDIA
이고르 수벨디아 1997.03.30 / 181cm

유소년 시절부터 레알 소시에다드를 떠나본 적이 없는 원클럽맨. 2029년까지 재계약했다. 센터백이 주포지션이지만 수비형 미드필더로도 나선다. 인터셉트에 관한 최정상급 실력. 활동량이 풍부하고 뒷공간을 끊임없이 커버한다. 후방에서 볼 컨트롤 능력도 뛰어나다. 수비 조율 능력은 떨어진다. 센터백 치고 체격이 작아 공중볼이나 몸싸움에서 밀린다. 시장 가치는 1500만 유로, 추정 연봉은 200만 유로.

슈팅-득점	국적	2022-23시즌 레알 소시에다드	포지션

4-1 / 2-0
● 6-1 LG-0
● 0-0 RG-0
● 0-0 HG-1
스페인
29-2 2547 1 49.3-42.4 86%
DR 0.3-0.1 TK 1.5-1.1 IC 0.8 10-0 ★

OP	SH	SG	PC	P%	LC	BT	DC	TK	DT%	BL	IC	CL	A%
상위	하위	하위	상위	상위	상위	상위	상위	하위	상위	하위	하위	하위	하위
44%	22%	12%	36%	42%	31%	37%	37%	38%	12%	16%	5%	22%	24%

평점 6.65 JUBAL
주발 1993.08.29 / 190cm

브라질 출신의 장신 수비수. 월등한 체격조건을 바탕으로 탄탄한 수비력을 뽐냈다. 상대 공을 블로킹하는데 능하고 공에 대한 집중력이 좋다는 평가다. 공중볼 경합에서도 밀리지 않는다. 세트피스 상황에서 직접 골을 터뜨리기도 한다. 패스 정확도는 떨어지는 편. 태클 등 수비 기술이 투박해 파울이 많고 카드를 자주 수집한다. 경기력 기복도 있는 편. 시장 가치는 200만 유로, 추정 연봉은 70만 유로.

슈팅-득점	국적	2022-23시즌 오세르	포지션

17-3 / 2-0
● 19-3 LG-1
● 0-0 RG-1
● 1-1 HG-1
브라질
35-2 3216 1 36.3-29.8 82%
DR 0.2-0.1 TK 1.7-1.2 IC 1.4 7-0 2 ★

OP	SH	SG	PC	P%	LC	BT	DC	TK	DT%	BL	IC	CL	A%
상위	상위	상위	하위	상위	하위	상위	상위	하위	하위	상위	상위	상위	하위
17%	48%	9%	31%	35%	10%	24%	25%	13%	13%	26%	5%	32%	

평점 6.65 Joseph AIDOO
조셉 아이두 1995.09.29 / 184cm

2019년부터 가나 대표팀 수비를 책임지는 센터백. 카타르 월드컵 한국전에 벤치를 지켰다. 원래 미드필더였으나 센터백으로 포지션을 바꿨다. 미드필더 출신 답게 패스가 탁월하고 후방 빌드업 중심 역할을 한다. 스피드 및 활동량도 좋아 공간 커버에 강점이 있다. 전방으로 한 번에 찔러주는 롱패스도 위협적. 대인마크 기술은 떨어진다. 제공권도 약점이다. 시장 가치는 800만 유로, 추정 연봉은 195만 유로.

슈팅-득점	국적	2022-23시즌 셀타 비고	포지션

11-3 / 3-0
● 14-3 LG-0
● 0-0 RG-0
● 0-0 HG-3
가나
35-0 3121 0 49.9-43.4 87%
DR 0.4-0.2 TK 1.9-1.5 IC 0.9 4-1 2 ★

OP	SH	SG	PC	P%	LC	BT	DC	TK	DT%	BL	IC	CL	A%
상위	하위	상위	하위	하위	상위	상위	상위	하위	하위	하위	상위	상위	하위
30%	40%	36%	47%	32%	48%	40%	49%	49%	34%	6%	19%	28%	9%

평점 6.65 Nikola MILENKOVIC
니콜라 밀렌코비치 1997.10.12 / 195cm

2m에 육박하는 거구의 수비수. 2018년부터 세르비아 대표팀 수비를 든든히 책임지고 있다. 압도적 피지컬을 바탕으로 한 제공권 장악과 대인마크가 강점이다. 전형적인 파이터형 수비수. 체격이 크지만 라이트백도 소화할 정도로 스피드가 좋고 패스나 킥도 수준급이다. 인터셉트나 태클도 나쁘지 않다. 볼 컨트롤이 투박해 실수가 많은 편. 카드 수집도 잦다. 시장 가치는 2000만 유로, 추정 연봉은 556만 유로.

슈팅-득점	국적	2022-23시즌 피오렌티나	포지션

19-2 / 0-0
● 19-2 LG-0
● 0-0 RG-0
● 0-0 HG-2
세르비아
23-4 2136 1 47.7-41.0 86%
DR 0.0-0.0 TK 1.8-1.5 IC 0.9 4-0 ★

OP	SH	SG	PC	P%	LC	BT	DC	TK	DT%	BL	IC	CL	A%
상위	상위	상위	상위	상위	상위	상위	상위	상위	상위	하위	상위	상위	상위
12%	12%	9%	44%	45%	36%	46%	37%	30%	40%	21%	20%	8%	

				LG	RG	HG			A	P	P%	DR	TK	IC		★	OP	SH	SG	PC	P%	LC	BT	DC	TK	DT%	BL	IC	CL	A%
전체 슈팅 | 직접프리킥 | PK | 왼발 | 오른발 | 헤더 | | 출전횟수 | 출전시간 | 도움 | 평균 패스 | 패스 | 평균드리블 | 평균 태클 | 평균 | 페어플레이 | MOM | 공격 | 슈팅 | 유효 | 패스 | 패스 | 롱볼 | 볼터치 | 드리블 | 태클 | 드리블러 | 블로킹 | 인터셉트 | 클리어링 | 공중전
시도-득점 | 시도-득점 | 시도-득점 | 득점 | 득점 | 득점 | | 선발-교체 | 분(MIN) | | 시도-성공 | 성공률 | 시도-성공 | 시도-성공 | 인터셉트 | 경고-퇴장 | | 포인트 | 시도 | 슈팅 | 성공 | 성공률 | 성공 | | 성공 | 성공 | 태클성공률 | | | | 승률

Marco FRIEDL

평점 6.65
마르코 프리들
1998.03.16 / 187cm

2020년부터 오스트리아 국가대표로 활약 중이다. 바이에른 뮌헨 유소년팀 출신. 위치 선정능력과 전술 이해도가 높다. 일대일 마크와 공중볼, 태클 등 수비기술을 견고하다. 레프트백까지 소화하는 다재다능함을 갖추고 있다. 나이가 많지는 않지만 수비를 조율하는 리더십도 남다르다. 민첩성과 가속력이 떨어져 빠른 공격수를 막는데 어려움이 있다. 시장 가치는 650만 유로, 추정 연봉은 58만 유로.

슈팅-득점	국적	2022-23시즌 베르더 브레멘	포지션

3-0						
3-0		30-0	2597	0	56.0-45.9	82%
●6-0 LG-0	오스트리아	DR	TK	IC		★
●0-0 RG-0		0.5-0.3	3.1-2.2	1.9	8-1	0
●0-0 HG-0						

OP	SH	SG	PC	P%	LC	BT	DC	TK	DT%	BL	IC	CL	A%
하위	하위	하위	상위	하위	상위	상위	상위	상위	하위	상위	상위	상위	하위
12%	11%	14%	38%	25%	2%	25%	22%	15%	43%	12%	7%	26%	8%

YOSHIDA Maya

평점 6.65
요시다 마야
1988.08.24 / 189cm

일본 축구의 수비 기둥. 2010년부터 일본 대표팀 주전 센터백 자리를 지키고 있다. 피지컬과 힘이 좋아 공중볼, 일대일에서 밀리지 않는다. 세트피스에서 가끔 득점을 책임진다. 후방 빌드업 능력이 수준급이다. 수비 조직력은 물론 팀 전체를 이끄는 리더십도 인정할 만. 순간 스피드나 민첩성이 떨어진다. 때로 어이없는 실수를 저지르는 경우가 많다. 시장 가치는 150만 유로, 추정 연봉은 170만 유로.

슈팅-득점	국적	2022-23시즌 샬케 04	포지션

10-0						
2-0		28-1	2554	0	47.8-36.8	77%
●12-0 LG-0	일본	DR	TK	IC		★
●0-0 RG-0		0.3-0.2	1.6-1.2	1.5	4-0	0
●0-0 HG-0						

OP	SH	SG	PC	P%	LC	BT	DC	TK	DT%	BL	IC	CL	A%
하위	하위	하위	하위	하위	상위	하위	상위	하위	상위	하위	상위	상위	상위
12%	43%	29%	28%	6%	30%	42%	45%	29%	47%	24%	20%	19%	21%

Niklas SÜLE

평점 6.65
니클라스 쥘레
1995.09.03. / 195cm

독일 대표팀 간판 수비수. '카잔의 기적' 당시 선발 멤버였다. 2m에 육박하는 엄청난 피지컬이 최대 무기다. 골문 앞에 서 있는 것만으로도 존재감이 압도적이다. 몸싸움 등 경합 상황에서 밀리는 법이 없다. 축구센스가 뛰어나고 경기를 읽는 눈이 탁월하다. 민첩성과 순발력은 떨어지는 편. 2019년 무릎 부상 이후 크고 작은 부상이 끊이지 않는다. 시장 가치는 3500만 유로, 추정 연봉은 1887만 유로.

슈팅-득점	국적	2022-23시즌 도르트문트	포지션

21-2						
12-0		23-6	2116	3	61.4-59.9	91%
●33-2 LG-1	독일	DR	TK	IC		★
●0-0 RG-0		0.3-0.3	1.2-0.9	0.6	2-0	0
●0-0 HG-0						

OP	SH	SG	PC	P%	LC	BT	DC	TK	DT%	BL	IC	CL	A%
상위	상위	상위	상위	상위	상위	상위	상위	하위	하위	하위	하위	하위	상위
6%	2%	3%	6%	9%	4%	0%	21%	10%	33%	47%	10%	8%	17%

ITO Hiroki

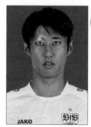

평점 6.64
이토 히로키
1999.03.12 / 188cm

일본의 떠오르는 대형수비수. 2022년부터 일본 대표팀서 활약 중이다. 희귀한 왼발 센터백. 볼 컨트롤 능력이 강점이고 후방 빌드업에서 차지하는 비중이 크다. 전방으로 찔러주는 롱패스도 능하다. 센터백은 물론 좌우 풀백까지 소화한다. 위치선정 능력이 나쁘지 않다. 큰 키에도 불구, 공중볼 경합에서 약점이 뚜렷하다. 기복이 있는 편이고 실수도 잦다. 시장 가치는 750만 유로, 추정 연봉은 115만 유로.

슈팅-득점	국적	2022-23시즌 슈투트가르트	포지션

5-1						
16-0		29-1	2563	0	65.9-54.7	83%
●21-1 LG-0	일본	DR	TK	IC		★
●2-0 RG-0		0.4-0.2	1.9-1.3	1.3	5-0	0
●0-0 HG-0						

OP	SH	SG	PC	P%	LC	BT	DC	TK	DT%	BL	IC	CL	A%
상위	상위	상위	상위	상위	하위	상위	상위	하위	상위	상위	상위	하위	하위
28%	16%	13%	14%	28%	5%	20%	43%	34%	34%	34%	35%	33%	26%

Nico ELVEDI

평점 6.64
니코 엘베디
1996.09.30 / 189cm

2016년부터 스위스 대표팀서 활약 중. 센터백은 물론 스피드와 민첩성이 뛰어나 라이트백도 소화한다. 양발을 모두 잘 쓰고 패스력이 좋아 후방 빌드업에서 차지하는 비중이 크다. 공중볼 싸움에 능하고 세트피스 상황에서 헤더골도 심심치 않게 생산한다. 경기 중 집중력이 떨어져 어이없는 실수를 종종 범한다. 플레이가 소극적이라는 지적도 받는다. 시장 가치는 2000만 유로, 추정 연봉은 160만 유로.

슈팅-득점	국적	2022-23시즌 묀헨글라트바흐	포지션

17-3						
1-0		32-0	2828	0	66.5-61.2	92%
●18-3 LG-0	스위스	DR	TK	IC		★
●0-0 RG-1		0.1-0.1	1.9-1.4	1.1	2-0	0
●0-0 HG-2						

OP	SH	SG	PC	P%	LC	BT	DC	TK	DT%	BL	IC	CL	A%
상위	상위	상위	상위	상위	상위	상위	하위	하위	상위	하위	하위	상위	하위
24%	35%	5%	10%	9%	48%	10%	7%	48%	34%	23%	38%	15%	45%

Wout FAES

평점 6.64
바우트 파스
1998.04.03 / 187cm

벨기에의 차세대 주전 수비수. 2022년부터 국가대표 소집 중이다. 투지 넘치고 저돌적인 파이터형 센터백. 피지컬과 운동능력을 앞세워 상대 공격수와 정면 승부를 펼친다. 대인 마크와 태클 능력도 준수하다. 패싱력도 수준급. 상대를 압박해 공을 빼앗은 뒤 곧바로 전진패스로 연결하는 것이 트레이드 마크. 거친 수비 스타일 탓에 카드를 많이 받는다. 시장 가치는 2000만 유로, 추정 연봉은 303만 유로.

슈팅-득점	국적	22-23시즌 스타드 렝+레스터 시티	포지션

12-1						
1-0		34-0	3057	2	57.5-49.3	86%
●13-1 LG-0	벨기에	DR	TK	IC		★
●0-0 RG-0		0.4-0.3	2.2-0.5	1.4	6-1	0
●0-0 HG-1						

OP	SH	SG	PC	P%	LC	BT	DC	TK	DT%	BL	IC	CL	A%
상위	하위	상위	상위	상위	하위	상위	상위	상위	하위	상위	상위	상위	하위
28%	34%	38%	35%	46%	27%	32%	31%	37%	7%	31%	41%	41%	29%

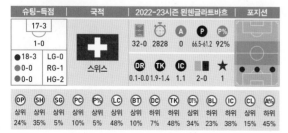

전체 슈팅 시도-득점	직접프리킥 시도-득점	PK 시도-득점	LG 왼발 특점	RG 오른발 특점	HG 헤더 특점	출전횟수 선발-교체	출전시간 분(MIN)	A 도움	P 평균 패스 시도-성공	P% 패스 성공률	DR 평균드리블 시도-성공	TK 평균 태클 시도-성공	IC 평균 인터셉트	페어플레이 경고-퇴장	★ MOM	OP 공격 포인트	SH 슈팅 시도	SG 유효 슈팅	PC 패스 성공	P% 패스 성공률	롱패스	BT 볼 터치	DC 드리블	TK 태클	DT% 드리블성공률	BL 블로킹	IC 인터셉트	CL 클리어링	A% 공중전 승률

Nathan AKÉ

평점 6.64 네이션 아케 1995.02.18 / 180cm

2017년부터 네덜란드 대표팀서 활약 중이다. 센터백치고 키는 작지만 높은 축구 지능으로 약점을 만회한다. 레프트백, 수비형 미드필더 등 멀티포지션 소화가 가능한 다재다능함을 갖췄다. 위치선정 능력이 좋아 헤더 경합에서도 강점을 띤다. 발밑도 부드러워 상대 압박시 쉽게 공을 뺏기지 않는다. 간혹 집중력이 떨어져 턴오버를 쏟아내는 경우가 있다. 시장 가치는 3500만 유로, 추정 연봉은 550만 유로.

슈팅-득점	국적	2022-23시즌 맨체스터 시티	포지션

8-1 / 1-0
● 9-1 LG-0
● 0-0 RG-0
● 0-0 HG-1
네덜란드
22-4 1876 0 65.8-59.9 91%
DR 0.2-0.1 TK 1.7-1.0 IC 2.0 ★ 0

OP 하위 17%	SH 하위 36%	SG 하위 34%	PC 상위 1%	P% 상위 2%	LC 상위 25%	BT 상위 2%	DC 하위 4%	TK 하위 16%	DT% 상위 7%	BL 하위 12%	IC 하위 49%	CL 상위 40%	A% 하위 3%

Issa DIOP

평점 6.64 이사 디오프 1997.01.09 / 194cm

세네갈계 프랑스인 센터백. 연령별 대표팀에서 프랑스 소속으로 활약. 성인대표팀은 세네갈을 택할 가능성도 있다. 압도적 피지컬을 앞세워 상대를 압박하는 파이터형 센터백. 공중볼, 일대일 등 경합 상황에서 거의 밀리지 않는다. 큰 체격과 별개로 스피드도 탁월. 간혹 전방으로 찔러주는 패스도 위협적이다. 패스미스가 많은 편이고 크고 작은 실수도 잦다. 시장 가치는 1800만 유로, 추정 연봉은 424만 유로.

슈팅-득점	국적	2022-23시즌 풀럼	포지션

3-1 / 0-0
● 3-1 LG-0
● 0-0 RG-0
● 0-0 HG-1
프랑스
21-4 2009 0 56.1-48.8 87%
DR 0.2-0.1 TK 1.7-1.1 IC 1.5 ★ 0

OP 하위 39%	SH 하위 5%	SG 하위 38%	PC 상위 24%	P% 하위 33%	LC 상위 48%	BT 상위 25%	DC 하위 37%	TK 하위 33%	DT% 하위 23%	BL 상위 32%	IC 하위 22%	CL 상위 44%	A% 하위 34%

Liam COOPER

평점 6.63 리암 쿠퍼 1991.08.30 / 186cm

2019년부터 스코틀랜드 국가대표로 활약 중인 센터백. 잉글랜드 출신이지만 스코틀랜드 친할아버지 영향을 받아 스코틀랜드 대표팀을 선택했다. 지능적인 수비를 펼친다. 수비 조직력을 이끄는 리더로 강한 인상을 남겼다. 탁월한 위치선정 능력으로 공을 가로채거나 공중볼을 따낸다. 민첩성과 순발력이 떨어진다. 나이가 들면서 잔부상도 늘어나고 있다. 시장 가치는 500만 유로, 추정 연봉은 151만 유로.

슈팅-득점	국적	2022-23시즌 리즈 유나이티드	포지션

9-1 / 1-0
● 10-1 LG-0
● 0-0 RG-0
● 0-0 HG-1
스코틀랜드
16-2 1427 0 43.5-34.4 79%
DR 0.2-0.1 TK 2.8-2.1 IC 2.0 ★ 5-0

OP 상위 42%	SH 상위 28%	SG 상위 46%	PC 하위 31%	P% 하위 14%	LC 하위 13%	BT 상위 43%	DC 하위 8%	TK 상위 42%	DT% 상위 25%	BL 하위 4%	IC 상위 46%	CL 상위 36%	A% 상위 36%

Maximilian KILMAN

평점 6.63 막시밀리안 킬먼 1997.05.23 / 194cm

어릴적 특이하게 풋살을 먼저 시작했다. 잉글랜드 풋살 대표팀에서도 활약했다. 잉글랜드 국적 풋살 선수 출신 최초의 프리미어리거. 귀하다는 왼발 센터백이다. 드리블, 패스 등 볼테크닉이 뛰어나다. 후방에서 직접 공을 몰고 드리블하는 경우도 많다. 긴 다리를 이용한 태클이 일품. 큰 키에도 공중볼 경합은 살짝 아쉽다. 크고 작은 실수도 잦은 편이다. 시장 가치는 2500만 유로, 추정 연봉은 91만 유로.

슈팅-득점	국적	2022-23시즌 울버햄튼	포지션

13-0 / 1-0
● 14-0 LG-0
● 0-0 RG-0
● 0-0 HG-0
잉글랜드
37-0 3308 0 56.6-47.0 83%
DR 0.8-0.5 TK 1.5-1.1 IC 3-0 ★ 1

OP 하위 12%	SH 상위 34%	SG 상위 5%	PC 상위 41%	P% 상위 39%	LC 상위 43%	BT 상위 35%	DC 상위 12%	TK 하위 23%	DT% 상위 6%	BL 하위 1%	IC 상위 25%	CL 상위 17%	A% 하위

Kurt ZOUMA

평점 6.63 쿠르트 주마 1994.10.27 / 190cm

타고난 피지컬과 운동능력이 일품이다. 제공권 장악 능력은 단연 톱클래스. 발이 빠르고 수비 커버 범위가 넓다. 빠른 공격수와 속도 경합에서 쉽게 밀리지 않는다. 슬라이딩 태클 실력도 수준급. 세트피스서 헤더골을 심심치않게 넣는다. 몸도 튼튼해 부상도 잘 안 당한다. 경기 집중력이 떨어져 실수가 잦은 편. 패싱력이 떨어지고 상대 압박에 취약하다. 시장 가치는 2800만 유로, 추정 연봉은 757만 유로.

슈팅-득점	국적	22-23시즌 웨스트햄 유나이티드	포지션

19-2 / 0-0
● 19-2 LG-0
● 0-0 RG-0
● 0-0 HG-0
프랑스
24-1 1991 0 33.5-28.1 85%
DR 0.2-0.1 TK 0.6-0.4 IC 1.3 ★ 2

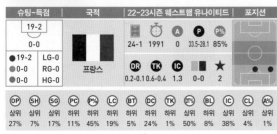

OP 상위 27%	SH 하위 7%	SG 상위 17%	PC 하위 11%	P% 하위 45%	LC 하위 19%	BT 하위 5%	DC 상위 24%	TK 하위 1%	DT% 상위 50%	BL 상위 6%	IC 상위 38%	CL 상위 4%	A% 상위 1%

Edgar GONZÁLEZ

평점 6.63 에드가르 곤살레스 1997.04.01 / 193cm

좋은 피지컬을 가지고 있는 센터백. 수비형 미드필더는 물론 중앙 미드필더, 라이트백도 가능하다. 대인마크 및 가로채기에 강점이 있다. 활동량이 풍부하고 커버 범위가 넓다. 숏패스를 활용한 후방 빌드업에 능하다. 장신을 활용한 공중볼 경합에 강점이 있다. 약점은 기술적으로 투박하다는 점. 과격한 스타일 탓에 다이렉트 레드카드도 종종 받는다. 시장 가치는 900만 유로, 추정 연봉은 60만 유로.

슈팅-득점	국적	2022-23시즌 레알 베티스	포지션

9-0 / 0-0
● 9-0 LG-0
● 0-0 RG-0
● 0-0 HG-0
스페인
18-7 1770 0 35.5-31.6 89%
DR 0.2-0.1 TK 1.7-1.2 IC 0.9 ★ 4-2

OP 하위 12%	SH 상위 47%	SG 하위 40%	PC 상위 39%	P% 하위 14%	LC 상위 21%	BT 하위 28%	DC 상위 12%	TK 상위 38%	DT% 상위 31%	BL 하위 4%	IC 하위 29%	CL 상위 3%	A% 상위 46%

Giorgio SCALVINI
평점 6.63 | 조르지오 스칼비니 | 2003.12.11 / 194cm

이탈리아 축구 미래를 이끌 젊은 센터백. 2022년부터 국가대표로 활약 중이다. 압도적인 피지컬에 테크닉도 겸비했다. 손쉽게 탈압박한 뒤 전방에 롱패스를 찔러주는 것을 즐긴다. 위치선정이 좋고 축구 센스도 뛰어나다. 때로 수비형 미드필더로도 나선다. 아직 경험이 부족해 실수가 잦다. 스피드는 빠른 편이지만 순발력이 떨어져 종종 돌파를 허용한다. 시장 가치는 3000만 유로, 추정 연봉은 56만 유로.

슈팅-득점	국적	2022-23시즌 아탈란타	포지션
15-1			
2-1	이탈리아	29-3　2346　2　46.3-37.5　82%	

● 17-2　LG-0
● 0-0　RG-1
● 0-0　HG-1

DR 0.8-0.4　TK 2.7-1.8　IC 1.7　7-0　★ 0

OP	SH	SG	PC	P%	LC	BT	DC	TK	DT%	BL	IC	CL	A%
상위	상위	상위	상위	하위	하위	상위	상위	상위	하위	상위	상위	하위	하위
7%	27%	34%	45%	26%	17%	34%	14%	16%	21%	27%	3%	4%	30%

Perr SCHUURS
평점 6.62 | 페르 슈휘르스 | 1999.11.26 / 191cm

좋은 피지컬을 자랑하는 센터백. 아약스 유스 출신 답게 길고 짧은 패스 모두 능하고 후방 빌드업 능력이 돋보인다. 공중볼 경합, 대인마크 등에도 좋은 평가를 받는다. 큰 키에 비해 발도 빠르다. 공에 대한 집중력이 좋고 경기를 보는 시야도 나쁘지 않다. 수비 조직력을 이끄는 리더십도 갖췄다. 경기에 따라 기복이 심한 편. 가끔 치명적인 실수가 나온다. 시장 가치는 2000만 유로, 추정 연봉은 179만 유로.

슈팅-득점	국적	2022-23시즌 아약스+토리노	포지션
11-0			
3-0	네덜란드	29-3　2386　2　38.7-34.2　88%	

● 14-0　LG-0
● 2-0　RG-0
● 0-0　HG-0

DR 0.4-0.3　TK 2.1-1.7　IC 0.9　5-0　★ 0

OP	SH	SG	PC	P%	LC	BT	DC	TK	DT%	BL	IC	CL	A%
상위	상위	하위	하위	상위	하위	하위	상위	상위	하위	상위	상위	상위	하위
36%	39%	15%	38%	22%	35%	28%	19%	19%	26%	34%	35%	39%	22%

Nicolas PALLOIS
평점 6.62 | 니콜라 팔루아 | 1987.09.19 / 189cm

프랑스 리그앙에서 잔뼈가 굵은 베테랑 센터백. 큰 키와 탄탄한 피지컬을 자랑한다. 대인마크, 공중볼 등 경합 상황에서 강하다. 전성기 시절에는 리그앙 최고 수준 수비 지표를 자랑했다. 수비진을 조율하는 리더십도 돋보인다. 플레이 스타일이 거칠고 투박해 카드 수집이 잦다. 스피드나 민첩성도 떨어진다. 30대에 접어들면서 운동능력 감퇴가 뚜렷하다. 시장 가치는 100만 유로, 추정 연봉은 132만 유로.

슈팅-득점	국적	2022-23시즌 낭트	포지션
8-1			
1-0	프랑스	26-0　2217　1　44.5-37.4　84%	

● 9-1　LG-0
● 0-0　RG-0
● 0-0　HG-0

DR 0.3-0.3　TK 3.7-2.8　IC 1.3　2-1　★ 1

OP	SH	SG	PC	P%	LC	BT	DC	TK	DT%	BL	IC	CL	A%
하위	하위	하위	하위	상위	상위	하위	상위	상위	하위	상위	상위	상위	하위
31%	31%	42%	32%	40%	19%	36%	36%	18%	22%	36%	32%	11%	25%

Nemanja GUDELJ
평점 6.62 | 네마냐 구델 | 1991.11.16 / 187cm

2014년부터 세르비아 대표로 활약 중인 베테랑 수비수. 센터백은 물론 수비형 미드필더로도 나선다. 카타르월드컵에도 참가했다. 피지컬을 앞세운 경합 능력이 탁월하며 위치선정도 나쁘지 않다. 활동 범위가 넓고 전방 압박이 강하다. 중거리슛이 위협적이다. 빌드업 능력은 좋은 편이 아니다. 상대 압박에 고전하는 경우가 많다. 스피드도 빠르지 않다. 시장 가치는 400만 유로, 추정 연봉은 560만 유로.

슈팅-득점	국적	2022-23시즌 세비야	포지션
9-0			
29-3	세르비아	31-3　2779　1　46.7-42.3　91%	

● 38-3　LG-0
● 3-0　RG-3
● 0-0　HG-0

DR 0.1-0.1　TK 1.7-1.3　IC 1.1　8-0　★ 2

OP	SH	SG	PC	P%	LC	BT	DC	TK	DT%	BL	IC	CL	A%
상위	상위	상위	하위	상위	하위	하위	하위	상위	하위	상위	하위	하위	상위
17%	2%	18%	49%	14%	34%	37%	24%	46%	33%	43%	32%	31%	34%

Anthony ROUAULT
평점 6.62 | 앙토니 루오 | 2001.05.29 / 186cm

최근 떠오르는 프랑스 센터백. 나이는 어리지만 안정적인 수비 능력을 자랑한다. 탄탄한 패싱력을 자랑한다. 기끔씩 전방에 찔러주는 롱패스가 위협적이다. 센터백치고 키가 큰 편은 아니지만 공중볼도 잘 따낸다. 세트피스 상황에서 득점도 종종 올린다. 기술적인 부분은 아쉽다. 경험 부족으로 순간적인 판단 미스가 잦고 잔실수도 많은 편이다. 시장 가치는 800만 유로, 추정 연봉은 9만 유로.

슈팅-득점	국적	2022-23시즌 툴루즈	포지션
19-2			
0-0	프랑스	37-0　3316　0　55.9-48.6　88%	

● 19-2　LG-0
● 0-0　RG-2
● 0-0　HG-0

DR 0.3-0.1　TK 2.6-1.8　IC 1.4　2-1　★ 2

OP	SH	SG	PC	P%	LC	BT	DC	TK	DT%	BL	IC	CL	A%
상위	상위	상위	상위	상위	상위	상위	하위	상위	상위	상위	상위	하위	하위
33%	44%	9%	37%	30%	33%	38%	20%	28%	18%	24%	25%	39%	31%

Jhon LUCUMÍ
평점 6.62 | 혼 루쿠미 | 1998.06.26 / 187cm

2019년부터 콜롬비아 대표팀에서 활약 중이다. 현대 축구에서 가치가 높아지는 왼발 센터백. 왼발로 연결하는 패스가 정교하고 날카롭다. 후방 빌드업 중심 역할을 한다. 레프트백을 볼 만큼 스피드가 나쁘지 않다. 뒷공간을 넓게 커버하면서 클리어링에 능하다. 키가 작지는 않지만 공중볼 경합에 약점이 있다. 경기 집중력이 떨어진다는 지적을 받는다. 시장 가치는 900만 유로, 추정 연봉은 96만 유로.

슈팅-득점	국적	2022-23시즌 볼로냐	포지션
8-0			
3-0	콜롬비아	33-0　2902　1　58.7-52.2　89%	

● 11-0　LG-0
● 0-0　RG-0
● 0-0　HG-0

DR 0.2-0.1　TK 2.3-1.7　IC 1.1　8-0　★ 0

OP	SH	SG	PC	P%	LC	BT	DC	TK	DT%	BL	IC	CL	A%
하위	하위	하위	상위	상위	상위	상위	하위	상위	상위	상위	상위	하위	하위
29%	27%	26%	26%	18%	34%	35%	35%	35%	20%	35%	35%	24%	32%

●	◐	○	LG	RG	HG	⊟	⏱	A	P	P%	DR	TK	IC	◧	★	OP	SH	SG	PC	P%	LC	BT	DC	TK	DT%	BL	IC	CL	A%
전체 슈팅 시도-득점	직접프리킥 시도-득점	PK 시도-득점	왼발 득점	오른발 득점	헤더 득점	출전횟수 선발·교체	출전시간 분(MIN)	도움	평균 패스 시도-성공	패스 성공율	평균드리블 시도-성공	평균 태클 시도-성공	평균 인터셉트	평균 경고·퇴장	페어플레이 MOM	공격 포인트	슈팅 시도	유효 슈팅	패스 성공	패스 성공률	롱패스 성공	볼 터치	드리블 성공	태클 성공	드리블러 태클성공률	블로킹	인터셉트	클리어링	공중전 승율

Koray GÜNTER

평점 6.62
코라이 귄터
1994.08.16 / 186cm

독일과 튀르키예 이중국적 센터백. 연령별 대표는 독일을 선택했다. 독일-튀르키예 리그를 거쳐 이탈리아 세리에A에서 뛰는 독특한 경력을 갖췄다. 센터백치고 피지컬이 탁월한 것은 아니지만 지능적인 수비를 펼친다. 가로채기와 제공권에 강점이 있다. 패스력은 떨어지는 편. 경합 상황에서 자주 밀린다. 무리한 수비로 자주 카드를 수집한다. 시장 가치는 450만 유로, 추정 연봉은 110만 유로.

슈팅-득점		국적	22-23시즌 베로나+삼프도리아				포지션
8-1			19-4	1779	1	35.5-28.4	79%
2-0							

●	10-1	LG-0	독일	DR	TK	IC	★
●	0-0	RG-1		0.2-0.2	1.1-0.9	1.8	
●	0-0	HG-0					

OP	SH	SG	PC	P%	LC	BT	DC	TK	DT%	BL	IC	CL	A%
하위	상위	하위	하위	하위	하위	하위	상위	하위	상위	상위	상위	상위	하위
44%	46%	20%	16%	16%	42%	19%	48%	14%	50%	4%	5%	19%	49%

Castello LUKEBA

평점 6.61
카스텔로 뤼케바
2002.12.17 / 184cm

앙골라계 프랑스 센터백. 리옹 유소년팀을 거쳐 2021년 리옹 1군팀에 데뷔했다. 나이답지 않은 침착한 수비를 펼친다. 영리한 위치 선정과 상황 판단이 돋보인다. 스피드가 좋아 라이트백으로도 활약한다. 왼발을 잘써 후방 빌드업에 크게 기여한다. 쉽게 탈압박 후 전진 패스를 연결한다. 체격이 작다보니 공중볼 등 경합 상황에서 약점이 뚜렷하다. 시장 가치는 2000만 유로, 추정 연봉은 10만 유로.

슈팅-득점		국적	2022-23시즌 리옹				포지션
13-2			33-1	2986	0	66.3-59.7	90%
0-0							

●	13-2	LG-1	프랑스	DR	TK	IC	★
●	0-0	RG-0		0.5-0.3	1.4-1.1	2.3	7-1
●	0-0	HG-1					

OP	SH	SG	PC	P%	LC	BT	DC	TK	DT%	BL	IC	CL	A%
상위	하위	상위	상위	상위	하위	상위	상위	상위	하위	상위	상위	하위	하위
45%	38%	35%	13%	11%	34%	3%	24%	26%	6%	44%	1%	27%	21%

Nehuén PÉREZ

평점 6.61
네후엔 페레스
2000.06.24 / 184cm

아르헨티나 차세대 센터백. 2022년 A매치 데뷔. 어린 나이지만 침착함이 돋보인다. 축구 센스가 좋고 기본기가 탄탄하다. U-20 대표팀 주장을 맡을 정도로 리더십도 갖췄다. 스피드가 좋아 후방 뒷공간 커버에 능하다. 패스 정확도도 수준급이다. 후방 빌드업에 능하다. 경험이 부족해 실수가 잦고 기복이 있다. 몸싸움과 제공권에선 약점이 있다. 시장 가치는 800만 유로, 추정 연봉은 83만 유로.

슈팅-득점		국적	2022-23시즌 우디네세				포지션
11-2			33-1	2831	0	49.3-42.4	86%
5-0							

●	16-2	LG-0	아르헨티나	DR	TK	IC	★
●	0-0	RG-0		0.3-0.1	2.7-2.3	1.0	7-1
●	0-0	HG-0					1

OP	SH	SG	PC	P%	LC	BT	DC	TK	DT%	BL	IC	CL	A%
상위	상위	상위	상위	상위	상위	상위	하위	상위	상위	상위	하위	하위	상위
42%	45%	12%	37%	49%	13%	32%	12%	17%	10%	38%	37%	46%	

Memeh OKOLI

평점 6.59
메메흐 오콜리
2001.07.13 / 191cm

나이지리아 혈통을 물려받은 이탈리아 센터백. 크고 단단한 피지컬을 자랑한다. 운동능력도 뒤지지 않아 공중볼 등 경합 상황에서 뚜렷한 강점을 가지고 있다. 큰 체격에도 스피드가 좋아 뒷공간을 빠르게 커버한다. 일대일 맨마킹에 강하고 태클 등 수비 스킬도 나쁘지 않다. 아직 나이가 어리다보니 판단력은 떨어지는 편. 패스 등 기술적인 면은 아직 부족하다. 시장 가치는 1000만 유로, 추정 연봉은 104만 유로.

슈팅-득점		국적	2022-23시즌 아탈란타				포지션
7-0			9-8	953	0	25.9-19.7	76%
0-0							

●	7-0	LG-0	나이지리아	DR	TK	IC	★
●	0-0	RG-0		0.1-0.0	2.1-1.2	1.7	3-0
●	0-0	HG-0					1

OP	SH	SG	PC	P%	LC	BT	DC	TK	DT%	BL	IC	CL	A%
하위	하위	하위	하위	하위	하위	상위	하위	상위	하위	상위	하위	상위	상위
12%	17%	5%	13%	5%	5%	25%	2%	20%	2%	18%	1%	35%	38%

Martin ERLIC

평점 6.59
마르틴 에를리치
1998.01.24 / 193cm

월등한 피지컬을 자랑하는 센터백. 2022년부터 크로아티아 대표로 활약 중이다. 뛰어난 체격조건을 바탕으로 탄탄한 수비 핵심 역할을 한다. 숏블로킹에 능하고 큰 키를 활용한 제공권 및 경합 상황에도 강점이 있다. 패스 정확도가 높고 후방 빌드업에도 크게 기여한다. 민첩성과 순발력이 떨어지는 점은 약점. 볼 컨트롤 능력이 부족해 상대 압박에 고전한다. 시장 가치는 550만 유로, 추정 연봉은 28만 유로.

슈팅-득점		국적	2022-23시즌 사수올로				포지션
4-0			26-2	2332	0	45.9-39.5	86%
0-0							

●	4-0	LG-0	크로아티아	DR	TK	IC	★
●	0-0	RG-0		0.1-0.1	1.4-1.0	1.2	2-0
●	0-0	HG-0					

OP	SH	SG	PC	P%	LC	BT	DC	TK	DT%	BL	IC	CL	A%
하위	하위	하위	상위	상위	상위	하위	하위	하위	상위	상위	하위	하위	하위
12%	6%	5%	44%	49%	18%	42%	16%	16%	4%	26%	46%	20%	23%

Jackson POROZO

평점 6.59
잭슨 포로소
2000.08.04 / 192cm

10대 시절이던 2019년부터 에콰도르 국가대표로 활약 중이다. 큰 키를 활용한 공중볼 장악에 강점이 있다. 공에 대한 집중력이 좋고 태클도 깔끔하다. 세트피스 상황에서 적극 공격에 가담해 헤더골을 종종 터뜨린다. 뒷공간 커버 능력도 갖췄다. 나이가 어린 편이나 경기 기복이 심한 편이다. 패싱력도 아쉽다. 후방 빌드업 전개시 실수가 종종 나온다. 시장 가치는 350만 유로, 추정 연봉은 66만 유로.

슈팅-득점		국적	2022-23시즌 트로이				포지션
18-2			17-5	1616	0	28.2-23.1	82%
4-0							

●	22-2	LG-0	에콰도르	DR	TK	IC	★
●	0-0	RG-2		0.5-0.3	2.3-1.5	1.5	3-0
●	0-0	HG-0					1

OP	SH	SG	PC	P%	LC	BT	DC	TK	DT%	BL	IC	CL	A%
상위	상위	상위	하위	하위	하위	상위	상위	상위	상위	상위	상위	상위	상위
17%	1%	1%	5%	29%	1%	18%	29%	4%	33%	12%	34%	27%	

●	●	●	LG	RG	HG	⏱	A	P	P%	DR	TK	IC	■■	★	OP	SH	SG	PC	P%	LC	BT	DC	TK	DT%	BL	IC	CL	A%
전체 슈팅 시도-득점	직접프리킥 시도-득점	PK 시도-득점	왼발 득점	오른발 득점	헤더 득점	출전횟수 선발-교체	출전시간 분(MIN)	도움	평균 패스 시도-성공	패스 성공률	평균 드리블 시도-성공	평균 태클 시도-성공	평균 인터셉트	페어플레이 경고-퇴장	MOM	공격 포인트	슈팅 시도	유효 슈팅	패스 성공률	롱볼 성공	볼터치	드리블	태클	드리블러 블로킹	블로킹	인터셉트	클리어링	공중전 승률

Javi SÁNCHEZ

평점 6.59 · 하비 산체스 · 1997.03.14 / 189cm

레알 마드리드 유스 카스티야 출신이다. 좋은 신체조건을 갖추고 있다. 피지컬을 활용해 대인마크, 공중볼 등 경합 상황에서 강한 모습을 보인다. 패싱력도 수준급이라 후방에서 효과적으로 공을 배분한다. 위험한 플레이보다는 안정적으로 공을 다루는데 주력한다. 스피드와 민첩성이 떨어지는 것은 약점. 상대 압박상황에서 흔들리고 고전하는 경향이 있다. 시장 가치는 300만 유로, 추정 연봉은 66만 유로.

슈팅-득점	국적	2022-23시즌 바야돌리드	포지션

| 6-1 / 3-0 | 스페인 | ⏱ 28-4 / A 0 / P 36.3-30.1 / P% 83% | |
| ●9-1 LG-0 / ●1-0 RG-1 / ●0-0 HG-0 | | DR 0.2-0.2 / TK 1.6-1.3 / IC 1.4 / ■■ 11-0 / ★ | |

OP	SH	SG	PC	P%	LC	BT	DC	TK	DT%	BL	IC	CL	A%
하위	하위	하위	하위	하위	상위	하위+	상위	상위	상위	하위	상위	상위	하위
34%	27%	32%	24%	32%	49%	20%	35%	41%	36%	48%	16%	26%	9%

TUTA

평점 6.58 · 투타 · 1999.07.04 / 185cm

테크닉이 뛰어난 브라질 출신 센터백. 스피드가 뛰어나 뒷공간 커버에 능하다. 공에 대한 집중력이 좋다. 상대 공을 잘 뺏고, 반대로 자기 공을 잘 내주지 않는다. 안정된 패스를 바탕으로 빌드업에 능하다. 세트피스 상황에서 종종 공격포인트를 생산한다. 수비 시 판단미스로 종종 큰 실수를 범하곤 한다. 적극적인 스타일 탓에 카드를 많이 수집한다. 시장 가치는 1500만 유로, 추정 연봉은 21만 유로.

슈팅-득점	국적	2022-23시즌 프랑크푸르트	포지션

| 11-2 / 6-0 | 브라질 | ⏱ 30-1 / A 1 / P 59.6-47.7 / P% 80% | |
| ●17-2 LG-0 / ●0-0 RG-2 / ●0-0 HG-0 | | DR 0.6-0.4 / TK 2.6-1.8 / IC 1.7 / ■■ 8-0 / ★ | |

OP	SH	SG	PC	P%	LC	BT	DC	TK	DT%	BL	IC	CL	A%
상위	상위	하위	상위	하위	상위	하위	상위	상위	하위	상위	상위	상위	하위
33%	44%	46%	41%	20%	49%	24%	21%	21%	25%	24%	24%	28%	4%

Ben DAVIES

평점 6.58 · 벤 데이비스 · 1993.04.24 / 181cm

2012년부터 웨일스 대표팀에서 활약 중인 베테랑 수비수. 센터백, 레프트백 등 다양한 포지션을 맡는다. 왼발을 잘 써 후방 빌드업에 기여도가 크다. 센터백치고는 키가 작은 편이지만 안정된 수비력과 위치선정 능력을 자랑한다. 정교한 왼발을 바탕으로 크로스, 키패스, 중거리슛이 날카롭다. 풀백으로선 스피드와 민첩성, 센터백으로선 피지컬이 아쉽다. 시장 가치는 2000만 유로, 추정 연봉은 485만 유로.

슈팅-득점	국적	2022-23시즌 토트넘 핫스퍼	포지션

| 8-1 / 6-1 | 웨일스 | ⏱ 26-5 / A 2 / P 38.2-31.6 / P% 83% | |
| ●14-2 LG-1 / ●0-0 RG-0 / ●0-0 HG-1 | | DR 0.6-0.3 / TK 1.3-0.9 / IC 0.6 / ■■ 4-0 / ★ | |

OP	SH	SG	PC	P%	LC	BT	DC	TK	DT%	BL	IC	CL	A%
상위	상위	상위	하위	하위	하위	하위	상위	상위	하위	하위	하위	하위	하위
10%	40%	29%	38%	28%	5%	35%	39%	26%	23%	3%	12%	17%	37%

Maxence LACROIX

평점 6.58 · 막상스 라크루아 · 2000.04.06 / 190cm

탁월한 피지컬에 파워, 운동능력까지 겸비한 센터백. 압박을 통한 가로채기에 능하다. 예측 능력이 좋아 상대 패스를 효과적으로 차단한다. 태클 등 수비 스킬도 나쁘지 않다. 패싱력도 수준급이다. 특히 전방으로 길게 찔러주는 롱패스가 날카롭다. 앞으로 나오는 수비 스타일이다보니 뒷공간을 종종 노출한다. 큰 키에 비해 헤딩 성공률이 떨어진다. 시장 가치는 2000만 유로, 추정 연봉은 48만 유로.

슈팅-득점	국적	2022-23시즌 볼프스부르크	포지션

| 4-1 / 0-0 | 프랑스 | ⏱ 18-6 / A 0 / P 45.6-39.7 / P% 87% | |
| ●4-1 LG-0 / ●0-0 RG-0 / ●0-0 HG-0 | | DR 0.3-0.3 / TK 1.3-0.9 / IC 1.1 / ■■ 1-0 / ★ | |

OP	SH	SG	PC	P%	LC	BT	DC	TK	DT%	BL	IC	CL	A%
상위	하위	하위	상위	상위	상위	상위	하위	상위	하위	상위	상위	하위	하위
50%	13%	22%	27%	33%	20%	26%	18%	31%	13%	56%	29%	16%	47%

Edimilson FERNANDES

평점 6.58 · 에디밀손 페르난데스 · 1996.04.15 / 190cm

2016년부터 스위스 대표팀에서 활약 중인 수비수. 2선 자원으로 프로선수 생활을 했지만 수비형 미드필더를 거쳐 센터백으로 나서고 있다. 전후후 멀티플레이어. 좋은 체격조건에 스피드, 민첩성을 고루 갖추고 있다. 볼컨트롤, 드리블 등 기술적으로 완성도가 높다. 큰 키에 비해 공중볼을 따내는 성공률이 떨어진다. 패스 정확도도 아쉬운 부분이다. 시장 가치는 300만 유로, 추정 연봉은 198만 유로.

슈팅-득점	국적	2022-23시즌 마인츠 05	포지션

| 4-0 / 11-0 | 스위스 | ⏱ 28-4 / A 3 / P 33.6-24.5 / P% 73% | |
| ●15-0 LG-0 / ●4-0 RG-0 / ●0-0 HG-0 | | DR 0.8-0.5 / TK 1.6-1.1 / IC 1.7 / ■■ 4-0 / ★ | |

OP	SH	SG	PC	P%	LC	BT	DC	TK	DT%	BL	IC	CL	A%
상위	상위	하위	하위	하위	상위	하위	상위	하위	상위	하위	상위	하위	하위
18%	37%	47%	8%	1%	29%	21%	0%	35%	21%	2%	8%	29%	6%

Domingos DUARTE

평점 6.57 · 도밍구스 두아르테 · 1995.03.10 / 192cm

압도적인 피지컬을 자랑하는 센터백. 2020년 포르투갈 대표팀에 데뷔했다. 피지컬을 바탕으로 헤딩력이 탁월하다. 공중볼 경합은 물론 세트피스 헤더 싸움에 능하다. 일대일 대인마크도 강점이다. 화려하진 않지만 안정감 있는 수비를 펼친다. 좋은 때와 그렇지 않을때 기복이 심하다. 패스 미스가 많은 편이다. 민첩성이 떨어져 빠른 공격수에 고전한다. 시장 가치는 500만 유로, 추정 연봉은 108만 유로.

슈팅-득점	국적	2022-23시즌 헤타페	포지션

| 16-0 / 0-0 | 포르투갈 | ⏱ 30-1 / A 2 / P 31.3-24.1 / P% 77% | |
| ●16-0 LG-0 / ●0-0 RG-0 / ●0-0 HG-0 | | DR 0.2-0.2 / TK 1.1-0.8 / IC 1.3 / ■■ 9-1 / ★ | |

OP	SH	SG	PC	P%	LC	BT	DC	TK	DT%	BL	IC	CL	A%
하위	상위	상위	하위	하위	상위	하위	하위	상위	하위	상위	상위	하위	상위
20%	39%	42%	2%	0%	40%	1%	0%	7%	10%	22%	41%	12%	48%

Arthur THEATE
평점 **6.57**
아르튀르 테아테   2000.05.25 / 185cm

2021년부터 벨기에 대표팀에서 활약 중인 수비수. 주포지션은 센터백이지만 레프트백도 소화한다. 저돌적인 스타일의 파이터형 센터백. 적극적으로 달려들어 압박하고 공을 빼앗는다. 스피드가 좋아 뒷공간을 빠르게 커버한다. 패싱력이 나쁘지 않고 수비수이면서 골 결정력도 상당하다. 수비 스타일이 거칠다보니 카드를 많이 받는다. 제공권도 약점이다. 시장 가치는 2000만 유로, 추정 연봉은 291만 유로.

슈팅-득점	국적	2022-23시즌 스타드 렌	포지션
25-4			
6-0		35-0 3129 0 72.8-65.5 90%	
● 31-4 LG-2	벨기에	DR TK IC ★	
● 0-0 RG-0		0.4-0.2 1.2-0.8 0.9 5-0 1	
● 0-0 HG-2			

OP	SH	SG	PC	P%	LC	BT	DC	TK	DT%	BL	IC	CL	A%
상위	상위	상위	상위	상위	상위	상위	상위	하위	하위	하위	하위	하위	상위
13%	5%	9%	10%	16%	11%	11%	49%	6%	4%	6%	19%	27%	43%

Alessandro BUONGIORNO
평점 **6.57**
알레산드로 본조르노   1999.06.06 / 194cm

최근 떠오르는 젊은 센터백. 2023년 이탈리아 대표팀에 첫 소집됐다. 성이 이탈리아어로 '안녕하세요'라는 뜻. 압도적인 피지컬을 앞세워 공중볼 장악 능력이 탁월하다. 공을 가로채는데 능하고 일대일 마크도 강점이다. 세트피스 시 종종 공격포인트를 올린다. 파울이 많고 카드를 많이 받는 것은 약점. 스피드, 민첩성이 떨어져 빠른 공격수에 고전한다. 시장 가치는 800만 유로, 추정 연봉은 41만 유로.

슈팅-득점	국적	2022-23시즌 토리노	포지션
20-1			
0-0		30-4 2723 2 45.9-39.0 85%	
● 20-1 LG-0	이탈리아	DR TK IC ★	
● 0-0 RG-0		0.6-0.3 1.6-1.1 1.8 4-0 2	
● 0-0 HG-1			

OP	SH	SG	PC	P%	LC	BT	DC	TK	DT%	BL	IC	CL	A%
상위	상위	하위	하위	하위	하위	상위	상위	하위	상위	하위	상위	하위	상위
22%	26%	13%	48%	48%	46%	50%	34%	17%	45%	9%	42%	42%	25%

Joaquín FERNÁNDEZ
평점 **6.57**
호아킨 페르난데스   1996.05.31 / 190cm

탄탄한 피지컬을 가진 센터백. 장신을 활용한 공중볼 경합에 강점이 있다. 태클 성공률이 높고 일대일 마크에도 두드러진다. 전체적으로 안정감있는 수비력을 자랑한다. 공에 대한 집중력이 좋다는 평가를 받는다. 중앙 미드필더도 소화하는 다재다능함을 갖췄다. 패스 정확도가 떨어진다. 좋을 때와 그렇지 않을 때 경기력의 기복이 심하다. 시장 가치는 300만 유로, 추정 연봉은 31만 유로.

슈팅-득점	국적	2022-23시즌 바야돌리드	포지션
9-1			
1-0		24-3 2158 0 36.5-30.3 83%	
● 10-1 LG-0	스페인	DR TK IC ★	
● 0-0 RG-0		0.1-0.0 1.7-1.3 1.1 4-0 1	
● 0-0 HG-1			

OP	SH	SG	PC	P%	LC	BT	DC	TK	DT%	BL	IC	CL	A%
하위	하위	하위	하위	하위	하위	하위	하위	상위	상위	하위	상위	상위	상위
37%	42%	16%	17%	36%	44%	14%	9%	47%	45%	40%	41%	36%	33%

Kevin AKPOGUMA
평점 **6.56**
케빈 아크포구마   1995.04.19 / 192cm

독일에서 태어났지만 부모님 혈통을 따라 나이지리아 대표팀을 선택했다. 2020년 A매치 데뷔했다. 월등한 피지컬을 바탕으로 공중볼 등 경합 상황에서 강하다. 위치 선정 및 경기를 읽는 능력이 좋다. 태클, 숏 블록 등 몸을 아끼지 않는 수비력으로 팀에 기여한다. 상대가 압박하는 상황에서 실수가 잦다. 플레이 스타일이 거칠어 카드를 많이 받는다. 시장 가치는 400만 유로, 추정 연봉은 87만 유로.

슈팅-득점	국적	2022-23시즌 호펜하임	포지션
4-0			
4-0		21-7 1952 0 35.0-28.1 80%	
● 8-0 LG-0	나이지리아	DR TK IC ★	
● 0-0 RG-0		0.8-0.3 3.1-2.7 0.9 11-0 0	
● 0-0 HG-0			

OP	SH	SG	PC	P%	LC	BT	DC	TK	DT%	BL	IC	CL	A%
하위	상위	하위	하위	하위	하위	하위	하위	상위	상위	상위	상위	하위	하위
12%	32%	18%	28%	19%	26%	26%	1%	16%	2%	37%	29%	26%

Jakub KIWIOR
평점 **6.56**
야쿠프 키비오르   2000.02.15 / 189cm

폴란드 대표팀 차세대 수비 핵심. 2022년 A매치 데뷔. 가치가 높은 왼발 센터백이다. 수비 전포지션 소화가 가능하다. 볼컨트롤과 스피드가 강점이다. 직접 드리블로 공을 운반하곤 한다. 왼발에서 나오는 롱패스가 날카롭다. 태클, 클리어링, 후방 커버도 능하다. 전진을 자주하다보니 뒷공간을 자주 내준다. 대인마크 상황에서 돌파 허용 비율이 높다. 시장 가치는 2000만 유로, 추정 연봉은 351만 유로.

슈팅-득점	국적	22-23시즌 스페치아+아스날	포지션
8-1			
3-0		22-2 1874 0 39.3-33.5 85%	
● 11-1 LG-0	폴란드	DR TK IC ★	
● 1-0 RG-1		0.4-0.3 2.1-1.2 1.3 3-0 0	
● 0-0 HG-0			

OP	SH	SG	PC	P%	LC	BT	DC	TK	DT%	BL	IC	CL	A%
하위	상위	상위	하위	상위	하위	상위	상위	하위	하위	상위	상위	상위	하위
40%	46%	41%	49%	46%	49%	34%	41%	1%	22%	35%	12%	48%	18%

Niklas STARK
평점 **6.56**
니클라스 슈타르크   1995.04.14 / 190cm

2019년 독일 대표팀에 데뷔했다. 원래 수비형 미드필더였다가 센터백으로 변신했다. 전술 이해 능력이 좋아 다양한 포지션 소화가 가능하다. 길고 짧은 패스 모두 능하다. 후방 빌드업에 강점이 있다. 발이 빨라 뒷공간 커버도 잘한다. 태클, 인터셉트 등 전체적인 수비력은 아쉽다. 장신임에도 헤더 성공률이 낮다. 스타일이 투박해 카드를 많이 받는다. 시장 가치는 550만 유로, 추정 연봉은 144만 유로.

슈팅-득점	국적	2022-23시즌 베르더 브레멘	포지션
3-0			
0-0		23-4 2082 0 45.8-38.0 83%	
● 3-0 LG-0	독일	DR TK IC ★	
● 0-0 RG-0		0.1-0.1 2.6-2.1 1.4 9-0 0	
● 0-0 HG-0			

OP	SH	SG	PC	P%	LC	BT	DC	TK	DT%	BL	IC	CL	A%
하위	하위	하위	상위	상위	하위	상위	하위	하위	상위	하위	상위	상위	하위
12%	4%	18%	50%	36%	22%	40%	23%	7%	41%	29%	22%	14%	3%

●	●	●	LG	RG	HG	⊞	⏱	Ⓐ	Ⓟ	P%	DR	TK	IC	■	★	OP	SH	SG	PC	P%	LC	BT	DC	TK	DT%	BL	IC	CL	A%
전체슈팅 시도-득점	직접프리킥 시도-득점	PK 시도-득점	왼발 득점	오른발 득점	헤더 득점	출전횟수 선발-교체	출전시간 분(MIN)	도움	평균패스 시도-성공	패스성공률	평균드리블 시도-성공	평균태클 시도-성공	평균 인터셉트	경고-퇴장	페어플레이 MOM	공격 포인트	슈팅 시도	유효 슈팅	패스 성공	패스 성공률	롱볼 성공	볼터치	드리블	태클	태클 성공률	드리블러 블로킹	인터셉트	클리어링	공중전 승률

Ricardo RODRÍGUEZ
평점 6.56
리카르도 로드리게스
1992.08.25 / 180cm

스위스를 대표하는 베테랑 수비수. 2011년 A매치 데뷔해 센추리클럽에 가입했다. 스위스는 물론 칠레, 스페인 시민권을 보유하고 있다. 센터백과 레프트백을 고르게 소화한다. 왼발로 올리는 크로스가 일품이다. 후방 빌드업 능력도 갖췄다. 드리블 실력이 좋아 직접 공을 몰고 전진한다. 풀백으로서 기동력이 떨어지고 센터백으로서 피지컬이 약하다. 시장 가치는 350만 유로, 추정 연봉은 278만 유로.

슈팅-득점	국적	2022-23시즌 토리노	포지션

5-0			
6-0	스위스	30-5 2670 0 45.7-38.4 84%	
●11-0 LG-0		DR 0.4-0.2 TK 1.9-1.5 IC 1.1 3-0 ★ 0	
●1-0 RG-0			
●0-0 HG-0			

OP	SH	SG	PC	P%	LC	BT	DC	TK	DT%	BL	IC	CL	A%
하위 12%	하위 33%	하위 42%	상위 39%	하위 32%	하위 38%	상위 36%	상위 38%	상위 26%	상위 30%	하위 25%	상위 46%	하위 3%	하위 10%

Lilian BRASSIER
평점 6.56
릴리안 브라시에
1999.11.02 / 186cm

탄탄한 피지컬이 돋보이는 센터백. 레프트백도 소화할 정도로 스피드와 민첩성을 갖췄다. 투지 넘치는 플레이로 팀에 활기를 불어넣는다. 몸을 던져 결정적인 슈팅을 막아낸다. 공에 대한 집중력이 남다르다. 대인마크 등 경합 상황에서 좀처럼 밀리지 않는다. 패스의 날카로움이 떨어지고 패스미스가 잦다. 공중볼 경합에서도 강한 편이 아니다. 시장 가치는 400만 유로, 추정 연봉은 9만 유로.

슈팅-득점	국적	2022-23시즌 브레스트	포지션

17-0			
3-0	프랑스	35-1 3094 0 41.8-32.6 78%	
●20-0 LG-0		DR 0.8-0.4 TK 1.4-1.2 IC 1.1 5-0 ★ 0	
●0-0 RG-0			
●0-0 HG-0			

OP	SH	SG	PC	P%	LC	BT	DC	TK	DT%	BL	IC	CL	A%
하위 12%	상위 34%	하위 37%	하위 24%	하위 8%	하위 25%	하위 30%	하위 31%	상위 14%	상위 50%	상위 25%	상위 45%	상위 42%

Antonio RÜDIGER
평점 6.56
안토니오 뤼디거
1993.03.03 / 190cm

세계 톱클래스 센터백 중 한 명. 2014년부터 독일 대표팀 수비를 책임진다. 상황에 따라 풀백과 수비형 미드필더도 소화 가능하다. 큰 키에 민첩함까지 겸비했다. 탄탄한 피지컬과 빠른 스피드로 상대 공격수를 압도한다. 오른발잡이지만 왼발도 잘 쓴다. 후방에서 길게 찔러주는 전방 롱패스도 일품. 집중력에서 간혹 문제가 있다. 카드 수집도 많은 편. 시장 가치는 3200만 유로, 추정 연봉은 1458만 유로.

슈팅-득점	국적	2022-23시즌 레알 마드리드	포지션

17-1			
5-0	독일	26-7 2411 0 48.3-44.4 92%	
●22-1 LG-1		DR 0.1-0.1 TK 0.8-0.5 IC 0.6 1-0 ★ 0	
●0-0 RG-0			
●0-0 HG-0			

OP	SH	SG	PC	P%	LC	BT	DC	TK	DT%	BL	IC	CL	A%
상위 48%	상위 11%	상위 39%	상위 25%	상위 4%	하위 33%	상위 40%	상위 23%	하위 4%	상위 23%	하위 12%	하위 6%	상위 18%	상위 36%

Norbert GYÖMBÉR
평점 6.55
노르베르트 기옴베르
1992.07.03 / 189cm

2014년부터 슬로바키아 대표로 활약 중인 베테랑. 좋은 피지컬과 운동능력을 자랑한다. 상대 공격수 움직임을 미리 예측하고 패스를 차단하는데 능하다. 압박에도 흔들리지 않고 침착하게 다음 플레이를 이어간다. 수비 조직력을 이끄는 리더십도 갖췄다. 스피드나 민첩성이 좋은 편은 아니다. 큰 키에 비해 제공권 장악 능력은 떨어진다. 패스미스도 잦은 편. 시장 가치는 150만 유로, 추정 연봉은 130만 유로.

슈팅-득점	국적	2022-23시즌 살레르니타나	포지션

6-0			
2-0	슬로바키아	23-4 1755 1 27.1-22.8 84%	
●8-0 LG-0		DR 0.1-0.1 TK 1.5-1.2 IC 1.3 5-0 ★ 0	
●0-0 RG-0			
●0-0 HG-0			

OP	SH	SG	PC	P%	LC	BT	DC	TK	DT%	BL	IC	CL	A%
하위 46%	하위 42%	하위 5%	하위 12%	상위 42%	하위 7%	하위 9%	상위 37%	상위 30%	하위 9%	상위 13%	상위 15%	상위 31%

Lorenzo PIROLA
평점 6.55
로렌초 피롤라
2002.02.20 / 188cm

미래가 기대되는 젊은 왼발 센터백. 쌍둥이 동생도 축구선수로 활약 중이다. 운동능력을 활용한 숏블로킹 능력이 돋보인다. 나이에 비해 수비 위치 선정과 상황 판단력이 좋다는 평가다. 좋은 신체조건을 바탕으로 몸싸움을 피하지 않고 태클 기술도 수준급이다. 아직은 기술적으로 덜 여물었다는 지적. 패스 미스가 잦고 신장에 비해 공중볼 장악이 떨어진다. 시장 가치는 800만 유로, 추정 연봉은 56만 유로.

슈팅-득점	국적	2022-23시즌 살레르니타나	포지션

21-2			
1-0	이탈리아	23-3 1949 0 37.4-30.3 81%	
●22-2 LG-0		DR 0.3-0.2 TK 1.7-1.3 IC 1.3 4-0 ★ 0	
●0-0 RG-0			
●0-0 HG-2			

OP	SH	SG	PC	P%	LC	BT	DC	TK	DT%	BL	IC	CL	A%
상위 25%	상위 31%	하위 40%	하위 25%	하위 20%	하위 8%	하위 29%	상위 34%	상위 46%	상위 19%	하위 1%	상위 36%	상위 39%	하위 23%

Manuel AKANJI
평점 6.55
마누엘 아칸지
1995.07.19 / 188cm

가장 주목받는 센터백 중 한 명. 맨체스터 시티 트레블의 주역이다. 2017년부터 스위스 대표팀 핵심 주전으로 활약 중이다. 단단한 하드웨어를 바탕으로 적극적이고 터프한 수비를 펼친다. 일대일 방어 능력이 탁월하다. 체격에 비해 발이 빨라 뒷공간 커버에 강점이 있다. 전방으로 찔러주는 롱패스에 능하다. 전술 이해도도 뛰어나다. 유일한 약점은 제공권. 시장 가치는 3800만 유로, 추정 연봉은 1090만 유로.

슈팅-득점	국적	2022-23시즌 맨체스터 시티	포지션

11-0			
4-0	스위스	24-5 2287 1 70.0-65.1 93%	
●15-0 LG-0		DR 0.4-0.2 TK 1.7-1.2 IC 0.7 2-0 ★ 0	
●0-0 RG-0			
●0-0 HG-0			

OP	SH	SG	PC	P%	LC	BT	DC	TK	DT%	BL	IC	CL	A%
상위 50%	상위 30%	하위 3%	상위 2%	상위 45%	상위 4%	상위 50%	상위 31%	하위 41%	상위 9%	하위 7%	하위 1%	하위 1%

| ● 전체 슈팅 시도-득점 | ● 직접프리킥 시도-득점 | ○ PK 시도-득점 | LG 왼발 득점 | RG 오른발 득점 | HG 헤더 득점 | ⏱ 출전횟수 선발-교체 | ⓐ 출전시간 분(MIN) | Ⓐ 도움 | Ⓟ 평균 패스 시도-성공 | Ⓟ% 패스 성공률 | DR 평균 드리블 시도-성공 | TK 평균 태클 시도-성공 | IC 평균 인터셉트 | 경고-퇴장 | ★ 페어플레이 | MOM 공격 포인트 | OP 공격 시도 | SH 슈팅 | SG 유효 슈팅 | PC 패스 성공 | P% 패스 성공률 | LC 롱볼 성공 | BT 볼 터치 | DC 드리블 성공 | TK 태클 성공 | DT% 드리블 태클성공률 | BL 블로킹 | IC 인터셉트 | CL 클리어링 | A% 공중전 승률 |

평점 6.54 — Berat DJIMSITI / 베라트 짐시티

1993.02.19 / 190cm

알바니아 축구의 간판스타. 2015년부터 국가대표 주전으로 활약 중이다. 스위스, 코소보, 세르비아 국적도 가지고 있다. 월등한 피지컬을 바탕으로 터프한 수비를 펼치는 파이터형 센터백. 일대일 수비에 강하고 스피드가 좋아 후방 커버에 능하다. 공중볼 경합에도 확실한 강점이 있다. 주력은 빠르지만 민첩성과 순발력은 떨어진다. 패스에 기복이 있다. 시장 가치는 1000만 유로, 추정 연봉은 148만 유로.

슈팅-득점	국적	2022-23시즌 아탈란타	포지션

슈팅-득점: 5-0 / 0-0
● 5-0 LG-0
● 0-0 RG-0
● 0-0 HG-0
국적: 알바니아

⏱	ⓐ	Ⓐ	Ⓟ	Ⓟ%
20-4	1799	1	45.1-39.1	87%

DR	TK	IC		★
0.3-0.2	1.8-1.4	1.6	3-0	

OP	SH	SG	PC	P%	LC	BT	DC	TK	DT%	BL	IC	CL	A%
하위	하위	하위	상위	상위	하위	상위	상위	상위	상위	하위	상위	상위	하위
43%	15%	5%	41%	30%	16%	44%	49%	35%	25%	12%	14%	50%	38%

평점 6.54 — David ALABA / 다비드 알라바

1992.06.24 / 180cm

오스트리아 축구 간판스타. 2009년부터 대표팀에서 활약 중이다. 센추리 클럽에도 가입했다. 나이지리아인 아버지와 필리핀인 어머니 사이에서 태어났다. 센터백치고 작은 키지만 안정감있는 수비력과 뛰어난 빌드업 능력을 앞세워 최정상급 수비수로 발돋움했다. 풀백이나 미드필더로 나설 만큼 다재다능하다. 피지컬 탓에 높이 싸움에서 아쉬움이 있다. 시장 가치는 4000만 유로, 추정 연봉은 2250만 유로.

슈팅-득점	국적	2022-23시즌 레알 마드리드	포지션

슈팅-득점: 8-0 / 6-1
● 14-1 LG-1
● 5-1 RG-0
● 0-0 HG-0
국적: 오스트리아

⏱	ⓐ	Ⓐ	Ⓟ	Ⓟ%
21-2	1841	3	48.2-42.9	89%

DR	TK	IC	★
0.2-0.1	0.9-0.7	0.6	

OP	SH	SG	PC	P%	LC	BT	DC	TK	DT%	BL	IC	CL	A%
하위	상위	상위	상위	상위	하위	상위	상위	하위	하위	하위	하위	하위	하위
8%	24%	19%	30%	29%	3%	44%	5%	19%	32%	10%	1%	3%

평점 6.54 — Nathan COLLINS / 네이선 콜린스

2001.04.30 / 193cm

아일랜드 대표팀 주전 수비수. 2021년부터 국가대표로 활약 중이다. 압도적인 피지컬과 수준급 수비력을 갖췄다. 공중볼 장악이 가장 큰 무기. 높이는 물론 위치 선정도 좋아 헤더 경합에서 거의 밀리지 않는다. 세트피스 상황에서 헤더 득점도 종종 올린다. 일대일 수비에 강하고 슈팅 블로킹도 강점이다. 스피드는 최대 약점. 경험 부족으로 실수가 잦다. 시장 가치는 2200만 유로, 추정 연봉은 121만 유로.

슈팅-득점	국적	2022-23시즌 울버햄튼	포지션

슈팅-득점: 3-0 / 0-0
● 3-0 LG-0
● 0-0 RG-0
● 0-0 HG-0
국적: 아일랜드

⏱	ⓐ	Ⓐ	Ⓟ	Ⓟ%
19-7	1813	0	43.4-38.2	88%

DR	TK	IC	★
0.3-0.3	1.4-1.0	0.9	2-1

OP	SH	SG	PC	P%	LC	BT	DC	TK	DT%	BL	IC	CL	A%
하위	하위	하위	상위	상위	상위	상위	상위	하위	상위	상위	하위	상위	하위
12%	5%	5%	34%	23%	32%	39%	22%	4%	50%	4%	32%	34%	20%

평점 6.54 — Mouctar DIAKHABY / 무크타르 디아카비

1996.12.19 / 192cm

프랑스에서 태어났지만 국가대표는 2022년 부모의 나라 기니를 선택했다. 뛰어난 피지컬을 바탕으로 터프한 수비를 펼치는 파이터형 센터백이다. 공중볼 경합에 강점이 있고 헤딩골을 심심치 않게 넣는다. 스피드, 점프력 등 운동능력도 탁월하다. 오른발이 주발이지만 왼발도 잘 써 빌드업에 기여한다. 불필요한 파울이 많은 것은 단점. 카드도 많이 받는다. 시장 가치는 600만 유로, 추정 연봉은 400만 유로.

슈팅-득점	국적	2022-23시즌 발렌시아	포지션

슈팅-득점: 20-3 / 1-0
● 21-3 LG-0
● 0-0 RG-1
● 0-0 HG-2
국적: 기니아

⏱	ⓐ	Ⓐ	Ⓟ	Ⓟ%
28-1	2449	0	40.9-33.5	82%

DR	TK	IC	★
0.3-0.2	1.3-1.0	0.6	5-1

OP	SH	SG	PC	P%	LC	BT	DC	TK	DT%	BL	IC	CL	A%
상위	상위	상위	상위	상위	하위	하위	하위	상위	상위	하위	상위	하위	하위
18%	14%	12%	22%	32%	49%	17%	47%	20%	38%	64%	9%	37%	21%

평점 6.54 — Waldemar ANTON / 발데마르 안톤

1996.07.20 / 189cm

우즈베키스탄에서 태어났지만 독일에서 자랐고 독일 국적도 가지고 있다. 좋은 피지컬과 안정된 수비력을 갖춘 센터백이다. 큰 키와 점프력을 통한 제공권 장악이 돋보인다. 클리어링과 태클, 수비 리딩 등 센터백으로서 고른 능력을 자랑한다. 전방 압박을 받는 상황에서 종종 결정적인 실수를 저지른다. 패스 미스가 잦고 경기력 기복이 있는 편이다. 시장 가치는 450만 유로, 추정 연봉은 75만 유로.

슈팅-득점	국적	2022-23시즌 슈투트가르트	포지션

슈팅-득점: 17-1 / 7-0
● 24-1 LG-0
● 0-0 RG-1
● 0-0 HG-0
국적: 독일

⏱	ⓐ	Ⓐ	Ⓟ	Ⓟ%
34-0	2940	0	55.6-44.5	80%

DR	TK	IC	★
1.1-0.6	2.1-1.4	1.2	4-0

OP	SH	SG	PC	P%	LC	BT	DC	TK	DT%	BL	IC	CL	A%
상위	상위	상위	상위	하위	상위	상위	상위	하위	상위	하위	상위	상위	하위
26%	16%	34%	33%	15%	44%	18%	48%	21%	31%	44%	48%	15%

평점 6.53 — Piero HINCAPIÉ / 피에로 힌카피에

2002.01.09 / 183cm

에콰도르의 떠오르는 수비 신성. 2021년부터 국가대표로 활약 중이다. 센터백은 물론 레프트백으로도 나선다. 저돌적인 플레이로 상대 공을 뺏는데 능하다. 슈팅을 막는 블로킹 능력도 뛰어나다. 왼발을 잘 써 후방 빌드업에서 요긴한 활약을 펼친다. 센터백치고 키가 작아 공중볼에선 약점이 뚜렷하다. 다혈질 성격에다 승부욕이 강해 카드를 많이 받는다. 시장 가치는 3500만 유로, 추정 연봉은 208만 유로.

슈팅-득점	국적	22-23시즌 바이에르 레버쿠젠	포지션

슈팅-득점: 11-1 / 6-0
● 17-1 LG-0
● 0-0 RG-0
● 0-0 HG-1
국적: 에콰도르

⏱	ⓐ	Ⓐ	Ⓟ	Ⓟ%
27-3	2466	1	55.9-46.4	83%

DR	TK	IC	★
1.0-0.5	2.1-1.7	1.1	9-3

OP	SH	SG	PC	P%	LC	BT	DC	TK	DT%	BL	IC	CL	A%
하위	상위	상위	상위	하위	하위	상위	상위	상위	상위	상위	하위	상위	하위
42%	36%	37%	21%	30%	20%	13%	14%	10%	29%	27%	45%	17%	18%

●	●	●	LG	RG	HG		⏱	Ⓐ	Ⓟ	Ⓟ%	DR	TK	IC	■	★	OP	SH	SG	PC	P%	LC	BT	DC	TK	DT%	BL	IC	CL	A%
전체슈팅 시도-득점	직접프리킥 시도-득점	PK 시도-득점	왼발 득점	오른발 득점	헤더 득점	출전횟수 선발-교체	출전시간 분(MIN)	도움	평균패스 시도-성공	패스 성공률	평균드리블 시도-성공	평균태클 시도-성공	평균 인터셉트	페어플레이 경고-퇴장	MOM	공격 포인트	슈팅 시도	유효 슈팅	패스 성공	패스 성공률	롱볼 성공	볼터치	드리블 성공	태클	드리블러 태클성공률	블로킹	인터셉트	클리어링	공중전 승률

평점 6.53 **Jawad EL YAMIQ**
자와드 엘 야미크 1992.02.29 / 193cm

2016년부터 모로코 국가대표로 활약 중인 센터백. 볼컨트롤과 패싱 능력으로 후방 빌드업 중심 역할을 한다. 공중볼에 강점이 있다. 패스를 미리 예측하고 공을 따내는 집중력이 돋보인다. 숏 블로킹과 태클이 수준급이다. 수비 조직을 이끄는 리더십도 인정받는다. 스피드와 민첩성이 떨어진다. 피지컬 좋은 공격수와 몸싸움도 아쉬운 모습을 보인다. 시장 가치는 200만 유로, 추정 연봉은 67만 유로.

슈팅-득점	국적	2022-23시즌 레알 바야돌리드	포지션

9-1 / 8-0		📋 19-6 ⏱1612 Ⓐ0 Ⓟ35.9-29.4 Ⓟ%82%	
● 17-1 LG-0	모로코	DR 0.6-0.4 TK 0.9-0.7 IC 1.5 ■ 2-1 ★ 0	
● 0-0 RG-1			
● 0-0 HG-0			

OP	SH	SG	PC	P%	LC	BT	DC	TK	DT%	BL	IC	CL	A%
상위	상위	상위	하위	하위	상위	상위	상위	하위	하위	상위	상위	상위	하위
49%	4%	18%	40%	26%	23%	43%	9%	26%	19%	6%	3%	40%

평점 6.52 **Tyrone MINGS**
타이론 밍스 1993.03.13 / 196cm

2m에 육박하는 압도적인 피지컬을 자랑한다. 2019년부터 잉글랜드 대표로 활약 중. 왼발잡이 센터백에 큰 키에도 스피드와 민첩성이 뛰어나다. 특히 일대일 수비와 태클에서 강력한 모습을 보인다. 후방 조직력을 유지하는 리더십도 갖췄다. 투박하고 거친 수비 스타일로 카드를 많이 받는다. 경기마다 기복이 심하고 실수가 잦은 점도 아쉬운 부분. 시장 가치는 2200만 유로, 추정 연봉은 606만 유로.

슈팅-득점	국적	2022-23시즌 아스톤 빌라	포지션

6-1 / 1-0		📋 35-0 ⏱3150 Ⓐ2 Ⓟ54.0-45.9 Ⓟ%85%	
● 7-1 LG-0	잉글랜드	DR 0.3-0.2 TK 0.7-0.4 IC 1.6 ■ 7-0 ★ 1	
● 0-0 RG-0			
● 0-0 HG-1			

OP	SH	SG	PC	P%	LC	BT	DC	TK	DT%	BL	IC	CL	A%
상위	하위	하위	상위	상위	하위	상위	하위	하위	하위	하위	상위	상위	상위
31%	10%	24%	45%	48%	39%	48%	46%	1%	6%	41%	25%	19%	5%

평점 6.52 **Marc GUÉHI**
마크 게히 2000.07.13 / 182cm

2022년부터 잉글랜드 대표로 활약 중인 센터백. 첼시 유스 출신이다. 코트디부아르에서 태어났지만 이민 후 영국 국적을 취득했다. 발이 빠르고 체구가 단단해 일대일 대인마크에 강점이 있다. 집중력이 좋아 실수가 적고 수비 안정감이 높다. 볼 컨트롤 및 패싱 능력도 좋아 후방 빌드업을 이끈다. 센터백치고 키가 작다보니 공중볼 경합에 취약하다. 시장 가치는 3500만 유로, 추정 연봉은 302만 유로.

슈팅-득점	국적	2022-23시즌 크리스털 팰리스	포지션

14-1 / 0-0		📋 37-0 ⏱3330 Ⓐ0 Ⓟ59.6-50.7 Ⓟ%86%	
● 14-1 LG-0	잉글랜드	DR 0.6-0.4 TK 1.9-1.5 IC 1.1 ■ 8-0 ★ 0	
● 0-0 RG-1			
● 0-0 HG-0			

OP	SH	SG	PC	P%	LC	BT	DC	TK	DT%	BL	IC	CL	A%
하위	하위	상위	상위	상위	상위	상위	상위	상위	하위	하위	상위	하위	하위
24%	33%	31%	31%	47%	27%	30%	19%	45%	47%	49%	48%	47%	26%

평점 6.52 **Robin KOCH**
로빈 코흐 1996.07.17 / 191cm

2019년부터 독일 국가대표로 활약 중이다. 주포지션은 센터백이지만 수비형 미드필더로도 나선다. 아버지도 독일 분데스리가 선수 출신이다. 피지컬을 활용한 공중볼 경합과 태클에 강점이 있다. 패싱 능력도 뛰어나 빌드업 시발점 역할을 한다. 전방으로 찔러주는 통패스도 수준급이다. 순발력이 떨어지고 일대일 마크가 아쉽다. 경기마다 기복이 있는 편. 시장 가치는 1800만 유로, 추정 연봉은 242만 유로.

슈팅-득점	국적	2022-23시즌 리즈 유나이티드	포지션

15-0 / 2-0		📋 36-0 ⏱3178 Ⓐ0 Ⓟ44.4-34.2 Ⓟ%77%	
● 17-0 LG-0	독일	DR 0.1-0.1 TK 2.4-1.5 IC 1.2 ■ 7-0 ★ 0	
● 0-0 RG-0			
● 0-0 HG-0			

OP	SH	SG	PC	P%	LC	BT	DC	TK	DT%	BL	IC	CL	A%
하위	하위	하위	하위	하위	하위	하위	하위	상위	하위	상위	하위	상위	상위
12%	49%	49%	19%	9%	29%	23%	5%	4%	4%	46%	49%	30%	44%

평점 6.52 **Pierre KALULU**
피에르 칼룰루 2000.06.05 / 182cm

프랑스가 기대하는 젊은 수비수. 도쿄올림픽 직전 한국 올림픽 대표팀과 경기에서 선발로 나섰다. 풀백에서 센터백으로 전환한 케이스. 일대일 수비가 뛰어나고 스피드가 좋아 수비 커버 범위가 넓다. 피지컬을 활용한 압박에 강점이 있다. 축구 센스가 뛰어나다는 평가. 센터백치고 키가 작아 공중볼 싸움에서 밀린다. 크로스를 제외한 패스 능력은 평범하다. 시장 가치는 3000만 유로, 추정 연봉은 256만 유로.

슈팅-득점	국적	2022-23시즌 AC 밀란	포지션

10-1 / 1-0		📋 26-8 ⏱2544 Ⓐ0 Ⓟ50.1-44.5 Ⓟ%89%	
● 11-1 LG-0	프랑스	DR 0.5-0.3 TK 2.1-1.7 IC 1.1 ■ 4-0 ★ 1	
● 0-0 RG-0			
● 0-0 HG-1			

OP	SH	SG	PC	P%	LC	BT	DC	TK	DT%	BL	IC	CL	A%
하위	하위	상위	하위	상위	상위	상위	상위	상위	상위	상위	하위	하위	하위
24%	29%	47%	22%	29%	24%	24%	25%	20%	48%	21%	42%	2%	13%

범례: 전체 슈팅 시도·득점 | 직접프리킥 시도·득점 | PK 시도·득점 | LG 왼발 득점 | RG 오른발 득점 | HG 헤더 득점 | 출전횟수 선발-교체 | 출전시간 분(MIN) | A 도움 | P 평균 패스 시도·성공 | P% 패스 성공률 | DR 평균드리블 시도·성공 | TK 평균 태클 시도·성공 | IC 평균 인터셉트 | 경고·퇴장 | ★ 페어플레이 | MOM | OP 공격 포인트 | SH 슈팅 시도 | SG 유효 슈팅 | PC 패스 성공 | P% 패스 성공률 | LC 롱패스 성공 | BT 볼터치 | DC 드리블 성공 | TK 태클 드리블러 태클성공률 | DT% 드리블 블로킹 | BL 블로킹 | IC 인터셉트 | CL 클리어링 | A% 공중전 승률

Jose COPETE
평점 6.52
호세 코페테
1999.10.10 / 192cm

192cm 장신에 현대축구에서 가치가 높은 왼발 센터백이다. 긴 다리를 이용한 태클과 가로채기에 능하다. 일대일 마크에도 좀처럼 밀리지 않는다. 직접 드리블 전진을 이끌기도 한다. 전체적으로 큰 기복없이 안정적인 플레이를 펼친다. 체격이 큰 만큼 민첩성은 부족하다. 패스 미스가 잦고 키에 비해 공중볼에 강한 편은 아니다. 카드를 자주 받는다. 시장 가치는 350만 유로, 추정 연봉은 21만 유로.

슈팅-득점	국적	2022-23시즌 마요르카	포지션
6-1			
0-0	스페인	27-1 2215 0 30.8-23.7 77%	

		A	P	P%

● 6-1 LG-0
● 0-0 RG-0
● 0-0 HG-1

DR 0.8-0.7 | TK 2.3-1.9 | IC 1.7 | 7-1 | ★ 3

OP	SH	SG	PC	P%	LC	BT	DC	TK	DT%	BL	IC	CL	A%
하위 37%	하위 14%	하위 16%	하위 4%	하위 5%	하위 39%	하위 6%	상위 2%	상위 14%	상위 12%	상위 15%	상위 15%	상위 23%	상위 8%

Santiago BUENO
평점 6.51
산티아고 부에노
1998.11.09 / 192cm

우루과이 차세대 센터백. 2023년 대표팀에 데뷔했다. 190cm가 넘는 장신답게 공중볼 장악에 탁월한 능력을 자랑한다. 긴 다리를 이용한 태클도 일품이다. 세트피스 상황에서 헤더 득점도 적극적으로 노린다. 후방 빌드업 능력은 물론 전방으로 찔러주는 전진패스도 수준급이다. 플레이가 다소 투박해 카드를 자주 받는다. 경기력 기복도 있는 편. 시장 가치는 800만 유로, 추정 연봉은 60만 유로.

슈팅-득점	국적	2022-23시즌 히로나	포지션
11-0			
2-0	우루과이	34-1 3012 1 52.5-45.7 87%	

● 13-0 LG-0
● 0-0 RG-0
● 0-0 HG-0

DR 0.1-0.1 | TK 2.2-1.9 | IC 0.9 | 5-1 | ★ 0

OP	SH	SG	PC	P%	LC	BT	DC	TK	DT%	BL	IC	CL	A%
하위 27%	상위 36%	상위 38%	상위 42%	상위 36%	상위 41%	상위 49%	하위 14%	상위 30%	상위 26%	하위 21%	상위 26%	하위 31%	

Flavius DANILIUC
평점 6.51
플라비우스 다닐리우크
2001.04.27 / 188cm

오스트리아 축구를 이끌 차세대 센터백. 2023년 A매치 데뷔전을 치렀다. 따돌림, 폭행으로 인해 레알 마드리드에서 바이에른 뮌헨 유스팀으로 옮긴 아픔이 있다. 어린 나이답지 않게 안정된 패싱력과 수비 스킬을 자랑한다. 후방 빌드업 중심인 동시에 태클, 가로채기도 능하다. 키가 크지만 공중볼은 약점이다. 스피드도 떨어지는 편. 카드 수집이 잦다. 시장 가치는 800만 유로, 추정 연봉은 64만 유로.

슈팅-득점	국적	22-23시즌 니스+살레르니타나	포지션
9-0			
1-0	오스트리아	24-5 2286 2 40.2-34.7 86%	

● 10-0 LG-0
● 1-0 RG-0
● 0-0 HG-0

DR 0.2-0.1 | TK 2.7-2.0 | IC 1.0 | 10-0 | ★ 1

OP	SH	SG	PC	P%	LC	BT	DC	TK	DT%	BL	IC	CL	A%
상위 35%	하위 39%	상위 32%	하위 35%	상위 39%	하위 31%	하위 26%	하위 20%	상위 20%	하위 41%	상위 20%	하위 41%		

Mateusz WIETESKA
평점 6.51
마테우시 비에테스카
1997.02.11 / 187cm

폴란드가 기대를 거는 센터백. 2022년 A매치에 데뷔했다. 좋은 피지컬을 바탕으로 공중볼 다툼에서 강한 모습을 보인다. 세트피스 공격시 헤더를 적극 노린다. 오른쪽 풀백으로도 뛸 만큼 스피드도 나쁘지 않다. 큰 부상없이 꾸준히 경기에 나서는 점도 반가운 부분. 패스 성공률은 다소 아쉽다. 수비 스킬이 투박하다보니 파울이 많고 카드수집이 잦다. 시장 가치는 300만 유로, 추정 연봉은 27만 유로.

슈팅-득점	국적	2022-23시즌 클레르몽 풋	포지션
16-0			
0-0	폴란드	35-1 3120 1 45.9-38.1 83%	

● 16-0 LG-0
● 0-0 RG-0
● 0-0 HG-0

DR 0.4-0.3 | TK 1.6-1.2 | IC 1.6 | 7-1 | ★ 1

OP	SH	SG	PC	P%	LC	BT	DC	TK	DT%	BL	IC	CL	A%
하위 25%	상위 47%	상위 39%	하위 35%	하위 22%	하위 23%	하위 27%	하위 35%	상위 42%	상위 21%	하위 14%	상위 26%		

Edmond TAPSOBA
평점 6.51
에드몽 탑소바
1999.02.02 / 194cm

부르키나파소 축구를 대표하는 간판 수비수. 17살이던 2016년부터 국가대표로 활약 중이다. 공을 다루는 능력이 뛰어나다. 상대 압박에도 쉽게 공을 뺏기지 않는다. 탈압박 후 드리블로 직접 공격을 이끌기도 한다. 전방에 뿌려주는 롱패스가 날카롭다. 수비 리더십도 갖췄다. 장신임에도 공중볼에 약점이 있다. 집중력이 떨어져 간혹 치명적 실수를 범한다. 시장 가치는 3000만 유로, 추정 연봉은 226만 유로.

슈팅-득점	국적	22-23시즌 바이에르 레버쿠젠	포지션
14-1			
1-0	부르키나 파소	32-1 2872 0 66.4-57.1 86%	

● 15-1 LG-0
● 0-0 RG-1
● 2-1 HG-0

DR 0.8-0.5 | TK 1.9-1.5 | IC 1.2 | 5-0 | ★ 1

OP	SH	SG	PC	P%	LC	BT	DC	TK	DT%	BL	IC	CL	A%
상위 39%	하위 49%	상위 28%	상위 12%	상위 37%	상위 17%	상위 9%	상위 6%	상위 36%	상위 35%	상위 48%	하위 39%	상위 44%	하위 34%

Maxime LE MARCHAND
평점 6.51
막심 르 마르샹
1989.10.11 / 185cm

경험이 풍부한 베테랑 센터백. 영리하게 상대 패스를 가로채고 깔끔한 태클을 시도한다. 힘과 스피드를 겸비했다. 일대일 상황에서 쉽게 밀리지 않고 수비 커버 범위가 넓다. 안정적인 패싱 능력을 갖춰 후방 빌드업에 크게 기여한다. 센터백이 주포지션이지만 레프트백으로도 나선다. 공격 기여도는 제한적이다. 집중력이 떨어져 결정적 실수를 범하곤 한다. 시장 가치는 120만 유로, 추정 연봉은 40만 유로.

슈팅-득점	국적	2022-23시즌 스트라스부르	포지션
5-0			
3-0	프랑스	23-3 2018 0 45.5-36.4 80%	

● 8-0 LG-0
● 0-0 RG-0
● 0-0 HG-0

DR 0.7-0.6 | TK 2.0-1.5 | IC 1.4 | 4-1 | ★ 0

OP	SH	SG	PC	P%	LC	BT	DC	TK	DT%	BL	IC	CL	A%
하위 12%	하위 30%	하위 6%	상위 43%	상위 17%	상위 48%	상위 50%	상위 32%	상위 45%	상위 24%	상위 19%	하위 34%	하위 19%	

골키퍼

골키퍼의 뒤에는 아무도 없다. 실수는 곧 실점이다. 수많은 슈퍼세이브를 연발해도 단 한 차례의 실수 때문에 모든 비난을 받는다. 그럼에도 골키퍼는 '매력 넘치는' 포지션이다. 숫자가 적고 전문적이라 팀에서 한번 자리를 잡으면 치명적인 실수를 하기 전에는 꾸준히 선발 출전 기회를 잡는다. 골키퍼에게 가장 중요한 능력은 역시 '슛스토핑'이다. 순발력이 뛰어나야 하고, 다이빙을 잘 해야 한다. 팔다리가 길면 그만큼 유리하다. 그리고 기본적인 볼 핸들링을 갖춰야 한다. 공을 잘 잡아야 하고(캐칭), 잘 쳐내야 한다(펀칭). 공중볼이 올라올 때 골문을 지킬지 나갈지 순간 판단을 잘 해야 한다. 그리고, 현대축구에서는 골키퍼의 빌드업도 중요시 된다. 지난 시즌 헤로니모 루이, 헤레미아스 레데스마, 프레데릭 롸노 등 네임밸류가 높지 않은 골키퍼들이 리그에서 좋은 퍼포먼스를 선보여 눈길을 끈다.

Gerónimo RULLI
평점 7.13
헤로니모 루이
1992.5.20 / 189cm

SCOUTING REPORT
판단력이 상당히 좋은 골키퍼. 상대 공격수와 골문 위치를 보고 전진해야 할지 물러서서 각을 줄여야 할지 재빨리 판단해 대처한다. 팔다리 모두 긴 편이라 지근거리 슈팅에도 상당히 강하다. 발 기술과 패스에도 능해 자주 전진 수비하는 편인데, 이때는 다소 실수가 많아 위험한 장면을 연출할 때가 제법 많다. 공중볼 처리에도 조금 더 발전할 여지가 있다.

PLAYER'S HISTORY
2014년 레알 소시에다드를 통해 유럽 커리어를 쌓았다. 2020-21시즌 비야레알의 UEFA 유로파리그 우승 주역이다. 지난 1월 3년 계약 조건으로 아약스 유니폼을 입었다. 시장 가치는 1000만 유로, 추정 연봉은 216만 유로.

세이브-실점	국적	2022-23시즌 비야레알+아약스	포지션
60-25 / 30-5	아르헨티나	33-0 2970 / 75% S% / 14 CS / 51 CH	
○ 120-30 T-175			
○ 120-90 RC-15		P 37.5-31.6 / P% 84% / LB 11.0-5.4 / 2-0 / ★ 4	
○ 1-0 D-36			

유럽 5대리그 골키퍼 항목별 랭킹(90분 기준 기록, 100분율)

GA	SV	S%	CS	C%	BT	KA	KD	LC	L%	PA	R%	RO	DA
상위	하위	상위	상위	상위	상위	하위	하위	상위	상위	상위	상위	상위	상위
23%	15%	37%	21%	21%	2%	2%	1%	26%	1%	1%	1%	7%	13%

Jeremías LEDESMA
평점 7.04
헤레미아스 레데스마
1993.02.13 / 184cm

SCOUTING REPORT
2022-2023시즌 34경기에서 48실점했으며, 클린 시트는 열두 경기다. 골키퍼 치고는 체격이 작은 편이나 그만큼 민첩한 방어를 선보인다. 페널티킥 선방도 강점이며, 핸드 세이브 역시 매우 안정적긴다. 그러나 지나치게 과감하게 플레이하다보니 위험한 장면도 많고 카드 수집 빈도도 많다. 최후방 빌드업도 자주 시도하는 편이지만 질이 좋진 않다.

PLAYER'S HISTORY
2020 도쿄 올림픽 때 아르헨티나의 와일드카드였다. 2022년 9월 관중석에서 응급상황이 발생하자 의료용 키트를 사고 현장으로 던져 빠른 대처가 이뤄질 수 있도록 해 박수받았다. 시장 가치는 800만 유로, 추정 연봉은 128만 유로.

세이브-실점	국적	2022-23시즌 카디스	포지션
88-41 / 43-7	아르헨티나	34-0 3060 / 73% S% / 12 CS / 42 CH	
○ 179-48 T-135			
○ 179-131 RC-10		P 28.5-13.4 / P% 47% / LB 22.6-7.5 / 2-0 / ★ 5	
○ 9-1 D-59			

유럽 5대리그 골키퍼 항목별 랭킹(90분 기준 기록, 100분율)

GA	SV	S%	CS	C%	BT	KA	KD	LC	L%	PA	R%	RO	DA
하위	상위	상위	상위	상위	하위	상위	상위	상위	상위	하위	상위	하위	하위
43%	5%	8%	23%	24%	45%	14%	1%	15%	1%	30%	24%	27%	5%

Frederik Rønnow
평점 7.03
프레데릭 뢰노
1992.8.4 / 190cm

SCOUTING REPORT
상대의 지근거리 슈팅 혹은 장거리 슈팅 모두 안정적으로 처리하는 숏 스토핑 능력을 자랑한다. 위기시 침착한 대처도 훌륭한 편이며, 무엇보다 박스 안팎을 아우르는 넓은 커버 능력을 자랑한다. 후방에서 전방으로 날리는 롱킥도 제법 정교한 편, 선 굵은 역습 축구에 큰 도움이 된다. 2022-2023시즌 29경기에서 27골만 내줬다. 단, 잔부상과 실수가 제법 된다.

PLAYER'S HISTORY
2010년 AC 호르센스에서 데뷔, 분데스리가에서는 2018년부터 활동하고 있다. 덴마크 국가대표팀에서는 카스퍼 슈마이켈의 백업으로 활동 중이며, A매치 6경기를 뛰었다. 시장 가치는 550만 유로, 추정 연봉은 70만 유로.

세이브-실점	국적	2022-23시즌 우니온 베를린	포지션
66-26 / 26-1	덴마크	29-0 2610 / 77% S% / 11 CS / 43 CH	
○ 119-27 T-109			
○ 119-92 RC-6		P 40.3-27.0 / P% 67% / LB 22.3-9.0 / 2-0 / ★ 3	
○ 5-0 D-45			

유럽 5대리그 골키퍼 항목별 랭킹(90분 기준 기록, 100분율)

GA	SV	S%	CS	C%	BT	KA	KD	LC	L%	PA	R%	RO	DA
상위	하위	상위	상위	상위	하위	상위	상위	상위	상위	상위	상위	하위	하위
13%	45%	5%	15%	13%	10%	17%	23%	9%	10%	6%	2%	48%	46%

Jordi MASIP
평점 6.98
조르디 마시프
1989.1.3 / 180cm

SCOUTING REPORT
2017년부터 일곱 시즌째 레알 바야돌리드 골문을 책임지고 있는 '작은 수호신'. 뛰어난 반사 신경으로 많은 선방을 만들어내며, 한번 기세를 타면 더욱 놀라운 집중력을 발휘한다. 중거리슛 방어에 특히 강하며, PK 방어도 평균 이상이다. 그러나 신체적 한계 때문에 골문 앞 몸싸움과 제공권에는 큰 약점을 보인다. 2022-23시즌 28경기에서 43실점했다.

PLAYER'S HISTORY
바르셀로나 라 마시아 출신. 그러나 대부분 경력을 B팀에서 쌓았다. 2019년 셀타 등 몇몇 팀의 러브콜을 받았으나, 자신에게 주전 GK 기회를 준 팀에 남은 충신이다. 시장 가치는 100만 유로, 추정 연봉은 48만 유로.

세이브-실점	국적	2022-23시즌 바야돌리드	포지션
67-40 / 37-2	스페인	28-0 2508 / 71% S% / 8 CS / 15 CH	
○ 146-42 T-121			
○ 146-104 RC-3		P 30.0-19.8 / P% 66% / LB 16.2-6.3 / 4-0 / ★ 1	
○ 9-3 D-38			

유럽 5대리그 골키퍼 항목별 랭킹(90분 기준 기록, 100분율)

GA	SV	S%	CS	C%	BT	KA	KD	LC	L%	PA	R%	RO	DA
하위	상위	상위	상위	상위	상위	상위	하위	상위	상위	하위	상위	하위	하위
35%	11%	26%	48%	42%	49%	46%	47%	43%	43%	38%	15%	4%	22%

아이콘			T	RC	D			S%	CS	CH	P	P%	LB		★	GA	SV	S%	CS	C%	BT	KA	KD	LC	L%	PA	R%	RO	DA
상대유효슛 시도-실점	상대유효슛 시도-선방	상대PK 시도-방어	GK 던지기 평균(m)	런아웃 방어 시도	골킥 비거리 방어 성공	출전횟수 평균(m)	출전시간 (MIN)	GK 선방-교체	GK 클린시트 분	GK 캐칭-펀칭	패스 평균 선방율	평균 롱볼 시도-성공	페어플레이 경고-퇴장	MOM	GA 실점	SV 선방	GK 선방율	GK 비거리	GK 클린시트	볼터치 비율	골킥 시도	골킥 평균 비거리	롱볼 성공	롱볼 성공률	패스 시도	크로스 차단율	런아웃 시도	활동 범위

David RAYA
다비드 라야
평점 6.98
1995.9.15 / 183cm

SCOUTING REPORT
골키퍼치고는 단신이지만, 그 약점을 크게 상쇄시킬 강점을 지니고 있으니 바로 후방 빌드업 능력이다. 볼 처리와 패스가 정교하기도 하지만, 굉장히 영리해 상황에 따라 유효적절하게 판단하고 전방에 질 좋은 롱패스를 날린다. 체격적 열세도 기대 이상의 점프 능력으로 만회하며 GK로서 우수한 반사 신경도 고루 갖추고 있다. 그러나 일대일 상황에는 다소 약하다.

PLAYER'S HISTORY
어렸을 적엔 풋살을 병행했다. 2013년 블랙번에서 프로 데뷔했으며, 2022-23시즌 활약상을 인정받아 빅 클럽 레이맨에 포착됨은 물론 스페인 축구 국가대표팀에도 승선했다. 시장 가치는 3000만 유로, 추정 연봉은 152만 유로.

세이브-실점	국적	2022-23시즌 브렌포드				포지션
90-36 / 64-10	스페인	38-0 3420 / 77% / 12 / 52				
○ 200-46 T-160		P 38.9-23.7	P% 77%	LB 25.6-10.8	1-0	★ 3
○ 200-154 RC-4						
○ 2-0 D-47						

유럽 5대리그 골키퍼 항목별 랭킹 (90분 기준 기록, 100분율)
GA	SV	S%	CS	C%	BT	KA	KD	LC	L%	PA	R%	RO	DA
상위	상위	상위	상위	상위	상위	상위	상위	상위	상위	상위	상위	상위	상위
34%	1%	8%	32%	34%	6%	50%	15%	3%	36%	7%	7%	12%	32%

Bernd LENO
베른트 레노
평점 6.96
1992.3.4 / 189cm

SCOUTING REPORT
'막는다'라는 고전적 기준에서 볼 때 최고의 선방 능력을 가진 골키퍼로 평가된다. 큰 키에도 불구하고 뛰어난 반사 신경을 가졌으며, 위기 시 자세를 낮추고 긴 팔을 활용해 슈팅 각을 최대치로 줄이는 영리함도 가졌다. 페널티킥 선방 능력도 매우 출중하다. 다만 키에 비해 제공권 장악 능력이 아쉽다는 평가가 많다. 많이 개선됐으나 기복이 심하다는 약점도 있다.

PLAYER'S HISTORY
2009년 슈투트가르트에서 데뷔했다. 레버쿠젠 시절 손흥민과 함께 뛰었으며, 그때의 친분은 지금도 유효하다. 독일 축구 국가대표팀에서는 3번 골키퍼를 놓고 다투는 중이다. 시장 가치는 1200만 유로, 추정 연봉은 547만 유로.

세이브-실점	국적	2022-23시즌 풀럼				포지션
100-46 / 43-5	독일	36-0 3240 / 74% / 8 / 18				
○ 194-51 T-190		P 33.8-25.7	P% 76%	LB 12.1-4.3	3-0	★ 3
○ 194-143 RC-22						
○ 8-1 D-46						

유럽 5대리그 골키퍼 항목별 랭킹 (90분 기준 기록, 100분율)
GA	SV	S%	CS	C%	BT	KA	KD	LC	L%	PA	R%	RO	DA
하위	상위	상위	하위	하위	상위	하위	하위	하위	하위	상위	상위	상위	상위
42%	3%	11%	36%	36%	4%	38%	26%	22%	21%	24%	18%	32%	46%

Yehvann DIOUF
예반 디우프
평점 6.96
1999.12.16 / 184cm

SCOUTING REPORT
2022-23시즌 31경기에서 31실점, 클린 시트는 총 열네 차례 기록하는 등 준수한 실적을 쌓았다. 문전 지근거리 슈팅 처리 능력과 안정적인 숏 스토핑이 강점인 젊은 수문장. 자세가 무너진 상황에서도 굉장히 빨리 후속 동작을 가져가는 것도 강점이다. 캐칭 역시 깔끔하다. 전방을 향한 롱패스도 상당히 빠르고 정확하며, 판단력이 좋아 박스 밖 스위핑도 자주 한다.

PLAYER'S HISTORY
트루아 역사상 최연소 프로 계약 선수(16세 297일)라는 타이틀을 가지고 있다. 세네갈 이민 2세이며, 2022-23시즌을 통해 두각을 나타낸 최고의 '샛별' 중 하나로 꼽힌다. 시장 가치는 800만 유로, 추정 연봉은 60만 유로.

세이브-실점	국적	2022-23시즌 스타드 렝				포지션
64-25 / 43-6	프랑스	31-0 2790 / 78% / 14 / 40				
○ 138-31 T-191		P 28.0-21.3	P% 76%	LB 12.6-6.3	2-0	★ 2
○ 138-107 RC-9						
○ 1-0 D-31						

유럽 5대리그 골키퍼 항목별 랭킹 (90분 기준 기록, 100분율)
GA	SV	S%	CS	C%	BT	KA	KD	LC	L%	PA	R%	RO	DA
상위	상위	상위	상위	상위	상위	하위	상위	상위	상위	상위	상위	상위	하위
19%	15%	7%	5%	5%	50%	23%	18%	40%	11%	47%	3%	47%	22%

Kepa ARRIZABALAGA
케파 아리사발라가
평점 6.94
1993.02.09 / 189cm

SCOUTING REPORT
2022-23시즌 29경기에서 33실점, 총 아홉 차례 무실점 경기를 소화했다. 케파의 최대 강점 중 하나는 바로 페널티킥 승부다. 작은 키에도 불구하고 상대 키커와 심리전에 능하며 빠른 반사 신경을 활용해 이를 막아낸다. 우수한 볼 테크닉과 질 좋은 패스로 후방 빌드업 기점 구실도 해낸다. 하지만 위치 선정 능력이 좋지 못하며, 작은 체격 때문에 선방 범위가 좁다.

PLAYER'S HISTORY
2018년 첼시 이적 당시 세계 최고액 GK 이적료를 기록했다. 사리 감독의 교체를 거부한 사건 때문에 좋지 않은 쪽으로 크게 유명세를 탔다. 한때 슬럼프에 시달리기도 했다. 시장 가치는 1800만 유로, 추정 연봉은 912만 유로.

세이브-실점	국적	2022-23시즌 첼시				포지션
58-27 / 32-6	스페인	29-0 2566 / 73% / 9 / 15				
○ 123-33 T-151		P 30.6-24.8	P% 81%	LB 9.9-4.2	1-0	★ 2
○ 123-90 RC-20						
○ 1-0 D-29						

유럽 5대리그 골키퍼 항목별 랭킹 (90분 기준 기록, 100분율)
GA	SV	S%	CS	C%	BT	KA	KD	LC	L%	PA	R%	RO	DA
상위	상위	상위	상위	상위	상위	하위	상위	상위	하위	상위	상위	상위	상위
24%	35%	28%	31%	31%	46%	28%	16%	5%	17%	38%	31%	11%	10%

상대유효슈	상대유효슈	상대 PK	T	RC	D			S%	CS	CH	P	P%	LB		★	GA	SV	S%	CS	C%	BT	KA	KD	LC	L%	PA	R%	RO	DA
시도-실점	시도-선방	시도-방어	던지기 방어	골키 비거리	출전횟수	출전시간	경기당	GK 선방률	GK 클린시트	GK 크로스처리	평균 패스	패스 선방률	평균 롱볼 시도-성공	페어플레이 경고-퇴장	MOM	최소 실점	GK 선방	GK 선방률	GK 클린시트	클린시트 비율	볼터치	골킥 시도	골킥 비거리	롱볼 성공	롱볼 성공률	패스 시도	크로스 차단 시도	런아웃 시도	활동 범위

Gianluigi DONNARUMMA
평점 6.92
잔루이지 돈나룸마 1999.2.25 / 196cm

SCOUTING REPORT
GK로서 더할 나위 없이 훌륭한 피지컬과 최고의 판단 능력을 모두 갖춘 현 세대 최고 GK 중한 명이다. 몸싸움에 강해 골문 앞 혼전 때 특히 위력을 발휘한다. 상대에게 최소한의 슈팅 각도만을 허용하며, 페널티킥·프리킥 등 데드볼 선방 능력 역시 출중하다. 그러나 박스 외곽에서 터지는 중거리슛에는 다소 약한 편. 후방에서 시도하는 롱 패스도 정확하진 않다.

PLAYER'S HISTORY
이탈리아의 유로 2020 우승 멤버. 당시 대회 MVP까지 거머쥐었는데, 이는 유로 사상 처음 있는 일이다. 세리에 A와 리그 1에서 모두 시즌 베스트 GK로도 선정되기도 했다. 시장 가치는 4500만 유로, 추정 연봉은 1273만 유로.

세이브-실점	국적	2022-23시즌 PSG						포지션
74-37				S%	CS	CH		
47-3		38-0	3410	75%	13	33		
○ 161-40 T-167	이탈리아	P	P%	LB		★		
◐ 161-121 RC-8		20.4-17.1	84%	4.9-2.0	3-0	3		
○ 5-1 D-22								

유럽 5대리그 골키퍼 항목별 랭킹(90분 기준 기록, 100분율)

GA	SV	S%	CS	C%	BT	KA	KD	LC	L%	PA	R%	RO	DA
상위	상위	상위	상위	상위	하위	하위	상위	하위	하위	하위	상위	하위	하위
23%	29%	15%	45%	46%	3%	15%	37%	1%	40%	4%	37%	25%	18%

ALISSON
평점 6.91
알리송 1992.10.2 / 193cm

SCOUTING REPORT
우수한 위치 선정을 기반으로 한 빠르면서도 안정적인 상대 슈팅 처리 능력, 박스 안 공중볼 장악 능력 등 골키퍼로서 갖춰야 할 면모를 두루 갖췄다. 특히 상대 슈팅을 걷어낼 때 후속 공격 기회를 어지간해서는 주지 않는다. 여기에 후방 빌드업과 수비 조율 능력도 현 세대 골키퍼 중 최고 수준으로 꼽는다. 이렇다 할 약점이 없는 만능형 골키퍼로 꼽히는 이유다.

PLAYER'S HISTORY
2013년 인테르나시오나우에서 데뷔했으며, AS 로마를 거쳐 2018년부터 리버풀에서 활약하고 있다. EPL 사상 최초로 GK의 헤더골 득점자라는 이색 기록도 가지고 있다. 시장 가치는 3500만 유로, 추정 연봉은 912만 유로.

세이브-실점	국적	2022-23시즌 리버풀						포지션
74-41				S%	CS	CH		
32-2		37-0	3330	72%	14	23		
○ 149-43	브라질	P	P%	LB		★		
◐ 149-106		33.7-27.8	83%	9.7-4.4	1-0	2		
○ 4-1								

유럽 5대리그 골키퍼 항목별 랭킹(90분 기준 기록, 100분율)

GA	SV	S%	CS	C%	BT	KA	KD	LC	L%	PA	R%	RO	DA
상위	하위	상위	상위	상위	상위	하위	하위	상위	하위	상위	상위	상위	상위
36%	31%	38%	18%	19%	26%	8%	7%	15%	17%	17%	35%	1%	2%

Ivan PROVEDEL
평점 6.91
이반 프로베델 1994.3.17. / 192cm

SCOUTING REPORT
2022-23 세리에 A에서 무려 20차례의 클린시트를 기록했다. 실점은 38경기에서 고작 30골에 불과하다. 그만큼 빈틈을 허용하지 않는 안정적인 수문장이다. 상당히 우수한 피지컬과 반응 속도를 가지고 있으며, 특히 문전에서 날아드는 지근거리 슈팅 방어에 능하다. 후방 빌드업 역시 프로베델의 최고 강점 중 하나다. 하지만 키에 비해 제공권에는 약한 편이다.

PLAYER'S HISTORY
2013년 피사에서 데뷔, 대부분의 커리어를 페루자, 엠폴리, 스페치아 등 작은 클럽에서 뛰었다. 2022-23 세리에A 최우수 골키퍼에 선정됐다. 어머니가 러시아인. 시장 가치는 1200만 유로, 추정 연봉 185만 유로.

세이브-실점	국적	2022-23시즌 라치오						포지션
57-23				S%	CS	CH		
42-7		37-1	3412	77%	21	21		
○ 129-30 T-166	이탈리아	P	P%	LB		★		
◐ 129-99 RC-15		30.3-23.6	78%	14.2-8.0	1-0	0		
○ 2-0 D-30								

유럽 5대리그 골키퍼 항목별 랭킹(90분 기준 기록, 100분율)

GA	SV	S%	CS	C%	BT	KA	KD	LC	L%	PA	R%	RO	DA
상위	하위	상위	상위	상위	상위	하위	하위	상위	하위	하위	상위	상위	상위
12%	28%	83%	1%	1%	45%	16%	11%	42%	12%	42%	18%	12%	12%

Pau LÓPEZ
평점 6.89
파우 로페스 1994.12.13 / 189cm

SCOUTING REPORT
골키퍼로서 안정적인 숏 스토핑 스킬을 갖추고 있지만, 그의 진짜 가치는 후방 빌드업 수행 능력에 있다. 본래 필드 선수 출신이라 그런지 후방에서 전방으로 정확한 롱 패스를 배급하는데, 이런 빌드업은 현재 유럽 최고 수준으로 꼽힌다. 골문 앞 공중볼 처리 때 캐칭보다는 펀칭을 선호하는 편이다. 그러나 흐름을 바꾸는 슈퍼 세이브 빈도는 많지 않다.

PLAYER'S HISTORY
에스파뇰 유스 출신. 2018년 레알 베티스에서 활약하며 본격적 명성을 얻었다. AS 로마에서 입지를 잃어 마르세유로 임대 후 이적했는데, 여기서는 자리를 잡는 데 성공했다. 시장 가치는 1400만 유로, 추정 연봉은 385만 유로.

세이브-실점	국적	2022-23시즌 마르세유						포지션
60-29				S%	CS	CH		
30-5		32-1	2925	73%	10	22		
○ 124-34 T-132	스페인	P	P%	LB		★		
◐ 124-90 RC-7		29.8-22.7	76%	12.4-5.5	0-0	1		
○ 5-0 D-37								

유럽 5대리그 골키퍼 항목별 랭킹(90분 기준 기록, 100분율)

GA	SV	S%	CS	C%	BT	KA	KD	LC	L%	PA	R%	RO	DA
상위	하위	상위	상위	상위	상위	하위	하위	상위	상위	상위	상위	상위	상위
23%	30%	30%	44%	46%	38%	8%	24%	20%	35%	45%	47%	35%	35%

Gregor KOBEL
그레고르 코벨 · 평점 6.88 · 1997.12.6 / 195cm

SCOUTING REPORT
2m에 살짝 못 미치는 거한임에도 불구하고 역동작에 걸렸을 때 선보이는 슈퍼 세이브가 실로 대단하다. 판단력이 좋아 좋은 위치를 먼저 선점해 박스 밖으로 나가 상대 패스를 잘라내는 등 스위핑에 상당한 강점을 보인다. 이는 기본적인 볼 테크닉과 패스가 뒷받침되기 때문이다. 그러나 좋은 하드웨어임에도 불구하고 크로스에 대응하는 능력은 다소 떨어진다.

PLAYER'S HISTORY
2016년 호펜하임에서 데뷔했다. 아버지 피터는 스위스에서 유명한 아이스하키 선수였다. 독일 프로축구선수협회(VDV) 선정 2022-2023시즌 분데스리가 최우수 GK다. 시장 가치는 3500만 유로, 추정 연봉은 204만 유로.

세이브–실점	국적	2022-23시즌 도르트문트					포지션
61-25				S%	CS	CH	
27-7	스위스	27-0	2430	75%	11	15	
○ 120-32 T-122		P	P%	LB		★	
○ 120-88 RC-14		34.2-27.7 81%	12.1-5.8	0-0		1	
○ 1-0 D-33							

유럽 5대리그 골키퍼 항목별 랭킹 (90분 기준 기록, 100분율)

GA	SV	S%	CS	C%	BT	KA	KD	LC	L%	PA	R%	RO	DA
상위 37%	상위 18%	상위 13%	상위 9%	상위 9%	상위 20%	하위 46%	하위 25%	하위 30%	상위 45%	상위 23%	하위 31%	상위 26%	상위 19%

Kasper SCHMEICHEL
캐스퍼 슈마이클 · 평점 6.87 · 1986.11.5 / 189cm

SCOUTING REPORT
큰 체격 조건과 놀라운 반응 속도를 활용해 수많은 슈퍼세이브를 연출한다. 요즘 많은 지도자들이 원하는 소위 '빌드업형 골키퍼'는 아니지만, 골키퍼로서 기본적 임무 수행만큼은 확실히 해낸다. 니스 이적 후 첫해인 2022-2023시즌 다소 기복이 심하다는 평도 받았으나, 36경기 35실점 11경기 클린시트라는 나름 준수한 기록을 남기며 정상급 GK임은 증명해냈다.

PLAYER'S HISTORY
레전드 아버지를 둔 것으로 유명하다. 2011년 레스터 시티에 입단, 명성을 얻었다. 줄곧 영국에서 뛰었으나 니스에서 처음 프랑스를 경험하게 됐다. 시장 가치 200만 유로, 추정 연봉 396만 유로.

세이브–실점	국적	2022-23시즌 니스					포지션
67-29				S%	CS	CH	
39-6	덴마크	36-0	3240	75%	11	24	
○ 141-38 T-119		P	P%	LB		★	
○ 141-106 RC-7		29.8-22.4 75%	14.4-7.5	0-0		2	
○ 0-0 D-33							

유럽 5대리그 골키퍼 항목별 랭킹 (90분 기준 기록, 100분율)

GA	SV	S%	CS	C%	BT	KA	KD	LC	L%	PA	R%	RO	DA
상위 16%	상위 50%	상위 10%	상위 36%	상위 34%	하위 27%	상위 50%	하위 14%	상위 30%	상위 37%	상위 15%	하위 25%		

Rafal GIKIEWICZ
라파우 기키에비츠 · 평점 6.87 · 1987.10.26 / 190cm

SCOUTING REPORT
민첩성이 뛰어난 수문장. 골문 앞 혼전 상황, 특히 수비에 굴절된 슈팅 방어에 매우 능하다. 과감한 전진 수비로 슈팅 각을 줄이는 판단력이 좋고, 페널티킥 선방 능력도 출중하다. 수비진 리딩도 좋다. 그러나 선방 횟수만큼이나 실점 횟수도 제법 많은 편이라는 게 아쉽다. 2022-2023시즌에는 23경기에 나서 40골을 내줬다. 박스 안에서 파울도 제법 많은 편.

PLAYER'S HISTORY
2018년부터 3년간 뛴 우니온 베를린 시절의 활약상을 통해 분데스리가 입지를 다졌다. 2022-2023시즌이 끝난 후 아우크스부르크와 재계약에 실패해 현재 FA 상태다. 시장 가치는 90만 유로, 추정 연봉은 75만 유로.

세이브–실점	국적	2022-23시즌 아우크스부르크					포지션
63-35				S%	CS	CH	
32-6	폴란드	23-0	2070	70%	5	21	
○ 136-41 T-127		P	P%	LB		★	
○ 136-95 RC-18		44.4-31.5 71%	22.1-9.7	3-0		3	
○ 4-2 D-45							

유럽 5대리그 골키퍼 항목별 랭킹 (90분 기준 기록, 100분율)

GA	SV	S%	CS	C%	BT	KA	KD	LC	L%	PA	R%	RO	DA
하위 11%	상위 1%	하위 42%	하위 35%	상위 35%	상위 1%	상위 1%	상위 27%	상위 7%	상위 26%	상위 1%	상위 46%	상위 6%	상위 14%

Aitor FERNÁNDEZ
아이토르 페르난데스 · 평점 6.86 · 1991.5.3 / 182cm

SCOUTING REPORT
라 리가의 대표적 단신 골키퍼. 체격이 작은 수문장에게서 볼 수 있는 민첩성과 반사 신경으로 승부하는 타입이다. 페널티킥 방어에도 일가견이 있다. 그러나 체격적 한계가 너무 명확하다. 크로스 등 공중볼 처리나 골문 앞 혼전 상황 때 제공권 다툼에 어려움을 겪으며, 키가 작다 보니 섣불리 전진 수비에 나서지 않는 편이다. 그래도 롱 패스의 질은 꽤 좋다.

PLAYER'S HISTORY
스페인 연령별 대표를 거쳤으나 A대표 커리어는 없다. 대신 바스크 국가대표팀 소속으로 비공식 A매치를 치른 바 있다. 빌바오 유스 출신이며 오사수나에는 지난해 입단했다. 시장 가치는 300만 유로, 추정 연봉은 70만 유로.

세이브–실점	국적	2022-23시즌 오사수나					포지션
38-16				S%	CS	CH	
21-3	스페인	21-0	1890	76%	8	14	
○ 78-19 T-87		P	P%	LB		★	
○ 78-59 RC-17		33.9-20.7 61%	22.5-10.1	1-0		2	
○ 0-0 D-50							

유럽 5대리그 골키퍼 항목별 랭킹 (90분 기준 기록, 100분율)

GA	SV	S%	CS	C%	BT	KA	KD	LC	L%	PA	R%	RO	DA
상위 10%	상위 40%	상위 19%	상위 17%	상위 18%	상위 16%	하위 7%	상위 4%	상위 9%	상위 35%	상위 21%	하위 9%	상위 9%	상위 12%

Marc-André TER STEGEN

평점 6.86

마르크안데르 테어 슈테겐　1992.4.30 / 187cm

SCOUTING REPORT

공격적 성향에서도 대단한 진가를 드러내는 수문장. 특히 장거리 골킥은 굉장히 빠르고 정교해 팀의 후방 공격 옵션으로 활용된다. 킥에 관련해서는 현재 유럽 최고 수준이라 할 만하다. 뿐만 아니라 낮은 무게 중심과 빠른 반사 신경을 활용한 슈퍼 세이브 빈도가 굉장히 많은 수문장이다. 그러나 신장이 큰 편은 아닌 터라 가끔 공중볼을 처리할 때 어려워한다.

PLAYER'S HISTORY

보루시아 묀헨글라트바흐에서 프로에 데뷔, 2014년부터 바르셀로나 주전 골키퍼로서 맹활약하고 있다. 독일 대표팀에서는 마누엘 노이어의 그늘에 가린 '비운의 명GK'다. 시장 가치 3500만 유로, 추정 연봉 900만 유로.

세이브-실점	국적	2022-23시즌 FC 바르셀로나					포지션
60-16			S%	CS	CH		
23-2		38-0 3349	82%	26	18		
○ 101-18 T-185	독일	P	P%	LB	★		
○ 101-83 RC-8		32.6-26.7 82%	12.0-6.8	0			
○ 3-0 D-32							

유럽 5대리그 골키퍼 항목별 랭킹(90분 기준 기록, 100분율)

GA	SV	S%	C%	BT	KA	KD	LC	L%	PA	R%	RO	DA
상위	하위	상위	상위	상위	상위	하위	하위	하위	상위	상위	하위	상위
1%	14%	8%	1%	1%	37%	12%	16%	46%	1%	22%	47%	17%

Guglielmo VICARIO

평점 6.85

굴리에모 비카리오　1996.10.7 / 194cm

SCOUTING REPORT

2022-23 세리에 A에서 31경기에 출전해 39실점을 기록했다. 클린 시트는 7경기다. 자신의 하드웨어 강점을 최대한 살릴 줄 아는 골키퍼. 팔다리 할 것 없이 긴 리치를 자랑하는 터라 공중볼은 물론 낮은 궤적으로 파고드는 슈팅을 막아내는 능력도 굉장히 훌륭하다. 페널티킥 선방 능력도 출중하다. 본인의 많은 노력 덕에 최근에는 빌드업도 무리없이 소화해낸다.

PLAYER'S HISTORY

2014년 우디네세에서 데뷔. 하위권 팀을 떠돌던 수문장이었으나 엠폴리 입단 후 만개했다. 2022-23시즌 종료 후 빅 클럽의 관심을 한 몸에 받다 토트넘에 입단했다. 시장 가치는 1600만 유로, 추정 연봉은 111만 유로.

세이브-실점	국적	2022-23시즌 엠폴리					포지션
61-35			S%	CS	CH		
35-4		31-0 2784	71%	7	34		
○ 135-39 T-151	이탈리아	P	P%	LB	★		
○ 135-96 RC-6		35.9-24.8 82%	42.3-36.4	3-0	1		
○ 6-1 D-39							

유럽 5대리그 골키퍼 항목별 랭킹(90분 기준 기록, 100분율)

GA	SV	S%	C%	BT	KA	KD	LC	L%	PA	R%	RO	DA
상위	상위	상위	상위	상위	상위	하위	하위	하위	상위	하위	하위	하위
41%	39%	31%	39%	42%	9%	14%	49%	43%	12%	42%	22%	7%

Luigi SEPE

평점 6.85

루이지 세페　1991.5.8 / 185cm

SCOUTING REPORT

굉장히 기민하면서도 안정적인 핸드 세이빙 능력을 자랑한다. 특히 지근거리 슈팅을 막아낼 때 쉽게 세컨드 볼 상황을 내주지 않는 면모가 돋보인다. 혼전 상황에서 볼을 쉽게 놓치지 않는 집중력도 강점이며, 발 기술이 좋아 자신감 있게 전진 수비한다. 패스도 수준급이다. 그러나 박스 안 파울이 제법 많은데다 중장거리 슈팅에는 다소 취약하다는 게 단점이다.

PLAYER'S HISTORY

2009년 나폴리에서 데뷔. 하지만 대부분의 커리어를 임대로 보냈다. 무려 열 번의 임대 이적 끝에 살레르니타나에서 정착했다. 2022-23시즌 후반기에 부상 때문에 뛰지 못했다. 시장 가치는 100만 유로, 추정 연봉은 167만 유로.

세이브-실점	국적	2022-23시즌 살레르니타나					포지션
45-22			S%	CS	CH		
15-5		17-0 1530	69%	3	16		
○ 87-27 T-84	이탈리아	P		LB	★		
○ 87-60 RC-7		33.1-21.2 64%	18.2-6.4	3-0	1		
○ 7-3 D-38							

유럽 5대리그 골키퍼 항목별 랭킹(90분 기준 기록, 100분율)

GA	SV	S%	CS	C%	BT	KA	KD	LC	L%	PA	R%	RO	DA
하위	상위	상위	하위	상위	상위	상위	하위	하위	상위	상위	하위	하위	하위
24%	21%	36%	24%	24%	24%	4%	43%	44%	7%	40%	22%	27%	43%

Thibaut COURTOIS

평점 6.84

티보 쿠르투아　1992.5.11 / 200cm

SCOUTING REPORT

압도적 체격 조건과 골키퍼로서 갖추어야 할 스킬 모두를 갖춘 현 세대 최고의 골키퍼 중 한 명. 상대가 가장 까다롭게 슈팅을 날릴 위치로 몰아넣는 위치 선정과 전진 수비가 일품이며, 공중볼 상황 때 안정적으로 캐치하며 이를 무시킨다. 날카로운 궤적으로 날아드는 중거리슈팅을 막아내는 능력도 세계 정상급이다. 페널티킥으로 이어지는 파울이 많다.

PLAYER'S HISTORY

벨기에 황금 세대 주축 중 하나이자, 현재 벨기에 축구 국가대표팀 부주장. 2018 FIFA 러시아 월드컵 골든 글로브 주인공이다. 누나 발레리는 벨기에 배구 국가대표다. 시장 가치 4500만 유로, 추정 연봉 1500만 유로.

세이브-실점	국적	2022-23시즌 레알 마드리드					포지션
50-28			S%	CS	CH		
40-1		31-0 2790	76%	10	32		
○ 129- T-194	벨기에	P	P%	LB	★		
○ 198- RC-9		30.5-25.6 84%	8.3-3.8	0-0	2		
○ 5-1 D-27							

유럽 5대리그 골키퍼 항목별 랭킹(90분 기준 기록, 100분율)

GA	SV	S%	CS	C%	BT	KA	KD	LC	L%	PA	R%	RO	DA
상위	상위	상위	상위	상위	상위	상위	하위	하위	상위	상위	하위	하위	하위
18%	33%	22%	20%	20%	33%	7%	11%	8%	41%	25%	9%	49%	49%

●	●	●	T	RC	D			S%	CS	CH	P	P%	LB			★	GA	SV	S%	CS	C%		BT	KA	KD	LC	L%	PA	R%	RO	DA
상대유효슈	상대유효슈	상대PK	GK	퇴아웃	골킥 비거리			GK	GK	크로스처리	평균 패스	패스	페이			MOM	최소	GK	GK	GK	클린시트		볼터치	공킥	공킥 평균	통볼	통볼	패스	크로스	퇴아웃	활동
시도-실점	시도-선방	시도-방어		던지기	평균			선방률	클린시트	캐칭-펀칭	시도-성공	성공률	플레이				실점	선방	선방률	클린시트	비율		시도	비거리	성공	성공률	시도	차단	시도	범위

Koen CASTEELS
평점 6.84
쿤 카스텔스
1992.6.25 / 197cm

SCOUTING REPORT
2m에 육박하는 커다란 체격이 강점이다. 긴 팔다리를 활용해 선방 범위를 넓게 가져가며, 자세가 무너진 상태에서도 실점에 가까운 장면을 무마시키는 장면도 제법 많이 만들어낸다. 박스 외곽으로 뛰어나가 볼을 걷어내는 플레이도 시도하지만, 되도록 박스 내에서 안정적인 선방에 주력하는 편이다. 공중볼을 처리할 때는 펀칭을 선호하는 편. 다소 기복이 있다.

PLAYER'S HISTORY
2009년 헹크에서 데뷔. 2011부터 분데스리가에서만 커리어를 쌓고 있다. 볼프스부르크의 부주장이다. 벨기에 축구 국가대표팀에서는 주로 서드 GK로 활동 중이다. 시장 가치는 800만 유로, 추정 연봉은 340만 유로

세이브-실점	국적	2022-23시즌 볼프스부르크	포지션

62-41			
40-7		34-0 3060 68% 12 29	

● 150-48 T-183			
● 150-102 RC-14	벨기에	P P% LB ★	
● 7-1 D-43		41.1-30.4 74% 21.0-10.7 0-0 2	

유럽 5대리그 골키퍼 항목별 랭킹(90분 기준 기록, 100분율)

GA	SV	S%	CS	C%	BT	KA	KD	LC	L%	PA	R%	RO	DA
하위	상위	하위	상위	상위	상위	상위	상위	상위	상위	상위	상위	상위	상위
43%	46%	36%	23%	24%	3%	31%	9%	10%	15%	4%	50%	15%	17%

Alban LAFONT
평점 6.84
알반 라퐁
1999.1.27 / 196cm

SCOUTING REPORT
골키퍼로서는 축복받은 하드웨어를 지녔는데, 어지간해서는 흔들리지 않는 평정심도 갖췄다. 상대 슈팅에 반응하는 속도도 상당히 빠르다. 슈팅 궤적을 끝까지 보고 반응하는 타입이며, 후속 동작 역시 재빠르게 가져간다. 원 핸드 세이브로 제법 명장면을 만들어내며, 최후방에서 수비진을 리딩하는 카리스마도 갖추고 있다. 그러나 기복이 있고, 잔실수가 많다.

PLAYER'S HISTORY
2015년 툴루즈에서 데뷔했으며, 2019년부터 낭트에 몸담고 있다. 낭트 입단 당시 몸값은 700만 유로였다. 프랑스 연령별 대표 출신으로 장차 A대표팀 소집 가능성이 크다. 시장 가치는 1600만 유로, 추정 연봉은 102만 유로.

세이브-실점	국적	2022-23시즌 낭트	포지션

80-51			
49-3		37-0 3330 70% 11 42	

● 183-54 T-202			
● 183-129 RC-15	프랑스	P P% LB ★	
● 9-0 D-45		26.6-17.3 65% 15.3-6.0 0-1 5	

유럽 5대리그 골키퍼 항목별 랭킹(90분 기준 기록, 100분율)

GA	SV	S%	CS	C%	BT	KA	KD	LC	L%	PA	R%	RO	DA
하위	상위	하위	상위	상위	하위	하위	상위	상위	하위	상위	상위	하위	하위
31%	9%	23%	50%	47%	36%	21%	42%	43%	31%	43%	24%	43%	15%

Mory DIAW
평점 6.83
모리 디아우
1993.6.22 / 197cm

SCOUTING REPORT
최후방에서 아군에게 길게 전달하는 패스가 매우 정교하다. 비거리도 상당히 길다. 리치가 긴 팔을 활용한 부드러운 캐칭을 자랑하며, 펀칭도 굉장히 안정적으로 구사한다. 무리하게 박스 밖으로 나가서 볼을 처리하는 장면은 많지 않다. 그러나 외곽에서 볼을 다룰 때 기본적인 볼 테크닉 덕분에 쉽게 상대 압박에서 벗어나는 편이다. 페널티킥에도 상당히 강하다.

PLAYER'S HISTORY
2012년 PSG서 데뷔했으나 B팀 기록이 전부다. 이후 러시아·스위스 등 스몰 리그서 뛰다 2022년 클레르몽을 통해 프랑스로 컴백했다. 올해 세네갈 국가대표로 늦깎이 데뷔했다. 시장 가치는 200만 유로, 추정 연봉은 33만 유로.

세이브-실점	국적	2022-23시즌 클레르몽 풋	포지션

76-46			
38-1		37-0 3330 71% 10 34	

● 161-47 T-173			
● 161-114 RC-11	프랑스	P P% LB ★	
● 12-4 D-37		34.9-23.4 67% 19.3-8.4 0-0 3	

유럽 5대리그 골키퍼 항목별 랭킹(90분 기준 기록, 100분율)

GA	SV	S%	CS	C%	BT	KA	KD	LC	L%	PA	R%	RO	DA
상위	상위	상위	상위	상위	상위	하위	하위	상위	상위	상위	상위	하위	하위
44%	46%	22%	48%	49%	16%	46%	39%	21%	38%	18%	21%	19%	7%

Emiliano MARTÍNEZ
평점 6.82
에밀리아노 마르티네스
1992.9.2 / 195cm

SCOUTING REPORT
2022-23 EPL에서 총 13차례 무실점 경기를 완수했다. 페널티킥에 유달리 강한 면모를 드러내는 골키퍼. 상대의 멘탈을 긁는 트래시 토크도 마다하지 않는다. 굉장히 깔끔한 캐칭 실력을 가졌으며, 지근거리에서 날아드는 슈팅에 유독 강한 면모를 보인다. 과거에는 빌드업이 취약하다는 평도 받았으나, 지금은 양발을 가리지 않는 정확한 롱패스를 보낼 줄 안다.

PLAYER'S HISTORY
아르헨티나의 2022 FIFA 카타르 월드컵 우승 멤버. 대회 골든 글로브를 수상했다. '엘 디부'라는 별명으로 더 많이 회자된다. 아스널 시절 '다미안' 마르티네스로 불리기도 했다. 시장 가치는 2800만 유로, 추정 연봉은 729만 유로.

세이브-실점	국적	2022-23시즌 아스톤 빌라	포지션

65-35			
33-3		36-0 3141 72% 11 60	

● 136-38 T-135			
● 136-98 RC-32	아르헨티나	P P% LB ★	
● 5-1 D-37		34.6-24.9 72% 16.3-6.7 7-0 3	

유럽 5대리그 골키퍼 항목별 랭킹(90분 기준 기록, 100분율)

GA	SV	S%	CS	C%	BT	KA	KD	LC	L%	PA	R%	RO	DA
상위	하위	상위	상위	상위	상위	하위	상위	상위	상위	상위	상위	상위	상위
22%	38%	39%	33%	31%	15%	27%	41%	34%	47%	15%	1%	3%	15%

Vito MANNONE

평점 6.80　비토 마노네　1988.03.02 / 189cm

아탈란타 유스에서 축구를 배웠지만 정작 프로 커리어는 이탈리아에서 쌓지 않았다. 잉글랜드에서 13년을 뛰었으며, 미국 미네소타에서 뛸 때는 리그 베스트 골키퍼상을 거머쥔 바 있다. 박스 외곽에서 기습적으로 터지는 상대 중거리슛에 대한 반응이 뛰어나다. 공중볼을 처리할 때는 주로 펀칭을 선호하는 편인데 이는 캐치에 다소 약하기 때문이다. 시장 가치는 30만 유로, 추정 연봉은 24만 유로.

세이브-실점		국적	2022-23시즌 로리앙					포지션
42-19					S%	CS	CH	
18-5			17-1	1607	71%	5	12	
◯ 84-24 T-101		이탈리아	P	P%	LB		★	
◯ 84-60 RC-2			26.8-19.0	71%	11.3-3.9	1-0	1	
◯ 1-0 D-27								

GA	SV	S%	CS	C%	BT	KA	KD	LC	L%	PA	R%	RO	DA
하위 47%	상위 20%	상위 40%	상위 46%	상위 43%	하위 33%	하위 32%	하위 34%	하위 13%	하위 22%	하위 42%	하위 12%	하위 5%	하위 14%

Emil AUDERO

평점 6.80　에밀 아우데로　1997.01.1 / 192cm

인도네시아 태생 이탈리아 국가대표 수문장. 삼프도리아의 부주장이지만, 주장 파비오 콸리아렐라가 슈퍼 서브로 쓰임에 따라 대부분의 경기에서 캡틴 마크를 팔에 두르고 있다. 동료들의 신뢰를 한몸에 받고 있다. 큰 키를 활용한 세이브가 굉장히 안정적이며, 발 기술과 판단력도 준수해 위급할 때 박스 외곽 볼을 재빨리 커버링한다. 그러나 기복이 있다. 시장 가치는 600만 유로, 추정 연봉은 148만 유로.

세이브-실점		국적	2022-23시즌 삼프도리아					포지션
64-35					S%	CS	CH	
20-4			25	2250	68%	4	24	
◯ 123-39 T-104		이탈리아	P	P%	LB		★	
◯ 123-84 RC-8			32.0-20.5	64%	20.1-8.3	1-0	5	
◯ 7-2 D-40								

GA	SV	S%	CS	C%	BT	KA	KD	LC	L%	PA	R%	RO	DA
하위 27%	상위 25%	하위 41%	하위 21%	하위 21%	하위 32%	상위 23%	하위 40%	상위 45%	상위 43%	상위 33%	하위 39%	하위 37%	

Vicente GUAITA

평점 6.80　비센테 과이타　1987.02.18 / 191cm

발렌시아 유스 출신 수문장. 라 리가와 EPL에서 통산 세 자릿수 출전을 기록할 만큼 실력 하나만큼은 인정받고 있다. 뛰어난 반사 신경과 좋은 집중력을 활용해 지근거리에서의 위기 상황을 뛰어난 숏 스토핑으로 틀어막는데 능하다. 긴 팔을 활용해 핸드 세이빙을 하는 빈도가 상당히 많다. 그러나 장거리 패스에는 다소 약하다. 고전적 유형의 수문장인 셈. 시장 가치는 150만 유로, 추정 연봉은 448만 유로.

세이브-실점		국적	2022-23시즌 크리스털 팰리스					포지션
62-30					S%	CS	CH	
22-4			27-0	2430	71%	6	26	
◯ 118-34 T-140		스페인	P	P%	LB		★	
◯ 118-84 RC-11			26.4-17.7	68%	13.9-5.5	1-0	2	
◯ 2-0 D-30								

GA	SV	S%	CS	C%	BT	KA	KD	LC	L%	PA	R%	RO	DA
상위 40%	상위 36%	상위 42%	하위 36%	하위 33%	하위 23%	상위 31%	하위 38%	하위 41%	하위 25%	상위 41%	하위 41%	하위 28%	

Lukasz SKORUPSKI
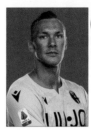

평점 6.80　우카시 스코룹스키　1991.05.05 / 187cm

볼로냐에서 다섯 시즌째 주전 수문장으로 활약하고 있다. 골키퍼치고는 체격이 크다고는 할 수 없지만 대신 뛰어난 반사 신경을 최대한 활용해 골문을 사수한다. 키에 비해 박스 위 제공권 커버 능력도 상당히 우수하며, 손으로 상대 슈팅을 처리하는 능력이 좋다. 골문 앞 혼전 상황에 대처하는 능력도 굉장히 훌륭하다. 그만큼 집중력이 훌륭하기 때문이다. 시장 가치는 300만 유로, 시장 가치는 167만 유로.

세이브-실점		국적	2022-23시즌 볼로냐					포지션
81-45					S%	CS	CH	
34-4			37-0	3330	70%	4	29	
◯ 164-49 T-206		폴란드	P	P%	LB		★	
◯ 164-115 RC-7			27.1-20.3	75%	12.2-5.5	4-0	2	
◯ 9-2 D-30								

GA	SV	S%	CS	C%	BT	KA	KD	LC	L%	PA	R%	RO	DA
상위 50%	상위 41%	상위 31%	하위 29%	하위 29%	하위 34%	하위 11%	상위 35%	상위 32%	하위 35%	상위 12%	상위 16%	하위 25%	

Mark FLEKKEN

평점 6.80　에딘 제코　1993.06.13 / 194cm

킥력이 좋아 중장거리 롱킥으로 전방에 볼을 배급한다. 다만 정확성은 더 끌어올려야 한다는 평이 많다. 큰 체격 조건에도 불구하고 빠른 반응력을 자랑하며 특히 지근거리에서 날아오는 슈팅 방어에 능하다. 후방에서 필드 선수들에게 끊임없이 파이팅을 불어넣는 리딩을 자주 시도한다. 간혹 어이없는 실수를 범해 내주지 않아도 될 실점을 내줄 때가 있다. 시장 가치는 700만 유로, 추정 연봉은 35만 유로.

세이브-실점		국적	2022-23시즌 프라이부르크					포지션
71-37					S%	CS	CH	
35-7			34-0	3060	71%	13	32	
◯ 150-44 T-121		네덜란드	P	P%	LB		★	
◯ 150-106 RC-10			39.2-27.1	69%	21.7-9.8	0-0	1	
◯ 6-0 D-53								

GA	SV	S%	CS	C%	BT	KA	KD	LC	L%	PA	R%	RO	DA
상위 32%	상위 30%	하위 14%	상위 14%	상위 15%	하위 7%	상위 43%	상위 4%	상위 11%	상위 31%	하위 8%	상위 28%	상위 42%	상위 46%

Lorenzo MONTIPÒ

평점 6.79　로렌초 몬티포　1996.02.20 / 191cm

위기 상황에서도 쉽게 흔들리지 않는 침착함이 돋보이는 수문장. 좋은 체격 조건과 반사 신경을 두루 갖췄다. 공중볼 처리 때 주로 펀칭을 선호하며, 상대에게 슈팅을 내줄 때에도 핸드 세이빙을 능숙하게 해낸다. 장거리 패스도 상당히 좋다. 무엇보다 페널티킥 선방 능력은 몬티포의 최대 강점으로 꼽힌다. 어렸을 적 축구보다 테니스를 먼저 배웠다고 한다. 시장 가치는 400만 유로, 추정 연봉은 50만 유로.

세이브-실점		국적	2022-23시즌 베로나					포지션
75-48					S%	CS	CH	
58-12			37-0	3330	69%	5	26	
◯ 193-60 T-124		이탈리아	P	P%	LB		★	
◯ 193-133 RC-15			29.1-16.9	58%	23.2-11.4	3-0	1	
◯ 3-2 D-48								

GA	SV	S%	CS	C%	BT	KA	KD	LC	L%	PA	R%	RO	DA
하위 23%	상위 23%	하위 27%	하위 13%	하위 12%	하위 38%	상위 30%	하위 2%	하위 16%	상위 31%	하위 35%	하위 17%	상위 40%	

상대유효슛 시도-실점	상대유효슛 시도-선방	상대PK 시도-방어	T GK 던지기	RC 런아웃 방어 성공	D 골킥 비거리 평균(m)	출전횟수 선발·교체	S% 출전시간 분(MIN)	CS GK 선방률	CH GK 클린시트 캐칭·펀칭	P 크로스처리 시도-성공	P% 평균 패스 선방률	LB 평균 롱볼 시도-성공	페어플레이 경고·퇴장	★ MOM	GA 최소 실점	SV GK 선방	S% GK 선방률	CS GK 클린시트	C% 볼터치	BT 골킥 시도	KA 골킥 비거리	KD 롱볼 성공	LC 롱볼 성공	L% 패스 시도	PA 크로스 차단율	R% 런아웃 시도	RO 활동 범위	DA

평점 6.79 NETO 네투
1989.07.19 / 190cm

커리어 내내 서브 골키퍼의 삶을 살았다. 출전 기회가 드문 드문 주어지는데도 출격 명령이 떨어지면 늘 준수한 플레이를 한다는 게 최대 강점. 긴 팔을 활용한 방어 능력이 일품이다. 거의 대부분의 슈퍼 세이브 장면에서 한 손으로 위기를 모면하는 상황이 많다. 집중력이 좋아 지근거리에서 날아오는 슈팅 방어 역시 굉장히 능하다. 다만 파울 빈도가 제법 많다. 시장 가치는 250만 유로, 추정 연봉은 260만 유로.

세이브-실점	국적		2022-23시즌 본머스					포지션
65-38			27-0	2386	S% 72%	CS 6	CH 35	
35-1	브라질							
◐ 139-39 T-136			P 25.8-14.5	P% 56%	LB 17.4-6.4	4-0	★ 2	
◑ 139-100 RC-11								
◯ 5-0 D-41								

GA	SV	S%	CS	C%	BT	KA	KD	LC	L%	PA	R%	RO	DA
하위 39%	상위 7%	상위 24%	하위 39%	하위 40%	하위 29%	상위 6%	상위 44%	상위 46%	하위 17%	상위 8%	하위 40%	하위 13%	

평점 6.79 David SORIA 다비드 소리아
1993.04.04 / 192cm

지난 시즌 하타페에서 38경기 선발 풀타임 활약했다. 체력 조건이 좋고 반사 신경이 우수하다. 박스 안에서 날아드는 슛을 손으로 안정적으로 쳐내며 위기를 무마시키는 플레이가 많다. 페널티킥 혹은 일대일 상황에서도 굉장히 침착하게 대응하는 편. 기습적으로 터지는 중거리슛을 막아내는 장면도 많다. 다만 종종 기복을 드러내는 편이다. 시장 가치는 1000만 유로, 추정 연봉은 151만 유로.

세이브-실점	국적		2022-23시즌 헤타페					포지션
72-38			38-0	3420	S% 79%	CS 13	CH 36	
51-7	스페인							
◐ 168-45 T-99			P 27.2-13.6	P% 50%	LB 24.4-11.0	3-0	★ 6	
◑ 168-123 RC-19								
◯ 8-4 D-56								

GA	SV	S%	CS	C%	BT	KA	KD	LC	L%	PA	R%	RO	DA
상위 31%	상위 34%	상위 19%	상위 25%	상위 26%	하위 3%	상위 3%	상위 2%	상위 8%	상위 44%	상위 40%	상위 46%		

평점 6.78 Michele Di GREGORIO 미케렐 디 그레고리오
1997.07.27 / 187cm

인터 밀란 유스 출신이나 대부분의 커리어를 하부리그 임대생 신분으로 보냈다. 몬차에서는 2022년부터 뛰고 있다. 2021-2022 세리에 B 최우수 골키퍼에 선정된 바 있다. 낮게 깔리는 슈팅을 원 핸드 세이브로 막아내는 장면을 상당히 많이 만들어낸다. 특히 가까운 거리에서 날아드는 슈팅을 재빨리 방어하는 능력이 특출나다. 그러나 크로스 대응은 아쉽다. 시장 가치는 700만 유로, 추정 연봉은 83만 유로.

세이브-실점	국적		2022-23시즌 몬차					포지션
87-45			37-0	3330	S% 71%	CS 10	CH 14	
32-4	이탈리아							
◐ 168-49 T-236			P 34.3-24.7	P% 72%	LB 16.0-6.7	0-0	★ 3	
◑ 168-119 RC-11								
◯ 3-0 D-32								

GA	SV	S%	CS	C%	BT	KA	KD	LC	L%	PA	R%	RO	DA
상위 50%	상위 27%	상위 41%	상위 48%	상위 23%	상위 20%	하위 45%	하위 38%	하위 14%	상위 5%	하위 35%	하위 31%		

평점 6.78 Brice SAMBA 브라이스 삼바
1994.04.25 / 186cm

뛰어난 반사 신경과 순발력으로 승부하는 콩고 출신 수문장. 종종 프랑스 축구 레전드 스티브 망당다와 비교되곤 한다. 슈퍼 세이브가 상당히 많은 선수지만, 빌드업에서 더욱 높은 평가를 받고 있다. 상황에 따라서는 박스 밖으로 나가 위기 상황을 무마시키는 스위핑 플레이도 적극적으로 시도하는 편이다. 다만 모험적 플레이를 종종 펼치는 탓에 파울이 많다. 시장 가치는 1000만 유로, 추정 연봉은 120만 유로.

세이브-실점	국적		2022-23시즌 랑스					포지션
64-24			37-0	3330	S% 78%	CS 15	CH 34	
34-4	프랑스							
◐ 126-28 T-140			P 29.9-21.8	P% 73%	LB 13.9-6.2	3-0	★ 1	
◑ 126-98 RC-15								
◯ 3-0 D-30								

GA	SV	S%	CS	C%	BT	KA	KD	LC	L%	PA	R%	RO	DA
상위 3%	하위 29%	상위 4%	상위 11%	하위 11%	하위 37%	하위 44%	상위 38%	상위 6%	상위 49%	상위 38%			

평점 6.77 Maxime DUPÉ 막심 듀페
1993.03.04 / 188cm

2020년부터 툴루즈엣 활약하고 있다. 출전은 못했지만 U-20 대표 시절 2013 FIFA 터키 U-20 월드컵 당시 프랑스 우승 멤버였다. 프랑스 프로축구선수노조에서 한때 대표로 활동하기도 했다. 중거리 슈팅 대응 능력이 굉장히 안정적이다. 페널티킥 선방에도 일가견이 있다. 그러나 측면에서 상대가 날리는 크로스를 처리하는 데 다소 취약한 모습을 보인다. 시장 가치는 200만 유로, 추정 연봉은 26만 유로.

세이브-실점	국적		2022-23시즌 툴루즈					포지션
84-49			38-0	3420	S% 69%	CS 9	CH 30	
41-8	프랑스							
◐ 182-57 T-176			P 28.9-21.7	P% 75%	LB 11.7-4.9	1-0	★ 4	
◑ 182-125 RC-8								
◯ 7-3 D-34								

GA	SV	S%	CS	C%	BT	KA	KD	LC	L%	PA	R%	RO	DA
하위 37%	상위 28%	하위 40%	상위 44%	하위 43%	하위 47%	하위 48%	상위 31%	상위 49%	상위 43%	상위 46%	하위 8%	하위 3%	

평점 6.77 Marco CARNESECCHI 마르코 카르네세키
2000.07.01 / 191cm

이탈리아 연령별 대표를 두루 거친 차세대 수문장. 원 소속 팀은 아탈란타, 현재 임대생으로 타 팀에서 수련을 쌓고 있다. 객관적 전력상 약체인 크레모네세에서 많은 실점을 내주고 있어도 자질만큼은 인정받고 있다. 상대의 기습적 슈팅을 외곽으로 쳐내는 선방이 많다. 이때 상대 슈팅의 거리는 가리지 않는 편이다. 다만 패스의 질은 좋지 못하다는 평. 시장 가치는 1300만 유로, 추정 연봉은 19만 유로.

세이브-실점	국적		2022-23시즌 크레모네세					포지션
63-42			27-0	2430	S% 69%	CS 4	CH 29	
44-5	이탈리아							
◐ 154-47 T-135			P 30.2-16.0	P% 53%	LB 20.8-6.9	1-0	★ 3	
◑ 154-107 RC-11								
◯ 2-0 D-48								

GA	SV	S%	CS	C%	BT	KA	KD	LC	L%	PA	R%	RO	DA
하위 15%	상위 2%	하위 40%	하위 17%	하위 16%	상위 41%	상위 33%	하위 31%	하위 11%	하위 48%	상위 22%	하위 48%	하위 40%	

상대유효슛 시도-실점 | 상대유효슛 시도-선방 | 상대PK 시도-방어 | T 라인아웃 던지기 | RC 골킥 비거리 방어 성공 평균 | D 출전횟수 선발-교체 | 출전시간 평균(m) | 골킥 선발·교체 분(MIN) | S% GK 선방율 | CS GK 클린시트 | CH 크로스처리 캐칭-펀칭 | P 평균 패스 시도-성공 | P% 패스 선방율 | LB 평균 롱볼 시도-성공 | MOM 페어플레이 경고-퇴장 | ★ | GA 최소 실점 | SV GK 선방 | S% GK 선방율 | CS GK 클린시트 | C% 클린시트 비율 | BT 볼터치 | KA 골킥 시도 | KD 골킥 비거리 | LC 골킥 평균 성공 | L% 롱볼 성공율 | PA 패스 시도 | R% 크로스 차단율 | RO 라인아웃 시도 | DA 활동 범위

Wladimiro FALCONE

평점 6.77 블라디미로 팔코네 · 1995.04.12 / 195cm

커리어 대부분을 임대 생활로 보내고 있다. 2023년 초에는 이탈리아 국가대표팀에 승선할 정도로 성장한 모습을 보이는 중이다. 기본기가 탄탄한 수문장이며 제공권 장악과 체격에 비해 날랜 반사 신경이 최대 강점이다. 순발력이 좋아 페널티킥 선방이 많은 편. 팔코네는 평소 티보 쿠르투아의 플레이스타일을 많이 참고하고 경기에 적용하고 있다고 말하고 있다. 시장 가치는 500만 유로, 추정 연봉은 15만 유로.

세이브-실점 75-39 / 38-7
159-46 T-143 / 159-113 RC-19 / 6-1 D-49
국적: 이탈리아
2022-23시즌 레체: 38-0 | 3420 | 71% S% | 6 CS | 23 CH
26.8-12.1 P | 45% P% | 20.7-6.1 LB | 2-0 | 4 ★

GA	SV	S%	CS	C%	BT	KA	KD	LC	L%	PA	R%	RO	DA
상위	상위	상위	하위	하위	하위	상위	상위	상위	하위	하위	하위	상위	하위
34%	47%	34%	19%	19%	26%	38%	50%	44%	3%	21%	19%	50%	40%

Wojciech SZCZESNY

평점 6.77 보이치에흐 슈체스니 · 1990.04.18 / 195cm

현재 세계 최고 수문장 중 하나. 아스널 시절에는 골키퍼로서 갖춰야 할 천부적 자질을 모두 갖춘 유망주로 평가받았으나 실수가 많았다. 하지만 경험을 쌓은 지금은 굉장히 냉정하게 위기에 대처하는 노련미를 갖추었다. 뛰어난 반사 신경과 정교한 킥 능력을 가진 골키퍼이며, 무엇보다 기복이 없다. 그러나 큰 키에도 불구하고 공중볼에는 다소 약한 편. 시장 가치는 1300만 유로, 추정 연봉은 1204만 유로.

세이브-실점 35-25 / 32-1
93-26 / 93-67 / 3-0
국적: 폴란드
2022-23시즌 유벤투스: 28-0 | 2473 | 72% | 14 | 11
23.4-17.8 | 76% | 11.2-5.7 | 0-0 | 0 ★

GA	SV	S%	CS	C%	BT	KA	KD	LC	L%	PA	R%	RO	DA
상위	하위	상위	상위	하위	하위	상위	하위	상위	하위	상위	하위	하위	하위
20%	26%	24%	7%	6%	8%	22%	32%	35%	12%	15%	9%	36%	49%

Fernando MARTÍNEZ

평점 6.75 페데리코 마르티네스 · 1990.06.10 / 185cm

골키퍼 치고는 작은 체격 조건이지만 그만큼 날래다. 바운드가 심한 강한 땅볼 슈팅을 흔들림 없이 방어해내는 준수한 세이브 실력을 갖추며, 무엇보다 선방 이후 후속 동작이 빨라 상대에게 추가적인 위기를 내주지 않는다. 이를 통해 2020-2021시즌 세군다 디비시온 사모라상을 수상하기도 했다. PK 선방과 후방 빌드업도 훌륭한 편. 다만 잔실수가 있다. 시장 가치는 200만 유로, 추정 연봉은 42만 유로.

세이브-실점 93-56 / 40-5
194-61 T-211 / 194-133 RC-11 / 6-1 D-39
국적: 스페인
2022-23시즌 알메리아: 37-0 | 3286 | 69% | 4 | 39
29.7-19.3 | 65% | 16.7-6.7 | 3-0 | 1 ★

GA	SV	S%	CS	C%	BT	KA	KD	LC	L%	PA	R%	RO	DA
하위	상위	하위	하위	하위	상위	상위	하위	상위	하위	상위	하위	하위	하위
18%	12%	38%	7%	4%	38%	2%	49%	36%	42%	44%	39%	23%	18%

Alex MERET

평점 6.75 알렉스 메렛 · 1997.03.22 / 192cm

대단히 훌륭한 순발력과 판단력을 갖춘 이탈리아 국가대표급 수문장. 긴 팔을 활용한 제공권 처리 능력이 굉장히 좋다. 지능적인 위치 선정으로 상대와 맞서는 위기를 맞아도 슈팅 각을 최대로 줄이며 이를 무마시킨다. 박스 외곽으로 나와서 시도하는 스위핑 역시 괜찮은 편. 하지만 후방에서 빌드업 기점으로 삼기에는 패스가 부정확하다. 시장 가치는 1800만 유로, 추정 연봉은 278만 유로.

세이브-실점 38-19 / 29-5
91-24 T-121 / 91-67 RC-7 / 2-1 D-25
국적: 이탈리아
2022-23시즌 나폴리: 34-0 | 3060 | 74% | 16 | 11
23.9-20.6 | 86% | 6.6-3.5 | 0-0 | 2 ★

GA	SV	S%	CS	C%	BT	KA	KD	LC	L%	PA	R%	RO	DA
상위	하위	상위	상위	상위	하위	하위	하위	상위	하위	상위	하위	상위	상위
1%	2%	20%	4%	4%	29%	3%	50%	15%	16%	15%	16%	46%	28%

Edgar BADIA

평점 6.73 에드가르 바디아 · 1992.02.12 / 178cm

현재 라 리가에서 뛰고 있는 최단신 골키퍼 중 하나일 것이다. 피지컬 약점 때문에 제공권 다툼에서는 현격한 열세를 보인다. 캐치 보다는 펀칭 빈도가 많은 이유다. 대신 굉장히 빠른 민첩성을 자랑한다. 세이브 때 핸드 세이빙과 풋 세이빙 모두 안정적으로 처리하는 편. 끝까지 상대 슈팅 궤적을 읽고 몸을 던지며 이런 특성은 페널티킥 방어 때 더욱 빛난다. 시장 가치는 400만 유로, 추정 연봉은 65만 유로.

세이브-실점 93-55 / 46-8
202-63 T-16 / 202-139 RC-11 / 10-2 D-38
국적: 스페인
2022-23시즌 엘체: 36-0 | 3240 | 69% | 2 | 21
25.0-17.5 | 70% | 13.2-6.5 | 2-0 | 2 ★

GA	SV	S%	CS	C%	BT	KA	KD	LC	L%	PA	R%	RO	DA
상위	상위	상위	하위	하위	상위	하위	상위	상위	하위	하위	상위	하위	하위
5%	6%	47%	4%	4%	22%	18%	45%	39%	4%	10%	13%	10%	22%

André ONANA

평점 6.73 안드레 오나나 · 1996.04.02 / 190cm

현재 아프리카 최고 골키퍼 중 하나. 엄청난 반사 신경의 소유자다. 낮은 무게 중심과 민첩성을 통해 슈퍼 세이브를 여럿 만들어낸다. 오나나의 최대 강점은 바로 빌드업. 주변은 물론 최전방 동료에게 안정적으로 볼배급하는데 강점을 보인다. 상황 판단도 빨리 적극적으로 박스 외곽 위기를 무마시키는 편이다. 다만 멘탈적으로 다소 불안하고 기복이 심하다. 시장 가치는 2000만 유로, 추정 연봉은 385만 유로.

세이브-실점 39-21 / 22-3
85-24 T-115 / 85-61 RC-0 / 2-0 D-32
국적: 카메룬
2022-23시즌 인테르 밀란: 24-0 | 2160 | 72% | 15 | 11
35.6-26.7 | 79% | 13.6-6.5 | 1-0 | 2 ★

GA	SV	S%	CS	C%	BT	KA	KD	LC	L%	PA	R%	RO	DA
상위	상위	하위	상위	상위	상위	하위	상위	상위	상위	상위	상위	하위	하위
15%	49%	23%	4%	5%	11%	31%	43%	25%	10%	44%	2%	10%	10%

			T	RC	D			S%	CS	CH	P	P%	LB			★	GA	SV	S%	CS	C%	BT	KA	KD	LC	L%	PA	R%	RO	DA
상대유효슛 시도-실점	상대유효슛 시도-선방	상대PK 시도-방어	런아웃 던지기	골킥 비거리 방어 성공	출전횟수 선발-교체	출전시간 분(MIN)	GK 선방률	GK 클린시트 캐칭-펀칭	크로스처리	평균 패스	패스 성공	롱볼 시도-성공	페어플레이 경고-퇴장		MOM	최소 실점	GK 선방	GK 선방률	GK 클린시트	GK 클린시트 비율	볼터치	골킥 시도	골킥 평균 성공	롱볼 성공	롱볼 성공률	패스 시도	크로스 차단율	런아웃 시도	활동 범위

Lukasz FABIANSKI

평점 6.72

우카시 파비안스키 · 1985.04.18 / 190cm

2000년대 중반부터 EPL에서 활약하고 있는 백전노장 골키퍼. 민첩성과 반사신경을 활용해 상대 슈팅을 막아내는 고전적 관념의 문지기다. 전성기만큼은 아니지만 선방 후 후속 동작을 가져가는 속도가 빠르다. 지근거리 슈팅 선방도 훌륭하며, 무엇보다 페널티킥 선방 능력이 매우 출중하다. 수비 리딩도 OK. 과거 문제였던 기복은 경험을 쌓으며 많이 사라졌다. 시장 가치는 100만 유로, 추정 연봉은 338만 유로.

세이브-실점	국적	22-23시즌 웨스트햄 유나이티드				포지션
58-41						
49-7	폴란드	36-0	3114	69%	8	29
○ 155-48 T-153				S%	CS	CH
○ 155-107 RC-14		P	P%	LB		★
○ 4-1 D-41		21.6-12.6	58%	14.9-5.9	1-0	0

GA	SV	S%	CS	C%	BT	KA	KD	LC	L%	PA	R%	RO	DA
하위	상위	상위	하위	상위	하위	상위	상위	상위	상위	하위	하위	하위	하위
46%	40%	22%	43%	44%	5%	46%	42%	45%	42%	3%	44%	23%	27%

Alexander NÜBEL

평점 6.72

알렉산더 뉘벨 · 1996.09.30 / 193cm

유망주 시절부터 제2의 노이어라는 평가를 받았다. 실제로 살케→바이에른 뮌헨 코스를 밟았던 터라 노이어와 직간접적으로 비교될 수밖에 없는 처지였다. 모든 신체를 활용한 재빠른 선방 능력, 영리한 최후방 리딩, 안정적인 볼 처리가 강점이다. 패스가 정확하진 않지만, 볼 테크닉도 제법 준수한 편. 다만 페널티킥을 막아내는 장면은 그리 많지 않다. 시장 가치는 1000만 유로, 추정 연봉은 500만 유로.

세이브-실점	국적	2022-23시즌 AS 모나코				포지션
81-54						
59-4	독일	38-0	3420	71%	9	36
○ 198-58 T-203				S%	CS	CH
○ 198-140 RC-11		P	P%	LB		★
○ 5-0 D-42		24.6-17.0	69%	14.1-6.8	2-0	1

GA	SV	S%	CS	C%	BT	KA	KD	LC	L%	PA	R%	RO	DA
하위	상위	상위	하이	하위	하위	상위	상위	상위	상위	하위	하위	하위	하위
29%	10%	23%	35%	35%	44%	43%	45%	19%	24%	13%	44%	44%	35%

Rui SILVA

평점 6.72

후이 실바 · 1994.02.07 / 191cm

정교한 왼발 빌드업 능력을 가진 수문장. 상대 전방 압박에도 주눅들지 않고 볼을 안정적으로 지킨다. 박스 외곽 스위핑도 적극적으로 시도해 위기 상황을 조기에 무마시킨다. 판단력도 좋아 필요할 때마다 박스 내에서 전진 수비를 시도한다. 민첩성도 우수하며, 손을 활용하는 선방은 물론 풋 스토핑도 상당히 안정적이다. 다만 경기력 기복이 있다는 게 단점. 시장 가치는 1500만 유로, 추정 연봉은 84만 유로.

세이브-실점	국적	2022-23시즌 레알 베티스				포지션
49-26						
24-6	포르투갈	26-0	2340	70%	9	18
○ 105-32 T-107				S%	CS	CH
○ 105-73 RC-10		P	P%	LB		★
○ 2-0 D-43		29.8-18.8	63%	18.5-7.9	2-0	1

GA	SV	S%	CS	C%	BT	KA	KD	LC	L%	PA	R%	RO	DA
상위	하위	상위	상위	상위	하위	상위	상위	상위	상위	상위	하위	상위	상위
30%	41%	45%	22%	22%	44%	40%	35%	44%	44%	30%	31%	29%	22%

Oliver BAUMANN

평점 6.72

올리버 바우만 · 1990.06.02 / 187cm

2014년부터 호펜하임 골문을 지키고 있는 충신. 독일 연령별 대표 출신이다. 전성기 시절에는 필드 선수 못잖은 패스 성공률을 기록했을 정도로 패스가 좋은 수문장이다. 체격이 좋은 골키퍼라고는 할 수 없으나 집중력이 좋아 가까운 거리에서 날아드는 슈팅을 쳐내는 능력이 좋다. 그러나 종종 치명적 실수를 범해 경기를 망치는 경우도 제법 된다. 시장 가치는 450만 유로, 추정 연봉은 315만 유로.

세이브-실점	국적	2022-23시즌 호펜하임				포지션
73-54						
32-3	독일	34-0	3060	65%	5	43
○ 162-57 T-168				S%	CS	CH
○ 162-105 RC-14		P	P%	LB		★
○ 3-0 D-31		36.7-26.4	72%	17.5-7.5	2-0	2

GA	SV	S%	CS	C%	BT	KA	KD	LC	L%	PA	R%	RO	DA
하위	상위	상위	하위	상위	상위	하위	상위	상위	상위	상위	상위	상위	하위
17%	38%	15%	15%	15%	40%	38%	27%	37%	13%	10%	34%	34%	31%

Álex REMIRO

평점 6.71

알렉스 레미로 · 1995.03.24 / 192cm

대부분의 커리어를 바스크 클럽인 아슬레틱과 레알 소시에다드에서 보낸 '미스터 바스크'. 단 아슬레틱과 결별 과정은 매우 좋지 못했다. 우월한 피지컬과 빠른 몸놀림을 두루 갖춘 수문장이며, 긴 팔을 활용한 핸드 세이빙이 일품이다. 역동작 상황에서도 재빠르게 대처하며 페널티킥 방어 확률도 높다. 그러나 활동 범위가 좁고 공중볼 처리에 약하다. 시장 가치는 2500만 유로, 추정 연봉은 223만 유로.

세이브-실점	국적	2022-23시즌 레알 소시에다드				포지션
67-29						
33-6	스페인	38-0	3420	74%	15	18
○ 135-35 T-138				S%	CS	CH
○ 135-100 RC-15		P	P%	LB		★
○ 2-1 D-35		30.7-21.2	69%	16.8-7.7	1-0	1

GA	SV	S%	CS	C%	BT	KA	KD	LC	L%	PA	R%	RO	DA
상위	하위	상위	상위	상위	하위	하위	상위	상위	상위	하위	하위	상위	상위
8%	15%	9%	8%	8%	10%	22%	23%	16%	41%	13%	36%	19%	

Steve MANDANDA

평점 6.71

스티브 망당다 · 1985.03.28 / 185cm

지난 십수 년간 프랑스 리그1 최고 골기퍼로 공인받은 리빙 레전드. 전성기를 보낸 마르세유의 역대 최다 출전 기록을 가지고 있다. 골키퍼치고는 단신이지만, 믿기지 않는 민첩성과 반사 신경으로 골문을 틀어막는 수문장이다. 장거리 던지기의 비거리가 굉장히 길며, 출중한 리더십으로 수비진을 조율한다. 그러나 볼 테크닉을 요구하는 현대 GK와는 거리가 멀다. 시장 가치는 150만 유로, 추정 연봉은 655만 유로.

세이브-실점	국적	2022-23시즌 스타드 렌				포지션
54-29						
26-2	프랑스	34-0	3016	72%	12	35
○ 111-31 T-166				S%	CS	CH
○ 111-80 RC-14		P	P%	LB		★
○ 3-1 D-38		31.0-22.3	72%	14.6-6.4	1-0	2

GA	SV	S%	CS	C%	BT	KA	KD	LC	L%	PA	R%	RO	DA
상위	하위	상위	상위	상위	하위	하위	상위	상위	상위	하위	상위	상위	상위
17%	9%	23%	30%	26%	46%	20%	49%	46%	42%	9%	8%	28%	30%

○	○	○	T	RC	D	GK 던지기 방어 성공	라인아웃 골킥 방어 평균(m)	출전횟수 (선발-교체)	출전시간 분(MIN)	S% GK 클린시트	CS GK 클린시트	CH 크로스처리 캐칭-펀칭	P 평균 패스 시도-성공	P% 패스 성공률	LB 평균 롱볼 시도-성공	페어플레이 경고-퇴장	★ MOM	GA 최소 실점	SV GK 선방	S% GK 선방률	CS GK 클린시트	C% 클린시트 비율	BT 볼터치	KA 골킥 시도	KD 골킥 평균 비거리	LC 롱볼 성공	L% 롱볼 성공률	PA 패스 시도	R% 크로스 차단율	RO 라인아웃 시도	DA 활동 범위
상대유효슛 시도-실점	상대유효슛 시도-선방	상대PK 시도-방어																												

Nick POPE
평점 6.71
닉 포프 — 1992.04.19 / 191cm

킥을 제외하면 가져야 할 장점은 모두 갖추고 있다는 평가를 받고 있다. 박스 안에서 유리한 위치를 선점해 상대 공격을 무력화시키며 긴 팔을 활용한 선방은 리그 최고 수준이다. 풋 스토핑 실력도 출중하며, 캐칭 역시 굉장히 안정적이다. 세컨드 볼 위기도 잘 내주지 않는다. 그러나 패스가 매우 좋지 못하며, 종종 대량 실점을 내주며 크게 무너지기도 한다. 시장 가치는 1800만 유로로, 추정 연봉은 359만 유로.

세이브-실점		국적	2022-23시즌 뉴캐슬 유나이티드				포지션
57-29					S%	CS	CH
30-3		잉글랜드	37-0	3262	73%	14	34
○ 119-32	T-232						
○ 119-87	RC-37		P	P%	LB		★
○ 5-2	D-46		17.9-10.6	59%	10.9-3.8	3-1	2

GA	SV	S%	CS	C%	BT	KA	KD	LC	L%	PA	R%	RO	DA
상위	하위	상위	하위	상위	하위	하위	상위	하위	하위	하위	상위	상위	상위
8%	16%	24%	16%	15%	1%	9%	19%	17%	29%	1%	8%	4%	7%

Lucas CHEVALIER
평점 6.71
뤼카 슈발리에 — 2001.11.06 / 189cm

프랑스 연령별 국가대표 출신 차세대 수문장. 전체적으로 위고 요리스와 흡사한 스타일이라는 평이다. 순발력이 빼어나며, 체격에 비해 긴 팔을 최대한 활용한 선방이 일품이다. 지근거리는 물론 중거리슛 대응에도 일가견을 보이며 페널티킥 방어도 수준급. 장거리 골킥도 꽤나 정확한 편이다. 다만 체격적인 열세 때문에 공중볼 처리는 다소 약한 편이다. 시장 가치는 1000만 유로로, 추정 연봉은 114만 유로.

세이브-실점		국적	2022-23시즌 릴				포지션
50-28					S%	CS	CH
27-3		프랑스	32-0	2880	71%	10	22
○ 108-31	T-121						
○ 108-77	RC-3		P	P%	LB		★
○ 3-1	D-34		27.7-20.5	74%	10.6-3.6	1-0	-

GA	SV	S%	CS	C%	BT	KA	KD	LC	L%	PA	R%	RO	DA
상위	하위	상위	상위	상위	하위	하위	상위	하위	하위	상위	상위	하위	하위
15%	17%	42%	34%	35%	23%	1%	31%	4%	46%	28%	29%	33%

Jordan PICKFORD
평점 6.71
조던 픽포드 — 1994.03.07 / 185cm

현재 잉글랜드 국가대표팀 주전 놀라운 순발력을 가졌으며, 상대의 슈팅을 끝까지 눈으로 읽은 후 반응하는 침착성을 가졌다. 위험한 상황에서도 몸을 사리지 않는 저돌적인 플레이스타일을 가졌다. 골키퍼 빌드업 능력은 잉글랜드 출신 골키퍼 중 최상위권. 다만 체격적 열세는 여러모로 실점 상황에서 발목을 잡는 편이다. 종종 기복을 드러내기도 한다. 시장 가치는 2500만 유로, 추정 연봉은 650만 유로.

세이브-실점		국적	2022-23시즌 에버튼				포지션
89-51					S%	CS	CH
35-6		잉글랜드	37-0	3330	69%	8	22
○ 181-57	T-151						
○ 181-124	RC-19		P	P%	LB		★
○ 6-1	D-48		31.2-16.2	52%	22.8-7.9	6-0	2

GA	SV	S%	CS	C%	BT	KA	KD	LC	L%	PA	R%	RO	DA
하위	상위	상위	하위	하위	상위	상위	상위	하위	하위	하위	상위	상위	상위
30%	23%	46%	43%	44%	11%	12%	31%	46%	16%	36%	9%	24%	25%

Marco BIZOT
평점 6.71
마르코 비조트 — 1991.03.10 / 194cm

상대 패스 흐름을 읽고 전진 수비하거나 아예 박스 외곽 볼 처리에 나서는 좋은 판단력을 가졌다. 롱 패스로 전방에 볼을 배급하는 능력도 출중하며, 상대 슈팅을 안정적으로 처리하는 캐칭 역시 강점으로 꼽힌다. 긴 팔을 활용한 상대 슈팅 처리도 훌륭한 편. 또한 지근거리 선방 횟수도 많다. 다만 큰 키에 비해 상대 크로스를 잘 걷어내지 못하는 편이다. 시장 가치는 400만 유로, 추정 연봉은 54만 유로.

세이브-실점		국적	2022-23시즌 브레스트				포지션
86-50					S%	CS	CH
38-4		네덜란드	37-0	3330	70%	4	30
○ 178-54	T-163						
○ 178-124	RC-7		P	P%	LB		★
○ 9-2	D-40		25.4-17.3	68%	14.1-6.2	4-0	3

GA	SV	S%	CS	C%	BT	KA	KD	LC	L%	PA	R%	RO	DA
하위	상위	상위	하위	하위	상위	상위	상위	하위	하위	상위	하위	하위	하위
40%	24%	34%	33%	17%	3%	47%	38%	2%	11%	46%	19%	8%

Jonas OMLIN
평점 6.70
요나스 오믈린 — 1994.01.10 / 189m

굉장히 재빠른 수문장. 골문 앞 위험한 위치에서 날아드는 슈팅을 무리 없이 막아내며, 판단력이 좋아 적극적으로 전진 수비를 펼쳐 슈팅 각을 좁히는 데 능하다. 상황에 따라서는 적극적으로 박스 외곽으로 스위핑을 시도하는 편. 그러나 종종 치명적 실수를 범하기도 한다. 여기에 매우 안정적인 공중볼 처리 능력을 가졌으며, 패스의 질도 상당히 우수하다. 시장 가치는 700만 유로, 추정 연봉은 208만 유로.

세이브-실점		국적	22-23시즌 몽펠리에+묀헨글라트바흐				포지션
25-17					S%	CS	CH
13-1		스위스	29-0	2459	68%	5	15
○ 56-18	T-74						
○ 56-38	RC-9		P	P%	LB		★
○ 2-0	D-26		44.5-34.7	72%	13.9-5.3	1-1	-

GA	SV	S%	CS	C%	BT	KA	KD	LC	L%	PA	R%	RO	DA
하위	상위	상위	하위	상위	상위	하위	하위	하위	하위	상위	상위	상위	하위
22%	31%	46%	46%	50%	4%	39%	42%	9%	28%	12%	31%	45%	35%

Predrag RAJKOVIC
평점 6.70
프레드라그 라이코비치 — 1995.10.31 / 191cm

골문 앞 활동 범위가 넓진 않지만, 대신 큰 체격 조건과 우수한 순발력을 앞세워 세이브하는 장면을 많이 만들어낸다. 손발을 가리지 않고 슈팅을 안정적으로 처리하는 편. 페널티킥 선방 능력은 라 리가 최고 수준으로 평가받고 있다. 하지만 볼을 다루는 기술은 투박하며 패스의 질도 좋지 않다. 부친인 사샤에 이어 세르비아에서는 2대에 걸친 GK로 유명하다. 시장 가치는 1000만 유로, 추정 연봉은 84만 유로.

세이브-실점		국적	2022-23시즌 마요르카				포지션
55-35					S%	CS	CH
38-5		세르비아	36-0	3240	70%	12	
○ 133-40	T-						
○ 133-93	RC-7		P	P%	LB		★
○ 7-1	D-		29.8-16.4	55%	23.1-9.6	3-0	-

GA	SV	S%	CS	C%	BT	KA	KD	LC	L%	PA	R%	RO	DA
상위	하위	상위	상위	상위	하위	상위	상위	상위	하위	상위	하위	하위	하위
26%	25%	27%	27%	28%	43%	9%	5%	24%	32%	37%	6%	10%

O	O	O	T	RC	D	⏱	S%	CS	CH	P	P%	LB	■	★	GA	SV	S%	CS	C%	BT	KA	KD	LC	L%	PA	R%	RO	DA
상대유효슛 시도-실점	상대유효슛 시도-선방	상대 PK 시도-방어	GK 던지기	런아웃 방어 성공	골킥 비거리 평균(m)	출전횟수 선발-교체	출전시간 분(MIN)	GK 선방	GK 클린시트	크로스처리 캐칭·펀칭	평균 패스 시도-성공	패스 선방율	평균 롱볼 시도-성공	페어플레이 경고·퇴장	MOM	최소 실점	GK 선방	GK 선방율	GK 클린시트	클린시트 비율	볼터치	골킥 시도	골킥 비거리	골킥 평균 성공	롱볼 성공률	패스 시도	크로스 차단율	런아웃 시도	활동 범위

Hugo LLORIS

평점 6.70
위고 요리스   1986.12.16 / 188cm

프랑스 A대표팀 역대 A매치 최다 출장자. 손흥민의 토트넘 동료로 유명하다. 골키퍼치고는 큰 체격이라 할 수 없으나, 뛰어난 순발력과 슈퍼 세이빙으로 자신의 단점을 만회한다. 대단히 좋은 판단력을 바탕으로 적극적으로 전진 수비하는 편. 프랑스와 토트넘에서 모두 주장으로 활약할 만큼 특출난 리더십을 갖추었다. 그러나 킥은 고질적 단점으로 꼽힌다. 시장 가치는 400만 유로, 추정 연봉은 598만 유로.

세이브-실점	국적	2022-23시즌			포지션

37-33					
42-3		⏱25-0	🕐2206	S%67% CS7 CH20	
◯115-36 T-109	프랑스				
◯115-79 RC-8		P24.6-18.2	P%74%	LB10.9-4.5 ■0-0 ★	
◯1-0 D-24					

GA	SV	S%	CS	C%	BT	KA	KD	LC	L%	PA	R%	RO	DA
하위 38%	상위 32%	하위 28%	상위 41%	상위 41%	하위 15%	상위 37%	하위 4%	하위 14%	상위 49%	하위 12%	상위 37%	상위 23%	하위 49%

Illan MESLIER

평점 6.69
일란 멜리에   2000.03.02 / 195cm

마치 요리스를 연상케 하는 신들린 선방 능력을 펼쳐보이는 프랑스의 차세대 수문장. 어린 나이임에도 불구하고 대담하게 박스 외곽 스위핑을 시도해 실점 위기를 무산시킨다. 그만큼 활동 범위가 넓은 골키퍼다. 상대 전방 압박에도 흔들림이 없을 정도로 볼 다루는 기술도 좋은 편. 그러나 아직 어린 선수다 보니 실수가 많다. 위치 선정을 어려워하는 편. 시장 가치는 2200만 유로, 추정 연봉은 179만 유로.

세이브-실점	국적	2022-23시즌 리즈 유나이티드			포지션

65-60					
27-7		⏱34-0	🕐3060	S%58% CS5 CH34	
◯159-57 T-194	프랑스				
◯159-92 RC-27		P24.6-13.8	P%56%	LB14.2-3.7 ■3-0 ★	
◯3-0 D-40					

GA	SV	S%	CS	C%	BT	KA	KD	LC	L%	PA	R%	RO	DA
하위 7%	상위 32%	하위 2%	하위 15%	하위 20%	상위 48%	상위 41%	상위 11%	하위 7%	상위 23%	하위 13%	상위 7%	상위 32%	하위

Yvon MVOGO

평점 6.69
이본 음보고   1994.06.06 / 186cm

카메룬 야운데 출신이나 스위스 국가대표로 활동하고 있다. 상대 슈팅을 가볍게 무력화시키는 안정적인 캐칭이 매우 인상적이다. 뿐만 아니라 펀칭 등 손을 활용한 선방만큼은 정말 훌륭하다. 뛰어난 순발력을 갖추었으며, 적극적인 전진 수비를 펼치는 등 꽤 공격적 스타일을 가졌다. 그러나 골키퍼치고는 단신이며, 위기 상황에서 집중력이 자주 흔들린다. 시장 가치는 350만 유로, 추정 연봉은 72만 유로.

세이브-실점	국적	2022-23시즌 로리앙			포지션

46-26					
24-3		⏱21-0	🕐1813	S%86% CS3 CH21	
◯99-29 T-85	스위스				
◯99-70 RC-2		P25.5-18.1	P%72%	LB12.3-5.2 ■0-0 ★	
◯1-0 D-33					

GA	SV	S%	CS	C%	BT	KA	KD	LC	L%	PA	R%	RO	DA
하위 41%	상위 15%	하위 46%	하위 18%	하위 17%	하위 19%	상위 47%	하위 8%	하위 39%	상위 50%	하위 23%	하위 40%	하위 1%	하위 1%

Giorgi MAMARDASHVILI

평점 6.69
기오르기 마마르다쉬빌리   2000.09.29 / 199cm

2m에 육박하는 거한 골키퍼. 공중볼 혹은 크로스를 처리할 때 자신의 압도적 피지컬을 최대치로 활용하는 법을 안다. 볼을 향한 집중력도 대단해 지근거리에서 날아오는 슈팅을 막아내는 데에도 흔들림이 없는 편. 곰뜰 것 같은 외모와 달리 순발력도 제법 빠른 편. 정확한 롱 킥으로 전방의 동료에게 볼을 배급하는 능력도 출중하다. 다만 페널티킥에는 약한 편. 시장 가치는 2500만 유로, 추정 연봉은 150만 유로.

세이브-실점	국적	2022-23시즌 발렌시아			포지션

65-40					
40-5		⏱38-0	🕐3420	S%70% CS7 CH35	
◯150-45 T-142	조지아				
◯150-105 RC-11		P24.8-14.9	P%60%	LB14.8-5.2 ■3-0 ★	
◯5-0 D-50					2

GA	SV	S%	CS	C%	BT	KA	KD	LC	L%	PA	R%	RO	DA
상위 31%	상위 35%	하위 44%	하위 28%	하위 27%	하위 11%	하위 33%	하위 4%	상위 48%	상위 34%	하위 14%	하위 17%	상위 37%	상위 22%

Robin ZENTNER

평점 6.69
로빈 젠트너   1994.10.28 / 194cm

이재성과 홀슈타인 킬과 현 소속팀 마인츠에서 오랫동안 함께 뛰고 있다. 과거 경기 도중 볼을 잡아두고도 계속 구르는 것을 보지 못하는 헛발질을 하는 모습을 보여 엄청난 비난을 산 적이 있다. 집중력에서 문제가 있긴 하지만 기본적으로 선방 실력은 충분한 편. 반사 신경이 출중한 편이며 페널티킥 선방에도 일가견이 있다. 그러나 패스의 질은 향상시켜야 한다. 시장 가치는 500만 유로, 추정 연봉은 52만 유로.

세이브-실점	국적	2022-23시즌 마인츠 05			포지션

48-34					
22-5		⏱26-0	🕐2340	S%64% CS 43	
◯109-39 T-146	독일				
◯109-70 RC-21		P27.8-15.2	P%55%	LB19.1-6.8 ■1-0 ★	
◯5-1 D-49					0

GA	SV	S%	CS	C%	BT	KA	KD	LC	L%	PA	R%	RO	DA
하위 37%	하위 31%	하위 23%	상위 49%	하위 50%	하위 48%	상위 38%	하위 4%	하위 24%	상위 32%	하위 38%	하위 1%	하위 5%	하위 9%

Aaron RAMSDALE

평점 6.69
아론 램스데일   1998.05.14 / 188cm

현재 잉글랜드 축구계가 가장 큰 기대를 걸고 있는 수문장. 빼어난 반사 신경과 선방, 거리를 가리지 않는 출중한 패스, 심지어 나이답지 않은 대범한 멘탈까지 모두 갖추었다는 평가를 받고 있다. 특히 상대 압박에 짓눌리지 않는 침착한 볼 처리가 대단하다. 마치 미드필더처럼 상대 선수 사이 공간을 가르는 패스를 자주 시도한다. 단 크로스 처리는 보완해야 한다. 시장 가치는 3800만 유로, 추정 연봉은 718만 유로.

세이브-실점	국적	2022-23시즌 아스널			포지션

72-36					
22-7		⏱38-0	🕐3420	S%69% CS14 CH22	
◯137-43 T-174	잉글랜드				
◯137-94 RC-15		P24.9-15.7	P%63%	LB12.4-3.6 ■1-0 ★	
◯5-0 D-45					1

GA	SV	S%	CS	C%	BT	KA	KD	LC	L%	PA	R%	RO	DA
상위 28%	하위 21%	하위 38%	상위 20%	상위 20%	하위 17%	상위 50%	하위 35%	하위 35%	하위 50%	하위 50%	상위 50%	상위 39%	상위 25%

O 상대유효슈 시도-실점	O 상대유효슈 시도-선방	O 상대 PK 시도-방어	T R C D GK 던지기 방어 성공 평균	라인아웃 골킥 비거리 평균(m)	출전횟수 선발-교체	출전시간 분(MIN)	S% GK 선방	CS GK 클린시트 캐칭-펀칭	CH 크로스처리 평균 패스 시도-성공	P 패스 선방 시도-성공	P% 평균 롱볼 시도-성공	LB 페어플레이 경고-퇴장	★ MOM	GA 최소 실점	SV GK 선방	S% GK 선방율	CS GK 클린시트 비율	BT 블터치	KA 골킥 시도	KD 골킥 평균 비거리	LC 롱볼 성공	L% 롱볼 성공	PA 패스 시도	R% 크로스 차단 시도	RO 라인아웃 시도	DA 활동 범위

José SÁ 조세 사
평점 6.68 · 1993.01.17 / 192cm

상대 공격수와 일대일로 맞서는 위기에 강하다. 판단력이 좋아 상대의 침투 패스를 전진해서 잘라내는 플레이에 능한 스위퍼형 골키퍼다. 페널티킥 선방 빈도도 제법 많다. 좋은 체격 조건을 활용한 공중볼 처리도 안정적이나, 캐칭에는 약한 편이다. 다소 모험적인 전진 플레이를 펼치는 탓에 실점 위기를 제법 내주는 편이며, 킥의 비거리는 좋지만 정확하진 않다. 시장 가치는 1800만 유로, 추정 연봉은 149만 유로.

세이브-실점 / 국적 / 2022-23시즌 울버햄튼 / 포지션

세이브-실점		국적	2022-23시즌 울버햄튼				
71-48		포르투갈	36-0	3240	S% 66%	CS 11	CH 43
36-7							
● 162-182 T-182	● 162-107 RC-14	○ 4-2 D-42	P 28.5-18.5	P% 65%	LB 13.1-3.7	2-0	★

	GA	SV	S%	CS	BT	KA	KD	LC	L%	PA	R%	RO	DA
등급	하위	상위	하위	상위	상위	하위	상위	상위	하위	하위	하위	상위	하위
백분율	33%	50%	23%	36%	36%	40%	45%	36%	19%	8%	39%	11%	28% 20%

Jiří PAVLENKA 이리 파블렌카
평점 6.68 · 1992.04.14 / 196cm

위기 상황에 상당히 침착한 방어를 선보이는 문지기. 이른바 덤비는 수비를 하지 않고 큰 피지컬과 긴 팔다리를 활용해 최대한 슈팅 각을 좁혀 대응하는 장면이 많다. 집중력도 상당히 좋다. 몸집에 비해 순발력도 나쁘지 않은 수준이며, 머리 위로 기습적으로 날아드는 슈팅에 강하다. 다만 크로스 등 공중볼 처리는 다소 불안한 편이며, 잔부상이 심하다. 시장 가치는 300만 유로, 추정 연봉은 260만 유로.

세이브-실점 / 국적 / 2022-23시즌 베르더 브레멘 / 포지션

세이브-실점		국적	2022-23시즌 베르더 브레멘				
74-55		체코	33-0	2909	S% 65%	CS 4	CH 22
37-6							
● 172-61 T-152	● 172-111 RC-10	○ 3-1 D-39	P 30.7-20.6	P% 67%	LB 17.5-7.6	1-0	★

	GA	SV	S%	CS	BT	KA	KD	LC	L%	PA	R%	RO	DA
등급	하위	상위	하위	하위	상위	하위	상위	하위	상위	하위	하위	상위	상위
백분율	8%	19%	15%	9%	30%	49%	33%	49%	25%	44%	48%		

Jan OBLAK 얀 오블락
평점 6.67 · 1993.01.07 / 188cm

현재 세계 최고 GK 중 하나로 꼽힌다. 이른바 스위퍼형 GK를 요구하는 현대 축구 흐름과는 무관한 스타일이지만, '막는 것'에 한해서는 가히 압도적 퍼포먼스를 보이는 선수다. 순발력과 반사 신경에 관해서는 현재 유럽 최고 수준이며, 무엇보다 선방 이후 세컨드 볼 위기 상황에 대처하는 능력은 가히 압권이다. 킥은 미숙하지만, 그래서 무리를 하지 않는다. 시장 가치는 4000만 유로, 추정 연봉은 2083만 유로.

세이브-실점 / 국적 / 22-23시즌 아틀레티코 마드리드 / 포지션

세이브-실점		국적	22-23시즌 아틀레티코 마드리드				
29-17		슬로베니아	28-0	2493	S% 75%	CS 11	CH 25
30-3							
● 79-20 T-115	● 79-20 RC-8	○ 2-0 D-42	P 25.2-15.4	P% 61%	LB 15.1-5.4	1-0	★ 1

	GA	SV	S%	CS	BT	KA	KD	LC	L%	PA	R%	RO	DA
등급	상위	하위	상위	상위	상위	하위	상위	상위	하위	하위	상위	하위	하위
백분율	6%	11%	21%	19%	17%	9%	22%	37%	34%	24%	4%	26%	20% 45%

Anthony LOPES 안토니 로페스
평점 6.67 · 1990.10.01 / 184cm

포르투갈 국가대표 출신이지만 프랑스에서 태어났다. 단신 골키퍼지만 그만큼 재빠르다. 가까운 거리에서 날아드는 위협적인 슈팅을 막아내는 데 강한 자신감을 가지고 있으며, 수비라인 배후가 뚫렸을 경우 과감하게 전진해 커버링에 나선다. 역동작에 걸렸을 때도 민첩성이 뛰어나 선방을 제법 해내는 편. 키가 작아 한계가 있긴 해도 공중볼도 적극 걷어낸다. 시장 가치는 900만 유로, 추정 연봉은 480만 유로.

세이브-실점 / 국적 / 2022-23시즌 리옹 / 포지션

세이브-실점		국적	2022-23시즌 리옹				
59-36		포르투갈	32-0	2817	S% 71%	CS 7	CH 19
35-3							
● 133-39 T-134	● 133-94 RC-3	○ 7-0 D-29	P 27.7-20.5	P% 74%	LB 11.6-4.7	2-0	★ 0

	GA	SV	S%	CS	BT	KA	KD	LC	L%	PA	R%	RO	DA
등급	상위	상위	상위	하위	하위	하위	하위	하위	하위	상위	상위	하위	하위
백분율	38%	43%	17%	38%	38%	35%	21%	4%	28%	44%	46%	37%	30% 37%

Juan MUSSO 후안 무소
평점 6.67 · 1994.05.06 / 191cm

상대 슈팅을 끝까지 지켜보고 대응하는 침착성을 가졌다. 상대 공격수와 맞서는 상황에도 크게 흔들리지 않는다. 활동 범위가 넓다고 볼 수 없으나, 슈팅 각을 내주지 않을 정도로만 전진해서 막아내는 영리함을 갖추었다. 긴 팔을 활용해 중거리슛을 바깥으로 걷어내는 플레이도 훌륭한 편. 킥이 그리 좋지는 못해 무리하게 전진 패스를 시도하진 않는다. 시장 가치는 1400만 유로, 추정 연봉은 296만 유로.

세이브-실점 / 국적 / 2022-23시즌 아탈란타 / 포지션

세이브-실점		국적	2022-23시즌 아탈란타				
36-23		아르헨티나	24-0	2708	S% 70%	CS 7	CH 14
28-4							
● 91-27 T-152	● 91-64 RC-10	○ 2-0 D-44	P 23.0-15.2	P% 66%	LB 13.1-5.3	1-0	★ 0

	GA	SV	S%	CS	BT	KA	KD	LC	L%	PA	R%	RO	DA
등급	상위	하위	상위	상위	상위	하위	상위	상위	상위	하위	하위	상위	상위
백분율	29%	37%	50%	38%	38%	14%	4%	49%	34%	26%	40%	36%	

Bartłomiej DRĄGOWSKI 바르트워미에이 드롱고프스키
평점 6.65 · 1997.08.19 / 191cm

키에 비해 민첩성이 훌륭하며 골키퍼로서 기술적 완성도가 높다. 페널티킥 선방 빈도가 많고, 무엇보다 경기 흐름을 읽고 대처하는 능력이 뛰어나다. 이 판단력을 앞세워 박스 외곽 수비도 적극적으로 임하는 편이다. 볼을 향한 집중력도 우수한 편. 그러나 박스 안 높은 볼 처리에 약점이 있으며, 빌드업 구심점으로 삼기에는 볼을 다루는 기술이 투박하다. 시장 가치는 450만 유로, 추정 연봉은 130만 유로.

세이브-실점 / 국적 / 2022-23시즌 스페치아 / 포지션

세이브-실점		국적	2022-23시즌 스페치아				
74-47		폴란드	34-0	2946	S% 64%	CS 6	CH 13
41-10							
● 172-57 T-159	● 172-115 RC-10	○ 6-1 D-43	P 30.2-19.3	P% 64%	LB 15.9-5.6	1-0	★ 3

	GA	SV	S%	CS	BT	KA	KD	LC	L%	PA	R%	RO	DA
등급	하위	상위	하위	하위	상위	상위	상위	하위	상위	하위	상위	하위	하위
백분율	20%	16%	32%	4%	38%	35%	47%	17%	4%	32%	6%	40%	

O	O	O	T	RC	D	GK		S%	CS	CH	P	P%	LB		★	GA	SV	S%	CS	C%	BT	KA	KD	LC	L%	PA	R%	RO	DA
상대유효슛 시도-실점	상대유효슛 시도-선방	상대PK 시도-방어	라인아웃 던지기	골키 비거리 평균	출전계수 평균(m)	출전시간 분(MIN)		GK 선방률	GK 클린시트	크로스처리 캐칭-펀칭	평균패스 시도-성공	패스 선방률	평균롱볼 시도-성공		페어플레이 경고-퇴장	MOM	최소 실점	GK 선방	GK 선방률	GK 클린시트 비율	볼터치	골키 시도	골키 비거리	롱볼 성공	롱볼 성공률	패스 시도	크로스 차단율	라인아웃 시도	활동 범위

평점 6.65 David de GEA
다비드 데 헤아
1990.11.07 / 189cm

한때 세계 최고 골키퍼 중 하나로 통했다. 긴 팔을 활용한 공중볼 처리와 엄청난 반사 신경을 바탕으로 한 선방에 매우 강하다. 유소년 시절 풋살을 경험한 터라 볼 다루는 기술도 매우 좋다. 그러나 최근 수년 간 기량 하락이 도드라졌다. 수비수들과 소통에 다소 문제가 있으며 박스 안 장악에서도 미숙한 모습을 보였다. 선수의 자신감도 크게 떨어진 상태. 시장 가치는 1500만 유로, 추정 연봉은 2244만 유로.

세이브-실점	국적	22-23시즌 맨체스터 유나이티드	포지션

68-35
32-8

	스페인
○ 143-43 T-128	
○ 143-100 RC-11	
○ 3-1 D-43	

		S%	CS	CH
38-0	3420	70%	17	15

P	P%	LB		★
28.8-19.5	68%	13.7-4.9	0-0	1

GA	SV	S%	CS	C%	BT	KA	KD	LC	L%	PA	R%	RO	DA
상위	하위	하위	상위	상위	하위	하위	상위	하위	하위	하위	하위	하위	상위
25%	23%	47%	6%	8%	30%	5%	40%	21%	17%	47%	9%	39%	38%

평점 6.65 Ciprian TATARUSANU
치프리안 타타루샤누
1986.02.19 / 198cm

조국 루마니아에서 '스파이더맨'이라는 별칭으로 불린다. AC 밀란에서 백업 GK로 활동 중이다. 압도적 피지컬, 긴 팔을 활용해 골문을 사수한다. 장거리 스로인이 강점이며, 페널티킥에도 제법 강한 편. 높고 낮은 슈팅 궤적을 가리지 않고 안정적으로 막아낸다. 문제는 이게 전성기 시절의 얘기라는 점. 2022-2023시즌에는 잦은 실수를 범하며 노회화 기미를 보였다. 시장 가치는 60만 유로, 추정 연봉은 154만 유로.

세이브-실점	국적	2022-23시즌 AC 밀란	포지션

27-20
13-2

	루마니아
○ 62-22 T-75	
○ 62-40 RC-3	
○ 2-0 D-38	

		S%	CS	CH
16-0	1440	65%	4	9

P	P%	LB		★
30.4-22.8	75%	15.2-7.9	0-0	1

GA	SV	S%	CS	C%	BT	KA	KD	LC	L%	PA	R%	RO	DA
상위	하위	하위	상위	상위	상위	하위	상위	상위	하위	상위	하위	상위	상위
45%	44%	45%	37%	48%	48%	15%	43%	26%	1%	37%	29%	46%	17%

평점 6.65 Stole DIMITRIEVSKI
스톨레 디미트리에프스키
1993.12.15 / 190cm

2022 FIFA 카타르 월드컵 유럽 PO 이탈리아전에서 환상적 선방으로 이탈리아를 탈락시켰던 골키퍼. 강력하고 정교한 골킥을 갖추었으며, 상대 슈팅 궤적을 끝까지 보고 대처한다. 전진 수비를 해야할지 혹은 슈팅 각을 좁혀야할지 판단이 굉장히 좋다. 페널티킥 선방 능력도 우수하며, 반사 신경도 정상급이다. 간혹 실수가 있지만 갖춰야 할 요소는 두루 갖췄다. 시장 가치는 400만 유로, 추정 연봉은 66만 유로.

세이브-실점	국적	2022-23시즌 라요 바예카노	포지션

61-44
33-5

	마케도니아
○ 143-49 T-199	
○ 143-94 RC-22	
○ 5-0 D-43	

		S%	CS	CH
37-0	3325	66%	9	24

P	P%	LB		★
24.6-13.3	54%	15.5-4.3	4-0	3

GA	SV	S%	CS	C%	BT	KA	KD	LC	L%	PA	R%	RO	DA
하위	하위	하위	하위	하위	하위	상위	상위	하위	하위	하위	상위	상위	상위
49%	24%	25%	45%	45%	15%	21%	33%	36%	8%	13%	29%	22%	27%

평점 6.64 Janis BLASWICH
야니스 블라스비히
1991.05.02 / 193cm

하부리그 혹은 스몰 리그에서 주로 활약하다 2022-2023시즌부터 라이프치히를 통해 빅 리그를 경험 중인 대기만성형 골키퍼. 레알 마드리드를 상대로 한 경기에 7실점을 당한 적도 있을 정도로 혹독한 경험을 했다. 지근거리에서 날아드는 슈팅 처리 능력과 볼을 향한 집중력은 좋다. 다만 킥은 정확하지 않고, 상대의 기습적 중거리슛에 약한 편이다. 시장 가치는 200만 유로, 추정 연봉은 37만 유로.

세이브-실점	국적	2022-23시즌 RB 라이프치히	포지션

32-25
13-4

	독일
○ 74-29 T-126	
○ 74-45 RC-8	
○ 7-1 D-27	

		S%	CS	CH
26-0	2340	61%	7	20

P	P%	LB		★
39.1-33.2	85%	8.8-3.2	0-0	1

GA	SV	S%	CS	C%	BT	KA	KD	LC	L%	PA	R%	RO	DA
상위	하위	하위	상위	하위	상위	하위	상위	하위	하위	상위	상위	상위	상위
39%	6%	35%	46%	44%	5%	24%	6%	2%	10%	5%	33%	25%	14%

평점 6.64 Paulo GAZZANIGA
파울로 가사니가
1992.01.02 / 196cm

2m에 가까운 큰 신장을 통해 박스 내 공중볼 처리에 강점을 보인다. 체격에 비해 날랜 순발력이 좋아 슈퍼 세이브도 제법 만드는 편이다. 중거리슛 대응 능력도 준수하며, 전방으로 향하는 킥의 정확도도 좋은 편. 그러나 낮고 강하게 깔리는 슈팅에는 약한 면모를 보이며, 종종 지나치게 전진 수비하다 치명적 실수를 범해 실점하는 경우가 있다. 시장 가치는 250만 유로, 추정 연봉은 86만 유로.

세이브-실점	국적	2022-23시즌 히로나	포지션

49-34
39-3

	아르헨티나
○ 325- T-141	
○ 385- RC-14	
○ 6-1 D-44	

		S%	CS	CH
28-0	2520	72%		37

P	P%	LB		★
33.1-23.2	70%	15.9-6.3	4-0	3

GA	SV	S%	CS	C%	BT	KA	KD	LC	L%	PA	R%	RO	DA
상위	상위	상위	하위	하위	상위	상위	상위	상위	상위	상위	상위	상위	상위
48%	38%	36%	14%	13%	23%	8%	31%	40%	40%	34%	15%	24%	42%

평점 6.63 Matz SELS
마츠 셀스
1992.02.26 / 188cm

지능적인 위치 선정으로 상대 슈팅을 무력화시킨다. 좋은 반사 신경을 갖추었으며, 일대일 상황에서 적극적으로 전진 수비를 펼친다. 지근거리에서 풋 스토핑도 굉장히 훌륭하다. 무엇보다 후방 빌드업 기점이 될 정도로 패스 실력이 좋다는 게 강점이다. 전방으로 정확한 롱 패스로 볼을 배급한다. 다만 공중볼 캐칭에 약점이 있으며, 판단력은 종종 흔들린다. 시장 가치는 800만 유로, 추정 연봉은 108만 유로.

세이브-실점	국적	2022-23시즌 스트라스부르	포지션

80-54
35-5

	벨기에
○ 174-59 T-130	
○ 174-115 RC-11	
○ 11-0 D-40	

		S%	CS	CH
38-0	3420	60%	6	31

P	P%	LB		★
22.3-13.3	60%	13.8-5.2	2-0	2

GA	SV	S%	CS	C%	BT	KA	KD	LC	L%	PA	R%	RO	DA
하위	상위	하위	하위	하위	하위	하위	하위	하위	하위	하위	상위	하위	하위
28%	42%	48%	19%	19%	4%	5%	37%	49%	4%	42%	50%	33%	23%

◐	○	○	T	RC	D	🕐	S%	CS	CH	P	P%	LB	■	★	GA	SV	S%	CS	C%	BT	KA	KD	LC	L%	PA	R%	RO	DA
상대유효슛 시도-실점	상대유효슛 시도-선방	상대 PK 시도-방어	GK 던지기	라인아웃 방어 성공	골킥 비거리 평균(m)	출전횟수 평균	GK 선방률	GK 클린시트	크로스처리 캐칭-펀칭	평균 패스 시도-성공	패스 성공률	평균 롱볼 시도-성공	페어플레이 경고-퇴장	MOM	최소 실점	GK 선방	GK 선방률	GK 클린시트	클린시트 비율	볼터치	골킥 시도	골킥 평균 비거리	롱볼 성공	롱볼 성공률	패스 시도	크로스 차단율	라인아웃 시도	활동 범위

Dean HENDERSON 딘 핸더슨

평점 6.58

1997.03.12 / 188cm

맨체스터 유나이티드 유스 출신이나 대부분의 커리어를 타팀에서 임대 생활로 쌓았다. 특출 난 반사 신경과 순발력을 갖췄다. 역동작이 걸린 상황에서도 끝까지 슈팅을 보면서 막아내는 선방 스타일을 갖추었다. 판단력이 좋아 스위퍼 플레이도 자주하는 편. 많이 개선되었다고는 하나 패스는 정확하지 않은 편. 대신 장거리 스로인은 신속하고 정확하다. 시장 가치는 2200만 유로, 추정 연봉은 598만 유로.

세이브-실점	국적	2022-23시즌 노팅엄 포레스트	포지션
40-19		🕐 38 S% CS CH	
14-12		18-0 1620 64% 6 20	
◐ 85-31 T-107	잉글랜드	P P% LB ■ ★	
◐ 85-54 RC-11			
○ 5-2 D-37		31.2-17.7 57% 19.7-6.4 2-0 2	

GA	SV	S%	CS	C%	BT	KA	KD	LC	L%	PA	R%	RO	DA
하위	하위	하위	상위	상위	상위	상위	상위	상위	하위	상위	상위	하위	상위
15%	47%	17%	37%	28%	29%	7%	38%	29%	27%	44%	28%	15%	36%

Unai SIMÓN 우나이 시몬

평점 6.58

1997.06.11 / 190cm

유스 시절부터 모든 커리어를 아슬레틱에서만 쌓은 '원 클럽 맨'. 현재 스페인 축구 국가대표팀 주전 수문장이다. 정교한 킥을 가지고 있어 후방 빌드업 구심점으로 삼기에 제격이며, 골문 앞 혼전 상황에 대단한 집중력을 발휘한다. 지근거리 슈팅 방어도 능숙하게 해낼 정도로 좋은 순발력을 가지고 있다. 다만 상대의 전방 압박에 다소 취약해 실수를 종종 범한다. 시장 가치는 2500만 유로, 추정 연봉은 435만 유로.

세이브-실점	국적	2022-23시즌 아슬레틱 빌바오	포지션
45-34		🕐 31-0 2746 S% 65% CS 9 CH 18	
25-3			
◐ 107-37 T-154	스페인	P P% LB ■ ★	
◐ 107-70 RC-12			
○ 3-0 D-45		25.7-17.6 68% 13.3-5.4 2-0 1	

GA	SV	S%	CS	C%	BT	KA	KD	LC	L%	PA	R%	RO	DA
상위	하위	하위	상위	상위	하위	하위	상위	하위	상위	하위	하위	상위	하위
35%	13%	24%	41%	41%	21%	30%	25%	41%	49%	33%	33%	31%	8%

Vanja MILINKOVIC-SAVIC 바냐 밀린코비치-사비치

평점 6.58

1997.02.20 / 202cm

2m가 넘는 거한 골키퍼. 스페인에서 태어난 세르비아 국가대표 수문장이며, 형은 세르비아의 간판 미드필더 세르게이다. 활동폭은 그리 넓다고 볼 수 없으나 대신 압도적 신장과 긴 팔을 활용해 상대 슈팅과 크로스를 밖으로 걷어낸다. 정상급 순발력은 아니지만, 체격 조건을 고려하면 제법 날랜 편이다. 그러나 패스는 취약한 편이며, 박스 내 파울이 많다. 시장 가치는 350만 유로, 추정 연봉은 130만 유로.

세이브-실점	국적	2022-23시즌 토리노	포지션
50-34		🕐 38-0 3420 S% 70% CS 11 CH 36	
45-7			
◐ 136-41 T-185	세르비아	P P% LB ■ ★	
◐ 136-95 RC-23			
○ 6-0 D-36		42.2-24.5 58% 26.3-8.6 4-0 1	

GA	SV	S%	CS	C%	BT	KA	KD	LC	L%	PA	R%	RO	DA
상위	하위	상위	상위	상위	상위	상위	상위	상위	하위	상위	하위	상위	상위
21%	23%	38%	42%	46%	2%	32%	1%	12%	13%	22%	7%	5%	15%

Marco SILVESTRI 마르코 실베스트리

평점 6.57

1991.03.02 / 191cm

'가토(고양이)'라는 별명에서 알 수 있듯, 순발력 하나만큼은 세리에 A 최고 수준. 특히 페널티킥 선방 능력이 매우 출중하다. 상대 슈팅 궤적을 끝까지 살피는 집중력도 우수한 편이다. 커리어 초창기만 하더라도 볼 다루는 기술이 미숙하다는 얘기가 많았으나, 다년간 많은 발전을 이루어냈다. 다만 신장에 비해 공중볼 캐칭에서는 약하다는 평을 받고 있다. 시장 가치는 500만 유로, 추정 연봉은 185만 유로.

세이브-실점	국적	2022-23시즌 우디네세	포지션
63-44		🕐 38-0 3420 S% 65% CS 10 CH 13	
28-4			
◐ 139-48 T-142	이탈리아	P P% LB ■ ★	
◐ 139-91 RC-8			
○ 7-0 D-31		27.5-20.6 75% 11.2-4.7 0-0 0	

GA	SV	S%	CS	C%	BT	KA	KD	LC	L%	PA	R%	RO	DA
상위	하위	하위	상위	상위	하위	하위	상위	하위	상위	하위	하위	하위	하위
42%	19%	31%	49%	47%	25%	23%	16%	31%	49%	19%	4%	8%	14%

Manuel RIEMANN 마누엘 리만

평점 6.57

1988.09.09 / 186cm

후방에서 정교한 롱 킥으로 공격에 보탬이 된다. 피지컬은 작은 골키퍼지만, 순발력이 좋다. 상대 슈팅을 막아낸 후 후속 동작을 재빨리 가져갈 줄 안다. 상대가 리만의 작은 키를 공략하기 위해 머리 위 슈팅을 종종 시도하는데 의외로 긴 팔의 리치를 통해 이를 막아낸다. 공격수와 일대일 상황에서는 무리하게 전진 수비를 하지 않는 편이다. 시장 가치는 120만 유로, 추정 연봉은 123만 유로.

세이브-실점	국적	2022-23시즌 보훔	포지션
96-65		🕐 34-0 3060 S% 65% CS 5 CH 31	
35-7			
◐ 203-72 T-83	독일	P P% LB ■ ★	
◐ 203-131 RC-34			
○ 14-3 D-46		49.0-28.9 59% 38.1-18.4 3-0 3	

GA	SV	S%	CS	C%	BT	KA	KD	LC	L%	PA	R%	RO	DA
하위	상위	하위	하위	하위	상위	상위	상위	상위	상위	하위	상위	상위	상위
4%	8%	27%	15%	5%	1%	29%	20%	1%	1%	46%	1%	1%	1%

Pietro TERRACCIANO 피에트로 테라치아노

평점 6.52

1990.03.08 / 193cm

대부분의 커리어를 하부리그에서 보냈으나 2019년부터 피오렌티나 주전 골키퍼로 활동 중이다. 상당히 인상적인 체격 조건을 갖추었으며, 우수한 반사 신경을 앞세워 골문 앞에서 노련한 플레이를 펼친다. 수비 리딩 능력이 매우 뛰어나다. 정확한 롱 패스로 필드 선수들에게 볼을 배급하며, 페널티킥 선방 능력도 기본 이상이다. 그러나 기술적인 중거리슛에 약하다. 시장 가치는 200만 유로, 추정 연봉은 148만 유로.

세이브-실점	국적	2022-23시즌 피오렌티나	포지션
46-36		🕐 29-0 2610 S% 62% CS 12	
14-2			
◐ 98-38 T-113	이탈리아	P P% LB ■ ★	
◐ 98-60 RC-17			
○ 7-1 D-37		32.8-24.3 74% 16.7-8.3 1-0 1	

GA	SV	S%	CS	C%	BT	KA	KD	LC	L%	PA	R%	RO	DA
상위	하위	하위	상위	상위	하위	상위	하위	상위	하위	상위	상위	상위	상위
47%	5%	21%	22%	35%	40%	38%	23%	21%	9%	6%			

◯	◯	◯	T	RC	D		⏱	S%	CS	CH	P	P%	LB		★	GA	SV	S%	CS	C%	BT	KA	KD	LC	L%	PA	R%	RO	DA
상대 유효슛 시도-실점	상대 유효슛 시도-선방	상대 PK 시도-방어	런아웃 던지기 시도	골킥 방어 성공	거리 평균(m)		출전횟수 선발-교체	GK 선방율	GK 클린시트	GK 크로스처리 캐칭-펀칭	평균 패스 시도-성공	평균 패스 성공율	롱볼 시도-성공		페어플레이 경고-퇴장	MOM	최소 실점	GK 선방	GK 선방율	GK 클린시트	볼터치	볼터치	골킥 시도	골킥 평균	롱볼 성공	롱볼 성공율	패스 시도	크로스 차단	런아웃 시도	활동 범위

평점 6.52 Lukás HRÁDECKY
루카시 흐라데츠키　1989.11.24 / 192cm

슬로바키아 이민자 출신이며 핀란드 축구 국가대표팀 캡틴이다. 빠르고 낮게 깔리는 궤적의 슈팅을 굉장히 안정적으로 방어한다. 상대의 연이은 슈팅에도 쉽게 흔들리지 않는 집중력을 지녔으며, 특히 지근거리에서 날아드는 슈팅을 악착같이 막아내는 데 능하다. 일정 수준의 빌드업 능력도 갖추고 있다. 다만 경험치에 비해 기복이 있는 편이다. 시장 가치는 250만 유로, 추정 연봉은 260만 유로.

세이브-실점	국적	2022-23시즌 바이어 레버쿠젠	포지션

59-44			
38-3		33-0　2970　67%　9　27	
◯ 144-47　T-148	핀란드	P　P%　LB　　★	
◯ 144-97　RC-7		29.1-19.8　68%　14.3-5.5　0-1　0	
◯ 7-0　D-36			

GA	SV	S%	CS	C%	BT	KA	KD	LC	L%	PA	R%	RO	DA
하위	하위	상위	하위	상위	하위	하위	하위	하위	하위	상위	하위	하위	하위
48%	33%	47%	39%	38%	32%	31%	25%	16%	22%	45%	39%	31%	46%

평점 6.51 Agustín MARCHESÍN
아구스틴 마르체신　1988.03.16 / 188cm

골문 앞 혼전 상황에서 굉장히 침착하게 대처한다. 기본적으로 순발력이 좋기 때문에 선방 이후 후속 동작으로 실점의 여지를 없애는 데 능하다. 페널티킥 상황에서도 능숙하게 방어해낸다. 롱 패스도 정확한 편. 하지만 전성기가 지났기에 전체적인 운동 능력은 감소했다. 상대의 기습적 중거리슛에 약한 이유다. 골키퍼치고는 단신이라 제공권 처리에 다소 약하다. 시장 가치는 300만 유로, 추정 연봉은 126만 유로.

세이브 실점	국적	2022-23시즌 셀타 비고	포지션

31-20			
13-9		19-0　1710　60%　5　14	
◯ 73-29　T-75	아르헨티나	P　P%　LB　　★	
◯ 73-44　RC-11		29.6-19.7　67%　15.8-4.25　3-0　1	
◯ 4-2　D-39			

GA	SV	S%	CS	C%	BT	KA	KD	LC	L%	PA	R%	RO	DA
하위	하위	하위	상위	하위	하위	하위	하위	상위	상위	상위	하위	상위	상위
34%	10%	10%	32%	34%	47%	47%	37%	41%	41%	40%	30%	8%

평점 6.44 Gavin BAZUNU
개빈 바주누　2002.02.20 / 189cm

나이지리아 혼혈 아일랜드 국가대표 출신 특급 골키퍼 유망주. 굉장한 운동 신경과 반사 신경을 자랑하는 골키퍼. 특히 공격수와 맞서는 장면에서 강한 면모를 보이며 중거리슛도 안정적으로 막아낸다. 전방을 향한 롱 패스도 괜찮은 편. 다만 아직 어린 선수라 그런지 실수가 잦으며, 패스의 정확도도 조금 아쉽다. 경험을 쌓아 해결해야 한다. 시장 가치는 1800만 유로, 추정 연봉은 197만 유로.

세이브-실점	국적	2022-23시즌 사우샘튼	포지션

55-50			
13-6		32-0　2880　55%　4　36	
◯ 124-56　T-144	아일랜드	P　P%　LB　　★	
◯ 124-68　RC-19		32.2-18.1　56%　21.2-7.2　0-0　1	
◯ 2-1　D-46			

GA	SV	S%	CS	C%	BT	KA	KD	LC	L%	PA	R%	RO	DA
하위	하위	하위	하위	하위	상위	상위	상위	상위	하위	상위	하위	상위	상위
13%	8%	8%	10%	34%	34%	39%	22%	18%	31%	36%	13%	15%	42%

평점 6.44 Kevin TRAPP
케빈 트랍　1990.07.08 / 189cm

2010년대 초반부터 독일 최고의 골키퍼 중 하나로 통했다. 프랑크푸르트의 2021-2022 UEFA 유로파리그 우승의 일등공신이다. 민첩성과 순발력을 활용한 슈퍼 세이브 장면이 상당히 많다. 방어 후 후속 동작도 재빠른 편이며, 볼 핸들링 스킬이 굉장히 안정적이다. 수비진 리딩 역시 출중하다. 다만 볼 다루는 기술은 부족하며, 종종 심각한 기복을 드러낸다. 시장 가치는 850만 유로, 추정 연봉은 350만 유로.

세이브-실점	국적	2022-23시즌 프랑크푸르트	포지션

60-46			
20-5		33-0　2970　61%　6　17	
◯ 131-51　T-128	독일	P　P%　LB　　★	
◯ 131-80　RC-31		23.1-15.0　65%　11.2-3.3　3-0　1	
◯ 2-0　D-31			

GA	SV	S%	CS	C%	BT	KA	KD	LC	L%	PA	R%	RO	DA
하위	하위	하위	하위	하위	하위	하위	하위	하위	하위	상위	하위	하위	하위
26%	27%	14%	30%	30%	34%	41%	34%	41%	31%	40%	21%	21%	40%

평점 6.43 Yassine BOUNOU
야신 부누　1991.04.05 / 195cm

모로코 대표팀의 수호신. 2022-23시즌까지 세비야에서 활약했고, 2023년 여름, 사우디아라비아 알힐랄로 이적했다. 골키퍼로서 적당한 체격에 놀라운 반사신경을 앞세워 슈퍼 세이브를 펼친다. 공중볼 낙하 위치를 잘 판단하며 자신 있게 캐칭을 한다. 2021-22시즌 스페인리그 최고 골키퍼상인 '사모라상'을 받았다. 또한, 2022 카타르 월드컵 때 아프리카 국가 중 최초로 모로코의 4강 진출을 이끌었다.

세이브-실점	국적	2022-23시즌 세비야	포지션

44-35			
23-6		25-0　2151　62%　4　20	
◯ 108-41　T-92	모로코	P　P%　LB　　★	
◯ 108-67　RC-10		34.2-25.0　73%　14.6-6.2　2-0　1	
◯ 3-1　D-38			

GA	SV	S%	CS	C%	BT	KA	KD	LC	L%	PA	R%	RO	DA
하위	상위	하위	하위	하위	상위	상위	상위	상위	상위	상위	상위	상위	상위
16%	48%	13%	26%	26%	17%	43%	38%	35%	39%	21%	41%	21%	22%

평점 6.42 Danny WARD
대니 워드　1993.06.22 / 191cm

소속팀과 대표팀을 것 없이 주로 2번 골키퍼로 활약한 선수다. 드문드문 주어지는 출전 기회에도 불구하고 우수한 반사 신경을 갖춰 기대 이상의 선방을 해낸다. 박스 외곽 스위퍼 플레이를 적극적으로 시도하는 등 꽤 모험적인 플레이를 즐기나 실수가 많아 그만큼 실점도 많다. 골키퍼치고는 손으로 볼을 다루는 실력도 우수하진 않다. 패스도 그리 정확하지 않다. 시장 가치는 800만 유로, 추정 연봉은 239만 유로.

세이브-실점	국적	2022-23시즌 레스터 시티	포지션

52-36			
25-10		26-0　2340　63%　6　20	
◯ 123-46　T-154	웨일스	P　P%　LB　　★	
◯ 123-77　RC-13		30.3-21.2　71%　13.3-4.7　0-0　1	
◯ 3-1　D-32			

GA	SV	S%	CS	C%	BT	KA	KD	LC	L%	PA	R%	RO	DA
하위	하위	하위	하위	하위	상위	상위	상위	하위	하위	하위	하위	상위	상위
12%	46%	14%	42%	40%	39%	41%	71%	15%	39%	42%	13%	30%

TEAM'S RANKING & SCOUTING REPORT

지난 시즌 유럽 5대 리그는 그 어느 때보다도 박진감 넘쳤다. 프리미어리그에서는 시즌 초반 아스널이 독주하는 듯했으나 중반 이후 맨체스터 시티가 상승세를 타면서 결국 시즌 종반에 뒤집었다. 라리가에서는 FC 바르셀로나가 숙명의 라이벌 레알 마드리드를 따돌리고 우승 트로피를 되찾았다. 분데스리가는 정말 극적이었다. 시즌 33라운드까지 도르트문트가 승점 2점 차이로 바이에른 뮌헨을 앞서 우승이 유력했다. 그러나 도르트문트가 리그 최종전에서 마인츠 05와 비기는 사이 바이에른 뮌헨은 쾰른 원정경기에서 승리하며 극적인 역전 드라마를 연출해냈다. 나폴리는 디에고 마라도나가 활약하던 1989-1990시즌 이후 무려 33년만에 이탈리아 정상에 올랐다. 파리 셍제르맹은 랑스와 손에 땀을 쥐게 하는 우승 레이스를 펼치다 승점 1점 차이로 겨우 프랑스 리그1 타이틀을 차지했다.

게재 순서

ENGLISH PREMIERLEAGUE

SPANISH LA LIGA

GERMAN BUNDESLIGA

ITALIAN SERIE-A

FRENCH LIGUE 1

Premier League

天 下 統 一

"맨시티의 맨시티에 의한 맨시티를 위한 시즌"이었다. 펩 과르디올라 감독이 이끈 맨시티는 2022-23시즌, 잉글리시 프리미어 리그, FA컵, UEFA 챔피언스리그 등 메이저 3개 타이틀을 휩쓸며 '트레블'의 위업을 달성했다. 맨시티는 시즌 초반만해도 아스 널에 뒤져 있었으나 중반 이후 폭발적인 스퍼트를 하며 시즌 종반 뒤집기에 성공했다. 더 큰 기쁨은 챔피언스리그 우승이었다. 13전 9승 4무, 무패 가도를 달리며 완벽한 레이스를 펼쳤다. 맨시티는 2023-24시즌에도 유력한 '트레블 후보'다.

유럽 주요 베팅 사이트를 보면 맨시티의 우승 배당률을 0.67~0.73배로 아주 낮게 책정해 놓았다. 우승 확률이 매우 높다는 뜻 이다. 맨시티 다음으로 아스널, 리버풀이 우승후보로 떠올랐으며, 맨체스터 유나이티드, 첼시, 뉴캐슬 유나이티드 등이 챔피언 스리그 진출권인 4강을 노크할 전력으로 평가받고 있다.

2023-24시즌 우승 배당률

예상	팀	벳365	스카이벳	패디파워	윌리엄힐
1	Manchester City	0.73배	0.67배	0.67배	0.67배
2	Arsenal	5배	5배	5배	5배
3	Liverpool	8배	7.5배	7.5배	8배
4	Manchester United	11배	10배	10배	10배
5	Chelsea	12배	16배	14배	14배
6	Newcastle United	14배	18배	14배	16배
7	Tottenham	40배	50배	40배	50배
8	Brighton	50배	100배	66배	66배
9	Aston Villa	150배	150배	150배	150배
10	West Ham United	250배	500배	250배	250배
11	Brentford	400배	—	500배	400배
12	Everton	500배	500배	500배	500배
13	Crystal Palace	500배	—	500배	500배
14	Wolverhampton	750배	750배	500배	500배
15	Fulham	1000배	500배	500배	750배
16	Nottingham Forest	1000배	1000배	500배	1000배
17	Burnley	1500배	1000배	999배	1000배
18	Bournemouth	1500배	1500배	999배	1000배
19	Sheffield United	2500배	2500배	999배	2500배
20	Luton town	3000배	2500배	999배	2500배

2022-23시즌 순위

순위	팀	경기	승	무	패	득점	실점	득실	승점
1	Manchester City	38	28	5	5	94	33	61	89
2	Arsenal	38	26	6	6	88	43	45	84
3	Manchester United	38	23	6	9	58	43	15	75
4	Newcastle United	38	19	14	5	68	33	35	71
5	Liverpool	38	19	10	9	75	47	28	67
6	Brighton	38	18	8	12	72	53	19	62
7	Aston Villa	38	18	7	13	51	46	5	61
8	Tottenham	38	18	6	14	70	63	7	60
9	Brentford	38	15	14	9	58	46	12	59
10	Fulham	38	15	7	16	55	53	2	52
11	Crystal Palace	38	11	12	15	40	49	-9	45
12	Chelsea	38	11	11	16	38	47	-9	44
13	Wolves	38	11	8	19	31	58	-27	41
14	West Ham United	38	11	7	20	42	55	-13	40
15	Bournemouth	38	11	6	21	37	71	-34	39
16	Nottingham Forest	38	9	11	18	38	68	-30	38
17	Everton	38	8	12	18	34	57	-23	36
18	Leicester City	38	9	7	22	51	68	-17	34
19	Leeds United	38	7	10	21	48	78	-30	31
20	Southampton	38	6	7	25	36	73	-37	25

2023-24 PREMIER LEAGUE
MATCH SCHEDULE

*시간은 잉글랜드 현지 시간. 대한민국은 잉글랜드보다 9시간 빠름

DAY 1

2023-08-11	Burnley	vs	Manchester City
2023-08-12	Arsenal	vs	Nottingham Forest
2023-08-12	Everton	vs	Fulham
2023-08-12	Sheffield United	vs	Crystal Palace
2023-08-12	Brighton & Hove Albion	vs	Luton Town
2023-08-12	AFC Bournemouth	vs	West Ham
2023-08-12	Newcastle	vs	Aston Villa
2023-08-13	Brentford	vs	Tottenham
2023-08-13	Chelsea	vs	Liverpool
2023-08-14	Manchester United	vs	Wolverhampton

DAY 2

2023.8.19	Tottenham	vs	Manchester United
2023.8.19	Nottingham Forest	vs	Sheffield United
2023.8.19	Wolverhampton	vs	Brighton & Hove Albion
2023.8.19	Manchester City	vs	Newcastle
2023.8.19	West Ham	vs	Chelsea
2023.8.19	Fulham	vs	Brentford
2023.8.19	Luton Town	vs	Burnley
2023.8.19	Crystal Palace	vs	Arsenal
2023.8.19	Aston Villa	vs	Everton
2023.8.19	Liverpool	vs	AFC Bournemouth

DAY 3

2023.8.26	Everton	vs	Wolverhampton
2023.8.26	Manchester United	vs	Nottingham Forest
2023.8.26	Sheffield United	vs	Manchester City
2023.8.26	Chelsea	vs	Luton Town
2023.8.26	Newcastle	vs	Liverpool
2023.8.26	Arsenal	vs	Fulham
2023.8.26	Burnley	vs	Aston Villa
2023.8.26	AFC Bournemouth	vs	Tottenham
2023.8.26	Brentford	vs	Crystal Palace
2023.8.26	Brighton & Hove Albion	vs	West Ham

DAY 4

2023.9.2	Liverpool	vs	Aston Villa
2023.9.2	Luton Town	vs	West Ham
2023.9.2	Sheffield United	vs	Everton
2023.9.2	Crystal Palace	vs	Wolverhampton
2023.9.2	Manchester City	vs	Fulham
2023.9.2	Chelsea	vs	Nottingham Forest
2023.9.2	Burnley	vs	Tottenham
2023.9.2	Brentford	vs	AFC Bournemouth
2023.9.2	Arsenal	vs	Manchester United
2023.9.2	Brighton & Hove Albion	vs	Newcastle

DAY 5

2023.9.16	Nottingham Forest	vs	Burnley
2023.9.16	West Ham	vs	Manchester City
2023.9.16	Wolverhampton	vs	Liverpool
2023.9.16	Newcastle	vs	Brentford
2023.9.16	Tottenham	vs	Sheffield United
2023.9.16	Manchester United	vs	Brighton & Hove Albion
2023.9.16	Everton	vs	Arsenal
2023.9.16	Aston Villa	vs	Crystal Palace
2023.9.16	AFC Bournemouth	vs	Chelsea
2023.9.16	Fulham	vs	Luton Town

DAY 6

2023.9.23	Liverpool	vs	West Ham
2023.9.23	Luton Town	vs	Wolverhampton
2023.9.23	Sheffield United	vs	Newcastle
2023.9.23	Crystal Palace	vs	Fulham
2023.9.23	Manchester City	vs	Nottingham Forest
2023.9.23	Chelsea	vs	Aston Villa
2023.9.23	Arsenal	vs	Tottenham
2023.9.23	Brighton & Hove Albion	vs	AFC Bournemouth
2023.9.23	Brentford	vs	Everton
2023.9.23	Burnley	vs	Manchester United

DAY 7

2023.9.30	Nottingham Forest	vs	Brentford
2023.9.30	Tottenham	vs	Liverpool
2023.9.30	West Ham	vs	Sheffield United
2023.9.30	Newcastle	vs	Burnley
2023.9.30	Wolverhampton	vs	Manchester City
2023.9.30	Manchester United	vs	Crystal Palace
2023.9.30	Aston Villa	vs	Brighton & Hove Albion
2023.9.30	AFC Bournemouth	vs	Arsenal
2023.9.30	Everton	vs	Luton Town
2023.9.30	Fulham	vs	Chelsea

DAY 8

2023.10.7	Luton Town	vs	Tottenham
2023.10.7	Manchester United	vs	Brentford
2023.10.7	West Ham	vs	Newcastle
2023.10.7	Fulham	vs	Sheffield United
2023.10.7	Wolverhampton	vs	Aston Villa
2023.10.7	Everton	vs	AFC Bournemouth
2023.10.7	Brighton & Hove Albion	vs	Liverpool
2023.10.7	Arsenal	vs	Manchester City
2023.10.7	Burnley	vs	Chelsea
2023.10.7	Crystal Palace	vs	Nottingham Forest

DAY 9

2023.10.21	Nottingham Forest	vs	Luton Town
2023.10.21	Newcastle	vs	Crystal Palace
2023.10.21	Sheffield United	vs	Manchester United
2023.10.21	Manchester City	vs	Brighton & Hove Albion
2023.10.21	Tottenham	vs	Fulham
2023.10.21	Liverpool	vs	Everton
2023.10.21	Chelsea	vs	Arsenal
2023.10.21	AFC Bournemouth	vs	Wolverhampton
2023.10.21	Aston Villa	vs	West Ham
2023.10.21	Brentford	vs	Burnley

DAY 10

2023.10.28	Liverpool	vs	Nottingham Forest
2023.10.28	Manchester United	vs	Manchester City
2023.10.28	Crystal Palace	vs	Tottenham
2023.10.28	Wolverhampton	vs	Newcastle
2023.10.28	West Ham	vs	Everton
2023.10.28	Arsenal	vs	Sheffield United
2023.10.28	Chelsea	vs	Brentford
2023.10.28	Aston Villa	vs	Luton Town
2023.10.28	AFC Bournemouth	vs	Burnley
2023.10.28	Brighton & Hove Albion	vs	Fulham

DAY 11

2023.11.4	Nottingham Forest	vs	Aston Villa
2023.11.4	Sheffield United	vs	Wolverhampton
2023.11.4	Tottenham	vs	Chelsea
2023.11.4	Newcastle	vs	Arsenal
2023.11.4	Manchester City	vs	AFC Bournemouth
2023.11.4	Brentford	vs	West Ham
2023.11.4	Everton	vs	Brighton & Hove Albion
2023.11.4	Burnley	vs	Crystal Palace
2023.11.4	Fulham	vs	Manchester United
2023.11.4	Luton Town	vs	Liverpool

DAY 12

2023.11.11	Liverpool	vs	Brentford
2023.11.11	Manchester United	vs	Luton Town
2023.11.11	Wolverhampton	vs	Tottenham
2023.11.11	Crystal Palace	vs	Everton
2023.11.11	West Ham	vs	Nottingham Forest
2023.11.11	Chelsea	vs	Manchester City
2023.11.11	Arsenal	vs	Burnley
2023.11.11	Aston Villa	vs	Fulham
2023.11.11	AFC Bournemouth	vs	Newcastle
2023.11.11	Brighton & Hove Albion	vs	Sheffield United

DAY 13

2023.11.25	Newcastle	vs	Chelsea
2023.11.25	Nottingham Forest	vs	Brighton & Hove Albion
2023.11.25	Tottenham	vs	Aston Villa
2023.11.25	Manchester City	vs	Liverpool
2023.11.25	Sheffield United	vs	AFC Bournemouth
2023.11.25	Luton Town	vs	Crystal Palace
2023.11.25	Brentford	vs	Arsenal
2023.11.25	Everton	vs	Manchester United
2023.11.25	Burnley	vs	West Ham
2023.11.25	Fulham	vs	Wolverhampton

DAY 14

2023.12.2	Manchester City	vs	Tottenham
2023.12.2	Newcastle	vs	Manchester United
2023.12.2	Nottingham Forest	vs	Everton
2023.12.2	Liverpool	vs	Fulham
2023.12.2	West Ham	vs	Crystal Palace
2023.12.2	Chelsea	vs	Brighton & Hove Albion
2023.12.2	AFC Bournemouth	vs	Aston Villa
2023.12.2	Arsenal	vs	Wolverhampton
2023.12.2	Brentford	vs	Luton Town
2023.12.2	Burnley	vs	Sheffield United

DAY 15

2023.12.5	Tottenham	vs	West Ham
2023.12.5	Wolverhampton	vs	Burnley
2023.12.5	Sheffield United	vs	Liverpool
2023.12.5	Luton Town	vs	Arsenal
2023.12.5	Brighton & Hove Albion	vs	Brentford
2023.12.5	Everton	vs	Newcastle
2023.12.5	Fulham	vs	Nottingham Forest
2023.12.5	Aston Villa	vs	Manchester City
2023.12.5	Crystal Palace	vs	AFC Bournemouth
2023.12.6	Manchester United	vs	Chelsea

DAY 16

2023.12.9	Manchester United	vs	AFC Bournemouth
2023.12.9	Sheffield United	vs	Brentford
2023.12.9	Tottenham	vs	Newcastle
2023.12.9	Luton Town	vs	Manchester City
2023.12.9	Wolverhampton	vs	Nottingham Forest
2023.12.9	Fulham	vs	West Ham
2023.12.9	Brighton & Hove Albion	vs	Burnley
2023.12.9	Aston Villa	vs	Arsenal
2023.12.9	Crystal Palace	vs	Liverpool
2023.12.9	Everton	vs	Chelsea

DAY 17

2023.12.16	Manchester City	vs	Crystal Palace
2023.12.16	Newcastle	vs	Fulham
2023.12.16	Nottingham Forest	vs	Tottenham
2023.12.16	Liverpool	vs	Manchester United
2023.12.16	West Ham	vs	Wolverhampton
2023.12.16	Chelsea	vs	Sheffield United
2023.12.16	Arsenal	vs	Brighton & Hove Albion
2023.12.16	AFC Bournemouth	vs	Luton Town
2023.12.16	Brentford	vs	Aston Villa
2023.12.16	Burnley	vs	Everton

DAY 18

2023.12.23	Tottenham	vs	Everton
2023.12.23	Nottingham Forest	vs	AFC Bournemouth
2023.12.23	West Ham	vs	Manchester United
2023.12.23	Manchester City	vs	Brentford
2023.12.23	Wolverhampton	vs	Chelsea
2023.12.23	Luton Town	vs	Newcastle
2023.12.23	Liverpool	vs	Arsenal
2023.12.23	Crystal Palace	vs	Brighton & Hove Albion
2023.12.23	Aston Villa	vs	Sheffield United
2023.12.23	Fulham	vs	Burnley

DAY 19

2023.12.26	Everton	vs	Manchester City
2023.12.26	Manchester United	vs	Aston Villa
2023.12.26	Newcastle	vs	Nottingham Forest
2023.12.26	Chelsea	vs	Crystal Palace
2023.12.26	Sheffield United	vs	Luton Town
2023.12.26	Burnley	vs	Liverpool
2023.12.26	Arsenal	vs	West Ham
2023.12.26	AFC Bournemouth	vs	Fulham
2023.12.26	Brentford	vs	Wolverhampton
2023.12.26	Brighton & Hove Albion	vs	Tottenham

DAY 20

2023.12.30	Nottingham Forest	vs	Manchester United
2023.12.30	Tottenham	vs	AFC Bournemouth
2023.12.30	Wolverhampton	vs	Everton
2023.12.30	Manchester City	vs	Sheffield United
2023.12.30	West Ham	vs	Brighton & Hove Albion
2023.12.30	Luton Town	vs	Chelsea
2023.12.30	Aston Villa	vs	Burnley
2023.12.30	Fulham	vs	Arsenal
2023.12.30	Crystal Palace	vs	Brentford
2023.12.30	Liverpool	vs	Newcastle

DAY 21

2024.1.13	Everton	vs	Aston Villa
2024.1.13	Manchester United	vs	Tottenham
2024.1.13	Newcastle	vs	Manchester City
2024.1.13	Chelsea	vs	Fulham
2024.1.13	Sheffield United	vs	West Ham
2024.1.13	Burnley	vs	Luton Town
2024.1.13	Arsenal	vs	Crystal Palace
2024.1.13	AFC Bournemouth	vs	Liverpool
2024.1.13	Brighton & Hove Albion	vs	Wolverhampton
2024.1.13	Brentford	vs	Nottingham Forest

DAY 22

2024.1.30	West Ham	vs	AFC Bournemouth
2024.1.30	Wolverhampton	vs	Manchester United
2024.1.30	Crystal Palace	vs	Sheffield United
2024.1.30	Tottenham	vs	Brentford
2024.1.30	Fulham	vs	Everton
2024.1.30	Aston Villa	vs	Newcastle
2024.1.30	Luton Town	vs	Brighton & Hove Albion
2024.1.30	Nottingham Forest	vs	Arsenal
2024.1.31	Manchester City	vs	Burnley
2024.1.31	Liverpool	vs	Chelsea

DAY 23

2024.2.3	Manchester United	vs	West Ham
2024.2.3	Newcastle	vs	Luton Town
2024.2.3	Sheffield United	vs	Aston Villa
2024.2.3	Chelsea	vs	Wolverhampton
2024.2.3	Everton	vs	Tottenham
2024.2.3	Burnley	vs	Fulham
2024.2.3	Arsenal	vs	Liverpool
2024.2.3	AFC Bournemouth	vs	Nottingham Forest
2024.2.3	Brentford	vs	Manchester City
2024.2.3	Brighton & Hove Albion	vs	Crystal Palace

DAY 24

2024.2.10	Tottenham	vs	Brighton & Hove Albion
2024.2.10	Nottingham Forest	vs	Newcastle
2024.2.10	Wolverhampton	vs	Brentford
2024.2.10	Manchester City	vs	Everton
2024.2.10	West Ham	vs	Arsenal
2024.2.10	Luton Town	vs	Sheffield United
2024.2.10	Aston Villa	vs	Manchester United
2024.2.10	Fulham	vs	AFC Bournemouth
2024.2.10	Crystal Palace	vs	Chelsea
2024.2.10	Liverpool	vs	Burnley

DAY 25

2024.2.17	Nottingham Forest	vs	West Ham
2024.2.17	Sheffield United	vs	Brighton & Hove Albion
2024.2.17	Tottenham	vs	Wolverhampton
2024.2.17	Newcastle	vs	AFC Bournemouth
2024.2.17	Manchester City	vs	Chelsea
2024.2.17	Brentford	vs	Liverpool
2024.2.17	Everton	vs	Crystal Palace
2024.2.17	Burnley	vs	Arsenal
2024.2.17	Fulham	vs	Aston Villa
2024.2.17	Luton Town	vs	Manchester United

DAY 26

2024.2.24	Liverpool	vs	Luton Town
2024.2.24	Manchester United	vs	Fulham
2024.2.24	Wolverhampton	vs	Sheffield United
2024.2.24	Crystal Palace	vs	Burnley
2024.2.24	West Ham	vs	Brentford
2024.2.24	AFC Bournemouth	vs	Manchester City
2024.2.24	Chelsea	vs	Tottenham
2024.2.24	Arsenal	vs	Newcastle
2024.2.24	Aston Villa	vs	Nottingham Forest
2024.2.24	Brighton & Hove Albion	vs	Everton

DAY 27

2024.3.2	Newcastle	vs	Wolverhampton
2024.3.2	Nottingham Forest	vs	Liverpool
2024.3.2	Manchester City	vs	Manchester United
2024.3.2	Tottenham	vs	Crystal Palace
2024.3.2	Sheffield United	vs	Arsenal
2024.3.2	Brentford	vs	Chelsea
2024.3.2	Luton Town	vs	Aston Villa
2024.3.2	Everton	vs	West Ham
2024.3.2	Burnley	vs	AFC Bournemouth
2024.3.2	Fulham	vs	Brighton & Hove Albion

DAY 28

2024.3.9	Liverpool	vs	Manchester City
2024.3.9	Manchester United	vs	Everton
2024.3.9	West Ham	vs	Burnley
2024.3.9	Wolverhampton	vs	Fulham
2024.3.9	Crystal Palace	vs	Luton Town
2024.3.9	Chelsea	vs	Newcastle
2024.3.9	Arsenal	vs	Brentford
2024.3.9	AFC Bournemouth	vs	Sheffield United
2024.3.9	Aston Villa	vs	Tottenham
2024.3.9	Brighton & Hove Albion	vs	Nottingham Forest

DAY 29

2024.3.16	Manchester United	vs	Sheffield United
2024.3.16	Luton Town	vs	Nottingham Forest
2024.3.16	West Ham	vs	Aston Villa
2024.3.16	Wolverhampton	vs	AFC Bournemouth
2024.3.16	Fulham	vs	Tottenham
2024.3.16	Burnley	vs	Brentford
2024.3.16	Arsenal	vs	Chelsea
2024.3.16	Brighton & Hove Albion	vs	Manchester City
2024.3.16	Everton	vs	Liverpool
2024.3.16	Crystal Palace	vs	Newcastle

DAY 30

2024.3.30	Newcastle	vs	West Ham
2024.3.30	Nottingham Forest	vs	Crystal Palace
2024.3.30	Tottenham	vs	Luton Town
2024.3.30	Manchester City	vs	Arsenal
2024.3.30	Sheffield United	vs	Fulham
2024.3.30	Liverpool	vs	Brighton & Hove Albion
2024.3.30	AFC Bournemouth	vs	Everton
2024.3.30	Brentford	vs	Manchester United
2024.3.30	Aston Villa	vs	Wolverhampton
2024.3.30	Chelsea	vs	Burnley

DAY 31

2024.4.2	Nottingham Forest	vs	Fulham
2024.4.2	West Ham	vs	Tottenham
2024.4.2	Burnley	vs	Wolverhampton
2024.4.2	AFC Bournemouth	vs	Crystal Palace
2024.4.2	Brentford	vs	Brighton & Hove Albion
2024.4.2	Arsenal	vs	Luton Town
2024.4.3	Liverpool	vs	Sheffield United
2024.4.3	Manchester City	vs	Aston Villa
2024.4.3	Newcastle	vs	Everton
2024.4.3	Chelsea	vs	Manchester United

DAY 32

2024.4.6	Sheffield United	vs	Chelsea
2024.4.6	Manchester United	vs	Liverpool
2024.4.6	Wolverhampton	vs	West Ham
2024.4.6	Luton Town	vs	AFC Bournemouth
2024.4.6	Tottenham	vs	Nottingham Forest
2024.4.6	Aston Villa	vs	Brentford
2024.4.6	Fulham	vs	Newcastle
2024.4.6	Crystal Palace	vs	Manchester City
2024.4.6	Brighton & Hove Albion	vs	Arsenal
2024.4.6	Everton	vs	Burnley

DAY 33

2024.4.13	Manchester City	vs	Luton Town
2024.4.13	Newcastle	vs	Tottenham
2024.4.13	Nottingham Forest	vs	Wolverhampton
2024.4.13	West Ham	vs	Fulham
2024.4.13	Liverpool	vs	Crystal Palace
2024.4.13	Chelsea	vs	Everton
2024.4.13	Arsenal	vs	Aston Villa
2024.4.13	AFC Bournemouth	vs	Manchester United
2024.4.13	Brentford	vs	Sheffield United
2024.4.13	Burnley	vs	Brighton & Hove Albion

DAY 34

2024.4.20	Sheffield United	vs	Burnley
2024.4.20	Manchester United	vs	Newcastle
2024.4.20	Tottenham	vs	Manchester City
2024.4.20	Wolverhampton	vs	Arsenal
2024.4.20	Luton Town	vs	Brentford
2024.4.20	Crystal Palace	vs	West Ham
2024.4.20	Aston Villa	vs	AFC Bournemouth
2024.4.20	Brighton & Hove Albion	vs	Chelsea
2024.4.20	Fulham	vs	Liverpool
2024.4.20	Everton	vs	Nottingham Forest

DAY 35

2024.4.27	Nottingham Forest	vs	Manchester City
2024.4.27	Tottenham	vs	Arsenal
2024.4.27	Wolverhampton	vs	Luton Town
2024.4.27	Newcastle	vs	Sheffield United
2024.4.27	West Ham	vs	Liverpool
2024.4.27	Manchester United	vs	Burnley
2024.4.27	AFC Bournemouth	vs	Brighton & Hove Albion
2024.4.27	Everton	vs	Brentford
2024.4.27	Aston Villa	vs	Chelsea
2024.4.27	Fulham	vs	Crystal Palace

DAY 36

2024.5.4	Liverpool	vs	Tottenham
2024.5.4	Manchester City	vs	Wolverhampton
2024.5.4	Sheffield United	vs	Nottingham Forest
2024.5.4	Crystal Palace	vs	Manchester United
2024.5.4	Luton Town	vs	Everton
2024.5.4	Chelsea	vs	West Ham
2024.5.4	Brentford	vs	Fulham
2024.5.4	Arsenal	vs	AFC Bournemouth
2024.5.4	Burnley	vs	Newcastle
2024.5.4	Brighton & Hove Albion	vs	Aston Villa

DAY 37

2024.5.11	Nottingham Forest	vs	Chelsea
2024.5.11	Wolverhampton	vs	Crystal Palace
2024.5.11	Newcastle	vs	Brighton & Hove Albion
2024.5.11	West Ham	vs	Luton Town
2024.5.11	Tottenham	vs	Burnley
2024.5.11	Manchester United	vs	Arsenal
2024.5.11	Aston Villa	vs	Liverpool
2024.5.11	AFC Bournemouth	vs	Brentford
2024.5.11	Fulham	vs	Manchester City
2024.5.11	Everton	vs	Sheffield United

DAY 38

2024.5.19	Liverpool	vs	Wolverhampton
2024.5.19	Luton Town	vs	Fulham
2024.5.19	Manchester City	vs	West Ham
2024.5.19	Crystal Palace	vs	Aston Villa
2024.5.19	Sheffield United	vs	Tottenham
2024.5.19	Brighton & Hove Albion	vs	Manchester United
2024.5.19	Arsenal	vs	Everton
2024.5.19	Brentford	vs	Newcastle
2024.5.19	Burnley	vs	Nottingham Forest
2024.5.19	Chelsea	vs	AFC Bournemouth

MANCHESTER CITY FC

Founded 구단 창립
1880년

Owner 맨체스터시티
풋볼그룹 LTD.

CEO 칼둔 알무바라크
1975.12.01

Manager 펩 과르디올라
1971.01.18

23-24 Odds 벳365 : 0.73배
스카이벳 : 0.62배

Nationality 27명
● 외국 선수 17명
● 잉글랜드 10명

Age 27명 평균
26.4세

Height 27명 평균
182cm

Market Value 1군 27명 평균
4219만 유로

Game Points
22-23 : 89점
통산 : 5578점

Win 22-23 : 28승
통산 : 1562승

Draw 22-23 : 5무
통산 : 892무

Loss 22-23 : 5패
통산 : 1318패

Goals For 22-23 : 94득점
통산 : 6069득점

Goals Against 22-23 : 33실점
통산 : 5343실점

More Minutes 이데르송
3150분

Top Scorer 엘링 홀란
36골

More Assists 케빈 더브라위너
16도움

More Subs 훌리안 알바레스
18회 교체 IN

More Cards 로드리+1명
Y5+R0

RANKING OF LAST 10 YEARS

	13-14	14-15	15-16	16-17	17-18	18-19	19-20	20-21	21-22	22-23
순위	1	2	4	3	1	1	2	1	1	1
점수	86점	79점	66점	78점	100점	98점	81점	86점	93점	89점

 9 ENGLISH PREMIER LEAGUE
 7 ENGLISH FA CUP
 1 UEFA CHAMPIONS LEAGUE
 0 UEFA EUROPA LEAGUE
 0 FIFA CLUB WORLD CUP
 0 UEFA-CONMEBOL INTERCONTINENTAL

TOTO GUIDE 지난 시즌 상대팀별 전적

상대팀	홈	원정
Arsenal	4-1	3-1
Manchester Utd	6-3	1-2
Newcastle Utd	2-0	3-3
Liverpool	4-1	0-1
Brighton	3-1	1-1
Aston Villa	3-1	1-1
Tottenham	4-2	0-1
Brentford	1-2	0-1
Fulham	2-1	2-1
Crystal Palace	4-2	1-0
Chelsea	1-0	0-0
Wolverhampton	3-0	3-0
West Ham Utd	3-0	2-0
Bournemouth	4-0	4-1
Nottm Forest	6-0	1-1
Everton	1-1	3-0
Leicester City	3-1	1-0
Leeds Utd	2-1	3-1
Southampton	4-0	4-1

ETIHAD STADIUM

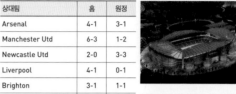

구장 오픈 / 증개축
2002년, 증개축 2회
구장 소유
맨체스터 시
수용 인원
5만 3400명
피치 규모
105m X 68m
잔디 종류
하이브리드 잔디

STRENGTHS & WEAKNESSES

OFFENSE		DEFENSE	
직접 프리킥	B	세트피스 수비	A
문전 처리	A	상대 볼 뺏기	C
측면 돌파	B	공중전 능력	C
스루볼 침투	A	역습 방어	C
개인기 침투	A	지공 방어	D
카운터 어택	B	스루패스 방어	C
기회 만들기	A	리드 지키기	C
세트피스	B	실수 조심	C
OS 피하기	C	측면 방어력	C
중거리 슈팅	C	파울 주의	C
볼 점유율	A	중거리슈팅 수비	C

매우 강함 **A** 강한 편 **B** 보통 수준 **C** 약한 편 **D** 매우 약함 **E**

위치	선수	국적	생년월일	출전(분)	출전경기	선발11	교체인	교체아웃	벤치출발	득점	도움	경고	경고누적	퇴장
GK	Ederson	BRA	93-08-17	3150	35	35	0	0	3	0	1	3	0	0
	Stefan Ortega	GER	92-11-06	270	3	3	0	0	35	0	0	0	0	0
	Scott Carson	ENG	85-09-03	0	0	0	0	0	5	0	0	0	0	0
DF	Manuel Akanji	SUI	95-07-19	2284	29	24	5	2	6	0	1	2	0	0
	Rúben Dias	POR	97-05-14	1997	26	22	4	3	10	0	0	3	0	0
	Kyle Walker	ENG	90-05-28	1957	27	22	5	4	10	0	0	0	0	0
	Nathan Aké	NED	95-02-18	1875	26	22	4	6	8	1	0	2	0	0
	John Stones	ENG	94-05-28	1849	23	21	2	5	8	2	2	2	0	0
	Aymeric Laporte	ESP	94-05-27	993	12	11	1	1	16	0	0	0	0	0
	Rico Lewis	ENG	04-11-21	903	14	10	4	4	27	0	0	1	0	0
	Shea Charles	ENG	03-11-05	27	1	0	1	0	2	0	0	0	0	0
MF	Rodri	ESP	96-06-22	2920	36	34	2	11	3	2	6	5	0	0
	Kevin De Bruyne	BEL	91-06-28	2425	32	28	4	12	7	7	16	1	0	0
	İlkay Gündoğan	GER	90-10-24	2359	31	27	4	10	11	8	4	0	0	0
	Bernardo Silva	POR	94-08-10	2203	34	24	10	8	14	4	5	5	0	0
	Jack Grealish	ENG	95-09-10	2062	28	23	5	12	10	5	7	4	0	0
	Phil Foden	ENG	00-05-28	1844	32	21	11	11	11	11	5	1	0	0
	Cole Palmer	ENG	02-05-06	358	14	2	12	0	29	0	1	1	0	0
	Sergio Gómez	ESP	00-09-04	340	12	2	10	1	30	0	1	0	0	0
	Kalvin Phillips	ENG	95-12-02	290	12	2	10	0	25	0	0	1	0	0
	Maximo Perrone	ARG	03-01-07	18	1	0	1	0	5	0	0	0	0	0
	Nico O'Reilly	ENG	05-03-21	0	0	0	0	0	1	0	0	0	0	0
	Alex Robertson	ENG	03-04-16	0	0	0	0	0	2	0	0	0	0	0
	Ben Knight	ENG	02-06-14	0	0	0	0	0	4	0	0	0	0	0
FW	Erling Håland	NOR	00-07-21	2779	35	33	2	12	3	36	8	5	0	0
	Riyad Mahrez	ALG	91-02-21	1923	30	22	8	11	16	5	10	2	0	0
	Julián Álvarez	ARG	00-01-31	1451	31	13	18	5	24	9	0	0	0	0

PREMIER LEAGUE 2022-23 SEASON

MANCHESTER CITY FC vs. OPPONENTS PER GAME STATS

맨체스터 시티 vs 상대팀

득점 / 슈팅 / 유효슈팅 / 코너킥 / 오프사이드 / 패스시도 / 패스성공 / 패스성공률 / 태클 / 공중전승리 / 인터셉트 / 파울 / 경고 / 퇴장

| 2.47 | 득점 | 0.87 | 15.8 | 슈팅 | 7.7 | 5.7 | 유효슈팅 | 2.4 | 6.3 | 코너킥 | 2.6 | 1.3 | 오프사이드 | 1.9 | 686 | PA | 367 | 612 | PC | 287 |
| 89% | P% | 78% | 12.4 | TK | 14.1 | 11.6 | AD | 9.6 | 5.9 | IT | 8.6 | 9.1 | 파울 | 10.6 | 1.16 | 경고 | 2.11 | 0.026 | 퇴장 | 0.053 |

2022-23 SEASON SQUAD LIST & GAMES PLAYED

* 괄호 안의 숫자는 선발 출전 횟수, 교체 출전은 포함시키지 않음

I W
J.그릴리시(9), P.포든(5)
C.파머J(1)

CF
E.홀란(33), J.알바레스(6)

RW
B.실바(6), R.마레즈(6)
P.포든(3)

LAM
J.그릴리시(12), P.포든(7)
S.고메스(1)

CAM
K.더브라위너(13), I.귄도안(9)
J.알바레스(7), B.실바(2)
P.포든(2), C.파머(1)
R.마레즈(1)

RAM
R.마레즈(5), P.포든(4)
B.실바(1), J.칸셀루(1)
K.워커(1)

LM
J.그릴리시(2)

CM
로드리(14), K.더브라위너(15)
I.귄도안(11), B.실바(8)
R.루이스(1), S.고메스(1)

RM
R.마레즈(2)

LWB
P.포든(1)

DM
로드리(19), I.귄도안(7)
B.실바(6), R.루이스(4)
J.스톤스(4), K.필립스(2)

RWB
J.칸셀루(1)

LB
J.칸셀루(14), N.아케(5)
M.아칸지(2), R.루이스(2)
B.실바(1)

CB
R.디아스(22), M.아칸지(20)
N.아케(17), J.스톤스(12)
A.라포르트(11), K.워커(7)
로드리(1)

RB
K.워커(14), J.스톤스(5)
R.루이스(3), M.아칸지(2)

GK
이데르송(35), S.오르테가(3)

SHOTS & GOALS

38경기 총 602슈팅 - 94득점
38경기 상대 총 294슈팅 - 33실점

49-21		
360-60		
193-13		

유효 슈팅 216		비유효 슈팅 386	
득점	94	블록 당함	171
GK 방어	122	골대 밖	200
유효슈팅률	36%	골대 맞힘	15

유효 슈팅 93		비유효 슈팅 201	
실점	33	블록	98
GK 방어	60	골대 밖	99
유효슈팅률	32%	골대 맞힘	4

98-5		
162-20		
34-8		

GOAL TIME | POSSESSION

시간대별 득점

전체 평균

75% 65% 25%
50%

득실차
전반 골 득실차 +34
후반 골 득실차 +27
전체 골 득실차 +61

홈경기

75% 66% 25%
50%

시간대별 실점

원정경기

75% 65% 25%
50%

TACTICAL SHOT & GOAL TYPES

슈팅 패턴
38경기 602

- OPEN PLAY
- FASTBREAK
- CORNER KICK
- SET PIECE
- DIRECT FREE KICK
- PENALTY KICK

득점 패턴1
38경기 94골

- OPEN PLAY
- FASTBREAK
- CORNER KICK
- SET PIECE
- DIRECT FREE KICK
- PENALTY KICK
- OWN GOAL

득점 패턴2
38경기 94골

- COMBINATION PLAY
- SOLO PLAY
- DIRECT FREE KICK
- PENALTY KICK
- OWN GOAL

PASSES PER GAME

패스 시도
평균 686

- SHORT PASSES
- LONG BALLS
- CROSSES

패스 성공
평균 612

- SHORT PASSES
- LONG BALLS
- CROSSES

CORNER

코너킥 형태
38경기 238

- INSWINGING CK
- OUTSWINGING CK
- STRAIGHT CK
- ET CETERA

DUELS pg

땅볼 쟁탈전
평균 60.5

29.3 / 31.2

- 성공
- 실패

Premier League

상대 슈팅 패턴
38경기 294

실점 패턴 1
38경기 33골

실점 패턴 2
38경기 33골

상대 패스 시도
평균 367

MANCHESTER CITY 1894

상대 코너킥 형태
38경기 97

공중전
평균 21.2
9.6 / 11.6

FORMATION SUMMARY | WHO SCORED | ACTION ZONE | PASSESS pg BY ZONE

선발 포진별 전적

포메이션	승	무	패	득점	실점
4-3-3	8	4	2	32	17
3-2-4-1	10	1	1	30	9
4-2-3-1	8	0	0	28	4
4-4-2	0	0	1	0	1
3-4-2-1	0	0	1	0	1
3-4-3	1	0	0	1	0
4-1-4-1	1	0	0	3	1
TOTAL	28	5	5	94	33

WHO SCORED

포지션별 득점

FW진 53골
MF진 33골
DF진 6골

상대 포지션별 실점

DF진 3골
MF진 7골
FW진 22골

ACTION ZONE

공격 방향

왼쪽 38% / 중앙 29% / 오른쪽 33%

볼 점유 위치

상대 진영 37%
중간 지역 42%
우리 진영 21%

PASSESS pg BY ZONE

평균 패스 성공

하프라인 위쪽 325회
하프라인 아래 287회

패스 성공률

하프라인 위쪽 82%
하프라인 아래 94%

* 상대 자책골 2골
* 자책골 실점 1골

ARSENAL FC

13	14	0	0	0	0
ENGLISH PREMIER LEAGUE	**ENGLISH FA CUP**	**UEFA CHAMPIONS LEAGUE**	**UEFA EUROPA LEAGUE**	**FIFA CLUB WORLD CUP**	**UEFA-CONMEBOL INTERCONTINENTAL**

Founded
구단 창립
1886년

Owner
크랑키 스포츠&
엔터테이먼트

CEO
스탠 크랑키
1947.07.29

Manager
미켈 아르테타
1982.03.26

23-24 Odds
벳365 : 8배
스카이벳 : 6배

Nationality
● 외국 선수 18명
● 잉글랜드 12명

Age
30명 평균
23.7세

Height
30명 평균
182cm

Market Value
1군 30명 평균
3270만 유로

Game Points
22-23 : 84점
통산 : 6985점

Win
22-23 : 26승
통산 : 1966승

Draw
22-23 : 6무
통산 : 1087무

Loss
22-23 : 6패
통산 : 1233패

Goals For
22-23 : 88득점
통산 : 7125득점

Goals Against
22-23 : 43실점
통산 : 5368실점

More Minutes
애런 램스데일
3420분

Top Scorer
G.마르티넬리+1명
15골

More Assists
부카요 사카
11도움

More Subs
K.티어니+1명
21회 교체 IN

More Cards
G.제수스+1명
Y6+R0

TOTO GUIDE 지난 시즌 상대팀별 전적

상대팀	홈	원정
Manchester City	1-3	1-4
Manchester Utd	3-2	1-3
Newcastle Utd	0-0	2-0
Liverpool	3-2	2-2
Brighton	0-3	4-2
Aston Villa	2-1	4-2
Tottenham	3-1	2-0
Brentford	1-1	3-0
Fulham	2-1	3-0
Crystal Palace	4-1	2-0
Chelsea	3-1	1-0
Wolverhampton	5-0	2-0
West Ham Utd	3-1	2-2
Bournemouth	3-2	3-0
Nottm Forest	5-0	0-1
Everton	4-0	0-1
Leicester City	4-2	1-0
Leeds Utd	4-1	1-0
Southampton	3-3	1-1

EMIRATES STADIUM

구장 오픈
2006년
구장 소유
KSE
수용 인원
6만704명
피치 규모
105m X 68m
잔디 종류
하이브리드 잔디

STRENGTHS & WEAKNESSES

OFFENSE		DEFENSE	
직접 프리킥	C	세트피스 수비	A
문전 처리	A	상대 볼 뺏기	B
측면 돌파	A	공중전 능력	D
스루볼 침투	B	역습 방어	C
개인기 침투	C	지공 방어	C
카운터 어택	C	스루패스 방어	D
기회 만들기	B	리드 지키기	C
세트피스	B	실수 조심	D
OS 피하기	C	측면 방어력	C
중거리 슈팅	B	파울 주의	C
볼 점유율	A	중거리슈팅 수비	C

매우 강함 A 강한 편 B 보통 수준 C 약한 편 D 매우 약함 E

RANKING OF LAST 10 YEARS

		2							2
4	3	71점	5	6		8	8	5	84점
79점	75점		72점	63점	70점	56점	61점	69점	

| 13-14 | 14-15 | 15-16 | 16-17 | 17-18 | 18-19 | 19-20 | 20-21 | 21-22 | 22-23 |

위치	선수	국적	생년월일	출전(분)	출전경기	선발11	교체인	교체아웃	벤치출발	득점	도움	경고	경고누적	퇴장
GK	Aaron Ramsdale	ENG	98-05-14	3420	38	38	0	0	0	0	0	1	0	0
	Matt Turner	USA	94-06-24	0	0	0	0	0	37	0	0	0	0	0
	Karl Hein	EST	02-04-13	0	0	0	0	0	1	0	0	0	0	0
DF	Gabriel	BRA	97-12-19	3411	38	38	0	2	0	3	0	5	0	0
	Ben White	ENG	97-11-08	3067	38	36	2	15	2	2	5	5	0	0
	William Saliba	FRA	01-03-24	2416	27	27	0	1	0	2	1	4	0	0
	Oleksandr Zinchenko	UKR	96-12-15	2135	27	26	1	18	1	1	2	3	0	0
	Kieran Tierney	SCO	97-06-05	777	27	6	21	3	32	0	1	0	0	0
	Takehiro Tomiyasu	JPN	98-11-05	652	21	6	15	3	17	0	1	2	0	0
	Rob Holding	ENG	94-11-09	558	14	6	8	0	32	1	0	0	0	0
	Jakub Kiwior	POL	00-02-15	427	7	5	2	2	13	1	0	0	0	0
	Lino Sousa	ENG	05-01-19	0	0	0	0	0	1	0	0	0	0	0
	Reuell Waters	ENG	04-12-16	0	0	0	0	0	8	0	0	0	0	0
MF	Bukayo Saka	ENG	01-09-05	3194	38	37	1	14	1	14	11	6	0	0
	Martin Ødegaard	NOR	98-12-17	3149	37	37	0	23	0	15	7	4	0	0
	Granit Xhaka	SUI	92-09-27	3004	37	36	1	12	1	7	7	5	0	0
	Thomas Partey	GHA	93-06-13	2485	33	28	5	7	5	3	0	5	0	0
	Leandro Trossard	BEL	94-12-04	929	20	10	10	9	10	1	10	0	0	0
	Jorginho	ITA	91-12-21	853	14	9	5	3	10	0	1	0	0	0
	Fábio Vieira	POR	00-05-30	499	22	3	19	4	33	1	2	0	0	0
	Emile Smith Rowe	ENG	00-07-28	162	12	0	12	1	23	0	2	0	0	0
	Mohamed Elneny	EGY	92-07-11	109	5	1	4	0	8	0	0	0	0	0
	Mauro Bandeira	POR	03-11-18	0	0	0	0	0	2	0	0	0	0	0
	Matt Smith	ENG	00-10-05	0	0	0	0	0	3	0	0	0	0	0
	Ethan Nwaneri	ENG	07-03-21	0	1	0	1	0	1	0	0	0	0	0
FW	Gabriel Martinelli	BRA	01-06-18	2806	36	34	2	18	2	15	5	3	0	0
	Gabriel Jesus	BRA	97-04-03	2075	26	24	2	13	2	11	6	6	0	0
	Eddie Nketiah	ENG	99-05-30	1069	30	9	21	1	24	4	1	3	0	0
	Reiss Nelson	ENG	99-12-10	201	11	0	11	0	22	3	2	0	0	0
	Amario Cozier-Duberry	ENG	05-05-29	0	0	0	0	0	5	0	0	0	0	0

PREMIER LEAGUE 2022-23 SEASON

ARSENAL FC vs. OPPONENTS PER GAME STATS

아스날 FC vs 상대팀

득점	슈팅	유효슈팅	코너킥	오프사이드	패스시도	패스성공
2.32 — 1.13	15.7 — 9.0	5.3 — 3.6	5.9 — 3.7	1.5 — 2.2	561 (PA) 380	479 (PC) 288

패스성공률	태클	공중전승리	인터셉트	파울	경고	퇴장
85% (P%) 76%	14.9 (TK) 17.6	12.9 (AD) 13.1	6.2 (IT) 9.5	9.8 — 12.0	1.34 — 2.21	0.000 — 0.026

2022-23 SEASON SQUAD LIST & GAMES PLAYED

* 괄호 안의 숫자는 선발 출전 횟수, 교체 출전은 포함시키지 않음

LW	CF	RW
G.마르티넬리(34), L.트로사르(4)	G.제수스(24), E.은케티아(9) L.트로사르(5)	B.사카(37), L.트로사르(1)

LAM	CAM	RAM
N/A	N/A	N/A

LM	CM	RM
N/A	M.외데고르(37), G.자카(36) T.파티(26), 조르지뉴(9) F.비에라(3), A.S.로콩가(2) M.엘네니(1)	N/A

LWB	DM	RWB
N/A	N/A	N/A

LB	CB	RB
O.진첸코(26), K.티어니(6) T.도미야스(4), J.키위어(1)	G.마갈량이스(38), W.살리바(27) R.홀딩(6), J.키이워(3) B.와이트(2)	B.와이트(34), T.도미야스(2) T.파티(2)

GK
A.램스데일(38)

SHOTS & GOALS

38경기 총 596슈팅 - 88득점
38경기 상대 총 342슈팅 - 43실점

66-27
349-52
181-9

유효 슈팅 201		비유효 슈팅 395	
득점	88	블록 당함	191
GK 방어	113	골대 밖	195
유효슈팅률	34%	골대 맞음	9

유효 슈팅 136		비유효 슈팅 206	
실점	43	블록	88
GK 방어	93	골대 밖	112
유효슈팅률	40%	골대 맞음	6

98-7
211-28
33-8

GOAL TIME | POSSESSION

시간대별 득점

15 13
14 15
18 13

득실차

전반 골 득실차 +25
후반 골 득실차 +20
전체 골 득실차 +45

시간대별 실점

7 5
11 4
9 7

전체 평균

60%

홈경기

63%

원정경기

57%

TACTICAL SHOT & GOAL TYPES

슈팅 패턴

38경기 596

● OPEN PLAY
● FASTBREAK
● CORNER KICK
● SET PIECE
● DIRECT FREE KICK
● PENALTY KICK

득점 패턴1

38경기 88골

● OPEN PLAY
● FASTBREAK
● CORNER KICK
● SET PIECE
● DIRECT FREE KICK
● PENALTY KICK
● OWN GOAL

득점 패턴2

38경기 88골

● COMBINATION PLAY
● SOLO PLAY
● DIRECT FREE KICK
● PENALTY KICK
● OWN GOAL

PASSES PER GAME

패스 시도 — 평균 561
패스 성공 — 평균 479

● SHORT PASSES
● LONG BALLS
● CROSSES

CORNER

코너킥 형태 — 38경기 223

● INSWINGING CK
● OUTSWINGING CK
● STRAIGHT CK
● ET CETERA

DUELS pg

땅볼 쟁탈전 — 평균 69.2

● 성공
● 실패

상대 슈팅 패턴

38경기 342

실점 패턴 1

38경기 43골

실점 패턴 2

38경기 43골

상대 패스 시도

평균 380

Arsenal

상대 코너킥 형태

38경기 139

공중전

평균 26.0

FORMATION SUMMARY

선발 포지션별 전적

포메이션	승	무	패	득점	실점
4-3-3	26	6	6	88	43
TOTAL	26	6	6	88	43

WHO SCORED

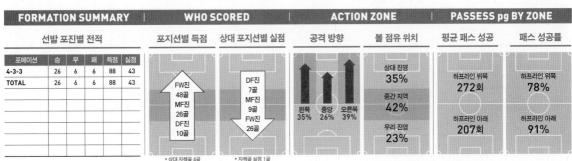

포지션별 득점

FW진 48골
MF진 26골
DF진 10골

상대 포지션별 실점

DF진 7골
MF진 9골
FW진 26골

* 상대 자책골 4골
* 자책골 실점 1골

ACTION ZONE

공격 방향

왼쪽 35%
중앙 26%
오른쪽 39%

볼 점유 위치

상대 진영 35%
중간 지역 42%
우리 진영 23%

PASSESS pg BY ZONE

평균 패스 성공

하프라인 위쪽 272회
하프라인 아래 207회

패스 성공률

하프라인 위쪽 78%
하프라인 아래 91%

MANCHESTER UNITED FC

Founded
구단 창립
1878년

Owner
글레이저 가문
(2023년 6월 현재)

CEO
조엘 글레이저
1967.03.31

Manager
에릭 텐하흐
1970.02.02

23-24 Odds
벳365 : 8배
스카이벳 : 10배

Nationality
● 외국 선수 21명
● 잉글랜드 12명

Age
33명 평균
25.7세

Height
33명 평균
182cm

Market Value
1군 33명 평균
2930만 유로

Game Points
22-23 : 75점
통산 : 6631점

Win
22-23 : 23승
통산 : 1888승

Draw
22-23 : 6무
통산 : 967무

Loss
22-23 : 9패
통산 : 1075패

Goals For
22-23 : 58득점
통산 : 6766득점

Goals Against
22-23 : 43실점
통산 : 4984실점

More Minutes
다비드 데헤아
3420분

Top Scorer
마커스 래시포드
17골

More Assists
B.페르난데스+1명
8도움

More Subs
프레드
23회 교체 IN

More Cards
루크 쇼+1명
Y8+R0

RANKING OF LAST 10 YEARS

13-14	14-15	15-16	16-17	17-18	18-19	19-20	20-21	21-22	22-23
7	4	5	6	2	6	3	2	6	3
64점	70점	66점	69점	81점	66점	66점	74점	58점	75점

TOTO GUIDE 지난 시즌 상대팀별 전적

상대팀	홈	원정
Manchester City	2-1	3-6
Arsenal	3-1	2-3
Newcastle Utd	0-0	0-2
Liverpool	2-1	0-7
Brighton	1-2	0-1
Aston Villa	1-0	1-3
Tottenham	2-0	2-2
Brentford	1-0	0-4
Fulham	2-1	2-1
Crystal Palace	2-1	1-1
Chelsea	4-1	1-1
Wolverhampton	2-0	1-0
West Ham Utd	1-0	0-1
Bournemouth	3-0	1-0
Nottm Forest	3-0	2-0
Everton	2-0	2-1
Leicester City	3-0	1-0
Leeds Utd	2-2	2-0
Southampton	0-0	1-0

OLD TRAFFORD

구장 오픈 / 증개축
1910년, 증개축 7회
구장 소유
맨체스터 유나이티드
수용 인원
7만 4310명
피치 규모
105m X 68m
잔디 종류
하이브리드 잔디

STRENGTHS & WEAKNESSES

OFFENSE		DEFENSE	
직접 프리킥	C	세트피스 수비	D
문전 처리	C	상대 볼 뺏기	C
측면 돌파	C	공중전 능력	C
스루볼 침투	A	역습 방어	C
개인기 침투	B	지공 방어	D
카운터 어택	A	스루패스 방어	C
기회 만들기	B	리드 지키기	A
세트피스	C	실수 조심	C
OS 피하기	D	측면 방어력	D
중거리 슈팅	C	파울 주의	D
볼 점유율	B	중거리슈팅 수비	C

매우 강함 **A** 강한 편 **B** 보통 수준 **C** 약한 편 **D** 매우 약함 **E**

위치	선수	국적	생년월일	출전(분)	출전경기	선발11	교체인	교체아웃	벤치출발	득점	도움	경고	경고누적	퇴장
GK	David De Gea	ESP	90-11-07	3420	38	38	0	0	0	0	0	0	0	0
	Thomas Heaton	ENG	86-04-15	0	0	0	0	0	23	0	0	0	0	0
	Nathan Bishop	ENG	99-10-15	0	0	0	0	0	4	0	0	0	0	0
	Jack Butland	ENG	93-03-10	0	0	0	0	0	12	0	0	0	0	0
DF	Luke Shaw	ENG	95-07-12	2557	31	30	1	6	5	1	2	8	0	0
	Diogo Dalot	POR	99-03-18	2155	26	24	2	3	8	1	2	6	0	0
	Lisandro Martínez	ARG	98-01-18	2116	27	24	3	5	3	1	0	6	0	0
	Raphaël Varane	FRA	93-04-25	1915	24	22	2	6	8	0	0	1	0	0
	Aaron Wan-Bissaka	ENG	97-11-26	1436	19	16	3	4	10	0	2	0	0	0
	Tyrell Malacia	NED	99-08-17	1392	22	14	8	4	23	0	0	6	0	0
	Victor Lindelöf	SWE	94-07-17	1360	20	14	6	1	16	0	1	0	0	0
	Harry Maguire	ENG	93-03-05	759	16	8	8	1	23	0	0	4	0	0
	Phil Jones	ENG	92-02-21	0	0	0	0	0	0	0	0	0	0	0
	Brandon Williams	ENG	00-09-03	0	0	0	0	0	7	0	0	0	0	0
	Marc Jurado	ESP	04-04-13	0	0	0	0	0	1	0	0	0	0	0
	Rhys Bennett	ENG	03-10-30	0	0	0	0	0	1	0	0	0	0	0
MF	Bruno Fernandes	POR	94-09-08	3320	37	37	0	4	0	8	8	6	0	0
	Casemiro	BRA	92-02-23	2126	28	24	4	4	4	4	3	7	0	2
	Christian Eriksen	DEN	92-02-14	2062	28	25	3	18	4	1	8	3	0	0
	Fred	BRA	93-03-05	1233	35	12	23	6	26	2	2	6	0	0
	Scott McTominay	SCO	96-12-08	1149	24	10	14	3	16	1	0	8	0	0
	Marcel Sabitzer	AUT	94-03-17	628	11	7	4	5	5	0	1	1	0	0
	Donny van de Beek	NED	97-04-18	164	7	2	5	2	9	0	0	0	0	0
	Facundo Pellistri	URU	01-12-20	60	4	0	4	0	23	0	0	0	0	0
	Kobbie Mainoo	ENG	05-04-19	10	1	0	1	0	4	0	0	0	0	0
	Zidane Iqbal	IRQ	03-04-27	0	0	0	0	0	7	0	0	0	0	0
FW	Marcus Rashford	ENG	97-10-31	2889	35	32	3	13	3	17	5	2	0	0
	Antony	BRA	00-02-24	1817	25	23	2	17	2	4	2	5	0	0
	Jadon Sancho	ENG	00-03-25	1698	26	21	5	17	9	6	3	0	0	0
	Anthony Martial	FRA	95-12-05	979	21	11	10	11	10	6	2	0	0	0
	Wout Weghorst	NED	92-08-07	797	17	10	7	7	10	0	1	1	0	0
	Alejandro Garnacho	ARG	04-07-01	562	19	5	14	7	23	3	3	0	0	0
	Anthony Elanga	SWE	02-04-27	420	16	5	11	5	22	0	0	0	0	0

PREMIER LEAGUE 2022-23 SEASON

MANCHESTER UTD vs. OPPONENTS PER GAME STATS

맨체스터 UTD vs 상대팀

	득점	슈팅	유효슈팅	코너킥	오프사이드	패스시도	패스성공	패스성공률	태클	공중전승리	인터셉트	파울	경고	퇴장

1.53	⚽	1.13	15.6	👟	12.6	5.5	⦿	3.8	5.2	🚩	5.5	2.1	🏳	1.1	522	PA	449	430	PC	350
82%	P%	78%	17.3	TK	16.5	12.3	AD	11.4	9.3	IT	10.9	11.2	◇	8.2	2.05		2.05	0.053	■	0.000

2022-23 SEASON SQUAD LIST & GAMES PLAYED

* 괄호 안의 숫자는 선발 출전 횟수이며, 교체 출전은 포함시키지 않음

LW	CF	RW
M.래시포드(2)	M.래시포드(15), A.마르시알(11) W.베호르스트(7), C.호날두(4) C.에릭슨(1)	J.산초(1), 안토니(1)

LAM	CAM	RAM
M.래시포드(12), J.산초(13) A.가르나초(5), A.엘랑가(1) B.페르난데스(1)	B.페르난데스(25), M.자비처(2) W.베호르스트(1), D.반더베크(1) C.에릭슨(1)	안토니(20), A.엘랑가(4) J.산초(4), B.페르난데스(3) M.래시포드(1)

LM	CM	RM
J.산초(2), M.래시포드(1)	B.페르난데스(4), 프레드(2) C.에릭슨(2), J.산초(1) S.맥토미니(1), 카세미루(1) M.자비처(1)	안토니(1), B.페르난데스(1)

LWB	DM	RWB
N/A	카세미루(23), C.에릭슨(21) 프레드(10), S.맥토미니(9) M.자비처(4), B.페르난데스(2)	N/A

LB	CB	RB
L.쇼(22), T.말라시아(13) D.달롯(3)	L.마르티네스(24), R.바란(22) V.린델뢰프(14), H.매과이어(8) L.쇼(8)	D.달롯(21), A.완-비사카(16) T.말라시아(1)

GK		
D.데헤아(38)		

SHOTS & GOALS

38경기 총 594슈팅 – 58득점
38경기 상대 총 480슈팅 – 43실점

44-11
319-42
231-5

유효 슈팅 210	비유효 슈팅 384
득점 58	블록 당함 172
GK 방어 152	골대 밖 199
유효슈팅률 35%	골대 맞음 13

유효 슈팅 143	비유효 슈팅 337
실점 43	블록 151
GK 방어 100	골대 밖 177
유효슈팅률 30%	골대 맞음 9

158-8
265-17
57-18

GOAL TIME | POSSESSION

시간대별 득점

14 6
10 8 12

46 45

득실차 +8
전반 골 득실차 +8
후반 골 득실차 +7
전체 골 득실차 +15

시간대별 실점

11 6
8 6

46 45

전체 평균

54% 75% 25%
50%

홈경기

53% 75% 25%
50%

원정경기

55% 75% 25%
50%

TACTICAL SHOT & GOAL TYPES

슈팅 패턴
38경기 594

13 3
19
80
43
436

- OPEN PLAY
- FASTBREAK
- CORNER KICK
- SET PIECE
- DIRECT FREE KICK
- PENALTY KICK

득점 패턴1
38경기 58골

2
4 3 2
11 27

- OPEN PLAY
- FASTBREAK
- CORNER KICK
- SET PIECE
- DIRECT FREE KICK
- PENALTY KICK
- OWN GOAL

득점 패턴2
38경기 58골

3 2
11
42

- COMBINATION PLAY
- SOLO PLAY
- DIRECT FREE KICK
- PENALTY KICK
- OWN GOAL

PASSES PER GAME

패스 시도
평균 522

14
54
454

- SHORT PASSES
- LONG BALLS
- CROSSES

패스 성공
평균 430

3
28
399

- SHORT PASSES
- LONG BALLS
- CROSSES

CORNER

코너킥 형태
38경기 195

74 71
3 47

- INSWINGING CK
- OUTSWINGING CK
- STRAIGHT CK
- ET CETERA

DUELS pg

땅볼 쟁탈전
평균 68.8

35.3
33.5

- 성공
- 실패

상대 슈팅 패턴
38경기 480

3
31 18
110
22
296

실점 패턴 1
38경기 43골

2
2 3 2
8 21

실점 패턴 2
38경기 43골

2 3 1
28

상대 패스 시도
평균 449

18
52
379

상대 코너킥 형태
38경기 208

4
39
59 106

공중전
평균 23.7

11.4
12.3

FORMATION SUMMARY

선발 포진별 전적

포메이션	승	무	패	득점	실점
4-2-3-1	22	4	7	55	39
4-1-4-1	1	2	0	2	1
4-3-3	0	0	2	1	3
TOTAL	23	6	9	58	43

WHO SCORED

포지션별 득점
FW진 37골
MF진 16골
DF진 3골

* 상대 자책골 2골

상대 포지션별 실점
DF진 4골
MF진 13골
FW진 25골

* 자책골 실점 1골

ACTION ZONE

공격 방향
왼쪽 40% 중앙 27% 오른쪽 33%

볼 점유 위치
상대 진영 31%
중간 지역 40%
우리 진영 29%

PASSESS pg BY ZONE

평균 패스 성공
하프라인 위쪽 217회
하프라인 아래 213회

패스 성공률
하프라인 위쪽 74%
하프라인 아래 89%

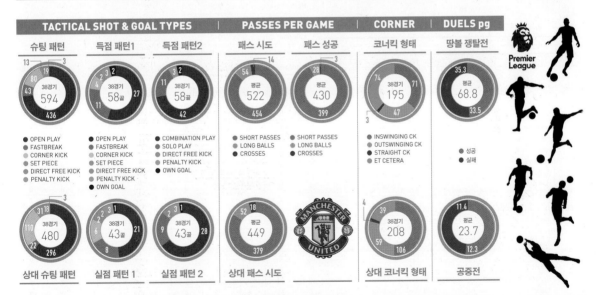

Founded
구단 창립
1892년

Owner
사우디아라비아
국부 펀드

CEO
야시르 알루마얀
1970.02.18

Manager
에디 하우
1977.11.29

23-24 Odds
벳365 : 14배
스카이벳 : 18배

30명 Nationality
● 외국 선수 17명
● 잉글랜드 13명

Age
30명 평균
27.7세

Height
30명 평균
183cm

Market Value
1군 30명 평균
1474만 유로

Game Points
22-23 : 71점
통산 : 5060점

Win
22-23 : 19승
통산 : 1392승

Draw
22-23 : 14무
통산 : 884무

Loss
22-23 : 5패
통산 : 1340패

Goals For
22-23 : 68득점
통산 : 5400득점

Goals Against
22-23 : 33실점
통산 : 5224실점

More Minutes
키어런 트리피어
3348분

Top Scorer
칼럼 윌슨
18골

More Assists
조 윌록
6도움

More Subs
제이콥 머피
22회 교체 IN

More Cards
조엘린톤
Y12+R0

RANKING OF LAST 10 YEARS

13-14	14-15	15-16	16-17	17-18	18-19	19-20	20-21	21-22	22-23
10 49점	15 39점	18 37점	1 94점	10 44점	13 45점	13 44점	12 45점	11 49점	4 71점

ENGLISH PREMIER LEAGUE	ENGLISH FA CUP	UEFA CHAMPIONS LEAGUE	UEFA EUROPA LEAGUE	FIFA CLUB WORLD CUP	UEFA-CONMEBOL INTERCONTINENTAL
4	6	0	0	0	0

TOTO GUIDE 지난 시즌 상대팀별 전적

상대팀	홈	원정
Manchester City	3-3	0-2
Arsenal	0-2	0-0
Manchester Utd	2-0	0-0
Liverpool	0-2	1-2
Brighton	4-1	0-0
Aston Villa	4-0	0-3
Tottenham	6-1	2-1
Brentford	5-1	2-1
Fulham	1-0	4-1
Crystal Palace	0-0	0-0
Chelsea	1-0	1-1
Wolverhampton	2-1	1-1
West Ham Utd	1-1	5-1
Bournemouth	1-1	1-1
Nottm Forest	2-0	2-1
Everton	1-0	4-1
Leicester City	0-0	3-0
Leeds Utd	0-0	2-2
Southampton	3-1	4-1

ST JAMES' PARK

구장 오픈 / 증개축
1892년, 2002년
구장 소유
뉴캐슬 시
수용 인원
5만 2305명
피치 규모
105m X 68m
잔디 종류
하이브리드 잔디

STRENGTHS & WEAKNESSES

OFFENSE		DEFENSE	
직접 프리킥	B	세트피스 수비	B
문전 처리	C	상대 볼 뺏기	C
측면 돌파	C	공중전 능력	A
스루볼 침투	B	역습 방어	C
개인기 침투	A	지공 방어	C
카운터 어택	B	스루패스 방어	C
기회 만들기	A	리드 지키기	B
세트피스	A	실수 조심	C
OS 피하기	D	측면 방어력	C
중거리 슈팅	B	파울 주의	C
볼 점유율	B	중거리슈팅 수비	C

매우 강함 A 강한 편 B 보통 수준 C 약한 편 D 매우 약함 E

위치	선수	국적	생년월일	출전(분)	출전경기	선발11	교체인	교체아웃	벤치출발	득점	도움	경고	경고누적	퇴장
GK	Nick Pope	ENG	92-04-19	3262	37	37	0	0	0	0	0	3	0	1
	Martin Dúbravka	SVK	89-01-15	156	2	1	1	0	20	0	0	0	0	0
	Loris Karius	GER	93-06-22	0	0	0	0	0	8	0	0	0	0	0
	Mark Gillespie	ENG	92-03-27	0	0	0	0	0	1	0	0	0	0	0
DF	Kieran Trippier	ENG	90-09-19	3348	38	38	0	7	0	1	7	5	0	0
	Fabian Schär	SUI	91-12-20	3209	36	36	0	4	1	1	3	7	1	0
	Sven Botman	NED	00-01-12	3128	36	35	1	2	3	0	0	2	0	0
	Dan Burn	ENG	92-05-09	3116	38	35	3	8	3	1	0	6	0	0
	Matt Targett	ENG	95-09-18	602	17	6	11	3	23	0	0	1	0	0
	Jamaal Lascelles	ENG	93-12-11	214	7	2	5	0	28	0	0	4	0	0
	Javi Manquillo	ESP	94-05-05	33	4	0	4	0	28	0	0	0	0	0
	Jamal Lewis	NIR	98-01-25	9	2	0	2	0	22	0	0	0	0	0
	Paul Dummett	WAL	91-09-26	0	0	0	0	0	16	0	0	0	0	0
	Emil Krafth	SWE	94-08-02	0	1	0	1	0	1	0	0	0	0	0
	Harrison Ashby	SCO	01-11-14	0	0	0	0	0	2	0	0	0	0	0
MF	Bruno Guimarães	BRA	97-11-16	2735	32	32	0	9	0	4	5	7	0	0
	Joe Willock	ENG	99-08-20	2577	35	31	4	23	4	3	6	1	0	0
	Sean Longstaff	ENG	97-10-30	2517	33	28	5	4	5	1	4	2	0	0
	Miguel Almirón	PAR	94-02-01	2508	34	29	5	23	5	11	2	0	0	0
	Jacob Murphy	ENG	95-02-24	1243	36	14	22	13	23	4	2	0	0	0
	Anthony Gordon	ENG	01-02-24	480	16	4	12	5	12	1	0	1	0	0
	Elliot Anderson	SCO	02-11-06	393	22	3	19	3	31	0	0	0	0	0
	Ryan Fraser	SCO	94-02-24	311	8	3	5	3	13	0	0	1	0	0
	Matt Ritchie	SCO	89-09-10	32	7	0	7	0	25	0	0	0	0	0
	Lewis Miley	ENG	06-05-01	15	1	0	1	0	4	0	0	0	0	0
	Matty Longstaff	ENG	00-03-21	0	0	0	0	0	0	0	0	0	0	0
FW	Joelinton	BRA	96-08-14	2664	32	30	2	5	3	6	1	12	0	0
	Callum Wilson	ENG	92-02-27	1885	31	21	10	19	11	18	5	4	0	0
	Alexander Isak	SWE	99-09-21	1527	22	17	5	10	5	10	1	3	0	0
	Allan Saint-Maximin	FRA	97-03-12	1117	25	12	13	10	14	1	5	0	0	0

NEWCASTLE vs. OPPONENTS PER GAME STATS

뉴캐슐 UTD vs 상대팀

득점 | 슈팅 | 유효슈팅 | 코너킥 | 오프사이드 | 패스시도 | 패스성공 | 패스성공률 | 태클 | 공중전승리 | 인터셉트 | 파울 | 경고 | 퇴장

1.79	득점	0.87	15.1	슈팅	10.3	5.1	유효슈팅	3.3	7.1	코너킥	4.3	1.9	오프사이드	1.5	451	PA	412	360	PC	313
80%	P%	76%	16.0	TK	18.0	14.7	AD	11.2	8.8	IT	9.0	10.7		11.0	1.61		2.11	1.380		0.053

2022-23 SEASON SQUAD LIST & GAMES PLAYED

* 괄호 안의 숫자는 선발 출전 횟수, 교체 출전은 포함시키지 않음

LW	CF	RW
A.생막시맹(12), 조엘린톤(11) J.머피(5), A.이삭(4) A.고든(3), R.프레이저(3)	C.윌슨(21), A.이삭(13) C.우드(4)	M.알미론(29), J.머피(9)

LAM	CAM	RAM
N/A	N/A	N/A

LM	CM	RM
N/A	B.기마랑이스(32), J.윌콕(31) S.롱스태프(28), 조엘린톤(19) E.앤더슨(3), A.고든(1)	N/A

LWB	DM	RWB
N/A	N/A	N/A

LB	CB	RB
D.번(32), M.타겟(6)	F.세어(36), S.보트만(35) D.번(3), J.라셀스(2)	K.트리피어(38)

	GK	
	N.포프(37), M.두브라브카(1)	

SHOTS & GOALS

38경기 총 575슈팅 - 68득점
38경기 상대 총 390슈팅 - 33실점

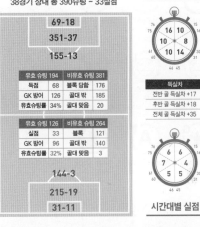

```
69-18
351-37
155-13
```

유효 슈팅 194		비유효 슈팅 381	
득점	68	블록 당함	176
GK 방어	126	골대 밖	185
유효슈팅률	34%	골대 맞음	20

유효 슈팅 126		비유효 슈팅 264	
실점	33	블록	121
GK 방어	96	골대 밖	140
유효슈팅률	32%	골대 맞음	3

```
144-3
215-19
31-11
```

GOAL TIME | POSSESSION

시간대별 득점

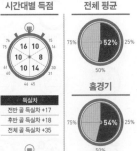

전체 평균 **52%** 75% 25% 50%

독실차
전반 골 득실차 +17
후반 골 득실차 +18
전체 골 득실차 +35

홈경기 **54%** 75% 25% 50%

시간대별 실점

원정경기 **50%** 75% 25% 50%

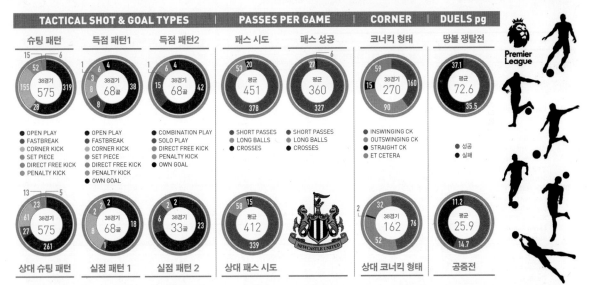

TACTICAL SHOT & GOAL TYPES | PASSES PER GAME | CORNER | DUELS pg

슈팅 패턴
38경기 575
15 · 6 · 52 · 155 · 319 · 28

- OPEN PLAY
- FASTBREAK
- CORNER KICK
- SET PIECE
- DIRECT FREE KICK
- PENALTY KICK

득점 패턴1
38경기 68골
1 · 4 · 6 · 8 · 38

- OPEN PLAY
- FASTBREAK
- CORNER KICK
- SET PIECE
- DIRECT FREE KICK
- PENALTY KICK
- OWN GOAL

득점 패턴2
38경기 68골
6 · 4 · 15 · 42 · 8

- COMBINATION PLAY
- SOLO PLAY
- DIRECT FREE KICK
- PENALTY KICK
- OWN GOAL

패스 시도
평균 451
53 · 20 · 378

- SHORT PASSES
- LONG BALLS
- CROSSES

패스 성공
평균 360
27 · 6 · 327

- SHORT PASSES
- LONG BALLS
- CROSSES

코너킥 형태
38경기 270
59 · 15 · 160 · 90

- INSWINGING CK
- OUTSWINGING CK
- STRAIGHT CK
- ET CETERA

땅볼 쟁탈전
평균 72.6
37.1 · 35.5

- 성공
- 실패

상대 슈팅 패턴
38경기 575
13 · 5 · 23 · 61 · 27 · 261

실점 패턴 1
38경기 68골
2 · 2 · 2 · 6 · 18

실점 패턴 2
38경기 33골
2 · 2 · 6 · 23 · 1

상대 패스 시도
평균 412
58 · 15 · 339

상대 코너킥 형태
38경기 162
2 · 32 · 76 · 52

공중전
평균 25.9
11.2 · 14.7

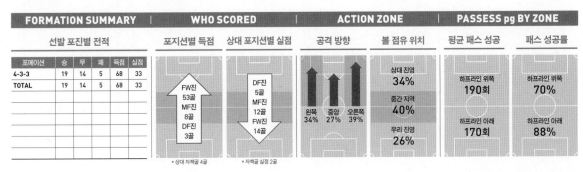

FORMATION SUMMARY | WHO SCORED | ACTION ZONE | PASSESS pg BY ZONE

선발 포지션별 전적

포메이션	승	무	패	득점	실점
4-3-3	19	14	5	68	33
TOTAL	19	14	5	68	33

포지션별 득점
FW진 53골
MF진 8골
DF진 3골
* 상대 자책골 4골

상대 포지션별 실점
DF진 5골
MF진 12골
FW진 14골
* 자책골 실점 2골

공격 방향
왼쪽 34% · 중앙 27% · 오른쪽 39%

볼 점유 위치
상대 진영 **34%**
중간 지역 **40%**
우리 진영 **26%**

평균 패스 성공
하프라인 위쪽 **190회**
하프라인 아래 **170회**

패스 성공률
하프라인 위쪽 **70%**
하프라인 아래 **88%**

LIVERPOOL FC

19	8	6	3	1	0
ENGLISH PREMIER LEAGUE	ENGLISH FA CUP	UEFA CHAMPIONS LEAGUE	UEFA EUROPA LEAGUE	FIFA CLUB WORLD CUP	UEFA-CONMEBOL INTERCONTINENTAL

 Founded 구단 창립 1892년

 Owner 펜웨이 스포츠그룹

 CEO 톰 베르너 1950.04.12

 Manager 위르겐 클롭 1967.06.16

 23-24 Odds 벳365 : 8배 스카이벳 : 7배

 Nationality ● 외국 선수 23명 ● 잉글랜드 12명

 Age 35명 평균 26.2세

 Height 35명 평균 182cm

 Market Value 1군 30명 평균 2930만 유로

 Game Points 22-23 : 67점 통산 : 7166점

 Win 22-23 : 19승 통산 : 2035승

 Draw 22-23 : 10무 통산 : 1061무

 Loss 22-23 : 9패 통산 : 1190패

 Goals For 22-23 : 75득점 통산 : 7190득점

Goals Against 22-23 : 47실점 통산 : 5150실점

 More Minutes 알리송 베커 3330분

 Top Scorer 모하메드 살라 19골

 More Assists 모하메드 살라 12도움

 More Subs 제임스 밀너 24회 교체 IN

 More Cards 파비뉴 Y11+R0

TOTO GUIDE 지난 시즌 상대팀별 전적

상대팀	홈	원정
Manchester City	1-0	1-4
Arsenal	2-2	2-3
Manchester Utd	7-0	1-2
Newcastle Utd	2-1	2-0
Brighton	3-3	0-3
Aston Villa	1-1	3-1
Tottenham	4-3	2-1
Brentford	1-0	1-3
Fulham	1-0	2-2
Crystal Palace	1-1	0-0
Chelsea	0-0	0-0
Wolverhampton	2-0	0-3
West Ham Utd	1-0	2-1
Bournemouth	9-0	0-1
Nottm Forest	3-2	0-1
Everton	2-0	0-0
Leicester City	2-1	3-0
Leeds Utd	1-2	6-1
Southampton	3-1	4-4

ANFIELD

구장 오픈 / 증개축 1884년, 증개축 13회
구장 소유 펜웨이 스포츠그룹
수용 인원 5만 3394명
피치 규모 101m X 68m
잔디 종류 하이브리드 잔디

STRENGTHS & WEAKNESSES

OFFENSE		DEFENSE	
직접 프리킥	C	세트피스 수비	A
문전 처리	C	상대 볼 뺏기	C
측면 돌파	B	공중전 능력	C
스루볼 침투	A	역습 방어	D
개인기 침투	C	지공 방어	D
카운터 어택	A	스루패스 방어	C
기회 만들기	B	리드 지키기	B
세트피스	B	실수 조심	D
OS 피하기	E	측면 방어력	D
중거리 슈팅	C	파울 주의	C
볼 점유율	A	중거리슈팅 수비	C

매우 강함 **A** | 강한 편 **B** | 보통 수준 **C** | 약한 편 **D** | 매우 약함 **E**

RANKING OF LAST 10 YEARS

13-14	14-15	15-16	16-17	17-18	18-19	19-20	20-21	21-22	22-23
2 / 84점	6 / 62점	8 / 60점	4 / 76점	4 / 75점	2 / 97점	1★ / 99점	3 / 69점	2 / 92점	5 / 67점

위치	선수	국적	생년월일	출전(분)	출전경기	선발11	교체인	교체아웃	벤치출발	득점	도움	경고	경고누적	퇴장
GK	Alisson Becker	BRA	92-10-02	3330	37	37	0	0	0	0	1	1	0	0
	Caoimhin Kelleher	IRL	98-11-23	90	1	1	0	0	28	0	0	0	0	0
	Adrián	ESP	87-01-03	0	0	0	0	0	12	0	0	0	0	0
	Harvey Davies	ENG	03-09-03	0	0	0	0	0	3	0	0	0	0	0
DF	Trent Alexander-Arnold	ENG	98-10-07	2931	37	34	3	11	4	2	9	5	0	0
	Virgil van Dijk	NED	91-07-08	2836	32	32	0	1	1	3	1	3	0	0
	Andrew Robertson	SCO	94-03-11	2587	34	29	5	10	6	0	8	3	0	0
	Ibrahima Konaté	FRA	99-05-25	1551	18	17	1	0	4	0	0	5	0	0
	Joe Gomez	ENG	97-05-23	1460	21	15	6	0	18	0	0	3	0	0
	Joel Matip	CMR	91-08-08	1092	14	12	2	2	17	1	0	3	0	0
	Kostas Tsimikas	GRE	96-05-12	768	20	9	11	7	28	0	4	3	0	0
	Stefan Bajčetić	ESP	04-10-22	527	11	6	5	6	15	1	0	2	0	0
	Nathaniel Phillips	ENG	97-03-21	66	2	1	1	1	17	0	0	0	0	0
	Calvin Ramsay	SCO	09-07-31	0	0	0	0	0	1	0	0	0	0	0
	Rhys Williams	ENG	01-02-03	0	0	0	0	0	2	0	0	0	0	0
MF	Fabinho	BRA	93-10-23	2677	36	31	5	11	5	0	2	11	0	0
	Jordan Henderson	ENG	90-06-17	2075	35	23	12	13	12	0	2	2	0	0
	Harvey Elliott	ENG	03-04-04	1613	32	18	14	14	19	1	2	2	0	0
	Thiago Alcántara	ESP	31-04-11	1254	18	14	4	5	4	0	2	0	0	0
	Curtis Jones	ENG	01-01-30	1039	18	12	6	10	11	3	1	2	0	0
	James Milner	ENG	86-01-04	893	31	7	24	4	27	0	1	2	0	0
	Fabio Carvalho	POR	02-08-30	342	13	4	9	4	27	2	0	0	0	0
	Alex Oxlade-Chamberlain	ENG	93-08-15	334	9	4	5	4	9	1	0	0	0	0
	Naby Keïta	GUI	95-02-10	292	8	3	5	3	7	0	0	1	0	0
	Ben Doak	SCO	05-11-11	24	2	0	2	0	4	0	0	0	0	0
	Arthur	BRA	96-08-12	0	0	0	0	0	7	0	0	0	0	0
	Melkamu Frauendorf	GER	04-01-12	0	0	0	0	0	0	0	0	0	0	0
FW	Mohamed Salah	EGY	92-06-15	3297	38	37	1	8	1	19	12	2	0	0
	Darwin Núñez	URU	99-06-24	1699	29	19	10	13	10	9	3	1	0	1
	Cody Gakpo	NED	99-05-07	1465	21	17	4	11	4	7	2	0	0	0
	Roberto Firmino	BRA	91-10-02	1211	25	13	12	10	12	11	4	0	0	0
	Diogo Jota	POR	96-12-04	1131	22	12	10	10	10	7	4	2	0	0
	Luis Díaz	COL	97-01-13	996	17	11	6	6	6	4	2	0	0	0
	Bobby Clark	ENG	05-02-07	7	1	0	1	0	6	0	0	0	0	0
	Layton Stewart	ENG	02-09-03	0	0	0	0	0	0	0	0	0	0	0

PREMIER LEAGUE 2022-23 SEASON

LIVERPOOL vs. OPPONENTS PER GAME STATS

리버풀 FC vs 상대팀

	득점	슈팅	유효슈팅	코너킥	오프사이드	패스시도	패스성공	패스성공률	태클	공중전승리	인터셉트	파울	경고	퇴장

1.97 득점 1.24	16.1 슈팅 9.8	5.5 유효슈팅 4.2	6.2 코너킥 3.5	2.2 오프사이드 2.3	618 PA 403	520 PC 301
84% P% 75%	15.5 TK 18.3	12.7 AD 12.1	8.8 IT 10.8	10.7 파울 9.0	1.50 경고 1.55	0.026 퇴장 0.026

2022-23 SEASON SQUAD LIST & GAMES PLAYED

* 괄호 안의 숫자는 선발 출전 횟수로, 교체 출전은 포함시키지 않음

LW	CF	RW
L.디아스(10), D.누녜스(8) D.조타(7), F.카르발류(1) A.옥슬레이드-체임벌린(3) H.엘리엇(1), C.학포(1)	D.누녜스(11), R.피르미누(10) C.학포(15), M.살라(5) D.조타(2)	M.살라(30), D.조타(1)

LAM	CAM	RAM
D.조타(2), L.디아스(1)	R.피르미누(3), 티아고(1) D.조타(1)	M.살라(1), H.엘리엇(1)

LM	CM	RM
F.카르발류(2)	파비뉴(27), J.헨더슨(22) H.엘리엇(15), C.존스(12) 티아고(11), S.바이체티치(6) J.밀너(4), N.케이타(3) C.학포(2), F.카르발류(1) A.옥슬레이드-체임벌린(1)	H.엘리엇(1), M.살라(1)

LWB	DM	RWB
N/A	파비뉴(4), 티아고(2) J.헨더슨(1)	N/A

LB	CB	RB
A.로버슨(29), K.치미카스(9)	V.반데이크(32), I.코나테(17) J.고메스(14), J.마티프(12) N.필립스(1)	T.알렉산더-아놀드(34), J.밀너(3) J.고메스(1)

GK
알리송(37), C.켈레허(1)

SHOTS & GOALS

38경기 총 610슈팅 - 75득점
38경기 상대 총 371슈팅 - 47실점

57-25
379-42
174-8

유효 슈팅 209		비유효 슈팅 401	
득점	75	블록 당함	172
GK 방어	134	골대 밖	219
유효슈팅률	34%	골대 맞음	10

유효 슈팅 159		비유효 슈팅 212	
실점	47	블록	78
GK 방어	112	골대 밖	117
유효슈팅률	43%	골대 맞음	17

96-3
240-38
35-6

GOAL TIME | POSSESSION

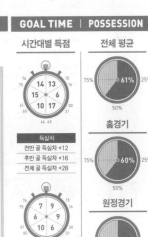

시간대별 득점

14 13 / 15 / 10 17

독실차
전반 골 득실차 +12
후반 골 득실차 +16
전체 골 득실차 +28

시간대별 실점

7 9 / 6 9 / 6 10

전체 평균
61%

홈경기
60%

원정경기
61%

TACTICAL SHOT & GOAL TYPES

슈팅 패턴
38경기 610
7 4 39 106 48 406

득점 패턴1
38경기 75골
1 4 6 2 12 9 41 58

득점 패턴2
38경기 75골
1 2 4 10 58

- ● OPEN PLAY
- ● FASTBREAK
- ● CORNER KICK
- ● SET PIECE
- ● DIRECT FREE KICK
- ● PENALTY KICK

- ● OPEN PLAY
- ● FASTBREAK
- ● CORNER KICK
- ● SET PIECE
- ● DIRECT FREE KICK
- ● PENALTY KICK
- ● OWN GOAL

- ● COMBINATION PLAY
- ● SOLO PLAY
- ● DIRECT FREE KICK
- ● PENALTY KICK
- ● OWN GOAL

상대 슈팅 패턴
38경기 371

실점 패턴 1
38경기 47골

실점 패턴 2
38경기 47골

PASSES PER GAME

패스 시도
평균 618
59 2 538

패스 성공
평균 520
32 6 482

- ● SHORT PASSES
- ● LONG BALLS
- ● CROSSES

- ● SHORT PASSES
- ● LONG BALLS
- ● CROSSES

상대 패스 시도
평균 403

CORNER | DUELS pg

코너킥 형태
38경기 235
1 23 56 155

땅볼 쟁탈전
38.0 평균 70.4 32.4

- ● INSWINGING CK
- ● OUTSWINGING CK
- ● STRAIGHT CK
- ● ET CETERA

- ● 성공
- ● 실패

상대 코너킥 형태
38경기 134
1 24 34 75

공중전
12.1 평균 24.8 12.7

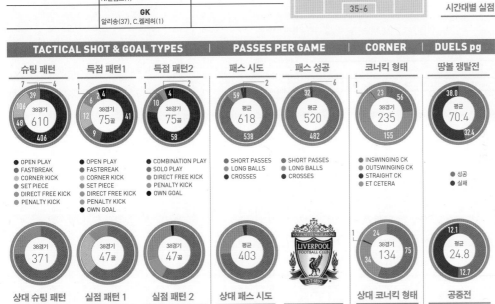

FORMATION SUMMARY

선발 포지션별 전적

포메이션	승	무	패	득점	실점
4-3-3	16	10	5	68	37
4-3-1-2	1	0	2	3	6
4-2-3-1	1	0	1	3	3
4-4-2	1	0	1	1	1
TOTAL	19	10	9	75	47

WHO SCORED

포지션별 득점
FW진 57골
MF진 7골
DF진 7골

상대 포지션별 실점
DF진 2골
MF진 11골
FW진 32골

* 상대 자책골 4골

* 자책골 실점 2골

ACTION ZONE

공격 방향
왼쪽 35% / 중앙 27% / 오른쪽 38%

볼 점유 위치
상대 진영 32%
중간 지역 42%
우리 진영 26%

PASSESS pg BY ZONE

평균 패스 성공
하프라인 위쪽 256회
하프라인 아래 264회

패스 성공률
하프라인 위쪽 75%
하프라인 아래 91%

Club Info

Founded 구단 창립
1901년

Owner 토니 블룸
1970.03.20

CEO 토니 블룸
1970.03.20

Manager 로베르토 데체르비
1979.06.06

23-24 Odds
벳365 : 50배
스카이벳 : 80배

Nationality
●외국 선수 19명
●잉글랜드 12명

Age 31명 평균
24.4세

Height 31명 평균
181cm

Market Value 1군 31명 평균
1287만 유로

Game Points
22-23 : 62점
통산 : 460점

Win
22-23 : 18승
통산 : 113승

Draw
22-23 : 8무
통산 : 121무

Loss
22-23 : 12패
통산 : 162패

Goals For
22-23 : 72득점
통산 : 444득점

Goals Against
22-23 : 53실점
통산 : 555실점

More Minutes
파스칼 그로스
3246분

Top Scorer
알렉시스 매칼리스터
10골

More Assists
파스칼 그로스
8도움

More Subs
타리크 램프티
17회 교체 IN

More Cards
모이세스 카이세도
Y10+R0

RANKING OF LAST 10 YEARS

●2부 리그

13-14	14-15	15-16	16-17	17-18	18-19	19-20	20-21	21-22	22-23
6	20	3	2	15	17	15	16	9	6
72점	47점	89점	93점	40점	36점	41점	41점	51점	62점

Trophies

 0 **ENGLISH PREMIER LEAGUE**

 0 **ENGLISH FA CUP**

 0 **UEFA CHAMPIONS LEAGUE**

 0 **UEFA EUROPA LEAGUE**

 0 **FIFA CLUB WORLD CUP**

 0 **UEFA-CONMEBOL INTERCONTINENTAL**

TOTO GUIDE 지난 시즌 상대팀별 전적

상대팀	홈	원정
Manchester City	1-1	1-3
Arsenal	2-4	3-0
Manchester Utd	1-0	2-1
Newcastle Utd	0-0	1-4
Liverpool	3-0	3-3
Aston Villa	1-2	1-2
Tottenham	0-1	1-2
Brentford	3-3	0-2
Fulham	0-1	1-2
Crystal Palace	1-0	1-1
Chelsea	4-1	2-1
Wolverhampton	6-0	3-2
West Ham Utd	4-0	2-0
Bournemouth	1-0	2-0
Nottm Forest	0-0	1-3
Everton	1-5	4-1
Leicester City	5-2	2-2
Leeds Utd	1-0	2-2
Southampton	3-1	3-1

FALMER STADIUM

구장 오픈
2011년
구장 소유
브라이튼&호브 시
수용 인원
3만 1800명
피치 규모
105m X 68m
잔디 종류
천연 잔디

STRENGTHS & WEAKNESSES

OFFENSE		DEFENSE	
직접 프리킥	C	세트피스 수비	B
문전 처리	B	상대 볼 뺏기	C
측면 돌파	C	공중전 능력	C
스루볼 침투	B	역습 방어	D
개인기 침투	B	지공 방어	E
카운터 어택	C	스루패스 방어	C
기회 만들기	B	리드 지키기	C
세트피스	C	실수 조심	D
OS 피하기	C	측면 방어력	C
중거리 슈팅	B	파울 주의	C
볼 점유율	A	중거리슈팅 수비	C

매우 강함 A 강한 편 B 보통 수준 C 약한 편 D 매우 약함 E

Squad

위치	선수	국적	생년월일	출전(분)	출전경기	선발11	교체인	교체아웃	벤치출발	득점	도움	경고	경고누적	퇴장
GK	Robert Sánchez	ESP	97-11-18	2070	23	23	0	0	10	0	0	2	0	0
	Jason Steele	ENG	90-08-18	1350	15	15	0	0	22	0	1	1	0	0
	Tom McGill	ENG	00-03-25	0	0	0	0	0	6	0	0	0	0	0
	Jack Hinchy	ENG	03-01-30	0	0	0	0	0	0	0	0	0	0	0
DF	Lewis Dunk	ENG	91-11-21	3240	36	36	0	1	2	1	0	4	0	0
	Pervis Estupiñán	ECU	98-01-21	2682	35	31	4	11	5	1	5	4	0	0
	Joël Veltman	NED	92-01-15	2194	31	25	6	11	8	1	1	6	0	0
	Adam Webster	ENG	95-01-04	1987	27	23	4	6	8	0	0	2	0	0
	Levi Colwill	ENG	03-02-26	1218	17	13	4	2	15	0	2	1	0	0
	Tariq Lamptey	GHA	00-09-30	438	20	3	17	2	20	0	0	1	0	0
	Jan Paul van Hecke	NED	00-06-08	291	8	3	5	1	29	0	0	2	0	0
	Imari Samuels	ENG	03-02-05	0	0	0	0	0	1	0	0	0	0	0
MF	Pascal Groß	GER	91-06-15	3246	37	37	0	7	0	9	8	7	0	0
	Moisés Caicedo	ECU	01-11-02	3140	37	34	3	4	3	1	1	10	0	0
	Alexis Mac Allister	ARG	98-12-24	2886	35	31	4	4	4	10	2	8	0	0
	Solly March	ENG	94-07-26	2726	33	31	2	13	2	7	7	2	0	0
	Kaoru Mitoma	JPN	97-05-20	2316	33	24	9	8	11	7	5	0	0	0
	Adam Lallana	ENG	88-05-10	729	16	12	4	12	4	2	1	0	0	0
	Facundo Buonanotte	ARG	04-12-23	563	13	6	7	5	13	1	1	2	0	0
	Billy Gilmour	SCO	01-06-11	506	14	7	7	5	23	1	1	1	0	0
	Jeremy Sarmiento	ECU	02-06-16	169	9	1	8	1	19	0	1	1	0	0
	Yasin Ayari	SWE	03-10-06	66	3	1	2	1	14	0	0	0	0	0
	Andrew Moran	IRE	03-10-15	11	1	0	1	0	13	0	0	0	0	0
	Cameron Peupion	AUS	02-09-23	5	1	0	1	0	5	0	0	0	0	0
	Jack Hinshelwood	ENG	05-04-11	1	1	0	1	0	3	0	0	0	0	0
	Jakub Moder	POL	99-04-07	0	0	0	0	0	0	0	0	0	0	0
FW	Danny Welbeck	ENG	90-11-26	1858	31	21	10	14	11	6	3	0	0	0
	Evan Ferguson	IRL	04-10-19	950	19	10	9	9	11	6	2	1	0	0
	Julio Enciso	PAR	04-01-23	800	20	7	13	7	24	4	2	1	0	0
	Deniz Undav	GER	96-07-19	618	22	6	16	6	30	5	0	2	0	0
	Benicio Baker-Boaitey	ENG	04-01-09	23	2	0	2	0	7	0	0	0	0	0

PREMIER LEAGUE 2022-23 SEASON

BRIGHTON&HA vs. OPPONENTS PER GAME STATS

브라이튼 FC vs 상대팀

득점 / 슈팅 / 유효슈팅 / 코너킥 / 오프사이드 / 패스시도 / 패스성공 / 패스성공률 / 태클 / 공중전승리 / 인터셉트 / 파울 / 경고 / 퇴장

1.89	⚽	1.39	16.2	👟	10.4	6.0	⬜	3.6	6.1	🚩	3.5	1.8	🏴	1.1	584	PA	382	502	PC	295
86%	P%	77%	16.2	TK	15.9	11.7	AD	10.3	8.0	IT	11.0	11.2	🧽	11.2	1.53	🟨	2.42	0.000	⬛	0.026

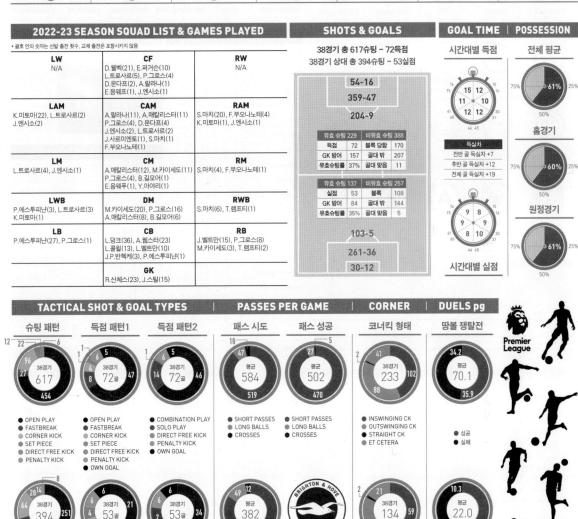

2022-23 SEASON SQUAD LIST & GAMES PLAYED

※ 괄호 안의 숫자는 선발 출전 횟수, 교체 출전은 포함시키지 않음

LW	CF	RW
N/A	D.웰벡(21), E.퍼거슨(10) L.트로사르(5), P.그로스(4) D.운다프(2), A.랄라나(1) E.음웨푸(1), J.엔시소(1)	N/A

LAM	CAM	RAM
K.미토마(22), L.트로사르(2) J.엔시소(2)	A.랄라나(11), A.매칼리스터(11) P.그로스(4), D.운다프(4) J.엔시소(2), L.트로사르(2) J.사르미엔토(1), S.마치(1) F.부오나노테(1)	S.마치(20), F.부오나노테(4) K.미토마(1), J.엔시소(1)

LM	CM	RM
L.트로사르(4), J.엔시소(1)	A.매칼리스터(12), M.카이세도(11) P.그로스(2), B.길모어(1) E.음웨푸(1), Y.아야리(1)	S.마치(4), F.부오나노테(1)

LWB	DM	RWB
P.에스투피냔(3), L.트로사르(3) K.미토마(1)	M.카이세도(20), P.그로스(16) A.매칼리스터(8), B.길모어(6)	S.마치(6), T.램프티(1)

LB	CB	RB
P.에스투피냔(27), P.그로스(1)	L.덩크(36), A.웹스터(23) L.콜윌(13), L.벨트만(10) J.P.반헤케(3), P.에스투피냔(1)	J.벨트만(15), P.그로스(8) M.카이세도(3), T.램프티(2)

	GK	
	R.산체스(23), J.스틸(15)	

SHOTS & GOALS

38경기 총 617슈팅 – 72득점
38경기 상대 총 394슈팅 – 53실점

54-16
359-47
204-9

유효 슈팅 229	비유효 슈팅 388	
득점	72	블록 당함 170
GK 방어	157	골대 밖 207
유효슈팅률	37%	골대 맞음 11

유효 슈팅 137	비유효 슈팅 257	
실점	53	블록 108
GK 방어	84	골대 밖 144
유효슈팅률	35%	골대 맞음 5

103-5
261-36
30-12

GOAL TIME | POSSESSION

시간대별 득점

15 12
11 10
12 12
46 45

전체 평균 61%

독실차
전반 골 독실차 +7
후반 골 독실차 +12
전체 골 독실차 +19

홈경기 60%

9 9
9 9
8 10
46 45

원정경기 61%

시간대별 실점

TACTICAL SHOT & GOAL TYPES

슈팅 패턴
38경기 617
22 6 96 27 454
- OPEN PLAY
- FASTBREAK
- CORNER KICK
- SET PIECE
- DIRECT FREE KICK
- PENALTY KICK

득점 패턴1
38경기 72골
1 5 6 6 14 47
- OPEN PLAY
- FASTBREAK
- CORNER KICK
- SET PIECE
- DIRECT FREE KICK
- PENALTY KICK
- OWN GOAL

득점 패턴2
38경기 72골
1 5 14 46
- COMBINATION PLAY
- SOLO PLAY
- DIRECT FREE KICK
- PENALTY KICK
- OWN GOAL

상대 슈팅 패턴
38경기 394
28 14 8 64 29 251

실점 패턴 1
38경기 53골
6 4 21 7 8
CORNER KICK

실점 패턴 2
38경기 53골
6 4 34
COMBINATION PLAY

PASSES PER GAME

패스 시도
평균 584
18 47 519

패스 성공
평균 502
27 5 470

- SHORT PASSES
- LONG BALLS
- CROSSES

상대 패스 시도
평균 382
49 12 321

CORNER

코너킥 형태
38경기 233
41 102 88

- INSWINGING CK
- OUTSWINGING CK
- STRAIGHT CK
- ET CETERA

상대 코너킥 형태
38경기 134
2 21 59 52

DUELS pg

땅볼 쟁탈전
평균 70.1
34.2 35.9

- 성공
- 실패

공중전
평균 22.0
10.3 11.7

Premier League

FORMATION SUMMARY

선발 포지션별 전적

포메이션	승	무	패	득점	실점
4-2-3-1	13	5	7	55	37
3-4-2-1	1	2	1	4	4
4-4-2	1	0	2	2	4
3-5-2	2	0	1	8	4
3-4-1-2	0	1	1	1	3
3-3-3-1	1	0	0	2	1
TOTAL	18	8	12	72	53

WHO SCORED

포지션별 득점
FW진 35골
MF진 28골
DF진 4골

※ 상대 자책골 5골

상대 포지션별 실점
DF진 4골
MF진 14골
FW진 29골

※ 자책골 실점 6골

ACTION ZONE

공격 방향
왼쪽 37% / 중앙 30% / 오른쪽 33%

볼 점유 위치
상대 진영 31%
중간 지역 42%
우리 진영 27%

PASSESS pg BY ZONE

평균 패스 성공
하프라인 위쪽 244회
하프라인 아래 258회

패스 성공률
하프라인 위쪽 77%
하프라인 아래 91%

ASTON VILLA FC

Founded
구단 창립
1874년

Owner
나세프 사위리스
웨스 에덴스

CEO
나세프 사위리스
1961.01.19

Manager
우나이 에메리
1971.11.03

23-24 Odds
벳365 : 150배
스카이벳 : 150배

Nationality
●외국 선수 19명
●잉글랜드 11명

Age
30명 평균
25.6세

Height
30명 평균
183cm

Market Value
1군 30명 평균
1607만 유로

Game Points
22-23 : 61점
통산 : 6093점

Win
22-23 : 18승
통산 : 1699승

Draw
22-23 : 7무
통산 : 996무

Loss
22-23 : 13패
통산 : 1527패

Goals For
22-23 : 51득점
통산 : 6807득점

Goals Against
22-23 : 46실점
통산 : 6290실점

More Minutes
에즈리 콘사
3322분

Top Scorer
올리 왓킨스
15골

More Assists
제이콥 램지
7도움

More Subs
필리피 쿠티뉴+1명
13회 교체 IN

More Cards
E.마르티네스+3명
Y7+R0

RANKING OF LAST 10 YEARS

●2부 리그

13-14	14-15	15-16	16-17	17-18	18-19	19-20	20-21	21-22	22-23
15	17	20	13	4	5	17	11	14	7
38점		17점	62점	83점	76점	35점	45점	55점	61점

 7 | 7 | 1 | 0 | 0 | 0

ENGLISH PREMIER LEAGUE | **ENGLISH FA CUP** | **UEFA CHAMPIONS LEAGUE** | **UEFA EUROPA LEAGUE** | **FIFA CLUB WORLD CUP** | **UEFA-CONMEBOL INTERCONTINENTAL**

TOTO GUIDE 지난 시즌 상대팀별 전적

상대팀	홈	원정
Manchester City	1-1	1-3
Arsenal	2-4	1-2
Manchester Utd	3-1	0-1
Newcastle Utd	3-0	0-4
Liverpool	1-3	1-1
Brighton	2-1	2-1
Tottenham	2-1	2-0
Brentford	4-0	1-1
Fulham	1-0	0-3
Crystal Palace	1-0	1-3
Chelsea	0-2	2-0
Wolverhampton	1-1	0-1
West Ham Utd	0-1	1-1
Bournemouth	3-0	0-2
Nottm Forest	2-0	1-1
Everton	2-1	2-0
Leicester City	2-4	2-1
Leeds Utd	2-1	0-0
Southampton	1-0	1-0

VILLA PARK

구장 오픈 / 증개축
1897년, 증개축 10회
구장 소유
아스톤 빌라 FC
수용 인원
4만 2682명
피치 규모
105m X 68m
잔디 종류
하이브리드 잔디

STRENGTHS & WEAKNESSES

OFFENSE		DEFENSE	
직접 프리킥	C	세트피스 수비	C
문전 처리	C	상대 볼 뺏기	C
측면 돌파	B	공중전 능력	D
스루볼 침투	C	역습 방어	C
개인기 침투	C	지공 방어	C
카운터 어택	C	스루패스 방어	C
기회 만들기	C	리드 지키기	C
세트피스	C	실수 조심	D
OS 피하기	C	측면 방어력	C
중거리 슈팅	C	파울 주의	C
볼 점유율	C	중거리슈팅 수비	D

매우 강함 A 강한 편 B 보통 수준 C 약한 편 D 매우 약함 E

위치	선수	국적	생년월일	출전(분)	출전경기	선발11	교체인	교체아웃	벤치출발	득점	도움	경고	경고누적	퇴장
GK	Emiliano Martínez	ARG	92-09-02	3141	36	36	0	2	1	0	0	7	0	0
	Robin Olsen	SWE	90-01-08	279	4	2	2	0	32	0	0	0	0	0
	Jed Steer	ENG	92-09-23	0	0	0	0	0	0	0	0	0	0	0
	Viljami Sinisalo	FIN	01-10-11	0	0	0	0	0	15	0	0	0	0	0
	Oliwier Zych	POL	04-06-28	0	0	0	0	0	2	0	0	0	0	0
	James Wright	ENG	04-12-02	0	0	0	0	0	1	0	0	0	0	0
DF	Ezri Konsa	ENG	97-10-23	3322	38	37	1	1	1	0	0	6	0	0
	Tyrone Mings	ENG	93-03-13	3150	35	35	0	1	1	1	2	7	0	0
	Ashley Young	ENG	85-07-09	2038	29	23	6	8	15	1	0	7	0	0
	Matty Cash	POL	97-08-07	1819	26	20	6	5	7	0	1	4	0	0
	Boubacar Kamara	FRA	99-11-23	1779	24	21	3	7	3	0	1	4	0	0
	Lucas Digne	FRA	93-07-20	1500	28	18	10	8	14	1	0	5	0	0
	Álex Moreno	ESP	93-08-06	1334	19	14	5	10	5	0	3	3	0	0
	Calum Chambers	ENG	95-01-20	342	14	2	12	1	34	0	0	2	0	0
	Diego Carlos	BRA	93-03-15	205	3	2	1	1	12	0	0	0	0	0
	Sil Swinkels	NED	04-01-06	0	0	0	0	0	1	0	0	0	0	0
	Sebastian Revan	ENG	03-07-14	0	0	0	0	0	7	0	0	0	0	0
	Travis Patterson	ENG	05-10-06	0	0	0	0	0	3	0	0	0	0	0
MF	Douglas Luiz	BRA	98-05-09	2933	37	33	4	9	5	6	6	6	0	1
	John McGinn	SCO	18-10-94	2697	34	30	4	8	5	1	3	7	0	0
	Jacob Ramsey	ENG	01-05-28	2647	35	31	4	15	4	6	7	5	0	0
	Emi Buendía	ARG	96-12-25	2420	38	27	11	19	11	5	2	0	0	0
	Philippe Coutinho	BRA	92-06-12	781	20	7	13	6	15	1	0	3	0	0
	Leander Dendoncker	BEL	95-04-15	689	20	7	13	5	20	0	0	0	0	0
	Tommi O'Reilly	IRL	03-12-15	0	0	0	0	0	5	0	0	0	0	0
FW	Ollie Watkins	ENG	95-12-30	3136	37	36	1	10	1	15	6	4	0	0
	Leon Bailey	JAM	97-08-97	1983	33	26	7	22	7	4	4	4	0	0
	Bertrand Traoré	BFA	95-09-06	227	8	1	7	1	15	2	0	1	0	0
	Jhon Durán	COL	03-12-13	124	12	0	12	0	17	0	0	0	0	0
	Kadan Young	ENG	06-01-19	0	0	0	0	0	5	0	0	0	0	0

PREMIER LEAGUE 2022-23 SEASON

ASTON VILLA vs. OPPONENTS PER GAME STATS

아스톤 빌라 FC vs 상대팀

	득점	슈팅	유효슈팅	코너킥	오프사이드	패스시도	패스성공	패스성공률	태클	공중전승리	인터셉트	파울	경고	퇴장

1.34	⚽	1.21	11.4	🥅	11.4	3.9	◉	4.1	4.3	🚩	5.6	1.5	🏴	3.1	440	PA	455	357	PC	359
81%	P%	79%	16.6	TK	17.1	11.7	AD	12.3	8.5	IT	8.7	11.0	🏷	13.4	2.11		2.24	0.026	■	0.079

2022-23 SEASON SQUAD LIST & GAMES PLAYED

* 괄호 안의 숫자는 선발 출전 횟수, 교체 출전은 포함시키지 않음

LW
P.쿠티뉴(3), E.부엔디아(2)
O.왓킨스(1)

CF
O.왓킨스(32), L.베일리(10)
D.잉스(8), E.부엔디아(6)

RW
L.베일리(5), E.부엔디아(1)

LAM
J.램지(9), L.베일리(2)

CAM
E.부엔디아(10), J.베일리(3)
P.쿠티뉴(3), J.램지(2)
J.맥긴(2), O.왓킨스(1)

RAM
J.맥긴(5), L.베일리(4)
O.왓킨스(2)

LM
E.부엔디아(8), J.램지(6)
P.쿠티뉴(1)

CM
D.루이스(21), B.카마라(17)
J.맥긴(15), J.램지(9)

RM
J.맥긴(6), J.램지(5)
L.베일리(2), M.캐시(1)
B.트라오레(1)

LWB
N/A

DM
D.루이스(12), L.덴돈커(7)
B.카마라(4), J.맥긴(2)

RWB
N/A

LB
L.디뉴(18), A.모레노(14)
A.영(5), L.아우구스틴손(1)

CB
E.콘사(36), T.밍스(35)
C.챔버스(2), D.카를로스(3)
J.베드나레크(2)

RB
M.캐시(19), A.영(18)
E.콘사(1)

GK
E.마르티네스(36), R.올센(2)

SHOTS & GOALS

38경기 총 432슈팅 – 51득점
38경기 상대 총 433슈팅 – 46실점

33-9
245-35
154-7

유효 슈팅 150		비유효 슈팅 282	
득점	51	블록 당함	130
GK 방어	99	골대 밖	140
유효슈팅률	35%	골대 맞음	12

유효 슈팅 155		비유효 슈팅 278	
실점	46	블록	126
GK 방어	109	골대 밖	142
유효슈팅률	36%	골대 맞음	10

132-4
263-30
38-12

GOAL TIME | POSSESSION

시간대별 득점

10 13
8 9
7 4

득실차
전반 골 득실차 +2
후반 골 득실차 +3
전체 골 득실차 +5

시간대별 실점

11 10
4 11

전체 평균
49% 75% 25%
50%

홈경기
50% 75% 25%
50%

원정경기
49% 75% 25%
50%

TACTICAL SHOT & GOAL TYPES | PASSES PER GAME | CORNER | DUELS pg

슈팅 패턴 — 38경기 432
24 18 4 / 58 / 22 / 306

득점 패턴1 — 38경기 51골
1 2 3 31 / 6 / 2

득점 패턴2 — 38경기 51골
2 3 35 / 2

패스 시도 — 평균 440
53 15 4 / 372

패스 성공 — 평균 357
25 3 / 329

코너킥 형태 — 38경기 162
42 97 / 19 / 4

땅볼 쟁탈전 — 평균 73.9
36.5 / 37.4

- ● OPEN PLAY
- ● FASTBREAK
- ● CORNER KICK
- ● SET PIECE
- ● DIRECT FREE KICK
- ● PENALTY KICK

- ● OPEN PLAY
- ● FASTBREAK
- ● CORNER KICK
- ● SET PIECE
- ● DIRECT FREE KICK
- ● PENALTY KICK

- ● COMBINATION PLAY
- ● SOLO PLAY
- ● DIRECT FREE KICK
- ● PENALTY KICK
- ● OWN GOAL

- ● SHORT PASSES
- ● LONG BALLS
- ● CROSSES

- ● SHORT PASSES
- ● LONG BALLS
- ● CROSSES

- ● INSWINGING CK
- ● OUTSWINGING CK
- ● STRAIGHT CK
- ● ET CETERA

- ● 성공
- ● 실패

상대 슈팅 패턴 — 38경기 433
31 14 6 / 80 / 18 / 284

실점 패턴 1 — 38경기 46골
4 19 / 5 / 5 / 2

실점 패턴 2 — 38경기 46골
4 25 / 11

상대 패스 시도 — 평균 455
53 18 / 384

상대 코너킥 형태 — 38경기 211
31 96 / 7

공중전 — 평균 24.0
12.3 / 11.7

AVFC

FORMATION SUMMARY | WHO SCORED | ACTION ZONE | PASSESS pg BY ZONE

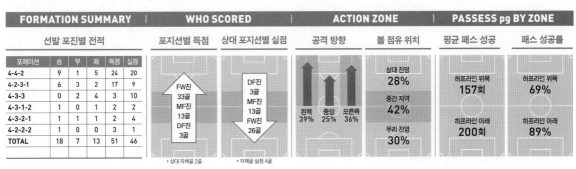

선발 포진별 전적

포메이션	승	무	패	득점	실점
4-4-2	9	1	5	24	20
4-2-3-1	6	3	2	17	9
4-3-3	0	2	4	3	10
4-3-1-2	1	0	1	2	2
4-3-2-1	1	1	1	2	4
4-2-2-2	1	0	0	3	1
TOTAL	18	7	13	51	46

WHO SCORED

포지션별 득점
FW진 33골
MF진 13골
DF진 3골
* 상대 자책골 2골

상대 포지션별 실점
DF진 3골
MF진 13골
FW진 26골
* 자책골 실점 4골

ACTION ZONE

공격 방향
왼쪽 39% 중앙 25% 오른쪽 36%

볼 점유 위치
상대 진영 28%
중간 지역 42%
우리 진영 30%

PASSESS pg BY ZONE

평균 패스 성공
하프라인 위쪽 157회
하프라인 아래 200회

패스 성공률
하프라인 위쪽 69%
하프라인 아래 89%

TOTTENHAM HOTSPUR FC

Founded 구단 창립 1882년	**Owner** ENIC 그룹 지분 85.55%	**CEO** 다니엘 레비 1962.02.08	**Manager** 안제 포스테코글루 1965.08.27	**23-24 Odds** 벳365 : 40배 스카이벳 : 50배

ENGLISH PREMIER LEAGUE	ENGLISH FA CUP	UEFA CHAMPIONS LEAGUE	UEFA EUROPA LEAGUE	FIFA CLUB WORLD CUP	UEFA-CONMEBOL INTERCONTINENTAL
2	8	0	2	0	0

 Nationality ● 외국 선수 20명 ● 잉글랜드 9명

 Age 29명 평균 25.6세

Height 29명 평균 183cm

 Market Value 1군 29명 평균 2721만 유로

Game Points 22-23 : 60점 통산 : 5302점

 Win 22-23 : 18승 통산 : 1484승

Draw 22-23 : 6무 통산 : 850무

Loss 22-23 : 14패 통산 : 1212패

 Goals For 22-23 : 70득점 통산 : 5627득점

Goals Against 22-23 : 63실점 통산 : 4942실점

 **More Minutes** 해리 케인 3408분

Top Scorer 해리 케인 30골

More Assists 이반 페리시치 8도움

More Subs 히샬리송+1명 15회 교체 IN

More Cards 크리스티안 로메로 Y10+R0

RANKING OF LAST 10 YEARS

13-14	14-15	15-16	16-17	17-18	18-19	19-20	20-21	21-22	22-23
6	5	3	2	3	4	6	7	4	8
69점	64점	70점	86점	77점	71점	59점	62점	71점	60점

TOTO GUIDE 지난 시즌 상대팀별 전적

상대팀	홈	원정
Manchester City	1-0	2-4
Arsenal	0-2	1-3
Manchester Utd	2-2	0-2
Newcastle Utd	1-2	1-6
Liverpool	1-2	3-4
Brighton	2-1	1-0
Aston Villa	0-2	1-2
Brentford	1-3	2-2
Fulham	2-1	1-0
Crystal Palace	1-0	4-0
Chelsea	2-0	2-2
Wolverhampton	1-0	0-1
West Ham Utd	2-0	1-1
Bournemouth	2-3	3-2
Nottm Forest	3-1	2-0
Everton	2-0	1-1
Leicester City	6-2	1-4
Leeds Utd	4-3	4-1
Southampton	4-1	3-3

TOTTENHAM HOTSPUR STADIUM

구장 오픈 2019년
구장 소유 토트넘 핫스퍼 FC
수용 인원 6만 2850명
피치 규모 105m X 68m
잔디 종류 하이브리드 잔디

STRENGTHS & WEAKNESSES

OFFENSE		DEFENSE	
직접 프리킥	C	세트피스 수비	B
문전 처리	B	상대 볼 뺏기	C
측면 돌파	C	공중전 능력	B
스루볼 침투	B	역습 방어	C
개인기 침투	C	지공 방어	E
카운터 어택	B	스루패스 방어	C
기회 만들기	B	리드 지키기	D
세트피스	C	실수 조심	D
OS 피하기	C	측면 방어력	C
중거리 슈팅	B	파울 주의	C
볼 점유율	C	중거리슈팅 수비	D

매우 강함 **A** 강한 편 **B** 보통 수준 **C** 약한 편 **D** 매우 약함 **E**

위치	선수	국적	생년월일	출전(분)	출전경기	선발11	교체인	교체아웃	벤치출발	득점	도움	경고	경고누적	퇴장
GK	Hugo Lloris	FRA	86-12-26	2206	25	25	0	1	1	0	0	0	0	0
	Fraser Forster	ENG	88-03-17	1214	14	13	1	0	25	0	0	1	0	0
	Brandon Austin	USA	99-01-08	0	0	0	0	0	15	0	0	0	0	0
DF	Eric Dier	ENG	94-01-15	2817	33	31	2	1	5	2	1	3	0	0
	Ben Davies	WAL	93-04-24	2289	31	26	5	6	7	2	2	4	0	0
	Cristian Romero	ARG	98-04-27	2185	25	24	1	1	0	0	1	10	1	0
	Clément Lenglet	FRA	95-06-17	2027	26	24	2	10	13	0	2	4	0	0
	Emerson	BRA	99-01-14	1736	26	20	6	7	8	2	1	2	0	1
	Pedro Porro	ESP	99-09-13	1137	15	13	2	7	4	3	3	0	0	0
	Davinson Sánchez	COL	96-06-12	852	18	8	10	4	30	0	0	1	0	0
	Japhet Tanganga	ENG	99-03-31	146	4	2	2	2	28	0	0	0	0	0
MF	Pierre-Emile Højbjerg	DEN	95-08-05	3133	35	35	0	2	0	4	5	5	0	0
	Dejan Kulusevski	SWE	00-04-25	2079	30	23	7	19	7	2	7	2	0	0
	Rodrigo Bentancur	URU	97-06-25	1506	18	17	1	7	1	5	2	8	0	0
	Oliver Skipp	ENG	00-09-16	1496	23	18	5	10	15	1	0	7	0	0
	Yves Bissouma	MLI	96-08-30	1003	23	10	13	6	15	0	0	6	0	0
	Ryan Sessegnon	ENG	00-05-18	811	17	9	8	6	12	2	0	4	0	0
	Pape Matar Sarr	SEN	02-09-14	211	11	2	9	2	24	0	1	1	0	0
	Lucas	BRA	92-08-13	139	15	0	15	0	22	1	0	0	0	1
	Matthew Craig	SCO	03-04-16	13	1	0	1	0	3	0	0	0	0	0
	Alfie Devine	ENG	04-08-01	0	0	0	0	0	5	0	0	0	0	0
	Romaine Mundle	ENG	03-04-24	0	0	0	0	0	5	0	0	0	0	0
	Yago Santiago	ESP	03-04-15	0	0	0	0	0	1	0	0	0	0	0
	George Abbott	ENG	05-08-17	0	1	0	1	0	2	0	0	0	0	0
FW	Harry Kane	ENG	93-07-28	3408	38	38	0	3	0	30	3	6	0	0
	Son Heung-Min	KOR	92-07-08	2899	36	33	3	14	3	10	6	0	0	0
	Ivan Perišić	CRO	89-02-02	2110	34	23	11	13	14	1	8	6	0	0
	Richarlison	BRA	97-05-10	1006	27	12	15	11	17	1	3	3	0	0
	Arnaut Danjuma	NED	97-01-31	162	9	1	8	1	16	1	0	0	0	0

TOTTENHAM HOTSPUR vs. OPPONENTS PER GAME STATS

토트넘 핫스퍼 vs 상대팀

득점	슈팅	유효슈팅	코너킥	오프사이드	패스시도	패스성공	패스성공률	태클	공중전승리	인터셉트	파울	경고	퇴장

1.84	1.66	13.7	13.7	5.1	4.6	5.3	5.2	1.8	1.2	500 (PA) 504	417 (PC) 410
83% (P%) 81%		16.2 (TK) 16.9		14.6 (AD) 12.6		8.9 (IT) 8.5		11.2 🧤 10.0		2.03 🟨 2.08	0.079 ⬛ 0.053

2022-23 SEASON SQUAD LIST & GAMES PLAYED

• 괄호 안의 숫자는 선발 출전 횟수, 교체 출전은 포함시키지 않음

LW	CF	RW
손흥민(4), 히샬리송(2)	H.케인(38), 손흥민(4) D.클루셰프스키(2), I.페리시치(1)	D.클루셰프스키(3), B.힐(1) 손흥민(1), 히샬리송(1)

LAM	CAM	RAM
N/A	손흥민(22), D.클루셰프스키(18) 히샬리송(9), B.힐(1)	N/A

LM	CM	RM
손흥민(2)	P.호이비어(35), O.스킵(18) R.벤탄쿠르(17), Y.비수마(10) P.사르(2)	P.포로(1), A.단주마(1)

LWB	DM	RWB
I.페리시치(20), R.세세뇽(8) B.데이비스(6)	N/A	E.로얄(15), P.포로(11) M.도허티(7), I.페리시치(2)

LB	CB	RB
B.데이비스(2), R.세세뇽(2) I.페리시치(1)	E.다이어(31), C.로메로(26) B.데이비스(18), C.랑글레(24) D.산체스(8), J.탕강가(2) E.로얄(1)	E.로얄(3), P.포로(1)

GK
H.요리스(25), F.포스터(13)

SHOTS & GOALS

38경기 총 522슈팅 – 70득점
38경기 상대 총 520슈팅 – 63실점

42-16
316-44
164-10

유효 슈팅 195		비유효 슈팅 327	
득점	70	블록 담당	153
GK 방어	125	골대 밖	165
유효슈팅률	37%	골대 맞음	9

유효 슈팅 173		비유효 슈팅 347	
실점	63	블록	155
GK 방어	110	골대 밖	185
유효슈팅률	33%	골대 맞음	7

202-8
282-44
36-11

GOAL TIME | POSSESSION

시간대별 득점

16 8
18 5
12 11

전체 평균 50%
홈경기 51%
원정경기 49%

득실차
전반 골 득실차 –7
후반 골 득실차 +14
전체 골 득실차 +7

시간대별 실점

13 14
8 9
11 10

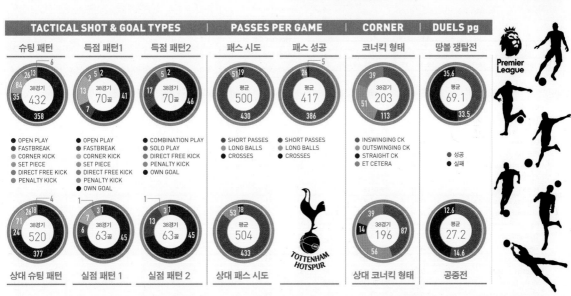

TACTICAL SHOT & GOAL TYPES | PASSES PER GAME | CORNER | DUELS pg

슈팅 패턴
38경기 432 (26 13 6 / 84 / 35 / 358)

득점 패턴1
38경기 70골 (2 5 2 / 13 / 41 / 7)

득점 패턴2
38경기 70골 (5 2 / 17 / 46)

패스 시도
평균 500 (51 19 5 / 430)

패스 성공
평균 417 (26 5 / 386)

코너킥 형태
38경기 203 (39 / 51 / 113)

땅볼 쟁탈전
평균 69.1 (35.6 / 33.5)

- OPEN PLAY
- FASTBREAK
- CORNER KICK
- SET PIECE
- DIRECT FREE KICK
- PENALTY KICK

- OPEN PLAY
- FASTBREAK
- CORNER KICK
- SET PIECE
- DIRECT FREE KICK
- PENALTY KICK
- OWN GOAL

- COMBINATION PLAY
- SOLO PLAY
- DIRECT FREE KICK
- PENALTY KICK
- OWN GOAL

- SHORT PASSES
- LONG BALLS
- CROSSES

- SHORT PASSES
- LONG BALLS
- CROSSES

- INSWINGING CK
- OUTSWINGING CK
- STRAIGHT CK
- ET CETERA

- 성공
- 실패

상대 슈팅 패턴
38경기 520 (26 18 4 / 71 / 24 / 377)

실점 패턴 1
38경기 63골 (1 3 1 / 7 / 45 / 6)

실점 패턴 2
38경기 63골 (1 3 1 / 13 / 45)

상대 패스 시도
평균 504 (53 18 / 433)

상대 코너킥 형태
38경기 196 (39 / 14 / 87 / 56)

공중전
평균 27.2 (12.6 / 14.6)

Premier League

TOTTENHAM HOTSPUR

FORMATION SUMMARY | WHO SCORED | ACTION ZONE | PASSESS pg BY ZONE

선발 포진별 전적

포메이션	승	무	패	득점	실점
3-4-2-1	13	5	7	50	36
3-4-3	2	1	2	8	9
3-5-2	2	0	2	5	6
4-4-2	1	0	1	5	4
5-3-2	0	0	1	1	2
4-3-3	0	0	1	1	6
TOTAL	18	6	14	70	63

WHO SCORED
포지션별 득점

FW진 45골
MF진 13골
DF진 10골

* 상대 자책골 2골

상대 포지션별 실점

DF진 6골
MF진 18골
FW진 38골

* 자책골 실점 1골

ACTION ZONE
공격 방향

왼쪽 34% 중앙 27% 오른쪽 39%

볼 점유 위치

상대 진영 24%
중간 지역 43%
우리 진영 33%

PASSESS pg BY ZONE

평균 패스 성공

하프라인 위쪽 182회
하프라인 아래 235회

패스 성공률

하프라인 위쪽 73%
하프라인 아래 89%

BRENTFORD FC

ENGLISH PREMIER LEAGUE	ENGLISH FA CUP	UEFA CHAMPIONS LEAGUE	UEFA EUROPA LEAGUE	FIFA CLUB WORLD CUP	UEFA-CONMEBOL INTERCONTINENTAL
0	0	0	0	0	0

 Founded 구단 창립
1889년

 Owner 매슈 밴념
1968.05.01

 CEO 클리프 크라운
1956.10.04

 Manager 토마스 프랭크
1973.10.09

23-24 Odds 벳365 : 400배
스카이벳 : 500배

 Nationality
●외국 선수 22명
●잉글랜드 8명

 Age 30명 평균
24.7세

 Height 30명 평균
183cm

 Market Value 1군 30명 평균
1115만 유로

 Game Points
22-23 : 59점
통산 : 379점

 Win 22-23 : 15승
통산 : 104승

 Draw 22-23 : 14무
통산 : 67무

 Loss 22-23 : 9패
통산 : 115패

 Goals For 22-23 : 58득점
통산 : 436득점

 Goals Against 22-23 : 46실점
통산 : 461실점

 More Minutes 다비드 라야
3420분

 Top Scorer 이반 토니
20골

 More Assists 브라이언 음뵈모
8도움

 More Subs 요안 위사+1명
22회 교체 IN

 More Cards 이반 토니
Y9+R0

RANKING OF LAST 10 YEARS

● 2부 리그
● 3부 리그

13-14	14-15	15-16	16-17	17-18	18-19	19-20	20-21	21-22	22-23
2	5	9	10	9	11	3	3	13	9
94점	78점	65점	64점	69점	64점	81점	87점	46점	59점

TOTO GUIDE 지난 시즌 상대팀별 전적

상대팀	홈	원정
Manchester City	1-0	2-1
Arsenal	0-3	1-1
Manchester Utd	4-0	0-1
Newcastle Utd	1-2	1-5
Liverpool	3-1	0-1
Brighton	2-0	3-3
Aston Villa	1-1	0-4
Tottenham	2-2	3-1
Fulham	3-2	2-3
Crystal Palace	1-1	1-1
Chelsea	0-0	2-0
Wolverhampton	1-1	0-2
West Ham Utd	2-0	2-0
Bournemouth	2-0	0-0
Nottm Forest	2-1	2-2
Everton	1-1	0-1
Leicester City	1-1	2-2
Leeds Utd	5-2	0-0
Southampton	3-0	2-0

GTECH COMMUNITY STADIUM

구장 오픈
2020년
구장 소유
브렌포드 시
수용 인원
1만 7250명
피치 규모
105m X 68m
잔디 종류
하이브리드 잔디

STRENGTHS & WEAKNESSES

OFFENSE		DEFENSE	
직접 프리킥	B	세트피스 수비	C
문전 처리	C	상대 볼 뺏기	C
측면 돌파	B	공중전 능력	A
스루볼 침투	C	역습 방어	C
개인기 침투	B	지공 방어	C
카운터 어택	C	스루패스 방어	C
기회 만들기	C	리드 지키기	C
세트피스	B	실수 조심	C
OS 피하기	D	측면 방어력	C
중거리 슛팅	C	파울 주의	C
볼 점유율	D	중거리슈팅 수비	D

매우 강함 A 강한 편 B 보통 수준 C 약한 편 D 매우 약함 E

위치	선수	국적	생년월일	출전(분)	출전경기	선발11	교체인	교체아웃	벤치출발	득점	도움	경고	경고누적	퇴장
GK	David Raya	ESP	95-09-15	3420	38	38	0	0	0	0	0	1	0	0
	Thomas Strakosha	ALB	95-03-19	0	0	0	0	0	17	0	0	0	0	0
	Matthew Cox	ENG	03-05-02	0	0	0	0	0	21	0	0	0	0	0
DF	Ben Mee	ENG	89-09-23	3272	37	37	0	3	1	3	2	2	0	0
	Rico Henry	ENG	97-07-08	3244	37	37	0	8	0	0	2	4	0	0
	Ethan Pinnock	JAM	95-05-29	2700	30	30	0	0	0	3	0	0	0	0
	Aaron Hickey	SCO	02-06-10	1929	26	23	3	15	5	0	1	7	0	0
	Mads Roerslev	DEN	99-06-24	1102	20	12	8	2	23	0	0	0	0	0
	Mathias Zanka Jørgensen	DEN	90-04-23	1098	18	11	7	2	22	0	0	2	0	0
	Kristoffer Ajer	NOR	98-04-17	766	9	9	0	3	10	0	0	0	0	0
	Pontus Jansson	SWE	91-02-13	723	12	9	3	2	6	1	0	0	0	0
	Tristan Crama	FRA	01-11-08	0	0	0	0	0	4	0	0	0	0	0
	Fin Stevens	WAL	03-04-10	0	0	0	0	0	7	0	0	0	0	0
MF	Bryan Mbeumo	CMR	99-08-07	2931	38	36	2	26	2	9	8	5	0	0
	Mathias Jensen	DEN	96-01-01	2830	37	37	0	27	0	5	6	5	0	0
	Vitaly Janelt	GER	98-05-10	2208	35	24	11	11	11	3	1	3	0	0
	Christian Nørgaard	DEN	94-03-10	1771	22	21	1	9	1	1	3	6	0	0
	Josh Dasilva	ENG	98-10-23	1380	36	14	22	14	24	4	2	1	0	0
	Mikkel Damsgaard	DEN	00-07-03	980	26	9	17	9	26	0	0	4	0	0
	Frank Onyeka	NGA	98-01-01	843	21	8	13	8	19	0	2	0	0	0
	Shandon Baptiste	GRN	98-04-08	604	23	4	19	4	24	0	1	2	0	0
	Ryan Trevitt	ENG	03-03-12	0	0	0	0	0	6	0	0	0	0	0
	Yehor Yarmolyuk	UKR	04-03-01	0	0	0	0	0	3	0	0	0	0	0
FW	Ivan Toney	ENG	96-03-16	2955	33	33	0	4	0	20	4	9	0	0
	Yoane Wissa	COD	96-09-03	1599	38	16	22	15	22	7	3	3	0	0
	Kevin Schade	GER	01-11-27	727	18	7	11	6	13	0	1	2	0	0
	Keane Lewis-Potter	ENG	01-02-22	317	10	3	7	3	16	0	1	0	0	0
	Saman Ghoddos	IRN	93-09-06	125	15	0	15	0	34	0	0	0	0	0
	Alex Gilbert	IRL	01-12-28	0	0	0	0	0	2	0	0	0	0	0
	Michael Olakigbe	ENG	04-04-25	0	0	0	0	0	1	0	0	0	0	0

BRENTFORD FC vs. OPPONENTS PER GAME STATS

브렌포드 FC vs 상대팀

	득점	슈팅	유효슈팅	코너킥	오프사이드	패스시도	패스성공	패스성공률	태클	공중전승리	인터셉트	파울	경고	퇴장

| 1.53 | 득점 | 1.21 | 10.8 | 슈팅 | 14.8 | 4.1 | 유효슈팅 | 5.3 | 4.3 | 코너킥 | 5.6 | 1.9 | 오프사이드 | 1.6 | 389 | 패스시도 | 510 | 291 | 패스성공 | 389 |

| 75% | 패스성공률 | 76% | 15.4 | 태클 | 15.3 | 19.0 | 공중전 | 16.4 | 9.0 | 인터셉트 | 7.7 | 9.3 | 파울 | 10.9 | 1.50 | 경고 | 1.61 | 0.026 | 퇴장 | 0.026 |

2022-23 SEASON SQUAD LIST & GAMES PLAYED

* 괄호 안의 숫자는 선발 출전 횟수, 교체 출전은 포함시키지 않음

LW	CF	RW
Y.위사(10), K.샤데(6) K.루이스-포터(6), M.댐스코(2)	I.토니(33), M.음뵈모(15) Y.위사(6), K.샤데(1)	B.음뵈모(21)

LAM	CAM	RAM
N/A	N/A	N/A

LM	CM	RM
L.트로사르(4), J.엔시소(1)	M.엔슨(37), C.노코(21) V.야넬트(23), J.다실바(14) F.온예카(8), M.댐스코(7) S.밥티스트(4)	N/A

LWB	DM	RWB
R.헨리(10)	N/A	M.로어슬립(8), A.히키(2)

LB	CB	RB
R.헨리(27), V.야넬트(1)	B.미(37), E.피녹(30) 잔카(11), P.얀손(9) K.아예르(5), M.로어슬립(1)	A.히키(21), K.아예르(4) M.로어슬립(3)

	GK	
	D.라야(38)	

SHOTS & GOALS

38경기 총 410슈팅 - 58득점
38경기 상대 총 562슈팅 - 46실점

60-15
241-37
109-6

유효 슈팅 157		비유효 슈팅 253	
득점	58	블록 당함	93
GK 방어	99	골대 밖	151
유효슈팅률	38%	골대 맞음	9

유효 슈팅 200		비유효 슈팅 362	
실점	46	블록	174
GK 방어	154	골대 밖	183
유효슈팅률	36%	골대 맞음	5

236-10
294-25
32-11

GOAL TIME | POSSESSION

시간대별 득점

16 4
8 5
7 14

득실차
전반 골 득실차 +4
후반 골 득실차 +8
전체 골 득실차 +12

시간대별 실점

8 7
6 11
9 5

전체 평균

75% 43% 25%
50%

홈경기

75% 44% 25%
50%

원정경기

75% 43% 25%
50%

TACTICAL SHOT & GOAL TYPES | PASSES PER GAME | CORNER | DUELS pg

슈팅 패턴
13 8
30
80 38경기 **410** 30
249

● OPEN PLAY
● FASTBREAK
● CORNER KICK
● SET PIECE
● DIRECT FREE KICK
● PENALTY KICK

득점 패턴1
2 2
25
10 38경기 **58골**
8

● OPEN PLAY
● FASTBREAK
● CORNER KICK
● SET PIECE
● DIRECT FREE KICK
● PENALTY KICK
● OWN GOAL

득점 패턴2
2 2
11 38경기 **58골** 36

● COMBINATION PLAY
● SOLO PLAY
● DIRECT FREE KICK
● PENALTY KICK
● OWN GOAL

패스 시도
61 17
38경기 **389**
311

● SHORT PASSES
● LONG BALLS
● CROSSES

패스 성공
27 4
평균 **291**
260

● SHORT PASSES
● LONG BALLS
● CROSSES

코너킥 형태
34
12 38경기 **163** 83
34

● INSWINGING CK
● OUTSWINGING CK
● STRAIGHT CK
● ET CETERA

땅볼 쟁탈전
32.8
평균 **66.0**
33.2

● 성공
● 실패

상대 슈팅 패턴
15 12 2
99
21 38경기 **562**
413

실점 패턴 1
2 3
11 38경기 **46골** 30

실점 패턴 2
2 3
11 38경기 **46골** 30

상대 패스 시도
53 21
평균 **510**
436

상대 코너킥 형태
5
33
73 38경기 **214** 103
16.4

공중전
19.0
평균 **34.0**
16.4

FORMATION SUMMARY | WHO SCORED | ACTION ZONE | PASSESS pg BY ZONE

선발 포지션별 전적

포메이션	승	무	패	득점	실점
4-3-3	9	9	3	36	22
3-5-2	3	4	3	11	17
5-3-2	3	1	3	11	7
TOTAL	15	14	9	58	46

포지션별 득점
FW진 36골
MF진 13골
DF진 7골

상대 포지션별 실점
DF진 2골
MF진 16골
FW진 25골

* 상대 자책골 2골

* 자책골 실점 3골

공격 방향
왼쪽 41% 중앙 25% 오른쪽 34%

볼 점유 위치
상대 진영 28%
중간 지역 40%
우리 진영 32%

평균 패스 성공
하프라인 위쪽 137회
하프라인 아래 154회

패스 성공률
하프라인 위쪽 62%
하프라인 아래 86%

FULHAM FC

 0 ENGLISH PREMIER LEAGUE · 0 ENGLISH FA CUP · 0 UEFA CHAMPIONS LEAGUE · 0 UEFA EUROPA LEAGUE · 0 FIFA CLUB WORLD CUP · 0 UEFA-CONMEBOL INTERCONTINENTAL

Founded 구단 창립
1879년

Owner 샤히드 칸
1950.07.18

CEO 샤히드 칸
1950.07.18

Manager 마르코 실바
1977.07.12

23-24 Odds 벳365 : 1000배
스카이벳 : 500배

Nationality
●외국 선수 24명
●잉글랜드 9명

Age 33명 평균
26.2세

Height 33명 평균
182cm

Market Value 1군 27명 평균
950만 유로

Game Points 22-23 : 52점
통산 : 1258점

Win 22-23 : 15승
통산 : 325승

Draw 22-23 : 7무
통산 : 283무

Loss 22-23 : 16패
통산 : 504패

Goals For 22-23 : 55득점
통산 : 1410득점

Goals Against 22-23 : 53실점
통산 : 1812실점

More Minutes 베른트 레노
3240분

Top Scorer 알렉산다르 미트로비치
14골

More Assists 안드레아스 페레이라
6도움

More Subs 톰 케어니
27회 교체 IN

More Cards 조앙 필리카
Y14+R0

RANKING OF LAST 10 YEARS

●2부 리그

	13-14	14-15	15-16	16-17	17-18	18-19	19-20	20-21	21-22	22-23
순위	19	17	20	6	3	19	4	18	1	10
점수	34점	52점	51점	80점	88점	26점	81점	28점	90점	52점

TOTO GUIDE 지난 시즌 상대팀별 전적

상대팀	홈	원정
Manchester City	1-2	1-2
Arsenal	0-3	1-2
Manchester Utd	1-2	1-2
Newcastle Utd	1-4	0-1
Liverpool	2-2	0-1
Brighton	2-1	1-0
Aston Villa	3-0	0-1
Tottenham	0-1	1-2
Brentford	3-2	2-3
Crystal Palace	2-2	3-0
Chelsea	2-1	0-0
Wolverhampton	1-1	0-0
West Ham Utd	0-1	1-3
Bournemouth	2-2	1-2
Nottm Forest	2-0	3-2
Everton	0-0	3-1
Leicester City	5-3	1-0
Leeds Utd	2-1	3-2
Southampton	2-1	2-0

CRAVEN COTTAGE

구장 오픈 / 증개축
1896년, 증개축 2회
구장 소유
풀럼 FC
수용 인원
2만 2384명
피치 규모
105m X 68m
잔디 종류
인조 잔디

STRENGTHS & WEAKNESSES

OFFENSE		DEFENSE	
직접 프리킥	A	세트피스 수비	D
문전 처리	C	상대 볼 뺏기	C
측면 돌파	B	공중전 능력	D
스루볼 침투	C	역습 방어	C
개인기 침투	C	지공 방어	C
카운터 어택	C	스루패스 방어	D
기회 만들기	C	리드 지키기	D
세트피스	C	실수 조심	C
OS 피하기	C	측면 방어력	C
중거리 슈팅	C	파울 주의	C
볼 점유율	C	중거리슈팅 수비	C

매우 강함 A 강한 편 B 보통 수준 C 약한 편 D 매우 약함 E

위치	선수	국적	생년월일	출전(분)	출전경기	선발11	교체인	교체아웃	벤치출발	득점	도움	경고	경고누적	퇴장
GK	Bernd Leno	GER	92-03-04	3240	36	36	0	0	2	0	0	3	0	0
	Marek Rodák	SVK	96-12-13	180	2	2	0	0	36	0	0	0	0	0
	George Wickens	ENG	01-11-08	0	0	0	0	0	2	0	0	0	0	0
DF	Antonee Robinson	USA	97-08-08	3089	35	35	0	1	0	0	1	8	0	0
	Tim Ream	USA	87-10-05	2899	33	33	0	2	0	1	0	2	0	0
	Kenny Tete	NED	95-10-09	2575	31	29	2	8	3	1	5	8	0	0
	Tosin Adarabioyo	ENG	97-09-24	2083	25	23	2	0	15	1	0	4	0	0
	Issa Diop	FRA	97-01-09	2010	25	21	4	2	16	1	0	6	0	0
	Cédric Soares	POR	91-08-31	195	6	2	4	1	13	0	0	0	0	0
	Layvin Kurzawa	FRA	92-09-04	135	3	2	1	1	7	0	0	1	0	0
	Shane Duffy	IRL	92-01-01	13	1	0	1	0	14	0	0	0	0	0
	Stefan Parkes	ENG	04-03-28	0	0	0	0	0	1	0	0	0	0	0
	Luciano D'Auria-Henry	ENG	02-11-11	0	0	0	0	0	1	0	0	0	0	0
	Charlie Robinson	ENG	04-09-19	0	0	0	0	0	1	0	0	0	0	0
MF	João Palhinha	POR	95-07-09	3113	35	35	0	5	0	3	0	14	0	0
	Harrison Reed	ENG	95-01-27	2882	37	35	2	18	2	3	4	5	0	0
	Andreas Pereira	BRA	96-01-01	2718	33	33	0	26	0	4	6	8	0	0
	Bobby Reid	JAM	93-02-02	2486	36	29	7	18	8	4	1	8	0	0
	Willian	BRA	88-08-09	2142	27	25	2	19	2	5	5	2	0	0
	Harry Wilson	WAL	97-03-22	1096	29	13	16	12	17	2	3	1	0	0
	Tom Cairney	SCO	91-01-20	967	33	6	27	6	27	2	0	2	0	0
	Neeskens Kebano	COD	92-03-10	764	17	9	8	8	11	0	3	0	0	0
	Manor Solomon	ISR	99-07-24	560	19	4	15	3	18	4	0	0	0	0
	Saša Lukić	SRB	96-08-13	407	12	4	8	3	12	0	0	1	0	0
	Luke Harris	WAL	05-04-03	10	3	0	3	0	23	0	0	0	0	0
	Tyrese Francois	AUS	00-07-16	0	0	0	0	0	2	0	0	0	0	0
	Kristian Šekularac	SUI	03-12-07	0	0	0	0	0	1	0	0	0	0	0
	Matt Dibley-Dias	ENG	03-10-29	0	0	0	0	0	2	0	0	0	0	0
FW	Aleksandar Mitrović	SRB	94-06-16	2015	24	23	1	9	1	14	1	7	0	0
	Carlos Vinícius	BRA	95-03-25	1097	28	11	17	4	22	5	2	3	0	0
	Callum McFarlane	ENG	03-09-08	0	0	0	0	0	0	0	0	0	0	0
	Terry Ablade	FIN	01-10-12	0	0	0	0	0	2	0	0	0	0	0
	Martial Godo	ENG	03-03-14	0	0	0	0	0	1	0	0	0	0	0

FULHAM FC vs. OPPONENTS PER GAME STATS

풀럼 FC vs 상대팀

득점	슈팅	유효슈팅	코너킥	오프사이드	패스시도	패스성공	패스성공률	태클	공중전승리	인터셉트	파울	경고	퇴장

1.45 ⚽ 1.39	11.3 👟 13.3	3.9 ◉ 5.2	4.8 🚩 5.4	1.6 🏳 2.3	453 **PA** 481	362 **PC** 380
80% **P%** 79%	16.4 **TK** 16.2	13.5 **AD** 14.6	8.9 **IT** 8.9	10.8 ◆ 11.0	2.11 ▦ 1.50	0.026 ■ 0.132

2022-23 SEASON SQUAD LIST & GAMES PLAYED

* 괄호 안의 숫자는 선발 출전 횟수, 교체 출전은 포함시키지 않음

LW	CF	RW
N/A	A.미트로비치(23), C.비니시우스(11) B.D.코르도바-리드(2), D.제임스(2)	N/A

LAM	CAM	RAM
윌리안(22), N.케바노(6) B.D.코르도바-리드(6), M.솔로몬(4)	A.페레이라(33), T.케어니(5)	B.D.코르도바-리드(15), H.윌슨(13) 윌리안(3), N.케바노(3) D.제임스(3), J.스탠필드(1)

LM	CM	RM
N/A	N/A	N/A

LWB	DM	RWB
N/A	H.리드(35), J.팔리냐(35) S.루키치(4), T.케어니(1) N.찰로바(1)	N/A

LB	CB	RB
A.로빈슨(35), L.쿠르자와(2) T.림(1)	T.림(32), T.아다라비오요(23) I.디오프(21)	K.테테(29), B.D.코르도바-리드(6) C.소아레스(2), K.음바부(1)

	GK	
	B.레노(36), M.로다크(2)	

SHOTS & GOALS

38경기 총 431슈팅 - 55득점
38경기 상대 총 506슈팅 - 53실점

35-13
250-37
146-5

유효 슈팅 147		비유효 슈팅 284	
득점	55	블록 당함	120
GK 방어	92	골대 밖	152
유효슈팅률	34%	골대 맞음	12

유효 슈팅 197		비유효 슈팅 309	
실점	53	블록	131
GK 방어	144	골대 밖	165
유효슈팅률	39%	골대 맞음	13

162-5
290-28
54-20

GOAL TIME | POSSESSION

시간대별 득점

득실차

전반 골 득실차	-4
후반 골 득실차	+6
전체 골 득실차	+2

시간대별 실점

전체 평균

75% 49% 25%
50%

홈경기
75% 51% 25%
50%

원정경기
75% 47% 25%
50%

TACTICAL SHOT & GOAL TYPES

슈팅 패턴

38경기 431

득점 패턴1

38경기 55골

득점 패턴2

38경기 55골

- ● OPEN PLAY
- ● FASTBREAK
- ● CORNER KICK
- ● SET PIECE
- ● DIRECT FREE KICK
- ● PENALTY KICK

- ● OPEN PLAY
- ● FASTBREAK
- ● CORNER KICK
- ● SET PIECE
- ● DIRECT FREE KICK
- ● PENALTY KICK

- ● COMBINATION PLAY
- ● SOLO PLAY
- ● DIRECT FREE KICK
- ● PENALTY KICK
- ● OWN GOAL

38경기 506
312

상대 슈팅 패턴

38경기 53골 30

실점 패턴 1

38경기 53골 30

실점 패턴 2

PASSES PER GAME

패스 시도
54 20
38경기 평균 453
379

패스 성공
28
38경기 평균 362
329

- ● SHORT PASSES
- ● LONG BALLS
- ● CROSSES

- ● SHORT PASSES
- ● LONG BALLS
- ● CROSSES

55 16
평균 481
410

상대 패스 시도

CORNER

코너킥 형태
41
38경기 182 70
69

- ● INSWINGING CK
- ● OUTSWINGING CK
- ● STRAIGHT CK
- ● ET CETERA

43
38경기 204 94
66

상대 코너킥 형태

DUELS pg

땅볼 쟁탈전
33.8
평균 67.9
34.1

- ● 성공
- ● 실패

14.6
평균 28.1
13.5

공중전

Premier League

FORMATION SUMMARY

선발 포진별 전적

포메이션	승	무	패	득점	실점
4-2-3-1	15	7	16	55	53
TOTAL	15	7	16	55	53

WHO SCORED

포지션별 득점

FW진 32골
MF진 16골
DF진 4골

* 상대 자책골 3골

상대 포지션별 실점

DF진 6골
MF진 16골
FW진 29골

* 자책골 실점 2골

ACTION ZONE

공격 방향

왼쪽 37%
중앙 23%
오른쪽 40%

볼 점유 위치

상대 진영 29%
중간 지역 43%
우리 진영 28%

PASSESS pg BY ZONE

평균 패스 성공

하프라인 위쪽 174회

하프라인 아래 188회

패스 성공률

하프라인 위쪽 69%

하프라인 아래 88%

CRYSTAL PALACE FC

 Founded 구단 창립 1905년

 Owner S.패리시, J.해리스 D.블리처, J.텍스터

 CEO 스티브 패리시

 Manager 로이 호지슨 1947.08.09

23-24 Odds 벳365 : 500배 스카이벳 : 500배

Manager 1945.07.15

 Nationality ●외국 선수 18명 ●잉글랜드 14명

 Age 32명 평균 25.7세

 Height 32명 평균 184cm

 Market Value 1군 29명 평균 1109만 유로

 Game Points 22-23 : 45점 통산 : 1016점

 Win 22-23 : 11승 통산 : 256승

 Draw 22-23 : 12무 통산 : 248무

 Loss 22-23 : 15패 통산 : 406패

 Goals For 22-23 : 40득점 통산 : 973득점

Goals Against 22-23 : 49실점 통산 : 1324실점

 More Minutes 마크 게히 3330분

 Top Scorer 에베레치 에제 10골

 More Assists 마이클 올리세 11도움

 More Subs 장-필립 마테타 23회 교체 IN

 More Cards 세이크 두쿠레 Y10+R1

RANKING OF LAST 10 YEARS

13-14	14-15	15-16	16-17	17-18	18-19	19-20	20-21	21-22	22-23
11 45점	10 48점	15 42점	14 41점	11 44점	12 49점	14 50점	14 44점	12 48점	11 45점

	ENGLISH PREMIER LEAGUE	ENGLISH FA CUP	UEFA CHAMPIONS LEAGUE	UEFA EUROPA LEAGUE	FIFA CLUB WORLD CUP	UEFA-CONMEBOL INTERCONTINENTAL
	0	0	0	0	0	0

TOTO GUIDE 지난 시즌 상대팀별 전적

상대팀	홈	원정
Manchester City	0-1	2-4
Arsenal	0-2	1-4
Manchester Utd	1-1	1-2
Newcastle Utd	0-0	0-0
Liverpool	0-0	1-1
Brighton	1-1	0-1
Aston Villa	3-1	0-1
Tottenham	0-4	0-1
Brentford	1-1	1-1
Fulham	0-3	2-2
Chelsea	1-2	0-1
Wolverhampton	2-1	0-2
West Ham Utd	4-3	2-1
Bournemouth	2-0	2-0
Nottm Forest	1-1	0-1
Everton	0-0	0-3
Leicester City	2-1	0-0
Leeds Utd	2-1	5-1
Southampton	1-0	2-0

SELHURST PARK

구장 오픈 2019년
구장 소유 토트넘 핫스퍼 FC
수용 인원 6만 2850명
피치 규모 101m X 68m
잔디 종류 하이브리드 잔디

STRENGTHS & WEAKNESSES

OFFENSE		DEFENSE	
직접 프리킥	B	세트피스 수비	C
문전 처리	C	상대 볼 뺏기	A
측면 돌파	B	공중전 능력	D
스루볼 침투	C	역습 방어	C
개인기 침투	C	지공 방어	C
카운터 어택	C	스루패스 방어	C
기회 만들기	C	리드 지키기	B
세트피스	C	실수 조심	C
OS 피하기	C	측면 방어력	E
중거리 슈팅	B	파울 주의	D
볼 점유율	D	중거리슈팅 수비	C

매우 강함 A   강한 편 B   보통 수준 C   약한 편 D   매우 약함 E

위치	선수	국적	생년월일	출전(분)	출전경기	선발11	교체인	교체아웃	벤치출발	득점	도움	경고	경고누적	퇴장
GK	Vicente Guaita	ESP	87-01-10	2430	27	27	0	0	5	0	0	1	0	0
	Sam Johnstone	ENG	93-03-25	810	9	9	0	0	21	0	0	1	0	0
	Joseph Whitworth	ENG	04-02-29	180	2	2	0	0	12	0	0	0	0	0
	Owen Goodman	ENG	03-11-27	0	0	0	0	0	4	0	0	0	0	0
DF	Marc Guéhi	ENG	00-07-13	3330	37	37	0	1	0	1	0	8	0	0
	Tyrick Mitchell	ENG	99-09-01	2896	36	34	2	6	2	0	2	5	0	1
	Joachim Andersen	DEN	96-05-31	2784	32	32	0	2	0	1	0	8	0	0
	Jeffrey Schlupp	GHA	92-12-23	2546	34	30	4	19	4	3	1	7	0	0
	Joel Ward	ENG	89-10-29	2254	28	24	4	2	11	1	0	6	0	0
	Nathaniel Clyne	ENG	91-04-05	1642	22	19	3	5	11	0	0	0	0	0
	Chris Richards	USA	00-03-28	442	9	4	5	0	23	0	0	0	0	0
	James Tomkins	ENG	89-03-29	336	6	3	3	0	19	1	0	2	1	0
	Nathan Ferguson	ENG	00-10-06	0	0	0	0	0	0	0	0	0	0	0
	Tayo Adaramola	IRL	03-11-13	0	0	0	0	0	2	0	0	0	0	0
	Kofi Balmer	NIR	00-09-19	0	0	0	0	0	3	0	0	0	0	0
MF	Cheick Doucouré	MLI	00-01-08	2786	34	34	0	17	1	0	3	10	1	0
	Michael Olise	FRA	01-12-12	2757	37	31	6	14	6	2	11	2	0	0
	Eberechi Eze	ENG	98-06-29	2643	38	30	8	15	8	10	4	3	0	0
	Will Hughes	ENG	95-04-17	828	27	7	20	6	26	1	1	4	0	0
	Albert Sambi Lokonga	BEL	99-10-22	536	9	6	3	3	11	0	0	2	0	0
	Luka Milivojević	SRB	91-04-07	503	18	5	13	4	29	0	0	2	0	0
	Naouirou Ahamada	FRA	02-03-29	86	8	0	8	0	11	0	0	0	0	0
	Jairo Riedewald	NED	96-09-09	58	6	0	6	0	30	0	0	0	0	0
	James McArthur	SCO	87-10-07	51	4	0	4	0	12	0	0	0	0	0
	Jack Wells-Morrison	ENG	04-02-18	0	0	0	0	0	2	0	0	0	0	0
	David Ozoh	ENG	05-05-06	0	1	0	1	0	4	0	0	0	0	0
	Kaden Rodney	ENG	04-10-07	0	0	0	0	0	2	0	0	0	0	0
FW	Jordan Ayew	GHA	91-09-11	2721	38	31	7	14	7	4	3	5	0	0
	Wilfried Zaha	CIV	92-11-10	2294	27	27	0	6	0	7	2	5	0	0
	Odsonne Edouard	FRA	98-01-16	1806	35	20	15	18	17	5	2	3	0	0
	Jean-Philippe Mateta	FRA	97-06-28	753	29	6	23	6	31	2	0	3	0	0
	Adler Nascimento	POR	04-11-25	0	0	0	0	0	0	0	0	0	0	0

CRYSTAL PALACE FC vs. OPPONENTS PER GAME STATS

크리스털 팰리스 FC vs 상대팀

득점	슈팅	유효슈팅	코너킥	오프사이드	패스시도	패스성공	패스성공률	태클	공중전승리	인터셉트	파울	경고	퇴장
1.05 / 1.29	11.2 / 12.1	3.6 / 4.3	4.9 / 4.6	1.5 / 1.8	435 / 515	345 / 413							
79% / 80%	18.2 / 20.3 (TK)	13.1 / 15.3 (AD)	9.4 / 9.6 (IT)	11.7 / 12.8	2.16 / 2.18	0.079 / 0.079							

2022-23 SEASON SQUAD LIST & GAMES PLAYED

* 괄호 안의 숫자는 선발 출전 횟수, 교체 출전은 포함시키지 않음

LW	CF	RW
W.자하(11), E.에제(4) J.아유(4)	O.에두아르(19), W.자하(7) J.아유(7), J.마테타(6)	M.올리세(11), J.아유(8)

LAM	CAM	RAM
W.자하(7), J.슐롭(3) E.에제(2), J.아유(2)	E.에제(7), M.올리세(3) J.아유(2), J.슐롭(1) O.에두아르(1)	M.올리세(9), J.아유(5)

LM	CM	RM
W.자하(2), E.에제(2) J.슐롭(1)	C.O.두쿠레(19), J.슐롭(19) E.에제(15), M.올리세(5) L.밀리보예비치(3), A.S.로콩가(3) W.휴즈(3), J.아유(2)	M.올리세(3), J.아유(2)

LWB	DM	RWB
N/A	C.O.두쿠레(15), J.슐롭(5) W.휴즈(5), A.S.로콩가(3) L.밀리보예비치(2)	N/A

LB	CB	RB
T.미첼(34), J.워드(3) J.슐롭(1)	M.게히(37), J.앤더슨(32) J.워드(3), J.톰킨스(3) C.리차즈(3)	N.클라인(19), J.워드(18) C.리차즈(1)

	GK	
	V.구아이타(27), S.존스톤(9) J.위트워스(2)	

SHOTS & GOALS

38경기 총 427슈팅 - 40득점
38경기 상대 총 459슈팅 - 49실점

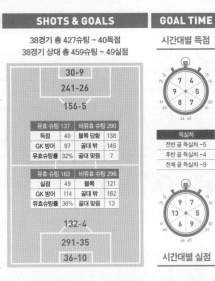

30-9
241-26
156-5

유효 슈팅 137	비유효 슈팅 290
득점 40	블록 당함 138
GK 방어 97	골대 밖 145
유효슈팅률 32%	골대 맞음 7

유효 슈팅 163	비유효 슈팅 296
실점 49	블록 121
GK 방어 114	골대 밖 162
유효슈팅률 36%	골대 맞음 13

132-4
291-35
36-10

GOAL TIME | POSSESSION

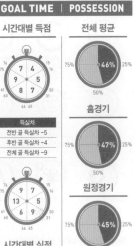

시간대별 득점

7 4
8 7

득실차
전반 골 득실차 -5
후반 골 득실차 -4
전체 골 득실차 -9

시간대별 실점

9 7
13 6
6 9

전체 평균
46%

홈경기
47%

원정경기
45%

TACTICAL SHOT & GOAL TYPES | PASSES PER GAME | CORNER | DUELS pg

슈팅 패턴
38경기 427
3 / 23 / 42 / 78 / 19 / 262

● OPEN PLAY
● FASTBREAK
● CORNER KICK
● SET PIECE
● DIRECT FREE KICK
● PENALTY KICK

득점 패턴1
38경기 40골
2 / 11 / 19 / 6 / 5

● OPEN PLAY
● FASTBREAK
● CORNER KICK
● SET PIECE
● DIRECT FREE KICK
● PENALTY KICK
● OWN GOAL

득점 패턴2
38경기 40골
2 / 11 / 7 / 5 / 29

● COMBINATION PLAY
● SOLO PLAY
● DIRECT FREE KICK
● PENALTY KICK
● OWN GOAL

패스 시도
평균 435
16 / 57 / 362

● SHORT PASSES
● LONG BALLS
● CROSSES

패스 성공
평균 345
4 / 23 / 318

● SHORT PASSES
● LONG BALLS
● CROSSES

코너킥 형태
38경기 186
5 / 37 / 84 / 40.4

● INSWINGING CK
● OUTSWINGING CK
● STRAIGHT CK
● ET CETERA

땅볼 쟁탈전
평균 38.0 / 78.4 / 40.4

● 성공
● 실패

Premier League

상대 슈팅 패턴
38경기 459
14 / 4 / 35 / 91 / 19 / 296

실점 패턴 1
38경기 49골
1 / 4 / 3 / 29 / 3 / 10

실점 패턴 2
38경기 49골
3 / 4 / 10 / 32

상대 패스 시도
평균 515
53 / 78 / 444

상대 코너킥 형태
38경기 176
28 / 8 / 80 / 60

공중전
평균 15.3 / 28.4 / 13.1

CRYSTAL PALACE F.C.

FORMATION SUMMARY

선발 포지션별 전적

포메이션	승	무	패	득점	실점
4-3-3	9	3	7	24	20
4-2-3-1	2	6	6	11	19
4-1-4-1	0	1	1	1	4
5-4-1	0	1	1	3	5
4-4-2	0	1	0	1	1
TOTAL	11	12	15	40	49

WHO SCORED

포지션별 득점
FW진 20골
MF진 14골
DF진 4골

* 상대 자책골 2골

상대 포지션별 실점
DF진 5골
MF진 12골
FW진 29골

* 자책골 실점 3골

ACTION ZONE

공격 방향
왼쪽 40% / 중앙 24% / 오른쪽 36%

볼 점유 위치
상대 진영 27%
중간 지역 43%
우리 진영 30%

PASSESS pg BY ZONE

평균 패스 성공
하프라인 위쪽 163회
하프라인 아래 182회

패스 성공률
하프라인 위쪽 69%
하프라인 아래 87%

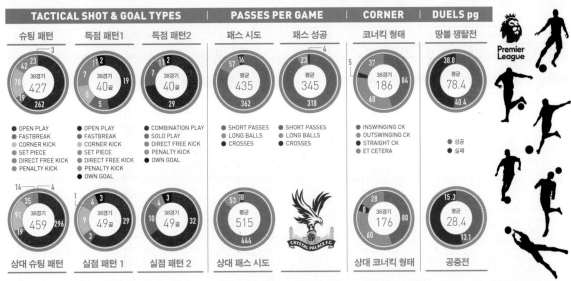

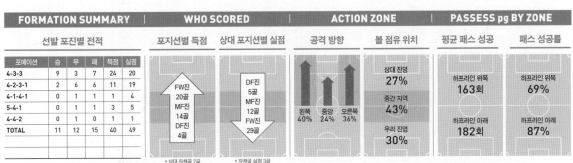

ENGLISH PREMIER LEAGUE	ENGLISH FA CUP	UEFA CHAMPIONS LEAGUE	UEFA EUROPA LEAGUE	FIFA CLUB WORLD CUP	UEFA-CONMEBOL INTERCONTINENTAL
6	8	2	2	1	0

 Founded 구단 창립 1905년

 Owner 블루스 파트너스 Limited

 CEO 토드 볼리 1973.09.20

 Manager 마우리시오 포체티노 1972.03.02

 23-24 Odds 벳365 : 12배 스카이벳 : 18배

 Nationality ● 외국 선수 23명 ● 잉글랜드 13명

Age 36명 평균 25.3세

 Height 36명 평균 184cm

Market Value 1군 36명 평균 3081만 유로

 Game Points 22-23 : 44점 통산 : 5285점

Win 22-23 : 11승 통산 : 1457승

Draw 22-23 : 11무 통산 : 914무

Loss 22-23 : 16패 통산 : 1179패

Goals For 22-23 : 38득점 통산 : 5450득점

Goals Against 22-23 : 47실점 통산 : 4926실점

 More Minutes 카이 하베르츠 2579분

 Top Scorer 카이 하베르츠 7골

 More Assists 라힘 스털링 +1명 3도움

 More Subs 크리스찬 풀리식 16회 교체 IN

 More Cards 코너 갤러거 Y10+R1

TOTO GUIDE 지난 시즌 상대팀별 전적

상대팀	홈	원정
Manchester City	0-1	0-1
Arsenal	0-1	1-3
Manchester Utd	1-1	1-4
Newcastle Utd	1-1	0-1
Liverpool	0-0	0-0
Brighton	1-2	1-4
Aston Villa	0-2	2-0
Tottenham	2-2	0-2
Brentford	0-2	0-0
Fulham	0-0	1-2
Crystal Palace	1-0	2-1
Wolverhampton	3-0	0-1
West Ham Utd	2-1	1-1
Bournemouth	2-0	3-1
Nottm Forest	2-2	1-1
Everton	2-2	1-0
Leicester City	2-1	3-1
Leeds Utd	1-0	0-3
Southampton	0-1	1-2

STAMFORD BRIDGE

구장 오픈 / 증개축 1877년, 증개축 4회
구장 소유 첼시 피치 오너스
수용 인원 4만 341명
피치 규모 103m X 68m
잔디 종류 하이브리드 잔디

STRENGTHS & WEAKNESSES

OFFENSE		DEFENSE	
직접 프리킥	C	세트피스 수비	C
문전 처리	D	상대 볼 뺏기	B
측면 돌파	B	공중전 능력	C
스루볼 침투	C	역습 방어	C
개인기 침투	C	지공 방어	C
카운터 어택	C	스루패스 방어	C
기회 만들기	B	리드 지키기	C
세트피스	C	실수 조심	C
OS 피하기	D	측면 방어력	C
중거리 슈팅	C	파울 주의	C
볼 점유율	B	중거리슈팅 수비	C

매우 강함 A   강한 편 B   보통 수준 C   약한 편 D   매우 약함 E

RANKING OF LAST 10 YEARS

3 (82점) | 1 (87점) | 10 (50점) | 1 (93점) | 5 (70점) | 3 (72점) | 4 (66점) | 4 (67점) | 3 (74점) | 12 (44점)

13-14 14-15 15-16 16-17 17-18 18-19 19-20 20-21 21-22 22-23

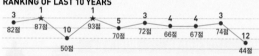

위치	선수	국적	생년월일	출전(분)	출전경기	선발11	교체인	교체아웃	벤치출발	득점	도움	경고	경고누적	퇴장
GK	Kepa Arrizabalaga	ESP	94-10-03	2566	29	29	0	0	7	0	0	1	0	0
	Édouard Mendy	SEN	92-03-10	854	10	9	1	0	14	0	0	1	0	0
	Marcus Bettinelli	ENG	92-05-24	0	0	0	0	0	17	0	0	0	0	0
	Gabriel Slonina	USA	04-05-15	0	0	0	0	0	0	0	0	0	0	0
	Ethan Wady	USA	02-01-25	0	0	0	0	0	1	0	0	0	0	0
DF	Thiago Silva	BRA	84-09-22	2352	27	26	1	1	3	0	2	2	0	0
	Kalidou Koulibaly	SEN	91-06-20	1800	23	20	3	2	9	2	1	6	1	0
	Marc Cucurella	ESP	98-07-22	1678	24	21	3	11	6	0	2	4	0	0
	César Azpilicueta	ESP	89-08-28	1522	25	16	9	4	15	0	0	3	0	0
	Ben Chilwell	ENG	96-12-21	1407	23	15	8	5	10	2	2	3	0	0
	Reece James	ENG	99-12-08	1244	16	14	2	2	2	1	1	4	0	0
	Wesley Fofana	FRA	00-12-17	1185	15	12	3	5	4	1	0	3	0	0
	Benoît Badiashile	FRA	01-03-06	904	11	10	1	0	8	1	0	2	0	0
	Alfie Gilchrist	ENG	03-11-28	0	0	0	0	0	1	0	0	0	0	0
MF	Kai Havertz	GER	99-06-11	2579	35	30	5	15	6	7	1	5	0	0
	Mateo Kovačić	CRO	94-05-06	1704	27	17	10	7	12	1	2	8	0	0
	Mason Mount	ENG	99-01-10	1657	24	20	4	13	6	3	2	4	0	0
	Conor Gallagher	ENG	00-02-06	1614	35	18	17	9	19	3	1	10	1	0
	Trevoh Chalobah	ENG	99-07-05	1604	25	18	7	3	17	0	0	4	0	0
	Enzo Fernández	ARG	01-01-17	1551	18	18	0	4	0	0	2	3	0	0
	Ruben Loftus-Cheek	ENG	96-01-23	1543	25	19	6	13	12	1	1	1	0	0
	Lewis Hall	ENG	04-09-08	658	9	8	1	5	6	0	1	0	0	0
	Mykhaylo Mudryk	UKR	01-01-05	655	15	7	8	6	12	0	2	1	0	0
	Hakim Ziyech	MAR	93-03-19	653	18	6	12	4	25	0	3	1	0	0
	Noni Madueke	ENG	02-03-10	645	12	7	5	7	9	1	0	0	0	0
	Ngolo Kanté	FRA	91-03-29	520	7	6	1	3	2	1	1	0	0	0
	Denis Zakaria	SUI	96-11-20	413	7	5	2	4	11	0	0	0	0	0
	Carney Chukwuemeka	ENG	03-10-20	344	14	2	12	2	19	0	0	0	0	0
	Omari Hutchinson	JAM	03-10-10	22	1	0	1	0	5	0	0	0	0	0
	Harvey Vale	ENG	03-09-11	0	0	0	0	0	1	0	0	0	0	0
FW	Raheem Sterling	ENG	94-12-08	1903	28	23	5	16	6	6	3	4	0	0
	João Félix	POR	99-11-10	944	16	11	5	7	6	4	0	1	0	0
	Christian Pulisic	USA	98-09-18	812	24	8	16	8	21	1	1	1	0	0
	Pierre-Emerick Aubameyang	GAB	89-06-18	550	15	5	10	6	15	1	0	0	0	0
	Armando Broja	ALB	01-09-10	286	12	2	10	2	11	1	0	0	0	0
	Datro Fofana	CIV	02-12-22	69	3	1	2	1	8	0	0	0	0	0

CHELSEA FC vs. OPPONENTS PER GAME STATS

첼시 FC vs 상대팀

	득점	슈팅	유효슈팅	코너킥	오프사이드	패스시도	패스성공
	1.00 / 1.24	12.7 / 11.6	4.0 / 4.3	5.5 / 4.8	1.9 / 1.3	582 (PA) 408	499 (PC) 316

	패스성공률	태클	공중전승리	인터셉트	파울	경고	퇴장
	86% / 78%	19.5 (TK) 19.3	13.1 (AD) 12.0	9.0 (IT) 9.8	10.4 / 12.3	2.13 / 1.82	0.079 / 0.026

2022-23 SEASON SQUAD LIST & GAMES PLAYED

* 괄호 안의 숫자는 선발 출전 횟수로, 교체 출전은 포함시키지 않음

LW
C.풀리식(3), J.펠릭스(3)
M.무드리크(3), R.스털링(2)
K.하베르츠(1)

CF
K.하베르츠(22), R.스털링(10)
P.오바메양(5), J.펠릭스(5)
A.브로자(2), D.포파나(1)
M.무드리크(1), C.풀리식(1)

RW
R.스털링(4), N.마두에케(4)
K.하베르츠(2), H.지예시(1)
M.마운트(1)

LAM
M.마운트(3), C.풀리식(2)
R.스털링(2), M.무드리크(2)

CAM
M.마운트(8), C.갤러거(7)
K.하베르츠(5), J.펠릭스(5)
R.스털링(2), C.추쿠웨메카(1)
N.캉테(1), M.무드리크(1)
H.지예시(1)

RAM
H.지예시(3), N.마두에케(3)
C.갤러거(1), R.스털링(1)
C.풀리식(1)

LM
M.마운트(1), M.쿠쿠렐라(1)
L.홀(1)

CM
조르지뉴(10), M.코바치치(14)
M.마운트(7), C.갤러거(9)
E.페르난데스(13), D.자카리아(3)
R.로프터스-치크(4), N.캉테(5)
L.홀(1), C.추쿠웨메카(1)

RM
R.로프터스-치크(1), R.제임스(1)
C.아스필리쿠에타(1)

LWB
B.칠웰(9), M.쿠쿠렐라(4)
L.홀(2), R.스털링(1)

DM
R.로프터스-치크(7), 조르지뉴(5)
E.페르난데스(5), M.코바치치(1)
D.자카리아(2), C.갤러거(1)

RWB
R.로프터스-치크(7), R.제임스(5)
C.아스필리쿠에타(3), H.지예시(1)
R.스털링(1), C.풀리식(1)

LB
M.쿠쿠렐라(10), B.칠웰(6)
L.홀(4)

CB
T.실바(26), T.쿨리발리(20)
T.찰로바(14), W.포파나(12)
B.바디아실(10), M.쿠쿠렐라(6)
C.아스필리쿠에타(4), R.제임스(3)

RB
C.아스필리쿠에타(9), R.제임스(7)
T.찰로바(4)

GK
K.아리사발라가(29), E.멘디(9)

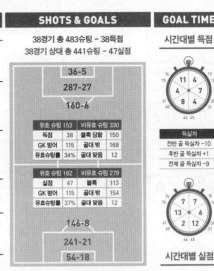

SHOTS & GOALS

38경기 총 483슈팅 - 38득점
38경기 상대 총 441슈팅 - 47실점

36-5
287-27
160-6

유효 슈팅 153		비유효 슈팅 330	
득점	38	블록 당함	150
GK 방어	115	골대 밖	168
유효슈팅률	34%	골대 맞음	12

유효 슈팅 162		비유효 슈팅 279	
실점	47	블록	113
GK 방어	115	골대 밖	154
유효슈팅률	37%	골대 맞음	12

146-8
241-21
54-18

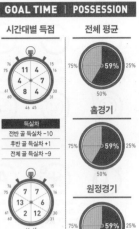

GOAL TIME | POSSESSION

시간대별 득점

11 4
4
8 4

독실차
전반 골 독실차 -10
후반 골 독실차 +1
전체 골 독실차 -9

시간대별 실점

7 7
13 6
2 12

전체 평균
59%

홈경기
59%

원정경기
59%

TACTICAL SHOT & GOAL TYPES | PASSES PER GAME | CORNER | DUELS pg

슈팅 패턴
38경기 483

● OPEN PLAY
● FASTBREAK
● CORNER KICK
● SET PIECE
● DIRECT FREE KICK
● PENALTY KICK

득점 패턴1
38골

● OPEN PLAY
● FASTBREAK
● CORNER KICK
● SET PIECE
● DIRECT FREE KICK
● PENALTY KICK
● OWN GOAL

득점 패턴2
38골

● COMBINATION PLAY
● SOLO PLAY
● DIRECT FREE KICK
● PENALTY KICK
● OWN GOAL

패스 시도
평균 582

● SHORT PASSES
● LONG BALLS
● CROSSES

패스 성공
평균 499

● SHORT PASSES
● LONG BALLS
● CROSSES

코너킥 형태
38경기 209

● INSWINGING CK
● OUTSWINGING CK
● STRAIGHT CK
● ET CETERA

땅볼 쟁탈전
평균 79.0

● 성공
● 실패

상대 슈팅 패턴
38경기 441

실점 패턴 1
38경기 47골

실점 패턴 2
38경기 47골

상대 패스 시도
평균 408

상대 코너킥 형태
38경기 182

공중전
평균 25.1

FORMATION SUMMARY | WHO SCORED | ACTION ZONE | PASSESS pg BY ZONE

선발 포진별 전적

포메이션	승	무	패	득점	실점
4-2-3-1	2	2	5	7	9
4-3-3	2	3	3	10	12
3-4-2-1	1	2	4	4	10
3-4-3	3	1	0	7	3
3-5-2	0	2	2	3	7
4-4-2	2	0	1	5	4
3-5-1-1	0	1	0	0	1
3-1-4-2	1	0	0	2	1
3-4-1-2	0	0	1	0	0
TOTAL	11	11	16	38	47

포지션별 득점

FW진 21골
MF진 9골
DF진 7골

* 상대 자책골 1골

상대 포지션별 실점

DF진 4골
MF진 16골
FW진 24골

* 자책골 실점 3골

공격 방향
왼쪽 34%
중앙 26%
오른쪽 40%

볼 점유 위치
상대 진영 30%
중간 지역 41%
우리 진영 29%

평균 패스 성공
하프라인 위쪽 250회
하프라인 아래 249회

패스 성공률
하프라인 위쪽 78%
하프라인 아래 90%

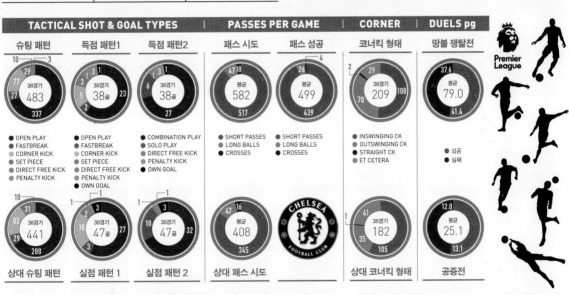

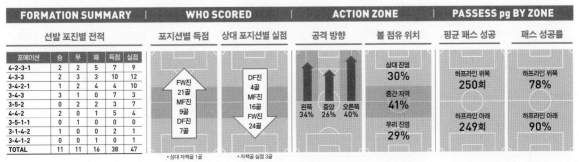

🏆 **3**	🏆 **4**	**0**	**0**	**0**	**0**
ENGLISH PREMIER LEAGUE	ENGLISH FA CUP	UEFA CHAMPIONS LEAGUE	UEFA EUROPA LEAGUE	FIFA CLUB WORLD CUP	UEFA-CONMEBOL INTERCONTINENTAL

 Founded 구단 창립 1877년

 Owner 포순 인터내셔널 (중국)

 CEO 제프 시 1977.07.05

 Manager 게리 오닐 1983.05.18

 23-24 Odds 벳365 : 750배 스카이벳 : 500배

 Nationality ● 외국 선수 25명 ● 잉글랜드 5명

 Age 30명 평균 26.0세

 Height 30명 평균 182cm

 Market Value 1군 30명 평균 1314만 유로

 Game Points 22-23 : 41점 통산 : 3628점

 Win 22-23 : 11승 통산 : 1012승

 Draw 22-23 : 8무 통산 : 592무

 Loss 22-23 : 19패 통산 : 1008패

 Goals For 22-23 : 31득점 통산 : 4233득점

Goals Against 22-23 : 58실점 통산 : 4191실점

 More Minutes 맥스 킬먼 3308분

 Top Scorer 다니엘 포덴세+1명 6골

 More Assists 조앙 무티뉴 2도움

 More Subs 아다마 트라오레 22회 교체 IN

 More Cards 넬손 세메도 Y11+R1

RANKING OF LAST 10 YEARS

● 2부 리그
● 3부 리그

	13-14	14-15	15-16	16-17	17-18	18-19	19-20	20-21	21-22	22-23
순위	1	7	14	15	1	7	7	13	10	13
점수	103점	78점	58점	58점	99점	57점	59점	45점	51점	41점

TOTO GUIDE 지난 시즌 상대팀별 전적

상대팀	홈	원정
Manchester City	0-3	0-3
Arsenal	0-2	0-5
Manchester Utd	0-1	0-2
Newcastle Utd	1-1	1-2
Liverpool	3-0	0-2
Brighton	2-3	0-6
Aston Villa	1-0	1-1
Tottenham	1-0	0-1
Brentford	2-0	1-1
Fulham	0-0	1-1
Crystal Palace	2-0	1-2
Chelsea	1-0	0-3
West Ham Utd	1-0	0-2
Bournemouth	0-1	0-0
Nottm Forest	1-0	1-1
Everton	1-1	2-1
Leicester City	0-4	1-2
Leeds Utd	2-4	1-2
Southampton	1-0	2-1

MOLINEUX STADIUM

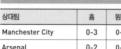

구장 오픈 / 증개축 1889년, 증개축 6회
구장 소유 울버햄튼 시
수용 인원 3만 2050명
피치 규모 105m X 68m
잔디 종류 하이브리드 잔디

STRENGTHS & WEAKNESSES

OFFENSE		DEFENSE	
직접 프리킥	C	세트피스 수비	C
문전 처리	D	상대 볼 뺏기	C
측면 돌파	B	공중전 능력	D
스루볼 침투	C	역습 방어	C
개인기 침투	C	지공 방어	D
카운터 어택	C	스루패스 방어	D
기회 만들기	C	리드 지키기	B
세트피스	C	실수 조심	C
OS 피하기	C	측면 방어력	D
중거리 슈팅	B	파울 주의	D
볼 점유율	C	중거리슈팅 수비	D

매우 강함 **A** 강한 편 **B** 보통 수준 **C** 약한 편 **D** 매우 약함 **E**

위치	선수	국적	생년월일	출전(분)	출전경기	선발11	교체인	교체아웃	벤치출발	득점	도움	경고	경고누적	퇴장
GK	José Sá	POR	93-01-17	3240	36	36	0	0	0	0	0	2	0	0
	Daniel Bentley	ENG	93-07-13	180	2	2	0	0	16	0	0	0	0	0
DF	Max Kilman	ENG	97-05-23	3308	37	37	0	1	1	0	0	3	0	0
	Nélson Semedo	POR	93-11-16	2635	36	31	5	7	6	0	1	11	0	1
	Nathan Collins	IRL	01-04-30	1808	26	19	7	0	16	0	0	2	0	1
	Craig Dawson	ENG	90-05-06	1417	17	17	0	3	1	1	0	4	0	0
	Hugo Bueno	ESP	02-09-18	1314	21	16	5	9	14	0	1	1	0	0
	Jonny	ESP	94-03-03	1262	18	14	4	4	12	1	0	3	0	1
	Rayan Aït-Nouri	FRA	01-06-06	1068	21	9	12	5	19	1	1	4	0	0
	Toti Gomes	POR	99-01-16	980	17	10	7	3	18	1	0	6	0	0
	Dexter Lembikisa	ENG	03-11-04	22	1	0	1	0	2	0	0	0	0	0
MF	Rubén Neves	POR	97-03-13	3020	35	33	2	3	2	6	1	12	0	0
	Matheus Nunes	POR	98-08-27	2479	34	30	4	16	5	1	1	2	0	1
	João Moutinho	POR	86-09-08	1784	31	20	11	14	13	0	2	3	0	0
	Mario Lemina	GAB	93-09-01	1306	19	17	2	8	2	0	1	3	1	0
	Pablo Sarabia	ESP	92-05-11	768	13	9	4	7	9	1	0	3	0	0
	João Gomes	BRA	01-02-12	651	11	7	4	3	10	1	0	5	0	0
	Boubacar Traoré	MLI	01-08-20	406	10	4	6	2	7	0	0	2	0	0
	Joe Hodge	IRL	02-09-14	172	6	1	5	1	16	0	0	1	0	0
	Harvey Griffiths	ENG	03-09-22	0	0	0	0	0	1	0	0	0	0	0
FW	Daniel Podence	POR	95-10-21	1771	32	20	12	12	15	6	0	5	0	0
	Adama Traoré	ESP	96-01-25	1483	34	12	22	9	24	2	1	2	0	0
	Diego Costa	ESP	88-10-07	1248	23	16	7	14	9	1	0	5	0	1
	Hwang Hee-Chan	KOR	96-01-26	1128	27	12	15	11	17	3	1	1	0	0
	Matheus Cunha	BRA	99-05-27	971	17	12	5	11	8	2	0	1	0	0
	Pedro Neto	POR	00-03-09	970	18	13	5	11	8	0	2	0	0	0
	Raúl Jiménez	MEX	91-05-05	842	15	8	7	3	12	0	1	0	0	0
	Saša Kalajdžić	AUT	97-07-07	46	1	1	0	1	0	0	0	0	0	0
	Chiquinho	POR	00-02-05	0	0	0	0	0	0	0	0	0	0	0
	Nathan Fraser	IRL	05-07-01	0	0	0	0	0	0	0	0	0	0	0

PREMIER LEAGUE 2022-23 SEASON

WOLVERHAMPTON WANDERERS FC vs. OPPONENTS PER GAME STATS

올버햄튼 원더러스 vs 상대팀

득점	슈팅	유효슈팅	코너킥	오프사이드	패스시도	패스성공
0.82 ⚽ 1.53	10.9 👟 14.7	3.3 ▣ 4.6	4.9 🚩 5.3	1.6 🏴 1.0	463 PA 461	376 PC 368

패스성공률	태클	공중전승리	인터셉트	파울	경고	퇴장
81% P% 80%	17.4 TK 16.6	12.3 AD 14.3	7.3 IT 8.3	12.2 🟨 10.9	2.24 ▪ 1.97	0.158 ■ 0.000

2022-23 SEASON SQUAD LIST & GAMES PLAYED

* 괄호 안의 숫자는 선발 출전 횟수로, 교체 출전은 포함시키지 않음

LW
D.포덴스(4), G.게데스(2)
황희찬(2), P.네투(1)

CF
D.코스타(16), M.쿠냐(12)
R.히메네스(8) 황희찬(4)
G.게데스(3), D.포덴스(2)
P.사라비아(2), S.칼라이지치(1)
A.트라오레(1), P.네투(1)

RW
P.네투(4), G.게데스(2)
A.트라오레(2), 황희찬(1)

LAM
D.포덴스(8), P.네투(3)
M.누네스(3), P.사라비아(1)
G.게데스(1)

CAM
J.무티뉴(4), M.누네스(5)
D.포덴스(3), M.깁스-와이트(1)
P.네투(1)

RAM
A.트라오레(8), 황희찬(3)
P.사라비아(3), D.포덴스(1)
M.깁스-와이트(1)

LM
M.누네스(4), D.포덴스(2)
P.사라비아(1), P.네투(2)

CM
R.네베스(17), M.레미나(12)
J.무티뉴(9), M.누네스(8)
J.고메스(6), B.트라오레(2)
J.호지(1)

RM
M.누네스(5), 황희찬(2)
P.사라비아(1), A.트라오레(1)
J.고메스(1)

LWB
R.아이-누리(2)

DM
R.네베스(15), M.누네스(5)
M.레미나(5), J.무티뉴(3)
L.덴돈커(2), B.트라오레(2)

RWB
N.세메두(1), P.네투(1)

LB
H.부에노(16), R.아이-누리(7)
토티(7), 조니(6)

CB
M.킬만(37), N.콜린스(19)
C.도슨(17), 토티(3)
조니(2), R.네베스(1)

RB
N.세메두(30), 조니(6)

GK
J.사(36), D.벤틀리(2)

SHOTS & GOALS

38경기 총 416슈팅 - 31득점
38경기 상대 총 557슈팅 - 58실점

```
        18-3
       243-24
        155-4
```

유효 슈팅 126		비유효 슈팅 290	
득점	31	블록 당함	119
GK 방어	95	골대 밖	166
유효슈팅률	30%	골대 맞음	5

유효 슈팅 175		비유효 슈팅 382	
실점	58	블록	179
GK 방어	117	골대 밖	195
유효슈팅률	31%	골대 맞음	8

```
        203-7
       309-39
        45-12
```

GOAL TIME | POSSESSION

시간대별 득점
76 5 8 15
61 3 6 30
46 45

전체 평균
75% 50% 25%
50%

득실차
전반 골 득실차 -7
후반 골 득실차 -20
전체 골 득실차 -27

홈경기
75% 49% 25%
50%

시간대별 실점
76 12 9 15
11 8
61 11 7 30
46 45

원정경기
75% 52% 25%
50%

TACTICAL SHOT & GOAL TYPES

슈팅 패턴
38경기 416
3 / 21 / 18 / 77 / 29 / 268
- ● OPEN PLAY
- ● FASTBREAK
- ● CORNER KICK
- ● SET PIECE
- ● DIRECT FREE KICK
- ● PENALTY KICK

득점 패턴1
38경기 31골
3 / 3 / 12 / 6 / 13
- ● OPEN PLAY
- ● FASTBREAK
- ● CORNER KICK
- ● SET PIECE
- ● DIRECT FREE KICK
- ● PENALTY KICK
- ● OWN GOAL

득점 패턴2
38경기 31골
3 / 3 / 12 / 13
- ● COMBINATION PLAY
- ● SOLO PLAY
- ● DIRECT FREE KICK
- ● PENALTY KICK
- ● OWN GOAL

상대 슈팅 패턴
38경기 557
4 / 45 / 27 / 72 / 3 / 390 / 19
- (상대 슈팅 패턴)

실점 패턴 1
38경기 58골
4 / 21 / 2 / 42 / 3

실점 패턴 2
38경기 58골
11 / 21 / 44

PASSES PER GAME

패스 시도
평균 463
57 / 17 / 389
- ● SHORT PASSES
- ● LONG BALLS
- ● CROSSES

패스 성공
평균 376
29 / 4 / 343
- ● SHORT PASSES
- ● LONG BALLS
- ● CROSSES

상대 패스 시도
평균 461
49 / 19 / 393

CORNER

코너킥 형태
38경기 185
36 / 61 / 86
- ● INSWINGING CK
- ● OUTSWINGING CK
- ● STRAIGHT CK
- ● ET CETERA

상대 코너킥 형태
38경기 203
4 / 31 / 104 / 64

DUELS pg

땅볼 쟁탈전
평균 74.2
36.8 / 37.4
- ● 성공
- ● 실패

공중전
평균 26.6
14.3 / 12.3

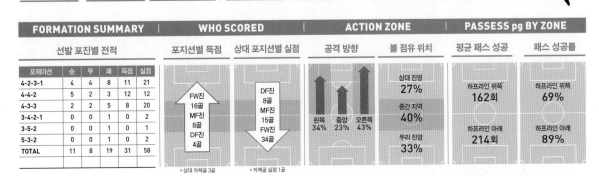

FORMATION SUMMARY

선발 포진별 전적

포메이션	승	무	패	득점	실점
4-2-3-1	4	4	8	11	21
4-4-2	5	2	3	12	12
4-3-3	2	2	5	8	20
3-4-2-1	0	0	1	0	2
3-5-2	0	0	1	0	1
5-3-2	0	0	1	0	2
TOTAL	11	8	19	31	58

WHO SCORED

포지션별 득점
FW진 16골
MF진 8골
DF진 4골
* 상대 자책골 3골

상대 포지션별 실점
DF진 8골
MF진 15골
FW진 34골
* 자책골 실점 1골

ACTION ZONE

공격 방향
왼쪽 34% / 중앙 23% / 오른쪽 43%

볼 점유 위치
상대 진영 27%
중간 지역 40%
우리 진영 33%

PASSESS pg BY ZONE

평균 패스 성공
하프라인 위쪽 162회
하프라인 아래 214회

패스 성공률
하프라인 위쪽 69%
하프라인 아래 89%

WEST HAM UNITED FC

Founded 구단 창립 1895년	**Owner** 데이비드 설리번 다니엘 크레친스키	**CEO** 데이비드 설리번 1949.02.05	**Manager** 데이비드 모예스 1963.04.25		**23-24 Odds** 벳365 : 250배 스카이벳 : 500배

ENGLISH PREMIER LEAGUE **0**	ENGLISH FA CUP **3**	UEFA CHAMPIONS LEAGUE **0**	UEFA EUROPA LEAGUE **0**	FIFA CLUB WORLD CUP **0**	UEFA-CONMEBOL INTERCONTINENTAL **0**

Nationality 외국 선수 19명 잉글랜드 15명	**Age** 34명 평균 25.3세	**Height** 34명 평균 183cm	**Market Value** 1군 34명 평균 1971만 유로	**Game Points** 22-23 : 40점 통산 : 3333점

Win 22-23 : 11승 통산 : 895승	**Draw** 22-23 : 7무 통산 : 648무	**Loss** 22-23 : 20패 통산 : 1081패	**Goals For** 22-23 : 42득점 통산 : 3704득점	**Goals Against** 22-23 : 55실점 통산 : 4098실점

More Minutes 데클런 라이스 3272분	**Top Scorer** 제러드 보웬+1명 6골	**More Assists** 제러드 보웬 5도움	**More Subs** 파블로 포르날스 15회 교체 IN	**More Cards** 루카스 파케타+2명 Y5+R0

RANKING OF LAST 10 YEARS

13-14	14-15	15-16	16-17	17-18	18-19	19-20	20-21	21-22	22-23
13 40점	12 47점	7 62점	11 45점	13 42점	10 52점	16 39점	6 65점	7 56점	14 40점

TOTO GUIDE 지난 시즌 상대팀별 전적

상대팀	홈	원정
Manchester City	0-2	0-3
Arsenal	2-2	1-3
Manchester Utd	1-0	0-1
Newcastle Utd	1-5	1-1
Liverpool	1-2	0-1
Brighton	0-2	0-4
Aston Villa	1-1	1-0
Tottenham	1-1	0-2
Brentford	0-2	0-2
Fulham	3-1	1-0
Crystal Palace	1-2	3-4
Chelsea	1-1	1-2
Wolverhampton	2-0	0-1
Bournemouth	2-0	4-0
Nottm Forest	4-0	0-1
Everton	2-0	0-1
Leicester City	0-2	1-2
Leeds Utd	3-1	2-2
Southampton	1-0	1-1

LONDON STADIUM

구장 오픈 / 증개축 2012년, 2016년
구장 소유 E20Stadium, LLP
수용 인원 6만 2500명
피치 규모 105m X 68m
잔디 종류 하이브리드 잔디

STRENGTHS & WEAKNESSES

OFFENSE		DEFENSE	
직접 프리킥	C	세트피스 수비	B
문전 처리	D	상대 볼 뺏기	C
측면 돌파	B	공중전 능력	A
스루볼 침투	C	역습 방어	C
개인기 침투	C	지공 방어	C
카운터 어택	C	스루패스 방어	D
기회 만들기	B	리드 지키기	B
세트피스	C	실수 조심	C
OS 피하기	C	측면 방어력	C
중거리 슈팅	B	파울 주의	C
볼 점유율	E	중거리슈팅 수비	C

매우 강함 A 강한 편 B 보통 수준 C 약한 편 D 매우 약함 E

위치	선수	국적	생년월일	출전(분)	출전경기	선발11	교체인	교체아웃	벤치출발	득점	도움	경고	경고누적	퇴장
GK	Łukasz Fabiański	POL	85-04-18	3114	36	36	0	3	0	0	0	1	0	0
	Alphonse Areola	FRA	93-02-27	306	5	2	3	0	33	0	0	0	0	0
	Krisztián Hegyi	HUN	02-09-24	0	0	0	0	0	3	0	0	0	0	0
	Joseph Anang	ENG	00-06-08	0	0	0	0	0	7	0	0	0	0	0
DF	Aaron Cresswell	ENG	89-12-15	2235	28	24	4	4	12	0	1	3	0	0
	Thilo Kehrer	GER	96-09-21	2230	27	25	2	2	10	0	2	4	0	0
	Vladimír Coufal	CZE	92-08-22	2139	27	24	3	6	10	0	1	5	0	0
	Kurt Zouma	FRA	94-10-27	1991	25	24	1	3	4	2	0	4	0	0
	Nayef Aguerd	MAR	96-03-30	1595	18	17	1	1	4	2	0	4	0	0
	Emerson Palmieri	ITA	94-08-03	1321	22	16	6	7	19	1	0	2	0	0
	Angelo Ogbonna	ITA	88-05-23	1236	16	13	3	2	22	0	0	0	0	0
	Ben Johnson	ENG	00-01-24	859	17	9	8	1	18	0	0	0	0	0
	Luizão	BRA	02-03-08	0	0	0	0	0	0	0	0	0	0	0
	Michael Forbes	NIR	04-04-29	0	0	0	0	0	0	0	0	0	0	0
	Kaelan Casey	ENG	04-10-28	0	0	0	0	0	1	0	0	0	0	0
	Regan Clayton	ENG	04-11-11	0	0	0	0	0	0	0	0	0	0	0
MF	Declan Rice	ENG	99-01-14	3272	37	36	1	0	1	4	2	5	0	0
	Tomáš Souček	CZE	95-02-27	2819	36	32	4	8	5	2	3	3	0	0
	Lucas Paquetá	BRA	97-08-27	2170	28	27	1	20	2	4	3	5	0	0
	Pablo Fornals	ESP	96-02-22	1502	32	17	15	14	21	3	1	0	0	0
	Flynn Downes	ENG	99-01-20	754	21	7	14	5	30	0	0	2	0	0
	Manuel Lanzini	ARG	93-02-15	245	10	2	8	1	36	1	0	0	0	0
	Levi Laing	ENG	03-04-12	0	0	0	0	0	0	0	0	0	0	0
	Kamarai Simon-Swyer	ENG	02-12-04	0	0	0	0	0	0	0	0	0	0	0
	Freddie Potts	ENG	03-09-12	0	0	0	0	0	0	0	0	0	0	0
	Oliver Scarles	ENG	05-12-12	0	0	0	0	0	0	0	0	0	0	0
	Lewis Orford	ENG	06-02-18	0	0	0	0	0	0	0	0	0	0	0
FW	Jarrod Bowen	ENG	96-12-20	3237	38	36	2	6	2	6	5	2	0	0
	Said Benrahma	ALG	95-08-10	2070	35	22	13	14	16	6	3	0	0	0
	Michail Antonio	JAM	90-03-28	1836	33	21	12	19	13	5	3	2	0	0
	Gianluca Scamacca	ITA	99-01-01	929	16	11	5	8	9	3	0	3	0	0
	Danny Ings	ENG	92-03-16	771	17	7	10	6	12	6	0	0	0	0
	Maxwel Cornet	CIV	96-09-27	234	14	2	12	2	18	0	0	0	0	0
	Divin Mubama	ENG	04-10-25	35	3	0	3	0	3	0	0	0	0	0

WEST HAM UTD vs. OPPONENTS PER GAME STATS

웨스트햄 Utd. vs 상대팀

	득점	슈팅	유효슈팅	코너킥	오프사이드	패스시도	패스성공	패스성공률	태클	공중전승리	인터셉트	파울	경고	퇴장

1.11 (득점) 1.45	12.5 (슈팅) 13.2	3.7 (유효슈팅) 4.5	5.4 (코너킥) 5.1	1.6 (오프사이드) 1.2	411 (PA) 581	321 (PC) 482
78% (P%) 83%	16.0 (TK) 16.3	16.3 (AD) 15.5	10.7 (IT) 7.7	9.5 (파울) 8.6	1.16 (경고) 1.42	0.000 (퇴장) 0.000

2022-23 SEASON SQUAD LIST & GAMES PLAYED

* 괄호 안의 숫자는 선발 출전 횟수로, 교체 출전은 포함시키지 않음

LW	CF	RW
S.벤라흐마(5), P.포르날스(2) L.파케타(1)	M.안토니오(21), G.스카마카(11) D.잉스(7), J.보웬(8)	J.보웬(8)

LAM	CAM	RAM
S.벤라흐마(11), P.포르날스(6) M.코르네(2), 에메르손(1)	L.파케타(14), S.벤라흐마(5) J.보웬(5), F.다운스(3) P.포르날스(2), M.란시니(2)	J.보웬(18), P.포르날스(2)

LM	CM	RM
P.포르날스(3), S.벤라흐마(1)	D.라이스(17), T.수체크(14) L.파케타(11), P.포르날스(1)	F.다운스(2), V.초우팔(1) J.보웬(1)

LWB	DM	RWB
에메르손(7)	D.라이스(19), T.수체크(18) F.다운스(2), L.파케타(1)	V.초우팔(6), B.존슨(1)

LB	CB	RB
A.크레스웰(21), 에메르손(7) B.존슨(1), T.케러(1)	K.주마(24), N.아게르드(17) T.케러(15), A.오그본나(13) C.도슨(8), B.존슨(3) A.크레스웰(3), 에메르손(1)	V.초우팔(17), T.케러(9) B.존슨(4)

GK		
L.파비안스키(36), A.아레올라(2)		

SHOTS & GOALS

38경기 총 475슈팅 – 42득점
38경기 상대 총 501슈팅 – 55실점

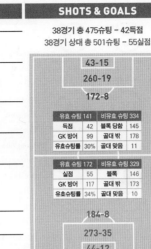

| 43-15 |
| 260-19 |
| 172-8 |

유효 슈팅 141		비유효 슈팅 334	
득점	42	블록 당함	145
GK 방어	99	골대 밖	178
유효슈팅률 30%		골대 맞음	11

유효 슈팅 172		비유효 슈팅 329	
실점	55	블록	146
GK 방어	117	골대 밖	173
유효슈팅률 34%		골대 맞음	10

| 184-8 |
| 273-35 |
| 44-12 |

GOAL TIME | POSSESSION

시간대별 득점

전체 평균

41%

득실차

전반 골 득실차 –6
후반 골 득실차 –7
전체 골 득실차 –13

홈경기
42%

원정경기
41%

시간대별 실점

TACTICAL SHOT & GOAL TYPES | PASSES PER GAME | CORNER | DUELS pg

슈팅 패턴
38경기 475

- OPEN PLAY
- FASTBREAK
- CORNER KICK
- SET PIECE
- DIRECT FREE KICK
- PENALTY KICK

득점 패턴1
38경기 42골

- OPEN PLAY
- FASTBREAK
- CORNER KICK
- SET PIECE
- DIRECT FREE KICK
- PENALTY KICK
- OWN GOAL

득점 패턴2
38경기 42골

- COMBINATION PLAY
- SOLO PLAY
- DIRECT FREE KICK
- PENALTY KICK
- OWN GOAL

패스 시도
평균 411

- SHORT PASSES
- LONG BALLS
- CROSSES

패스 성공
평균 321

- SHORT PASSES
- LONG BALLS
- CROSSES

코너킥 형태
38경기 207

- INSWINGING CK
- OUTSWINGING CK
- STRAIGHT CK
- ET CETERA

땅볼 쟁탈전
평균 62.2

- 성공
- 실패

상대 슈팅 패턴
38경기 501

실점 패턴 1
38경기 55골

실점 패턴 2
38경기 55골

상대 패스 시도
평균 581

상대 코너킥 형태
38경기 194

공중전
평균 31.8

FORMATION SUMMARY | WHO SCORED | ACTION ZONE | PASSESS pg BY ZONE

선발 포진별 전적

포메이션	승	무	패	득점	실점
4-2-3-1	5	1	14	20	38
4-3-3	3	2	2	13	6
3-4-2-1	1	2	2	4	6
4-4-2	1	0	1	1	1
3-4-1-2	0	1	1	1	2
3-4-3	0	1	0	1	1
3-5-2	1	0	0	1	0
4-1-4-1	0	1	0	1	1
TOTAL	11	7	20	42	55

포지션별 득점
FW진 22골
MF진 14골
DF진 5골

* 상대 자책골 1골

상대 포지션별 실점
DF진 7골
MF진 11골
FW진 36골

* 자책골 실점 1골

공격 방향
왼쪽 40% 중앙 22% 오른쪽 38%

볼 점유 위치
상대 진영 28%
중간 지역 42%
우리 진영 30%

평균 패스 성공
하프라인 위쪽 157회
하프라인 아래 164회

패스 성공률
하프라인 위쪽 66%
하프라인 아래 87%

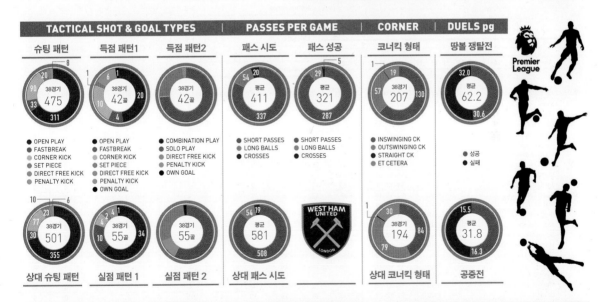

Club Info

 Founded 구단 창립 1899년
 Owner 터퀴어즈 비드코 Limited
 CEO 빌 폴리 1944.12.29
Manager 안도니 이라올라 1982.06.22
23-24 Odds 벳365 : 1500배 / 스카이벳 : 1500배

 Nationality ●외국 선수 18명 ●잉글랜드 17명
 Age 35명 평균 25.6세
 Height 35명 평균 183cm
 Market Value 1군 33명 평균 785만 유로
Game Points 22-23 : 39점 / 통산 : 250점

 Win 22-23 : 11승 / 통산 : 67승
 Draw 22-23 : 6무 / 통산 : 49무
 Loss 22-23 : 21패 / 통산 : 112패
 Goals For 22-23 : 37득점 / 통산 : 278득점
 Goals Against 22-23 : 71실점 / 통산 : 401실점

More Minutes 제퍼슨 레르마 3256분
Top Scorer 필립 빌링 7골
More Assists 도미닉 솔랑케 7도움
More Subs 제이든 앤소니 19회 교체 IN
More Cards 애덤 스미스 Y11+R0

Trophies

 ENGLISH PREMIER LEAGUE 0
 ENGLISH FA CUP 0
 UEFA CHAMPIONS LEAGUE 0
 UEFA EUROPA LEAGUE 0
 FIFA CLUB WORLD CUP 0
 UEFA-CONMEBOL INTERCONTINENTAL 0

TOTO GUIDE 지난 시즌 상대팀별 전적

상대팀	홈	원정
Manchester City	1-4	0-4
Arsenal	0-3	2-3
Manchester Utd	0-1	0-3
Newcastle Utd	1-1	1-1
Liverpool	1-0	0-9
Brighton	0-2	0-1
Aston Villa	2-0	0-3
Tottenham	2-3	3-2
Brentford	0-0	0-2
Fulham	2-1	2-2
Crystal Palace	0-2	0-2
Chelsea	1-3	0-2
Wolverhampton	0-0	1-0
West Ham Utd	0-4	0-2
Nottm Forest	1-1	3-2
Everton	3-0	0-1
Leicester City	2-1	1-0
Leeds Utd	4-1	3-4
Southampton	0-1	1-0

VITALITY STADIUM

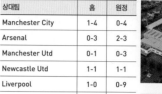

구장 오픈 / 증개축 1910년, 증개축 3회
구장 소유 스트럭테이든
수용 인원 1만 1364명
피치 규모 105m X 68m
잔디 종류 천연 잔디

STRENGTHS & WEAKNESSES

OFFENSE		DEFENSE	
직접 프리킥	C	세트피스 수비	E
문전 처리	D	상대 볼 뺏기	C
측면 돌파	B	공중전 능력	C
스루볼 침투	C	역습 방어	C
개인기 침투	C	지공 방어	C
카운터 어택	C	스루패스 방어	C
기회 만들기	C	리드 지키기	E
세트피스	C	실수 조심	C
OS 피하기	C	측면 방어력	D
중거리 슈팅	C	파울 주의	D
볼 점유율	D	중거리슈팅 수비	C

매우 강함 A 강한 편 B 보통 수준 C 약한 편 D 매우 약함 E

RANKING OF LAST 10 YEARS

● 2부 리그

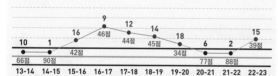

13-14	14-15	15-16	16-17	17-18	18-19	19-20	20-21	21-22	22-23
10	1	16	9	12	14	18	6	2	15
66점	90점	42점	46점	44점	45점	34점	77점	88점	39점

선수 명단

위치	선수	국적	생년월일	출전(분)	출전경기	선발11	교체인	교체아웃	벤치출발	득점	도움	경고	경고누적	퇴장
GK	Neto	BRA	89-07-19	2386	27	27	0	1	3	0	0	4	0	0
	Mark Travers	IRL	99-05-18	1034	12	11	1	0	27	0	0	0	0	0
	Darren Randolph	IRL	87-05-12	0	0	0	0	0	3	0	0	0	0	0
	Cameron Plain	ENG	02-11-28	0	0	0	0	0	6	0	0	0	0	0
DF	Adam Smith	ENG	91-04-29	2949	37	34	3	9	3	0	1	11	0	0
	Marcos Senesi	ARG	97-05-10	2496	31	29	2	7	7	2	0	7	0	0
	Chris Mepham	WAL	97-11-05	2198	26	24	2	1	9	0	0	7	0	0
	Lloyd Kelly	ENG	98-10-01	2041	23	23	0	1	0	0	2	3	0	0
	Jordan Zemura	ZIM	99-11-14	1457	19	17	2	5	7	0	1	1	0	0
	Ryan Fredericks	ENG	92-10-10	530	12	5	7	4	9	0	0	1	0	0
	Matías Viña	URU	97-11-09	454	12	5	7	3	11	2	0	0	0	0
	Illya Zabarnyi	UKR	02-09-01	297	5	3	2	0	8	0	0	0	0	0
	Jack Stacey	ENG	96-04-06	293	10	3	7	1	24	0	0	2	0	0
	Ben Greenwood	ENG	03-02-20	0	0	0	0	0	1	0	0	0	0	0
	Maxwell Kinsey-Wellings	ENG	05-02-02	0	0	0	0	0	1	0	0	0	0	0
MF	Jefferson Lerma	COL	94-10-25	3256	37	37	0	4	0	5	0	7	0	0
	Philip Billing	DEN	96-06-11	2786	36	34	2	23	2	7	1	5	0	0
	Ryan Christie	SCO	95-02-22	1841	32	22	10	17	16	1	1	2	0	0
	Marcus Tavernier	ENG	99-03-22	1748	23	19	4	9	4	5	4	1	0	0
	Lewis Cook	ENG	97-02-03	1712	28	18	10	4	15	0	2	4	0	0
	Joe Rothwell	ENG	95-01-11	1018	20	12	8	9	15	0	1	2	0	0
	Hamed Junior Traoré	CIV	00-02-16	429	7	5	2	4	2	0	0	0	0	0
	David Brooks	WAL	97-07-08	170	6	2	4	2	9	0	0	1	0	0
	Junior Stanislas	ENG	89-11-26	57	4	0	4	0	9	0	0	0	0	0
	Jack Wadham	ENG	03-02-25	0	0	0	0	0	0	0	0	0	0	0
	Ferdinand Okoh	NGA	04-06-03	0	0	0	0	0	0	0	0	0	0	0
	Dominic Sadi	ENG	03-09-02	0	0	0	0	0	4	0	0	0	0	0
FW	Dominic Solanke	ENG	97-09-14	2872	33	32	1	13	1	6	7	2	0	0
	Kieffer Moore	WAL	92-08-08	1270	27	12	15	5	23	4	0	1	0	0
	Dango Ouattara	BFA	02-02-11	1245	19	15	4	8	4	1	3	1	0	0
	Jaidon Anthony	ENG	99-12-01	1245	30	11	19	7	27	3	1	2	0	0
	Antoine Semenyo	GHA	00-01-07	250	11	2	9	1	13	1	0	0	0	0
	Euan Pollock	ENG	02-10-03	0	0	0	0	0	0	0	0	0	0	0
	Michael Dacosta Gonzalez	ESP	05-03-05	0	0	0	0	0	1	0	0	0	0	0
	Daniel Adu-Adjei	ENG	05-06-21	0	0	0	0	0	3	0	0	0	0	0

PREMIER LEAGUE 2022-23 SEASON

AFC BOURNEMOUTH vs. OPPONENTS PER GAME STATS

본머스 FC vs 상대팀

아이콘 범례: 득점 · 슈팅 · 유효슈팅 · 코너킥 · 오프사이드 · PA 패스시도 · PC 패스성공 · P% 패스성공률 · TK 태클 · AD 공중전승리 · IT 인터셉트 · 파울 · 경고 · 퇴장

0.97 득점 1.87	9.4 슈팅 16.5	3.3 유효슈팅 5.4	3.8 코너킥 7.1	1.0 오프사이드 1.7	386 PA 580	299 PC 477
78% P% 82%	16.3 TK 18.7	13.8 AD 14.3	9.3 IT 7.3	10.3 파울 9.9	1.79 경고 1.34	0.000 퇴장 0.000

2022-23 SEASON SQUAD LIST & GAMES PLAYED

* 괄호 안의 숫자는 선발 출전 횟수, 교체 출전은 포함시키지 않음

LW	CF	RW
N/A	D.솔란케(30), K.무어(12) P.빌링(2), R.크리스티(1) A.세메뉴(1)	N/A

LAM	CAM	RAM
M.태버니어(5), R.크리스티(4) D.우아타라(2), J.안토니(1)	P.빌링(16), R.크리스티(8) H.트라오레(4), M.태버니어(2) D.솔란케(2)	R.크리스티(4), D.우아타라(4) D.브룩스(2), J.앤소니(1) M.태버니어(1)

LM	CM	RM
J.앤소니(8), P.빌링(3) M.태버니어(2), R.크리스티(1) H.트라오레(1), A.세메뉴(1) J.제무라(1), D.우아타라(1)	J.레르마(22), L.쿡(12) P.빌링(8), J.로스웰(8) B.피어슨(3), M.태버니어(1)	D.우아타라(8), R.크리스티(4) M.태버니어(3), P.빌링(1) J.앤소니(1), A.스미스(1)

LWB	DM	RWB
J.제무라(4), M.비나(2) J.스테이시(1), R.프레데릭스(1) M.태버니어(1)	J.레르마(13), L.쿡(6) J.로스웰(4), P.빌링(2)	M.태버니어(4), A.스미스(3)

LB	CB	RB
J.제무라(14), L.켈리(9) A.스미스(4), M.비나(3)	M.세네시(29), C.메팜(23) J.스테픈스(13), L.켈리(14) A.스미스(3), I.자바르니(1) J.레르마(2)	A.스미스(23), R.프레데릭스(4) J.스테이시(2), C.메팜(1)

	GK	
	네투(27), M.트래버스(11)	

SHOTS & GOALS

38경기 총 357슈팅 - 37득점
38경기 상대 총 627슈팅 - 71실점

357-7
225-27
99-3

유효 슈팅 126	비유효 슈팅 231
득점 37	블록 당함 103
GK 방어 89	골대 밖 125
유효슈팅률 35%	골대 맞음 3

유효 슈팅 207	비유효 슈팅 420
실점 71	블록 177
GK 방어 136	골대 밖 236
유효슈팅률 33%	골대 맞음 7

224-8
344-42
59-21

GOAL TIME | POSSESSION

시간대별 득점

득실차
전반 골 득실차 -21
후반 골 득실차 -13
전체 골 득실차 -34

시간대별 실점

전체 평균 40%
홈경기 41%
원정경기 39%

TACTICAL SHOT & GOAL TYPES | PASSES PER GAME | CORNER | DUELS pg

슈팅 패턴
38경기 357

- OPEN PLAY
- FASTBREAK
- CORNER KICK
- SET PIECE
- DIRECT FREE KICK
- PENALTY KICK

득점 패턴1
38경기 37골

- OPEN PLAY
- FASTBREAK
- CORNER KICK
- SET PIECE
- DIRECT FREE KICK
- PENALTY KICK
- OWN GOAL

득점 패턴2
38경기 37골

- COMBINATION PLAY
- SOLO PLAY
- DIRECT FREE KICK
- PENALTY KICK
- OWN GOAL

패스 시도
평균 386

- SHORT PASSES
- LONG BALLS
- CROSSES

패스 성공
평균 299

- SHORT PASSES
- LONG BALLS
- CROSSES

코너킥 형태
38경기 144

- INSWINGING CK
- OUTSWINGING CK
- STRAIGHT CK
- ET CETERA

땅볼 쟁탈전
평균 71.9

- 성공
- 실패

상대 슈팅 패턴
38경기 627

실점 패턴 1
38경기 71골

실점 패턴 2
38경기 71골

상대 패스 시도
평균 580

상대 코너킥 형태
38경기 271

공중전
평균 28.1

FORMATION SUMMARY | WHO SCORED | ACTION ZONE | PASSESS pg BY ZONE

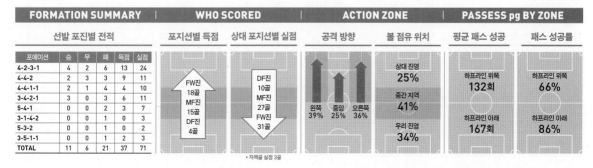

선발 포진별 전적

포메이션	승	무	패	득점	실점
4-2-3-1	4	1	6	13	24
4-4-2	2	3	3	9	11
4-4-1-1	2	1	4	4	10
3-4-2-1	3	0	3	6	11
5-4-1	0	0	2	3	7
3-1-4-2	0	0	1	0	3
5-3-2	0	0	1	0	2
3-5-1-1	0	0	1	2	3
TOTAL	11	6	21	37	71

포지션별 득점
FW진 18골
MF진 15골
DF진 4골

상대 포지션별 실점
DF진 10골
MF진 27골
FW진 31골

* 자책골 실점 3골

공격 방향
왼쪽 39% · 중앙 25% · 오른쪽 36%

볼 점유 위치
상대 진영 25%
중간 지역 41%
우리 진영 34%

평균 패스 성공
하프라인 위쪽 132회
하프라인 아래 167회

패스 성공률
하프라인 위쪽 66%
하프라인 아래 86%

NOTTINGHAM FOREST FC

 1 | 2 | 2 | 0 | 0 | 0

ENGLISH PREMIER LEAGUE	ENGLISH FA CUP	UEFA CHAMPIONS LEAGUE	UEFA EUROPA LEAGUE	FIFA CLUB WORLD CUP	UEFA-CONMEBOL INTERCONTINENTAL

Founded 구단 창립 1865년	**Owner** 에반겔로스 마리나키스 1967.07.30	**CEO** 니콜라스 랜달	**Manager** 스티브 쿠퍼 1979.12.10	**23-24 Odds** 벳365 : 1000배 스카이벳 : 1000배

Nationality ● 외국 선수 23명 ● 잉글랜드 13명	**Age** 36명 평균 27.5세	**Height** 36명 평균 184cm	**Market Value** 1군 36명 평균 831만 유로	**Game Points** 22-23 : 38점 통산 2987점

Win 22-23 : 9승 통산 : 809승	**Draw** 22-23 : 11무 통산 : 560무	**Loss** 22-23 : 18패 통산 : 847패	**Goals For** 22-23 : 38득점 통산 : 3107득점	**Goals Against** 22-23 : 68실점 통산 : 3239실점

More Minutes 모건 깁스-와이트 2978분	**Top Scorer** 타이워 아워니 10골	**More Assists** 모건 깁스-와이트 8도움	**More Subs** 샘 서리지 19회 교체 IN	**More Cards** 네코 윌리엄스 Y7+R0

RANKING OF LAST 10 YEARS

● 2부 리그

11	14	16	21	17	9	7	17	4	16 38점
65점	59점	55점	51점	53점	66점	70점	52점	80점	
13-14	14-15	15-16	16-17	17-18	18-19	19-20	20-21	21-22	22-23

TOTO GUIDE 지난 시즌 상대팀별 전적

상대팀	홈	원정
Manchester City	1-1	0-6
Arsenal	1-0	0-5
Manchester Utd	0-2	0-3
Newcastle Utd	1-2	0-2
Liverpool	1-0	2-3
Brighton	3-1	0-0
Aston Villa	1-1	0-2
Tottenham	0-2	1-3
Brentford	2-2	1-2
Fulham	2-3	0-2
Crystal Palace	1-0	1-1
Chelsea	1-1	2-2
Wolverhampton	1-1	0-1
West Ham Utd	1-0	0-4
Bournemouth	2-3	1-1
Everton	2-2	1-1
Leicester City	2-0	0-4
Leeds Utd	1-0	1-2
Southampton	4-3	1-0

CITY GROUND

구장 오픈 / 증개축 1898년, 증개축 5회
구장 소유 노팅엄 포리스트
수용 인원 3만 445명
피치 규모 105m X 71m
잔디 종류 천연 잔디

STRENGTHS & WEAKNESSES

OFFENSE		DEFENSE	
직접 프리킥	C	세트피스 수비	D
문전 처리	D	상대 볼 뺏기	B
측면 돌파	C	공중전 능력	C
스루볼 침투	C	역습 방어	C
개인기 침투	C	지공 방어	D
카운터 어택	C	스루패스 방어	C
기회 만들기	C	리드 지키기	D
세트피스	C	실수 조심	C
OS 피하기	C	측면 방어력	C
중거리 슈팅	B	파울 주의	E
볼 점유율	E	중거리슈팅 수비	C

매우 강함 A 강한 편 B 보통 수준 C 약한 편 D 매우 약함 E

위치	선수	국적	생년월일	출전(분)	출전경기	선발11	교체인	교체아웃	벤치출발	득점	도움	경고	경고누적	퇴장
GK	Dean Henderson	ENG	97-03-12	1620	18	18	0	0	0	0	0	2	0	0
	Keylor Navas	CRC	86-12-15	1530	17	17	0	1	0	0	0	2	0	0
	Wayne Hennessey	WAL	87-01-24	270	4	3	1	0	34	0	0	0	0	0
	George Shelvey	ENG	01-04-22	0	0	0	0	0	2	0	0	0	0	0
DF	Renan Lodi	BRA	98-04-08	2222	28	26	2	10	4	0	1	7	0	0
	Joe Worrall	ENG	97-01-10	2216	30	21	9	1	17	1	0	6	0	0
	Serge Aurier	CIV	92-12-24	1947	24	22	2	6	2	1	0	2	0	0
	Neco Williams	WAL	01-04-13	1876	31	20	11	5	13	1	0	7	0	0
	Scott McKenna	SCO	96-11-12	1573	20	19	1	3	6	0	0	4	0	0
	Felipe	BRA	89-05-16	1419	16	15	1	2	2	0	1	4	0	0
	Moussa Niakhaté	FRA	96-03-08	1166	14	14	0	3	0	0	0	1	0	0
	Steve Cook	ENG	91-04-19	959	12	11	1	3	8	0	0	4	0	0
	Harry Toffolo	ENG	95-08-19	933	19	9	10	3	20	0	0	2	0	0
	Willy Boly	CIV	91-02-03	687	11	9	2	4	11	0	1	2	0	0
	Giulian Biancone	FRA	00-03-31	16	2	0	2	0	10	0	0	0	0	0
	Omar Richards	ENG	98-02-15	0	0	0	0	0	0	0	0	0	0	0
MF	Morgan Gibbs-White	ENG	00-01-27	2978	35	34	1	8	1	5	8	5	0	0
	Brennan Johnson	WAL	01-05-23	2941	38	33	5	12	5	8	3	6	0	0
	Remo Freuler	SUI	92-04-15	2165	28	24	4	8	12	0	0	4	0	0
	Ryan Yates	ENG	97-11-21	1839	26	21	5	7	5	0	2	5	0	0
	Orel Mangala	BEL	98-03-18	1557	27	20	7	15	12	1	1	3	0	0
	Danilo	BRA	01-04-29	982	13	12	1	7	4	3	2	1	0	0
	Jesse Lingard	ENG	92-12-15	928	17	12	5	10	17	0	0	1	0	0
	Cheikhou Kouyaté	SEN	89-12-21	879	21	10	11	9	12	1	0	0	0	0
	Jonjo Shelvey	ENG	92-02-27	542	8	6	2	4	4	0	0	2	0	0
	Jack Colback	ENG	89-10-24	492	11	4	7	2	14	0	0	0	0	0
	Gustavo Scarpa	BRA	94-01-05	179	6	2	4	2	7	0	0	1	0	0
	Cafú	POR	93-02-26	6	1	0	1	0	2	0	0	0	0	0
	Alex Mighten	ENG	02-04-11	0	0	0	0	0	2	0	0	0	0	0
FW	Taiwo Awoniyi	NGA	97-08-12	1411	27	17	10	17	12	10	1	2	0	0
	Emmanuel Dennis	NGA	97-11-15	714	19	6	13	6	25	2	2	3	0	0
	Chris Wood	NZL	91-12-07	376	7	5	2	2	2	1	0	0	0	0
	Sam Surridge	ENG	98-07-28	305	20	1	19	1	35	1	0	2	0	0
	André Ayew	GHA	89-12-17	305	13	1	12	1	17	0	0	0	0	0
	Lyle Taylor	MSR	90-03-29	0	0	0	0	0	2	0	0	0	0	0
	Julian Larsson	SWE	01-04-21	0	0	0	0	0	3	0	0	0	0	0

NOTTINGHAM FOREST FC vs. OPPONENTS PER GAME STATS

노팅엄 포리스트 vs 상대팀

| | 득점 | 슈팅 | 유효슈팅 | 코너킥 | 오프사이드 | 패스시도 | 패스성공 | 패스성공률 | 태클 | 공중전승리 | 인터셉트 | 파울 | 경고 | 퇴장 |

| 1.00 | 득점 | 1.79 | 9.7 | 슈팅 | 14.7 | 3.1 | 유효슈팅 | 4.8 | 3.4 | 코너킥 | 6.3 | 1.8 | 오프사이드 | 1.5 | 340 | PA | 572 | 246 | PC | 468 |
| 72% | P% | 82% | 17.3 | TK | 13.4 | 14.8 | AD | 15.8 | 9.2 | IT | 7.5 | 11.7 | 공중전 | 10.9 | 2.21 | | 1.71 | 0.000 | | 0.000 |

2022-23 SEASON SQUAD LIST & GAMES PLAYED

*괄호 안의 숫자는 선발 출전 횟수, 교체 출전은 포함시키지 않음

LW
J.린가드(4), M.깁스-와이트(3)
T.아워니(2)

CF
B.존슨(16), T.아워니(15)
M.깁스-와이트(6), C.우드(5)
E.데니스(3), J.린가드(2)
S.서리지(1), A.아유(1)

RW
B.존슨(6), M.깁스-와이트(3)

LAM
E.데니스(1), G.스카르파(1)
J.린가드(1)

CAM
M.깁스-와이트(22), B.존슨(8)
, J.린가드(5), 다닐루(5)
E.데니스(2), G.스카르파(1)

RAM
B.존슨(3)

LM
H.토폴로(3), R.로지(2)

CM
R.프로일러(23), R.예이츠(20)
O.망갈라(19), C.쿠야테(8)
다닐루(7), L.오브라이언(5)
J.콜백(4), J.셸비(5)

RM
N.윌리엄스(5)

LWB
R.로지(7), H.토폴로(2)

DM
O.망갈라(1), J.셸비(1)
L.오브라이언(1), R.예이츠(1)
C.쿠야테(1), R.프로일러(1)

RWB
N.윌리엄스(5), S.오리에(4)

LB
R.로지(17), H.토폴로(4)
N.윌리엄스(3)

CB
S.맥케나(19), J.워럴(21)
S.쿡(11), W.볼리(9)
펠리피(15), M.니아카테(14)
C.쿠야테(1), S.오리에(1)

RB
S.오리에(17), N.윌리엄스(7)

GK
D.헨더슨(18), K.나바스(17)
W.헤네시(3)

SHOTS & GOALS

38경기 총 370슈팅 - 38득점
38경기 상대 총 557슈팅 - 68실점

28-9
215-27
127-2

유효 슈팅 119		비유효 슈팅 251	
득점	38	블록 당함	94
GK 방어	81	골대 밖	151
유효슈팅률	32%	골대 맞음	6

유효 슈팅 182		비유효 슈팅 375	
실점	68	블록	162
GK 방어	114	골대 밖	201
유효슈팅률	33%	골대 맞음	12

170-15
339-42
48-11

GOAL TIME | POSSESSION

시간대별 득점

득실차
전반 골 득실차 -6
후반 골 득실차 -24
전체 골 득실차 -30

시간대별 실점

전체 평균
75% ··37%·· 25%
50%

홈경기
75% 36% 25%
50%

원정경기
75% 38% 25%
50%

TACTICAL SHOT & GOAL TYPES | PASSES PER GAME | CORNER | DUELS pg

슈팅 패턴
38경기 370
6 / 36.9 / 51 / 32 / 236

득점 패턴1
38경기 38골
3 / 2 / 2 / 22 / 4

득점 패턴2
38경기 38골
3 / 2 / 2 / 22

패스 시도
평균 340
14 / 57 / 269

패스 성공
평균 246
3 / 21 / 222

코너킥 형태
38경기 128
1 / 9 / 53 / 65

땅볼 쟁탈전
평균 66.5
32.1 / 34.4

- OPEN PLAY
- FASTBREAK
- CORNER KICK
- SET PIECE
- DIRECT FREE KICK
- PENALTY KICK

- OPEN PLAY
- FASTBREAK
- CORNER KICK
- SET PIECE
- DIRECT FREE KICK
- PENALTY KICK
- OWN GOAL

- COMBINATION PLAY
- SOLO PLAY
- DIRECT FREE KICK
- PENALTY KICK
- OWN GOAL

- SHORT PASSES
- LONG BALLS
- CROSSES

- SHORT PASSES
- LONG BALLS
- CROSSES

- INSWINGING CK
- OUTSWINGING CK
- STRAIGHT CK
- ET CETERA

- 성공
- 실패

상대 슈팅 패턴
38경기 557
9 / 41 / 21 / 99 / 360 / 27

실점 패턴 1
38경기 68골
2 / 5 / 2 / 40 / 6

실점 패턴 2
38경기 68골
2 / 6 / 15 / 45 / 6

상대 패스 시도
평균 572
22 / 52 / 498

★★
FOREST

상대 코너킥 형태
38경기 239
6 / 41 / 93 / 99

공중전
평균 30.6
15.8 / 14.8

FORMATION SUMMARY | WHO SCORED | ACTION ZONE | PASSESS pg BY ZONE

선발 포지션별 전적

포메이션	승	무	패	득점	실점
4-3-3	3	3	3	8	14
3-4-2-1	2	2	5	12	16
4-3-2-1	0	3	6	6	13
3-4-1-2	1	1	3	4	8
4-3-1-2	3	2	0	7	3
4-2-3-1	0	0	3	1	8
5-3-2	0	0	1	0	6
TOTAL	9	11	18	38	68

포지션별 득점

FW진 22골
MF진 11골
DF진 3골

상대 포지션별 실점

DF진 6골
MF진 18골
FW진 44골

* 상대 자책골 3골

공격 방향

왼쪽 37% / 중앙 24% / 오른쪽 39%

볼 점유 위치

상대 진영 24%
중간 지역 42%
우리 진영 34%

평균 패스 성공

하프라인 위쪽 107회
하프라인 아래 139회

패스 성공률

하프라인 위쪽 58%
하프라인 아래 84%

🏆 9	🏆 5	🏆 0	🏆 0	🏆 0	🏆 0
ENGLISH PREMIER LEAGUE	ENGLISH FA CUP	UEFA CHAMPIONS LEAGUE	UEFA EUROPA LEAGUE	FIFA CLUB WORLD CUP	UEFA-CONMEBOL INTERCONTINENTAL

Founded
구단 창립
1878년

Owner
파하드 모시리
1955.05.18

CEO
빌 켄라이트
1945.09.04

Manager
션 다이치
1971.06.28

23-24 Odds
벳365 : 500배
스카이벳 : 500배

Nationality
● 외국 선수 13명
● 잉글랜드 19명

Age
32명 평균
26.7세

Height
32명 평균
184cm

Market Value
1군 32명 평균
1412만 유로

Game Points
22-23 : 36점
통산 : 점

Win
22-23 : 8승
통산 : 승

Draw
22-23 : 12무
통산 : 무

Loss
22-23 : 18패
통산 : 패

Goals For
22-23 : 34득점
통산 : 득점

Goals Against
22-23 : 57실점
통산 : 실점

More Minutes
제임스 타코우스키
3420분

Top Scorer
드와이트 맥닐
7골

More Assists
알렉스 이워비
7도움

More Subs
닐 모페이
16회 교체 IN

More Cards
아마두 오나나
Y9+R0

TOTO GUIDE 지난 시즌 상대팀별 전적

상대팀	홈	원정
Manchester City	0-3	1-1
Arsenal	1-0	0-4
Manchester Utd	1-2	0-2
Newcastle Utd	1-4	0-1
Liverpool	0-0	0-2
Brighton	1-4	5-1
Aston Villa	0-2	1-2
Tottenham	1-1	0-2
Brentford	1-0	1-1
Fulham	1-3	0-0
Crystal Palace	3-0	0-0
Chelsea	0-1	2-2
Wolverhampton	1-2	1-1
West Ham Utd	1-0	0-2
Bournemouth	1-0	0-3
Nottm Forest	1-1	2-2
Leicester City	0-2	2-2
Leeds Utd	1-0	1-1
Southampton	1-2	2-1

GOODISON PARK

구장 오픈 / 증개축
1892년, 증개축 10회
구장 소유
에버튼 FC
수용 인원
3만 9414명
피치 규모
105m X 68m
잔디 종류
하이브리드 잔디

STRENGTHS & WEAKNESSES

OFFENSE		DEFENSE	
직접 프리킥	C	세트피스 수비	C
문전 처리	D	상대 볼 뺏기	B
측면 돌파	B	공중전 능력	C
스루볼 침투	C	역습 방어	E
개인기 침투	C	지공 방어	C
카운터 어택	C	스루패스 방어	C
기회 만들기	B	리드 지키기	C
세트피스	C	실수 조심	D
OS 피하기	C	측면 방어력	C
중거리 슈팅	B	파울 주의	C
볼 점유율	E	중거리슈팅 수비	C

매우 강함 **A** 강한 편 **B** 보통 수준 **C** 약한 편 **D** 매우 약함 **E**

RANKING OF LAST 10 YEARS

13-14	14-15	15-16	16-17	17-18	18-19	19-20	20-21	21-22	22-23
5	11	11	7	8	8	12	10	16	17
72점	47점	47점	61점	49점	54점	49점	59점	39점	36점

위치	선수	국적	생년월일	출전(분)	출전경기	선발11	교체인	교체아웃	벤치출발	득점	도움	경고	경고누적	퇴장
GK	Jordan Pickford	ENG	94-03-07	3330	37	37	0	0	0	0	1	6	0	0
	Asmir Begović	BIH	87-06-20	90	1	1	0	0	37	0	0	0	0	0
	Andy Lonergan	ENG	83-10-19	0	0	0	0	0	4	0	0	0	0	0
	Billy Crellin	ENG	00-01-30	0	0	0	0	0	0	0	0	0	0	0
DF	James Tarkowski	ENG	92-11-19	3420	38	38	0	0	0	1	1	6	0	0
	Vitaliy Mykolenko	UKR	99-05-29	2655	34	30	4	3	4	0	0	4	0	0
	Conor Coady	ENG	93-02-25	2096	24	23	1	1	12	1	1	2	0	0
	Séamus Coleman	IRL	88-10-11	1663	23	20	3	11	10	1	0	1	0	0
	Nathan Patterson	SCO	01-10-16	1277	19	14	5	3	7	0	0	3	0	0
	Michael Keane	ENG	93-01-11	983	12	10	2	0	22	1	0	2	0	0
	Ben Godfrey	ENG	98-01-15	803	13	10	3	4	8	0	1	2	0	0
	Yerry Mina	COL	94-09-23	596	7	7	0	2	17	2	0	2	0	0
	Mason Holgate	ENG	96-10-22	507	8	5	3	2	23	0	0	2	1	0
	Rúben Vinagre	POR	99-04-09	24	2	0	2	0	21	0	0	0	0	0
	Kyle John	ENG	01-02-13	0	0	0	0	0	2	0	0	0	0	0
	Ishé Samuels-Smith	ENG	06-06-05	0	0	0	0	0	1	0	0	0	0	0
	Reece Welch	ENG	03-09-19	0	0	0	0	0	5	0	0	0	0	0
MF	Alex Iwobi	NGA	96-05-03	3382	38	38	0	4	0	2	7	2	0	0
	Idrissa Gueye	SEN	89-09-26	2594	33	32	1	18	1	0	1	7	0	0
	Demarai Gray	ENG	96-06-28	2512	33	27	6	11	11	4	1	3	0	0
	Dwight McNeil	ENG	99-11-22	2500	36	28	8	9	10	7	3	5	0	0
	Amadou Onana	BEL	01-08-16	2496	33	29	4	13	5	1	2	9	0	0
	Abdoulaye Doucouré	MLI	93-01-01	1526	25	17	8	2	12	5	2	6	0	1
	James Garner	ENG	01-03-13	795	16	7	9	1	14	0	1	3	0	0
	Tom Davies	ENG	98-06-30	528	19	4	15	3	30	0	0	3	0	0
	Isaac Price	NIR	03-09-26	32	1	0	1	0	3	0	0	1	0	0
	Andros Townsend	ENG	91-07-16	0	0	0	0	0	0	0	0	0	0	0
	Sean McAllister	NIR	03-01-01	0	0	0	0	0	0	0	0	0	0	0
	Stanley Mills	ENG	03-10-25	0	0	0	0	0	7	0	0	0	0	0
FW	Dominic Calvert-Lewin	ENG	97-03-16	1174	17	15	2	11	2	2	1	3	0	0
	Neal Maupay	FRA	96-08-14	1113	27	11	16	10	22	1	0	4	0	0
	Ellis Simms	ENG	01-01-05	221	11	2	9	2	19	1	0	0	0	0

PREMIER LEAGUE 2022-23 SEASON

EVERTON FC vs. OPPONENTS PER GAME STATS

에버튼 FC vs 상대팀

	득점	슈팅	유효슈팅	코너킥	오프사이드	패스시도	패스성공	태클	공중전승리	인터셉트	파울	경고	퇴장
	0.89 ⚽ 1.50	11.3 👟 15.1	3.9 ▣ 4.9	4.6 🚩 6.3	1.7 🚩 1.4	397 PA 536	306 PC 431						
	77% P% 80%	18.6 TK 15.7	15.3 AD 16.1	10.3 IT 7.2	10.4 ✎ 10.5	2.13 ■ 2.00	0.053 ■ 0.026						

2022-23 SEASON SQUAD LIST & GAMES PLAYED

* 괄호 안의 숫자는 선발 출전 횟수, 교체 출전은 포함시키지 않음

LW
D.그레이(8), A.고든(3)
D.맥닐(3)

CF
R.칼버트-르윈(15), N.모페(11)
D.그레이(10), A.고든(2)
E.심스(3), D.맥닐(1)
S.론돈(1)

RW
D.맥닐(5), A.고든(5)
D.그레이(3), A.이워비(1)

LAM
D.맥닐(4), D.그레이(2)

CAM
A.이워비(6), A.두쿠레(3)
D.그레이(2), A.오나나(1)

RAM
A.이워비(3), A.고든(2)
D.그레이(1)

LM
D.맥닐(10), A.이워비(2)
D.그레이(1)

CM
A.오나나(26), I.게이(23)
A.이워비(16), A.두쿠레(14)
T.데이비스(4), J.가너(1)

RM
A.이워비(10), D.맥닐(2)
J.가너(1)

LWB
V.미콜렌코(5), D.맥닐(1)

DM
I.게이(9), J.가너(4)
A.오나나(2)

RWB
N.패터슨(2), S.콜먼(2)
J.가너(1)

LB
V.미콜렌코(24), B.고드프리(5)
D.맥닐(2), M.홀게이트(1)

CB
J.타르코프스키(38), C.코디(23)
M.킨(10), Y.미나(7)
M.홀게이트(3), B.고드프리(1)
V.미콜렌코(1)

RB
S.콜먼(18), N.패터슨(11)
B.고드프리(2), M.홀게이트(1)

GK
J.픽포드(37), A.베고비치(1)

SHOTS & GOALS

38경기 총 430슈팅 - 34득점
38경기 상대 총 573슈팅 - 57실점

45-7
235-21
150-6

유효 슈팅 148		비유효 슈팅 282	
득점	34	블록 당함	127
GK 방어	114	골대 밖	153
유효슈팅률	34%	골대 맞음	2

유효 슈팅 185		비유효 슈팅 388	
실점	57	블록	182
GK 방어	128	골대 밖	194
유효슈팅률	32%	골대 맞음	12

180-6
344-39
49-12

GOAL TIME | POSSESSION

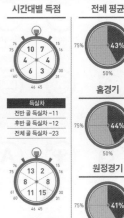

시간대별 득점

득실차	
전반 골 득실차	-11
후반 골 득실차	-12
전체 골 득실차	-23

시간대별 실점

전체 평균 43%

홈경기 44%

원정경기 41%

TACTICAL SHOT & GOAL TYPES | PASSES PER GAME | CORNER | DUELS pg

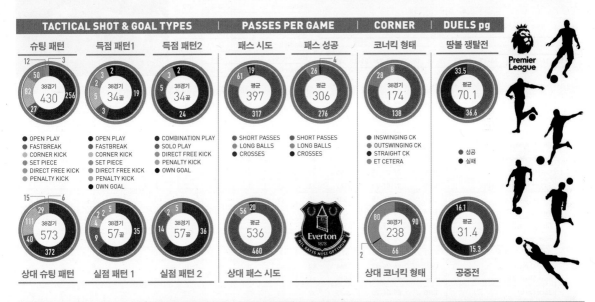

슈팅 패턴 — 38경기 430
- OPEN PLAY
- FASTBREAK
- CORNER KICK
- SET PIECE
- DIRECT FREE KICK
- PENALTY KICK

득점 패턴1 — 38경기 34골
- OPEN PLAY
- FASTBREAK
- CORNER KICK
- SET PIECE
- DIRECT FREE KICK
- PENALTY KICK
- OWN GOAL

득점 패턴2 — 38경기 34골
- COMBINATION PLAY
- SOLO PLAY
- DIRECT FREE KICK
- PENALTY KICK
- OWN GOAL

패스 시도 — 평균 397
- SHORT PASSES
- LONG BALLS
- CROSSES

패스 성공 — 평균 306
- SHORT PASSES
- LONG BALLS
- CROSSES

코너킥 형태 — 38경기 174
- INSWINGING CK
- OUTSWINGING CK
- STRAIGHT CK
- ET CETERA

땅볼 쟁탈전 — 평균 70.1
- 성공
- 실패

상대 슈팅 패턴 — 38경기 573

실점 패턴 1 — 38경기 57골

실점 패턴 2 — 38경기 57골

상대 패스 시도 — 평균 536

상대 코너킥 형태 — 38경기 238

공중전 — 평균 31.4

FORMATION SUMMARY | WHO SCORED | ACTION ZONE | PASSESS pg BY ZONE

선발 포지션별 전적

포메이션	승	무	패	득점	실점
4-3-3	2	2	7	8	20
4-5-1	3	2	2	7	10
4-2-3-1	2	3	1	10	6
3-4-2-1	1	0	2	2	4
3-4-3	0	2	1	3	4
4-1-4-1	0	2	1	2	4
4-4-2	0	0	2	1	5
5-3-2	0	1	1	1	3
5-4-1	0	0	1	0	1
TOTAL	8	12	18	34	57

포지션별 득점
FW진 18골
MF진 8골
DF진 6골

상대 포지션별 실점
DF진 2골
MF진 17골
FW진 38골
* 상대 자책골 2골

ACTION ZONE
공격 방향
왼쪽 36% 중앙 25% 오른쪽 39%

볼 점유 위치
상대 진영 29%
중간 지역 41%
우리 진영 30%

평균 패스 성공
하프라인 위쪽 148회
하프라인 아래 158회

패스 성공률
하프라인 위쪽 63%
하프라인 아래 87%

| Founded 구단 창립 1882년 | Owner ALK 캐피털 LLC | CEO 앨런 페이스 1968.08.11 | Manager 뱅상 콩파니 1986.04.10 | 23-24 Odds 벳365 : 1500배 스카이벳 : 1000배 |

| Nationality ●외국 선수 19명 ●잉글랜드 7명 | Age 26명 평균 24.9세 | Height 26명 평균 181cm | Market Value 1군 26명 평균 509만 유로 | GP Game Points 22-23 2부 : 101점 통산 : 3124점 |

| W Win 22-23 2부 : 29승 통산 : 867승 | D Draw 22-23 2부 : 14무 통산 : 523무 | L Loss 22-23 2부 : 3패 통산 : 896패 | GF+ Goals For 22-23 2부 : 87득점 통산 : 3463득점 | GA- Goals Against 22-23 2부 : 35실점 통산 : 3612실점 |

| More Minutes 조시 컬런 3844분 | Top Scorer 마누엘 벤슨 11골 | More Assists 조시 브라운힐 8도움 | More Subs 마누엘 벤슨 19회 교체 IN | More Cards 잭 코크 Y12+R0 |

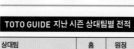

🏆 2	🏆 1	🏆 0	🏆 0	🏆 0	🏆 0
ENGLISH PREMIER LEAGUE	ENGLISH FA CUP	UEFA CHAMPIONS LEAGUE	UEFA EUROPA LEAGUE	FIFA CLUB WORLD CUP	UEFA-CONMEBOL INTERCONTINENTAL

TOTO GUIDE 지난 시즌 상대팀별 전적

상대팀	홈	원정
Sheffield Utd	2-0	2-5
Luton Town	1-1	1-2
Middlesbrough	3-1	2-1
Coventry City	1-0	1-0
Sunderland	0-0	4-2
Blackburn	3-0	1-0
Millwall	2-0	1-1
West Brom	2-1	1-1
Swansea City	4-0	2-1
Watford	1-1	0-1
Preston	3-0	1-1
Norwich City	1-0	3-0
Bristol City	2-1	2-1
Hull City	1-1	3-1
Stoke City	1-1	1-0
Birmingham City	3-0	1-1
Huddersfield	4-0	1-0
Rotherham	3-2	2-2
QP Rangers	1-2	3-0
Cardiff City	3-0	1-1
Reading	2-1	0-0
Blackpool	3-3	0-0
Wigan Athletic	3-0	5-1

TURF MOOR

구장 오픈 1883년
구장 소유 번리 FC
수용 인원 2만 1944명
피치 규모 105m X 68m
잔디 종류 하이브리드 잔디

RANKING OF LAST 10 YEARS

● 2부 리그

13-14	14-15	15-16	16-17	17-18	18-19	19-20	20-21	21-22	22-23
2	19	1	16	7 54점	15	10	54점 17	18	1
93점		93점	33점	40점	40점		39점	35점	101점

위치	선수	국적	생년월일	출전(분)	출전경기	선발11	교체인	교체아웃	벤치출발	득점	도움	경고	경고누적	퇴장
GK	Arijanet Murić	KVX	98-11-07	3617	41	41	0	3	3	0	0	4	0	0
	Bailey Peacock-Farrell	NIR	96-10-29	523	8	5	3	0	41	0	0	0	0	0
	Denis Franchi	ITA	02-10-22	0	0	0	0	0	1	0	0	0	0	0
	Charlie Casper	ENG	05-04-04	0	0	0	0	0	2	0	0	0	0	0
DF	Connor Roberts	WAL	95-09-23	3529	43	39	4	2	5	4	6	7	0	1
	Ian Maatsen	NED	02-03-10	3295	39	38	1	12	2	4	6	8	0	1
	Taylor Harwood-Bellis	ENG	02-01-30	2767	32	31	1	2	2	1	2	6	0	0
	Jordan Beyer	GER	00-05-19	2533	30	29	1	3	2	1	3	5	0	0
	Vitinho	BRA	99-07-23	2096	35	23	12	11	18	3	1	1	0	0
	Charlie Taylor	ENG	93-09-18	1711	33	17	16	1	23	0	1	2	0	0
	Hjalmar Ekdal	SWE	98-10-21	770	9	9	0	3	2	1	1	1	0	0
	Ameen Al-Dakhil	IRQ	02-03-06	671	8	7	1	1	4	0	0	1	0	0
MF	Josh Cullen	IRL	96-04-07	3844	43	43	0	4	0	1	4	8	0	0
	Josh Brownhill	ENG	95-12-19	3579	41	41	0	6	6	7	8	9	0	0
	Jack Cork	ENG	89-06-25	2435	39	26	13	8	17	0	2	12	0	0
	Jóhann Guðmundsson	ISL	90-10-27	1970	37	23	14	22	16	4	6	2	0	0
	Samuel Bastien	BEL	96-09-26	546	18	7	11	7	24	1	1	1	0	0
	Darko Churlinov	MKD	00-07-11	197	7	1	6	1	10	0	0	0	0	0
FW	Anass Zaroury	MAR	00-11-07	2357	34	27	7	18	7	7	5	1	0	0
	Ashley Barnes	AUT	89-10-31	1899	39	22	17	12	23	6	3	5	0	0
	Jay Rodriguez	ENG	89-07-29	1823	28	20	8	16	8	10	2	1	0	0
	Manuel Benson	BEL	97-03-28	1484	33	14	19	13	22	11	3	3	0	0
	Scott Twine	ENG	99-07-14	556	14	5	9	6	17	3	1	1	0	0
	Lyle Foster	RSA	00-09-03	363	11	4	7	4	11	1	0	0	0	0
	Michael Obafemi	IRL	00-07-06	166	12	0	12	0	15	2	0	2	0	0
	Halil Dervişoğlu	TUR	99-12-08	64	8	0	8	0	13	1	0	0	0	0

ENGLISH LC(2부리그) 2022-23 SEASON

BURNLEY FC vs. OPPONENTS PER GAME STATS

번리 FC vs 상대팀

	득점	슈팅	유효슈팅	코너킥	오프사이드	패스시도	패스성공
	1.89 / 0.76	13.6 / 9	4.8 / 3.0	5.8 / 3.9	2.1 / 1.6	591 (PA) 322	502 (PC) 229

	패스성공%	태클	공중전승리	인터셉트	파울	경고	퇴장
	85% / 71%	14.8 (TK) 15.5	15.7 (AD) 16.4	9.0 (IT) 9.5	9.8 / 11.1	1.76 / 2.15	0.043 / 0.152

2022-23 SEASON SQUAD LIST & GAMES PLAYED

* 괄호 안의 숫자는 선발 출전 횟수, 교체 출전은 포함시키지 않음

LW	CF	RW
N.텔라(3), A.자루리(2)	J.로드리게스(20), A.반즈(19)	J.구드문드손(2), 비티뉴(2)
J.브라운힐(2), S.바스티앙(1)	N.텔라(4), L.포스터(3)	B.마누엘(2), N.텔라(2)
D.코스텔로(1), L.포스터(1)	D.코스텔로(1), A.자루리(1)	D.코스텔로(1)

LAM	CAM	RAM
A.자루리(24), N.텔라(7)	J.브라운힐(15), J.구드문드손(7)	B.마누엘(12), N.텔라(10)
J.구드문드손(1), J.브라운힐(1)	N.텔라(5), S.트와인(5)	J.구드문드손(8), 비티뉴(5)
D.추클리노프(1), 비티뉴(1)	A.반즈(3), S.바스티앙(1)	

LM	CM	RM
S.바스티앙(1), J.구드문드손(1)	J.컬렌(11), J.코크(8)	J.브라운힐(1), 비티뉴(1)
	J.브라운힐(8), S.바스티앙(3)	
	C.로버츠(1)	

LWB	DM	RWB
N/A	J.컬렌(32), J.코크(18)	N/A
	J.브라운힐(1), J.구드문드손(4)	
	S.바스티앙(1)	

LB	CB	RB
I.마트센(37), 비티뉴(7)	T.하우드-벨리스(31),	C.로버츠(38), 비티뉴(7)
C.테일러(1)	J.바이어(29), C.테일러(16)	
	H.엑달(9), A.A.다킬(7)	
	I.마트센(1)	

GK
A.무리치(41), B.피콕-패럴(5)

SHOTS & GOALS

46경기 총 626슈팅 – 87득점
46경기 상대 총 394슈팅 – 35실점

77-25
307-46
242-16

유효 슈팅 221		비유효 슈팅 405	
득점	85	블록 당함	161
GK 방어	136	골대 밖	229
유효슈팅률	35%	골대 맞음	15

유효 슈팅 139		비유효 슈팅 255	
실점	35	블록	104
GK 방어	104	골대 밖	144
유효슈팅률	35%	골대 맞음	7

131-1
220-22
43-12

GOAL TIME | POSSESSION

시간대별 득점
16 12 15
19 11
17 12
46 45

실득차
| 전반 골 득실차 +20 |
| 후반 골 득실차 +32 |
| 전체 골 득실차 +52 |

시간대별 실점
9 4
5 1
6 4
46 45

전체 평균
65% (75% / 25% / 50%)

홈경기
77% (75% / 25% / 50%)

원정경기
53% (75% / 25% / 50%)

TACTICAL SHOT & GOAL TYPES | PASSES PER GAME | CORNER | DUELS pg

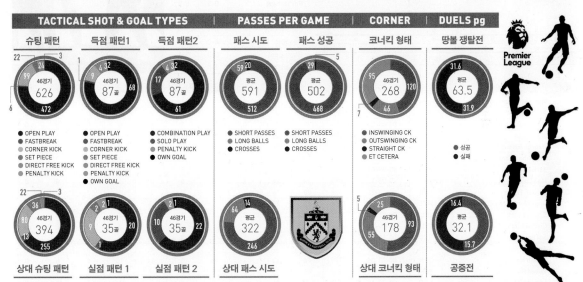

슈팅 패턴
46경기 626
22 / 3 / 24 / 99 / 472 / 6

득점 패턴1
46경기 87골
1 / 9 / 4 / 32 / 68

득점 패턴2
46경기 87골
4 / 32 / 17 / 61

패스 시도
평균 591
59 / 20 / 512

패스 성공
평균 502
29 / 468

코너킥 형태
46경기 268
95 / 120 / 46 / 7

땅볼 쟁탈전
평균 63.5
31.6 / 31.9

- OPEN PLAY
- FASTBREAK
- CORNER KICK
- SET PIECE
- DIRECT FREE KICK
- PENALTY KICK

- OPEN PLAY
- FASTBREAK
- CORNER KICK
- SET PIECE
- DIRECT FREE KICK
- PENALTY KICK
- OWN GOAL

- COMBINATION PLAY
- SOLO PLAY
- PENALTY KICK
- OWN GOAL

- SHORT PASSES
- LONG BALLS
- CROSSES

- SHORT PASSES
- LONG BALLS
- CROSSES

- INSWINGING CK
- OUTSWINGING CK
- STRAIGHT CK
- ET CETERA

- 성공
- 실패

상대 슈팅 패턴
46경기 394
22 / 3 / 36 / 80 / 255 / 13

실점 패턴 1
46경기 35골
2 / 1 / 1 / 20

실점 패턴 2
46경기 35골
2 / 1 / 10 / 22

상대 패스 시도
평균 322
14 / 64 / 246

상대 코너킥 형태
46경기 178
5 / 25 / 93 / 55

공중전
평균 32.1
16.4 / 15.7

FORMATION SUMMARY | WHO SCORED | ACTION ZONE | PASSESS pg BY ZONE

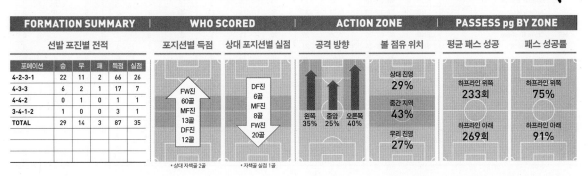

선발 포진별 전적

포메이션	승	무	패	득점	실점
4-2-3-1	22	11	2	66	26
4-3-3	6	2	1	17	7
4-4-2	0	1	0	1	1
3-4-1-2	1	0	0	3	1
TOTAL	29	14	3	87	35

포지션별 득점
FW진 60골
MF진 13골
DF진 12골

* 상대 자책골 2골

상대 포지션별 실점
DF진 6골
MF진 8골
FW진 20골

* 자책골 실점 1골

공격 방향
왼쪽 35% / 중앙 25% / 오른쪽 40%

볼 점유 위치
상대 진영 29%
중간 지역 43%
우리 진영 27%

평균 패스 성공
하프라인 위쪽 233회
하프라인 아래 269회

패스 성공률
하프라인 위쪽 75%
하프라인 아래 91%

Founded
구단 창립
1889년

Owner
암둘라 빈무사이드
1965.02.19

CEO
유수프 지안시라쿠사
1985.01.11

Manager
폴 헤킹바텀
1977.07.17

23-24 Odds
벳365 : 2500배
스카이벳 : 2500배

31명
Nationality
●외국 선수 13명
●잉글랜드 18명

Age
31명 평균
26.0세

Height
31명 평균
182cm

Market Value
1군 31명 평균
389만 유로

Game Points
22-23 2부 : 91점
통산 : 3250점

Win
22-23 2부 : 28승
통산 : 892승

Draw
22-23 2부 : 7무
통산 : 574무

Loss
22-23 2부 : 11패
통산 : 966패

Goals For
22-23 2부 : 73득점
통산 : 3590득점

Goals Against
22-23 2부 : 39실점
통산 : 3864실점

More Minutes
존 이건
3955분

Top Scorer
일리만 은디아이
14골

More Assists
일리만 은디아이
10도움

More Subs
빌리 샤프
24회 교체 IN

More Cards
아넬 아메드호지치
Y12+R0

RANKING OF LAST 10 YEARS

●2부 리그
●3부 리그

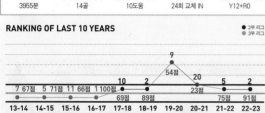

	13-14	14-15	15-16	16-17	17-18	18-19	19-20	20-21	21-22	22-23
순위	7	5	11	1	10	2	9	20	5	2
점수	67점	71점	66점	100점	69점	89점	54점	23점	75점	91점

	1		4		0		0		0		0
	ENGLISH PREMIER LEAGUE		**ENGLISH FA CUP**		**UEFA CHAMPIONS LEAGUE**		**UEFA EUROPA LEAGUE**		**FIFA CLUB WORLD CUP**		**UEFA-CONMEBOL INTERCONTINENTAL**

TOTO GUIDE 지난 시즌 상대팀별 전적

상대팀	홈	원정
Burnley	5-2	0-2
Luton Town	0-1	1-1
Middlesbrough	1-3	2-2
Coventry City	3-1	0-1
Sunderland	2-1	2-1
Blackburn	3-0	0-1
Millwall	2-0	2-3
West Brom	2-0	2-0
Swansea City	3-0	1-0
Watford	1-0	0-1
Preston	4-1	2-0
Norwich City	2-2	1-0
Bristol City	1-0	1-0
Hull City	1-0	2-0
Stoke City	3-1	1-3
Birmingham City	1-1	2-1
Huddersfield	1-0	0-1
Rotherham	0-1	0-0
QP Rangers	0-1	1-1
Cardiff City	4-1	1-0
Reading	4-0	1-0
Blackpool	3-3	2-1
Wigan Athletic	1-0	2-1

BRAMALL LANE

구장 오픈 / 증개축
1855년, 증축 6회
구장 소유
세필드 유나이티드 FC
수용 인원
3만 2750명
피치 규모
101m X 68m
잔디 종류
하이브리드 잔디

위치	선수	국적	생년월일	출전(분)	출전경기	선발11	교체인	교체아웃	벤치출발	득점	도움	경고	경고누적	퇴장
GK	Wes Foderingham	ENG	91-01-14	3515	40	40	0	1	1	0	0	2	0	2
	Adam Davies	WAL	92-07-17	611	7	6	1	0	30	0	0	0	0	0
	Marcus Dewhurst	ENG	01-03-20	0	0	0	0	0	2	0	0	0	0	0
DF	John Egan	IRL	92-10-20	3955	45	44	1	0	1	2	1	10	1	0
	George Baldock	ENG	93-01-26	2883	36	33	3	10	5	1	3	7	0	0
	Anel Ahmedhodžić	BIH	99-03-26	2861	34	32	2	3	3	6	2	12	0	0
	Jack Robinson	ENG	93-09-01	2133	27	25	2	4	5	3	1	4	0	0
	Max Lowe	ENG	97-05-11	2010	26	24	2	5	5	1	5	5	0	0
	Jayden Bogle	ENG	00-07-27	1388	20	16	4	6	9	2	1	7	0	0
	Rhys Norrington-Davies	WAL	99-04-22	1264	15	15	0	2	0	0	0	3	0	0
	Enda Stevens	IRL	90-07-09	793	12	9	3	6	4	0	2	2	0	0
	Ciaran Clark	IRL	89-09-26	663	10	7	3	2	15	2	0	4	0	0
	Sai Sachdev	ENG	04-10-23	15	1	0	1	0	3	0	0	0	0	0
	Andre Brooks	ENG	03-08-20	0	1	0	1	0	10	0	0	0	0	0
MF	Iliman Ndiaye	SEN	00-03-06	3720	46	43	3	24	3	14	10	6	0	0
	Oliver Norwood	NIR	91-04-12	3528	46	39	7	5	7	2	5	7	0	0
	Sander Berge	NOR	98-02-18	3107	37	34	3	7	3	6	5	4	0	0
	James McAtee	ENG	02-10-18	1901	37	21	16	20	23	9	3	5	0	0
	Tommy Doyle	ENG	01-10-17	1857	33	21	12	18	15	3	4	4	0	0
	Chris Basham	ENG	88-07-20	1730	29	18	11	5	23	0	2	1	0	0
	John Fleck	SCO	91-08-24	1110	26	14	12	11	14	1	1	3	0	0
	Ben Osborn	ENG	94-08-05	1067	20	10	10	2	10	1	0	0	0	0
	Oliver Arblaster	ENG	04-05-05	72	4	1	3	1	10	0	0	0	0	0
	Jili Buyabu	ENG	01-08-09	16	1	0	1	0	2	0	0	0	0	0
	Ismaila Coulibaly	MLI	00-12-25	0	1	0	1	0	6	0	0	0	0	0
FW	Oliver McBurnie	SCO	96-06-04	2222	38	25	13	16	13	13	2	10	0	0
	Billy Sharp	ENG	86-02-05	1463	38	14	24	11	24	2	1	5	0	0
	Rhian Brewster	ENG	00-04-01	566	16	5	11	6	12	1	1	1	0	0
	Daniel Jebbison	ENG	03-07-11	486	16	5	11	5	18	1	2	1	0	0
	William Osula	DEN	03-08-04	50	2	0	2	0	4	0	0	0	0	0
	Louie Marsh	ENG	03-10-16	0	0	0	0	0	0	0	0	0	0	0

SHEFFIELD UNITED FC vs. OPPONENTS PER GAME STATS

셰필드 UTD vs 상대팀

	셰필드	상대
득점	1.59	0.85
슈팅	13.7	10.0
유효슈팅	5.0	2.9
코너킥	5.0	4.1
오프사이드	1.6	1.5
패스시도 (PA)	408	439
패스성공 (PC)	305	315
패스성공률 (P%)	75%	72%
태클 (TK)	17.9	15.3
공중전승리 (AD)	21.0	19.1
인터셉트 (IT)	10.5	9.7
파울	10.5	9.7
경고	2.22	2.00
퇴장	0.065	0.130

2022-23 SEASON SQUAD LIST & GAMES PLAYED

* 괄호 안의 숫자는 선발 출전 횟수, 교체 출전은 포함시키지 않음

LW
N/A

CF
I.은디아이(31), O.맥버니(25)
B.샤프(14), R.브루스터(5)
D.제비슨(5), R.브로드라(3)

RW
N/A

LAM
N/A

CAM
I.은디아이(11), J.맥카티(10)
S.베르게(2), B.오스본(1)

RAM
N/A

LM
E.스티븐스(4), M.로우(2)
B.오스본(2)

CM
O.노어우드(39), S.베르게(32)
T.도일(21), J.플렉(14)
J.맥카티(11), B.오스본(5)
I.은디아이(1), O.아블라스터(1)

RM
G.발독(8)

LWB
M.로우(22), E.스티븐스(5)
R.노링턴-데이비스(4), B.오스본(2)
J.보글(1), R.카드라(1)

DM
N/A

RWB
G.발독(22), J.보글(15)

LB
R.노링턴-데이비스(1)

CB
J.이건(44), A.아메드호지치(32)
J.로빈슨(25), C.바샵(18)
R.노링턴-데이비스(10), C.클라크(7)

RB
K.고든(1)

GK
W.포더링엄(40), A.데이비스(6)

SHOTS & GOALS

46경기 총 629슈팅 - 73득점
46경기 상대 총 460슈팅 - 39실점

65-26
368-40
196-7

유효 슈팅 230	비유효 슈팅 399
득점 73	블록 당함 161
GK 방어 157	골대 밖 222
유효슈팅률 37%	골대 맞음 16

유효 슈팅 135	비유효 슈팅 325
실점 39	블록 144
GK 방어 96	골대 밖 168
유효슈팅률 29%	골대 맞음 13

186-4
233-24
41-11

GOAL TIME | POSSESSION

시간대별 득점
13 11
18 9
13 9

득실차
전반 골 득실차 +11
후반 골 득실차 +23
전체 골 득실차 +34

시간대별 실점
5 7
7 6
9 5

전체 평균
51% (75% / 25% / 50%)

홈경기
54% (75% / 25% / 50%)

원정경기
48% (75% / 25% / 50%)

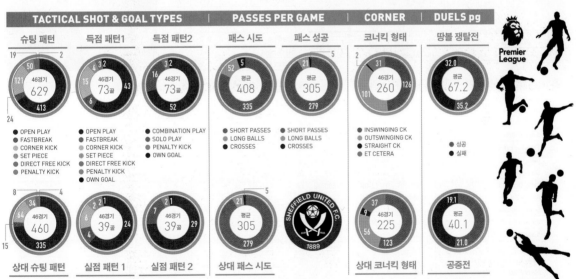

TACTICAL SHOT & GOAL TYPES

슈팅 패턴 — 46경기 629
50, 121, 413, 24, 19, 2

득점 패턴1 — 46경기 73골
4, 3, 2, 15, 43, 52

득점 패턴2 — 46경기 73골
3, 2, 16, 52, 43

● OPEN PLAY
● FASTBREAK
● CORNER KICK
● SET PIECE
● DIRECT FREE KICK
● PENALTY KICK

● OPEN PLAY
● FASTBREAK
● CORNER KICK
● SET PIECE
● DIRECT FREE KICK
● PENALTY KICK
● OWN GOAL

● COMBINATION PLAY
● SOLO PLAY
● PENALTY KICK
● OWN GOAL

상대 슈팅 패턴 — 46경기 460
34, 64, 335, 15, 8, 4

실점 패턴 1 — 46경기 39골
2, 2, 1, 6, 24, 4

실점 패턴 2 — 46경기 39골
7, 3, 29

PASSES PER GAME

패스 시도 — 평균 408
52, 335, 5

패스 성공 — 평균 305
21, 279, 5

● SHORT PASSES
● LONG BALLS
● CROSSES

● SHORT PASSES
● LONG BALLS
● CROSSES

상대 패스 시도 — 평균 305
21, 279, 5

SHEFFIELD UNITED F.C. 1889

CORNER

코너킥 형태 — 46경기 260
31, 101, 126, 2

● INSWINGING CK
● OUTSWINGING CK
● STRAIGHT CK
● ET CETERA

상대 코너킥 형태 — 46경기 225
37, 56, 123, 9

DUELS pg

땅볼 쟁탈전 — 평균 67.2
32.0, 35.2

● 성공
● 실패

공중전 — 평균 40.1
19.1, 21.0

Premier League

FORMATION SUMMARY

선발 포진별 전적

포메이션	승	무	패	득점	실점
3-5-2	15	5	7	39	20
3-4-1-2	7	1	1	18	9
3-4-2-1	5	0	1	10	3
3-5-1-1	1	1	1	5	4
4-3-1-2	0	0	1	1	3
TOTAL	28	7	11	73	39

WHO SCORED

포지션별 득점
FW진 37골
MF진 17골
DF진 17골

상대 포지션별 실점
DF진 5골
MF진 6골
FW진 28골

* 상대 자책골 2골

ACTION ZONE

공격 방향
왼쪽 36%
중앙 25%
오른쪽 39%

볼 점유 위치
상대 진영 32%
중간 지역 41%
우리 진영 27%

PASSESS pg BY ZONE

평균 패스 성공
하프라인 위쪽 175회
하프라인 아래 135회

패스 성공률
하프라인 위쪽 66%
하프라인 아래 84%

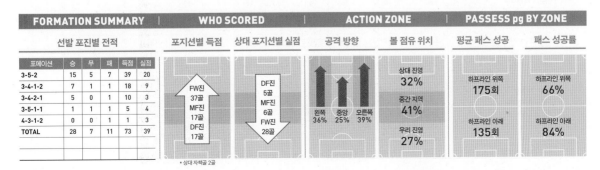

Founded
구단 창립
1885년

Owner
루턴타운 FC
2020 Ltd.

CEO
데이비드 윌킨슨

Manager
롭 에드워즈
1982.12.25

23-24 Odds
벳365 : 3000배
스카이벳 : 2500배

ENGLISH PREMIER LEAGUE 0	**ENGLISH FA CUP** 0	**UEFA CHAMPIONS LEAGUE** 0	**UEFA EUROPA LEAGUE** 0	**FIFA CLUB WORLD CUP** 0	**UEFA-CONMEBOL INTERCONTINENTAL** 0

Nationality
● 외국 선수 9명
● 잉글랜드 19명

Age
28명 평균
25.7세

Height
28명 평균
183cm

Market Value
1군 28명 평균
116만 유로

Game Points
22-23 2부 : 80점
통산 : 807점

Win
22-23 2부 : 21승
통산 : 213승

Draw
22-23 2부 : 17무
통산 : 168무

Loss
22-23 2부 : 8패
통산 : 277패

Goals For
22-23 2부 : 57득점
통산 : 863득점

Goals Against
22-23 2부 : 39실점
통산 : 1011실점

More Minutes
이던 호바스
4260분

Top Scorer
칼튼 모리스
20골

More Assists
칼튼 모리스
7도움

More Subs
컬리 우드로
22회 교체 IN

More Cards
알피 도티+1명
Y11+R0

TOTO GUIDE 지난 시즌 상대팀별 전적

상대팀	홈	원정
Burnley	0-1	1-1
Sheffield Utd	1-1	1-0
Middlesbrough	2-1	1-2
Coventry City	2-2	1-1
Sunderland	1-1	1-1
Blackburn	2-0	1-1
Millwall	2-2	0-0
West Brom	2-3	0-0
Swansea City	1-0	2-0
Watford	2-0	0-4
Preston	0-1	1-1
Norwich City	2-1	1-0
Bristol City	1-0	0-2
Hull City	0-0	2-0
Stoke City	1-0	0-2
Birmingham City	0-0	1-0
Huddersfield	3-3	2-1
Rotherham	1-1	2-0
QP Rangers	3-1	3-0
Cardiff City	1-0	2-1
Reading	0-0	1-1
Blackpool	3-1	1-0
Wigan Athletic	1-2	2-0

KENILWORTH ROAD

구장 오픈 / 증개축
1905년, 증개축 7회
구장 소유
루턴 시
수용 인원
1만 356명
피치 규모
101m X 66m
잔디 종류
천연 잔디

RANKING OF LAST 10 YEARS

● 2부 리그 ● 3부 리그
● 4부 리그 ● 5부 리그

	13-14	14-15	15-16	16-17	17-18	18-19	19-20	20-21	21-22	22-23
순위	1	8	11	4	2	1				
점수	101점	68점	66점	77점	88점	94점	51점	62점	75점	80점
							19	12	6	3

위치	선수	국적	생년월일	출전(분)	출전경기	선발11	교체인	교체아웃	벤치출발	득점	도움	경고	경고누적	퇴장
GK	Ethan Horvath	USA	95-06-09	4260	47	47	0	0	0	0	0	0	0	0
	James Shea	ENG	91-06-16	90	1	1	0	0	20	0	0	0	0	0
	Jack Walton	ENG	98-04-23	0	0	0	0	0	2	0	0	0	0	0
DF	Amari'i Bell	JAM	94-05-05	4166	47	46	1	1	1	1	1	4	1	0
	Tom Lockyer	WAL	94-12-03	3638	42	42	0	3	5	4	1	7	1	0
	Gabriel Osho	ENG	98-08-14	2269	30	25	5	7	10	3	0	4	1	0
	Dan Potts	ENG	94-04-13	2019	26	24	2	4	7	1	0	3	0	0
	Cody Drameh	ENG	01-12-08	1580	19	19	0	6	0	0	2	4	0	0
	Reece Burke	ENG	96-09-02	1415	22	15	7	5	12	2	0	3	0	0
	Sonny Bradley	ENG	91-09-13	1218	19	14	5	2	10	0	0	3	0	0
MF	Jordan Clark	ENG	93-09-22	3388	41	37	4	11	4	3	4	8	0	0
	Allan Campbell	SCO	98-07-04	3273	43	38	5	18	11	3	2	5	0	0
	Alfie Doughty	ENG	99-12-21	2438	31	28	3	11	8	2	5	11	0	0
	Pelly Ruddock Mpanzu	COD	93-07-17	2393	33	27	6	8	7	3	1	6	0	0
	Marvelous Nakamba	ZIM	94-01-19	1725	20	19	1	3	1	0	0	3	0	0
	Luke Freeman	ENG	92-03-22	983	26	10	16	9	19	2	1	2	0	0
	Luke Berry	ENG	92-07-12	694	23	4	19	2	37	3	0	3	0	0
	Fred Onyedinma	ENG	96-11-24	692	19	6	13	5	20	0	2	1	0	0
	Henri Lansbury	ENG	90-10-12	458	10	6	4	6	17	1	0	3	0	0
	Louie Watson	IRL	01-06-07	220	5	3	2	2	14	0	0	0	0	0
	Elliot Thorpe	WAL	00-11-09	36	1	0	1	0	3	0	0	0	0	0
	Casey Pettit	ENG	02-10-15	0	0	0	0	0	8	0	0	0	0	0
	Zack Nelson	ENG	05-04-21	0	0	0	0	0	1	0	0	0	0	0
FW	Carlton Morris	ENG	95-12-16	3690	47	44	3	25	3	20	7	11	0	0
	Elijah Adebayo	ENG	98-01-07	3521	45	42	3	24	4	8	5	9	0	0
	Cauley Woodrow	ENG	94-12-02	740	27	5	22	6	25	2	1	3	0	0
	Joe Taylor	ENG	02-11-18	127	6	1	5	1	19	0	0	0	0	0
	Admiral Muskwe	ZIM	98-08-21	0	0	0	0	0	1	0	0	0	0	0

ENGLISH LC(2부리그) 2022-23 SEASON

LUTON TOWN FC vs. OPPONENTS PER GAME STATS

루턴타운 FC vs 상대팀

득점 슈팅 유효슈팅 코너킥 오프사이드 패스시도 패스성공 패스성공률 태클 공중전승리 인터셉트 파울 경고 퇴장

1.15 ⚽ 0.78	12.0 👟 10.7	3.8 ● 2.8	5.8 🚩 4.8	2.0 🚩 1.2	360 PA 438	248 PC 291				
69% P% 67%	16.0 TK 19.1	24.1 AD 22.6	9.3 IT 8.6	12.4 🔻 10.1	2.02 ▦ 1.87	0.087 ■ 0.130				

2022-23 SEASON SQUAD LIST & GAMES PLAYED

* 괄호 안의 숫자는 선발 출전 횟수, 교체 출전은 포함시키지 않음

LW	CF	RW
C.모리스(1), E.아데바요(1) A.다우티(1), H.코닉(1)	C.모리스(40), E.아데바요(39) H.코닉(4), C.우드로(3) A.무스크웨(1), L.프리먼(1)	A.캠벌(3), H.코닉(1)

LAM	CAM	RAM
N/A	A.캠벌(16), J.클라크(7) L.프리먼(2), C.우드로(1) H.코닉(1)	N/A

LM	CM	RM
A.벨(16), A.다우티(15) F.온예딘마(1)	J.클라크(23), P.음판주(24) A.캠벌(19), M.나캄바(15) L.프리먼(7), H.랜스버리(6) L.베리(3), L.왓슨(2) C.우드로(1), A.다우티(1)	J.브리(14), C.드라메(12) A.다우티(3), J.클라크(1) F.온예딘마(1)

LWB	DM	RWB
A.벨(10), A.다우티(4)	J.클라크(3), G.오쇼(1) L.왓슨(1), P.음판주(1) M.나캄바(1)	J.브리(5), C.드라메(4) F.온예딘마(3), A.다우티(2) J.클라크(1)

LB	CB	RB
N/A	T.로키어(40), D.포츠(24) G.오쇼(21), A.벨(17) R.버키(14), S.브래들리(14) J.브리(8)	N/A

GK
E.호바스(44), H.이스테드(1) J.세아(1)

SHOTS & GOALS

46경기 총 554슈팅 - 53득점
46경기 상대 총 492슈팅 - 36실점

77-17
306-30
171-10

유효 슈팅 175		비유효 슈팅 379	
득점	53	블록 당함	175
GK 방어	122	골대 밖	189
유효슈팅률	32%	골대 맞힘	15

실점 131		비유효 슈팅 361	
실점	36	블록	162
GK 방어	95	골대 밖	183
유효슈팅률	27%	골대 맞힘	16

204-4
240-20
48-12

GOAL TIME | POSSESSION

시간대별 득점

특실차

전반 골 득실차 +8
후반 골 득실차 +10
전체 골 득실차 +18

시간대별 실점

전체 평균

45%

홈경기

47%

원정경기

43%

TACTICAL SHOT & GOAL TYPES | PASSES PER GAME | CORNER | DUELS pg

슈팅 패턴

46경기 554

득점 패턴1
46경기 53골

득점 패턴2
46경기 53골

패스 시도

평균 360

패스 성공
평균 248

코너킥 형태

46경기 268

땅볼 쟁탈전

38.8 / 33.3
평균 72.1

- OPEN PLAY
- FASTBREAK
- CORNER KICK
- SET PIECE
- DIRECT FREE KICK
- PENALTY KICK

- OPEN PLAY
- FASTBREAK
- CORNER KICK
- SET PIECE
- DIRECT FREE KICK
- PENALTY KICK
- OWN GOAL

- COMBINATION PLAY
- SOLO PLAY
- PENALTY KICK
- OWN GOAL

- SHORT PASSES
- LONG BALLS
- CROSSES

- SHORT PASSES
- LONG BALLS
- CROSSES

- INSWINGING CK
- OUTSWINGING CK
- STRAIGHT CK
- ET CETERA

- 성공
- 실패

상대 슈팅 패턴
46경기 492

실점 패턴 1
46경기 36골

실점 패턴 2
46경기 36골

상대 패스 시도

평균 438

상대 코너킥 형태

46경기 221

공중전

22.6 / 24.1
평균 46.7

FORMATION SUMMARY | WHO SCORED | ACTION ZONE | PASSESS pg BY ZONE

선발 포진별 전적

포메이션	승	무	패	득점	실점
3-4-1-2	14	8	5	35	23
3-5-2	2	6	1	11	9
3-1-4-2	3	1	2	8	6
3-4-3	2	2	0	3	1
TOTAL	21	17	8	57	39

포지션별 득점

FW진 33골
MF진 12골
DF진 10골

* 상대 자책골 2골

상대 포지션별 실점

DF진 6골
MF진 11골
FW진 18골

* 자책골 실점 4골

공격 방향

왼쪽 37% 중앙 24% 오른쪽 39%

볼 점유 위치

상대 진영 32%
중간 지역 39%
우리 진영 29%

평균 패스 성공

하프라인 위쪽 141회
하프라인 아래 107회

패스 성공률

하프라인 위쪽 59%
하프라인 아래 81%

LALIGA

명　가　부　활
名 家 復 活

스페인 라리가의 명가 FC 바르셀로나가 우승 트로피를 들어올렸다. 통산 25회째, 그리고 최근 10년 사이 5번의 정상 등극이다. 비교적 여유 있게 레이스를 펼치며 레알 마드리드를 10점 차이로 제쳤다. 라리가 첫 시즌에 임한 CF 레반도프스키가 23골을 터뜨리며 우승의 주역이 되었다. 라리가 2023-24시즌 역시 바르셀로나, 레알 마드리드 두 '거인'의 경쟁이 계속 된다. 유럽 주요 베팅업체들은 레알 마드리드 우승에 1배, 바르셀로나 우승에 1.25~1.4배를 매겨 두 팀의 전력에 거의 차이가 없는 것으로 평가 했다. 단지, 레알 마드리드는 팀을 떠난 주포 카림 벤제마의 공백을 어떻게 메우느냐가 관건이다. '영원한 3인자' 아틀레티코 마드리드의 선전 여부, 세비야, 비야레알, 레알 소시에다드 등의 챔피언스리그 진출 티켓 도전 등이 어떻게 전개될지 주목된다.

2023-24시즌 라리가 우승 배당률

예상	팀	벳365	스카이벳	패디파워	윌리엄힐
1	Real Madrid	1배	1배	1배	1배
2	FC Barcelona	1.38배	1.38배	1.4배	1.25배
3	Atletico Madrid	9배	9배	7.5배	8배
4	Sevilla	40배	25배	25배	25배
5	Real Sociedad	40배	40배	40배	40배
6	Villarreal	50배	50배	50배	66배
7	Athletic Bilbao	80배	80배	90배	80배
8	Real Betis	100배	66배	66배	66배
9	Osasuna	500배	1000배	500배	500배
10	Valencia	1000배	1000배	500배	500배
11	Celta Vigo	500배	1000배	500배	500배
12	Getafe	1000배	1000배	500배	1000배
13	Girona	1000배	1000배	500배	1000배
14	Rayo Vallecano	1000배	1000배	500배	1000배
15	Real Mallorca	1000배	1000배	500배	1000배
16	Almeria	1500배	2500배	500배	1000배
17	Alaves	1500배	2500배	500배	2000배
18	Granada	1500배	2500배	500배	2000배
19	Cadiz	2000배	2500배	500배	2000배
20	Las Palmas	2500배	2500배	500배	2000배

2022-23시즌 라리가 순위

순위	팀	경기	승	무	패	득점	실점	득실	승점
1	FC Barcelona	38	28	4	6	70	20	50	88
2	Real Madrid	38	24	6	8	75	36	39	78
3	Atletico Madrid	38	23	8	7	70	33	37	77
4	Real Sociedad	38	21	8	9	51	35	16	71
5	Villarreal	38	19	7	12	59	40	19	64
6	Real Betis	38	17	9	12	46	41	5	60
7	Osasuna	38	15	8	15	37	42	−5	53
8	Athletic Bilbao	38	14	9	15	47	43	4	51
9	Mallorca	38	14	8	16	37	43	−6	50
10	Girona	38	13	10	15	58	55	3	49
11	Rayo Vallecano	38	13	10	15	45	53	−8	49
12	Sevilla	38	13	10	15	47	54	−7	49
13	Celta Vigo	38	11	10	17	43	53	−10	43
14	Cadiz	38	10	12	16	30	53	−23	42
15	Getafe	38	10	12	16	34	45	−11	42
16	Valencia	38	11	9	18	42	45	−3	42
17	Almeria	38	11	8	19	49	65	−16	41
18	Real Valladolid	38	11	7	20	33	63	−30	40
19	Espanyol	38	8	13	17	52	69	−17	37
20	Elche	38	5	10	23	30	67	−37	25

2023-24 LA LIGA MATCH SCHEDULE

LALIGA

*시간은 스페인 현지 시간. 대한민국은 스페인보다 8시간 빠름

DAY 1

2023.8.13	Getafe	vs	Barcelona
2023.8.13	Real Sociedad	vs	Girona
2023.8.13	Cádiz	vs	Alavés
2023.8.13	Almería	vs	Rayo Vallecano
2023.8.13	Las Palmas	vs	Mallorca
2023.8.13	Villarreal	vs	Real Betis
2023.8.13	Sevilla	vs	Valencia
2023.8.13	Atlético de Madrid	vs	Granada
2023.8.13	Athletic	vs	Real Madrid
2023.8.13	Celta de Vigo	vs	Osasuna

DAY 2

2023.8.20	Real Betis	vs	Atlético de Madrid
2023.8.20	Real Sociedad	vs	Celta de Vigo
2023.8.20	Valencia	vs	Las Palmas
2023.8.20	Osasuna	vs	Athletic
2023.8.20	Girona	vs	Getafe
2023.8.20	Mallorca	vs	Villarreal
2023.8.20	Alavés	vs	Sevilla
2023.8.20	Barcelona	vs	Cádiz
2023.8.20	Almería	vs	Real Madrid
2023.8.20	Granada	vs	Rayo Vallecano

DAY 3

2023.8.27	Villarreal	vs	Barcelona
2023.8.27	Sevilla	vs	Girona
2023.8.27	Getafe	vs	Alavés
2023.8.27	Rayo Vallecano	vs	Atlético de Madrid
2023.8.27	Valencia	vs	Osasuna
2023.8.27	Celta de Vigo	vs	Real Madrid
2023.8.27	Cádiz	vs	Almería
2023.8.27	Athletic	vs	Real Betis
2023.8.27	Granada	vs	Mallorca
2023.8.27	Las Palmas	vs	Real Sociedad

DAY 4

2023.9.3	Mallorca	vs	Athletic
2023.9.3	Osasuna	vs	Barcelona
2023.9.3	Real Sociedad	vs	Granada
2023.9.3	Alavés	vs	Valencia
2023.9.3	Real Madrid	vs	Getafe
2023.9.3	Girona	vs	Las Palmas
2023.9.3	Cádiz	vs	Villarreal
2023.9.3	Atlético de Madrid	vs	Sevilla
2023.9.3	Almería	vs	Celta de Vigo
2023.9.3	Real Betis	vs	Rayo Vallecano

DAY 5

2023.9.17	Valencia	vs	Atlético de Madrid
2023.9.17	Sevilla	vs	Las Palmas
2023.9.17	Rayo Vallecano	vs	Alavés
2023.9.17	Villarreal	vs	Almería
2023.9.17	Granada	vs	Girona
2023.9.17	Real Madrid	vs	Real Sociedad
2023.9.17	Celta de Vigo	vs	Mallorca
2023.9.17	Barcelona	vs	Real Betis
2023.9.17	Athletic	vs	Cádiz
2023.9.17	Getafe	vs	Osasuna

DAY 6

2023.9.24	Rayo Vallecano	vs	Villarreal
2023.9.24	Alavés	vs	Athletic
2023.9.24	Las Palmas	vs	Granada
2023.9.24	Osasuna	vs	Sevilla
2023.9.24	Real Sociedad	vs	Getafe
2023.9.24	Girona	vs	Mallorca
2023.9.24	Almería	vs	Valencia
2023.9.24	Barcelona	vs	Celta de Vigo
2023.9.24	Atlético de Madrid	vs	Real Madrid
2023.9.24	Real Betis	vs	Cádiz

DAY 7

2023.9.27	Villarreal	vs	Girona
2023.9.27	Valencia	vs	Real Sociedad
2023.9.27	Real Madrid	vs	Las Palmas
2023.9.27	Granada	vs	Real Betis
2023.9.27	Celta de Vigo	vs	Alavés
2023.9.27	Mallorca	vs	Barcelona
2023.9.27	Cádiz	vs	Rayo Vallecano
2023.9.27	Athletic	vs	Getafe
2023.9.27	Sevilla	vs	Almería
2023.9.27	Osasuna	vs	Atlético de Madrid

DAY 8

2023.10.1	Alavés	vs	Osasuna
2023.10.1	Real Sociedad	vs	Athletic
2023.10.1	Las Palmas	vs	Celta de Vigo
2023.10.1	Girona	vs	Real Madrid
2023.10.1	Rayo Vallecano	vs	Mallorca
2023.10.1	Getafe	vs	Villarreal
2023.10.1	Atlético de Madrid	vs	Cádiz
2023.10.1	Almería	vs	Granada
2023.10.1	Barcelona	vs	Sevilla
2023.10.1	Real Betis	vs	Valencia

DAY 9

2023.10.8	Real Madrid	vs	Osasuna
2023.10.8	Granada	vs	Barcelona
2023.10.8	Sevilla	vs	Rayo Vallecano
2023.10.8	Athletic	vs	Almería
2023.10.8	Villarreal	vs	Las Palmas
2023.10.8	Alavés	vs	Real Betis
2023.10.8	Mallorca	vs	Valencia
2023.10.8	Atlético de Madrid	vs	Real Sociedad
2023.10.8	Cádiz	vs	Girona
2023.10.8	Celta de Vigo	vs	Getafe

DAY 10

2023.10.22	Real Sociedad	vs	Mallorca
2023.10.22	Sevilla	vs	Real Madrid
2023.10.22	Valencia	vs	Cádiz
2023.10.22	Villarreal	vs	Alavés
2023.10.22	Osasuna	vs	Granada
2023.10.22	Girona	vs	Almería
2023.10.22	Getafe	vs	Real Betis
2023.10.22	Barcelona	vs	Athletic
2023.10.22	Las Palmas	vs	Rayo Vallecano
2023.10.22	Celta de Vigo	vs	Atlético de Madrid

DAY 11

2023.10.29	Girona	vs	Celta de Vigo
2023.10.29	Mallorca	vs	Getafe
2023.10.29	Atlético de Madrid	vs	Alavés
2023.10.29	Granada	vs	Villarreal
2023.10.29	Rayo Vallecano	vs	Real Sociedad
2023.10.29	Almería	vs	Las Palmas
2023.10.29	Barcelona	vs	Real Madrid
2023.10.29	Athletic	vs	Valencia
2023.10.29	Real Betis	vs	Osasuna
2023.10.29	Cádiz	vs	Sevilla

DAY 12

2023.11.5	Getafe	vs	Cádiz
2023.11.5	Osasuna	vs	Girona
2023.11.5	Valencia	vs	Granada
2023.11.5	Real Sociedad	vs	Barcelona
2023.11.5	Real Madrid	vs	Rayo Vallecano
2023.11.5	Las Palmas	vs	Atlético de Madrid
2023.11.5	Celta de Vigo	vs	Sevilla
2023.11.5	Alavés	vs	Almería
2023.11.5	Real Betis	vs	Mallorca
2023.11.5	Villarreal	vs	Athletic

DAY 13

2023.11.12	Granada	vs	Getafe
2023.11.12	Rayo Vallecano	vs	Girona
2023.11.12	Barcelona	vs	Alavés
2023.11.12	Mallorca	vs	Cádiz
2023.11.12	Osasuna	vs	Las Palmas
2023.11.12	Sevilla	vs	Real Betis
2023.11.12	Almería	vs	Real Sociedad
2023.11.12	Atlético de Madrid	vs	Villarreal
2023.11.12	Athletic	vs	Celta de Vigo
2023.11.12	Real Madrid	vs	Valencia

DAY 14

2023.11.26	Girona	vs	Athletic
2023.11.26	Rayo Vallecano	vs	Barcelona
2023.11.26	Valencia	vs	Celta de Vigo
2023.11.26	Getafe	vs	Almería
2023.11.26	Villarreal	vs	Osasuna
2023.11.26	Alavés	vs	Granada
2023.11.26	Real Betis	vs	Las Palmas
2023.11.26	Atlético de Madrid	vs	Mallorca
2023.11.26	Cádiz	vs	Real Madrid
2023.11.26	Real Sociedad	vs	Sevilla

DAY 15

2023.12.3	Celta de Vigo	vs	Cádiz
2023.12.3	Las Palmas	vs	Getafe
2023.12.3	Mallorca	vs	Alavés
2023.12.3	Barcelona	vs	Atlético de Madrid
2023.12.3	Real Madrid	vs	Granada
2023.12.3	Sevilla	vs	Villarreal
2023.12.3	Almería	vs	Real Betis
2023.12.3	Girona	vs	Valencia
2023.12.3	Athletic	vs	Rayo Vallecano
2023.12.3	Osasuna	vs	Real Sociedad

DAY 16

2023.12.10	Atlético de Madrid	vs	Almería
2023.12.10	Granada	vs	Athletic
2023.12.10	Rayo Vallecano	vs	Celta de Vigo
2023.12.10	Alavés	vs	Las Palmas
2023.12.10	Villarreal	vs	Real Sociedad
2023.12.10	Mallorca	vs	Sevilla
2023.12.10	Real Betis	vs	Real Madrid
2023.12.10	Barcelona	vs	Girona
2023.12.10	Cádiz	vs	Osasuna
2023.12.10	Getafe	vs	Valencia

DAY 17

2023.12.17	Real Sociedad	vs	Real Betis
2023.12.17	Las Palmas	vs	Cádiz
2023.12.17	Sevilla	vs	Getafe
2023.12.17	Valencia	vs	Barcelona
2023.12.17	Girona	vs	Alavés
2023.12.17	Real Madrid	vs	Villarreal
2023.12.17	Athletic	vs	Atlético de Madrid
2023.12.17	Almería	vs	Mallorca
2023.12.17	Celta de Vigo	vs	Granada
2023.12.17	Osasuna	vs	Rayo Vallecano

DAY 18

2023.12.20	Alavés	vs	Real Madrid
2023.12.20	Granada	vs	Sevilla
2023.12.20	Barcelona	vs	Almería
2023.12.20	Rayo Vallecano	vs	Valencia
2023.12.20	Villarreal	vs	Celta de Vigo
2023.12.20	Mallorca	vs	Osasuna
2023.12.20	Cádiz	vs	Real Sociedad
2023.12.20	Atlético de Madrid	vs	Getafe
2023.12.20	Athletic	vs	Las Palmas
2023.12.20	Real Betis	vs	Girona

DAY 19

2024.1.3	Celta de Vigo	vs	Real Betis
2024.1.3	Granada	vs	Cádiz
2024.1.3	Real Madrid	vs	Mallorca
2024.1.3	Las Palmas	vs	Barcelona
2024.1.3	Real Sociedad	vs	Alavés
2024.1.3	Girona	vs	Atlético de Madrid
2024.1.3	Valencia	vs	Villarreal
2024.1.3	Getafe	vs	Rayo Vallecano
2024.1.3	Osasuna	vs	Almería
2024.1.3	Sevilla	vs	Athletic

DAY 20

2024.1.13	Getafe	vs	Real Madrid
2024.1.13	Mallorca	vs	Celta de Vigo
2024.1.13	Sevilla	vs	Alavés
2024.1.13	Cádiz	vs	Valencia
2024.1.13	Las Palmas	vs	Villarreal
2024.1.13	Almería	vs	Girona
2024.1.13	Real Betis	vs	Granada
2024.1.13	Atlético de Madrid	vs	Rayo Vallecano
2024.1.13	Athletic	vs	Real Sociedad
2024.1.13	Barcelona	vs	Osasuna

DAY 21

2024.2.21	Real Betis	vs	Barcelona
2024.2.21	Osasuna	vs	Getafe
2024.2.21	Girona	vs	Sevilla
2024.2.21	Rayo Vallecano	vs	Las Palmas
2024.2.21	Celta de Vigo	vs	Real Sociedad
2024.2.21	Villarreal	vs	Mallorca
2024.2.21	Granada	vs	Atlético de Madrid
2024.2.21	Alavés	vs	Cádiz
2024.2.21	Real Madrid	vs	Almería
2024.2.21	Valencia	vs	Athletic

DAY 22

2024.1.28	Getafe	vs	Granada
2024.1.28	Las Palmas	vs	Real Madrid
2024.1.28	Celta de Vigo	vs	Girona
2024.1.28	Barcelona	vs	Villarreal
2024.1.28	Cádiz	vs	Athletic
2024.1.28	Real Sociedad	vs	Rayo Vallecano
2024.1.28	Atlético de Madrid	vs	Valencia
2024.1.28	Almería	vs	Alavés
2024.1.28	Sevilla	vs	Osasuna
2024.1.28	Mallorca	vs	Real Betis

DAY 23

2024.2.4	Real Madrid	vs	Atlético de Madrid
2024.2.4	Valencia	vs	Almería
2024.2.4	Athletic	vs	Mallorca
2024.2.4	Villarreal	vs	Cádiz
2024.2.4	Alavés	vs	Barcelona
2024.2.4	Granada	vs	Las Palmas
2024.2.4	Girona	vs	Real Sociedad
2024.2.4	Rayo Vallecano	vs	Sevilla
2024.2.4	Osasuna	vs	Celta de Vigo
2024.2.4	Real Betis	vs	Getafe

DAY 24

2024.2.11	Las Palmas	vs	Valencia
2024.2.11	Getafe	vs	Celta de Vigo
2024.2.11	Real Madrid	vs	Girona
2024.2.11	Real Sociedad	vs	Osasuna
2024.2.11	Cádiz	vs	Real Betis
2024.2.11	Sevilla	vs	Atlético de Madrid
2024.2.11	Barcelona	vs	Granada
2024.2.11	Mallorca	vs	Rayo Vallecano
2024.2.11	Almería	vs	Athletic
2024.2.11	Alavés	vs	Villarreal

DAY 25

2024.2.18	Rayo Vallecano	vs	Real Madrid
2024.2.18	Mallorca	vs	Real Sociedad
2024.2.18	Atlético de Madrid	vs	Las Palmas
2024.2.18	Celta de Vigo	vs	Barcelona
2024.2.18	Osasuna	vs	Cádiz
2024.2.18	Real Betis	vs	Alavés
2024.2.18	Valencia	vs	Sevilla
2024.2.18	Villarreal	vs	Getafe
2024.2.18	Athletic	vs	Girona
2024.2.18	Granada	vs	Almería

DAY 26

2024.2.25	Las Palmas	vs	Osasuna
2024.2.25	Barcelona	vs	Getafe
2024.2.25	Almería	vs	Atlético de Madrid
2024.2.25	Real Betis	vs	Athletic
2024.2.25	Girona	vs	Rayo Vallecano
2024.2.25	Cádiz	vs	Celta de Vigo
2024.2.25	Real Madrid	vs	Sevilla
2024.2.25	Granada	vs	Valencia
2024.2.25	Real Sociedad	vs	Villarreal
2024.2.25	Alavés	vs	Mallorca

DAY 27

2024.3.3	Celta de Vigo	vs	Almería
2024.3.3	Atlético de Madrid	vs	Real Betis
2024.3.3	Rayo Vallecano	vs	Cádiz
2024.3.3	Getafe	vs	Las Palmas
2024.3.3	Sevilla	vs	Real Sociedad
2024.3.3	Athletic	vs	Barcelona
2024.3.3	Osasuna	vs	Alavés
2024.3.3	Villarreal	vs	Granada
2024.3.3	Valencia	vs	Real Madrid
2024.3.3	Mallorca	vs	Girona

DAY 28

2024.3.10	Cádiz	vs	Atlético de Madrid
2024.3.10	Las Palmas	vs	Athletic
2024.3.10	Valencia	vs	Getafe
2024.3.10	Alavés	vs	Rayo Vallecano
2024.3.10	Real Madrid	vs	Celta de Vigo
2024.3.10	Real Betis	vs	Villarreal
2024.3.10	Granada	vs	Real Sociedad
2024.3.10	Almería	vs	Sevilla
2024.3.10	Barcelona	vs	Mallorca
2024.3.10	Girona	vs	Osasuna

DAY 29

2024.3.17	Sevilla	vs	Celta de Vigo
2024.3.17	Villarreal	vs	Valencia
2024.3.17	Athletic	vs	Alavés
2024.3.17	Mallorca	vs	Granada
2024.3.17	Real Sociedad	vs	Cádiz
2024.3.17	Osasuna	vs	Real Madrid
2024.3.17	Rayo Vallecano	vs	Real Betis
2024.3.17	Getafe	vs	Girona
2024.3.17	Atlético de Madrid	vs	Barcelona
2024.3.17	Las Palmas	vs	Almería

DAY 30

2024.3.31	Villarreal	vs	Atlético de Madrid
2024.3.31	Girona	vs	Real Betis
2024.3.31	Valencia	vs	Mallorca
2024.3.31	Real Madrid	vs	Athletic
2024.3.31	Alavés	vs	Real Sociedad
2024.3.31	Almería	vs	Osasuna
2024.3.31	Cádiz	vs	Granada
2024.3.31	Barcelona	vs	Las Palmas
2024.3.31	Celta de Vigo	vs	Rayo Vallecano
2024.3.31	Getafe	vs	Sevilla

DAY 31

2024.4.14	Real Sociedad	vs	Almería
2024.4.14	Cádiz	vs	Barcelona
2024.4.14	Granada	vs	Alavés
2024.4.14	Las Palmas	vs	Sevilla
2024.4.14	Rayo Vallecano	vs	Getafe
2024.4.14	Athletic	vs	Villarreal
2024.4.14	Osasuna	vs	Valencia
2024.4.14	Atlético de Madrid	vs	Girona
2024.4.14	Real Betis	vs	Celta de Vigo
2024.4.14	Mallorca	vs	Real Madrid

DAY 32

2024.4.21	Valencia	vs	Real Betis
2024.4.21	Girona	vs	Cádiz
2024.4.21	Real Madrid	vs	Barcelona
2024.4.21	Rayo Vallecano	vs	Osasuna
2024.4.21	Sevilla	vs	Mallorca
2024.4.21	Almería	vs	Villarreal
2024.4.21	Alavés	vs	Atlético de Madrid
2024.4.21	Celta de Vigo	vs	Las Palmas
2024.4.21	Athletic	vs	Granada
2024.4.21	Getafe	vs	Real Sociedad

DAY 33

2024.4.28	Atlético de Madrid	vs	Athletic
2024.4.28	Las Palmas	vs	Girona
2024.4.28	Villarreal	vs	Rayo Vallecano
2024.4.28	Real Sociedad	vs	Real Madrid
2024.4.28	Alavés	vs	Celta de Vigo
2024.4.28	Granada	vs	Osasuna
2024.4.28	Barcelona	vs	Valencia
2024.4.28	Almería	vs	Getafe
2024.4.28	Real Betis	vs	Sevilla
2024.4.28	Cádiz	vs	Mallorca

DAY 34

2024.5.5	Sevilla	vs	Granada
2024.5.5	Real Madrid	vs	Cádiz
2024.5.5	Real Sociedad	vs	Las Palmas
2024.5.5	Valencia	vs	Alavés
2024.5.5	Osasuna	vs	Real Betis
2024.5.5	Getafe	vs	Athletic
2024.5.5	Celta de Vigo	vs	Villarreal
2024.5.5	Rayo Vallecano	vs	Almería
2024.5.5	Girona	vs	Barcelona
2024.5.5	Mallorca	vs	Atlético de Madrid

DAY 35

2024.5.12	Real Betis	vs	Almería
2024.5.12	Valencia	vs	Rayo Vallecano
2024.5.12	Mallorca	vs	Las Palmas
2024.5.12	Alavés	vs	Girona
2024.5.12	Villarreal	vs	Sevilla
2024.5.12	Granada	vs	Real Madrid
2024.5.12	Athletic	vs	Osasuna
2024.5.12	Barcelona	vs	Real Sociedad
2024.5.12	Atlético de Madrid	vs	Celta de Vigo
2024.5.12	Cádiz	vs	Getafe

DAY 36

2024.5.15	Sevilla	vs	Cádiz
2024.5.15	Rayo Vallecano	vs	Granada
2024.5.15	Real Madrid	vs	Alavés
2024.5.15	Las Palmas	vs	Real Betis
2024.5.15	Osasuna	vs	Mallorca
2024.5.15	Getafe	vs	Atlético de Madrid
2024.5.15	Girona	vs	Villarreal
2024.5.15	Almería	vs	Barcelona
2024.5.15	Celta de Vigo	vs	Athletic
2024.5.15	Real Sociedad	vs	Valencia

DAY 37

2024.5.19	Mallorca	vs	Almería
2024.5.19	Villarreal	vs	Real Madrid
2024.5.19	Alavés	vs	Getafe
2024.5.19	Valencia	vs	Girona
2024.5.19	Granada	vs	Celta de Vigo
2024.5.19	Cádiz	vs	Las Palmas
2024.5.19	Atlético de Madrid	vs	Osasuna
2024.5.19	Athletic	vs	Sevilla
2024.5.19	Real Betis	vs	Real Sociedad
2024.5.19	Barcelona	vs	Rayo Vallecano

DAY 38

2024.5.26	Real Sociedad	vs	Atlético de Madrid
2024.5.26	Sevilla	vs	Barcelona
2024.5.26	Real Madrid	vs	Real Betis
2024.5.26	Rayo Vallecano	vs	Athletic
2024.5.26	Las Palmas	vs	Alavés
2024.5.26	Getafe	vs	Mallorca
2024.5.26	Almería	vs	Cádiz
2024.5.26	Celta de Vigo	vs	Valencia
2024.5.26	Girona	vs	Granada
2024.5.26	Osasuna	vs	Villarreal

FC BARCELONA

 Founded 구단 창립 1899년

 Owner 바르셀로나 시민구단

 CEO 호안 라포르타 1962.06.29

 Manager 사비 에르난데스 1980.01.25

 23-24 Odds 벳365 : 1.38배 스카이벳 : 1.38배

Nationality ● 외국 선수 10명 ● 스페인 23명

 Age 33명 평균 23.8세

 Height 33명 평균 180cm

 Market Value 1군 22명 평균 3486만 유로

Game Points 22-23 : 88점 통산 : 5805점

Win 22-23 : 28승 통산 : 1733승

Draw 22-23 : 4무 통산 : 606무

Loss 22-23 : 6패 통산 : 651패

Goals For 22-23 : 70득점 통산 : 6398득점

Goals Against 22-23 : 20실점 통산 : 3313실점

More Minutes 마크안드레 테어슈테겐 3349분

Top Scorer 로베르트 레반도프스키 23골

More Assists 하피냐+2명 7도움

More Subs 안수 파티 24회 교체 IN

More Cards 가비 Y10+R0

RANKING OF LAST 10 YEARS

13-14	14-15	15-16	16-17	17-18	18-19	19-20	20-21	21-22	22-23
2	1	1	2	1	1	2	3	2	1
87점	94점	91점	90점	93점	87점	82점	79점	73점	88점

🏆 27 SPANISH LA LIGA	🏆 31 SPANISH COPA DEL REY	5 UEFA CHAMPIONS LEAGUE	0 UEFA EUROPA LEAGUE	3 FIFA CLUB WORLD CUP	0 UEFA-CONMEBOL INTERCONTINENTAL

TOTO GUIDE 지난 시즌 상대팀별 전적

상대팀	홈	원정
Real Madrid	2-1	1-3
Atletico Madrid	1-0	1-0
Real Sociedad	1-2	4-1
Villarreal	3-0	1-0
Real Betis	4-0	2-1
Osasuna	1-0	2-1
Athletic Bilbao	4-0	1-0
Mallorca	3-0	1-0
Girona	0-0	1-0
Rayo Vallecano	0-0	1-2
Sevilla FC	3-0	3-0
Celta Vigo	1-0	1-2
Cadiz	2-0	4-0
Getafe	1-0	0-0
Valencia	1-0	1-0
Almeria	2-0	0-1
Valladolid	4-0	1-3
Espanyol	1-1	4-2
Elche	3-0	4-0

CAMP NOU

구장 오픈 / 증개축 1957년, 증개축 3회
구장 소유 FC 바르셀로나
수용 인원 9만 9354명
피치 규모 105m X 68m
잔디 종류 하이브리드 잔디

STRENGTHS & WEAKNESSES

OFFENSE		DEFENSE	
직접 프리킥	C	세트피스 수비	A
문전 처리	A	상대 볼 뺏기	C
측면 돌파	A	공중전 능력	C
스루볼 침투	A	역습 방어	C
개인기 침투	B	지공 방어	D
카운터 어택	B	스루패스 방어	C
기회 만들기	C	리드 지키기	A
세트피스	C	실수 조심	A
OS 피하기	D	측면 방어력	C
중거리 슈팅	C	파울 주의	A
볼 점유율	A	중거리슈팅 수비	C

매우 강함 A 강한 편 B 보통 수준 C 약한 편 D 매우 약함 E

위치	선수	국적	생년월일	출전(분)	출전경기	선발11	교체인	교체아웃	벤치출발	득점	도움	경고	경고누적	퇴장
GK	Marc-André ter Stegen	GER	92-04-30	3349	38	38	0	2	0	0	0	0	0	0
	Iñaki Peña	ESP	99-03-02	71	2	0	2	0	38	0	0	0	0	0
	Ander Astralaga	ESP	04-03-03	0	0	0	0	0	2	0	0	0	0	0
	Arnau Tenas	ESP	01-05-30	0	0	0	0	0	36	0	0	1	0	0
DF	Alejandro Balde	ESP	03-10-18	2477	33	30	3	9	7	1	6	4	0	0
	Jules Koundé	FRA	98-11-12	2429	29	28	1	4	3	1	3	2	0	0
	Ronald Araújo	URU	99-03-07	1802	22	21	1	4	3	0	2	6	0	1
	Andreas Christensen	DEN	96-04-10	1767	23	22	1	7	5	1	1	2	0	0
	Jordi Alba	ESP	89-03-21	1418	24	14	10	7	22	2	3	5	1	0
	Eric García	ESP	01-01-09	1413	24	15	9	5	23	1	0	3	0	0
	Sergi Roberto	ESP	92-02-07	1312	23	15	8	10	14	4	1	3	0	0
	Marcos Alonso	ESP	90-12-28	1162	24	11	13	3	23	1	0	3	0	0
	Chadi Riad	MAR	03-06-17	1	1	0	1	0	4	0	0	0	0	0
MF	Gavi	ESP	04-08-05	2540	36	30	6	17	6	2	4	10	0	0
	Frenkie de Jong	NED	97-05-12	2538	33	29	4	9	5	2	4	3	0	0
	Sergio Busquets	ESP	88-07-16	2347	30	28	2	10	6	0	4	7	1	0
	Raphinha	BRA	96-02-14	2083	36	25	11	23	12	7	7	8	0	0
	Pedri	ESP	02-11-25	1983	26	22	4	10	4	6	1	2	0	0
	Franck Kessie	CIV	96-12-19	976	28	7	21	6	28	1	1	4	0	0
	Pablo Torre	ESP	03-04-03	138	8	1	7	1	30	0	0	0	0	0
	Aleix Garrido	ESP	04-02-22	6	1	0	1	0	3	0	0	0	0	0
	Marc Casadó	ESP	03-09-14	0	0	0	0	0	8	0	0	0	0	0
	Unai Hernández	ESP	04-12-14	0	0	0	0	0	1	0	0	0	0	0
	Pol Prim	ESP	06-02-22	0	0	0	0	0	1	0	0	0	0	0
	Dani Rodríguez	ESP	05-08-09	0	0	0	0	0	1	0	0	0	0	0
FW	Robert Lewandowski	POL	88-08-21	2851	34	33	1	5	1	23	7	3	1	0
	Ousmane Dembélé	FRA	97-05-15	1415	25	16	9	13	9	5	7	4	0	0
	Ferrán Torres	ESP	00-02-29	1383	33	14	19	9	22	4	2	5	0	1
	Ansu Fati	ESP	02-10-31	1380	36	12	24	11	25	7	3	3	0	0
	Ángel Alarcón	ESP	04-05-15	22	4	0	4	0	14	0	0	0	0	0
	Lamine Yamal	ESP	07-07-13	7	1	0	1	0	4	0	0	0	0	0
	Estanis Pedrola	ESP	03-08-24	0	0	0	0	0	3	0	0	0	0	0
	Marc Guiu	ESP	06-01-04	0	0	0	0	0	1	0	0	0	0	0

LA LIGA 2022-23 SEASON

FC BARCELONA vs. OPPONENTS PER GAME STATS

FC 바르셀로나 vs 상대팀

	득점	슈팅	유효슈팅	코너킥	오프사이드	패스시도	패스성공
	1.84 ⚽ 0.53	15.1 👟 8.8	4.9 ⬜ 2.8	6.4 🚩 2.9	2.6 🏁 3.2	633 PA 343	557 PC 257

	패스성공률	태클	공중전승리	인터셉트	파울	경고	퇴장
	88% P% 75%	13.7 TK 17.0	12.3 AD 9.5	6.7 IT 9.7	11.4 ✋ 12.4	2.21 ▨ 2.45	0.158 ■ 0.211

2022-23 SEASON SQUAD LIST & GAMES PLAYED

* 괄호 안의 숫자는 선발 출전 횟수, 교체 출전은 포함시키지 않음

LW
A.파티(9), F.토레스(7)
가비(7), O.뎀벨레(6)
페드리(2), M.데파이(1)
하피냐(1), P.토레(1)
A.발데(1)

CF
R.레반도프스키(33), A.파티(3)
M.데파이(1), F.토레스(1)

RW
하피냐(22), O.뎀벨레(9)
F.토레스(4)

LAM
A.발데(1), F.토레스(1)
가비(1)

CAM
페드리(2), F.토레스(1)
가비(1)

RAM
하피냐(2), O.뎀벨레(1)

LM
N/A

CM
S.부스케츠(26), F.더용(26)
페드리(18), 가비(20)
F.케시에(7), S.로베르토(5)
E.가르시아(1)

RM
N/A

LWB
N/A

DM
F.더용(3), S.부스케츠(2)
가비(1)

RWB
N/A

LB
A.발데(21), J.알바(14)
M.알론소(2)

CB
A.크리스텐슨(22), R.아라우호(19)
E.가르시아(12), J.쿤데(11)
M.알론소(9), G.피케(4)

RB
J.쿤데(17), S.로베르토(10)
A.발데(7), R.아라우호(2)
H.벨레린(1)

GK
M.A.테어슈테겐(38)

SHOTS & GOALS

38경기 총 574슈팅 - 70득점
38경기 상대 총 334슈팅 - 20실점

54-17
359-51
161-2

유효 슈팅 188		비유효 슈팅 386	
득점	70	블록 당함	145
GK 방어	118	골대 밖	226
유효슈팅률	33%	골대 맞음	15

유효 슈팅 105		비유효 슈팅 229	
실점	20	블록	90
GK 방어	85	골대 밖	133
유효슈팅률	31%	골대 맞음	6

93-3
223-15
18-2

GOAL TIME | POSSESSION

시간대별 득점

16 6
12 12
8 16

득실차
전반 골 득실차 +23
후반 골 득실차 +27
전체 골 득실차 +50

시간대별 실점

3 6
5 3
1 2

전체 평균
65%

홈경기
67%

원정경기
63%

TACTICAL SHOT & GOAL TYPES

슈팅 패턴
38경기 **574**
90 26 416

- OPEN PLAY
- FASTBREAK
- CORNER KICK
- SET PIECE
- DIRECT FREE KICK
- PENALTY KICK

득점 패턴1
38경기 **70골**
21 58

- OPEN PLAY
- FASTBREAK
- CORNER KICK
- SET PIECE
- DIRECT FREE KICK
- PENALTY KICK
- OWN GOAL

득점 패턴2
38경기 **70골**
13 56

- COMBINATION PLAY
- SOLO PLAY
- DIRECT FREE KICK
- PENALTY KICK
- OWN GOAL

상대 슈팅 패턴
38경기 **334**
48 33 233

실점 패턴 1
38경기 **20골**
3 6

실점 패턴 2
38경기 **20골**
3 10 4 6

PASSES PER GAME

패스 시도
53 평균 **633** 560

- SHORT PASSES
- LONG BALLS
- CROSSES

패스 성공
36 평균 **557** 516

- SHORT PASSES
- LONG BALLS
- CROSSES

상대 패스 시도
56 13 평균 **343** 274

CORNER

코너킥 형태
57 82 38경기 **244** 83

- INSWINGING CK
- OUTSWINGING CK
- STRAIGHT CK
- ET CETERA

상대 코너킥 형태
16 38경기 **111** 48 46

DUELS pg

땅볼 쟁탈전
34.9 평균 **70.8** 35.9

- 성공
- 실패

공중전
9.5 평균 **21.8** 12.3

FORMATION SUMMARY

선발 포진별 전적

포메이션	승	무	패	득점	실점
4-3-3	25	4	6	64	19
4-2-3-1	2	0	0	2	0
3-2-4-1	1	0	0	4	1
TOTAL	28	4	6	70	20

WHO SCORED

포지션별 득점
FW진 39골
MF진 19골
DF진 11골

* 상대 자책골 1골

상대 포지션별 실점
DF진 2골
MF진 4골
FW진 11골

* 자책골 실점 3골

ACTION ZONE

공격 방향
왼쪽 36%
중앙 28%
오른쪽 36%

볼 점유 위치
상대 진영 34%
중간 지역 43%
우리 진영 23%

PASSESS pg BY ZONE

평균 패스 성공
하프라인 위쪽 315회
하프라인 아래 242회

패스 성공률
하프라인 위쪽 82%
하프라인 아래 93%

REAL MADRID CF

 35 **20** **14** **2** **5** **3**

| SPANISH LA LIGA | SPANISH COPA DEL REY | UEFA CHAMPIONS LEAGUE | UEFA EUROPA LEAGUE | FIFA CLUB WORLD CUP | UEFA-CONMEBOL INTERCONTINENTAL |

 Founded 구단 창립 1902년

 Owner 레알 마드리드 시민 구단

CEO 플로렌티노 페레스 1947.03.08

Manager 카를로 안첼로티 1959.06.10

23-24 Odds 벳365 : 0.91배 스카이벳 : 1배

 Nationality ●외국 선수 19명 ●스페인 15명

Age 34명 평균 25.7세

Height 34명 평균 182cm

Market Value 1군 24명 평균 3585만 유로

 Game Points 22-23 : 78점 통산 : 5972점

 Win 22-23 : 24승 통산 : 1791승

Draw 22-23 : 6무 통산 : 599무

Loss 22-23 : 8패 통산 : 600패

Goals For 22-23 : 75득점 통산 : 6396득점

Goals Against 22-23 : 36실점 통산 : 3350실점

 More Minutes 비니시우스 Jr. 2833분

Top Scorer 카림 벤제마 19골

More Assists 비니시우스 Jr. 9도움

More Subs 호드리구+1명 16회 교체 IN

More Cards 비니시우스 Jr. Y10+R1

RANKING OF LAST 10 YEARS

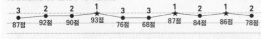

3	2	2	1★	3	3	1★	2	1★	2
87점	92점	90점	93점	76점	68점	87점	84점	86점	78점
13-14	14-15	15-16	16-17	17-18	18-19	19-20	20-21	21-22	22-23

TOTO GUIDE 지난 시즌 상대팀별 전적

상대팀	홈	원정
FC Barcelona	3-1	1-2
Atletico Madrid	1-1	2-1
Real Sociedad	0-0	0-2
Villarreal	2-3	1-2
Real Betis	2-1	0-0
Osasuna	1-1	2-0
Athletic Bilbao	1-1	2-0
Mallorca	4-1	0-1
Girona	1-1	2-4
Rayo Vallecano	2-1	2-3
Sevilla FC	3-1	2-1
Celta Vigo	2-0	4-1
Cadiz	2-1	2-0
Getafe	1-0	1-0
Valencia	2-0	0-1
Almeria	4-2	2-1
Valladolid	6-0	2-0
Espanyol	3-1	3-1
Elche	4-0	3-0

ESTADIO SANTIAGO BERNABÉU

구장 오픈 / 증개축 1947년, 증개축 7회
구장 소유 레알 마드리드 CF
수용 인원 8만 1044명
피치 규모 105m X 68m
잔디 종류 하이브리드 잔디

STRENGTHS & WEAKNESSES

OFFENSE		DEFENSE	
직접 프리킥	A	세트피스 수비	B
문전 처리	A	상대 볼 뺏기	C
측면 돌파	B	공중전 능력	D
스루볼 침투	B	역습 방어	C
개인기 침투	A	지공 방어	D
카운터 어택	B	스루패스 방어	D
기회 만들기	A	리드 지키기	D
세트피스	A	실수 조심	C
OS 피하기	C	측면 방어력	C
중거리 슈팅	C	파울 주의	C
볼 점유율	A	중거리슈팅 수비	C

매우 강함 A 강한 편 B 보통 수준 C 약한 편 D 매우 약함 E

위치	선수	국적	생년월일	출전(분)	출전경기	선발11	교체인	교체아웃	벤치출발	득점	도움	경고	경고누적	퇴장
GK	Thibaut Courtois	BEL	92-05-11	2790	31	31	0	0	1	0	0	0	0	0
	Andriy Lunin	UKR	99-02-11	630	7	7	0	0	30	0	0	0	0	0
	Luis López	ESP	01-05-08	0	0	0	0	0	34	0	0	0	0	0
	Lucas Cañizares	ESP	02-05-10	0	0	0	0	0	6	0	0	0	0	0
	Diego Piñeiro	ESP	04-02-13	0	0	0	0	0	1	0	0	0	0	0
	Mario de Luis	ESP	02-06-05	0	0	0	0	0	1	0	0	0	0	0
	Fran	ESP	05-06-24	0	0	0	0	0	1	0	0	0	0	0
DF	Éder Militão	BRA	98-01-18	2702	33	30	3	2	5	5	0	4	0	0
	Antonio Rüdiger	GER	93-03-03	2410	33	26	7	1	9	1	0	1	0	0
	David Alaba	AUT	92-06-24	1841	23	21	2	5	5	1	3	3	0	0
	Daniel Carvajal	ESP	92-01-11	1788	27	20	7	11	12	0	2	7	1	0
	Nacho Fernández	ESP	90-01-18	1632	27	18	9	4	18	1	1	7	0	0
	Ferland Mendy	FRA	95-06-08	1359	18	17	1	11	6	0	1	2	0	0
	Álvaro Odriozola	ESP	95-12-14	36	3	0	3	0	32	0	0	0	0	0
	Jesús Vallejo	ESP	97-01-05	21	1	0	1	0	36	0	0	0	0	0
	Marvel	MAR	03-01-07	0	0	0	0	0	0	0	0	0	0	0
MF	Federico Valverde	URU	98-07-22	2509	34	29	5	12	9	7	4	2	0	0
	Toni Kroos	GER	90-01-04	2163	30	25	5	12	8	2	4	1	1	0
	Aurélien Tchouaméni	FRA	00-01-27	2120	33	24	9	10	10	0	4	2	0	0
	Eduardo Camavinga	FRA	02-11-10	2003	37	21	16	10	16	0	1	6	0	0
	Luka Modrić	CRO	85-09-09	1745	33	19	14	15	15	4	3	7	0	0
	Dani Ceballos	ESP	96-08-07	1567	30	19	11	14	14	0	4	4	0	0
	Lucas Vázquez	ESP	91-07-01	1140	23	12	11	6	20	4	1	2	0	0
	Sergio Arribas	ESP	01-09-30	17	2	0	2	0	3	0	0	0	0	0
	Mario Martín	ESP	04-03-05	0	0	0	0	0	3	0	0	0	0	0
	Carlos Dotor	ESP	01-03-15	0	0	0	0	0	1	0	0	0	0	0
	Nico Paz	ARG	04-09-08	0	0	0	0	0	1	0	0	0	0	0
FW	Vinícius Júnior	BRA	00-07-12	2833	33	32	1	10	1	10	9	10	0	1
	Rodrygo	BRA	01-01-09	2379	34	25	9	10	9	9	8	4	0	0
	Karim Benzema	FRA	87-12-19	2044	24	24	0	6	0	19	3	1	0	0
	Marco Asensio	ESP	96-01-21	1436	31	15	16	9	22	9	6	1	0	0
	Eden Hazard	BEL	91-01-07	194	6	2	4	2	31	0	0	0	0	0
	Mariano	DOM	93-08-01	150	9	1	8	1	28	0	0	2	0	0
	Álvaro Rodríguez	URU	04-07-14	75	6	0	6	0	9	1	1	0	0	0

LA LIGA 2022-23 SEASON

REAL MADRID CF vs. OPPONENTS PER GAME STATS

레알 마드리드 vs 상대팀

| | 득점 | 슈팅 | 유효슈팅 | 코너킥 | 오프사이드 | 패스시도 | 패스성공 | 패스성공률 | 태클 | 공중전승리 | 인터셉트 | 파울 | 경고 | 퇴장 |

득점	슈팅	유효슈팅	코너킥	오프사이드	패스시도	패스성공
1.97 ⚽ 0.95	17.1 👟 11.1	5.8 ◻ 3.6	5.9 🚩 3.8	2.3 🏴 1.5	641 PA 406	577 PC 330
90% P% 81%	14.3 TK 17.8	8.9 AD 6.1	7.8 IT 8.7	9.7 🔄 14.4	1.89 ▨ 2.55	0.053 ■ 0.184

2022-23 SEASON SQUAD LIST & GAMES PLAYED

· 괄호 안의 숫자는 선발 출전 횟수로, 교체 출전은 포함시키지 않음

LW
비니시우스(29), 호드리구(3)
D.세바요스(1), E.아자르(1)

CF
K.벤제마(24), 호드리구(12)
E.아자르(1), M.아센시오(1)
M.디아스(1)

RW
F.발베르데(14), M.아센시오(12)
호드리구(8)

LAM
비니시우스(2)

CAM
L.모드리치(1), 호드리구(1)

RAM
F.발베르데(1), M.아센시오(1)

LM
비니시우스(1), 비니시우스(1)

CM
T.크로스(23), A.추아메니(23)
L.모드리치(18), D.세바요스(1)
F.발베르데(12), E.카마빙가(11)
M.아센시오(1)

RM
F.발베르데(2)

LWB
N/A

DM
T.크로스(2), E.카마빙가(2)
A.추아메니(1)

RWB
N/A

LB
F.멘디(17), E.카마빙가(8)
나초(6), D.알라바(5)
A.뤼디거(2)

CB
E.밀리탕(29), A.뤼디거(24)
D.알라바(16), 나초(7)

RB
D.카르바할(20), L.바스케스(12)
나초(5), E.밀리탕(1)

GK
T.쿠르투아(31), A.루닌(7)

SHOTS & GOALS

38경기 총 649슈팅 – 75득점
38경기 상대 총 422슈팅 – 36실점

34-14
343-43
272-18

유효 슈팅 222		비유효 슈팅 427	
득점	75	블록 담당	183
GK 방어	147	골대 밖	234
유효슈팅률 34%		골대 맞음	10

유효 슈팅 138		비유효 슈팅 284	
실점	36	블록	107
GK 방어	102	골대 밖	168
유효슈팅률 33%		골대 맞음	9

168-1
226-28
28-7

GOAL TIME | POSSESSION

시간대별 득점

20 10
13 8
7 17

득실차	
전반 골 득실차	+19
후반 골 득실차	+20
전체 골 득실차	+39

9 6
6 7

시간대별 실점

전체 평균

75% 61% 25%
50%

홈경기
75% 63% 25%
50%

원정경기
75% 60% 25%
50%

TACTICAL SHOT & GOAL TYPES

슈팅 패턴

38경기 649
40 32 12
91
26 448

득점 패턴1

38경기 75골
9 2 1
9
5 45
56

득점 패턴2
38경기 75골
2
5
56

- OPEN PLAY
- FASTBREAK
- CORNER KICK
- SET PIECE
- DIRECT FREE KICK
- PENALTY KICK

- OPEN PLAY
- FASTBREAK
- CORNER KICK
- SET PIECE
- DIRECT FREE KICK
- PENALTY KICK
- OWN GOAL

- COMBINATION PLAY
- SOLO PLAY
- DIRECT FREE KICK
- PENALTY KICK
- OWN GOAL

상대 슈팅 패턴
38경기 422
11 5
21
66
26 293

실점 패턴 1
38경기 36골
4 2
26
1

실점 패턴 2
38경기 36골
4 1
10
21

PASSES PER GAME

패스 시도

평균 641
44 15
582

패스 성공

평균 577
31 3
543

- SHORT PASSES
- LONG BALLS
- CROSSES

- SHORT PASSES
- LONG BALLS
- CROSSES

상대 패스 시도

평균 406
49 14
343

CORNER

코너킥 형태

38경기 226
89 83
53
1

- INSWINGING CK
- OUTSWINGING CK
- STRAIGHT CK
- ET CETERA

상대 코너킥 형태

38경기 145
38
62
42
3

DUELS pg

땅볼 쟁탈전

평균 75.7
35.0
40.7

- 성공
- 실패

공중전

평균 15.0
6.1
8.9

FORMATION SUMMARY

선발 포지션별 전적

포메이션	승	무	패	득점	실점
4-3-3	22	5	7	66	33
4-2-3-1	1	0	1	7	2
4-1-4-1	1	0	0	2	1
4-4-2	0	1	0	0	0
TOTAL	24	6	8	75	36

WHO SCORED

포지션별 득점

FW진
48골
MF진
17골
DF진
8골

* 상대 자책골 2골

상대 포지션별 실점
DF진
3골
MF진
6골
FW진
26골

* 자책골 실점 1골

ACTION ZONE

공격 방향
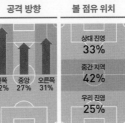
왼쪽 42% 중앙 27% 오른쪽 31%

볼 점유 위치
상대 진영 33%
중간 지역 42%
우리 진영 25%

PASSESS pg BY ZONE

평균 패스 성공

하프라인 위쪽 324회
하프라인 아래 253회

패스 성공률

하프라인 위쪽 85%
하프라인 아래 94%

CLUB ATLÉTICO DE MADRID

 Founded 구단 창립 1903년
 Owner 아틀레티코 HC 이단 오페르
 CEO 엔리케 세레소 1948.08.12
 Manager 디에고 시메오네 1970.04.28
 23-24 Odds 벳365 : 8배 스카이벳 : 9배

 Nationality ●외국 선수 17명 ●스페인 17명
 Age 34명 평균 25.8세
 Height 34명 평균 182cm
 Market Value 1군 22명 평균 2077만 유로
 Game Points 22-23 : 77점 통산 : 4780점

 Win 22-23 : 23승 통산 : 1374승
 Draw 22-23 : 8무 통산 : 658무
Loss 22-23 : 7패 통산 : 810패
 Goals For 22-23 : 70득점 통산 : 4900득점
 Goals Against 22-23 : 33실점 통산 : 3488실점

 More Minutes 나우엘 몰리나 2872분
 Top Scorer 앙투안 그리즈만 15골
 More Assists 앙투안 그리즈만 16도움
 More Subs 앙헬 코레아 22회 교체 IN
 More Cards 호세 히메네스 Y9+R0

RANKING OF LAST 10 YEARS

13-14	14-15	15-16	16-17	17-18	18-19	19-20	20-21	21-22	22-23
1★ 90점	3 78점	3 88점	3 78점	2 79점	2 76점	3 70점	1★ 86점	3 71점	3 77점

 11 SPANISH LA LIGA
 10 SPANISH COPA DEL REY
 0 UEFA CHAMPIONS LEAGUE
 3 UEFA EUROPA LEAGUE
 0 FIFA CLUB WORLD CUP
 1 UEFA-CONMEBOL INTERCONTINENTAL

TOTO GUIDE 지난 시즌 상대팀별 전적

상대팀	홈	원정
FC Barcelona	0-1	0-1
Real Madrid	1-2	1-1
Real Sociedad	2-1	1-1
Villarreal	0-2	2-2
Real Betis	1-0	2-1
Osasuna	3-0	1-0
Athletic Bilbao	1-0	1-0
Mallorca	3-1	0-1
Girona	2-1	1-0
Rayo Vallecano	1-1	2-1
Sevilla FC	6-1	2-0
Celta Vigo	4-1	1-0
Cadiz	5-1	2-3
Getafe	1-1	3-0
Valencia	3-0	1-0
Almeria	2-1	1-1
Valladolid	3-0	5-2
Espanyol	1-1	3-3
Elche	2-0	0-1

METROPOLITANO STADIUM

구장 오픈 2017년
구장 소유 아틀레티코 마드리드
수용 인원 6만 8456명
피치 규모 105m X 68m
잔디 종류 천연 잔디

STRENGTHS & WEAKNESSES

OFFENSE		DEFENSE	
직접 프리킥	C	세트피스 수비	C
문전 처리	A	상대 볼 뺏기	B
측면 돌파	C	공중전 능력	C
스루볼 침투	B	역습 방어	C
개인기 침투	B	지공 방어	C
카운터 어택	A	스루패스 방어	C
기회 만들기	A	리드 지키기	E
세트피스	C	실수 조심	C
OS 피하기	C	측면 방어력	C
중거리 슈팅	B	파울 주의	C
볼 점유율	C	중거리슈팅 수비	C

매우 강함 A 강한 편 B 보통 수준 C 약한 편 D 매우 약함 E

위치	선수	국적	생년월일	출전(분)	출전경기	선발11	교체인	교체아웃	벤치출발	득점	도움	경고	경고누적	퇴장
GK	Jan Oblak	SVN	93-01-07	2493	28	28	0	2	0	0	0	1	0	0
	Ivo Grbić	CRO	96-01-18	922	12	10	2	1	28	0	0	3	0	0
	Antonio Gomis	ESP	03-05-20	5	1	0	1	0	23	0	0	0	0	0
	Alejandro Iturbe	ESP	03-09-02	0	0	0	0	0	8	0	0	0	0	0
	Sergio Mestre	ESP	05-02-13	0	0	0	0	0	2	0	0	0	0	0
DF	Nahuel Molina	ARG	97-12-02	2872	33	33	0	4	1	4	2	7	0	1
	José Giménez	URU	95-01-20	2421	28	26	2	0	5	2	1	9	0	0
	Mario Hermoso	ESP	95-06-18	2111	26	24	2	2	12	3	2	5	2	0
	Stefan Savić	MNE	91-01-08	1946	22	22	0	1	1	0	0	5	0	2
	Reinildo Mandava	MOZ	94-01-21	1860	22	22	0	4	1	0	0	4	0	0
	Sergio Reguilón	ESP	96-12-16	306	11	2	9	2	19	0	0	2	1	0
	Matt Doherty	IRL	92-01-16	16	2	0	2	0	19	0	0	0	0	0
	Sergio Diez	ESP	03-07-28	0	0	0	0	0	10	0	0	0	0	0
	Marco Moreno	ESP	01-02-20	0	0	0	0	0	16	0	0	0	0	0
	Ilias Kostis	CYP	03-02-27	0	0	0	0	0	1	0	0	0	0	0
	Adrián Corral	ESP	03-01-05	0	0	0	0	0	2	0	0	0	0	0
MF	Koke	ESP	92-01-08	2559	33	30	3	18	4	0	3	4	0	0
	Yannick Ferreira Carrasco	BEL	93-09-04	2326	35	26	9	19	10	7	3	2	0	0
	Axel Witsel	BEL	89-01-12	2255	33	25	8	3	12	0	0	2	0	1
	Rodrigo De Paul	ARG	94-05-24	1935	30	24	19	9	9	2	7	5	0	0
	Marcos Llorente	ESP	95-01-30	1712	22	21	1	10	3	1	2	5	0	0
	Thomas Lemar	FRA	95-11-12	1259	27	17	10	17	12	1	3	1	0	0
	Saúl Ñiguez	ESP	94-11-21	1086	31	11	20	6	26	3	1	8	0	0
	Geoffrey Kondogbia	CTA	93-02-15	999	20	10	10	4	24	0	2	5	0	0
	Alber	ESP	02-04-19	0	0	0	0	0	3	0	0	0	0	0
	Aitor Gismera	ESP	04-02-21	0	0	0	0	0	1	0	0	0	0	0
FW	Antoine Griezmann	FRA	91-03-21	2861	38	31	7	8	7	15	16	2	0	0
	Álvaro Morata	ESP	92-10-23	1906	36	23	13	20	14	13	2	4	0	0
	Ángel Correa	ARG	95-03-09	1445	35	13	22	12	23	9	1	2	0	1
	Abde Raihani	MAR	04-02-03	715	21	6	15	5	20	0	1	4	0	0
	Memphis Depay	NED	94-02-13	268	8	3	5	3	7	4	0	1	0	0
	Carlos Martín	ESP	02-04-22	24	4	0	4	0	12	0	0	0	0	0
	Diego Bri	ESP	02-09-12	0	0	0	0	0	3	0	0	0	0	0
	Salim El Jebari	ESP	04-02-05	0	0	0	0	0	1	0	0	0	0	0

LA LIGA 2022-23 SEASON

CLUB ATLÉTICO DE MADRID vs. OPPONENTS PER GAME STATS

아틀레티코 마드리드 vs 상대팀

	득점	슈팅	유효슈팅	코너킥	오프사이드	패스시도	패스성공	패스성공률	태클	공중전승리	인터셉트	파울	경고	퇴장

| 1.84 | ⚽ | 0.87 | 14.3 | 👟 | 11.5 | 5.2 | ◉ | 3.4 | 4.8 | 🚩 | 4.9 | 2.1 | 🏳 | 1.5 | 521 | PA | 507 | 439 | PC | 415 |
| 84% | P% | 82% | 17.6 | TK | 14.2 | 11.9 | AD | 10.6 | 8.0 | IT | 9.7 | 11.6 | 🏷 | 11.8 | 2.42 | ▨ | 2.45 | 0.211 | ■ | 0.158 |

2022-23 SEASON SQUAD LIST & GAMES PLAYED

* 괄호 안의 숫자는 선발 출전 횟수, 교체 출전은 포함시키지 않음

LW	CF	RW
A.그리즈만(1)	A.모라타(23), S.그리즈만(26) J.펠릭스(6), A.코레아(9) M.데파이(3), M.요렌테(1) M.쿠냐(1)	M.요렌테(1)

LAM	CAM	RAM
N/A	A.그리즈만(1), J.펠릭스(1)	N/A

LM	CM	RM
Y.카라스코(8), T.르마(5) A.그리즈만(2), S.니게스(1) M.쿠냐(1)	코케(27), R.데풀(21) T.르마(12), G.콘도그비아(9) M.요렌테(8), S.니게스(7) A.비휄(6), , P.바리오스(5) A.그리즈만(1)	M.요렌테(1), A.코레아(4) R.데풀(1), P.바리오스(1) N.몰리나(1), S.니게스(1)

LWB	DM	RWB
Y.카라스코(4)	코케(1), G.콘도그비아(1) A.비휄(1)	M.요렌테(1), N.몰리나(1)

LB	CB	RB
헤이닐두(14), Y.카라스코(14) S.니게스(2), S.레길론(2)	S.사비치(22), J.히메네스(26) M.에르모소(24), A.비휄(18) 헤이닐두(8), 펠리피(2)	N.몰리나(30), M.요렌테(2)

GK
J.오블락(28), I.그르비치(10)

SHOTS & GOALS

38경기 총 543슈팅 - 70득점
38경기 상대 총 438슈팅 – 33실점

```
44-15
321-47
178-8
```

유효 슈팅 199		비유효 슈팅 344	
득점	70	블록 당함	143
GK 방어	129	골대 밖	190
유효슈팅률	37%	골대 맞음	11

유효 슈팅 128		비유효 슈팅 310	
실점	33	블록	108
GK 방어	95	골대 밖	191
유효슈팅률	29%	골대 맞음	11

```
180-4
225-19
33-10
```

GOAL TIME | POSSESSION

시간대별 득점

15	6
12	16
15	6

득실차
전반 골 득실차 +15
후반 골 득실차 +22
전체 골 득실차 +37

시간대별 실점

12	2
7	4
7	1

전체 평균
50%

홈경기
54%

원정경기
47%

TACTICAL SHOT & GOAL TYPES | PASSES PER GAME | CORNER | DUELS pg

슈팅 패턴
38경기 **543**
9 / 33 / 62 / 39 / 399

득점 패턴1
38경기 **70골**
4 / 3 / 8 / 12 / 42 / 51

득점 패턴2
38경기 **70골**
15 / 3 / 42 / 51

패스 시도
평균 **521**
54 / 17 / 450

패스 성공
평균 **439**
31 / 4 / 404

코너킥 형태
38경기 **183**
40 / 97 / 46

땅볼 쟁탈전
평균 **71.2**
34.4 / 36.8

- ● OPEN PLAY
- ● FASTBREAK
- ● CORNER KICK
- ● SET PIECE
- ● DIRECT FREE KICK
- ● PENALTY KICK

- ● OPEN PLAY
- ● FASTBREAK
- ● CORNER KICK
- ● SET PIECE
- ● DIRECT FREE KICK
- ● PENALTY KICK
- ● OWN GOAL

- ● COMBINATION PLAY
- ● SOLO PLAY
- ● DIRECT FREE KICK
- ● PENALTY KICK
- ● OWN GOAL

- ● SHORT PASSES
- ● LONG BALLS
- ● CROSSES

- ● SHORT PASSES
- ● LONG BALLS
- ● CROSSES

- ● INSWINGING CK
- ● OUTSWINGING CK
- ● STRAIGHT CK
- ● ET CETERA

- ● 성공
- ● 실패

상대 슈팅 패턴
38경기 **438**
18 / 5 / 19 / 80 / 19 / 297

실점 패턴 1
38경기 **33골**
1 / 4 / 5 / 2 / 20

실점 패턴 2
38경기 **33골**
1 / 1 / 4 / 22

상대 패스 시도
평균 **507**
57 / 20 / 430

상대 코너킥 형태
38경기 **185**
1 / 38 / 78 / 68

공중전
평균 **22.5**
10.6 / 11.9

LALIGA

FORMATION SUMMARY | WHO SCORED | ACTION ZONE | PASSESS pg BY ZONE

선발 포지션별 전적

포메이션	승	무	패	득점	실점
5-3-2	13	2	1	44	14
4-4-2	4	4	2	9	7
3-5-2	0	0	3	3	6
4-1-4-1	2	1	0	6	1
3-1-4-2	0	1	1	1	3
5-4-1	2	0	0	4	2
3-4-2-1	1	0	0	2	0
4-3-3	1	0	0	1	0
TOTAL	23	8	7	70	33

포지션별 득점
FW진 42골
MF진 15골
DF진 10골

상대 포지션별 실점
DF진 4골
MF진 7골
FW진 22골

* 상대 자책골 3골

공격 방향
왼쪽 36%
중앙 27%
오른쪽 37%

볼 점유 위치
상대 진영 27%
중간 지역 45%
우리 진영 28%

평균 패스 성공
하프라인 위쪽 207회
하프라인 아래 229회

패스 성공률
하프라인 위쪽 75%
하프라인 아래 91%

REAL SOCIEDAD

Founded
구단 창립
1909년

Owner
레알 소시에다드
시민 구단

CEO
호킨 아페리바이
1966.05.27

Manager
이마놀 알구아실
1971.07.04

23-24 Odds
벳365 : 40배
스카이벳 : 40배

Nationality
● 외국 선수 6명
● 스페인 28명

Age
34명 평균
25.1세

Height
34명 평균
182cm

Market Value
1군 27명 평균
1393만 유로

Game Points
22-23 : 71점
통산 : 3519점

Win
22-23 : 21승
통산 : 962승

Draw
22-23 : 8무
통산 : 633무

Loss
22-23 : 9패
통산 : 935패

Goals For
22-23 : 51득점
통산 : 3545득점

Goals Against
22-23 : 35실점
통산 : 3493실점

More Minutes
알레한드로 레미로
3420분

Top Scorer
알렉산데르 쇼를로트
12골

More Assists
미켈 메리노
9도움

More Subs
로베르토 나바로+1명
16회 교체 IN

More Cards
마르틴 수비멘디
Y12+R0

RANKING OF LAST 10 YEARS

13-14	14-15	15-16	16-17	17-18	18-19	19-20	20-21	21-22	22-23
7 / 59점	12 / 46점	9 / 48점	6 / 64점	12 / 49점	9 / 50점	6 / 56점	5 / 62점	6 / 62점	4 / 71점

🏆 2 SPANISH LA LIGA	🏆 3 SPANISH COPA DEL REY	0 UEFA CHAMPIONS LEAGUE	0 UEFA EUROPA LEAGUE	0 FIFA CLUB WORLD CUP	0 UEFA-CONMEBOL INTERCONTINENTAL

TOTO GUIDE 지난 시즌 상대팀별 전적

상대팀	홈	원정
Real Madrid	1-4	2-1
Atletico Madrid	2-0	0-0
Villarreal	1-1	1-2
Real Betis	1-0	0-2
Osasuna	0-2	0-0
Athletic Bilbao	2-0	2-0
Mallorca	3-1	0-2
Girona	1-0	1-1
Rayo Vallecano	2-2	5-3
Sevilla FC	2-1	2-0
Celta Vigo	2-1	2-1
Cadiz	1-1	2-1
Getafe	0-0	1-0
Valencia	2-0	1-2
Almeria	1-1	0-1
Valladolid	1-0	2-0
Espanyol	0-1	0-1
Elche	2-1	3-2
Elche	2-0	1-0

ANOETA STADIUM

구장 오픈 / 증개축
1993년, 2019년
구장 소유
산세바스티안 시
수용 인원
3만 9313명
피치 규모
105m X 68m
잔디 종류
천연 잔디

STRENGTHS & WEAKNESSES

OFFENSE		DEFENSE	
직접 프리킥	C	세트피스 수비	C
문전 처리	C	상대 볼 뺏기	B
측면 돌파	C	공중전 능력	A
스루볼 침투	B	역습 방어	C
개인기 침투	A	지공 방어	C
카운터 어택	B	스루패스 방어	C
기회 만들기	C	리드 지키기	C
세트피스	B	실수 조심	D
OS 피하기	D	측면 방어력	C
중거리 슈팅	C	파울 주의	C
볼 점유율	B	중거리슈팅 수비	C

매우 강함 **A** 강한 편 **B** 보통 수준 **C** 약한 편 **D** 매우 약함 **E**

위치	선수	국적	생년월일	출전(분)	출전경기	선발11	교체인	교체아웃	벤치출발	득점	도움	경고	경고누적	퇴장
GK	Alejandro Remiro	ESP	95-03-24	3420	38	38	0	0	0	0	0	1	0	0
	Andoni Zubiaurre	ESP	96-12-04	0	0	0	0	0	37	0	0	0	0	0
	Unai Marrero	ESP	01-10-09	0	0	0	0	0	11	0	0	0	0	0
	Egoitz Arana	ESP	02-02-19	0	0	0	0	0	5	0	0	0	0	0
DF	Robin Le Normand	FRA	96-11-11	2794	33	31	2	1	3	0	0	6	0	0
	Igor Zubeldia	ESP	97-03-30	2546	31	29	2	5	6	1	1	10	0	0
	Aihen Muñoz	ESP	97-08-16	1757	23	20	3	3	13	0	1	2	0	0
	Andoni Gorosabel	ESP	96-08-04	1711	27	19	8	10	13	0	0	3	0	0
	Diego Rico	ESP	93-02-23	1646	20	18	2	3	13	0	0	3	0	0
	Aritz Elustondo	ESP	94-03-28	1449	25	16	9	7	13	0	1	5	0	1
	Jon Pacheco	ESP	01-01-08	1188	17	12	5	5	21	0	1	2	0	0
	Álex Sola	ESP	99-06-09	345	10	3	7	2	23	0	0	1	0	0
	Aritz Arambarri	ESP	98-01-31	0	0	0	0	0	0	0	0	0	0	0
	Urko González de Zárate	ESP	01-03-20	0	0	0	0	0	16	0	0	0	0	0
	Jonathan Gómez	USA	03-09-01	0	0	0	0	0	2	0	0	0	0	0
MF	Martín Zubimendi	ESP	99-02-02	3102	36	35	1	2	1	1	3	12	0	0
	Mikel Merino	ESP	96-06-22	2499	33	28	5	9	5	2	9	6	0	1
	Takefusa Kubo	JPN	01-06-04	2452	35	29	6	22	8	9	4	3	0	0
	David Silva	ESP	86-01-08	1957	28	25	3	24	4	2	5	4	0	0
	Mikel Oyarzabal	ESP	97-04-21	1216	23	14	9	11	10	4	1	1	0	0
	Asier Illarramendi	ESP	90-03-08	1076	24	13	11	11	24	1	0	5	0	0
	Pablo Marín	ESP	03-07-03	356	10	3	7	3	12	0	0	0	0	0
	Robert Navarro	ESP	02-04-12	336	17	1	16	1	37	0	0	2	0	0
	Ander Guevara	ESP	97-07-07	217	8	2	6	2	29	0	0	2	0	0
	Beñat Turrientes	ESP	02-01-31	102	6	1	5	1	31	0	0	0	0	0
	Jon Magunacelaya	ESP	01-07-13	63	2	0	2	0	4	0	0	0	0	0
	Jon Ander Olasagasti	ESP	00-08-16	63	3	0	3	0	5	0	0	0	0	0
FW	Brais Méndez	ESP	97-01-07	2416	34	28	6	16	7	8	4	6	0	0
	Alexander Sørloth	NOR	95-12-05	2398	34	28	6	20	6	12	3	4	0	0
	Ander Barrenetxea	ESP	01-12-27	872	23	9	14	9	19	3	1	0	0	0
	Carlos Fernández	ESP	96-05-22	625	24	8	16	8	20	1	0	6	0	0
	Mohamed-Ali Cho	FRA	04-01-19	579	19	5	14	5	19	1	2	1	0	0
	Umar Sadiq	NGA	97-02-02	82	2	1	1	1	1	0	0	0	0	0
	Ander Martín	ESP	00-11-16	39	3	0	3	0	3	0	0	0	0	0

LA LIGA 2022-23 SEASON

REAL SOCIEDAD vs. OPPONENTS PER GAME STATS

레알 소시에다드 vs 상대팀

	득점		슈팅		유효슈팅		코너킥		오프사이드		패스시도		패스성공		패스성공률	
1.34	⚽	0.92	12.3	🥾	10	4.7	●	3.6	4.3	🚩	4.1	2.4	🏁	2.4	483	PA	400

	태클		공중전승리		인터셉트		파울		경고		퇴장	
396	PC	302
82%	P%	75%	17.3	TK	17.3	17.6	AD	14.8	7.1	IT	8.6	16.3	❌	12.4	2.37	▨	2.58	0.053	■	0.263

2022-23 SEASON SQUAD LIST & GAMES PLAYED

* 괄호 안의 숫자는 선발 출전 횟수, 교체 출전은 포함시키지 않음

LW	CF	RW
T.구보(1), A.바레네세아(1)	A.쇠를로트(28), T.구보(15) C.페르난데스(8), M.오야르사발(7) M.A.초(3), A.이삭(2) A.바레네세아(1), U.사디크(1) D.실바(1)	M.오야르사발(1), M.A.초(1)

LAM	CAM	RAM
A.바레네세아(1)	D.실바(7), T.구보(2) B.멘데스(1), R.나바로(1) M.메리노(1)	M.A.초(1)

LM	CM	RM
M.오야르사발(6), D.실바(2) A.바레네세아(1)	B.멘데스(25), M.메리노(27) D.실바(15), A.이아라멘디(11) M.수비멘디(8), T.구보(4) P.마린(3), B.투리엔테스(1) A.바레네세아(1)	T.구보(7), B.멘데스(2)

LWB	DM	RWB
N/A	M.수비멘디(27), A.게바라(2) A.이아라멘디(2)	N/A

LB	CB	RB
A.무뇨스(20), D.리코(18)	R.L.노르망(31), I.수벨디아(29) J.파체코(12), A.엘루스톤도(4)	A.고로사베(19), A.엘루스톤도(12) A.바레네세아(4), A.솔라(3)

GK
A.레미로(38)

SHOTS & GOALS

38경기 총 469슈팅 – 51득점
38경기 상대 총 397슈팅 – 35실점

41-9
266-39
162-3

유효 슈팅 180		비유효 슈팅 289	
득점	51	블록 당함	112
GK 방어	129	골대 밖	164
유효슈팅률	38%	골대 맞음	13

유효 슈팅 136		비유효 슈팅 261	
실점	35	블록	104
GK 방어	101	골대 밖	148
유효슈팅률	34%	골대 맞음	9

150-6
224-22
23-7

GOAL TIME | POSSESSION

시간대별 득점

특실차	
전반 골 득실차	+12
후반 골 득실차	+14
전체 골 득실차	+26

시간대별 실점

전체 평균

55% (75% / 25% / 50%)

홈경기
56% (75% / 25% / 50%)

원정경기
54% (75% / 25% / 50%)

TACTICAL SHOT & GOAL TYPES | PASSES PER GAME | CORNER | DUELS pg

슈팅 패턴
38경기 469 (15 / 4 / 22 / 57 / 35 / 336)

- OPEN PLAY
- FASTBREAK
- CORNER KICK
- SET PIECE
- DIRECT FREE KICK
- PENALTY KICK

득점 패턴1
38경기 51골 (1 / 2 / 4 / 34 / 6 / 8)

- OPEN PLAY
- FASTBREAK
- CORNER KICK
- SET PIECE
- DIRECT FREE KICK
- PENALTY KICK
- OWN GOAL

득점 패턴2
38경기 51골 (2 / 4 / 8 / 36)

- COMBINATION PLAY
- SOLO PLAY
- DIRECT FREE KICK
- PENALTY KICK
- OWN GOAL

패스 시도
38경기 평균 483 (51 / 14 / 418)

- SHORT PASSES
- LONG BALLS
- CROSSES

패스 성공
38경기 평균396 (25 / 4 / 367)

- SHORT PASSES
- LONG BALLS
- CROSSES

코너킥 형태
38경기 165 (36 / 57 / 71)

- INSWINGING CK
- OUTSWINGING CK
- STRAIGHT CK
- ET CETERA

땅볼 쟁탈전
38경기 78.5 (41.3 / 37.2)

- 성공
- 실패

상대 슈팅 패턴
38경기 397 (12 / 2 / 30 / 65 / 25 / 263)

실점 패턴 1
38경기 35골 (2 / 1 / 2 / 20 / 4 / 5)

실점 패턴 2
38경기 35골 (1 / 2 / 26)

상대 패스 시도
38경기 평균 400 (15 / 63 / 322)

상대 코너킥 형태
38경기 154 (54 / 51 / 48 / 1)

공중전
38경기 32.4 (17.6 / 14.8)

FORMATION SUMMARY | WHO SCORED | ACTION ZONE | PASSESS pg BY ZONE

선발 포진별 전적

포메이션	승	무	패	득점	실점
4-1-3-2	8	4	4	17	12
4-3-1-2	5	2	2	12	9
4-1-4-1	4	0	2	9	6
4-4-2	2	1	0	9	6
4-3-3	1	1	0	2	0
4-3-2-1	0	0	1	0	1
4-2-3-1	1	0	0	2	1
TOTAL	21	8	9	51	35

포지션별 득점

FW진 27골 / MF진 19골 / DF진 1골

* 상대 자책골 4골

상대 포지션별 실점

DF진 3골 / MF진 8골 / FW진 22골

* 자책골 실점 2골

공격 방향
왼쪽 39% / 중앙 24% / 오른쪽 37%

볼 점유 위치
상대 진영 30%
중간 지역 44%
우리 진영 26%

평균 패스 성공
하프라인 위쪽 201회
하프라인 아래 195회

패스 성공률
하프라인 위쪽 73%
하프라인 아래 89%

VILLARREAL CF

Founded 구단 창립 1923년

Owner 비야레알 시민구단

CEO 페르난도 로이그 1947.06.25

Manager 키케 세티엔 1958.09.27

23-24 Odds 벳365 : 50배 스카이벳 : 50배

0	0	0	1	0	0
SPANISH LA LIGA	SPANISH COPA DEL REY	UEFA CHAMPIONS LEAGUE	UEFA EUROPA LEAGUE	FIFA CLUB WORLD CUP	UEFA-CONMEBOL INTERCONTINENTAL

Nationality ●외국 선수 12명 ●스페인 22명

Age 34명 평균 26.5세

Height 34명 평균 182cm

Market Value 1군 23명 평균 1210만 유로

Game Points 22-23 : 64점 통산 : 1316점

Win 22-23 : 19승 통산 : 362승

Draw 22-23 : 7무 통산 : 230무

Loss 22-23 : 12패 통산 : 282패

Goals For 22-23 : 59득점 통산 : 1243득점

Goals Against 22-23 : 40실점 통산 : 1061실점

More Minutes 다니엘 파레호 3289분

Top Scorer 니콜라스 잭슨 12골

More Assists 예레미 피노+1명 5도움

More Subs 호세 모랄레스 18회 교체 IN

More Cards 알렉스 바에나 Y12+R1

RANKING OF LAST 10 YEARS

● 2부 리그
● 3부 리그

13-14	14-15	15-16	16-17	17-18	18-19	19-20	20-21	21-22	22-23
6	6	4	5	5	14	5	7	7	5
59점	60점	64점	67점	61점	44점	60점	58점	59점	64점

TOTO GUIDE 지난 시즌 상대팀별 전적

상대팀	홈	원정
FC Barcelona	0-1	0-3
Real Madrid	2-1	3-2
Atletico Madrid	2-2	2-0
Real Sociedad	2-0	0-1
Real Betis	1-1	0-1
Osasuna	2-0	3-0
Athletic Bilbao	5-1	0-1
Mallorca	0-2	2-4
Girona	1-0	2-1
Rayo Vallecano	0-1	1-2
Sevilla FC	1-1	1-2
Celta Vigo	3-1	1-1
Cadiz	2-0	0-0
Getafe	2-1	0-0
Valencia	2-1	1-1
Almeria	2-1	2-0
Valladolid	1-2	3-0
Espanyol	4-2	1-0
Elche	4-0	1-3

ESTADIO DE LA CERÁMICA

구장 오픈 / 증개축
1923년, 증개축 5회
구장 소유
비야레알 CF
수용 인원
2만 3000명
피치 규모
105m X 68m
잔디 종류
하이브리드 잔디

STRENGTHS & WEAKNESSES

OFFENSE		DEFENSE	
직접 프리킥	C	세트피스 수비	B
문전 처리	B	상대 볼 뺏기	B
측면 돌파	C	공중전 능력	D
스루볼 침투	B	역습 방어	D
개인기 침투	A	지공 방어	E
카운터 어택	A	스루패스 방어	C
기회 만들기	C	리드 지키기	A
세트피스	C	실수 조심	D
OS 피하기	C	측면 방어력	C
중거리 슈팅	C	파울 주의	C
볼 점유율	A	중거리슈팅 수비	C

매우 강함 A 강한 편 B 보통 수준 C 약한 편 D 매우 약함 E

위치	선수	국적	생년월일	출전(분)	출전경기	선발11	교체인	교체아웃	벤치출발	득점	도움	경고	경고누적	퇴장
GK	Pepe Reina	ESP	82-08-31	1980	22	22	0	0	12	0	0	2	0	0
	Filip Jörgensen	DEN	02-04-16	180	2	2	0	0	24	0	0	0	0	0
	Iker Álvarez	AND	01-07-25	0	0	0	0	0	17	0	0	0	0	0
DF	Pau Torres	ESP	91-01-16	3055	34	34	0	1	1	1	0	10	0	0
	Raúl Albiol	ESP	85-09-04	2120	25	24	1	2	3	0	0	6	0	0
	Juan Foyth	ARG	98-01-12	1960	24	22	2	5	5	1	0	6	0	0
	Aïssa Mandi	ALG	91-10-22	1459	21	16	5	3	22	0	0	1	0	0
	Alberto Moreno	ESP	92-07-05	1298	24	14	10	11	16	0	1	7	0	0
	Kiko Femenía	ESP	91-02-02	1135	20	13	7	8	16	0	0	0	0	0
	Johan Mojica	COL	92-08-21	631	17	5	12	1	30	0	0	0	0	0
	Jorge Cuenca	ESP	99-11-17	502	10	5	5	1	33	0	0	1	0	0
	Mamadou Fall	SEN	02-11-21	29	1	0	1	0	1	0	0	0	0	0
	Sergio Carreira	ESP	00-10-13	0	0	0	0	0	1	0	0	0	0	0
	Carlos Romero	ESP	01-10-20	0	0	0	0	0	0	0	0	0	0	0
	Marcos Sánchez	ESP	03-10-26	0	0	0	0	0	0	0	0	0	0	0
MF	Daniel Parejo	ESP	89-04-16	3289	37	37	0	4	0	3	4	6	0	0
	Étienne Capoue	FRA	88-07-11	1958	28	22	6	10	7	3	4	4	0	0
	Álex Baena	ESP	01-07-20	1945	35	19	16	9	16	6	2	12	1	1
	Alfonso Pedraza	ESP	96-04-09	1635	26	20	6	9	8	0	3	5	0	0
	Nicolas Jackson	SEN	01-06-20	1600	26	16	10	11	13	12	4	5	1	0
	José Luis Morales	ESP	87-07-23	1201	29	11	18	7	19	7	0	2	0	0
	Giovani Lo Celso	ARG	96-04-09	1130	22	14	8	12	9	2	3	3	0	0
	Ramon Terrats	ESP	00-10-18	822	16	11	5	11	7	1	1	1	0	0
	Manu Trigueros	ESP	91-10-17	818	23	8	15	5	22	0	1	2	0	1
	Francis Coquelin	FRA	91-05-13	746	16	9	7	8	8	1	0	2	0	0
	Alberto Del Moral	ESP	00-07-20	4	1	0	1	0	1	0	0	0	0	0
	Carlo Adriano	ESP	01-02-12	0	0	0	0	0	4	0	0	0	0	0
FW	Yéremi Pino	ESP	02-10-20	2464	36	31	5	23	6	4	5	7	0	0
	Samuel Chukwueze	NGA	99-05-22	2350	37	27	10	18	11	6	5	1	0	0
	Gerard Moreno	ESP	92-04-07	1227	21	14	7	7	8	7	3	4	0	0
	Haissem Hassan	FRA	02-02-08	50	2	0	2	0	15	0	0	0	0	0
	Fernando Niño	ESP	00-10-24	19	3	0	3	0	5	0	0	0	0	0
	Jorge Pascual	ESP	03-04-09	8	2	0	2	0	10	1	0	0	0	0
	Diego Collado	ESP	01-01-09	4	2	0	2	0	0	0	0	0	0	0

LA LIGA 2022-23 SEASON

VILLARREAL CF vs. OPPONENTS PER GAME STATS

비야레알 CF vs 상대팀

득점 | 슈팅 | 유효슈팅 | 코너킥 | 오프사이드 | 패스시도 | 패스성공 | 패스성공률 | 태클 | 공중전승리 | 인터셉트 | 파울 | 경고 | 퇴장

1.55 ⚽ 1.05	13.3 👟 12.4	5.2 ◉ 3.9	5.5 🚩 4.8	2.3 🏴 2.8	507 PA 386	433 PC 303
85% P% 79%	15.2 TK 18.1	9.5 AD 10.0	6.9 IT 9.2	11.8 ◇ 13.2	2.39 ▨ 2.76	0.105 ■ 0.132

2022-23 SEASON SQUAD LIST & GAMES PLAYED

* 괄호 안의 숫자는 선발 출전 횟수, 교체 출전은 포함시키지 않음

LW	CF	RW
Y.피노(12), J.모랄레스(1) A.바에나(1)	G.모레노(13), J.잭슨(16) A.단주마(6), J.모랄레스(9) G.L.셀소(4), Y.피노(1) A.바에나(1)	S.추쿠웨제(14)

LAM	CAM	RAM
Y.피노(6), M.트리게로스(1) A.모레노(1)	A.바에나(4), G.L.셀소(3) M.트리게로스(1)	S.추쿠웨제(7), G.모레노(1)

LM	CM	RM
G.L.셀소(4), F.코켈린(4) Y.피노(4), A.바에나(3) J.모랄레스(1)	D.파레호(26), E.카푸에(17) A.바에나(10), R.테라츠(9) M.트리게로스(5), F.코켈린(3) M.모랄레스(2), G.L.셀소(2)	Y.피노(8), S.추쿠웨제(6) G.L.셀소(1), F.코켈린(1)

LWB	DM	RWB
N/A	D.파레호(11), E.카푸에(5) R.테라츠(2), M.트리게로스(1) F.코켈린(1)	N/A

LB	CB	RB
A.페드라사(20), A.모레노(13) J.모히카(5)	P.토레스(34), R.알비올(24) A.만디(13), J.쿠엔카(5)	J.포이스(22), K.페메니아(13) A.만디(3)

	GK	
	P.레이나(22), G.루이(14) F.요긴손(2)	

SHOTS & GOALS

38경기 총 507슈팅 - 59득점
38경기 상대 총 473슈팅 - 40실점

35-13
292-38
180-8

유효 슈팅 196		비유효 슈팅 311	
득점	59	블록 당함	117
GK 방어	137	골대 밖	181
유효슈팅률 39%		골대 맞음	13

유효 슈팅 150		비유효 슈팅 323	
실점	40	블록	130
GK 방어	110	골대 밖	188
유효슈팅률 32%		골대 맞음	5

170-2
273-33
30-5

GOAL TIME | POSSESSION

시간대별 득점

21 6 4
9 11 8

특실차
전반 골 득실차 -9
후반 골 득실차 +25
전체 골 득실차 +19

시간대별 실점

1 4
7 13

전체 평균

57% 75% 25% 50%

홈경기

59% 75% 25% 50%

원정경기
55% 75% 25% 50%

TACTICAL SHOT & GOAL TYPES

슈팅 패턴

15 4
22
57
35
38경기 507
336

득점 패턴1
1
2 4
9
38경기 59골 37
33

득점 패턴2
1
2 4
19
38경기 59골
33

● OPEN PLAY
● FASTBREAK
● CORNER KICK
● SET PIECE
● DIRECT FREE KICK
● PENALTY KICK

● OPEN PLAY
● FASTBREAK
● CORNER KICK
● SET PIECE
● DIRECT FREE KICK
● PENALTY KICK
● OWN GOAL

● COMBINATION PLAY
● SOLO PLAY
● DIRECT FREE KICK
● PENALTY KICK
● OWN GOAL

상대 슈팅 패턴
14 4
28
66
30
38경기 473
331

실점 패턴 1
4
3 2
5
38경기 40골 23

실점 패턴 2
4 1
6
38경기 40골 29

PASSES PER GAME

패스 시도
52 14
38경기 평균 507
441

패스 성공
32 3
평균396
38경기 433
398

● SHORT PASSES   ● SHORT PASSES
● LONG BALLS   ● LONG BALLS
● CROSSES   ● CROSSES

상대 패스 시도
51 19
평균 38경기 386
316

CORNER

코너킥 형태
71 96
38경기 평균 210
39
4

● INSWINGING CK
● OUTSWINGING CK
● STRAIGHT CK
● ET CETERA

상대 코너킥 형태
46 67
38경기 182
69

DUELS pg

땅볼 쟁탈전
36.3
평균 75.6
39.3

● 성공
● 실패

공중전
10.0
평균 19.5
9.5

  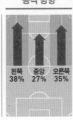

LALIGA

FORMATION SUMMARY

선발 포지션별 전적

포메이션	승	무	패	득점	실점
4-3-3	9	2	3	25	13
4-4-2	4	3	5	13	9
4-2-3-1	5	1	2	16	11
4-1-4-1	1	1	2	5	7
TOTAL	19	7	12	59	40

WHO SCORED

포지션별 득점
FW진 19골
MF진 36골
DF진 2골

상대 포지션별 실점
DF진 1골
MF진 10골
FW진 28골

* 상대 자책골 2골
* 자책골 실점 1골

ACTION ZONE

공격 방향

볼 점유 위치
상대 진영 30%
중간 지역 41%
우리 진영 29%

왼쪽 38% 중앙 27% 오른쪽 35%

PASSESS pg BY ZONE

평균 패스 성공
하프라인 위쪽 218회
하프라인 아래 215회

패스 성공률
하프라인 위쪽 77%
하프라인 아래 91%

Founded
구단 창립
1907년

Owner
레알 베티스
시민구단

CEO
앙헬 H. 가르시아
1974.01.01

Manager
마누엘 펠레그리니
1953.09.16

23-24 Odds
벳365 : 66배
스카이벳 : 66배

Nationality
● 외국 선수 13명
● 스페인 18명

Age
31명 평균
27.6세

Height
31명 평균
181cm

Market Value
1군 26명 평균
971만 유로

Game Points
22-23 : 60점
통산 : 2595점

Win
22-23 : 17승
통산 : 701승

Draw
22-23 : 9무
통산 : 492무

Loss
22-23 : 12패
통산 : 763패

Goals For
22-23 : 46득점
통산 : 2472득점

Goals Against
22-23 : 41실점
통산 : 2795실점

More Minutes
기도 로드리게스
2877분

Top Scorer
보르하 이글레시아스
15골

More Assists
로드리+1명
3도움

More Subs
윌리안 호세
22회 교체 IN

More Cards
기도 로드리게스
Y8+R0

RANKING OF LAST 10 YEARS
● 2부 리그

	13-14	14-15	15-16	16-17	17-18	18-19	19-20	20-21	21-22	22-23
순위	20	1	10	6	10	15	15	6	5	6
점수	25점	84점	45점	60점	50점	39점	41점	61점	65점	60점

 1 SPANISH LA LIGA   **3** SPANISH COPA DEL REY   **0** UEFA CHAMPIONS LEAGUE   **0** UEFA EUROPA LEAGUE   **0** FIFA CLUB WORLD CUP   **0** UEFA-CONMEBOL INTERCONTINENTAL

TOTO GUIDE 지난 시즌 상대팀별 전적

상대팀	홈	원정
FC Barcelona	1-2	0-4
Real Madrid	0-0	1-2
Atletico Madrid	1-2	0-1
Real Sociedad	0-0	2-0
Villarreal	1-0	1-1
Osasuna	1-0	2-3
Athletic Bilbao	0-0	1-0
Mallorca	1-0	2-1
Girona	2-1	2-1
Rayo Vallecano	3-1	2-1
Sevilla FC	1-1	0-0
Celta Vigo	3-4	0-1
Cadiz	0-2	0-0
Getafe	0-1	1-0
Valencia	1-1	0-3
Almeria	3-1	3-2
Valladolid	2-1	0-0
Espanyol	3-1	0-1
Elche	3-0	3-2

ESTADIO BENITO VILLAMARÍN

구장 오픈 / 증개축
1929년, 증개축 7회
구장 소유
레알 베티스
수용 인원
6만 720명
피치 규모
105m X 68m
잔디 종류
천연 잔디

STRENGTHS & WEAKNESSES

OFFENSE		DEFENSE	
직접 프리킥	C	세트피스 수비	D
문전 처리	C	상대 볼 뺏기	B
측면 돌파	C	공중전 능력	D
스루볼 침투	B	역습 방어	C
개인기 침투	C	지공 방어	C
카운터 어택	C	스루패스 방어	E
기회 만들기	C	리드 지키기	B
세트피스	C	실수 조심	C
OS 피하기	C	측면 방어력	C
중거리 슈팅	C	파울 주의	C
볼 점유율	C	중거리슈팅 수비	C

매우 강함 A   강한 편 B   보통 수준 C   약한 편 D   매우 약함 E

위치	선수	국적	생년월일	출전(분)	출전경기	선발11	교체인	교체아웃	벤치출발	득점	도움	경고	경고누적	퇴장
GK	Rui Silva	POR	94-02-07	2340	26	26	0	0	11	0	0	2	0	0
	Claudio Bravo	CHI	83-04-13	1080	12	12	0	0	21	0	0	2	0	0
	Dani Martín	ESP	98-07-08	0	0	0	0	0	29	0	0	0	0	0
	Fran Vieites	ESP	99-05-07	0	0	0	0	0	1	0	0	0	0	0
DF	Germán Pezzella	ARG	91-06-27	2515	31	29	2	4	4	0	0	4	0	3
	Edgar	ESP	97-04-01	1768	25	18	7	1	17	0	0	6	2	0
	Luiz Felipe	BRA	97-03-22	1768	23	22	1	3	4	0	0	3	0	3
	Youssouf Sabaly	SEN	93-03-05	1681	23	19	4	5	8	1	1	2	0	1
	Juan Miranda	ESP	00-01-19	1473	21	16	5	5	21	3	2	2	0	1
	Abner	BRA	00-05-27	606	13	7	6	4	14	0	0	2	0	0
	Víctor Ruíz	ESP	89-01-25	556	10	5	5	0	19	0	0	1	0	0
	Martín Montoya	ESP	91-04-14	456	6	6	0	3	28	0	0	1	0	0
	Félix Garreta	ESP	04-04-21	90	1	1	0	0	3	0	0	0	0	0
	Fran Delgado	ESP	01-07-11	11	1	0	1	0	4	0	0	0	0	0
	Ricardo Visus	ESP	01-04-24	0	0	0	0	0	2	0	0	0	0	0
MF	Guido Rodríguez	ARG	94-04-12	2877	34	33	1	6	2	1	0	8	0	1
	William Carvalho	POR	92-04-07	2543	33	31	2	17	2	3	0	6	0	1
	Sergio Canales	ESP	91-02-16	2414	31	28	3	13	3	4	3	3	1	0
	Rodri	ESP	00-02-16	1606	30	19	11	16	18	2	3	0	0	0
	Andrés Guardado	MEX	86-09-28	1374	26	16	10	10	19	1	1	7	0	0
	Nabil Fekir	FRA	93-07-18	965	15	12	3	6	3	2	2	5	0	1
	Joaquín	ESP	81-07-21	478	22	2	20	2	31	0	2	2	0	0
	Paul Akouokou	CIV	97-12-20	440	12	3	9	1	28	0	0	3	0	0
	Juan Cruz	ESP	00-04-25	174	6	1	5	1	17	1	0	1	0	0
	José Alonso Lara	ESP	00-03-07	0	0	0	0	0	1	0	0	0	0	0
FW	Borja Iglesias	ESP	93-01-17	2382	35	29	6	22	6	15	3	2	0	1
	Luiz Henrique	BRA	01-01-02	1812	33	21	12	18	14	1	3	6	0	0
	Aitor Ruibal	ESP	96-03-22	1450	26	15	11	6	21	0	0	4	0	1
	Ayoze Pérez	ESP	93-07-23	1395	19	17	2	12	2	3	1	2	0	0
	Juanmi	ESP	93-05-20	919	22	9	13	6	16	4	0	3	0	0
	Willian José	BRA	91-11-23	711	28	6	22	4	29	2	1	1	0	0

REAL BETIS BALOMPIÉ vs. OPPONENTS PER GAME STATS

레알 베티스 vs 상대팀

	득점	슈팅	유효슈팅	코너킥	오프사이드	패스시도 PA	패스성공 PC	패스성공률 P%	태클 TK	공중전승리 AD	인터셉트 IT	파울	경고	퇴장

1.21 ⚽ 1.08	11.1 👟 12.2	3.9 ◉ 3.9	4.0 🚩 5.5	1.9 🏳 2.7	462 PA 452	391 PC 358
85% P% 79%	17.5 TK 17.5	12.1 AD 13.3	9.5 IT 8.5	10.9 14.9	2.18 2.61	0.395 0.211

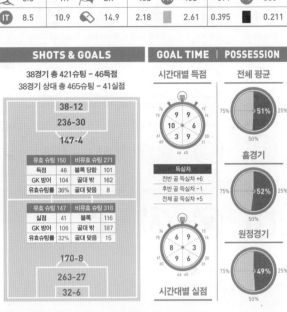

2022-23 SEASON SQUAD LIST & GAMES PLAYED

* 괄호 안의 숫자는 선발 출전 횟수, 교체 출전은 포함시키지 않음

LW	CF	RW
N/A	B.이글레시아스(29), W.호세(6) A.페레스(3), 로디리(1)	N/A

LAM	CAM	RAM
로드리(10), A.페레스(10) 후안미(9), S.카날레스(4) A.루이발(1), A.과르다도(1) L.엔리케(1), J.크루스(1)	N.페키르(12), S.카날레스(10) 로드리(5), W.카르발류(5) A.페레스(3), 호아킨(2)	L.엔리케(19), S.카날레스(14) 로드리(3), A.루이발(1)

LM	CM	RM
A.페레스(1)	W.카르발류(1), G.로드리게스(1)	L.엔리케(1)

LWB	DM	RWB
N/A	G.로드리게스(32), W.카르발류(25) A.과르다도(15), P.아쿠오쿠(2)	N/A

LB	CB	RB
J.미란다(16), A.모레노(15) 아브네르(7)	G.페셀라(29), L.펠리피(22) E.곤살레스(18), V.루이스(5) F.가레타(1), P.아쿠쿠(1)	Y.사바리(19), A.루이발(13) M.몬토야(6)

	GK	
	R.실바(26), C.브라보(12)	

SHOTS & GOALS

38경기 총 421슈팅 – 46득점
38경기 상대 총 465슈팅 – 41실점

```
        38-12
      236-30
        147-4
```

유효 슈팅 150		비유효 슈팅 271	
득점	46	블록 당함	101
GK 방어	104	골대 밖	162
유효슈팅률	36%	골대 맞음	8

유효 슈팅 147		비유효 슈팅 318	
실점	41	블록	116
GK 방어	106	골대 밖	187
유효슈팅률	32%	골대 맞음	15

```
        170-8
      263-27
        32-6
```

GOAL TIME | POSSESSION

시간대별 득점

독실차
전반 골 독실차 +6
후반 골 독실차 -1
전체 골 독실차 +5

시간대별 실점

전체 평균
51% (75% / 25% / 50%)

홈경기
52% (75% / 25% / 50%)

원정경기
49% (75% / 25% / 50%)

TACTICAL SHOT & GOAL TYPES | PASSES PER GAME | CORNER | DUELS pg

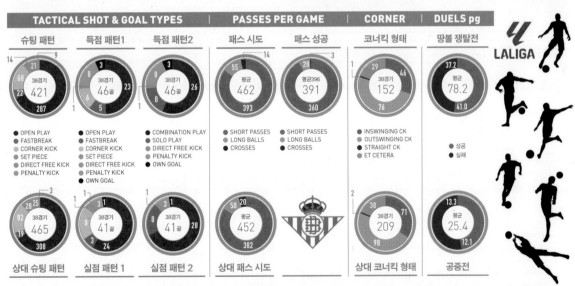

슈팅 패턴
38경기 **421** — 14, 9, 21, 68, 22, 287

득점 패턴1
38경기 **46골** — 3, 8, 23, 8, 5, 1

득점 패턴2
38경기 **46골** — 3, 8, 26, 1

패스 시도
평균 **462** — 55, 14, 393

패스 성공
평균396 **391** — 28, 3, 360

코너킥 형태
38경기 **152** — 1, 29, 46, 76

땅볼 쟁탈전
평균 **78.2** — 37.2, 41.0

- OPEN PLAY
- FASTBREAK
- CORNER KICK
- SET PIECE
- DIRECT FREE KICK
- PENALTY KICK

- OPEN PLAY
- FASTBREAK
- CORNER KICK
- SET PIECE
- DIRECT FREE KICK
- PENALTY KICK
- OWN GOAL

- COMBINATION PLAY
- SOLO PLAY
- DIRECT FREE KICK
- PENALTY KICK
- OWN GOAL

- SHORT PASSES
- LONG BALLS
- CROSSES

- SHORT PASSES
- LONG BALLS
- CROSSES

- INSWINGING CK
- OUTSWINGING CK
- STRAIGHT CK
- ET CETERA

- 성공
- 실패

상대 슈팅 패턴
38경기 **465** — 3, 28, 25, 82, 19, 308

실점 패턴 1
38경기 **41골** — 1, 3, 1, 8, 3, 24

실점 패턴 2
38경기 **41골** — 1, 3, 1, 28, 24

상대 패스 시도
평균 **452** — 50, 20, 382

상대 코너킥 형태
38경기 **209** — 2, 38, 71, 98

공중전
평균 **25.4** — 13.3, 12.1

FORMATION SUMMARY | WHO SCORED | ACTION ZONE | PASSESS pg BY ZONE

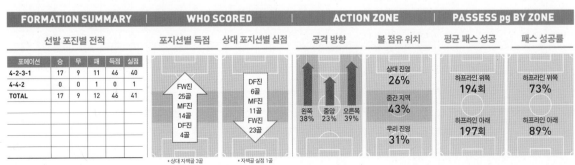

선발 포진별 전적

포메이션	승	무	패	득점	실점
4-2-3-1	17	9	11	46	40
4-4-2	0	0	1	0	1
TOTAL	17	9	12	46	41

포지션별 득점
FW진 25골
MF진 14골
DF진 4골
* 상대 자책골 3골

상대 포지션별 실점
DF진 6골
MF진 11골
FW진 23골
* 자책골 실점 1골

공격 방향
왼쪽 38%
중앙 23%
오른쪽 39%

볼 점유 위치
상대 진영 26%
중간 지역 43%
우리 진영 31%

평균 패스 성공
하프라인 위쪽 194회
하프라인 아래 197회

패스 성공률
하프라인 위쪽 73%
하프라인 아래 89%

Founded 구단 창립
1920년

Owner 오사수나
시민구단

CEO 루이스 사발사
1947.10.23

Manager 하고바 아라사테
1978.04.22

23-24 Odds 벳365 : 500배
스카이벳 : 1000배

Nationality
● 외국 선수 4명
● 스페인 24명

Age 28명 평균
26.8세

Height 28명 평균
181cm

Market Value 1군 명 평균
580만 유로

Game Points
22-23 : 53점
통산 : 1797점

Win 22-23 : 15승
통산 : 476승

Draw 22-23 : 8무
통산 : 369무

Loss 22-23 : 15패
통산 : 623패

Goals For 22-23 : 37득점
통산 : 1654득점

Goals Against 22-23 : 42실점
통산 : 2028실점

More Minutes 다비드 가르시아
2683분

Top Scorer 안테 부디미르+1명
8골

More Assists 아이마르 오로스
6도움

More Subs 키케
28회 교체 IN

More Cards 루카스 토로
Y10+R0

트로피

SPANISH LA LIGA	SPANISH COPA DEL REY	UEFA CHAMPIONS LEAGUE	UEFA EUROPA LEAGUE	FIFA CLUB WORLD CUP	UEFA-CONMEBOL INTERCONTINENTAL
0	0	0	0	0	0

TOTO GUIDE 지난 시즌 상대팀별 전적

상대팀	홈	원정
FC Barcelona	1-2	0-1
Real Madrid	0-2	1-1
Atletico Madrid	0-1	0-3
Real Sociedad	0-2	0-2
Villarreal	0-3	0-2
Real Betis	3-2	0-1
Athletic Bilbao	2-0	0-0
Mallorca	1-0	0-0
Girona	2-1	1-1
Rayo Vallecano	2-1	1-2
Sevilla FC	2-1	3-2
Celta Vigo	0-0	2-1
Cadiz	2-0	1-0
Getafe	0-2	1-2
Valencia	1-2	0-1
Almeria	3-1	1-0
Valladolid	2-0	0-0
Espanyol	1-0	1-1
Elche	2-1	1-1

ESTADIO EL SADAR

구장 오픈 2021년
구장 소유 팜플로나 시
수용 인원 2만 3576명
피치 규모 104m X 67m
잔디 종류 천연 잔디

STRENGTHS & WEAKNESSES

OFFENSE		DEFENSE	
직접 프리킥	C	세트피스 수비	C
문전 처리	D	상대 볼 뺏기	C
측면 돌파	B	공중전 능력	B
스루볼 침투	C	역습 방어	C
개인기 침투	C	지공 방어	C
카운터 어택	C	스루패스 방어	C
기회 만들기	B	리드 지키기	C
세트피스	C	실수 조심	C
OS 피하기	B	측면 방어력	C
중거리 슈팅	C	파울 주의	C
볼 점유율	D	중거리슈팅 수비	C

매우 강함 A 강한 편 B 보통 수준 C 약한 편 D 매우 약함 E

RANKING OF LAST 10 YEARS

● 2부 리그

13-14	14-15	15-16	16-17	17-18	18-19	19-20	20-21	21-22	22-23
18	18	6	19	8	1	10	11	10	7
39점	45점	64점	22점	64점	87점	52점	44점	47점	53점

위치	선수	국적	생년월일	출전(분)	출전경기	선발11	교체인	교체아웃	벤치출발	득점	도움	경고	경고누적	퇴장
GK	Aitor Fernández	ESP	91-05-03	1890	21	21	0	0	17	0	0	1	0	0
	Sergio Herrera	ESP	93-06-05	1530	17	17	0	0	19	0	0	3	0	0
	Pablo Valencia	ESP	01-03-16	0	0	0	0	0	3	0	0	0	0	0
	Darío Ramos	ESP	99-10-19	0	0	0	0	0	1	0	0	0	0	0
	Yoel Ramírez	ESP	02-02-05	0	0	0	0	0	5	0	0	0	0	0
DF	David García	ESP	91-02-14	2683	32	31	1	3	2	2	0	8	1	1
	Manu Sánchez	ESP	00-08-24	2116	31	22	9	1	16	0	2	3	0	0
	Juan Cruz	ESP	92-07-28	2057	27	21	6	1	15	0	0	7	0	0
	Aridane	ESP	89-03-23	1791	23	20	3	1	15	0	1	1	0	0
	Unai García	ESP	92-09-03	1717	21	20	1	4	16	0	1	6	0	1
	Rubén Peña	ESP	91-07-18	1281	20	14	6	9	8	0	1	2	0	1
	Nacho Vidal	ESP	95-01-24	1249	20	15	5	7	9	0	0	4	0	0
	Diego Moreno	ESP	01-06-21	636	11	7	4	3	11	0	0	0	0	0
	Jorge Herrando	ESP	01-02-28	27	1	1	0	0	8	0	0	0	0	1
MF	Lucas Torró	ESP	94-07-19	2489	33	31	2	14	3	1	0	10	0	0
	Moi Gómez	ESP	94-06-23	2458	33	28	5	11	6	3	2	5	0	0
	Jon Moncayola	ESP	98-05-13	2444	37	25	12	9	12	1	3	6	0	0
	Aimar Oroz	ESP	01-11-27	2022	31	23	8	16	8	3	6	6	0	0
	Kike Barja	ESP	97-04-01	1315	27	15	12	14	23	1	6	2	0	0
	Rubén García	ESP	93-07-14	1152	29	11	18	11	22	2	2	2	0	0
	Pablo Ibáñez	ESP	98-09-20	1061	25	12	13	12	26	0	1	1	0	0
	Darko Brašanac	SRB	92-02-12	1033	25	9	16	6	18	1	1	5	0	0
	Iker Muñoz	ESP	02-11-05	249	8	2	6	1	11	0	0	0	0	0
FW	Ante Budimir	CRO	91-07-22	1808	31	22	9	19	15	8	0	5	0	0
	Ezequiel Ávila	ARG	94-02-06	1724	29	23	6	21	10	8	2	7	0	1
	Abde Ezzalzouli	MAR	01-12-17	1512	28	19	9	16	9	4	2	3	1	1
	Kike	ESP	89-11-25	998	35	7	28	5	30	2	0	5	0	0
	Iker Benito	ESP	02-08-11	176	4	2	2	2	7	0	0	0	0	0

LA LIGA 2022-23 SEASON

CA OSASUNA vs. OPPONENTS PER GAME STATS

CA 오사수나 vs 상대팀

득점 / 슈팅 / 유효슈팅 / 코너킥 / 오프사이드 / 패스시도(PA) / 패스성공(PC) / 패스성공률(P%) / 태클(TK) / 공중전승리(AD) / 인터셉트(IT) / 파울 / 경고 / 퇴장

CA 오사수나		상대팀
0.97	득점	1.11
11.8	슈팅	12
3.6	유효슈팅	3.9
4.2	코너킥	5.1
1.6	오프사이드	2.9
424	PA	456
331	PC	354
78%	P%	78%
14.1	TK	14.8
16.2	AD	16.6
8.3	IT	8.2
14.3	파울	11.3
2.45	경고	2.13
0.184	퇴장	0.237

2022-23 SEASON SQUAD LIST & GAMES PLAYED

* 괄호 안의 숫자는 선발 출전 횟수, 교체 출전은 포함시키지 않음

LW
A.에잘줄리(11), K.바르하(6)
C.아빌라(1)

CF
A.부디미르(22), C.아빌라(9)
K.가르시아(7), A.오로스(4)

RW
C.아빌라(7), K.바르하(6)
R.가르시아(3), J.몬카욜라(2)

LAM
M.고메스(3), A.에잘줄리(3)
I.베니토(1)

CAM
A.오로스(6), R.가르시아(2)
D.브라사나치(1)

RAM
R.가르시아(3), C.아빌라(2)
K.바르하(2)

LM
M.고메스(6), A.에잘줄리(4)
C.아빌라(1), I.베니토(1)

CM
L.토로(20), J.몬카욜라(17)
M.고메스(16), A.오로스(13)
P.이바네스(10), D.브라사나치(6)

RM
C.아빌라(9), R.가르시아(3)
M.고메스, R.페냐(2)
K.바르하(1), A.에잘줄리(1)

LWB
N/A

DM
L.토로(11), D.브라사나치(2)
I.무뇨스(2), J.몬카욜라(2)
P.이바네스(2), M.고메스(1)

RWB
N/A

LB
M.산체스(22), J.크루스(16)

CB
D.가르시아(31), U.가르시아(20)
A.에르난데스(20), J.크루스(5)
J.에란도(1)

RB
N.비달(15), R.페냐(12)
D.모레노(7), J.몬카욜라(4)

GK
A.페르난데스(21), S.에레라(17)

SHOTS & GOALS

38경기 총 447슈팅 – 37득점
38경기 상대 총 447슈팅 – 42실점

```
22-8
251-24
174-5
```

유효 슈팅 138		비유효 슈팅 309	
득점	37	블록 당함	98
GK 방어	101	골대 밖	202
유효슈팅률	31%	골대 맞음	9

유효 슈팅 150		비유효 슈팅 297	
실점	42	블록	107
GK 방어	108	골대 밖	179
유효슈팅률	34%	골대 맞음	11

```
170-5
247-29
30-8
```

GOAL TIME | POSSESSION

시간대별 득점

76 / 7 7 / 15
61 / 9 4 / 30
46 45

독실차
전반 골 득실차 -1
후반 골 득실차 -4
전체 골 득실차 -5

시간대별 실점

76 / 12 3 / 15
67 / 9 4 / 30
46 45

전체 평균
48%

홈경기
51%

원정경기
45%

TACTICAL SHOT & GOAL TYPES | PASSES PER GAME | CORNER | DUELS pg

슈팅 패턴 — 38경기 447
7, 5, 24, 62, 30, 319

득점 패턴1 — 38경기 37골
4, 4, 4, 2, 23, 1

득점 패턴2 — 38경기 37골
1, 4, 30

패스 시도 — 평균 424
21, 67, 336

패스 성공 — 평균396 331
31, 5, 294

코너킥 형태 — 38경기 159
3, 27, 64, 65

땅볼 쟁탈전 — 평균 69.6
36.6, 33.0

- OPEN PLAY
- FASTBREAK
- CORNER KICK
- SET PIECE
- DIRECT FREE KICK
- PENALTY KICK

득점 패턴1:
- OPEN PLAY
- FASTBREAK
- CORNER KICK
- SET PIECE
- DIRECT FREE KICK
- PENALTY KICK
- OWN GOAL

득점 패턴2:
- COMBINATION PLAY
- SOLO PLAY
- DIRECT FREE KICK
- PENALTY KICK
- OWN GOAL

패스:
- SHORT PASSES
- LONG BALLS
- CROSSES

- SHORT PASSES
- LONG BALLS
- CROSSES

코너킥:
- INSWINGING CK
- OUTSWINGING CK
- STRAIGHT CK
- ET CETERA

땅볼 쟁탈전:
- 성공
- 실패

상대 슈팅 패턴 — 38경기 447
15, 4, 19, 78, 21, 310

실점 패턴 1 — 38경기 42골
1, 2, 5, 25, 1

실점 패턴 2 — 38경기 42골
1, 2, 29

상대 패스 시도 — 평균 456
19, 60, 377

상대 코너킥 형태 — 38경기 192
61, 58, 69, 4

공중전 — 평균 32.8
16.6, 16.2

FORMATION SUMMARY | WHO SCORED | ACTION ZONE | PASSES pg BY ZONE

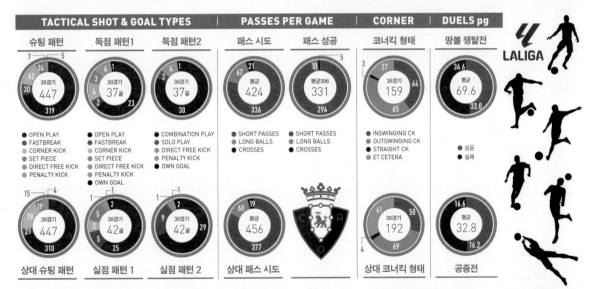

선발 포지션별 전적

포메이션	승	무	패	득점	실점
4-3-3	8	5	5	20	19
4-2-3-1	2	0	5	4	9
4-1-4-1	2	3	1	5	5
4-4-2	3	0	0	6	2
4-4-1-1	0	0	2	1	3
4-5-1	0	0	1	1	2
5-3-2	0	0	1	0	2
TOTAL	15	8	15	37	42

포지션별 득점
FW진 22골
MF진 12골
DF진 2골
* 상대 자책골 1골

상대 포지션별 실점
DF진 7골
MF진 10골
FW진 23골
* 자책골 실점 2골

공격 방향
왼쪽 41% / 중앙 24% / 오른쪽 35%

볼 점유 위치
상대 진영 30%
중간 지역 43%
우리 진영 27%

평균 패스 성공
하프라인 위쪽 177회
하프라인 아래 154회

패스 성공률
하프라인 위쪽 67%
하프라인 아래 87%

Founded
구단 창립
1898년

Owner
아슬레틱 빌바오
시민 구단

CEO
존 우리아르테
1978.06.16

Manager
에르네스토 발베르데
1964.02.09

23-24 Odds
벳365 : 66배
스카이벳 : 80배

Nationality
● 외국 선수 1명
● 스페인 29명

Age
30명 평균
27.2세

Height
30명 평균
182cm

Market Value
1군 25명 평균
905만 유로

Game Points
22-23 : 51점
통산 : 4559점

Win
22-23 : 14승
통산 : 1284승

Draw
22-23 : 9무
통산 : 707무

Loss
22-23 : 15패
통산 : 999패

Goals For
22-23 : 47득점
통산 : 4890득점

Goals Against
22-23 : 43실점
통산 : 3953실점

More Minutes
이냐키 윌리암스
2852분

Top Scorer
오이안 산세트+1명
10골

More Assists
오스카르 데마르코스
6도움

More Subs
라울 가르시아
29회 교체 IN

More Cards
다니엘 비비안
Y8+R1

RANKING OF LAST 10 YEARS

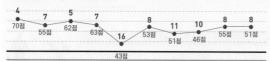

13-14	14-15	15-16	16-17	17-18	18-19	19-20	20-21	21-22	22-23
4 / 70점	7 / 55점	5 / 62점	7 / 63점	16	8 / 53점	11 / 51점	10 / 46점	8 / 55점	8 / 51점

43점

 8 23 0 0 0 0

SPANISH LA LIGA	SPANISH COPA DEL REY	UEFA CHAMPIONS LEAGUE	UEFA EUROPA LEAGUE	FIFA CLUB WORLD CUP	UEFA-CONMEBOL INTERCONTINENTAL

TOTO GUIDE 지난 시즌 상대팀별 전적

상대팀	홈	원정
FC Barcelona	0-1	0-4
Real Madrid	0-2	1-1
Atletico Madrid	0-1	0-1
Real Sociedad	2-0	1-3
Villarreal	1-0	1-5
Real Betis	0-1	0-0
Osasuna	0-0	0-2
Mallorca	0-0	1-1
Girona	2-3	1-2
Rayo Vallecano	3-2	0-0
Sevilla FC	0-1	1-1
Celta Vigo	2-1	0-1
Cadiz	4-1	4-0
Getafe	0-0	2-2
Valencia	1-0	2-1
Almeria	4-0	2-1
Valladolid	3-0	3-1
Espanyol	0-1	2-1
Elche	0-1	4-1

SAN MAMÉS STADIUM

구장 오픈
2013년
구장 소유
산마메스 시
수용 인원
5만 3331명
피치 규모
105m X 68m
잔디 종류
하이브리드 잔디

STRENGTHS & WEAKNESSES

OFFENSE		DEFENSE	
직접 프리킥	C	세트피스 수비	B
문전 처리	D	상대 볼 뺏기	C
측면 돌파	B	공중전 능력	B
스루볼 침투	C	역습 방어	C
개인기 침투	C	지공 방어	E
카운터 어택	B	스루패스 방어	C
기회 만들기	A	리드 지키기	B
세트피스	C	실수 조심	D
OS 피하기	D	측면 방어력	C
중거리 슈팅	C	파울 주의	B
볼 점유율	B	중거리슈팅 수비	C

매우 강함 A · 강한 편 B · 보통 수준 C · 약한 편 D · 매우 약함 E

위치	선수	국적	생년월일	출전(분)	출전경기	선발11	교체인	교체아웃	벤치출발	득점	도움	경고	경고누적	퇴장
GK	Unai Simón	ESP	97-06-11	2746	31	31	0	1	4	0	0	2	0	0
	Julen Agirrezabala	ESP	00-12-26	674	8	7	1	0	27	0	0	0	0	0
	Álex Padilla	ESP	03-09-01	0	0	0	0	0	0	0	0	0	0	0
	Ander Iru	ESP	98-08-22	0	0	0	0	0	15	0	0	0	0	0
DF	Óscar de Marcos	ESP	89-04-14	2824	37	32	5	10	5	1	6	7	0	0
	Yuri Berchiche	ESP	90-02-10	2408	29	27	2	2	3	1	1	8	1	0
	Daniel Vivian	ESP	99-07-05	2374	29	26	3	0	7	1	0	8	0	1
	Yeray	ESP	95-01-24	2337	28	27	1	5	3	1	1	7	0	1
	Íñigo Martínez	ESP	91-05-17	1339	15	15	0	1	4	1	0	6	1	0
	Íñigo Lekue	ESP	93-05-04	1321	20	14	6	6	17	0	1	1	0	0
	Aitor Paredes	ESP	00-04-29	853	16	9	7	1	29	0	0	3	0	0
	Mikel Balenziaga	ESP	88-02-29	114	3	1	2	1	29	0	0	1	0	0
	Ander Capa	ESP	92-02-08	103	7	1	6	1	33	0	0	1	0	0
MF	Mikel Vesga	ESP	93-04-08	2575	36	28	8	7	8	3	3	5	0	0
	Oihan Sancet	ESP	00-04-25	2553	36	32	4	25	4	10	2	6	0	1
	Alex Berenguer	ESP	95-07-04	2302	37	26	11	16	12	4	1	2	0	0
	Dani García	ESP	90-05-24	1491	25	18	7	13	13	0	2	6	0	0
	Raúl García	ESP	86-07-11	945	35	6	29	5	32	2	3	4	0	0
	Oier Zarraga	ESP	99-01-04	838	26	6	20	6	31	0	0	5	0	0
	Ander Herrera	ESP	89-08-14	392	9	5	4	5	6	0	1	1	0	0
	Unai Vencedor	ESP	00-11-15	183	10	0	10	0	37	0	0	2	0	0
	Jon Morcillo	ESP	98-09-15	66	10	0	10	0	19	0	1	0	0	0
	Unai Gómez	ESP	03-05-25	0	0	0	0	0	8	0	0	0	0	0
	Junior Bita	ESP	05-06-08	0	0	0	0	0	3	0	0	0	0	0
FW	Iñaki Williams	GHA	94-06-15	2852	36	34	2	19	2	10	3	2	0	0
	Nico Williams	ESP	02-07-12	2674	36	32	4	23	4	6	4	3	0	0
	Iker Muniain	ESP	92-12-19	1692	30	19	11	14	13	0	2	1	0	0
	Gorka Guruzeta	ESP	96-09-12	1421	30	17	13	15	21	6	1	2	0	0
	Malcom Adu Ares	ESP	01-10-12	76	8	0	8	0	15	0	0	0	0	0
	Luis Bilbao	ESP	03-03-24	0	0	0	0	0	0	0	0	0	0	0

LA LIGA 2022-23 SEASON

ATHLETIC BILBAO vs. OPPONENTS PER GAME STATS

아슬레틱 빌바오 vs 상대팀

	득점	슈팅	유효슈팅	코너킥	오프사이드	패스시도	패스성공	패스성공율	태클	공중전승리	인터셉트	파울	경고	퇴장

1.24	⚽	1.13	14.4	👟	10.3	4.3	◉	3.3	6.8	🚩	3.6	2.5	🏳	2.0	466	PA	440	373	PC	339
80%	P%	77%	16.0	TK	17.3	14.2	AD	13.0	8.2	IT	10.1	13.5	🔶	11.8	2.13		2.55	0.132		0.079

2022-23 SEASON SQUAD LIST & GAMES PLAYED

* 괄호 안의 숫자는 선발 출전 횟수, 교체 출전은 포함시키지 않음

LW	CF	RW
A.베렝게르(2)	I.윌리암스(18), G.구루세타(17) R.가르시아(2), A.비야리브레(1)	I.윌리암스(2)

LAM	CAM	RAM
A.베렝게르(21), N.윌리암스(10) I.무니아인(2)	O.산세트(15), I.무니아인(13) R.가르시아(4), O.사라가(1)	N.윌리암스(19), I.윌리암스(13) A.베렝게르(1)

LM	CM	RM
N.윌리암스(1), A.베렝게르(2)	O.산세트(4), I.무니아인(4) A.에레라(1), M.베스가(1) D.가르시아(1), O.사라가(1)	N.윌리암스(2), I.윌리암스(1)

LWB	DM	RWB
N/A	M.베스가(27), O.산세트(13) D.가르시아(17), O.사라가(4) A.에레라(8)	N/A

LB	CB	RB
Y.베르치체(27), I.레쿠에(10) M.발렌시아가(1)	Y.알바레스(27), D.비비안(26) I.마르티네스(15), A.파레데스(8)	O.D.마르코스(32), I.레쿠에(4) A.파레데스(1), A.카파(1)

GK
U.시몬(31), J.아히레사발라(7)

SHOTS & GOALS

38경기 총 547슈팅 - 47득점
38경기 상대 총 392슈팅 - 43실점

37-7
334-35
176-5

유효 슈팅 165		비유효 슈팅 382	
득점	47	블록 담함	156
GK 방어	118	골대 밖	216
유효슈팅률	30%	골대 맞음	10

유효 슈팅 126		비유효 슈팅 266	
실점	43	블록	101
GK 방어	83	골대 밖	158
유효슈팅률	32%	골대 맞음	7

145-3
225-35
22-5

GOAL TIME | POSSESSION

시간대별 득점

8 5 / 8 16 / 7 30 / 8 / 46 45 31

독실차
전반 골 득실차 +7
후반 골 득실차 -3
전체 골 득실차 +4

시간대별 실점

10 5 / 4 16 / 6 30 / 5 / 46 45 31

전체 평균 52%
홈경기 53%
원정경기 50%

TACTICAL SHOT & GOAL TYPES | PASSES PER GAME | CORNER | DUELS pg

슈팅 패턴	득점 패턴1	득점 패턴2	패스 시도	패스 성공	코너킥 형태	땅볼 쟁탈전
38경기 574	38경기 70골	38경기 70골	평균 633	평균 557	38경기 244	평균 70.8

- OPEN PLAY / FASTBREAK / CORNER KICK / SET PIECE / DIRECT FREE KICK / PENALTY KICK
- COMBINATION PLAY / SOLO PLAY / DIRECT FREE KICK / PENALTY KICK / OWN GOAL
- SHORT PASSES / LONG BALLS / CROSSES
- INSWINGING CK / OUTSWINGING CK / STRAIGHT CK / ET CETERA
- 성공 / 실패

상대 슈팅 패턴	실점 패턴 1	실점 패턴 2	상대 패스 시도		상대 코너킥 형태	공중전
38경기 334	38경기 20골	38경기 20골	평균 343	FCB	38경기 111	평균 21.8

FORMATION SUMMARY | WHO SCORED | ACTION ZONE | PASSESS pg BY ZONE

선발 포진별 전적

포메이션	승	무	패	득점	실점
4-2-3-1	11	7	15	38	41
4-1-4-1	3	0	0	9	2
4-3-3	0	2	0	0	0
TOTAL	14	9	15	47	43

WHO SCORED

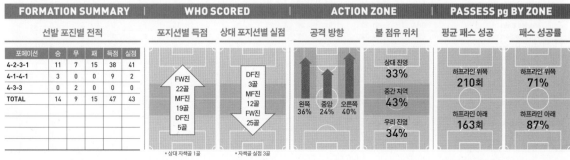

포지션별 득점 / 상대 포지션별 실점

FW진 22골 / MF진 19골 / DF진 5골
* 상대 자책골 1골

DF진 3골 / MF진 12골 / FW진 25골
* 자책골 실점 3골

ACTION ZONE

공격 방향
왼쪽 36% / 중앙 24% / 오른쪽 40%

볼 점유 위치
상대 진영 33%
중간 지역 43%
우리 진영 34%

PASSESS pg BY ZONE

평균 패스 성공
하프라인 위쪽 210회
하프라인 아래 163회

패스 성공률
하프라인 위쪽 71%
하프라인 아래 87%

RCD MALLORCA

Founded 구단 창립 1916년

Owner 로버트 사버 1961.10.31

CEO 앤디 콜버그 1959.08.17

Manager 하비에르 아기레 1958.12.01

23-24 Odds 벳365 : 1000배 스카이벳 : 1000배

Nationality ●외국 선수 14명 ●스페인 18명 (32명)

Age 32명 평균 26.8세

Height 32명 평균 182cm

Market Value 1군 24명 평균 390만 유로

Game Points 22-23 : 50점 통산 : 1377점

Win 22-23 : 14승 통산 : 366승

Draw 22-23 : 8무 통산 : 279무

Loss 22-23 : 16패 통산 : 457패

Goals For 22-23 : 37득점 통산 : 1295득점

Goals Against 22-23 : 43실점 통산 : 1542실점

More Minutes 프레드라그 라이코비치 3066분

Top Scorer 베다드 무리치 15골

More Assists 이강인+1명 6도움

More Subs 아본돈 프라츠 24회 교체 IN

More Cards 안토니오 라이요 Y11+R1

TOTO GUIDE 지난 시즌 상대팀별 전적

상대팀	홈	원정
FC Barcelona	0-1	0-3
Real Madrid	1-0	1-4
Atletico Madrid	1-0	1-3
Real Sociedad	1-1	0-1
Villarreal	4-2	2-0
Real Betis	1-2	0-1
Osasuna	0-0	0-1
Athletic Bilbao	1-1	0-0
Girona	1-1	1-2
Rayo Vallecano	3-0	2-0
Sevilla FC	0-1	0-2
Celta Vigo	1-0	1-0
Cadiz	1-0	0-2
Getafe	3-1	0-2
Valencia	1-0	2-1
Almeria	1-0	0-3
Valladolid	1-0	3-3
Espanyol	1-1	1-2
Elche	0-1	1-1

ESTADI MALLORCA SON MOIX

구장 오픈 1999년
구장 소유 팔마 시
수용 인원 2만 3142명
피치 규모 105m X 68m
잔디 종류 천연 잔디

STRENGTHS & WEAKNESSES

OFFENSE		DEFENSE	
직접 프리킥	C	세트피스 수비	C
문전 처리	C	상대 볼 뺏기	C
측면 돌파	B	공중전 능력	A
스루볼 침투	C	역습 방어	C
개인기 침투	C	지공 방어	C
카운터 어택	C	스루패스 방어	C
기회 만들기	C	리드 지키기	B
세트피스	C	실수 조심	C
OS 피하기	C	측면 방어력	C
중거리 슈팅	C	파울 주의	E
볼 점유율	E	중거리슈팅 수비	C

매우 강함 **A** 강한 편 **B** 보통 수준 **C** 약한 편 **D** 매우 약함 **E**

RANKING OF LAST 10 YEARS

● 2부 리그
● 3부 리그

	13-14	14-15	15-16	16-17	17-18	18-19	19-20	20-21	21-22	22-23
순위	17	16	17	20	1	5	19	2	16	9
점수	51점	48점	49점	45점	73점	69점	33점	82점	39점	50점

위치	선수	국적	생년월일	출전(분)	출전경기	선발11	교체인	교체아웃	벤치출발	득점	도움	경고	경고누적	퇴장
GK	Predrag Rajković	SRB	95-10-31	3240	36	36	0	0	2	0	0	3	0	0
	Dominik Greif	SVN	97-04-06	90	1	1	0	0	24	0	0	0	0	0
	Leo Román	ESP	00-07-06	90	1	1	0	0	30	0	0	0	0	0
	Pere Joan	ESP	02-03-22	0	0	0	0	0	6	0	0	0	0	0
DF	Pablo Maffeo	ESP	97-07-12	3066	35	34	1	4	1	2	4	6	0	1
	Antonio Raíllo	ESP	91-10-08	2856	31	31	0	1	0	2	3	11	0	1
	Martín Valjent	SVK	95-12-11	2659	30	30	0	3	2	0	0	8	0	0
	Jaume Costa	ESP	88-03-18	2608	32	30	2	11	3	0	1	11	0	0
	Copete	ESP	99-10-10	2215	28	27	1	10	7	1	0	7	0	1
	Giovanni González	URU	94-09-20	923	15	9	6	2	22	0	2	5	0	0
	Matija Nastasić	SRB	93-03-28	904	14	10	4	2	14	1	0	3	0	0
	Dennis Hadžikadunić	SWE	98-07-09	616	8	7	1	2	9	0	0	1	0	0
	Ludwig Augustinsson	SWE	94-04-21	130	4	1	3	1	9	0	0	0	0	0
	Josep Gayá	ESP	00-07-07	53	2	1	1	1	20	0	0	0	0	0
	Miguel Martín	ESP	01-01-12	0	0	0	0	0	1	0	0	0	0	0
	Marcos Fernández	ESP	03-07-17	0	0	0	0	0	7	0	0	0	0	0
	Benjamín Garay	ARG	00-04-19	0	0	0	0	0	6	0	0	0	0	0
MF	Lee Kang-In	KOR	01-02-19	2841	36	33	3	21	3	6	6	10	0	0
	Iñigo Ruiz de Galarreta	ESP	93-08-06	2456	30	28	2	9	2	0	1	12	0	0
	Dani Rodríguez	ESP	88-06-06	2114	35	26	9	23	9	3	6	8	0	0
	Iddrisu Baba	GHA	96-01-22	1751	29	20	9	9	15	0	0	5	0	0
	Antonio Sánchez	ESP	97-04-22	1065	32	11	21	10	26	0	1	5	0	0
	Manu Morlanes	ESP	99-01-12	712	12	9	3	9	9	1	0	3	0	0
	Clément Grenier	FRA	91-01-07	708	21	6	15	5	28	0	0	7	0	0
	Rubén Quintanilla	ESP	02-04-03	3	1	0	1	0	2	0	0	0	0	0
	Miquel Llabrés	ESP	00-01-28	0	0	0	0	0	8	0	0	0	0	0
	Tòfol Montiel	ESP	00-04-11	0	0	0	0	0	4	0	0	0	0	0
FW	Vedat Muriqi	KVX	94-04-24	2953	35	34	1	17	1	15	3	6	0	1
	Amath Ndiaye	SEN	96-07-16	1219	28	12	16	8	19	2	0	2	0	1
	Tinotenda Kadewere	ZIM	96-01-05	538	15	5	10	5	21	1	0	1	0	0
	Abdón Prats	ESP	92-02-17	395	26	2	24	2	36	1	1	1	0	0
	Ángel	ESP	87-04-26	381	17	2	15	2	33	1	0	1	0	0

LA LIGA 2022-23 SEASON

RCD MALLORCA vs. OPPONENTS PER GAME STATS

RCD 마요르카 vs 상대팀

	득점	슈팅	유효슈팅	코너킥	오프사이드	패스시도	패스성공	패스성공률	태클	공중전승리	인터셉트	파울	경고	퇴장

0.97	⚽	1.05	8.6	👟	13.1	3.0	▣	3.8	3.7	🚩	5.1	2.0	🚩	1.1	360	PA	526	272	PC	429

| 76% | P% | 82% | 15.3 | TK | 13.2 | 17.8 | AD | 16.6 | 8.4 | IT | 6.1 | 16.1 | 🧽 | 12.7 | 3.16 | | 2.47 | 0.132 | ■ | 0.105 |

2022-23 SEASON SQUAD LIST & GAMES PLAYED

* 괄호 안의 숫자는 선발 출전 횟수로, 교체 출전은 포함시키지 않음

LW	CF	RW
이강인(1), A.은디아이(1)	V.무리치(34), 이강인(8) T.카데웨레(3), A.은디아이(3) A.로드리게스(2), A.프라츠(2)	T.카데웨레(1), A.은디아이(1)

LAM	CAM	RAM
N/A	A.산체스(1), D.로드리게스(1) 이강인(1), A.은디아이(1)	N/A

LM	CM	RM
이강인(16), A.은디아이(3) D.로드리게스(1)	I.R.갈라레타(28), J.바바(19) D.로드리게스(13), M.모룰라네스(9) R.바탈리아(8), C.그레니에(6) 이강인(5.), A.산체스(2)	D.로드리게스(11), A.산체스(4) A.은디아이(3), 이강인(1) T.카데웨레(1)

LWB	DM	RWB
J.코스타(2), B.쿠프레(1) 이강인(1)	N/A	P.마페오(3), G.곤살레스(1)

LB	CB	RB
J.코스타(28), P.마페오(4) L.아우구스틴손(1), B.쿠프레(1)	A.라이요( ), M.발리엔트( ) 코페테( ), M.나스타시치( ) G.곤살레스( ), F.루소( )	P.마페오(27), A.산체스(4) G.곤살레스(3)

GK		
P.라이코비치(36), D.그라이프(1) L.로만(1)		

SHOTS & GOALS

38경기 총 328슈팅 – 37득점
38경기 상대 총 496슈팅 – 40실점

17-8
206-27
105-2

유효 슈팅 113		비유효 슈팅 215	
득점	37	블록 당함	81
GK 방어	76	골대 밖	128
유효슈팅률	34%	골대 맞음	6

유효 슈팅 145		비유효 슈팅 351	
실점	42	블록	107
GK 방어	108	골대 밖	179
유효슈팅률	34%	골대 맞음	11

170-5
247-29
30-8

GOAL TIME | POSSESSION

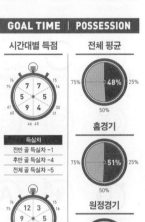

시간대별 득점

독실차
전반 골 득실차 -1
후반 골 득실차 -4
전체 골 득실차 -5

시간대별 실점

전체 평균 48% (75% / 25% / 50%)

홈경기 51% (75% / 25% / 50%)

원정경기 45% (75% / 25% / 50%)

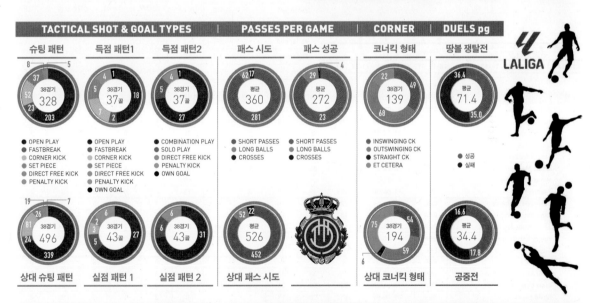

TACTICAL SHOT & GOAL TYPES | PASSES PER GAME | CORNER | DUELS pg

슈팅 패턴
38경기 328
8 / 5 / 37 / 52 / 23 / 203

득점 패턴1
38경기 37골
1 / 18 / 5 / 2 / 7 / 27

득점 패턴2
38경기 37골
4 / 1 / 5 / 2 / 27

패스 시도
평균 360
62 / 17 / 281

패스 성공
평균 272
29 / 4 / 23

코너킥 형태
38경기 139
22 / 49 / 68

땅볼 쟁탈전
평균 71.4
36.4 / 35.0

- ● OPEN PLAY
- ● FASTBREAK
- ● CORNER KICK
- ● SET PIECE
- ● DIRECT FREE KICK
- ● PENALTY KICK

- ● OPEN PLAY
- ● FASTBREAK
- ● CORNER KICK
- ● SET PIECE
- ● DIRECT FREE KICK
- ● PENALTY KICK
- ● OWN GOAL

- ● COMBINATION PLAY
- ● SOLO PLAY
- ● DIRECT FREE KICK
- ● PENALTY KICK
- ● OWN GOAL

- ● SHORT PASSES
- ● LONG BALLS
- ● CROSSES

- ● SHORT PASSES
- ● LONG BALLS
- ● CROSSES

- ● INSWINGING CK
- ● OUTSWINGING CK
- ● STRAIGHT CK
- ● ET CETERA

- ● 성공
- ● 실패

상대 슈팅 패턴
38경기 496
19 / 7 / 26 / 61 / 24 / 339

실점 패턴 1
38경기 43골
3 / 27 / 5 / 2 / 6

실점 패턴 2
38경기 43골
6 / 31 / 6

상대 패스 시도
평균 526
52 / 22 / 452

상대 코너킥 형태
38경기 194
75 / 54 / 6 / 59

공중전
평균 34.4
16.6 / 17.8

FORMATION SUMMARY | WHO SCORED | ACTION ZONE | PASSESS pg BY ZONE

선발 포진별 전적

포메이션	승	무	패	득점	실점
4-3-3	8	5	5	20	19
4-2-3-1	2	0	5	4	9
4-1-4-1	2	3	1	5	5
4-4-2	3	0	0	6	2
4-4-1-1	0	0	2	1	3
4-5-1	0	0	1	1	2
5-3-2	0	0	1	0	2
TOTAL	15	8	15	37	42

포지션별 득점
FW진 22골
MF진 12골
DF진 2골

* 상대 자책골 1골

상대 포지션별 실점
DF진 7골
MF진 10골
FW진 23골

* 자책골 실점 2골

공격 방향
왼쪽 41% / 중앙 24% / 오른쪽 35%

볼 점유 위치
상대 진영 30%
중간 지역 43%
우리 진영 27%

평균 패스 성공
하프라인 위쪽 177회
하프라인 아래 154회

패스 성공률
하프라인 위쪽 67%
하프라인 아래 87%

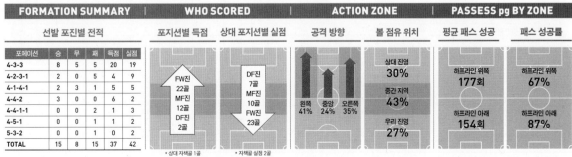

GIRONA FC

Founded 구단 창립 1930년	**Owner** 시티풋볼그룹 마르셀로 클라우레	**CEO** 델피 젤리 1969.04.22	**Manager** 미첼 1975.10.30	**23-24 Odds** 벳365 : 1000배 스카이벳 : 1000배

Nationality ●외국 선수 12명 ●스페인 18명	**Age** 30명 평균 25.8세	**Height** 30명 평균 182cm	**Market Value** 1군 30명 평균 182만 유로	**Game Points** 22-23 : 49점 통산 : 137점

Win 22-23 : 13승 통산 : 36승	**Draw** 22-23 : 10무 통산 : 29무	**Loss** 22-23 : 15패 통산 : 49패	**Goals For** 22-23 : 58득점 통산 : 145득점	**Goals Against** 22-23 : 55실점 통산 : 167실점

More Minutes 산티아고 부에노 3012분	**Top Scorer** 발렌틴 카스테야노 13골	**More Assists** 빅토르 치한코프 6도움	**More Subs** 크리스티안 스투아니 24회 교체 IN	**More Cards** 아르나우 마르티네스 Y11+R0

RANKING OF LAST 10 YEARS

● 2부 리그

13-14	14-15	15-16	16-17	17-18	18-19	19-20	20-21	21-22	22-23
16	3	4	2	10	18	5	5	6	10
51점	82점	66점	70점	51점	37점	63점	71점	68점	49점

 0   **0**   **0**   **0**   **0**   **0**

SPANISH LA LIGA	SPANISH COPA DEL REY	UEFA CHAMPIONS LEAGUE	UEFA EUROPA LEAGUE	FIFA CLUB WORLD CUP	UEFA-CONMEBOL INTERCONTINENTAL

TOTO GUIDE 지난 시즌 상대팀별 전적

상대팀	홈	원정
FC Barcelona	0-1	0-0
Real Madrid	4-2	1-1
Atletico Madrid	0-1	1-2
Real Sociedad	3-5	2-2
Villarreal	1-2	0-1
Real Betis	1-2	1-2
Osasuna	1-1	1-2
Athletic Bilbao	2-1	3-2
Mallorca	2-1	1-1
Rayo Vallecano	2-2	2-2
Sevilla FC	2-1	2-0
Celta Vigo	0-1	1-1
Cadiz	1-1	0-2
Getafe	3-1	2-3
Valencia	1-0	0-1
Almeria	6-2	2-3
Valladolid	2-1	0-1
Espanyol	2-1	2-2
Elche	2-0	2-1

ESTADI MONTILIVI

구장 오픈 1999년
구장 소유 팔마 시
수용 인원 2만 3142명
피치 규모 105m X 68m
잔디 종류 천연 잔디

STRENGTHS & WEAKNESSES

OFFENSE		DEFENSE	
직접 프리킥	C	세트피스 수비	B
문전 처리	B	상대 볼 뺏기	A
측면 돌파	B	공중전 능력	D
스루볼 침투	C	역습 방어	D
개인기 침투	C	지공 방어	D
카운터 어택	C	스루패스 방어	C
기회 만들기	C	리드 지키기	D
세트피스	C	실수 조심	D
OS 피하기	C	측면 방어력	E
중거리 슈팅	C	파울 주의	C
볼 점유율	C	중거리슈팅 수비	C

매우 강함 A 강한 편 B 보통 수준 C 약한 편 D 매우 약함 E

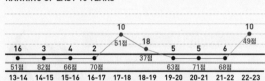

위치	선수	국적	생년월일	출전(분)	출전경기	선발11	교체인	교체아웃	벤치출발	득점	도움	경고	경고누적	퇴장
GK	Paulo Gazzaniga	ARG	92-01-02	2520	28	28	0	0	7	0	0	4	0	0
	Juan Carlos	ESP	88-01-20	900	10	10	0	0	28	0	0	0	0	0
	Toni Fuidias	ESP	01-04-15	0	0	0	0	0	35	0	0	0	0	0
	Lluc Matas	ESP	02-04-25	0	0	0	0	0	3	0	0	0	0	0
DF	Santiago Bueno	URU	98-11-09	3012	34	34	0	1	0	0	1	6	1	0
	Arnau Martínez	ESP	03-04-25	2737	33	32	1	7	4	3	4	11	0	0
	Miguel Gutiérrez	ESP	01-07-27	2399	34	27	7	15	10	2	3	6	0	0
	Juanpe	ESP	91-04-30	1428	19	17	2	4	13	1	0	3	0	0
	Bernardo Espinosa	COL	89-07-11	1222	20	14	6	4	22	1	1	5	0	0
	Yan Couto	BRA	02-06-03	1151	25	12	13	7	17	1	2	3	0	0
	Javi Hernández	ESP	98-05-02	1114	25	13	12	10	21	1	2	3	0	0
	Valery Fernández	ESP	99-11-23	957	25	7	18	7	27	0	2	1	0	0
	Alexander Callens	PER	92-05-04	114	6	0	6	0	13	0	0	0	0	0
	Biel Farrés	ESP	02-05-01	0	0	0	0	0	5	0	0	0	0	0
MF	Oriol Romeu	ESP	91-09-24	2952	33	33	0	1	0	2	0	9	1	0
	Aleix García	ESP	97-06-28	2340	30	26	4	8	4	1	5	1	0	0
	David López	ESP	89-10-09	1657	20	19	1	5	8	3	1	5	0	0
	Iván Martín	ESP	99-02-14	1591	24	18	6	13	13	3	3	2	0	0
	Viktor Tsyhankov	UKR	97-11-15	1494	19	17	2	7	4	3	6	0	0	0
	Yangel Herrera	VEN	98-01-07	966	20	12	8	10	9	2	2	4	0	0
	Toni Villa	ESP	95-01-07	895	24	12	12	12	14	1	3	2	0	0
	Borja	ESP	90-11-02	685	11	10	1	8	7	1	0	1	0	0
	Reinier	BRA	02-01-19	639	18	5	13	4	17	2	1	1	0	1
	Ricard Artero	ESP	03-02-05	125	7	0	7	0	26	0	0	0	0	0
	Joel Casals	ESP	05-06-07	80	5	0	5	0	20	0	0	1	0	0
	Ibrahima Kébé	MLI	00-08-02	0	0	0	0	0	0	0	0	0	0	0
FW	Valentín Castellanos	ARG	98-10-03	2618	35	33	2	25	2	13	0	11	0	0
	Rodrigo Riquelme	ESP	00-04-02	2187	34	25	9	19	10	4	4	1	0	0
	Cristhian Stuani	URU	86-10-12	1075	32	8	24	5	25	9	0	8	0	0
	Dawda Camara	MTN	02-11-04	0	0	0	0	0	1	0	0	0	0	0

LA LIGA 2022-23 SEASON

GIRONA FC vs. OPPONENTS PER GAME STATS

지로나 FC vs 상대팀

	득점	슈팅	유효슈팅	코너킥	오프사이드	패스시도 (PA)	패스성공 (PC)
	1.53 ⚽ 1.45	12.1 👟 12.9	4.6 ◉ 4.4	3.8 🚩 4.8	2.3 🏳 1.7	471 PA 453	393 PC 364
	83% P% 80%	14.5 TK 16.9	11.4 AD 11.4	7.0 IT 8.0	11.6 ✖ 14.1	2.42 🟨 2.39	0.079 ⬛ 0.132

패스성공률 P% / 태클 TK / 공중전승리 AD / 인터셉트 IT / 파울 / 경고 / 퇴장

2022-23 SEASON SQUAD LIST & GAMES PLAYED

* 괄호 안의 숫자는 선발 출전 횟수로, 교체 출전은 포함시키지 않음

LW
R.리켈메(1)

CF
V.카스테야노스(33), C.스투아니(8)
B.가르시아(3), R.리켈메(2)
Y.에레라(1), I.마르틴(1)
M.바예호(1)

RW
헤이니에르(1)

LAM
R.리켈메(2)

CAM
R.리켈메(2), 헤이니에르(2)
V.치간코프(2), S.사이스(1)
M.바예호(1), I.마르틴(1)

RAM
T.비아(1), Y.코우투(1)

LM
R.리켈메(15), T.비아(7)
V.페르난데스(5), O.우레냐(1)
M.구티에레스(1)

CM
A.가르시아(24), O.로메우(15)
I.마르틴(13), Y.에레라(8)
B.가르시아(7), R.리켈메(2)
V.치간코프(2), 헤이니에르(2)
D.로페스(1), R.테라츠(1)

RM
V.치간코프(13), Y.코우투(7)
T.비아(4), Y.에레라(3)
I.마르틴(2)

LWB
M.구티에레스(3), V.페르난데스(1)

DM
O.로메우(18), A.가르시아(2)
R.테라츠(1), D.로페스(1)
I.마르틴(1)

RWB
A.마르티네스(3), Y.코우투(1)

LB
M.구티에레스(23), J.에르난데스
(10)

CB
S.부에노(34), D.로페스(17)
후안페(16), B.에스피노사(14)
J.에르난데스(3)

RB
A.마르티네스(29), Y.코우투(3)
V.페르난데스(1)

GK
P.가사니가(28), J.C.마르틴(10)

SHOTS & GOALS

38경기 총 458슈팅 – 58득점
38경기 상대 총 490슈팅 – 55실점

35-13
276-38
147-7

유효 슈팅 173		비유효 슈팅 285	
득점	58	블록 당함	85
GK 방어	115	골대 밖	192
유효슈팅률	38%	골대 맞음	8

유효 슈팅 167		비유효 슈팅 323	
실점	55	블록	122
GK 방어	112	골대 밖	190
유효슈팅률	34%	골대 맞음	11

182-6
266-34
42-15

GOAL TIME | POSSESSION

시간대별 득점

12 4
10 1
10 14

특실차	
전반 골 득실차	-1
후반 골 득실차	+4
전세 골 득실차	+3

시간대별 실점

12 11
9 1
7 11

전체 평균
75% | 51% | 25%
50%

홈경기
75% | 50% | 25%
50%

원정경기
75% | 52% | 25%
50%

TACTICAL SHOT & GOAL TYPES | PASSES PER GAME | CORNER | DUELS pg

슈팅 패턴
38경기 458

득점 패턴1
38경기 58골

득점 패턴2
38경기 58골

패스 시도
평균 471

패스 성공
평균 393

코너킥 형태
38경기 145

땅볼 쟁탈전
평균 72.0

- OPEN PLAY
- FASTBREAK
- CORNER KICK
- SET PIECE
- DIRECT FREE KICK
- PENALTY KICK

- OPEN PLAY
- FASTBREAK
- CORNER KICK
- SET PIECE
- DIRECT FREE KICK
- PENALTY KICK
- OWN GOAL

- COMBINATION PLAY
- SOLO PLAY
- DIRECT FREE KICK
- PENALTY KICK
- OWN GOAL

- SHORT PASSES
- LONG BALLS
- CROSSES

- SHORT PASSES
- LONG BALLS
- CROSSES

- INSWINGING CK
- OUTSWINGING CK
- STRAIGHT CK
- ET CETERA

- 성공
- 실패

상대 슈팅 패턴
38경기 490

실점 패턴 1
38경기 55골

실점 패턴 2
38경기 55골

상대 패스 시도
평균 453

상대 코너킥 형태
38경기 181

공중전
평균 22.8

FORMATION SUMMARY

선발 포지션별 전적

포메이션	승	무	패	득점	실점
4-1-4-1	7	6	5	30	26
4-4-2	3	0	4	11	10
5-3-2	0	1	2	5	8
3-4-2-1	1	0	2	3	4
4-2-3-1	0	0	2	1	3
4-4-1-1	0	2	0	2	2
3-4-3	0	1	0	1	1
5-4-1	1	0	0	2	0
3-1-4-2	1	0	0	3	1
TOTAL	13	10	15	58	55

WHO SCORED

포지션별 득점
FW진 27골
MF진 19골
DF진 9골

상대 포지션별 실점
DF진 4골
MF진 14골
FW진 37골

* 상대 자책골 3골

ACTION ZONE

공격 방향
왼쪽 37%
중앙 24%
오른쪽 39%

볼 점유 위치
상대 진영 26%
중간 지역 42%
우리 진영 32%

PASSESS pg BY ZONE

평균 패스 성공
하프라인 위쪽 174회
하프라인 아래 219회

패스 성공률
하프라인 위쪽 72%
하프라인 아래 90%

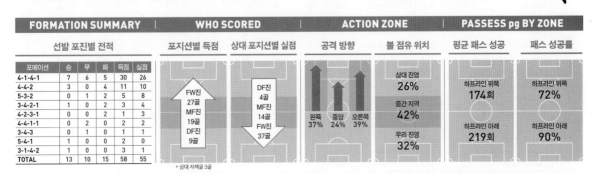

RAYO VALLECANO

 Founded 구단 창립 1924년

 Owner 라울 마르틴 프레사 1977.01.10

 CEO 라울 마르틴 프레사 1977.01.10

 Manager 프란시스코 1978.06.17

23-24 Odds 벳365 : 1000배 스카이벳 : 1000배

 Nationality ●외국 선수 8명 ●스페인 19명

 Age 27명 평균 27.5세

 Height 27명 평균 181cm

 Market Value 1군 25명 평균 381만 유로

 Game Points 22-23 : 49점 통산 : 838점

 Win 22-23 : 13승 통산 : 221승

 Draw 22-23 : 10무 통산 : 175무

 Loss 22-23 : 15패 통산 : 360패

 Goals For 22-23 : 45득점 통산 : 885득점

Goals Against 22-23 : 53실점 통산 : 1261실점

 More Minutes 프란 가르시아 3409분

 Top Scorer 이시 팔라손 9골

 More Assists 알바로 가르시아+2명 5도움

 More Subs 라다멜 팔카오 24회 교체 IN

 More Cards 알레한드로 카테나 Y12+R1

RANKING OF LAST 10 YEARS

● 2부 리그

13-14	14-15	15-16	16-17	17-18	18-19	19-20	20-21	21-22	22-23
12	11	18	12	1	20	7	6	12	11
43점	49점	38점	53점	76점	32점	60점	67점	43점	49점

🏆 0 SPANISH LA LIGA	🏆 0 SPANISH COPA DEL REY	🏆 0 UEFA CHAMPIONS LEAGUE	🏆 0 UEFA EUROPA LEAGUE	🏆 0 FIFA CLUB WORLD CUP	🏆 0 UEFA-CONMEBOL INTERCONTINENTAL

TOTO GUIDE 지난 시즌 상대팀별 전적

상대팀	홈	원정
FC Barcelona	2-1	0-0
Real Madrid	3-2	1-2
Atletico Madrid	1-2	1-1
Real Sociedad	0-2	1-2
Villarreal	2-1	1-0
Real Betis	1-2	1-3
Osasuna	2-1	1-2
Athletic Bilbao	0-0	2-3
Mallorca	0-2	0-3
Girona	2-2	2-2
Sevilla FC	1-1	1-0
Celta Vigo	0-0	0-3
Cadiz	5-1	0-1
Getafe	0-0	1-1
Valencia	2-1	1-1
Almeria	2-0	1-3
Valladolid	2-1	1-0
Espanyol	1-2	2-0
Elche	2-1	0-4

CAMPO DE FÚTBOL DE VALLECAS

구장 오픈 / 증개축 1976년, 증개축 2회
구장 소유 마드리드 시
수용 인원 1만 4708명
피치 규모 100m X 65m
잔디 종류 천연 잔디

STRENGTHS & WEAKNESSES

OFFENSE		DEFENSE	
직접 프리킥	B	세트피스 수비	D
문전 처리	C	상대 볼 뺏기	C
측면 돌파	B	공중전 능력	D
스루볼 침투	C	역습 방어	C
개인기 침투	C	지공 방어	C
카운터 어택	C	스루패스 방어	D
기회 만들기	B	리드 지키기	D
세트피스	C	실수 조심	D
OS 피하기	D	측면 방어력	C
중거리 슈팅	C	파울 주의	C
볼 점유율	C	중거리슈팅 수비	C

매우 강함 **A** 강한 편 **B** 보통 수준 **C** 약한 편 **D** 매우 약함 **E**

위치	선수	국적	생년월일	출전(분)	출전경기	선발11	교체인	교체아웃	벤처출발	득점	도움	경고	경고누적	퇴장
GK	Stole Dimitrievski	MKD	93-12-23	3325	37	37	0	1	1	0	0	4	0	0
	Diego López	ESP	81-11-03	95	2	1	1	0	31	0	0	0	0	0
	Miguel Ángel Morro	ESP	00-09-11	0	0	0	0	0	10	0	0	0	0	0
DF	Fran García	ESP	99-08-14	3409	38	38	0	2	0	2	3	1	0	0
	Iván Balliu	ALB	92-01-01	3237	37	37	0	6	0	0	0	6	0	0
	Alejandro Catena	ESP	94-10-28	3105	35	35	0	2	0	1	1	13	1	0
	Florian Lejeune	FRA	91-05-20	2570	31	31	0	2	4	4	0	5	1	2
	Abdul Mumin	GHA	98-06-06	917	16	9	7	2	25	0	0	2	0	0
	Pep Chavarria	ESP	98-04-10	353	16	2	14	2	32	0	2	1	0	0
	Mario Hernández	ESP	99-01-25	102	3	1	2	1	36	0	0	0	0	0
	Esteban Saveljich	ARG	91-05-02	0	1	0	1	0	30	0	0	1	0	0
	Diego Mendez	ESP	03-08-29	0	1	0	1	0	6	0	0	0	0	0
MF	Isi Palazón	ESP	94-12-27	2989	37	36	1	25	1	9	5	4	0	0
	Álvaro García	ESP	92-10-27	2890	35	34	1	19	1	5	5	7	0	0
	Óscar Valentín	ESP	94-08-20	2563	34	29	5	16	5	0	0	11	0	0
	Santi Comesaña	ESP	96-10-05	2467	35	29	6	22	6	3	2	6	0	0
	Pathé Ciss	SEN	94-03-16	1267	32	12	20	6	26	1	0	4	0	0
	Unai López	ESP	95-10-30	1244	34	12	22	11	26	1	2	2	0	0
	Salvi	ESP	91-03-30	474	24	4	20	4	30	0	0	2	0	0
	José Ángel Pozo	ESP	96-03-15	82	8	1	7	1	30	0	0	0	0	0
	Mario Suárez	ESP	87-02-24	10	2	0	2	0	34	0	0	0	0	1
	Pablo Muñoz	ESP	03-09-04	10	2	0	2	0	8	0	0	0	0	0
FW	Sergio Camello	ESP	01-02-10	2412	38	27	11	23	11	6	5	1	0	0
	Óscar Trejo	ARG	88-04-26	2164	34	28	6	26	6	3	4	9	0	0
	Raúl de Tomás	ESP	94-10-17	804	19	9	10	9	12	4	0	2	0	0
	Radamel Falcao García	COL	86-02-10	595	27	3	24	2	29	2	0	4	0	0
	Andrés Martín	ESP	99-07-11	203	9	3	6	3	21	0	0	0	0	0

LA LIGA 2022-23 SEASON

RAYO VALLECANO vs. OPPONENTS PER GAME STATS

라요 바예카노 vs 상대팀

득점 · 슈팅 · 유효슈팅 · 코너킥 · 오프사이드 · 패스시도 · 패스성공 · 태클 · 공중전승리 · 인터셉트 · 파울 · 경고 · 퇴장

1.18 득점 1.39	13.6 슈팅 11.6	4.1 유효슈팅 3.9	5.0 코너킥 4.7	2.6 오프사이드 2.2	442 패스시도(PA) 426	348 패스성공(PC) 323
79% 패스성공률(P%) 76%	16.7 태클(TK) 17.5	11.5 공중전승리(AD) 13.9	8.1 인터셉트(IT) 9.1	14.3 파울 13.8	2.37 경고 2.45	0.158 퇴장 0.184

2022-23 SEASON SQUAD LIST & GAMES PLAYED

* 괄호 안의 숫자는 선발 출전 횟수, 교체 출전은 포함시키지 않음

LW	CF	RW
N/A	S.카메요(27), R.데토마스(9) O.트레호(4), R.팔카오(3) I.팔라손(1)	N/A

LAM	CAM	RAM
A.가르시아(26), A.마르틴(3) R.차바리아(1)	O.트레호(23), U.로페스(5) A.가르시아(2), J.A.포소(1) I.팔라손(1)	I.팔라손(27), S.산체스(3)

LM	CM	RM
A.가르시아(6), S.산체스(1)	O.발렌틴(5), S.코메사냐(5) U.로페스(3), P.시스(2) O.트레호(1), P.차바리아(1)	I.팔라손(7)

LWB	DM	RWB
N/A	O.발렌틴(24), S.코메사냐(24) P.시스(9), U.로페스(4)	N/A

LB	CB	RB
F.가르시아(38)	A.카테나(35), F.르친(31) A.무민(9), P.시스(1)	I.발리우(37), M.에르난데스(1)

	GK	
	S.디미트리에프스키(37) D.로페스(1)	

SHOTS & GOALS

38경기 총 518슈팅 – 45득점
38경기 상대 총 440슈팅 – 53실점

```
31-4
248-32
239-9
```

유효 슈팅 157	비유효 슈팅 361
득점 45	블록 담함 138
GK 방어 112	골대 밖 216
유효슈팅률 30%	골대 맞음 7

유효 슈팅 148	비유효 슈팅 292
실점 53	블록 100
GK 방어 95	골대 밖 183
유효슈팅률 34%	골대 맞음 9

```
152-6
250-34
38-13
```

GOAL TIME | POSSESSION

시간대별 득점

전체 평균

51% 75% / 25% / 50%

득실차

전반 골 득실차 -7	
후반 골 득실차 -1	
전체 골 득실차 -8	

홈경기

54% 75% / 25% / 50%

시간대별 실점

원정경기

48% 75% / 25% / 50%

TACTICAL SHOT & GOAL TYPES | PASSES PER GAME | CORNER | DUELS pg

슈팅 패턴

38경기 518
(6 · 9 · 37 · 74 · 23 · 309)

- ● OPEN PLAY
- ● FASTBREAK
- ● CORNER KICK
- ● SET PIECE
- ● DIRECT FREE KICK
- ● PENALTY KICK

득점 패턴1

38경기 45골
(3 · 8 · 28 · 10 · 4 · 5)

- ● OPEN PLAY
- ● FASTBREAK
- ● CORNER KICK
- ● SET PIECE
- ● DIRECT FREE KICK
- ● PENALTY KICK

득점 패턴2

38경기 45골
(3 · 8 · 2 · 41)

- ● COMBINATION PLAY
- ● SOLO PLAY
- ● DIRECT FREE KICK
- ● PENALTY KICK
- ● OWN GOAL

패스 시도

평균 442
(49 · 19 · 403)

- ● SHORT PASSES
- ● LONG BALLS
- ● CROSSES

패스 성공

평균 348
(26 · 5 · 362)

- ● SHORT PASSES
- ● LONG BALLS
- ● CROSSES

코너킥 형태

38경기 189
(25 · 66 · 53)

- ● INSWINGING CK
- ● OUTSWINGING CK
- ● STRAIGHT CK
- ● ET CETERA

땅볼 쟁탈전

평균 78.4
(35.4 · 36.6)

- ● 성공
- ● 실패

LALIGA

상대 슈팅 패턴

38경기 440
(13 · 8 · 20 · 70 · 35 · 344)

실점 패턴 1

38경기 53골
(1 · 2 · 6 · 32 · 9)

실점 패턴 2

38경기 53골
(2 · 6 · 39)

상대 패스 시도

평균 426
(55 · 20 · 378)

상대 코너킥 형태

38경기 180
(1 · 40 · 70 · 70)

공중전

평균 25.4
(11.4 · 11.4)

FORMATION SUMMARY | WHO SCORED | ACTION ZONE | PASSESS pg BY ZONE

선발 포지션별 전적

포메이션	승	무	패	득점	실점
4-2-3-1	11	9	10	34	39
4-4-2	2	0	3	9	8
4-1-4-1	0	1	0	1	1
4-3-1-2	0	0	1	0	3
4-4-1-1	0	0	1	1	2
TOTAL	13	10	15	45	53

포지션별 득점

FW진 15골
MF진 19골
DF진 7골

* 상대 자책골 4골

상대 포지션별 실점

DF진 7골
MF진 13골
FW진 29골

* 자책골 실점 4골

공격 방향

왼쪽 37% · 중앙 24% · 오른쪽 39%

볼 점유 위치

상대 진영 26%
중간 지역 42%
우리 진영 32%

평균 패스 성공

하프라인 위쪽 174회
하프라인 아래 219회

패스 성공률

하프라인 위쪽 72%
하프라인 아래 90%

SEVILLA FC

Founded
구단 창립
1890년

Owner
세비리스타 데
네르비온 S.A.

CEO
호세 C.카르모나
1958.06.20

Manager
호세 멘딜리바르
1961.03.14

23-24 Odds
벳365 : 25배
스카이벳 : 25배

Nationality
● 외국 선수 19명
● 스페인 15명

Age
34명 평균
26.8세

Height
1군 24명 평균
182cm

Market Value
1군 24명 평균
871만 유로

Game Points
22-23 : 49점
통산 : 3884점

Win
22-23 : 13승
통산 : 1098승

Draw
22-23 : 10무
통산 : 590무

Loss
22-23 : 15패
통산 : 948패

Goals For
22-23 : 47득점
통산 : 3998득점

Goals Against
22-23 : 54실점
통산 : 3629실점

More Minutes
네마냐 구데이
2779분

Top Scorer
유세프 엔네시리
8골

More Assists
수소
4도움

More Subs
수소
15회 교체 IN

More Cards
마르코스 아쿠냐
Y9+R3

RANKING OF LAST 10 YEARS

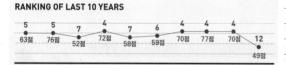

	13-14	14-15	15-16	16-17	17-18	18-19	19-20	20-21	21-22	22-23
순위	5	5	7	4	7	6	4	4	4	12
점수	63점	76점	52점	72점	58점	59점	70점	77점	70점	49점

 🏆 1   🏆 5   0   7   0 | 0

SPANISH LA LIGA	SPANISH COPA DEL REY	UEFA CHAMPIONS LEAGUE	UEFA EUROPA LEAGUE	FIFA CLUB WORLD CUP	UEFA-CONMEBOL INTERCONTINENTAL
1	5	0	7	0	0

TOTO GUIDE 지난 시즌 상대팀별 전적

상대팀	홈	원정
FC Barcelona	0-3	0-3
Real Madrid	1-2	1-3
Atletico Madrid	0-2	1-6
Real Sociedad	1-2	1-2
Villarreal	2-1	1-1
Real Betis	0-0	1-1
Osasuna	2-3	1-2
Athletic Bilbao	1-1	1-0
Mallorca	2-0	1-0
Girona	0-2	1-2
Rayo Vallecano	0-1	1-1
Celta Vigo	2-2	1-1
Cadiz	1-0	2-0
Getafe	2-1	0-2
Valencia	1-1	2-0
Almeria	2-1	1-2
Valladolid	1-1	3-0
Espanyol	3-2	3-2
Elche	3-0	1-1

RAMÓN SÁNCHEZ PIZJUÁN STADIUM

구장 오픈 / 증개축
1958년, 증개축 4회
구장 소유
세비야 FC
수용 인원
4만 2714명
피치 규모
105m X 68m
잔디 종류
천연 잔디

STRENGTHS & WEAKNESSES

OFFENSE		DEFENSE	
직접 프리킥	C	세트피스 수비	B
문전 처리	C	상대 볼 뺏기	C
측면 돌파	B	공중전 능력	C
스루볼 침투	C	역습 방어	E
개인기 침투	C	지공 방어	D
카운터 어택	C	스루패스 방어	C
기회 만들기	C	리드 지키기	D
세트피스	C	실수 조심	C
OS 피하기	E	측면 방어력	C
중거리 슈팅	C	파울 주의	D
볼 점유율	B	중거리슈팅 수비	E

매우 강함 A 강한 편 B 보통 수준 C 약한 편 D 매우 약함 E

위치	선수	국적	생년월일	출전(분)	출전경기	선발11	교체인	교체아웃	벤치출발	득점	도움	경고	경고누적	퇴장
GK	Yassine Bounou	MAR	91-04-05	2153	25	25	0	0	13	0	0	2	0	0
	Marko Dmitrović	SRB	92-01-24	1267	15	13	2	0	23	0	0	2	0	0
	Alberto Flores	ESP	03-11-09	0	0	0	0	0	24	0	0	0	0	0
	Marius Herzig	GER	99-12-17	0	0	0	0	0	1	0	0	0	0	0
	Matías Árbol	ESP	02-09-12	0	0	0	0	0	12	0	0	0	0	0
DF	Marcos Acuña	ARG	91-10-28	2003	30	21	9	9	9	3	2	9	0	3
	Jesús Navas	ESP	85-11-21	1978	32	21	11	9	15	0	0	5	0	0
	Gonzalo Montiel	ARG	97-01-01	1522	28	17	11	8	17	0	3	8	0	1
	Loïc Badé	FRA	00-04-11	1447	19	16	3	1	4	1	0	4	0	0
	Alex Telles	BRA	92-12-15	1425	27	15	12	9	15	0	2	6	0	0
	Tanguy Nianzou	FRA	02-06-07	1368	19	15	3	4	11	1	0	1	0	1
	Karim Rekik	NED	94-12-02	1185	16	15	1	5	8	1	1	2	0	0
	Marcão	BRA	96-06-05	374	5	4	1	0	4	0	0	2	0	0
	Diego Hormigo	ESP	03-04-16	46	1	1	0	1	2	0	0	1	0	0
	Pablo Pérez	ESP	00-08-00	0	0	0	0	0	0	0	0	0	0	0
MF	Nemanja Gudelj	SRB	91-11-16	2779	34	31	3	3	5	3	1	8	0	0
	Óliver Torres	ESP	94-11-10	2149	32	27	5	20	11	3	1	2	0	0
	Erik Lamela	ARG	92-03-25	1843	32	20	12	10	14	6	0	9	1	0
	Ivan Rakitić	CRO	88-03-10	1789	31	21	10	10	15	1	3	3	0	1
	Fernando	BRA	87-07-25	1671	22	19	3	8	5	0	1	3	0	1
	Joan Jordán	ESP	93-07-06	1594	23	19	4	8	8	0	1	8	0	0
	Pape Gueye	SEN	99-01-24	1177	16	15	1	4	1	1	3	4	2	1
	Alejandro Gómez	ARG	88-02-15	1062	19	11	8	6	12	1	1	4	0	0
	Suso	ESP	93-11-19	1060	25	10	15	9	24	2	4	1	0	0
	Lucas Ocampos	ARG	94-07-11	1031	16	10	6	4	9	4	0	6	0	0
	Bryan Gil	ESP	01-02-11	919	17	10	7	9	9	2	2	4	0	0
	Manu Bueno	ESP	04-07-27	150	2	2	0	1	9	0	0	0	0	0
	Carlos Álvarez	ESP	03-08-06	9	1	0	1	0	8	0	0	1	0	0
	Nacho Quintana	ESP	01-02-23	0	0	0	0	0	4	0	0	0	0	0
	Lulo Dasilva	ESP	02-10-04	0	0	0	0	0	1	0	0	0	0	0
	Xavi Sintes	ESP	01-08-05	0	0	0	0	0	2	0	0	0	0	0
FW	Youssef En-Nesyri	MAR	97-06-01	1659	31	17	14	11	20	8	1	4	0	0
	Rafa Mir	ESP	97-06-18	1297	26	16	10	9	22	6	0	1	0	0
	Jesús Manuel Corona	MEX	93-01-06	110	4	1	3	1	12	1	0	0	0	0

LA LIGA 2022-23 SEASON

SEVILLA FC vs. OPPONENTS PER GAME STATS

세비야 FC vs 상대팀

	득점	슈팅	유효슈팅	코너킥	오프사이드	패스시도	패스성공	패스성공률	태클	공중전승리	인터셉트	파울	경고	퇴장
	1.24	12.3	3.8	4.6	2.8	484	434		390					
	1.42	13.6	4.3	4.5	2.0	434	342							
	81%	15.4 (TK)	13.1 (AD)	8.9 (IT)	12.5	3.18	0.342							
	79%	15.0	12.6	7.1	12.6	2.50	0.211							

2022-23 SEASON SQUAD LIST & GAMES PLAYED

*괄호 안의 숫자는 선발 출전 횟수, 교체 출전은 포함시키지 않음

LW
L.오캄포스(2), E.라멜라(1)
P.고메스(1), 이스코(1)

CF
Y.엔-네시리(16), 유.미르(15)
E.라멜라(5), K.덜베이(2)
이스코(1), L.오캄포스(1)
O.토레스(1)

RW
수소(2), E.라멜라(2)
J.나바스(1)

LAM
B.힐(7), P.고메스(4)
O.토레스(3), 이스코(3)
M.아쿠냐(1), E.라멜라(1)
L.오캄포스(1)

CAM
O.토레스(14), 이스코(4)
고.고메스(4), E.라멜라(4)
수소(4), I.라키티치(2)
L.오캄포스(1), 유.미르(1)

RAM
E.라멜라(6), L.오캄포스(5)
수소(3), P.고메스(3)
J.나바스(1), J.코로나(1)
O.토레스(1), A.아뉴자이(1)
Y.엔-네시리(1)

LM
O.토레스(1), L.오캄포스(1)
B.힐(1), I.라키티치(1)
M.아쿠냐(1)

CM
J.호르단(10), I.라키티치(9)
P.게이(6), 페르난두(5)
O.토레스(5), N.구데이(4)
이스코(3)

RM
O.토레스(2), 수소(1)
P.고메스(1), J.나바스(1)

LWB
B.힐(2), A.텔레스(2)
E.라멜라(1), M.아쿠냐(1)

DM
J.호르단(9), 페르난두(9)
P.게이(9), I.라키티치(9)
N.구데이(3), T.딜레이니(1)
M.부에노(1)

RWB
J.나바스(6)

LB
M.아쿠냐(17), A.텔레스(11)
K.레키크(2), D.오르미고(1)

CB
N.구데이(24), T.니안주(16)
K.레키크(13), L.발데(16)
페르난두(5), 살라스(4)
마르캉(4), J.A.카르모나(2)
A.텔레스(2), G.몬티엘(1)
M.아쿠냐(1)

RB
G.몬티엘(16), J.나바스(12)
J.A.카르모나(3)

GK
Y.부누(25), M.드미트로비치(13)

SHOTS & GOALS

38경기 총 468슈팅 – 47득점
38경기 상대 총 515슈팅 – 54실점

42-12
248-30
178-5

유효 슈팅 145	비유효 슈팅 323
득점 47	블록 담당 100
GK 방어 98	골대 밖 215
유효슈팅률 31%	골대 맞음 8

유효 슈팅 165	비유효 슈팅 350
실점 54	블록 134
GK 방어 111	골대 밖 208
유효슈팅률 32%	골대 맞음 8

202-10
280-30
33-14

GOAL TIME | POSSESSION

시간대별 득점

13 7
5 6
6 10

득실차
전반 골 득실차 +1
후반 골 득실차 -8
전체 골 득실차 -7

시간대별 실점

12 4
10 11
10 7

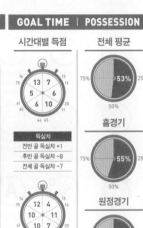

전체 평균
53% (75% / 25% / 50%)

홈경기
55% (75% / 25% / 50%)

원정경기
50% (75% / 25% / 50%)

TACTICAL SHOT & GOAL TYPES | PASSES PER GAME | CORNER | DUELS pg

슈팅 패턴
21
65
32
328
38경기 468

득점 패턴1
2 4
33
38경기 47골
1

득점 패턴2
4
12
31
38경기 47골

패스 시도
58 22
404
평균 484

패스 성공
32
283
평균396
5

코너킥 형태
50 42
81
38경기 174
1

땅볼 쟁탈전
34.9
34.6
평균 69.5

● OPEN PLAY
● FASTBREAK
● CORNER KICK
● SET PIECE
● DIRECT FREE KICK
● PENALTY KICK

● OPEN PLAY
● FASTBREAK
● CORNER KICK
● SET PIECE
● DIRECT FREE KICK
● PENALTY KICK
● OWN GOAL

● COMBINATION PLAY
● SOLO PLAY
● DIRECT FREE KICK
● PENALTY KICK
● OWN GOAL

● SHORT PASSES
● LONG BALLS
● CROSSES

● SHORT PASSES
● LONG BALLS
● CROSSES

● INSWINGING CK
● OUTSWINGING CK
● STRAIGHT CK
● ET CETERA

● 성공
● 실패

상대 슈팅 패턴
3
30 19
61
33
369
38경기 515

실점 패턴 1
1 2
5
9
34
38경기 54골

실점 패턴 2
1
2 3
8
40
38경기 54골

상대 패스 시도
55 18
361
평균 434

상대 코너킥 형태
38
62
2
38경기 170
68

공중전
13.1
12.6
평균 25.7

FORMATION SUMMARY | WHO SCORED | ACTION ZONE | PASSESS pg BY ZONE

선발 포진별 전적

포메이션	승	무	패	득점	실점
4-2-3-1	7	6	7	26	24
3-4-2-1	4	1	1	9	5
4-3-3	1	1	3	6	13
5-4-1	0	2	2	2	7
3-1-4-2	1	0	0	2	1
5-3-2	0	0	1	1	2
4-2-2-2	0	0	1	1	2
TOTAL	13	10	15	47	54

포지션별 득점
FW진 17골
MF진 24골
DF진 6골

상대 포지션별 실점
DF진 7골
MF진 13골
FW진 31골

* 자책골 실점 3골

공격 방향
왼쪽 36%
중앙 25%
오른쪽 39%

볼 점유 위치
상대 진영 30%
중간 지역 43%
우리 진영 27%

평균 패스 성공
하프라인 위쪽 204회
하프라인 아래 186회

패스 성공률
하프라인 위쪽 74%
하프라인 아래 89%

RC CELTA DE VIGO

 Founded
구단 창립
1923년

 Owner
게스 그룹 S.L.

 CEO
카를로스 무리뇨
1943.03.04

 Manager
라파엘 베니테스
1960.04.16

 23-24 Odds
벳365 : 500배
스카이벳 : 1000배

34명 Nationality
외국 선수 11명
스페인 23명

 Age
34명 평균
25.1세

 Height
34명 평균
181cm

 Market Value
1군 23명 평균
363만 유로

 Game Points
22-23 : 43점
통산 : 2416점

 Win
22-23 : 11승
통산 : 653승

 Draw
22-23 : 10무
통산 : 457무

 Loss
22-23 : 17패
통산 : 816패

 Goals For
22-23 : 43득점
통산 : 2568득점

 Goals Against
22-23 : 53실점
통산 : 2949실점

 More Minutes
하비 갈란
3163분

 Top Scorer
이아고 아스파스
12골

 More Assists
카를레스 페레스
5도움

 More Subs
곤살로 파시엔시아
20회 교체 IN

 More Cards
우나이 누녜스
Y8+R0

우승 트로피

SPANISH LA LIGA	SPANISH COPA DEL REY	UEFA CHAMPIONS LEAGUE	UEFA EUROPA LEAGUE	FIFA CLUB WORLD CUP	UEFA-CONMEBOL INTERCONTINENTAL
0	0	0	0	0	0

TOTO GUIDE 지난 시즌 상대팀별 전적

상대팀	홈	원정
FC Barcelona	2-1	0-1
Real Madrid	1-4	0-2
Atletico Madrid	0-1	1-4
Real Sociedad	1-2	1-1
Villarreal	1-1	1-3
Real Betis	1-0	4-3
Osasuna	1-2	0-0
Athletic Bilbao	1-0	1-2
Mallorca	0-1	0-1
Girona	1-1	1-0
Rayo Vallecano	3-0	0-0
Sevilla FC	1-1	2-2
Cadiz	3-0	0-1
Getafe	1-1	0-1
Valencia	1-0	0-3
Almeria	2-2	1-3
Valladolid	3-0	1-4
Espanyol	2-2	3-1
Elche	1-0	1-0

ESTADIO MUNICIPAL DE BALAÍDOS

구장 오픈 / 증개축
1928년, 증개축 5회
구장 소유
비고 시
수용 인원
2만 9000명
피치 규모
105m X 70m
잔디 종류
천연 잔디

STRENGTHS & WEAKNESSES

OFFENSE		DEFENSE	
직접 프리킥	B	세트피스 수비	D
문전 처리	C	상대 볼 뺏기	C
측면 돌파	B	공중전 능력	D
스루볼 침투	C	역습 방어	D
개인기 침투	C	지공 방어	C
카운터 어택	C	스루패스 방어	C
기회 만들기	A	리드 지키기	B
세트피스	C	실수 조심	C
OS 피하기	C	측면 방어력	C
중거리 슈팅	C	파울 주의	C
볼 점유율	C	중거리슈팅 수비	D

매우 강함 A 강한 편 B 보통 수준 C 약한 편 D 매우 약함 E

RANKING OF LAST 10 YEARS

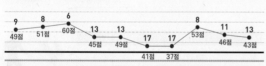

13-14	14-15	15-16	16-17	17-18	18-19	19-20	20-21	21-22	22-23
9 (49점)	8 (51점)	6 (60점)	13 (45점)	13 (49점)	17 (41점)	17 (37점)	8 (53점)	11 (46점)	13 (43점)

위치	선수	국적	생년월일	출전(분)	출전경기	선발11	교체인	교체아웃	벤치출발	득점	도움	경고	경고누적	퇴장
GK	Agustín Marchesín	ARG	88-03-16	1710	19	19	0	0	0	0	0	3	0	0
	Iván Villar	ESP	97-07-09	1710	19	19	0	0	19	0	0	0	0	0
	Raúl García	ESP	00-01-27	0	0	0	0	0	2	0	0	0	0	0
	Coke Carrillo	ESP	02-01-07	0	0	0	0	0	17	0	0	0	0	0
	Christian Joel Sánchez	CUB	99-07-09	0	0	0	0	0	13	0	0	0	0	0
DF	Javi Galán	ESP	94-11-19	3163	37	36	1	4	1	0	3	6	0	0
	Unai Núñez	ESP	97-01-30	3150	36	35	1	0	2	0	0	8	0	0
	Joseph Aidoo	GHA	95-09-29	3121	35	35	0	1	0	3	0	5	1	0
	Hugo Mallo	ESP	91-06-22	2171	26	26	0	8	7	0	1	6	1	0
	Óscar Mingueza	ESP	99-05-13	1281	21	13	8	5	14	0	2	0	0	0
	Kevin Vázquez	ESP	93-03-23	441	10	6	4	4	32	0	2	0	0	0
	Carlos Domínguez	ESP	01-02-11	106	3	1	2	0	37	0	0	0	0	0
	Fernando Medrano	ESP	00-03-26	12	1	0	1	0	9	0	0	0	0	0
	Tincho	ESP	03-03-25	0	0	0	0	0	2	0	0	0	0	0
	Sergio Barcia	ESP	00-12-31	0	0	0	0	0	6	0	0	0	0	0
	Javi Domínguez	ESP	01-03-26	0	0	0	0	0	4	0	0	0	0	0
MF	Fran Beltrán	ESP	99-02-03	2863	36	33	3	11	3	0	2	4	0	0
	Gabri Veiga	ESP	02-05-27	2307	36	28	8	24	8	11	4	6	0	1
	Franco Cervi	ARG	94-05-26	1896	36	21	15	14	16	0	4	2	0	1
	Óscar	ESP	98-06-28	1772	33	19	14	9	17	2	0	6	0	0
	Luca De La Torre	USA	98-05-23	1484	28	16	12	14	18	0	2	6	0	0
	Renato Tapia	PER	95-07-28	1448	28	16	12	10	17	0	0	7	1	0
	Augusto Solari	ARG	92-01-03	257	12	3	9	3	28	0	1	1	0	0
	Williot Swedberg	SWE	04-02-01	51	4	0	4	0	38	0	0	1	0	0
	Hugo Álvarez	ESP	03-07-02	0	0	0	0	0	2	0	0	0	0	0
FW	Iago Aspas	ESP	87-08-11	2867	37	31	6	4	6	12	3	5	0	0
	Carles Pérez	ESP	98-02-16	2148	35	23	12	15	13	3	5	4	0	0
	Jörgen Strand Larsen	NOR	00-02-06	1710	32	20	12	17	14	4	4	4	0	0
	Haris Seferović	SUI	92-02-22	887	18	10	8	10	9	3	1	3	0	0
	Gonçalo Paciência	POR	94-08-01	648	25	5	20	5	29	2	0	2	0	1
	Miguel Rodríguez	ESP	03-04-29	251	7	3	4	3	17	1	1	0	0	0
	Pablo Durán	ESP	01-05-25	32	4	0	4	0	10	0	0	0	0	0
	Hugo Sotelo	ESP	03-12-19	17	1	0	1	0	8	0	0	0	0	0
	Fran López	ESP	02-01-24	0	0	0	0	0	5	0	0	0	0	0

LA LIGA 2022-23 SEASON

RC CELTA DE VIGO vs. OPPONENTS PER GAME STATS

셀타 비고 vs 상대팀

아이콘: 득점 · 슈팅 · 유효슈팅 · 코너킥 · 오프사이드 · 패스시도(PA) · 패스성공 · 패스성공률(P%) · 태클(TK) · 공중전승리(AD) · 인터셉트(IT) · 파울 · 경고 · 퇴장

	득점	슈팅	유효슈팅	코너킥	오프사이드	패스시도	패스성공
	1.13 / 1.39	12.5 / 10.2	4.3 / 3.6	4.8 / 4.3	2.1 / 1.7	465 (PA) 462	380 (PC) 367
	82% (P%) 79%	17.5 (TK) 15.6	12.1 (AD) 14.2	9.7 (IT) 10.4	12.3 / 13.7	2.24 / 2.95	0.158 / 0.237

2022-23 SEASON SQUAD LIST & GAMES PLAYED

* 괄호 안의 숫자는 선발 출전 횟수, 교체 출전은 포함시키지 않음

LW	CF	RW
M.로드리게스(2), F.세르비(1) L.델라토레(1)	I.아스파스(31), J.S.라슨(20) H.세페로비치(10), G.파시엔시아(5) C.페레스(3), G.베이가(2)	C.페레스(4)

LAM	CAM	RAM
N/A	F.세르비(2), G.베이가(1) C.페레스(1)	N/A

LM	CM	RM
L.델라토레(13), F.세르비(4)	F.벨트란(26), G.베이가(25) O.로드리게스(18), F.세르비(12) R.타피아(6), A.솔라리(2) C.페레스(2), L.델라토레(1)	C.페레스(13), A.솔라리(1) L.델라토레(1), M.로드리게스(1) K.바스케스(1)

LWB	DM	RWB
J.갈란(2)	F.벨트란(7), R.타피아(6) O.로드리게스(1)	H.마오(1), K.바스케스(1)

LB	CB	RB
J.갈란(34), F.세르비(2)	J.아이두(35), U.누네스(35) O.밍게사(6), R.타피아(4) C.도밍게스(1)	H.마오(25), O.밍게사(7) K.바스케스(4)

	GK	
	A.마르체신(19), I.비야르(19)	

SHOTS & GOALS

38경기 총 475슈팅 - 43득점
38경기 상대 총 388슈팅 - 53실점

31-1
230-33
214-9

유효 슈팅 165		비유효 슈팅 310	
득점	43	블록 당함	128
GK 방어	122	골대 밖	169
유효슈팅률	35%	골대 맞음	13

유효 슈팅 135		비유효 슈팅 253	
실점	53	블록	86
GK 방어	82	골대 밖	159
유효슈팅률	35%	골대 맞음	8

127-10
234-37
27-6

GOAL TIME | POSSESSION

시간대별 득점

득실차
전반 골 득실차 -4
후반 골 득실차 -6
전체 골 득실차 -10

시간대별 실점

전체 평균
50%

홈경기
52%

원정경기

48%

TACTICAL SHOT & GOAL TYPES | PASSES PER GAME | CORNER | DUELS pg

슈팅 패턴

38경기 475

득점 패턴1
38경기 43골

득점 패턴2

38경기 43골

패스 시도

평균 465

패스 성공
평균 396 / 380

코너킥 형태

38경기 184

땅볼 쟁탈전

평균 76.3

- ● OPEN PLAY
- ● FASTBREAK
- ● CORNER KICK
- ● SET PIECE
- ● DIRECT FREE KICK
- ● PENALTY KICK

- ● OPEN PLAY
- ● FASTBREAK
- ● CORNER KICK
- ● SET PIECE
- ● DIRECT FREE KICK
- ● PENALTY KICK
- ● OWN GOAL

- ● COMBINATION PLAY
- ● SOLO PLAY
- ● DIRECT FREE KICK
- ● PENALTY KICK
- ● OWN GOAL

- ● SHORT PASSES
- ● LONG BALLS
- ● CROSSES

- ● SHORT PASSES
- ● LONG BALLS
- ● CROSSES

- ● INSWINGING CK
- ● OUTSWINGING CK
- ● STRAIGHT CK
- ● ET CETERA

- ● 성공
- ● 실패

상대 슈팅 패턴

38경기 388

실점 패턴 1

38경기 53골

실점 패턴 2

38경기 53골

상대 패스 시도

평균 462

상대 코너킥 형태

38경기 165

공중전

평균 26.3

FORMATION SUMMARY | WHO SCORED | ACTION ZONE | PASSESS pg BY ZONE

선발 포진별 전적

포메이션	승	무	패	득점	실점
4-4-2	6	4	7	23	21
4-1-3-2	3	2	7	13	24
5-3-2	1	1	1	2	2
4-3-3	1	1	1	3	3
4-2-2-2	0	0	1	1	2
3-4-2-1	0	1	0	1	1
3-4-3	0	1	0	0	0
TOTAL	11	10	17	43	53

포지션별 득점

FW진 25골
MF진 18골
DF진 3골

* 상대 자책골 2골

상대 포지션별 실점
DF진 5골
MF진 18골
FW진 29골

* 자책골 실점 1골

공격 방향
왼쪽 37%
중앙 25%
오른쪽 38%

볼 점유 위치
상대 진영 27%
중간 지역 45%
우리 진영 28%

평균 패스 성공
하프라인 위쪽 192회
하프라인 아래 188회

패스 성공률
하프라인 위쪽 73%
하프라인 아래 88%

CÁDIZ CF

 Founded 구단 창립 1910년

Owner 로코스 포르 엘 발론

 CEO 마누엘 비스카이노 1965.12.21

 Manager 세르히오 곤살레스 1976.11.10

 23-24 Odds 벳365 : 2000배 스카이벳 : 2500배

 Nationality ●외국 선수 12명 ●스페인 21명

 Age 33명 평균 26.9세

 Height 33명 평균 181cm

 Market Value 1군 29명 평균 215만 유로

 Game Points 22-23 : 42점 통산 : 562점

Win 22-23 : 10승 통산 : 133승

Draw 22-23 : 12무 통산 : 163무

Loss 22-23 : 16패 통산 : 264패

Goals For 22-23 : 30득점 통산 : 492득점

Goals Against 22-23 : 53실점 통산 : 822실점

More Minutes 루이스 에르난데스 3150분

Top Scorer 테오 봉곤다+1명 4골

More Assists 알폰소 에스피노 4도움

More Subs 이반 알레호 18회 교체 IN

More Cards 페데 산 에메테리오 Y14+R0

	SPANISH LA LIGA	SPANISH COPA DEL REY	UEFA CHAMPIONS LEAGUE	UEFA EUROPA LEAGUE	FIFA CLUB WORLD CUP	UEFA-CONMEBOL INTERCONTINENTAL
	0	0	0	0	0	0

TOTO GUIDE 지난 시즌 상대팀별 전적

상대팀	홈	원정
FC Barcelona	0-4	0-2
Real Madrid	0-2	1-2
Atletico Madrid	3-2	1-5
Real Sociedad	0-1	0-0
Villarreal	0-0	0-2
Real Betis	0-0	2-0
Osasuna	0-1	0-2
Athletic Bilbao	0-4	1-4
Mallorca	2-0	0-1
Girona	2-0	1-1
Rayo Vallecano	1-0	1-5
Sevilla FC	0-2	0-1
Celta Vigo	1-0	0-3
Getafe	2-2	0-0
Valencia	2-1	1-0
Almeria	1-1	1-1
Valladolid	2-0	1-0
Espanyol	2-2	0-0
Elche	1-1	1-1

NUEVO MIRANDILLA

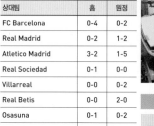

구장 오픈 / 증개축 1955년, 증개축 2회
구장 소유 카디스 시
수용 인원 2만 724명
피치 규모 106m X 68m
잔디 종류 천연 잔디

STRENGTHS & WEAKNESSES

OFFENSE		DEFENSE	
직접 프리킥	C	세트피스 수비	D
문전 처리	D	상대 볼 뺏기	C
측면 돌파	B	공중전 능력	C
스루볼 침투	C	역습 방어	D
개인기 침투	C	지공 방어	C
카운터 어택	C	스루패스 방어	C
기회 만들기	C	리드 지키기	B
세트피스	C	실수 조심	C
OS 피하기	C	측면 방어력	C
중거리 슈팅	C	파울 주의	D
볼 점유율	E	중거리슈팅 수비	D

매우 강함 A 강한 편 B 보통 수준 C 약한 편 D 매우 약함 E

RANKING OF LAST 10 YEARS

● 2부 리그
● 3부 리그

13-14	14-15	15-16	16-17	17-18	18-19	19-20	20-21	21-22	22-23
4 71점	1 76점	4 63점	5 64점	9 64점	7 64점	2 69점	12 44점	17 39점	14 42점

위치	선수	국적	생년월일	출전(분)	출전경기	선발11	교체인	교체아웃	벤치출발	득점	도움	경고	경고누적	퇴장
GK	Jeremias Ledesma	ARG	93-02-13	3060	34	34	0	0	2	0	0	2	0	0
	David Gil	ESP	94-01-11	360	4	4	0	0	23	0	0	0	0	0
	Víctor Aznar	BRA	02-10-17	0	0	0	0	0	17	0	0	0	0	0
	Nando	ESP	03-11-03	0	0	0	0	0	1	0	0	0	0	0
DF	Luis Hernández	ESP	89-04-14	3150	35	35	0	0	1	0	0	7	1	0
	Alfonso Espino	URU	92-01-05	3123	36	35	1	2	2	0	4	7	1	0
	Isaac Carcelén	ESP	93-04-23	2204	27	25	2	4	4	0	1	4	0	3
	Fali	ESP	93-08-12	1721	25	22	3	11	10	0	0	6	0	0
	Víctor Chust	ESP	00-03-05	963	14	10	4	2	8	1	0	3	0	0
	Momo Mbaye	SEN	98-06-28	754	14	7	7	1	21	0	0	2	0	0
	Jorge Meré	ESP	97-04-17	600	10	6	4	2	10	0	0	0	0	0
	Santiago Arzamendia	PAR	98-05-05	478	12	5	7	2	33	0	0	0	0	0
	Raúl Parra	ESP	99-11-26	312	6	4	2	4	19	0	0	1	0	0
	Carlos García-Die	ESP	00-07-07	24	1	0	1	0	9	0	1	0	0	0
MF	Rubén Alcaraz	ESP	91-05-01	2044	31	22	9	11	9	3	3	10	1	0
	Fede San Emeterio	ESP	97-03-16	1855	33	24	9	21	9	0	1	14	0	0
	Álex Fernández	ESP	92-10-15	1574	28	17	11	8	14	3	0	4	0	0
	Iván Alejo	ESP	95-02-10	1303	31	13	18	11	20	0	1	12	0	0
	Gonzalo Escalante	ARG	93-03-27	1125	14	13	1	5	2	4	1	4	0	0
	José Mari	ESP	98-12-06	385	18	2	16	3	28	0	0	4	0	0
	Youba Diarra	MLI	98-03-24	95	5	1	4	1	19	0	0	2	0	0
	Álvaro Bastida	ESP	04-05-12	0	0	0	0	0	1	0	0	0	0	0
FW	Rubén Sobrino	ESP	92-06-01	2471	33	28	5	10	6	3	2	11	0	0
	Théo Bongonda	BEL	95-11-20	1949	31	24	7	20	12	4	3	2	0	0
	Anthony Lozano	HON	93-04-25	1438	28	14	14	9	19	1	1	6	0	0
	Sergi Guardiola	ESP	91-05-29	1176	14	14	3	12	4	3	0	2	0	0
	Brian Ocampo	URU	99-06-25	1129	18	15	3	13	4	1	1	2	0	0
	Álvaro Negredo	ESP	85-08-20	754	21	9	12	8	25	1	2	0	0	0
	Chris Ramos	ESP	97-01-16	706	15	7	8	4	10	1	0	2	0	0
	Roger	ESP	91-01-03	640	14	8	6	7	7	1	0	1	0	0
	Mamady Diarra	MLI	00-06-26	66	2	1	1	1	3	0	0	0	0	0
	José Antonio de la Rosa	ESP	04-07-28	45	2	0	2	0	6	0	0	0	0	0
	Francisco Mwepu	ZAM	00-02-29	20	1	0	1	0	1	0	0	0	0	0

LA LIGA 2022-23 SEASON

CÁDIZ CF vs. OPPONENTS PER GAME STATS

카디스 CF vs 상대팀

아이콘: 득점 | 슈팅 | 유효슈팅 | 코너킥 | 오프사이드 | PA 패스시도 | PC 패스성공 | P% 패스성공률 | TK 태클 | AD 공중전승리 | IT 인터셉트 | 파울 | 경고 | 퇴장

0.79 ⚽ 1.39	10.4 👟 14.4	3.0 ◉ 5.3	3.8 🚩 5.3	2.0 ⚑ 1.8	347 PA 493	257 PC 394
74% P% 80%	16.4 TK 15.9	16.1 AD 17.3	7.1 IT 6.4	14.0 ◌ 13.4	3.05 ▨ 2.63	0.158 ▪ 0.289

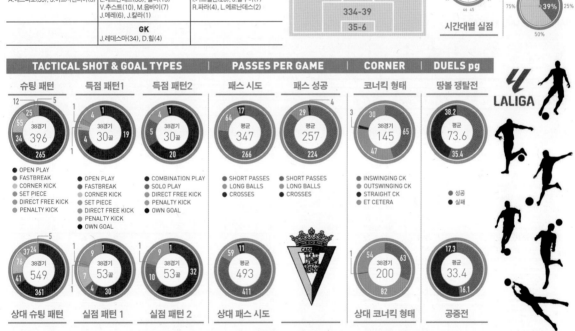

2022-23 SEASON SQUAD LIST & GAMES PLAYED

* 괄호 안의 숫자는 선발 출전 횟수, 교체 출전은 포함시키지 않음

LW N/A

CF
A.로사노(14), S.과르디올라(13)
A.네그레도(8), 로헤르(8)
C.라모스(7), R.소브리노(6)
L.페레스(5), A.페르난데스(3)
T.보콘다(1)

RW N/A

LAM
B.오캄포(4), R.소브리노(2)

CAM
A.페르난데스(4), R.소브리노(2)
S.과르디올라(2)

RAM
T.봉곤다(3), I.알레호(2)
R.소브리노(1)

LM
R.소브리노(15), B.오캄포(11)
T.봉곤다(2), S.아르사멘디아(2)
A.마빌(1), I.알레호(1)

CM
R.알카라스(19), F.S.에메테리오(19)
G.에스칼란테(10), A.페르난데스(8)
팔리(2), A.블랑코(2)
J.마리(2), T.알라르콘(2)

RM
T.봉곤다(18), I.알레호(10)
R.소브리노(2), A.페레아(1)
M.디아라(1)

LWB N/A

DM
F.S.에메테리오(5), R.알카라스(3)
G.에스칼란테(3), A.페르난데스(2)
팔리(1), Y.디아라(1)

RWB N/A

LB
A.에스피노(35), S.아르사멘디아(3)

CB
L.에르난데스(33), 팔리(19)
V.추스트(10), M.솔바이(7)
J.메레(6), J.칼라(1)

RB
I.카르셀렌(25), J.살두아(7)
R.파라(4), L.에르난데스(2)

GK
J.레데스마(34), D.힐(4)

SHOTS & GOALS

38경기 총 396슈팅 – 30득점
38경기 상대 총 549슈팅 – 53실점

27-8
231-19
138-3

유효 슈팅 113		비유효 슈팅 283	
득점	30	블록 당함	93
GK 방어	83	골대 밖	179
유효슈팅률	29%	골대 맞힘	11

유효 슈팅 201		비유효 슈팅 348	
실점	53	블록	130
GK 방어	148	골대 밖	203
유효슈팅률	37%	골대 맞힘	15

180-8
334-39
35-6

GOAL TIME | POSSESSION

시간대별 득점
9 6
3
6 5

득실차
전반 골 득실차 -5
후반 골 득실차 -18
전체 골 득실차 -23

시간대별 실점
15 2
13 5
8 10

전체 평균
41% (75% / 25% / 50%)

홈경기
43% (75% / 25% / 50%)

원정경기
39% (75% / 25% / 50%)

TACTICAL SHOT & GOAL TYPES | PASSES PER GAME | CORNER | DUELS pg

슈팅 패턴
38경기 396
12 5 25 55 34 265

● OPEN PLAY
● FASTBREAK
● CORNER KICK
● SET PIECE
● DIRECT FREE KICK
● PENALTY KICK

득점 패턴1
38경기 30골
1 4 4 4 19 20

● OPEN PLAY
● FASTBREAK
● CORNER KICK
● SET PIECE
● DIRECT FREE KICK
● PENALTY KICK
● OWN GOAL

득점 패턴2
38경기 30골
1 4 5 20

● COMBINATION PLAY
● SOLO PLAY
● DIRECT FREE KICK
● PENALTY KICK
● OWN GOAL

패스 시도
평균 347
17 64 266

● SHORT PASSES
● LONG BALLS
● CROSSES

패스 성공
평균 257
4 29 224

● SHORT PASSES
● LONG BALLS
● CROSSES

코너킥 형태
38경기 145
3 30 65 47

● INSWINGING CK
● OUTSWINGING CK
● STRAIGHT CK
● ET CETERA

땅볼 쟁탈전
평균 73.6
38.2 35.4

● 성공
● 실패

상대 슈팅 패턴
38경기 549
37 24 76 41 361

실점 패턴 1
38경기 53골
1 7 2 4 30

실점 패턴 2
38경기 53골
1 9 10 32

상대 패스 시도
평균 493
59 11 411

상대 코너킥 형태
38경기 200
1 54 63 82

공중전
평균 33.4
17.3 16.1

FORMATION SUMMARY | WHO SCORED | ACTION ZONE | PASSESS pg BY ZONE

선발 포지션별 전적

포메이션	승	무	패	득점	실점
4-4-2	7	10	11	23	34
4-2-3-1	3	1	2	4	6
4-1-4-1	0	0	3	2	12
4-4-1-1	0	1	0	1	1
TOTAL	10	12	16	30	53

포지션별 득점
FW진 16골
MF진 12골
DF진 1골
* 상대 자책골 1골

상대 포지션별 실점
DF진 8골
MF진 11골
FW진 33골
* 자책골 실점 1골

공격 방향
왼쪽 40% | 중앙 25% | 오른쪽 35%

볼 점유 위치
상대 진영 27%
중간 지역 43%
우리 진영 30%

평균 패스 성공
하프라인 위쪽 129회
하프라인 아래 128회

패스 성공률
하프라인 위쪽 62%
하프라인 아래 85%

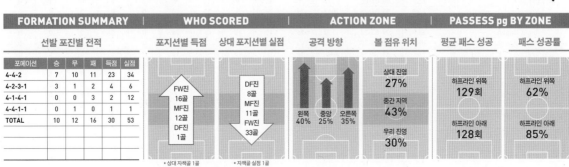

Founded 구단 창립 1983년	**Owner** 앙헬 토레스 1952.05.07	**CEO** 앙헬 토레스 1952.05.07	**Manager** 호세 보르달라스 1964.03.05	**23-24 Odds** 벳365 : 배 스카이벳 : 배	

Nationality ●외국 선수 13명 ●스페인 21명	**Age** 34명 평균 26.6세	**Height** 34명 평균 183cm	**Market Value** 1군 25명 평균 547만 유로	**Game Points** 22-23 : 42점 통산 : 838점

Win 22-23 : 10승 통산 : 217승	**Draw** 22-23 : 12무 통산 : 187무	**Loss** 22-23 : 16패 통산 : 280패	**Goals For** 22-23 : 34득점 통산 : 747득점	**Goals Against** 22-23 : 45실점 통산 : 867실점

More Minutes 다비드 소리아 3420분	**Top Scorer** 에네스 위날 14골	**More Assists** 포르투+2명 3도움	**More Subs** 무니르 엘하다디 18회 교체 IN	**More Cards** 카를레스 알레냐 Y11+R1

RANKING OF LAST 10 YEARS

● 2부 리그

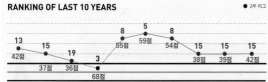

13-14	14-15	15-16	16-17	17-18	18-19	19-20	20-21	21-22	22-23
13 42점	15 37점	19 36점	3 68점	8 55점	5 59점	8 54점	15 38점	15 39점	15 42점

 0   0   0 0 0   0

SPANISH LA LIGA	SPANISH COPA DEL REY	UEFA CHAMPIONS LEAGUE	UEFA EUROPA LEAGUE	FIFA CLUB WORLD CUP	UEFA-CONMEBOL INTERCONTINENTAL
0	0	0	0	0	0

TOTO GUIDE 지난 시즌 상대팀별 전적

상대팀	홈	원정
FC Barcelona	0-0	0-1
Real Madrid	0-1	0-1
Atletico Madrid	0-3	1-1
Real Sociedad	2-1	0-2
Villarreal	0-0	1-2
Real Betis	0-1	1-0
Osasuna	2-1	2-0
Athletic Bilbao	2-2	0-0
Mallorca	2-0	1-3
Girona	3-2	1-3
Rayo Vallecano	1-1	0-0
Sevilla FC	2-0	1-2
Celta Vigo	1-0	1-1
Cadiz	0-0	2-2
Valencia	1-0	1-5
Almeria	1-2	0-1
Valladolid	2-3	0-0
Espanyol	1-2	0-1
Elche	1-1	1-0

COLISEUM ALFONSO PÉREZ

구장 오픈 / 증개축 1998년, 2005년
구장 소유 헤타페 시
수용 인원 1만 7000명
피치 규모 105m X 71m
잔디 종류 천연 잔디

STRENGTHS & WEAKNESSES

OFFENSE		DEFENSE	
직접 프리킥	A	세트피스 수비	C
문전 처리	D	상대 볼 뺏기	C
측면 돌파	B	공중전 능력	A
스루볼 침투	C	역습 방어	C
개인기 침투	C	지공 방어	C
카운터 어택	C	스루패스 방어	D
기회 만들기	C	리드 지키기	C
세트피스	C	실수 조심	C
OS 피하기	C	측면 방어력	C
중거리 슈팅	C	파울 주의	E
볼 점유율	E	중거리슈팅 수비	C

매우 강함 A 강한 편 B 보통 수준 C 약한 편 D 매우 약함 E

위치	선수	국적	생년월일	출전(분)	출전경기	선발11	교체인	교체아웃	벤치출발	득점	도움	경고	경고누적	퇴장
GK	David Soria	ESP	93-04-04	3420	38	38	0	0	0	0	0	3	0	0
	Francisco Casilla	ESP	86-10-02	0	0	0	0	0	37	0	0	0	0	0
	Diego Conde	ESP	98-10-20	0	0	0	0	0	36	0	0	0	0	0
	Vicente Bellmunt	ESP	00-01-28	0	0	0	0	0	1	0	0	0	0	0
DF	Dakonam Djené	TOG	91-12-31	2844	33	33	0	3	0	0	1	10	1	1
	Domingos Duarte	POR	95-03-10	2658	31	30	1	1	6	0	2	10	1	0
	Juan Iglesias	ESP	98-07-03	2141	32	21	11	5	14	1	0	8	0	0
	Omar Alderete	PAR	96-12-26	2049	25	23	2	4	8	1	1	9	0	0
	Damián Suárez	URU	88-04-27	1958	28	26	2	14	7	1	1	7	0	0
	Stefan Mitrović	SRB	90-05-22	1678	22	18	4	2	20	0	0	4	0	0
	Gastón Álvarez	URU	00-03-24	1501	22	16	6	6	20	2	0	8	0	1
	Fabrizio Angileri	ARG	94-03-15	582	15	7	8	4	23	0	0	2	0	1
	Jordan Amavi	FRA	94-03-09	199	5	1	4	1	27	0	0	2	1	0
	Koffi	GHA	01-11-20	0	0	0	0	0	1	0	0	0	0	0
	Gorka Rivero	ESP	04-08-01	0	0	0	0	0	3	0	0	0	0	0
	Álex Revuelta	ESP	00-04-16	0	1	0	1	0	6	0	0	0	0	0
	Alex Rodríguez	ESP	02-03-21	0	0	0	0	0	3	0	0	0	0	0
	Pablo Ramírez	ESP	03-03-18	0	0	0	0	0	1	0	0	0	0	0
MF	Carles Aleñà	ESP	98-01-05	2127	35	26	9	18	9	2	2	11	1	0
	Nemanja Maksimović	SRB	95-01-26	2067	29	26	3	17	10	0	0	3	0	0
	Luis Milla	ESP	94-10-07	1862	27	22	5	10	8	0	3	5	1	0
	Ángel Algobia	ESP	99-06-23	1130	26	11	15	8	25	0	0	5	0	0
	Mauro Arambarri	URU	95-09-30	1000	13	13	0	7	0	0	1	4	1	0
	Gonzalo Villar	ESP	98-03-23	448	16	3	13	3	18	0	0	5	0	0
	Jaime Seoane	ESP	97-01-22	315	16	2	14	3	36	0	0	1	0	0
	Moi Parra	ESP	02-06-24	9	1	0	1	0	3	0	0	0	0	0
	John Patrick Finn	ESP	03-09-24	0	0	0	0	0	6	0	0	0	0	0
	Santi García	ESP	01-08-29	0	0	0	0	0	1	0	0	0	0	0
FW	Enes Ünal	TUR	97-05-10	2986	35	35	0	16	0	14	3	6	0	0
	Borja Mayoral	ESP	97-04-05	2775	35	33	2	19	5	8	2	4	0	0
	Portu	ESP	92-05-21	1762	34	17	17	8	18	0	3	6	1	0
	Munir El Haddadi	MAR	95-09-01	1144	28	10	18	11	21	3	1	4	0	0
	Juanmi Latasa	ESP	01-03-23	434	18	2	16	1	33	1	0	2	0	0
	Jaime Mata	ESP	88-10-24	428	18	5	13	4	29	1	1	5	0	0

LA LIGA 2022-23 SEASON

GETAFE CF vs. OPPONENTS PER GAME STATS

헤타페 CF vs 상대팀

	득점	슈팅	유효슈팅	코너킥	오프사이드	패스시도	패스성공
0.89 / 1.18	9.8 / 12.9	3.2 / 4.4	3.1 / 4.7	2.1 / 2.5	350 / 543 (PA)	247 / 431 (PC)

| 71% / 79% (P%) | 14.2 / 11.9 (TK) | 19.0 / 18.5 (AD) | 8.4 / 7.9 (IT) | 15.8 / 12.2 | 3.32 / 2.39 | 0.237 / 0.184 |

2022-23 SEASON SQUAD LIST & GAMES PLAYED

* 괄호 안의 숫자는 선발 출전 횟수, 교체 출전은 포함시키지 않음

LW
M.E.하다디(4), J.마타(3)

CF
E.위날(35), B.마요랄(27)
J.라타사(5), C.알레냐(2)

RW
B.마요랄(4), 포르투(2)
C.알레냐(1)

LAM
B.마요랄(1)

CAM
N.막시모비치(1), C.알레냐(1)
M.E.하다디(1)

RAM
포르투(1)

LM
C.알레냐(3), 포르투(2)
J.마타(2), M.E.하다디(1)

CM
N.막시모비치(25), L.미아(21)
C.알레냐(17), M.아람바리(12)
A.알고바이(11), M.E.하다디(4)
D.다코남(3), J.세오아네(1)
G.비야르(2), J.이글레시아스(1)

RM
C.알레냐(3), 포르투(3)
G.비야르(1), B.마요랄(1)
D.수아레스(1)

LWB
포르투(3), J.이글레시아스(1)
G.알바레스(1)

DM
M.아람바리(1), L.미아(1)

RWB
D.수아레스(5)

LB
J.이글레시아스(11), G.알바레스(11)
F.앙힐레리(7), 포르투(3)
J.아마비(1)

CB
D.두아르테(30), D.다코남(28)
O.알데레테(23), S.미트로비치(18)
G.알바레스(1)

RB
D.수아레스(20), J.이글레시아스(8)
포르투(3), D.다코남(2)

GK
D.소리아(38)

SHOTS & GOALS

38경기 총 372슈팅 - 34득점
38경기 상대 총 489슈팅 - 45실점

```
15-4
230-26
127-4
```

유효 슈팅 123	비유효 슈팅 249
득점 34	블록 당함 100
GK 방어 89	골대 밖 142
유효슈팅률 33%	골대 맞음 7

유효 슈팅 168	비유효 슈팅 321
실점 45	블록 118
GK 방어 123	골대 밖 201
유효슈팅률 34%	골대 맞음 2

```
217-7
249-31
23-7
```

GOAL TIME | POSSESSION

시간대별 득점
76 / 15
11 6
40 / 30
4 5
60 45

전체 평균
75% — 39% — 25%
50%

득실차
전반 골 득실차 -6
후반 골 득실차 -5
전체 골 득실차 -11

홈경기
75% — 42% — 25%
50%

시간대별 실점
76 / 15
6 6
30
8 3
61 / 10 10
46 45

원정경기
75% — 36% — 25%
50%

TACTICAL SHOT & GOAL TYPES | PASSES PER GAME | CORNER | DUELS pg

슈팅 패턴
38경기 372
199 8
40 / 55 / 19 / 231

득점 패턴1
38경기 34골
5 / 2 / 2 / 2 / 6 / 21

득점 패턴2
38경기 34골
5 / 2 / 6 / 21

패스 시도
평균 350
17 / 69 / 264

패스 성공
평균 247
4 / 28 / 215

코너킥 형태
38경기 119
1 / 54 / 58

땅볼 쟁탈전
평균 66.6
35.3 / 31.3

- OPEN PLAY
- FASTBREAK
- CORNER KICK
- SET PIECE
- DIRECT FREE KICK
- PENALTY KICK

- OPEN PLAY
- FASTBREAK
- CORNER KICK
- SET PIECE
- DIRECT FREE KICK
- PENALTY KICK
- OWN GOAL

- COMBINATION PLAY
- SOLO PLAY
- DIRECT FREE KICK
- PENALTY KICK
- OWN GOAL

- SHORT PASSES
- LONG BALLS
- CROSSES

- SHORT PASSES
- LONG BALLS
- CROSSES

- INSWINGING CK
- OUTSWINGING CK
- STRAIGHT CK
- ET CETERA

- 성공
- 실패

상대 슈팅 패턴
38경기 489
8
28 / 22 / 62 / 22 / 347

실점 패턴 1
38경기 45골
4 / 2 / 8 / 26

실점 패턴 2
38경기 45골
2 / 10 / 2 / 29

상대 패스 시도
평균 543
68 / 20 / 455

GETAFE C.F. S.A.D.

상대 코너킥 형태
38경기 179
43 / 61 / 75

공중전
평균 37.5
18.5 / 19.0

LALIGA

FORMATION SUMMARY | WHO SCORED | ACTION ZONE | PASSESS pg BY ZONE

선발 포지션별 전적

포메이션	승	무	패	득점	실점
5-3-2	5	7	9	20	26
4-4-2	2	3	2	4	7
3-4-3	1	1	2	5	6
4-3-3	2	0	1	3	2
3-4-2-1	0	1	0	1	1
4-2-3-1	0	0	1	1	2
5-4-1	0	0	1	0	1
TOTAL	**10**	**12**	**16**	**34**	**45**

포지션별 득점
FW진 27골
MF진 2골
DF진 5골

상대 포지션별 실점
DF진 6골
MF진 7골
FW진 30골

* 자책골 실점 2골

공격 방향
왼쪽 39%
중앙 26%
오른쪽 35%

볼 점유 위치
상대 진영 27%
중간 지역 45%
우리 진영 28%

평균 패스 성공
하프라인 위쪽 131회
하프라인 아래 116회

패스 성공률
하프라인 위쪽 59%
하프라인 아래 83%

VALENCIA CF

Founded 구단 창립 1919년
Owner 피터 림 1953.05.21
CEO 라이훈 찬 1964.08.30
Manager 루벤 바라하 1975.07.11
23-24 Odds 벳365 : 1000배 / 스카이벳 : 1000배

6	8	0	1	0	0
SPANISH LA LIGA	SPANISH COPA DEL REY	UEFA CHAMPIONS LEAGUE	UEFA EUROPA LEAGUE	FIFA CLUB WORLD CUP	UEFA-CONMEBOL INTERCONTINENTAL

Nationality ●외국 선수 15명 ●스페인 19명
Age 34명 평균 24.3세
Height 34명 평균 183cm
Market Value 1군 28명 평균 806만 유로
Game Points 22-23 : 42점 / 통산 : 4497점

34명

Win 22-23 : 11승 / 통산 : 1270승
Draw 22-23 : 9무 / 통산 : 687무
Loss 22-23 : 18패 / 통산 : 935패
Goals For 22-23 : 42득점 / 통산 : 4700득점
Goals Against 22-23 : 45실점 / 통산 : 3746실점

More Minutes 조르지 마마르다시빌리 3420분
Top Scorer 리노+1명 6골
More Assists 우고 기야몬+1명 4도움
More Subs 우고 두로 18회 교체 IN
More Cards 유누스 무사 Y10+R1

RANKING OF LAST 10 YEARS

	13-14	14-15	15-16	16-17	17-18	18-19	19-20	20-21	21-22	22-23
순위	8	4	12	12	4	4	9	13	9	16
점수	49점	77점	44점	46점	73점	61점	53점	43점	48점	42점

TOTO GUIDE 지난 시즌 상대팀별 전적

상대팀	홈	원정
FC Barcelona	0-1	0-1
Real Madrid	1-0	0-2
Atletico Madrid	0-1	0-3
Real Sociedad	1-0	1-1
Villarreal	1-1	1-2
Real Betis	3-0	1-1
Osasuna	1-0	2-1
Athletic Bilbao	1-2	0-1
Mallorca	1-2	0-1
Girona	1-0	0-1
Rayo Vallecano	1-1	1-2
Sevilla FC	0-2	1-1
Celta Vigo	3-0	2-1
Cadiz	0-1	1-2
Getafe	5-1	0-1
Almeria	2-2	1-2
Valladolid	2-1	0-1
Espanyol	2-2	2-2
Elche	2-2	2-0

MESTALLA STADIUM

구장 오픈 / 증개축 1923년, 증개축 6회
구장 소유 발렌시아 시
수용 인원 4만 9430명
피치 규모 105m X 68m
잔디 종류 천연 잔디

STRENGTHS & WEAKNESSES

OFFENSE		DEFENSE	
직접 프리킥	C	세트피스 수비	C
문전 처리	D	상대 볼 뺏기	B
측면 돌파	B	공중전 능력	D
스루볼 침투	C	역습 방어	C
개인기 침투	C	지공 방어	C
카운터 어택	C	스루패스 방어	D
기회 만들기	C	리드 지키기	C
세트피스	B	실수 조심	E
OS 피하기	C	측면 방어력	C
중거리 슈팅	C	파울 주의	D
볼 점유율	B	중거리슈팅 수비	C

매우 강함 A 강한 편 B 보통 수준 C 약한 편 D 매우 약함 E

위치	선수	국적	생년월일	출전(분)	출전경기	선발11	교체인	교체아웃	벤치출발	득점	도움	경고	경고누적	퇴장
GK	Giorgi Mamardashvili	GEO	00-09-29	3420	38	38	0	0	0	0	0	3	0	0
	Iago Herrerín	ESP	88-01-25	0	0	0	0	0	26	0	0	0	0	0
	Cristian Rivero	ESP	98-03-21	0	0	0	0	0	26	0	0	0	0	0
	Jaume Domènech	ESP	90-11-05	0	0	0	0	0	12	0	0	0	0	0
	Charly Pérez	ESP	02-06-07	0	0	0	0	0	2	0	0	0	0	0
	Emilio Bernad	ESP	99-09-22	0	0	0	0	0	2	0	0	0	0	0
DF	José Luis Gayà	ESP	95-05-25	2716	31	31	0	6	1	1	3	4	0	0
	Mouctar Diakhaby	FRA	96-12-19	2539	29	28	1	4	5	3	0	6	1	0
	Thierry Correia	POR	99-03-09	2015	27	24	3	10	3	0	0	6	0	0
	Dimitri Foulquier	FRA	93-03-23	1727	30	17	13	2	21	0	2	4	0	0
	Eray Cümart	SUI	98-02-04	1673	23	19	4	3	16	1	0	5	0	1
	Hugo Guillamón	ESP	00-01-31	1634	25	19	6	8	17	1	4	5	0	0
	Gabriel Paulista	BRA	90-11-26	1506	21	18	3	3	11	1	0	3	1	0
	Cenk Özkaçar	TUR	00-10-06	1363	17	14	3	1	22	0	0	1	0	0
	Toni Lato	ESP	97-11-21	907	24	9	15	9	24	1	0	1	0	0
	Jesús Vázquez	ESP	03-01-02	306	10	3	7	2	34	0	0	1	0	0
	Cristhian Mosquera	COL	04-06-27	143	3	1	2	0	30	0	0	0	0	0
	Rubén Iranzo	ESP	03-03-14	0	0	0	0	0	4	0	0	0	0	0
MF	André Almeida	POR	00-05-30	2550	34	29	5	15	7	2	4	3	0	0
	Yunus Musah	USA	02-11-29	2119	33	26	7	18	8	0	2	10	0	1
	Nico González	ESP	02-01-03	1410	26	18	8	15	8	1	1	1	0	0
	Samu Castillejo	ESP	95-01-18	1370	25	17	8	14	12	4	0	7	0	0
	Ilaix Moriba	GUI	03-01-19	1006	24	10	14	6	19	0	2	5	1	1
	Javi Guerra	ESP	03-05-13	602	10	6	4	1	11	1	0	0	0	0
	Yellu	ESP	04-05-25	0	0	0	0	0	1	0	0	0	0	0
FW	Lino	BRA	99-12-23	2897	38	33	5	16	5	6	1	4	0	0
	Edinson Cavani	URU	87-02-14	1462	25	20	5	16	6	5	2	6	0	0
	Justin Kluivert	NED	99-05-05	1450	26	15	11	12	12	6	0	4	0	0
	Hugo Duro	ESP	99-11-10	1371	30	12	18	6	23	1	1	5	0	0
	Diego López	ESP	02-05-13	447	10	5	5	5	5	3	1	0	0	0
	Marcos André	BRA	96-10-20	436	17	3	14	3	19	1	0	2	0	1
	Fran Pérez	ESP	02-09-09	134	7	0	7	0	29	0	0	0	0	0
	Alberto Marí	ESP	01-07-11	80	5	0	5	0	11	1	0	0	0	0
	Mario Dominguez	ESP	04-02-10	0	0	0	0	0	3	0	0	0	0	0

VALENCIA CF vs. OPPONENTS PER GAME STATS

발렌시아 CF vs 상대팀

	득점	슈팅	유효슈팅	코너킥	오프사이드	패스시도	패스성공	패스성공율	태클	공중전승리	인터셉트	파울	경고	퇴장

| 1.11 | 득점 | 1.18 | 12.8 | 슈팅 | 10.5 | 3.9 | 유효슈팅 | 3.9 | 5.9 | 코너킥 | 4.6 | 2.1 | 오프사이드 | 1.9 | 439 | PA | 407 | 354 | PC | 313 |
| 81% | P% | 77% | 17.8 | TK | 17.0 | 12.9 | AD | 14.9 | 7.6 | IT | 7.7 | 13.3 | | 13.9 | 2.45 | | 3.34 | 0.211 | | 0.263 |

2022-23 SEASON SQUAD LIST & GAMES PLAYED

* 괄호 안의 숫자는 선발 출전 횟수, 교체 출전은 포함시키지 않음

LW	CF	RW
S.리노(19), J.클라위버트(1)	E.카바니(20), H.두로(12) M.안드레(3), J.클라위버트(2) S.리노(2), A.알메이다(1) S.카스티예호(1)	S.카스티예호(13) J.클라위버트(7)

LAM	CAM	RAM
S.리노(6), J.클라위버트(1) T.라토(1)	A.알메이다(6), C.솔레르(1) Y.무사(1)	D.로페스(5), S.카스티예호(2) Y.무사(1)

LM	CM	RM
S.리노(5), J.클라위버트(2) T.라토(1), J.가야(1)	A.알메이다(2), Y.무사(19) H.기아몬(16), N.곤살레스(11) I.모리바(10), C.솔레르(2) D.풀키에(1), T.라토(1) S.카스티예호(1)	Y.무사(4), T.코레이라(2) T.라토(1), S.리노(1) J.클라위버트(1)

LWB	DM	RWB
N/A	N.곤살레스(7), J.게라(6) H.기아몬(3), Y.무사(1)	N/A

LB	CB	RB
J.가야(30), T.라토(5) J.바스케스(3)	M.디아카비(28), E.쾨메르트(19) G.파울리스타(18), J.외즈카자르(14) T.코레이라(1)	T.코레이라(21), D.풀키에(16) C.모스케라(1)

	GK	
	G.마마르다시빌리(38)	

SHOTS & GOALS

38경기 총 488슈팅 - 42득점
38경기 상대 총 400슈팅 - 45실점

36-7
280-29
172-6

유효 슈팅 149		비유효 슈팅 339	
득점	42	블록 당함	139
GK 방어	107	골대 밖	193
유효슈팅률	31%	골대 맞음	7

실점 150		비유효 슈팅 250	
실점	45	블록	78
GK 방어	105	골대 밖	160
유효슈팅률	38%	골대 맞음	12

131-5
231-26
38-14

GOAL TIME | POSSESSION

시간대별 득점

득실차
전반 골 득실차 +4
후반 골 득실차 -7
전체 골 득실차 -3

시간대별 실점

전체 평균
75% — 52% — 25%
50%

홈경기
75% — 54% — 25%
50%

원정경기
75% — 50% — 25%
50%

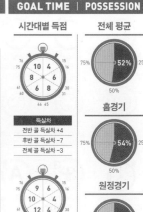

TACTICAL SHOT & GOAL TYPES | PASSES PER GAME | CORNER | DUELS pg

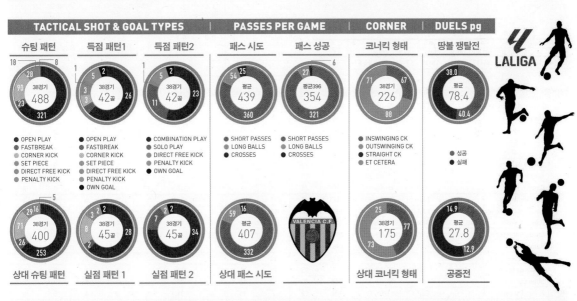

슈팅 패턴 — 38경기 488
득점 패턴1 — 38경기 42골
득점 패턴2 — 38경기 42골
패스 시도 — 평균 439
패스 성공 — 평균396
코너킥 형태 — 38경기 226
땅볼 쟁탈전 — 평균 78.4

- OPEN PLAY
- FASTBREAK
- CORNER KICK
- SET PIECE
- DIRECT FREE KICK
- PENALTY KICK

- OPEN PLAY
- FASTBREAK
- CORNER KICK
- SET PIECE
- DIRECT FREE KICK
- PENALTY KICK
- OWN GOAL

- COMBINATION PLAY
- SOLO PLAY
- DIRECT FREE KICK
- PENALTY KICK
- OWN GOAL

- SHORT PASSES
- LONG BALLS
- CROSSES

- SHORT PASSES
- LONG BALLS
- CROSSES

- INSWINGING CK
- OUTSWINGING CK
- STRAIGHT CK
- ET CETERA

- 성공
- 실패

상대 슈팅 패턴 — 38경기 400
실점 패턴 1 — 38경기 45골
실점 패턴 2 — 38경기 45골
상대 패스 시도 — 평균 407
VALENCIA C.F.
상대 코너킥 형태 — 38경기 175
공중전 — 평균 27.8

FORMATION SUMMARY | WHO SCORED | ACTION ZONE | PASSESS pg BY ZONE

선발 포진별 전적

포메이션	승	무	패	득점	실점
4-3-3	6	4	10	24	22
4-2-3-1	2	3	3	8	9
5-4-1	1	1	1	4	4
4-4-2	1	1	1	4	5
4-5-1	0	0	2	0	4
5-3-2	1	0	0	2	0
4-1-4-1	0	0	1	0	1
TOTAL	11	9	18	42	45

WHO SCORED

포지션별 득점
FW진 23골
MF진 9골
DF진 8골

상대 포지션별 실점
DF진 6골
MF진 12골
FW진 25골

* 상대 자책골 2골
* 자책골 실점 2골

ACTION ZONE

공격 방향
왼쪽 38% 중앙 25% 오른쪽 37%

볼 점유 위치
상대 진영 33%
중간 지역 40%
우리 진영 27%

PASSESS pg BY ZONE

평균 패스 성공
하프라인 위쪽 198회
하프라인 아래 156회

패스 성공률
하프라인 위쪽 72%
하프라인 아래 86%

UD ALMERIA

Founded 구단 창립
1989년

Owner 투르키 알셰이크
1981.08.04

CEO 투르키 알셰이크
1981.08.04

Manager 비센테 모레노
1974.10.26

23-24 Odds
벳365 : 배
스카이벳 : 배

Nationality
● 외국 선수 15명
● 스페인 15명

Age 30명 평균
25.5세

Height 30명 평균
182cm

Market Value
1군 26명 평균
360만 유로

Game Points
22-23 : 41점
통산 : 283점

Win
22-23 : 11승
통산 : 73승

Draw
22-23 : 8무
통산 : 64무

Loss
22-23 : 19패
통산 : 129패

Goals For
22-23 : 49득점
통산 : 293득점

Goals Against
22-23 : 65실점
통산 : 431실점

More Minutes
페르난도 마르티네스
3286분

Top Scorer
엘 빌랄 투레
7골

More Assists
루카스 로베르토네
7도움

More Subs
라르지 라마자니
20회 교체 IN

More Cards
로드리고 엘리
Y8+R1

	SPANISH LA LIGA	SPANISH COPA DEL REY	UEFA CHAMPIONS LEAGUE	UEFA EUROPA LEAGUE	FIFA CLUB WORLD CUP	UEFA-CONMEBOL INTERCONTINENTAL
	0	0	0	0	0	0

RANKING OF LAST 10 YEARS

● 2부 리그

	13-14	14-15	15-16	16-17	17-18	18-19	19-20	20-21	21-22	22-23
순위	17	19	18	15	18	10	4	4	1	17
점수	40점	29점	48점	51점	48점	60점	64점	73점	81점	41점

TOTO GUIDE 지난 시즌 상대팀별 전적

상대팀	홈	원정
FC Barcelona	1-0	0-2
Real Madrid	1-2	2-4
Atletico Madrid	1-1	1-2
Real Sociedad	0-2	0-1
Villarreal	0-2	1-2
Real Betis	2-3	1-3
Osasuna	0-1	1-3
Athletic Bilbao	1-2	0-4
Mallorca	3-0	0-1
Girona	3-2	2-6
Rayo Vallecano	3-1	2-2
Sevilla FC	2-1	1-2
Celta Vigo	3-1	2-2
Cadiz	1-1	1-1
Getafe	1-0	2-1
Valencia	2-1	2-2
Valladolid	0-0	0-1
Espanyol	3-1	3-3
Elche	2-1	1-1

POWER HORSE STADIUM

구장 오픈 2004년
구장 소유 알메리아 시
수용 인원 1만 5724명
피치 규모 105m X 68m
잔디 종류 천연 잔디

STRENGTHS & WEAKNESSES

OFFENSE		DEFENSE	
직접 프리킥	B	세트피스 수비	C
문전 처리	C	상대 볼 뺏기	B
측면 돌파	B	공중전 능력	D
스루볼 침투	C	역습 방어	D
개인기 침투	C	지공 방어	C
카운터 어택	C	스루패스 방어	E
기회 만들기	C	리드 지키기	D
세트피스	C	실수 조심	C
OS 피하기	C	측면 방어력	D
중거리 슈팅	C	파울 주의	C
볼 점유율	D	중거리슈팅 수비	D

매우 강함 A | 강한 편 B | 보통 수준 C | 약한 편 D | 매우 약함 E

위치	선수	국적	생년월일	출전(분)	출전경기	선발11	교체인	교체아웃	벤치출발	득점	도움	경고	경고누적	퇴장
GK	Fernando Martinez	ESP	90-06-10	3286	37	37	0	1	1	0	0	3	0	0
	Diego Mariño	ESP	90-05-09	44	1	0	1	0	18	0	0	0	0	0
	Diego Fuoli	ESP	97-10-20	0	0	0	0	0	15	0	0	0	0	0
DF	Rodrigo Ely	BRA	93-11-03	3158	36	36	0	2	0	0	1	9	1	0
	Srdjan Babić	SRB	96-04-22	2998	34	33	1	1	4	3	0	5	0	0
	Sergio Akieme	ESP	97-12-16	2299	29	27	2	4	6	1	0	5	0	0
	Álex Pozo	ESP	99-02-22	1877	30	20	10	6	13	0	3	2	0	0
	Chumi	ESP	99-03-02	1485	21	15	6	2	15	1	0	5	0	0
	Álex Centelles	ESP	98-08-30	1121	15	11	4	2	17	1	2	0	0	1
	Houboulang Mendes	FRA	98-05-04	889	14	11	3	4	23	0	1	2	0	0
	Kaiky	BRA	04-01-12	579	13	7	6	4	19	0	0	5	0	0
MF	Lucas Robertone	ARG	97-03-18	2860	37	34	3	22	3	2	7	7	0	0
	Samú Costa	POR	00-11-27	1987	32	22	10	7	16	1	2	5	0	0
	Gonzalo Melero	ESP	94-01-02	1874	27	24	3	23	5	4	3	5	0	0
	César de la Hoz	ESP	92-03-30	1671	25	18	7	6	15	1	0	6	0	0
	Íñigo Eguaras	ESP	92-03-07	958	25	10	15	6	26	1	1	6	0	0
	Arnau Puigmal	ESP	01-01-10	758	22	7	15	7	31	1	0	4	0	0
	Lázaro	BRA	02-03-12	709	19	7	12	5	28	6	0	1	0	0
	Francisco Portillo	ESP	90-06-13	704	27	4	23	3	34	2	1	1	0	0
	Martin Šviderský	SVK	02-10-04	0	0	0	0	0	15	0	0	0	0	0
	Marcos Peña	ESP	05-01-22	0	0	0	0	0	5	0	0	0	0	0
	Carlos Rojas	ESP	02-04-18	0	0	0	0	0	5	0	0	0	0	0
FW	Léo Baptistão	BRA	92-08-26	1744	28	24	4	23	5	5	2	7	0	0
	Luis Suárez	COL	97-12-02	1497	21	18	3	9	3	4	4	4	0	1
	Adri Embarba	ESP	92-05-07	1477	29	18	11	16	16	4	3	4	1	0
	Largie Ramazani	BEL	01-02-27	1394	33	13	20	12	24	3	1	6	0	0
	El Bilal Touré	MLI	01-10-03	1273	21	15	6	14	9	7	2	0	0	0
	Dyego Sousa	BRA	89-09-14	513	20	3	17	3	31	1	1	0	0	0
	Marko Milovanović	SRB	08-03-04	2	0	2	0	0	1	0	0	1	0	0
	Marciano Tchami	GNB	04-03-03	0	0	0	0	0	9	0	0	0	0	0

LA LIGA 2022-23 SEASON

UD ALMERIA vs. OPPONENTS PER GAME STATS

UD 알메리아 vs 상대팀

득점	슈팅	유효슈팅	코너킥	오프사이드	패스시도	패스성공	패스성공률	태클	공중전승리	인터셉트	파울	경고	퇴장
1.29 ⚽ 1.71	11.6 👟 14.3	4.1 ⬛ 5.4	3.9 🚩 6.0	2.2 🏳 4.2	397 PA 489	311 PC 389							
78% P% 80%	14.7 TK 15.6	12.8 AD 13.9	8.5 IT 6.6	11.7 🧤 11.2	2.58 ▨ 2.45	0.105 ⬛ 0.132							

2022-23 SEASON SQUAD LIST & GAMES PLAYED

* 괄호 안의 숫자는 선발 출전 횟수로, 교체 출전은 포함시키지 않음

LW
A.엠바르바(11), L.라마자니(2)
L.수아레스(1)

CF
A.수아레스(16), E.B.투레(15)
L.라마자니(6), L.밥티스탕(4)
D.소우자(3), U.사디크(3)
라자로(2)

RW
L.밥티스탕(9), L.라마자니(3)
L.라마자니(2)

LAM
A.엠바르바(3), L.수아레스(1)
L.라마자니(1), F.포르티오(1)
라자로(1), L.밥티스탕(1)

CAM
L.로베르토네(6), G.멜레로(3)
A.푸이그말(1), F.포르티오(1)
L.밥티스탕(1)

RAM
L.밥티스탕(4), A.푸이그말(2)
A.포소(1), A.엠바르바(1)

LM
A.엠바르바(3), S.아키에메(2)
L.라마자니(2), L.로베르토네(1)

CM
L.로베르토네(24), G.멜레로(19)
S.코스타(17), C.델라오스(10)
I.에구아라스(7), F.포르티오(1)
라자로(1), A.푸이그말(1)

RM
L.밥티스탕(5), A.포소(1)
A.푸이그말(3)

LWB
A.센테예스(1)

DM
C.델라오스(8), S.코스타(5)
I.에구아라스(3), G.멜레로(2)
L.로베르토네

RWB
H.멘데스(1)

LB
S.아키에메(25), A.센테예스(10)

CB
R.엘리(36), S.바비치(33)
추미(8), 카이키(7)

RB
A.포소(18), H.멘데스(10)
추미(7)

GK
F.마르티네스(37), F.파체코(1)

SHOTS & GOALS

38경기 총 439슈팅 – 49득점
38경기 상대 총 542슈팅 – 65실점

| 26-7 |
| 252-37 |
| 161-5 |

유효 슈팅 156		비유효 슈팅 283	
득점	49	블록 당함	113
GK 방어	107	골대 밖	164
유효슈팅률 36%		골대 맞음	6

유효 슈팅 204		비유효 슈팅 338	
실점	65	블록	125
GK 방어	139	골대 밖	199
유효슈팅률 38%		골대 맞음	14

| 173-5 |
| 333-50 |
| 36-10 |

GOAL TIME | POSSESSION

시간대별 득점

득실차
전반 골 득실차 0
후반 골 득실차 -16
전체 골 득실차 -16

시간대별 실점

전체 평균
45%   25%
75%
50%

홈경기
47%   25%
75%
50%

원정경기
43%   25%
75%
50%

TACTICAL SHOT & GOAL TYPES | PASSES PER GAME | CORNER | DUELS pg

슈팅 패턴
38경기 **493**
21 / 3 / 21 / 69 / 35 / 350

● OPEN PLAY
● FASTBREAK
● CORNER KICK
● SET PIECE
● DIRECT FREE KICK
● PENALTY KICK

득점 패턴1
38경기 **49골**
1 / 21 / 11 / 2 / 32

● OPEN PLAY
● FASTBREAK
● CORNER KICK
● SET PIECE
● DIRECT FREE KICK
● PENALTY KICK
● OWN GOAL

득점 패턴2
38경기 **49골**
1 / 2 / 1 / 12 / 33

● COMBINATION PLAY
● SOLO PLAY
● DIRECT FREE KICK
● PENALTY KICK
● OWN GOAL

패스 시도
평균 **397**
16 / 61 / 320

● SHORT PASSES
● LONG BALLS
● CROSSES

패스 성공
평균396 **311**
29 / 4 / 278

● SHORT PASSES
● LONG BALLS
● CROSSES

코너킥 형태
38경기 **147**
30 / 58 / 59

● INSWINGING CK
● OUTSWINGING CK
● STRAIGHT CK
● ET CETERA

땅볼 쟁탈전
평균 **68.7**
35.8 / 32.9

● 성공
● 실패

상대 슈팅 패턴
38경기 **542**
14 / 6 / 25 / 72 / 39 / 386

실점 패턴 1
38경기 **65골**
1 / 4 / 11 / 1 / 48

실점 패턴 2
38경기 **65골**
4 / 1 / 10 / 49

상대 패스 시도
평균 **489**
54 / 23 / 412

UD ALMERIA

상대 코너킥 형태
38경기 **227**
47 / 1 / 80 / 99

공중전
평균 **26.7**
13.9 / 12.8

FORMATION SUMMARY | WHO SCORED | ACTION ZONE | PASSESS pg BY ZONE

선발 포지션별 전적

포메이션	승	무	패	득점	실점
4-3-3	4	4	6	20	26
4-2-3-1	2	1	5	11	13
5-3-2	0	0	5	2	11
4-4-2	1	1	1	3	4
4-1-4-1	2	1	0	5	2
3-4-1-2	1	1	0	3	2
3-4-2-1	0	0	1	1	2
4-1-3-2	1	0	0	2	1
4-5-1	0	0	1	2	4
TOTAL	11	8	19	49	65

포지션별 득점
FW진 24골
MF진 18골
DF진 6골
* 상대 자책골 1골

상대 포지션별 실점
DF진 7골
MF진 14골
FW진 43골
* 자책골 실점 1골

공격 방향
왼쪽 38%   중앙 24%   오른쪽 38%

볼 점유 위치
상대 진영 24%
중간 지역 42%
우리 진영 34%

평균 패스 성공
하프라인 위쪽 133회
하프라인 아래 178회

패스 성공률
하프라인 위쪽 65%
하프라인 아래 88%

GRANADA CF

 Founded 구단 창립 1931년

Owner 닥시안 2009 SL

CEO 소피아 양

Manager 파코 로페스 1967.09.19

23-24 Odds 벳365 : 1500배 / 스카이벳 : 2500배

0	**0**	**0**	**0**	**0**	**0**
SPANISH LA LIGA	SPANISH COPA DEL REY	UEFA CHAMPIONS LEAGUE	UEFA EUROPA LEAGUE	FIFA CLUB WORLD CUP	UEFA-CONMEBOL INTERCONTINENTAL

 Nationality ●외국 선수 9명 ●스페인 24명

 Age 33명 평균 26.5세

 Height 33명 평균 182cm

 Market Value 1군 33명 평균 146만 유로

 Game Points 22-23 2부 : 75점 통산 : 969점

 Win 22-23 2부 : 22승 통산 : 255승

 Draw 22-23 2부 : 9무 통산 : 204무

 Loss 22-23 2부 : 11패 통산 : 397패

 Goals For 22-23 2부 : 55득점 통산 : 962득점

 Goals Against 22-23 2부 : 30실점 통산 : 1329실점

 More Minutes 호세 카예혼 3051분

 Top Scorer 미트로 우주니 23골

 More Assists 호세 카예혼 9도움

 More Subs 브라이언 사라고사 28회 교체 IN

 More Cards 안 보디제+1명 Y8+R1

RANKING OF LAST 10 YEARS

● 2부 리그

13-14	14-15	15-16	16-17	17-18	18-19	19-20	20-21	21-22	22-23
15	17	16	20	10	2	7	9	18	1
41점	35점	39점	20점	61점	79점	56점	46점	39점	75점

TOTO GUIDE 지난 시즌 상대팀별 전적

상대팀	홈	원정
Las Palmas	2-1	0-2
Levante	0-0	1-3
Alaves	3-1	1-1
Eibar	1-1	0-4
Albacete	4-0	2-1
FC Andorra	2-0	0-1
Real Oviedo	1-0	0-1
Cartagena	1-0	0-0
Tenerife	2-0	0-2
Burgos	1-0	3-1
Racing	2-0	0-1
Real Zaragoza	1-0	0-1
Leganes	2-0	0-1
Huesca	0-0	1-1
Mirandes	2-1	3-1
Villarreal B	3-0	2-0
Sporting Gijon	5-0	0-1
Ponferradina	2-2	0-0
Malaga	1-0	1-1
UD Ibiza	2-0	2-0
Lugo	2-0	0-1

NUEVO ESTADIO DE LOS CÁRMENES

구장 오픈 / 증개축 1995년, 2011년
구장 소유 그라나다 시
수용 인원 1만 9336명
피치 규모 105m X 68m
잔디 종류 천연 잔디

FORMATION SUMMARY

선발 포메이션	승	무	패	득점	실점
4-4-2	9	3	2	18	11
4-2-3-1	6	3	4	16	8
4-3-3	4	2	2	13	5
4-1-4-1	1	1	1	3	3
3-4-2-1	1	0	1	3	2
5-3-2	1	0	0	2	0
5-4-1	0	0	1	0	1
TOTAL	22	9	11	55	30

위치	선수	국적	생년월일	출전(분)	출전경기	선발11	교체인	교체아웃	벤치출발	득점	도움	경고	경고누적	퇴장
GK	Raúl Fernández	ESP	88-03-13	2638	31	30	1	0	7	0	0	2	0	1
	André Ferreira	POR	96-05-29	965	11	11	0	1	8	0	0	0	0	0
	Adrián López	ESP	99-01-09	0	0	0	0	0	1	0	0	0	0	0
	Rafa Romero	ESP	03-08-07	0	0	0	0	0	2	0	0	0	0	0
DF	Ignasi Miquel	ESP	91-09-28	2649	33	30	3	3	5	0	1	9	0	0
	Miguel Rubio	ESP	98-03-11	2633	32	30	2	1	7	1	1	9	1	0
	Ricard Sánchez	ESP	00-02-22	2547	33	30	3	10	4	3	3	6	0	0
	Carlos Neva	ESP	96-06-12	2263	27	26	1	6	5	2	3	2	0	0
	Víctor Díaz	ESP	88-06-12	2044	29	22	7	8	19	1	0	6	0	0
	Quini Marín	ESP	89-09-24	1795	31	20	11	9	14	0	1	8	0	0
	Erick Cabaco	URU	95-04-19	962	15	10	5	3	20	0	0	2	0	1
	Jonathan Silva	ARG	94-06-29	510	12	5	7	3	29	0	0	1	0	0
	Pepe Sánchez	ESP	00-03-02	115	3	1	2	1	23	0	0	0	0	0
	Raúl Castro	ESP	01-02-01	0	0	0	0	0	2	0	0	0	0	0
MF	Myrto Uzuni	ALB	95-05-31	3039	38	35	3	11	3	23	5	6	0	0
	Óscar Melendo	ESP	97-08-23	2298	35	30	5	28	8	1	3	3	0	0
	Antonio Puertas	ESP	92-02-21	2212	35	25	10	15	10	4	5	4	0	0
	Yann Bodiger	FRA	95-02-09	2202	32	26	6	11	8	0	1	9	1	0
	Njegoš Petrović	SRB	99-07-18	1541	26	18	8	7	19	0	1	4	0	0
	Víctor Meseguer	ESP	99-06-09	1140	23	11	12	4	26	0	0	5	0	0
	Bryan Zaragoza	ESP	01-09-09	1068	34	6	28	4	36	5	0	3	0	0
	Pol Lozano	ESP	99-10-06	993	14	12	2	7	5	0	0	4	0	0
	Sergio Ruiz	ESP	94-12-16	973	19	9	10	3	20	1	1	3	1	0
	Alberto Soro	ESP	99-03-09	423	15	4	11	4	28	0	1	1	0	0
	Rubén Rochina	ESP	91-03-23	223	8	3	5	4	12	0	0	2	0	0
	Raúl Torrente	ESP	01-03-01	42	2	1	1	1	8	0	0	0	0	0
	Mario Da Costa	ESP	01-05-14	0	0	0	0	0	1	0	0	0	0	0
	Martín Solar	ESP	00-01-30	0	0	0	0	0	2	0	0	0	0	0
FW	José Callejón	ESP	87-02-11	3051	42	38	4	31	4	4	9	4	0	0
	Jorge Molina	ESP	82-04-22	1046	25	12	13	10	19	3	1	1	0	0
	Shon Weissman	ISR	96-02-14	768	13	10	3	9	6	1	1	0	0	0
	Matías Arezo	URU	02-11-21	200	9	2	7	2	19	1	0	0	0	0
	Famara Diédhiou	SEN	92-12-15	155	10	1	9	1	16	0	0	1	0	0

LA LIGA 2(2부리그) 2022-23 SEASON

GRANADA CF vs. OPPONENTS PER GAME STATS

그라나다 CF vs 상대팀

득점	슈팅	유효슈팅	코너킥	오프사이드	패스시도	패스성공	패스성공률	태클	공중전승리	인터셉트	파울	경고	퇴장
1.31 ⚽ 0.71	11.4 🥾 9.0	3.8 ▣ 2.7	4.2 🚩 —	1.7 🏳 3.2	627 PA —		344 PC —						
55% P% —	14.2 TK 13.8	16.1 AD 16.4	9.6 IT 7.8	12.7 ✂ 13.0	2.36 ▨ 2.52		0.119 ■ 0.262						

2022-23 SEASON SQUAD LIST & GAMES PLAYED

* 괄호 안의 숫자는 선발 출전 횟수, 교체 출전은 포함시키지 않음

LW
J.카예혼(6), M.우주니(2)
A.푸에르타스(1)

CF
M.우주니(16), J.카예혼(13)
J.물리나(11), S.바이스만(10)
A.푸에르타스(2), D.아레소(1)
A.소로(1), F.디에듀(1)

RW
A.푸에르타스(3), M.우주니(3)
B.사라고사(1), J.카예혼(1)

LAM
M.우주니(12), J.카예혼(2)
R.로치나(1), A.페레아(1)

CAM
O.멜렌도(4), J.카예혼(3)
A.푸에르타스(2), A.소로(2)
A.페레아(1), Y.보디제(1)
M.아레소(1), J.물리나(1)

RAM
A.푸에르타스(11), B.사라고사(2)
N.페트로비치(1), J.카예혼(1)
A.소로(1)

LM
J.카예혼(11), V.메세게르(2)
B.사라고사(2), Y.보디제(2)
S.루이스(2), A.페레아(1)
N.페트로비치(1), O.멜렌도(1)
M.우주니(1), C.네바(1)
A.푸에르타스(1)

CM
Y.보디제(21), N.페트로비치(15)
P.로사노(12), V.메세게르(8)
S.루이스(7), O.멜렌도(6)
V.디아스(4), R.로치나(1)
J.카예혼(1), A.푸에르타스(1)

RM
O.멜렌도(19), A.푸에르타스(3)
B.사라고사(1), N.페트로비치(1)

LWB
C.네바(1), J.실바(1)

DM
Y.보디제(2), V.디아스(2)
V.메세게르(1)

RWB
R.산체스(1), A.푸에르타스(1)
M.키니(1)

LB
C.네바(23), M.키니(10)
J.실바(4), R.산체스(1)

CB
M.루비오(30), I.미켈(30)
V.디아스(17), E.카바코(10)
R.토렌테(1)

RB
R.산체스(29), M.키니(9)
V.디아스(1), P.산체스(1)

GK
G.마마르다시빌리(38)

SHOTS & GOALS

42경기 총 477슈팅 - 55득점
42경기 상대 총 380슈팅 - 30실점

박스 안쪽
289-48
188-7

유효 슈팅 160		비유효 슈팅 317	
득점	55	블록 당함	113
GK 방어	105	골대 밖	204
유효슈팅률	34%	골대 맞음	13

GOAL TIME | POSSESSION

시간대별 득점
(75 15) 13 7
(60 46 45 30) 11 11
7 6

전체 평균
55% 25%
75%
50%

득점차
전반 골 득실차 +11
후반 골 득실차 +14
전체 골 득실차 +25

시간대별 실점
(75 15) 5 5
(61 46 45 30) 6 3
6 5

홈경기
56% 25%
75%
50%

원정경기
54% 25%
75%
50%

TACTICAL GOALS & SHOTS | PASSES pg | DUELS pg | WHO SCORED | PASSES ZONE

슈팅 패턴
26 8
31 / 42경기 / 475 / 3
72 / 44
294

● OPEN PLAY
● FASTBREAK
● CORNER KICK
● SET PIECE
● DIRECT FREE KICK
● PENALTY KICK

득점 패턴1
3
7 7
3 / 42경기 / 55골 / 26
11 4

● OPEN PLAY
● FASTBREAK
● CORNER KICK
● SET PIECE
● DIRECT FREE KICK
● PENALTY KICK
● OWN GOAL

득점 패턴2
1
3 / 42경기 / 55골
8 / 36
4

● COMBINATION PLAY
● SOLO PLAY
● DIRECT FREE KICK
● PENALTY KICK
● OWN GOAL

패스 시도
20
49 / 평균 / 627
558

● SHORT PASSES
● LONG BALLS
● CROSSES

땅볼 쟁탈전
33.8
평균 / 66.8
33.0

● 성공
● 실패

포지션별 득점
FW진 11골
MF진 34골
DF진 7골
* 상대 자책골 3골

평균 패스 성공
하프라인 위쪽
173회
하프라인 아래
175회

상대 슈팅 패턴
10 27 4
70 / 42경기 / 380 / 235
34

실점 패턴 1
3
2 1
4 / 42경기 / 30골 / 17
25

실점 패턴 2
1 3
4 / 42경기 / 30골 / 25

패스 성공
4
22 / 평균 / 344
318

공중전
16.4
평균 / 32.5
16.1

상대 포지션별 실점
DF진 6골
MF진 6골
FW진 18골

패스 성공률
하프라인 위쪽
68%
하프라인 아래
88%

LALIGA

UD LAS PALMAS

0	0	0	0	0	0
SPANISH LA LIGA	SPANISH COPA DEL REY	UEFA CHAMPIONS LEAGUE	UEFA EUROPA LEAGUE	FIFA CLUB WORLD CUP	UEFA-CONMEBOL INTERCONTINENTAL

구단 정보

 Founded 구단 창립 1949년

 Owner 라스팔마스 시민구단

 CEO 미겔 라미레스 1969.03.20

 Manager 가르시아 피미엔타 1974.08.03

23-24 Odds 벳365 : 2500배 스카이벳 : 2500배

 Nationality ●외국 선수 6명 ●스페인 27명

 Age 33명 평균 25.4세

 Height 33명 평균 182cm

 Market Value 1군 33명 평균 84만 유로

 Game Points 22-23 2부 : 72점 통산 : 1365점

 Win 22-23 2부 : 18승 통산 : 372승

 Draw 22-23 2부 : 18무 통산 : 249무

 Loss 22-23 2부 : 6패 통산 : 513패

 Goals For 22-23 2부 : 49득점 통산 : 1371득점

 Goals Against 22-23 2부 : 29실점 통산 : 1820실점

 More Minutes 세르지 카르도나 3131분

 Top Scorer 산드로 라미레스+2명 7골

 More Assists 알베르토 몰레이로 8도움

 More Subs 마빈 파크+1명 19회 교체 출전

 More Cards 세르지 카르도나 Y11+R0

RANKING OF LAST 10 YEARS

● 2부 리그

13-14	14-15	15-16	16-17	17-18	18-19	19-20	20-21	21-22	22-23
6	4	11	14	19	12	9	9	4	2
63점	78점	44점	39점	22점	54점	57점	56점	70점	72점

TOTO GUIDE 지난 시즌 상대팀별 전적

상대팀	홈	원정
Granada	2-0	1-2
Levante	0-0	1-1
Alaves	0-0	1-1
Eibar	1-1	1-0
Albacete	1-2	2-1
FC Andorra	2-0	0-0
Real Oviedo	0-1	0-0
Cartagena	1-0	4-1
Tenerife	3-1	1-4
Burgos	0-2	0-0
Racing	1-1	1-0
Real Zaragoza	0-0	1-1
Leganes	1-0	0-0
Huesca	1-0	0-1
Mirandes	2-1	3-3
Villarreal B	1-1	1-0
Sporting Gijon	1-1	1-0
Ponferradina	2-0	1-0
Malaga	2-2	4-0
UD Ibiza	0-0	2-1
Lugo	3-0	1-0

ESTADIO GRAN CANARIA

구장 오픈 / 증개축 2003년, 2016년
구장 소유 그란 카나리아
수용 인원 3만 2392명
피치 규모 105m X 68m
잔디 종류 천연 잔디

FORMATION SUMMARY

선발 포메이션	승	무	패	득점	실점
4-1-4-1	8	11	3	25	16
4-2-3-1	7	3	1	15	6
4-5-1	2	1	2	5	5
3-4-1-2	1	0	0	3	1
3-5-1-1	0	1	0	0	0
3-5-2	0	0	0	0	0
4-4-1-1	0	1	0	1	1
TOTAL	18	18	6	49	29

위치	선수	국적	생년월일	출전(분)	출전경기	선발11	교체인	교체아웃	벤치출발	득점	도움	경고	경고누적	퇴장
GK	Álvaro Valles	ESP	97-05-25	3060	34	34	0	0	2	0	0	2	0	0
	Álex Domínguez	ESP	98-07-30	720	8	8	0	0	34	0	0	1	0	0
	Javi Cendón	ESP	01-06-02	0	0	0	0	0	21	0	0	0	0	0
	Moha Ramos	ESP	00-04-13	0	0	0	0	0	1	0	0	0	0	0
	Ale Gorrín	ESP	02-08-08	0	0	0	0	0	7	0	0	0	0	0
DF	Sergi Cardona	ESP	99-07-08	3131	39	36	3	10	4	0	2	11	0	0
	Alex Suárez	ESP	93-03-18	3054	40	38	2	14	3	1	0	9	0	0
	Saúl Coco	EQG	99-02-09	2986	36	34	2	5	6	1	0	8	0	0
	Eric Curbelo	ESP	94-01-14	2650	34	30	4	2	9	1	2	8	0	0
	Álvaro Lemos	ESP	93-03-30	1174	24	9	15	3	31	1	1	0	0	0
	Sidnei	BRA	89-08-23	1095	19	13	6	4	24	1	0	2	0	0
	Marvin Park	ESP	00-07-03	918	24	5	19	4	27	1	1	4	0	0
	Enrique Clemente	ESP	99-03-04	597	14	7	7	5	32	0	0	2	0	0
	Ale Palanca	ESP	03-01-26	0	0	0	0	0	6	0	0	0	0	0
MF	Enzo Loiodice	FRA	00-11-27	3037	39	37	2	15	3	4	3	10	1	0
	Alberto Moleiro	ESP	03-09-30	2706	40	32	8	24	9	0	8	4	0	0
	Jonathan Viera	ESP	89-10-21	2535	32	28	4	5	4	7	5	5	0	0
	Omenuke Mfulu	COD	94-03-20	2287	30	27	3	7	7	0	0	6	0	1
	Pejiño	ESP	96-07-30	1856	33	24	9	20	15	6	4	1	0	0
	Óscar Clemente	ESP	99-03-26	1553	31	19	12	16	22	2	2	3	0	0
	Fabio González	ESP	97-02-12	1429	31	12	19	3	26	0	1	7	0	0
	Álvaro Jiménez	ESP	95-05-19	1202	26	15	11	15	24	3	1	3	0	0
	Kirian Rodríguez	ESP	96-03-05	350	5	4	1	4	10	1	0	0	0	0
	Wilfrid Kaptoum	CMR	96-07-07	347	11	3	8	2	16	0	0	1	0	0
	Vitolo	ESP	89-11-02	108	8	0	8	1	14	0	0	0	0	0
	Ale García	ESP	03-03-19	4	2	0	2	0	9	0	0	0	0	0
	Julen Pérez	ESP	00-06-28	0	0	0	0	0	6	0	0	0	0	0
	Joaquín	ESP	00-10-14	0	0	0	0	0	6	0	0	0	0	0
FW	Marc Cardona	ESP	95-07-08	2057	36	22	14	19	15	7	0	4	0	0
	Sandro Ramírez	ESP	95-07-09	1211	21	12	9	8	10	7	3	4	0	0
	Florin Andone	ROU	93-04-11	513	19	5	14	4	21	2	0	5	0	0
	Loren Morón	ESP	93-12-30	480	11	6	5	4	11	1	0	2	0	0
	Joel del Pino	ESP	97-11-22	0	0	0	0	0	17	0	0	0	0	0

LA LIGA 2(2부리그) 2022-23 SEASON

UD LAS PALMAS vs. OPPONENTS PER GAME STATS

라스 팔마스 vs 상대팀

득점	슈팅	유효슈팅	코너킥	오프사이드	패스시도	패스성공
1.17 ⚽ 0.69	14.3 👟 8.5	4.4 ◉ 3.0	5.9 🚩 —	2.1 🏁 3.2	589 PA —	505 PC —
86% P% —	17.2 TK 17.9	11.8 AD 12.3	9.0 IT 10.2	11.1 🔶 15.6	2.50 ▨ 3.07	0.071 ■ 0.262

2022-23 SEASON SQUAD LIST & GAMES PLAYED

* 괄호 안의 숫자는 선발 출전 횟수, 교체 출전은 포함시키지 않음

LW	CF	RW
N/A	M.카르도나(21), S.라미레스(9) L.모론(6), F.안도네(5) J.비에라(3), F.페히뇨(1) A.몰레이로(1)	N/A

LAM	CAM	RAM
A.몰레이로(8), O.클레멘테(6) B.라미레스(3), J.비에라(1)	J.비에라(10), A.몰레이로(4)	F.페히뇨(11), A.히메네스(5) 마르빈(1), A.레모스(1)

LM	CM	RM
A.몰레이로(11), O.클레멘테(6) S.라미레스(3), F.페히뇨(2)	E.로이오디스(36), O.음풀루(15) J.비에라(14), A.몰레이로(7) O.클레멘테(7), F.곤살레스(4) W.카프톰(3), K.로드리게스(2)	A.히메네스(10), F.페히뇨(9) A.몰레이로(1)

LWB	DM	RWB
S.카르도나(3)	O.음풀루(12), F.곤살레스(8) K.로드리게스(2), E.로이오디스(1)	A.레모스(1), M.카르도나(1) F.페히뇨(1)

LB	CB	RB
S.카르도나(33), E.클레멘테(6)	S.코코(34), E.쿠르벨로(30) 시드네이(13), A.산체스(9) E.클레멘테(1)	A.산체스(29), A.레모스(6) 마르빈(4)

	GK	
	A.바에스(34), A.도밍게스(8)	

SHOTS & GOALS

42경기 총 599슈팅 – 49득점
42경기 상대 총 359슈팅 – 29실점

박스 안쪽
299-40
300-6

유효 슈팅 186	비유효 슈팅 413
득점 49	블록 당함 176
GK 방어 137	골대 밖 215
유효슈팅률 31%	골대 맞음 22

GOAL TIME | POSSESSION

시간대별 득점

전체 평균
66%

흠경기
68%

원정경기
65%

득실차
전반 골 득실차 +3
후반 골 득실차 +17
전체 골 득실차 +20

시간대별 실점

TACTICAL GOALS & SHOTS | PASSES pg | DUELS pg | WHO SCORED | PASSES ZONE

슈팅 패턴
42경기 596
19 6 / 85 33 / 20 / 433

- ● OPEN PLAY
- ● FASTBREAK
- ● CORNER KICK
- ● SET PIECE
- ● DIRECT FREE KICK
- ● PENALTY KICK

득점 패턴1
42경기 49골
1 3 / 5 / 6 / 4 / 32

- ● OPEN PLAY
- ● FASTBREAK
- ● CORNER KICK
- ● SET PIECE
- ● DIRECT FREE KICK
- ● PENALTY KICK
- ● OWN GOAL

득점 패턴2
42경기 49골
5 3 / 6 / 34

- ● COMBINATION PLAY
- ● SOLO PLAY
- ● DIRECT FREE KICK
- ● PENALTY KICK
- ● OWN GOAL

패스 시도
평균 589
3514 / 540

- ● SHORT PASSES
- ● LONG BALLS
- ● CROSSES

땅볼 쟁탈전
평균 82.1
38.4 / 43.7

- ● 성공
- ● 실패

포지션별 득점
FW진 18골
MF진 22골
DF진 6골
* 상대 자책골 3골

평균 패스 성공
하프라인 위쪽 261회
하프라인 아래 247회

상대 슈팅 패턴
42경기 359
5 / 15 19 / 42 / 25 / 253

실점 패턴 1
42경기 29골
1 / 2 / 4 / 2 / 2 / 18

실점 패턴 2
42경기 29골
19 / 18

패스 성공
평균 505
18 3 / 484

공중전
평균 24.1
12.3 / 11.8

상대 포지션별 실점
DF진 2골
MF진 10골
FW진 17골

패스 성공률
하프라인 위쪽 79%
하프라인 아래 91%

LALIGA

DEPORTIVO ALAVÉS

Founded
구단 창립
1921년

Owner
사스키 바스코니아
호세 케레헤타

CEO
알폰소 데트로코니스
1973.03.22

Manager
루이스 가르시아
1972.12.01

23-24 Odds
벳365 : 1500배
스카이벳 : 2500배

Nationality
● 외국 선수 21명
● 스페인 14명

Age
35명 평균
24.6세

Height
35명 평균
182cm

Market Value
1군 35명 평균
100만 유로

Game Points
22-23 2부 : 71점
통산 : 661점

Win
22-23 2부 : 19승
통산 : 180승

Draw
22-23 2부 : 14무
통산 : 121무

Loss
22-23 2부 : 9패
통산 : 269패

Goals For
22-23 2부 : 47득점
통산 : 638득점

Goals Against
22-23 2부 : 33실점
통산 : 909실점

More Minutes
안토니오 시베라
4080분

Top Scorer
루이스 리오하
10골

More Assists
루벤 두아르테+1명
5도움

More Subs
토니 모야
28회 교체 IN

More Cards
루벤 두아르테
Y15+R1

RANKING OF LAST 10 YEARS

● 2부 리그

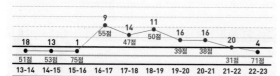

	13-14	14-15	15-16	16-17	17-18	18-19	19-20	20-21	21-22	22-23
순위	18	13	1	9	14	11	16	16	20	4
점수	51점	53점	75점	55점	47점	50점	39점	38점	31점	71점

TOTO GUIDE 지난 시즌 상대팀별 전적

상대팀	홈	원정
Granada	2-0	1-2
Levante	0-0	1-1
Alaves	0-0	1-1
Eibar	1-1	1-0
Albacete	1-2	2-1
FC Andorra	2-0	0-0
Real Oviedo	0-1	0-0
Cartagena	1-0	4-1
Tenerife	3-1	1-4
Burgos	0-2	0-0
Racing	1-1	0-0
Real Zaragoza	0-0	1-1
Leganes	1-0	1-0
Huesca	1-0	0-1
Mirandes	2-1	3-3
Villarreal B	1-1	1-0
Sporting Gijon	1-1	1-0
Ponferradina	2-0	1-0
Malaga	2-2	4-0
UD Ibiza	0-0	2-1
Lugo	3-0	1-0

MENDIZORROTZA STADIUM

구장 오픈 / 증개축
2003년, 2016년
구장 소유
그란 카나리아
수용 인원
3만 2392명
피치 규모
105m X 68m
잔디 종류
천연 잔디

FORMATION SUMMARY

선발 포메이션	승	무	패	득점	실점
4-1-4-1	8	11	3	25	16
4-2-3-1	7	3	1	15	6
4-5-1	2	1	2	5	5
3-4-1-2	1	0	0	3	1
3-5-1-1	0	1	0	0	0
3-5-2	0	1	0	0	0
4-4-1-1	0	1	0	1	1
TOTAL	18	18	6	49	29

위치	선수	국적	생년월일	출전(분)	출전경기	선발11	교체인	교체아웃	벤치출발	득점	도움	경고	경고누적	퇴장
GK	Antonio Sivera	ESP	96-08-11	4080	45	45	0	0	0	0	0	4	0	0
	Jesús Owono	EQG	01-03-01	90	1	1	0	0	43	0	0	0	0	0
	Adrián Rodríguez	ARG	00-12-12	0	0	0	0	0	10	0	0	0	0	0
	Asier Gago	ESP	00-06-14	0	0	0	0	0	4	0	0	0	0	0
DF	Rubén Duarte	ESP	95-10-18	3332	41	37	4	7	6	0	5	16	1	0
	Abdelkabir Abqar	MAR	99-03-10	3237	39	38	1	8	3	1	0	12	0	1
	Nahuel Tenaglia	ARG	96-02-21	3188	38	37	1	10	6	3	2	8	0	0
	Aleksandar Sedlar	SRB	91-12-13	2843	34	33	1	6	4	0	0	7	0	0
	Nikola Maraš	SRB	95-12-19	1606	20	18	2	3	12	0	0	2	0	0
	Javi López	ESP	02-03-25	1285	32	12	20	3	34	0	0	2	0	0
	Anderson Arroyo	COL	99-09-27	925	18	9	9	1	37	0	0	1	0	0
	Víctor Laguardia	ESP	89-11-05	594	16	5	11	4	28	0	0	3	0	0
	Joseda	ESP	01-01-22	0	0	0	0	0	7	0	0	0	0	0
	Imanol Baz	ESP	01-01-27	0	0	0	0	0	22	0	0	0	0	0
	Adrián Pérez	ESP	03-03-04	0	0	0	0	0	2	0	0	0	0	0
MF	Luis Rioja	ESP	93-10-16	3539	42	38	4	12	4	10	5	6	0	1
	Jon Guridi	ESP	95-02-28	3067	42	36	6	22	7	1	1	5	0	0
	Salva Sevilla	ESP	84-03-18	2425	38	30	8	25	12	3	2	12	0	0
	Toni Moya	ESP	98-03-20	1853	43	15	28	10	31	3	4	4	0	0
	Carlos Benavidez	URU	98-03-30	1768	33	20	13	7	18	1	0	12	0	1
	Jason	ESP	94-07-06	1707	34	20	14	19	26	2	0	3	0	0
	Xeber Alkain	ESP	97-06-26	1646	34	19	15	14	24	4	0	1	0	2
	Antonio Blanco	ESP	00-07-23	1409	18	18	0	11	1	0	0	10	0	0
	Álex Balboa	EQG	01-03-06	163	11	1	10	1	41	0	0	1	0	0
	Tomás Mendes	ESP	04-11-21	0	0	0	0	0	1	0	0	0	0	0
	José de León	DOM	04-03-02	0	0	0	0	0	1	0	0	0	0	0
FW	Miguel De La Fuente	ESP	99-09-03	2109	34	26	8	22	13	4	4	5	0	0
	Roberto González	ESP	01-01-08	1158	29	11	18	10	31	2	2	3	0	1
	Asier Villalibre	ESP	97-09-30	1123	20	9	11	4	12	6	2	4	0	0
	Abde Rebbach	ALG	98-08-11	1080	22	13	9	12	32	3	2	2	0	0
	Mamadou Sylla	SEN	94-03-20	1000	23	12	11	10	17	5	1	4	0	1
	Taichi Hara	JPN	99-05-05	434	15	3	12	2	20	1	0	0	0	0
	Joaquín Panichelli	ARG	02-10-07	44	4	0	4	1	11	0	0	1	0	0
	Marc Tenas	ESP	01-05-30	13	1	0	1	0	6	0	0	0	0	0
	Unai Ropero	ESP	01-11-20	0	0	0	0	0	3	0	0	0	0	0

LA LIGA 2(2부리그) 2022-23 SEASON

DEPORTIVO ALAVÉS vs. OPPONENTS PER GAME STATS

데포르티보 알라베스 vs 상대팀

	득점		슈팅		유효슈팅		코너킥		오프사이드		패스시도		패스성공		패스성공률		태클		공중전승리		인터셉트		파울		경고		퇴장
	1.12	0.79	3.5	2.8	3.5	2.8	5.6	—	2.2	1.9	342 (PA)	—	256 (PC)	—												
	75% (P%)	—	15.0 (TK)	15.9	15.2 (AD)	15.4	9.5 (IT)	7.8	15.0	13.7	2.88	2.88	0.190	0.214												

2022-23 SEASON SQUAD LIST & GAMES PLAYED

• 괄호 안의 숫자는 선발 출전 횟수, 교체 출전은 포함시키지 않음

LW	CF	RW
L.리오하(7), A.레바시(3)	M.델라푸엔테(25), M.실라(9), 비아리브레(8), X.알카인(4), L.리오하(5), 제이슨(4), T.하라(2), J.구리디(3), R.곤살레스(2), A.레바시(1)	제이슨(5), X.알카인(3), J.구리디(1), L.리오하(1)

LAM	CAM	RAM
L.리오하(13), A.레바시(3), X.알카인(1)	J.구리디(17), R.곤살레스(5)	제이슨(7), X.알카인(5), L.리오하(3), R.곤살레스(1), A.레바시(1)

LM	CM	RM
L.리오하(26), J.구리디(7), A.레바시(6), T.모야(1), X.알카인(1), S.세비야(1)	S.세비야(22), C.베나비데스(17), A.블랑코(17), T.모야(12), A.세들라르(4), J.구리디(3), A.발보아(1)	제이슨(15), X.알카인(12), S.세비야(4), R.곤살레스(4), A.레바시(2), L.리오하(2), T.모야(1), J.구리디(1)

LWB	DM	RWB
N/A	A.세들라르 1	N/A

LB	CB	RB
R.두아르테(30), J.로페스(12)	A.아브카르(34), A.세들라르(24), N.마라시(18), V.라과르디아(9), R.두아레트(3)	F.테날리아(33), A.아로요(9)

	GK	
	A.시베라(41), J.오워노(1)	

SHOTS & GOALS

42경기 총 480슈팅 - 47득점
42경기 상대 총 410슈팅 - 33실점

박스 안쪽
301-39

179-8

유효 슈팅 149		비유효 슈팅 331	
득점	47	블록 당함	143
GK 방어	102	골대 밖	178
유효슈팅률	31%	골대 맞음	10

GOAL TIME | POSSESSION

시간대별 득점

시계: 10 14 4 6 7
75% 25% 50%

득실차
전반 골 득실차 0
후반 골 득실차 +14
전체 골 득실차 +14

시간대별 실점

시계: 5 2 9 7
75% 25% 50%

전체 평균
47% (75% / 25% / 50%)

홈경기
48% (75% / 25% / 50%)

원정경기
46% (75% / 25% / 50%)

TACTICAL GOALS & SHOTS | PASSES pg | DUELS pg | WHO SCORED | PASSES ZONE

슈팅 패턴
15 — 6
47 / 41 / 27 / 344
42경기 480

● OPEN PLAY
● FASTBREAK
● CORNER KICK
● SET PIECE
● DIRECT FREE KICK
● PENALTY KICK

득점 패턴1
4 / 2 / 25 / 5
42경기 47골

● OPEN PLAY
● FASTBREAK
● CORNER KICK
● SET PIECE
● DIRECT FREE KICK
● PENALTY KICK
● OWN GOAL

득점 패턴2
4 / 2 / 27 / 12
42경기 47골

● COMBINATION PLAY
● SOLO PLAY
● DIRECT FREE KICK
● PENALTY KICK
● OWN GOAL

패스 시도
40 / 21 / 281
평균 342

● SHORT PASSES
● LONG BALLS
● CROSSES

땅볼 쟁탈전
37.9 / 35.1
평균 73.0

● 성공
● 실패

포지션별 득점

FW진 18골
MF진 22골
DF진 6골

• 상대 자책골 3골

평균 패스 성공

하프라인 위쪽 261회
하프라인 아래 247회

상대 슈팅 패턴
5
32 / 21 / 64 / 21 / 267
42경기 410

실점 패턴 1
2 / 3 / 2 / 4
42경기 33골 20

실점 패턴 2
5 / 2 / 3
42경기 33골 23

패스 성공
17 / 4 / 235
평균 256

공중전
15.4 / 15.2
평균 30.6

상대 포지션별 실점

DF진 2골
MF진 10골
FW진 17골

패스 성공률

하프라인 위쪽 79%
하프라인 아래 91%

LALIGA

BUNDESLIGA

대 역 전 극
大 逆 轉 劇

"끝날 때까지는 끝난 게 아니다." 전 뉴욕 양키스 요기 베라의 명언이다. 지난 시즌 분데스리가는 '각본 없는 드라마'로 막을 내렸다. 일정 33라운드까지 도르트문트 1위, 바이에른 뮌헨 2위였다. 마지막 경기에서 도르트문트가 승리하면 자력으로 우승을 할 수 있었다. 그런데 '운명의 여신'은 도르트문트를 끝내 외면했다. 바이에른 뮌헨이 원정경기에서 쾰른에 2-1로 승리하는 사이 도르트문트는 홈경기에서 마인츠 05와 2대2로 비겼다. 최종전 결과 두 팀 모두 승점 71점이 됐지만, 바이에른 뮌헨이 골득실차에서 앞서 극적으로 우승했다. 분데스리가 2023-24시즌은 더 주목된다. '괴물 수비수' 김민재가 바이에른 뮌헨 유니폼을 입기 때문이다. 그의 활약상은 라이벌 도르트문트와의 치열한 경쟁 여부와 함께 한국 팬들의 가장 큰 관심사가 될 것이다.

2023-24시즌 분데스리가 우승 배당률

예상	팀	벳365	스카이벳	패디파워	윌리엄힐
1	Bayern München	0.25배	0.29배	0.3배	0.29배
2	Borussia Dortmund	5배	5배	5배	4배
3	RB Leipzig	16배	10배	7배	10배
4	Bayer Leverkusen	50배	50배	25배	33배
5	Union Berlin	100배	100배	66배	100배
6	Eintracht Frankfurt	100배	100배	—	100배
7	Borussia Mgladbach	150배	150배	200배	150배
8	SC Freiburg	150배	150배	200배	150배
9	Wolfsburg	250배	250배	200배	200배
10	TSG Hoffenheim	250배	500배	300배	300배
11	FC Köln	500배	500배	250배	500배
12	Mainz	500배	500배	250배	400배
13	Werder Bremen	500배	500배	500배	500배
14	Vfb Stuttgart	1000배	1000배	200배	500배
15	Augsburg	1000배	1000배	500배	1000배
16	Bochum	1000배	1000배	500배	1000배
17	Heidenheim	2000배	2000배	500배	2000배
18	Darmstadt 98	2000배	2000배	500배	2000배

2022-23시즌 분데스리가 순위

순위	팀	경기	승	무	패	득점	실점	득실	승점
1	Bayern München	34	21	8	5	92	38	54	71
2	Borussia Dortmund	34	22	5	7	83	44	39	71
3	RB Leipzig	34	20	6	8	64	41	23	66
4	Union Berlin	34	18	8	8	51	38	13	62
5	Freiburg	34	17	8	9	51	44	7	59
6	Bayer Leverkusen	34	14	8	12	57	49	8	50
7	Eintracht Frankfurt	34	13	11	10	58	52	6	50
8	Wolfsburg	34	13	10	11	57	48	9	49
9	Mainz 05	34	12	10	12	54	55	−1	46
10	Borussia M.Gladbach	34	11	10	13	52	55	−3	43
11	FC Köln	34	10	12	12	49	54	−5	42
12	Hoffenheim	34	10	6	18	48	57	−9	36
13	Werder Bremen	34	10	6	18	51	64	−13	36
14	Bochum	34	10	5	19	40	72	−32	35
15	Augsburg	34	9	7	18	42	63	−21	34
16	VfB Stuttgart	34	7	12	15	45	57	−12	33
17	Schalke 04	34	7	10	17	35	71	−36	31
18	Hertha Berlin	34	7	8	19	42	69	−27	29

2023-24 BUNDESLIGA
MATCH SCHEDULE

*시간은 독일 현지 시간. 대한민국은 독일보다 8시간 빠름

DAY 1

2023.8.18	Werder Bremen	vs	Bayern München
2023.8.19	FC Augsburg	vs	Borussia M´gladbach
2023.8.19	Stuttgart	vs	VfL Bochum
2023.8.19	Wolfsburg	vs	1. FC Heidenheim 1846
2023.8.19	TSG Hoffenheim	vs	SC Freiburg
2023.8.19	Borussia Dortmund	vs	FC Köln
2023.8.19	Eintracht Frankfurt	vs	Darmstadt 98
2023.8.19	1. FC Union Berlin	vs	Mainz
2023.8.19	Bayer Leverkusen	vs	RB Leipzig
2023.8.13	Celta de Vigo	vs	Osasuna

DAY 2

2023.8.26	VfL Bochum	vs	Borussia Dortmund
2023.8.26	1. FC Heidenheim 1846	vs	TSG Hoffenheim
2023.8.26	Darmstadt 98	vs	1. FC Union Berlin
2023.8.26	FC Köln	vs	Wolfsburg
2023.8.26	RB Leipzig	vs	Stuttgart
2023.8.26	Bayern München	vs	FC Augsburg
2023.8.26	Borussia M´gladbach	vs	Bayer Leverkusen
2023.8.26	SC Freiburg	vs	Werder Bremen
2023.8.26	Mainz	vs	Eintracht Frankfurt
2023.8.20	Granada	vs	Rayo Vallecano

DAY 3

2023.9.2	Werder Bremen	vs	Mainz
2023.9.2	FC Augsburg	vs	VfL Bochum
2023.9.2	TSG Hoffenheim	vs	Wolfsburg
2023.9.2	Stuttgart	vs	SC Freiburg
2023.9.2	1. FC Union Berlin	vs	RB Leipzig
2023.9.2	Borussia M´gladbach	vs	Bayern München
2023.9.2	Bayer Leverkusen	vs	Darmstadt 98
2023.9.2	Borussia Dortmund	vs	1. FC Heidenheim 1846
2023.9.2	Eintracht Frankfurt	vs	FC Köln
2023.8.27	Las Palmas	vs	Real Sociedad

DAY 4

2023.9.16	FC Köln	vs	TSG Hoffenheim
2023.9.16	VfL Bochum	vs	Eintracht Frankfurt
2023.9.16	1. FC Heidenheim 1846	vs	Werder Bremen
2023.9.16	Darmstadt 98	vs	Borussia M´gladbach
2023.9.16	Mainz	vs	Stuttgart
2023.9.16	Wolfsburg	vs	1. FC Union Berlin
2023.9.16	RB Leipzig	vs	FC Augsburg
2023.9.16	Bayern München	vs	Bayer Leverkusen
2023.9.16	SC Freiburg	vs	Borussia Dortmund
2023.9.3	Real Betis	vs	Rayo Vallecano

DAY 5

2023.9.23	Werder Bremen	vs	FC Köln
2023.9.23	FC Augsburg	vs	Mainz
2023.9.23	Stuttgart	vs	Darmstadt 98
2023.9.23	Borussia M´gladbach	vs	RB Leipzig
2023.9.23	Borussia Dortmund	vs	Wolfsburg
2023.9.23	Eintracht Frankfurt	vs	SC Freiburg
2023.9.23	1. FC Union Berlin	vs	TSG Hoffenheim
2023.9.23	Bayern München	vs	VfL Bochum
2023.9.23	Bayer Leverkusen	vs	1. FC Heidenheim 1846
2023.9.17	Getafe	vs	Osasuna

DAY 6

2023.9.30	TSG Hoffenheim	vs	Borussia Dortmund
2023.9.30	VfL Bochum	vs	Borussia M´gladbach
2023.9.30	1. FC Heidenheim 1846	vs	1. FC Union Berlin
2023.9.30	Darmstadt 98	vs	Werder Bremen
2023.9.30	FC Köln	vs	Stuttgart
2023.9.30	Mainz	vs	Bayer Leverkusen
2023.9.30	SC Freiburg	vs	FC Augsburg
2023.9.30	RB Leipzig	vs	Bayern München
2023.9.30	Wolfsburg	vs	Eintracht Frankfurt
2023.9.24	Real Betis	vs	Cádiz

DAY 7

2023.10.7	Borussia M´gladbach	vs	Mainz
2023.10.7	Werder Bremen	vs	TSG Hoffenheim
2023.10.7	FC Augsburg	vs	Darmstadt 98
2023.10.7	Stuttgart	vs	Wolfsburg
2023.10.7	Eintracht Frankfurt	vs	1. FC Heidenheim 1846
2023.10.7	Bayer Leverkusen	vs	FC Köln
2023.10.7	Borussia Dortmund	vs	1. FC Union Berlin
2023.10.7	Bayern München	vs	SC Freiburg
2023.10.7	RB Leipzig	vs	VfL Bochum
2023.9.27	Osasuna	vs	Atlético de Madrid

DAY 8

2023.10.21	FC Köln	vs	Borussia M´gladbach
2023.10.21	TSG Hoffenheim	vs	Eintracht Frankfurt
2023.10.21	1. FC Heidenheim 1846	vs	FC Augsburg
2023.10.21	Darmstadt 98	vs	RB Leipzig
2023.10.21	Mainz	vs	Bayern München
2023.10.21	Wolfsburg	vs	Bayer Leverkusen
2023.10.21	1. FC Union Berlin	vs	Stuttgart
2023.10.21	Borussia Dortmund	vs	Werder Bremen
2023.10.21	SC Freiburg	vs	VfL Bochum
2023.10.1	Real Betis	vs	Valencia

DAY 9

2023.10.28	VfL Bochum	vs	Mainz
2023.10.28	FC Augsburg	vs	Wolfsburg
2023.10.28	Stuttgart	vs	TSG Hoffenheim
2023.10.28	Werder Bremen	vs	1. FC Union Berlin
2023.10.28	RB Leipzig	vs	FC Köln
2023.10.28	Borussia M´gladbach	vs	1. FC Heidenheim 1846
2023.10.28	Bayer Leverkusen	vs	SC Freiburg
2023.10.28	Bayern München	vs	Darmstadt 98
2023.10.28	Eintracht Frankfurt	vs	Borussia Dortmund
2023.10.8	Celta de Vigo	vs	Getafe

DAY 10

2023.11.4	FC Köln	vs	FC Augsburg
2023.11.4	TSG Hoffenheim	vs	Bayer Leverkusen
2023.11.4	1. FC Heidenheim 1846	vs	Stuttgart
2023.11.4	Darmstadt 98	vs	VfL Bochum
2023.11.4	Mainz	vs	RB Leipzig
2023.11.4	Wolfsburg	vs	Werder Bremen
2023.11.4	1. FC Union Berlin	vs	Eintracht Frankfurt
2023.11.4	Borussia Dortmund	vs	Bayern München
2023.11.4	SC Freiburg	vs	Borussia M´gladbach
2023.10.22	Celta de Vigo	vs	Atlético de Madrid

DAY 11

2023.11.11	VfL Bochum	vs	FC Köln
2023.11.11	FC Augsburg	vs	TSG Hoffenheim
2023.11.11	Stuttgart	vs	Borussia Dortmund
2023.11.11	Darmstadt 98	vs	Mainz
2023.11.11	Werder Bremen	vs	Eintracht Frankfurt
2023.11.11	Borussia M´gladbach	vs	Wolfsburg
2023.11.11	RB Leipzig	vs	SC Freiburg
2023.11.11	Bayern München	vs	1. FC Heidenheim 1846
2023.11.11	Bayer Leverkusen	vs	1. FC Union Berlin
2023.10.29	Cádiz	vs	Sevilla

DAY 12

2023.11.25	FC Köln	vs	Bayern München
2023.11.25	TSG Hoffenheim	vs	Mainz
2023.11.25	Werder Bremen	vs	Bayer Leverkusen
2023.11.25	1. FC Heidenheim 1846	vs	VfL Bochum
2023.11.25	Wolfsburg	vs	RB Leipzig
2023.11.25	Eintracht Frankfurt	vs	Stuttgart
2023.11.25	1. FC Union Berlin	vs	FC Augsburg
2023.11.25	Borussia Dortmund	vs	Borussia M´gladbach
2023.11.25	SC Freiburg	vs	Darmstadt 98
2023.11.5	Villarreal	vs	Athletic

DAY 13

2023.12.2	VfL Bochum	vs	Wolfsburg
2023.12.2	FC Augsburg	vs	Eintracht Frankfurt
2023.12.2	Stuttgart	vs	Werder Bremen
2023.12.2	Darmstadt 98	vs	FC Köln
2023.12.2	Borussia M´gladbach	vs	TSG Hoffenheim
2023.12.2	Mainz	vs	SC Freiburg
2023.12.2	RB Leipzig	vs	1. FC Heidenheim 1846
2023.12.2	Bayern München	vs	1. FC Union Berlin
2023.12.2	Bayer Leverkusen	vs	Borussia Dortmund
2023.11.12	Real Madrid	vs	Valencia

DAY 14

2023.12.9	TSG Hoffenheim	vs	VfL Bochum
2023.12.9	Werder Bremen	vs	FC Augsburg
2023.12.9	Stuttgart	vs	Bayer Leverkusen
2023.12.9	1. FC Heidenheim 1846	vs	Darmstadt 98
2023.12.9	FC Köln	vs	Mainz
2023.12.9	Wolfsburg	vs	SC Freiburg
2023.12.9	1. FC Union Berlin	vs	Borussia M´gladbach
2023.12.9	Borussia Dortmund	vs	RB Leipzig
2023.12.9	Eintracht Frankfurt	vs	Bayern München
2023.11.26	Real Sociedad	vs	Sevilla

DAY 15

2023.12.16	Borussia M´gladbach	vs	Werder Bremen
2023.12.16	VfL Bochum	vs	1. FC Union Berlin
2023.12.16	FC Augsburg	vs	Borussia Dortmund
2023.12.16	Darmstadt 98	vs	Wolfsburg
2023.12.16	Mainz	vs	1. FC Heidenheim 1846
2023.12.16	Bayer Leverkusen	vs	Eintracht Frankfurt
2023.12.16	RB Leipzig	vs	TSG Hoffenheim
2023.12.16	Bayern München	vs	Stuttgart
2023.12.16	SC Freiburg	vs	FC Köln
2023.12.3	Osasuna	vs	Real Sociedad

DAY 16

2023.12.19	TSG Hoffenheim	vs	Darmstadt 98
2023.12.19	Werder Bremen	vs	RB Leipzig
2023.12.19	Stuttgart	vs	FC Augsburg
2023.12.19	1. FC Heidenheim 1846	vs	SC Freiburg
2023.12.19	Wolfsburg	vs	Bayern München
2023.12.19	Eintracht Frankfurt	vs	Borussia M´gladbach
2023.12.19	1. FC Union Berlin	vs	FC Köln
2023.12.19	Borussia Dortmund	vs	Mainz
2023.12.19	Bayer Leverkusen	vs	VfL Bochum
2023.12.10	Getafe	vs	Valencia

DAY 17

2024.1.13	FC Köln	vs	1. FC Heidenheim 1846
2024.1.13	VfL Bochum	vs	Werder Bremen
2024.1.13	FC Augsburg	vs	Bayer Leverkusen
2024.1.13	Borussia M´gladbach	vs	Stuttgart
2024.1.13	Darmstadt 98	vs	Borussia Dortmund
2024.1.13	Mainz	vs	Wolfsburg
2024.1.13	RB Leipzig	vs	Eintracht Frankfurt
2024.1.13	Bayern München	vs	TSG Hoffenheim
2024.1.13	SC Freiburg	vs	1. FC Union Berlin
2023.12.17	Osasuna	vs	Rayo Vallecano

DAY 18

2024.1.20	SC Freiburg	vs	TSG Hoffenheim
2024.1.20	Borussia M´gladbach	vs	FC Augsburg
2024.1.20	VfL Bochum	vs	Stuttgart
2024.1.20	1. FC Heidenheim 1846	vs	Wolfsburg
2024.1.20	Darmstadt 98	vs	Eintracht Frankfurt
2024.1.20	Bayern München	vs	Werder Bremen
2024.1.20	Mainz	vs	1. FC Union Berlin
2024.1.20	FC Köln	vs	Borussia Dortmund
2024.1.20	RB Leipzig	vs	Bayer Leverkusen
2023.12.20	Real Betis	vs	Girona

DAY 19

2024.1.27	Borussia Dortmund	vs	VfL Bochum
2024.1.27	TSG Hoffenheim	vs	1. FC Heidenheim 1846
2024.1.27	1. FC Union Berlin	vs	Darmstadt 98
2024.1.27	Wolfsburg	vs	FC Köln
2024.1.27	Bayer Leverkusen	vs	Borussia M´gladbach
2024.1.27	FC Augsburg	vs	Bayern München
2024.1.27	Werder Bremen	vs	SC Freiburg
2024.1.27	Stuttgart	vs	RB Leipzig
2024.1.27	Eintracht Frankfurt	vs	Mainz
2024.1.3	Sevilla	vs	Athletic

DAY 20

2024.2.3	Mainz	vs	Werder Bremen
2024.2.3	VfL Bochum	vs	FC Augsburg
2024.2.3	SC Freiburg	vs	Stuttgart
2024.2.3	Wolfsburg	vs	TSG Hoffenheim
2024.2.3	Bayern München	vs	Borussia M´gladbach
2024.2.3	1. FC Heidenheim 1846	vs	Borussia Dortmund
2024.2.3	Darmstadt 98	vs	Bayer Leverkusen
2024.2.3	RB Leipzig	vs	1. FC Union Berlin
2024.2.3	FC Köln	vs	Eintracht Frankfurt
2024.1.13	Barcelona	vs	Osasuna

DAY 21

2024.2.10	TSG Hoffenheim	vs	FC Köln
2024.2.10	Eintracht Frankfurt	vs	VfL Bochum
2024.2.10	Werder Bremen	vs	1. FC Heidenheim 1846
2024.2.10	Stuttgart	vs	Mainz
2024.2.10	Borussia M´gladbach	vs	Darmstadt 98
2024.2.10	1. FC Union Berlin	vs	Wolfsburg
2024.2.10	FC Augsburg	vs	RB Leipzig
2024.2.10	Bayer Leverkusen	vs	Bayern München
2024.2.10	Borussia Dortmund	vs	SC Freiburg
2024.2.21	Valencia	vs	Athletic

DAY 22

2024.2.17	FC Köln	vs	Werder Bremen
2024.2.17	Mainz	vs	FC Augsburg
2024.2.17	Darmstadt 98	vs	Stuttgart
2024.2.17	RB Leipzig	vs	Borussia M´gladbach
2024.2.17	SC Freiburg	vs	Eintracht Frankfurt
2024.2.17	VfL Bochum	vs	Bayern München
2024.2.17	TSG Hoffenheim	vs	1. FC Union Berlin
2024.2.17	Wolfsburg	vs	Borussia Dortmund
2024.2.17	1. FC Heidenheim 1846	vs	Bayer Leverkusen
2024.1.28	Mallorca	vs	Real Betis

DAY 23

2024.2.24	Borussia Dortmund	vs	TSG Hoffenheim
2024.2.24	Borussia M´gladbach	vs	VfL Bochum
2024.2.24	1. FC Union Berlin	vs	1. FC Heidenheim 1846
2024.2.24	Stuttgart	vs	FC Köln
2024.2.24	Werder Bremen	vs	Darmstadt 98
2024.2.24	Bayer Leverkusen	vs	Mainz
2024.2.24	FC Augsburg	vs	SC Freiburg
2024.2.24	Bayern München	vs	RB Leipzig
2024.2.24	Eintracht Frankfurt	vs	Wolfsburg
2024.2.4	Real Betis	vs	Getafe

DAY 24

2024.3.2	Mainz	vs	Borussia M´gladbach
2024.3.2	TSG Hoffenheim	vs	Werder Bremen
2024.3.2	Darmstadt 98	vs	FC Augsburg
2024.3.2	1. FC Heidenheim 1846	vs	Eintracht Frankfurt
2024.3.2	Wolfsburg	vs	Stuttgart
2024.3.2	FC Köln	vs	Bayer Leverkusen
2024.3.2	1. FC Union Berlin	vs	Borussia Dortmund
2024.3.2	SC Freiburg	vs	Bayern München
2024.3.2	VfL Bochum	vs	RB Leipzig
2024.2.11	Alavés	vs	Villarreal

DAY 25

2024.3.9	Borussia M´gladbach	vs	FC Köln
2024.3.9	Eintracht Frankfurt	vs	TSG Hoffenheim
2024.3.9	FC Augsburg	vs	1. FC Heidenheim 1846
2024.3.9	RB Leipzig	vs	Darmstadt 98
2024.3.9	Bayern München	vs	Mainz
2024.3.9	Bayer Leverkusen	vs	Wolfsburg
2024.3.9	Stuttgart	vs	1. FC Union Berlin
2024.3.9	Werder Bremen	vs	Borussia Dortmund
2024.3.9	VfL Bochum	vs	SC Freiburg
2024.2.18	Granada	vs	Almería

DAY 26

2024.3.16	Mainz	vs	VfL Bochum
2024.3.16	1. FC Union Berlin	vs	Werder Bremen
2024.3.16	Wolfsburg	vs	FC Augsburg
2024.3.16	TSG Hoffenheim	vs	Stuttgart
2024.3.16	SC Freiburg	vs	Bayer Leverkusen
2024.3.16	1. FC Heidenheim 1846	vs	Borussia M´gladbach
2024.3.16	FC Köln	vs	RB Leipzig
2024.3.16	Darmstadt 98	vs	Bayern München
2024.3.16	Borussia Dortmund	vs	Eintracht Frankfurt
2024.2.25	Alavés	vs	Mallorca

DAY 27

2024.3.30	Bayer Leverkusen	vs	TSG Hoffenheim
2024.3.30	Stuttgart	vs	1. FC Heidenheim 1846
2024.3.30	VfL Bochum	vs	Darmstadt 98
2024.3.30	FC Augsburg	vs	FC Köln
2024.3.30	RB Leipzig	vs	Mainz
2024.3.30	Bayern München	vs	Borussia Dortmund
2024.3.30	Borussia M´gladbach	vs	SC Freiburg
2024.3.30	Eintracht Frankfurt	vs	1. FC Union Berlin
2024.3.30	Werder Bremen	vs	Wolfsburg
2024.3.3	Mallorca	vs	Girona

DAY 28

2024.4.6	TSG Hoffenheim	vs	FC Augsburg
2024.4.6	Borussia Dortmund	vs	Stuttgart
2024.4.6	Mainz	vs	Darmstadt 98
2024.4.6	FC Köln	vs	VfL Bochum
2024.4.6	Eintracht Frankfurt	vs	Werder Bremen
2024.4.6	1. FC Heidenheim 1846	vs	Bayern München
2024.4.6	1. FC Union Berlin	vs	Bayer Leverkusen
2024.4.6	SC Freiburg	vs	RB Leipzig
2024.4.6	Wolfsburg	vs	Borussia M´gladbach
2024.3.10	Girona	vs	Osasuna

DAY 29

2024.4.13	Mainz	vs	TSG Hoffenheim
2024.4.13	Bayer Leverkusen	vs	Werder Bremen
2024.4.13	VfL Bochum	vs	1. FC Heidenheim 1846
2024.4.13	Bayern München	vs	FC Köln
2024.4.13	RB Leipzig	vs	Wolfsburg
2024.4.13	Borussia M´gladbach	vs	Borussia Dortmund
2024.4.13	Darmstadt 98	vs	SC Freiburg
2024.4.13	FC Augsburg	vs	1. FC Union Berlin
2024.4.13	Stuttgart	vs	Eintracht Frankfurt
2024.3.17	Las Palmas	vs	Almería

DAY 30

2024.4.20	Wolfsburg	vs	VfL Bochum
2024.4.20	Werder Bremen	vs	Stuttgart
2024.4.20	FC Köln	vs	Darmstadt 98
2024.4.20	TSG Hoffenheim	vs	Borussia M´gladbach
2024.4.20	Eintracht Frankfurt	vs	FC Augsburg
2024.4.20	SC Freiburg	vs	Mainz
2024.4.20	1. FC Heidenheim 1846	vs	RB Leipzig
2024.4.20	1. FC Union Berlin	vs	Bayern München
2024.4.20	Borussia Dortmund	vs	Bayer Leverkusen
2024.3.31	Getafe	vs	Sevilla

DAY 31

2024.4.27	FC Augsburg	vs	Werder Bremen
2024.4.27	Bayer Leverkusen	vs	Stuttgart
2024.4.27	Darmstadt 98	vs	1. FC Heidenheim 1846
2024.4.27	VfL Bochum	vs	TSG Hoffenheim
2024.4.27	Mainz	vs	FC Köln
2024.4.27	RB Leipzig	vs	Borussia Dortmund
2024.4.27	Bayern München	vs	Eintracht Frankfurt
2024.4.27	Borussia M´gladbach	vs	1. FC Union Berlin
2024.4.27	SC Freiburg	vs	Wolfsburg
2024.4.14	Mallorca	vs	Real Madrid

DAY 32

2024.5.4	Werder Bremen	vs	Borussia M´gladbach
2024.5.4	Borussia Dortmund	vs	FC Augsburg
2024.5.4	Wolfsburg	vs	Darmstadt 98
2024.5.4	1. FC Heidenheim 1846	vs	Mainz
2024.5.4	1. FC Union Berlin	vs	VfL Bochum
2024.5.4	Eintracht Frankfurt	vs	Bayer Leverkusen
2024.5.4	TSG Hoffenheim	vs	RB Leipzig
2024.5.4	Stuttgart	vs	Bayern München
2024.5.4	FC Köln	vs	SC Freiburg
2024.4.21	Getafe	vs	Real Sociedad

DAY 33

2024.5.11	Darmstadt 98	vs	TSG Hoffenheim
2024.5.11	FC Augsburg	vs	Stuttgart
2024.5.11	SC Freiburg	vs	1. FC Heidenheim 1846
2024.5.11	Bayern München	vs	Wolfsburg
2024.5.11	RB Leipzig	vs	Werder Bremen
2024.5.11	Borussia M´gladbach	vs	Eintracht Frankfurt
2024.5.11	FC Köln	vs	1. FC Union Berlin
2024.5.11	Mainz	vs	Borussia Dortmund
2024.5.11	VfL Bochum	vs	Bayer Leverkusen
2024.4.28	Cádiz	vs	Mallorca

DAY 34

2024.5.18	Werder Bremen	vs	VfL Bochum
2024.5.18	Bayer Leverkusen	vs	FC Augsburg
2024.5.18	Borussia Dortmund	vs	Darmstadt 98
2024.5.18	1. FC Heidenheim 1846	vs	FC Köln
2024.5.18	1. FC Union Berlin	vs	SC Freiburg
2024.5.18	TSG Hoffenheim	vs	Bayern München
2024.5.18	Eintracht Frankfurt	vs	RB Leipzig
2024.5.18	Wolfsburg	vs	Mainz
2024.5.18	Stuttgart	vs	Borussia M´gladbach
2024.5.5	Mallorca	vs	Atlético de Madrid

FC BAYERN MÜNCHEN

 33 GERMAN BUNDESLIGA　 20 GERMAN DFB POKAL　 6 UEFA CHAMPIONS LEAGUE　1 UEFA EUROPA LEAGUE　2 FIFA CLUB WORLD CUP　2 UEFA-CONMEBOL INTERCONTINENTAL

 Founded 구단 창립 1900년
 Owner 바이에른 뮌헨 시민 구단
 CEO 허버트 하이너 1954.07.03
 Manager 토마스 투헬 1973.08.29
23-24 Odds 벳365 : 0.25배 스카이벳 : 0.27배

 Nationality ●외국 선수 17명 ●독일 선수 12명
 Age 29명 평균 25.5세
 Height 29명 평균 183cm
 **Market Value** 1군 29명 평균 3629만 유로
 Game Points 22-23 : 71점 통산 : 3995점

 Win 22-23 : 21승 통산 : 1189승
 Draw 22-23 : 8무 통산 : 428무
 Loss 22-23 : 5패 통산 : 359패
 Goals For 22-23 : 92득점 통산 : 4421득점
 Goals Against 22-23 : 38실점 통산 : 2152실점

 More Minutes 요주아 키미히 2814분
 Top Scorer 세르주 나브리 14골
 More Assists 토마스 뮐러 8도움
More Subs 마티스 텔+1명 21회 교체 IN
More Cards 다요 우파메카노 Y6+R1

RANKING OF LAST 10 YEARS

1	1	1	1	1	1	1	1	1	1
90점	79점	88점	82점	84점	78점	82점	78점	77점	71점
13-14	14-15	15-16	16-17	17-18	18-19	19-20	20-21	21-22	22-23

TOTO GUIDE 지난 시즌 상대팀별 전적

상대팀	홈	원정
Dortmund	4-2	2-2
RB Leipzig	1-3	1-1
Union Berlin	3-0	1-1
Freiburg	5-0	1-0
Leverkusen	4-0	1-2
E. Frankfurt	1-1	6-1
Wolfsburg	2-0	4-2
FSV Mainz	6-2	1-3
Mönchengladbach	1-1	2-3
FC Köln	1-1	2-1
Hoffenheim	1-1	2-0
Werder Bremen	6-1	2-1
Bochum	3-0	7-0
FC Augsburg	5-3	0-1
Stuttgart	2-2	2-1
Schalke 04	6-0	2-0
Hertha Berlin	2-0	3-2

ALLIANZ ARENA

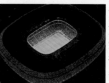

구장 오픈 / 증개축 2005년, 증개축 2회
구장 소유 뮌헨 슈타디온 GmbH
수용 인원 7만 5024명
피치 규모 105m X 68m
잔디 종류 천연 잔디

STRENGTHS & WEAKNESSES

OFFENSE		DEFENSE	
직접 프리킥	B	세트피스 수비	A
문전 처리	A	상대 볼 뺏기	A
측면 돌파	A	공중전 능력	B
스루볼 침투	B	역습 방어	C
개인기 침투	A	지공 방어	B
카운터 어택	B	스루패스 방어	C
기회 만들기	A	리드 지키기	D
세트피스	C	실수 조심	D
OS 피하기	D	측면 방어력	C
중거리 슈팅	A	파울 주의	D
볼 점유율	A	중거리슈팅 수비	C

매우 강함 A 강한 편 B 보통 수준 C 약한 편 D 매우 약함 E

위치	선수	국적	생년월일	출전(분)	출전경기	선발11	교체인	교체아웃	벤치출발	득점	도움	경고	경고누적	퇴장
GK	Yann Sommer	SUI	88-12-17	1710	19	19	0	0	0	0	0	1	0	0
	Manuel Neuer	GER	86-03-27	1080	12	12	0	0	0	0	0	0	0	0
	Sven Ulreich	GER	88-08-03	270	3	3	0	0	31	0	0	1	0	0
	Johannes Schenk	GER	03-01-13	0	0	0	0	0	6	0	0	0	0	0
DF	Benjamin Pavard	FRA	96-03-28	2431	30	27	3	3	6	4	1	6	0	0
	Matthijs de Ligt	NED	99-08-12	2404	31	27	4	5	5	3	1	4	0	0
	Dayot Upamecano	FRA	98-10-27	2348	29	27	2	1	2	0	1	6	0	1
	Alphonso Davies	CAN	00-11-02	2047	26	24	2	7	2	1	4	0	0	0
	Noussair Mazraoui	MAR	97-11-14	1072	19	11	8	6	15	1	4	0	0	0
	João Cancelo	POR	94-05-27	1015	15	11	4	6	5	1	4	3	0	0
	Josip Stanišić	CRO	00-04-02	571	14	4	10	2	26	0	0	1	0	0
	Lucas Hernández	FRA	96-02-14	479	7	6	1	4	3	0	0	1	0	0
	Daley Blind	NED	90-03-09	131	4	1	3	0	18	0	0	0	0	0
	Bouna Sarr	SEN	92-01-31	2	1	0	1	0	13	0	0	0	0	0
	Justin Janitzek	GER	04-02-10	0	0	0	0	0	0	0	0	0	0	0
	Gabriel Marušić	CRO	03-03-03	0	0	0	0	0	1	0	0	0	0	0
MF	Joshua Kimmich	GER	95-02-08	2814	33	32	1	4	1	5	6	5	1	0
	Jamal Musiala	GER	03-02-26	2209	33	26	7	19	7	12	10	0	0	0
	Serge Gnabry	GER	95-07-14	1942	34	22	12	13	12	14	5	0	0	0
	Leon Goretzka	GER	95-02-06	1738	27	22	5	16	6	3	2	5	0	0
	Kingsley Coman	FRA	96-06-13	1416	24	16	8	14	11	8	5	1	1	0
	Ryan Gravenberch	NED	02-05-16	559	24	3	21	3	29	0	0	1	0	0
	Paul Wanner	GER	05-12-23	23	2	0	2	0	10	0	0	1	0	0
	Arijon Ibrahimović	GER	05-12-11	13	1	0	1	0	4	0	0	0	0	0
FW	Leroy Sané	GER	96-01-11	2008	32	20	12	9	12	8	7	4	0	0
	Thomas Müller	GER	89-09-13	1672	27	21	6	13	6	7	8	0	0	0
	Sadio Mané	SEN	92-04-10	1432	25	18	7	14	8	7	5	2	0	0
	Maxim Choupo-Moting	CMR	89-03-23	1117	19	14	5	10	6	10	2	0	0	0
	Mathys Tel	FRA	05-04-27	396	22	1	21	1	30	5	0	2	0	0

FC BAYERN MÜNCHEN vs. OPPONENTS PER GAME STATS

바이에른 뮌헨 vs 상대팀

득점 / 슈팅 / 유효슈팅 / 코너킥 / 오프사이드 / PA 패스시도 / PC 패스성공 / P% 패스성공률 / TK 태클 / AD 공중전승리 / IT 인터셉트 / 파울 / 경고 / 퇴장

2.71	득점	1.12	18.6	슈팅	9.2	6.7	유효슈팅	3.1	6.7	코너킥	3.5	2.5	오프사이드	1.4	647	PA	359	565	PC	263
87%	P%	73%	18.3	TK	20.4	13.9	AD	11.4	8.4	IT	11.6	9.0	파울	9.9	1.44	경고	1.38	0.059	퇴장	0.000

2022-23 SEASON SQUAD LIST & GAMES PLAYED

* 괄호 안의 숫자는 선발 출전 횟수, 교체 출전은 포함시키지 않음

LW	CF	RW
N/A	E.추포-모팅(14), T.뮐러(10) S.마네(9), S.나브리(8) J.무시알라(1)	N/A

LAM	CAM	RAM
S.마네(6), J.무시알라(5) S.나브리(5), K.코망(5) L.자네(4)	J.무시알라(12), L.자네(6) T.뮐러(5), S.마네(2) S.나브리(2), K.코망(1)	L.자네(7), K.코망(7) S.나브리(5), T.뮐러(2) M.텔(1)

LM	CM	RM
A.데이비스(3), T.칸셀루(1) K.코망(2), L.자네(1) J.무시알라(1), S.마네(1)	J.무시알라(6), J.키미히(3) L.고레츠카(3), T.뮐러(2) M.자비처(2), L.자네(2) R.흐라븐베르흐(1)	L.자네(3), T.칸셀루(2) S.나브리(2), T.뮐러(1) K.코망(1)

LWB	DM	RWB
A.데이비스(1)	J.키미히(28), L.고레츠카(19) M.자비처(5), R.흐라븐베르흐(2) J.무시알라(1)	T.칸셀루(1)

LB	CB	RB
A.데이비스(20), T.칸셀루(5) L.에르난데스(3), N.마즈라위(1)	D.우파메카노(27), M.더리흐트(27) B.파바르(14), L.에르난데스(2) D.블린트(1), J.스타니시치(1)	B.파바르(13), N.마즈라위(10) J.스타니시치(3), T.칸셀루(2) J.키미히(1)

	GK	
	Y.조머(19), M.노이어(12) S.울라이히(3)	

SHOTS & GOALS

34경기 총 632슈팅 - 92득점
34경기 상대 총 313슈팅 - 38실점

42-15
397-63
193-14

유효 슈팅 258		비유효 슈팅 374	
득점	92	블록 당함	165
GK 방어	166	골대 밖	200
유효슈팅률	41%	골대 맞음	9

유효 슈팅 107		비유효 슈팅 206	
실점	38	블록	83
GK 방어	69	골대 밖	119
유효슈팅률	34%	골대 맞음	4

109-4
185-29
19-5

GOAL TIME | POSSESSION

시간대별 득점

전체 평균

64%

득실차
전반 골 득실차 +47
후반 골 득실차 +7
전체 골 득실차 +54

홈경기

66%

시간대별 실점

원정경기

63%

TACTICAL SHOT & GOAL TYPES | PASSES PER GAME | CORNER | DUELS pg

슈팅 패턴
34경기 632

● OPEN PLAY
● FASTBREAK
● CORNER KICK
● SET PIECE
● DIRECT FREE KICK
● PENALTY KICK

득점 패턴1
34경기 92골

● OPEN PLAY
● FASTBREAK
● CORNER KICK
● SET PIECE
● DIRECT FREE KICK
● PENALTY KICK
● OWN GOAL

득점 패턴2
34경기 92골

● COMBINATION PLAY
● SOLO PLAY
● DIRECT FREE KICK
● PENALTY KICK
● OWN GOAL

패스 시도
평균 647

● SHORT PASSES
● LONG BALLS
● CROSSES

패스 성공
평균 565

● SHORT PASSES
● LONG BALLS
● CROSSES

코너킥 형태
34경기 229

● INSWINGING CK
● OUTSWINGING CK
● STRAIGHT CK
● ET CETERA

땅볼 쟁탈전
평균 78.7

● 성공
● 실패

상대 슈팅 패턴
34경기 313

실점 패턴 1
34경기 38골

실점 패턴 2
34경기 38골

상대 패스 시도
평균 359

FC BAYERN MÜNCHEN

상대 코너킥 형태
34경기 126

공중전
평균 25.3

FORMATION SUMMARY | WHO SCORED | ACTION ZONE | PASSESS pg BY ZONE

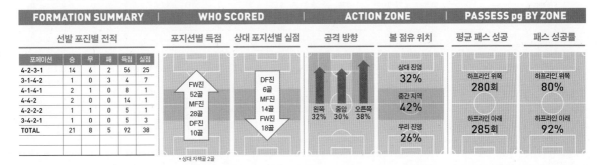

선발 포진별 전적

포메이션	승	무	패	득점	실점
4-2-3-1	14	6	2	56	25
3-1-4-2	1	0	3	4	7
4-1-4-1	2	1	0	8	1
4-4-2	2	0	0	14	1
4-2-2-2	1	1	0	5	1
3-4-2-1	1	0	0	5	3
TOTAL	21	8	5	92	38

WHO SCORED

포지션별 득점
FW진 52골
MF진 28골
DF진 10골

상대 포지션별 실점
DF진 6골
MF진 14골
FW진 18골

* 상대 자책골 2골

ACTION ZONE

공격 방향
왼쪽 32% / 중앙 30% / 오른쪽 38%

볼 점유 위치
상대 진영 32%
중간 지역 42%
우리 진영 26%

PASSESS pg BY ZONE

평균 패스 성공
하프라인 위쪽 280회
하프라인 아래 285회

패스 성공률
하프라인 위쪽 80%
하프라인 아래 92%

Founded
구단 창립
1909년

Owner
도르트문트
시민 구단

CEO
한스 바츠케
1959.06.21

Manager
에딘 테르지치
1982.10.30

23-24 Odds
벳365 : 5배
스카이벳 : 4.5배

34명
Nationality
● 외국 선수 15명
● 독일 선수 19명

Age
Age
34명 평균
25.1세

Height
34명 평균
184cm

Market Value
1군 34명 평균
1660만 유로

GP
Game Points
22-23 : 71점
통산 : 3079점

W
Win
22-23 : 22승
통산 : 869승

D
Draw
22-23 : 5무
통산 : 472무

L
Loss
22-23 : 7패
통산 : 559패

GF⁺
Goals For
22-23 : 83득점
통산 : 3459득점

GA⁻
Goals Against
22-23 : 44실점
통산 : 2669실점

More Minutes
주드 벨링엄
2693분

G
Top Scorer
도니엘 말렌+2명
9골

A↑
More Assists
하파엘 게레이루
12도움

More Subs
지오바니 레이나
18회 교체 IN

C
More Cards
카림 아데예미
Y9+R0

RANKING OF LAST 10 YEARS

13-14	14-15	15-16	16-17	17-18	18-19	19-20	20-21	21-22	22-23
2 (71점)	7 (46점)	2 (78점)	3 (64점)	4 (55점)	2 (76점)	2 (69점)	3 (64점)	2 (69점)	2 (71점)

8	5	1	0	0	1
GERMAN BUNDESLIGA	**GERMAN DFB POKAL**	**UEFA CHAMPIONS LEAGUE**	**UEFA EUROPA LEAGUE**	**FIFA CLUB WORLD CUP**	**UEFA-CONMEBOL INTERCONTINENTAL**

TOTO GUIDE 지난 시즌 상대팀별 전적

상대팀	홈	원정
Bayern München	2-2	2-4
RB Leipzig	2-1	0-3
Union Berlin	2-1	0-2
Freiburg	5-1	3-1
Leverkusen	1-0	2-0
E. Frankfurt	4-0	2-1
Wolfsburg	6-0	0-2
FSV Mainz	2-2	2-1
Mönchengladbach	5-2	2-4
FC Köln	6-1	2-3
Hoffenheim	1-0	1-0
Werder Bremen	2-3	2-0
Bochum	3-0	1-1
FC Augsburg	4-3	3-0
Stuttgart	5-0	3-3
Schalke 04	1-0	2-2
Hertha Berlin	4-1	1-0

SIGNAL IDUNA PARK

구장 오픈 / 증개축
2005년, 증개축 2회
구장 소유
뷘헨 슈타디온 GmbH
수용 인원
7만 5024명
피치 규모
105m X 68m
잔디 종류
천연 잔디

STRENGTHS & WEAKNESSES

OFFENSE		DEFENSE	
직접 프리킥	C	세트피스 수비	B
문전 처리	A	상대 볼 뺏기	B
측면 돌파	B	공중전 능력	D
스루볼 침투	B	역습 방어	C
개인기 침투	A	지공 방어	B
카운터 어택	C	스루패스 방어	C
기회 만들기	A	리드 지키기	E
세트피스	C	실수 조심	C
OS 피하기	C	측면 방어력	B
중거리 슈팅	B	파울 주의	C
볼 점유율	A	중거리슈팅 수비	C

매우 강함 A | 강한 편 B | 보통 수준 C | 약한 편 D | 매우 약함 E

위치	선수	국적	생년월일	출전(분)	출전경기	선발11	교체인	교체아웃	벤치출발	득점	도움	경고	경고누적	퇴장
GK	Gregor Kobel	SUI	97-12-06	2430	27	27	0	0	2	0	0	0	0	0
	Alexander Meyer	GER	91-04-13	630	7	7	0	0	27	0	0	0	0	0
	Marcel Lotka	POL	01-05-25	0	0	0	0	0	5	0	0	0	0	0
	Luca Unbehaun	GER	01-02-27	0	0	0	0	0	0	0	0	0	0	0
DF	Raphaël Guerreiro	POR	93-12-22	2296	27	26	1	7	5	4	12	4	0	0
	Nico Schlotterbeck	GER	99-12-01	2254	28	27	1	4	4	4	5	3	0	0
	Niklas Süle	GER	95-09-03	2115	29	23	6	3	8	2	3	2	0	0
	Mats Hummels	GER	88-12-16	2021	30	24	6	8	9	1	0	4	0	0
	Julian Ryerson	NOR	97-11-17	1417	17	17	0	7	0	1	0	2	0	0
	Thomas Meunier	BEL	91-09-12	584	10	7	3	2	9	0	2	0	0	0
	Soumaila Coulibaly	FRA	03-10-14	44	1	0	1	0	11	0	0	0	0	0
	Tom Rothe	GER	04-10-29	24	2	0	2	0	11	0	0	0	0	0
	Mateu Morey	ESP	00-03-02	0	0	0	0	0	0	0	0	0	0	0
	Nico Schulz	GER	93-04-01	0	0	0	0	0	0	0	0	0	0	0
MF	Jude Bellingham	ENG	03-06-29	2693	31	30	1	2	2	8	4	8	0	0
	Julian Brandt	GER	96-05-02	2411	32	29	3	17	3	9	8	2	0	0
	Emre Can	GER	94-01-12	1896	27	20	7	3	12	2	1	8	0	0
	Salih Özcan	GER	98-01-11	1573	26	17	9	7	14	0	1	6	0	0
	Giovanni Reyna	USA	02-11-13	611	22	4	18	5	24	7	2	2	0	0
	Mahmoud Dahoud	GER	96-01-01	336	9	4	5	3	11	0	0	1	0	0
	Felix Passlack	GER	98-05-29	61	3	0	3	0	23	0	0	0	0	0
	Antonios Papadopoulos	GER	99-09-10	12	1	0	1	0	10	0	0	0	0	0
	Göktan Gürpüz	GER	03-01-22	0	0	0	0	0	2	0	0	0	0	0
FW	Donyell Malen	NED	99-01-09	1722	26	22	4	21	6	9	5	0	0	0
	Marius Wolf	GER	95-05-27	1568	25	17	8	6	10	1	1	2	0	0
	Karim Adeyemi	GER	02-01-18	1399	24	20	4	18	5	6	5	9	0	0
	Marco Reus	GER	89-05-31	1351	25	14	11	9	11	6	4	4	0	0
	Sébastien Haller	CIV	94-06-22	1232	19	15	4	13	4	9	3	1	0	0
	Youssoufa Moukoko	GER	04-11-20	1133	26	11	15	7	18	7	3	0	0	0
	Anthony Modeste	FRA	88-04-14	807	19	7	12	4	24	2	1	4	0	0
	Jamie Bynoe-Gittens	ENG	04-08-08	527	15	4	11	4	14	3	1	1	0	0
	Julien Duranville	BEL	06-05-05	28	1	0	1	0	2	0	0	0	0	0
	Justin Njinmah	GER	00-11-15	21	1	0	1	0	3	0	0	0	0	0
	Marco Pašalić	CRO	00-09-14	10	1	0	1	0	2	0	0	0	0	0

BORUSSIA DORTMUND vs. OPPONENTS PER GAME STATS

도르트문트 vs 상대팀

	득점		슈팅		유효슈팅		코너킥		오프사이드		패스시도		패스성공		패스성공률	
2.44		1.29	16.6		12.0	6.6		4.4	6.7		4.5	1.2		2.5	564	PA	407	476	PC	365

	태클		공중전승리		인터셉트		파울		경고		퇴장	
84%	P%	77%	17.1	TK	21.2	12.6	AD	10.8	8.8	IT	10.0	9.5		12.4	1.94		2.32	0.000		0.147

2022-23 SEASON SQUAD LIST & GAMES PLAYED

* 괄호 안의 숫자는 선발 출전 횟수, 교체 출전은 포함시키지 않음

LW
K.아데예미(4), D.말런(2)
J.바이노-기튼스(2), M.로이스(1)
K.아데예미(1)

CF
S.알레(15), Y.무코코(11)
A.모데스트(7), D.말런(1)
K.아데예미(1)

RW
D.말런(6), J.브란트(2)
K.아데예미(1)

LAM
D.말런(9), J.브란트(2)
G.레이나(1), J.바이노-기튼스(1)
K.아데예미(1)

CAM
J.브란트(9), M.로이스(5)

RAM
K.아데예미(7), J.브란트(2)
G.레이나(2), T.아자르(1)
M.볼프, D.말런(1)

LM
K.아데예미(6), M.로이스(2)
J.브란트(1), J.바이노-기튼스(1)

CM
J.벨링엄(17), E.잔(13)
J.브란트(6), M.로이스(6)
S.외잔(6), R.게레이루(5)
M.다우드(2)

RM
J.브란트(6), D.말런(3)
G.레이나

LWB
R.게레이루(1)

DM
J.벨링엄(13), S.외잔(11)
E.잔(6), M.다우드(2)

RWB
T.뫼니에(1)

LB
R.게레이루(20), J.라이어슨(10)
M.볼프(2), T.아자르(1)

CB
N.슐로터벡(27), M.후멜스(24)
N.쥘레(17), E.잔(1)

RB
M.볼프(14), J.라이어슨(7)
T.뫼니에(6), N.쥘레(6)

GK
G.코벨(27), A.마이어(7)

SHOTS & GOALS

34경기 총 564슈팅 - 83득점
34경기 상대 총 408슈팅 - 44실점

59-18
321-50
184-13

유효 슈팅 226		비유효 슈팅 338	
득점	83	블록 달함	127
GK 방어	143	골대 밖	202
유효슈팅률	40%	골대 맞음	9

유효 슈팅 151		비유효 슈팅 257	
실점	44	블록	99
GK 방어	107	골대 밖	152
유효슈팅률	37%	골대 맞음	6

145-10
231-21
32-13

GOAL TIME | POSSESSION

시간대별 득점

전체 평균 58%

득실차
전반 골 득실차 +21
후반 골 득실차 +18
전체 골 득실차 +39

홈경기 58%

원정경기 59%

시간대별 실점

TACTICAL SHOT & GOAL TYPES | PASSES PER GAME | CORNER | DUELS pg

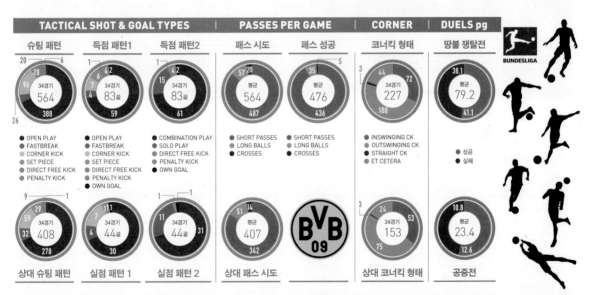

슈팅 패턴 34경기 564

득점 패턴1 34경기 83골

득점 패턴2 34경기 83골

패스 시도 평균 564

패스 성공 평균 476

코너킥 형태 34경기 227

땅볼 쟁탈전 38.1 평균 79.2 41.1

- OPEN PLAY
- FASTBREAK
- CORNER KICK
- SET PIECE
- DIRECT FREE KICK
- PENALTY KICK

- OPEN PLAY
- FASTBREAK
- CORNER KICK
- SET PIECE
- DIRECT FREE KICK
- PENALTY KICK
- OWN GOAL

- COMBINATION PLAY
- SOLO PLAY
- DIRECT FREE KICK
- PENALTY KICK
- OWN GOAL

- SHORT PASSES
- LONG BALLS
- CROSSES

- SHORT PASSES
- LONG BALLS
- CROSSES

- INSWINGING CK
- OUTSWINGING CK
- STRAIGHT CK
- ET CETERA

- 성공
- 실패

상대 슈팅 패턴 34경기 408

실점 패턴 1 34경기 44골

실점 패턴 2 34경기 44골

상대 패스 시도 평균 407

상대 코너킥 형태 34경기 153

공중전 10.8 평균 23.4 12.6

FORMATION SUMMARY | WHO SCORED | ACTION ZONE | PASSESS pg BY ZONE

선발 포지션별 전적

포메이션	승	무	패	득점	실점
4-2-3-1	9	0	5	32	23
4-3-3	6	3	0	25	7
4-5-1	4	1	1	14	7
4-1-4-1	3	1	0	12	5
3-5-2	0	0	1	0	2
TOTAL	22	5	7	83	44

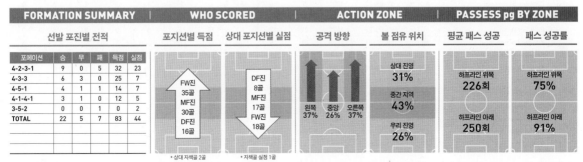

WHO SCORED

포지션별 득점
FW진 35골
MF진 30골
DF진 16골
* 상대 자책골 2골

상대 포지션별 실점
DF진 8골
MF진 17골
FW진 18골
* 자책골 실점 1골

ACTION ZONE

공격 방향
왼쪽 37% 중앙 26% 오른쪽 37%

볼 점유 위치
상대 진영 31%
중간 지역 43%
우리 진영 26%

PASSESS pg BY ZONE

평균 패스 성공
하프라인 위쪽 226회
하프라인 아래 250회

패스 성공률
하프라인 위쪽 75%
하프라인 아래 91%

RB LEIPZIG

Founded
구단 창립
2009년

Owner
레드불 GmbH
지분율 99%

CEO
올리버 민츨라프
1975.08.19

Manager
마르코 로제
1976.09.11

23-24 Odds
벳365 : 16배
스카이벳 : 14배

26명
Nationality
● 외국 선수 17명
● 독일 선수 9명

Age
26명 평균
26.1세

Height
26명 평균
183cm

Market Value
1군 26명 평균
1805만 유로

Game Points
22-23 : 66점
통산 : 441점

Win
22-23 : 20승
통산 : 128승

Draw
22-23 : 6무
통산 : 57무

Loss
22-23 : 8패
통산 : 53패

Goals For
22-23 : 64득점
통산 : 463득점

Goals Against
22-23 : 41실점
통산 : 268실점

More Minutes
윌리 오르반
2951분

Top Scorer
크리스토퍼 은쿤쿠
16골

More Assists
도미니크 소보슬라이
8도움

More Subs
아마두 아이다라+1명
16회 교체 IN

More Cards
케빈 캄플+2명
Y8+R0

RANKING OF LAST 10 YEARS

● 2부 리그
● 3부 리그

	13-14	14-15	15-16	16-17	17-18	18-19	19-20	20-21	21-22	22-23
순위	2	5	2	2	6	3	3	2	4	3
점수	50점	67점	79점	67점	53점	66점	66점	65점	58점	66점

TOTO GUIDE 지난 시즌 상대팀별 전적

상대팀	홈	원정
Bayern München	1-1	3-1
Dortmund	3-0	1-2
Union Berlin	1-2	1-2
Freiburg	3-1	1-0
Leverkusen	2-0	0-2
E. Frankfurt	2-1	0-4
Wolfsburg	2-0	3-0
FSV Mainz	0-3	1-1
Mönchengladbach	3-0	0-3
FC Köln	2-2	0-0
Hoffenheim	1-0	3-1
Werder Bremen	2-1	2-1
Bochum	4-0	0-1
FC Augsburg	3-2	3-3
Stuttgart	2-1	1-1
Schalke 04	4-2	6-1
Hertha Berlin	3-2	1-0

RED BULL ARENA

구장 오픈
2004년
구장 소유
레드불 아레나 소유회사
수용 인원
4만 7069명
피치 규모
105m X 68m
잔디 종류
천연 잔디

STRENGTHS & WEAKNESSES

OFFENSE		DEFENSE	
직접 프리킥	A	세트피스 수비	A
문전 처리	C	상대 볼 뺏기	C
측면 돌파	C	공중전 능력	D
스루볼 침투	A	역습 방어	C
개인기 침투	C	지공 방어	B
카운터 어택	A	스루패스 방어	B
기회 만들기	B	리드 지키기	C
세트피스	B	실수 조심	C
OS 피하기	D	측면 방어력	D
중거리 슈팅	B	파울 주의	C
볼 점유율	A	중거리슈팅 수비	B

매우 강함 A 강한 편 B 보통 수준 C 약한 편 D 매우 약함 E

위치	선수	국적	생년월일	출전(분)	출전경기	선발11	교체인	교체아웃	벤치출발	득점	도움	경고	경고누적	퇴장
GK	Janis Blaswich	GER	91-05-02	2340	26	26	0	0	7	0	0	0	0	0
	Péter Gulácsi	HUN	90-05-06	540	6	6	0	0	0	0	0	0	0	0
	Ørjan Nyland	NOR	90-09-10	180	2	2	0	0	23	0	1	0	0	0
	Jonas Nickisch	GER	04-05-21	0	0	0	0	0	4	0	0	0	0	0
	Timo Schlieck	GER	06-03-02	0	0	0	0	0	0	0	0	0	0	0
	Luca Unbehaun	HUN	92-11-03	2951	33	33	0	1	1	4	0	3	0	0
DF	Willi Orbán	GER	97-02-23	2186	30	23	7	6	10	2	2	8	0	0
	Benjamin Henrichs	CRO	02-01-23	2169	30	24	6	5	8	1	0	2	0	0
	Joško Gvardiol	GER	98-04-22	1686	28	19	9	10	14	0	2	5	0	0
	David Raum	GER	91-09-27	1556	31	17	14	13	15	1	1	2	0	0
	Marcel Halstenberg	FRA	00-05-03	1459	24	18	6	10	11	1	1	2	0	0
	Mohamed Simakan	GER	96-06-03	904	15	10	5	2	11	0	0	0	0	0
	Lukas Klostermann	SEN	96-05-04	476	8	5	3	1	15	1	0	2	0	0
	Abdou Diallo	GER	04-01-05	0	1	0	1	0	20	0	0	0	0	0
	Sanoussy Ba	HUN	00-10-25	2451	31	28	3	9	3	6	8	4	1	1
MF	Dominik Szoboszlai	AUT	97-09-28	1504	22	16	6	4	11	1	1	2	0	0
	Xaver Schlager	SWE	91-10-23	1484	30	16	14	14	17	6	4	2	0	0
	Emil Forsberg	AUT	97-05-27	1473	21	17	4	10	5	3	2	0	0	0
	Konrad Laimer	MLI	98-01-31	1428	31	15	16	12	18	2	1	7	0	0
	Amadou Haidara	SVN	90-10-09	1369	30	16	14	11	17	2	2	8	0	0
	Kevin Kampl	ESP	98-05-07	1283	23	15	8	11	8	2	5	2	0	0
	Dani Olmo	USA	03-05-27	0	0	0	0	0	5	0	0	0	0	0
	Caden Clark	GER	96-03-06	1947	27	23	4	15	4	9	3	2	0	0
FW	Timo Werner	FRA	97-11-14	1897	25	20	5	5	5	16	4	4	0	0
	Christopher Nkunku	POR	95-11-06	1741	31	20	11	14	14	4	3	3	0	0
	André Silva	DEN	94-06-15	399	19	3	16	3	21	2	1	1	0	0
	Yussuf Poulsen	CRO	14-09-00	10	1	0	1	0	2	0	0	0	0	0

BUNDESLIGA 2022-23 SEASON

RB LEIPZIG vs. OPPONENTS PER GAME STATS

RB 라이프치히 vs 상대팀

	득점	슈팅	유효슈팅	코너킥	오프사이드	패스시도	패스성공	패스성공률	태클	공중전승리	인터셉트	파울	경고	퇴장
RB	1.88	14.8	5.5	4.9	2.4	583	487	84%	15.7	13.0	9.1	11.6	2.03	0.059
상대팀	1.21	9	3.2	3.5	1.4	415	313	75%	17.2	12.7	12.0	12.3	2.38	0.029

2022-23 SEASON SQUAD LIST & GAMES PLAYED

* 괄호 안의 숫자는 선발 출전 횟수, 교체 출전은 포함시키지 않음

LW
T.베르너(1), D.올모(1)
F.프로스베리(1)

CF
A.실바(20), C.은쿤쿠(16)
T.베르너(15), Y.포울슨(3)
E.포르스베리(1)

RW
D.소보슬라이(3)

LAM
D.소보슬라이(2), T.베르너(2)
D.올모(1), C.은쿤쿠(1)

CAM
D.소보슬라이(16), E.포르스베리(12)
D.올모(10), T.베르너(5)
C.은쿤쿠(1)

RAM
D.소보슬라이(4), C.은쿤쿠(1)
E.포르스베리(1)

LM
D.라움(5), E.포르스베리(1)
D.올모(1)

CM
K.캄플(9), K.라이머(6)
X.쉴라거(5), D.올모(2)
B.헨릭스(1), A.하이다라(4)
D.소보슬라이(1)

RM
B.헨릭스(3), H.노보아(2)
D.소보슬라이(2)

LWB
D.라움(5), B.헨릭스(2)

DM
X.쉴라거(11), A.하이다라(11)
K.라이머(11), K.캄플(7)
A.디알로(1), B.헨릭스(1)

RWB
B.헨릭스(4), M.할스텐베르크(2)
M.시마칸(1)

LB
M.할스텐베르크(11), D.라움(9)
B.헨릭스(2)

CB
W.오르반(33), J.그바르디올(24)
L.클로스터만(9), M.시마칸(7)
M.할스텐베르크(3), A.디알로(4)

RB
B.헨릭스(10), M.시마칸(10)
M.할스텐베르크(1)
L.클로스터만(1)

GK
J.블라스비히(26), P.굴라치(6)
ø.닐란(2)

SHOTS & GOALS

34경기 총 504슈팅 – 64득점
34경기 상대 총 316슈팅 – 41실점

38-13
298-42
168-9

유효 슈팅 188		비유효 슈팅 316	
득점	64	블록 당함	126
GK 방어	124	골대 밖	176
유효슈팅률	37%	골대 맞음	14

유효 108		비유효 슈팅 208	
실점	41	블록	97
GK 방어	67	골대 밖	105
유효슈팅률	34%	골대 맞음	6

114-5
177-28
25-8

GOAL TIME | POSSESSION

시간대별 득점

20 11
7 8
8 10

독실차
전반 골 독실차 +11
후반 골 독실차 +12
전체 골 독실차 +23

시간대별 실점

3 3
12 5
8 10

전체 평균
58% 25% 75% 50%

홈경기
56% 25% 75% 50%

원정경기
61% 25% 75% 50%

TACTICAL SHOT & GOAL TYPES

슈팅 패턴
18 7
29
88
40
322
34경기 504

- ● OPEN PLAY
- ● FASTBREAK
- ● CORNER KICK
- ● SET PIECE
- ● DIRECT FREE KICK
- ● PENALTY KICK

득점 패턴1
3 6
7
39
34경기 64골

- ● OPEN PLAY
- ● FASTBREAK
- ● CORNER KICK
- ● SET PIECE
- ● DIRECT FREE KICK
- ● PENALTY KICK
- ● OWN GOAL

득점 패턴2
16
39
34경기 64골

- ● COMBINATION PLAY
- ● SOLO PLAY
- ● DIRECT FREE KICK
- ● PENALTY KICK
- ● OWN GOAL

상대 슈팅 패턴
10 8
15
40
27
216
34경기 316

실점 패턴 1
2
7
6
19
34경기 41골

실점 패턴 2
2
6
23
34경기 41골

PASSES PER GAME

패스 시도
55 15
513
평균 583

- ● SHORT PASSES
- ● LONG BALLS
- ● CROSSES

패스 성공
5
453
평균 487

- ● SHORT PASSES
- ● LONG BALLS
- ● CROSSES

상대 패스 시도
57 14
344
평균 415

CORNER

코너킥 형태
2 41 50
74
34경기 167

- ● INSWINGING CK
- ● OUTSWINGING CK
- ● STRAIGHT CK
- ● ET CETERA

상대 코너킥 형태
2 17
42
60
34경기 120

DUELS pg

땅볼 쟁탈전
35.7
37.6
평균 73.3

- ● 성공
- ● 실패

공중전
12.7
13.0
평균 25.7

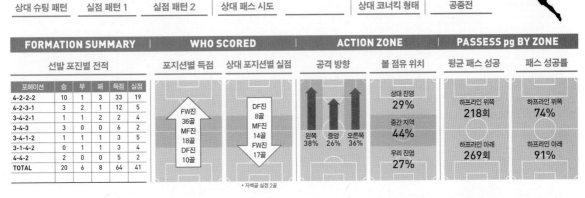

FORMATION SUMMARY

선발 포지션별 전적

포메이션	승	무	패	득점	실점
4-2-2-2	10	1	3	33	19
4-2-3-1	3	2	1	12	5
3-4-2-1	1	1	2	2	4
3-4-3	3	0	0	6	2
3-4-1-2	1	1	1	3	4
3-1-4-2	0	1	1	3	4
4-4-2	2	0	0	5	3
TOTAL	20	6	8	64	41

WHO SCORED

포지션별 득점
FW진 36골
MF진 18골
DF진 10골

상대 포지션별 실점
DF진 8골
MF진 14골
FW진 17골

* 자책골 실점 2골

ACTION ZONE

공격 방향
왼쪽 38% 중앙 26% 오른쪽 36%

볼 점유 위치
상대 진영 29%
중간 지역 44%
우리 진영 27%

PASSESS pg BY ZONE

평균 패스 성공
하프라인 위쪽 218회
하프라인 아래 269회

패스 성공률
하프라인 위쪽 74%
하프라인 아래 91%

1.FC UNION BERLIN

Founded 구단 창립 1966년	**Owner** 우니온 베를린 시민 구단	**CEO** 디르크 칭클러 1964.08.23	**Manager** 우어스 피셔 1966.02.20	**23-24 Odds** 벳365 : 100배 스카이벳 : 80배	

Nationality ●외국 선수 13명 ●독일 선수 16명	**Age** 29명 평균 27.2세	**Height** 29명 평균 185cm	**Market Value** 1군 29명 평균 467만 유로	**Game Points** 22-23 : 62점 통산 : 210점	

Win 22-23 : 18승 통산 : 58승	**Draw** 22-23 : 8무 통산 : 36무	**Loss** 22-23 : 8패 통산 : 42패	**Goals For** 22-23 : 51득점 통산 : 192득점	**Goals Against** 22-23 : 38실점 통산 : 183실점	

More Minutes 라니 케디라 2887분	**Top Scorer** 셰랄도 베커 11골	**More Assists** 셰랄도 베커 7도움	**More Subs** 스벤 미헬 19회 교체 IN	**More Cards** 라니 케디라 Y8+R0	

RANKING OF LAST 10 YEARS

● 2부 리그

9	7	6	4	8	3	11	7	5	4
44점	47점	49점	60점	47점	57점	41점	50점	57점	62점
13-14	14-15	15-16	16-17	17-18	18-19	19-20	20-21	21-22	22-23

GERMAN BUNDESLIGA 0	**GERMAN DFB POKAL** 0	**UEFA CHAMPIONS LEAGUE** 0	**UEFA EUROPA LEAGUE** 0	**FIFA CLUB WORLD CUP** 0	**UEFA-CONMEBOL INTERCONTINENTAL** 0

TOTO GUIDE 지난 시즌 상대팀별 전적

상대팀	홈	원정
Bayern München	1-1	0-3
Dortmund	2-0	1-2
RB Leipzig	2-1	2-1
Freiburg	4-2	1-4
Leverkusen	0-0	0-5
E. Frankfurt	2-0	0-2
Wolfsburg	2-0	1-1
FSV Mainz	2-1	0-0
Mönchengladbach	2-1	1-0
FC Köln	0-0	1-0
Hoffenheim	3-1	2-4
Werder Bremen	1-0	2-1
Bochum	1-1	1-2
FC Augsburg	2-2	0-1
Stuttgart	3-0	1-0
Schalke 04	0-0	6-1
Hertha Berlin	3-1	2-0

STADION AN DER ALTEN FÖRSTEREI

구장 오픈 / 증개축 1920년, 증개축 6회
구장 소유 슈타디온 운영 회사
수용 인원 2만 2012명
피치 규모 109m X 73m
잔디 종류 천연 잔디

STRENGTHS & WEAKNESSES

OFFENSE		DEFENSE	
직접 프리킥	C	세트피스 수비	C
문전 처리	C	상대 볼 뺏기	C
측면 돌파	B	공중전 능력	C
스루볼 침투	C	역습 방어	D
개인기 침투	C	지공 방어	C
카운터 어택	B	스루패스 방어	C
기회 만들기	C	리드 지키기	B
세트피스	B	실수 조심	C
OS 피하기	C	측면 방어력	C
중거리 슈팅	C	파울 주의	C
볼 점유율	D	중거리슈팅 수비	C

매우 강함 A 강한 편 B 보통 수준 C 약한 편 D 매우 약함 E

위치	선수	국적	생년월일	출전(분)	출전경기	선발11	교체인	교체아웃	벤치출발	득점	도움	경고	경고누적	퇴장
GK	Frederik Rønnow	DEN	92-08-04	2610	29	29	0	0	0	0	0	2	0	0
	Lennart Grill	GER	99-01-25	450	5	5	0	0	29	0	0	0	0	0
	Jakob Busk	DEN	93-09-12	0	0	0	0	0	5	0	0	0	0	0
	Yannic Stein	GER	04-09-17	0	0	0	0	0	0	0	0	0	0	0
DF	Robin Knoche	GER	92-05-22	2874	32	32	0	1	1	2	3	4	0	0
	Diogo Leite	POR	99-01-23	2254	28	26	2	1	4	0	1	6	0	1
	Danilho Doekhi	NED	98-06-30	2218	25	25	0	2	4	5	1	5	0	0
	Christopher Trimmel	AUT	87-02-24	1811	25	20	5	3	13	0	6	1	0	0
	Niko Gießelmann	GER	91-09-26	1297	26	14	12	7	18	0	2	4	0	0
	Paul Jaeckel	GER	98-07-22	1196	16	13	3	2	14	1	0	3	1	0
	Jérôme Roussillon	FRA	93-01-06	960	16	11	5	10	5	0	2	2	0	0
	Josip Juranović	CRO	95-08-16	932	12	10	2	0	8	2	1	0	0	0
	Timo Baumgartl	GER	96-03-04	563	8	6	2	3	11	0	1	2	0	0
MF	Rani Khedira	GER	94-01-27	2887	33	33	0	5	0	2	2	8	0	0
	Janik Haberer	GER	94-04-02	2213	32	30	2	30	2	5	1	1	0	0
	Aïssa Laïdouni	TUN	96-12-13	878	14	11	3	10	4	2	0	4	0	0
	András Schäfer	HUN	99-04-13	864	16	10	6	9	7	1	0	0	0	0
	Morten Thorsby	NOR	96-05-05	825	24	8	16	7	19	1	1	3	0	0
	Paul Seguin	GER	95-03-29	676	20	4	16	2	20	1	3	4	0	0
	Levin Öztunali	GER	96-03-15	8	2	0	2	0	4	0	1	0	0	0
	Kevin Möhwald	GER	93-07-03	0	0	0	0	0	0	0	0	0	0	0
	Aljoscha Kemlein	GER	04-08-02	0	0	0	0	0	2	0	0	0	0	0
FW	Sheraldo Becker	NED	95-02-09	2582	34	33	1	29	1	11	7	4	0	0
	Kevin Behrens	GER	91-02-03	1535	33	17	16	16	16	8	1	6	0	0
	Jordan Siebatcheu	FRA	96-04-26	1359	31	16	15	15	17	4	3	3	0	0
	Sven Michel	GER	90-07-15	477	21	2	19	1	30	3	1	2	0	0
	Jamie Leweling	GER	01-02-26	248	16	0	16	0	30	1	1	1	0	0
	Miloš Pantović	SRB	96-07-07	193	13	0	13	0	20	1	0	0	0	0
	Tim Maciejewski	GER	01-03-05	0	0	0	0	0	0	0	0	0	0	0

BUNDESLIGA 2022-23 SEASON

1.FC UNION BERLIN vs. OPPONENTS PER GAME STATS

우니온 베를린 vs 상대팀

| | 득점 | 슈팅 | 유효슈팅 | 코너킥 | 오프사이드 | 패스시도 | 패스성공 | 패스성공률 | 태클 | 공중전승리 | 인터셉트 | 파울 | 경고 | 퇴장 |

| 1.50 ⚽ 1.12 | 11.2 👟 11 | 3.6 ▣ 4.3 | 4.9 🚩 4.6 | 1.8 🏁 1.0 | 402 PA 533 | 296 PC 421 |
| 74% P% 79% | 14.5 TK 12.5 | 22.7 AD 22.3 | 7.7 IT 6.9 | 13.1 ✋ 10.7 | 1.91 ⬜ 1.79 | 0.059 ⬛ 0.088 |

2022-23 SEASON SQUAD LIST & GAMES PLAYED

* 괄호 안의 숫자는 선발 출전 횟수로, 교체 출전은 포함시키지 않음

LW	CF	RW
N/A	S.베커(32), K.베렌스(17) J.시에바추(16), S.미텔(2)	N/A
LAM	**CAM**	**RAM**
N/A	S.베커(1), A.라이두니(1)	N/A
LM	**CM**	**RM**
N/A	R.케디라(33), J.하버러(30) A.세퍼(10), A.라이두니(10) M.토르스비(8), G.하라구치(6) P.세긴(4)	N/A
LWB	**DM**	**RWB**
N.기셀만(14), J.루시옹(11) J.라이어슨(7), J.유라노비치(1) T.푸하츠(1)	N/A	C.트리멜(20), J.유라노비치(9) J.라이어슨(5)
LB	**CB**	**RB**
N/A	R.크노헤(32), D.레이테(26) D.두히(25), P.예켈(13) T.바움가틀(6)	N/A
	GK	
	F.뢰노(29), L.그릴(5)	

SHOTS & GOALS

34경기 총 380슈팅 – 51득점
34경기 상대 총 389슈팅 – 38실점

22-11
227-33
131-7

유효 슈팅 121		비유효 슈팅 259	
득점	51	블록 담당	85
GK 방어	70	골대 밖	168
유효슈팅률	32%	골대 맞음	6

실점 145		비유효 슈팅 244	
실점	38	블록	102
GK 방어	107	골대 밖	136
유효슈팅률	37%	골대 맞음	6

135-1
227-30
27-7

GOAL TIME | POSSESSION

시간대별 득점
14 6 9 11 8

득실차
전반 골 득실차 -1
후반 골 득실차 +14
전체 골 득실차 +13

시간대별 실점
8 6 3 11

전체 평균
43%

홈경기
42%

원정경기
44%

TACTICAL SHOT & GOAL TYPES | PASSES PER GAME | CORNER | DUELS pg

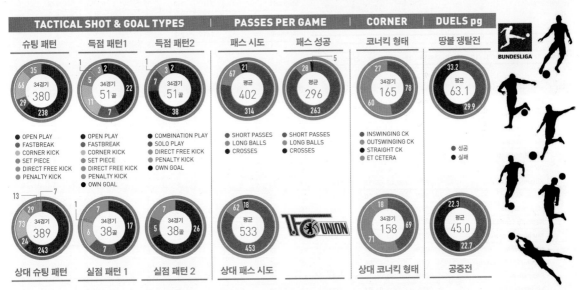

슈팅 패턴 — 34경기 380 (35, 66, 29, 238)
득점 패턴1 — 34경기 51골 (3, 2, 22, 7, 11, 1)
득점 패턴2 — 34경기 51골 (3, 2, 38, 5, 7)
패스 시도 — 평균 402 (67, 314)
패스 성공 — 평균 296 (28, 263, 5)
코너킥 형태 — 34경기 165 (27, 78, 60)
땅볼 쟁탈전 — 평균 63.1 (33.2, 29.9)

- OPEN PLAY
- FASTBREAK
- CORNER KICK
- SET PIECE
- DIRECT FREE KICK
- PENALTY KICK

(득점 패턴1)
- OPEN PLAY
- FASTBREAK
- CORNER KICK
- SET PIECE
- DIRECT FREE KICK
- PENALTY KICK
- OWN GOAL

(득점 패턴2)
- COMBINATION PLAY
- SOLO PLAY
- DIRECT FREE KICK
- PENALTY KICK
- OWN GOAL

(패스)
- SHORT PASSES
- LONG BALLS
- CROSSES

- SHORT PASSES
- LONG BALLS
- CROSSES

(코너킥)
- INSWINGING CK
- OUTSWINGING CK
- STRAIGHT CK
- ET CETERA

(DUELS)
- 성공
- 실패

상대 슈팅 패턴 — 34경기 389 (13, 7, 29, 73, 24, 243)
실점 패턴 1 — 34경기 38골 (1, 7, 17, 6, 7)
실점 패턴 2 — 34경기 38골 (7, 26, 5, 7)
상대 패스 시도 — 평균 533 (62, 18, 453)
상대 코너킥 형태 — 34경기 158 (18, 69, 71)
공중전 — 평균 45.0 (22.3, 22.7)

FORMATION SUMMARY | WHO SCORED | ACTION ZONE | PASSESS pg BY ZONE

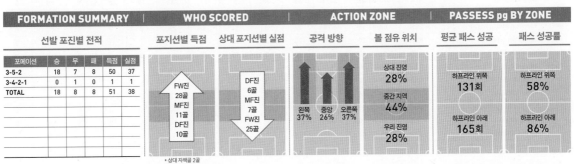

선발 포지션별 전적

포메이션	승	무	패	득점	실점
3-5-2	18	7	8	50	37
3-4-2-1	0	1	0	1	1
TOTAL	18	8	8	51	38

포지션별 득점
FW진 28골
MF진 11골
DF진 10골

상대 포지션별 실점
DF진 6골
MF진 7골
FW진 25골

* 상대 자책골 2골

공격 방향
왼쪽 37% 중앙 26% 오른쪽 37%

볼 점유 위치
상대 진영 28%
중간 지역 44%
우리 진영 28%

평균 패스 성공
하프라인 위쪽 131회
하프라인 아래 165회

패스 성공률
하프라인 위쪽 58%
하프라인 아래 86%

GERMAN BUNDESLIGA 0	**GERMAN DFB POKAL** 0	**UEFA CHAMPIONS LEAGUE** 0	**UEFA EUROPA LEAGUE** 0	**FIFA CLUB WORLD CUP** 0	**UEFA-CONMEBOL INTERCONTINENTAL** 0

Founded 구단 창립 1904년

Owner 프라이부르크 시민구단

CEO 에베르하르트 푸그만 1953.10.20

Manager 크리스티안 스트라이히 1965.06.11

23-24 Odds 벳365 : 150배 스카이벳 : 150배

 Nationality ●외국 선수 10명 ●독일 선수 16명

33명

 Age 26명 평균 27.1세

Height 26명 평균 184cm

Market Value 1군 26명 평균 623만 유로

Game Points 22-23 : 59점 통산 : 962점

 Win 22-23 : 17승 통산 : 253승

Draw 22-23 : 8무 통산 : 203무

Loss 22-23 : 9패 통산 : 326패

Goals For 22-23 : 51득점 통산 : 1011득점

Goals Against 22-23 : 44실점 통산 : 1230실점

 More Minutes 마크 플레켄+1명 3060분

Top Scorer 빈첸초 그리포 15골

More Assists 빈첸초 그리포 5도움

More Subs 닐스 페테르센 27회 교체 IN

More Cards 니콜라스 회플러 Y9+R1

RANKING OF LAST 10 YEARS
● 2부 리그

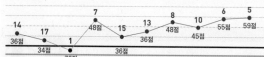

	14	17	1	7	15	13	8	10	6	5
점수	36점	34점	72점	48점	36점	36점	48점	45점	55점	59점
시즌	13-14	14-15	15-16	16-17	17-18	18-19	19-20	20-21	21-22	22-23

TOTO GUIDE 지난 시즌 상대팀별 전적

상대팀	홈	원정
Bayern München	0-1	0-5
Dortmund	1-3	1-5
RB Leipzig	0-1	1-3
Union Berlin	4-1	2-4
Leverkusen	1-1	3-2
E. Frankfurt	1-1	1-2
Wolfsburg	2-0	0-6
FSV Mainz	2-1	1-1
Mönchengladbach	0-0	0-0
FC Köln	2-0	1-0
Hoffenheim	2-1	0-0
Werder Bremen	2-0	2-1
Bochum	1-0	2-0
FC Augsburg	3-1	4-0
Stuttgart	2-1	1-0
Schalke 04	4-0	2-0
Hertha Berlin	1-1	2-2

EUROPA-PARK STADION

구장 오픈 2021년
구장 소유 프라이부르크 시
수용 인원 3만 4700명
피치 규모 105m X 68m
잔디 종류 천연 잔디

STRENGTHS & WEAKNESSES

OFFENSE		DEFENSE	
직접 프리킥	A	세트피스 수비	B
문전 처리	C	상대 볼 뺏기	C
측면 돌파	C	공중전 능력	A
스루볼 침투	B	역습 방어	C
개인기 침투	C	지공 방어	C
카운터 어택	C	스루패스 방어	C
기회 만들기	C	리드 지키기	B
세트피스	B	실수 조심	C
OS 피하기	C	측면 방어력	C
중거리 슈팅	C	파울 주의	C
볼 점유율	C	중거리슈팅 수비	C

매우 강함 A 강한 편 B 보통 수준 C 약한 편 D 매우 약함 E

위치	선수	국적	생년월일	출전(분)	출전경기	선발11	교체인	교체아웃	벤치출발	득점	도움	경고	경고누적	퇴장
GK	Mark Flekken	NED	93-06-13	3060	34	34	0	0	0	0	0	0	0	0
	Benjamin Uphoff	GER	93-08-08	0	0	0	0	0	26	0	0	0	0	0
	Noah Atubolu	GER	02-05-25	0	0	0	0	0	8	0	0	0	0	0
DF	Matthias Ginter	GER	94-01-19	3060	34	34	0	0	0	4	1	3	0	0
	Christian Günter	GER	93-02-28	2749	33	31	2	3	2	1	4	5	0	0
	Philipp Lienhart	AUT	96-07-11	2498	29	27	2	2	2	1	0	3	0	0
	Kiliann Sildillia	FRA	02-05-16	1977	27	23	4	4	8	0	2	3	1	0
	Lukas Kübler	GER	92-08-30	1648	22	19	3	9	9	2	1	1	0	0
	Manuel Gulde	GER	91-02-12	638	15	8	7	3	15	1	0	2	0	0
	Kenneth Schmidt	GER	02-06-03	252	5	3	2	3	6	0	0	1	0	0
	Kimberly Ezekwem	GER	01-06-19	7	1	0	1	0	4	0	0	0	0	0
MF	Nicolas Höfler	GER	90-03-09	2822	32	32	0	5	0	0	1	9	0	1
	Maximilian Eggestein	GER	96-12-08	2456	31	27	4	10	5	1	2	6	0	0
	Ritsu Doan	JPN	98-06-16	2443	33	30	3	25	3	5	4	3	0	0
	Vincenzo Grifo	ITA	93-04-07	2427	33	30	3	27	3	15	5	2	0	0
	Roland Sallai	HUN	97-05-22	1001	19	10	9	8	13	1	3	6	0	0
	Yannik Keitel	GER	00-02-15	673	22	8	14	6	23	0	2	1	0	0
	Jeong Woo-Yeong	KOR	99-09-20	638	26	4	22	4	30	1	1	2	0	0
	Noah Weißhaupt	GER	01-09-20	418	18	3	15	3	29	0	0	0	0	0
	Merlin Röhl	GER	02-07-05	54	3	0	3	0	11	0	0	0	0	0
	Jonathan Schmid	FRA	90-06-26	37	3	0	3	0	12	0	0	0	0	0
	Robert Wagner	GER	03-07-14	35	4	0	4	0	12	0	0	1	0	0
FW	Michael Gregoritsch	AUT	94-04-18	2173	30	27	3	25	4	10	4	6	0	0
	Lucas Höler	GER	94-07-10	1506	26	16	10	12	10	5	2	1	0	0
	Daniel-Kofi Kyereh	GHA	96-03-08	563	12	7	5	7	7	2	0	2	0	0
	Nils Petersen	GER	88-12-06	250	27	0	27	0	34	1	0	1	0	0

BUNDESLIGA 2022-23 SEASON

SC FREIBURG vs. OPPONENTS PER GAME STATS

SC 프라이부르크 vs 상대팀

	득점	슈팅	유효슈팅	코너킥	오프사이드	패스시도	패스성공	패스성공률	태클	공중전승리	인터셉트	파울	경고	퇴장
	1.50 ⚽ 1.29	12.4 👟 13	5.2 ⚫ 4.4	4.1 🚩 4.4	1.7 🏁 1.3	439 PA 476	338 PC 368							
	77% P% 77%	14.6 TK 12.9	22.0 AD 20.3	9.6 IT 8.4	11.9 ✋ 12.9	1.82 ▨ 2.35	0.059 ⬛ 0.147							

2022-23 SEASON SQUAD LIST & GAMES PLAYED

* 괄호 안의 숫자는 선발 출전 횟수, 교체 출전은 포함시키지 않음

LW	CF	RW
V.그리포(3), L.휠러(1)	M.그레고리치(27), L.휠러(12) R.셜러이(2), K.샤데(1) 정우영(1), D.K.체레(1) R.도안(1)	R.도안(3), R.셜러이(1)

LAM	CAM	RAM
V.그리포(11), 정우영(1)	R.도안(10), V.그리포(10) D.K.체레(6), R.셜러이(4) 정우영(2), L.휠러(2) N.바이스하웁트(1)	R.도안(11), R.셜러이(1)

LM	CM	RM
V.그리포(4)	N.회플러(15), M.에게스타인(12) Y.케이텔(6), V.그리포(2) R.도안(1), L.휠러(1)	R.도안(4)

LWB	DM	RWB
C.귄터(10), N.바이스하웁트(1)	N.회플러(17), M.에게스타인(15) Y.케이텔(2)	K.실디리아(7), L.퀴블러(3) R.셜러이(1)

LB	CB	RB
C.귄터(21), L.퀴블러(1)	M.긴터(34), P.린하르트(27) M.굴데(8), L.퀴블러(6) K.실디리아(3), K.슈미트(3)	K.실디리아(13), L.퀴블러(9)

	GK	
	M.플레칸(34)	

SHOTS & GOALS

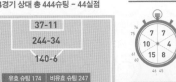

34경기 총 421슈팅 - 51득점
34경기 상대 총 444슈팅 - 44실점

37-11
244-34
140-6

유효 슈팅 174		비유효 슈팅 247	
득점	51	블록 당함	103
GK 방어	123	골대 밖	136
유효슈팅률	41%	골대 맞음	8

유효 슈팅 150		비유효 슈팅 200	
실점	44	블록	112
GK 방어	106	골대 밖	173
유효슈팅률	34%	골대 맞음	9

146-7
265-31
33-6

GOAL TIME | POSSESSION

시간대별 득점

| | 75% 7 7 25% |
| 10 4 |
| 15 8 |
| 46 45 |

전체 평균

75% 48% 25%
50%

득실차
전반 골 득실차	+5
후반 골 득실차	+2
전체 골 득실차	+7

홈경기
75% 49% 25%
50%

시간대별 실점
75% 14 3 25%
5 5
11 6
61 30

원정경기
75% 47% 25%
50%

TACTICAL SHOT & GOAL TYPES | PASSES PER GAME | CORNER | DUELS pg

슈팅 패턴

8
34 16
63 34경기 421 34
277
23

● OPEN PLAY
● FASTBREAK
● CORNER KICK
● SET PIECE
● DIRECT FREE KICK
● PENALTY KICK

득점 패턴1
7
3 34경기 51골 34
10 4

● OPEN PLAY
● FASTBREAK
● CORNER KICK
● SET PIECE
● DIRECT FREE KICK
● PENALTY KICK
● OWN GOAL

득점 패턴2
7
7 34경기 51골
34

● COMBINATION PLAY
● SOLO PLAY
● DIRECT FREE KICK
● PENALTY KICK
● OWN GOAL

패스 시도

62 16
34경기 439
361

● SHORT PASSES
● LONG BALLS
● CROSSES

패스 성공

30 7
평균 338
301

● SHORT PASSES
● LONG BALLS
● CROSSES

코너킥 형태

15
44 34경기 141 82

● INSWINGING CK
● OUTSWINGING CK
● STRAIGHT CK
● ET CETERA

땅볼 쟁탈전

31.5
평균 64.8
33.3

● 성공
● 실패

9 6
36
57 34경기 444 27
32
304

상대 슈팅 패턴

실점 패턴 1
5
2 34경기 44골 27
6

상대 슈팅 패턴

실점 패턴 2
5
11 34경기 44골 28

실점 패턴 2

상대 패스 시도

58 16
평균 476
402

상대 코너킥 형태

2
18 34경기 148 60
68

상대 코너킥 형태

공중전

22.0
평균 42.3
20.3

공중전

FORMATION SUMMARY | WHO SCORED | ACTION ZONE | PASSESS pg BY ZONE

선발 포지션별 전적

포메이션	승	무	패	득점	실점
4-2-3-1	8	2	2	19	13
3-4-2-1	3	1	2	11	8
4-2-2-2	3	0	2	7	3
3-4-3	2	2	0	9	5
4-4-2	1	1	1	3	7
3-5-2	0	1	1	1	3
4-4-1-1	0	1	0	0	0
5-3-2	0	0	1	1	5
TOTAL	17	8	9	51	44

포지션별 득점

FW진 34골
MF진 11골
DF진 6골

상대 포지션별 실점
DF진 6골
MF진 14골
FW진 24골

공격 방향
상대 진영 30%
중간 지역 42%
우리 진영 28%
왼쪽 32% 중앙 31% 오른쪽 37%

볼 점유 위치
상대 진영 30%
중간 지역 42%
우리 진영 28%

평균 패스 성공
하프라인 위쪽 154회
하프라인 아래 184회

패스 성공률
하프라인 위쪽 64%
하프라인 아래 88%

BAYER 04 LEVERKUSEN

 Founded
구단 창립
1904년

 Owner
바이에르 AG

CEO
페르난도 카로
1964.07.27

 Manager
사비 알론소
1981.11.25

 23-24 Odds
벳365 : 50배
스카이벳 : 50배

33명 Nationality
● 외국 선수 19명
● 독일 선수 9명

Age
28명 평균
24.6세

Height
28명 평균
184cm

Market Value
1군 28명 평균
1562만 유로

Game Points
22-23 : 50점
통산 : 2351점

 Win
22-23 : 14승
통산 : 649승

 Draw
22-23 : 8무
통산 : 404무

 Loss
22-23 : 12패
통산 : 447패

 Goals For
22-23 : 57득점
통산 : 2542득점

Goals Against
22-23 : 49실점
통산 : 2007실점

 More Minutes
루카스 흐라데키
2970분

 Top Scorer
무사 디아비
9골

 More Assists
무사 디아비
8도움

 More Subs
나디엠 아미리
16회 교체 IN

More Cards
피에로 인카피에
Y12+R1

RANKING OF LAST 10 YEARS

4	4	3	12	5	4	5	6	3	6
61점	61점	60점	41점	55점	58점	63점	52점	64점	50점

| 13-14 | 14-15 | 15-16 | 16-17 | 17-18 | 18-19 | 19-20 | 20-21 | 21-22 | 22-23 |

GERMAN BUNDESLIGA	GERMAN DFB POKAL	UEFA CHAMPIONS LEAGUE	UEFA EUROPA LEAGUE	FIFA CLUB WORLD CUP	UEFA-CONMEBOL INTERCONTINENTAL
0	1	0	1	0	0

TOTO GUIDE 지난 시즌 상대팀별 전적

상대팀	홈	원정
Bayern München	2-1	0-4
Dortmund	0-2	0-1
RB Leipzig	2-0	0-2
Union Berlin	5-0	0-0
Freiburg	2-3	1-1
E. Frankfurt	3-1	1-5
Wolfsburg	2-2	0-0
FSV Mainz	2-3	3-0
Mönchengladbach	2-2	3-2
FC Köln	1-2	2-1
Hoffenheim	0-3	3-1
Werder Bremen	1-1	3-2
Bochum	2-0	0-3
FC Augsburg	1-2	0-1
Stuttgart	2-0	1-1
Schalke 04	4-0	3-0
Hertha Berlin	4-1	2-2

BAY ARENA

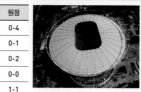

구장 오픈 / 증개축
1958년, 증개축 2회
구장 소유
바이엘 제약회사
수용 인원
3만 210명
피치 규모
105m X 68m
잔디 종류
천연 잔디

STRENGTHS & WEAKNESSES

OFFENSE		DEFENSE	
직접 프리킥	C	세트피스 수비	B
문전 처리	B	상대 볼 뺏기	B
측면 돌파	C	공중전 능력	E
스루볼 침투	B	역습 방어	C
개인기 침투	B	지공 방어	C
카운터 어택	C	스루패스 방어	C
기회 만들기	C	리드 지키기	C
세트피스	C	실수 조심	D
OS 피하기	C	측면 방어력	C
중거리 슈팅	C	파울 주의	C
볼 점유율	B	중거리슈팅 수비	D

매우 강함 **A** 강한 편 **B** 보통 수준 **C** 약한 편 **D** 매우 약함 **E**

위치	선수	국적	생년월일	출전(분)	출전경기	선발11	교체인	교체아웃	벤치출발	득점	도움	경고	경고누적	퇴장
GK	Lukáš Hrádecký	FIN	89-11-24	2970	33	33	0	0	0	0	0	0	0	1
	Andrey Lunev	RUS	91-11-13	90	1	1	0	0	10	0	0	0	0	0
	Patrick Pentz	AUT	97-01-02	0	0	0	0	0	15	0	0	0	0	0
	Niklas Lomb	GER	93-07-28	0	0	0	0	0	14	0	0	0	0	0
	Maximilian Neutgens	GER	04-03-03	0	0	0	0	0	0	0	0	0	0	0
DF	Edmond Tapsoba	BFA	99-02-02	2872	33	32	1	2	1	1	0	5	0	0
	Jeremie Frimpong	NED	00-12-10	2722	34	32	2	16	2	8	7	4	0	0
	Jonathan Tah	GER	96-02-11	2485	33	28	5	4	5	1	0	6	0	0
	Piero Hincapié	ECU	02-01-09	2464	30	27	3	8	3	1	1	11	2	1
	Mitchel Bakker	NED	00-06-20	1657	28	19	9	7	13	3	2	5	1	0
	Odilon Kossounou	CIV	01-01-04	1520	24	17	7	4	13	1	0	3	0	0
	Daley Sinkgraven	NED	95-07-04	341	12	4	8	4	25	0	2	1	0	0
	Timothy Fosu-Mensah	NED	98-01-02	183	11	1	10	1	29	0	0	1	0	0
	Noah Mbamba	BEL	05-01-05	0	1	0	1	0	12	0	0	0	0	0
MF	Robert Andrich	GER	94-09-22	2409	29	28	1	4	1	2	2	8	0	0
	Exequiel Palacios	ARG	98-10-05	1655	25	19	6	8	7	4	2	4	0	0
	Kerem Demirbay	GER	93-07-03	1546	25	17	8	11	15	4	3	5	0	0
	Amine Adli	FRA	00-05-10	1442	26	16	10	13	11	5	3	2	0	2
	Florian Wirtz	GER	03-05-03	1090	17	11	6	6	6	1	6	4	0	0
	Nadiem Amiri	GER	96-10-27	968	25	9	16	7	20	4	1	6	0	0
	Callum Hudson-Odoi	ENG	00-11-07	607	14	7	7	7	15	0	1	0	0	0
	Karim Bellarabi	GER	90-04-08	79	8	1	7	1	15	0	0	0	0	0
	Ayman Azhil	MAR	01-04-10	0	1	0	1	0	11	0	0	0	0	0
	Joshua Eze	GER	03-03-20	0	0	0	0	0	0	0	0	0	0	0
FW	Moussa Diaby	FRA	99-07-07	2716	33	33	0	17	0	9	8	4	0	0
	Adam Hložek	CZE	02-07-25	1289	29	16	13	16	16	5	2	2	0	0
	Patrik Schick	CZE	96-01-24	941	14	10	4	4	4	3	1	0	0	0
	Sardar Azmoun	IRN	95-01-01	916	23	8	15	5	18	4	1	1	0	0

BUNDESLIGA 2022-23 SEASON

BAYER 04 LEVERKUSEN vs. OPPONENTS PER GAME STATS

바이에르 레버쿠젠 vs 상대팀

得点 / 슈팅 / 유효슈팅 / 코너킥 / 오프사이드 / 패스시도 / 패스성공 / 패스성공률 / 태클 / 공중전승리 / 인터셉트 / 파울 / 경고 / 퇴장

1.68 ⚽ 1.44	12.9 👟 12	4.9 ● 4.4	4.1 🚩 3.9	1.5 🏳 1.8	516 PA 480	423 PC 377	
82% P% 79%	14.5 TK 17.5	12.7 AD 14.4	8.6 IT 9.8	11.2 ✖ 12.7	2.21 🟨 2.79	0.206 🟥 0,029	

2022-23 SEASON SQUAD LIST & GAMES PLAYED

• 괄호 안의 숫자는 선발 출전 횟수, 교체 출전은 포함시키지 않음

LW
A.아들리(7), M.디아비(3)
C.허드슨-오도이(3), F.비르츠(2)
A.홀로제크(2), 파울리뉴

CF
P.쉬크(10), A.홀로제크(9)
S.아즈문(5), A.아들리(5)
M.디아비(1), F.비르츠(4)
N.아미리(1)

RW
M.디아비(14), A.홀로제크(1)
A.아들리(1), S.아즈문(1)
F.비르츠(1)

LAM
M.디아비(3), A.홀로제크(2)
C.허드슨-오도이(2)

CAM
M.디아비(5), F.비르츠(4)
S.아즈문(2), C.허드슨-오도이(2)
A.홀로제크(2), A.아들리(2)
N.아미리(1), K.데미르바이(1)

RAM
M.디아비(4), J.프림퐁(2)
K.벨라라비(1)

LM
D.싱크라븐(2), P.인카피에(1)

CM
R.안드리히(21), E.팔라시오스(16)
K.데미르바이(13), N.아미리(6)
C.아랑기스(2), E.탑소바(1)
A.아들리(1)

RM
J.프림퐁(2), T.포수-멘사(1)

LWB
M.바케르(15), P.인카피에(3)
D.싱크라븐(1)

DM
R.안드리히(6), K.데미르바이(3)
E.팔라시오스(2), C.아랑기스(2)
N.아미리(1)

RWB
J.프림퐁(19)

LB
P.인카피에(7), M.바케르(4)
D.싱크라븐(1)

CB
E.탑소바(31), J.타(28)
P.인카피에(16), O.코수누(14)
R.안드리히(1)

RB
J.프림퐁(9), O.코수누(3)

GK
L.흐라데키(33), A.루네프(1)

SHOTS & GOALS

34경기 총 439슈팅 – 57득점
34경기 상대 총 396슈팅 – 49실점

31-9
247-41
161-7

유효 슈팅 166		비유효 슈팅 273	
득점	57	블록 당함	114
GK 방어	109	골대 밖	150
유효슈팅률	38%	골대 맞great	9

유효 슈팅 148		비유효 슈팅 248	
실점	49	블록	102
GK 방어	99	골대 밖	142
유효슈팅률	37%	골대 맞great	4

136-4
230-38
30-7

GOAL TIME | POSSESSION

시간대별 득점

13 16
10 8
15 10

득실차
전반 골 득실차 +2
후반 골 득실차 +6
전체 골 득실차 +8

시간대별 실점

13 15
6 8
9 10

전체 평균
75% 52% 25%
50%

홈경기
75% 53% 25%
50%

원정경기
75% 50% 25%
50%

TACTICAL SHOT & GOAL TYPES | PASSES PER GAME | CORNER | DUELS pg

슈팅 패턴 — 34경기 **439**
7 / 1916 / 57 / 43 / 297

● OPEN PLAY
● FASTBREAK
● CORNER KICK
● SET PIECE
● DIRECT FREE KICK
● PENALTY KICK

득점 패턴1 — 34경기 **57골**
1 / 2 5 / 35 / 10 / 44

● OPEN PLAY
● FASTBREAK
● CORNER KICK
● SET PIECE
● DIRECT FREE KICK
● PENALTY KICK
● OWN GOAL

득점 패턴2 — 34경기 **57골**
1 / 2 5 / 6 / 44

● COMBINATION PLAY
● SOLO PLAY
● DIRECT FREE KICK
● PENALTY KICK
● OWN GOAL

패스 시도 — 평균 **516**
14 / 51 / 451

● SHORT PASSES
● LONG BALLS
● CROSSES

패스 성공 — 평균 **423**
3 / 24 / 396

● SHORT PASSES
● LONG BALLS
● CROSSES

코너킥 형태 — 34경기 **115**
24 / 66 / 49

● INSWINGING CK
● OUTSWINGING CK
● STRAIGHT CK
● ET CETERA

땅볼 쟁탈전 — 평균 **70.2**
33.4 / 36.8

● 성공
● 실패

상대 슈팅 패턴 — 34경기 **396**
7 / 1820 / 64 / 22 / 265

실점 패턴 1 — 34경기 **49골**
1 / 1 7 2 / 5 / 3 / 30

실점 패턴 2 — 34경기 **49골**
1 / 1 2 / 18 / 29

상대 패스 시도 — 평균 **480**
16 / 58 / 406

상대 코너킥 형태 — 34경기 **131**
2 / 7 / 54 / 68

공중전 — 평균 **27.1**
14.4 / 12.7

FORMATION SUMMARY | WHO SCORED | ACTION ZONE | PASSESS pg BY ZONE

선발 포지션별 전적

포메이션	승	무	패	득점	실점
3-4-3	6	4	3	22	15
4-2-3-1	1	2	4	6	13
4-3-3	1	1	3	5	10
3-4-2-1	4	1	0	16	5
3-4-1-2	1	0	1	3	3
3-1-4-2	0	1	1	2	3
3-5-2	1	0	0	3	0
TOTAL	14	8	12	57	49

포지션별 득점 / 상대 포지션별 실점

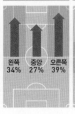

FW진 27골 / MF진 16골 / DF진 14골

DF진 8골 / MF진 19골 / FW진 20골

* 자책골 실점 2골

ACTION ZONE

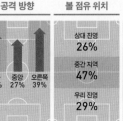

공격 방향
왼쪽 34% / 중앙 27% / 오른쪽 39%

볼 점유 위치
상대 진영 26%
중간 지역 47%
우리 진영 29%

PASSESS pg BY ZONE

평균 패스 성공
하프라인 위쪽 186회
하프라인 아래 237회

패스 성공률
하프라인 위쪽 72%
하프라인 아래 88%

EINTRACHT FRANKFURT

 Founded 구단 창립 1899년

 Owner 프랑크푸르트 시민구단

 CEO 페터 피셔 1956.03.14

 Manager 디노 톱뮐러 1980.11.23

 23-24 Odds 벳365 : 100배 스카이벳 : 100배

 Nationality ● 외국 선수 17명 ● 독일 선수 11명

 Age 28명 평균 25.5세

Height 28명 평균 184cm

 Market Value 1군 28명 평균 950만 유로

Game Points 22-23 : 50점 통산 : 2488점

 Win 22-23 : 13승 통산 : 673승

Draw 22-23 : 11무 통산 : 471무

Loss 22-23 : 10패 통산 : 688패

 Goals For 22-23 : 58득점 통산 : 2878득점

 Goals Against 22-23 : 52실점 통산 : 2834실점

 More Minutes 케빈 트랍 2970분

 Top Scorer 랜달 콜로무아니 15골

 More Assists 랜달 콜로무아니 11도움

More Subs 산토스 보레 22회 교체 IN

More Cards 지브릴 소우 Y9+R0

RANKING OF LAST 10 YEARS

13-14	14-15	15-16	16-17	17-18	18-19	19-20	20-21	21-22	22-23
13	9	16	11	8	7	9	5	11	7
36점	43점	36점	42점	49점	54점	45점	60점	42점	50점

 1 GERMAN BUNDESLIGA
 5 GERMAN DFB POKAL
 0 UEFA CHAMPIONS LEAGUE
2 UEFA EUROPA LEAGUE
 0 FIFA CLUB WORLD CUP
 0 UEFA-CONMEBOL INTERCONTINENTAL

TOTO GUIDE 지난 시즌 상대팀별 전적

상대팀	홈	원정
Bayern München	1-6	1-1
Dortmund	1-2	0-4
RB Leipzig	4-0	1-2
Union Berlin	2-0	0-2
Freiburg	2-1	1-1
Leverkusen	5-1	1-3
Wolfsburg	0-1	2-2
FSV Mainz	3-0	1-1
Mönchengladbach	1-1	3-1
FC Köln	1-1	0-3
Hoffenheim	4-2	1-3
Werder Bremen	2-0	4-3
Bochum	1-1	0-3
FC Augsburg	1-1	2-1
Stuttgart	1-1	3-1
Schalke 04	3-0	2-2
Hertha Berlin	3-0	1-1

DEUTSCHE BANK PARK

구장 오픈 / 증개축 1925년, 증개축 5회
구장 소유 발트슈타디온 개발협회
수용 인원 5만 1500명
피치 규모 105m X 68m
잔디 종류 천연 잔디

STRENGTHS & WEAKNESSES

OFFENSE		DEFENSE	
직접 프리킥	B	세트피스 수비	C
문전 처리	B	상대 볼 뺏기	C
측면 돌파	B	공중전 능력	E
스루볼 침투	B	역습 방어	C
개인기 침투	B	지공 방어	D
카운터 어택	C	스루패스 방어	C
기회 만들기	C	리드 지키기	B
세트피스	C	실수 조심	C
OS 피하기	C	측면 방어력	B
중거리 슈팅	B	파울 주의	C
볼 점유율	C	중거리슈팅 수비	C

매우 강함 **A** 강한 편 **B** 보통 수준 **C** 약한 편 **D** 매우 약함 **E**

위치	선수	국적	생년월일	출전(분)	출전경기	선발11	교체인	교체아웃	벤치출발	득점	도움	경고	경고누적	퇴장
GK	Kevin Trapp	GER	90-07-08	2970	33	33	0	0	0	0	0	3	0	0
	Diant Ramaj	KVX	01-09-19	90	1	1	0	0	33	0	0	0	0	0
	Jens Grahl	GER	88-09-22	0	0	0	0	0	3	0	0	0	0	0
DF	Tuta	BRA	99-07-04	2717	31	30	1	1	1	2	1	8	0	0
	Evan Ndicka	FRA	99-08-20	2693	30	30	0	1	1	1	0	4	0	0
	Aurélio Buta	POR	97-02-10	1324	18	15	3	8	4	3	2	3	0	0
	Makoto Hasebe	JPN	84-01-18	1309	18	15	3	5	12	0	0	1	0	0
	Christopher Lenz	GER	94-09-22	1283	24	13	11	5	14	0	2	1	0	0
	Philipp Max	GER	93-09-30	697	10	8	2	5	2	0	1	1	0	0
	Hrvoje Smolčić	CRO	00-08-17	466	9	4	5	0	20	0	0	0	0	0
	Almamy Touré	MLI	96-04-28	399	7	5	2	3	10	0	1	1	0	0
	Jan Schröder	GER	03-04-15	0	0	0	0	0	0	0	0	0	0	0
MF	Mario Götze	GER	92-06-03	2749	32	32	0	10	0	3	1	6	0	0
	Djibril Sow	SUI	97-02-06	2648	32	30	2	7	3	4	0	9	0	0
	Daichi Kamada	JPN	96-08-05	2270	32	25	7	12	8	9	6	3	0	0
	Jesper Lindstrøm	DEN	00-02-29	1696	27	22	5	20	5	7	2	2	0	0
	Kristijan Jakić	CRO	97-05-14	1457	24	17	7	5	11	1	0	4	0	0
	Sebastian Rode	GER	90-10-11	1425	19	19	8	19	9	4	1	6	0	0
	Junior Dina Ebimbe	FRA	00-11-21	1061	19	10	9	6	12	3	1	4	0	0
	Faride Alidou	GER	01-07-18	171	15	0	15	0	25	0	0	1	0	0
	Paxten Aaronson	USA	03-08-26	166	7	0	7	0	13	0	0	1	0	0
	Timmy Chandler	USA	90-03-29	81	6	0	6	0	31	0	0	0	0	0
	Marcel Wenig	GER	04-05-04	3	1	0	1	0	11	0	0	0	0	0
	Mehdi Loune	GER	04-05-14	0	0	0	0	0	0	0	0	0	0	0
FW	Randal Kolo Muani	FRA	98-12-05	2647	32	31	1	16	1	15	11	5	1	0
	Ansgar Knauff	GER	02-01-10	1286	24	14	10	10	16	1	1	2	0	0
	Rafael Santos Borré	COL	95-09-15	1062	32	10	22	8	23	2	2	5	0	0
	Lucas Alario	ARG	92-10-08	315	20	2	18	1	27	1	0	0	0	0

BUNDESLIGA 2022-23 SEASON

EINTRACHT FRANKFURT vs. OPPONENTS PER GAME STATS

프랑크푸르트 vs 상대팀

	득점	슈팅	유효슈팅	코너킥	오프사이드	패스시도	패스성공	패스성공률	태클	공중전승리	인터셉트	파울	경고	퇴장

1.71	⚽	1.53	12.0	👟	10.9	4.1	●	4.0	5.6	🚩	4.1	2.1	🏴	1.7	505	PA	456	401	PC	345
80%	P%	76%	16.5	TK	18.4	13.8	AD	16.4	8.4	IT	11.1	12.6		11.7	2.09		2.29	0.029		0.059

2022-23 SEASON SQUAD LIST & GAMES PLAYED

* 괄호 안의 숫자는 선발 출전 횟수, 교체 출전은 포함시키지 않음

LW	CF	RW
N/A	R.콜로~무아니(28), R.보레(5) L.알라리오(2)	N/A

LAM	CAM	RAM
D.가마다(2), M.괴체(1) J.린스트롬(1)	M.괴체(31), J.린스트롬(19) D.가마다(7), R.보레(5) R.콜로~무아니(2)	J.린스트롬(2), R.콜로~무아니(2)

LM	CM	RM
N/A	D.소우(25), D.가마다(16) S.로데(16), E.에빔베	N/A

LWB	DM	RWB
C.렌츠(10), P.막스(8) A.크나우프(7), L.펠레그리니(3) F.코스티치(1)	D.소우(5), S.로데(3) K.야키치(1), E.에빔베(1)	A.부타(15), E.에빔베(7) A.크나우프(6), K.야키치(1)

LB	CB	RB
L.펠레그리니(4), C.렌츠(1)	E.은디카(30), 투타(30) M.하세베(15), K.야키치(11) A.투레(5), H.스몰치치(4) C.렌츠(2)	K.야키치(4), A.크나우프(1)

	GK	
	K.트랍(33), D.라마이(1)	

SHOTS & GOALS

34경기 총 408슈팅 - 58득점
34경기 상대 총 372슈팅 - 52실점

34-9
248-41
126-8

유효 슈팅 140		비유효 슈팅 268	
득점	58	블록 당함	105
GK 방어	82	골대 밖	154
유효슈팅률	34%	골대 맞음	9

유효 슈팅 136		비유효 슈팅 236	
실점	52	블록	93
GK 방어	84	골대 밖	138
유효슈팅률	37%	골대 맞음	5

109-5
232-38
31-9

GOAL TIME | POSSESSION

시간대별 득점

8	9	
14		
10	7	

특실차
전반 골 득실차 0
후반 골 득실차 +6
전체 골 득실차 +6

시간대별 실점

9	12	
6	5	
8	12	

전체 평균
75% ◀ 53% 25%
50%

홈경기
75% ◀ 53% 25%
50%

원정경기
75% ◀ 52% 25%
50%

TACTICAL SHOT & GOAL TYPES | PASSES PER GAME | CORNER | DUELS pg

슈팅 패턴
34경기 408
14, 6, 23, 68, 23, 274

득점 패턴1
34경기 58골
2, 6, 32, 8, 2

득점 패턴2
34경기 58골
2, 6, 33

- ● OPEN PLAY
- ● FASTBREAK
- ● CORNER KICK
- ● SET PIECE
- ● DIRECT FREE KICK
- ● PENALTY KICK

- ● OPEN PLAY
- ● FASTBREAK
- ● CORNER KICK
- ● SET PIECE
- ● DIRECT FREE KICK
- ● PENALTY KICK
- ● OWN GOAL

- ● COMBINATION PLAY
- ● SOLO PLAY
- ● DIRECT FREE KICK
- ● PENALTY KICK
- ● OWN GOAL

패스 시도
평균 505
51, 18, 436

패스 성공
평균 401
23, 6, 372

- ● SHORT PASSES
- ● LONG BALLS
- ● CROSSES

- ● SHORT PASSES
- ● LONG BALLS
- ● CROSSES

코너킥 형태
34경기 189
1, 39, 50, 99

- ● INSWINGING CK
- ● OUTSWINGING CK
- ● STRAIGHT CK
- ● ET CETERA

땅볼 쟁탈전
39.6
75.7
36.1

- ● 성공
- ● 실패

상대 슈팅 패턴
34경기 372
12, 2, 34, 57, 30, 237

실점 패턴 1
34경기 52골
1, 21, 27, 8, 7

실점 패턴 2
34경기 52골
1, 21, 41, 7

상대 패스 시도
평균 456
62, 15, 379

상대 코너킥 형태
34경기 141
12, 56, 73

공중전
16.4
30.2
13.8

FORMATION SUMMARY | WHO SCORED | ACTION ZONE | PASSESS pg BY ZONE

선발 포지션별 전적

포메이션	승	무	패	득점	실점
3-4-2-1	11	10	8	49	44
4-2-3-1	2	1	1	9	5
4-2-2-2	0	0	1	0	3
TOTAL	13	11	10	58	52

포지션별 득점
FW진 30골
MF진 19골
DF진 7골

상대 포지션별 실점
DF진 9골
MF진 16골
FW진 26골

* 상대 자책골 2골
* 자책골 실점 1골

공격 방향
왼쪽 37%
중앙 25%
오른쪽 38%

볼 점유 위치
상대 진영 29%
중간 지역 44%
우리 진영 27%

평균 패스 성공
하프라인 위쪽 180회
하프라인 아래 221회

패스 성공률
하프라인 위쪽 68%
하프라인 아래 88%

VFL WOLFSBURG

 Founded 구단 창립 1945년

 Owner 폭스바겐 AG

 CEO 미하엘 메스케 1971.10.27

 Manager 니코 코바치 1971.10.15

 23-24 Odds 벳365 : 250배 스카이벳 : 250배

 Nationality ● 외국 선수 17명 ● 독일 선수 9명

 Age 26명 평균 24.6세

Height 26명 평균 185cm

Market Value 1군 26명 평균 803만 유로

Game Points 22-23 : 49점 통산 : 1241점

Win 22-23 : 13승 통산 : 338승

Draw 22-23 : 10무 통산 : 227무

Loss 22-23 : 11패 통산 : 319패

Goals For 22-23 : 57득점 통산 : 1336득점

Goals Against 22-23 : 48실점 통산 : 1286실점

More Minutes 쿤 카스틸스 3060분

Top Scorer 요나스 빈+1명 6골

More Assists 파트릭 비머 8도움

More Subs 케빈 파레데스 21회 교체 IN

More Cards 세바스티안 보르나우 Y8+R0

RANKING OF LAST 10 YEARS

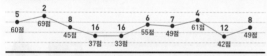

	5	2	8	16	16	6	7	4	12	8
	60점	69점	45점	37점	33점	55점	49점	61점	42점	49점
	13-14	14-15	15-16	16-17	17-18	18-19	19-20	20-21	21-22	22-23

GERMAN BUNDESLIGA	GERMAN DFB POKAL	UEFA CHAMPIONS LEAGUE	UEFA EUROPA LEAGUE	FIFA CLUB WORLD CUP	UEFA-CONMEBOL INTERCONTINENTAL
1	1	0	0	0	0

TOTO GUIDE 지난 시즌 상대팀별 전적

상대팀	홈	원정
Bayern München	2-4	0-2
Dortmund	2-0	0-6
RB Leipzig	0-3	0-2
Union Berlin	1-1	0-2
Freiburg	6-0	0-2
Leverkusen	0-0	2-2
E. Frankfurt	2-2	1-0
FSV Mainz	3-0	3-0
Mönchengladbach	2-2	0-2
FC Köln	2-4	2-0
Hoffenheim	2-1	2-1
Werder Bremen	2-2	1-2
Bochum	4-0	5-1
FC Augsburg	2-2	1-1
Stuttgart	3-2	1-0
Schalke 04	0-0	0-0
Hertha Berlin	1-2	5-0

VOLKSWAGEN ARENA

구장 오픈 2002년
구장 소유 볼프스부르크 AG
수용 인원 3만명
피치 규모 105m X 68m
잔디 종류 하이브리드 잔디

STRENGTHS & WEAKNESSES

OFFENSE		DEFENSE	
직접 프리킥	C	세트피스 수비	D
문전 처리	B	상대 볼 뺏기	C
측면 돌파	B	공중전 능력	D
스루볼 침투	C	역습 방어	C
개인기 침투	B	지공 방어	D
카운터 어택	C	스루패스 방어	D
기회 만들기	C	리드 지키기	B
세트피스	C	실수 조심	D
OS 피하기	C	측면 방어력	C
중거리 슈팅	C	파울 주의	D
볼 점유율	C	중거리슈팅 수비	D

매우 강함 **A** 강한 편 **B** 보통 수준 **C** 약한 편 **D** 매우 약함 **E**

위치	선수	국적	생년월일	출전(분)	출전경기	선발11	교체인	교체아웃	벤치출발	득점	도움	경고	경고누적	퇴장
GK	Koen Casteels	BEL	92-06-25	3060	34	34	0	0	0	0	0	0	0	0
	Pavao Pervan	AUT	87-11-13	0	0	0	0	0	33	0	0	0	0	0
	Niklas Klinger	GER	95-10-13	0	0	0	0	0	1	0	0	0	0	0
	Philipp Schulze	GER	03-01-29	0	0	0	0	0	2	0	0	0	0	0
DF	Micky van de Ven	NED	01-04-19	2970	33	33	0	0	0	1	1	5	0	0
	Paulo Otávio	BRA	94-11-23	2051	25	25	0	10	2	0	5	7	0	0
	Sebastiaan Bornauw	BEL	99-03-22	1929	26	23	3	5	10	1	0	8	0	0
	Maxence Lacroix	FRA	00-04-06	1626	24	18	6	5	12	1	0	1	0	0
	Kilian Fischer	GER	00-10-12	498	10	5	5	3	20	0	0	2	0	0
	Nicolas Cozza	FRA	99-01-08	95	5	0	5	0	15	0	0	0	0	0
MF	Maximilian Arnold	GER	94-05-27	2775	32	32	0	8	0	5	3	5	0	0
	Ridle Baku	GER	98-04-08	2581	33	29	4	6	4	5	3	6	0	0
	Jakub Kamiński	POL	02-06-05	2072	31	25	6	20	8	4	4	0	0	0
	Yannick Gerhardt	GER	94-03-13	1869	29	22	7	10	7	6	4	3	0	0
	Mattias Svanberg	SWE	99-01-05	1837	32	21	11	14	12	4	6	4	0	0
	Felix Nmecha	ENG	00-10-10	1835	30	19	11	8	12	3	5	3	0	0
	Patrick Wimmer	AUT	01-05-30	1665	26	23	3	22	3	4	8	7	0	0
	Josuha Guilavogui	FRA	90-09-19	1170	23	11	12	2	21	1	0	4	0	0
	Kevin Paredes	USA	03-05-07	512	22	1	21	2	23	1	3	2	0	0
	Bartol Franjić	CRO	00-01-14	229	5	3	2	3	12	0	1	0	0	0
	Lukáš Ambros	CZE	04-06-05	16	1	0*	1	0	9	0	0	0	0	0
FW	Omar Marmoush	EGY	99-02-07	1473	33	15	18	15	19	5	1	2	0	0
	Jonas Wind	DEN	99-02-07	1293	24	15	9	12	10	6	0	1	0	0
	Lukas Nmecha	GER	98-12-12	899	16	10	6	5	8	4	0	3	0	0
	Luca Waldschmidt	GER	96-05-19	514	18	4	14	4	26	4	0	0	0	0
	Dženan Pejčinović	GER	05-02-15	10	1	0	1	0	10	0	0	0	0	0

BUNDESLIGA 2022-23 SEASON

VfL WOLFSBURG vs. OPPONENTS PER GAME STATS

VfL 볼프스부르크 vs 상대팀

	득점	슈팅	유효슈팅	코너킥	오프사이드	패스시도	패스성공	패스성공률	태클	공중전승리	인터셉트	파울	경고	퇴장

| 1.68 | 득점 | 1.41 | 12.1 | 슈팅 | 14 | 4.2 | 유효슈팅 | 4.4 | 4.5 | 코너킥 | 6.0 | 1.5 | 오프사이드 | 2.8 | 454 | PA | 446 | 360 | PC | 334 |
| 79% | P% | 75% | 15.9 | TK | 15.9 | 15.6 | AD | 16.2 | 8.5 | IT | 9.0 | 11.5 | 공중전승리 | 13.9 | 1.85 | | 2.29 | 0.000 | | 0.059 |

2022-23 SEASON SQUAD LIST & GAMES PLAYED

* 괄호 안의 숫자는 선발 출전 횟수로, 교체 출전은 포함시키지 않음

LW	CF	RW
J.카민스키(6), P.비머(1) O.마무시(1), J.브레칼로(1)	J.빈(15), O.마무시(10) N.은메차(9), P.비머(5) L.발트슈미트(3)	P.비머(5), M.스반베리(2) R.바쿠(1), L.은메차(1)

LAM	CAM	RAM
J.카민스키(2), O.마르무시(2) P.비머(1), M.필립(1)	M.스반베리(4), M.크루제(2) J.브레칼로(2), Y.게르하르트(1) F.은메차(1), P.비머(1)	P.비머(3), J.카민스키(2) L.발트슈미트(1)

LM	CM	RM
J.카민스키(11), O.마르무시(2) P.오타비우(1)	M.아놀트(19), Y.게르하르트(19) F.은메차(17), M.스반베리(14) J.길라보기(2), B.프라니치(2)	P.비머(7), R.바쿠(5) J.카민스키(1), K.파레데스(1)

LWB	DM	RWB
J.카민스키(2), P.오타비우(1)	M.아놀트(29), Y.게르하르트(19) J.길라보기(2), F.은메차(1) M.스반베리(1), B.프라니치(1)	R.바쿠(3)

LB	CB	RB
P.오타비우(23), M.반더번(4)	M.반더번(29), S.보르나우(22) M.라크로(18), J.길라보기(7)	R.바쿠(20), K.피셔(5) S.보르나우(1), J.카민스키(1)

GK
K.카스텔스(34)

SHOTS & GOALS

34경기 총 412슈팅 - 57득점
34경기 상대 총 470슈팅 - 48실점

	32-9	
	248-43	
	132-5	

유효 슈팅 144		비유효 슈팅 268	
득점	57	블록 당함	101
GK 방어	87	골대 밖	157
유효슈팅률	35%	골대 맞음	10

유효 슈팅 150		비유효 슈팅 320	
실점	48	블록	122
GK 방어	102	골대 밖	188
유효슈팅률	32%	골대 맞음	10

	173-7	
	256-30	
	41-11	

GOAL TIME | POSSESSION

시간대별 득점
15 12
7 11

득실차
전반 골 득실차 +4
후반 골 득실차 +5
전체 골 득실차 +9

시간대별 실점
7 7
6 9

전체 평균
75% **51%** 25%
50%

홈경기
75% **54%** 25%
50%

원정경기
75% **47%** 25%
50%

TACTICAL SHOT & GOAL TYPES | PASSES PER GAME | CORNER | DUELS pg

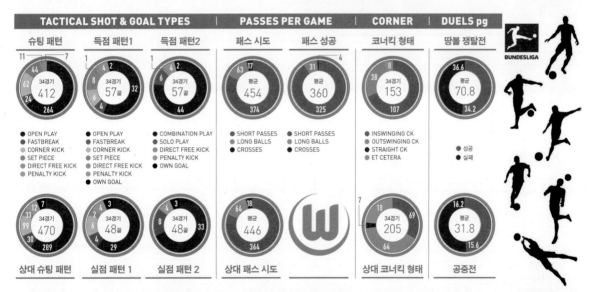

슈팅 패턴
34경기 **412**

득점 패턴1
34경기 **57골**

득점 패턴2
34경기 **57골**

패스 시도
평균 **454**

패스 성공
평균 **360**

코너킥 형태
34경기 **153**

땅볼 쟁탈전
평균 **70.8**

- OPEN PLAY
- FASTBREAK
- CORNER KICK
- SET PIECE
- DIRECT FREE KICK
- PENALTY KICK

- OPEN PLAY
- FASTBREAK
- CORNER KICK
- SET PIECE
- DIRECT FREE KICK
- PENALTY KICK
- OWN GOAL

- COMBINATION PLAY
- SOLO PLAY
- DIRECT FREE KICK
- PENALTY KICK
- OWN GOAL

- SHORT PASSES
- LONG BALLS
- CROSSES

- SHORT PASSES
- LONG BALLS
- CROSSES

- INSWINGING CK
- OUTSWINGING CK
- STRAIGHT CK
- ET CETERA

- 성공
- 실패

상대 슈팅 패턴
34경기 **470**

실점 패턴 1
34경기 **48골**

실점 패턴 2
34경기 **48골**

상대 패스 시도
평균 **446**

상대 코너킥 형태
34경기 **205**

공중전
평균 **31.8**

FORMATION SUMMARY | WHO SCORED | ACTION ZONE | PASSESS pg BY ZONE

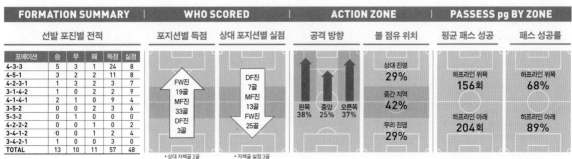

선발 포진별 전적

포메이션	승	무	패	득점	실점
4-3-3	5	3	1	24	8
4-5-1	3	2	2	11	8
4-2-3-1	1	3	2	3	7
3-1-4-2	1	0	2	2	9
4-1-4-1	2	1	0	9	4
3-5-2	0	0	2	3	6
5-3-2	0	1	0	0	0
4-2-2-2	0	0	1	0	2
3-4-1-2	0	0	1	2	4
3-4-2-1	1	0	0	3	0
TOTAL	13	10	11	57	48

포지션별 득점
FW진 19골
MF진 33골
DF진 3골

* 상대 자책골 2골

상대 포지션별 실점
DF진 7골
MF진 13골
FW진 25골

* 자책골 실점 3골

공격 방향
왼쪽 38% 중앙 25% 오른쪽 37%

볼 점유 위치
상대 진영 29%
중간 지역 42%
우리 진영 29%

평균 패스 성공
하프라인 위쪽 **156회**
하프라인 아래 **204회**

패스 성공률
하프라인 위쪽 **68%**
하프라인 아래 **89%**

1.FSV MAINZ 05

 Founded 구단 창립 1905년

 Owner 마인츠 05 시민구단

CEO 슈테판 호프만 1963.06.14

 Manager 보 스벤손 1979.08.04

 23-24 Odds 벳365 : 500배 스카이벳 : 500배

Nationality ●외국 선수 14명 ●독일 선수 14명

 Age 28명 평균 23.9세

 Height 28명 평균 185cm

 Market Value 1군 28명 평균 421만 유로

 Game Points 22-23 : 46점 통산 : 728점

Win 22-23 : 12승 통산 : 194승

Draw 22-23 : 10무 통산 : 146무

Loss 22-23 : 12패 통산 : 238패

Goals For 22-23 : 54득점 통산 : 765득점

Goals Against 22-23 : 55실점 통산 : 863실점

 More Minutes 카림 오니시워 2548분

 Top Scorer 마르쿠스 잉바첸+1명 10골

 More Assists 이재성+1명 4도움

 More Subs 아이멘 바르코크 20회 교체 IN

 More Cards 도미니크 코어 Y11+R0

RANKING OF LAST 10 YEARS

13-14	14-15	15-16	16-17	17-18	18-19	19-20	20-21	21-22	22-23
7 53점	11 40점	6 50점	15 37점	14 36점	12 43점	13 37점	12 39점	8 46점	9 46점

	GERMAN BUNDESLIGA	GERMAN DFB POKAL	UEFA CHAMPIONS LEAGUE	UEFA EUROPA LEAGUE	FIFA CLUB WORLD CUP	UEFA-CONMEBOL INTERCONTINENTAL
	0	0	0	0	0	0

TOTO GUIDE 지난 시즌 상대팀별 전적

상대팀	홈	원정
Bayern München	3-1	2-6
Dortmund	1-2	2-2
RB Leipzig	1-1	3-0
Union Berlin	0-0	1-2
Freiburg	1-1	1-2
Leverkusen	0-3	3-2
E. Frankfurt	1-1	0-3
Wolfsburg	0-3	0-3
Mönchengladbach	4-0	1-0
FC Köln	5-0	1-1
Hoffenheim	1-0	1-4
Werder Bremen	2-2	2-0
Bochum	5-2	2-1
FC Augsburg	3-1	2-1
Stuttgart	1-4	1-1
Schalke 04	2-3	0-1
Hertha Berlin	1-1	1-1

MEWA ARENA

구장 오픈 2011년
구장 소유 마인츠 토지 관리회사
수용 인원 3만 4000명
피치 규모 105m X 68m
잔디 종류 천연 잔디

STRENGTHS & WEAKNESSES

OFFENSE		DEFENSE	
직접 프리킥	A	세트피스 수비	C
문전 처리	C	상대 볼 뺏기	B
측면 돌파	B	공중전 능력	B
스루볼 침투	C	역습 방어	C
개인기 침투	C	지공 방어	C
카운터 어택	C	스루패스 방어	C
기회 만들기	B	리드 지키기	D
세트피스	B	실수 조심	C
OS 피하기	D	측면 방어력	D
중거리 슈팅	C	파울 주의	D
볼 점유율	D	중거리슈팅 수비	C

매우 강함 A 강한 편 B 보통 수준 C 약한 편 D 매우 약함 E

위치	선수	국적	생년월일	출전(분)	출전경기	선발11	교체인	교체아웃	벤치출발	득점	도움	경고	경고누적	퇴장
GK	Robin Zentner	GER	94-10-28	2340	26	26	0	0	1	0	0	1	0	0
	Finn Dahmen	GER	98-03-27	720	8	8	0	0	26	0	0	0	0	0
	Lasse Rieß	GER	01-07-27	0	0	0	0	0	7	0	0	0	0	0
DF	Stefan Bell	GER	91-08-24	2395	30	26	4	4	6	0	0	9	0	0
	Anthony Caci	FRA	97-07-01	2034	31	23	8	9	11	2	1	4	0	0
	Aarón	ESP	97-04-22	1845	28	20	8	6	14	5	3	3	0	0
	Silvan Widmer	SUI	93-03-05	1690	26	19	7	9	7	2	2	0	0	0
	Andreas Hanche-Olsen	NOR	97-01-17	1497	17	17	0	1	1	1	2	5	0	0
	Danny da Costa	GER	93-07-13	1236	23	14	9	9	13	0	2	0	0	0
	Alexander Hack	GER	93-09-08	1132	19	14	5	3	16	0	0	2	0	1
	Maxim Leitsch	GER	98-05-18	662	9	7	2	2	12	0	0	1	0	0
	Lucas Laux	GER	02-10-14	0	0	0	0	0	3	0	0	0	0	0
MF	Edimilson Fernandes	SUI	96-04-15	2444	32	28	4	11	6	0	3	4	0	0
	Dominik Kohr	GER	94-01-31	2295	30	27	3	6	4	3	0	11	0	0
	Leandro Barreiro	LUX	00-01-03	2144	31	25	6	11	8	3	5	0	0	0
	Anton Stach	GER	98-11-15	2076	30	22	8	13	9	1	4	4	0	0
	Lee Jae-Song	KOR	92-08-10	1903	34	24	10	22	10	7	4	2	0	0
	Aymen Barkok	MAR	98-05-21	570	23	3	20	3	30	0	1	1	0	0
	Eniss Shabani	GER	03-05-29	9	1	0	1	0	3	0	0	0	0	0
	Brajan Gruda	GER	04-05-31	2	2	0	2	0	6	0	0	0	0	0
	Kaito Mizuta	JPN	00-04-08	0	0	0	0	0	0	0	0	0	0	0
FW	Karim Onisiwo	AUT	92-03-17	2548	31	28	3	11	3	10	2	4	0	0
	Marcus Ingvartsen	DEN	96-01-04	1317	28	16	12	15	14	10	0	2	0	0
	Ludovic Ajorque	FRA	94-02-25	1220	17	15	2	12	2	6	1	5	0	0
	Jonathan Burkardt	GER	00-07-11	536	11	7	4	7	4	1	2	2	0	0
	Delano Burgzorg	NED	98-11-07	232	13	0	13	1	24	0	1	2	0	0
	Nelson Weiper	GER	05-03-17	91	9	0	9	0	16	2	0	0	0	0
	Marlon Mustapha	AUT	01-05-24	64	6	0	6	1	13	0	0	1	0	0

BUNDESLIGA 2022-23 SEASON

1.FSV MAINZ 05 vs. OPPONENTS PER GAME STATS

마인츠 05 vs 상대팀

	득점	슈팅	유효슈팅	코너킥	오프사이드	패스시도 PA	패스성공 PC	패스성공률 P%	태클 TK	공중전승리 AD	인터셉트 IT	파울	경고	퇴장

| 1.59 | ⚽ | 1.62 | 12.3 | 👟 | 12.8 | 4.7 | ● | 4.5 | 4.6 | 🚩 | 4.2 | 2.2 | 🚩 | 1.4 | 403 | PA | 514 | 287 | PC | 393 |

| 71% | P% | 76% | 16.1 | TK | 13.9 | 21.9 | AD | 20.9 | 12.7 | IT | 8.7 | 14.0 | 🧤 | 10.2 | 2.03 | | 2.12 | 0.029 | ■ | 0.147 |

2022-23 SEASON SQUAD LIST & GAMES PLAYED

*괄호 안의 숫자는 선발 출전 횟수로, 교체 출전은 포함시키지 않음

LW	CF	RW
N/A	K.오니시워(19), L.아조르케(13) M.잉바슨(7), J.부르카르트(2) 이재성(1)	N/A

LAM	CAM	RAM
N/A	이재성(15), M.잉바슨(9) K.오니시워(9), A.슈타흐(6) J.부르카르트(5), A.풀지니(3) A.바르코크(2), L.아조르케(2)	N/A

LM	CM	RM
A.풀지니(1), A.카시(1)	D.코어(25), L.바레이로(25) A.슈타흐(15), 이재성(8) A.바르코크(1), A.풀지니(1)	A.슈타흐(1), D.다코스타(1)

LWB	DM	RWB
A.마르틴(18), A.카시(13)	N/A	S.비트머(16), D.다코스타(13) E.페르난데스(1), A.카시(1)

LB	CB	RB
A.마르틴(2)	E.페르난데스(26), S.벨(26) A.하크(14), A.한슈-울센(17) A.카시(8), M.라이치(7) S.비트머(2), D.코어(2)	S.비트머(1), E.페르난데스(1)

	GK	
	R.첸트너(26), F.다멘(8)	

SHOTS & GOALS

34경기 총 419슈팅 - 54득점
34경기 상대 총 436슈팅 - 55실점

```
  32-16
 259-33
 128-5
```

유효 슈팅 159		비유효 슈팅 260	
득점	54	블록 당함	105
GK 방어	105	골대 밖	147
유효슈팅률	37%	골대 맞음	8

유효 슈팅 154		비유효 슈팅 282	
실점	55	블록	99
GK 방어	99	골대 밖	172
유효슈팅률	35%	골대 맞음	11

```
 161-7
244-38
 31-10
```

GOAL TIME | POSSESSION

시간대별 득점

```
75%   14  5    25%
      10
61  8  10  30
   46 31
```

득점차
전반 골 득실차 -2
후반 골 득실차 +1
전체 골 득실차 -1

시간대별 실점

```
75%   14  6    25%
      9
61  7  12  30
   46 45
```

전체 평균
75% ◔44% 25%
50%

홈경기
75% ◔46% 25%
50%

원정경기
75% ◔42% 25%
50%

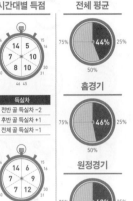

TACTICAL SHOT & GOAL TYPES | PASSES PER GAME | CORNER | DUELS pg

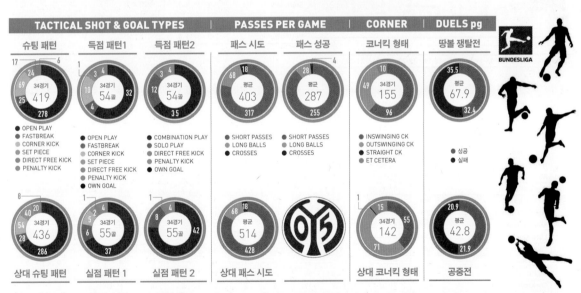

슈팅 패턴
34경기 419
- OPEN PLAY
- FASTBREAK
- CORNER KICK
- SET PIECE
- DIRECT FREE KICK
- PENALTY KICK

(17, 6, 24, 69, 25, 55, 278)

득점 패턴1
34경기 54골
- OPEN PLAY
- FASTBREAK
- CORNER KICK
- SET PIECE
- DIRECT FREE KICK
- PENALTY KICK
- OWN GOAL

(1, 3, 4, 10, 32, 4, 4, 35)

득점 패턴2
34경기 54골
- COMBINATION PLAY
- SOLO PLAY
- DIRECT FREE KICK
- PENALTY KICK
- OWN GOAL

(12, 35)

패스 시도
평균 403
- SHORT PASSES
- LONG BALLS
- CROSSES

(68, 18, 317)

패스 성공
평균 287
- SHORT PASSES
- LONG BALLS
- CROSSES

(28, 4, 255)

코너킥 형태
34경기 155
- INSWINGING CK
- OUTSWINGING CK
- STRAIGHT CK
- ET CETERA

(10, 49, 96)

땅볼 쟁탈전
평균 67.9
- 성공
- 실패

(35.5, 32.4)

상대 슈팅 패턴
34경기 436

(8, 20, 40, 54, 28, 286)

실점 패턴 1
34경기 55골

(1, 6, 10, 37)

실점 패턴 2
34경기 55골

(1, 4, 42)

상대 패스 시도
평균 514

(68, 18, 428)

상대 코너킥 형태
34경기 142

(1, 15, 55, 71)

공중전
평균 42.8

(20.9, 21.9)

FORMATION SUMMARY | WHO SCORED | ACTION ZONE | PASSESS pg BY ZONE

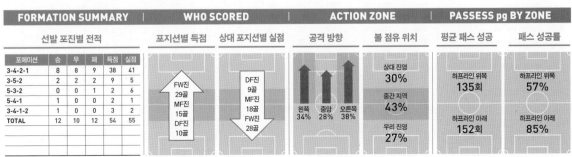

선발 포지션별 전적

포메이션	승	무	패	득점	실점
3-4-2-1	8	8	9	38	41
3-5-2	2	2	2	9	5
5-3-2	0	0	1	2	6
5-4-1	1	0	0	2	1
3-4-1-2	1	0	0	3	2
TOTAL	12	10	12	54	55

WHO SCORED

포지션별 득점
FW진 29골
MF진 15골
DF진 10골

상대 포지션별 실점
DF진 9골
MF진 18골
FW진 28골

ACTION ZONE

공격 방향
왼쪽 34%
중앙 28%
오른쪽 38%

볼 점유 위치
상대 진영 30%
중간 지역 43%
우리 진영 27%

PASSESS pg BY ZONE

평균 패스 성공
하프라인 위쪽 135회
하프라인 아래 152회

패스 성공률
하프라인 위쪽 57%
하프라인 아래 85%

Founded
구단 창립
1900년

Owner
묀헨글라트바흐
시민구단

CEO
롤프 쾨닉스
1941.08.19

Manager
헤라르도 세오아네
1978.10.30

23-24 Odds
벳365 : 150배
스카이벳 : 150배

Nationality
● 외국 선수 15명
● 독일 선수 14명

Age
29명 평균
26.0세

Height
29명 평균
183cm

Market Value
1군 29명 평균
826만 유로

Game Points
22-23 : 43점
통산 : 2762점

Win
22-23 : 11승
통산 : 757승

Draw
22-23 : 10무
통산 : 491무

Loss
22-23 : 13패
통산 : 626패

Goals For
22-23 : 52득점
통산 : 3185득점

Goals Against
22-23 : 55실점
통산 : 2733실점

More Minutes
니코 엘베디
2828분

Top Scorer
마르퀴 튀랑
13골

More Assists
요나스 호프만+1명
9도움

More Subs
파트릭 헤르만
21회 교체 IN

More Cards
쿠아디오 코네
Y12+R0

RANKING OF LAST 10 YEARS

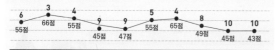

13-14	14-15	15-16	16-17	17-18	18-19	19-20	20-21	21-22	22-23
6 / 55점	3 / 66점	4 / 55점	9 / 45점	9 / 47점	5 / 55점	4 / 65점	8 / 49점	10 / 45점	10 / 43점

 5 **3** **0** **2** **0** **0**

GERMAN BUNDESLIGA	GERMAN DFB POKAL	UEFA CHAMPIONS LEAGUE	UEFA EUROPA LEAGUE	FIFA CLUB WORLD CUP	UEFA-CONMEBOL INTERCONTINENTAL

TOTO GUIDE 지난 시즌 상대팀별 전적

상대팀	홈	원정
Bayern München	3-2	1-1
Dortmund	4-2	2-5
RB Leipzig	3-0	0-3
Union Berlin	0-1	1-2
Freiburg	0-0	0-0
Leverkusen	2-3	2-2
E. Frankfurt	1-3	1-1
Wolfsburg	2-0	2-2
FSV Mainz	0-1	0-4
FC Köln	5-2	0-0
Hoffenheim	3-1	4-1
Werder Bremen	2-2	1-5
Bochum	2-0	1-2
FC Augsburg	2-0	0-1
Stuttgart	3-1	1-2
Schalke 04	0-0	2-2
Hertha Berlin	1-0	1-4

BORUSSIA-PARK

구장 오픈
2004년
구장 소유
묀헨글라트바흐
수용 인원
5만 4057명
피치 규모
105m X 68m
잔디 종류
천연 잔디

STRENGTHS & WEAKNESSES

OFFENSE		DEFENSE	
직접 프리킥	C	세트피스 수비	C
문전 처리	C	상대 볼 뺏기	C
측면 돌파	C	공중전 능력	D
스루볼 침투	C	역습 방어	C
개인기 침투	C	지공 방어	D
카운터 어택	C	스루패스 방어	C
기회 만들기	C	리드 지키기	C
세트피스	C	실수 조심	C
OS 피하기	D	측면 방어력	D
중거리 슈팅	C	파울 주의	D
볼 점유율	C	중거리슈팅 수비	C

매우 강함 **A** 강한 편 B 보통 수준 **C** 약한 편 **D** 매우 약함 **E**

위치	선수	국적	생년월일	출전(분)	출전경기	선발11	교체인	교체아웃	벤치출발	득점	도움	경고	경고누적	퇴장
GK	Jonas Omlin	SUI	94-01-10	1291	15	15	0	1	0	0	0	0	0	0
	Tobias Sippel	GER	88-03-22	509	6	5	1	0	13	0	0	1	0	0
	Jan Olschowsky	GER	01-11-18	360	4	4	0	0	17	0	0	0	0	0
	Maximilian Brüll	GER	02-08-26	0	0	0	0	0	1	0	0	0	0	0
	Florian Dimmer	GER	05-01-15	0	0	0	0	0	3	0	0	0	0	0
DF	Nico Elvedi	SUI	96-09-30	2828	32	32	0	2	0	3	0	2	0	0
	Ramy Bensebaini	ALG	95-04-16	2487	28	28	0	5	0	6	1	6	1	0
	Joe Scally	USA	02-12-31	2214	28	25	3	10	9	0	0	2	0	0
	Ko Itakura	JPN	97-01-27	1981	24	22	2	0	2	0	2	1	0	2
	Marvin Friedrich	GER	95-12-13	1238	23	13	10	0	20	1	0	2	0	0
	Stefan Lainer	AUT	92-08-27	817	17	9	8	7	20	0	0	2	0	0
	Luca Netz	GER	03-05-15	694	20	7	13	4	25	1	3	0	0	0
	Tony Jantschke	GER	90-04-07	93	8	1	7	1	24	0	0	0	0	0
MF	Jonas Hofmann	GER	92-07-14	2693	31	30	1	14	1	12	9	2	0	0
	Kouadio Koné	FRA	01-05-17	2620	30	30	0	12	0	1	1	12	0	0
	Christoph Kramer	GER	91-02-19	2229	29	27	2	10	4	0	0	4	0	0
	Julian Weigl	GER	95-09-08	1897	23	21	2	4	3	1	0	6	0	0
	Lars Stindl	GER	88-08-26	1744	29	20	9	19	11	8	7	9	0	0
	Florian Neuhaus	GER	97-03-16	1408	23	16	7	11	9	1	0	2	0	0
	Nathan Ngoumou	FRA	00-03-14	689	20	7	13	7	23	1	0	0	0	0
	Hannes Wolf	AUT	99-04-16	440	18	4	14	5	22	1	1	0	0	0
	Oscar Fraulo	DEN	03-12-06	6	2	0	2	0	15	0	0	0	0	0
	Conor Noß	IRL	01-01-01	0	0	0	0	0	4	0	0	0	0	0
	Jacob Italiano	AUS	01-07-30	0	0	0	0	0	0	0	0	0	0	0
FW	Marcus Thuram	FRA	97-08-06	2519	30	28	2	7	3	13	6	3	0	0
	Alassane Pléa	FRA	93-03-10	1779	29	20	9	14	10	2	9	5	0	0
	Patrick Herrmann	GER	91-02-12	143	21	0	21	0	32	1	0	2	0	0
	Yvandro Borges Sanches	LUX	04-05-24	25	3	0	3	0	13	0	0	0	0	0
	Semir Telalović	GER	99-12-23	6	3	0	3	0	5	0	0	0	0	0

BORUSSIA MÖNCHENGLADBACH vs. OPPONENTS PER GAME STATS

묀헨글라트바흐 vs 상대팀

	득점	슈팅	유효슈팅	코너킥	오프사이드	패스시도	패스성공	패스성공률	태클	공중전승리	인터셉트	파울	경고	퇴장
	1.53	12.0	5.1	4.4	2.1	515 (PA)	430 (PC)							
	1.28	14.3	5.4	5.3	2.6	456	356							
	83% (P%) 78%	14.6 (TK) 15.6	12.6 (AD) 12.5	7.9 (IT) 9.9	9.9 ◇ 13.6	1.82 ▨ 1.94	0.088 ■ 0.176							

2022-23 SEASON SQUAD LIST & GAMES PLAYED

* 괄호 안의 숫자는 선발 출전 횟수, 교체 출전은 포함시키지 않음

LW	CF	RW
N/A	M.튀랑(28), A.플레아(4) N.은구무(2)	N/A

LAM	CAM	RAM
A.플레아(16), L.슈틴들(12) H.볼프(3), N.은구무(1)	C.크라머(12), L.노이하우스(12) L.슈틴들(7), J.호프만(5)	J.호프만(25), N.은구무(4) L.슈틴들(1), H.볼프(1) F.노이하우스(1)

LM	CM	RM
N/A	J.바이글(2), F.노이하우스(1) M.코네(1)	N/A

LWB	DM	RWB
L.렌츠(2)	M.코네(29), J.바이글(19) C.크라머(14), N.노이하우스(1)	S.라이너(2)

LB	CB	RB
R.벤세바이니(27), L.네츠(5)	N.엘베디(32), K.이타쿠라(22) M.프리드리히(13), C.크라머(1) T.얀추케(1), R.벤세바이니(1)	J.스캘리(25), S.라이너(7)

	GK	
	J.옴린(15), Y.조머(10) T.시펠(5), J.올쇼프스키(4)	

SHOTS & GOALS

34경기 총 408슈팅 - 52득점
34경기 상대 총 485슈팅 - 55실점

24-6
254-39
130-7

유효 슈팅 172		비유효 슈팅 236	
득점	52	블록 당함	92
GK 방어	120	골대 밖	137
유효슈팅률	42%	골대 맞음	7

유효 슈팅 182		비유효 슈팅 303	
실점	55	블록	110
GK 방어	127	골대 밖	185
유효슈팅률	38%	골대 맞음	8

172-3
268-38
45-14

GOAL TIME | POSSESSION

시간대별 득점
14 8 / 7 10
15 / 30 / 46 45 / 31

득실차
전반 골 득실차 -5
후반 골 득실차 +2
전체 골 득실차 -3

시간대별 실점
16 8 / 6 11 / 5 9
15 / 30 / 61 46 45

전체 평균
54%
75% 25% / 50%

홈경기
57%
75% 25% / 50%

원정경기
51%
75% 25% / 50%

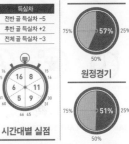

TACTICAL SHOT & GOAL TYPES | PASSES PER GAME | CORNER | DUELS pg

슈팅 패턴 — 34경기 408 (12, 6, 32, 74, 30, 254)
득점 패턴1 — 34경기 52골 (2, 4, 8, 31, 7, ...)
득점 패턴2 — 34경기 52골 (4, 39, ...)
패스 시도 — 평균 515 (51, 13, 451)
패스 성공 — 평균 430 (23, 4, 403)
코너킥 형태 — 34경기 151 (1, 17, 60, 73)
땅볼 쟁탈전 — 평균 67.3 (32.8, 34.5)

BUNDESLIGA

- ● OPEN PLAY
- ● FASTBREAK
- ● CORNER KICK
- ● SET PIECE
- ● DIRECT FREE KICK
- ● PENALTY KICK

- ● OPEN PLAY
- ● FASTBREAK
- ● CORNER KICK
- ● SET PIECE
- ● DIRECT FREE KICK
- ● PENALTY KICK
- ● OWN GOAL

- ● COMBINATION PLAY
- ● SOLO PLAY
- ● DIRECT FREE KICK
- ● PENALTY KICK
- ● OWN GOAL

- ● SHORT PASSES
- ● LONG BALLS
- ● CROSSES

- ● SHORT PASSES
- ● LONG BALLS
- ● CROSSES

- ● INSWINGING CK
- ● OUTSWINGING CK
- ● STRAIGHT CK
- ● ET CETERA

- ● 성공
- ● 실패

상대 슈팅 패턴 — 34경기 485 (18, 6, 29, 80, 34, 318)
실점 패턴 1 — 34경기 55골 (2, 4, 5, 37, 38, ...)
실점 패턴 2 — 34경기 55골 (1, 11, 37, ...)
상대 패스 시도 — 평균 456 (52, 20, 384)
상대 코너킥 형태 — 34경기 181 (38, 81, 62)
공중전 — 평균 25.1 (12.5, 12.6)

FORMATION SUMMARY | WHO SCORED | ACTION ZONE | PASSESS pg BY ZONE

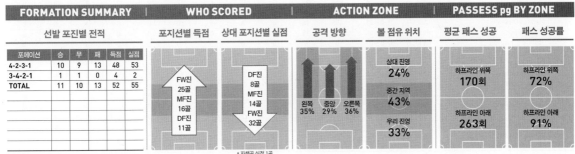

선발 포진별 전적

포메이션	승	무	패	득점	실점
4-2-3-1	10	9	13	48	53
3-4-2-1	1	1	0	4	2
TOTAL	11	10	13	52	55

포지션별 득점
FW진 25골
MF진 16골
DF진 11골

상대 포지션별 실점
DF진 8골
MF진 14골
FW진 32골

* 자책골 실점 1골

공격 방향
왼쪽 35% 중앙 29% 오른쪽 36%

볼 점유 위치
상대 진영 24%
중간 지역 43%
우리 진영 33%

평균 패스 성공
하프라인 위쪽 170회
하프라인 아래 263회

패스 성공률
하프라인 위쪽 72%
하프라인 아래 91%

1.FC KÖLN

 Founded 구단 창립 1948년

 Owner FC 쾰른 시민구단

 CEO 베르너 볼프 1956.08.02

 Manager 슈테펜 바움가르트 1972.01.05

23-24 Odds 벳365 : 500배 스카이벳 : 500배

34명 Nationality
● 외국 선수 24명
● 독일 선수 10명

 Age 34명 평균 25.2세

Height 34명 평균 186cm

Market Value 1군 34명 평균 300만 유로

GP Game Points 22-23 : 42점 통산 : 2457점

 Win 22-23 : 10승 통산 : 671승

Draw 22-23 : 12무 통산 : 444무

Loss 22-23 : 12패 통산 : 615패

GF+ Goals For 22-23 : 49득점 통산 : 2803득점

GA- Goals Against 22-23 : 54실점 통산 : 2596실점

More Minutes 마르빈 슈바베 3060분

Top Scorer 엘리아스 스키리 7골

More Assists 플로리안 카인츠 10도움

More Subs 킹슬리 신들러 21회 교체 IN

More Cards 티모 휘버스 Y8+R0

RANKING OF LAST 10 YEARS

● 2부 리그

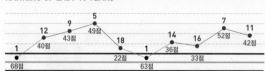

13-14	14-15	15-16	16-17	17-18	18-19	19-20	20-21	21-22	22-23
1	12	9	5	18	1	14	16	7	11
68점	40점	43점	49점	22점	63점	36점	33점	52점	42점

GERMAN BUNDESLIGA	GERMAN DFB POKAL	UEFA CHAMPIONS LEAGUE	UEFA EUROPA LEAGUE	FIFA CLUB WORLD CUP	UEFA-CONMEBOL INTERCONTINENTAL
2	4	0	0	0	0

TOTO GUIDE 지난 시즌 상대팀별 전적

상대팀	홈	원정
Bayern München	1-2	1-1
Dortmund	3-2	1-6
RB Leipzig	0-0	2-2
Union Berlin	0-1	0-0
Freiburg	0-1	0-2
Leverkusen	1-2	2-1
E. Frankfurt	3-0	1-1
Wolfsburg	0-2	4-2
FSV Mainz	1-1	0-5
Mönchengladbach	0-0	2-5
Hoffenheim	1-1	3-1
Werder Bremen	7-1	1-1
Bochum	0-2	1-1
FC Augsburg	3-2	3-1
Stuttgart	0-0	0-3
Schalke 04	3-1	0-0
Hertha Berlin	5-2	0-2

RHEINENERGIESTADION

구장 오픈 / 증개축 1923년, 증개축 2회
구장 소유 쾰르너 GmBH
수용 인원 5만명
피치 규모 105m X 68m
잔디 종류 천연 잔디

STRENGTHS & WEAKNESSES

OFFENSE		DEFENSE	
직접 프리킥	C	세트피스 수비	C
문전 처리	C	상대 볼 뺏기	C
측면 돌파	A	공중전 능력	B
스루볼 침투	C	역습 방어	C
개인기 침투	C	지공 방어	C
카운터 어택	B	스루패스 방어	C
기회 만들기	C	리드 지키기	C
세트피스	C	실수 조심	C
OS 피하기	B	측면 방어력	D
중거리 슈팅	C	파울 주의	D
볼 점유율	C	중거리슈팅 수비	C

매우 강함 A 강한 편 B 보통 수준 C 약한 편 D 매우 약함 E

위치	선수	국적	생년월일	출전(분)	출전경기	선발11	교체인	교체아웃	벤치출발	득점	도움	경고	경고누적	퇴장
GK	Marvin Schwäbe	GER	95-04-25	3060	34	34	0	0	0	0	0	1	0	0
	Timo Horn	GER	93-05-12	0	0	0	0	0	32	0	0	0	0	0
	Matthias Köbbing	GER	97-05-28	0	0	0	0	0	3	0	0	0	0	0
DF	Timo Hübers	GER	96-07-20	2558	29	28	1	0	1	3	0	8	0	0
	Benno Schmitz	GER	94-11-17	2430	31	30	1	12	1	1	0	6	0	0
	Julian Chabot	GER	98-02-12	1806	21	21	0	3	5	0	2	3	0	0
	Luca Kilian	GER	99-09-01	1123	16	13	3	0	9	1	0	3	2	0
	Nikola Soldo	CRO	01-01-25	592	7	6	1	0	14	0	0	1	0	0
	Kristian Pedersen	DEN	94-08-04	274	6	3	3	1	20	0	0	1	0	0
	Elias Bakatukanda	GER	04-04-13	0	0	0	0	0	2	0	0	0	0	0
	Rijad Smajić	BIH	04-05-02	0	0	0	0	0	3	0	0	0	0	0
	Georg Strauch	GER	01-03-30	0	0	0	0	0	4	0	0	0	0	0
MF	Ellyes Skhiri	TUN	95-05-10	2857	32	32	0	1	0	7	1	5	0	0
	Jonas Hector	GER	90-05-27	2826	32	32	0	2	0	0	2	3	0	0
	Florian Kainz	AUT	92-10-24	2370	32	31	1	25	1	6	10	5	1	0
	Linton Maina	GER	99-06-23	2258	33	27	6	26	7	3	7	1	0	0
	Eric Martel	GER	02-04-29	2022	29	23	6	9	10	1	1	6	0	0
	Dejan Ljubičić	AUT	97-10-08	1719	27	20	7	16	7	5	1	3	0	0
	Kingsley Schindler	GER	93-07-12	1071	29	8	21	6	25	0	1	1	0	0
	Jan Thielmann	GER	02-05-26	856	23	6	17	4	17	2	2	5	0	0
	Denis Huseinbašić	GER	01-07-03	782	24	7	17	5	22	4	1	3	0	0
	Mathias Olesen	LUX	01-03-21	475	14	6	8	5	20	0	0	0	0	0
	Tim Lemperle	GER	02-02-05	119	12	0	12	0	18	0	0	0	0	0
	Joshua Schwirten	GER	02-01-07	0	0	0	0	0	2	0	0	0	0	0
FW	Steffen Tigges	GER	98-07-31	1596	30	17	13	14	14	6	1	1	0	0
	Davie Selke	GER	95-01-20	877	17	12	5	12	6	5	0	2	0	0
	Sargis Adamyan	ARM	93-05-23	629	24	4	20	4	24	1	2	3	0	0
	Florian Dietz	GER	98-08-03	393	11	4	7	5	7	1	0	1	0	0
	Mark Uth	GER	91-08-24	43	3	0	3	0	5	0	0	2	0	0
	Dimitris Limnios	GRE	98-05-27	38	2	0	2	0	8	0	0	0	0	0
	Justin Diehl	GER	04-11-27	15	2	0	2	0	4	0	0	0	0	0
	Sebastian Andersson	SWE	91-07-15	0	0	0	0	0	0	0	0	0	0	0
	Damion Downs	USA	04-07-06	0	0	0	0	0	2	0	0	0	0	0
	Maximilian Schmid	GER	03-03-05	0	0	0	0	0	2	0	0	0	0	0

1.FC KÖLN vs. OPPONENTS PER GAME STATS

FC 쾰른 vs 상대팀

	득점	슈팅	유효슈팅	코너킥	오프사이드	패스시도	패스성공	인터셉트

1.44 ⚽ 1.59	12.4 👟 11.2	4.5 ● 3.9	6.0 🚩 4.6	2.0 🏳 1.6	457 PA 469	356 PC 358
78% P% 76%	18.0 TK 15.4	19.5 AD 18.1	10.9 IT 8.4	11.8 🔄 10.9	2.21 ■ 1.88	0.088 ■ 0.118

(범례: 득점, 슈팅, 유효슈팅, 코너킥, 오프사이드, 패스시도 PA, 패스성공 PC, 패스성공률 P%, 태클 TK, 공중전승리 AD, 인터셉트 IT, 파울, 경고, 퇴장)

2022-23 SEASON SQUAD LIST & GAMES PLAYED

*괄호 안의 숫자는 선발 출전 횟수, 교체 출전은 포함시키지 않음

LW	CF	RW
N/A	S.티게스(17), D.셀케(12) / L.마이나(7), F.디츠(4) / S.아다미안(4), J.틸레만(2) / D.후세인바시치(1)	N/A

LAM	CAM	RAM
F.카인츠(12), L.마이나(6) / D.류비치치(1)	O.두다(5), D.류비치치(4) / D.후세인바시치(3), F.카인츠(10) / M.울레센(2), L.마이나(2) / J.헥토르(1)	L.마이나(9), D.류비치치(5) / J.틸레만(4), K.쉰들러(1)

, LM	CM	RM
L.마이나(3), F.카인츠(1)	F.카인츠(8), E.마르텔(6) / D.류비치치(5), O.두다(4) / M.울레센(3), K.쉰들러(2) / E.스키리(2), D.후세인바시치(1)	K.쉰들러(2), D.후세인바시치(1) / D.류비치치(1)

LWB	DM	RWB
N/A	E.스키리(30), E.마르텔(17) / D.류비치치(4), D.후세인바시치(1) / M.울레센(1)	N/A

LB	CB	RB
J.헥토르(31), K.피더슨(3)	T.휘버스(28), L.킬리안(13) / J.샤보(21), N.솔도(6)	B.슈미츠(30), K.쉰들러(3) / K.에히지부(1)

	GK	
	M.슈베베(34)	

SHOTS & GOALS

34경기 총 420슈팅 – 49득점
34경기 상대 총 380슈팅 – 54실점

```
      51-15
     243-31
      126-3
```

유효 슈팅 153		비유효 슈팅 267	
득점	49	블록 당함	115
GK 방어	104	골대 밖	140
유효슈팅률	36%	골대 맞음	12

유효 슈팅 132		비유효 슈팅 248	
실점	54	블록	105
GK 방어	78	골대 밖	137
유효슈팅률	35%	골대 맞음	6

```
      131-8
     226-37
      23-9
```

GOAL TIME | POSSESSION

시간대별 득점

(11, 7 / 8, 11)

독실차
전반 골 독실차 –3
후반 골 독실차 –2
전체 골 독실차 –5

시간대별 실점

(10, 11 / 6, 10)

전체 평균
75% 49쪽 25% / 50%

홈경기
75% 54쪽 25% / 50%

원정경기
75% 45쪽 25% / 50%

TACTICAL SHOT & GOAL TYPES

슈팅 패턴
34경기 420 (6, 4, 21, 259, 41, 89)

득점 패턴1
34경기 49골 (3, 4, 4, 9, 26, 7, 11)

득점 패턴2
34경기 49골 (3, 4, 11, 31)

- OPEN PLAY
- FASTBREAK
- CORNER KICK
- SET PIECE
- DIRECT FREE KICK
- PENALTY KICK

- OPEN PLAY
- FASTBREAK
- CORNER KICK
- SET PIECE
- DIRECT FREE KICK
- PENALTY KICK
- OWN GOAL

- COMBINATION PLAY
- SOLO PLAY
- DIRECT FREE KICK
- PENALTY KICK
- OWN GOAL

상대 슈팅 패턴
34경기 380 (31, 14, 5, 58, 239, 33)

실점 패턴 1
34경기 54골 (3, 4, 9, 6, 30)

실점 패턴 2
34경기 54골 (3, 6, 8, 37)

PASSES PER GAME

패스 시도
평균 457 (55, 23, 379)

패스 성공
평균 356 (22, 5, 329)

- SHORT PASSES
- LONG BALLS
- CROSSES

- SHORT PASSES
- LONG BALLS
- CROSSES

상대 패스 시도
평균 469 (64, 18, 387)

CORNER

코너킥 형태
34경기 205 (37, 87, 81)

- INSWINGING CK
- OUTSWINGING CK
- STRAIGHT CK
- ET CETERA

상대 코너킥 형태
34경기 156 (27, 70, 59)

DUELS pg

땅볼 쟁탈전
평균 72.0 (37.1, 34.9)

- 성공
- 실패

공중전
평균 37.6 (18.1, 19.5)

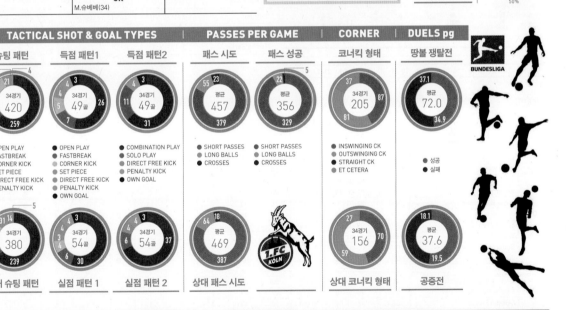

FORMATION SUMMARY

선발 포지션별 전적

포메이션	승	무	패	득점	실점
4-2-3-1	5	6	8	25	27
4-1-3-2	3	2	1	11	10
4-2-2-2	1	1	1	8	7
4-1-4-1	1	1	0	3	1
4-4-2	0	1	1	1	3
4-3-1-2	0	1	1	1	6
TOTAL	10	12	12	49	54

WHO SCORED

포지션별 득점

FW진 21골
MF진 17골
DF진 8골

*상대 자책골 3골

상대 포지션별 실점

DF진 10골
MF진 17골
FW진 24골

*자책골 실점 3골

ACTION ZONE

공격 방향
왼쪽 38% / 중앙 24% / 오른쪽 38%

볼 점유 위치
상대 진영 29%
중간 지역 41%
우리 진영 30%

PASSESS pg BY ZONE

평균 패스 성공
하프라인 위쪽 151회
하프라인 아래 205회

패스 성공률
하프라인 위쪽 63%
하프라인 아래 87%

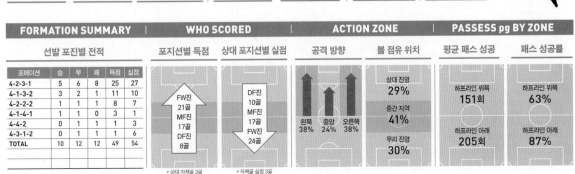

TSG 1899 HOFFENHEIM

Founded
구단 창립
1899년

Owner
호펜하임
시민구단

CEO
크리스티안 바움가트너
1968.11.14

Manager
펠레그리노 마타라조
1977.11.28

23-24 Odds
벳365 : 250배
스카이벳 : 500배

Nationality
● 외국 선수 17명
● 독일 선수 15명

Age
32명 평균
26.1세

Height
32명 평균
184cm

Market Value
1군 32명 평균
499만 유로

Game Points
22-23 : 36점
통산 : 682점

Win
22-23 : 10승
통산 : 180승

Draw
22-23 : 6무
통산 : 142무

Loss
22-23 : 18패
통산 : 188패

Goals For
22-23 : 48득점
통산 : 811득점

Goals Against
22-23 : 57실점
통산 : 795실점

More Minutes
울리버 바우만
3060분

Top Scorer
안드레이 크라마리치
12골

More Assists
앙헬리뇨
9도움

More Subs
세바스티안 루디
16회 교체 IN

More Cards
케빈 아크포구마
Y11+R0

RANKING OF LAST 10 YEARS

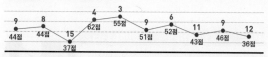

9	8	15	4	3	9	6	11	9	12
44점	44점	37점	62점	55점	51점	52점	43점	46점	36점
13-14	14-15	15-16	16-17	17-18	18-19	19-20	20-21	21-22	22-23

GERMAN BUNDESLIGA	GERMAN DFB POKAL	UEFA CHAMPIONS LEAGUE	UEFA EUROPA LEAGUE	FIFA CLUB WORLD CUP	UEFA-CONMEBOL INTERCONTINENTAL
0	0	0	0	0	0

TOTO GUIDE 지난 시즌 상대팀별 전적

상대팀	홈	원정
Bayern München	0-2	1-1
Dortmund	0-1	0-1
RB Leipzig	1-3	0-1
Union Berlin	4-2	1-3
Freiburg	0-0	1-2
Leverkusen	1-3	3-0
E. Frankfurt	3-1	2-4
Wolfsburg	1-2	1-2
FSV Mainz	4-1	0-1
Mönchengladbach	1-4	1-3
FC Köln	1-3	1-1
Werder Bremen	1-2	2-1
Bochum	3-2	2-5
FC Augsburg	1-0	0-1
Stuttgart	2-2	1-1
Schalke 04	2-0	3-0
Hertha Berlin	3-1	1-1

RHEIN-NECKAR-ARENA

구장 오픈 / 증개축
1923년, 증개축 2회
구장 소유
필르너 GmBH
수용 인원
5만명
피치 규모
105m X 68m
잔디 종류
천연 잔디

STRENGTHS & WEAKNESSES

OFFENSE		DEFENSE	
직접 프리킥	C	세트피스 수비	D
문전 처리	C	상대 볼 뺏기	C
측면 돌파	B	공중전 능력	C
스루볼 침투	C	역습 방어	D
개인기 침투	C	지공 방어	C
카운터 어택	B	스루패스 방어	D
기회 만들기	C	리드 지키기	C
세트피스	C	실수 조심	C
OS 피하기	D	측면 방어력	B
중거리 슈팅	C	파울 주의	C
볼 점유율	C	중거리슈팅 수비	C

매우 강함 **A** 강한 편 **B** 보통 수준 **C** 약한 편 **D** 매우 약함 **E**

위치	선수	국적	생년월일	출전(분)	출전경기	선발11	교체인	교체아웃	벤치출발	득점	도움	경고	경고누적	퇴장
GK	Oliver Baumann	GER	90-06-02	3060	34	34	0	0	0	0	0	0	0	0
	Philipp Pentke	GER	85-05-01	0	0	0	0	0	5	0	0	0	0	0
	Nahuel Noll	GER	03-03-17	0	0	0	0	0	2	0	0	0	0	0
	Luca Philipp	GET	00-11-28	0	0	0	0	0	27	0	0	0	0	0
DF	Angeliño	ESP	97-01-04	2620	33	30	3	7	3	0	9	2	0	0
	Ozan Kabak	TUR	00-03-25	2393	30	28	2	5	3	2	2	10	2	0
	Kevin Akpoguma	GER	95-04-19	1949	28	21	7	7	10	0	0	11	0	0
	Kevin Vogt	GER	91-09-23	1781	22	22	0	6	0	0	0	8	0	0
	Pavel Kadeřábek	CZE	92-04-25	1662	26	17	9	5	11	1	1	1	0	0
	John Brooks	USA	93-01-28	1350	15	15	0	0	2	0	0	4	0	0
	Stanley Nsoki	FRA	99-04-09	1286	19	14	5	4	9	1	0	2	0	1
	Ermin Bičakčić	BIH	90-01-24	256	9	0	9	0	19	0	0	0	0	0
	Eduardo Quaresma	POR	02-03-02	86	4	1	3	1	0	0	0	0	0	0
	Justin Che	USA	03-11-18	0	0	0	0	0	2	0	0	0	0	0
	Joshua Quarshie	GER	04-07-26	0	1	0	1	0	2	0	0	0	0	0
MF	Christoph Baumgartner	AUT	99-08-01	2582	33	33	0	19	0	7	3	7	0	0
	Dennis Geiger	GER	98-06-10	1973	27	27	0	21	1	1	3	9	0	0
	Grischa Prömel	GER	95-01-09	1458	18	17	1	5	1	1	1	4	0	0
	Sebastian Rudy	GER	90-02-28	784	22	6	16	5	25	0	1	3	0	0
	Angelo Stiller	GER	01-04-04	696	20	6	14	4	21	1	1	1	0	0
	Finn Ole Becker	GER	00-06-08	511	13	6	7	5	19	0	0	0	0	0
	Tom Bischof	GER	05-06-28	310	11	3	8	3	18	0	0	0	0	0
	Thomas Delaney	DEN	91-09-03	299	6	4	2	4	6	0	0	0	0	0
	Umut Tohumcu	GER	04-08-11	266	8	2	6	1	13	0	0	0	0	0
	Muhammed Damar	GER	04-04-09	155	6	1	5	1	14	0	0	0	0	0
FW	Andrej Kramarić	CRO	91-06-19	2393	32	26	6	11	7	12	3	3	0	0
	Ihlas Bebou	TOG	94-04-23	1422	19	17	2	11	2	7	6	0	0	0
	Robert Skov	DEN	96-05-20	1354	23	16	7	12	8	3	2	1	0	0
	Munas Dabbur	ISR	92-05-14	930	21	8	13	6	19	6	2	3	0	1
	Kasper Dolberg	DEN	97-10-06	397	13	4	9	3	11	1	0	0	0	0
	Jacob Bruun Larsen	DEN	98-09-19	322	12	3	9	3	14	1	0	0	0	0
	Fisnik Asllani	GER	02-08-08	161	8	0	8	0	10	0	0	0	0	0

TSG 1899 HOFFENHEIM vs. OPPONENTS PER GAME STATS

TSG 호펜하임 vs 상대팀

	득점	슈팅	유효슈팅	코너킥	오프사이드	패스시도	패스성공	태클	공중전승리	인터셉트	파울	경고	퇴장
	1.41 / 1.68	11.9 / 14.1	4.1 / 4.8	4.7 / 5.5	2.3 / 1.9	435 (PA) 470	335 (PC) 362						
	77% (P%) 77%	16.0 (TK) 15.5	16.3 (AD) 16.5	8.4 (IT) 9.2	13.9 / 11.2	2.35 / 1.85	0.147 / 0.059						

2022-23 SEASON SQUAD LIST & GAMES PLAYED

* 괄호 안의 숫자는 선발 출전 횟수, 교체 출전은 포함시키지 않음

LW	CF	RW
A.크라마리치(2)	I.베부(14), C.바움가르트너(13) G.루터(11), A.크라마리치(9) M.다부르(8), K.덜베어(4) J.B.라슨(3)	C.바움가르트너(1), I.베부(1)

LAM	CAM	RAM
N/A	C.바움가르트너(6) A.크라마리치(4), T.비쇼프(3)	N/A

LM	CM	RM
앙헬리뇨(5), R.스코프(1)	D.가이거(26), G.프필멜(17) C.바움가르트너(12) A.크라마리치(11), S.루디(6) A.슈틸러(6), T.딜레니(4) F.베커(4), U.토홈주(2) D.사마세쿠(1), M.다마르(1)	P.카데라베크(4), C.바움가르트너(1) R.스코프(1)

LWB	DM	RWB
앙헬리뇨(25), R.스코프(3)	D.가이거(1)	P.카데라베크(12), R.스코프(11) I.베부(2), F.베커(2) K.아크포구마(1)

LB	CB	RB
N/A	O.카바크(28), K.포크트(22) K.아크포구마(20), S.은소키(14) J.브룩스(15), E.콰레스마(1) S.포쉬(1), P.카데라베크(1)	N/A

	GK	
	O.바우만(34)	

SHOTS & GOALS

34경기 총 403슈팅 – 48득점
34경기 상대 총 481슈팅 – 57실점

```
      26-11
     239-34
      138-3
```

유효 슈팅 139		비유효 슈팅 264	
득점	48	블록 당함	100
GK 방어	91	골대 밖	160
유효슈팅률	34%	골대 맞음	4

유효 슈팅 162		비유효 슈팅 319	
실점	57	블록	125
GK 방어	105	골대 밖	182
유효슈팅률	34%	골대 맞음	12

```
      153-3
     297-42
      31-12
```

GOAL TIME | POSSESSION

시간대별 득점

전체 평균

75% 48% 25% / 50%

득실차

전반 골 득실차 -7
후반 골 득실차 -2
전체 골 득실차 -9

홈경기

75% 48% 25% / 50%

시간대별 실점

원정경기

75% 48% 25% / 50%

TACTICAL SHOT & GOAL TYPES | PASSES PER GAME | CORNER | DUELS pg

BUNDESLIGA

슈팅 패턴

34경기 403 — 9, 23, 15, 59, 29, 268

득점 패턴1

34경기 48골 — 1, 7, 2, 4, 31, 30

득점 패턴2

34경기 48골 — 7, 2, 8, 30, 1

패스 시도

평균 435 — 61, 17, 357

패스 성공

평균 355 — 28, 5, 302

코너킥 형태

34경기 161 — 38, 45, 74

땅볼 쟁탈전

평균 69.8 — 35.8, 34.0

- OPEN PLAY
- FASTBREAK
- CORNER KICK
- SET PIECE
- DIRECT FREE KICK
- PENALTY KICK

- OPEN PLAY
- FASTBREAK
- CORNER KICK
- SET PIECE
- DIRECT FREE KICK
- PENALTY KICK
- OWN GOAL

- COMBINATION PLAY
- SOLO PLAY
- DIRECT FREE KICK
- PENALTY KICK
- OWN GOAL

- SHORT PASSES
- LONG BALLS
- CROSSES

- SHORT PASSES
- LONG BALLS
- CROSSES

- INSWINGING CK
- OUTSWINGING CK
- STRAIGHT CK
- ET CETERA

- 성공
- 실패

상대 슈팅 패턴

34경기 481 — 9, 3, 26, 87, 28, 328

실점 패턴 1

34경기 57골 — 1, 8, 21, 45

실점 패턴 2

34경기 57골 — 1, 8, 21, 45

상대 패스 시도

평균 470 — 60, 19, 391

TSG 1899 Hoffenheim

상대 코너킥 형태

34경기 187 — 41, 70, 76

공중전

평균 32.8 — 16.5, 16.3

FORMATION SUMMARY | WHO SCORED | ACTION ZONE | PASSESS pg BY ZONE

선발 포지션별 전적

포메이션	승	무	패	득점	실점
3-5-2	7	5	10	29	31
3-4-1-2	0	0	5	4	13
3-4-2-1	0	1	3	4	9
3-4-3	2	0	0	7	3
3-1-4-2	1	0	0	4	1
TOTAL	10	6	18	48	57

포지션별 득점

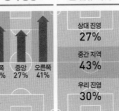

FW진 27골 / MF진 15골 / DF진 4골

상대 포지션별 실점

DF진 9골 / MF진 22골 / FW진 25골

공격 방향

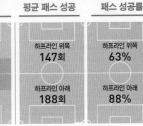

왼쪽 32% / 중앙 27% / 오른쪽 41%

볼 점유 위치

상대 진영 27%
중간 지역 43%
우리 진영 30%

평균 패스 성공

하프라인 위쪽 147회
하프라인 아래 188회

패스 성공률

하프라인 위쪽 63%
하프라인 아래 88%

* 상대 자책골 2골
* 자책골 실점 1골

SV WERDER BREMEN

 Founded 구단 창립 1899년

 Owner 베르더 브레멘 시민 구단

 CEO 헤스 그루네빌트 1960.10.14

 Manager 올레 베르너 1988.05.04

 23-24 Odds 벳365 : 500배 스카이벳 : 500배

 Nationality ●외국 선수 9명 ●독일 선수 20명

 Age 29명 평균 25.7세

 Height 29명 평균 185cm

 Market Value 1군 29명 평균 310만 유로

 Game Points 22-23 : 36점 통산 : 2922점

 Win 22-23 : 10승 통산 : 810승

 Draw 22-23 : 6무 통산 : 492무

 Loss 22-23 : 18패 통산 : 666패

 Goals For 22-23 : 51득점 통산 : 3261득점

 Goals Against 22-23 : 64실점 통산 : 2899실점

 More Minutes 이리 파블렌카 2909분

 Top Scorer 니클라스 퓔크루그 16골

 More Assists 미첼 바이저 9도움

 More Subs 리 부캐넌 19회 교체 IN

 More Cards 레오나르드 비텐쿠르트 Y10+R0

TOTO GUIDE 지난 시즌 상대팀별 전적

상대팀	홈	원정
Bayern München	1-2	1-6
Dortmund	0-2	3-2
RB Leipzig	1-2	1-2
Union Berlin	1-2	0-1
Freiburg	1-2	0-2
Leverkusen	2-3	1-1
E. Frankfurt	3-4	0-2
Wolfsburg	2-1	2-2
FSV Mainz	0-2	2-2
Mönchengladbach	5-1	2-2
FC Köln	1-1	1-7
Hoffenheim	1-2	2-1
Bochum	3-0	2-0
FC Augsburg	0-1	1-2
Stuttgart	2-2	2-0
Schalke 04	2-1	1-2
Hertha Berlin	1-0	4-2

WESERSTADION

구장 오픈 / 증개축 1947년, 증개축 9회
구장 소유 슈타디온 GmbH
수용 인원 4만 2100명
피치 규모 105m X 68m
잔디 종류 천연 잔디

STRENGTHS & WEAKNESSES

OFFENSE		DEFENSE	
직접 프리킥	C	세트피스 수비	B
문전 처리	C	상대 볼 뺏기	B
측면 돌파	B	공중전 능력	C
스루볼 침투	C	역습 방어	E
개인기 침투	C	지공 방어	D
카운터 어택	C	스루패스 방어	E
기회 만들기	B	리드 지키기	C
세트피스	C	실수 조심	C
OS 피하기	C	측면 방어력	D
중거리 슈팅	C	파울 주의	C
볼 점유율	C	중거리슈팅 수비	D

매우 강함 **A** 강한 편 **B** 보통 수준 **C** 약한 편 **D** 매우 약함 **E**

RANKING OF LAST 10 YEARS

● 2부 리그

13-14	14-15	15-16	16-17	17-18	18-19	19-20	20-21	21-22	22-23
12	10	13	8	11	8	16	17	2	13
39점	43점	38점	45점	42점	53점	31점	31점	63점	36점

위치	선수	국적	생년월일	출전(분)	출전경기	선발11	교체인	교체아웃	벤치출발	득점	도움	경고	경고누적	퇴장
GK	Jiří Pavlenka	CZE	92-04-14	2909	33	33	0	1	0	0	0	1	0	0
	Michael Zetterer	GER	95-07-12	151	2	1	1	0	33	0	0	0	0	0
	Mio Backhaus	GER	04-04-16	0	0	0	0	0	0	0	0	0	0	0
	Eduardo Dos Santos	GER	99-02-10	0	0	0	0	0	1	0	0	0	0	0
	Louis Lord	GER	03-10-22	0	0	0	0	0	0	0	0	0	0	0
DF	Anthony Jung	GER	91-11-03	2637	34	32	2	21	2	2	5	2	0	0
	Marco Friedl	AUT	98-03-16	2597	30	30	0	2	0	0	0	8	0	1
	Mitchell Weiser	GER	94-04-21	2520	30	29	1	6	1	2	9	7	0	0
	Miloš Veljković	SRB	95-09-26	2265	29	25	4	2	4	1	1	2	0	0
	Niklas Stark	GER	95-04-14	2079	27	23	4	5	8	0	0	9	0	0
	Amos Pieper	GER	98-01-17	1956	29	22	7	7	7	2	1	9	0	0
	Christian Groß	GER	89-02-08	1901	26	23	3	19	5	1	1	4	0	0
	Lee Buchanan	ENG	01-03-07	454	21	2	19	2	28	1	0	2	0	0
	Fabio Chiarodia	ITA	05-06-05	65	3	1	2	1	25	0	0	0	0	0
	Felix Agu	GER	99-09-27	47	3	0	3	0	12	0	0	0	0	0
	Tim-Justin Dietrich	GER	02-11-08	0	0	0	0	0	5	0	0	0	0	0
MF	Jens Stage	DEN	96-11-08	1856	32	21	11	14	12	3	3	5	0	0
	Leonardo Bittencourt	GER	93-12-19	1644	25	22	3	18	4	3	2	10	0	0
	Ilia Gruev	BUL	00-05-06	1585	31	18	13	14	15	0	0	2	0	0
	Romano Schmid	AUT	00-01-27	1518	27	15	12	10	13	1	3	3	0	0
	Niklas Schmidt	GER	98-03-01	1082	24	11	13	8	22	3	3	0	0	0
	Jean-Manuel Mbom	GER	00-02-24	4	2	0	2	0	11	0	0	0	0	0
	Dikeni Salifou	TOG	03-06-08	0	1	0	1	0	8	0	0	0	0	0
	Leon Opitz	GER	05-04-11	0	0	0	0	0	1	0	0	0	0	0
	Tom Berger	GER	01-07-31	0	0	0	0	0	6	0	0	0	0	0
FW	Marvin Ducksch	GER	94-03-07	2867	34	34	0	15	0	12	6	4	0	0
	Niclas Füllkrug	GER	93-02-09	2479	28	28	0	2	1	16	5	4	0	0
	Maximilian Philipp	GER	94-03-01	435	15	3	12	3	12	1	0	1	0	0
	Eren Dinkçi	GER	01-12-13	214	17	0	17	0	26	0	0	0	0	0

BUNDESLIGA 2022-23 SEASON

SV WERDER BREMEN vs. OPPONENTS PER GAME STATS

베르더 브레멘 vs 상대팀

	득점	슈팅	유효슈팅	코너킥	오프사이드	패스시도(PA)	패스성공(PC)	패스성공률(P%)	태클(TK)	공중전승리(AD)	인터셉트(IT)	파울	경고	퇴장
	1.50 / 1.88	10.9 / 14.1	4.2 / 5.5	3.2 / 5.6	1.9 / 2.7	467 / 479	356 / 364							
	76% / 76%	17.5 / 13.9	18.8 / 18.4	9.4 / 8.9	12.5 / 11.4	2.24 / 1.94	0.029 / 0.000							

2022-23 SEASON SQUAD LIST & GAMES PLAYED

* 괄호 안의 숫자는 선발 출전 횟수, 교체 출전은 포함시키지 않음

LW	CF	RW
N/A	M.둑슈(33), N.퓔크루크(28) M.필립(3), R.슈미트(2) O.버크(1)	N/A

LAM	CAM	RAM
N/A	N.슈미트(1), R.슈미트(1) M.둑슈(1)	N/A

LM	CM	RM
A.용(12), L.뷰캐넌(1)	J.스테이(21), L.비텐코트(18) C.그로스(17), I.그루에프(11) R.슈미트(11), N.슈미트(10)	M.바이저(10), L.비텐코트(2) R.슈미트(1)

LWB	DM	RWB
A.용(19), M.프리들(1) L.뷰캐넌(1)	I.그루에프(7), C.그로스(5)	M.바이저(19), L.비텐코트(2)

LB	CB	RB
N/A	M.프리들(29), M.벨리코비치(25) N.스타크(23), A.피퍼(22) A.용(1), F.키아로디아(1) C.그로스(1)	N/A

	GK	
	J.파블렌카(33), M.체테러(1)	

SHOTS & GOALS

34경기 총 371슈팅 - 51득점
34경기 상대 총 481슈팅 - 64실점

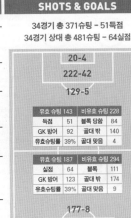

20-4
222-42
129-5

유효 슈팅 143		비유효 슈팅 228	
득점	51	블록 당함	84
GK 방어	92	골대 밖	140
유효슈팅률	39%	골대 맞음	4

유효 슈팅 187		비유효 슈팅 294	
실점	64	블록	111
GK 방어	123	골대 밖	174
유효슈팅률	39%	골대 맞음	9

177-8
269-48
35-8

GOAL TIME | POSSESSION

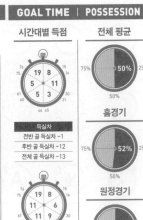

시간대별 득점

시간대별 득점: 19, 8, 11, 5, 3
44 45

득실차
전반 골 득실차 -1
후반 골 득실차 -12
전체 골 득실차 -13

시간대별 실점: 19, 6, 9, 11, 9
46 45 31

시간대별 실점

전체 평균

50% / 50%
75% / 25%
50%

홈경기

52% / 48%
75% / 25%
50%

원정경기

47% / 53%
75% / 25%
50%

TACTICAL SHOT & GOAL TYPES

슈팅 패턴
34경기 371
6, 19, 25, 25, 248

득점 패턴1
34경기 51골
1, 5, 4, 5, 32

득점 패턴2
34경기 51골
1, 5, 7, 37

- OPEN PLAY
- FASTBREAK
- CORNER KICK
- SET PIECE
- DIRECT FREE KICK
- PENALTY KICK

- OPEN PLAY
- FASTBREAK
- CORNER KICK
- SET PIECE
- DIRECT FREE KICK
- PENALTY KICK
- OWN GOAL

- COMBINATION PLAY
- SOLO PLAY
- DIRECT FREE KICK
- PENALTY KICK
- OWN GOAL

상대 슈팅 패턴
34경기 481
14, 3, 24, 71, 36, 333

실점 패턴 1
34경기 64골
1, 2, 6, 2, 2, 36

실점 패턴 2
34경기 64골
1, 22, 10, 2, 50

PASSES PER GAME

패스 시도
평균 467
15, 72, 380

패스 성공
평균 356
4, 36, 316

- SHORT PASSES
- LONG BALLS
- CROSSES

- SHORT PASSES
- LONG BALLS
- CROSSES

상대 패스 시도
평균 479
19, 62, 398

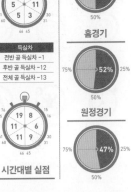

CORNER

코너킥 형태
34경기 109
28, 27, 53, 1

- INSWINGING CK
- OUTSWINGING CK
- STRAIGHT CK
- ET CETERA

상대 코너킥 형태
34경기 190
2, 23, 93, 72

DUELS pg

땅볼 쟁탈전
평균 70.1
35.1, 35.0

- 성공
- 실패

공중전
평균 37.2
18.4, 18.8

FORMATION SUMMARY

선발 포진별 전적

포메이션	승	무	패	득점	실점
3-5-2	7	5	8	37	34
3-1-4-2	2	1	9	11	28
3-4-1-2	1	0	0	2	0
3-4-2-1	0	0	1	1	2
TOTAL	10	6	18	51	64

WHO SCORED

포지션별 득점
FW진 29골
MF진 12골
DF진 9골

* 상대 자책골 1골

상대 포지션별 실점
DF진 8골
MF진 24골
FW진 30골

* 자책골 실점 2골

ACTION ZONE

공격 방향
왼쪽 28% / 중앙 42% / 오른쪽 40%

볼 점유 위치
상대 진영 25%
중간 지역 44%
우리 진영 30%

PASSESS pg BY ZONE

평균 패스 성공
하프라인 위쪽 153회
하프라인 아래 202회

패스 성공률
하프라인 위쪽 63%
하프라인 아래 87%

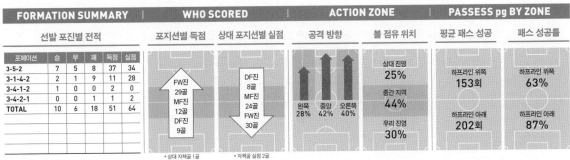

VFL BOCHUM

 Founded 구단 창립 1848년

 Owner 보훔 시민구단

 CEO 한스-페터 빌리스 1958.07.06

 Manager 토마스 레치 1968.08.26

23-24 Odds 벳365 : 1000배 스카이벳 : 1000배

 Nationality ● 외국 선수 15명 ● 독일 선수 13명

 Age 28명 평균 28.7세

 Height 28명 평균 184cm

 Market Value 1군 28명 평균 171만 유로

  Game Points 22-23 : 35점 통산 : 1451점

 Win 22-23 : 10승 통산 : 378승

 Draw 22-23 : 5무 통산 : 317무

   Loss 22-23 : 19패 통산 : 533패

 Goals For 22-23 : 40득점 통산 : 1680득점

 Goals Against 22-23 : 72실점 통산 : 2011실점

More Minutes 마누엘 리만 3060분

   Top Scorer 필립 호프만 8골

More Assists 필립 퍼르스터 7도움

More Subs 실베르 강불라 16회 교체 IN

More Cards 안토니 루실라 Y6+R1

RANKING OF LAST 10 YEARS

● 2부 리그
● 3부 리그

								13	14
15	11	5	9	6	11	8	1	42점	35점
40점	42점	51점	44점	48점	44점	46점	67점		
13-14	14-15	15-16	16-17	17-18	18-19	19-20	20-21	21-22	22-23

 0 **GERMAN BUNDESLIGA**

 0 **GERMAN DFB POKAL**

 0 **UEFA CHAMPIONS LEAGUE**

 0 **UEFA EUROPA LEAGUE**

 0 **FIFA CLUB WORLD CUP**

 0 **UEFA-CONMEBOL INTERCONTINENTAL**

TOTO GUIDE 지난 시즌 상대팀별 전적

상대팀	홈	원정
Bayern München	0-7	0-3
Dortmund	1-1	0-3
RB Leipzig	1-0	0-4
Union Berlin	2-1	1-1
Freiburg	0-2	0-1
Leverkusen	3-0	0-2
E. Frankfurt	3-0	1-1
Wolfsburg	1-5	0-4
FSV Mainz	1-2	2-5
Mönchengladbach	2-1	0-2
FC Köln	1-1	2-0
Hoffenheim	5-2	2-3
Werder Bremen	0-2	0-3
FC Augsburg	3-2	1-0
Stuttgart	2-3	1-4
Schalke 04	0-2	1-3
Hertha Berlin	3-1	1-1

VONOVIA RUHRSTADION

구장 오픈 / 증개축 1911년, 증개축 2회
구장 소유 VfL 보훔
수용 인원 2만 6000명
피치 규모 105m X 68m
잔디 종류 천연 잔디

STRENGTHS & WEAKNESSES

OFFENSE		DEFENSE	
직접 프리킥	C	세트피스 수비	E
문전 처리	D	상대 볼 뺏기	B
측면 돌파	B	공중전 능력	A
스루볼 침투	C	역습 방어	C
개인기 침투	C	지공 방어	C
카운터 어택	C	스루패스 방어	C
기회 만들기	C	리드 지키기	C
세트피스	B	실수 조심	E
OS 피하기	C	측면 방어력	C
중거리 슈팅	B	파울 주의	E
볼 점유율	D	중거리슈팅 수비	C

매우 강함 A 강한 편 B 보통 수준 C 약한 편 D 매우 약함 E

위치	선수	국적	생년월일	출전(분)	출전경기	선발11	교체인	교체아웃	벤치출발	득점	도움	경고	경고누적	퇴장
GK	Manuel Riemann	GER	88-09-09	3060	34	34	0	0	0	0	0	3	0	0
	Michael Esser	GER	87-11-22	0	0	0	0	0	26	0	0	0	0	0
	Marko Johansson	SWE	98-08-25	0	0	0	0	0	8	0	0	0	0	0
	Paul Grave	GER	01-04-10	0	0	0	0	0	0	0	0	0	0	0
DF	Ivan Ordets	UKR	92-07-08	2450	30	28	2	4	4	0	0	4	0	0
	Erhan Mašović	SRB	98-11-22	2173	29	23	6	2	7	4	0	3	0	0
	Danilo Soares	BRA	91-10-29	1777	23	23	0	10	4	0	0	6	0	0
	Cristian Gamboa	CRC	89-10-24	1484	19	17	2	9	5	0	0	2	0	0
	Saidy Janko	GAM	95-10-22	1130	20	12	8	5	14	0	0	1	0	0
	Kostas Stafylidis	GRE	93-12-02	1039	19	11	8	6	11	0	2	4	0	0
	Dominique Heintz	GER	93-08-15	796	11	8	3	5	13	0	0	1	0	0
	Jordi Osei-Tutu	ENG	98-10-02	747	20	8	12	7	19	0	0	3	0	0
	Keven Schlotterbeck	GER	97-04-28	732	13	8	5	1	8	2	0	3	0	0
	Vasilios Lampropoulos	GRE	90-03-31	620	15	7	8	1	22	0	0	2	0	0
	Mohammed Tolba	GER	04-07-19	0	0	0	0	0	4	0	0	0	0	0
MF	Anthony Losilla	FRA	86-03-10	2725	31	31	0	4	0	2	2	6	0	1
	Kevin Stöger	AUT	93-08-27	2608	32	29	3	11	3	5	3	3	0	0
	Christopher Antwi-Adjej	GER	94-02-07	1987	29	22	7	12	9	3	6	2	0	0
	Philipp Förster	GER	95-02-04	1311	25	15	10	13	16	3	7	4	0	0
	Patrick Osterhage	GER	00-02-01	1024	23	11	12	7	19	0	0	3	0	0
	Pierre Kunde	CMR	95-07-26	371	12	3	9	3	13	1	0	0	0	0
	Jacek Góralski	POL	92-09-21	146	4	2	2	2	3	0	0	0	0	0
FW	Philipp Hofmann	GER	93-03-30	2641	34	31	3	15	3	8	2	5	0	0
	Takuma Asano	JPN	94-11-10	1728	25	21	4	17	4	3	2	1	0	0
	Simon Zoller	GER	91-06-26	1463	27	19	8	15	10	3	2	5	0	0
	Gerrit Holtmann	GER	95-03-25	934	23	8	15	6	21	1	1	0	0	0
	Silvère Ganvoula	CGO	96-06-22	232	16	0	16	0	20	0	0	1	0	0
	Moritz Broschinski	GER	00-09-23	203	11	0	11	0	14	2	0	1	0	0

BUNDESLIGA 2022-23 SEASON

VfL BOCHUM vs. OPPONENTS PER GAME STATS

VfL 보쿰 vs 상대팀

	득점	슈팅	유효슈팅	코너킥	오프사이드	패스시도 (PA)	패스성공 (PC)	패스성공률 (P%)	태클 (TK)	공중전승리 (AD)	인터셉트 (IT)	파울	경고	퇴장
	1.18 / 2.12	11.8 / 15.7	4.0 / 5.9	4.1 / 5.7	1.9 / 1.9	377 / 446	263 / 326							
	70% / 73%	18.4 / 13.3	22.7 / 21.8	9.9 / 8.3	12.6 / 10.9	1.88 / 1.82	0.029 / 0.059							

2022-23 SEASON SQUAD LIST & GAMES PLAYED

* 괄호 안의 숫자는 선발 출전 횟수, 교체 출전은 포함시키지 않음

LW
C.안트위-아제이(10), S.훌러(1)
G.홀트만(1)

CF
P.호프만(31), S.훌러(5)
C.안트위-아제이(2), G.홀트만(1)
T.아사노(1)

RW
T.아사노(6), S.훌러(4)
J.오세이-투투(1), G.홀트만(1)

LAM
C.안트위-아제이(8), G.홀트만(1)
J.오세이-투투(1), T.아사노(1)

CAM
K.스티거(8), P.피르스터(6)
T.아사노(5), S.훌러(1)
C.안트위-아제이(1)

RAM
S.훌러(8), T.아사노(6)
J.오세이-투투(1)

LM
P.폼서터(1), D.소아레스(1)
S.얀코(1)

CM
A.로실라(15), K.스틱거(15)
P.피르스터(7), P.오스테르하게(4)
P.쿤데(2), K.스타필리디스(2)
E.마소비치(2), T.아사노(1)
C.안트위-아제이(1)

RM
T.아사노(1), C.감보아(1)
J.오세이-투투(1)

LWB
K.스타필리디스(1)

DM
A.로실라(16), K.스티거(6)
P.오스테르하게(4), J.고랄스키(2)
K.스타필리디스(1), P.쿤데(1)
E.마소비치(1), P.피르스터(1)

RWB
J.오세이-투투(1)

LB
D.소아레스(22), D.하인츠(4)
K.스타필리디스(3)
J.오세이-투투(1), S.얀코(1)

CB
I.오르데츠(28), E.마소비치(20)
V.람프로풀로스(7), K.슐로터벡(8)
D.하인츠(4), T.오에르만(2)
J.혼(1), C.감보아(1)

RB
C.감보아(15), S.얀코(10)
K.스타필리디스(4)
J.오세이-투투(1)

GK
M.리만(34)

SHOTS & GOALS

34경기 총 400슈팅 - 40득점
34경기 상대 총 535슈팅 - 72실점

```
        34-12
       215-25
        151-3
```

유효 슈팅 135		비유효 슈팅 265	
득점	40	블록 당함	103
GK 방어	95	골대 밖	153
유효슈팅률	34%	골대 맞힘	9

유효 202		비유효 슈팅 333	
실점	72	블록	122
GK 방어	130	골대 밖	190
유효슈팅률	38%	골대 맞힘	21

```
        152-6
       343-51
        40-15
```

GOAL TIME | POSSESSION

시간대별 득점
7 / 9
7 / 5

전체 평균
46%

홈경기
47%

원정경기
44%

득실차
전반 골 득실차 -16
후반 골 득실차 -16
전체 골 득실차 -32

시간대별 실점
17 / 11
9 / 12
11 / 12

TACTICAL SHOT & GOAL TYPES

슈팅 패턴
34경기 400

득점 패턴1
34경기 40골

득점 패턴2
34경기 40골

- ● OPEN PLAY
- ● FASTBREAK
- ● CORNER KICK
- ● SET PIECE
- ● DIRECT FREE KICK
- ● PENALTY KICK

- ● OPEN PLAY
- ● FASTBREAK
- ● CORNER KICK
- ● SET PIECE
- ● DIRECT FREE KICK
- ● PENALTY KICK
- ● OWN GOAL

- ● COMBINATION PLAY
- ● SOLO PLAY
- ● DIRECT FREE KICK
- ● PENALTY KICK
- ● OWN GOAL

상대 슈팅 패턴
34경기 535

실점 패턴 1
34경기 72골

실점 패턴 2
34경기 72골

PASSES PER GAME

패스 시도
평균 377

패스 성공
평균 263

상대 패스 시도
평균 446

- ● SHORT PASSES
- ● LONG BALLS
- ● CROSSES

- ● SHORT PASSES
- ● LONG BALLS
- ● CROSSES

VfL Bochum 1848

CORNER

코너킥 형태
34경기 141

- ● INSWINGING CK
- ● OUTSWINGING CK
- ● STRAIGHT CK
- ● ET CETERA

상대 코너킥 형태
34경기 195

DUELS pg

땅볼 쟁탈전
평균 68.9

- ● 성공
- ● 실패

공중전
평균 44.5

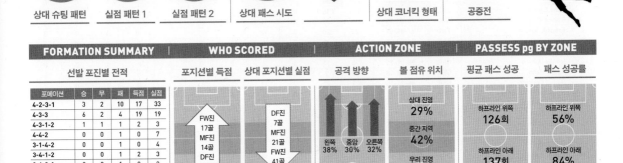

FORMATION SUMMARY — 선발 포진별 전적

포메이션	승	무	패	득점	실점
4-2-3-1	3	2	10	17	33
4-3-3	6	2	4	19	19
4-3-1-2	1	1	1	2	3
4-4-2	0	0	1	0	7
3-1-4-2	0	0	1	0	4
3-4-1-2	0	0	1	2	3
3-4-2-1	0	0	1	0	3
TOTAL	10	5	19	40	72

WHO SCORED

포지션별 득점
FW진 17골
MF진 14골
DF진 6골

* 상대 자책골 3골

상대 포지션별 실점
DF진 7골
MF진 21골
FW진 41골

* 자책골 실점 3골

ACTION ZONE

공격 방향
왼쪽 38% 중앙 30% 오른쪽 32%

볼 점유 위치
상대 진영 29%
중간 지역 42%
우리 진영 29%

PASSESS pg BY ZONE

평균 패스 성공
하프라인 위쪽 126회
하프라인 아래 137회

패스 성공률
하프라인 위쪽 56%
하프라인 아래 84%

FC AUGSBURG

Founded 구단 창립 1907년	**Owner** 아우크스부르크 시민구단	**CEO** 클라우스 호프만 1957.12.05	**Manager** 엔리코 마센 1984.03.10	**23-24 Odds** 벳365 : 1000배 스카이벳 : 1000배

GERMAN BUNDESLIGA 0	**GERMAN DFB POKAL** 0	**UEFA CHAMPIONS LEAGUE** 0	**UEFA EUROPA LEAGUE** 0	**FIFA CLUB WORLD CUP** 0	**UEFA-CONMEBOL INTERCONTINENTAL** 0

Nationality ● 외국 선수 20명 ● 독일 선수 14명	**Age** 34명 평균 25.6세	**Height** 34명 평균 185cm	**Market Value** 1군 34명 평균 366만 유로	**Game Points** 22-23 : 34점 통산 : 465점
Win 22-23 : 9승 통산 : 120승	**Draw** 22-23 : 7무 통산 : 105무	**Loss** 22-23 : 18패 통산 : 183패	**Goals For** 22-23 : 42득점 통산 : 492득점	**Goals Against** 22-23 : 63실점 통산 : 646실점
More Minutes 제프리 하우웰레우 2797분	**Top Scorer** 메르김 베리샤 9골	**More Assists** 루벤 바르가스+2명 4도움	**More Subs** 율리안 바움가틀링거 13회 교체 IN	**More Cards** 제프리 하우웰레우 Y12+R0

TOTO GUIDE 지난 시즌 상대팀별 전적

상대팀	홈	원정
Bayern München	1-0	3-5
Dortmund	0-3	3-4
RB Leipzig	3-3	2-3
Union Berlin	1-0	2-2
Freiburg	0-4	1-3
Leverkusen	1-0	2-1
E. Frankfurt	1-2	1-1
Wolfsburg	1-1	2-2
FSV Mainz	1-2	1-3
Mönchengladbach	1-0	0-2
FC Köln	1-3	2-3
Hoffenheim	1-0	0-1
Werder Bremen	2-1	1-0
Bochum	0-1	2-3
Stuttgart	1-1	1-2
Schalke 04	1-1	3-2
Hertha Berlin	0-2	0-2

WWK ARENA

구장 오픈 1911년, 증개축 2회
구장 소유 FC 아우쿠스부르크
수용 인원 3만 660명
피치 규모 105m X 68m
잔디 종류 천연 잔디

STRENGTHS & WEAKNESSES

OFFENSE		DEFENSE	
직접 프리킥	C	세트피스 수비	E
문전 처리	C	상대 볼 뺏기	C
측면 돌파	C	공중전 능력	D
스루볼 침투	C	역습 방어	C
개인기 침투	C	지공 방어	C
카운터 어택	C	스루패스 방어	C
기회 만들기	C	리드 지키기	E
세트피스	C	실수 조심	D
OS 피하기	C	측면 방어력	D
중거리 슈팅	C	파울 주의	C
볼 점유율	E	중거리슈팅 수비	D

매우 강함 A 강한 편 B 보통 수준 C 약한 편 D 매우 약함 E

RANKING OF LAST 10 YEARS

13-14	14-15	15-16	16-17	17-18	18-19	19-20	20-21	21-22	22-23
8 52점	5 49점	12 38점	13 38점	12 41점	15 32점	15 32점	13 36점	14 38점	15 34점

위치	선수	국적	생년월일	출전(분)	출전경기	선발11	교체인	교체아웃	벤치출발	득점	도움	경고	경고누적	퇴장
GK	Rafał Gikiewicz	POL	87-10-26	2070	23	23	0	0	0	0	0	3	0	0
	Tomáš Koubek	CZE	92-08-26	990	11	11	0	0	15	0	0	0	0	0
	Daniel Klein	GER	01-03-13	0	0	0	0	0	19	0	0	0	0	0
	Benjamin Leneis	GER	99-03-08	0	0	0	0	0	0	0	0	0	0	0
DF	Jeffrey Gouweleeuw	NED	91-07-10	2797	32	32	0	2	0	0	1	12	0	0
	Robert Gumny	POL	98-06-04	2016	29	23	6	5	7	1	2	5	0	1
	Maximilian Bauer	GER	00-02-09	1842	27	20	7	3	13	0	1	8	0	0
	Mads Pedersen	DEN	96-09-01	1839	28	20	8	8	9	0	0	6	0	0
	Iago	BRA	97-03-23	1604	22	19	3	7	3	0	2	5	1	0
	Felix Uduokhai	GER	97-09-09	1449	19	16	3	1	4	0	1	3	0	0
	David Čolina	CRO	00-07-19	160	7	0	7	0	12	1	0	0	0	0
	Reece Oxford	ENG	98-12-16	93	3	1	2	1	2	0	0	0	0	0
	Daniel Katić	CRO	03-04-26	0	0	0	0	0	2	0	0	0	0	0
	Aaron Zehnter	GER	04-10-31	1	1	0	1	0	7	0	0	0	0	0
MF	Elvis Rexhbecaj	GER	97-11-01	2535	31	30	1	13	1	0	0	6	0	0
	Arne Maier	GER	99-01-08	1970	30	24	6	17	9	5	1	3	0	0
	Arne Engels	BEL	03-09-08	1446	18	18	0	7	0	0	3	5	0	0
	Ruben Vargas	SUI	98-08-05	1131	23	13	10	13	13	3	4	4	0	0
	Fredrik Jensen	FIN	97-09-09	920	20	8	12	7	15	2	1	1	0	0
	Renato Veiga	POR	03-07-29	637	13	7	6	4	8	0	0	3	0	0
	Julian Baumgartlinger	AUT	88-01-02	543	16	3	13	1	24	0	0	1	0	0
	Niklas Dorsch	GER	98-01-15	478	11	5	6	2	7	0	0	1	0	0
	André Hahn	GER	90-08-13	389	7	4	3	1	3	2	0	1	0	0
	Daniel Caligiuri	GER	88-01-15	281	13	2	11	1	31	1	0	1	0	0
	Noah Sarenren-Bazee	GER	96-08-21	18	2	0	2	0	10	0	0	0	0	0
	Tobias Strobl	GER	90-05-12	0	0	0	0	0	1	0	0	0	0	0
	Mert Kömür	GER	05-07-17	0	0	0	0	0	1	0	0	0	0	0
FW	Ermedin Demirović	BIH	98-03-25	2383	30	30	0	14	0	8	4	7	0	1
	Mërgim Berisha	KVX	98-05-11	1688	23	20	3	10	3	9	4	8	1	0
	Dion Beljo	CRO	02-03-01	1140	18	16	2	14	3	3	2	2	0	0
	Kelvin Yeboah	GHA	00-05-06	346	13	3	10	3	12	1	1	0	0	0
	Irvin Cardona	FRA	97-08-08	308	10	0	10	1	12	0	2	0	0	0
	Nathanaël Mbuku	FRA	02-03-16	32	2	0	2	0	13	0	0	0	0	0
	Josué Mbila	GER	99-08-21	0	0	0	0	0	2	0	0	0	0	0

FC AUGSBURG vs. OPPONENTS PER GAME STATS

FC vs 상대팀

	득점	슈팅	유효슈팅	코너킥	오프사이드	패스시도 (PA)	패스성공 (PC)
FC	1.24	10.5	3.1	4.9	1.7	353	240
상대	1.85	15.9	6.0	4.9	2.3	510	392

	패스성공률 (P%)	태클 (TK)	공중전승리 (AD)	인터셉트 (IT)	파울	경고	퇴장
FC	68%	15.4	18.9	8.4	12.7	2.82	0.147
상대	77%	14.7	23.0	7.7	11.0	1.94	0.000

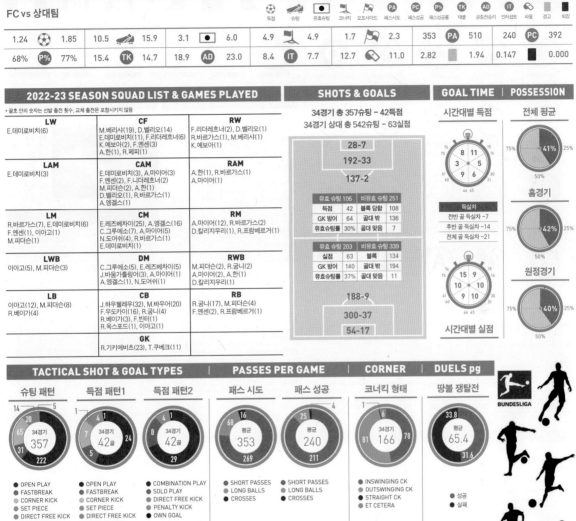

2022-23 SEASON SQUAD LIST & GAMES PLAYED

* 괄호 안의 숫자는 선발 출전 횟수, 교체 출전은 포함시키지 않음

LW
E.데미로비치(6)

CF
M.베리샤(19), D.벨리오(14)
E.데미로비치(11), F.리더레흐너(6)
K.예보아(2), F.엔센(3)
A.한(1), R.페피(1)

RW
F.리더레흐너(2), D.벨리오(1)
R.바르가스(1), M.베리샤(1)
K.예보아(1)

LAM
E.데미로비치(3)

CAM
E.데미로비치(3), A.마이어(3)
F.엔센(2), F.니더레흐너(2)
M.피더슨(2), A.한(3)
D.벨리오(1), R.바르가스(1)
A.엥겔스(1)

RAM
A.한(1), R.바르가스(1)
A.마이어(1)

LM
R.바르가스(7), E.데미로비치(6)
F.엔센(1), 이아고(1)
M.피더슨(1)

CM
R.레즈베차이(9), A.엥겔스(16)
C.그루에소(7), A.마이어(5)
N.도어쉬(4), R.바르가스(1)
E.데미로비치(1)

RM
A.마이어(12), R.바르가스(2)
D.칼리지우리(1), R.프람베르거(1)

LWB
이아고(5), M.피더슨(3)

DM
C.그루에소(5), R.레즈베차이(5)
J.바움가틀링어(5), A.마이어(1)
A.엥겔스(1), N.도어쉬(1)

RWB
M.피더슨(2), R.굼니(2)
A.마이어(2), A.한(1)
D.칼리지우리(1)

LB
이아고(12), M.피더슨(8)
R.베이가(4)

CB
J.하우웰레우(32), M.바우어(20)
F.우도카이(16), R.굼니(4)
R.베이가(3), F.빈터(1)
R.옥스포드(1), 이아고(1)

RB
R.굼니(17), M.피더슨(4)
F.엔센(1), R.프람베르거(1)

GK
R.기키에비츠(23), T.쿠베크(11)

SHOTS & GOALS

34경기 총 357슈팅 – 42득점
34경기 상대 총 542슈팅 – 63실점

28-7
192-33
137-2

유효 슈팅 106		비유효 슈팅 251	
득점	42	블록 당함	108
GK 방어	64	골대 밖	136
유효슈팅률	30%	골대 맞음	7

유효 슈팅 203		비유효 슈팅 339	
실점	63	블록	134
GK 방어	140	골대 밖	194
유효슈팅률	37%	골대 맞음	11

188-9
300-37
54-17

GOAL TIME | POSSESSION

시간대별 득점

76 | 15 | 5
8 | 11 | 10
9 | 6 | 30
60 | 46 45 | 30

득실차
전반 골 득실차 –7
후반 골 득실차 –14
전체 골 득실차 –21

시간대별 실점

76 | 15 | 9 | 5
10 | 10 | 10
9 | 10 | 30
60 | 46 45 | 30

전체 평균
75% · 41% · 25%
50%

홈경기
75% · 42% · 25%
50%

원정경기
75% · 40% · 25%
50%

TACTICAL SHOT & GOAL TYPES

슈팅 패턴
14 – 5
20
65
34경기 357
31
222

- OPEN PLAY
- FASTBREAK
- CORNER KICK
- SET PIECE
- DIRECT FREE KICK
- PENALTY KICK

득점 패턴1
1 – 4 – 1
7
34경기 42골 24
29

- OPEN PLAY
- FASTBREAK
- CORNER KICK
- SET PIECE
- DIRECT FREE KICK
- PENALTY KICK
- OWN GOAL

득점 패턴2
4 – 1
8
34경기 42골
29

- COMBINATION PLAY
- SOLO PLAY
- DIRECT FREE KICK
- PENALTY KICK
- OWN GOAL

상대 슈팅 패턴
13 – 4
44
86
34경기 542 209
39

실점 패턴 1
1 – 2 – 1
4
34경기 63골
39

실점 패턴 2
1
2 – 2
12
34경기 63골 46

PASSES PER GAME

패스 시도
16
68
평균 353
269

- SHORT PASSES
- LONG BALLS
- CROSSES

패스 성공
25 – 4
평균 240
211

- SHORT PASSES
- LONG BALLS
- CROSSES

상대 패스 시도
65 – 21
평균 510
424

CORNER

코너킥 형태
1 – 6
81
34경기 166 78

- INSWINGING CK
- OUTSWINGING CK
- STRAIGHT CK
- ET CETERA

상대 코너킥 형태
20
81
34경기 165 64

DUELS pg

땅볼 쟁탈전
33.8
평균 65.4
31.6

- 성공
- 실패

공중전
23.0
평균 41.9
18.9

FORMATION SUMMARY

선발 포지션별 전적

포메이션	승	무	패	득점	실점
4-4-2	4	4	6	18	23
4-2-2-2	1	1	2	7	9
3-4-3	2	0	2	4	4
4-2-3-1	1	1	1	6	7
4-3-3	0	0	2	1	6
3-4-2-1	0	0	2	3	5
3-5-2	1	0	1	2	3
4-1-3-2	0	1	0	1	2
3-1-4-2	0	0	1	0	4
3-4-1-2	0	0	1	0	1
TOTAL	9	7	18	42	63

WHO SCORED

포지션별 득점
FW진 30골
MF진 9골
DF진 2골

* 상대 자책골 1골

상대 포지션별 실점
DF진 10골
MF진 23골
FW진 28골

* 자책골 실점 2골

ACTION ZONE

공격 방향
왼쪽 37% · 중앙 28% · 오른쪽 35%

볼 점유 위치
상대 진영 27%
중간 지역 42%
우리 진영 31%

PASSESS pg BY ZONE

평균 패스 성공
하프라인 위쪽 96회
하프라인 아래 144회

패스 성공률
하프라인 위쪽 50%
하프라인 아래 83%

VFB STUTTGART

 5   3

GERMAN BUNDESLIGA	GERMAN DFB POKAL	UEFA CHAMPIONS LEAGUE	UEFA EUROPA LEAGUE	FIFA CLUB WORLD CUP	UEFA-CONMEBOL INTERCONTINENTAL
5	3	0	0	0	0

Founded
구단 창립
1893년

Owner
슈투트가르트
시민구단

CEO
클라우스 포그트
1969.08.12

Manager
세바스티안 회네스
1982.05.12

23-24 Odds
벳365 : 1000배
스카이벳 : 1000배

Nationality
● 외국 선수 17명
● 독일 선수 16명

Age
33명 평균
23.8세

Height
33명 평균
186cm

Market Value
1군 33명 평균
387만 유로

Game Points
22-23 : 33점
통산 : 2765점

Win
22-23 : 7승
통산 : 766승

Draw
22-23 : 12무
통산 : 467무

Loss
22-23 : 15패
통산 : 667패

Goals For
22-23 : 45득점
통산 : 3111득점

Goals Against
22-23 : 57실점
통산 : 2799실점

More Minutes
발데마르 안톤
2940분

Top Scorer
세루 기라시
11골

More Assists
엔도 와타루
4도움

More Subs
엔조 밀로+1명
14회 교체 IN

More Cards
아타칸 카라조르
Y10+R0

TOTO GUIDE 지난 시즌 상대팀별 전적

상대팀	홈	원정
Bayern Munich	1-2	2-2
Dortmund	3-3	0-5
RB Leipzig	1-1	1-2
Union Berlin	0-1	0-3
Freiburg	0-1	1-2
Leverkusen	1-1	0-2
E. Frankfurt	1-3	1-1
Wolfsburg	0-1	2-3
FSV Mainz	1-1	4-1
Monchengladbach	2-1	1-3
FC Koln	3-0	0-0
Hoffenheim	1-1	2-2
Werder Bremen	0-2	2-2
Bochum	4-1	3-2
FC Augsburg	2-1	1-1
Schalke 04	1-1	1-2
Hertha Berlin	2-1	1-2

MERCEDES-BENZ ARENA

구장 오픈 / 증개축
1933년, 증개축 10회
구장 소유
슈타디온 GmbH & CO.
수용 인원
6만 441명
피치 규모
105m X 68m
잔디 종류
천연 잔디

STRENGTHS & WEAKNESSES

OFFENSE		DEFENSE	
직접 프리킥	C	세트피스 수비	C
문전 처리	E	상대 볼 뺏기	D
측면 돌파	B	공중전 능력	C
스루볼 침투	C	역습 방어	C
개인기 침투	C	지공 방어	C
카운터 어택	B	스루패스 방어	C
기회 만들기	C	리드 지키기	C
세트피스	C	실수 조심	D
OS 피하기	C	측면 방어력	C
중거리 슈팅	C	파울 주의	C
볼 점유율	C	중거리슈팅 수비	C

매우 강함 A | 강한 편 B | 보통 수준 C | 약한 편 D | 매우 약함 E

RANKING OF LAST 10 YEARS

● 2부 리그

15 — 14 — 17 — 7(51점) — 16 — 9(45점) — 15 — 16

32점 — 36점 — 33점(1) — 69점 — 28점(2) — 58점 — 33점 — 33점

13-14 | 14-15 | 15-16 | 16-17 | 17-18 | 18-19 | 19-20 | 20-21 | 21-22 | 22-23

위치	선수	국적	생년월일	출전(분)	출전경기	선발11	교체인	교체아웃	벤치출발	득점	도움	경고	경고누적	퇴장
GK	Florian Müller	GER	97-11-13	1710	19	19	0	0	14	0	0	0	0	0
	Fabian Bredlow	GER	95-03-02	1350	15	15	0	0	18	0	0	2	0	0
	Dennis Seimen	GER	05-12-01	0	0	0	0	0	1	0	0	0	0	0
	Florian Schock	GER	01-05-22	0	0	0	0	0	0	0	0	0	0	0
	Nicolas Glaus	SUI	02-05-10	0	0	0	0	0	1	0	0	0	0	0
DF	Waldemar Anton	GER	96-07-20	2940	34	34	0	7	0	1	2	4	0	0
	Hiroki Ito	JPN	99-05-12	2562	30	29	1	2	2	1	1	5	0	0
	Konstantinos Mavropanos	GRE	97-12-11	2288	28	26	2	2	2	2	1	8	1	0
	Borna Sosa	CRO	98-01-21	1961	25	22	3	6	3	2	7	5	0	0
	Atakan Karazor	GER	96-10-13	1959	29	22	7	6	10	0	1	10	0	0
	Josha Vagnoman	GER	00-12-11	1477	23	16	7	4	11	2	2	2	1	0
	Dan-Axel Zagadou	FRA	99-06-03	1271	17	14	3	3	8	0	0	3	0	0
	Gil Dias	POR	96-09-28	402	7	6	1	6	4	1	0	0	0	0
	Pascal Stenzel	GER	96-03-20	326	12	3	9	2	25	0	1	0	0	0
	Luca Bazzoli	GER	00-11-01	0	0	0	0	0	1	0	0	0	0	0
	Mattis Hoppe	GER	03-07-23	0	0	0	0	0	1	0	0	0	0	0
	Antonis Aidonis	GER	01-05-22	0	0	0	0	0	5	0	0	0	0	0
	Leon Reichardt	GER	04-06-28	0	0	0	0	0	1	0	0	0	0	0
MF	Wataru Endo	JPN	93-02-09	2925	33	33	0	3	0	5	4	3	0	0
	Chris Führich	GER	98-01-09	1891	33	21	12	20	12	5	2	2	0	0
	Enzo Millot	FRA	02-07-17	884	23	9	14	7	20	0	1	3	0	0
	Genki Haraguchi	JPN	91-05-09	753	11	9	2	6	7	0	2	0	0	0
	Nikolas Nartey	DEN	00-02-22	472	9	5	4	4	18	0	0	1	0	0
	Tanguy Coulibaly	FRA	01-02-18	313	14	0	14	0	22	4	0	3	0	0
	Lilian Egloff	GER	02-08-20	234	10	2	8	2	24	0	1	1	0	0
	Laurin Ulrich	GER	05-01-31	5	1	0	1	0	1	0	0	0	0	0
FW	Silas Katompa Mvumpa	COD	98-10-06	2002	30	23	7	17	7	5	2	4	0	0
	Sehrou Guirassy	FRA	96-03-12	1653	22	20	2	8	3	11	0	3	1	0
	Tiago Tomás	POR	02-06-16	1295	27	16	11	14	12	3	3	2	0	0
	Luca Pfeiffer	GER	96-08-20	692	19	6	13	5	20	1	0	0	0	0
	Juan José Perea	COL	00-02-23	408	16	3	13	3	28	1	1	0	0	0
	Thomas Kastanaras	GRE	03-01-09	70	4	1	3	1	15	0	0	0	0	0
	Alou Kuol	AUS	01-07-05	5	1	0	1	0	2	0	0	0	0	0

BUNDESLIGA 2022-23 SEASON

VfB STUTTGART vs. OPPONENTS PER GAME STATS

VfB 슈투트가르트 vs 상대팀

	득점	슈팅	유효슈팅	코너킥	오프사이드	패스시도	패스성공	패스성공률	태클	공중전승리	인터셉트	파울	경고	퇴장
	1.32 ⚽ 1.68	13.6 👟 11.7	4.3 ◉ 4.3	4.6 🚩 4.8	1.6 🚩 1.6	479 PA 476	388 PC 371							
	81% P% 78%	15.6 TK 19.3	16.2 AD 13.9	9.0 IT 8.6	10.2 12.4	2.12 2.29	0.147 0.029							

2022-23 SEASON SQUAD LIST & GAMES PLAYED

* 괄호 안의 숫자는 선발 출전 횟수, 교체 출전은 포함시키지 않음

LW
C.퓌리히(7), T.토마스(5)
S.K.음봄파(2)

CF
S.기라시(20), S.K.음봄파(7)
L.파이퍼(6), T.토마스(6)
S.칼라이지치(3), J.페레이라(2)
L.에글로프(1), C.퓌리히(1)

RW
G.디아스(6), S.K.음봄파(4)
C.퓌리히(2), J.페레이라(1)
J.바그노만(1)

LAM
C.퓌리히(1)

CAM
E.미요(4), T.토마스(4)
K.음봄파(3), C.퓌리히(3)
N.나티(1)

RAM
T.카스타나라스(1)

LM
C.퓌리히(2), H.이토(1)

CM
W.엔도(31), A.카라조르(20)
N.아하마다(17), G.하라구치(9)
C.퓌리히(5), E.미요(5)
L.에글로프(1), S.K.음봄파(1)

RM
S.K.음봄파(2), T.토마스(1)

LWB
B.소사(12), S.K.음봄파(2)
C.퓌리히(1), N.나티(1)

DM
W.엔도(2), A.카라조르(2)

RWB
J.바그노만(13), S.K.음봄파(2)
C.퓌리히(1)

LB
B.소사(10), N.나티(3)
H.이토(3), J.바그노만(1)

CB
K.마브로파노스(25), H.이토(25)
W.안톤(22), D.자가두(14)

RB
W.안톤(12), P.슈텐첼(3)
K.마브로파노스(1), J.바그노만(1)

GK
F.뮐러(19), F.브레들로우(15)

SHOTS & GOALS

34경기 총 464슈팅 - 45득점
34경기 상대 총 399슈팅 - 57실점

41-8
258-28
165-9

유효 슈팅 145		비유효 슈팅 319	
득점	45	블록 당함	133
GK 방어	100	골대 밖	177
유효슈팅률	31%	골대 맞음	9

유효 슈팅 147		비유효 슈팅 252	
실점	57	블록	115
GK 방어	90	골대 밖	131
유효슈팅률	37%	골대 맞음	6

144-9
223-35
32-13

GOAL TIME | POSSESSION

시간대별 득점
15 8
8 5
6 4

특실차
전반 골 득실차 -11
후반 골 득실차 -1
전체 골 득실차 -12

시간대별 실점
12 11
6 10
10 8

전체 평균
75% 50% 25%
50%

홈경기
75% 51% 25%
50%

원정경기
75% 50% 25%
50%

TACTICAL SHOT & GOAL TYPES | PASSES PER GAME | CORNER | DUELS pg

슈팅 패턴
34경기 **464**
14 5 42 85 24 294

● OPEN PLAY
● FASTBREAK
● CORNER KICK
● SET PIECE
● DIRECT FREE KICK
● PENALTY KICK

득점 패턴1
34경기 **45골**
1 5 2 6 4 27

● OPEN PLAY
● FASTBREAK
● CORNER KICK
● SET PIECE
● DIRECT FREE KICK
● PENALTY KICK
● OWN GOAL

득점 패턴2
34경기 **45골**
1 5 5 6 34 27

● COMBINATION PLAY
● SOLO PLAY
● DIRECT FREE KICK
● PENALTY KICK
● OWN GOAL

패스 시도
평균 **479**
59 18 5 402

● SHORT PASSES
● LONG BALLS
● CROSSES

패스 성공
평균 **388**
32 5 351

● SHORT PASSES
● LONG BALLS
● CROSSES

코너킥 형태
34경기 **156**
16 57 83

● INSWINGING CK
● OUTSWINGING CK
● STRAIGHT CK
● ET CETERA

땅볼 쟁탈전
평균 **73.8**
36.4 37.4

● 성공
● 실패

상대 슈팅 패턴
34경기 **399**
6 22 17 68 29 257

실점 패턴 1
34경기 **57골**
2 6 1 4 34

실점 패턴 2
34경기 **57골**
2 6 1 4 39

상대 패스 시도
평균 **476**
57 17 402

상대 코너킥 형태
34경기 **163**
1 27 79 56

공중전
평균 **30.1**
13.9 16.2

FORMATION SUMMARY | WHO SCORED | ACTION ZONE | PASSESS pg BY ZONE

선발 포지션별 전적

포메이션	승	무	패	득점	실점
4-3-3	2	3	7	14	20
3-4-2-1	1	4	2	11	11
3-5-2	1	4	2	10	16
3-4-3	0	1	1	3	4
4-4-2	1	0	1	3	4
5-3-2	1	0	0	2	1
3-1-4-2	0	0	1	4	1
4-1-3-2	1	0	0	4	1
4-2-3-1	0	0	1	1	2
TOTAL	7	12	15	45	57

포지션별 득점
FW진 29골
MF진 8골
DF진 8골

상대 포지션별 실점
DF진 5골
MF진 20골
FW진 31골

* 자책골 실점 1골

공격 방향
왼쪽 39%
중앙 27%
오른쪽 34%

볼 점유 위치
상대 진영 28%
중간 지역 43%
우리 진영 29%

평균 패스 성공
하프라인 위쪽 164회
하프라인 아래 224회

패스 성공률
하프라인 위쪽 64%
하프라인 아래 88%

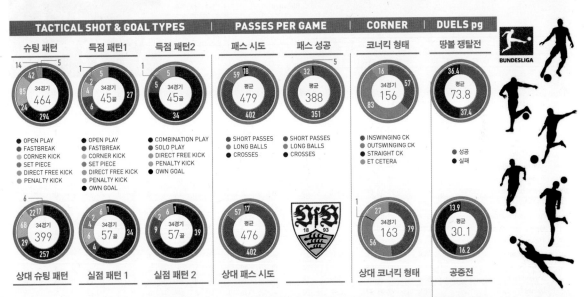

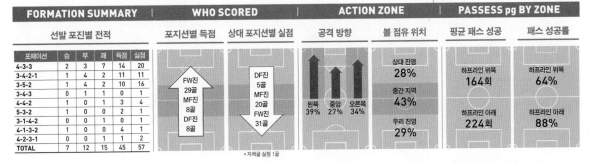

1. FUSSBALLCLUB
HEIDENHEIM 1846
FCH

Founded
구단 창립
1846년

Owner
하이덴하임
시민구단

CEO
홀거 잔발트
1967.05.18

Manager
프랑크 슈미트
1974.01.03

23-24 Odds
벳365 : 2000배
스카이벳 : 2000배

33명
Nationality
● 외국 선수 2명
● 독일 선수 26명

Age
28명 평균
25.9세

Height
28명 평균
183cm

Market Value
1군 28명 평균
76만 유로

Game Points
22-23 2부 : 0점
통산 : 0점

Win
22-23 2부 : 19승
통산 : 0승

Draw
22-23 2부 : 10무
통산 : 0무

Loss
22-23 2부 : 5패
통산 : 0패

Goals For
22-23 2부 : 67득점
통산 : 0득점

Goals Against
22-23 2부 : 36실점
통산 : 0실점

More Minutes
케빈 뮐러
3060분

Top Scorer
팀 클라인딘스트
25골

More Assists
얀 니클라스 베스테
12도움

More Subs
슈테판 시머
29회 교체 IN

More Cards
팀 클라인딘스트
Y9+R0

RANKING OF LAST 10 YEARS

● 2부 리그
○ 3부 리그

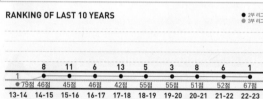

	8	11	6	13	5	3	8	6	1
●79점	46점	45점	46점	42점	55점	55점	51점	52점	67점
	13-14	14-15	15-16	16-17	17-18	18-19	19-20	20-21	21-22	22-23

GERMAN BUNDESLIGA	GERMAN DFB POKAL	UEFA CHAMPIONS LEAGUE	UEFA EUROPA LEAGUE	FIFA CLUB WORLD CUP	UEFA-CONMEBOL INTERCONTINENTAL
0	0	0	0	0	0

TOTO GUIDE 지난 시즌 상대팀별 전적

상대팀	홈	원정
Darmstadt	1-0	2-2
Hamburger SV	3-3	0-1
Dusseldorf	2-1	1-1
Sankt Pauli	0-1	0-0
Paderborn	3-0	2-3
Karlsruher SC	5-2	0-0
Holstein Kiel	3-0	1-3
Kaiserslautern	2-2	2-2
Hannover 96	2-1	3-0
Magdeburg	0-0	1-1
Greuther Furth	3-1	2-0
Hansa Rostock	2-0	1-0
FC Nurnberg	5-0	3-0
Braunschweig	3-0	0-2
Bielefeld	1-1	1-0
Regensburg	5-4	3-2
Sandhausen	1-0	4-3

VOITH-ARENA

구장 오픈 / 증개축
1972년, 2013년
구장 소유
하이덴하임 시
수용 인원
1만 5000명
피치 규모
105m X 68m
잔디 종류
하이브리드 잔디

위치	선수	국적	생년월일	출전(분)	출전경기	선발11	교체인	교체아웃	벤치출발	득점	도움	경고	경고누적	퇴장
GK	Kevin Müller	GER	91-03-15	3060	34	34	0	0	0	0	0	2	0	0
	Vitus Eicher	GER	90-11-05	0	0	0	0	0	31	0	0	0	0	0
	Paul Tschernuth	AUT	02-01-20	0	0	0	0	0	3	0	0	0	0	0
DF	Patrick Mainka	GER	94-11-06	3053	34	34	0	1	0	3	1	4	0	0
	Jonas Föhrenbach	GER	96-01-26	2964	33	33	0	2	0	0	5	1	0	0
	Jan-Niklas Beste	GER	99-01-04	2787	34	34	0	27	0	12	12	4	0	0
	Marnon Busch	GER	94-12-08	2648	30	30	0	5	0	2	3	3	0	0
	Lennard Maloney	GER	99-10-08	2640	33	31	2	12	2	0	1	5	0	0
	Tim Siersleben	GER	00-03-09	2277	28	27	1	5	5	1	0	4	0	0
	Norman Theuerkauf	GER	87-01-24	576	21	4	17	1	24	0	0	2	0	0
	Marvin Rittmüller	GER	99-03-07	246	14	1	13	1	30	0	1	0	0	0
	Thomas Keller	GER	99-08-05	22	7	0	7	0	27	0	0	0	0	0
MF	Jan Schöppner	GER	99-06-12	2201	27	26	1	13	1	1	1	3	0	0
	Kevin Sessa	GER	00-07-06	1596	32	13	19	12	19	3	2	4	0	0
	Adrian Beck	GER	97-06-09	1198	18	15	3	14	4	3	2	1	0	0
	Dženis Burnić	GER	98-05-22	520	20	4	16	4	28	0	1	4	1	0
	Andreas Geipl	GER	92-04-21	245	13	3	10	2	30	0	0	2	0	0
	Tim Köther	GER	01-02-22	5	1	0	1	0	11	0	0	0	0	0
	Melvin Ramusović	GER	01-06-19	3	1	0	1	0	5	0	0	0	0	0
	Merveille Biankadi	COD	95-05-09	0	0	0	0	0	1	0	0	0	0	0
	Christopher Negele	GER	05-04-11	0	0	0	0	0	1	0	0	0	0	0
	Mert Arslan	GER	03-08-12	0	0	0	0	0	3	0	0	0	0	0
FW	Tim Kleindienst	GER	95-08-31	2838	32	32	0	7	0	25	6	9	0	0
	Denis Thomalla	GER	92-08-16	2258	31	28	3	20	4	8	5	0	0	1
	Florian Pick	GER	95-09-08	1195	23	17	6	17	16	3	6	4	0	0
	Stefan Schimmer	GER	94-04-28	734	32	3	29	3	29	3	2	1	0	0
	Christian Kühlwetter	GER	96-04-21	567	24	5	19	5	28	1	1	3	0	0
	Elidon Qenaj	GER	03-05-22	14	3	0	3	0	4	0	0	0	0	0

2°BUNDESLIGA(2부리그) 2022-23 SEASON

1.FC HEIDENHEIM vs. OPPONENTS PER GAME STATS

FC 하이덴하임 vs 상대팀

득점	슈팅	유효슈팅	코너킥	오프사이드	패스시도	패스성공	패스성공률	태클	공중전승리	인터셉트	파울	경고	퇴장

1.97	⚽	1.06	14.2	👟	11.9	4.9	●	3.5	5.7	🚩	—	1.6	🏳	1.1	435	PA	470	329	PC	356

| 76% | P% | 76% | 15.2 | TK | 14.2 | 24.2 | AD | 21.0 | 9.1 | IT | 9.4 | 11.8 | 🧤 | 9.8 | 1.68 | | 1.88 | 0.059 | ■ | 0.088 |

2022-23 SEASON SQUAD LIST & GAMES PLAYED

* 괄호 안의 숫자는 선발 출전 횟수, 교체 출전은 포함시키지 않음

LW	CF	RW
S.시머(1)	T.클라인딘스트(31), S.시머(2) D.토말라(1)	J.베스테(1)

LAM	CAM	RAM
J.베스테(16), C.퀼베터(1) K.세사(1), T.클라인디엔스트(1)	D.토말라(12), A.벡(4) J.쇠프너(1), C.퀼베터(1) K.세사(1)	F.픽(12), K.세사(4) J.베스테(3)

LM	CM	RM
J.베스테(11), C.퀼베터(2) F.픽(1)	D.토말라(14), A.벡(9) J.쇠프너(6), A.가이플(1) D.부르니치(1)	K.세사(6), F.픽(4) J.베스테(3), C.퀼베터(1)

LWB	DM	RWB
N/A	L.말로니(22), J.쇠프너(19) N.토이아카우프(3), D.부르니치(3) A.벡(2), A.가이플(2) D.토말라(1)	N/A

LB	CB	RB
J.퓌렌바흐(33), N.토이아카우프(3)	P.마인카(34), T.지어슐레벤(27) L.말로니(7)	M.부시(30), L.말로니(2) K.세사(1), M.리트뮐러(1)

	GK	
	K.뮐러(34)	

SHOTS & GOALS

34경기 총 483슈팅 – 67득점
34경기 상대 총 406슈팅 – 36실점

73-22
226-32
184-13

유효 슈팅 167		비유효 슈팅 316	
득점	67	블록 당함	119
GK 방어	100	골대 밖	185
유효슈팅률	35%	골대 맞음	12

유효 슈팅 118		비유효 슈팅 288	
실점	36	블록	114
GK 방어	82	골대 밖	161
유효슈팅률	29%	골대 맞음	13

165-6
207-21
34-8

GOAL TIME | POSSESSION

시간대별 득점

16	5
10	11
8	17

득실차
| 전반 골 득실차 +21 |
| 후반 골 득실차 +10 |
| 전체 골 득실차 +31 |

시간대별 실점

11	3
6	6
10	5

전체 평균

75% 50% 25%
50%

홈경기

51%
75% 25%
50%

원정경기

48%
75% 25%
50%

TACTICAL GOALS & SHOTS | PASSES pg | DUELS pg

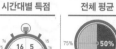

슈팅 패턴

34경기 **483**
(4, 32, 16, 90, 24, 315)

- ● OPEN PLAY
- ● FASTBREAK
- ● CORNER KICK
- ● SET PIECE
- ● DIRECT FREE KICK
- ● PENALTY KICK

득점 패턴1
34경기 **67골**
(1, 3, 2, 10, 3, 47)

- ● OPEN PLAY
- ● FASTBREAK
- ● CORNER KICK
- ● SET PIECE
- ● DIRECT FREE KICK
- ● PENALTY KICK
- ● OWN GOAL

득점 패턴2
34경기 **67골**
(1, 3, 2, 11, 50)

- ● COMBINATION PLAY
- ● SOLO PLAY
- ● DIRECT FREE KICK
- ● PENALTY KICK
- ● OWN GOAL

패스 시도

평균 **455**
(22, 76, 357)

- ● SHORT PASSES
- ● LONG BALLS
- ● CROSSES

땅볼 쟁탈전

평균 **62.9**
(33.2, 29.7)

- ● 성공
- ● 실패

상대 슈팅 패턴

34경기 **406**
(10, 1, 44, 64, 15, 272)

실점 패턴 1
34경기 **36골**
(4, 5, 3, 24)

실점 패턴 2
34경기 **36골**
(4, 32)

상대 패스 시도
평균 **470**
(28, 70, 372)

공중전

평균 **45.2**
(21.0, 24.2)

FORMATION SUMMARY | WHO SCORED | ACTION ZONE | PASSESS pg BY ZONE

선발 포지션별 전적

포메이션	승	무	패	득점	실점
4-2-3-1	11	5	3	39	20
4-1-4-1	7	5	2	25	16
4-3-3	1	0	0	3	0
TOTAL	19	10	5	67	36

WHO SCORED

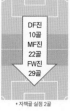

포지션별 득점
| FW진 30골 |
| MF진 9골 |
| DF진 2골 |

* 상대 자책골 1골

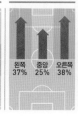

상대 포지션별 실점
| DF진 10골 |
| MF진 22골 |
| FW진 29골 |

* 자책골 실점 2골

ACTION ZONE

공격 방향

왼쪽 37% 중앙 25% 오른쪽 38%

볼 점유 위치
상대 진영 **31%**
중간 지역 **42%**
우리 진영 **27%**

PASSESS pg BY ZONE

평균 패스 성공
하프라인 위쪽 **184회**
하프라인 아래 **145회**

패스 성공률
하프라인 위쪽 **88%**
하프라인 아래 **61%**

Founded 구단 창립 1898년

Owner 다름슈타트 시민구단

CEO K. 뤼디거 프리치 1961.10.07

Manager 토르스텐 리버크네히트 1973.08.01

23-24 Odds 벳365 : 2000배 스카이벳 : 2000배

28명

Nationality ● 외국 선수 10명 ● 독일 선수 18명

Age 28명 평균 25.7세

Height 28명 평균 183cm

Market Value 1군 28명 평균 95만 유로

Game Points 22-23 2부 : 117점 통산 : 117점

Win 22-23 2부 : 20승 통산 : 28승

Draw 22-23 2부 : 7무 통산 : 33무

Loss 22-23 2부 : 7패 통산 : 75패

Goals For 22-23 2부 : 50득점 통산 : 152득점

Goals Against 22-23 2부 : 33실점 통산 : 273실점

More Minutes 필립 티츠 2903분

Top Scorer 필립 티츠 12골

More Assists 토비아스 켐페 9도움

More Subs 마그누스 바밍 17회 교체 IN

More Cards 마르빈 멜렘 Y12+R0

RANKING OF LAST 10 YEARS

● 2부 리그
● 3부 리그

	13-14	14-15	15-16	16-17	17-18	18-19	19-20	20-21	21-22	22-23
순위	3	2	14	18	10	10	5	7	4	2
승점	72점	59점	38점	25점	43점	46점	52점	51점	60점	67점

GERMAN BUNDESLIGA	GERMAN DFB POKAL	UEFA CHAMPIONS LEAGUE	UEFA EUROPA LEAGUE	FIFA CLUB WORLD CUP	UEFA-CONMEBOL INTERCONTINENTAL
0	0	0	0	0	0

TOTO GUIDE 지난 시즌 상대팀별 전적

상대팀	홈	원정
Heidenheim	2-2	0-1
Hamburger SV	1-1	2-1
Dusseldorf	1-0	0-1
Sankt Pauli	0-3	1-1
Paderborn	2-1	2-1
Karlsruher SC	2-1	2-1
Holstein Kiel	1-1	3-0
Kaiserslautern	2-0	3-3
Hannover 96	1-0	1-2
Magdeburg	1-0	0-0
Greuther Furth	1-1	0-4
Hansa Rostock	4-0	1-0
FC Nurnberg	2-0	1-0
Braunschweig	2-1	1-0
Bielefeld	1-1	1-3
Regensburg	2-0	0-2
Sandhausen	2-1	4-0

MERCK-STADION AM BÖLLENFALLTOR

구장 오픈 / 증개축 1921년, 증개축 7회
구장 소유 다름슈타트 시
수용 인원 1만 7000명
피치 규모 105m X 68m
잔디 종류 천연 잔디

위치	선수	국적	생년월일	출전(분)	출전경기	선발11	교체인	교체아웃	벤치출발	득점	도움	경고	경고누적	퇴장
GK	Marcel Schuhen	GER	93-01-13	2836	32	32	0	1	0	0	1	3	0	0
	Alexander Brunst-Zöllner	GER	95-07-07	224	3	2	1	0	29	0	0	1	0	0
	Steve Kroll	GER	97-05-07	0	0	0	0	0	6	0	0	0	0	0
DF	Christoph Zimmermann	GER	93-01-12	2563	31	28	3	1	4	0	0	3	0	0
	Fabian Holland	GER	90-07-11	2432	28	28	0	6	1	1	3	11	0	0
	Matthias Bader	GER	97-06-17	2293	26	26	0	3	3	2	2	2	1	0
	Jannik Müller	GER	94-01-18	2046	27	25	2	10	5	2	0	4	0	0
	Patric Pfeiffer	GER	99-08-20	1715	24	20	4	2	4	4	1	6	1	1
	Emir Karic	AUT	97-06-09	1542	27	17	10	7	13	2	4	4	0	0
	Frank Ronstadt	GER	97-07-21	1020	23	10	13	6	15	2	1	1	0	0
	Thomas Isherwood	SWE	98-01-28	875	15	10	5	2	18	0	0	1	0	0
	Clemens Riedel	GER	03-07-19	834	19	9	10	3	21	0	0	2	0	0
MF	Marvin Mehlem	GER	97-09-11	2683	32	32	0	21	0	3	5	12	0	0
	Braydon Manu	GHA	97-03-28	1964	28	25	3	21	5	7	7	4	1	0
	Tobias Kempe	GER	89-06-27	1961	26	23	3	20	6	3	9	3	0	0
	Fabian Schnellhardt	GER	94-01-12	1850	25	22	3	14	4	0	3	4	0	0
	Klaus Gjasula	GER	89-12-14	990	17	10	7	1	11	0	0	4	1	0
	Mathias Honsak	AUT	96-12-20	779	15	9	6	8	7	4	1	0	0	0
	Yassin Ben Balla	FRA	96-02-24	142	13	1	12	1	25	0	0	0	0	0
	Philipp Sonn	GER	04-09-11	0	0	0	0	0	6	0	0	0	0	0
	Nico Baier	POL	05-04-18	0	0	0	0	0	0	0	0	0	0	0
FW	Philip Tietz	GER	97-07-09	2903	34	34	0	15	0	12	3	4	0	0
	Filip Stojiljković	SUI	00-01-04	760	15	8	7	8	8	3	0	2	0	0
	Oscar Vilhelmsson	SWE	03-10-02	374	14	2	12	2	14	2	0	0	0	0
	Magnus Warming	DEN	00-06-08	314	18	1	17	2	22	0	1	0	0	0
	Keanan Bennetts	ENG	99-03-09	236	15	0	15	0	21	0	0	0	0	0
	Aaron Seydel	GER	96-02-07	147	13	0	13	0	20	1	0	4	0	0
	Fabio Torsiello	GER	05-02-02	19	4	0	4	0	16	0	0	0	0	0

2°BUNDESLIGA(2부리그) 2022-23 SEASON

SV DARMSTADT 98 vs. OPPONENTS PER GAME STATS

다름슈타트 98 vs 상대팀

득점 | 슈팅 | 유효슈팅 | 코너킥 | 오프사이드 | 패스시도 PA | 패스성공 PC | 패스성공률 P% | 태클 TK | 공중전승리 AD | 인터셉트 IT | 파울 | 경고 | 퇴장

1.47 ⚽ 0.97	14.7 🥾 11.9	4.1 ◉ 3.9	5.4 🚩 –	2.1 🏳 2.1	424 PA 422	317 PC 286
75% P% 68%	15.0 TK 14.9	21.2 AD 18.4	9.2 IT 8.8	12.1 🟨 12.0	2.41 ▨ 2.35	0.147 ■ 0.235

2022-23 SEASON SQUAD LIST & GAMES PLAYED

* 괄호 안의 숫자는 선발 출전 횟수, 교체 출전은 포함시키지 않음

LW	CF	RW
M.혼자크(3)	P.티츠(30), B.마누(18) F.스토일코비치(7), M.혼자크(2) P.파이퍼(1), T.켐페(1)	M.멜렘(1), M.와밍(1) B.마누(1)

LAM	CAM	RAM
M.멜렘(1)	M.멜렘(17), M.혼자크(3) B.마누(3), O.빌헬름손(2) P.티츠(4), F.스토일코비치(1)	B.마누(1)

LM	CM	RM
F.홀란트(10), E.카리치(10) F.론슈타트(3), M.멜렘(1)	F.슈넬하르트(22), T.켐페(21) M.멜렘(11), F.홀란트(7) J.윌러(2), B.마누(2) K.기아술라(1), Y.B.발라(1) F.론슈타트(1), M.혼자크(1)	M.바데르(18), F.론슈타트(3) E.카리치(2), M.멜렘(1)

LWB	DM	RWB
F.홀란트(5), E.카리치(3)	C.리델(1), J.윌러(1) T.켐페(1)	M.바데르(4), E.카리치(2) F.론슈타트(2)

LB	CB	RB
F.홀란트(5)	C.치머만(28), J.윌러(22) P.파이퍼(19), T.이서우드(10) K.기아술라(9), C.리들(8) F.홀란트(1)	M.바데르(4), F.론슈타트(1)

GK
M.슈헨(32), A.브룬스트(2)

SHOTS & GOALS

34경기 총 483슈팅 - 50득점
34경기 상대 총 405슈팅 - 33실점

50-13
259-33
174-4

유효 슈팅 139		비유효 슈팅 361	
득점	50	블록 당함	143
GK 방어	89	골대 밖	207
유효슈팅률	28%	골대 맞음	11

유효 슈팅 133		비유효 슈팅 272	
실점	33	블록	108
GK 방어	100	골대 밖	155
유효슈팅률	33%	골대 맞음	9

163-6
198-17
44-10

GOAL TIME | POSSESSION

시간대별 득점

10 10 4 8
10 8 0 31

득실차
전반 골 득실차 +14
후반 골 득실차 +3
전체 골 득실차 +17

시간대별 실점

10 5 5 5
2 5 9 31

전체 평균
50% 75% 25%
50%

홈경기
53% 75% 25%
50%

원정경기
48% 75% 25%
50%

TACTICAL GOALS & SHOTS | PASSES pg | DUELS pg

BUNDESLIGA

슈팅 패턴

34경기 500
4 23 43 90 325 15

득점 패턴1
34경기 50골
1 2 2 106 30 4 37

득점 패턴2
34경기 50골
1 2 2 8 30 4 37

패스 시도
34경기 평균 424
20 73 331

땅볼 쟁탈전
34.5 평균 69.1 34.6

- ● OPEN PLAY
- ● FASTBREAK
- ● CORNER KICK
- ● SET PIECE
- ● DIRECT FREE KICK
- ● PENALTY KICK

- ● OPEN PLAY
- ● FASTBREAK
- ● CORNER KICK
- ● SET PIECE
- ● DIRECT FREE KICK
- ● PENALTY KICK
- ● OWN GOAL

- ● COMBINATION PLAY
- ● SOLO PLAY
- ● DIRECT FREE KICK
- ● PENALTY KICK
- ● OWN GOAL

- ● SHORT PASSES
- ● LONG BALLS
- ● CROSSES

- ● 성공
- ● 실패

상대 슈팅 패턴
34경기 405
11 4 38 72 17 263

실점 패턴 1
34경기 33골
3 5 5 5 19

실점 패턴 2
34경기 33골
3 26 19

상대 패스 시도
34경기 평균 422
18 63 341

공중전
18.4 평균 39.6 21.2

FORMATION SUMMARY | WHO SCORED | ACTION ZONE | PASSESS pg BY ZONE

선발 포진별 전적

포메이션	승	무	패	득점	실점
3-4-1-2	11	6	4	32	22
3-4-2-1	2	0	1	5	4
3-4-3	3	0	0	6	1
3-5-2	1	0	1	3	3
4-4-2	1	0	1	1	2
4-1-4-1	0	1	0	1	1
4-2-3-1	1	0	0	1	0
4-3-1-2	1	0	0	1	0
TOTAL	20	7	7	50	33

포지션별 득점
FW진 23골
MF진 15골
DF진 10골

상대 포지션별 실점
DF진 5골
MF진 12골
FW진 16골

* 상대 자책골 2골

공격 방향
왼쪽 35% 중앙 30% 오른쪽 35%

볼 점유 위치
상대 진영 31%
중간 지역 42%
우리 진영 27%

평균 패스 성공
하프라인 위쪽 147회
하프라인 아래 155회

패스 성공률
하프라인 위쪽 62%
하프라인 아래 86%

SERIE A

연 심 세 구
年 深 歲 久

'연심세구'는 '세월이 매우 오래 됐다'는 의미의 4자성어다. 나폴리가 2022-23시즌 세리에A 정상에 올랐다. '축구의 신' 디에고 마라도나가 활약하던 1989-90시즌 이후 무려 33년 만이다. '괴물 수비수' 김민재, 나이지리아산 특급 CF 빅터 오시멘, 공격형 미드필더 흐비차 크바라츠헬리아 등 '3총사'가 우승을 견인했다. 나폴리는 승점 90점을 기록, 2위 라치오(74점)를 16점 차이로 제치며 압도적인 우승 레이스를 펼쳤다. 하지만 2023-24시즌에도 이런 기세가 이어질 지는 의문이다. 김민재가 독일 바이에른 뮌헨으로 이적하면서 그의 대체자를 찾는 일이 시급해졌다. 현재 유럽 베팅업체들은 올 시즌 세리에A 판도를 인테르 밀란, 나폴리, 유벤투스의 '3파전'으로 예상하고 있다. AC 밀란, AS 로마, 라치오 등은 챔피언스리그 진출 티켓을 목표로 다툰다.

2023-24시즌 세리에A 우승 배당률

예상	팀	벳365	스카이벳	패디파워	윌리엄힐
1	Inter Milan	2배	2배	2.25배	2.25배
2	Napoli	2.5배	2.5배	2.5배	2.5배
3	Juventus	3배	4배	3.5배	3배
4	AC Milan	5.5배	6.5배	6배	6배
5	AS Roma	10배	10배	10배	11배
6	Lazio	14배	14배	12배	12배
7	Atalanta	28배	22배	30배	28배
8	Fiorentina	80배	50배	80배	66배
9	Monza	150배	200배	150배	150배
10	Torino	250배	200배	250배	250배
11	Udinese	500배	200배	475배	500배
12	Bologna	500배	250배	475배	500배
13	Sassuolo	500배	500배	475배	500배
14	Lecce	1000배	1000배	500배	1000배
15	Genoa	1000배	1500배	500배	1000배
16	Salernitana	1000배	1500배	500배	1000배
17	Verona	1000배	1500배	500배	1000배
18	Empoli	1000배	1500배	500배	1000배
19	Cagliari	1000배	1500배	500배	2000배
20	Frosinone	1000배	1500배	500배	2000배

2022-23시즌 세리에A 순위

순위	팀	경기	승	무	패	득점	실점	득실	승점
1	Napoli	38	28	6	4	77	28	49	90
2	Lazio	38	22	8	8	60	30	30	74
3	Inter Milan	38	23	3	12	71	42	29	72
4	AC Milan	38	20	10	8	64	43	21	70
5	Atalanta	38	19	7	12	66	48	18	64
6	AS Roma	38	18	9	11	50	38	12	63
7	Juventus	38	22	6	10	56	33	23	62
8	Fiorentina	38	15	11	12	53	43	10	56
9	Bologna	38	14	12	12	53	49	4	54
10	Torino	38	14	11	13	42	41	1	53
11	Monza	38	14	10	14	48	52	−4	52
12	Udinese	38	11	13	14	47	48	−1	46
13	Sassuolo	38	12	9	17	47	61	−14	45
14	Empoli	38	10	13	15	37	49	−12	43
15	Salernitana	38	9	15	14	48	62	−14	42
16	Lecce	38	8	12	18	33	46	−13	36
17	Spezia	38	6	13	19	31	62	−31	31
18	Verona	38	7	10	21	31	59	−28	31
19	Cremonese	38	5	12	21	36	69	−33	27
20	Sampdoria	38	3	10	25	24	71	−47	19

2023-24 SERIE-A
MATCH SCHEDULE

*시간은 이탈리아 현지 시간. 대한민국은 이탈리아보다 8시간 빠름

SERIE A

DAY 1

2023.8.20	Internazionale	vs	Monza
2023.8.20	Empoli	vs	Hellas Verona
2023.8.20	Bologna	vs	Milan
2023.8.20	Lecce	vs	Lazio
2023.8.20	Roma	vs	Salernitana
2023.8.20	Frosinone	vs	Napoli
2023.8.20	Sassuolo	vs	Atalanta
2023.8.20	Genoa	vs	Fiorentina
2023.8.20	Udinese	vs	Juventus
2023.8.20	Torino	vs	Cagliari

DAY 2

2023.8.27	Milan	vs	Torino
2023.8.27	Hellas Verona	vs	Roma
2023.8.27	Cagliari	vs	Internazionale
2023.8.27	Napoli	vs	Sassuolo
2023.8.27	Fiorentina	vs	Lecce
2023.8.27	Juventus	vs	Bologna
2023.8.27	Salernitana	vs	Udinese
2023.8.27	Monza	vs	Empoli
2023.8.27	Lazio	vs	Genoa
2023.8.27	Frosinone	vs	Atalanta

DAY 3

2023.9.3	Lecce	vs	Salernitana
2023.9.3	Empoli	vs	Juventus
2023.9.3	Atalanta	vs	Monza
2023.9.3	Internazionale	vs	Fiorentina
2023.9.3	Bologna	vs	Cagliari
2023.9.3	Napoli	vs	Lazio
2023.9.3	Udinese	vs	Frosinone
2023.9.3	Roma	vs	Milan
2023.9.3	Sassuolo	vs	Hellas Verona
2023.9.3	Torino	vs	Genoa

DAY 4

2023.9.17	Internazionale	vs	Milan
2023.9.17	Genoa	vs	Napoli
2023.9.17	Cagliari	vs	Udinese
2023.9.17	Juventus	vs	Lazio
2023.9.17	Frosinone	vs	Sassuolo
2023.9.17	Salernitana	vs	Torino
2023.9.17	Fiorentina	vs	Atalanta
2023.9.17	Roma	vs	Empoli
2023.9.17	Monza	vs	Lecce
2023.9.17	Hellas Verona	vs	Bologna

DAY 5

2023.9.24	Lazio	vs	Monza
2023.9.24	Bologna	vs	Napoli
2023.9.24	Atalanta	vs	Cagliari
2023.9.24	Udinese	vs	Fiorentina
2023.9.24	Empoli	vs	Internazionale
2023.9.24	Salernitana	vs	Frosinone
2023.9.24	Milan	vs	Hellas Verona
2023.9.24	Sassuolo	vs	Juventus
2023.9.24	Torino	vs	Roma
2023.9.24	Lecce	vs	Genoa

DAY 6

2023.9.27	Internazionale	vs	Sassuolo
2023.9.27	Genoa	vs	Roma
2023.9.27	Cagliari	vs	Milan
2023.9.27	Juventus	vs	Lecce
2023.9.27	Empoli	vs	Salernitana
2023.9.27	Lazio	vs	Torino
2023.9.27	Frosinone	vs	Fiorentina
2023.9.27	Hellas Verona	vs	Atalanta
2023.9.27	Monza	vs	Bologna
2023.9.27	Napoli	vs	Udinese

DAY 7

2023.10.1	Fiorentina	vs	Cagliari
2023.10.1	Lecce	vs	Napoli
2023.10.1	Bologna	vs	Empoli
2023.10.1	Roma	vs	Frosinone
2023.10.1	Atalanta	vs	Juventus
2023.10.1	Udinese	vs	Genoa
2023.10.1	Milan	vs	Lazio
2023.10.1	Sassuolo	vs	Monza
2023.10.1	Salernitana	vs	Internazionale
2023.10.1	Torino	vs	Hellas Verona

DAY 8

2023.10.8	Genoa	vs	Milan
2023.10.8	Frosinone	vs	Hellas Verona
2023.10.8	Empoli	vs	Udinese
2023.10.8	Juventus	vs	Torino
2023.10.8	Cagliari	vs	Roma
2023.10.8	Lecce	vs	Sassuolo
2023.10.8	Internazionale	vs	Bologna
2023.10.8	Napoli	vs	Fiorentina
2023.10.8	Lazio	vs	Atalanta
2023.10.8	Monza	vs	Salernitana

DAY 9

2023.10.22	Hellas Verona	vs	Napoli
2023.10.22	Salernitana	vs	Cagliari
2023.10.22	Bologna	vs	Frosinone
2023.10.22	Fiorentina	vs	Empoli
2023.10.22	Atalanta	vs	Genoa
2023.10.22	Torino	vs	Internazionale
2023.10.22	Milan	vs	Juventus
2023.10.22	Roma	vs	Monza
2023.10.22	Udinese	vs	Lecce
2023.10.22	Sassuolo	vs	Lazio

DAY 10

2023.10.29	Lecce	vs	Torino
2023.10.29	Internazionale	vs	Roma
2023.10.29	Monza	vs	Udinese
2023.10.29	Cagliari	vs	Frosinone
2023.10.29	Genoa	vs	Salernitana
2023.10.29	Juventus	vs	Hellas Verona
2023.10.29	Empoli	vs	Atalanta
2023.10.29	Lazio	vs	Fiorentina
2023.10.29	Napoli	vs	Milan
2023.10.29	Sassuolo	vs	Bologna

DAY 11

2023.11.5	Cagliari	vs	Genoa
2023.11.5	Bologna	vs	Lazio
2023.11.5	Atalanta	vs	Internazionale
2023.11.5	Fiorentina	vs	Juventus
2023.11.5	Hellas Verona	vs	Monza
2023.11.5	Torino	vs	Sassuolo
2023.11.5	Roma	vs	Lecce
2023.11.5	Salernitana	vs	Napoli
2023.11.5	Frosinone	vs	Empoli
2023.11.5	Milan	vs	Udinese

DAY 12

2023.11.12	Monza	vs	Torino
2023.11.12	Lecce	vs	Milan
2023.11.12	Genoa	vs	Hellas Verona
2023.11.12	Udinese	vs	Atalanta
2023.11.12	Lazio	vs	Roma
2023.11.12	Fiorentina	vs	Bologna
2023.11.12	Internazionale	vs	Frosinone
2023.11.12	Napoli	vs	Empoli
2023.11.12	Sassuolo	vs	Salernitana
2023.11.12	Juventus	vs	Cagliari

DAY 13

2023.11.26	Empoli	vs	Sassuolo
2023.11.26	Cagliari	vs	Monza
2023.11.26	Atalanta	vs	Napoli
2023.11.26	Frosinone	vs	Genoa
2023.11.26	Bologna	vs	Torino
2023.11.26	Hellas Verona	vs	Lecce
2023.11.26	Salernitana	vs	Lazio
2023.11.26	Milan	vs	Fiorentina
2023.11.26	Juventus	vs	Internazionale
2023.11.26	Roma	vs	Udinese

DAY 14

2023.12.3	Lazio	vs	Cagliari
2023.12.3	Lecce	vs	Bologna
2023.12.3	Torino	vs	Atalanta
2023.12.3	Genoa	vs	Empoli
2023.12.3	Fiorentina	vs	Salernitana
2023.12.3	Milan	vs	Frosinone
2023.12.3	Monza	vs	Juventus
2023.12.3	Sassuolo	vs	Roma
2023.12.3	Napoli	vs	Internazionale
2023.12.3	Udinese	vs	Hellas Verona

DAY 15

2023.12.10	Frosinone	vs	Torino
2023.12.10	Empoli	vs	Lecce
2023.12.10	Atalanta	vs	Milan
2023.12.10	Hellas Verona	vs	Lazio
2023.12.10	Cagliari	vs	Sassuolo
2023.12.10	Internazionale	vs	Udinese
2023.12.10	Monza	vs	Genoa
2023.12.10	Salernitana	vs	Bologna
2023.12.10	Roma	vs	Fiorentina
2023.12.10	Juventus	vs	Napoli

DAY 16

2023.12.17	Genoa	vs	Juventus
2023.12.17	Fiorentina	vs	Hellas Verona
2023.12.17	Bologna	vs	Roma
2023.12.17	Milan	vs	Monza
2023.12.17	Atalanta	vs	Salernitana
2023.12.17	Napoli	vs	Cagliari
2023.12.17	Lazio	vs	Internazionale
2023.12.17	Udinese	vs	Sassuolo
2023.12.17	Lecce	vs	Frosinone
2023.12.17	Torino	vs	Empoli

DAY 17

2023.12.23	Torino	vs	Udinese
2023.12.23	Internazionale	vs	Lecce
2023.12.23	Frosinone	vs	Juventus
2023.12.23	Bologna	vs	Atalanta
2023.12.23	Empoli	vs	Lazio
2023.12.23	Hellas Verona	vs	Cagliari
2023.12.23	Salernitana	vs	Milan
2023.12.23	Roma	vs	Napoli
2023.12.23	Sassuolo	vs	Genoa
2023.12.23	Monza	vs	Fiorentina

DAY 18

2023.12.30	Fiorentina	vs	Torino
2023.12.30	Genoa	vs	Internazionale
2023.12.30	Cagliari	vs	Empoli
2023.12.30	Hellas Verona	vs	Salernitana
2023.12.30	Atalanta	vs	Lecce
2023.12.30	Juventus	vs	Roma
2023.12.30	Milan	vs	Sassuolo
2023.12.30	Lazio	vs	Frosinone
2023.12.30	Napoli	vs	Monza
2023.12.30	Udinese	vs	Bologna

DAY 19

2024.1.7	Roma	vs	Atalanta
2024.1.7	Frosinone	vs	Monza
2024.1.7	Empoli	vs	Milan
2024.1.7	Lecce	vs	Cagliari
2024.1.7	Bologna	vs	Genoa
2024.1.7	Sassuolo	vs	Fiorentina
2024.1.7	Udinese	vs	Lazio
2024.1.7	Torino	vs	Napoli
2024.1.7	Salernitana	vs	Juventus
2024.1.7	Internazionale	vs	Hellas Verona

DAY 20

2024.1.14	Juventus	vs	Sassuolo
2024.1.14	Genoa	vs	Torino
2024.1.14	Atalanta	vs	Frosinone
2024.1.14	Lazio	vs	Lecce
2024.1.14	Fiorentina	vs	Udinese
2024.1.14	Milan	vs	Roma
2024.1.14	Monza	vs	Internazionale
2024.1.14	Cagliari	vs	Bologna
2024.1.14	Hellas Verona	vs	Empoli
2024.1.14	Napoli	vs	Salernitana

DAY 21

2024.1.21	Frosinone	vs	Cagliari
2024.1.21	Internazionale	vs	Atalanta
2024.1.21	Empoli	vs	Monza
2024.1.21	Salernitana	vs	Genoa
2024.1.21	Bologna	vs	Fiorentina
2024.1.21	Roma	vs	Hellas Verona
2024.1.21	Udinese	vs	Milan
2024.1.21	Sassuolo	vs	Napoli
2024.1.21	Torino	vs	Lazio
2024.1.21	Lecce	vs	Juventus

DAY 22

2024.1.28	Genoa	vs	Lecce
2024.1.28	Fiorentina	vs	Internazionale
2024.1.28	Cagliari	vs	Torino
2024.1.28	Lazio	vs	Napoli
2024.1.28	Atalanta	vs	Udinese
2024.1.28	Monza	vs	Sassuolo
2024.1.28	Hellas Verona	vs	Frosinone
2024.1.28	Salernitana	vs	Roma
2024.1.28	Juventus	vs	Empoli
2024.1.28	Milan	vs	Bologna

DAY 23

2024.2.4	Empoli	vs	Genoa
2024.2.4	Frosinone	vs	Milan
2024.2.4	Bologna	vs	Sassuolo
2024.2.4	Internazionale	vs	Juventus
2024.2.4	Atalanta	vs	Lazio
2024.2.4	Roma	vs	Cagliari
2024.2.4	Lecce	vs	Fiorentina
2024.2.4	Torino	vs	Salernitana
2024.2.4	Udinese	vs	Monza
2024.2.4	Napoli	vs	Hellas Verona

DAY 24

2024.2.11	Juventus	vs	Udinese
2024.2.11	Fiorentina	vs	Frosinone
2024.2.11	Milan	vs	Napoli
2024.2.11	Bologna	vs	Lecce
2024.2.11	Cagliari	vs	Lazio
2024.2.11	Sassuolo	vs	Torino
2024.2.11	Roma	vs	Internazionale
2024.2.11	Salernitana	vs	Empoli
2024.2.11	Monza	vs	Hellas Verona
2024.2.11	Genoa	vs	Atalanta

DAY 25

2024.2.18	Frosinone	vs	Roma
2024.2.18	Empoli	vs	Fiorentina
2024.2.18	Atalanta	vs	Sassuolo
2024.2.18	Hellas Verona	vs	Juventus
2024.2.18	Internazionale	vs	Salernitana
2024.2.18	Monza	vs	Milan
2024.2.18	Napoli	vs	Genoa
2024.2.18	Torino	vs	Lecce
2024.2.18	Udinese	vs	Cagliari
2024.2.18	Lazio	vs	Bologna

DAY 26

2024.2.25	Genoa	vs	Udinese
2024.2.25	Fiorentina	vs	Lazio
2024.2.25	Bologna	vs	Hellas Verona
2024.2.25	Roma	vs	Torino
2024.2.25	Cagliari	vs	Napoli
2024.2.25	Salernitana	vs	Monza
2024.2.25	Milan	vs	Atalanta
2024.2.25	Lecce	vs	Internazionale
2024.2.25	Juventus	vs	Frosinone
2024.2.25	Sassuolo	vs	Empoli

DAY 27

2024.3.3	Lazio	vs	Milan
2024.3.3	Hellas Verona	vs	Sassuolo
2024.3.3	Monza	vs	Roma
2024.3.3	Atalanta	vs	Bologna
2024.3.3	Frosinone	vs	Lecce
2024.3.3	Udinese	vs	Salernitana
2024.3.3	Empoli	vs	Cagliari
2024.3.3	Internazionale	vs	Genoa
2024.3.3	Napoli	vs	Juventus
2024.3.3	Torino	vs	Fiorentina

DAY 28

2024.3.10	Genoa	vs	Monza
2024.3.10	Fiorentina	vs	Roma
2024.3.10	Cagliari	vs	Salernitana
2024.3.10	Bologna	vs	Internazionale
2024.3.10	Lazio	vs	Udinese
2024.3.10	Napoli	vs	Torino
2024.3.10	Sassuolo	vs	Frosinone
2024.3.10	Lecce	vs	Hellas Verona
2024.3.10	Milan	vs	Empoli
2024.3.10	Juventus	vs	Atalanta

DAY 29

2024.3.17	Hellas Verona	vs	Milan
2024.3.17	Internazionale	vs	Napoli
2024.3.17	Frosinone	vs	Lazio
2024.3.17	Atalanta	vs	Fiorentina
2024.3.17	Roma	vs	Sassuolo
2024.3.17	Juventus	vs	Genoa
2024.3.17	Empoli	vs	Bologna
2024.3.17	Salernitana	vs	Lecce
2024.3.17	Udinese	vs	Torino
2024.3.17	Monza	vs	Cagliari

DAY 30

2024.3.30	Fiorentina	vs	Milan
2024.3.30	Cagliari	vs	Hellas Verona
2024.3.30	Bologna	vs	Salernitana
2024.3.30	Lecce	vs	Roma
2024.3.30	Sassuolo	vs	Udinese
2024.3.30	Torino	vs	Monza
2024.3.30	Genoa	vs	Frosinone
2024.3.30	Lazio	vs	Juventus
2024.3.30	Internazionale	vs	Empoli
2024.3.30	Napoli	vs	Atalanta

DAY 31

2024.4.7	Cagliari	vs	Atalanta
2024.4.7	Salernitana	vs	Sassuolo
2024.4.7	Empoli	vs	Torino
2024.4.7	Frosinone	vs	Bologna
2024.4.7	Monza	vs	Napoli
2024.4.7	Milan	vs	Lecce
2024.4.7	Juventus	vs	Fiorentina
2024.4.7	Roma	vs	Lazio
2024.4.7	Udinese	vs	Internazionale
2024.4.7	Hellas Verona	vs	Genoa

DAY 32

2024.4.14	Lazio	vs	Salernitana
2024.4.14	Fiorentina	vs	Genoa
2024.4.14	Internazionale	vs	Cagliari
2024.4.14	Atalanta	vs	Hellas Verona
2024.4.14	Bologna	vs	Monza
2024.4.14	Udinese	vs	Roma
2024.4.14	Lecce	vs	Empoli
2024.4.14	Torino	vs	Juventus
2024.4.14	Sassuolo	vs	Milan
2024.4.14	Napoli	vs	Frosinone

DAY 33

2024.4.21	Hellas Verona	vs	Udinese
2024.4.21	Genoa	vs	Lazio
2024.4.21	Empoli	vs	Napoli
2024.4.21	Cagliari	vs	Juventus
2024.4.21	Monza	vs	Atalanta
2024.4.21	Roma	vs	Bologna
2024.4.21	Milan	vs	Internazionale
2024.4.21	Sassuolo	vs	Lecce
2024.4.21	Torino	vs	Frosinone
2024.4.21	Salernitana	vs	Fiorentina

DAY 34

2024.4.28	Fiorentina	vs	Sassuolo
2024.4.28	Frosinone	vs	Salernitana
2024.4.28	Bologna	vs	Udinese
2024.4.28	Atalanta	vs	Empoli
2024.4.28	Internazionale	vs	Torino
2024.4.28	Napoli	vs	Roma
2024.4.28	Lazio	vs	Hellas Verona
2024.4.28	Genoa	vs	Cagliari
2024.4.28	Juventus	vs	Milan
2024.4.28	Lecce	vs	Monza

DAY 35

2024.5.5	Torino	vs	Bologna
2024.5.5	Salernitana	vs	Atalanta
2024.5.5	Cagliari	vs	Lecce
2024.5.5	Hellas Verona	vs	Fiorentina
2024.5.5	Empoli	vs	Frosinone
2024.5.5	Milan	vs	Genoa
2024.5.5	Udinese	vs	Napoli
2024.5.5	Roma	vs	Juventus
2024.5.5	Monza	vs	Lazio
2024.5.5	Sassuolo	vs	Internazionale

DAY 36

2024.5.12	Genoa	vs	Sassuolo
2024.5.12	Fiorentina	vs	Monza
2024.5.12	Atalanta	vs	Roma
2024.5.12	Hellas Verona	vs	Torino
2024.5.12	Frosinone	vs	Internazionale
2024.5.12	Juventus	vs	Salernitana
2024.5.12	Milan	vs	Cagliari
2024.5.12	Lazio	vs	Empoli
2024.5.12	Lecce	vs	Udinese
2024.5.12	Napoli	vs	Bologna

DAY 37

2024.5.19	Lecce	vs	Atalanta
2024.5.19	Bologna	vs	Juventus
2024.5.19	Sassuolo	vs	Cagliari
2024.5.19	Fiorentina	vs	Napoli
2024.5.19	Internazionale	vs	Lazio
2024.5.19	Udinese	vs	Empoli
2024.5.19	Salernitana	vs	Hellas Verona
2024.5.19	Torino	vs	Milan
2024.5.19	Monza	vs	Frosinone
2024.5.19	Roma	vs	Genoa

DAY 38

2024.5.26	Frosinone	vs	Udinese
2024.5.26	Empoli	vs	Roma
2024.5.26	Cagliari	vs	Fiorentina
2024.5.26	Hellas Verona	vs	Internazionale
2024.5.26	Atalanta	vs	Torino
2024.5.26	Milan	vs	Salernitana
2024.5.26	Napoli	vs	Lecce
2024.5.26	Genoa	vs	Bologna
2024.5.26	Lazio	vs	Sassuolo
2024.5.26	Juventus	vs	Monza

Founded 구단 창립 1905년	**Owner** 필마우로 S.R.L.	**CEO** A.데 라우렌티스 1949.05.24	**Manager** 루디 가르시아 1964.02.20	**23-24 Odds** 벳365 : 2.5배 스카이벳 : 2.75배	

Nationality ●외국 선수 18명 ●이틸리아 9명	**Age** 27명 평균 26.5세	**Height** 27명 평균 182cm	**Market Value** 1군 27명 평균 2330만 유로	**Game Points** 22-23 : 90점 통산 : 4015점	

Win 22-23 : 28승 통산 : 1073승	**Draw** 22-23 : 6무 통산 : 796무	**Loss** 22-23 : 4패 통산 : 749패	**Goals For** 22-23 : 77득점 통산 : 3604득점	**Goals Against** 22-23 : 28실점 통산 : 2961실점

More Minutes 조반니 디로렌츠 3257분	**Top Scorer** 빅터 오시멘 26골	**More Assists** 흐비차 크바라츠헬리아 10도움	**More Subs** 조반니 시메오네 24회 교체 IN	**More Cards** 탕기 은돔벨레+2명 Y5+R0

RANKING OF LAST 10 YEARS

13-14	14-15	15-16	16-17	17-18	18-19	19-20	20-21	21-22	22-23
3 78점	5 63점	2 82점	3 86점	2 91점	2 79점	7 62점	5 77점	3 79점	1 90점

	🏆 3	🏆 6	🏆 0	🏆 1	🏆 0	🏆 0
	ITALIAN SERIE-A	**COPPA ITALIA**	**UEFA CHAMPIONS LEAGUE**	**UEFA EUROPA LEAGUE**	**FIFA CLUB WORLD CUP**	**UEFA-CONMEBOL INTERCONTINENTAL**

TOTO GUIDE 지난 시즌 상대팀별 전적

상대팀	홈	원정
Lazio	0-1	2-1
Inter Milan	3-1	0-1
AC Milan	0-4	2-1
Atalanta	2-0	2-1
AS Roma	2-1	1-0
Juventus	5-1	1-0
Fiorentina	1-0	0-0
Bologna	3-2	2-2
Torino	3-1	4-0
Monza	4-0	0-2
Udinese	3-2	1-1
Sassuolo	4-0	2-0
Empoli	2-0	2-0
Salernitana	1-1	2-0
Lecce	1-1	2-1
Spezia	1-0	3-0
Hellas Verona	0-0	5-2
Cremonese	3-0	4-1
Sampdoria	2-0	2-0

STADIO DIEGO ARMANDO MARADONA

구장 오픈 / 증개축 1959년, 증개축 4회
구장 소유 나폴리 시
수용 인원 5만 4726명
피치 규모 110m X 68m
잔디 종류 천연 잔디

STRENGTHS & WEAKNESSES

OFFENSE		DEFENSE	
직접 프리킥	C	세트피스 수비	A
문전 처리	A	상대 볼 뺏기	C
측면 돌파	A	공중전 능력	C
스루볼 침투	B	역습 방어	C
개인기 침투	C	지공 방어	D
카운터 어택	C	스루패스 방어	C
기회 만들기	B	리드 지키기	C
세트피스	A	실수 조심	C
OS 피하기	C	측면 방어력	C
중거리 슈팅	B	파울 주의	C
볼 점유율	A	중거리슈팅 수비	C

매우 강함 A 강한 편 B 보통 수준 C 약한 편 D 매우 약함 E

위치	선수	국적	생년월일	출전(분)	출전경기	선발11	교체인	교체아웃	벤치출발	득점	도움	경고	경고누적	퇴장
GK	Alex Meret	ITA	97-03-22	3060	34	34	0	0	4	0	0	0	0	0
	Pierluigi Gollini	ITA	95-03-18	360	4	4	0	0	15	0	0	0	0	0
	Davide Marfella	ITA	99-09-15	0	0	0	0	0	37	0	0	0	0	0
	Hubert Idasiak	POL	02-02-03	0	0	0	0	0	5	0	0	0	0	0
DF	Giovanni Di Lorenzo	ITA	93-08-04	3257	37	36	1	1	2	3	4	2	0	0
	Kim Min-Jae	KOR	96-11-15	3055	35	35	0	5	2	2	2	5	0	0
	Amir Rrahmani	KVX	94-02-24	2448	29	27	2	2	5	2	1	2	0	0
	Mário Rui	POR	91-05-27	1762	22	21	1	13	9	0	6	2	0	1
	Mathías Olivera	URU	97-10-31	1634	30	17	13	3	19	2	2	2	0	0
	Juan Jesus	BRA	91-06-10	929	15	10	5	1	27	1	0	2	0	0
	Leo Østigård	NOR	99-11-28	416	7	4	3	0	34	0	0	1	0	0
	Bartosz Bereszyński	POL	92-07-12	165	3	2	1	1	19	0	1	1	0	0
	Karim Zedadka	ITA	00-06-09	18	3	0	3	0	31	0	0	0	0	0
MF	Stanislav Lobotka	SVK	94-11-25	3110	38	34	4	14	4	1	1	2	0	0
	André-Frank Zambo Anguissa	CMR	95-11-16	3062	36	36	0	12	0	3	5	3	0	0
	Khvicha Kvaratskhelia	GEO	01-02-12	2539	34	30	4	22	4	12	10	1	0	0
	Piotr Zieliński	POL	94-05-20	2303	37	27	10	24	11	3	8	3	0	0
	Eljif Elmas	MKD	99-09-24	1616	36	14	22	10	23	6	3	5	0	0
	Hirving Lozano	MEX	95-07-30	1610	32	20	12	19	13	3	3	3	0	0
	Tanguy NDombèlé	FRA	96-12-28	789	30	8	22	8	28	1	0	5	0	0
	Alessio Zerbin	ITA	99-03-03	191	10	2	8	2	36	0	0	1	0	0
	Diego Demme	GER	91-11-21	143	7	2	5	2	29	0	0	0	0	0
FW	Victor Osimhen	NGA	98-12-29	2582	32	30	2	17	2	26	4	4	0	0
	Matteo Politano	ITA	93-08-03	1167	27	14	13	14	19	3	3	1	0	0
	Giacomo Raspadori	ITA	00-02-18	902	25	10	15	9	22	2	2	1	0	0
	Giovanni Simeone	ARG	95-07-05	387	25	1	24	2	34	4	1	1	0	0
	Gianluca Gaetano	ITA	00-05-05	68	8	0	8	0	33	1	1	0	0	0

SERIE A 2022-23 SEASON

SSC NAPOLI vs. OPPONENTS PER GAME STATS

SSC 나폴리 vs 상대팀

| 득점 | 슈팅 | 유효슈팅 | 코너킥 | 오프사이드 | 패스시도 | 패스성공 | 패스성공률 | 태클 | 공중전승리 | 인터셉트 | 파울 | 경고 | 퇴장 |

| 2.03 | ⚽ | 0.74 | 16.2 | 👟 | 9.6 | 5.9 | ◼ | 2.8 | 6.0 | 🚩 | 3.8 | 1.6 | 🏴 | 1.3 | 624 | PA | 380 | 548 | PC | 293 |
| 88% | P% | 77% | 15.0 | TK | 18.3 | 12.8 | AD | 10.6 | 7.6 | IT | 8.7 | 10.2 | 🔶 | 13.0 | 1.24 | | 2.42 | 0.026 | ◼ | 0.105 |

2022-23 SEASON SQUAD LIST & GAMES PLAYED

* 괄호 안의 숫자는 선발 출전 횟수, 교체 출전은 포함시키지 않음

LW	CF	RW
K.크바라츠헬리아(28), E.엘마스(3) G.라스파도리(2), H.로사노(1)	V.오시멘(30), G.라스파도리(7) G.시메오네(1)	H.로사노(17), M.폴리타노(13) E.엘마스(3), A.제르빈(1)

LAM	CAM	RAM
K.크바라츠헬리아(2), E.엘마스(1) A.제르빈(1)	P.젤린스키(3), G.라스파도리(1)	H.로사노(2), M.폴리타노(1) E.엘마스(1)

LM	CM	RM
N/A	A.Z.앙기사(32), S.로보트카(31) P.젤린스키(24), T.은돔벨레(7) E.엘마스(6), D.데메(2)	N/A

LWB	DM	RWB
N/A	A.Z.앙기사(4), S.로보트카(3) T.은돔벨레(1)	N/A

LB	CB	RB
M.후이(21), M.올리베라(17)	김민재(35), A.라흐마니(27) J.제수스(10), L.외스티고르(4)	G.D.로렌초(36), B.베레신스키(2)

GK
A.메레트(34), P.골리니(4)

SHOTS & GOALS

38경기 총 614슈팅 – 77득점
38경기 상대 총 366슈팅 – 28실점

49-15
369-59
196-3

유효 슈팅 224	비유효 슈팅 390
득점 77	블록 당함 166
GK 방어 147	골대 밖 213
유효슈팅률 36%	골대 맞음 11

유효 슈팅 107	비유효 슈팅 259
실점 28	블록 102
GK 방어 79	골대 밖 151
유효슈팅률 29%	골대 맞음 6

147-5
189-17
30-6

GOAL TIME | POSSESSION

시간대별 득점

전체 평균
62%

득실차
전반 골 득실차 +21
후반 골 득실차 +28
전체 골 득실차 +49

홈경기
64%

시간대별 실점

원정경기
61%

TACTICAL SHOT & GOAL TYPES | PASSES PER GAME | CORNER | DUELS pg

SERIE A

슈팅 패턴
38경기 614

득점 패턴1
38경기 77골

득점 패턴2
38경기 77골

패스 시도
평균 624

패스 성공
평균 548

코너킥 형태
38경기 228

땅볼 쟁탈전
평균 70.9

- ● OPEN PLAY
- ● FASTBREAK
- ● CORNER KICK
- ● SET PIECE
- ● DIRECT FREE KICK
- ● PENALTY KICK

- ● OPEN PLAY
- ● FASTBREAK
- ● CORNER KICK
- ● SET PIECE
- ● DIRECT FREE KICK
- ● PENALTY KICK
- ● OWN GOAL

- ● COMBINATION PLAY
- ● SOLO PLAY
- ● DIRECT FREE KICK
- ● PENALTY KICK
- ● OWN GOAL

- ● SHORT PASSES
- ● LONG BALLS
- ● CROSSES

- ● SHORT PASSES
- ● LONG BALLS
- ● CROSSES

- ● INSWINGING CK
- ● OUTSWINGING CK
- ● STRAIGHT CK
- ● ET CETERA

- ● 성공
- ● 실패

상대 슈팅 패턴
38경기 366

실점 패턴 1
38경기 28골

실점 패턴 2
38경기 28골

상대 패스 시도
평균 380

N

상대 코너킥 형태
38경기 143

공중전
평균 23.4

FORMATION SUMMARY | WHO SCORED | ACTION ZONE | PASSESS pg BY ZONE

선발 포지션별 전적

포메이션	승	무	패	득점	실점
4-3-3	27	4	3	74	24
4-2-3-1	1	2	1	3	4
TOTAL	28	6	4	77	28

포지션별 득점
FW진 36골
MF진 29골
DF진 10골

상대 포지션별 실점
DF진 1골
MF진 5골
FW진 22골

* 상대 자책골 2골

공격 방향
왼쪽 39% 중앙 26% 오른쪽 35%

볼 점유 위치
상대 진영 32%
중간 지역 45%
우리 진영 23%

평균 패스 성공
하프라인 위쪽 283회
하프라인 아래 265회

패스 성공률
하프라인 위쪽 81%
하프라인 아래 93%

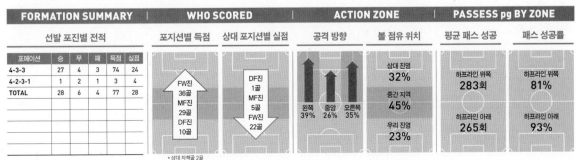

Founded
구단 창립
1900년

Owner
클라우디오 로티토
66.60%

CEO
클라우디오 로티토
1957.05.09

Manager
마우리시오 사리
1959.01.10

23-24 Odds
벳365 : 12배
스카이벳 : 14배

Nationality
● 외국 선수 17명
● 이탈리아 13명

Age
30명 평균
26.1세

Height
30명 평균
182cm

Market Value
1군 26명 평균
1054만 유로

Game Points
22-23 : 74점
통산 : 3957점

Win
22-23 : 22승
통산 : 1064승

Draw
22-23 : 8무
통산 : 798무

Loss
22-23 : 8패
통산 : 896패

Goals For
22-23 : 60득점
통산 : 3863득점

Goals Against
22-23 : 30실점
통산 : 3424실점

More Minutes
이반 프로베델
3412분

Top Scorer
치로 임모빌레
12골

More Assists
S.밀린코비치-사비치
8도움

More Subs
페드로+1명
19회 교체 IN

More Cards
S.밀린코비치-사비치
Y10+R0

RANKING OF LAST 10 YEARS

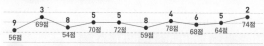

	13-14	14-15	15-16	16-17	17-18	18-19	19-20	20-21	21-22	22-23
순위	9	3	8	5	5	8	4	6	5	2
점수	56점	69점	54점	70점	72점	59점	78점	68점	64점	74점

ITALIAN SERIE-A	**COPPA ITALIA**	**UEFA CHAMPIONS LEAGUE**	**UEFA EUROPA LEAGUE**	**FIFA CLUB WORLD CUP**	**UEFA-CONMEBOL INTERCONTINENTAL**
2	7	0	0	0	0

TOTO GUIDE 지난 시즌 상대팀별 전적

상대팀	홈	원정
Napoli	1-2	1-0
Inter Milan	3-1	1-3
AC Milan	4-0	0-2
Atalanta	0-2	2-0
AS Roma	1-0	1-0
Juventus	2-1	0-3
Fiorentina	1-1	4-0
Bologna	2-1	0-0
Torino	0-1	0-0
Monza	1-0	2-0
Udinese	0-0	1-0
Sassuolo	2-0	2-0
Empoli	2-2	2-0
Salernitana	1-3	2-0
Lecce	2-2	1-2
Spezia	4-0	3-0
Hellas Verona	2-0	1-1
Cremonese	3-2	4-0
Sampdoria	1-0	1-1

STADIO OLIMPICO

구장 오픈 / 증개축
1930년, 증개축 2회
구장 소유
이탈리아 올림픽위원회
수용 인원
7만 634명
피치 규모
105m X 66m
잔디 종류
천연 잔디

STRENGTHS & WEAKNESSES

OFFENSE		DEFENSE	
직접 프리킥	C	세트피스 수비	C
문전 처리	A	상대 볼 뺏기	C
측면 돌파	B	공중전 능력	D
스루볼 침투	A	역습 방어	C
개인기 침투	B	지공 방어	C
카운터 어택	C	스루패스 방어	C
기회 만들기	C	리드 지키기	D
세트피스	C	실수 조심	C
OS 피하기	C	측면 방어력	C
중거리 슈팅	C	파울 주의	C
볼 점유율	C	중거리슈팅 수비	C

매우 강함 **A** 강한 편 **B** 보통 수준 **C** 약한 편 **D** 매우 약함 **E**

위치	선수	국적	생년월일	출전(분)	출전경기	선발11	교체인	교체아웃	벤치출발	득점	도움	경고	경고누적	퇴장
GK	Ivan Provedel	ITA	ITA	3412	38	37	1	0	1	0	0	1	0	0
	Luís Maximiano	POR	05-01-99	6	1	1	0	0	36	0	0	0	0	1
	Marius Adamonis	LTU	13-05-97	0	0	0	0	0	38	0	0	0	0	0
	Federico Magro	ITA	10-01-05	0	0	0	0	0	2	0	0	0	0	0
DF	Alessio Romagnoli	ITA	12-01-95	2925	34	33	1	3	2	2	0	6	0	0
	Adam Marušić	SRB	17-10-92	2766	33	31	2	7	3	0	2	8	0	1
	Nicolò Casale	ITA	14-02-98	2437	29	27	2	2	8	1	1	6	0	0
	Elseid Hysaj	ALB	02-02-94	1992	34	22	12	8	15	1	1	3	0	0
	Patric	ESP	17-04-93	1414	18	16	2	3	19	0	0	3	0	0
	Luca Pellegrini	ITA	07-03-99	174	7	1	6	0	16	0	0	3	0	0
	Mario Gila	ESP	29-08-00	85	4	0	4	0	33	0	0	0	0	0
	Ştefan Radu	ROU	22-10-86	0	1	0	1	0	33	0	0	1	0	0
	Romano Floriani	ITA	27-01-03	0	0	0	0	0	2	0	0	0	0	0
	Fabio Ruggeri	ITA	13-12-04	0	0	0	0	0	1	0	0	0	0	0
	Mohamed Fares	ALG	15-02-96	0	0	0	0	0	14	0	0	0	0	0
MF	Sergej Milinković-Savić	SRB	27-02-95	3029	36	34	2	9	3	9	8	10	0	0
	Mattia Zaccagni	ITA	16-06-95	2783	35	33	2	16	2	10	6	9	0	0
	Luis Alberto	ESP	28-09-92	2444	35	27	8	11	10	6	7	4	0	0
	Danilo Cataldi	ITA	06-08-94	1942	29	26	3	22	5	0	1	5	0	0
	Manuel Lazzari	ITA	29-11-93	1887	28	22	6	12	13	0	0	9	0	0
	Matías Vecino	URU	24-08-91	1685	32	17	15	8	17	2	0	6	0	0
	Marcos Antônio	BRA	13-06-00	587	16	6	10	5	31	1	1	2	0	0
	Toma Bašić	CRO	25-11-96	496	25	4	21	4	34	1	0	0	0	0
	Luka Romero	ARG	18-11-04	147	6	1	5	1	33	1	0	0	0	0
	Marco Bertini	ITA	07-08-02	0	1	0	1	0	22	0	0	0	0	0
FW	Felipe Anderson	BRA	15-04-93	2968	38	35	3	12	3	9	2	3	0	0
	Ciro Immobile	ITA	20-02-90	2228	31	27	4	10	6	12	5	3	0	0
	Pedro	ESP	28-07-87	1892	36	17	19	15	19	4	3	1	0	0
	Matteo Cancellieri	ITA	12-02-02	237	20	1	19	1	37	0	0	4	0	0
	Diego González	PAR	07-01-03	0	0	0	0	0	4	0	0	0	0	0

SERIE A 2022-23 SEASON

SS LAZIO vs. OPPONENTS PER GAME STATS

SS 라치오 vs 상대팀

	득점	슈팅	유효슈팅	코너킥	오프사이드	패스시도	패스성공	패스성공률	태클	공중전승리	인터셉트	파울	경고	퇴장

SS 라치오		상대팀
1.58 (득점)		0.79
12.0 (슈팅)		12.5
5.2 (유효슈팅)		3.9
4.4 (코너킥)		4.6
1.4 (오프사이드 PA)		1.7
550 (패스시도 PA)		507
470 (패스성공 PC)		418
85% (P%)		82%
15.3 (TK)		13.9
10.7 (AD)		10.1
8.2 (IT)		8.7
10.5		13.2
2.26		2.84
0.053		0.184

2022-23 SEASON SQUAD LIST & GAMES PLAYED

* 괄호 안의 숫자는 선발 출전 횟수로, 교체 출전은 포함시키지 않음

LW	CF	RW
M.차카니(31), 페드로(5)	C.임모빌레(27), F.안데르송(10) 페드로(1), M.차카니(1)	F.안데르송(23), 페드로(11) L.로메로(1), M.칸셀리에리(1)

LAM	CAM	RAM
N/A	N/A	N/A

LM	CM	RM
L.알베르토(1), M.차카니(1)	S.밀린코비치-사비치(34) L.알베르토(26), D.카탈디(25) M.베시노(17), M.안토니오(6) T.바시치(4)	F.안데르송(2)

LWB	DM	RWB
N/A	D.카탈디(1)	N/A

LB	CB	RB
A.마루시치(19), E.히사이(18) L.펠레그리니(1)	A.로마뇰리(33), N.카살레(27) 파트릭(16)	M.라차리(22), A.마루시치(12) E.히사이(4)

	GK	
	I.프로베델(37), L.막시미아노(1)	

SHOTS & GOALS

38경기 총 457슈팅 - 60득점
38경기 상대 총 474슈팅 - 30실점

43-16
247-55
167-6

유효 슈팅 197	비유효 슈팅 260
득점 77	블록 담함 94
GK 방어 120	골대 밖 157
유효슈팅률 43%	골대 맞음 9

유효 슈팅 147	비유효 슈팅 327
실점 58	블록 147
GK 방어 89	골대 밖 170
유효슈팅률 31%	골대 맞음 10

174-11
261-33
39-14

GOAL TIME | POSSESSION

시간대별 득점

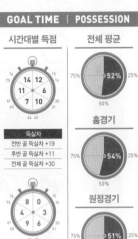

76 15
75 14 12 16
11 6 30
75 7 10 30
60 45

득실차
전반 골 득실차 +19
후반 골 득실차 +11
전체 골 득실차 +30

시간대별 실점

76 15
75 8 0 16
4 3 30
9 6 30
60 45

전체 평균
52%
75% 25%
50%

홈경기
54%
75% 25%
50%

원정경기
51%
75% 25%
50%

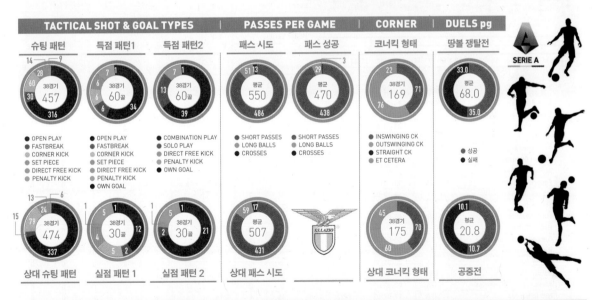

TACTICAL SHOT & GOAL TYPES | PASSES PER GAME | CORNER | DUELS pg

슈팅 패턴
38경기 457
14 9
28
60
30
316

- ● OPEN PLAY
- ● FASTBREAK
- ● CORNER KICK
- ● SET PIECE
- ● DIRECT FREE KICK
- ● PENALTY KICK

득점 패턴1
38경기 60골
7 1
6
1
6
34

- ● OPEN PLAY
- ● FASTBREAK
- ● CORNER KICK
- ● SET PIECE
- ● DIRECT FREE KICK
- ● PENALTY KICK
- ● OWN GOAL

득점 패턴2
38경기 60골
13
1
2
39

- ● COMBINATION PLAY
- ● SOLO PLAY
- ● DIRECT FREE KICK
- ● PENALTY KICK
- ● OWN GOAL

패스 시도
평균 550
51 13
486

- ● SHORT PASSES
- ● LONG BALLS
- ● CROSSES

패스 성공
평균 470
29 3
438

- ● SHORT PASSES
- ● LONG BALLS
- ● CROSSES

코너킥 형태
38경기 169
22
71
76

- ● INSWINGING CK
- ● OUTSWINGING CK
- ● STRAIGHT CK
- ● ET CETERA

땅볼 쟁탈전
33.0
평균 68.0
35.0

- ● 성공
- ● 실패

상대 슈팅 패턴
38경기 474
13 6
24
79
15
337

실점 패턴 1
38경기 30골
1 1
3
1
5
12

실점 패턴 2
38경기 30골
1 1
2 3
21

상대 패스 시도
평균 507
59 17
431

상대 코너킥 형태
38경기 175
45
70
60

공중전
10.1
평균 20.8
10.7

FORMATION SUMMARY | WHO SCORED | ACTION ZONE | PASSESS pg BY ZONE

선발 포지션별 전적

포메이션	승	무	패	득점	실점
4-3-3	21	8	7	57	27
4-4-2	0	0	1	1	3
4-1-4-1	1	0	0	2	0
TOTAL	22	8	8	60	30

포지션별 득점
FW진 25골
MF진 30골
DF진 4골

상대 포지션별 실점
DF진 5골
MF진 6골
FW진 18골

* 상대 자책골 1골
* 자책골 실점 1골

공격 방향
왼쪽 40% 중앙 27% 오른쪽 33%

볼 점유 위치
상대 진영 27%
중간 지역 45%
우리 진영 28%

평균 패스 성공
하프라인 위쪽 211회
하프라인 아래 259회

패스 성공률
하프라인 위쪽 77%
하프라인 아래 91%

Founded 구단 창립 1908년

 Owner 수닝 홀딩 그룹 라이언록 캐피털

 CEO 스티븐 장 1991.12.21

 Manager 시모네 인자기 1976.04.05

 23-24 Odds 벳365 : 2배 스카이벳 : 2.5배

 19 **ITALIAN SERIE-A** | 9 **COPPA ITALIA** | 3 **UEFA CHAMPIONS LEAGUE** | 3 **UEFA EUROPA LEAGUE** | 1 **FIFA CLUB WORLD CUP** | 2 **UEFA-CONMEBOL INTERCONTINENTAL**

 Nationality ● 외국 선수 19명 ● 이탈리아 12명

 Age 31명 평균 25.8세

 Height 31명 평균 185cm

 Market Value 1군 27명 평균 1979만 유로

 Game Points 22-23 : 72점 통산 : 5557점

 Win 22-23 : 23승 통산 : 1568승

 Draw 22-23 : 3무 통산 : 853무

 Loss 22-23 : 12패 통산 : 698패

 Goals For 22-23 : 71득점 통산 : 5010득점

 Goals Against 22-23 : 42실점 통산 : 3140실점

 More Minutes 니콜로 바렐라 2322분

 Top Scorer 라우타로 마르티네스 21골

 More Assists 하칸 찰하놀루+3명 6도움

 More Subs 로빈 고젠스 21회 교체 IN

 More Cards 마르셀로 브로조비치 Y9+R0

RANKING OF LAST 10 YEARS

13-14	14-15	15-16	16-17	17-18	18-19	19-20	20-21	21-22	22-23
5 60점	8 55점	4 67점	7 62점	4 72점	4 69점	2 82점	1 91점	2 84점	3 72점

TOTO GUIDE 지난 시즌 상대팀별 전적

상대팀	홈	원정
Napoli	1-0	1-3
Lazio	3-1	1-3
AC Milan	1-0	2-3
Atalanta	3-2	3-2
AS Roma	1-2	2-0
Juventus	0-1	0-2
Fiorentina	0-1	4-3
Bologna	6-1	0-1
Torino	1-0	1-0
Monza	0-1	2-2
Udinese	3-1	1-3
Sassuolo	4-2	2-1
Empoli	0-1	3-0
Salernitana	2-0	1-1
Lecce	2-0	2-1
Spezia	3-0	1-2
Hellas Verona	1-0	6-0
Cremonese	3-1	2-1
Sampdoria	3-0	0-0

STADIO GIUSEPPE MEAZZA

구장 오픈 / 증개축
1926년, 증개축 4회
구장 소유
밀라노 시
수용 인원
7만 5923명
피치 규모
105m X 68m
잔디 종류
하이브리드 잔디

STRENGTHS & WEAKNESSES

OFFENSE		DEFENSE	
직접 프리킥	C	세트피스 수비	B
문전 처리	B	상대 볼 뺏기	C
측면 돌파	C	공중전 능력	C
스루볼 침투	A	역습 방어	D
개인기 침투	C	지공 방어	D
카운터 어택	B	스루패스 방어	C
기회 만들기	A	리드 지키기	D
세트피스	B	실수 조심	C
OS 피하기	D	측면 방어력	C
중거리 슈팅	B	파울 주의	C
볼 점유율	A	중거리슈팅 수비	C

매우 강함 A 강한 편 B 보통 수준 C 약한 편 D 매우 약함 E

위치	선수	국적	생년월일	출전(분)	출전경기	선발11	교체인	교체아웃	벤치출발	득점	도움	경고	경고누적	퇴장
GK	André Onana	CMR	96-04-02	2160	24	24	0	0	14	0	0	1	0	0
	Samir Handanović	SVN	84-07-14	1235	14	14	0	1	21	0	0	0	0	0
	Alex Cordaz	ITA	83-01-01	25	1	0	1	0	35	0	0	0	0	0
	Nikolaos Botis	GRE	04-03-31	0	0	0	0	0	0	0	0	0	0	0
DF	Francesco Acerbi	ITA	88-02-10	2417	31	25	6	1	9	0	2	4	0	0
	Denzel Dumfries	NED	96-04-18	2222	34	25	9	14	13	1	4	4	0	0
	Alessandro Bastoni	ITA	99-04-13	2168	29	26	3	10	11	0	2	3	0	0
	Federico Dimarco	ITA	97-11-10	2087	33	26	7	23	8	3	0	3	0	0
	Matteo Darmian	ITA	89-12-02	2032	31	24	7	14	12	1	2	3	0	0
	Stefan de Vrij	NED	92-02-05	1944	27	22	5	4	16	1	0	4	0	0
	Milan Škriniar	SVK	95-02-11	1770	21	20	1	2	3	0	0	4	1	0
	Robin Gosens	GER	94-07-05	1168	32	11	21	10	24	3	3	0	0	0
	Danilo D'Ambrosio	ITA	88-09-09	732	15	8	7	5	24	0	2	3	0	1
	Raoul Bellanova	ITA	00-05-16	487	18	3	15	3	35	0	0	0	0	0
	Mattia Zanotti	ITA	03-01-11	25	2	0	2	0	27	0	0	0	0	0
	Dalbert Henrique	BRA	93-09-08	0	0	0	0	0	0	0	0	0	0	0
	Alessandro Fontanarosa	ITA	03-02-07	0	0	0	0	0	7	0	0	0	0	0
MF	Nicolò Barella	ITA	97-02-07	2622	35	31	4	14	6	6	6	6	0	0
	Hakan Çalhanoğlu	TUR	94-02-08	2375	33	28	5	16	7	3	6	3	0	0
	Henrikh Mkhitaryan	ARM	89-01-21	1996	31	24	7	18	8	3	2	4	0	0
	Marcelo Brozović	CRO	92-11-16	1769	28	19	9	8	9	3	5	9	0	0
	Roberto Gagliardini	ITA	94-04-07	775	19	7	12	1	28	0	0	4	1	0
	Kristjan Asllani	ALB	02-03-09	579	20	5	15	4	33	0	2	0	0	0
	Ebenezer Akinsanmiro	NGA	04-11-25	0	0	0	0	0	7	0	0	0	0	0
	Aleksandar Stanković	SRB	05-08-03	0	0	0	0	0	7	0	0	0	0	0
FW	Lautaro Martínez	ARG	97-08-22	2575	38	27	11	9	11	21	6	3	0	0
	Edin Džeko	BIH	86-03-17	1729	33	18	15	9	20	9	3	3	0	0
	Romelu Lukaku	BEL	93-05-13	1663	25	19	6	9	7	10	6	1	0	0
	Joaquín Correa	ARG	94-08-13	946	26	12	14	12	17	3	1	1	0	0
	Valentin Carboni	ARG	05-03-05	20	5	0	5	0	28	0	0	0	0	0
	Dennis Curatolo	ITA	04-04-03	0	0	0	0	0	7	0	0	0	0	0

SERIE A 2022-23 SEASON

INTER MILAN vs. OPPONENTS PER GAME STATS

인테르 밀란 vs 상대팀

득점	슈팅	유효슈팅	코너킥	오프사이드	패스시도	패스성공	패스성공율	태클	공중전승리	인터셉트	파울	경고	퇴장

1.87 ⚽ 1.11	16.6 👟 11.3	5.4 ▣ 3.7	5.6 ⚑ 4.0	2.2 ⚑ 0.9	543 PA 430	465 PC 344
86% P% 80%	17.7 TK 12.1	15.1 AD 14.1	9.5 IT 8.7	12.8 ✎ 11.5	1.71 ▨ 2.32	0.000 ■ 0.026

2022-23 SEASON SQUAD LIST & GAMES PLAYED

* 괄호 안의 숫자는 선발 출전 횟수, 교체 출전은 포함시키지 않음

LW N/A	CF L.마르티네스(27), R.루카쿠(19) E.제코(18), J.코레아(12)	RW N/A
LAM N/A	CAM N/A	RAM N/A
LM R.고젠스	CM N.바렐라(31), H.찰하놀루(28) H.미키타리안(24), M.브로조비치(18) R.갈리아르디니(7), K.아슬라니(5)	RM D.둠프리스(1)
LWB F.디마르코(23), R.고젠스(10) M.다르미안(4)	DM M.브로조비치(1)	RWB D.둠프리스(24), M.다르미안(10) R.벨라노바(3)
LB N/A	CB A.바스토니(26), F.아체르비(25) S.더브레이(22), M.시크리니아르(20) M.다르미안(10), D.담브로시오(8) F.디마르코(3)	RB N/A
	GK A.오나나(24), S.한다노비치(14)	

SHOTS & GOALS

38경기 총 631슈팅 - 71득점
38경기 상대 총 429슈팅 - 42실점

65-19
352-42
214-10

유효 슈팅 204		비유효 슈팅 427	
득점	71	블록 당함	160
GK 방어	133	골대 밖	258
유효슈팅률	32%	골대 맞음	9

유효 슈팅 140		비유효 슈팅 289	
실점	42	블록	110
GK 방어	98	골대 밖	175
유효슈팅률	33%	골대 맞음	4

164-5
244-33
21-4

GOAL TIME | POSSESSION

시간대별 득점

전체 평균 56% / 50% / 25% / 75%

득실차
전반 골 득실차	+20
후반 골 득실차	+11
전체 골 득실차	+31

홈경기 56% / 50% / 25% / 75%

원정경기 55% / 50% / 25% / 75%

시간대별 실점

TACTICAL SHOT & GOAL TYPES | PASSES PER GAME | CORNER | DUELS pg

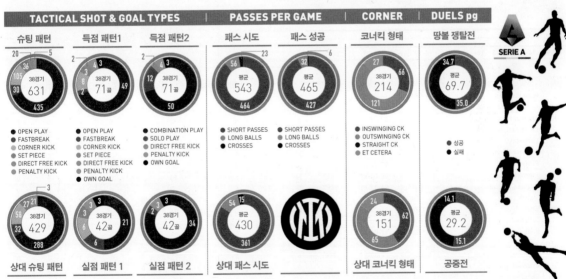

슈팅 패턴
38경기 631
20 / 5 / 36 / 105 / 30 / 435

득점 패턴1
38경기 71골
2 / 3 / 4 / 3 / 13 / 49 / 50

득점 패턴2
38경기 71골
2 / 4 / 3 / 12 / 49 / 50

● OPEN PLAY
● FASTBREAK
● CORNER KICK
● SET PIECE
● DIRECT FREE KICK
● PENALTY KICK

● OPEN PLAY
● FASTBREAK
● CORNER KICK
● SET PIECE
● DIRECT FREE KICK
● PENALTY KICK
● OWN GOAL

● COMBINATION PLAY
● SOLO PLAY
● DIRECT FREE KICK
● PENALTY KICK
● OWN GOAL

패스 시도
평균 543
23 / 56 / 464

패스 성공
평균 465
6 / 32 / 427

● SHORT PASSES
● LONG BALLS
● CROSSES

코너킥 형태
38경기 214
27 / 66 / 121

● INSWINGING CK
● OUTSWINGING CK
● STRAIGHT CK
● ET CETERA

땅볼 쟁탈전
평균 69.7
34.7 / 35.0

● 성공
● 실패

상대 슈팅 패턴
38경기 429
3 / 27 / 21 / 58 / 32 / 288

실점 패턴 1
38경기 42골
3 / 3 / 6 / 21 / 6

실점 패턴 2
38경기 42골
3 / 3 / 6 / 34

상대 패스 시도
평균 430
15 / 54 / 361

상대 코너킥 형태
38경기 151
24 / 62 / 65

공중전
평균 29.2
14.1 / 15.1

FORMATION SUMMARY | WHO SCORED | ACTION ZONE | PASSESS pg BY ZONE

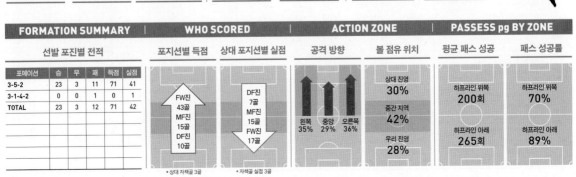

선발 포지션별 전적

포메이션	승	무	패	득점	실점
3-5-2	23	3	11	71	41
3-1-4-2	0	0	1	0	1
TOTAL	23	3	12	71	42

포지션별 득점
FW진 43골
MF진 15골
DF진 10골

상대 포지션별 실점
DF진 7골
MF진 15골
FW진 17골

* 상대 자책골 3골
* 자책골 실점 3골

공격 방향
왼쪽 35% 중앙 29% 오른쪽 36%

볼 점유 위치
상대 진영 30%
중간 지역 42%
우리 진영 28%

평균 패스 성공
하프라인 위쪽 200회
하프라인 아래 265회

패스 성공률
하프라인 위쪽 70%
하프라인 아래 89%

Founded 구단 창립 1899년	**Owner** 레드버드 캐피털 그룹 지분율 99.93%	**CEO** 파올로 스카로니 1946.11.28
Manager 스테파노 피올리 1965.10.20	**23-24 Odds** 벳365 : 6배 스카이벳 : 5배	

Nationality ● 외국 선수 23명 ● 이탈리아 8명	**Age** 31명 평균 25.7세	**Height** 31명 평균 184cm	**Market Value** 1군 30명 평균 1824만 유로	**Game Points** 22-23 : 70점 통산 : 5309점

Win 22-23 : 20승 통산 : 1485승	**Draw** 22-23 : 10무 통산 : 892무	**Loss** 22-23 : 8패 통산 : 679패	**Goals For** 22-23 : 64득점 통산 : 5010득점	**Goals Against** 22-23 : 43실점 통산 : 3140실점

More Minutes 테오 에르난데스 2777분	**Top Scorer** 하파엘 레앙 15골	**More Assists** 하파엘 레앙 8도움	**More Subs** 샤를 데케텔라르 23회 교체 IN	**More Cards** 라데 크루니치 Y8+R0

RANKING OF LAST 10 YEARS

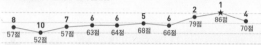

13-14	14-15	15-16	16-17	17-18	18-19	19-20	20-21	21-22	22-23
8 57점	10 52점	7 57점	6 63점	6 64점	5 68점	6 66점	2 79점	1 ★ 86점	4 70점

	19	5	7	0	1	3
	ITALIAN SERIE-A	**COPPA ITALIA**	**UEFA CHAMPIONS LEAGUE**	**UEFA EUROPA LEAGUE**	**FIFA CLUB WORLD CUP**	**UEFA-CONMEBOL INTERCONTINENTAL**

TOTO GUIDE 지난 시즌 상대팀별 전적

상대팀	홈	원정
Napoli	1-2	4-0
Lazio	2-0	0-4
Inter Milan	3-2	0-1
Atalanta	2-0	1-1
AS Roma	2-2	1-1
Juventus	2-0	1-0
Fiorentina	2-1	1-2
Bologna	2-0	1-1
Torino	1-0	1-2
Monza	4-1	1-0
Udinese	4-2	1-3
Sassuolo	2-5	0-0
Empoli	0-0	3-1
Salernitana	1-1	2-1
Lecce	2-0	2-2
Spezia	2-1	0-2
Hellas Verona	3-1	2-1
Cremonese	1-1	0-0
Sampdoria	5-1	2-1

STADIO SAN SIRO

구장 오픈 / 증개축 1926년, 증개축 4회
구장 소유 밀라노 시
수용 인원 7만 5923명
피치 규모 105m X 68m
잔디 종류 하이브리드 잔디

STRENGTHS & WEAKNESSES

OFFENSE		DEFENSE	
직접 프리킥	C	세트피스 수비	B
문전 처리	B	상대 볼 뺏기	A
측면 돌파	B	공중전 능력	B
스루볼 침투	C	역습 방어	C
개인기 침투	B	지공 방어	C
카운터 어택	A	스루패스 방어	C
기회 만들기	B	리드 지키기	B
세트피스	C	실수 조심	B
OS 피하기	C	측면 방어력	C
중거리 슈팅	A	파울 주의	C
볼 점유율	A	중거리슈팅 수비	C

매우 강함 **A** 강한 편 **B** 보통 수준 **C** 약한 편 **D** 매우 약함 **E**

위치	선수	국적	생년월일	출전(분)	출전경기	선발11	교체인	교체아웃	벤치출발	득점	도움	경고	경고누적	퇴장
GK	Mike Maignan	FRA	95-07-03	1979	22	22	0	1	0	0	1	0	0	0
	Ciprian Tătărușanu	ROU	86-02-09	1440	16	16	0	0	22	0	1	0	0	0
	Antonio Mirante	ITA	83-07-08	1	1	0	1	0	38	0	0	0	0	0
	Devis Vásquez	COL	98-05-12	0	0	0	0	0	6	0	0	0	0	0
	Lapo Nava	ITA	04-01-22	0	0	0	0	0	2	0	0	0	0	0
DF	Théo Hernández	FRA	97-10-06	2777	32	32	0	5	2	4	3	7	1	0
	Fikayo Tomori	ENG	97-12-19	2765	33	32	1	6	2	1	1	5	0	0
	Pierre Kalulu	FRA	00-07-05	2540	34	26	8	1	10	1	0	4	0	0
	Davide Calabria	ITA	96-12-06	1697	25	21	4	11	7	1	4	6	0	0
	Malick Thiaw	GER	01-08-08	1361	20	15	5	4	18	0	0	5	0	0
	Simon Kjær	DEN	89-03-26	1012	17	12	5	8	21	0	0	4	0	0
	Matteo Gabbia	ITA	99-10-21	608	12	6	6	1	30	0	0	2	0	0
	Fodé Ballo-Touré	SEN	97-01-03	517	10	5	5	0	29	1	0	0	0	0
	Sergiño Dest	USA	00-11-03	325	8	2	6	1	13	0	0	0	0	0
	Alessandro Florenzi	ITA	91-03-11	200	6	2	4	1	12	0	0	1	0	0
	Andrea Bozzolan	ITA	04-02-23	0	0	0	0	0	4	0	0	0	0	0
MF	Sandro Tonali	ITA	00-05-08	2719	34	30	4	7	6	2	7	7	0	0
	Ismaël Bennacer	ALG	97-12-01	2013	28	24	4	11	5	2	2	5	0	0
	Rade Krunić	BIH	93-10-07	1658	23	18	5	8	10	0	1	8	0	0
	Alexis Saelemaekers	BEL	99-06-27	1398	30	14	16	14	17	2	3	1	0	0
	Tommaso Pobega	ITA	99-07-15	876	19	9	10	4	26	2	0	4	0	0
	Aster Vranckx	BEL	02-10-04	236	9	2	7	1	31	0	0	1	0	0
	Tiémoué Bakayoko	FRA	94-08-17	38	3	0	3	0	33	0	0	0	0	0
FW	Rafael Leão	POR	99-06-10	2432	35	28	7	14	7	15	8	6	1	0
	Olivier Giroud	FRA	86-09-30	2148	33	25	8	16	10	13	5	7	1	0
	Brahim Díaz	ESP	99-08-03	1946	33	27	6	26	10	6	7	3	0	0
	Junior Messias	BRA	91-05-13	1509	25	19	6	16	10	5	2	3	0	0
	Charles De Ketelaere	BEL	01-03-10	1101	32	9	23	9	28	0	1	2	0	0
	Divock Origi	BEL	95-04-18	1014	27	10	17	8	21	2	1	1	0	0
	Ante Rebić	CRO	93-09-21	975	23	10	13	8	18	3	0	4	0	0
	Yacine Adli	FRA	00-07-29	141	6	1	5	1	37	0	0	0	0	0

SERIE A 2022-23 SEASON

AC MILAN vs. OPPONENTS PER GAME STATS

AC 밀란 vs 상대팀

	득점		슈팅		유효슈팅		코너킥		오프사이드		패스시도		패스성공
	1.68	⚽	1.13	👟	14.6	10.7	▪	4.9	3.3	🚩	4.9	4.3	🏴 1.6	1.1	PA 498	398	PC 411	306

	패스성공률		태클		공중전승리		인터셉트		파울		경고		퇴장
P%	83%	77%	TK 18.2	16.9	AD 14.8	12.6	IT 7.6	8.8	11.8	12.2	2.37	2.97	0.053	0.026

2022-23 SEASON SQUAD LIST & GAMES PLAYED

* 괄호 안의 숫자는 선발 출전 횟수, 교체 출전은 포함시키지 않음

LW	CF	RW
N/A	O.지루(25), D.오리기(9) A.레비치(5), Z.이브라히모비치(1)	N/A

LAM	CAM	RAM
R.레앙(22), A.레비치(4) R.크루니치(1), B.디아스(1) D.오리기(1)	M.디아스(23), C.D.케탈라러(9) R.레앙(6), I.베나세르(4) A.레비치(1), Y.아들리(1)	J.메시아스(14), A.살레마커스(11) B.디아스(3), R.크루니치(1)

LM	CM	RM
F.발로-투레(1)	S.토날리(8), R.크루니치(5) I.베나세르(5), J.메시아스(1) T.포베가(1)	J.메시아스(1)

LWB	DM	RWB
T.에르난데스(6), F.발로-투레(1)	S.토날리(22), I.베나세르(15) R.크루니치(11), T.포베가(8) A.브랑크스(2)	J.메시아스(3), A.살레마커스(3) D.칼라브리아(1)

LB	CB	RB
T.에르난데스(26), F.발로-투레(1) S.데스트(1)	F.토모리(32), P.칼룰루(19) M.티아우(15), S.케어(12) M.가비아(6)	D.칼라브리아(20), P.칼룰루(7) A.플로렌치(2), S.데스트(1)

GK
M.매냥(22), C.터터루샤누(16)

SHOTS & GOALS

38경기 총 555슈팅 - 64득점
38경기 상대 총 407슈팅 - 43실점

40-12
313-44
202-8

유효 슈팅 186		비유효 슈팅 369	
득점	64	블록 당함	146
GK 방어	122	골대 밖	213
유효슈팅률 34%		골대 맞음	10

유효 슈팅 124		비유효 슈팅 283	
실점	43	블록	129
GK 방어	81	골대 밖	146
유효슈팅률 30%		골대 맞음	8

163-4
212-26
32-13

GOAL TIME | POSSESSION

시간대별 득점

15 9
12 12

득실차
전반 골 득실차 +10
후반 골 득실차 +11
전체 골 득실차 +21

시간대별 실점

10 5
8 9

전체 평균
56%

홈경기
57%

원정경기
54%

TACTICAL SHOT & GOAL TYPES | PASSES PER GAME | CORNER | DUELS pg

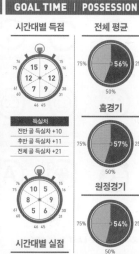

슈팅 패턴
38경기 555
26 / 5 / 30 / 79 / 48 / 367

득점 패턴1
38경기 64골
1 / 5 / 3 / 8 / 41 / 6 / 49

득점 패턴2
38경기 64골
5 / 3 / 6 / 49

패스 시도
평균 498
58 / 18 / 422

패스 성공
평균 411
32 / 5 / 374

코너킥 형태
38경기 187
28 / 51 / 108

땅볼 쟁탈전
평균 74.4
35.4 / 39.3

- OPEN PLAY
- FASTBREAK
- CORNER KICK
- SET PIECE
- DIRECT FREE KICK
- PENALTY KICK

- OPEN PLAY
- FASTBREAK
- CORNER KICK
- SET PIECE
- DIRECT FREE KICK
- PENALTY KICK
- OWN GOAL

- COMBINATION PLAY
- SOLO PLAY
- DIRECT FREE KICK
- PENALTY KICK
- OWN GOAL

- SHORT PASSES
- LONG BALLS
- CROSSES

- SHORT PASSES
- LONG BALLS
- CROSSES

- INSWINGING CK
- OUTSWINGING CK
- STRAIGHT CK
- ET CETERA

- 성공
- 실패

상대 슈팅 패턴
38경기 407
5 / 23 / 16 / 51 / 27 / 285

실점 패턴 1
38경기 43골
3 / 4 / 1 / 24 / 2 / 6 / 3

실점 패턴 2
38경기 43골
3 / 4 / 1 / 32 / 3

상대 패스 시도
평균 398
53 / 14 / 331

상대 코너킥 형태
38경기 163
32 / 85 / 46 / 14.8

공중전
평균 27.4
12.6 / 14.8

FORMATION SUMMARY | WHO SCORED | ACTION ZONE | PASSESS pg BY ZONE

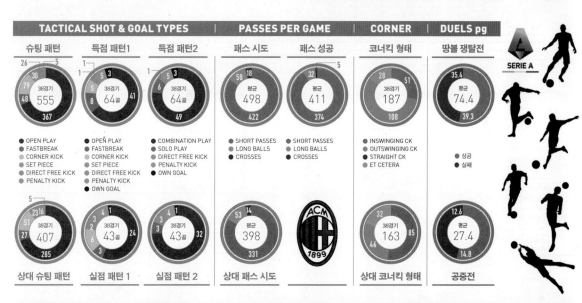

선발 포진별 전적

포메이션	승	무	패	득점	실점
4-2-3-1	16	8	5	55	36
3-4-2-1	3	1	2	7	6
3-5-2	0	0	1	0	1
4-3-2-1	1	0	0	2	0
3-4-1-2	0	1	0	0	0
TOTAL	20	10	8	64	43

포지션별 득점
FW진 44골
MF진 9골
DF진 8골
* 상대 자책골 3골

상대 포지션별 실점
DF진 9골
MF진 14골
FW진 19골
* 자책골 실점 1골

공격 방향
왼쪽 35% / 중앙 29% / 오른쪽 36%

볼 점유 위치
상대 진영 29%
중간 지역 43%
우리 진영 28%

평균 패스 성공
하프라인 위쪽 190회
하프라인 아래 221회

패스 성공률
하프라인 위쪽 71%
하프라인 아래 91%

ATALANTA BC

 Founded 구단 창립
1907년

 Owner 구단주
라 데아 S.R.L. 86%
기타 14%

 CEO
안토니오 페르로카시
1953.06.09

 Manager 감독
잔피에로 가스페리니
1958.01.26

 23-24 Odds
벳365 : 28배
스카이벳 : 12배

 Nationality 국적
● 외국 선수 20명
● 이탈리아 15명

 Age 나이
35명 평균
24.5세

 Height 신장
35명 평균
186cm

 Market Value 시장가치
1군 25명 평균
1318만 유로

 Game Points
22-23 : 64점
통산 : 2718점

 Win 승
22-23 : 19승
통산 : 678승

 Draw 무
22-23 : 7무
통산 : 692무

 Loss 패
22-23 : 12패
통산 : 806패

 Goals For 득점
22-23 : 66득점
통산 : 2593득점

 Goals Against 실점
22-23 : 48실점
통산 : 2810실점

More Minutes 마르턴 더룬
2966분

Top Scorer 아데몰라 루크먼
13골

More Assists 아데몰라 루크먼
6도움

More Subs 루이스 무리엘
19회 교체 IN

More Cards 라파엘 톨로이
Y8+R0

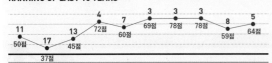 0	1	0	0	0	0
ITALIAN SERIE-A	**COPPA ITALIA**	**UEFA CHAMPIONS LEAGUE**	**UEFA EUROPA LEAGUE**	**FIFA CLUB WORLD CUP**	**UEFA-CONMEBOL INTERCONTINENTAL**

TOTO GUIDE 지난 시즌 상대팀별 전적

상대팀	홈	원정
Napoli	1-2	0-2
Lazio	0-2	2-0
Inter Milan	2-3	2-3
AC Milan	1-1	0-2
AS Roma	3-1	1-0
Juventus	0-2	3-3
Fiorentina	1-0	1-1
Bologna	0-2	2-1
Torino	3-1	2-1
Monza	5-2	2-0
Udinese	0-0	2-2
Sassuolo	2-1	0-1
Empoli	2-1	2-0
Salernitana	8-2	0-1
Lecce	1-2	1-2
Spezia	3-2	2-2
Hellas Verona	3-1	1-0
Cremonese	1-1	3-1
Sampdoria	2-0	2-0

GEWISS STADIUM

구장 오픈 / 증개축
1928년, 증개축 2회
구장 소유
스타디움 관리회사
수용 인원
2만 1747명
피치 규모
105m X 68m
잔디 종류
하이브리드 잔디

STRENGTHS & WEAKNESSES

OFFENSE		DEFENSE	
직접 프리킥	C	세트피스 수비	B
문전 처리	B	상대 볼 뺏기	B
측면 돌파	B	공중전 능력	B
스루볼 침투	C	역습 방어	C
개인기 침투	A	지공 방어	C
카운터 어택	C	스루패스 방어	C
기회 만들기	B	리드 지키기	D
세트피스	C	실수 조심	D
OS 피하기	C	측면 방어력	C
중거리 슈팅	B	파울 주의	C
볼 점유율	D	중거리슈팅 수비	D

매우 강함 A 강한 편 B 보통 수준 C 약한 편 D 매우 약함 E

RANKING OF LAST 10 YEARS

13-14	14-15	15-16	16-17	17-18	18-19	19-20	20-21	21-22	22-23
11	17	13	4	7	3	3	3	8	5
50점	37점	45점	72점	60점	69점	78점	78점	59점	64점

위치	선수	국적	생년월일	출전(분)	출전경기	선발11	교체IN	교체아웃	벤치출발	득점	도움	경고	경고누적	퇴장
GK	Juan Musso	ARG	94-05-06	2078	24	24	0	0	10	0	0	1	0	0
	Marco Sportiello	ITA	92-05-10	1340	15	14	1	1	23	0	0	0	0	0
	Francesco Rossi	ITA	91-04-27	2	1	0	1	0	37	0	0	0	0	0
	Tommaso Bertini	ITA	04-01-13	0	0	0	0	0	6	0	0	0	0	0
DF	Rafael Tolói	ITA	90-10-10	2791	32	32	0	7	1	2	1	8	0	0
	Giorgio Scalvini	ITA	03-12-11	2346	32	29	3	14	7	2	2	7	0	0
	Joakim Mæhle	DEN	97-05-20	2213	34	25	9	12	11	3	3	5	0	1
	Berat Djimsiti	ALB	93-02-19	1798	24	20	4	4	9	0	1	3	0	0
	Merih Demiral	TUR	98-03-05	1523	28	14	14	2	20	1	0	5	0	0
	Davide Zappacosta	ITA	92-06-11	1478	21	18	3	9	4	4	2	4	0	0
	Hans Hateboer	NED	94-01-09	1402	17	17	0	6	4	1	1	7	0	0
	Caleb Okoli	NGA	01-07-13	951	17	9	8	1	27	0	0	3	0	0
	Matteo Ruggeri	ITA	02-07-11	823	15	8	7	1	20	0	1	3	0	0
	José Luis Palomino	ARG	90-01-05	754	15	8	7	3	9	1	0	4	0	0
	Brandon Soppy	FRA	02-02-21	646	15	8	7	7	25	0	3	2	0	0
	Lorenzo Bernasconi	ITA	03-11-16	0	0	0	0	0	8	0	0	0	0	0
	Marco Palestra	ITA	05-03-03	0	0	0	0	0	2	0	0	0	0	0
	Tommaso Del Lungo	ITA	03-11-21	0	0	0	0	0	1	0	0	0	0	0
	Iacopo Regonesi	ITA	04-03-28	0	0	0	0	0	1	0	0	0	0	0
MF	Marten de Roon	NED	91-03-29	2966	35	34	1	3	1	3	1	7	0	0
	Teun Koopmeiners	NED	98-02-28	2860	33	32	1	3	1	10	4	7	0	0
	Éderson	BRA	99-07-07	2223	35	25	10	15	11	1	1	4	0	0
	Mario Pašalić	CRO	95-02-09	1789	32	24	8	23	10	5	2	3	0	0
	Matteo Colombo	ITA	04-03-09	0	0	0	0	0	4	0	0	0	0	0
	Mannah Chiwisa	ZAM	03-12-12	0	0	0	0	0	2	0	0	0	0	0
	Leonardo Mendicino	ITA	06-06-25	0	0	0	0	0	4	0	0	0	0	0
	Endri Muhameti	ALB	04-07-12	0	0	0	0	0	3	0	0	0	0	0
FW	Rasmus Højlund	DEN	03-02-04	1834	32	20	12	15	15	9	2	1	0	0
	Ademola Lookman	NGA	97-10-20	1735	31	20	11	17	12	13	6	3	0	0
	Duván Zapata	COL	91-04-01	1393	25	16	9	11	9	2	2	1	0	0
	Luis Muriel	COL	91-04-16	1066	29	10	19	9	21	3	3	1	1	1
	Jérémie Boga	CIV	97-01-03	767	23	5	18	5	28	2	5	0	0	0
	Lukáš Vorlický	CZE	02-01-18	21	3	0	3	0	8	0	0	0	0	0
	Tommaso De Nipoti	ITA	03-07-23	2	1	0	1	0	2	0	0	0	0	0
	Alessandro Falleni	ITA	03-05-09	0	0	0	0	0	1	0	0	0	0	0

ATALANTA BC vs. OPPONENTS PER GAME STATS

아탈란타 BC vs 상대팀

	득점		슈팅		유효슈팅		코너킥		오프사이드		패스시도		패스성공	
1.74	득점	1.26	13.6	슈팅	11.9	4.7	유효슈팅	4.1	5.1	코너킥	3.9	1.5	오프사이드	1.3

	패스시도		패스성공		태클		공중볼승리		인터셉트		파울		경고		퇴장	
487	PA	489	393	PC	386	81%	P%	79%	16.7	TK	19.4	15.2	AD	12.8	11.1	IT	9.5

12.4		10.7	2.18		2.18	0.079		0.026

2022-23 SEASON SQUAD LIST & GAMES PLAYED

* 괄호 안의 숫자는 선발 출전 횟수, 교체 출전은 포함시키지 않음

LW
J.보가(2), 에데르송(1)

CF
R.올룬(20), D.사파타(16)
A.루크맨(12), L.무리엘(8)

RW
A.루크맨(2), M.파샬리치(1)

LAM
A.루크맨(1), R.말리노프스키(1)

CAM
M.파샬리치(21), T.코프메이너스(7)
A.루크맨(4), R.말리노프스키(1)
에데르송(19), J.보가(3)
L.무리엘(2)

RAM
A.루크맨(2), T.코프메이너스(1)

LM
J.멜레(6), M.루제리(4)
B.소피(2), D.차파코스타(2)

CM
M.더론(32), T.코프메이너스(23)
에데르송(19), M.파샬리치(2)
G.스칼비니(1)

RM
H.하테부르(6), J.멜레(4)
D.차파코스타(2), B.소피(1)

LWB
J.멜레(9), D.차파코스타(7)
M.루제리(3), B.소피(2)
N.초르테아(1)

DM
M.더론(1), G.스칼비니(1)
에데르송(1), T.코프메이너스(1)

RWB
H.하테부르(9), D.차파코스타(5)
J.멜레(5), B.소피(3)

LB
J.멜레(1), D.차파코스타(1)

CB
R.톨로이(32), G.스칼비니(27)
B.짐스티(20), D.데미랄(14)
M.오쿨리(9), J.L.팔로미노(8)
M.더론(1), M.루제리(1)

RB
H.하테부르(2)

GK
J.무소(24), M.스포르티엘로(14)

SHOTS & GOALS

38경기 총 517슈팅 - 66득점
38경기 상대 총 453슈팅 - 48실점

32-12
304-41
181-13

유효 슈팅 178		비유효 슈팅 339	
득점	66	블록 당함	142
GK 방어	112	골대 밖	190
유효슈팅률	34%	골대 맞음	7

유효 슈팅 155		비유효 슈팅 298	
실점	48	블록	104
GK 방어	107	골대 밖	184
유효슈팅률	34%	골대 맞음	10

201-10
230-28
22-10

GOAL TIME | POSSESSION

시간대별 득점

14 3
17 16
8

득실차
전반 골 득실차 +7
후반 골 득실차 +11
전체 골 득실차 +18

시간대별 실점

11 8
7 7
10 6

전체 평균
75% 50% 25%
50%

홈경기
75% 52% 25%
50%

원정경기
75% 48% 25%
50%

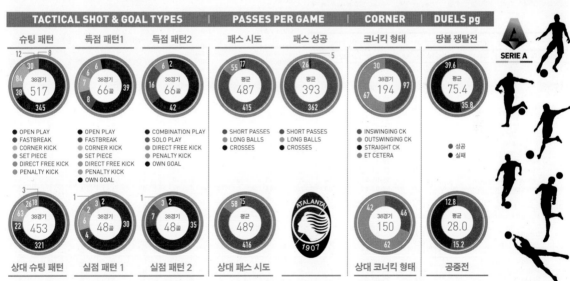

TACTICAL SHOT & GOAL TYPES | PASSES PER GAME | CORNER | DUELS pg

슈팅 패턴 — 38경기 517
12, 8, 30, 84, 38, 345

득점 패턴1 — 38경기 66골
6, 6, 2, 8, 39

득점 패턴2 — 38경기 66골
2, 16, 6, 42

패스 시도 — 평균 487
55, 17, 415

패스 성공 — 평균 393
26, 5, 362

코너킥 형태 — 38경기 194
30, 67, 97

땅볼 쟁탈전 — 평균 75.4
39.6, 35.8

- OPEN PLAY
- FASTBREAK
- CORNER KICK
- SET PIECE
- DIRECT FREE KICK
- PENALTY KICK

- OPEN PLAY
- FASTBREAK
- CORNER KICK
- SET PIECE
- DIRECT FREE KICK
- PENALTY KICK
- OWN GOAL

- COMBINATION PLAY
- SOLO PLAY
- DIRECT FREE KICK
- PENALTY KICK
- OWN GOAL

- SHORT PASSES
- LONG BALLS
- CROSSES

- SHORT PASSES
- LONG BALLS
- CROSSES

- INSWINGING CK
- OUTSWINGING CK
- STRAIGHT CK
- ET CETERA

- 성공
- 실패

상대 슈팅 패턴 — 38경기 453
3, 26, 18, 63, 22, 321

실점 패턴 1 — 38경기 48골
1, 2, 2, 4, 30

실점 패턴 2 — 38경기 48골
1, 2, 7, 3, 35

상대 패스 시도 — 평균 489
58, 15, 416

상대 코너킥 형태 — 38경기 150
42, 62, 46

공중전 — 평균 28.0
12.8, 15.2

FORMATION SUMMARY | WHO SCORED | ACTION ZONE | PASSESS pg BY ZONE

선발 포지션별 전적

포메이션	승	무	패	득점	실점
3-4-1-2	6	3	5	19	20
3-4-2-1	7	3	4	27	19
3-5-2	2	0	2	4	3
3-4-3	2	1	0	9	2
4-2-3-1	1	0	1	4	3
3-5-1-1	1	0	0	3	1
TOTAL	19	7	12	66	48

포지션별 득점
FW진 29골
MF진 21골
DF진 14골
* 상대 자책골 2골

상대 포지션별 실점
DF진 7골
MF진 11골
FW진 28골
* 자책골 실점 2골

공격 방향
왼쪽 42%, 중앙 23%, 오른쪽 35%

볼 점유 위치
상대 진영 31%
중간 지역 42%
우리 진영 27%

평균 패스 성공
하프라인 위쪽 202회
하프라인 아래 191회

패스 성공률
하프라인 위쪽 72%
하프라인 아래 88%

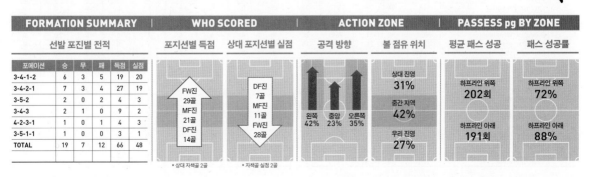

Founded 구단 창립 1927년	**Owner** 더 프리드킨 그룹 지분율 86.6%	**CEO** 댄 프리드킨 1965.02.27	**Manager** 조세 무리뉴 1963.01.26	**23-24 Odds** 벳365 : 10배 스카이벳 : 10배
39명 **Nationality** ● 외국 선수 22명 ● 이탈리아 17명	**Age** 39명 평균 24.1세	**Height** 1군 28명 평균 185cm	**Market Value** 1군 28명 평균 1133만 유로	**Game Points** 22-23 : 63점 통산 : 4806점
Win 22-23 : 18승 통산 : 1298승	**Draw** 22-23 : 9무 통산 : 912무	**Loss** 22-23 : 11패 통산 : 862패	**Goals For** 22-23 : 50득점 통산 : 4510득점	**Goals Against** 22-23 : 38실점 통산 : 3480실점
More Minutes 후이 파트리시우 3150분	**Top Scorer** 파울로 디발라 12골	**More Assists** 파울로 디발라 6도움	**More Subs** 안드레아 벨로티 20회 교체 IN	**More Cards** 호제르 이바네스 Y9+R1

🏆 **3**	🏆 **9**	🏆 **0**	🏆 **0**	🏆 **0**	🏆 **0**
ITALIAN SERIE-A	**COPPA ITALIA**	**UEFA CHAMPIONS LEAGUE**	**UEFA EUROPA LEAGUE**	**FIFA CLUB WORLD CUP**	**UEFA-CONMEBOL INTERCONTINENTAL**

TOTO GUIDE 지난 시즌 상대팀별 전적

상대팀	홈	원정
Napoli	0-1	1-2
Lazio	0-1	0-1
Inter Milan	0-2	2-1
AC Milan	1-1	2-2
Atalanta	0-1	1-3
Juventus	1-0	1-1
Fiorentina	2-0	1-2
Bologna	1-0	0-0
Torino	1-1	1-0
Monza	3-0	1-1
Udinese	3-0	0-4
Sassuolo	3-4	1-1
Empoli	2-0	2-1
Salernitana	2-2	1-0
Lecce	2-1	1-1
Spezia	2-1	2-0
Hellas Verona	1-0	3-1
Cremonese	1-0	1-2
Sampdoria	3-0	1-0

STADIO OLIMPICO

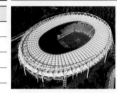

구장 오픈 / 증개축 1930년, 증개축 2회
구장 소유 이탈리아 올림픽위원회
수용 인원 7만 634명
피치 규모 105m X 66m
잔디 종류 천연 잔디

STRENGTHS & WEAKNESSES

OFFENSE		DEFENSE	
직접 프리킥	C	세트피스 수비	B
문전 처리	C	상대 볼 뺏기	B
측면 돌파	C	공중전 능력	B
스루볼 침투	C	역습 방어	C
개인기 침투	C	지공 방어	C
카운터 어택	C	스루패스 방어	C
기회 만들기	B	리드 지키기	A
세트피스	B	실수 조심	C
OS 피하기	C	측면 방어력	C
중거리 슈팅	B	파울 주의	C
볼 점유율	C	중거리슈팅 수비	C

매우 강함 A 강한 편 B 보통 수준 C 약한 편 D 매우 약함 E

RANKING OF LAST 10 YEARS

13-14	14-15	15-16	16-17	17-18	18-19	19-20	20-21	21-22	22-23
2	2	3	2	3	6	5	7	6	6
85점	70점	80점	87점	77점	66점	70점	62점	63점	63점

위치	선수	국적	생년월일	출전(분)	출전경기	선발11	교체인	교체아웃	벤치출발	득점	도움	경고	경고누적	퇴장
GK	Rui Patrício	POR	88-02-15	3150	35	35	0	0	1	0	0	1	0	0
	Mile Svilar	BEL	99-08-27	270	3	3	0	0	35	0	0	1	0	0
	Pietro Boer	ITA	02-05-12	0	0	0	0	0	38	0	0	0	0	0
	Gabriele Baldi	ITA	04-08-24	0	0	0	0	0	1	0	0	0	0	0
	Jacopo Del Bello	ITA	04-09-25	0	0	0	0	0	1	0	0	0	0	0
DF	Gianluca Mancini	ITA	96-04-17	2866	35	33	2	10	4	1	2	7	0	0
	Chris Smalling	ENG	89-11-22	2808	32	31	1	1	3	3	1	7	0	0
	Roger Ibañez	BRA	98-11-23	2797	33	32	1	1	4	3	0	10	1	0
	Nicola Zalewski	POL	02-01-23	2208	33	26	7	16	10	2	1	3	0	0
	Leonardo Spinazzola	ITA	93-03-25	1654	26	18	8	6	12	1	4	3	0	0
	Zeki Çelik	TUR	97-02-17	1500	24	16	8	5	16	0	1	6	1	0
	Rick Karsdorp	NED	95-02-11	712	13	8	5	6	8	0	0	2	0	0
	Diego Llorente	ESP	93-08-16	570	9	5	4	1	10	0	0	0	0	0
	Marash Kumbulla	ALB	00-02-08	261	7	5	2	3	21	0	0	1	0	1
	Filippo Missori	ITA	04-03-24	180	3	2	1	0	3	0	0	1	0	0
	Dimitrios Keramitsis	ITA	04-07-07	0	0	0	0	0	9	0	0	0	0	0
	Jan Oliveras	ESP	04-07-07	0	0	0	0	0	1	0	0	0	0	0
	Brian Silva	FRA	03-06-02	0	0	0	0	0	0	0	0	0	0	0
	Corentin Louakima	FRA	03-02-28	0	0	0	0	0	1	0	0	0	0	0
	Matteo Falasca	ITA	04-04-27	0	0	0	0	0	2	0	0	0	0	0
MF	Bryan Cristante	ITA	95-03-03	2944	36	34	2	7	1	1	1	8	0	1
	Lorenzo Pellegrini	ITA	96-06-19	2557	32	29	3	15	6	4	5	5	0	0
	Nemanja Matić	SRB	88-08-01	1837	35	16	19	5	20	2	2	5	0	0
	Edoardo Bove	ITA	02-05-16	988	22	10	12	7	28	1	0	2	0	0
	Georginio Wijnaldum	NED	90-11-11	768	14	10	4	6	6	2	0	0	0	0
	Mady Camara	GUI	97-02-28	697	15	8	7	7	25	0	0	3	0	0
	Ebrima Darboe	GAM	01-06-06	0	0	0	0	0	5	0	0	0	0	0
	Giacomo Faticanti	ITA	04-07-31	0	0	0	0	0	5	0	0	0	0	0
	Niccolò Pisilli	ITA	04-09-23	0	1	0	1	0	2	0	0	0	0	0
	Riccardo Pagano	ITA	04-11-18	0	0	0	0	0	1	0	0	0	0	0
FW	Tammy Abraham	ENG	97-10-02	2195	38	24	14	18	14	8	3	2	0	0
	Paulo Dybala	ARG	93-11-15	1750	25	21	4	14	6	12	6	5	0	0
	Stephan El Shaarawy	ITA	92-10-27	1517	29	14	15	9	20	7	2	3	0	0
	Andrea Belotti	ITA	93-12-20	1132	31	11	20	9	22	0	2	2	0	0
	Ola Solbakken	NOR	98-09-07	502	14	7	7	7	13	1	2	2	0	0
	Benjamin Tahirovic	SWE	03-03-03	350	11	4	7	3	24	0	0	1	0	0
	Cristian Volpato	AUS	03-11-15	224	7	2	5	2	32	1	1	0	0	0
	Jordan Majchrzak	POL	04-10-08	13	1	0	1	0	6	0	0	0	0	0
	Luigi Cherubini	ITA	04-01-15	0	0	0	0	0	0	0	0	0	0	0

SERIE A 2022-23 SEASON

AS ROMA vs. OPPONENTS PER GAME STATS

AS 로마 vs 상대팀

아이콘: 득점 | 슈팅 | 유효슈팅 | 코너킥 | 오프사이드 | PA 패스시도 | PC 패스성공 | P% 패스성공률 | TK 태클 | AD 공중볼경합 | IT 인터셉트 | 파울 | 경고 | 퇴장

AS 로마		상대팀
1.32	득점	1.00
13.1	슈팅	10.4
4.2	유효슈팅	3.1
4.9	코너킥	3.9
1.5	오프사이드	0.6
447	PA	448
363	PC	362
81%	P%	81%
16.4	TK	16.7
14.4	AD	14.2
9.7	IT	7.6
11.7	파울	14.0
2.18	경고	3.29
0.105	퇴장	0.211

2022-23 SEASON SQUAD LIST & GAMES PLAYED

* 괄호 안의 숫자는 선발 출전 횟수, 교체 출전은 포함시키지 않음

LW
S.E.엘샤라위(1)

CF
T.에이브러험(24), A.벨로티(11)
P.디발라(3), N.차니올로(3)
O.솔바켄(2), L.펠레그리니(1)
E.쇼무로도프(1)

RW
P.디발라(1)

LAM
S.E.엘샤라위(1)

CAM
L.펠레그리니(20), P.디발라(16)
N.차니올로(9), S.엘샤라위(5)
O.솔바켄(4), G.베이날둠(3)
C.볼파토(2), E.보베(1)

RAM
P.디발라(1)

LM
S.엘샤라위(3), N.잘레프스키(1)
L.스피나촐라(1)

CM
B.크리스탄테(31), N.마티치(15)
L.펠레그리니(8), M.카마라(8)
E.보베(8), G.베이날둠(6)
B.타히로비치(3)

RM
Z.첼리크(1), N.잘레프스키(1)
O.솔바켄(1)

LWB
L.스피나촐라(16), N.잘레프스키(10)
S.엘샤라위(4), M.비냐(1)

DM
B.타히로비치(3), N.마티치(1)
G.베이날둠(1)

RWB
Z.첼리크(11), N.잘레프스키(11)
R.카르스도프(8), F.미소리(1)

LB
N.잘레프스키(2), L.스피나촐라(1)

CB
G.만치니(33), 이바네스(32)
C.스몰링(31), M.쿰불라(5)
D.요렌테(5), B.크리스탄테(3)
E.보베(1), Z.첼리크(1)

RB
F.미소리(1), N.잘레프스키(1)
Z.첼리크(1)

GK
R.파트리시우(35), M.스빌라르(3)

SHOTS & GOALS

38경기 총 498슈팅 – 50득점
38경기 상대 총 396슈팅 – 38실점

59-12
268-28
171-10

유효 슈팅 161		비유효 슈팅 337	
득점	50	블록 당함	148
GK 방어	111	골대 밖	175
유효슈팅률 32%		골대 맞춤	14

유효 슈팅 119		비유효 슈팅 277	
실점	38	블록	118
GK 방어	81	골대 밖	151
유효슈팅률 30%		골대 맞춤	8

206-4
168-26
22-8

GOAL TIME | POSSESSION

시간대별 득점

15 7
16
5 7
46 45 31

득실차

전반 골 득실차 +1
후반 골 득실차 +11
전체 골 득실차 +12

시간대별 실점

10 7
15
3 7
46 45 30

POSSESSION 전체 평균

48% (75% / 25% / 50%)

홈경기

49% (75% / 25% / 50%)

원정경기

47% (75% / 25% / 50%)

TACTICAL SHOT & GOAL TYPES | PASSES PER GAME | CORNER | DUELS pg

슈팅 패턴
38경기 **498**
(15 / 10 / 43 / 105 / 38 / 287)

득점 패턴1
38경기 **50골**
(7 / 26 / 9 / 6 / 8 / 33)

득점 패턴2
38경기 **50골**
(7 / 26 / 10 / 33)

패스 시도
평균 **447**
(57 / 16 / 374)

패스 성공
평균 **363**
(29 / 5 / 329)

코너킥 형태
38경기 **188**
(71 / 84 / 93)

땅볼 쟁탈전
평균 **73.2**
(36.3 / 36.9)

- OPEN PLAY
- FASTBREAK
- CORNER KICK
- SET PIECE
- DIRECT FREE KICK
- PENALTY KICK

- OPEN PLAY
- FASTBREAK
- CORNER KICK
- SET PIECE
- DIRECT FREE KICK
- PENALTY KICK
- OWN GOAL

- COMBINATION PLAY
- SOLO PLAY
- DIRECT FREE KICK
- PENALTY KICK
- OWN GOAL

- SHORT PASSES
- LONG BALLS
- CROSSES

- SHORT PASSES
- LONG BALLS
- CROSSES

- INSWINGING CK
- OUTSWINGING CK
- STRAIGHT CK
- ET CETERA

- 성공
- 실패

상대 슈팅 패턴
38경기 **396**
(3 / 27 / 56 / 20 / 26 / 264)

실점 패턴 1
38경기 **38골**
(1 / 2 / 4 / 2 / 6 / 23)

실점 패턴 2
38경기 **38골**
(1 / 2 / 8 / 26 / 4 / 23)

상대 패스 시도
평균 **448**
(57 / 16 / 375)

ROMA 1927

상대 코너킥 형태
38경기 **147**
(25 / 58 / 64)

공중전
평균 **28.6**
(14.2 / 14.4)

FORMATION SUMMARY | WHO SCORED | ACTION ZONE | PASSESS pg BY ZONE

선발 포진별 전적

포메이션	승	무	패	득점	실점
3-4-2-1	12	7	8	36	30
3-4-1-2	3	1	0	5	1
3-5-2	1	1	1	3	2
4-1-4-1	0	0	1	1	2
4-2-3-1	1	0	0	3	0
4-3-3	1	0	0	2	1
3-5-1-1	0	0	1	0	2
TOTAL	18	9	11	50	38

WHO SCORED

포지션별 득점
FW진 29골
MF진 11골
DF진 10골

상대 포지션별 실점
DF진 8골
MF진 10골
FW진 19골

ACTION ZONE

공격 방향
왼쪽 35% / 중앙 29% / 오른쪽 36%

볼 점유 위치
상대 진영 **27%**
중간 지역 **45%**
우리 진영 **28%**

PASSESS pg BY ZONE

평균 패스 성공
하프라인 위쪽 **157회**
하프라인 아래 **206회**

패스 성공률
하프라인 위쪽 **69%**
하프라인 아래 **89%**

* 자책골 실점 1골

JUVENTUS FC

Founded
구단 창립
1897년

Owner
아녤리 패밀리

CEO
잔루카 페레로
1963.12.07

Manager
마시밀리아노 알레그리
1967.08.11

23-24 Odds
벳365 : 3배
스카이벳 : 4배

Nationality
●외국 선수 16명
●이탈리아 19명

Age
35명 평균
25.3세

Height
35명 평균
185cm

Market Value
1군 28명 평균
1503만 유로

Game Points
22-23 : 62점*
통산 : 5908점
*10점 감점

Win
22-23 : 22승
통산 : 1696승

Draw
22-23 : 6무
통산 : 830무

Loss
22-23 : 10패
통산 : 554패

Goals For
22-23 : 56득점
통산 : 5387득점

Goals Against
22-23 : 33실점
통산 : 2905실점

More Minutes
다닐루
3182분

Top Scorer
두산 블라호비치
10골

More Assists
필립 코스티치
8도움

More Subs
모이세 켄+1명
17회 교체 IN

More Cards
아드리안 라비오
Y9+R0

RANKING OF LAST 10 YEARS

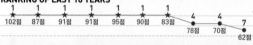

13-14	14-15	15-16	16-17	17-18	18-19	19-20	20-21	21-22	22-23
1	1	1	1	1	1	1	4	4	7
102점	87점	91점	91점	95점	90점	83점	78점	70점	62점

 36 ITALIAN SERIE-A
 14 COPPA ITALIA
 2 UEFA CHAMPIONS LEAGUE
 3 UEFA EUROPA LEAGUE
0 FIFA CLUB WORLD CUP
 2 UEFA-CONMEBOL INTERCONTINENTAL

TOTO GUIDE 지난 시즌 상대팀별 전적

상대팀	홈	원정
Napoli	0-1	1-5
Lazio	3-0	1-2
Inter Milan	2-0	1-0
AC Milan	0-1	0-2
Atalanta	3-3	2-0
AS Roma	1-1	0-1
Fiorentina	1-0	1-1
Bologna	3-0	1-1
Torino	4-2	1-0
Monza	0-2	0-1
Udinese	1-0	1-0
Sassuolo	3-0	0-1
Empoli	4-0	1-4
Salernitana	2-2	3-0
Lecce	2-1	1-0
Spezia	2-0	2-0
Hellas Verona	1-0	1-0
Cremonese	2-0	1-0
Sampdoria	4-2	0-0

JUVENTUS STADIUM

구장 오픈
2011년
구장 소유
유벤투스 FC
수용 인원
4만 1507명
피치 규모
105m X 68m
잔디 종류
천연 잔디

STRENGTHS & WEAKNESSES

OFFENSE		DEFENSE	
직접 프리킥	A	세트피스 수비	B
문전 처리	C	상대 볼 뺏기	C
측면 돌파	A	공중전 능력	C
스루볼 침투	C	역습 방어	C
개인기 침투	C	지공 방어	C
카운터 어택	B	스루패스 방어	C
기회 만들기	B	리드 지키기	A
세트피스	A	실수 조심	C
OS 피하기	C	측면 방어력	C
중거리 슈팅	C	파울 주의	C
볼 점유율	C	중거리슈팅 수비	D

매우 강함 A 강한 편 B 보통 수준 C 약한 편 D 매우 약함 E

위치	선수	국적	생년월일	출전(분)	출전경기	선발11	교체인	교체아웃	벤치출발	득점	도움	경고	경고누적	퇴장
GK	Wojciech Szczęsny	POL	90-04-18	2473	28	28	0	1	6	0	0	0	0	0
	Mattia Perin	ITA	92-11-10	947	11	10	1	0	27	0	0	0	0	0
	Carlo Pinsoglio	ITA	90-03-16	0	0	0	0	0	38	0	0	0	0	0
	Giovanni Garofani	ITA	02-10-20	0	0	0	0	0	4	0	0	0	0	0
	Simone Scaglia	ITA	04-07-12	0	0	0	0	0	1	0	0	0	0	0
DF	Danilo	BRA	91-07-15	3182	37	35	2	0	2	3	3	5	0	0
	Bremer	BRA	97-03-18	2640	30	30	0	6	3	4	1	6	0	0
	Alex Sandro	BRA	91-01-26	1789	25	21	4	5	12	0	1	5	0	1
	Federico Gatti	ITA	98-06-24	1446	18	16	2	0	22	0	0	4	0	0
	Mattia De Sciglio	ITA	92-10-20	1043	17	11	6	7	8	0	0	0	0	0
	Leonardo Bonucci	ITA	87-05-01	874	16	9	7	2	17	1	0	2	0	0
	Daniele Rugani	ITA	94-07-29	562	9	6	3	1	32	0	0	0	0	0
	Tommaso Barbieri	ITA	02-08-26	110	3	2	1	2	9	0	0	0	0	0
	Alessandro Pio Riccio	ITA	02-02-06	0	0	0	0	0	3	0	0	0	0	0
MF	Adrien Rabiot	FRA	95-04-03	2751	32	31	1	4	1	8	4	9	0	0
	Filip Kostić	SRB	92-11-01	2582	37	33	4	21	5	3	8	3	0	0
	Manuel Locatelli	ITA	98-01-08	2458	32	29	3	13	5	0	2	8	0	0
	Juan Cuadrado	COL	88-05-26	2087	31	24	7	13	7	1	3	6	0	1
	Nicolò Fagioli	ITA	01-02-12	1521	26	17	9	9	17	3	3	3	0	0
	Fabio Miretti	ITA	03-08-03	1232	27	14	13	13	20	0	2	3	0	0
	Leandro Paredes	ARG	94-06-29	966	25	8	17	5	21	1	0	7	0	1
	Enzo Barrenechea	ARG	01-05-25	161	3	3	0	0	7	0	0	0	0	0
	Paul Pogba	FRA	93-03-15	108	6	1	5	1	8	0	0	0	0	0
	Nikola Sekulov	ITA	02-02-18	0	0	0	0	0	1	0	0	0	0	0
	Mattia Compagnon	ITA	01-11-06	0	0	0	0	0	2	0	0	0	0	0
	Alessandro Sersanti	ITA	02-02-16	0	0	0	0	0	3	0	0	0	0	0
FW	Dušan Vlahović	SRB	00-01-28	1930	27	22	5	11	6	10	2	1	0	0
	Arkadiusz Milik	POL	94-02-28	1589	27	17	10	12	11	7	1	2	1	0
	Ángel Di María	ARG	88-02-14	1363	26	15	11	11	12	4	4	1	0	1
	Moise Kean	ITA	00-02-28	990	28	11	17	11	19	6	0	5	0	1
	Federico Chiesa	ITA	97-10-25	842	21	6	15	6	15	2	5	2	0	0
	Matías Soulé	ARG	03-04-15	414	13	4	9	4	30	1	0	0	0	0
	Samuel Iling-Junior	ENG	03-10-04	306	12	1	11	1	26	1	1	1	0	0
	Kaio Jorge	BRA	02-01-24	0	0	0	0	0	0	0	0	0	0	0
	Cosimo Marco Da Graca	ITA	02-05-01	0	0	0	0	0	1	0	0	0	0	0

JUVENTUS FC vs. OPPONENTS PER GAME STATS

유벤투스 FC vs 상대팀

유벤투스		상대팀
1.47	득점	0.87
14.1	슈팅	12.3
4.6	유효슈팅	3.5
5.4	코너킹	4.9
1.6	오프사이드	1.4
471	패스시도 PA	486
394	패스성공 PC	397
84%	패스성공률 P%	82%
15.6	태클 TK	15.9
12.8	공중전승리 AD	12.6
8.1	인터셉트 IT	9.5
12.0	파울	11.2
1.95	경고	1.95
0.158	퇴장	0.053

2022-23 SEASON SQUAD LIST & GAMES PLAYED

* 괄호 안의 숫자는 선발 출전 횟수로, 교체 출전은 포함시키지 않음

LW
F.코스티치(5), M.킨(1)

CF
D.블라호비치(22), A.밀리크(17), M.킨(9), A.디마리아(4), F.키에사(1)

RW
J.콰드라도(2), A.디마리아(2), M.킨(1), F.키에사(1)

LAM
F.코스티치(1)

CAM
A.디마리아(9), F.미레티(7), F.키에사(2), M.소울레(1), P.포그바(1)

RAM
J.콰드라도(1)

LM
F.코스티치(6), W.메케니(1)

CM
A.라비오(30), M.로카텔리(27), N.파지올리(17), W.메케니(9), L.파레데스(8), F.미레티(7), F.바레네체아(3), D.자카리아(1)

RM
J.콰드라도(4), M.소울레(2), W.메케니(1)

LWB
F.코스티치(21), S.일링-주니어(2), F.키에사(1), M.데실리오(1)

DM
M.로카텔리(2), A.라비오(1)

RWB
J.콰드라도(12), M.데실리오(6), W.메케니(2), T.바르비에리(1), M.소울레(1), F.키에사(1)

LB
A.산드로(8), M.데실리오(2), 다닐루(2)

CB
브레메르(30), 다닐루(28), A.산드루(13), F.가티(16), L.보누치(9), D.루가니(6)

RB
다닐루(5), J.콰드라도(5), M.데실리오(2)

GK
W.시쳉스니( ), M.페린( )

SHOTS & GOALS

38경기 총 534슈팅 – 56득점
38경기 상대 총 467슈팅 – 33실점

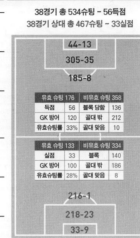

44-13
305-35
185-8

유효 슈팅 176		비유효 슈팅 358	
득점	56	블록 당함	136
GK 방어	120	골대 밖	212
유효슈팅률	33%	골대 맞음	10

유효 슈팅 133		비유효 슈팅 334	
실점	33	블록	140
GK 방어	100	골대 밖	186
유효슈팅률	28%	골대 맞음	8

216-1
218-23
33-9

GOAL TIME | POSSESSION

시간대별 득점

득실차
전반 골 득실차 +4
후반 골 득실차 +19
전체 골 득실차 +23

시간대별 실점

전체 평균
75% 49% 25%
50%

홈경기
75% 49% 25%
50%

원정경기
75% 50% 25%
50%

TACTICAL SHOT & GOAL TYPES

슈팅 패턴
38경기 534
19 / 6 / 27 / 118 / 29 / 335

득점 패턴1
38경기 56골
4 / 3 / 11 / 30 / 5

득점 패턴2
38경기 56골
8 / 41

- OPEN PLAY
- FASTBREAK
- CORNER KICK
- SET PIECE
- DIRECT FREE KICK
- PENALTY KICK

- OPEN PLAY
- FASTBREAK
- CORNER KICK
- SET PIECE
- DIRECT FREE KICK
- PENALTY KICK
- OWN GOAL

- COMBINATION PLAY
- SOLO PLAY
- DIRECT FREE KICK
- PENALTY KICK
- OWN GOAL

상대 슈팅 패턴
38경기 467
16 / 16 / 5 / 83 / 29 / 318

실점 패턴 1
38경기 33골
4 / 2 / 21

실점 패턴 2
38경기 33골
4 / 4 / 25

PASSES PER GAME

패스 시도
평균 471
57 / 19 / 395

패스 성공
평균 394
33 / 5 / 356

- SHORT PASSES
- LONG BALLS
- CROSSES

- SHORT PASSES
- LONG BALLS
- CROSSES

상대 패스 시도
평균 486
50 / 19 / 417

CORNER

코너킹 형태
38경기 207
1 / 17 / 64 / 125

- INSWINGING CK
- OUTSWINGING CK
- STRAIGHT CK
- ET CETERA

상대 코너킹 형태
38경기 186
35 / 81 / 70

DUELS pg

땅볼 쟁탈전
평균 67.9
33.8 / 34.1

- 성공
- 실패

공중전
평균 25.4
12.6 / 12.8

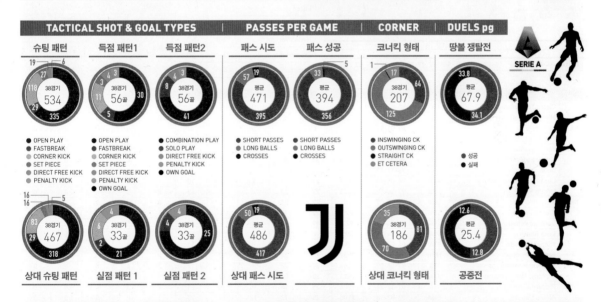

FORMATION SUMMARY

선발 포지션별 전적

포메이션	승	무	패	득점	실점
3-5-1-1	9	1	2	23	11
3-5-2	6	0	4	15	12
4-3-3	1	4	1	6	5
4-4-2	2	0	1	6	2
3-4-2-1	2	0	0	2	0
4-4-1-1	1	0	1	1	1
4-2-3-1	0	1	0	1	1
3-1-4-2	1	0	0	2	0
3-4-1-2	0	0	1	0	1
TOTAL	22	6	10	56	33

WHO SCORED

포지션별 득점
FW진 31골
MF진 17골
DF진 8골

상대 포지션별 실점
DF진 5골
MF진 6골
FW진 22골

ACTION ZONE

공격 방향
왼쪽 40% / 중앙 25% / 오른쪽 35%

볼 점유 위치
상대 진영 27%
중간 지역 44%
우리 진영 29%

PASSESS pg BY ZONE

평균 패스 성공
하프라인 위쪽 180회
하프라인 아래 214회

패스 성공률
하프라인 위쪽 73%
하프라인 아래 90%

ACF FIORENTINA

Founded
구단 창립
1926년

Owner
뉴 피오렌티나 S.R.L.

CEO
로코 코미소
1949.11.25

Manager
빈첸초 이탈리아노
1977.12.10

23-24 Odds
벳365 : 80배
스카이벳 : 50배

2	6	0	0	0	0
ITALIAN SERIE-A	**COPPA ITALIA**	**UEFA CHAMPIONS LEAGUE**	**UEFA EUROPA LEAGUE**	**FIFA CLUB WORLD CUP**	**UEFA-CONMEBOL INTERCONTINENTAL**

Nationality
● 외국 선수 15명
● 이탈리아 18명

33명

Age
33명 평균
25.3세

Height
33명 평균
183cm

Market Value
1군 26명 평균
909만 유로

Game Points
22-23 : 56점
통산 : 4264점

Win
22-23 : 15승
통산 : 1143승

Draw
22-23 : 11무
통산 : 880무

Loss
22-23 : 12패
통산 : 873패

Goals For
22-23 : 53득점
통산 : 4026득점

Goals Against
22-23 : 43실점
통산 : 3353실점

More Minutes
크리스티아노 비라기
2556분

Top Scorer
아르투르 카브랄
8골

More Assists
조나탄 이코네+3명
4도움

More Subs
루카 요비치+1명
15회 교체 IN

More Cards
소피안 암라바트
Y11+R0

TOTO GUIDE 지난 시즌 상대팀별 전적

상대팀	홈	원정
Napoli	0-0	0-1
Lazio	0-4	1-1
Inter Milan	3-4	1-0
AC Milan	2-1	1-2
Atalanta	1-1	0-1
AS Roma	2-1	0-2
Juventus	1-1	0-1
Bologna	1-2	1-2
Torino	0-1	1-1
Monza	1-1	2-3
Udinese	2-0	0-1
Sassuolo	2-1	3-1
Empoli	1-1	0-0
Salernitana	2-1	3-3
Lecce	1-0	1-1
Spezia	1-1	2-1
Hellas Verona	2-0	3-0
Cremonese	3-2	2-0
Sampdoria	5-0	2-0

STADIO ARTEMIO FRANCHI

구장 오픈
1931년
구장 소유
피렌체 시
수용 인원
4만 3147명
피치 규모
105m X 68m
잔디 종류
천연 잔디

STRENGTHS & WEAKNESSES

OFFENSE		DEFENSE	
직접 프리킥	B	세트피스 수비	A
문전 처리	C	상대 볼 뺏기	C
측면 돌파	B	공중전 능력	B
스루볼 침투	C	역습 방어	C
개인기 침투	B	지공 방어	C
카운터 어택	C	스루패스 방어	C
기회 만들기	B	리드 지키기	C
세트피스	B	실수 조심	C
OS 피하기	C	측면 방어력	C
중거리 슈팅	C	파울 주의	B
볼 점유율	A	중거리슈팅 수비	C

매우 강함 **A** 강한 편 **B** 보통 수준 **C** 약한 편 **D** 매우 약함 **E**

RANKING OF LAST 10 YEARS

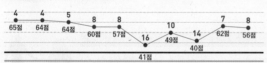

4	4	5	8	8	16	10	14	7	8
65점	64점	64점	60점	57점	41점	49점	40점	62점	56점

| 13-14 | 14-15 | 15-16 | 16-17 | 17-18 | 18-19 | 19-20 | 20-21 | 21-22 | 22-23 |

위치	선수	국적	생년월일	출전(분)	출전경기	선발11	교체인	교체아웃	벤치출발	득점	도움	경고	경고누적	퇴장
GK	Pietro Terracciano	ITA	90-03-08	2610	29	29	0	0	8	0	0	1	0	0
	Michele Cerofolini	ITA	99-01-04	450	5	5	0	0	33	0	0	0	0	0
	Salvatore Sirigu	ITA	87-01-12	90	1	1	0	0	7	0	0	0	0	0
	Tommaso Martinelli	ITA	06-01-06	0	0	0	0	0	4	0	0	0	0	0
	Tommaso Vannucchi	ITA	07-03-05	0	0	0	0	0	11	0	0	0	0	0
DF	Cristiano Biraghi	ITA	92-09-01	2556	33	30	3	9	8	2	4	1	0	0
	Dodô	BRA	98-11-17	2338	33	28	5	11	7	1	3	4	1	0
	Lucas Martínez Quarta	ARG	96-05-10	2172	27	25	2	5	10	1	1	6	0	0
	Nikola Milenković	SRB	97-10-12	2134	27	23	4	2	13	2	1	4	0	0
	Igor	BRA	98-02-07	2059	27	23	4	4	11	0	0	9	1	0
	Aleksa Terzić	SRB	99-08-17	925	22	8	14	3	27	1	1	2	0	0
	Lorenzo Venuti	ITA	95-04-12	922	17	9	8	6	28	0	1	2	0	0
	Luca Ranieri	ITA	99-04-23	505	9	5	4	1	31	0	0	1	0	0
	Michael Kayode	ITA	04-07-10	0	0	0	0	0	11	0	0	0	0	0
MF	Sofyan Amrabat	MAR	96-08-21	2007	29	24	5	13	9	0	1	11	0	0
	Rolando Mandragora	ITA	97-06-29	1954	29	22	7	11	12	2	4	8	0	0
	Giacomo Bonaventura	ITA	89-08-22	1913	30	21	9	12	12	5	1	4	0	1
	Riccardo Saponara	ITA	91-12-21	1204	29	14	15	14	23	4	3	4	0	0
	Alfred Duncan	GHA	93-03-10	1105	25	13	12	11	20	1	0	3	0	0
	Antonín Barák	CZE	94-12-03	867	14	11	3	8	5	1	0	2	0	0
	Gaetano Castrovilli	ITA	97-02-17	716	15	7	8	5	13	2	1	3	0	0
	Josip Brekalo	CRO	98-06-23	225	6	1	5	1	16	0	0	1	0	0
	Alessandro Bianco	ITA	02-10-01	150	7	2	5	2	35	0	0	1	0	0
	Costantino Favasuli	ITA	04-04-26	0	0	0	0	0	1	0	0	0	0	0
	Lorenzo Amatucci	ITA	04-02-05	0	0	0	0	0	4	0	0	0	0	0
	Dimo Krastev	BUL	03-02-10	0	0	0	0	0	4	0	0	0	0	0
FW	Jonathan Ikoné	FRA	98-05-02	2011	33	24	9	14	14	4	4	4	0	0
	Cristian Kouamé	CIV	97-12-06	1870	28	22	6	12	16	4	4	5	0	0
	Luka Jović	SRB	97-12-23	1527	31	16	15	8	19	6	3	3	0	0
	Arthur Cabral	BRA	98-04-25	1432	28	15	13	10	19	8	1	4	0	0
	Nicolás González	ARG	98-04-06	1351	24	13	11	6	16	6	1	4	0	0
	Riccardo Sottil	ITA	99-06-03	832	18	9	9	8	14	0	1	0	0	0
	Filippo Di Stefano	ITA	03-08-28	0	0	0	0	0	0	0	0	0	0	0

SERIE A 2022-23 SEASON

ACF FIORENTINA vs. OPPONENTS PER GAME STATS

ACF 피오렌티나 vs 상대팀

득점 / 슈팅 / 유효슈팅 / 코너킥 / 오프사이드 / 패스시도 / 패스성공 / 패스성공률 / 태클 / 공중전승리 / 인터셉트 / 파울 / 경고 / 퇴장

1.39 ⚽ 1.13	15.9 👟 9.2	4.7 ▣ 3.2	6.2 🚩 3.1	1.2 🏴 2.4	485 PA 375	399 PC 300
82% P% 80%	12.7 TK 16.3	16.5 AD 15.0	7.1 IT 8.7	14.0 ◇ 14.3	2.45 ▨ 2.71	0.026 ■ 0.184

2022-23 SEASON SQUAD LIST & GAMES PLAYED

* 괄호 안의 숫자는 선발 출전 횟수, 교체 출전은 포함시키지 않음

LW	CF	RW
R.사포나라(5), C.쿠아메(5) R.소틸(4), J.이코네(2) N.곤살레스(1), A.바라크(1)	L.요비치(16), A.카브랄(15) C.쿠아메(7)	J.이코네(8), C.쿠아메(5) N.곤살레스(5)

LAM	CAM	RAM
R.사포나라(8), R.소틸(5) C.쿠아메(3), J.브레칼로(1) N.곤살레스(1)	A.바라크(10), G.보나벤투라(7) G.카스트로빌리(2)	J.이코네(13), N.곤살레스(3) C.쿠아메(1), R.사포나라(1)

LM	CM	RM
C.쿠아메(1), N.곤살레스(1)	G.보나벤투라(13), S.암라바트(13) R.만드라고라(10), A.바라크(10) Y.말레(4), A.던컨(4) G.카스트로빌리(3), N.곤살레스(1)	N.곤살레스(1), J.이코네(1)

LWB	DM	RWB
N/A	R.만드라고라(12), S.암라바트(11) A.던컨(9), A.비안코(2) G.카스트로빌리(2), G.보나벤투라(1)	N/A

LB	CB	RB
C.비라기(30), A.테르지치(8)	N.밀렌코비치(23), L.마르티네스(25) I.흘리오(23), L.라니에리(5)	도도(28), L.베누티(9) M.베나시(1)

GK		
P.테라차노(29), M.체로폴리니(5) P.골리니(1), S.시라구(1)		

SHOTS & GOALS

38경기 총 606슈팅 - 53득점
38경기 상대 총 348슈팅 - 43실점

36-13
351-36
219-4

유효 슈팅 179		비유효 슈팅 427	
득점	53	블록 당함	186
GK 방어	126	골대 밖	232
유효슈팅률	30%	골대 맞음	9

유효 슈팅 122		비유효 슈팅 226	
실점	43	블록	89
GK 방어	79	골대 밖	130
유효슈팅률	35%	골대 맞음	7

85-2
238-32
25-9

GOAL TIME | POSSESSION

시간대별 득점

16 17 8 16
3 8
12 15
46 45

득실차
전반 골 득실차 -1
후반 골 득실차 +11
전체 골 득실차 +10

시간대별 실점

15
7 9
7 9
46 45

전체 평균

75% 56% 25%
50%

홈경기

75% 58% 25%
50%

원정경기

75% 54% 25%
50%

TACTICAL SHOT & GOAL TYPES

슈팅 패턴

6
40 23
106 38경기 200
25 606

- OPEN PLAY
- FASTBREAK
- CORNER KICK
- SET PIECE
- DIRECT FREE KICK
- PENALTY KICK

득점 패턴1

3
2 4
38경기 31
5 53골
37

- OPEN PLAY
- FASTBREAK
- CORNER KICK
- SET PIECE
- DIRECT FREE KICK
- PENALTY KICK
- OWN GOAL

득점 패턴2

3
7
38경기
53골
37

- COMBINATION PLAY
- SOLO PLAY
- DIRECT FREE KICK
- PENALTY KICK
- OWN GOAL

상대 슈팅 패턴

8
16 8
39 38경기
22 348
255

실점 패턴 1

1
2
7
4 38경기 27
2 43골
28

실점 패턴 2

2
38경기
43골
28

PASSES PER GAME

패스 시도

65 23
평균
38경기 485
397

- SHORT PASSES
- LONG BALLS
- CROSSES

패스 성공
8
38
평균
399
353

- SHORT PASSES
- LONG BALLS
- CROSSES

상대 패스 시도

12
58
평균
375
305

CORNER

코너킥 형태

47
38경기 88
99 234

- INSWINGING CK
- OUTSWINGING CK
- STRAIGHT CK
- ET CETERA

상대 코너킥 형태

10
38경기 43
64 117

DUELS pg

땅볼 쟁탈전

33.0
평균
38경기 64.5
31.5

- 성공
- 실패

공중전

15.0
평균
31.5
16.5

SERIE A

FORMATION SUMMARY

선발 포진별 전적

포메이션	승	무	패	득점	실점
4-2-3-1	10	3	5	28	15
4-3-3	5	6	7	23	26
4-4-1-1	0	1	0	1	1
4-1-4-1	0	1	0	1	1
TOTAL	15	11	12	53	43

WHO SCORED

포지션별 득점

FW진 28골
MF진 15골
DF진 7골

상대 포지션별 실점

DF진 6골
MF진 7골
FW진 28골

* 상대 자책골 3골
* 자책골 실점 2골

ACTION ZONE

공격 방향
왼쪽 37% / 중앙 29% / 오른쪽 34%

볼 점유 위치
상대 진영 35%
중간 지역 42%
우리 진영 23%

PASSESS pg BY ZONE

평균 패스 성공
하프라인 위쪽 207회
하프라인 아래 191회

패스 성공률
하프라인 위쪽 75%
하프라인 아래 93%

ITALIAN SERIE-A	COPPA ITALIA	UEFA CHAMPIONS LEAGUE	UEFA EUROPA LEAGUE	FIFA CLUB WORLD CUP	UEFA-CONMEBOL INTERCONTINENTAL
7	2	0	0	0	0

Founded 구단 창립
1909년

Owner BFC 1909 Lux SPV
지분율 99.93%

CEO 조이 사푸토
1964.09.25

Manager 디아구 모다
1982.08.28

23-24 Odds 벳365 : 500배
스카이벳 : 250배

Nationality
● 외국 선수 18명
● 이탈리아 13명

Age 31명 평균
25.6세

Height 31명 평균
185cm

Market Value 1군 31명 평균
439만 유로

Game Points 22-23 : 54점
통산 : 3573점

Win 22-23 : 14승
통산 : 924승

Draw 22-23 : 12무
통산 : 809무

Loss 22-23 : 12패
통산 : 871패

Goals For 22-23 : 53득점
통산 : 3398득점

Goals Against 22-23 : 49실점
통산 : 3207실점

More Minutes 우카시 스코룹스키
3330분

Top Scorer 리카르도 오르솔리니
11골

More Assists 무사 바로우
8도움

More Subs 미셸 에비셔+2명
14회 교체 IN

More Cards 니콜라스 도밍게스
Y10+R0

RANKING OF LAST 10 YEARS

● 2부 리그

	13-14	14-15	15-16	16-17	17-18	18-19	19-20	20-21	21-22	22-23
순위	19	4	14	15	15	10	12	12	13	9
점수	29점	68점	42점	41점	39점	44점	47점	41점	46점	54점

TOTO GUIDE 지난 시즌 상대팀별 전적

상대팀	홈	원정
Napoli	2-2	2-3
Lazio	0-0	1-2
Inter Milan	1-0	1-6
AC Milan	1-1	0-2
Atalanta	1-2	2-0
AS Roma	0-0	0-1
Juventus	1-1	0-3
Fiorentina	2-1	2-1
Torino	2-1	0-1
Monza	0-1	2-1
Udinese	3-0	2-1
Sassuolo	3-0	1-1
Empoli	0-1	1-3
Salernitana	1-1	2-2
Lecce	2-0	3-2
Spezia	2-0	2-2
Hellas Verona	1-1	1-2
Cremonese	1-1	5-1
Sampdoria	1-1	2-1

STADIO RENATO DALL'ARA

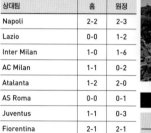

구장 오픈 / 증개축
1927년, 2015년
구장 소유
볼로냐 FC, 볼로나 시
수용 인원
3만 1070명
피치 규모
105m X 68m
잔디 종류
천연 잔디

STRENGTHS & WEAKNESSES

OFFENSE		DEFENSE	
직접 프리킥	C	세트피스 수비	C
문전 처리	B	상대 볼 뺏기	B
측면 돌파	B	공중전 능력	E
스루볼 침투	B	역습 방어	C
개인기 침투	C	지공 방어	D
카운터 어택	C	스루패스 방어	C
기회 만들기	C	리드 지키기	D
세트피스	C	실수 조심	C
OS 피하기	E	측면 방어력	D
중거리 슈팅	C	파울 주의	D
볼 점유율	B	중거리슈팅 수비	C

매우 강함 **A** 강한 편 **B** 보통 수준 **C** 약한 편 **D** 매우 약함 **E**

위치	선수	국적	생년월일	출전(분)	출전경기	선발11	교체인	교체아웃	벤치출발	득점	도움	경고	경고누적	퇴장
GK	Łukasz Skorupski	POL	91-05-05	3330	37	37	0	0	4	0	0	4	0	0
	Francesco Bardi	ITA	92-01-18	90	1	1	0	0	36	0	0	0	0	0
	Francesco Raffaelli	ITA	05-05-21	0	0	0	0	0	6	0	0	0	0	0
	Nicola Bagnolini	ITA	04-03-14	0	0	0	0	0	12	0	0	0	0	0
	Federico Ravaglia	ITA	99-11-11	0	0	0	0	0	20	0	0	0	0	0
DF	Jhon Lucumí	COL	98-06-26	2902	33	33	0	2	1	0	1	8	0	0
	Stefan Posch	AUT	97-05-14	2541	30	30	0	9	3	6	2	6	0	0
	Andrea Cambiaso	ITA	00-02-20	2172	32	25	7	8	9	0	3	2	0	0
	Adama Soumaoro	CIV	92-06-18	1870	23	22	1	3	6	0	0	4	1	0
	Gary Medel	CHI	87-08-03	1477	29	17	12	11	17	0	1	5	0	0
	Charalampos Lykogiannis	GRE	93-10-22	1102	21	11	10	6	27	2	0	3	0	0
	Kevin Bonifazi	ITA	96-05-19	900	13	9	4	2	16	0	0	2	0	0
	Georgios Kyriakopoulos	GRE	96-02-05	704	12	8	4	4	4	0	2	2	0	0
	Joaquín Sosa	URU	02-01-10	686	10	7	3	1	30	0	0	2	0	0
	Lorenzo De Silvestri	ITA	88-05-23	666	15	6	9	3	26	1	0	1	0	0
	Mattia Motolese	ITA	04-04-13	0	0	0	0	0	1	0	0	0	0	0
	Wisdom Amey	ITA	05-08-11	0	0	0	0	0	7	0	0	0	0	0
MF	Jerdy Schouten	NED	97-01-12	2516	33	29	4	12	5	0	2	3	0	0
	Lewis Ferguson	SCO	99-08-24	2324	32	27	5	12	9	7	0	4	0	0
	Nicolás Domínguez	ARG	98-06-28	2308	31	26	5	13	6	3	2	10	0	0
	Michel Aebischer	SUI	97-01-06	1541	32	18	14	13	20	1	2	2	0	0
	Roberto Soriano	ITA	91-02-08	1324	27	15	12	12	14	1	3	1	0	0
	Nikola Moro	CRO	98-03-12	1221	26	12	14	7	23	1	5	1	0	0
	Niklas Pyyhtiä	FIN	03-09-25	103	6	0	6	0	23	0	1	0	0	0
	Kacper Urbański	POL	04-09-07	0	0	0	0	0	3	0	0	0	0	0
FW	Riccardo Orsolini	ITA	97-01-24	2120	32	22	10	8	12	11	4	7	1	1
	Musa Barrow	GAM	98-11-14	1971	32	26	6	17	8	3	8	3	0	0
	Marko Arnautović	AUT	89-04-19	1540	21	18	3	9	5	10	0	5	0	0
	Joshua Zirkzee	NED	01-05-22	807	19	5	14	4	24	2	2	2	0	0
	Nicola Sansone	ITA	91-09-10	737	18	8	10	6	18	4	2	2	0	0
	Antonio Raimondo	ITA	04-03-18	13	2	0	2	0	8	0	0	0	0	0

BOLOGNA FC 1909 vs. OPPONENTS PER GAME STATS

볼로냐 FC vs 상대팀

아이콘: 득점 · 슈팅 · 유효슈팅 · 코너킥 · 오프사이드 · 패스시도(PA) · 패스성공(PC) · 패스성공률(P%) · 태클(TK) · 공중전승리(AD) · 인터셉트(IT) · 파울 · 경고 · 퇴장

볼로냐 FC		상대팀
1.39	득점	1.29
12.8	슈팅	12.8
4.1	유효슈팅	4.4
4.8	코너킥	6.5
2.0	오프사이드	1.5
519	패스시도 (PA)	424
431	패스성공 (PC)	329
83%	패스성공률 (P%)	78%
17.0	태클 (TK)	14.3
9.8	공중전승리 (AD)	11.8
7.9	인터셉트 (IT)	8.4
12.6	파울	11.9
2.21	경고	2.18
0.079	퇴장	0.053

2022-23 SEASON SQUAD LIST & GAMES PLAYED

* 괄호 안의 숫자는 선발 출전 횟수로, 교체 출전은 포함시키지 않음

LW
M.바로우(5), M.에비셔(1)
N.도밍게스(1), L.퍼거슨(1)

CF
M.아르나우토비치(18), M.바로우(9)
J.지르크제(5), M.산소네(7)
R.오르솔리니(2), L.퍼거슨(2)
R.소리아노(1), M.에비셔(1)

RW
R.오르솔리니(4), M.에비셔(4)

LAM
R.소리아노(8), M.바로우(8)
G.키리아코풀로스(3)
R.오르솔리니(1), N.산소네(1)

CAM
L.퍼거슨(6), N.도밍게스(4)
R.소리아노(4), M.바로우(3)
M.에비셔(1)

RAM
R.오르솔리니(15), M.에비셔(6)

LM
A.캄비아소(2), C.리코야니스(1)
M.바로우(1)

CM
J.샤우턴(12), N.도밍게스(11)
N.모로(7), L.퍼거슨(7)
G.메델(3), E.비냐토(2)
M.에비셔(1), R.소리아노(1)

RM
L.D.실베스트리(2), D.카시우스(1)
R.소리아노(1)

LWB
A.캄비아소(5)

DM
J.샤우턴(17), N.도밍게스(10)
G.메델(8), N.모로(5)
L.퍼거슨(1), M.에비셔(1)

RWB
D.카시우스(3), M.에비셔(1)

LB
A.캄비아소(16), C.리코야니스(9)
G.키리아코풀로스(5)

CB
J.루쿠미(33), A.수마오로(22)
K.보니파치(9), J.소사(7)
G.메델(6), S.포슈(5)
C.리코야니스(1), L.D.실베스트리(1)

RB
S.포슈(25), L.D.실베스트리(3)
A.캄비아소(2)

GK
L.스코룹스키(37), F.바르디(1)

SHOTS & GOALS

38경기 총 486슈팅 - 53득점
38경기 상대 총 487슈팅 - 49실점

36-8
225-37
225-8

유효 슈팅 156		비유효 슈팅 330	
득점	53	블록 당함	120
GK 방어	103	골대 밖	201
유효슈팅률	32%	골대 맞음	9

유효 슈팅 168		비유효 슈팅 319	
실점	49	블록	139
GK 방어	119	골대 밖	175
유효슈팅률	34%	골대 맞음	5

173-4
277-35
37-10

GOAL TIME | POSSESSION

시간대별 득점

전체 평균
55% (75%, 25%, 50%)

득실차
전반 골 득실차 0
후반 골 득실차 +4
전체 골 득실차 +4

홈경기
55% (75%, 25%, 50%)

원정경기
55% (75%, 25%, 50%)

시간대별 실점

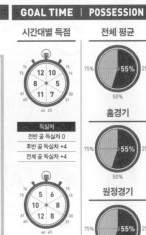

TACTICAL SHOT & GOAL TYPES | PASSES PER GAME | CORNER | DUELS pg

SERIE A

슈팅 패턴 — 38경기 486 (18, 6, 23, 29, 343)
- OPEN PLAY
- FASTBREAK
- CORNER KICK
- SET PIECE
- DIRECT FREE KICK
- PENALTY KICK

득점 패턴1 — 38경기 53골 (6, 1, 9, 30, 7)
- OPEN PLAY
- FASTBREAK
- CORNER KICK
- SET PIECE
- DIRECT FREE KICK
- PENALTY KICK
- OWN GOAL

득점 패턴2 — 38경기 53골 (6, 1, 5, 41)
- COMBINATION PLAY
- SOLO PLAY
- DIRECT FREE KICK
- PENALTY KICK
- OWN GOAL

패스 시도 — 평균 519 (57, 15, 447)
- SHORT PASSES
- LONG BALLS
- CROSSES

패스 성공 — 평균 431 (31, 4, 396)
- SHORT PASSES
- LONG BALLS
- CROSSES

코너킥 형태 — 38경기 145 (14, 41, 90)
- INSWINGING CK
- OUTSWINGING CK
- STRAIGHT CK
- ET CETERA

땅볼 쟁탈전 — 평균 69.9 (34.6, 35.3)
- 성공
- 실패

상대 슈팅 패턴 — 38경기 487 (14, 9, 32, 32, 78, 322)

실점 패턴 1 — 38경기 49골 (7, 7, 3, 3, 3, 26)

실점 패턴 2 — 38경기 49골 (3, 3, 7, 29)

상대 패스 시도 — 평균 424 (53, 18, 353)

BFC 1909

상대 코너킥 형태 — 38경기 172 (1, 19, 71, 81)

공중전 — 평균 21.6 (11.8, 9.8)

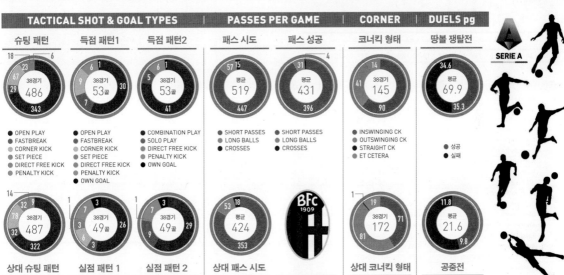

FORMATION SUMMARY | WHO SCORED | ACTION ZONE | PASSESS pg BY ZONE

선발 포진별 전적

포메이션	승	무	패	득점	실점
4-2-3-1	8	6	7	28	26
4-3-3	2	3	3	12	12
3-4-1-2	0	2	1	4	5
3-5-2	1	1	1	3	4
3-4-2-1	2	0	0	4	2
4-1-4-1	1	0	0	2	0
TOTAL	14	12	12	53	49

포지션별 득점
FW진 30골
MF진 13골
DF진 9골
* 상대 자책골 1골

상대 포지션별 실점
DF진 6골
MF진 13골
FW진 27골
* 자책골 실점 3골

공격 방향
왼쪽 39%, 중앙 25%, 오른쪽 36%

볼 점유 위치
상대 진영 24%
중간 지역 46%
우리 진영 30%

평균 패스 성공
하프라인 위쪽 184회
하프라인 아래 247회

패스 성공률
하프라인 위쪽 73%
하프라인 아래 89%

TORINO FC

🏆 7	🏆 5	🏆 0	🏆 0	🏆 0	🏆 0
ITALIAN SERIE-A	COPPA ITALIA	UEFA CHAMPIONS LEAGUE	UEFA EUROPA LEAGUE	FIFA CLUB WORLD CUP	UEFA-CONMEBOL INTERCONTINENTAL

Founded 구단 창립 1906년	**Owner** UT 커뮤니케이션
CEO 우라바노 카이로 1957.05.21	**Manager** 이반 유리치 1975.08.25
23-24 Odds 벳365 : 250배 스카이벳 : 200배	**Nationality** ●외국 선수 26명 ●이탈리아 7명
33명	
Age 33명 평균 24.2세	**Height** 33명 평균 186cm
Market Value 1군 28명 평균 605만 유로	**Game Points** 22-23 : 53점 통산 : 3833점
Win 22-23 : 14승 통산 : 989승	**Draw** 22-23 : 11무 통산 : 867무
Loss 22-23 : 13패 통산 : 832패	**Goals For** 22-23 : 42득점 통산 : 3587득점
Goals Against 22-23 : 41실점 통산 : 3171실점	
More Minutes V.밀린코비치-사비치 3420분	**Top Scorer** 안토니오 사나브리아 12골
More Assists 니콜라 블라시치 6도움	**More Subs** 안 카라모+1명 14회 교체 IN
More Cards 카롤 리네티+2명 Y8+R0	

RANKING OF LAST 10 YEARS

13-14	14-15	15-16	16-17	17-18	18-19	19-20	20-21	21-22	22-23
7 57점	9 54점	12 45점	9 53점	9 54점	7 63점	16 40점	17 37점	10 50점	10 53점

TOTO GUIDE 지난 시즌 상대팀별 전적

상대팀	홈	원정
Napoli	0-4	1-3
Lazio	0-0	1-0
Inter Milan	0-1	0-1
AC Milan	2-1	0-1
Atalanta	1-2	1-3
AS Roma	0-1	1-1
Juventus	0-1	2-4
Fiorentina	1-1	1-0
Bologna	1-0	1-2
Monza	1-1	2-1
Udinese	1-0	2-1
Sassuolo	0-1	1-1
Empoli	1-1	2-2
Salernitana	1-1	1-1
Lecce	1-0	2-0
Spezia	0-1	4-0
Hellas Verona	1-1	1-0
Cremonese	2-2	2-1
Sampdoria	2-0	2-0

STADIO OLIMPICO GRANDE TORINO

구장 오픈 / 증개축 1933년, 2006년
구장 소유 토리노 시
수용 인원 2만 7958명
피치 규모 105m X 68m
잔디 종류 천연 잔디

STRENGTHS & WEAKNESSES

OFFENSE		DEFENSE	
직접 프리킥	C	세트피스 수비	C
문전 처리	D	상대 볼 뺏기	C
측면 돌파	B	공중전 능력	C
스루볼 침투	C	역습 방어	C
개인기 침투	B	지공 방어	C
카운터 어택	C	스루패스 방어	C
기회 만들기	C	리드 지키기	C
세트피스	C	실수 조심	C
OS 피하기	E	측면 방어력	C
중거리 슈팅	C	파울 주의	C
볼 점유율	B	중거리슈팅 수비	D

매우 강함 **A** 강한 편 **B** 보통 수준 **C** 약한 편 **D** 매우 약함 **E**

위치	선수	국적	생년월일	출전(분)	출전경기	선발11	교체입	교체아웃	벤치출발	득점	도움	경고	경고누적	퇴장
GK	Vanja Milinković-Savić	SRB	97-02-20	3420	38	38	0	0	0	0	0	4	0	0
	Etrit Berisha	ALB	89-03-10	0	0	0	0	0	13	0	0	0	0	0
	Matteo Fiorenza	ITA	03-06-15	0	0	0	0	0	27	0	0	0	0	0
	Luca Gemello	ITA	00-07-03	0	0	0	0	0	36	0	0	0	0	0
DF	Alessandro Buongiorno	ITA	99-06-06	2723	34	30	4	6	6	1	2	8	0	0
	Ricardo Rodríguez	SUI	92-08-25	2669	35	30	5	9	7	0	0	3	0	0
	Koffi Djidji	FRA	92-11-30	2422	34	26	8	7	11	0	1	3	0	0
	Perr Schuurs	NED	99-11-26	2334	30	28	2	7	6	0	2	5	0	0
	Wilfried Singo	CIV	00-12-25	2054	31	24	7	15	10	2	1	8	0	0
	Mërgim Vojvoda	KVX	95-02-01	1716	29	18	11	6	17	0	5	3	0	0
	Ola Aina	NGA	96-10-08	873	19	9	10	5	13	1	1	5	0	0
	David Zima	CZE	00-11-08	402	9	4	5	1	15	0	0	0	0	0
	Andrew Gravillon	FRA	98-02-08	312	7	4	3	4	14	0	0	2	0	0
	Sebas Wade	ENG	03-04-09	0	0	0	0	0	1	0	0	0	0	0
	Ali Dembélé	FRA	04-01-05	0	0	0	0	0	3	0	0	0	0	0
	Ange Caumenan N'Guessan	FRA	03-09-01	0	0	0	0	0	9	0	0	0	0	0
MF	Nikola Vlašić	CRO	97-10-04	2730	34	29	5	6	5	5	6	1	0	0
	Aleksey Miranchuk	RUS	95-10-17	2098	29	24	5	12	6	4	5	0	0	0
	Samuele Ricci	ITA	01-08-21	2073	28	23	5	8	7	2	1	6	0	0
	Karol Linetty	POL	95-02-02	1886	32	22	10	12	15	1	0	8	0	0
	Nemanja Radonjić	SEB	96-02-15	1457	28	16	12	13	14	2	2	1	0	0
	Valentino Lazaro	AUT	96-03-24	1376	23	15	8	9	11	0	3	4	0	0
	Ivan Ilić	SRB	01-03-17	1180	14	13	1	4	2	2	2	3	0	0
	Michel Ndary Adopo	FRA	00-07-19	260	9	3	6	3	35	0	0	1	0	0
	Gvidas Gineitis	LTU	04-04-15	136	3	2	1	1	21	0	0	2	0	0
	Brian Bayeye	FRA	00-06-30	63	2	1	1	1	36	0	0	0	0	0
	Ronaldo Vieira	GNB	98-07-19	14	2	0	2	0	8	0	0	0	0	0
	Aaron Ciammaglichella	ITA	05-01-26	0	0	0	0	0	1	0	0	0	0	0
FW	Antonio Sanabria	PAR	96-03-04	2441	33	28	5	16	7	12	4	4	0	0
	Yann Karamoh	FRA	98-07-08	708	21	7	14	7	23	4	0	2	0	0
	Demba Seck	SEN	01-02-10	514	19	6	13	6	30	0	1	0	0	0
	Pietro Pellegri	ITA	01-03-17	459	18	4	14	4	22	2	0	0	0	0
	Luigi Caccavo	ITA	04-02-03	0	0	0	0	0	0	0	0	0	0	0

SERIE A 2022-23 SEASON

TORINO FC vs. OPPONENTS PER GAME STATS

토리노 FC vs 상대팀

	득점	슈팅	유효슈팅	코너킥	오프사이드	패스시도 (PA)	패스성공 (PC)		
1.11 ⚽ 1.08	11.8 👟 11.4	3.9 ▣ 3.6	4.5 🚩 3.9	2.1 🚩 1.1	484 PA 426	396 PC 324			
81% P% 76%	12.5 TK 15.5	15.6 AD 16.6	7.7 IT 8.1	13.3 🟨 10.9	2.13 🟨 1.74	0.000 ⬛ 0.026			

(패스성공률 P%, 태클 TK, 공중전승리 AD, 인터셉트 IT, 파울, 경고, 퇴장)

2022-23 SEASON SQUAD LIST & GAMES PLAYED

*괄호 안의 숫자는 선발 출전 횟수, 교체 출전은 포함시키지 않음

LW	CF	RW
N.블라시치(1)	A.사나브리아(28), P.펠레그리(4) N.블라시치(3), D.세크(3) N.라도니치(3)	A.미란추크(1)

LAM	CAM	RAM
N/A	N.블라시치(25), A.미란추크(23) N.라도니치(13), Y.카라모(7) D.세크(3)	N/A

LM	CM	RM
M.보이보디나(2), V.라자로(1)	S.리치(23), K.리네티(22) S.루키치(13), I.일리치(13) M.아도포(2), G.기네이티스(2) E.일크한(1)	V.라자로(1), W.싱고(1) B.바예예(1)

LWB	DM	RWB
M.보이보다(16), R.로드리게스(9) V.라자로(6), O.아이나(4)	N/A	W.싱고(23), V.라자로(7) O.아이나(5)

LB	CB	RB
N/A	A.부온조르노(30), P.쉬어스(28) K.지치(26), R.로드리게스(21) D.지마(4), A.그라비옹(4) M.아도포(1)	N/A

	GK	
	V.밀린코비치~사비치(38)	

SHOTS & GOALS

38경기 총 448슈팅 - 42득점
38경기 상대 총 433슈팅 - 41실점

```
38-9
271-29
139-4
```

유효 슈팅 148		비유효 슈팅 300	
득점	42	블록 당함	129
GK 방어	106	골대 밖	160
유효슈팅률	33%	골대 맞음	11

유효 슈팅 136		비유효 슈팅 297	
실점	41	블록	116
GK 방어	95	골대 밖	172
유효슈팅률	31%	골대 맞음	9

```
174-7
235-24
24-10
```

GOAL TIME | POSSESSION

시간대별 득점

(8 2 / 8 5 / 5 11)

득실차
전반 골 득실차 +4
후반 골 득실차 -3
전체 골 득실차 +1

시간대별 실점

(9 3 / 9 9 / 6 9)

전체 평균 53%
홈경기 56%
원정경기 51%

TACTICAL SHOT & GOAL TYPES | PASSES PER GAME | CORNER | DUELS pg

SERIE A

슈팅 패턴
38경기 448
(6, 21, 2 / 72, 304 / 28)

● OPEN PLAY
● FASTBREAK
● CORNER KICK
● SET PIECE
● DIRECT FREE KICK
● PENALTY KICK

득점 패턴1
38경기 42골
(4, 2, 1 / 3, 29 / 3)

● OPEN PLAY
● FASTBREAK
● CORNER KICK
● SET PIECE
● DIRECT FREE KICK
● PENALTY KICK
● OWN GOAL

득점 패턴2
38경기 42골
(2, 1 / 5, 34)

● COMBINATION PLAY
● SOLO PLAY
● DIRECT FREE KICK
● PENALTY KICK
● OWN GOAL

패스 시도
평균 484
(56, 16 / 412)

● SHORT PASSES
● LONG BALLS
● CROSSES

패스 성공
평균 396
(26, 5 / 365)

● SHORT PASSES
● LONG BALLS
● CROSSES

코너킥 형태
38경기 172
(99 / 42)

● INSWINGING CK
● OUTSWINGING CK
● STRAIGHT CK
● ET CETERA

땅볼 쟁탈전
평균 62.9
(32.5 / 30.4)

● 성공
● 실패

상대 슈팅 패턴
38경기 433
(15, 28 / 70, 285 / 29)

실점 패턴 1
38경기 41골
(5, 5 / 3, 24)

실점 패턴 2
38경기 41골
(5 / 28, 33)

상대 패스 시도
평균 426
(62, 16 / 348)

TORINO FC 1906

상대 코너킥 형태
38경기 149
(33, 57 / 59)

공중전
평균 32.2
(16.6 / 15.6)

FORMATION SUMMARY | WHO SCORED | ACTION ZONE | PASSESS pg BY ZONE

선발 포진별 전적

포메이션	승	무	패	득점	실점
3-4-2-1	13	10	11	39	37
3-4-1-2	1	1	1	3	3
3-4-3	0	0	1	0	1
TOTAL	14	11	13	42	41

포지션별 득점
FW진 19골
MF진 17골
DF진 5골

상대 포지션별 실점
DF진 7골
MF진 14골
FW진 20골

*상대 자책골 1골

공격 방향
왼쪽 39%
중앙 26%
오른쪽 35%

볼 점유 위치
상대 진영 30%
중간 지역 43%
우리 진영 27%

평균 패스 성공
하프라인 위쪽 195회
하프라인 아래 201회

패스 성공률
하프라인 위쪽 71%
하프라인 아래 90%

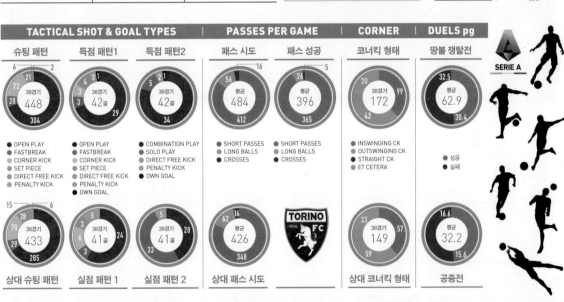

AC MONZA

 Founded 구단 창립 1912년

 Owner 피닌베스트 S.P.A. 1949.12.06

 CEO 파올로 베를루스코니 1984.04.17

 Manager 라파엘레 팔라디노

 23-24 Odds 벳365 : 150배 스카이벳 : 200배

 Nationality ●외국 선수 9명 ●이탈리아 23명

 Age 32명 평균 26.9세

 Height 32명 평균 182cm

 Market Value 1군 30명 평균 373만 유로

 Game Points 통산 : 52점

 Win 22-23 : 14승 통산 : 14승

 Draw 22-23 : 10무 통산 : 10무

 Loss 22-23 : 14패 통산 : 14패

 Goals For 22-23 : 48득점 통산 : 48득점

 Goals Against 22-23 : 52실점 통산 : 52실점

 More Minutes 미켈레 디그레고리오 3330분

 Top Scorer 파트릭 추리아+1명 6골

 More Assists 안드레아 페타냐+2명 5도움

 More Subs 크리스티앤 기트케에르 19회 교체 IN

More Cards 아르만도 이초 Y10+R0

ITALIAN SERIE-A	COPPA ITALIA	UEFA CHAMPIONS LEAGUE	UEFA EUROPA LEAGUE	FIFA CLUB WORLD CUP	UEFA-CONMEBOL INTERCONTINENTAL
0	0	0	0	0	0

TOTO GUIDE 지난 시즌 상대팀별 전적

상대팀	홈	원정
Napoli	2-0	0-4
Lazio	0-2	0-1
Inter Milan	2-2	1-0
AC Milan	0-1	1-4
Atalanta	0-2	2-5
AS Roma	1-1	0-3
Juventus	1-0	2-0
Fiorentina	3-2	1-1
Bologna	1-2	1-0
Torino	1-2	1-1
Udinese	1-2	2-2
Sassuolo	1-1	2-1
Empoli	2-1	0-1
Salernitana	3-0	0-3
Lecce	0-1	1-1
Spezia	2-0	2-0
Hellas Verona	2-0	1-1
Cremonese	1-1	3-2
Sampdoria	2-2	3-0

STADIO BRIANTEO

구장 오픈 1988년
구장 소유 몬차 시
수용 인원 1만 5039명
피치 규모 105m X 68m
잔디 종류 천연 잔디

STRENGTHS & WEAKNESSES

OFFENSE		DEFENSE	
직접 프리킥	B	세트피스 수비	C
문전 처리	C	상대 볼 뺏기	A
측면 돌파	C	공중전 능력	D
스루볼 침투	C	역습 방어	C
개인기 침투	C	지공 방어	D
카운터 어택	C	스루패스 방어	C
기회 만들기	C	리드 지키기	B
세트피스	C	실수 조심	D
OS 피하기	D	측면 방어력	C
중거리 슈팅	C	파울 주의	C
볼 점유율	A	중거리슈팅 수비	C

매우 강함 A · 강한 편 B · 보통 수준 C · 약한 편 D · 매우 약함 E

RANKING OF LAST 10 YEARS

●2부 리그 ●3부 리그 ●4부 리그

13-14	14-15	15-16	16-17	17-18	18-19	19-20	20-21	21-22	22-23
454점	1445점	1049점	153점	458점	560점	161점	64점	67점	11 / 52점

(2020-21: 3위, 2021-22: 4위)

위치	선수	국적	생년월일	출전(분)	출전경기	선발11	교체인	교체아웃	벤치출발	득점	도움	경고	경고누적	퇴장
GK	Michele Di Gregorio	ITA	97-07-27	3330	37	37	0	0	1	0	1	0	0	0
	Alessio Cragno	ITA	94-06-28	90	1	1	0	0	37	0	0	0	0	0
	Eugenio Lamanna	ITA	89-08-07	0	0	0	0	0	0	0	0	0	0	0
	Alessandro Sorrentino	ITA	02-04-03	0	0	0	0	0	36	0	0	0	0	0
DF	Carlos Augusto	BRA	99-01-07	3087	35	35	0	4	0	6	5	4	0	0
	Pablo Marí	ESP	93-08-31	2488	30	28	2	3	3	1	0	4	0	0
	Armando Izzo	ITA	92-03-02	2475	30	29	1	10	1	1	0	10	0	0
	Luca Caldirola	ITA	91-02-01	2358	31	27	4	10	8	2	0	5	0	0
	Marlon	BRA	95-09-07	1591	28	18	10	8	15	0	0	7	0	1
	Samuele Birindelli	ITA	99-07-19	1393	31	14	17	10	23	0	1	8	0	0
	Giulio Donati	ITA	90-02-05	421	8	4	4	2	21	1	0	3	1	1
	Valentin Antov	BUL	00-11-09	301	9	2	7	1	35	0	0	2	0	0
	Luca Marrone	ITA	90-03-28	136	2	2	0	1	6	0	0	0	0	0
	Franco Carboni	ARG	03-04-04	63	3	0	3	0	18	0	0	0	0	0
MF	Matteo Pessina	ITA	97-04-21	2938	35	34	1	9	2	5	3	6	0	0
	Nicolò Rovella	ITA	01-12-04	1748	25	21	4	11	5	1	2	6	0	1
	Stefano Sensi	ITA	95-08-05	1628	28	21	7	17	12	3	1	8	0	0
	José Machín Dicombo	EQG	96-08-14	1118	25	11	14	8	26	0	2	4	0	0
	Andrea Colpani	ITA	99-05-11	942	27	10	17	10	25	4	1	1	0	0
	Filippo Ranocchia	ITA	01-05-14	525	14	5	9	4	29	1	0	1	0	0
	Mattia Valoti	ITA	93-09-06	445	16	4	12	4	33	0	0	1	0	0
	Andrea Barberis	ITA	93-12-11	332	9	3	6	1	33	0	1	0	0	0
	Leonardo Colombo	ITA	05-06-04	0	0	0	0	0	4	0	0	0	0	0
FW	Patrick Ciurria	ITA	95-02-09	2757	36	31	5	10	7	6	5	4	0	0
	Gianluca Caprari	ITA	93-07-30	2465	37	32	5	27	5	5	2	7	0	0
	Dany Mota	POR	98-05-02	1923	29	21	8	15	10	5	1	2	0	0
	Andrea Petagna	ITA	95-06-30	1669	31	19	12	17	14	4	5	2	0	0
	Christian Gytkjær	DEN	90-05-06	539	22	3	19	2	35	1	0	1	0	0
	Marco D'Alessandro	ITA	91-02-17	286	8	3	5	2	29	0	0	0	0	0
	Samuele Vignato	ITA	04-02-24	55	5	0	5	0	32	0	0	0	0	0
	Mirko Marić	CRO	95-05-16	0	0	0	0	0	1	0	0	0	0	0
	Andrea Ferraris	ITA	03-02-22	0	0	0	0	0	1	0	0	0	0	0

AC MONZA vs. OPPONENTS PER GAME STATS

AC 몬차 vs 상대팀

아이콘: 득점 / 슈팅 / 유효슈팅 / 코너킥 / 오프사이드 / 패스시도(PA) / 패스성공(PC) / 패스성공율(P%) / 태클(TK) / 공중전승리(AD) / 인터셉트(IT) / 파울 / 경고 / 퇴장

구분	AC 몬차	상대팀
득점	1.26	1.37
슈팅	10.9	12.8
유효슈팅	3.8	4.5
코너킥	4.1	4.9
오프사이드	1.8	1.4
패스시도 (PA)	525	421
패스성공 (PC)	444	334
패스성공율 (P%)	85%	79%
태클 (TK)	15.7	14.4
공중전승리 (AD)	11.8	11.6
인터셉트 (IT)	8.8	8.3
파울	12.9	14.1
경고	2.37	2.05
퇴장	0.105	0.132

2022-23 SEASON SQUAD LIST & GAMES PLAYED

* 괄호 안의 숫자는 선발 출전 횟수, 교체 출전은 포함시키지 않음

LW
G.카프라리(1)

CF
A.페타냐(19), D.모타(14)
G.카프라리(9), C.그티어(3)
M.발로티(2), F.라노키아(1)

RW
M.페시나(1)

LAM
N/A

CAM
G.카프라리(22), M.페시나(9)
A.콜파니(9), D.모타(7)
P.추리아(6), S.센시(3)
J.마친(1)

RAM
N/A

LM
C.아우구스토(3), M.달레산드로(1)

CM
M.페시나(23), N.로벨라(21)
S.센시(18), J.마친(10)
F.라노키아(4), A.바르베리스(3)
M.발로티(2), A.콜파니(1)

RM
P.추리아(3), S.비린델리(1)

LWB
C.아우구스토(29), P.추리아(2)
M.달레산드로(2), S.몰리나(1)

DM
M.페시나(1)

RWB
P.추리아(20), S.비린델리(13)
G.도나티(1)

LB
N/A

CB
A.이초(29), P.마리(28)
L.칼디롤라(27), M.산토스(18)
C.아우구스토(3), G.도나티(3)
L.마로네(2), V.안토프(1)
A.카르보니(1), A.라노키아(1)

RB
N/A

GK
M.D.그레고리오(37), A.크라뇨(1)

SHOTS & GOALS

38경기 총 413슈팅 - 48득점
38경기 상대 총 485슈팅 - 52실점

32-9
232-33
149-6

유효 슈팅 146		비유효 슈팅 267	
득점	48	블록 당함	107
GK 방어	98	골대 밖	154
유효슈팅률	35%	골대 맞음	6

유효 슈팅 171		비유효 슈팅 314	
실점	52	블록	125
GK 방어	119	골대 밖	184
유효슈팅률	35%	골대 맞음	5

159-4
282-35
44-13

GOAL TIME | POSSESSION

시간대별 득점
10 / 3 / 9 / 10

득실차
전반 골 득실차 -4
후반 골 득실차 0
전체 골 득실차 -4

시간대별 실점
12 / 6 / 9

전체 평균
56% / 50% / 75% / 25%

홈경기
58% / 50% / 75% / 25%

원정경기
53% / 50% / 75% / 25%

TACTICAL SHOT & GOAL TYPES | PASSES PER GAME | CORNER | DUELS pg

슈팅 패턴
38경기 413
13 / 6 / 20 / 61 / 298 / 15

- OPEN PLAY
- FASTBREAK
- CORNER KICK
- SET PIECE
- DIRECT FREE KICK
- PENALTY KICK

득점 패턴1
38경기 48골
1 / 5 / 2 / 2 / 36 / 31 / 9

- OPEN PLAY
- FASTBREAK
- CORNER KICK
- SET PIECE
- DIRECT FREE KICK
- PENALTY KICK
- OWN GOAL

득점 패턴2
38경기 48골
1 / 5 / 9 / 31

- COMBINATION PLAY
- SOLO PLAY
- DIRECT FREE KICK
- PENALTY KICK
- OWN GOAL

패스 시도
평균 525
57 / 16 / 452

- SHORT PASSES
- LONG BALLS
- CROSSES

패스 성공
평균 444
29 / 4 / 411

- SHORT PASSES
- LONG BALLS
- CROSSES

코너킥 형태
38경기 154
21 / 22 / 111

- INSWINGING CK
- OUTSWINGING CK
- STRAIGHT CK
- ET CETERA

땅볼 쟁탈전
평균 70.4
34.3 / 36.1

- 성공
- 실패

상대 슈팅 패턴
38경기 485
13 / 3 / 28 / 75 / 25 / 341

실점 패턴 1
38경기 52골
1 / 3 / 4 / 1 / 39 / 32

실점 패턴 2
38경기 52골
1 / 3 / 1 / 15 / 4 / 32

상대 패스 시도
평균 421
50 / 19 / 352

상대 코너킥 형태
38경기 186
32 / 74 / 80

공중전
평균 23.4
11.6 / 11.8

FORMATION SUMMARY | WHO SCORED | ACTION ZONE | PASSESS pg BY ZONE

선발 포진별 전적

포메이션	승	무	패	득점	실점
3-4-2-1	13	8	6	41	33
3-5-2	0	1	5	3	14
3-4-1-2	1	0	2	3	3
3-1-4-2	0	1	0	1	1
3-4-3	0	0	1	0	1
TOTAL	14	10	14	48	52

포지션별 득점
FW진 21골
MF진 15골
DF진 11골
* 상대 자책골 1골

상대 포지션별 실점
DF진 4골
MF진 16골
FW진 31골
* 자책골 실점 1골

공격 방향
왼쪽 38% / 중앙 27% / 오른쪽 35%

볼 점유 위치
상대 진영 25%
중간 지역 43%
우리 진영 32%

평균 패스 성공
하프라인 위쪽 189회
하프라인 아래 255회

패스 성공률
하프라인 위쪽 74%
하프라인 아래 90%

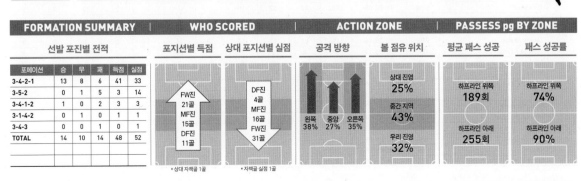

UDINESE CALCIO

Founded 구단 창립
1896년

Owner 잠파올로 포초
1941.05.25

CEO 프랑코 솔다티
1959.09.30

Manager 안드레아 소틸
1974.01.04

23-24 Odds 벳365 : 500배
스카이벳 : 200배

32명
Nationality
● 외국 선수 22명
● 이탈리아 10명

Age 32명 평균
24.6세

Height 32명 평균
185cm

Market Value 1군 27명 평균
530만 유로

Game Points 22-23 : 46점
통산 : 2201점

Win 22-23 : 11승
통산 : 565승

Draw 22-23 : 13무
통산 : 515무

Loss 22-23 : 14패
통산 : 676패

Goals For 22-23 : 47득점
통산 : 2213득점

Goals Against 22-23 : 48실점
통산 : 2475실점

More Minutes 마르코 실베스트리
3420분

Top Scorer 베투
10골

More Assists 로베르토 페레이라
7도움

More Subs 톨가이 아르슬란
24회 교체 IN

More Cards 호드리구 베캉
Y11+R1

ITALIAN SERIE-A	**COPPA ITALIA**	**UEFA CHAMPIONS LEAGUE**	**UEFA EUROPA LEAGUE**	**FIFA CLUB WORLD CUP**	**UEFA-CONMEBOL INTERCONTINENTAL**
0	0	0	0	0	0

TOTO GUIDE 지난 시즌 상대팀별 전적

상대팀	홈	원정
Napoli	1-1	2-3
Lazio	0-1	0-0
Inter Milan	3-1	1-3
AC Milan	3-1	2-4
Atalanta	2-2	0-0
AS Roma	4-0	0-3
Juventus	0-1	0-1
Fiorentina	1-0	0-2
Bologna	1-2	0-3
Torino	1-2	0-1
Monza	2-2	2-1
Sassuolo	2-2	3-1
Empoli	1-1	1-0
Salernitana	0-0	2-3
Lecce	1-1	0-1
Spezia	2-2	1-1
Hellas Verona	1-1	2-1
Cremonese	3-0	0-0
Sampdoria	2-0	1-0

STADIO FRIULI

구장 오픈 / 증개축
1971년, 2016년
구장 소유
우디네세 칼초
수용 인원
2만 5144명
피치 규모
105m X 68m
잔디 종류
하이브리드 잔디

STRENGTHS & WEAKNESSES

OFFENSE		DEFENSE	
직접 프리킥	C	세트피스 수비	D
문전 처리	C	상대 볼 뺏기	D
측면 돌파	C	공중전 능력	C
스루볼 침투	C	역습 방어	C
개인기 침투	C	지공 방어	C
카운터 어택	C	스루패스 방어	D
기회 만들기	C	리드 지키기	C
세트피스	C	실수 조심	D
OS 피하기	C	측면 방어력	D
중거리 슈팅	C	파울 주의	E
볼 점유율	D	중거리슈팅 수비	C

매우 강함 A 강한 편 B 보통 수준 C 약한 편 D 매우 약함 E

RANKING OF LAST 10 YEARS

13-14	14-15	15-16	16-17	17-18	18-19	19-20	20-21	21-22	22-23
13 / 44점	16 / 41점	17 / 39점	13 / 45점	14 / 40점	12 / 43점	13 / 45점	14 / 40점	12 / 47점	12 / 46점

위치	선수	국적	생년월일	출전(분)	출전경기	선발11	교체인	교체아웃	벤치출발	득점	도움	경고	경고누적	퇴장
GK	Marco Silvestri	ITA	91-03-02	3420	38	38	0	0	0	0	0	0	0	0
	Daniele Padelli	ITA	85-10-25	0	0	0	0	0	38	0	0	0	0	0
	Edoardo Piana	ITA	03-09-29	0	0	0	0	0	38	0	0	0	0	0
DF	Nehuén Pérez	ARG	00-06-24	2827	34	33	1	8	1	2	0	7	0	1
	Destiny Udogie	ITA	02-11-28	2714	33	31	2	11	2	3	4	5	0	0
	Rodrigo Becão	BRA	96-01-19	2487	28	28	0	2	0	2	1	11	0	1
	Kingsley Ehizibue	NED	95-05-25	1532	27	16	11	9	13	2	0	7	0	0
	Enzo Ebosse	CMR	99-03-11	919	20	9	11	2	15	0	0	3	0	0
	Adam Masina	MAR	94-01-02	785	14	8	6	3	12	2	0	2	0	0
	Festy Ebosele	IRL	02-08-02	400	17	4	13	4	31	0	1	4	0	0
	Marvin Zeegelaar	NED	90-08-12	354	7	4	3	2	8	1	0	2	1	0
	Axel Guessand	FRA	04-11-06	80	1	1	0	1	15	0	0	0	0	0
	James Abankwah	IRL	04-01-16	63	2	1	1	1	34	0	0	0	0	0
	Nicolò Cocetta	ITA	03-12-19	31	1	0	1	0	2	0	0	0	0	0
	Leonardo Buta	POR	02-06-05	15	2	0	2	0	19	0	0	0	0	0
MF	Walace	BRA	95-04-04	3200	37	37	0	9	0	0	1	6	0	0
	Roberto Pereyra	ARG	91-01-07	2837	34	33	1	13	3	5	7	7	0	0
	Jaka Bijol	SVN	99-02-05	2732	32	32	0	4	3	3	2	10	0	0
	Sandi Lovrič	AUT	98-03-28	2349	37	28	9	22	9	5	6	4	0	0
	Lazar Samardžić	GER	02-02-24	1847	37	19	18	16	19	5	4	1	0	0
	Tolgay Arslan	GER	90-08-16	1196	36	12	24	12	24	1	0	3	0	0
	Simone Pafundi	ITA	06-03-14	76	8	0	8	0	23	0	0	0	0	0
	Alberto Centis	ITA	04-02-13	0	0	0	0	0	2	0	0	0	0	0
	Matteo Bassi	ITA	04-01-08	0	0	0	0	0	3	0	0	0	0	0
	Riccardo Castagnaviz	ITA	03-01-29	0	0	0	0	0	1	0	0	0	0	0
FW	Beto	POR	98-01-31	2131	33	23	10	12	10	10	1	2	0	0
	Isaac Success	NGA	96-01-07	1821	30	21	9	17	9	1	6	4	0	0
	Gerard Deulofeu	ESP	94-03-13	1219	16	15	1	8	1	2	6	1	0	0
	Ilija Nestorovski	MKD	90-03-12	622	21	5	16	1	28	4	0	1	0	0
	Florian Thauvin	FRA	93-01-26	542	16	5	11	6	13	0	1	1	0	0
	Vivaldo	POR	05-01-28	29	5	0	5	0	13	0	0	0	0	0
	Diego Russo	ITA	05-04-20	0	0	0	0	0	3	0	0	0	0	0

UDINESE CALCIO vs. OPPONENTS PER GAME STATS

우디네세 칼초 vs 상대팀

득점	슈팅	유효슈팅	코너킥	오프사이드	패스시도	패스성공	패스성공률	태클	공중전승리	인터셉트	파울	경고	퇴장

	득점		슈팅		유효슈팅		코너킥		오프사이드		패스시도		패스성공
1.24		1.26	13.3		12.2	3.9		0.4	4.9		5.5	1.3		1.6	421		469	344		378

82%	81%	17.1	18.0	12.7	10.7	8.3	7.9	12.6	13.3	2.32	2.26	0.079	0.079

2022-23 SEASON SQUAD LIST & GAMES PLAYED

*괄호 안의 숫자는 선발 출전 횟수, 교체 출전은 포함시키지 않음

LW	CF	RW
N/A	베투(23), I.석세스(21) G.데울로페우(15) I.네스토로프스키(5), F.토뱅(3) R.페레이라(1)	N/A

LAM	CAM	RAM
N/A	R.페레이라(4), L.사마르지치(4) F.토뱅(2), S.로브리치(1)	N/A

LM	CM	RM
N/A	왈라스(37), S.로브리치(27) L.사마르지치(17), T.아들란(12) J.마켄고(11), R.페레이라(9)	N/A

LWB	DM	RWB
D.우도기(31), M.제헬라르(3) R.페레이라(2), A.마시나(1) E.에보스(1)	M.페시나(1)	R.페레이라(17), K.에히지부에(15) F.에보셀레(4), B.소피(1) N.페레스(1)

LB	CB	RB
N/A	N.페레스(32), J.비욜(32) R.베캉(28), E.에보스(8) A.마시나(7), B.나이팅크(3) M.제헬라르(1), K.에히지부에(1) A.게산(1), J.아반카와(1)	N/A

	GK	
	M.실베스트리(38)	

SHOTS & GOALS

38경기 총 506슈팅 – 47득점
38경기 상대 총 465슈팅 – 48실점

```
30-12
272-29
204-6
```

유효 슈팅 148		비유효 슈팅 358	
득점	47	블록 당함	154
GK 방어	101	골대 밖	198
유효슈팅률	29%	골대 맞음	6

유효 슈팅 137		비유효 슈팅 328	
실점	48	블록	131
GK 방어	89	골대 밖	185
유효슈팅률	29%	골대 맞음	12

```
159-4
262-36
44-8
```

GOAL TIME | POSSESSION

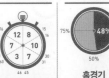

시간대별 득점

```
      15
  12  8
75        30
  3   10
      46  45
61          30
   7
```

득실차	
전반 골 득실차	+1
후반 골 득실차	-2
전체 골 득실차	-1

```
  6   12
7       2
  11  10
```

시간대별 실점

전체 평균
75% — 48% — 25%
50%

홈경기
75% — 46% — 25%
50%

원정경기
75% — 49% — 25%
50%

TACTICAL SHOT & GOAL TYPES | PASSES PER GAME | CORNER | DUELS pg

SERIE A

슈팅 패턴
38경기 **506**
- ● OPEN PLAY
- ● FASTBREAK
- ● CORNER KICK
- ● SET PIECE
- ● DIRECT FREE KICK
- ● PENALTY KICK

득점 패턴1
38경기 **47골**
- ● OPEN PLAY
- ● FASTBREAK
- ● CORNER KICK
- ● SET PIECE
- ● DIRECT FREE KICK
- ● PENALTY KICK
- ● OWN GOAL

득점 패턴2
38경기 **47골**
- ● COMBINATION PLAY
- ● SOLO PLAY
- ● DIRECT FREE KICK
- ● PENALTY KICK
- ● OWN GOAL

패스 시도
평균 **421**

패스 성공
평균 **344**

- ● SHORT PASSES
- ● LONG BALLS
- ● CROSSES

- ● SHORT PASSES
- ● LONG BALLS
- ● CROSSES

코너킥 형태
38경기 **186**
- ● INSWINGING CK
- ● OUTSWINGING CK
- ● STRAIGHT CK
- ● ET CETERA

땅볼 쟁탈전
38.2 평균 **76.2** 38.2
- ● 성공
- ● 실패

상대 슈팅 패턴
38경기 **465**

실점 패턴 1
38경기 **48골**

실점 패턴 2
38경기 **48골**

상대 패스 시도
평균 **469**

1896 UDINESE CALCIO

상대 코너킥 형태
38경기 **209**

공중전
10.7 평균 **23.4** 12.7

FORMATION SUMMARY | WHO SCORED | ACTION ZONE | PASSESS pg BY ZONE

선발 포지션별 전적

포메이션	승	무	패	득점	실점
3-5-2	10	11	9	39	37
3-5-1-1	1	2	4	8	10
3-4-2-1	0	0	1	0	1
TOTAL	11	13	14	47	48

포지션별 득점

FW진 15골
MF진 19골
DF진 12골

* 상대 자책골 1골

상대 포지션별 실점
DF진 8골
MF진 18골
FW진 20골

* 자책골 실점 2골

공격 방향
왼쪽 37% | 중앙 27% | 오른쪽 36%

볼 점유 위치
상대 진영 **27%**
중간 지역 **43%**
우리 진영 **30%**

평균 패스 성공
하프라인 위쪽 **161회**
하프라인 아래 **183회**

패스 성공률
하프라인 위쪽 **71%**
하프라인 아래 **89%**

Founded 구단 창립 1920년

 Owner 마페이 S.P.A.

 CEO 카를로 로시

 Manager 알레시오 디노이시 1980.04.01

 23-24 Odds 벳365 : 500배 스카이벳 : 500배

 Nationality ● 외국 선수 15명 ● 이탈리아 15명

 Age 30명 평균 25.5세

 Height 30명 평균 182cm

 Market Value 1군 26명 평균 659만 유로

 Game Points 22-23 : 45점 통산 : 484점

 Win 22-23 : 12승 통산 : 126승

 Draw 22-23 : 6무 통산 : 106무

 Loss 22-23 : 17패 통산 : 148패

 Goals For 22-23 : 47득점 통산 : 525득점

 Goals Against 22-23 : 61실점 통산 : 597실점

 More Minutes 안드레아 콘실리 3150분

 Top Scorer 도메니코 베라르디 12골

 More Assists 도메니코 베라르디 7도움

 More Subs 아구스틴 알바레스 21회 교체 IN

 More Cards 후안 트레솔디 Y9+R3

TITLES

🏆 0	🏆 0	🏆 0	🏆 0	🏆 0	🏆 0
ITALIAN SERIE-A	COPPA ITALIA	UEFA CHAMPIONS LEAGUE	UEFA EUROPA LEAGUE	FIFA CLUB WORLD CUP	UEFA-CONMEBOL INTERCONTINENTAL

RANKING OF LAST 10 YEARS

13-14	14-15	15-16	16-17	17-18	18-19	19-20	20-21	21-22	22-23
17	12	6	12	11	11	8	8	11	13
34점	49점	61점	46점	43점	43점	51점	62점	50점	45점

TOTO GUIDE 지난 시즌 상대팀별 전적

상대팀	홈	원정
Napoli	0-2	0-4
Lazio	0-2	0-2
Inter Milan	1-2	2-4
AC Milan	0-0	5-2
Atalanta	1-0	1-2
AS Roma	1-1	4-3
Juventus	1-0	0-3
Fiorentina	1-3	1-2
Bologna	1-1	0-3
Torino	1-1	1-0
Monza	1-2	1-1
Udinese	1-3	2-2
Empoli	2-1	0-1
Salernitana	5-0	0-3
Lecce	1-0	1-0
Spezia	1-0	2-2
Hellas Verona	2-1	1-2
Cremonese	3-2	0-0
Sampdoria	1-2	2-2

MAPEI STADIUM

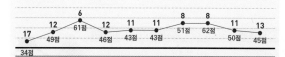

구장 오픈 / 증개축 1995년, 증개축 2회
구장 소유 마페이 주식회사
수용 인원 2만 1525명
피치 규모 105m X 68m
잔디 종류 천연 잔디

STRENGTHS & WEAKNESSES

OFFENSE		DEFENSE	
직접 프리킥	B	세트피스 수비	C
문전 처리	C	상대 볼 뺏기	C
측면 돌파	B	공중전 능력	E
스루볼 침투	C	역습 방어	C
개인기 침투	C	지공 방어	C
카운터 어택	C	스루패스 방어	C
기회 만들기	C	리드 지키기	D
세트피스	C	실수 조심	E
OS 피하기	C	측면 방어력	D
중거리 슈팅	C	파울 주의	D
볼 점유율	C	중거리슈팅 수비	C

매우 강함 A 강한 편 B 보통 수준 C 약한 편 D 매우 약함 E

위치	선수	국적	생년월일	출전(분)	출전경기	선발11	교체인	교체아웃	벤치출발	득점	도움	경고	경고누적	퇴장
GK	Andrea Consigli	ITA	87-01-27	3150	35	35	0	0	1	0	0	0	0	0
	Gianluca Pegolo	ITA	81-03-25	180	2	2	0	0	36	0	0	0	0	0
	Alessandro Russo	ITA	01-03-31	90	1	1	0	0	33	0	0	0	0	0
	Gioele Zacchi	ITA	03-07-10	0	0	0	0	0	6	0	0	0	0	0
DF	Rogério	BRA	98-01-13	2999	36	34	2	4	3	0	3	5	0	1
	Jeremy Toljan	GER	94-08-08	2672	31	29	2	2	4	0	1	3	0	0
	Martin Erlić	CRO	98-01-24	2332	28	26	2	4	10	0	0	2	0	0
	Gian Marco Ferrari	ITA	92-05-15	2218	33	24	9	3	13	1	0	5	0	0
	Ruan Tressoldi	BRA	99-06-07	1717	23	21	2	6	14	0	0	11	2	1
	Nadir Zortea	ITA	99-06-19	655	10	7	3	1	9	0	1	4	0	0
	Riccardo Marchizza	ITA	98-03-26	279	10	3	7	3	35	0	1	1	0	0
	Filippo Romagna	ITA	97-05-26	44	2	0	2	0	19	0	0	0	0	0
	Mert Müldür	TUR	99-04-03	13	2	1	1	1	7	0	0	0	0	0
	Adrian Cannavaro	ITA	04-05-10	0	0	0	0	0	1	0	0	0	0	0
	Edoardo Pieragnolo	ITA	03-01-03	0	0	0	0	0	1	0	0	0	0	0
MF	Davide Frattesi	ITA	99-09-22	2891	36	35	1	20	2	7	0	4	0	0
	Maxime López	FRA	97-12-04	2295	30	25	5	7	7	0	0	11	0	0
	Matheus Henrique	BRA	97-12-19	1949	30	21	9	12	17	4	1	4	0	0
	Kristian Thorstvedt	NOR	99-03-13	1133	31	13	18	12	24	2	1	5	0	0
	Pedro Obiang	EQG	92-03-27	880	17	11	6	7	27	0	1	2	0	0
	Nedim Bajrami	SUI	99-02-28	814	18	7	11	6	11	1	0	0	0	0
	Abdou Harroui	NED	98-01-13	634	23	5	18	4	32	2	0	2	0	0
	Luca D'Andrea	ITA	04-09-06	321	5	5	0	5	16	0	1	0	0	0
	Kevin Bruno	ITA	05-04-26	0	0	0	0	0	1	0	0	0	0	0
FW	Armand Laurienté	FRA	98-12-04	2191	28	27	1	17	1	7	6	9	1	0
	Andrea Pinamonti	ITA	99-05-19	2172	32	25	7	17	7	5	0	3	0	0
	Domenico Berardi	ITA	94-08-01	1872	26	22	4	12	5	12	7	7	0	0
	Grégoire Defrel	FRA	91-06-17	1165	27	13	14	13	14	2	1	3	0	0
	Emil Konradsen Ceide	NOR	01-09-03	505	19	5	14	5	31	0	0	0	0	0
	Agustín Álvarez	URU	01-05-19	349	22	1	21	1	34	1	1	0	0	0

US SASSUOLO CALCIO vs. OPPONENTS PER GAME STATS

US 사수올로 vs 상대팀

득점 | 슈팅 | 유효슈팅 | 코너킥 | 오프사이드 | PA 패스시도 | PC 패스성공 | P% 패스성공률 | TK 태클 | AD 공중전승리 | IT 인터셉트 | 파울 | 경고 | 퇴장

| 1.24 | 득점 | 1.61 | 12.8 | 슈팅 | 12.8 | 4.5 | 유효슈팅 | 3.5 | 4.7 | 코너킥 | 4.7 | 1.1 | 오프사이드 | 3.1 | 461 | PA | 477 | 380 | PC | 386 |
| 83% | P% | 81% | 13.2 | TK | 16.7 | 9.9 | AD | 11.6 | 7.3 | IT | 8.1 | 10.7 | 파울 | 12.6 | 2.37 | 경고 | 2.26 | 0.158 | 퇴장 | 0.105 |

2022-23 SEASON SQUAD LIST & GAMES PLAYED

* 괄호 안의 숫자는 선발 출전 횟수, 교체 출전은 포함시키지 않음

LW	CF	RW
A.로리앙테(22), G.키리아코풀로스(7)	A.피나몬티(25), G.데프렐(12)	D.베라르디(19), L.단프레아(5)
N.바이라미(3), E.세이데(2)	A.A.마르티네스(1)	N.바이라미(4), E.세이데(3)
H.트라오레(1)		A.로리앙테(2), G.데프렐(1)
		H.트라오레(1)

LAM	CAM	RAM
A.로리앙테(3)	H.트라오레(3)	D.베라르디(3)

LM	CM	RM
N/A	D.프라테시(32), M.로페즈(25)	N/A
	M.엔리케(21), K.토시트베트(13)	
	O.오비앙(8), A.하루이(5)	
	H.트라오레(1)	

LWB	DM	RWB
N/A	P.오비앙(3), D.프라테시(3)	N/A

LB	CB	RB
호제리우(33), R.마르카치(3)	M.에를리치(26), G.M.페라리(24)	J.톨리안(29), N.초르테아(7)
G.키리아코풀로스(2)	루안(21), K.아이한(5)	M.뮐뒤르(1), 호제리우(1)

GK
A.콘실리(35), G.페골로(2)
A.루소(1)

SHOTS & GOALS

38경기 총 488슈팅 - 47득점
38경기 상대 총 486슈팅 - 61실점

```
        29-9
       286-36
       173-2
```

유효 슈팅 172		비유효 슈팅 316	
득점	47	블록 담함	128
GK 방어	125	골대 밖	178
유효슈팅률	35%	골대 맞음	10

유효 슈팅 132		비유효 슈팅 354	
실점	61	블록	128
GK 방어	71	골대 밖	219
유효슈팅률	27%	골대 맞음	7

```
       165-12
       278-38
        43-11
```

GOAL TIME | POSSESSION

시간대별 득점

전체 평균
75% — 49% — 25%
50%

득실차
전반 골 득실차 -3
후반 골 득실차 -11
전체 골 득실차 -14

홈경기
75% — 48% — 25%
50%

시간대별 실점

원정경기
75% — 50% — 25%
50%

TACTICAL SHOT & GOAL TYPES | PASSES PER GAME | CORNER | DUELS pg

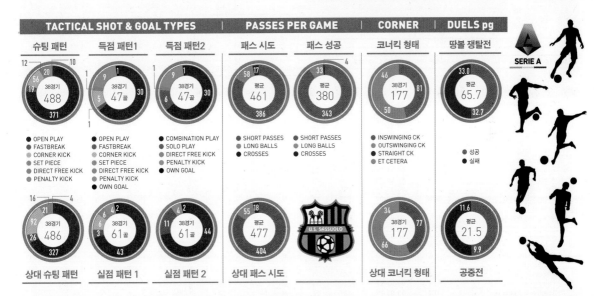

슈팅 패턴
38경기 488
12, 10, 20, 56, 19, 371

● OPEN PLAY
● FASTBREAK
● CORNER KICK
● SET PIECE
● DIRECT FREE KICK
● PENALTY KICK

득점 패턴1
38경기 47골
1, 9, 30, 1, 5

● OPEN PLAY
● FASTBREAK
● CORNER KICK
● SET PIECE
● DIRECT FREE KICK
● PENALTY KICK
● OWN GOAL

득점 패턴2
38경기 47골
1, 9, 1, 30, 1

● COMBINATION PLAY
● SOLO PLAY
● DIRECT FREE KICK
● PENALTY KICK
● OWN GOAL

패스 시도
38경기 평균 461
17, 58, 386

● SHORT PASSES
● LONG BALLS
● CROSSES

패스 성공
38경기 평균 380
33, 4, 343

● SHORT PASSES
● LONG BALLS
● CROSSES

코너킥 형태
38경기 평균 177
46, 81, 50

● INSWINGING CK
● OUTSWINGING CK
● STRAIGHT CK
● ET CETERA

땅볼 쟁탈전
38경기 평균 65.7
33.0, 32.7

● 성공
● 실패

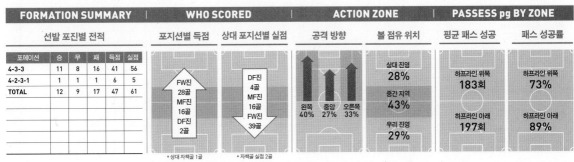

SERIE A

상대 슈팅 패턴
38경기 486
16, 4, 21, 92, 26, 327

실점 패턴 1
38경기 61골
4, 2, 6, 3, 43

실점 패턴 2
38경기 61골
4, 2, 11, 44

상대 패스 시도
38경기 평균 477
18, 55, 404

상대 코너킥 형태
38경기 평균 177
34, 77, 66

공중전
38경기 평균 21.5
11.6, 9.9

US SASSUOLO

FORMATION SUMMARY | WHO SCORED | ACTION ZONE | PASSESS pg BY ZONE

선발 포지션별 전적

포메이션	승	무	패	득점	실점
4-3-3	11	8	16	41	56
4-2-3-1	1	1	1	6	5
TOTAL	12	9	17	47	61

포지션별 득점
FW진 28골
MF진 16골
DF진 2골

* 상대 자책골 1골

상대 포지션별 실점
DF진 4골
MF진 16골
FW진 39골

* 자책골 실점 2골

공격 방향
왼쪽 40% | 중앙 27% | 오른쪽 33%

볼 점유 위치
상대 진영 28%
중간 지역 43%
우리 진영 29%

평균 패스 성공
하프라인 위쪽 183회
하프라인 아래 197회

패스 성공률
하프라인 위쪽 73%
하프라인 아래 89%

Founded 구단 창립 1920년	**Owner** 엠폴리 시민구단	**CEO** 파브리치오 코르시	**Manager** 파올로 차네티 1982.12.16		**23-24 Odds** 벳365 : 1000배 스카이벳 : 1500배

37명 **Nationality** ●외국 선수 16명 ●이탈리아 21명	**Age** 37명 평균 24.4세	**Height** 37명 평균 183cm	**Market Value** 1군 30명 평균 344만 유로	**Game Points** 22-23 : 43점 통산 : 561점
Win 22-23 : 10승 통산 : 138승	**Draw** 22-23 : 13무 통산 : 152무	**Loss** 22-23 : 15패 통산 : 248패	**Goals For** 22-23 : 37득점 통산 : 542득점	**Goals Against** 22-23 : 49실점 통산 : 791실점
More Minutes 세바스티아노 루페르토 3137분	**Top Scorer** 니콜로 캄비아기 6골	**More Assists** 러즈반 마린 +2명 4도움	**More Subs** 니콜로 캄비아기 16회 교체 IN	**More Cards** 파비아노 파리시 Y10+R1

트로피

ITALIAN SERIE-A	COPPA ITALIA	UEFA CHAMPIONS LEAGUE	UEFA EUROPA LEAGUE	FIFA CLUB WORLD CUP	UEFA-CONMEBOL INTERCONTINENTAL
0	0	0	0	0	0

TOTO GUIDE 지난 시즌 상대팀별 전적

상대팀	홈	원정
Napoli	0-2	0-2
Lazio	0-2	2-2
Inter Milan	0-3	1-0
AC Milan	1-3	0-0
Atalanta	0-2	1-2
AS Roma	1-2	0-2
Juventus	4-1	0-4
Fiorentina	0-0	1-1
Bologna	3-1	1-0
Torino	2-2	1-1
Monza	1-0	1-1
Udinese	0-1	1-1
Sassuolo	1-0	1-2
Salernitana	2-1	2-2
Lecce	1-0	1-1
Spezia	2-2	0-1
Hellas Verona	1-1	1-1
Cremonese	2-0	0-1
Sampdoria	1-0	1-1

STADIO CARLO CASTELLANI

구장 오픈
1965년
구장 소유
엠폴리 시
수용 인원
1만 6824명
피치 규모
105m X 68m
잔디 종류
천연 잔디

STRENGTHS & WEAKNESSES

OFFENSE		DEFENSE	
직접 프리킥	C	세트피스 수비	D
문전 처리	D	상대 볼 뺏기	C
측면 돌파	B	공중전 능력	D
스루볼 침투	C	역습 방어	C
개인기 침투	C	지공 방어	D
카운터 어택	C	스루패스 방어	C
기회 만들기	C	리드 지키기	C
세트피스	C	실수 조심	C
OS 피하기	C	측면 방어력	C
중거리 슈팅	B	파울 주의	D
볼 점유율	D	중거리슈팅 수비	C

매우 강함 A · 강한 편 B · 보통 수준 C · 약한 편 D · 매우 약함 E

RANKING OF LAST 10 YEARS

● 2부 리그

	13-14	14-15	15-16	16-17	17-18	18-19	19-20	20-21	21-22	22-23
순위	2	15	10	18	1	18	7	1	14	14
승점	72점	42점	46점	32점	85점	38점	54점	73점	41점	43점

위치	선수	국적	생년월일	출전(분)	출전경기	선발11	교체인	교체아웃	벤치출발	득점	도움	경고	경고누적	퇴장
GK	Guglielmo Vicario	ITA	96-10-07	2784	31	31	0	1	0	0	0	3	0	0
	Samuele Perisan	ITA	97-08-21	630	7	7	0	0	29	0	0	0	0	0
	Samir Ujkani	KVX	88-07-05	6	1	0	1	0	35	0	0	0	0	0
	Gian Marco Fantoni	ITA	04-01-24	0	0	0	0	0	3	0	0	0	0	0
	Jacopo Seghetti	ITA	05-02-17	0	0	0	0	0	2	0	0	0	0	0
	Lovro Štubljar	SVN	04-08-09	0	0	0	0	0	6	0	0	0	0	0
DF	Sebastiano Luperto	ITA	96-09-06	3137	36	36	0	2	0	2	0	3	1	1
	Fabiano Parisi	ITA	00-11-09	2835	33	33	0	4	2	2	0	10	0	1
	Ardian Ismajli	ALB	96-09-30	2093	25	22	3	1	6	0	0	3	0	0
	Tyronne Ebuehi	NGA	95-12-16	1925	26	22	4	8	10	2	4	0	0	0
	Petar Stojanović	SVN	95-10-07	1527	27	16	11	5	21	0	1	3	0	0
	Koni De Winter	BEL	02-06-12	1022	14	12	2	2	15	0	0	3	0	0
	Sebastian Walukiewicz	POL	00-04-05	599	11	6	5	1	26	0	0	0	0	0
	Liberato Cacace	NZL	00-09-27	581	12	5	7	1	33	0	0	1	0	0
	Lorenzo Tonelli	ITA	90-01-17	19	1	0	1	0	13	0	0	0	0	1
	Gabriele Guarino	ITA	04-04-14	0	0	0	0	0	15	0	0	0	0	0
	Gabriele Indragoli	ITA	04-02-20	0	0	0	0	0	1	0	0	0	0	0
	Samuele Angori	ITA	03-10-07	0	0	0	0	0	2	0	0	0	0	0
MF	Răzvan Marin	ROU	96-05-23	2540	33	28	5	7	6	2	4	7	0	0
	Filippo Bandinelli	ITA	95-03-29	2284	35	28	7	25	8	2	0	10	0	0
	Tommaso Baldanzi	ITA	03-03-23	1789	26	24	2	18	7	4	0	2	0	0
	Jean-Daniel Akpa Akpro	CIV	92-10-11	1363	24	16	8	13	8	1	1	8	1	1
	Alberto Grassi	ITA	95-03-07	1190	25	14	11	9	13	0	1	3	0	0
	Nicolas Haas	SUI	96-01-23	1158	24	12	12	10	23	1	1	2	0	0
	Liam Henderson	SCO	96-04-25	1003	25	11	14	11	26	0	1	9	0	0
	Jacopo Fazzini	ITA	03-03-16	818	21	8	13	7	29	0	4	0	0	0
	Duccio Degli Innocenti	ITA	03-04-28	1	1	0	1	0	26	0	0	0	0	0
	Lorenzo Ignacchiti	ITA	04-04-25	0	0	0	0	0	1	0	0	0	0	0
	Alessandro Renzi	ITA	04-03-27	0	0	0	0	0	2	0	0	0	0	0
FW	Francesco Caputo	ITA	87-08-06	1719	21	20	1	13	1	5	4	1	0	0
	Martín Satriano	URU	01-02-20	1709	31	20	11	15	17	2	1	4	0	0
	Nicolò Cambiaghi	ITA	00-12-28	1281	28	12	16	9	19	6	1	4	1	0
	Mattia Destro	ITA	91-03-20	565	17	6	11	5	16	1	0	3	0	0
	Marko Pjaca	CRO	95-05-06	517	17	5	12	5	27	0	1	0	0	0
	Roberto Piccoli	ITA	01-01-27	515	13	6	7	6	11	2	0	0	0	0
	Emanuel Vignato	BRA	00-08-24	52	5	0	5	0	18	1	0	0	0	0
	Herculano Nabian	POR	04-01-25	0	1	0	1	0	0	0	0	0	0	0

SERIE A 2022-23 SEASON

EMPOLI FC vs. OPPONENTS PER GAME STATS

엠폴리 FC vs 상대팀

득점	슈팅	유효슈팅	코너킥	오프사이드	패스도	패스성공	패스성공률	태클	공중전승리	인터셉트	파울	경고	퇴장
0.97 ⚽ 1.29	11.8 👟 16.1	3.5 ▣ 4.2	4.3 🚩 6.2	1.4 🚩 2.0	421 PA 473	338 PC 378							
80% P% 80%	16.0 TK 18.0	11.4 AD 13.7	7.4 IT 8.7	11.6 ✂ 12.9	2.32 ▨ 2.21	0.184 ■ 0.132							

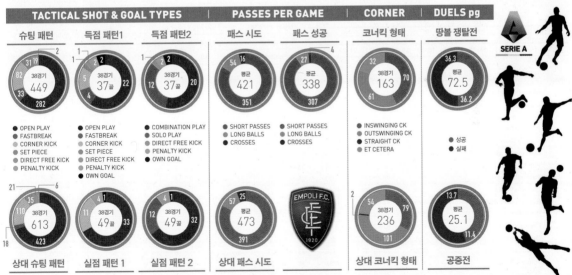

2022-23 SEASON SQUAD LIST & GAMES PLAYED

* 괄호 안의 숫자는 선발 출전 횟수, 교체 출전은 포함시키지 않음

LW	CF	RW
M.피아차(1)	M.사트리아노(20), F.카푸토(19) S.라메르스(10), N.캄비아기(7) M.데스트로(6), R.피콜리(6) N.바이라미(1)	N.바이라미(1)

LAM	CAM	RAM
N/A	T.발단치(22), N.바이라미(6) M.피아차(4), J.파치니(3) L.헨더슨(2), F.카푸토(1)	N/A

LM	CM	RM
N/A	F.반디넬리(26), R.마린(26) J.A.아크프로(13), N.하스(11) L.헨더슨(9), A.그라시(8) J.파치니(5)	N/A

LWB	DM	RWB
N/A	A.그라시(6), R.마린(2) F.반디넬리(2), N.하스(2)	N/A

LB	CB	RB
F.파리시(33), L.카카체(5)	S.루페르토(36), A.이스마일리(22) K.더빈테르(12), S.발루키에비츠(6)	T.에부에이(22) P.스토야노비치(16)

GK		
G.비카리오(31), S.페리산(7)		

SHOTS & GOALS

38경기 총 449슈팅 - 37득점
38경기 상대 총 613슈팅 - 49실점

```
34-11
235-20
173-2
```

유효 슈팅 133		비유효 슈팅 316	
득점	37	블록 당함	134
GK 방어	96	골대 밖	175
유효슈팅률	30%	골대 맞음	7

유효 슈팅 160		비유효 슈팅 453	
실점	49	블록	187
GK 방어	111	골대 밖	252
유효슈팅률		골대 맞음	14

```
211-5
354-33
48-11
```

GOAL TIME | POSSESSION

시간대별 득점

9 4 / 8 5 / 7 6

득실차
전반 골 득실차 -1
후반 골 득실차 -11
전체 골 득실차 -12

시간대별 실점

19 5 / 7 6

전체 평균
47% / 25% / 50% / 75%

홈경기
47% / 25% / 50% / 75%

원정경기
47% / 25% / 50% / 75%

TACTICAL SHOT & GOAL TYPES | PASSES PER GAME | CORNER | DUELS pg

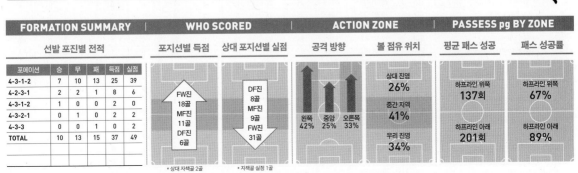

슈팅 패턴
38경기 449

득점 패턴1
38경기 37골

득점 패턴2
38경기 37골

패스 시도
평균 421

패스 성공
평균 338

코너킥 형태
38경기 163

땅볼 쟁탈전
평균 72.5

- ● OPEN PLAY
- ● FASTBREAK
- ● CORNER KICK
- ● SET PIECE
- ● DIRECT FREE KICK
- ● PENALTY KICK

- ● OPEN PLAY
- ● FASTBREAK
- ● CORNER KICK
- ● SET PIECE
- ● DIRECT FREE KICK
- ● PENALTY KICK
- ● OWN GOAL

- ● COMBINATION PLAY
- ● SOLO PLAY
- ● DIRECT FREE KICK
- ● PENALTY KICK
- ● OWN GOAL

- ● SHORT PASSES
- ● LONG BALLS
- ● CROSSES

- ● SHORT PASSES
- ● LONG BALLS
- ● CROSSES

- ● INSWINGING CK
- ● OUTSWINGING CK
- ● STRAIGHT CK
- ● ET CETERA

- ● 성공
- ● 실패

상대 슈팅 패턴
38경기 613

실점 패턴 1
38경기 49골

실점 패턴 2
38경기 49골

상대 패스 시도
평균 473

상대 코너킥 형태
38경기 236

공중전
평균 25.1

EMPOLI F.C. 1920

FORMATION SUMMARY

선발 포진별 전적

포메이션	승	무	패	득점	실점
4-3-1-2	7	10	13	25	39
4-2-3-1	2	2	1	8	6
4-3-1-2	1	0	0	2	0
4-3-2-1	0	1	0	2	2
4-3-3	0	0	1	0	2
TOTAL	10	13	15	37	49

WHO SCORED

포지션별 득점
FW진 18골
MF진 11골
DF진 6골

* 상대 자책골 2골

상대 포지션별 실점
DF진 8골
MF진 9골
FW진 31골

* 자책골 실점 1골

ACTION ZONE

공격 방향
왼쪽 42% / 중앙 25% / 오른쪽 33%

볼 점유 위치
상대 진영 26%
중간 지역 41%
우리 진영 34%

PASSES pg BY ZONE

평균 패스 성공
하프라인 위쪽 137회
하프라인 아래 201회

패스 성공률
하프라인 위쪽 67%
하프라인 아래 89%

ITALIAN SERIE-A	COPPA ITALIA	UEFA CHAMPIONS LEAGUE	UEFA EUROPA LEAGUE	FIFA CLUB WORLD CUP	UEFA-CONMEBOL INTERCONTINENTAL
0	0	0	0	0	0

 Founded 구단 창립 1919년

 Owner 살레르니타나 시민구단

CEO 다닐로 레르볼리노 1978.04.02

 Manager 파울로 소우자 1970.08.30

 23~24 Odds 벳365 : 1000배 스카이벳 : 1500배

 Nationality ● 외국 선수 18명 ● 이탈리아 12명

 Age 30명 평균 26.7세

 Height 30명 평균 184cm

 Market Value 1군 27명 평균 369만 유로

 Game Points 22-23 : 42점 통산 : 177점

 Win 22-23 : 9승 통산 : 44승

 Draw 22-23 : 15무 통산 : 45무

 Loss 22-23 : 14패 통산 : 81패

 Goals For 22-23 : 48득점 통산 : 184득점

 Goals Against 22-23 : 62실점 통산 : 286실점

 More Minutes 라사나 쿨리발리 2901분

 Top Scorer 불라이 디아 16골

 More Assists 불라이 디아 6도움

 More Subs 에릭 보테임 19회 교체 IN

 More Cards 라사나 쿨리발리 Y12+R0

RANKING OF LAST 10 YEARS

● 2부 리그
● 3부 리그

13-14	14-15	15-16	16-17	17-18	18-19	19-20	20-21	21-22	22-23
9 / 46점	1 / 80점	18 / 45점	10 / 54점	12 / 51점	16 / 38점	10 / 52점	2 / 69점	17 / 31점	15 / 42점

TOTO GUIDE 지난 시즌 상대팀별 전적

상대팀	홈	원정
Napoli	0-2	1-1
Lazio	0-2	3-1
Inter Milan	1-1	0-2
AC Milan	1-2	1-1
Atalanta	1-0	2-8
AS Roma	0-1	2-2
Juventus	0-3	2-2
Fiorentina	3-3	1-2
Bologna	2-2	1-1
Torino	1-1	1-1
Monza	3-0	0-3
Udinese	3-2	0-0
Sassuolo	3-0	0-5
Empoli	2-2	1-2
Lecce	1-2	2-1
Spezia	1-0	1-1
Hellas Verona	2-1	0-1
Cremonese	2-2	0-2
Sampdoria	4-0	0-0

STADIO ARECHI

구장 오픈 / 증개축 1990년 , 1998년
구장 소유 살레르노 시
수용 인원 3만 7800명
피치 규모 105m X 68m
잔디 종류 천연 잔디

STRENGTHS & WEAKNESSES

OFFENSE		DEFENSE	
직접 프리킥	B	세트피스 수비	C
문전 처리	B	상대 볼 뺏기	B
측면 돌파	C	공중전 능력	C
스루볼 침투	C	역습 방어	C
개인기 침투	C	지공 방어	D
카운터 어택	C	스루패스 방어	C
기회 만들기	C	리드 지키기	D
세트피스	C	실수 조심	C
OS 피하기	D	측면 방어력	C
중거리 슈팅	B	파울 주의	D
볼 점유율	D	중거리슈팅 수비	D

매우 강함 A 강한 편 B 보통 수준 C 약한 편 D 매우 약함 E

위치	선수	국적	생년월일	출전(분)	출전경기	선발11	교체인	교체아웃	벤치출발	득점	도움	경고	경고누적	퇴장
GK	Guillermo Ochoa	ITA	85-07-13	2784	31	31	0	0	0	0	0	3	0	0
	Luigi Sepe	KVX	91-05-08	6	1	0	1	0	35	0	0	0	0	0
	Vincenzo Fiorillo	ITA	90-01-13	0	0	0	0	0	3	0	0	0	0	0
	Pasquale Allocca	ITA	05-05-09	0	0	0	0	0	3	0	0	0	0	0
	Andrea Sorrentino	SVN	04-10-21	0	0	0	0	0	6	0	0	0	0	0
DF	Domagoj Bradarić	ITA	99-12-10	3137	36	36	0	2	0	2	0	3	1	1
	Flavius Daniliuc	ITA	01-04-27	2835	33	33	0	4	2	2	0	10	0	1
	Pasquale Mazzocchi	ALB	95-07-27	2093	25	22	3	1	6	0	0	3	0	0
	Lorenzo Pirola	NGA	02-02-20	1925	26	22	4	8	10	2	4	0	0	0
	Norbert Gyömbér	SVN	92-07-03	1527	27	16	11	5	21	0	1	3	0	0
	Dylan Bronn	BEL	95-06-19	1022	14	12	2	2	15	0	0	3	0	0
	Federico Fazio	POL	87-03-17	599	11	6	5	1	26	0	0	0	0	0
	Matteo Lovato	ITA	00-02-14	0	0	0	0	0	2	0	0	0	0	0
MF	Lassana Coulibaly	ROU	93-09-01	2540	33	28	5	7	6	2	4	7	0	0
	Tonny Vilhena	ITA	96-04-10	2284	35	28	7	25	8	2	0	10	0	0
	Grigoris Kastanos	ITA	95-01-03	1789	26	24	2	18	7	4	0	2	0	0
	Giulio Maggiore	CIV	98-01-30	1363	24	16	8	13	8	1	1	8	1	1
	Emil Bohinen	ITA	98-03-12	1190	25	14	11	9	13	0	0	3	0	0
	Junior Sambia	SUI	99-03-12	1158	24	12	12	10	23	1	1	2	0	0
	Hans Nicolussi Caviglia	SCO	96-09-07	1003	25	11	14	11	26	0	1	9	0	0
	Domen Črnigoj	ITA	00-06-18	818	21	8	13	7	29	0	0	4	0	0
	Antonio Pio Iervolino	ITA	95-11-18	0	0	0	0	0	1	0	0	0	0	0
	Andres Sfait	ITA	03-05-23	0	0	0	0	0	1	0	0	0	0	0
FW	Antonio Candreva	ITA	04-12-09	1719	21	20	1	13	1	5	4	1	0	0
	Boulaye Dia	URU	87-02-28	1709	31	20	11	15	17	2	1	4	0	0
	Krzysztof Piątek	ITA	96-11-16	1281	28	12	16	9	19	6	1	4	1	0
	Federico Bonazzoli	ITA	95-07-01	565	17	6	11	5	16	1	0	3	0	0
	Erik Botheim	BRA	97-05-21	52	5	0	5	0	18	0	0	0	0	0
	Diego Valencia	POR	00-01-10	0	1	0	1	0	2	0	0	0	0	0
			00-01-14											

SERIE A 2022-23 SEASON

US SALERNITANA 1919 vs. OPPONENTS PER GAME STATS

US 살레르니타나 vs 상대팀

	득점	슈팅	유효슈팅	코너킥	오프사이드	패스시도	패스성공	패스성공률		
	1.26 / 1.63	10.2 / 15.5	3.1 / 5.1	3.8 / 4.9	1.8 / 1.9	417 / 513	328 / 417			
	태클	공중전승리	인터셉트	파울	경고	퇴장				
	79% / 81%	15.4 / 15.4	14.0 / 15.5	8.6 / 8.9	12.4 / 13.0	2.26 / 1.97	0.105 / 0.158			

2022-23 SEASON SQUAD LIST & GAMES PLAYED

* 괄호 안의 숫자는 선발 출전 횟수, 교체 출전은 포함시키지 않음

LW	CF	RW
B.디아(2)	K.피아텍(23), B.디아(20) F.보나출리(11), E.보테임(3)	A.칸드레바(2)

LAM	CAM	RAM
N/A	A.칸드레바(12), E.보테임(6) G.카스타노스(6), B.디아(4) T.빌헤나(3), G.마조레(2) F.보나출리(1)	N/A

LM	CM	RM
D.브라다리치(3), B.디아(1)	L.쿨리발리(34), T.빌헤나(23) G.마조레(9), E.보히넨(8) I.라도바노비치(6), H.N.카빌리아(6) D.치르니고이(4), A.칸드레바(3) G.카스타노스(2)	A.칸드레바(4)

LWB	DM	RWB
D.브라다리치(18), P.마초키(12) T.빌헤나(1)	E.보히넨(1)	A.칸드레바(10), P.마초키(10) J.삼비아(5), G.카스타노스(5) D.브론(1)

LB	CB	RB
D.브라다리치(3), P.마초키(1)	D.브론(18), N.지움베르(23) F.다닐리우츠(23), F.파치오(12) L.피롤라(23), M.로바토(8) W.트루스트-에공(4) I.라도바노비치(1)	J.삼비아(2), F.다닐리우츠(1) A.칸드레바(1)

GK
G.오초아(20), L.세페(17) V.피오릴로(1)

SHOTS & GOALS

38경기 총 386슈팅 – 48득점
38경기 상대 총 590슈팅 – 62실점

28-11
190-27
168-10

유효 슈팅 119	비유효 슈팅 267
득점 48	블록 당함 102
GK 방어 71	골대 밖 163
유효슈팅률 30%	골대 맞음 2

유효 슈팅 194	비유효 슈팅 396
실점 62	블록 165
GK 방어 132	골대 밖 216
유효슈팅률 33%	골대 맞음 15

189-10
351-41
50-11

GOAL TIME | POSSESSION

시간대별 득점

11 9 / 7 7 / 11 5

득실차
전반 골 득실차 -13
후반 골 득실차 -1
전체 골 득실차 -14

시간대별 실점
11 9 / 8 8 / 11 15

전체 평균

75% 45% 25%
50%

홈경기

75% 45% 25%
50%

원정경기

75% 45% 25%
50%

TACTICAL SHOT & GOAL TYPES

슈팅 패턴

38경기 386

- OPEN PLAY
- FASTBREAK
- CORNER KICK
- SET PIECE
- DIRECT FREE KICK
- PENALTY KICK

득점 패턴1
38경기 48골

- OPEN PLAY
- FASTBREAK
- CORNER KICK
- SET PIECE
- DIRECT FREE KICK
- PENALTY KICK
- OWN GOAL

득점 패턴2
38경기 48골

- COMBINATION PLAY
- SOLO PLAY
- DIRECT FREE KICK
- PENALTY KICK
- OWN GOAL

상대 슈팅 패턴

38경기 590

실점 패턴 1
38경기 62골

실점 패턴 2
38경기 62골

PASSES PER GAME

패스 시도

평균 417

- SHORT PASSES
- LONG BALLS
- CROSSES

패스 성공
평균 328

- SHORT PASSES
- LONG BALLS
- CROSSES

상대 패스 시도
평균 513

CORNER

코너킥 형태

38경기 143

- INSWINGING CK
- OUTSWINGING CK
- STRAIGHT CK
- ET CETERA

상대 코너킥 형태
38경기 186

DUELS pg

땅볼 쟁탈전
35.5 / 33.8
평균 69.3

- 성공
- 실패

공중전
평균 29.5

FORMATION SUMMARY

선발 포지션별 전적

포메이션	승	무	패	득점	실점
3-4-2-1	4	9	3	23	20
3-5-2	4	5	6	20	24
4-3-3	1	0	1	2	4
3-4-1-2	0	0	2	2	9
3-1-4-2	0	1	0	1	1
4-5-1	0	0	1	0	2
5-3-2	0	0	1	0	2
TOTAL	9	15	14	48	62

WHO SCORED

포지션별 득점

FW진 30골
MF진 10골
DF진 6골

상대 포지션별 실점

DF진 11골
MF진 13골
FW진 38골

* 상대 자책골 2골

ACTION ZONE

공격 방향
왼쪽 34% / 중앙 24% / 오른쪽 42%

볼 점유 위치
상대 진영 24%
중간 지역 45%
우리 진영 31%

PASSESS pg BY ZONE

평균 패스 성공
하프라인 위쪽 144회
하프라인 아래 184회

패스 성공률
하프라인 위쪽 66%
하프라인 아래 88%

US LECCE

U.S. LECCE 1908

ITALIAN SERIE-A	COPPA ITALIA	UEFA CHAMPIONS LEAGUE	UEFA EUROPA LEAGUE	FIFA CLUB WORLD CUP	UEFA-CONMEBOL INTERCONTINENTAL
0	0	0	0	0	0

Founded 구단 창립 1908년

Owner 레체 시민구단

CEO S.스티키 다미아니 1975.05.11

Manager 로베르토 다베르사 1975.08.12

23-24 Odds 벳365 : 1000배 스카이벳 : 1000배

Nationality
- 외국 선수 19명
- 이탈리아 14명

Age 33명 평균 24.6세

Height 33명 평균 186cm

Market Value 1군 31명 평균 307만 유로

Game Points 22-23 : 36점 통산 : 566점

Win 22-23 : 8승 통산 : 131승

Draw 22-23 : 12무 통산 : 173무

Loss 22-23 : 18패 통산 : 298패

Goals For 22-23 : 33득점 통산 : 613득점

Goals Against 22-23 : 46실점 통산 : 992실점

More Minutes 왈디미로 팔코네 3420분

Top Scorer 가브리엘 스트레페차 8골

More Assists 모르텐 올맨+1명 4도움

More Subs 레미 우댕 19회 교체 IN

More Cards 모르텐 올맨 Y9+R1

TOTO GUIDE 지난 시즌 상대팀별 전적

상대팀	홈	원정
Napoli	1-2	1-1
Lazio	2-1	2-2
Inter Milan	1-2	0-2
AC Milan	2-2	0-2
Atalanta	2-1	2-1
AS Roma	1-1	1-2
Juventus	0-1	1-2
Fiorentina	1-1	0-1
Bologna	2-3	0-2
Torino	0-2	0-1
Monza	1-1	1-0
Udinese	1-0	1-1
Sassuolo	0-1	0-1
Empoli	1-1	0-1
Salernitana	1-2	2-1
Spezia	0-0	0-0
Hellas Verona	0-1	0-2
Cremonese	1-1	2-0
Sampdoria	1-1	2-0

STADIO VIA DEL MARE

구장 오픈 1966년
구장 소유 레체 시
수용 인원 4만 670명
피치 규모 105m X 68m
잔디 종류 천연 잔디

STRENGTHS & WEAKNESSES

OFFENSE		DEFENSE	
직접 프리킥	C	세트피스 수비	C
문전 처리	D	상대 볼 뺏기	A
측면 돌파	C	공중전 능력	D
스루볼 침투	C	역습 방어	C
개인기 침투	C	지공 방어	C
카운터 어택	C	스루패스 방어	D
기회 만들기	C	리드 지키기	B
세트피스	C	실수 조심	C
OS 피하기	D	측면 방어력	C
중거리 슈팅	C	파울 주의	C
볼 점유율	E	중거리슈팅 수비	C

매우 강함 A 강한 편 B 보통 수준 C 약한 편 D 매우 약함 E

RANKING OF LAST 10 YEARS

● 2부 리그
● 3부 리그

13-14	14-15	15-16	16-17	17-18	18-19	19-20	20-21	21-22	22-23
361점	767점	363점	274점	176점	35점				36점
				66점	18	2	62점	1	16
						4		72점	

위치	선수	국적	생년월일	출전(분)	출전경기	선발11	교체인	교체아웃	벤치출발	득점	도움	경고	경고누적	퇴장
GK	Wladimiro Falcone	ITA	95-04-12	3420	38	38	0	0	0	0	0	2	0	0
	Marco Bleve	ITA	95-10-18	0	0	0	0	0	38	0	0	0	0	0
	Federico Brancolini	ITA	01-07-14	0	0	0	0	0	33	0	0	0	0	0
	Jasper Samooja	FIN	03-07-21	0	0	0	0	0	3	0	0	0	0	0
DF	Federico Baschirotto	ITA	96-09-20	3330	37	37	0	0	0	3	0	6	0	0
	Valentin Gendrey	FRA	00-06-21	3103	37	35	2	6	3	0	2	4	0	0
	Antonino Gallo	ITA	00-01-05	2486	32	28	4	4	3	0	1	4	1	0
	Samuel Umtiti	FRA	93-11-14	2115	25	24	1	4	10	0	0	8	0	0
	Giuseppe Pezzella	ITA	97-11-29	919	16	10	6	5	24	0	1	2	0	0
	Marin Pongračić	CRO	97-09-11	792	9	9	0	1	10	0	0	2	0	0
	Alessandro Tuia	ITA	90-06-08	511	7	6	1	2	30	0	0	1	0	0
	Simone Romagnoli	ITA	90-02-09	162	7	1	6	0	17	0	0	0	0	0
	Pietro Ceccaroni	ITA	95-12-21	41	2	0	2	0	18	0	0	0	0	0
	Kastriot Dërmaku	ALB	92-01-15	33	1	0	1	0	6	0	0	0	0	0
	Tommaso Cassandro	ITA	00-01-09	12	1	0	1	0	20	0	0	0	0	0
	Mattia Ciucci	ITA	02-11-11	0	0	0	0	0	4	0	0	0	0	0
	Mats Lemmens	BEL	02-03-10	0	0	0	0	0	20	0	0	0	0	0
MF	Morten Hjulmand	DEN	99-06-25	2963	35	34	1	3	2	0	4	9	0	1
	Alexis Blin	FRA	96-09-16	2378	35	26	9	13	11	1	0	8	0	0
	Joan González	ESP	02-02-01	2210	35	26	9	21	11	1	3	8	0	0
	Kristoffer Askildsen	NOR	01-01-09	722	21	7	14	7	29	0	0	3	0	0
	Youssef Maleh	ITA	98-08-22	672	17	7	10	7	13	0	1	3	0	0
	Þórir Jóhann Helgason	ISL	00-09-28	215	12	2	10	2	34	0	0	0	0	0
	Daniel Samek	CZE	04-02-19	0	0	0	0	0	0	0	0	0	0	0
	Cătălin Vulturar	ROU	04-03-09	0	0	0	0	0	0	0	0	0	0	0
	Medon Berisha	KVX	03-10-21	0	0	0	0	0	1	0	0	0	0	0
FW	Gabriel Strefezza	BRA	97-04-18	2464	35	30	5	26	5	8	4	5	0	0
	Federico Di Francesco	ITA	94-06-14	2035	36	23	13	19	2	2	2	6	0	0
	Assan Ceesay	GAM	94-03-17	1816	34	20	14	16	17	6	0	2	0	0
	Lameck Banda	ZAM	01-01-29	1634	36	19	17	16	18	2	1	6	0	0
	Lorenzo Colombo	ITA	02-03-08	1516	33	18	15	18	19	5	2	4	0	0
	Rémi Oudin	FRA	96-11-18	1309	31	12	19	8	22	3	0	3	0	0
	Joel Voelkerling Persson	SWE	03-01-15	90	9	0	9	0	31	0	0	0	0	0

US LECCE vs. OPPONENTS PER GAME STATS

US 레체 vs 상대팀

US 레체		상대팀
0.87	득점	1.21
11.1	슈팅	11.9
3.0	유효슈팅	4.2
4.5	코너킥	5.1
1.8	오프사이드	1.7
355	패스시도 (PA)	514
257	패스성공 (PC)	404
72%	패스성공률 (P%)	79%
18.6	태클 (TK)	15.1
14.9	공중전승리 (AD)	19.1
9.7	인터셉트 (IT)	8.1
14.6	파울	12.1
2.26	경고	2.37
0.053	퇴장	0.053

2022-23 SEASON SQUAD LIST & GAMES PLAYED

* 괄호 안의 숫자는 선발 출전 횟수로, 교체 출전은 포함시키지 않음

LW
F.D.프란체스코(16), L.반다(15)
S.스트레페차(1)

CF
A.시세이(20), L.콜롬보(18)

RW
G.스트레페차(25), F.D.프란체스코(4)
R.우당(3)

LAM
G.스트레페차(1), L.반다(1)

CAM
J.곤살레스(2)

RAM
G.스트레페차(1), R.우당(1)

LM
L.반다(3)
F.D.프란체스코(1)

CM
M.율맨(28), J.곤살레스(24)
A.블린(24), R.우당(8)
Y.말레(7), K.아스킬드센(6)
K.비스트로비치(5), T.헬가손(2)

RM
F.D.프란체스코(3)
G.스트레페차(1)

LWB
N/A

DM
H.율맨(6), A.블린(1)
K.아스킬드센(1)

RWB
N/A

LB
A.갈로(28), G.페첼라(10)

CB
F.바스키로토(34), S.움티티(24)
N.폰그라치치(9), A.투이아(6)
A.블린(1), M.체틴(1)
S.로마뇰리(1)

RB
V.젠드레(35), F.바스키로토(3)

GK
W.팔코네(38)

SHOTS & GOALS

38경기 총 421슈팅 - 33득점
38경기 상대 총 451슈팅 - 46실점

	24-4	
	217-24	
	180-5	

유효 슈팅 113		비유효 슈팅 308	
득점	33	블록 당함	121
GK 방어	80	골대 밖	180
유효슈팅률	27%	골대 맞음	7

유효 슈팅 159		비유효 슈팅 292	
실점	46	블록	118
GK 방어	113	골대 밖	171
유효슈팅률	35%	골대 맞음	3

	185-7	
	236-30	
	30-9	

GOAL TIME | POSSESSION

시간대별 득점

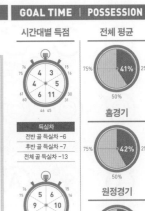

75	4	3	45
60	4	3	30
46 45	6	11	31

득실차
전반 골 득실차 -6
후반 골 득실차 -7
전체 골 득실차 -13

시간대별 실점

75	5	6	45
61	9	10	30
46 45	7	9	31

전체 평균
75% · 41% · 25%
50%

홈경기
75% · 42% · 25%
50%

원정경기
75% · 39% · 25%
50%

TACTICAL SHOT & GOAL TYPES | PASSES PER GAME | CORNER | DUELS pg

슈팅 패턴 — 38경기 421
14 · 6 · 22 · 70 · 22 · 287

● OPEN PLAY
● FASTBREAK
● CORNER KICK
● SET PIECE
● DIRECT FREE KICK
● PENALTY KICK

득점 패턴1 — 38경기 33골
1 · 2 · 4 · 16 · 4 · 6

● OPEN PLAY
● FASTBREAK
● CORNER KICK
● SET PIECE
● DIRECT FREE KICK
● PENALTY KICK
● OWN GOAL

득점 패턴2 — 38경기 33골
4 · 2 · 21 · 6

● COMBINATION PLAY
● SOLO PLAY
● DIRECT FREE KICK
● PENALTY KICK
● OWN GOAL

패스 시도 — 평균 355
62 · 19 · 274

● SHORT PASSES
● LONG BALLS
● CROSSES

패스 성공 — 평균 257
27 · 4 · 226

● SHORT PASSES
● LONG BALLS
● CROSSES

코너킥 형태 — 38경기 172
55 · 56 · 61

● INSWINGING CK
● OUTSWINGING CK
● STRAIGHT CK
● ET CETERA

땅볼 쟁탈전 — 평균 73.1
36.6 · 36.5

● 성공
● 실패

상대 슈팅 패턴 — 38경기 451
6 · 22 · 29 · 78 · 26 · 290

실점 패턴 1 — 38경기 46골
2 · 3 · 21 · 5

실점 패턴 2 — 38경기 46골
3 · 30 · 6

상대 패스 시도 — 평균 514
58 · 18 · 438

상대 코너킥 형태 — 38경기 193
31 · 63 · 99

공중전 — 평균 34.0
19.1 · 14.9

FORMATION SUMMARY | WHO SCORED | ACTION ZONE | PASSESS pg BY ZONE

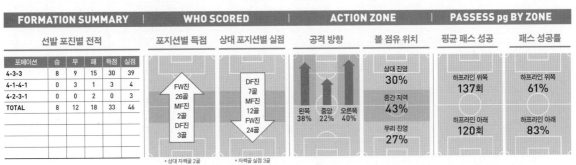

선발 포진별 전적

포메이션	승	무	패	득점	실점
4-3-3	8	9	15	30	39
4-1-4-1	0	3	1	3	4
4-2-3-1	0	0	2	0	3
TOTAL	8	12	18	33	46

포지션별 득점
FW진 26골
MF진 2골
DF진 3골
* 상대 자책골 2골

상대 포지션별 실점
DF진 7골
MF진 12골
FW진 24골
* 자책골 실점 3골

공격 방향
왼쪽 38% · 중앙 22% · 오른쪽 40%

볼 점유 위치
상대 진영 30%
중간 지역 43%
우리 진영 27%

평균 패스 성공
하프라인 위쪽 137회
하프라인 아래 120회

패스 성공률
하프라인 위쪽 61%
하프라인 아래 83%

Founded 구단 창립 1903년

 Owner 마우리치오 세티 1963.06.25

CEO 마우리치오 세티 1963.06.25

Manager 마르코 바로니 1963.09.11

23-24 Odds 벳365 : 1000배 스카이벳 : 1500배

Nationality ● 외국 선수 19명 ● 이탈리아 17명

Age 36명 평균 24.2세

Height 36명 평균 185cm

Market Value 1군 36명 평균 269만 유로

Game Points 22-23 : 31점 통산 : 1182점

Win 22-23 : 7승 통산 : 279승

Draw 22-23 : 10무 통산 : 345무

Loss 22-23 : 21패 통산 : 433패

Goals For 22-23 : 31득점 통산 : 1117득점

Goals Against 22-23 : 59실점 통산 : 1449실점

More Minutes 로렌초 몬티포 3420분

Top Scorer 시모네 베르디+1명 5골

More Assists 다르코 라조비치 6도움

More Subs 밀란 주리치+2명 14회 교체 IN

More Cards 페데리코 체케리니 Y9+R1

	ITALIAN SERIE-A	COPPA ITALIA	UEFA CHAMPIONS LEAGUE	UEFA EUROPA LEAGUE	FIFA CLUB WORLD CUP	UEFA-CONMEBOL INTERCONTINENTAL
	0	0	0	0	0	0

TOTO GUIDE 지난 시즌 상대팀별 전적

상대팀	홈	원정
Napoli	2-5	0-0
Lazio	1-1	0-2
Inter Milan	0-6	0-1
AC Milan	1-2	1-3
Atalanta	0-1	1-3
AS Roma	1-3	0-1
Juventus	0-1	0-1
Fiorentina	0-3	0-2
Bologna	2-1	1-1
Torino	0-1	1-1
Monza	1-1	0-2
Udinese	1-2	1-1
Sassuolo	2-1	1-2
Empoli	1-1	1-1
Salernitana	1-0	1-2
Lecce	2-0	1-0
Spezia	1-2	0-0
Cremonese	2-0	1-1
Sampdoria	2-1	1-3

STADIO MARCANTONIO BENTEGODI

구장 오픈 1963년 / 1989년
구장 소유 베로나 시
수용 인원 3만 9211명
피치 규모 105m x 67m
잔디 종류 천연 잔디

RANKING OF LAST 10 YEARS

● 2부 리그

	13-14	14-15	15-16	16-17	17-18	18-19	19-20	20-21	21-22	22-23
순위	10	13	20	2	19	5	9	10	9	18
점수	54점	46점	28점	74점	25점	52점 61점	49점	45점	53점	31점

위치	선수	국적	생년월일	출전(분)	출전경기	선발11	교체인	교체아웃	벤치출발	득점	도움	경고	경고누적	퇴장
GK	Lorenzo Montipò	ITA	96-02-20	3420	38	38	0	0	0	0	0	3	0	0
	Simone Perilli	ITA	95-01-07	90	1	1	0	0	36	0	0	0	0	0
	Alessandro Berardi	ITA	91-01-16	0	0	0	0	0	35	0	0	0	0	0
	Manuel Ravasio	ITA	05-07-07	0	0	0	0	0	1	0	0	0	0	0
	Giacomo Toniolo	ITA	04-04-01	0	0	0	0	0	1	0	0	0	0	0
DF	Isak Hien	SWE	99-01-13	2695	33	29	4	2	4	0	0	10	0	0
	Fabio Depaoli	ITA	97-04-24	2262	32	25	7	6	9	2	2	8	0	0
	Paweł Dawidowicz	POL	95-05-20	1694	24	21	3	6	9	1	1	7	0	1
	Giangiacomo Magnani	ITA	95-10-04	1619	25	20	5	9	10	0	1	7	0	1
	Marco Davide Faraoni	ITA	91-10-25	1561	24	20	4	11	7	3	3	7	0	1
	Federico Ceccherini	ITA	92-05-11	1519	22	18	4	12	13	0	0	9	0	1
	Josh Doig	SCO	02-05-18	1356	22	15	7	8	16	2	3	1	0	0
	Diego Coppola	ITA	03-12-28	1174	20	11	9	2	19	0	0	5	0	0
	Juan Cabal	COL	01-01-08	469	12	3	9	2	34	0	0	3	0	0
	Deyovaisio Zeefuik	NED	98-03-11	9	1	0	1	0	15	0	0	0	0	0
MF	Adrien Tameze	FRA	94-11-04	3128	38	36	2	10	3	0	0	3	0	0
	Darko Lazović	SRB	90-09-15	2313	31	28	3	16	3	4	6	6	0	0
	Miguel Veloso	POR	86-05-11	1167	22	14	8	11	14	0	0	6	0	0
	Ondrej Duda	SVK	94-12-15	1063	15	11	4	5	9	0	0	4	0	0
	Filippo Terracciano	ITA	03-02-08	829	21	7	14	6	31	0	1	2	0	0
	Ibrahim Sulemana	GHA	03-05-22	737	17	7	10	4	23	0	0	4	0	0
	Oliver Abildgaard	DEN	96-06-10	584	13	6	7	1	13	0	0	0	0	0
	Ajdin Hrustić	AUS	96-07-05	226	6	3	3	3	9	0	0	0	0	0
	José Antonio	ESP	04-02-09	0	0	0	0	0	5	0	0	0	0	0
FW	Kevin Lasagna	ITA	92-08-10	1573	26	17	9	10	10	1	2	1	0	0
	Milan Djurić	BIH	90-05-22	1438	29	15	14	9	18	1	2	3	0	0
	Simone Verdi	ITA	92-07-12	1123	25	12	13	10	19	5	0	3	0	0
	Thomas Henry	FRA	94-09-20	1037	16	13	3	10	6	2	0	4	0	0
	Yayah Kallon	SLE	01-06-30	855	22	8	14	8	29	1	1	1	0	0
	Cyril Ngonge	BEL	00-05-26	821	15	10	5	8	9	5	1	3	0	0
	Adolfo Gaich	ARG	99-02-26	738	17	8	9	7	11	2	0	2	0	0
	Jayden Braaf	NED	02-08-31	285	6	2	4	2	19	0	0	0	0	0
	Federico Caia	ITA	03-04-21	0	0	0	0	0	1	0	0	0	0	0
	Davide Bragantini	ITA	03-08-17	0	0	0	0	0	1	0	0	0	0	0
	Alphadjo Cissè	ITA	06-10-22	0	0	0	0	0	1	0	0	0	0	0
	Denis Cazzadori	ITA	04-03-16	0	0	0	0	0	1	0	0	0	0	0

SERIE A 2022-23 SEASON

HELLAS VERONA FC vs. OPPONENTS PER GAME STATS

엘라스 베로나 FC vs 상대팀

0.82	⚽ 득점	1.55	10.9	👟 슈팅	14.3	3.0	● 유효슈팅	4.9	4.5	🚩 코너킥	5.4	1.9	🏳 오프사이드	1.2	343	PA 패스시도	502	247	PC 패스성공	393
72%	P% 패스성공률	78%	15.9	TK 태클	15.8	21.7	AD 공중전승리	19.2	8.8	IT 인터셉트	7.3	14.3	파울	11.1	2.84	경고	1.87	0.105	퇴장	0.132

2022-23 SEASON SQUAD LIST & GAMES PLAYED

* 괄호 안의 숫자는 선발 출전 횟수, 교체 출전은 포함시키지 않음

LW	CF	RW
N/A	M.주리치(14), T.양리(13) K.라사나(12), 가이치(8) C.은곤지(5), O.두다(2)	N/A

LAM	CAM	RAM
F.데파울리(1), D.라조비치(1)	D.라조비치(12), S.베르디(8) Y.칼롬(7), K.라사나(4) C.은곤지(4), A.흐루스티치(3) J.브라프(2), O.두다(2) S.베르디(2), A.타메제(1) F.데파울리(1)	K.라사나(1), Y.칼론(1)

LM	CM	RM
JD.라조비치(2)	타메제(32), I.일리치(10) M.벨로주(8), O.두다(7) I.술레마나(6), O.아빌고르(5) 옹굴라(2), 베르디(2) D.라조비치(1), F.테라차노(1)	데파올리(2)

LWB	DM	RWB
J.도이그(15), D.라조비치(11) F.데파울리(1), F.체케리니(1)	M.벨로주(6), M.옹굴라(3) A.타마제(1), O.아빌고르(1)	D.파라오니(18), F.데파울리(10) F.테라차노(6), D.라도비치(1)

LB	CB	RB
다비도비츠(2), 체케리니(1)	I.히엔(28), G.마나니(19) 다비도비츠(18), 체케로니(17) K.귄터(11), D.코폴라(11) 카발(3), 타메제(2) B.아미오네(1), 레초스(1)	파라오니(2), 데파울리(1)

GK		
몬티포(37), 페릴리(1)		

SHOTS & GOALS

38경기 총 415슈팅 - 31득점
38경기 상대 총 544슈팅 - 59실점

31-9
211-19
173-3

유효 슈팅 114		비유효 슈팅 301	
득점	31	블록 당함	111
GK 방어	88	골대 밖	177
유효슈팅률	27%	골대 맞음	13

유효 슈팅 188		비유효 슈팅 356	
실점	59	블록	156
GK 방어	129	골대 밖	191
유효슈팅률	35%	골대 맞음	9

211-11
301-37
32-11

GOAL TIME | POSSESSION

시간대별 득점

3 4 6 6 5 7

득실차
전반 골 득실차 -9
후반 골 득실차 -19
전체 골 득실차 -28

시간대별 실점

16 16 9 7 8 14

전체 평균

41%

홈경기
39%

원정경기
42%

TACTICAL SHOT & GOAL TYPES | PASSES PER GAME | CORNER | DUELS pg

슈팅 패턴

38경기 **415**
13 / 22 / 72 / 31 / 276 / 1

득점 패턴1

38경기 **31골**
2 / 2 / 2 / 19 / 5 / 1

득점 패턴2
38경기 **31골**
2 / 6 / 22

패스 시도

평균 **343**
17 / 59 / 267

패스 성공

평균 **247**
25 / 4 / 218

코너킥 형태

38경기 **175**
27 / 83 / 64

땅볼 쟁탈전

평균 **69.7**
36.4 / 33.3

SERIE A

- ● OPEN PLAY
- ● FASTBREAK
- ● CORNER KICK
- ● SET PIECE
- ● DIRECT FREE KICK
- ● PENALTY KICK

- ● OPEN PLAY
- ● FASTBREAK
- ● CORNER KICK
- ● SET PIECE
- ● DIRECT FREE KICK
- ● PENALTY KICK
- ● OWN GOAL

- ● COMBINATION PLAY
- ● SOLO PLAY
- ● DIRECT FREE KICK
- ● PENALTY KICK
- ● OWN GOAL

- ● SHORT PASSES
- ● LONG BALLS
- ● CROSSES

- ● SHORT PASSES
- ● LONG BALLS
- ● CROSSES

- ● INSWINGING CK
- ● OUTSWINGING CK
- ● STRAIGHT CK
- ● ET CETERA

- ● 성공
- ● 실패

38경기 **544**
18 / 2 / 35 / 81 / 27 / 381

38경기 **59골**
1 / 1 / 5 / 5 / 1 / 43

38경기 **59골**
1 / 1 / 3 / 6 / 48

평균 **502**
17 / 64 / 421

 HELLAS VERONA FC

38경기 **205**
34 / 78 / 93

평균 **40.9**
19.2 / 21.7

상대 슈팅 패턴 | 실점 패턴 1 | 실점 패턴 2 | 상대 패스 시도 | 상대 코너킥 형태 | 공중전

FORMATION SUMMARY | WHO SCORED | ACTION ZONE | PASSESS pg BY ZONE

선발 포지션별 전적

포메이션	승	무	패	득점	실점
3-5-1-1	4	3	11	15	24
3-4-1-2	0	3	6	3	13
3-5-2	2	3	3	10	14
4-2-3-1	1	1	0	3	2
4-4-1-1	0	0	1	0	6
TOTAL	7	10	21	31	59

포지션별 득점

FW진 15골
MF진 4골
DF진 10골

* 상대 자책골 2골

상대 포지션별 실점
DF진 5골
MF진 18골
FW진 33골

* 자책골 실점 3골

공격 방향
왼쪽 38% | 중앙 27% | 오른쪽 35%

볼 점유 위치
상대 진영 27%
중간 지역 45%
우리 진영 28%

평균 패스 성공
하프라인 위쪽 **122회**
하프라인 아래 **125회**

패스 성공률
하프라인 위쪽 **58%**
하프라인 아래 **82%**

FROSINONE CALCIO

 Founded 구단 창립 1906년

 Owner 프로시노네 시민구단

 CEO 마우리치오 스티르페 1958.07.31

 Manager 에우제비오 디프란체스코 1969.09.08

23-24 Odds 벳365 1000배 스카이벳 1500배

 Nationality ● 외국 선수 10명 ● 이탈리아 22명

 Age 32명 평균 25.4세

 Height 32명 평균 183cm

 Market Value 1군 29명 평균 130만 유로

Game Points 22-23 2부 : 80점 통산 : 56점

 Win 22-23 2부 : 24승 통산 : 13승

 Draw 22-23 2부 : 8무 통산 : 17무

 Loss 22-23 2부 : 6패 통산 : 46패

 Goals For 22-23 2부 : 63득점 통산 : 64득점

 Goals Against 22-23 2부 : 26실점 통산 : 145실점

 More Minutes 스테파노 투라티 3330분

 Top Scorer 사무엘레 물라티에리 12골

 More Assists 마르쿠스 로덴 6도움

 More Subs 젠나로 보렐리 19회 교체 IN

 More Cards 다니엘 볼로카 Y12+R0

RANKING OF LAST 10 YEARS

● 2부 리그
● 3부 리그

	13-14	14-15	15-16	16-17	17-18	18-19	19-20	20-21	21-22	22-23
순위	2/67	2	19	3	3	19	8	10	9	1
점수		31점		74점	72점	25점	54점	50점	58점	80점
		71점								

 ITALIAN SERIE-A 0

 COPPA ITALIA 0

 UEFA CHAMPIONS LEAGUE 0

 UEFA EUROPA LEAGUE 0

 FIFA CLUB WORLD CUP 0

UEFA-CONMEBOL INTERCONTINENTAL 0

TOTO GUIDE 지난 시즌 상대팀별 전적

상대팀	홈	원정
Genoa	3-2	0-1
Bari	1-0	0-0
Parma	3-4	1-2
Cagliari	2-2	0-0
Sudtirol	0-0	1-1
Reggina	3-1	3-0
Venezia	3-0	3-1
Palermo	1-0	1-1
Modena	2-1	1-0
Pisa	0-0	3-1
Como	2-0	2-0
Ascoli	2-0	1-0
Ternana	3-0	3-2
Cittadella	3-0	0-1
Brescia	3-0	3-1
Cosenza	0-1	2-1
Perugia	1-0	1-1
SPAL	2-0	2-0
Benevento	0-1	1-2

STADIO BENITO STIRPE

구장 오픈 2017년
구장 소유 프로시노네 칼초
수용 인원 1만 6227명
피치 규모 105m X 68m
잔디 종류 천연 잔디

FORMATION SUMMARY

선발 포메이션	승	무	패	득점	실점
4-3-3	15	8	4	44	20
4-2-3-1	7	0	2	14	4
5-3-2	2	0	0	5	2
TOTAL	24	8	6	63	26

위치	선수	국적	생년월일	출전(분)	출전경기	선발11	교체인	교체아웃	벤치출발	득점	도움	경고	경고누적	퇴장
GK	Stefano Turati	ITA	01-09-05	3330	37	37	0	0	1	0	0	2	0	0
	Leonardo Loria	ITA	99-03-28	90	1	1	0	0	36	0	0	0	0	0
	Giuseppe Marcianò	ITA	00-05-27	0	0	0	0	0	7	0	0	0	0	0
DF	Fabio Lucioni	ITA	87-09-25	2719	31	30	1	0	3	4	1	7	0	0
	Mario Sampirisi	ITA	92-10-31	2206	28	25	3	3	8	0	0	2	0	0
	Luca Ravanelli	ITA	97-01-16	2160	24	24	0	0	6	0	0	4	0	0
	Matteo Cotali	ITA	97-04-22	1909	27	24	3	11	13	0	2	7	0	0
	Przemysław Szymiński	POL	94-06-24	1190	15	14	1	2	17	1	0	1	0	0
	Gianluca Frabotta	ITA	99-06-24	1175	22	11	11	4	19	0	3	5	0	0
	Anthony Oyono	GAB	01-04-12	993	13	11	2	2	12	0	2	1	0	0
	Sergio Kalaj	ALB	00-01-28	751	9	8	1	2	29	0	1	3	0	0
	Ilario Monterisi	ITA	01-12-19	612	11	6	5	2	31	1	0	0	0	0
	Gabriele Bracaglia	ITA	03-07-19	0	0	0	0	0	3	0	0	0	0	0
MF	Daniel Boloca	ITA	98-12-22	2602	31	29	2	3	2	2	0	12	0	0
	Marcus Rohdén	SWE	91-05-11	2270	33	28	5	19	6	3	6	8	0	0
	Luca Mazzitelli	ITA	95-11-15	1953	25	24	1	11	4	3	5	8	0	0
	Luca Garritano	ITA	94-02-11	1831	34	24	10	23	14	3	5	4	0	0
	Ben Lhassine Kone	CIV	00-03-14	1067	19	10	9	6	13	2	0	5	0	0
	Karlo Lulić	CRO	96-05-10	831	20	8	12	4	15	0	3	2	0	0
	Francesco Gelli	ITA	96-10-15	707	10	8	2	3	8	0	1	0	0	0
	Andrea Oliveri	ITA	03-01-14	166	8	1	7	1	30	0	0	0	0	0
	Kalifa Kujabi	GAM	00-03-05	16	2	0	2	0	7	0	0	0	0	0
	Matteo Bruno	ITA	03-04-27	0	0	0	0	0	1	0	0	0	0	0
FW	Giuseppe Caso	ITA	98-12-09	1900	35	23	12	22	12	9	3	5	0	0
	Luca Moro	ITA	01-01-25	1819	34	23	11	22	13	6	0	2	0	0
	Roberto Insigne	ITA	94-05-11	1737	31	20	11	19	14	3	3	3	0	0
	Samuele Mulattieri	ITA	00-10-07	1501	29	15	14	13	15	12	4	3	0	0
	Jaime Báez	URU	95-04-24	660	17	5	12	4	14	1	2	0	0	0
	Gennaro Borrelli	ITA	00-03-10	581	23	4	19	3	33	6	1	6	0	0
	Soufiane Bidaoui	MAR	90-04-20	279	8	3	5	2	12	0	0	0	0	0
	Miloš Bočić	SRB	00-01-26	201	12	1	11	1	25	0	0	1	0	0
	Alessandro Selvini	ITA	04-03-24	31	1	0	1	0	7	0	0	0	0	0

SERIE B(2부리그) 2022-23 SEASON

FROSINONE CALCIO vs. OPPONENTS PER GAME STATS

프로시노네 칼초 vs 상대팀

	득점	슈팅	유효슈팅	코너킥	오프사이드	패스시도 (PA)	패스성공 (PC)	패스성공률 (P%)	태클 (TK)	공중전승리 (AD)	인터셉트 (IT)	파울	경고	퇴장
	1.66 ⚽ 0.68	14.7 👟 10.2	4.9 ◉ 2.7	4.7 🏳 —		444 PA 386	352 PC 292							
	79% P% 76%	13.8 TK 15.4	16.3 AD 16.4	8.4 IT 9.0		13.8 🧤 13.3	2.45 ▨ 2.21					0.000 ▪ 0.263		

2022-23 SEASON SQUAD LIST & GAMES PLAYED

* 괄호 안의 숫자는 선발 출전 횟수, 교체 출전은 포함시키지 않음

LW
G.카소(13), S.비다우이(3)
L.가리타노(3), M.보치아(1)
J.바에스(1)

CF
L.모로(23), S.물라티에리(15)
G.보렐리(4), R.인시녜(3)
L.가리타노(2), J.바에스(2)

RW
R.인시녜(17), L.가리타노(2)
J.바에스(2)

LAM
G.카소(7), L.가리타노(2)

CAM
L.가리타노(7), G.카소(2)

RAM
M.로덴(7), R.시에르보(1)
A.올리베리(1)

LM
D.볼로카(9), F.젤리(7)
L.가리타노(5), K.룰리치(4)
B.L.코네(2), G.카소(1)
L.마치텔리(1)

CM
L.마치텔리(20), D.볼로카(18)
B.L.코네(7),
K.룰리치(3),
M.로덴(1), F.젤리(1)

RM
M.로덴(20), L.가리타노(3)
D.볼로카(2), L.마치텔리(2)
K.룰리치(1), B.L.코네(1)

LWB
N/A

DM
N/A

RWB
N/A

LB
M.코탈리(24), G.프라보타(11)
A.오요노(3)

CB
F.루소니(30), L.라바넬리(24)
P.시민스키(14), S.칼라이(8)
M.삼피리시(1), L.마치텔리(1)

RB
M.삼피리시(24), A.오요노(8)
I.몬테리시(6)

GK
S.투라티(37), L.로리아(1)

SHOTS & GOALS

38경기 총 559슈팅 - 63득점
38경기 상대 총 388슈팅 - 26실점

38-11		
280-41		
241-9		

유효 슈팅 186		비유효 슈팅 373	
득점	61	블록 당함	141
GK 방어	125	골대 밖	223
유효슈팅률	33%	골대 맞음	9

유효 슈팅 101		비유효 슈팅 287	
실점	26	블록	101
GK 방어	75	골대 밖	186
유효슈팅률	26%	골대 맞음	10

179-5		
179-14		
30-7		

GOAL TIME | POSSESSION

시간대별 득점

14 4
13 7
12 13

득실차
전반 골 득실차 +8
후반 골 득실차 +29
전체 골 득실차 +37

시간대별 실점
5 4
3 1
2 6

전체 평균
75% ◔ 53% 25%
50%

홈경기
75% ◔ 55% 25%
50%

원정경기
75% ◔ 52% 25%
50%

TACTICAL GOALS & SHOTS | PASSES pg | DUELS pg | WHO SCORED | PASSES ZONE

슈팅 패턴

20 | 2
39
73
32
38경기 **559**
393

● OPEN PLAY
● FASTBREAK
● CORNER KICK
● SET PIECE
● DIRECT FREE KICK
● PENALTY KICK

득점 패턴1
1 | 2
7
38경기 **63골** 40
7

● OPEN PLAY
● FASTBREAK
● CORNER KICK
● SET PIECE
● DIRECT FREE KICK
● PENALTY KICK
● OWN GOAL

득점 패턴2
1 | 2
14
38경기 **63골**
7
43

● COMBINATION PLAY
● SOLO PLAY
● DIRECT FREE KICK
● PENALTY KICK
● OWN GOAL

패스 시도
52 | 18
38경기 평균 **444**
374

● SHORT PASSES
● LONG BALLS
● CROSSES

땅볼 쟁탈전
34.0
38경기 평균 **68.3**
34.3

● 성공
● 실패

포지션별 득점

FW진 42골
MF진 13골
DF진 6골
* 상대 자책골 2골

평균 패스 성공
하프라인 위쪽 **189회**
하프라인 아래 **168회**

상대 슈팅 패턴
11 | 4
40
57
38경기 **388**
11 266

실점 패턴 1
3 | 2
38경기 **26골**
18

실점 패턴 2
3
7 38경기 **26골** 16

상대 패스 시도
19
64 38경기 평균 **386**
303

공중전
16.4
38경기 평균 **32.7**
16.3

상대 포지션별 실점

DF진 3골
MF진 6골
FW진 17골

패스 성공률
하프라인 위쪽 **70%**
하프라인 아래 **88%**

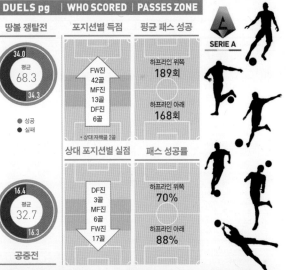
SERIE A

GENOA CFC

Founded 구단 창립 1893년	**Owner** 777 파트너스
CEO 알베르토 찬그릴로 1958.04.13	**Manager** 알베르토 질라르디노 1982.07.05
23-24 Odds 벳365 : 1000배 스카이벳 : 1500배	

Nationality ●외국 선수 20명 ●이탈리아 16명
Age 36명 평균 26.5세
Height 36명 평균 183cm
Market Value 1군 31명 평균 178만 유로
Game Points 22-23 2부 : 80점 통산 : 2357점

Win 22-23 2부 : 21승 통산 : 592승
Draw 22-23 2부 : 11무 통산 : 581무
Loss 22-23 2부 : 6패 통산 : 749패
Goals For 22-23 2부 : 53득점 통산 : 2369득점
Goals Against 22-23 2부 : 28실점 통산 : 2721실점

More Minutes 라두 드라구신 3374분
Top Scorer 알베르트 귀드뮌드손 11골
More Assists 마시모 코다 6도움
More Subs 필립 자기에워 17회 교체 IN
More Cards 스테파노 사벨리 Y10+R0

RANKING OF LAST 10 YEARS ● 2부 리그

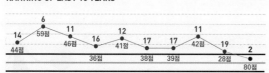

13-14	14-15	15-16	16-17	17-18	18-19	19-20	20-21	21-22	22-23
14 44점	6 59점	11 46점	16 36점	12 41점	17 38점	17 39점	11 42점	19 28점	2 80점

9	1	0	0	0	0
ITALIAN SERIE-A	**COPPA ITALIA**	**UEFA CHAMPIONS LEAGUE**	**UEFA EUROPA LEAGUE**	**FIFA CLUB WORLD CUP**	**UEFA-CONMEBOL INTERCONTINENTAL**

TOTO GUIDE 지난 시즌 상대팀별 전적

상대팀	홈	원정
Frosinone	1-0	2-3
Bari	4-3	2-1
Parma	3-3	0-2
Cagliari	0-0	0-0
Sudtirol	2-0	0-0
Reggina	1-0	1-2
Venezia	1-0	2-1
Palermo	2-0	0-1
Modena	1-0	2-2
Pisa	0-0	1-0
Como	1-1	2-2
Ascoli	2-1	0-0
Ternana	1-0	2-1
Cittadella	0-1	1-0
Brescia	1-1	3-0
Cosenza	4-0	2-1
Perugia	2-0	0-1
SPAL	3-0	2-0
Benevento	0-0	2-1

STADIO LUIGI FERRARIS

구장 오픈 / 증개축 1911년, 증개축 3회
구장 소유 제노아 시
수용 인원 3만 6599명
피치 규모 105m X 68m
잔디 종류 천연 잔디

FORMATION SUMMARY

선발 포메이션	승	무	패	득점	실점
3-5-2	8	3	0	18	4
4-2-3-1	5	3	2	13	8
4-3-3	5	2	0	11	3
4-4-2	1	2	2	4	5
4-3-1-2	1	0	0	4	3
4-3-2-1	1	0	1	1	0
3-4-2-1	0	1	1	0	2
3-4-1-2	0	0	1	2	3
TOTAL	21	11	6	53	28

위치	선수	국적	생년월일	출전(분)	출전경기	선발11	교체인	교체아웃	벤치출발	득점	도움	경고	경고누적	퇴장
GK	Josep Martínez	ESP	98-05-27	2700	30	30	0	1	6	0	0	3	0	0
	Adrian Šemper	CRO	98-01-12	720	8	8	0	0	29	0	0	0	0	0
	Rok Vodišek	SVN	98-12-05	0	0	0	0	0	8	0	0	0	0	0
	Giuseppe Agostino	ITA	02-12-21	0	1	0	1	0	20	0	0	0	0	0
DF	Radu Drăgușin	ROU	02-02-03	3374	38	37	1	0	1	4	0	3	0	0
	Mattia Bani	ITA	93-12-10	2557	33	31	2	6	2	2	2	7	1	1
	Stefano Sabelli	ITA	93-01-13	2522	30	29	1	10	8	1	4	10	0	0
	Alessandro Vogliacco	ITA	98-09-14	1639	25	18	7	5	18	0	0	7	0	0
	Silvan Hefti	SUI	97-10-25	1632	26	17	9	5	16	1	0	6	0	0
	Domenico Criscito	ITA	86-12-30	953	16	10	6	2	6	1	0	1	0	0
	Marko Pajač	CRO	93-05-11	776	10	10	0	4	0	0	0	3	0	0
	Lennart Czyborra	GER	99-05-03	152	3	1	2	1	22	0	0	0	0	0
	Alan Matturro	URU	04-10-11	57	2	1	1	1	16	0	0	0	0	0
	Brayan Boci	ITA	03-07-24	54	2	1	1	1	12	0	0	0	0	0
	Lorenzo Gagliardi	ITA	04-04-14	0	0	0	0	0	1	0	0	0	0	0
	Gabriele Calvani	ITA	04-01-12	0	0	0	0	0	6	0	0	0	0	0
MF	Morten Frendrup	DEN	01-04-07	2922	37	32	5	7	5	2	0	3	0	0
	Kevin Strootman	NED	90-02-13	2231	30	25	5	8	8	2	2	5	0	0
	Milan Badelj	CRO	89-02-25	2149	26	26	0	8	4	3	1	5	1	0
	Filip Jagiełło	POL	97-08-08	1397	34	17	17	17	21	4	2	1	0	0
	Stefano Sturaro	ITA	93-03-09	793	18	8	10	7	14	0	1	4	0	1
	Manolo Portanova	ITA	00-06-02	595	12	7	5	7	8	1	1	2	0	0
	Stefan Ilsanker	AUT	89-05-18	465	16	3	13	3	20	0	0	2	0	0
	Abdoulaye Touré	FRA	94-03-03	24	3	0	3	0	10	0	0	0	0	0
	Luca Lipani	ITA	05-05-18	12	2	0	2	0	20	0	1	0	0	0
	Federico Accornero	ITA	04-02-05	8	1	0	1	0	2	0	0	0	0	0
	Andrea Palella	ITA	04-06-27	0	0	0	0	0	1	0	0	0	0	0
FW	Albert Guðmundsson	ISL	97-06-15	2716	36	32	4	23	4	11	4	5	1	0
	Massimo Coda	ITA	88-11-10	2224	31	28	3	20	6	10	6	3	0	0
	Mattia Aramu	ITA	95-03-14	1552	26	18	8	13	13	2	2	4	0	0
	George Pușcaș	ROU	96-04-08	1078	25	10	15	8	24	4	1	2	0	0
	Güven Yalçın	TUR	99-01-18	676	22	6	16	6	29	0	1	3	0	0
	Caleb Ekuban	GHA	94-03-23	641	14	6	8	5	10	2	2	0	0	0
	Eddy Salcedo	ITA	01-10-01	253	8	3	5	3	13	2	0	2	0	0
	Denis Drăguș	ROU	99-07-06	64	5	0	5	0	14	0	0	1	0	0
	Seydou Fini	CIV	06-06-02	0	0	0	0	0	1	0	0	0	0	0

SERIE B(2부리그) 2022-23 SEASON

GENOA CFC vs. OPPONENTS PER GAME STATS

제노아 C FC vs 상대팀

	득점	슈팅	유효슈팅	코너킥	오프사이드	패스시도	패스성공	패스성공률	태클	공중전승리	인터셉트	파울	경고	퇴장

| 1.39 (득점) 0.74 | 13.8 (슈팅) 9.5 | 4.7 (유효슈팅) 2.8 | 5.7 — | 2.0 (오프사이드) 2.3 | 476 (PA) 351 | 383 (PC) 260 |
| 80% (P%) 74% | 16.0 (TK) 16.9 | 16.3 (AD) 14.7 | 10.1 (IT) 12.3 | 14.4 (공중전) 13.7 | 2.26 (파울) 2.95 | 0.132 (퇴장) 0.132 |

2022-23 SEASON SQUAD LIST & GAMES PLAYED

* 괄호 안의 숫자는 선발 출전 횟수, 교체 출전은 포함시키지 않음

LW
A.귀드뮌드손(6)

CF
M.코다(28), A.귀드뮌드손(11)
P.푸시카시(10), C.에쿠반(5)
E.살세도(3), M.아라무(2)
M.포르타노바(1), G.얄즌(1)
P.자기에워(1)

RW
M.아라무(5), F.자기에워(1)

LAM
A.귀드뮌드손(7), F.자기에워(2)
M.포르타노바(1)

CAM
M.아라무(6), A.귀드뮌드손(5)
K.스트로트만(4), S.스투라로(3)
M.포르타노바(2), F.자기에워(1)
G.얄즌(1) M.프렌드룹(1)

RAM
G.얄즌(4), M.아라무(3)
F.자기에워(2), S.스투라로(1)

LM
P.자기에워(5), A.귀드뮌드손(3)
M.프렌드룹(2), M.바데이(1)
K.스트로트만(1), G.얄즌(1)

CM
M.프렌드룹(21), M.바데이(17)
K.스트로트만(19), M.아라무(2)
S.스투라로(2), P.자기에워(1)
C.에쿠반(1)

RM
P.자기에워(4), M.프렌드룹(4)
M.포르타노바(4), S.스투라로(2)

LWB
D.크리스토(8), S.사벨리(3)
R.합스(3)

DM
M.바데이(8)

RWB
S.사벨리(9), M.프렌드룹(3)
S.헤프티(2)

LB
M.파야치(10), S.사벨리(8)
L.치보라(1), M.프렌드룹(1)
A.볼리아코(1), D.크리스토(1)
B.보치(1), R.합스(1)

CB
R.드라구신(37), M.바니(31)
A.볼리아코(17), S.일잔커(3)
A.마투로(1), D.크리스토(1)

RB
S.헤프티(15), S.사벨리(9)

GK
J.마르티네스(30), A.셈페르(8)

SHOTS & GOALS

38경기 총 526슈팅 - 53득점
38경기 상대 총 360슈팅 - 28실점

| | 60-16 |
| 281-30 |
| 185-7 |

유효 슈팅 179	비유효 슈팅 347
득점 53	블록 당함 141
GK 방어 126	골대 밖 189
유효슈팅률 34%	골대 맞음 17

유효 슈팅 107	비유효 슈팅 253
실점 28	블록 93
GK 방어 79	골대 밖 153
유효슈팅률 30%	골대 맞음 7

| 134-5 |
| 184-18 |
| 42-5 |

GOAL TIME | POSSESSION

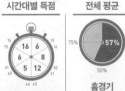

시간대별 득점

득실차
전반 골 득실차 +15
후반 골 득실차 +10
전체 골 득실차 +25

시간대별 실점

전체 평균
75% 57% 25%
50%

홈경기
75% 58% 25%
50%

원정경기
75% 56% 25%
50%

TACTICAL GOALS & SHOTS | PASSES pg | DUELS pg | WHO SCORED | PASSES ZONE

슈팅 패턴

38경기 526
17 / 6 / 47 / 80 / 22 / 362

득점 패턴1

38경기 53골
5 / 32 / 5 / 4

득점 패턴2
38경기 53골
18 / 30

- OPEN PLAY
- FASTBREAK
- CORNER KICK
- SET PIECE
- DIRECT FREE KICK
- PENALTY KICK

- OPEN PLAY
- FASTBREAK
- CORNER KICK
- SET PIECE
- DIRECT FREE KICK
- PENALTY KICK
- OWN GOAL

- COMBINATION PLAY
- SOLO PLAY
- DIRECT FREE KICK
- PENALTY KICK
- OWN GOAL

패스 시도
평균 476
43 / 20 / 413

- SHORT PASSES
- LONG BALLS
- CROSSES

땅볼 쟁탈전

평균 72.7
37.3 / 35.4

- 성공
- 실패

포지션별 득점

FW진 31골
MF진 13골
DF진 9골

평균 패스 성공
하프라인 위쪽 193회
하프라인 아래 195회

SERIE A

상대 슈팅 패턴
38경기 360
4 / 36 / 18 / 64 / 15 / 220

실점 패턴 1
38경기 28골
3 / 1 / 15 / 5 / 4 / 2

실점 패턴 2
38경기 28골
1 / 4 / 18 / 2 / 2

상대 패스 시도
평균 351
15 / 61 / 275

공중전

평균 31.0
14.7 / 16.3

상대 포지션별 실점

DF진 1골
MF진 7골
FW진 19골

* 자책골 실점 1골

패스 성공률
하프라인 위쪽 70%
하프라인 아래 89%

CAGLIARI CALCIO

 Founded 구단 창립 1920년

 Owner 플루오시드 그룹

CEO 토마소 줄리니 1977.06.18

 Manager 클라우디오 라니에리 1951.10.20

23-24 Odds 벳365 : 1000배 스카이벳 : 1500배

 Nationality ● 외국 선수 13명 ● 이탈리아 21명

 Age 34명 평균 25.8세

 Height 34명 평균 183cm

 Market Value 1군 28명 평균 128만 유로

 Game Points 22-23 2부 : 60점 통산 : 1724점

 Win 22-23 2부 : 15승 통산 : 418승

 Draw 22-23 2부 : 15무 통산 : 470무

 Loss 22-23 2부 : 8패 통산 : 556패

 Goals For 22-23 2부 : 50득점 통산 : 1585득점

 Goals Against 22-23 2부 : 34실점 통산 : 1860실점

 More Minutes 보리스 라두노비치 3870분

 Top Scorer 잔루카 라파돌라 25골

 More Assists 나이탄 난데스 6도움

 More Subs 지투 루붐부 22회 교체 IN

 More Cards 나이탄 난데스 Y9+R0

RANKING OF LAST 10 YEARS

● 2부 리그

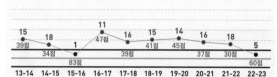

	13-14	14-15	15-16	16-17	17-18	18-19	19-20	20-21	21-22	22-23
순위	15	18	1	16	15	14	16	18		5
점수	39점		83점	47점	39점	41점	45점	37점	30점	60점
		34점		11						

 ITALIAN SERIE-A 1

 COPPA ITALIA 0

 UEFA CHAMPIONS LEAGUE 0

 UEFA EUROPA LEAGUE 0

 FIFA CLUB WORLD CUP 0

UEFA-CONMEBOL INTERCONTINENTAL 0

TOTO GUIDE 지난 시즌 상대팀별 전적

상대팀	홈	원정
Frosinone	0-0	2-2
Genoa	0-0	0-0
Bari	0-1	1-1
Parma	1-1	1-2
Sudtirol	1-1	2-2
Reggina	1-1	4-0
Venezia	1-4	0-0
Palermo	2-1	1-2
Modena	1-0	0-2
Pisa	1-1	0-0
Como	2-0	1-1
Ascoli	4-1	1-2
Ternana	2-1	0-1
Cittadella	2-1	0-0
Brescia	2-1	1-1
Cosenza	2-0	1-0
Perugia	3-2	5-0
SPAL	2-1	0-1
Benevento	1-0	2-0

UNIPOL DOMUS

구장 오픈 / 증개축 2017년 / 2018년
구장 소유 칼리아리 칼초
수용 인원 1만 6416명
피치 규모 105m X 68m
잔디 종류 천연 잔디

FORMATION SUMMARY

선발 포메이션	승	무	패	득점	실점
4-3-1-2	4	6	2	15	10
4-3-3	3	4	2	10	8
4-3-2-1	2	1	3	7	10
3-5-2	1	1	1	2	2
3-4-1-2	1	1	0	2	0
4-4-1-1	1	1	0	5	2
5-3-2	2	0	0	7	1
3-4-3	1	0	0	2	1
4-4-2	0	1	0	0	0
TOTAL	15	15	8	50	34

위치	선수	국적	생년월일	출전(분)	출전경기	선발11	교체인	교체아웃	벤치출발	득점	도움	경고	경고누적	퇴장
GK	Boris Radunović	SRB	96-05-26	3870	43	43	0	0	0	0	0	2	0	0
	Eldin Lolić	BIH	04-05-15	0	0	0	0	0	14	0	0	0	0	0
	Simone Aresti	ITA	86-03-15	0	0	0	0	0	43	0	0	1	0	0
	Giuseppe Ciocci	ITA	02-01-24	0	0	0	0	0	14	0	0	0	0	0
	Velizar-Iliya Iliev	BUL	05-07-20	0	0	0	0	0	1	0	0	0	0	0
DF	Gabriele Zappa	ITA	99-12-22	2752	34	32	2	12	9	3	2	8	0	0
	Adam Obert	SVK	02-08-23	2311	33	26	7	8	15	0	1	2	1	0
	Giorgio Altare	ITA	98-08-09	2224	30	24	6	3	16	1	0	6	1	0
	Alberto Dossena	ITA	98-10-13	1990	27	23	4	7	14	0	0	8	0	0
	Edoardo Goldaniga	ITA	93-11-02	1577	22	17	5	4	17	0	0	5	0	0
	Elio Capradossi	ITA	96-03-11	1134	16	13	3	4	12	0	1	2	0	0
	Antonio Barreca	ITA	95-03-18	879	23	8	15	6	27	0	1	1	0	0
	Nunzio Lella	ITA	00-07-28	803	19	9	10	8	30	1	0	1	0	0
	Luigi Palomba	ITA	03-04-17	0	0	0	0	0	2	0	0	0	0	0
	Francesco Zallu	ITA	03-04-29	0	0	0	0	0	1	0	0	0	0	0
MF	Antoine Makoumbou	CGO	98-07-18	3433	41	38	3	5	4	1	0	4	0	0
	Nahitan Nández	URU	95-12-28	2883	37	34	3	15	3	0	6	9	0	0
	Alessandro Deiola	ITA	95-08-01	1905	31	20	11	8	15	3	2	4	0	0
	Marco Mancosu	ITA	88-08-22	1813	27	24	3	15	6	5	4	2	0	0
	Paulo Azzi	BRA	94-07-15	1529	21	17	4	8	6	2	1	4	0	0
	Christos Kourfalidis	GRE	02-11-11	1323	23	14	9	11	24	1	3	2	0	0
	Alessandro Di Pardo	ITA	99-07-18	1120	20	13	7	14	21	0	0	1	0	1
	Marko Rog	CRO	95-07-19	1107	23	15	8	13	15	1	1	6	1	0
	Nicolas Viola	ITA	89-10-12	892	19	9	10	7	24	1	0	2	0	0
	Nicolò Cavuoti	ITA	03-04-04	0	0	0	0	0	4	0	0	0	0	0
	Davide Veroli	ITA	03-01-29	0	0	0	0	0	1	0	0	0	0	0
	Michele Carboni	ITA	04-08-03	0	0	0	0	0	1	0	0	0	0	0
FW	Gianluca Lapadula	PER	90-02-07	3311	41	38	3	11	4	25	4	5	1	0
	Zito Luvumbo	ANG	02-03-09	1932	41	19	22	13	23	5	2	5	0	0
	Leonardo Pavoletti	ITA	88-11-26	1038	26	11	15	6	19	7	0	3	0	0
	Filippo Falco	ITA	92-02-11	740	14	9	5	9	15	0	1	0	0	0
	Nik Prelec	SVN	01-06-10	710	16	6	10	6	13	0	2	0	0	0
	Vincenzo Millico	ITA	00-08-12	329	15	2	13	4	38	0	3	5	0	0
	Isaías Delpupo	ARG	03-03-31	16	1	0	1	0	5	0	0	0	0	0
	Adam Griger	SVK	04-03-16	10	1	0	1	0	6	0	0	0	0	0

SERIE B(2부리그) 2022-23 SEASON

CAGLIARI CALCIO vs. OPPONENTS PER GAME STATS

칼리아리 칼초 FC vs 상대팀

	득점	슈팅	유효슈팅	코너킥	오프사이드	패스시도	패스성공	패스성공률	태클	공중전승리	인터셉트	파울	경고	퇴장

1.32	⚽	0.89	14.1	👟	11.6	4.2	●	3.6	5.5	⚑	—	2.5	⚑	2.2	425	PA	376	338	PC	285
80%	P%	76%	13.7	TK	14.9	18.1	AD	16.2	8.6	IT	11.1	14.4		16.2	2.55		2.97	0.132		0.211

2022-23 SEASON SQUAD LIST & GAMES PLAYED

• 괄호 안의 숫자는 선발 출전 횟수, 교체 출전은 포함시키지 않음

LW	CF	RW
M.만코수(7), J.데소구수(1) 지투(1), V.밀리코(1) A.데이올라(1), N.렐라(1)	라파둘라(33), L.파볼레티(9) 지투(7), 프렐렉(5) 쿠르팔리디스(4), 팔코(2) 난데스(1), 로그(1)	지투(4), 난데스(3) F.팔코(3), G.페레이로(1)

LAM	CAM	RAM
N/A	M.만코수(10), F.팔코(4) C.쿠르팔리디스(3), G.페레이로(2) M.로그(1), N.렐라(1) L.파볼레티(1), N.프렐렉(1)	N/A

LM	CM	RM
로그(10), 데이올라(6) N.렐라(5), 마쿰부(3) 쿠르팔리디스(2), 만코수(2) N.비올라(1), 난데스(1) 지투(1), 밀리코(1)	마쿰부(28), N.비올라(5) 데이올라(5), 쿠르팔리디스(3) 난데스(3), 로그(3) 만코수(2)	난데스(22), N.비올라(3) 데이올라(3), 지투(2) 마쿰부(2), 쿠르팔리디스(1) N.렐라(1)

LWB	DM	RWB
P.아치(5), A.바레카(1)	N/A	G.차파(5), N.난데스(1)

LB	CB	RB
A.오베르트(10), P.덴텔루(8) 바레카(7), FE 카르보니(5) G.차파(2)	알타레(21), A.도세나(19) 골다니가(16), A.오베르트(13) 카프라도시(13), 데이올라(2)	G.차파(20), 디파르도(12)

GK
D.라두노비치(38)

SHOTS & GOALS

38경기 총 536슈팅 - 50득점
38경기 상대 총 439슈팅 - 34실점

48-3
309-40
177-7

유효 슈팅 160		비유효 슈팅 376	
득점	50	블록 당함	152
GK 방어	110	골대 밖	215
유효슈팅률	30%	골대 맞음	9

유효 슈팅 138		비유효 슈팅 301	
실점	34	블록	114
GK 방어	104	골대 밖	183
유효슈팅률	31%	골대 맞음	4

162-2
246-26
31-6

GOAL TIME | POSSESSION

시간대별 득점

14 8
8 8
6 6

독실차
전반 골 득실차 +6
후반 골 득실차 +10
전체 골 득실차 +16

시간대별 실점

10 3
4 6

전체 평균

53%

홈경기
54%

원정경기

53%

TACTICAL GOALS & SHOTS

슈팅 패턴

38경기 536
18 8
40
97 19
354

득점 패턴1
38경기 50골
6 5
4 33
31
1

득점 패턴2
38경기 50골
1 5
13 33
4
31
1

PASSES pg
패스 시도
38경기 평균 425
53 26
346

DUELS pg
땅볼 쟁탈전
34.0 평균 66.9 32.9

WHO SCORED
포지션별 득점

FW진 31골
MF진 14골
DF진 5골

PASSES ZONE
평균 패스 성공
하프라인 위쪽 193회
하프라인 아래 183회

- ● OPEN PLAY
- ● FASTBREAK
- ● CORNER KICK
- ● SET PIECE
- ● DIRECT FREE KICK
- ● PENALTY KICK

- ● OPEN PLAY
- ● FASTBREAK
- ● CORNER KICK
- ● SET PIECE
- ● DIRECT FREE KICK
- ● PENALTY KICK
- ● OWN GOAL

- ● COMBINATION PLAY
- ● SOLO PLAY
- ● DIRECT FREE KICK
- ● PENALTY KICK
- ● OWN GOAL

- ● SHORT PASSES
- ● LONG BALLS
- ● CROSSES

- ● 성공
- ● 실패

상대 슈팅 패턴

38경기 360
10 9
21
58 18
315

실점 패턴 1
38경기 28골
8 8
5 22
1

실점 패턴 2
38경기 34골
8 8
20
6 22

상대 패스 시도
38경기 평균 376
19 66
291

공중전
16.2 평균 34.3 18.1

상대 포지션별 실점

DF진 4골
MF진 9골
FW진 21골

* 자책골 실점 1골

패스 성공률
하프라인 위쪽 68%
하프라인 아래 87%

SERIE A

LIGUE 1
Uber Eats

패　　　왕　　　재　　　등
覇王再登

리그1의 '절대강자(覇王)'가 정상에 '다시 올랐다(再登)'. 프랑스리그 최강 PSG가 2022~23시즌 리그1에서 또 우승했다. 1970년 팀 창단 이후 통산 11번째, 그리고 최근 10년간 8번째 우승을 차지한 것이다. 하지만 2022~23시즌 우승은 쉽지 않았다. 랑스와 치열하게 경쟁한 끝에 승점 1점 차이로 아슬아슬하게 시즌을 마쳤다. PSG는 올 여름 이적시장 때 리오넬 메시를 미국 MLS의 인테르 마이애미로 보냈고, 대한민국의 이강인을 영입하는 등 대대적으로 선수단을 개편했다. PSG는 2023~24시즌에도 여전히 우승후보 '0순위'로 꼽힌다. 유럽 주요 베팅 사이트들은 이 팀의 우승 배당률을 0.2~0.25배로 매겼다. 이변이 없는 한 또 우승을 할 것이라는 예상이다. 마르세유, 랑스, AS 모나코, 릴, 스타드 렌, 니스 등이 '2위 경쟁'과 함께 챔피언스리그 진출권을 다툴 전망이다.

2023-24시즌 리그1 우승 배당률

예상	팀	벳365	스카이벳	패디파워	윌리엄힐
1	Paris Saint-Germain	0.25배	0.25배	0.2배	0.25배
2	Marseille	14배	11배	9배	10배
3	Lens	20배	22배	20배	20배
4	AS Monaco	20배	28배	20배	20배
5	Lille	20배	22배	33배	20배
6	Lyon	25배	33배	33배	25배
7	Stade de Rennes	33배	40배	40배	40배
8	Nice	50배	80배	50배	50배
9	Stade de Reims	200배	250배	200배	250배
10	Strasbourg	200배	250배	275배	300배
11	Toulouse	250배	500배	250배	250배
12	Montpellier	250배	500배	500배	500배
13	Clermont Foot	350배	500배	500배	500배
14	Lorient	500배	500배	500배	500배
15	Nantes	350배	500배	500배	500배
16	Le Havre	750배	—	—	1000배
17	Brest	1000배	1000배	500배	1000배
18	Metz	1000배	1000배	500배	1000배

2022-23시즌 리그1 순위

순위	팀	경기	승	무	패	득점	실점	득실	승점
1	Paris Saint-Germain	38	27	4	7	89	40	49	85
2	Lens	38	25	9	4	68	29	39	84
3	Marseille	38	22	7	9	67	40	27	73
4	Stade de Rennes	38	21	5	12	69	39	30	68
5	Lille	38	19	10	9	65	44	21	67
6	AS Monaco	38	19	8	11	70	58	12	65
7	Lyon	38	18	8	12	65	47	18	62
8	Clermont Foot	38	17	8	13	45	49	-4	59
9	Nice	38	15	13	10	48	37	11	58
10	Lorient	38	15	10	13	52	53	-1	55
11	Stade de Reims	38	12	15	11	45	45	0	51
12	Montpellier	38	15	5	18	65	62	3	50
13	Toulouse	38	13	9	16	51	57	-6	48
14	Brest	38	11	11	16	44	54	-10	44
15	Strasbourg	38	9	13	16	51	59	-8	40
16	Nantes	38	7	15	16	37	55	-18	36
17	Auxerre	38	8	11	19	35	63	-28	35
18	AC Ajaccio	38	7	5	26	23	74	-51	26
19	Troyes	38	4	12	22	45	81	-36	24
20	Angers	38	4	6	28	33	81	-48	18

Uber Eats
ON 2023

2023-24 LIGUE 1
MATCH SCHEDULE

*시간은 프랑스 현지 시간. 대한민국은 프랑스보다 8시간 빠름

DAY 1

2023.8.13	Montpellier	vs	Le Havre
2023.8.13	Brest	vs	Lens
2023.8.13	Paris SG	vs	Lorient
2023.8.13	Clermont	vs	Monaco
2023.8.13	Nantes	vs	Toulouse
2023.8.13	Strasbourg	vs	Lyon
2023.8.13	Nice	vs	Lille
2023.8.13	Rennes	vs	Metz
2023.8.13	Marseille	vs	Stade de Reims

DAY 2

2023.8.20	Lens	vs	Rennes
2023.8.20	Le Havre	vs	Brest
2023.8.20	Metz	vs	Marseille
2023.8.20	Stade de Reims	vs	Clermont
2023.8.20	Lorient	vs	Nice
2023.8.20	Toulouse	vs	Paris SG
2023.8.20	Lyon	vs	Montpellier
2023.8.20	Monaco	vs	Strasbourg
2023.8.20	Lille	vs	Nantes

DAY 3

2023.8.27	Clermont	vs	Metz
2023.8.27	Nantes	vs	Monaco
2023.8.27	Nice	vs	Lyon
2023.8.27	Montpellier	vs	Stade de Reims
2023.8.27	Strasbourg	vs	Toulouse
2023.8.27	Lorient	vs	Lille
2023.8.27	Rennes	vs	Le Havre
2023.8.27	Paris SG	vs	Lens
2023.8.27	Marseille	vs	Brest

DAY 4

2023.9.3	Nantes	vs	Marseille
2023.9.3	Le Havre	vs	Lorient
2023.9.3	Metz	vs	Stade de Reims
2023.9.3	Brest	vs	Rennes
2023.9.3	Nice	vs	Strasbourg
2023.9.3	Lyon	vs	Paris SG
2023.9.3	Monaco	vs	Lens
2023.9.3	Toulouse	vs	Clermont
2023.9.3	Lille	vs	Montpellier

DAY 5

2023.9.17	Clermont	vs	Nantes
2023.9.17	Stade de Reims	vs	Brest
2023.9.17	Lens	vs	Metz
2023.9.17	Lyon	vs	Le Havre
2023.9.17	Strasbourg	vs	Montpellier
2023.9.17	Lorient	vs	Monaco
2023.9.17	Rennes	vs	Lille
2023.9.17	Paris SG	vs	Nice
2023.9.17	Marseille	vs	Toulouse

DAY 6

2023.9.24	Le Havre	vs	Clermont
2023.9.24	Metz	vs	Strasbourg
2023.9.24	Montpellier	vs	Rennes
2023.9.24	Brest	vs	Lyon
2023.9.24	Nantes	vs	Lorient
2023.9.24	Lens	vs	Toulouse
2023.9.24	Monaco	vs	Nice
2023.9.24	Paris SG	vs	Marseille
2023.9.24	Lille	vs	Stade de Reims

DAY 7

2023.10.1	Nice	vs	Brest
2023.10.1	Clermont	vs	Paris SG
2023.10.1	Stade de Reims	vs	Lyon
2023.10.1	Le Havre	vs	Lille
2023.10.1	Monaco	vs	Marseille
2023.10.1	Lorient	vs	Montpellier
2023.10.1	Rennes	vs	Nantes
2023.10.1	Strasbourg	vs	Lens
2023.10.1	Toulouse	vs	Metz

DAY 8

2023.10.8	Lens	vs	Lille
2023.10.8	Metz	vs	Nice
2023.10.8	Montpellier	vs	Clermont
2023.10.8	Brest	vs	Toulouse
2023.10.8	Stade de Reims	vs	Monaco
2023.10.8	Lyon	vs	Lorient
2023.10.8	Rennes	vs	Paris SG
2023.10.8	Strasbourg	vs	Nantes
2023.10.8	Marseille	vs	Le Havre

DAY 9

2023.10.22	Nice	vs	Marseille
2023.10.22	Nantes	vs	Montpellier
2023.10.22	Le Havre	vs	Lens
2023.10.22	Lyon	vs	Clermont
2023.10.22	Toulouse	vs	Stade de Reims
2023.10.22	Lille	vs	Brest
2023.10.22	Lorient	vs	Rennes
2023.10.22	Paris SG	vs	Strasbourg
2023.10.22	Monaco	vs	Metz

DAY 10

2023.10.29	Lens	vs	Nantes
2023.10.29	Metz	vs	Le Havre
2023.10.29	Montpellier	vs	Toulouse
2023.10.29	Brest	vs	Paris SG
2023.10.29	Stade de Reims	vs	Lorient
2023.10.29	Clermont	vs	Nice
2023.10.29	Marseille	vs	Lyon
2023.10.29	Rennes	vs	Strasbourg
2023.10.29	Lille	vs	Monaco

DAY 11

2023.11.5	Monaco	vs	Brest
2023.11.5	Lyon	vs	Metz
2023.11.5	Nice	vs	Rennes
2023.11.5	Nantes	vs	Stade de Reims
2023.11.5	Lorient	vs	Lens
2023.11.5	Marseille	vs	Lille
2023.11.5	Strasbourg	vs	Clermont
2023.11.5	Paris SG	vs	Montpellier
2023.11.5	Toulouse	vs	Le Havre

DAY 12

2023.11.12	Le Havre	vs	Monaco
2023.11.12	Metz	vs	Nantes
2023.11.12	Montpellier	vs	Nice
2023.11.12	Brest	vs	Strasbourg
2023.11.12	Lens	vs	Marseille
2023.11.12	Stade de Reims	vs	Paris SG
2023.11.12	Lille	vs	Toulouse
2023.11.12	Rennes	vs	Lyon
2023.11.12	Clermont	vs	Lorient

DAY 13

2023.11.26	Nice	vs	Toulouse
2023.11.26	Clermont	vs	Lens
2023.11.26	Nantes	vs	Le Havre
2023.11.26	Montpellier	vs	Brest
2023.11.26	Lyon	vs	Lille
2023.11.26	Lorient	vs	Metz
2023.11.26	Strasbourg	vs	Marseille
2023.11.26	Paris SG	vs	Monaco
2023.11.26	Rennes	vs	Stade de Reims

DAY 14

2023.12.3	Lens	vs	Lyon
2023.12.3	Nantes	vs	Nice
2023.12.3	Le Havre	vs	Paris SG
2023.12.3	Brest	vs	Clermont
2023.12.3	Stade de Reims	vs	Strasbourg
2023.12.3	Lille	vs	Metz
2023.12.3	Marseille	vs	Rennes
2023.12.3	Toulouse	vs	Lorient
2023.12.3	Monaco	vs	Montpellier

DAY 15

2023.12.10	Nice	vs	Stade de Reims
2023.12.10	Clermont	vs	Lille
2023.12.10	Metz	vs	Brest
2023.12.10	Montpellier	vs	Lens
2023.12.10	Lyon	vs	Toulouse
2023.12.10	Lorient	vs	Marseille
2023.12.10	Strasbourg	vs	Le Havre
2023.12.10	Paris SG	vs	Nantes
2023.12.10	Rennes	vs	Monaco

DAY 16

2023.12.17	Lens	vs	Stade de Reims
2023.12.17	Nantes	vs	Brest
2023.12.17	Le Havre	vs	Nice
2023.12.17	Metz	vs	Montpellier
2023.12.17	Lille	vs	Paris SG
2023.12.17	Monaco	vs	Lyon
2023.12.17	Marseille	vs	Clermont
2023.12.17	Toulouse	vs	Rennes
2023.12.17	Lorient	vs	Strasbourg

DAY 17

2023.12.20	Clermont	vs	Rennes
2023.12.20	Stade de Reims	vs	Le Havre
2023.12.20	Montpellier	vs	Marseille
2023.12.20	Nice	vs	Lens
2023.12.20	Brest	vs	Lorient
2023.12.20	Lyon	vs	Nantes
2023.12.20	Strasbourg	vs	Lille
2023.12.20	Paris SG	vs	Metz
2023.12.20	Toulouse	vs	Monaco

DAY 18

2024.1.14	Le Havre	vs	Lyon
2024.1.14	Metz	vs	Toulouse
2024.1.14	Brest	vs	Montpellier
2024.1.14	Nantes	vs	Clermont
2024.1.14	Lens	vs	Paris SG
2024.1.14	Rennes	vs	Nice
2024.1.14	Monaco	vs	Stade de Reims
2024.1.14	Marseille	vs	Strasbourg
2024.1.14	Lille	vs	Lorient

DAY 19

2024.1.28	Clermont	vs	Strasbourg
2024.1.28	Stade de Reims	vs	Nantes
2024.1.28	Montpellier	vs	Lille
2024.1.28	Nice	vs	Metz
2024.1.28	Lyon	vs	Rennes
2024.1.28	Paris SG	vs	Brest
2024.1.28	Marseille	vs	Monaco
2024.1.28	Toulouse	vs	Lens
2024.1.28	Lorient	vs	Le Havre

DAY 20

2024.2.4	Nantes	vs	Lens
2024.2.4	Metz	vs	Lorient
2024.2.4	Brest	vs	Nice
2024.2.4	Stade de Reims	vs	Toulouse
2024.2.4	Lyon	vs	Marseille
2024.2.4	Strasbourg	vs	Paris SG
2024.2.4	Monaco	vs	Le Havre
2024.2.4	Rennes	vs	Montpellier
2024.2.4	Lille	vs	Clermont

DAY 21

2024.2.11	Clermont	vs	Brest
2024.2.11	Lens	vs	Strasbourg
2024.2.11	Le Havre	vs	Rennes
2024.2.11	Nice	vs	Monaco
2024.2.11	Montpellier	vs	Lyon
2024.2.11	Lorient	vs	Stade de Reims
2024.2.11	Toulouse	vs	Nantes
2024.2.11	Paris SG	vs	Lille
2024.2.11	Marseille	vs	Metz

DAY 22

2024.2.18	Nantes	vs	Paris SG
2024.2.18	Montpellier	vs	Metz
2024.2.18	Brest	vs	Marseille
2024.2.18	Stade de Reims	vs	Lens
2024.2.18	Lyon	vs	Nice
2024.2.18	Strasbourg	vs	Lorient
2024.2.18	Monaco	vs	Toulouse
2024.2.18	Rennes	vs	Clermont
2024.2.18	Lille	vs	Le Havre

DAY 23

2024.2.25	Nice	vs	Clermont
2024.2.25	Lens	vs	Monaco
2024.2.25	Le Havre	vs	Stade de Reims
2024.2.25	Lorient	vs	Nantes
2024.2.25	Metz	vs	Lyon
2024.2.25	Marseille	vs	Montpellier
2024.2.25	Strasbourg	vs	Brest
2024.2.25	Paris SG	vs	Rennes
2024.2.25	Toulouse	vs	Lille

DAY 24

2024.3.3	Stade de Reims	vs	Lille
2024.3.3	Nantes	vs	Metz
2024.3.3	Montpellier	vs	Strasbourg
2024.3.3	Clermont	vs	Marseille
2024.3.3	Brest	vs	Le Havre
2024.3.3	Lyon	vs	Lens
2024.3.3	Toulouse	vs	Nice
2024.3.3	Rennes	vs	Lorient
2024.3.3	Monaco	vs	Paris SG

DAY 25

2024.3.10	Nice	vs	Montpellier
2024.3.10	Lens	vs	Brest
2024.3.10	Le Havre	vs	Toulouse
2024.3.10	Metz	vs	Clermont
2024.3.10	Lille	vs	Rennes
2024.3.10	Lorient	vs	Lyon
2024.3.10	Strasbourg	vs	Monaco
2024.3.10	Paris SG	vs	Stade de Reims
2024.3.10	Marseille	vs	Nantes

DAY 26

2024.3.17	Nantes	vs	Strasbourg
2024.3.17	Lens	vs	Nice
2024.3.17	Montpellier	vs	Paris SG
2024.3.17	Brest	vs	Lille
2024.3.17	Monaco	vs	Lorient
2024.3.17	Stade de Reims	vs	Metz
2024.3.17	Toulouse	vs	Lyon
2024.3.17	Rennes	vs	Marseille
2024.3.17	Clermont	vs	Le Havre

DAY 27

2024.3.31	Clermont	vs	Toulouse
2024.3.31	Le Havre	vs	Montpellier
2024.3.31	Metz	vs	Monaco
2024.3.31	Nice	vs	Nantes
2024.3.31	Lyon	vs	Stade de Reims
2024.3.31	Strasbourg	vs	Rennes
2024.3.31	Lorient	vs	Brest
2024.3.31	Marseille	vs	Paris SG
2024.3.31	Lille	vs	Lens

DAY 28

2024.4.7	Nantes	vs	Lyon
2024.4.7	Montpellier	vs	Lorient
2024.4.7	Brest	vs	Metz
2024.4.7	Lens	vs	Le Havre
2024.4.7	Stade de Reims	vs	Nice
2024.4.7	Paris SG	vs	Clermont
2024.4.7	Monaco	vs	Rennes
2024.4.7	Toulouse	vs	Strasbourg
2024.4.7	Lille	vs	Marseille

DAY 29

2024.4.14	Clermont	vs	Montpellier
2024.4.14	Le Havre	vs	Nantes
2024.4.14	Metz	vs	Lens
2024.4.14	Lyon	vs	Brest
2024.4.14	Monaco	vs	Lille
2024.4.14	Strasbourg	vs	Stade de Reims
2024.4.14	Marseille	vs	Nice
2024.4.14	Rennes	vs	Toulouse
2024.4.14	Lorient	vs	Paris SG

DAY 30

2024.4.21	Lens	vs	Clermont
2024.4.21	Le Havre	vs	Metz
2024.4.21	Brest	vs	Monaco
2024.4.21	Stade de Reims	vs	Montpellier
2024.4.21	Nantes	vs	Rennes
2024.4.21	Nice	vs	Lorient
2024.4.21	Toulouse	vs	Marseille
2024.4.21	Paris SG	vs	Lyon
2024.4.21	Lille	vs	Strasbourg

DAY 31

2024.4.28	Clermont	vs	Stade de Reims
2024.4.28	Metz	vs	Lille
2024.4.28	Montpellier	vs	Nantes
2024.4.28	Lyon	vs	Monaco
2024.4.28	Lorient	vs	Toulouse
2024.4.28	Paris SG	vs	Le Havre
2024.4.28	Rennes	vs	Brest
2024.4.28	Strasbourg	vs	Nice
2024.4.28	Marseille	vs	Lens

DAY 32

2024.5.4	Toulouse	vs	Montpellier
2024.5.4	Lille	vs	Lyon
2024.5.4	Monaco	vs	Clermont
2024.5.4	Stade de Reims	vs	Marseille
2024.5.4	Nice	vs	Paris SG
2024.5.4	Lens	vs	Lorient
2024.5.4	Metz	vs	Rennes
2024.5.4	Brest	vs	Nantes
2024.5.4	Le Havre	vs	Strasbourg

DAY 33

2024.5.11	Clermont	vs	Lyon
2024.5.11	Montpellier	vs	Monaco
2024.5.11	Brest	vs	Stade de Reims
2024.5.11	Nice	vs	Le Havre
2024.5.11	Nantes	vs	Lille
2024.5.11	Marseille	vs	Lorient
2024.5.11	Strasbourg	vs	Metz
2024.5.11	Paris SG	vs	Toulouse
2024.5.11	Rennes	vs	Lens

DAY 34

2024.5.18	Lens	vs	Montpellier
2024.5.18	Le Havre	vs	Marseille
2024.5.18	Metz	vs	Paris SG
2024.5.18	Stade de Reims	vs	Rennes
2024.5.18	Monaco	vs	Nantes
2024.5.18	Toulouse	vs	Brest
2024.5.18	Lorient	vs	Clermont
2024.5.18	Lille	vs	Nice
2024.5.18	Lyon	vs	Strasbourg

Founded 구단 창립 1970년

 Owner 카타르 스포츠 투자 회사

 CEO 나세르 알켈라이피 1973.11.12

 Manager 루이스 엔리케 1970.05.08

23-24 Odds 벳365 : 0.25배 스카이벳 : 0.22배

Nationality 외국 선수 16명 / 프랑스 13명

Age 29명 평균 24.8세

Height 29명 평균 182cm

Market Value 1군 29명 평균 3269만 유로

Game Points 22-23 : 85점 통산 : 3196점

Win 22-23 27승 / 통산 905승

Draw 22-23 4무 / 통산 481무

Loss 22-23 7패 / 통산 483패

Goals For 22-23 89득점 / 통산 3021득점

Goals Against 22-23 40실점 / 통산 1993실점

More Minutes 잔루이지 돈나룸마 3410분

Top Scorer 킬리안 음바페 29골

More Assists 리오넬 메시 16도움

More Subs 워런 자이르-에메리 18회 교체 IN

More Cards 마르코 베라티 Y10+R1

RANKING OF LAST 10 YEARS

13-14	14-15	15-16	16-17	17-18	18-19	19-20	20-21	21-22	22-23
1	1	1	2	1	1	1	2	1	1
89점	83점	96점	87점	93점	91점	68점	82점	86점	85점

🏆 11 FRENCH LIGUE-1	🏆 14 COUPE DE FRANCE	🏆 0 UEFA CHAMPIONS LEAGUE	🏆 0 UEFA EUROPA LEAGUE	🏆 0 FIFA CLUB WORLD CUP	🏆 0 UEFA-CONMEBOL INTERCONTINENTAL

TOTO GUIDE 지난 시즌 상대팀별 전적

상대팀	홈	원정
Lens	3-1	1-3
Marseille	1-0	3-0
Rennes	0-2	0-1
Lille	4-3	7-1
Monaco	1-1	1-3
Lyon	0-1	1-0
Clermont	2-3	5-0
Nice	2-1	2-0
Lorient	1-3	2-1
Reims	1-1	0-0
Montpellier	5-2	3-1
Toulouse	2-1	3-0
Brest	1-0	2-1
Strasbourg	2-1	1-1
Nantes	4-2	3-0
Auxerre	5-0	2-1
AC Ajaccio	5-0	3-0
Troyes	4-3	3-1
Angers	2-0	2-1

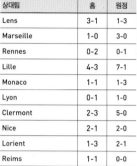

PARC DES PRINCES

구장 오픈 / 증개축 1972년, 증개축 3회
구장 소유 파리 시의회
수용 인원 4만 7929명
피치 규모 105m X 68m
잔디 종류 하이브리드 잔디

STRENGTHS & WEAKNESSES

OFFENSE		DEFENSE	
직접 프리킥	A	세트피스 수비	B
문전 처리	A	상대 볼 뺏기	C
측면 돌파	B	공중전 능력	E
스루볼 침투	A	역습 방어	E
개인기 침투	C	지공 방어	C
카운터 어택	A	스루패스 방어	E
기회 만들기	B	리드 지키기	D
세트피스	C	실수 조심	C
OS 피하기	D	측면 방어력	C
중거리 슈팅	A	파울 주의	C
볼 점유율	A	중거리슈팅 수비	C

매우 강함 **A** 강한 편 **B** 보통 수준 **C** 약한 편 **D** 매우 약함 **E**

위치	선수	국적	생년월일	출전(분)	출전경기	선발11	교체인	교체아웃	벤치출발	득점	도움	경고	경고누적	퇴장
GK	Gianluigi Donnarumma	ITA	99-02-25	3410	38	38	0	1	0	0	0	3	0	0
	Alexandre Letellier	FRA	90-12-11	10	1	0	1	0	16	0	0	0	0	0
	Sergio Rico	ESP	93-09-01	0	0	0	0	0	25	0	0	0	0	0
	Lucas Lavallée	FRA	03-02-18	0	0	0	0	0	1	0	0	0	0	0
DF	Marquinhos	BRA	94-05-14	2718	33	30	3	4	3	2	0	4	0	0
	Sergio Ramos	ESP	86-03-30	2708	33	31	2	4	2	2	1	3	0	1
	Achraf Hakimi	MAR	98-11-04	2053	28	23	5	2	6	5	3	6	1	1
	Juan Bernat	ESP	93-03-01	1647	28	18	10	8	1	1	4	1	0	0
	Nuno Mendes	POR	02-06-19	1553	23	18	5	10	6	1	5	2	0	0
	Nordi Mukiele	FRA	97-11-01	1133	19	12	7	3	9	0	3	0	0	0
	Presnel Kimpembe	FRA	95-08-13	730	11	9	2	2	2	0	0	3	0	0
	El Chadaille Bitshiabu	FRA	05-05-16	580	13	6	7	4	26	0	0	2	0	0
	Timothée Pembele	FRA	02-09-09	265	5	4	1	4	9	0	1	0	0	0
	Serif Nhaga	POR	05-09-01	0	0	0	0	0	6	0	0	0	0	0
	Nehemiah Fernandez-Veliz	FRA	04-12-11	0	0	0	0	0	1	0	0	0	0	0
	Hugo Lamy	FRA	04-01-16	0	0	0	0	0	2	0	0	0	0	0
MF	Vitinha	POR	00-02-13	2459	36	29	7	21	8	2	3	3	0	0
	Danilo Pereira	POR	91-09-09	2410	33	27	6	8	9	2	0	3	0	0
	Marco Verratti	ITA	92-11-05	2205	29	27	2	13	2	0	0	10	0	1
	Fabián Ruiz	ESP	96-04-03	1897	27	21	6	11	6	3	2	0	0	0
	Carlos Soler	ESP	97-01-02	1187	26	14	12	11	17	3	2	0	0	0
	Warren Zaire-Emery	FRA	06-03-08	916	26	8	18	3	27	2	0	1	0	0
	Renato Sanches	POR	97-08-18	705	23	6	17	6	18	2	0	1	0	0
	Ismaël Gharbi	FRA	04-04-10	52	6	0	6	0	26	0	0	1	0	0
FW	Lionel Messi	ARG	87-06-24	2842	32	32	0	5	0	16	16	0	0	0
	Kylian Mbappé	FRA	98-12-20	2822	34	32	2	6	2	29	5	6	0	0
	Neymar	BRA	92-02-05	1553	20	18	2	8	2	13	11	5	1	0
	Hugo Ekitike	FRA	02-06-20	1152	25	12	13	12	25	3	4	0	0	0
	Ilyes Housni	FRA	05-05-14	10	1	0	1	0	14	0	0	0	0	0

LIGUE 1 2022-23 SEASON

PARIS SAINT GERMAIN FC vs. OPPONENTS PER GAME STATS

PSG vs 상대팀

항목	PSG	상대
득점	2.34	1.05
슈팅	15.1	11.8
유효슈팅	6.6	4.2
코너킥	5.4	3.8
오프사이드	2.0	1.5
패스시도	683	439
패스성공	618	369
패스성공률	91%	84%
태클	16.1	21.4
공중전승리	6.6	5.4
인터셉트	7.8	11.5
파울	10.0	11.6
경고	1.50	1.32
퇴장	0.132	0.105

2022-23 SEASON SQUAD LIST & GAMES PLAYED

* 괄호 안의 숫자는 선발 출전 횟수로 교체 출전은 포함시키지 않음

LW
K.음바페(3), 네이마르(2)

CF
K.음바페(29), L.메시(14)
H.에키티케(12), 네이마르(7)

RW
L.메시(3), P.사라비아(2)

LAM
네이마르(1)

CAM
L.메시(15), 네이마르(8)
C.솔레르(4), P.사라비아(1)
비티냐(1), F.루이스(1)

RAM
C.솔레르(1)

LM
N.멘데스(2), J.베르나트(1)
A.하키미(1), 비티냐(1)

CM
비티냐(26), M.베라티(29)
F.루이스(19), C.솔레르(8)
R.산체스(1), D.페레이라(3)
W.자이르-에메리(3)

RM
A.하키미(3), C.솔레르(1)
W.자이르-에메리(1)

LWB
N.멘데스(11), J.베르나트(11)

DM
R.산체스(1), D.페레이라(1)
W.자이르-에메리(1), M.베라티(1)
F.루이스(1), 비티냐(1)

RWB
A.하키미(11), N.무키엘레(6)
W.자이르-에메리(3), T.펨벨레(2)

LB
N.멘데스(5), J.베르나트(5)
E.C.비치아뷔(1), A.하키미(1)

CB
S.라모스(31), 마르퀴뇨스(30)
D.페레이라(23), P.킴펨베(9)
E.C.비치아뷔(5), N.무키엘레(3)
J.베르나트(1)

RB
A.하키미(7), N.무키엘레(3)
T.펨벨레(2)

GK
G.돈나룸마(38)

SHOTS & GOALS

38경기 총 572슈팅 – 89득점
38경기 상대 총 449슈팅 – 40실점

46-13
343-66
183-10

유효 슈팅 251		비유효 슈팅 321	
득점	89	블록 당함	143
GK 방어	162	골대 밖	165
유효슈팅률	44%	골대 맞음	13

유효 슈팅 161		비유효 슈팅 288	
실점	40	블록	113
GK 방어	121	골대 밖	170
유효슈팅률	36%	골대 맞음	5

175-3
245-26
29-11

GOAL TIME | POSSESSION

시간대별 득점

20 14
8 17
16 14

득실차
전반 골 득실차 +28
후반 골 득실차 +21
전체 골 득실차 +49

시간대별 실점

8 4
4 6
12 7

전체 평균
61% / 25% / 50%

홈경기
61% / 25% / 50%

원정경기
61% / 25% / 50%

TACTICAL SHOT & GOAL TYPES | PASSES PER GAME | CORNER | DUELS pg

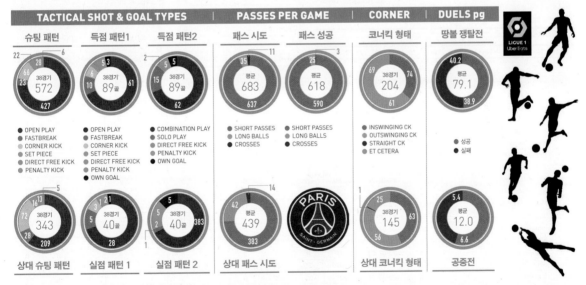

슈팅 패턴 — 38경기 572
22 / 6 / 28 / 66 / 23 / 427
- OPEN PLAY
- FASTBREAK
- CORNER KICK
- SET PIECE
- DIRECT FREE KICK
- PENALTY KICK

득점 패턴1 — 38경기 89골
5 / 3 / 61 / 10 / 6
- OPEN PLAY
- FASTBREAK
- CORNER KICK
- SET PIECE
- DIRECT FREE KICK
- PENALTY KICK
- OWN GOAL

득점 패턴2 — 38경기 89골
15 / 62
- COMBINATION PLAY
- SOLO PLAY
- DIRECT FREE KICK
- PENALTY KICK
- OWN GOAL

패스 시도 — 평균 683
35 / 11 / 637
- SHORT PASSES
- LONG BALLS
- CROSSES

패스 성공 — 평균 618
25 / 3 / 590
- SHORT PASSES
- LONG BALLS
- CROSSES

코너킥 형태 — 38경기 204
69 / 74 / 61
- INSWINGING CK
- OUTSWINGING CK
- STRAIGHT CK
- ET CETERA

땅볼 쟁탈전 — 평균 79.1
40.2 / 38.9
- 성공
- 실패

상대 슈팅 패턴 — 38경기 343
16 / 5 / 72 / 28 / 209

실점 패턴 1 — 38경기 40골
3 / 2 / 1 / 5 / 28

실점 패턴 2 — 38경기 40골
5 / 2 / 383 / 1

상대 패스 시도 — 평균 439
42 / 14 / 383

상대 코너킥 형태 — 38경기 145
25 / 63 / 56

공중전 — 평균 12.0
5.4 / 6.6

FORMATION SUMMARY | WHO SCORED | ACTION ZONE | PASSESS pg BY ZONE

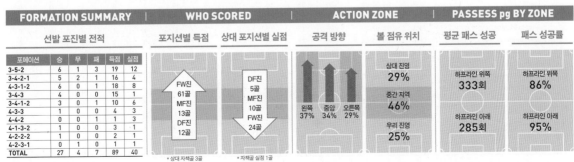

선발 포진별 전적

포메이션	승	무	패	득점	실점
3-5-2	6	1	3	19	12
3-4-2-1	5	2	1	16	4
4-3-1-2	6	0	1	18	8
3-4-3	4	0	0	15	1
3-4-1-2	3	0	1	10	6
4-3-3	1	0	0	4	3
4-4-2	0	0	1	1	3
4-1-3-2	1	0	0	3	1
4-2-2-2	1	0	0	2	1
4-2-3-1	0	1	0	1	1
TOTAL	27	4	7	89	40

포지션별 득점
FW진 61골
MF진 13골
DF진 12골
* 상대 자책골 3골

상대 포지션별 실점
DF진 5골
MF진 10골
FW진 24골
* 자책골 실점 1골

공격 방향
왼쪽 37% / 중앙 34% / 오른쪽 29%

볼 점유 위치
상대 진영 29%
중간 지역 46%
우리 진영 25%

평균 패스 성공
하프라인 위쪽 333회
하프라인 아래 285회

패스 성공률
하프라인 위쪽 86%
하프라인 아래 95%

RC LENS

Founded
구단 창립
1906년

Owner
솔페리노 SARL

CEO
조셉 오울리안
1972.02.15

Manager
프랑크 에스
1971.04.15

23-24 Odds
벳365 : 20배
스카이벳 : 20배

 1 | 0 | 0 | 0 | 0 | 0

| FRENCH LIGUE-1 | COUPE DE FRANCE | UEFA CHAMPIONS LEAGUE | UEFA EUROPA LEAGUE | FIFA CLUB WORLD CUP | UEFA-CONMEBOL INTERCONTINENTAL |

Nationality
● 외국 선수 15명
● 프랑스 14명

Age
29명 평균
25.4세

Height
29명 평균
180cm

Market Value
1군 29명 평균
771만 유로

Game Points
22-23 : 84점
통산 : 3085점

Win
22-23 : 25승
통산 : 827승

Draw
22-23 : 9무
통산 : 604무

Loss
22-23 : 4패
통산 : 803패

Goals For
22-23 : 68득점
통산 : 3157득점

Goals Against
22-23 : 29실점
통산 : 3142실점

More Minutes
브라이스 삼바
3330분

Top Scorer
로이스 오펜다
21골

More Assists
플로리앙 소토카
9도움

More Subs
마사디오 아이다라
19회 교체 IN

More Cards
케빈 단소
Y7+R1

RANKING OF LAST 10 YEARS

● 2부 리그

	13-14	14-15	15-16	16-17	17-18	18-19	19-20	20-21	21-22	22-23
순위	2	20	6	4	14	5	2	7	7	2
점수	65점	29점	58점	65점	43점	63점	53점	57점	62점	84점

TOTO GUIDE 지난 시즌 상대팀별 전적

상대팀	홈	원정
Paris SG	3-1	1-3
Marseille	2-1	1-0
Rennes	2-1	1-0
Lille	1-1	0-1
Monaco	3-0	4-1
Lyon	1-0	1-2
Clermont	2-1	4-0
Nice	0-1	0-0
Lorient	5-2	3-1
Reims	2-1	1-1
Montpellier	1-0	1-1
Toulouse	3-0	1-0
Brest	3-2	1-1
Strasbourg	2-1	2-2
Nantes	3-1	0-0
Auxerre	1-0	3-1
AC Ajaccio	3-0	0-0
Troyes	1-0	1-1
Angers	3-0	2-1

STADE BOLLAERT-DELELIS

구장 오픈 / 증개축
1933년, 증개축 6회
구장 소유
랑스 시
수용 인원
3만 8223명
피치 규모
105m X 68m
잔디 종류
천연 잔디

STRENGTHS & WEAKNESSES

OFFENSE		DEFENSE	
직접 프리킥	C	세트피스 수비	A
문전 처리	B	상대 볼 뺏기	C
측면 돌파	C	공중전 능력	C
스루볼 침투	C	역습 방어	C
개인기 침투	B	지공 방어	C
카운터 어택	C	스루패스 방어	C
기회 만들기	B	리드 지키기	B
세트피스	C	실수 조심	C
OS 피하기	C	측면 방어력	C
중거리 슈팅	C	파울 주의	C
볼 점유율	B	중거리슈팅 수비	C

매우 강함 A 강한 편 B 보통 수준 C 약한 편 D 매우 약함 E

위치	선수	국적	생년월일	출전(분)	출전경기	선발11	교체인	교체아웃	벤치출발	득점	도움	경고	경고누적	퇴장
GK	Brice Samba	CGO	94-04-25	3330	37	37	0	0	1	0	0	3	0	0
	Jean-Louis Leca	FRA	85-09-21	90	1	1	0	0	36	0	0	0	0	0
	Wuilker Fariñez	VEN	98-02-15	0	0	0	0	0	0	0	0	0	0	0
	Yannick Pandor	FRA	01-05-01	0	0	0	0	0	1	0	0	0	0	0
DF	Kevin Danso	AUT	98-09-19	3234	37	37	0	1	0	1	2	7	0	1
	Przemysław Frankowski	POL	95-04-12	2838	37	31	6	13	6	5	3	4	0	0
	Jonathan Gradit	FRA	92-11-24	2830	33	33	0	7	0	1	3	7	0	0
	Facundo Medina	ARG	99-05-28	2784	32	32	0	5	2	2	4	7	0	0
	Deiver Machado	COL	92-09-02	2205	33	26	7	25	9	4	3	5	0	1
	Massadio Haidara	MLI	92-12-02	1655	36	17	19	5	19	0	1	5	0	0
	Julien Le Cardinal	FRA	97-08-03	161	8	2	6	2	18	0	0	0	0	0
	Ismaël Boura	FRA	00-08-14	84	9	1	9	0	30	0	0	0	0	0
	Steven Fortes	CPV	92-04-17	6	1	0	1	0	11	0	0	0	0	0
	Adrien Louveau	FRA	00-02-01	0	0	0	0	0	5	0	0	0	0	0
MF	Seko Fofana	FRA	95-05-07	3078	35	34	1	6	2	7	5	2	0	0
	Salis Abdul Samed	GHA	00-03-26	2897	33	33	0	2	0	1	1	6	0	1
	David Costa	POR	01-01-05	1409	31	16	15	15	19	1	3	2	0	0
	Adrien Thomasson	FRA	93-12-10	1286	20	16	4	13	4	5	5	1	0	0
	Angelo Fulgini	FRA	96-08-20	865	17	12	5	12	5	1	1	0	0	0
	Jean Onana	CMR	00-01-08	806	21	9	12	8	24	0	0	3	0	0
	Alexis Claude-Maurice	FRA	98-06-06	596	20	5	15	5	21	5	3	0	0	0
	Jimmy Cabot	FRA	94-04-18	508	11	5	6	2	6	0	1	2	0	0
	Łukasz Poręba	POL	00-03-13	257	10	3	7	3	34	0	1	1	0	0
	Yaya Fofana	MLI	04-06-12	0	0	0	0	0	2	0	0	0	0	0
FW	Florian Sotoca	FRA	90-10-25	3063	38	34	4	14	4	7	9	4	0	0
	Loïs Openda	BEL	00-02-16	2529	38	29	9	25	9	21	4	2	0	0
	Wesley Saïd	FRA	95-04-19	636	21	6	15	6	16	5	0	0	0	0
	Rémy Lascary	FRA	03-03-03	112	10	0	10	0	21	0	0	0	0	0
	Adam Buksa	POL	96-07-12	93	8	0	8	0	12	0	0	0	0	0

LIGUE 1 2022-23 SEASON

RC LENS vs. OPPONENTS PER GAME STATS

RC 랑스 vs 상대팀

아이콘: 독점 | 슈팅 | 유효슈팅 | 코너킥 | 오프사이드 | 패스시도 | 패스성공 | 패스성공률 | 태클 | 공중전승리 | 인터셉트 | 파울 | 경고 | 퇴장

1.79 (독점) 0.76	13.9 (슈팅) 10.3	5.4 (유효슈팅) 3.4	5.4 (코너킥) 4.2	1.6 (오프사이드) 1.4	541 (PA) 429	467 (PC) 344
86% (P%) 80%	14.2 (TK) 14.6	10.8 (AD) 9.9	8.9 (IT) 10.7	12.9 (파울) 14.8	1.66 (경고) 2.08	0.079 (퇴장) 0.079

2022-23 SEASON SQUAD LIST & GAMES PLAYED

* 괄호 안의 숫자는 선발 출전 횟수, 교체 출전은 포함시키지 않음

LW	CF	RW
D.코스타(7), A.풀지니(2), A.클로드-모리스(1), A.토마손(1)	L.오펜다(28), F.소토카(6), W.사이드(5), A.풀지니(1)	F.소토카(7), A.토마손(3), W.사이드(1)

LAM	CAM	RAM
A.풀지니(2)	F.소토카(14), A.토마손(10), D.코스타(8), A.클로드-모리스(4), A.풀지니(7), S.포파나(2)	F.소토카(2)

LM	CM	RM
D.코스타(1), D.마차도(1), L.오펜다(1)	S.A.사메드(30), S.포파나(30), J.오나나(8), L.포레바(3), A.토마손(2)	F.소토카(2), P.프랑코프스키(1)

LWB	DM	RWB
D.마차도(24), M.하이다라(6), P.프랑코프스키(3)	S.A.사메드(2), S.포파나(2)	P.프랑코프스키(24), J.카보(5), F.소토카(3), J.L.카르디날(1)

LB	CB	RB
M.하이다라(3), D.마차도(1)	K.단소(37), J.그라디트(33), F.메디나(32), M.하이다라(8), J.오나나(1)	P.프랑코프스키(3), J.L.카르디날(1)

GK
B.삼바(37), J.레카(1)

SHOTS & GOALS

38경기 총 527슈팅 - 68득점
38경기 상대 총 390슈팅 - 29실점

```
44-14
319-49
164-5
```

유효 슈팅 188		비유효 슈팅 339	
득점	68	블록 당함	110
GK 방어	120	골대 밖	218
유효슈팅률	36%	골대 맞음	11

유효 슈팅 130		비유효 슈팅 260	
실점	29	블록	116
GK 방어	101	골대 밖	141
유효슈팅률	33%	골대 맞음	3

```
134-4
227-17
29-8
```

GOAL TIME | POSSESSION

시간대별 득점

13 6 / 13 14 / 14

전체 평균

75% 56% 25%
50%

득실차

전반 골 득실차 +20	
후반 골 득실차 +19	
전체 골 득실차 +39	

홈경기

75% 56% 25%
50%

시간대별 실점

5 3 / 5 8 / 3

원정경기

75% 56% 25%
50%

TACTICAL SHOT & GOAL TYPES

슈팅 패턴
38경기 527

득점 패턴1
38경기 68골

득점 패턴2
38경기 68골

- OPEN PLAY
- FASTBREAK
- CORNER KICK
- SET PIECE
- DIRECT FREE KICK
- PENALTY KICK

- OPEN PLAY
- FASTBREAK
- CORNER KICK
- SET PIECE
- DIRECT FREE KICK
- PENALTY KICK
- OWN GOAL

- COMBINATION PLAY
- SOLO PLAY
- DIRECT FREE KICK
- PENALTY KICK
- OWN GOAL

상대 슈팅 패턴
38경기 390

실점 패턴 1
38경기 29골

실점 패턴 2
38경기 29골

PASSES PER GAME

패스 시도
평균 541

패스 성공
평균 467

- SHORT PASSES
- LONG BALLS
- CROSSES

- SHORT PASSES
- LONG BALLS
- CROSSES

상대 패스 시도
평균 429

RACING CLUB DE LENS
RCL

CORNER

코너킥 형태
38경기 204

- INSWINGING CK
- OUTSWINGING CK
- STRAIGHT CK
- ET CETERA

상대 코너킥 형태
38경기 161

DUELS pg

땅볼 쟁탈전
평균 70.2

- 성공
- 실패

공중전
평균 20.7

LIGUE 1 Uber Eats

FORMATION SUMMARY

선발 포진별 전적

포메이션	승	무	패	득점	실점
3-4-2-1	15	3	3	42	19
3-4-3	7	3	1	16	8
4-2-3-1	1	1	0	5	1
5-4-1	0	1	0	1	1
3-4-1-2	0	1	0	1	0
3-5-2	1	0	0	0	0
4-1-4-1	1	0	0	3	0
TOTAL	25	9	4	68	29

WHO SCORED

포지션별 득점

FW진 13골
MF진 20골
DF진 33골

* 상대 자책골 2골

상대 포지션별 실점

DF진 4골
MF진 7골
FW진 17골

* 자책골 실점 1골

ACTION ZONE

공격 방향

왼쪽 35% | 중앙 26% | 오른쪽 39%

볼 점유 위치

상대 진영 29%
중간 지역 46%
우리 진영 25%

PASSESS pg BY ZONE

평균 패스 성공

하프라인 위쪽 239회

하프라인 아래 228회

패스 성공률

하프라인 위쪽 77%

하프라인 아래 92%

OLYMPIQUE DE MARSEILLE

9	10	1	0	0	0
FRENCH LIGUE-1	**COUPE DE FRANCE**	**UEFA CHAMPIONS LEAGUE**	**UEFA EUROPA LEAGUE**	**FIFA CLUB WORLD CUP**	**UEFA-CONMEBOL INTERCONTINENTAL**

Founded
구단 창립
1899년

Owner
프랭크 맥코트
마르가리타 루이드레퓌스

CEO
파블로 롱고리아
1986.06.09

Manager
마르셀리노
1965.08.14

23-24 Odds
벳365 : 14배
스카이벳 : 11배

Nationality
● 외국 선수 18명
● 프랑스 6명

Age
24명 평균
25.8세

Height
24명 평균
182cm

Market Value
1군 24명 평균
1178만 유로

Game Points
22-23 : 73점
통산 : 4179점

Win
22-23 : 22승
통산 : 1171승

Draw
22-23 : 7무
통산 : 667무

Loss
22-23 : 9패
통산 : 778패

Goals For
22-23 : 67득점
통산 : 4210득점

Goals Against
22-23 : 40실점
통산 : 3342실점

More Minutes
발렝탕 론지에
3033분

Top Scorer
알렉스 산체스
14골

More Assists
조나탄 클로스
9도움

More Subs
디미트리 파예
15회 교체 IN

More Cards
레오나르도 발레르디
Y9+R1

RANKING OF LAST 10 YEARS

13-14	14-15	15-16	16-17	17-18	18-19	19-20	20-21	21-22	22-23
6 60점	4 69점	13 48점	5 62점	4 77점	5 61점	2 56점	5 60점	2 71점	3 73점

TOTO GUIDE 지난 시즌 상대팀별 전적

상대팀	홈	원정
Paris SG	0-3	0-1
Lens	0-1	1-2
Rennes	1-1	1-0
Lille	2-1	1-2
Monaco	1-1	3-2
Lyon	1-0	2-1
Clermont	1-0	2-0
Nice	1-3	3-0
Lorient	3-1	0-0
Reims	4-1	2-1
Montpellier	1-1	2-1
Toulouse	6-1	3-2
Brest	1-2	1-1
Strasbourg	2-2	2-2
Nantes	2-1	2-0
Auxerre	2-1	2-0
AC Ajaccio	1-2	0-1
Troyes	3-1	2-0
Angers	3-1	3-0

STADE VÉLODROME

구장 오픈 / 증개축
1937년, 증개축 4회
구장 소유
마르세유 시
수용 인원
6만 7394명
피치 규모
105m X 68m
잔디 종류
하이브리드 잔디

STRENGTHS & WEAKNESSES

OFFENSE		DEFENSE	
직접 프리킥	B	세트피스 수비	C
문전 처리	B	상대 볼 뺏기	B
측면 돌파	B	공중전 능력	C
스루볼 침투	C	역습 방어	D
개인기 침투	A	지공 방어	D
카운터 어택	B	스루패스 방어	C
기회 만들기	B	리드 지키기	C
세트피스	A	실수 조심	C
OS 피하기	D	측면 방어력	C
중거리 슈팅	C	파울 주의	C
볼 점유율	B	중거리슈팅 수비	D

매우 강함 A 강한 편 B 보통 수준 C 약한 편 D 매우 약함 E

위치	선수	국적	생년월일	출전(분)	출전경기	선발11	교체인	교체아웃	벤치출발	득점	도움	경고	경고누적	퇴장
GK	Pau López	ESP	94-12-13	3330	37	37	0	0	1	0	0	3	0	0
	Rubén Blanco	ESP	95-07-25	90	1	1	0	0	36	0	0	0	0	0
	Simon Ngapandouetnbu	CMR	03-04-12	0	0	0	0	0	1	0	0	0	0	0
DF	Chancel Mbemba	COD	94-08-08	3234	37	37	0	1	0	1	2	7	0	1
	Leonardo Balerdi	ARG	99-01-26	2838	37	31	6	13	6	5	3	4	0	0
	Jonathan Clauss	FRA	92-09-25	2830	33	33	0	7	0	1	3	7	0	0
	Nuno Tavares	POR	00-01-26	2784	32	32	0	5	2	2	4	7	0	0
	Sead Kolašinac	BIH	93-06-20	161	8	2	6	2	18	0	0	0	0	0
	Samuel Gigot	FRA	93-10-12	84	9	0	9	0	30	0	0	4	0	0
	Issa Kaboré	BFA	01-05-12	6	1	0	1	0	11	0	0	0	0	0
	Eric Bailly	CIV	94-04-12	0	0	0	0	0	5	0	0	0	0	0
MF	Valentin Rongier	FRA	94-12-07	3078	35	34	1	6	2	7	5	5	0	1
	Jordan Veretout	FRA	93-03-01	2897	33	33	0	2	0	1	1	6	0	1
	Cengiz Ünder	TUR	97-07-14	1409	31	15	15	19	1	3	1	0	0
	Mattéo Guendouzi	FRA	99-04-14	1286	20	16	4	13	4	5	5	1	0	0
	Ruslan Malinovskyi	UKR	93-05-04	865	17	10	5	12	5	1	1	0	0	0
	Dimitri Payet	FRA	87-03-29	806	21	9	12	8	24	0	0	3	0	0
	Amine Harit	MAR	97-06-18	596	20	5	15	5	21	5	3	0	0	0
	Azzedine Ounahi	MAR	00-04-19	508	11	5	6	2	6	0	1	2	0	0
	Bartuğ Elmaz	TUR	03-02-19	0	0	0	0	0	2	0	0	0	0	0
FW	Alexis Sánchez	CHI	88-12-19	3063	38	34	4	14	4	7	9	4	0	0
	Vítor Oliveira	POR	00-03-15	636	21	6	15	6	16	5	0	2	0	0
	François-Régis Mughe	CMR	04-06-16	112	10	0	10	0	21	0	0	0	0	0
	Esey Gebreyesus	SUI	04-01-23	93	8	0	8	0	12	0	0	0	0	0

LIGUE 1 2022-23 SEASON

OLYMPIQUE DE MARSEILLE vs. OPPONENTS PER GAME STATS

올랭픽 마르세유 vs 상대팀

	득점		슈팅		유효슈팅		코너킥		오프사이드		패스시도 PA		패스성공 PC
1.76	⚽	1.05	14.7	👟	11.3	4.9	◉	3.8	5.5	⚑	4.1	1.8	⚑	0.6	526	PA	398	438	PC	304

	패스성공률 P%		태클 TK		공중전승리 AD		인터셉트 IT		파울		경고		퇴장
83%	P%	77%	18.0	TK	17.9	13.1	AD	12.8	11.1	IT	11.9	14.0	🟨	11.6	1.66		1.68	0.105	⬛	0.000

2022-23 SEASON SQUAD LIST & GAMES PLAYED

* 괄호 안의 숫자는 선발 출전 횟수, 교체 출전은 포함시키지 않음

LW	CF	RW
M.귀엔두지(1), A.아리트(1) R.말리노프스키(1)	A.산체스(28), 비티냐(5) A.밀리크(2), L.수아레스(2) B.디앙(1)	R.말리노프스키(1), C.윈데르(1) M.귀엔두지(1)

LAM	CAM	RAM
N/A	C.윈데르(22), M.귀엔두지(13) R.말리노프스키(10), D.파예(9) 제르송(6), A.아리트(5), A.산체스(4), A.우나히(1)	N/A

LM	CM	RM
N/A	V.론지에(31), J.베레투(31) M.귀엔두지(10), P.게이(4)	N/A

LWB	DM	RWB
N.타바레스(20), J.클로스(6) J.클로스(9), I.카보레(2) R.말리노프스키(1)	N/A	J.클로스(23), I.카보레(7) C.윈데르(5), N.타바레스(3)

LB	CB	RB
N/A	C.음벰바(32), L.발레르디(30) S.지고(24), S.콜라시나치(20) E.바이(5), V.론지에(1)	N/A

GK		
P.로페스(32), R.블랑코(6)		

SHOTS & GOALS

38경기 총 560슈팅 - 67득점
38경기 상대 총 431슈팅 - 40실점

유효 슈팅 187		비유효 슈팅 373	
득점	67	블록 담함	158
GK 방어	120	골대 밖	203
유효슈팅률 52%		골대 맞음	12

유효 슈팅 145		비유효 슈팅 286	
실점	40	블록	103
GK 방어	105	골대 밖	172
유효슈팅률 34%		골대 맞음	11

GOAL TIME | POSSESSION

시간대별 득점

특실차	
전반 골 득실차	+10
후반 골 득실차	+17
전체 골 득실차	+27

시간대별 실점

전체 평균
57%

홈경기
59%

원정경기
55%

TACTICAL SHOT & GOAL TYPES | PASSES PER GAME | CORNER | DUELS pg

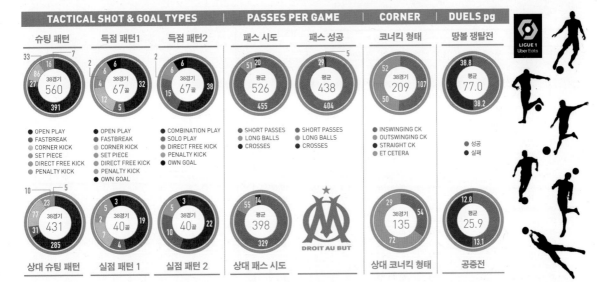

슈팅 패턴
38경기 560
- OPEN PLAY
- FASTBREAK
- CORNER KICK
- SET PIECE
- DIRECT FREE KICK
- PENALTY KICK

득점 패턴1
38경기 67골
- OPEN PLAY
- FASTBREAK
- CORNER KICK
- SET PIECE
- DIRECT FREE KICK
- PENALTY KICK
- OWN GOAL

득점 패턴2
38경기 67골
- COMBINATION PLAY
- SOLO PLAY
- DIRECT FREE KICK
- PENALTY KICK
- OWN GOAL

패스 시도
평균 526
- SHORT PASSES
- LONG BALLS
- CROSSES

패스 성공
평균 438
- SHORT PASSES
- LONG BALLS
- CROSSES

코너킥 형태
38경기 209
- INSWINGING CK
- OUTSWINGING CK
- STRAIGHT CK
- ET CETERA

땅볼 쟁탈전
평균 77.0
- 성공
- 실패

상대 슈팅 패턴
38경기 431

실점 패턴 1
38경기 40골

실점 패턴 2
38경기 40골

상대 패스 시도
평균 398

DROIT AU BUT

상대 코너킥 형태
38경기 135

공중전
평균 25.9
12.8 / 13.1

FORMATION SUMMARY | WHO SCORED | ACTION ZONE | PASSESS pg BY ZONE

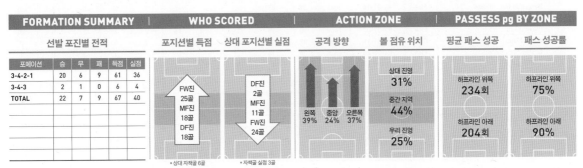

선발 포지션별 전적

포메이션	승	무	패	득점	실점
3-4-2-1	20	6	9	61	36
3-4-3	2	1	0	6	4
TOTAL	22	7	9	67	40

포지션별 득점
FW진 25골
MF진 18골
DF진 18골

* 상대 자책골 6골

상대 포지션별 실점
DF진 2골
MF진 11골
FW진 24골

* 자책골 실점 3골

공격 방향
왼쪽 39%
중앙 24%
오른쪽 37%

볼 점유 위치
상대 진영 31%
중간 지역 44%
우리 진영 25%

평균 패스 성공
하프라인 위쪽 234회
하프라인 아래 204회

패스 성공률
하프라인 위쪽 75%
하프라인 아래 90%

STADE RENNAIS FC

Founded
구단 창립
1901년

Owner
아르테미스 S.A.

CEO
니콜라스 홀벡
1971.06.05

Manager
브루노 제네시오
1966.09.01

23-24 Odds
벳365 : 33배
스카이벳 : 33배

	2		3		0		0		0		0
FRENCH LIGUE-1		COUPE DE FRANCE		UEFA CHAMPIONS LEAGUE		UEFA EUROPA LEAGUE		FIFA CLUB WORLD CUP		UEFA-CONMEBOL INTERCONTINENTAL	

31명
Nationality
● 외국 선수 14명
● 프랑스 17명

Age
31명 평균
24.4세

Height
31명 평균
183cm

Market Value
1군 31명 평균
1144만 유로

GP
Game Points
22-23 : 68점
통산 : 3128점

TOTO GUIDE 지난 시즌 상대팀별 전적

상대팀	홈	원정
Paris SG	1-0	2-0
Lens	0-1	1-2
Marseille	0-1	1-1
Lille	1-3	1-1
Monaco	2-0	1-1
Lyon	3-2	1-3
Clermont	2-0	1-2
Nice	2-1	1-2
Lorient	0-1	1-2
Reims	3-0	1-3
Montpellier	3-0	0-1
Toulouse	2-1	1-3
Brest	3-1	2-1
Strasbourg	3-0	3-1
Nantes	3-0	1-0
Auxerre	5-0	0-0
AC Ajaccio	2-1	5-0
Troyes	4-0	1-1
Angers	4-2	2-1

ROAZHON PARK

구장 오픈 / 증개축
1912년, 증개축 7회
구장 소유
렌 시
수용 인원
2만 9778명
피치 규모
105m X 68m
잔디 종류
하이브리드 잔디

STRENGTHS & WEAKNESSES

OFFENSE		DEFENSE	
직접 프리킥	C	세트피스 수비	C
문전 처리	B	상대 볼 뺏기	C
측면 돌파	A	공중전 능력	B
스루볼 침투	B	역습 방어	C
개인기 침투	A	지공 방어	C
카운터 어택	C	스루패스 방어	C
기회 만들기	C	리드 지키기	B
세트피스	C	실수 조심	C
OS 피하기	C	측면 방어력	C
중거리 슈팅	B	파울 주의	C
볼 점유율	B	중거리슈팅 수비	C

매우 강함 **A** 강한 편 **B** 보통 수준 **C** 약한 편 **D** 매우 약함 **E**

W
Win
22-23 : 21승
통산 : 839승

D
Draw
22-23 : 5무
통산 : 611무

L
Loss
22-23 : 12패
통산 : 924패

GF
Goals For
22-23 : 69득점
통산 : 3236득점

GA
Goals Against
22-23 : 39실점
통산 : 3450실점

More Minutes
아르투르 테아테
3129분

Top Scorer
아민 구이리
15골

More Assists
벤자맹 부리조
10도움

More Subs
비르기르 멜링
17회 교체 IN

C
More Cards
데시레 두에+3명
Y5+R0

RANKING OF LAST 10 YEARS

13-14	14-15	15-16	16-17	17-18	18-19	19-20	20-21	21-22	22-23
12	9	8	9	5	10	3	6	4	4
46점	50점	52점	50점	58점	52점	50점	58점	66점	68점

위치	선수	국적	생년월일	출전(분)	출전경기	선발11	교체인	교체아웃	벤치출발	득점	도움	경고	경고누적	퇴장
GK	Steve Mandanda	FRA	85-03-28	3016	34	34	0	2	1	0	1	1	0	0
	Doğan Alemdar	TUR	02-10-29	404	6	4	2	0	34	0	0	1	0	0
	Elias Damergy	TUN	02-10-17	0	0	0	0	0	3	0	0	0	0	0
	Romain Salin	FRA	84-07-29	0	0	0	0	0	3	0	0	1	1	0
DF	Arthur Theate	BEL	00-05-25	3129	35	35	0	2	1	4	0	5	0	0
	Hamary Traoré	MLI	92-01-27	2531	31	28	3	6	3	1	4	5	0	0
	Adrien Truffert	FRA	01-11-20	1961	28	24	4	11	4	0	6	2	0	0
	Joe Rodon	WAL	97-10-22	1418	16	16	0	1	17	1	0	2	0	1
	Warmed Omari	FRA	00-04-23	1363	16	15	1	0	5	0	0	2	0	1
	Birger Meling	NOR	94-12-17	1197	27	10	17	4	21	0	1	3	0	0
	Christopher Wooh	CMR	01-09-18	1007	13	12	1	2	12	0	0	4	0	0
	Djed Spence	ENG	00-08-09	575	8	7	1	3	4	0	0	0	0	0
	Jeanuël Belocian	FRA	05-02-17	508	8	6	2	4	22	0	0	0	0	0
	Lorenz Assignon	FRA	00-06-22	253	12	2	10	1	19	0	1	3	0	0
	Guéla Doué	FRA	02-10-17	10	2	0	2	0	17	0	0	0	0	0
	Gabriel Tutu	FRA	04-01-29	0	0	0	0	0	1	0	0	0	0	0
	Jérémy Jacquet	FRA	05-01-13	0	0	0	0	0	1	0	0	0	0	0
MF	Benjamin Bourigeaud	FRA	94-01-14	3084	37	37	0	20	0	7	10	5	1	0
	Baptiste Santamaria	FRA	95-03-09	1813	25	20	5	4	6	2	0	2	0	0
	Flavien Tait	FRA	93-02-02	1682	30	19	11	12	16	2	2	2	0	0
	Lovro Majer	CRO	98-01-17	1668	32	18	14	12	15	2	5	3	0	0
	Lesley Ugochukwu	FRA	04-03-26	1328	26	14	12	9	23	0	1	3	0	1
	Désiré Doué	FRA	05-06-03	1114	26	11	15	12	18	3	1	5	0	0
	Xeka	POR	94-11-10	551	8	6	2	2	2	0	0	1	0	0
FW	Amine Gouiri	FRA	00-02-16	2531	33	29	4	12	4	15	3	3	0	0
	Arnaud Kalimuendo	FRA	02-01-20	1862	30	24	6	21	6	7	3	0	0	0
	Martin Terrier	FRA	97-03-04	1330	16	16	0	9	0	9	4	0	0	0
	Jérémy Doku	BEL	02-05-27	1284	29	13	16	10	17	6	2	0	0	0
	Karl Toko Ekambi	CMR	92-09-14	973	17	11	6	9	6	4	1	0	0	0
	Ibrahim Salah	BEL	01-08-30	217	13	1	12	1	15	0	0	0	0	0
	Alan Do Marcolino	GBN	02-03-19	16	3	0	3	0	4	0	0	0	0	0

STADE RENNAIS FC vs. OPPONENTS PER GAME STATS

스타드 렌 vs 상대팀

	득점		슈팅		유효슈팅		코너킥		오프사이드		패스시도		패스성공
1.82	⚽	1.03	14.0	👟	9.9	5.1	◉	3.3	4.6	🚩	4.1	1.4	🏴	2.4	539	PA	429	457	PC	335

	패스성공률		태클		공중전승리		인터셉트		파울		경고		퇴장
85%	P%	78%	15.8	TK	17.0	13.1	AD	12.8	9.0	IT	10.7	12.2	🟨	10.4	1.53	⬜	1.45	0.158	⬛	0.132

2022-23 SEASON SQUAD LIST & GAMES PLAYED

*괄호 안의 숫자는 선발 출전 횟수로, 교체 출전은 포함시키지 않음

LW
M.테리에(4), B.부리조(2)
A.구이리(2), I.살라(1)
K.T.에캄비(1), F.타이트(1)

CF
A.칼리무엔도(24), A.구이리(17)
K.T.에캄비(4), M.테리에(3),
G.라보르드(3), D.두에(1)

RW
B.부리조(4), J.도쿠(3)
D.두에(2), K.술레마나(1)
A.구이리(1)

LAM
K.T.에캄비(1), M.테리에(1)
A.구이리(1)

CAM
D.두에(2), L.마예르(1)

RAM
B.부리조(3)

LM
M.테리에(8), A.구이리(7)
K.T.에캄비(5), J.도쿠(2)
D.두에(1), K.술레마나(1)

CM
F.타이트(17), L.마예르(16)
B.산타마리아(14), B.부리조(14)
세카(6), L.우고추쿠(9)
D.두에(3), A.구이리(1)

RM
B.부리조(14), J.도쿠(8)
D.두에(2)

LWB
A.트뤼페르(1)

DM
B.산타마리아(6), L.우고추쿠(5)
L.마예르(1), F.타이트(1)

RWB
H.트라오레(1)

LB
A.트뤼페르(23), B.멜링(9)
J.블로시앙(5)

CB
A.테아테(35), J.로돈(16)
W.오마리(15), C.우(12)
J.블로시앙(1), L.바데(1)

RB
H.트라오레(27), D.스펜스(7)
L.아시뇽(2), B.멜링(1)

GK
S.만당다(34), D.알렘다르(4)

SHOTS & GOALS

38경기 총 531슈팅 - 69득점
38경기 상대 총 375슈팅 - 39실점

37-10
320-54
174-5

유효 슈팅 195		비유효 슈팅 336	
득점	69	블록 당함	149
GK 방어	126	골대 밖	176
유효슈팅률	37%	골대 맞음	11

유효 슈팅 126		비유효 슈팅 249	
실점	39	블록	94
GK 방어	87	골대 밖	144
유효슈팅률	34%	골대 맞음	11

141-4
206-24
28-11

GOAL TIME | POSSESSION

시간대별 득점

13 10
13 9
13 11

득점차
전반 골 득실차 +14
후반 골 득실차 +16
전체 골 득실차 +30

시간대별 실점

6 3
8 7
9 6

전체 평균
56% / 75% / 25% / 50%

홈경기
54% / 75% / 25% / 50%

원정경기
57% / 75% / 25% / 50%

TACTICAL SHOT & GOAL TYPES | PASSES PER GAME | CORNER | DUELS pg

슈팅 패턴
38경기 531
13 / 15 / 3 / 17 / 403 / 80
- OPEN PLAY
- FASTBREAK
- CORNER KICK
- SET PIECE
- DIRECT FREE KICK
- PENALTY KICK

득점 패턴1
38경기 69골
1 / 3 3 / 6 / 4 / 51 / 47
- OPEN PLAY
- FASTBREAK
- CORNER KICK
- SET PIECE
- DIRECT FREE KICK
- PENALTY KICK
- OWN GOAL

득점 패턴2
38경기 69골
1 / 15 / 47
- COMBINATION PLAY
- SOLO PLAY
- DIRECT FREE KICK
- PENALTY KICK
- OWN GOAL

패스 시도
평균 539
53 / 15 / 471
- SHORT PASSES
- LONG BALLS
- CROSSES

패스 성공
평균 457
31 / 4 / 422
- SHORT PASSES
- LONG BALLS
- CROSSES

코너킥 형태
38경기 174
33 / 63 / 78
- INSWINGING CK
- OUTSWINGING CK
- STRAIGHT CK
- ET CETERA

땅볼 쟁탈전
평균 76.7
38.5 / 38.2
- 성공
- 실패

상대 슈팅 패턴
38경기 375
10 / 5 / 23 / 88 / 22 / 247
상대 패스 시도
평균 429
54 / 15 / 360

실점 패턴 1
38경기 39골
3 1 / 7 / 4 / 21
상대 코너킥 형태
38경기 155
52 / 55 / 46

실점 패턴 2
38경기 39골
3 1 / 8 / 27
공중전
평균 25.9
12.8 / 13.1

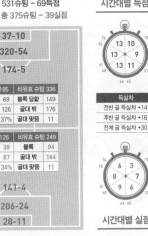

FORMATION SUMMARY | WHO SCORED | ACTION ZONE | PASSESS pg BY ZONE

선발 포진별 전적

포메이션	승	무	패	득점	실점
4-4-2	9	1	4	28	16
4-3-3	4	3	3	14	11
4-1-4-1	5	0	2	19	5
4-2-3-1	1	1	1	4	4
5-4-1	1	0	2	3	3
3-4-3	1	0	0	1	0
TOTAL	21	5	12	69	39

포지션별 득점
FW진 44골
MF진 16골
DF진 6골
* 상대 자책골 3골

상대 포지션별 실점
DF진 3골
MF진 10골
FW진 25골
* 자책골 실점 1골

공격 방향
왼쪽 40% / 중앙 24% / 오른쪽 36%

볼 점유 위치
상대 진영 29%
중간 지역 47%
우리 진영 24%

평균 패스 성공
하프라인 위쪽 244회
하프라인 아래 213회

패스 성공률
하프라인 위쪽 75%
하프라인 아래 90%

LILLE OSC

 Founded 구단 창립 1944년

 Owner 메를린 파트너스

 CEO 올리비에 레탕 1972.11.29

 Manager 파울로 폰세카 1973.03.05

 23-24 Odds 벳365 : 20배 스카이벳 : 20배

 Nationality ● 외국 선수 16명 ● 프랑스 13명

 Age 29명 평균 25.2세

 Height 29명 평균 182cm

 Market Value 1군 29명 평균 960만 유로

Game Points 22-23 : 67점 통산 : 3330점

 Win 22-23 : 19승 통산 : 898승

 Draw 22-23 : 10무 통산 : 636무

 Loss 22-23 : 9패 통산 : 794패

 Goals For 22-23 : 65득점 통산 : 3265득점

 Goals Against 22-23 : 44실점 통산 : 2905실점

 More Minutes 조나단 데이비드 3179분

 Top Scorer 조나단 데이비드 24골

 More Assists 레미 카벨라 10도움

 More Subs 모하메드 바요 21회 교체 IN

 More Cards 벵자맹 앙드레 Y12+R0

 4 FRENCH LIGUE-1 | 6 COUPE DE FRANCE | 0 UEFA CHAMPIONS LEAGUE | 0 UEFA EUROPA LEAGUE | 0 FIFA CLUB WORLD CUP | 0 UEFA-CONMEBOL INTERCONTINENTAL

TOTO GUIDE 지난 시즌 상대팀별 전적

상대팀	홈	원정
Paris SG	1-7	3-4
Lens	1-0	1-1
Marseille	2-1	1-2
Rennes	1-1	3-1
Monaco	4-3	0-0
Lyon	3-3	0-1
Clermont	0-0	2-0
Nice	1-2	0-1
Lorient	3-1	1-2
Reims	1-1	0-1
Montpellier	2-1	3-1
Toulouse	2-1	2-0
Brest	2-1	0-0
Strasbourg	2-0	3-0
Nantes	2-1	1-1
Auxerre	4-1	1-1
AC Ajaccio	3-0	3-1
Troyes	5-1	1-1
Angers	1-0	0-1

STADE PIERRE-MAUROY

구장 오픈 2012년
구장 소유 에파쥐 SA
수용 인원 5만 186명
피치 규모 105m X 68m
잔디 종류 하이브리드 잔디

STRENGTHS & WEAKNESSES

OFFENSE		DEFENSE	
직접 프리킥	C	세트피스 수비	A
문전 처리	C	상대 볼 뺏기	B
측면 돌파	B	공중전 능력	D
스루볼 침투	B	역습 방어	D
개인기 침투	C	지공 방어	C
카운터 어택	C	스루패스 방어	C
기회 만들기	B	리드 지키기	C
세트피스	B	실수 조심	D
OS 피하기	C	측면 방어력	C
중거리 슈팅	C	파울 주의	C
볼 점유율	A	중거리슈팅 수비	C

매우 강함 **A** 강한 편 **B** 보통 수준 **C** 약한 편 **D** 매우 약함 **E**

RANKING OF LAST 10 YEARS

13-14	14-15	15-16	16-17	17-18	18-19	19-20	20-21	21-22	22-23
3 / 71점	8 / 56점	5 / 60점	11 / 46점	17 / 38점	2 / 75점	4 / 49점	1 / 83점	10 / 55점	5 / 67점

위치	선수	국적	생년월일	출전(분)	출전경기	선발11	교체인	교체아웃	벤치출발	득점	도움	경고	경고누적	퇴장
GK	Lucas Chevalier	FRA	01-11-06	2880	32	32	0	0	6	0	0	1	0	0
	Adam Jakubech	SVK	97-01-02	0	0	0	0	0	19	0	0	0	0	0
	Benoît Costil	FRA	87-07-03	0	0	0	0	0	19	0	0	0	0	0
DF	Bafodé Diakité	FRA	01-01-06	2652	33	29	4	4	5	3	0	6	0	0
	José Fonte	POR	83-12-22	2593	31	30	1	2	3	1	0	7	0	0
	Tiago Djaló	POR	00-04-09	2022	25	24	1	6	1	2	0	7	0	0
	Ismaily	BRA	90-01-11	1783	23	21	2	7	5	2	1	0	0	0
	Alexsandro	BRA	99-08-09	1608	21	16	5	1	20	3	0	4	0	0
	Gabriel Gudmundsson	SWE	99-04-29	832	18	9	9	4	15	0	0	3	0	0
	Leny Yoro	FRA	05-11-13	766	13	8	5	2	24	0	0	0	0	0
	Simon Ramet	FRA	03-03-13	0	1	0	1	0	11	0	0	0	0	0
	Abdoulaye Ousmane	MRT	00-02-22	0	0	0	0	0	1	0	0	0	0	0
MF	Benjamin André	FRA	90-08-03	2919	34	33	1	5	1	1	1	12	0	0
	Angel Gomes	ENG	00-08-31	2836	36	34	2	23	2	2	6	9	0	0
	Rémy Cabella	FRA	90-03-08	2534	32	28	4	13	5	7	10	3	0	0
	André Gomes	POR	93-07-30	1628	26	18	8	7	8	3	2	6	0	0
	Carlos Baleba	CMR	04-01-03	470	19	5	14	5	27	0	0	3	0	1
	Jonas Martin	FRA	90-04-09	270	12	2	10	2	33	0	2	2	0	0
	Joffrey Bazié	BFA	03-10-27	0	0	0	0	0	0	0	0	0	0	0
	Matteo Makhabe	FRA	03-11-28	0	0	0	0	0	2	0	0	0	0	0
FW	Jonathan David	CAN	00-01-14	3179	37	36	1	14	1	24	4	6	0	0
	Jonathan Bamba	FRA	96-03-26	2790	34	32	2	9	2	6	7	6	0	0
	Timothy Weah	USA	00-02-22	1747	29	18	11	9	12	0	2	2	0	0
	Adam Ounas	ALG	96-11-11	1065	21	12	9	10	9	1	1	2	0	0
	Edon Zhegrova	KVX	99-03-31	1054	22	11	11	8	19	3	4	1	0	0
	Mohamed Bayo	GUI	98-06-04	635	27	6	21	5	29	4	1	1	0	0
	Alan Virginius	FRA	03-01-03	246	15	1	14	1	26	1	0	1	0	0
	Amine Messoussa	FRA	04-10-12	0	1	0	1	0	2	0	0	0	0	0
	Ichem Ferrah	FRA	05-09-23	0	0	0	0	0	2	0	0	0	0	0

LILLE OSC vs. OPPONENTS PER GAME STATS

릴 OSC vs 상대팀

릴 OSC		상대팀		
1.71	득점	1.16	14.7	슈팅	8.7
5.6	유효슈팅	3.3	5.7	코너킥	3.6
1.7	오프사이드	2.2	581	패스시도	374
500	패스성공	285			
86%	패스성공율	76%	16.7	태클	19.2
11.7	공중전승리	12.3	7.9	인터셉트	10.6
13.1	파울	13.3	2.16	경고	1.97
0.026	퇴장	0.158			

2022-23 SEASON SQUAD LIST & GAMES PLAYED

*괄호 안의 숫자는 선발 출전 횟수, 교체 출전은 포함시키지 않음

LW
J.방바(1)

CF
J.데이비드(31), M.바요(6)
A.비르지뉴스(1), T.웨아(1)
J.방바(1)

RW
A.우나스(1)

LAM
J.방바(25), R.카벨라(6)
J.데이비드(1)

CAM
R.카벨라(18), A.고메스(13)
Y.아지지(3), J.데이비드(3)
J.방바(1), C.카벨라(1)

RAM
A.우나스(9), E.제그로바(9)
T.웨아(3), J.데이비드(3)
J.방바(3), R.카벨라(3)
ng.고메스(2), G.귀드윈드손(1)

LM
Ang.고메스(1), J.방바(1)

CM
B.앙드레(4), Ang.고메스(3)
And.고메스(2), C.발레바(1)
J.마르탱(1), R.카벨라(1)

RM
A.우나스(1)

LWB
이스마일리(3)

DM
B.앙드레(29), And.고메스(16)
Ang.고메스(16), C.발레바(3)
J.마르탱(1), L.요로(1)

RWB
E.제그로바(2), A.제다드카(1)

LB
이스마일리(18), T.웨아(6)
G.귀드윈드손(7), B.디아키테(2)
T.잘로(2)

CB
J.폰트(30), T.잘루(22)
A.히베이루(16), L.요로(7)
B.디아키테(4)

RB
B.디아키테(23), T.웨아(8)
A.제다드카(3), G.귀드윈드손(1)

GK
L.세바리에(32), L.자르짐(6)

SHOTS & GOALS

38경기 총 557슈팅 - 65득점
38경기 상대 총 329슈팅 - 44실점

49-11	
329-50	
179-4	

유효 슈팅 212		비유효 슈팅 345	
득점	65	블록 당함	154
GK 방어	147	골대 밖	177
유효슈팅율	38%	골대 맞음	14

유효 슈팅 125		비유효 슈팅 204	
실점	44	블록	77
GK 방어	81	골대 밖	120
유효슈팅율	38%	골대 맞음	7

107-4	
198-33	
24-7	

GOAL TIME | POSSESSION

시간대별 득점

16 5
12 9
11 12

득실차
전반 골 득실차 +4
후반 골 득실차 +17
전체 골 득실차 +21

10 5
4 6
11

시간대별 실점

전체 평균
61% | 25%
75% | 50%

홈경기
60% | 25%
75% | 50%

원정경기
61% | 25%
75% | 50%

TACTICAL SHOT & GOAL TYPES | PASSES PER GAME | CORNER | DUELS pg

슈팅 패턴 — 38경기 557 (16, 12, 24, 93, 375, 24)
- OPEN PLAY
- FASTBREAK
- CORNER KICK
- SET PIECE
- DIRECT FREE KICK
- PENALTY KICK

득점 패턴1 — 38경기 65골 (11, 2, 7, 4, 41)
- OPEN PLAY
- FASTBREAK
- CORNER KICK
- SET PIECE
- DIRECT FREE KICK
- PENALTY KICK

득점 패턴2 — 38경기 65골 (11, 14, 40)
- COMBINATION PLAY
- SOLO PLAY
- DIRECT FREE KICK
- PENALTY KICK
- OWN GOAL

패스 시도 — 평균 581 (49, 16, 516)
- SHORT PASSES
- LONG BALLS
- CROSSES

패스 성공 — 평균 500 (29, 4, 467)
- SHORT PASSES
- LONG BALLS
- CROSSES

코너킥 형태 — 38경기 217 (59, 81, 76)
- INSWINGING CK
- OUTSWINGING CK
- STRAIGHT CK
- ET CETERA

땅볼 쟁탈전 — 평균 80.2 (40.4, 39.8)
- 성공
- 실패

상대 슈팅 패턴 — 38경기 329 (8, 5, 28, 53, 28, 207)

실점 패턴 1 — 38경기 44골 (3, 4, 2, 4, 25)

실점 패턴 2 — 38경기 44골 (3, 5, 4, 26)

상대 패스 시도 — 평균 374 (55, 13, 306)

상대 코너킥 형태 — 38경기 136 (22, 1, 57, 56)

공중전 — 평균 24.0 (12.3, 11.7)

LOSC

FORMATION SUMMARY | WHO SCORED | ACTION ZONE | PASSESS pg BY ZONE

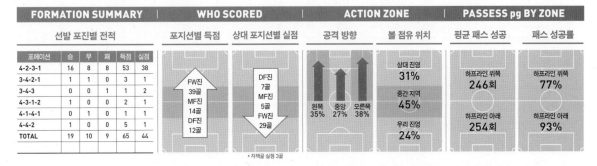

선발 포진별 전적

포메이션	승	무	패	득점	실점
4-2-3-1	16	8	8	53	38
3-4-2-1	1	1	0	3	1
3-4-3	0	0	1	1	2
4-3-1-2	1	0	0	2	1
4-1-4-1	0	1	0	1	1
4-4-2	1	0	0	5	1
TOTAL	19	10	9	65	44

WHO SCORED

포지션별 득점
FW진 39골
MF진 14골
DF진 12골

상대 포지션별 실점
DF진 7골
MF진 5골
FW진 29골

* 자책골 실점 3골

ACTION ZONE

공격 방향
왼쪽 35% / 중앙 27% / 오른쪽 38%

볼 점유 위치
상대 진영 31%
중간 지역 45%
우리 진영 24%

PASSESS pg BY ZONE

평균 패스 성공
하프라인 위쪽 246회
하프라인 아래 254회

패스 성공률
하프라인 위쪽 77%
하프라인 아래 93%

AS MONACO FC

Founded
구단 창립
1924년

Owner
에카테리나 리볼로블레바 드미트리 리볼로블레프
1989.06.04

CEO
1966.11.22

Manager
아디 휘터
1970.02.11

23-24 Odds
벳365 : 20배
스카이벳 : 25배

Nationality
● 외국 선수 15명
● 프랑스 14명

Age
29명 평균
23.9세

Height
29명 평균
181cm

Market Value
1군 29명 평균
1201만 유로

Game Points
22-23 : 65점
통산 : 3830점

Win
22-23 : 19승
통산 : 1061승

Draw
22-23 : 8무
통산 : 647무

Loss
22-23 : 11패
통산 : 662패

Goals For
22-23 : 70득점
통산 : 3596득점

Goals Against
22-23 : 58실점
통산 : 2683실점

More Minutes
알렉산데르 뉘벨
3420분

Top Scorer
위삼 벤예데르
19골

More Assists
카이우 엔리케
9도움

More Subs
이스마일 자콥스
23회 교체 IN

More Cards
모하메드 카마라
Y6+R1

RANKING OF LAST 10 YEARS

13-14	14-15	15-16	16-17	17-18	18-19	19-20	20-21	21-22	22-23
2 80점	3 71점	3 65점	1 95점	2 80점	17 36점	9 40점	3 78점	3 69점	6 65점

8	5	0	0	0	0
FRENCH LIGUE-1	COUPE DE FRANCE	UEFA CHAMPIONS LEAGUE	UEFA EUROPA LEAGUE	FIFA CLUB WORLD CUP	UEFA-CONMEBOL INTERCONTINENTAL

TOTO GUIDE 지난 시즌 상대팀별 전적

상대팀	홈	원정
Paris SG	3-1	1-1
Lens	1-4	0-3
Marseille	2-3	1-1
Rennes	1-1	0-2
Lille	0-0	3-4
Lyon	2-1	1-3
Clermont	1-1	2-0
Nice	0-3	1-0
Lorient	3-1	2-2
Reims	0-1	3-0
Montpellier	0-4	2-0
Toulouse	1-2	2-0
Brest	1-0	2-1
Strasbourg	4-3	2-1
Nantes	4-1	2-2
Auxerre	3-2	3-2
AC Ajaccio	7-1	2-0
Troyes	2-4	2-2
Angers	2-0	2-1

STADE LOUIS-II

구장 오픈 / 증개축
1985년, 증개축 2회
구장 소유
모나코 시
수용 인원
1만 6360명
피치 규모
105m X 68m
잔디 종류
하이브리드 잔디

STRENGTHS & WEAKNESSES

OFFENSE		DEFENSE	
직접 프리킥	C	세트피스 수비	C
문전 처리	B	상대 볼 뺏기	C
측면 돌파	B	공중전 능력	B
스루볼 침투	C	역습 방어	D
개인기 침투	B	지공 방어	C
카운터 어택	B	스루패스 방어	D
기회 만들기	B	리드 지키기	C
세트피스	C	실수 조심	C
OS 피하기	E	측면 방어력	D
중거리 슈팅	C	파울 주의	D
볼 점유율	D	중거리슈팅 수비	C

매우 강함 A 강한 편 B 보통 수준 C 약한 편 D 매우 약함 E

위치	선수	국적	생년월일	출전(분)	출전경기	선발11	교체인	교체아웃	벤치출발	득점	도움	경고	경고누적	퇴장
GK	Alexander Nübel	GER	96-09-30	3420	38	38	0	0	0	0	0	2	0	0
	Thomas Didillon	FRA	95-11-28	0	0	0	0	0	38	0	0	0	0	0
	Yann Liénard	FRA	03-03-16	0	0	0	0	0	0	0	0	0	0	0
DF	Axel Disasi	FRA	98-03-11	3330	38	37	1	1	1	3	3	3	0	0
	Caio Henrique	BRA	97-07-31	2897	35	32	3	5	4	1	9	3	0	0
	Vanderson	BRA	01-06-21	2217	31	24	7	9	8	1	4	4	1	0
	Guillermo Maripán	CHI	94-05-06	2160	26	25	1	3	6	3	0	5	1	0
	Ruben Aguilar	FRA	93-04-26	1173	20	14	6	7	11	0	0	3	0	0
	Ismail Jakobs	SEN	99-08-17	1098	32	9	23	2	26	0	2	3	0	0
	Malang Sarr	FRA	99-01-23	713	13	8	5	2	17	0	0	0	0	0
	Chrislain Matsima	FRA	02-05-15	445	8	5	3	2	10	0	1	0	0	0
	Yllan Okou	FRA	02-12-23	0	0	0	0	0	6	0	0	0	0	0
MF	Youssouf Fofana	FRA	99-01-10	3088	36	35	1	1	1	2	2	2	1	1
	Aleksandr Golovin	RUS	96-05-30	2481	34	29	5	22	5	8	7	5	0	0
	Mohamed Camara	MLI	00-01-06	2198	29	25	4	8	5	0	3	6	0	1
	Krépin Diatta	SEN	99-02-25	2077	31	22	9	14	11	4	4	3	0	0
	Eliot Matazo	BEL	02-02-15	1174	23	13	10	6	22	1	0	2	0	0
	Eliesse Ben Seghir	FRA	05-02-16	1058	19	13	6	13	8	4	1	1	0	0
	Maghnes Akliouche	FRA	02-02-25	402	11	5	6	6	22	0	0	3	0	0
	Gelson Martins	POR	95-05-11	340	11	3	8	3	16	0	0	0	0	0
	Jean Lucas	BRA	98-06-22	289	6	3	3	1	9	0	0	0	0	0
	Edan Diop	FRA	04-08-28	218	7	1	6	1	13	1	0	0	0	0
	Soungoutou Magassa	FRA	03-10-08	80	2	0	2	0	10	0	0	0	0	0
	Mamadou Coulibaly	FRA	04-04-21	0	0	0	0	0	1	0	0	0	0	0
FW	Wissam Ben Yedder	FRA	90-08-12	2129	32	28	4	19	8	19	6	4	0	0
	Breel Embolo	SUI	97-02-14	1854	32	19	13	9	13	12	2	3	0	0
	Takumi Minamino	JPN	95-01-16	726	18	10	8	10	27	1	3	2	0	0
	Kevin Volland	GER	92-07-30	636	17	7	10	7	15	3	2	1	0	0
	Myron Boadu	NED	01-01-14	289	12	3	9	2	22	3	0	0	0	0

AS MONACO FC vs. OPPONENTS PER GAME STATS

AS 모나코 vs 상대팀

	득점	슈팅	유효슈팅	코너킥	오프사이드	패스시도 PA	패스성공 PC	패스성공율 P%	태클 TK	공중전승리 AD	인터셉트 IT	파울	경고	퇴장

1.84	득점	1.53	12.6	슈팅	13.6	5.5	유효슈팅	5.2	4.4	코너킥	4.3	2.2	오프사이드	1.3	465	PA	507	374	PC	411
81%	P%	81%	18.3	TK	16.5	13.6	AD	12.1	11.2	IT	11.4	12.8	파울	11.3	1.68	경고	1.53	0.132	퇴장	0.053

2022-23 SEASON SQUAD LIST & GAMES PLAYED

* 괄호 안의 숫자는 선발 출전 횟수, 교체 출전은 포함시키지 않음

LW
A.골로빈(2)

CF
W.B.예데르(28), B.엠볼로(19)
E.B.세기르(8), K.폴란트(4)
M.보아두(3), M.아클리우슈(1)

RW
K.디아타(1), T.미나미노(1)

LAM
A.골로빈(4), I.야콥스(2)
G.마르틴스(1), T.미나미노(1)

CAM
A.골로빈(8), K.디아타(5)
T.미나미노(3), E.B.스리그(3)
K.폴란트(3), G.마르틴스(2)
S.디오프(1)

RAM
K.디아타(5), T.미나미노(2)
반데르손(1)

LM
A.골로빈(14), I.야콥스(3)
T.미나미노(2), E.B.세기르(1)

CM
Y.포파나(23), M.카마라(14)
E.마타조(10), J.루카스(2)
A.골로빈(1), E.B.세기르(1)

RM
K.디아타(10), 반데르손(4)
M.아클리우슈(4), G.마르틴스(1)
T.미나미노(1), E.디오프(1)

LWB
C.엔리케(4), I.야콥스(1)
K.디아타(1)

DM
Y.포파나(12), M.카마라(11)
E.마타조(3), J.루카스(1)

RWB
R.아길라르(1), 반데르손(3)

LB
C.엔리케(28), I.야콥스(3)

CB
A.디사시(36), G.마리판(25)
B.바디아실(9), M.사르(8)
C.마치마(4), C.엔리케(2)

RB
반데르손(16), R.아길라르(13)
C.마치마(1), A.디사시(1)

GK
A.뉘벨(38)

SHOTS & GOALS

38경기 총 480슈팅 - 70득점
38경기 상대 총 516슈팅 - 58실점

```
        42-19
       280-42
       158-9
```

유효 슈팅 208		비유효 슈팅 272	
득점	70	블록 당함	107
GK 방어	138	골대 밖	155
유효슈팅률	43%	골대 맞음	10

유효 슈팅 198		비유효 슈팅 318	
실점	58	블록	125
GK 방어	140	골대 밖	184
유효슈팅률	38%	골대 맞음	9

```
        196-4
       276-39
        44-15
```

GOAL TIME | POSSESSION

시간대별 득점

11 11 16
11 12
13 12 31
46 45

득실차
전반 골 득실차 +15
후반 골 득실차 -3
전체 골 득실차 +12

시간대별 실점

16 4
13 6
9 10 30
46 45

전체 평균
75% **48%** 25%
50%

홈경기
75% **48%** 25%
50%

원정경기
75% **48%** 25%
50%

TACTICAL SHOT & GOAL TYPES | PASSES PER GAME | CORNER | DUELS pg

슈팅 패턴
38경기 **480**
10 8 / 29 / 64 / 35 / 334

- ● OPEN PLAY
- ● FASTBREAK
- ● CORNER KICK
- ● SET PIECE
- ● DIRECT FREE KICK
- ● PENALTY KICK

득점 패턴1
38경기 **70골**
1 5 / 6 / 10 / 6 / 41

- ● OPEN PLAY
- ● FASTBREAK
- ● CORNER KICK
- ● SET PIECE
- ● DIRECT FREE KICK
- ● PENALTY KICK
- ● OWN GOAL

득점 패턴2
38경기 **70골**
1 5 / 16 / 1 / 47

- ● COMBINATION PLAY
- ● SOLO PLAY
- ● DIRECT FREE KICK
- ● PENALTY KICK
- ● OWN GOAL

패스 시도
평균 **465**
56 17 / 392

- ● SHORT PASSES
- ● LONG BALLS
- ● CROSSES

패스 성공
평균 **374**
30 4 / 340

- ● SHORT PASSES
- ● LONG BALLS
- ● CROSSES

코너킥 형태
38경기 **166**
13 / 72 80

- ● INSWINGING CK
- ● OUTSWINGING CK
- ● STRAIGHT CK
- ● ET CETERA

땅볼 쟁탈전
38.8 평균 **76.2** 37.4

- ● 성공
- ● 실패

상대 슈팅 패턴
38경기 **516**
11 5 / 26 / 80 / 33 / 361

실점 패턴 1
38경기 **58골**
1 5 / 4 / 6 / 7 / 32

실점 패턴 2
38경기 **58골**
1 5 3 / 9 / 40

상대 패스 시도
평균 **507**
55 15 / 437

상대 코너킥 형태
38경기 **163**
42 59 / 62

공중전
평균 **25.7**
12.1 / 13.6

FORMATION SUMMARY | WHO SCORED | ACTION ZONE | PASSESS pg BY ZONE

선발 포지션별 전적

포메이션	승	무	패	득점	실점
4-4-2	9	3	4	32	25
4-2-3-1	3	2	3	11	11
4-2-2-2	3	2	0	16	7
3-4-1-2	1	0	1	4	4
3-4-2-1	1	0	1	2	3
3-4-3	2	0	0	4	2
3-1-4-2	0	0	1	0	3
4-1-4-2	0	1	0	1	2
4-4-1-1	0	0	1	0	2
5-3-2	0	1	0	1	1
TOTAL	19	8	11	70	58

포지션별 득점

FW진 8골
MF진 22골
DF진 39골

* 상대 자책골 1골

상대 포지션별 실점

DF진 6골
MF진 12골
FW진 37골

* 자책골 실점 3골

공격 방향

왼쪽 32% 중앙 28% 오른쪽 40%

볼 점유 위치

상대 진영 31%
중간 지역 45%
우리 진영 24%

평균 패스 성공

하프라인 위쪽 202회
하프라인 아래 172회

패스 성공률

하프라인 위쪽 71%
하프라인 아래 89%

OLYMPIQUE LYONNAIS

Team Info

Founded 구단 창립 1950년	**Owner** 존 텍스터 OL 그룹	**CEO** 존 텍스터 1965.09.30	**Manager** 로랑 블랑 1965.11.19	**23-24 Odds** 벳365 : 25배 스카이벳 : 28배
Nationality ●외국 선수 10명 ●프랑스 17명 (27명)	**Age** 27명 평균 24.5세	**Height** 27명 평균 181cm	**Market Value** 1군 27명 평균 1008만 유로	**Game Points** 22-23 : 62점 통산 : 3695점
Win 22-23 : 18승 통산 : 1030승	**Draw** 22-23 : 8무 통산 : 606무	**Loss** 22-23 : 12패 통산 : 764패	**Goals For** 22-23 : 65득점 통산 : 3611득점	**Goals Against** 22-23 : 47실점 통산 : 3111실점
More Minutes 니콜라스 탈리아피코 2995분	**Top Scorer** 알렉상드르 라카제트 27골	**More Assists** 브래들리 바르콜라 8도움	**More Subs** 무사 뎀벨레 15회 교체 IN	**More Cards** 카스텔로 루케바 Y7+R1

7	5	0	0	0	0
FRENCH LIGUE-1	**COUPE DE FRANCE**	**UEFA CHAMPIONS LEAGUE**	**UEFA EUROPA LEAGUE**	**FIFA CLUB WORLD CUP**	**UEFA-CONMEBOL INTERCONTINENTAL**

RANKING OF LAST 10 YEARS

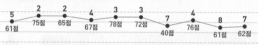

13-14	14-15	15-16	16-17	17-18	18-19	19-20	20-21	21-22	22-23
5 61점	2 75점	2 65점	4 67점	3 78점	3 72점	7 40점	4 76점	8 61점	7 62점

TOTO GUIDE 지난 시즌 상대팀별 전적

상대팀	홈	원정
Paris SG	0-1	1-0
Lens	2-1	0-1
Marseille	1-2	0-1
Rennes	3-1	2-3
Lille	1-0	3-3
Monaco	3-1	1-2
Clermont	0-1	1-2
Nice	1-1	1-3
Lorient	0-0	1-3
Reims	3-0	1-1
Montpellier	5-4	2-1
Toulouse	1-1	2-1
Brest	0-0	4-2
Strasbourg	1-2	2-1
Nantes	1-1	0-0
Auxerre	2-1	1-2
AC Ajaccio	2-1	2-0
Troyes	4-1	3-1
Angers	5-0	3-1

PARC OLYMPIQUE LYONNAIS

구장 오픈 2016년
구장 소유 OL 그룹
수용 인원 5만 9186명
피치 규모 105m X 68m
잔디 종류 하이브리드 잔디

STRENGTHS & WEAKNESSES

OFFENSE		DEFENSE	
직접 프리킥	B	세트피스 수비	B
문전 처리	B	상대 볼 뺏기	A
측면 돌파	B	공중전 능력	C
스루볼 침투	C	역습 방어	C
개인기 침투	B	지공 방어	C
카운터 어택	C	스루패스 방어	C
기회 만들기	C	리드 지키기	C
세트피스	C	실수 조심	C
OS 피하기	C	측면 방어력	C
중거리 슈팅	C	파울 주의	C
볼 점유율	A	중거리슈팅 수비	C

매우 강함 A | 강한 편 B | 보통 수준 C | 약한 편 D | 매우 약함 E

Squad

위치	선수	국적	생년월일	출전(분)	출전경기	선발11	교체인	교체아웃	벤치출발	득점	도움	경고	경고누적	퇴장
GK	Anthony Lopes	POR	90-10-01	2817	32	32	0	0	0	0	0	2	0	1
	Rémy Riou	FRA	87-08-06	600	7	6	1	0	32	0	0	0	0	0
	Kayne Bonnevie	FRA	01-07-22	0	0	0	0	0	7	0	0	0	0	0
DF	Nicolás Tagliafico	ARG	92-08-31	2995	34	34	0	4	0	1	3	5	0	0
	Castello Lukeba	FRA	02-12-17	2986	34	33	1	0	2	2	0	8	1	0
	Sinaly Diomandé	CIV	01-04-09	1959	24	22	2	3	8	0	0	2	0	1
	Dejan Lovren	CRO	89-07-05	1462	17	17	0	3	0	1	0	2	0	0
	Saël Kumbedi	FRA	05-03-26	1317	20	14	6	3	11	0	2	8	0	0
	Jérôme Boateng	GER	88-09-03	431	8	6	2	5	16	0	0	0	0	0
	Henrique Silva	BRA	94-04-25	351	7	3	4	0	29	0	1	0	0	0
	Malo Gusto	FRA	03-05-19	305	6	4	2	3	4	0	1	0	0	0
	Mamadou Sarr	FRA	05-08-29	7	1	0	1	0	7	0	0	0	0	0
	Achraf Laâziri	MAR	03-07-08	0	0	0	0	0	2	0	0	0	0	0
MF	Maxence Caqueret	FRA	00-02-15	2777	36	32	4	14	5	4	7	2	0	0
	Thiago Mendes	BRA	92-03-15	2063	31	22	9	8	15	1	1	3	0	0
	Corentin Tolisso	FRA	94-08-03	2045	30	25	5	14	14	1	2	3	0	0
	Johann Lepenant	FRA	02-10-22	1933	31	21	10	10	16	1	2	4	0	0
	Rayan Cherki	FRA	03-08-17	1871	34	21	13	12	17	4	6	3	0	0
	Houssem Aouar	FRA	98-06-30	522	16	6	10	6	20	1	1	2	0	0
	Jeffinho	BRA	99-12-30	443	9	4	5	2	9	1	0	1	0	0
	Mohamed El Arouch	FRA	04-04-06	0	1	0	1	0	8	0	0	0	0	0
FW	Alexandre Lacazette	FRA	91-05-28	2938	35	34	1	8	1	27	5	3	0	0
	Bradley Barcola	FRA	02-09-02	1434	26	15	11	7	16	5	8	3	0	0
	Moussa Dembélé	FRA	96-07-12	865	23	8	15	5	25	3	0	1	0	0
	Amin Sarr	SWE	01-03-11	536	13	6	7	5	10	1	1	0	0	0
	Djibrail Dib	FRA	02-07-03	0	0	0	0	0	2	0	0	0	0	0
	Sekou Bable Lega	FRA	03-01-21	0	0	0	0	0	7	0	0	0	0	0

OLYMPIQUE LYONNAIS vs. OPPONENTS PER GAME STATS

올랭피크 리옹 vs 상대팀

득점 · 슈팅 · 유효슈팅 · 코너킥 · 오프사이드 · 패스시도 · 패스성공 · 패스성공율 · 태클 · 공중전승리 · 인터셉트 · 파울 · 경고 · 퇴장

1.71 득점 1.24	13.7 슈팅 11.3	5.5 유효슈팅 4.2	4.8 코너킥 4.3	1.5 오프사이드 1.9	577 PA 418	491 PC 326
85% P% 78%	19.0 TK 20.3	12.0 AD 11.6	12.7 IT 12.7	13.2 파울 12.6	1.61 경고 1.74	0.079 퇴장 0.105

2022-23 SEASON SQUAD LIST & GAMES PLAYED

* 괄호 안의 숫자는 선발 출전 횟수, 교체 출전은 포함시키지 않음

LW	CF	RW
K.T.에캄비(9), R.세르키(5) A.사르(1)	A.라카제트(33), M.뎀벨레(8) A.사르(5), B.바르콜라(4) K.T.에캄비(1)	테테(9), B.바르콜라(5) 제피뉴(1)

LAM	CAM	RAM
K.T.에캄비(4), 제피뉴(3) B.바르콜라(1)	R.세르키(13), H.아우아(3) A.라카제트(1), M.카케레(1)	테테(4), B.바르콜라(3) R.세르키(1)

LM	CM	RM
N.탈리아피코(7), K.T.에캄비(1) B.바르콜라(1), R.세르키(1) 엔리케(1)	M.카케레(25), C.톨리소(18) J.르프탄(17), T.멘데스(9) R.페트르(3), H.아우아(3) L.파케타(2), J.렌-아델라이드(1)	M.구스토(4), S.쿰베디(4) 테테(1), R.세르키(1) B.바르콜라(1)

LWB	DM	RWB
N.탈리아피코(1)	C.톨리소(7), M.카케레(6) 르프탄(4), T.멘데스(2)	M.구스토(1)

LB	CB	RB
N.탈리아피코(26), D.다실바(2) 엔리케(1)	C.루케바(33), S.디오만데(18) D.로브렌(17), T.멘데스(10) J.보아텡(6), D.다실바(1)	M.구스토(14), S.쿰베디(10) S.디오만데(4), 엔리케(1)

GK
A.로페스(32), R.리우(6)

SHOTS & GOALS

38경기 총 521슈팅 - 65득점
38경기 상대 총 431슈팅 - 47실점

50-17
299-43
172-5

유효 슈팅 209		비유효 슈팅 312	
득점	65	블록 당함	150
GK 방어	144	골대 밖	157
유효슈팅률	40%	골대 맞음	5

유효 슈팅 158		비유효 슈팅 273	
실점	47	블록	113
GK 방어	111	골대 밖	153
유효슈팅률	37%	골대 맞음	7

142-3
266-36
23-8

GOAL TIME | POSSESSION

시간대별 득점

(16 11 9 15)

득실차	
전반 골 득실차	+4
후반 골 득실차	+14
전체 골 득실차	+18

시간대별 실점

(7 7 8 13)

전체 평균: 58% / 42%
홈경기: 59% / 41%
원정경기: 57% / 43%

TACTICAL SHOT & GOAL TYPES | PASSES PER GAME | CORNER | DUELS pg

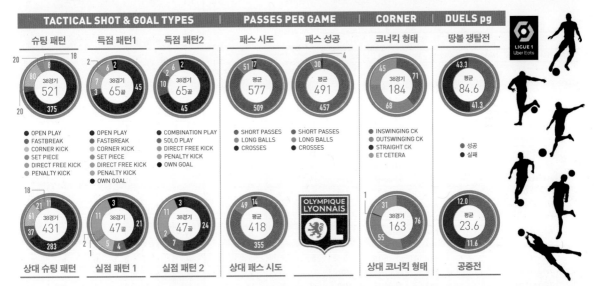

슈팅 패턴 — 38경기 521 (20, 18, 8, 80, 375, 20)
● OPEN PLAY ● FASTBREAK ● CORNER KICK ● SET PIECE ● DIRECT FREE KICK ● PENALTY KICK

득점 패턴1 — 38경기 65골 (2, 6, 2, 3, 45)
● OPEN PLAY ● FASTBREAK ● CORNER KICK ● SET PIECE ● DIRECT FREE KICK ● PENALTY KICK ● OWN GOAL

득점 패턴2 — 38경기 65골 (2, 2, 6, 45)
● COMBINATION PLAY ● SOLO PLAY ● DIRECT FREE KICK ● PENALTY KICK ● OWN GOAL

패스 시도 — 평균 577 (51, 17, 509)
● SHORT PASSES ● LONG BALLS ● CROSSES

패스 성공 — 평균 491 (30, 4, 457)
● SHORT PASSES ● LONG BALLS ● CROSSES

코너킥 형태 — 38경기 184 (45, 71, 68)
● INSWINGING CK ● OUTSWINGING CK ● STRAIGHT CK ● ET CETERA

땅볼 쟁탈전 — 평균 84.6 (43.3, 41.3)
● 성공 ● 실패

상대 슈팅 패턴 — 38경기 431 (18, 11, 21, 61, 37, 283)

실점 패턴 1 — 38경기 47골 (11, 2, 21, 2, 4)

실점 패턴 2 — 38경기 47골 (3, 11, 24, 5, 4)

상대 패스 시도 — 평균 418 (14, 49, 355)

코너킥 형태 — 38경기 163 (31, 76, 55)

공중전 — 평균 23.6 (12.0, 11.6)

OLYMPIQUE LYONNAIS OL

LIGUE 1 Uber Eats

FORMATION SUMMARY | WHO SCORED | ACTION ZONE | PASSESS pg BY ZONE

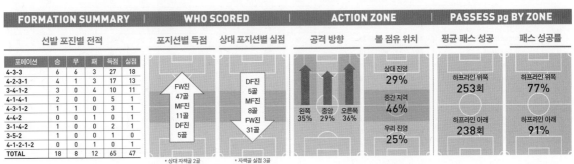

선발 포진별 전적

포메이션	승	무	패	득점	실점
4-3-3	6	6	3	27	18
4-2-3-1	4	1	3	17	13
3-4-1-2	3	0	4	10	11
4-1-4-1	2	0	0	5	1
4-3-1-2	1	1	0	3	1
4-4-2	0	0	1	0	1
3-1-4-2	1	0	0	2	1
3-5-2	1	0	1	1	1
4-1-2-1-2	0	0	0	0	1
TOTAL	18	8	12	65	47

WHO SCORED

포지션별 득점: FW진 47골 / MF진 11골 / DF진 5골
* 상대 자책골 2골

상대 포지션별 실점: DF진 5골 / MF진 8골 / FW진 31골
* 자책골 실점 3골

ACTION ZONE

공격 방향 — 왼쪽 35%, 중앙 29%, 오른쪽 36%

볼 점유 위치 — 상대 진영 29% / 중간 지역 46% / 우리 진영 25%

PASSESS pg BY ZONE

평균 패스 성공 — 하프라인 위쪽 253회 / 하프라인 아래 238회

패스 성공률 — 하프라인 위쪽 77% / 하프라인 아래 91%

Founded 구단 창립 1911년

 Owner 아메트 세퍼 1982.10.25

 CEO 아메트 세퍼 1982.10.25

 Manager 파스칼 가스티앙 1963.12.02

23-24 Odds 벳365 : 350배 스카이벳 : 500배

 Nationality ● 외국 선수 13명 ● 프랑스 13명

 Age 26명 평균 25.6세

 Height 26명 평균 182cm

 Market Value 1군 26명 평균 149만 유로

 Game Points 22-23 : 59점 통산 : 95점

 Win 22-23 : 17승 통산 : 26승

 Draw 22-23 : 8무 통산 : 17무

 Loss 22-23 : 13패 통산 : 33패

 Goals For 22-23 : 45득점 통산 : 83득점

 Goals Against 22-23 : 49실점 통산 : 118실점

 More Minutes 모리 디아우 3330분

 Top Scorer 그레존 케이 10골

 More Assists 챰 사라체비치 4도움

 More Subs 콤넨 안드리치 18회 교체 IN

 More Cards 알리두 세이두 Y10+R1

	FRENCH LIGUE-1	COUPE DE FRANCE	UEFA CHAMPIONS LEAGUE	UEFA EUROPA LEAGUE	FIFA CLUB WORLD CUP	UEFA-CONMEBOL INTERCONTINENTAL
	0	0	0	0	0	0

TOTO GUIDE 지난 시즌 상대팀별 전적

상대팀	홈	원정
Paris SG	0-5	3-2
Lens	0-4	1-2
Marseille	0-2	0-1
Rennes	2-1	0-2
Lille	0-2	0-0
Monaco	0-2	1-1
Lyon	2-1	1-0
Nice	1-0	2-1
Lorient	2-0	1-2
Reims	1-0	4-2
Montpellier	1-1	1-2
Toulouse	2-0	1-0
Brest	1-3	1-2
Strasbourg	1-1	0-0
Nantes	0-0	1-1
Auxerre	2-1	1-1
AC Ajaccio	2-1	3-1
Troyes	1-3	2-0
Angers	2-1	2-1

STADE GABRIEL MONTPIED

구장 오픈 / 증개축 1995년, 2002년
구장 소유 클레르몽-페랑 시
수용 인원 1만 1980명
피치 규모 105m × 68m
잔디 종류 천연 잔디

STRENGTHS & WEAKNESSES

OFFENSE		DEFENSE	
직접 프리킥	C	세트피스 수비	C
문전 처리	C	상대 볼 뺏기	B
측면 돌파	C	공중전 능력	D
스루볼 침투	C	역습 방어	E
개인기 침투	C	지공 방어	C
카운터 어택	C	스루패스 방어	D
기회 만들기	C	리드 지키기	B
세트피스	C	실수 조심	C
OS 피하기	C	측면 방어력	C
중거리 슈팅	B	파울 주의	D
볼 점유율	C	중거리슈팅 수비	C

매우 강함 **A** 강한 편 **B** 보통 수준 **C** 약한 편 **D** 매우 약함 **E**

RANKING OF LAST 10 YEARS

● 2부 리그

13-14	14-15	15-16	16-17	17-18	18-19	19-20	20-21	21-22	22-23
14	12	7	14	6	10	5	2	17	8
45점	49점	58점	46점	63점	48점	50점	72점	36점	59점

위치	선수	국적	생년월일	출전(분)	출전경기	선발11	교체인	교체아웃	벤치출발	득점	도움	경고	경고누적	퇴장
GK	Mory Diaw	FRA	93-06-22	3330	37	37	0	0	0	0	0	0	0	0
	Ouparine Djoco	FRA	93-04-22	90	1	1	0	0	30	0	0	0	0	0
	Lucas Margueron	FRA	01-02-12	0	0	0	0	0	8	0	0	0	0	0
DF	Mateusz Wieteska	POL	07-02-11	3120	35	35	0	2	0	0	1	7	1	1
	Neto Borges	BRA	96-09-13	2838	33	33	0	3	0	3	1	3	1	1
	Alidu Seidu	GHA	00-06-04	2463	28	28	0	4	0	0	0	10	0	1
	Maximiliano Caufriez	BEL	97-02-16	2224	26	25	1	2	1	1	0	9	1	0
	Florent Ogier	FRA	89-03-21	1693	26	18	8	1	19	0	1	4	0	0
	Mehdi Zeffane	ALG	92-05-19	655	18	7	11	7	13	1	1	1	0	0
	Cheick Konaté	MLI	04-04-02	570	9	6	3	1	10	0	0	2	0	0
	Baila Diallo	FRA	01-06-24	83	6	0	6	0	19	0	0	0	0	0
	Souleymane Cissé	FRA	02-08-08	35	2	0	2	0	20	0	0	0	0	0
	Oliver Kamden	FRA	02-10-15	0	0	0	0	0	11	0	0	0	0	0
MF	Johan Gastien	FRA	88-01-25	2607	31	29	2	6	2	4	3	7	0	0
	Yohann Magnin	FRA	97-06-21	2390	38	25	13	5	13	0	0	5	0	0
	Elba Rashani	KVX	93-05-09	2173	32	26	6	19	6	3	3	3	0	0
	Saïf Khaoui	TUN	95-04-27	2035	34	23	11	18	12	7	3	4	0	0
	Muhammed Cham Saračević	AUT	00-09-26	1974	38	23	15	20	15	7	4	2	0	0
	Maxime Gonalons	FRA	89-03-10	1458	25	19	6	17	6	1	0	3	0	0
	Jérémie Bela	ANG	93-04-08	736	19	7	12	5	21	1	1	0	0	0
	Yanis Massolin	FRA	02-09-20	54	6	0	6	0	19	0	0	0	0	0
FW	Jim Allevinah	GAB	95-02-27	2247	36	25	11	14	11	1	1	2	0	0
	Grejohn Kyei	FRA	95-08-21	2242	37	26	11	21	11	10	3	3	0	0
	Komnen Andrić	SRB	05-07-01	1442	34	16	18	14	18	4	3	4	0	0
	Aiman Maure	MAR	04-09-25	504	10	6	4	6	13	0	1	0	0	0
	Giovani Versini	FRA	04-03-18	0	0	0	0	0	0	0	0	0	0	0

LIGUE 1 2022-23 SEASON

CLERMONT FOOT vs. OPPONENTS PER GAME STATS

클레르몽 풋 vs 상대팀

	득점	슈팅	유효슈팅	코너킥	오프사이드	패스시도	패스성공
	1.18 / 1.29	10.6 / 12.7	4.7 / 4.3	4.1 / 4.0	1.4 / 1.4	456 / 491	370 / 399

	패스성공율	태클	공중전승리	인터셉트	파울	경고	퇴장
	81% / 81%	18.0 / 17.0	10.8 / 11.3	11.6 / 11.4	11.2 / 16.2	1.89 / 2.00	0.132 / 0.237

2022-23 SEASON SQUAD LIST & GAMES PLAYED

* 괄호 안의 숫자는 선발 출전 횟수, 교체 출전은 포함시키지 않음

LW	CF	RW
E.라샤니(1)	G.케이(26), K.안드리치(16)	M.캄(1)

LAM	CAM	RAM
E.라샤니(5), J.알레비나(2)	M.캄(21), S.하우이(15) E.라샤니(15), A.마우라(6) J.도수(2), Y.마냥(1) J.알레비나(1)	J.알레비나(5), S.하우이(2)

LM	CM	RM
E.라샤니(3), N.보르지스(2)	J.가스티앙(22), Y.마냥(20) M.고날롱(13), S.하우이(6) E.라샤니(1)	J.벨라(2), Y.마냥(1) E.라샤니(1), M.캄(1)

LWB	DM	RWB
N.보르지스(22), J.알레비나(3) A.멘디(1)	J.가스티앙(7), M.고날롱(6) Y.마냥(1)	J.알레비나(13), M.제판(6) J.벨라(5), Y.마냥(2)

LB	CB	RB
N.보르지스(7), J.알레비나(1)	M.비테스카(35), M.코프리즈(25) A.세이두(22), F.오지에(18) C.코나테(5), N.보르지스(2)	A.세이두(6), C.코나테(1) M.제판(1)

GK		
M.디아우(37), O.조코(1)		

SHOTS & GOALS

38경기 총 402슈팅 – 45득점
38경기 상대 총 482슈팅 – 49실점

40-13
203-26
159-6

유효 슈팅 178		비유효 슈팅 254	
득점	45	블록 당함	101
GK 방어	103	골대 밖	145
유효슈팅률	44%	골대 맞음	8

유효 슈팅 163		비유효 슈팅 319	
실점	49	블록	129
GK 방어	114	골대 밖	172
유효슈팅률	34%	골대 맞음	18

174-1
272-39
36-9

GOAL TIME | POSSESSION

시간대별 득점

전체 평균

75% 48% 25%
50%

독실차
전반 골 득실차 -9
후반 골 득실차 +5
전체 골 득실차 -4

홈경기

75% 48% 25%
50%

시간대별 실점

원정경기

75% 48% 25%
50%

TACTICAL SHOT & GOAL TYPES | PASSES PER GAME | CORNER | DUELS pg

슈팅 패턴

38경기 402

득점 패턴1
38경기 45골

득점 패턴2
38경기 45골

패스 시도

평균 456

패스 성공

평균 370

코너킥 형태
38경기 155

땅볼 쟁탈전
평균 81.4

- OPEN PLAY
- FASTBREAK
- CORNER KICK
- SET PIECE
- DIRECT FREE KICK
- PENALTY KICK

- OPEN PLAY
- FASTBREAK
- CORNER KICK
- SET PIECE
- DIRECT FREE KICK
- PENALTY KICK

- COMBINATION PLAY
- SOLO PLAY
- DIRECT FREE KICK
- PENALTY KICK
- OWN GOAL

- SHORT PASSES
- LONG BALLS
- CROSSES

- SHORT PASSES
- LONG BALLS
- CROSSES

- INSWINGING CK
- OUTSWINGING CK
- STRAIGHT CK
- ET CETERA

- 성공
- 실패

상대 슈팅 패턴
38경기 482

실점 패턴 1
38경기 49골

실점 패턴 2
38경기 49골

상대 패스 시도
평균 491

상대 코너킥 형태
38경기 152

공중전
평균 22.1

CLERMONT FOOT 63

FORMATION SUMMARY | WHO SCORED | ACTION ZONE | PASSESS pg BY ZONE

선발 포지션별 전적

포메이션	승	무	패	득점	실점
3-4-2-1	9	6	10	24	32
4-2-3-1	5	0	2	12	11
3-4-1-2	1	2	1	6	5
5-4-1	1	0	0	2	1
3-4-3	1	0	0	1	0
TOTAL	17	8	13	45	49

WHO SCORED

포지션별 득점
FW진 20골
MF진 19골
DF진 5골

상대 포지션별 실점
DF진 7골
MF진 7골
FW진 35골

* 상대 자책골 1골

ACTION ZONE

공격 방향
왼쪽 37% 중앙 26% 오른쪽 37%

볼 점유 위치
상대 진영 25%
중간 지역 45%
우리 진영 30%

PASSESS pg BY ZONE

평균 패스 성공
하프라인 위쪽 157회
하프라인 아래 213회

패스 성공률
하프라인 위쪽 69%
하프라인 아래 89%

OGC NICE

 Founded 구단 창립 1904년

 Owner 이네오스 그룹 LTD.

 CEO 장-피에르 리베르 1957.09.02

 Manager 프란체스코 파리올리 1989.04.10

 23-24 Odds 벳365 : 50배 스카이벳 : 66배

 Nationality ● 외국 선수 15명 ● 프랑스 11명

 Age 26명 평균 24.1세

 Height 26명 평균 182cm

 Market Value 1군 26명 평균 873만 유로

 Game Points 22-23 : 58점 통산 : 3212점

 Win 22-23 : 15승 통산 : 871승

 Draw 22-23 : 13무 통산 : 600무

 Loss 22-23 : 10패 통산 : 871패

 Goals For 22-23 : 48득점 통산 : 3241득점

 Goals Against 22-23 : 37실점 통산 : 3275실점

 More Minutes 단치 3300분

 Top Scorer 가에탕 라보르드 13골

 More Assists 소피안 디오프+2명 4도움

 More Subs 빌랄 브라이미 21회 교체 IN

 More Cards 파블로 로사리오+2명 Y6+R0

RANKING OF LAST 10 YEARS

13-14	14-15	15-16	16-17	17-18	18-19	19-20	20-21	21-22	22-23
17	11	4	3	8	7	5	9	5	9
42점	48점	63점	78점	54점	56점	41점	52점	66점	58점

 FRENCH LIGUE-1 4 | **COUPE DE FRANCE** 3 | **UEFA CHAMPIONS LEAGUE** 0 | **UEFA EUROPA LEAGUE** 0 | **FIFA CLUB WORLD CUP** 0 | **UEFA-CONMEBOL INTERCONTINENTAL** 0

TOTO GUIDE 지난 시즌 상대팀별 전적

상대팀	홈	원정
Paris SG	0-2	1-2
Lens	0-0	1-0
Marseille	0-3	3-1
Rennes	2-1	1-2
Lille	1-0	2-1
Monaco	0-1	3-0
Lyon	3-1	1-1
Clermont	1-2	0-1
Lorient	1-1	2-1
Reims	0-0	0-0
Montpellier	6-1	3-2
Toulouse	0-0	1-1
Brest	1-0	0-1
Strasbourg	1-1	0-2
Nantes	1-1	2-2
Auxerre	1-1	1-1
AC Ajaccio	3-0	1-0
Troyes	3-2	1-0
Angers	0-1	1-1

ALLIANZ RIVIERA

구장 오픈 2013년
구장 소유 니스 시
수용 인원 3만 6178명
피치 규모 105m X 68m
잔디 종류 천연 잔디

STRENGTHS & WEAKNESSES

OFFENSE		DEFENSE	
직접 프리킥	C	세트피스 수비	B
문전 처리	D	상대 볼 뺏기	A
측면 돌파	C	공중전 능력	D
스루볼 침투	C	역습 방어	C
개인기 침투	A	지공 방어	C
카운터 어택	C	스루패스 방어	C
기회 만들기	B	리드 지키기	B
세트피스	C	실수 조심	C
OS 피하기	C	측면 방어력	C
중거리 슈팅	C	파울 주의	C
볼 점유율	C	중거리슈팅 수비	C

매우 강함 **A** 강한 편 **B** 보통 수준 **C** 약한 편 **D** 매우 약함 **E**

위치	선수	국적	생년월일	출전(분)	출전경기	선발11	교체인	교체아웃	벤치출발	득점	도움	경고	경고누적	퇴장
GK	Kasper Schmeichel	DEN	86-11-05	3240	36	36	0	0	2	0	0	0	0	0
	Marcin Bułka	POL	99-10-04	180	2	2	0	0	20	0	0	0	0	0
	Teddy Boulhendi	FRA	01-04-09	0	0	0	0	0	19	0	0	0	0	0
DF	Dante	BRA	83-10-18	3300	37	37	0	1	0	1	2	6	0	0
	Jean-Clair Todibo	FRA	99-12-30	2872	34	33	1	1	1	0	0	3	1	1
	Melvin Bard	FRA	00-11-06	2460	33	28	5	9	7	0	0	6	0	0
	Jordan Lotomba	SUI	98-09-29	2454	33	27	6	9	7	0	2	4	0	0
	Youcef Atal	ALG	96-05-17	777	18	8	10	7	12	1	0	1	0	0
	Mattia Viti	ITA	02-01-24	633	9	7	2	1	20	1	0	0	0	0
	Youssouf Ndayishimiye	BDI	98-10-27	566	10	6	4	2	5	1	0	2	0	0
	Antoine Mendy	FRA	04-05-27	519	11	7	4	5	18	0	1	0	0	0
	Ayoub Amraoui	MAR	04-05-14	292	7	3	4	2	8	0	0	1	0	0
	Joe Bryan	ENG	93-09-17	177	6	2	4	2	16	0	0	3	0	0
MF	Khéphren Thuram	FRA	01-03-26	2559	35	30	5	15	5	2	4	3	0	0
	Hicham Boudaoui	ALG	99-09-23	1880	27	22	5	11	7	1	2	5	0	0
	Pablo Rosario	NED	97-01-07	1758	31	17	14	6	20	0	1	6	0	0
	Aaron Ramsey	WAL	90-12-26	1587	27	18	9	12	9	1	1	3	0	0
	Sofiane Diop	FRA	00-06-09	1230	22	14	8	11	8	1	4	1	0	0
	Ross Barkley	ENG	93-12-05	921	27	9	18	7	22	4	2	1	0	0
	Badredine Bouanani	FRA	04-12-08	860	19	9	10	8	13	0	4	0	0	0
	Alexis Beka Beka	FRA	00-10-04	545	14	7	7	7	26	0	0	2	0	0
	Reda Belahyane	FRA	04-06-01	179	4	1	3	0	17	0	0	0	0	0
FW	Gaëtan Laborde	FRA	94-05-03	2511	33	28	5	9	5	13	3	0	0	0
	Nicolas Pépé	CIV	95-05-29	1529	19	17	2	7	2	6	0	2	0	0
	Terem Moffi	NGA	99-05-25	1333	16	15	1	6	1	6	3	2	0	0
	Billal Brahimi	FRA	00-03-14	783	26	5	21	4	31	3	2	0	0	0

LIGUE 1 2022-23 SEASON

OGC NICE vs. OPPONENTS PER GAME STATS

OGC 니스 vs 상대팀

아이콘: 득점 / 슈팅 / 유효슈팅 / 코너킥 / 오프사이드 / 패스시도 / 패스성공 / 패스성공률 / 태클 / 공중전승리 / 인터셉트 / 파울 / 경고 / 퇴장

1.13 ⚽ 0.97	13.6 👟 11.7	5.1 ◉ 3.9	6.4 🚩 5.1	1.3 🏁 1.4	528 PA 498	451 PC 413
85% P% 83%	21.5 TK 18.8	10.8 AD 11.3	10.8 IT 9.7	10.1 ✪ 10.8	1.39 ▨ 1.16	0.079 ■ 0.105

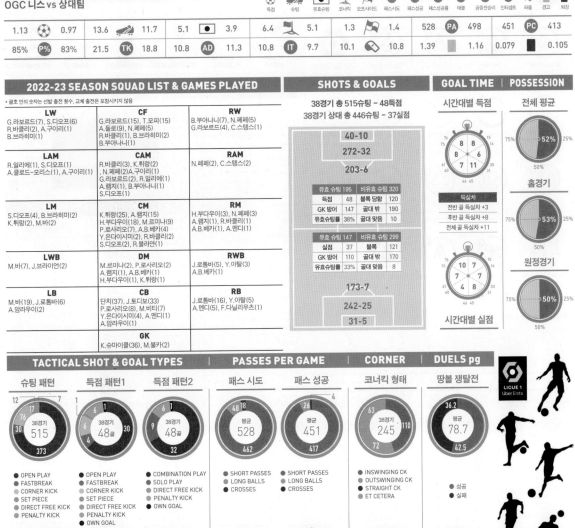

2022-23 SEASON SQUAD LIST & GAMES PLAYED

* 괄호 안의 숫자는 선발 출전 횟수, 교체 출전은 포함시키지 않음

LW
G.라보르드(7), S.디오프(6)
R.바클리(2), A.구이리(1)
B.브라히미(1)

CF
G.라보르드(15), T.모피(15)
A.들로(9), N.페페(5)
R.바클리(1), B.브라히미(1)
B.부아나니(1)

RW
B.부아나니(7), N.페페(5)
G.라보르드(4), C.스텡스(1)

LAM
R.일리에(1), S.디오프(1)
A.클로드-모리스(1), A.구이리(1)

CAM
R.바클리(3), K.튀랑(2)
, N.페페(2), A.구이리(1)
G.라보르드(2), R.일리에(1)
A.램지(1), B.부아나니(1)
S.디오프(1)

RAM
N.페페(2), C.스텡스(2)

LM
S.디오프(4), B.브라히미(2)
K.튀랑(2), M.바(2)

CM
K.튀랑(25), A.램지(15)
H.부다우이(18), M.로미나(9)
P.로사리오(7), A.B.베카(4)
Y.은디이시미(2), R.바클리(2)
S.디오프(2), R.블라얀(1)

RM
H.부다우이(3), N.페페(3)
A.램지(1), R.바클리(1)
A.B.베카(1), A.멘디(1)

LWB
M.바(7), J.브라이언(2)

DM
M.로미나(2), P.로사리오(2)
A.램지(1), A.B.베카(1)
H.부다우이(1), K.튀랑(1)

RWB
J.로톰바(7), Y.아탈(3)
A.B.베카(1)

LB
M.바(19), J.로톰바(6)
A.암라우이(2)

CB
단치(37), J.토디보(33)
P.로사리오(8), M.비티(7)
Y.은다이시시(4), A.멘디(1)
A.암라우이(1)

RB
J.로톰바(16), Y.아탈(5)
A.멘디(5), F.다닐리우츠(1)

GK
K.슈마이클(36), M.불카(2)

SHOTS & GOALS

38경기 총 515슈팅 – 48득점
38경기 상대 총 446슈팅 – 37실점

40-10
272-32
203-6

유효 슈팅 195		비유효 슈팅 320	
득점	48	블록 당함	120
GK 방어	147	골대 밖	190
유효슈팅률	38%	골대 맞음	10

유효 슈팅 147		비유효 슈팅 299	
실점	37	블록	121
GK 방어	110	골대 밖	170
유효슈팅률	33%	골대 맞음	8

173-7
242-25
31-5

GOAL TIME | POSSESSION

시간대별 득점
8 8 / 6 4 / 7 11
46 45

득실차
전반 골 득실차 +3
후반 골 득실차 +8
전체 골 득실차 +11

시간대별 실점
10 7 / 7 7 / 4 8
61 46 48 30

전체 평균
75% · 52% · 25% · 50%

홈경기
75% · 53% · 25% · 50%

원정경기
75% · 50% · 25% · 50%

TACTICAL SHOT & GOAL TYPES | PASSES PER GAME | CORNER | DUELS pg

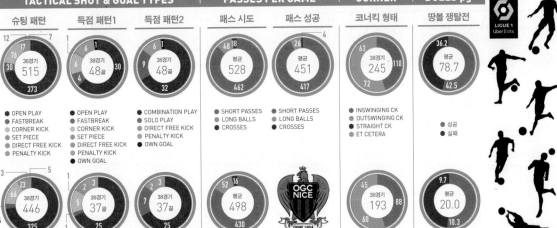

슈팅 패턴 — 38경기 515 (12, 7, 17, 76, 30, 373)
득점 패턴1 — 38경기 48골 (6, 1, 30, 4, 32)
득점 패턴2 — 38경기 48골 (6, 1, 6, 3, 32)
패스 시도 — 평균 528 (48, 18, 462)
패스 성공 — 평균 451 (26, 4, 417)
코너킥 형태 — 38경기 245 (63, 110, 72)
땅볼 쟁탈전 — 평균 78.7 (36.2, 42.5)

- OPEN PLAY
- FASTBREAK
- CORNER KICK
- SET PIECE
- DIRECT FREE KICK
- PENALTY KICK

- OPEN PLAY
- FASTBREAK
- CORNER KICK
- SET PIECE
- DIRECT FREE KICK
- PENALTY KICK
- OWN GOAL

- COMBINATION PLAY
- SOLO PLAY
- DIRECT FREE KICK
- PENALTY KICK
- OWN GOAL

- SHORT PASSES
- LONG BALLS
- CROSSES

- SHORT PASSES
- LONG BALLS
- CROSSES

- INSWINGING CK
- OUTSWINGING CK
- STRAIGHT CK
- ET CETERA

- 성공
- 실패

상대 슈팅 패턴 — 38경기 446 (13, 5, 23, 66, 325, 14, 1)
실점 패턴 1 — 38경기 37골 (2, 3, 25, 1)
실점 패턴 2 — 38경기 37골 (2, 3, 7, 25, 1)
상대 패스 시도 — 평균 498 (52, 16, 430)
상대 코너킥 형태 — 38경기 193 (45, 88, 60)
공중전 — 평균 20.0 (9.7, 10.3)

FORMATION SUMMARY | WHO SCORED | ACTION ZONE | PASSESS pg BY ZONE

선발 포지션별 전적

포메이션	승	무	패	득점	실점
4-3-3	6	6	2	17	11
4-4-2	3	1	1	5	3
3-4-2-1	1	1	2	6	6
4-2-3-1	1	1	1	7	6
3-4-3	1	2	0	4	3
5-4-1	1	0	2	2	4
3-5-2	1	1	0	3	2
3-4-1-2	0	1	1	1	2
5-3-2	1	0	0	3	0
TOTAL	15	13	10	48	37

포지션별 득점
FW진 35골
MF진 8골
DF진 4골

상대 포지션별 실점
DF진 4골
MF진 12골
FW진 21골

* 상대 자책골 1골

ACTION ZONE

공격 방향
왼쪽 37%, 중앙 25%, 오른쪽 38%

볼 점유 위치
상대 진영 27%
중간 지역 45%
우리 진영 28%

PASSESS pg BY ZONE

평균 패스 성공
하프라인 위쪽 195회
하프라인 아래 256회

패스 성공률
하프라인 위쪽 75%
하프라인 아래 91%

Founded
구단 창립
1926년

Owner
로익 페리
1974.03.15

CEO
로익 페리
1974.03.15

Manager
레지스 르브리
1975.12.06

23-24 Odds
벳365 : 500배
스카이벳 : 750배

0	🏆 1	🏆 0	🏆 0	🏆 0	🏆 0
FRENCH LIGUE-1	**COUPE DE FRANCE**	**UEFA CHAMPIONS LEAGUE**	**UEFA EUROPA LEAGUE**	**FIFA CLUB WORLD CUP**	**UEFA-CONMEBOL INTERCONTINENTAL**

27명
Nationality
● 외국 선수 10명
● 프랑스 17명

Age
27명 평균
24.7세

Height
27명 평균
181cm

Market Value
1군 27명 평균
336만 유로

Game Points
22-23 : 55점
통산 : 718점

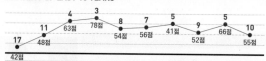

TOTO GUIDE 지난 시즌 상대팀별 전적

상대팀	홈	원정
Paris SG	1-2	3-1
Lens	1-3	2-5
Marseille	0-0	1-3
Rennes	2-1	1-0
Lille	2-1	1-3
Monaco	2-2	1-3
Lyon	3-1	0-0
Clermont	2-1	0-2
Nice	1-2	1-1
Reims	0-0	2-4
Montpellier	0-2	1-1
Toulouse	0-1	2-2
Brest	2-1	2-1
Strasbourg	2-1	1-1
Nantes	3-2	0-1
Auxerre	0-1	3-1
AC Ajaccio	3-0	1-0
Troyes	2-0	2-2
Angers	0-0	2-1

STADE DU MOUSTOIR

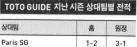

구장 오픈 / 증개축
1959년, 증개축 2회
구장 소유
로리앙 시
수용 인원
1만 8110명
피치 규모
105m X 70m
잔디 종류
하이브리드 잔디

STRENGTHS & WEAKNESSES

OFFENSE		DEFENSE	
직접 프리킥	A	세트피스 수비	D
문전 처리	C	상대 볼 뺏기	B
측면 돌파	B	공중전 능력	D
스루볼 침투	C	역습 방어	C
개인기 침투	C	지공 방어	D
카운터 어택	B	스루패스 방어	C
기회 만들기	C	리드 지키기	D
세트피스	C	실수 조심	D
OS 피하기	C	측면 방어력	C
중거리 슈팅	C	파울 주의	C
볼 점유율	D	중거리슈팅 수비	C

매우 강함 **A** 강한 편 **B** 보통 수준 **C** 약한 편 **D** 매우 약함 **E**

Win
22-23 : 15승
통산 : 180승

Draw
22-23 : 10무
통산 : 178무

Loss
22-23 : 13패
통산 : 242패

Goals For
22-23 : 52득점
통산 : 700득점

Goals Against
22-23 : 53실점
통산 : 847실점

More Minutes
몬타사르 탈비
3420분

Top Scorer
이브라히마 코네
7골

More Assists
엔조 르페
5도움

More Subs
이브라히마 코네
22회 교체 IN

More Cards
로랑 아베젤
Y5+R1

RANKING OF LAST 10 YEARS

13-14	14-15	15-16	16-17	17-18	18-19	19-20	20-21	21-22	22-23
17	11	4	3	8	7	5	9	5	10
42점	48점	63점	78점	54점	56점	41점	52점	66점	55점

위치	선수	국적	생년월일	출전(분)	출전경기	선발11	교체인	교체아웃	벤치출발	득점	도움	경고	경고누적	퇴장
GK	Yvon Mvogo	SUI	94-06-06	1813	21	21	0	0	1	0	0	0	0	0
	Vito Mannone	ITA	88-03-02	1607	18	17	1	0	10	0	0	1	0	0
	Teddy Bartouche	FRA	97-06-05	0	0	0	0	0	13	0	0	0	0	0
	Julian Pollersbeck	GER	94-08-16	0	0	0	0	0	11	0	0	0	0	0
DF	Montassar Talbi	TUN	98-05-26	3420	38	38	0	0	0	1	2	0	0	0
	Vincent Le Goff	FRA	89-10-15	3330	37	37	0	0	1	0	0	1	0	0
	Gédéon Kalulu	FRA	97-08-29	2442	29	28	1	5	1	0	4	6	0	0
	Julien Laporte	FRA	93-11-04	1656	20	19	1	2	3	0	0	4	0	0
	Bamo Meïté	CIV	01-06-20	1503	17	16	1	1	11	1	0	5	0	0
	Théo Le Bris	FRA	02-10-01	1448	27	15	12	8	13	2	2	0	0	0
	Darlin Yongwa	CMR	00-09-22	777	14	8	6	3	29	1	1	2	0	0
	Igor Silva	BRA	96-08-21	457	7	5	2	2	11	0	0	2	0	1
	Maxime Wackers	FRA	98-01-01	0	0	0	0	0	12	0	0	0	0	0
MF	Enzo Le Fée	FRA	00-02-03	3039	35	35	0	13	0	5	5	5	0	0
	Laurent Abergel	FRA	93-02-01	2351	29	28	1	8	1	0	1	6	1	0
	Julien Ponceau	FRA	00-11-28	1661	31	20	11	17	17	1	4	1	0	0
	Romain Faivre	FRA	98-07-14	1253	16	14	2	8	2	5	3	0	0	0
	Innocent Bonke	NGA	96-01-20	1182	25	14	11	12	18	0	1	5	0	0
	Stéphane Diarra	FRA	98-12-09	1068	28	14	14	14	23	2	0	1	0	0
	Jean-Victor Makengo	FRA	98-06-12	1067	15	12	3	5	3	0	0	1	1	0
	Enzo Le Fée	FRA	00-02-03	241	11	1	10	1	24	0	0	0	0	0
	Ayman Kari	FRA	04-11-19	91	5	0	5	0	12	0	0	0	0	0
	Adil Aouchiche	FRA	02-07-15	0	0	0	0	0	13	0	0	0	0	0
FW	Ibrahima Koné	MLI	99-06-16	1565	37	15	22	10	23	7	1	3	0	0
	Yoann Cathline	FRA	02-07-22	1084	23	11	12	7	18	1	1	0	0	0
	Bamba Dieng	SEN	00-03-23	749	15	9	6	9	6	3	0	1	0	0
	Siriné Doucoure	FRA	02-04-08	125	12	0	12	0	28	0	1	0	0	0

LIGUE 1 2022-23 SEASON

FC LORIENT vs. OPPONENTS PER GAME STATS

FC 로리앙 vs 상대팀

	득점		슈팅		유효슈팅		코너킥		오프사이드		패스시도		패스성공	
1.37	⚽	1.39	10.7	👟	14.9	4.2	◉	4.8	3.8	🚩	5.6	1.3	🏳	1.1	459	PA	530	383	PC	440

	패스성공률		태클		공중전승리		인터셉트		파울		경고		퇴장	
84%	P%	83%	19.4	TK	18.9	10.9	AD	12.7	9.7	IT	10.4	10.4	❖	13.9	1.26		2.11	0.105		0.105

2022-23 SEASON SQUAD LIST & GAMES PLAYED

* 괄호 안의 숫자는 선발 출전 횟수, 교체 출전은 포함시키지 않음

LW	CF	RW
D.우아타라(3), A.로리앙테(1)	B.디앙(6), D.우아타라(1)	S.디아라(2), E.L.페(1) I.코네(1)

LAM	CAM	RAM
Y.카틀린(6), D.우아타라(5) B.디앙(3), A.로리앙테(2) T.L.브리스(2)	J.폰소(12), E.L.페(11) R.페브르(8), T.L.브리스(1) Q.부아가(1), A.아우시슈(1)	S.디아라(9), D.우아타라(6) R.페브르(3)

LM	CM	RM
T.L.브리스(5), Y.카틀린(3)	L.아베젤(11), E.L.페(9) J.마켄고(8), J.폰소(7) B.이노선트(6), T.L.브리스(2) D.우아타라(1)	R.페브르(3), S.디아라(3) D.우아타라(1)

LWB	DM	RWB
D.용그와(7), T.L.브리스(1)	L.아베젤(17), E.L.페(14) B.이노선트(8), J.마켄고(4) J.폰소(1)	G.칼룰루(1), Y.카틀린(2) I.실바(1)

LB	CB	RB
V.L.고프(29), D.용그와(1)	M.탈비(38), J.라포르트(19) B.메이테(16), V.L.고프(8) C.마치마(2), G.칼룰루(1)	G.칼룰루(22), T.L.브리스(4) I.실바(4)

GK
Y.음보고(21), V.마노네(17)

SHOTS & GOALS

38경기 총 406슈팅 – 52득점
38경기 상대 총 567슈팅 – 53실점

34-14
227-31
145-7

유효 슈팅 158		비유효 슈팅 248	
득점	52	블록 당함	122
GK 방어	106	골대 밖	119
유효슈팅률	39%	골대 맞음	7

유효 슈팅 184		비유효 슈팅 383	
실점	53	블록	147
GK 방어	131	골대 밖	224
유효슈팅률	32%	골대 맞음	12

212-7
303-34
52-12

GOAL TIME | POSSESSION

시간대별 득점

득실차
전반 골 득실차 +9
후반 골 득실차 -10
전체 골 득실차 -1

전체 평균
75% 46% 25%
50%

홈경기
75% 46% 25%
50%

원정경기
75% 46% 25%
50%

시간대별 실점

TACTICAL SHOT & GOAL TYPES

슈팅 패턴
38경기 406
6, 22, 16, 32, 287

득점 패턴1
38경기 52골
1, 3, 4, 9, 7, 28

득점 패턴2
38경기 52골
3, 10, 7, 32

- ● OPEN PLAY
- ● FASTBREAK
- ● CORNER KICK
- ● SET PIECE
- ● DIRECT FREE KICK
- ● PENALTY KICK

- ● OPEN PLAY
- ● FASTBREAK
- ● CORNER KICK
- ● SET PIECE
- ● DIRECT FREE KICK
- ● PENALTY KICK
- ● OWN GOAL

- ● COMBINATION PLAY
- ● SOLO PLAY
- ● DIRECT FREE KICK
- ● PENALTY KICK
- ● OWN GOAL

상대 슈팅 패턴
38경기 567
17, 36, 87, 21, 404

실점 패턴 1
38경기 53골
2, 2, 1, 4, 37

실점 패턴 2
38경기 53골
12, 2, 1, 36

PASSES PER GAME

패스 시도
평균 459
45, 12, 402

패스 성공
평균 383
21, 2, 360

- ● SHORT PASSES
- ● LONG BALLS
- ● CROSSES

- ● SHORT PASSES
- ● LONG BALLS
- ● CROSSES

상대 패스 시도
평균 530
48, 24, 458

FC LORIENT

CORNER

코너킥 형태
38경기 145
31, 60

- ● INSWINGING CK
- ● OUTSWINGING CK
- ● STRAIGHT CK
- ● ET CETERA

상대 코너킥 형태
38경기 211
24, 458

DUELS pg

땅볼 쟁탈전
평균 81.9
38.8, 43.1

- ● 성공
- ● 실패

공중전
평균 23.6
12.7, 10.9

FORMATION SUMMARY

선발 포진별 전적

포메이션	승	무	패	득점	실점
4-2-3-1	8	5	5	28	25
3-4-2-1	3	2	3	9	10
4-1-4-1	1	3	4	8	12
4-3-3	3	0	1	7	6
TOTAL	15	10	13	52	53

WHO SCORED

포지션별 득점
FW진 32골
MF진 14골
DF진 3골

상대 포지션별 실점
DF진 4골
MF진 15골
FW진 33골

* 상대 자책골 3 골
* 자책골 실점 1골

ACTION ZONE

공격 방향
왼쪽 38% 중앙 23% 오른쪽 39%

볼 점유 위치
상대 진영 22%
중간 지역 44%
우리 진영 34%

PASSESS pg BY ZONE

평균 패스 성공
하프라인 위쪽 157회
하프라인 아래 226회

패스 성공률
하프라인 위쪽 73%
하프라인 아래 90%

STADE REIMS

Founded 구단 창립 1931년	**Owner** 스타드 렝 시민구단	**CEO** 장-피에르 카이오 * 1961.06.09	**Manager** 윌 스틸 1992.10.14	**23-24 Odds** 벳365 : 200배 스카이벳 : 200배

Nationality ● 외국 선수 18명 ● 프랑스 12명	**Age** 30명 평균 24.1세	**Height** 30명 평균 182cm	**Market Value** 1군 30명 평균 380만 유로	**Game Points** 22-23 : 51점 통산 : 2081점

Win 22-23 : 12승 통산 : 578승	**Draw** 22-23 : 15무 통산 : 347무	**Loss** 22-23 : 11패 통산 : 457패	**Goals For** 22-23 : 45득점 통산 : 2275득점	**Goals Against** 22-23 : 45실점 통산 : 1901실점

More Minutes 유니스 압델하미드 3330분	**Top Scorer** 플로랑 발로군 21골	**More Assists** 알렉시스 플립스 6도움	**More Subs** 미첼 반베르겐 22회 교체 IN	**More Cards** 엔스 카유스테 Y7+R1

RANKING OF LAST 10 YEARS

● 2부 리그

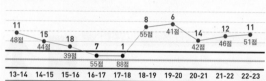

11	15	18	7	1	8	6	14	12	11
48점	44점	39점	55점	88점	55점	41점	42점	46점	51점
13-14	14-15	15-16	16-17	17-18	18-19	19-20	20-21	21-22	22-23

6	2	0	0	0	0
FRENCH LIGUE-1	**COUPE DE FRANCE**	**UEFA CHAMPIONS LEAGUE**	**UEFA EUROPA LEAGUE**	**FIFA CLUB WORLD CUP**	**UEFA-CONMEBOL INTERCONTINENTAL**

TOTO GUIDE 지난 시즌 상대팀별 전적

상대팀	홈	원정
Paris SG	0-0	1-1
Lens	1-1	1-2
Marseille	1-2	1-4
Rennes	3-1	0-3
Lille	1-0	1-1
Monaco	0-3	1-0
Lyon	1-1	0-3
Clermont	2-4	0-1
Nice	0-0	0-0
Lorient	4-2	0-0
Montpellier	1-3	1-1
Toulouse	3-0	0-1
Brest	1-1	0-0
Strasbourg	0-2	1-1
Nantes	1-0	3-0
Auxerre	2-1	0-0
AC Ajaccio	1-0	1-0
Troyes	4-0	2-2
Angers	2-2	4-2

STADE AUGUSTE-DELAUNE

구장 오픈 / 증개축 1935년, 증개축 2회
구장 소유 렝 시
수용 인원 2만 1029명
피치 규모 105m X 68m
잔디 종류 하이브리드 잔디

STRENGTHS & WEAKNESSES

OFFENSE		DEFENSE	
직접 프리킥	C	세트피스 수비	D
문전 처리	D	상대 볼 뺏기	C
측면 돌파	C	공중전 능력	C
스루볼 침투	C	역습 방어	C
개인기 침투	C	지공 방어	C
카운터 어택	C	스루패스 방어	C
기회 만들기	A	리드 지키기	C
세트피스	C	실수 조심	E
OS 피하기	E	측면 방어력	D
중거리 슈팅	B	파울 주의	D
볼 점유율	D	중거리슈팅 수비	C

매우 강함 A · 강한 편 B · 보통 수준 C · 약한 편 D · 매우 약함 E

위치	선수	국적	생년월일	출전(분)	출전경기	선발11	교체인	교체아웃	벤치출발	득점	도움	경고	경고누적	퇴장
GK	Yehvann Diouf	FRA	99-11-16	2790	31	31	0	0	4	0	0	2	0	0
	Nicolas Penneteau	FRA	81-02-28	0	0	0	0	0	7	0	0	0	0	0
	Florent Duparchy	FRA	00-06-20	0	0	0	0	0	4	0	0	0	0	0
	Soumaila Sylla	FRA	04-03-15	0	0	0	0	0	1	0	0	0	0	0
	Alexandre Olliero	FRA	96-02-15	0	0	0	0	0	14	0	0	0	0	0
DF	Yunis Abdelhamid	MAR	87-09-28	3330	37	37	0	0	0	1	2	6	0	0
	Emmanuel Agbadou	CIV	97-06-17	2389	29	27	2	0	2	0	3	5	0	3
	Thomas Foket	BEL	94-09-25	1983	24	23	1	7	1	0	1	1	0	0
	Thibault De Smet	BEL	98-06-05	1762	22	20	2	6	6	0	1	2	0	0
	Maxime Busi	BEL	99-10-14	1039	21	11	10	7	19	0	1	4	0	0
	Cheick Keita	FRA	03-04-02	687	9	8	1	6	14	0	0	1	0	0
	Fallou Fall	SEN	04-04-15	31	1	0	1	0	5	0	0	1	0	0
	Thérence Koudou	FRA	04-12-13	0	0	0	0	0	2	0	0	0	0	0
MF	Marshall Munetsi	ZIM	96-06-22	2707	34	31	3	10	3	7	3	6	0	0
	Azor Matusiwa	NED	98-04-28	2492	30	29	1	10	1	0	0	4	0	0
	Alexis Flips	FRA	00-01-18	1998	33	28	5	23	8	4	6	3	0	1
	Jens Cajuste	SWE	99-08-10	1527	31	14	17	11	17	3	1	8	1	0
	Dion Lopy	SEN	02-02-02	1376	29	16	13	10	16	0	1	5	1	1
	Kamory Doumbia	MLI	03-02-18	1156	26	13	13	13	22	2	2	0	0	0
	Arbër Zeneli	KVX	95-02-25	1001	23	12	11	12	25	0	2	0	0	0
	Valentin Atangana Edoa	FRA	5-08-25	170	7	2	5	2	10	0	0	0	0	0
	Samuel Koeberlé	FRA	04-11-26	2	1	0	1	0	15	0	0	0	0	0
FW	Folarin Balogun	ENG	01-07-03	3013	37	34	3	15	3	21	2	5	0	0
	Junya Ito	JPN	93-03-09	2930	35	34	1	14	1	6	5	3	0	1
	Mitchell van Bergen	NED	99-08-27	887	28	6	22	4	23	0	1	1	0	0
	Myziane Maolida	FRA	99-02-14	227	9	2	7	2	8	1	0	0	0	0
	Kaj Sierhuis	NED	98-04-27	207	14	1	13	1	20	0	0	0	0	0
	Noah Holm	NOR	01-05-23	187	8	2	6	1	10	0	0	0	0	0
	Mohamed Touré	AUS	04-03-26	19	3	0	3	0	4	0	0	0	0	0
	Mamadou Diakhon	FRA	05-09-22	19	2	0	2	0	0	0	0	0	0	0

STADE DE REIMS vs. OPPONENTS PER GAME STATS

스타드 렝 vs 상대팀

	득점		슈팅		유효슈팅		코너킥		오프사이드		패스시도		패스성공	
	1.18	1.18	13.7	12.8	4.5	4.4	4.7	4.6	2.2	1.7	442	469	354	369

	패스성공률		태클		공중전승리		인터셉트		파울		경고		퇴장	
	80%	79%	18.5	19.7	12.6	12.4	10.4	12.7	13.3	11.5	1.84	1.74	0.184	0.158

2022-23 SEASON SQUAD LIST & GAMES PLAYED

*괄호 안의 숫자는 선발 출전 횟수, 교체 출전은 포함시키지 않음

LW
A.제넬리(1)

CF
F.발로군(33), J.이토(10)
A.제넬리(3), N.홀름(2)
E.B.투레(1), K.시르하위스(1)

RW
M.반베르헨(1)

LAM
A.플립스(11), A.제넬리(7)
M.반베르헨(3), M.마울리다(1)
F.발로군(1)

CAM
K.돈비아(13), A.플립스(9)
M.무네치(9), M.마울리다(1)
A.제넬리(1), M.반베르헨(1)

RAM
J.이토(23)

LM
B.로코(7), A.플립스(1)

CM
M.무네치(13), A.마투시와(8)
J.카유스테(7), D.로피(6)
E.아그바두(1), V.A.에도아(1)

RM
M.부시(5), M.반베르헨(1)
A.플립스(1), J.이토(1)

LWB
B.로코(3), A.플립스(1)

DM
A.마투시와(21), D.로피(10)
M.무네치(8), J.카유스테(7)
V.A.에도아(1)

RWB
A.플립스(2), M.부시(2)

LB
T.D.스메트(20), B.로코(3)
M.부시(2), T.포케(2)

CB
Y.압델하미드(37), E.아그바두(26)
A.그라비옹(11), J.케이타(8)
W.파스(3), M.무네치(1)
T.포케(1)

RB
T.포케(20), A.플립스(3)
M.부시(2), A.그라비옹(1)
I.디아키테(1)

GK
Y.디우프(31), P.펜츠(7)

SHOTS & GOALS

38경기 총 522슈팅 – 45득점
38경기 상대 총 487슈팅 – 45실점

37-10
294-31
191-4

유효 슈팅 172		비유효 슈팅 350	
득점	45	블록 담합	128
GK 방어	127	골대 밖	209
유효슈팅률	33%	골대 맞음	13

유효 슈팅 168		비유효 슈팅 319	
실점	45	블록	130
GK 방어	123	골대 밖	176
유효슈팅률	34%	골대 맞음	13

181-9
268-27
38-9

GOAL TIME | POSSESSION

시간대별 득점

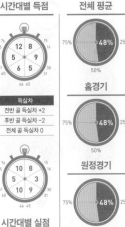

76	12 8	15
61	9 3	30
46 45	6 5	

득실차
전반 골 득실차 +2
후반 골 득실차 -2
전체 골 득실차 0

시간대별 실점

76	10 8	15
61	5 3	30
46 45	10 9	

전체 평균
48% (75% / 25% / 50%)

홈경기
48% (75% / 25% / 50%)

원정경기
48% (75% / 25% / 50%)

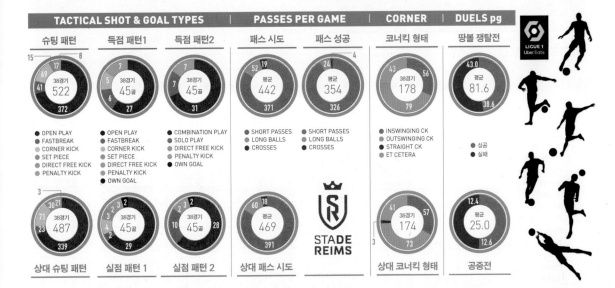

TACTICAL SHOT & GOAL TYPES | PASSES PER GAME | CORNER | DUELS pg

슈팅 패턴
38경기 **522**
15 / 8 / 17 / 69 / 41 / 372

- ● OPEN PLAY
- ● FASTBREAK
- ● CORNER KICK
- ● SET PIECE
- ● DIRECT FREE KICK
- ● PENALTY KICK

득점 패턴1
38경기 **45골**
7 / 5 / 6 / 27

- ● OPEN PLAY
- ● FASTBREAK
- ● CORNER KICK
- ● SET PIECE
- ● DIRECT FREE KICK
- ● PENALTY KICK
- ● OWN GOAL

득점 패턴2
38경기 **45골**
7 / 31

- ● COMBINATION PLAY
- ● SOLO PLAY
- ● DIRECT FREE KICK
- ● PENALTY KICK
- ● OWN GOAL

패스 시도
평균 **442**
52 / 19 / 371

- ● SHORT PASSES
- ● LONG BALLS
- ● CROSSES

패스 성공
평균 **354**
24 / 4 / 326

- ● SHORT PASSES
- ● LONG BALLS
- ● CROSSES

코너킥 형태
38경기 **178**
43 / 56 / 79

- ● INSWINGING CK
- ● OUTSWINGING CK
- ● STRAIGHT CK
- ● ET CETERA

땅볼 쟁탈전
43.0
평균 **81.6**
38.6

- ● 성공
- ● 실패

상대 슈팅 패턴
38경기 **487**
3 / 30 21 / 71 / 23 / 339

실점 패턴 1
38경기 **45골**
3 2 2 / 3 / 4 / 29

실점 패턴 2
38경기 **45골**
3 2 / 10 / 28

상대 패스 시도
평균 **469**
60 / 18 / 391

상대 코너킥 형태
38경기 **174**
41 / 57 / 73 / 3

공중전
12.4
평균 **25.0**
12.6

FORMATION SUMMARY | WHO SCORED | ACTION ZONE | PASSESS pg BY ZONE

선발 포지션별 전적

포메이션	승	무	패	득점	실점
4-2-3-1	10	8	5	30	20
3-4-1-2	1	4	2	9	11
3-5-2	0	2	1	0	3
4-3-1-2	1	0	1	2	2
3-4-2-1	0	0	1	2	4
4-3-3	0	0	1	1	4
4-5-1	0	1	0	1	1
TOTAL	12	15	11	45	45

포지션별 득점
FW진 32골
MF진 12골
DF진 1골

상대 포지션별 실점
DF진 7골
MF진 8골
FW진 28골

*자책골 실점 2골

공격 방향
왼쪽 37% 중앙 27% 오른쪽 36%

볼 점유 위치
상대 진영 28%
중간 지역 44%
우리 진영 28%

평균 패스 성공
하프라인 위쪽 174회
하프라인 아래 180회

패스 성공률
하프라인 위쪽 70%
하프라인 아래 87%

1	🏆 2	0	0	0	0
FRENCH LIGUE-1	COUPE DE FRANCE	UEFA CHAMPIONS LEAGUE	UEFA EUROPA LEAGUE	FIFA CLUB WORLD CUP	UEFA-CONMEBOL INTERCONTINENTAL

Founded
구단 창립
1919년

Owner
몽펠리에
시민구단

CEO
로랑 니콜린
1973.01.26

Manager
미셸 데 자카리안
1963.02.18

23-24 Odds
벳365 : 250배
스카이벳 : 500배

29명
Nationality
● 외국 선수 10명
● 프랑스 19명

Age
29명 평균
25.3세

Height
29명 평균
182cm

Market Value
1군 29명 평균
412만 유로

Game Points
22-23 : 50점
통산 : 1883점

Win
22-23 : 15승
통산 : 497승

Draw
22-23 : 5무
통산 : 392무

Loss
22-23 : 18패
통산 : 587패

Goals For
22-23 : 65득점
통산 : 1915득점

Goals Against
22-23 : 62실점
통산 : 2133실점

More Minutes
조르당 페리
2749분

Top Scorer
엘리 와이
19골

More Assists
조리스 쇼타르
6도움

More Subs
발레르 제르맹
26회 교체 IN

More Cards
엘리 와이
Y7+R1

RANKING OF LAST 10 YEARS

13-14	14-15	15-16	16-17	17-18	18-19	19-20	20-21	21-22	22-23
15 42점	7 56점	12 49점	15 39점	10 51점	6 59점	8 40점	8 54점	13 43점	12 50점

TOTO GUIDE 지난 시즌 상대팀별 전적

상대팀	홈	원정
Paris SG	1-3	2-5
Lens	1-1	0-1
Marseille	1-2	1-1
Rennes	1-0	0-3
Lille	1-3	1-2
Monaco	0-2	4-0
Lyon	1-2	4-5
Clermont	2-1	1-1
Nice	2-3	1-6
Lorient	1-1	2-0
Reims	1-1	3-1
Toulouse	1-2	2-4
Brest	3-0	7-0
Strasbourg	2-1	0-2
Nantes	0-3	3-0
Auxerre	1-2	2-0
AC Ajaccio	2-0	1-0
Troyes	3-2	1-0
Angers	5-0	1-2

STADE DE LA MOSSON

구장 오픈 / 증개축
1972년, 증개축 4회
구장 소유
몽펠리에 시
수용 인원
2만 484명
피치 규모
105m X 68m
잔디 종류
하이브리드 잔디

STRENGTHS & WEAKNESSES

OFFENSE		DEFENSE	
직접 프리킥	B	세트피스 수비	D
문전 처리	B	상대 볼 뺏기	C
측면 돌파	C	공중전 능력	D
스루볼 침투	C	역습 방어	C
개인기 침투	C	지공 방어	C
카운터 어택	A	스루패스 방어	C
기회 만들기	B	리드 지키기	E
세트피스	B	실수 조심	C
OS 피하기	D	측면 방어력	D
중거리 슈팅	B	파울 주의	D
볼 점유율	D	중거리슈팅 수비	C

매우 강함 **A** 강한 편 **B** 보통 수준 **C** 약한 편 **D** 매우 약함 **E**

위치	선수	국적	생년월일	출전(분)	출전경기	선발11	교체인	교체아웃	벤치출발	득점	도움	경고	경고누적	퇴장
GK	Benjamin Lecomte	FRA	91-04-26	1710	19	19	0	0	0	0	0	0	0	0
	Bingourou Kamara	FRA	96-10-21	407	5	4	1	0	25	0	0	1	0	0
	Matis Carvalho	POR	99-04-28	135	2	1	1	0	6	0	0	0	0	0
	Dimitry Bertaud	FRA	98-06-06	0	0	0	0	0	7	0	0	0	0	0
DF	Christopher Jullien	FRA	93-03-22	2696	30	30	0	1	3	0	2	5	0	0
	Falaye Sacko	MLI	95-05-01	2580	35	29	6	6	9	1	3	3	0	0
	Faitout Maouassa	FRA	98-07-06	1934	33	23	10	19	10	5	5	0	0	0
	Maxime Estève	FRA	02-04-26	1645	23	18	5	3	9	0	0	3	0	0
	Issiaga Sylla	GUI	94-01-01	1306	15	15	0	1	1	1	3	0	0	0
	Boubakar Kouyaté	MLI	97-04-15	1259	15	15	0	3	1	0	0	5	0	0
	Enzo Tchato	FRA	02-11-23	1093	21	11	10	6	21	1	1	1	0	0
	Mamadou Sakho	FRA	90-02-13	762	15	7	8	6	25	1	0	2	0	0
	Théo Sainte-Luce	FRA	98-10-20	535	9	7	2	4	4	1	1	0	0	0
	Pedro Mendes	POR	90-10-01	12	1	0	1	0	8	0	0	0	0	0
	Thibault Tamas	FRA	01-02-20	9	1	0	1	0	11	0	0	0	0	0
	Ryan Tchato	CMR	04-09-13	0	0	0	0	0	1	0	0	0	0	0
MF	Jordan Ferri	FRA	92-03-12	2749	34	32	2	11	2	1	2	6	1	0
	Téji Savanier	FRA	91-12-22	2557	30	30	0	8	0	12	4	4	0	3
	Joris Chotard	FRA	01-09-24	2460	35	26	9	9	11	0	6	4	0	0
	Wahbi Khazri	TUN	91-02-08	1643	27	20	7	14	9	4	1	5	0	1
	Léo Leroy	FRA	00-02-14	1189	27	14	13	12	19	0	0	7	0	0
	Khalil Fayad	FRA	04-06-09	705	24	7	17	4	25	0	2	1	0	1
FW	Elye Wahi	FRA	03-01-02	2529	33	29	4	19	4	19	5	8	0	1
	Arnaud Nordin	FRA	98-06-17	2418	36	30	6	23	4	7	3	4	0	0
	Stephy Mavididi	ENG	98-05-31	1284	26	14	12	11	13	4	2	1	0	1
	Valère Germain	FRA	90-04-17	667	31	5	26	4	31	2	0	1	0	1
	Béni Makouana	CGO	02-09-28	193	8	1	7	1	13	0	0	1	0	0
	Sérigné Faye	SEN	04-04-05	35	2	0	2	0	3	0	0	0	0	0
	Axel Gueguin	FRA	05-03-24	19	5	0	5	0	14	0	0	0	0	0

MONTPELLIER HSC vs. OPPONENTS PER GAME STATS

몽펠리에 HSC vs 상대팀

득점	슈팅	유효슈팅	코너킥	오프사이드	패스시도	패스성공	패스성공율	태클	공중전승리	인터셉트	파울	경고	퇴장

1.71 득점 1.63	11.7 슈팅 13.8	4.6 유효슈팅 5.4	5.1 코너킥 4.8	1.9 오프사이드 1.1	408 PA 487	321 PC 394
79% P% 81%	18.0 TK 18.0	12.7 AD 14.7	10.6 IT 10.8	12.8 14.5	1.79 2.16	0.263 0.263

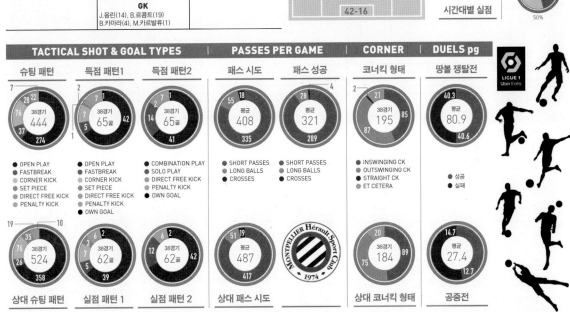

2022-23 SEASON SQUAD LIST & GAMES PLAYED

* 괄호 안의 숫자는 선발 출전 횟수, 교체 출전은 포함시키지 않음

LW	CF	RW
W.카즈리(1), F.마우아사(1) S.마비디디(1)	E.와히(27), W.카즈리(7) S.마비디디(4), V.제르맹(3) A.노르당(1)	A.노르당(3)

LAM	CAM	RAM
F.마우아사(12), S.마비디디(8) W.카즈리(8)	T.사바니에(23), W.카즈리(3) V.제르망(2), A.노르당(1) K.파야드(1)	A.노르당(2), F.마우아사(1) B.마쿠아나(1), S.마비디디(1) E.와히(1)

LM	CM	RM
W.카즈리(1), E.와히(1)	J.페리(7), T.사바니에(6) J.쇼타르(6), L.르로이(3) K.파야드(3)	A.노르당(2), F.마우아사(1)

LWB	DM	RWB
I.실라(1), F.마우아사(1)	J.페리(23), J.쇼타르(20) L.르로이(11), K.파야드(3) T.사바니에(1)	F.사코(2)

LB	CB	RB
I.실라(14), F.마우아사(7) N.코차(7), T.생트-루이스(2) E.T.음비아티(1)	C.줄리앙(30), M.에스테브(18) K.쿠야테(15), N.코차(7) M.사코(7), F.사코(3) A.수케(1)	F.사코(24), E.T.음비아티(10) A.수케(2)

	GK	
	J.올린(14), B.르콩트(19) B.카마라(4), M.카르발류(1)	

SHOTS & GOALS

38경기 총 444슈팅 - 65득점
38경기 상대 총 524슈팅 - 62실점

38-11
241-48
165-6

유효 슈팅 173		비유효 슈팅 271	
득점	65	블록 당함	111
GK 방어	108	골대 밖	153
유효슈팅률	39%	골대 맞음	7

유효 슈팅 204		비유효 슈팅 320	
실점	62	블록	128
GK 방어	142	골대 밖	181
유효슈팅률	39%	골대 맞음	11

178-3
304-43
42-16

GOAL TIME | POSSESSION

시간대별 득점

17 / 19
10 / 10

득실차
전반 골 득실차 +5
후반 골 득실차 -2
전체 골 득실차 +3

시간대별 실점

16 / 15
14 / 5
8 / 13

전체 평균: 45%

홈경기: 45%

원정경기: 46%

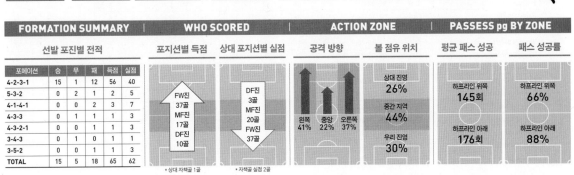

TACTICAL SHOT & GOAL TYPES | PASSES PER GAME | CORNER | DUELS pg

슈팅 패턴 — 38경기 444
- OPEN PLAY
- FASTBREAK
- CORNER KICK
- SET PIECE
- DIRECT FREE KICK
- PENALTY KICK

득점 패턴1 — 38경기 65골
- OPEN PLAY
- FASTBREAK
- CORNER KICK
- SET PIECE
- DIRECT FREE KICK
- PENALTY KICK
- OWN GOAL

득점 패턴2 — 38경기 65골
- COMBINATION PLAY
- SOLO PLAY
- DIRECT FREE KICK
- PENALTY KICK
- OWN GOAL

패스 시도 — 평균 408
- SHORT PASSES
- LONG BALLS
- CROSSES

패스 성공 — 평균 321
- SHORT PASSES
- LONG BALLS
- CROSSES

코너킥 형태 — 38경기 195
- INSWINGING CK
- OUTSWINGING CK
- STRAIGHT CK
- ET CETERA

땅볼 쟁탈전 — 40.3 / 평균 80.9 / 40.6
- 성공
- 실패

상대 슈팅 패턴 — 38경기 524

실점 패턴 1 — 38경기 62골

실점 패턴 2 — 38경기 62골

상대 패스 시도 — 평균 487

상대 코너킥 형태 — 38경기 184

공중전 — 14.7 / 평균 27.4 / 12.7

MONTPELLIER Hérault Sport Club 1974

LIGUE 1 Uber Eats

FORMATION SUMMARY | WHO SCORED | ACTION ZONE | PASSESS pg BY ZONE

선발 포지션별 전적

포메이션	승	무	패	득점	실점
4-2-3-1	15	1	12	56	40
5-3-2	0	2	1	2	5
4-1-4-1	0	0	2	3	7
4-3-3	0	1	1	1	3
4-3-2-1	0	0	1	1	3
3-4-3	0	1	0	1	1
3-5-2	0	0	1	1	3
TOTAL	15	5	18	65	62

WHO SCORED

포지션별 득점
FW진 37골
MF진 17골
DF진 10골
* 상대 자책골 1골

상대 포지션별 실점
DF진 3골
MF진 20골
FW진 37골
* 자책골 실점 2골

ACTION ZONE

공격 방향
왼쪽 41% / 중앙 22% / 오른쪽 37%

볼 점유 위치
상대 진영 26%
중간 지역 44%
우리 진영 30%

PASSESS pg BY ZONE

평균 패스 성공
하프라인 위쪽 145회
하프라인 아래 176회

패스 성공률
하프라인 위쪽 66%
하프라인 아래 88%

TOULOUSE FC

FRENCH LIGUE-1	COUPE DE FRANCE	UEFA CHAMPIONS LEAGUE	UEFA EUROPA LEAGUE	FIFA CLUB WORLD CUP	UEFA-CONMEBOL INTERCONTINENTAL
0	1	0	0	0	0

 Founded 구단 창립 1970년

 Owner 레드버드 캐피털 지분율 85%

 CEO 다미앵 코몰리 1972.12.13

 Manager 카를로스 마르티네스 노벨 1984.01.01

 23-24 Odds 벳365 : 250배 스카이벳 : 250배

 Nationality ● 외국 선수 20명 ● 프랑스 7명

 Age 27명 평균 24.2세

 Height 27명 평균 183cm

 Market Value 1군 27명 평균 303만 유로

 **Game Points** 22-23 : 48점 통산 : 2462점

 Win 22-23 : 13승 통산 : 646승

 Draw 22-23 : 9무 통산 : 524무

 Loss 22-23 : 16패 통산 : 740패

 Goals For 22-23 : 51득점 통산 : 2372득점

Goals Against 22-23 : 57실점 통산 : 2571실점

 More Minutes 막심 뒤페 3420분

 Top Scorer 테이스 달링가 12골

More Assists 브랑코 반던보먼 8도움

 More Subs 아도 오나이우 25회 교체 IN

 More Cards 라스무스 니콜라이슨 Y5+R1

RANKING OF LAST 10 YEARS

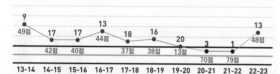

	13-14	14-15	15-16	16-17	17-18	18-19	19-20	20-21	21-22	22-23
순위	9	17	17	13	18	16	20	3	1	13
승점	49점	42점	40점	44점	37점	38점	13점	70점	79점	48점

TOTO GUIDE 지난 시즌 상대팀별 전적

상대팀	홈	원정
Paris SG	0-3	1-2
Lens	0-1	0-3
Marseille	2-3	1-6
Rennes	3-1	1-2
Lille	0-2	1-2
Monaco	0-2	2-1
Lyon	1-2	1-1
Clermont	0-1	0-2
Nice	1-1	0-0
Lorient	2-2	1-0
Reims	1-0	0-3
Montpellier	4-2	2-1
Brest	1-1	1-3
Strasbourg	2-2	2-1
Nantes	0-0	1-3
Auxerre	1-1	5-0
AC Ajaccio	2-0	0-0
Troyes	4-1	3-0
Angers	3-2	2-0

STADIUM DE TOULOUSE

구장 오픈 / 증개축 1949년, 증개축 6회
구장 소유 툴루즈 시청
수용 인원 3만 3150명
피치 규모 105m X 68m
잔디 종류 하이브리드 잔디

STRENGTHS & WEAKNESSES

OFFENSE		DEFENSE	
직접 프리킥	B	세트피스 수비	D
문전 처리	C	상대 볼 뺏기	C
측면 돌파	B	공중전 능력	C
스루볼 침투	B	역습 방어	C
개인기 침투	C	지공 방어	D
카운터 어택	C	스루패스 방어	D
기회 만들기	C	리드 지키기	C
세트피스	B	실수 조심	D
OS 피하기	D	측면 방어력	C
중거리 슈팅	C	파울 주의	D
볼 점유율	C	중거리슈팅 수비	D

매우 강함 A   강한 편 B   보통 수준 C   약한 편 D   매우 약함 E

위치	선수	국적	생년월일	출전(분)	출전경기	선발11	교체인	교체아웃	벤치출발	득점	도움	경고	경고누적	퇴장
GK	Maxime Dupé	FRA	93-03-04	3420	38	38	0	0	0	0	0	1	0	0
	Thomas Himeur	FRA	01-01-17	0	0	0	0	0	0	0	0	0	0	0
	Kjetil Haug	NOR	98-06-12	0	0	0	0	0	38	0	0	0	0	0
DF	Anthony Rouault	FRA	01-05-29	3316	37	37	0	1	1	2	0	3	1	0
	Rasmus Nicolaisen	DEN	97-03-16	2997	34	34	0	1	1	0	2	6	1	0
	Mikkel Desler	DEN	95-02-19	2262	27	26	1	7	3	1	2	5	1	0
	Gabriel Suazo	CHI	97-08-09	1257	18	14	4	2	4	0	1	1	0	0
	Moussa Diarra	FRA	00-11-10	1220	23	12	11	4	24	0	1	0	0	0
	Warren Kamanzi	NOR	00-11-11	662	11	7	4	1	14	0	0	1	0	0
	Logan Costa	FRA	01-04-01	413	6	4	2	0	32	0	0	0	0	0
	Kévin Keben	CMR	04-01-26	356	11	4	7	2	15	0	0	1	0	0
	Oliver Zandén	SWE	01-08-14	143	5	1	4	1	12	0	0	0	0	0
	Christian Mawissa Elebi	FRA	05-04-18	97	2	1	1	0	6	0	0	1	0	0
MF	Stijn Spierings	NED	96-03-12	3123	36	35	1	4	2	2	0	6	1	0
	Branco van den Boomen	NED	95-07-21	2892	35	32	3	7	3	5	8	6	0	0
	Farès Chaibi	FRA	02-11-28	2344	36	24	12	16	12	5	5	2	0	0
	Brecht Dejaegere	BEL	91-05-29	1826	30	25	5	25	8	4	1	5	0	0
	Vincent Sierro	SUI	95-10-08	662	15	7	8	4	9	0	0	3	0	0
	Denis Genreau	AUS	99-05-21	652	20	7	13	7	23	0	1	2	0	0
	Veljko Birmančević	SRB	98-03-05	425	25	2	23	2	30	0	0	0	0	0
	Charis Tsiggaras	GRE	00-08-20	7	1	0	1	0	13	0	0	0	0	0
FW	Zakaria Aboukhlal	MAR	00-02-18	2478	37	28	9	16	9	10	5	4	0	0
	Thijs Dallinga	NED	00-08-03	2363	36	28	8	23	9	12	1	4	0	0
	Rafael Ratão	BRA	95-11-30	1870	30	25	5	24	6	5	4	2	0	0
	Ado Onaiwu	JPN	95-11-08	1067	34	9	25	9	29	2	1	0	0	0
	Saïd Hamulic	NED	00-11-12	100	6	0	6	0	10	0	0	1	0	0
	Rhys Healey	WAL	94-12-06	61	4	0	4	0	4	2	0	1	0	0

LIGUE 1 2022-23 SEASON

TOULOUSE FC vs. OPPONENTS PER GAME STATS

툴루즈 FC vs 상대팀

	득점		슈팅		유효슈팅		코너킥		오프사이드		패스시도		패스성공
1.34	⚽	1.50	12.1	👟	14	4.6	◼	4.8	5.3	🏴	5.0	1.9	🏳	1.1	484	PA	463	397	PC	370

| 82% | P% | 80% | 18.8 | TK | 15.9 | 12.9 | AD | 12.1 | 10.8 | IT | 10.5 | 12.4 | 🧤 | 11.5 | 1.63 | ▨ | 1.68 | 0.079 | ■ | 0.053 |

(패스성공률 P%, 태클 TK, 공중전승리 AD, 인터셉트 IT, 파울, 경고, 퇴장)

2022-23 SEASON SQUAD LIST & GAMES PLAYED

* 괄호 안의 숫자는 선발 출전 횟수, 교체 출전은 포함시키지 않음

LW
R.하탕(7), Z.아부클랄(5)
F.샤이비(4), V.비르만체비치(1)

CF
T.달링가(28), A.오나이우(6)
F.샤이비(3), Z.아부클랄(1)

RW
Z.아부클랄(7), R.하탕(6)
F.샤이비(4)

LAM
F.샤이비(6), R.하탕(6)
Z.아부클랄(4)

CAM
B.데야하르(9), D.젠로(5)
F.샤이비(2), V.시에로(1)
R.하탕(1)

RAM
Z.아부클랄(7), R.하탕(4)
A.오나이우(2), N.은구무(1)
Y.베그라우이(1), B.데야하르(1)

LM
F.샤이비(2), V.비르만체비치(1)
R.하탕(1)

CM
S.스피에링스(19), B.반던보번(19)
B.데야하르(15), F.샤이비(3)
D.젠로(2), V.시에로(2)

RM
Z.아부클랄(3), A.오나이우(1)

LWB
W.카만지(1), O.잔덴(1)

DM
S.스피에링스(16), B.반던보번(13)
V.시에로(4)

RWB
K.케벤(1), M.데슬러(1)

LB
G.수아소(14), I.실라(13)
M.디아라(6), W.카만지(2)
Z.아부클랄(1)

CB
A.루오(37), R.니콜라이슨(34)
M.디아라(6), L.코스타(4)

RB
M.데슬러(25), W.카만지(4)
I.실라(3), K.케벤(3)
C.M.엘레비(1)

GK
M.두페(38)

SHOTS & GOALS

38경기 총 460슈팅 – 51득점
38경기 상대 총 543슈팅 – 57실점

48-14
281-33
131-4

유효 슈팅 176		비유효 슈팅 284	
득점	51	블록 당함	105
GK 방어	125	골대 밖	171
유효슈팅률	38%	골대 맞음	8

유효 슈팅 182		비유효 슈팅 361	
실점	57	블록	145
GK 방어	125	골대 밖	200
유효슈팅률	34%	골대 맞음	16

207-8
299-38
37-11

GOAL TIME | POSSESSION

시간대별 득점

(75 / 6 / 5 / 15)
(9 / 14 / 16)
46 45

득점차
전반 골 득실차 +8
후반 골 득실차 -14
전체 골 득실차 -6

시간대별 실점

(17 / 8 / 31)
(7 / 4)
(14 / 7 / 30)
46 45

전체 평균
51% / 25% / 50% / 75%

홈경기
51% / 25% / 50% / 75%

원정경기
52% / 25% / 50% / 75%

TACTICAL SHOT & GOAL TYPES | PASSES PER GAME | CORNER | DUELS pg

슈팅 패턴
38경기 **460**
4 / 21 / 19 / 87 / 20 / 309

득점 패턴1
38경기 **51골**
1 / 1 / 1 / 34

- ● OPEN PLAY
- ● FASTBREAK
- ● CORNER KICK
- ● SET PIECE
- ● DIRECT FREE KICK
- ● PENALTY KICK

득점 패턴1 (오른쪽)
38경기 **51골**
1 / 1 / 34

- ● OPEN PLAY
- ● FASTBREAK
- ● CORNER KICK
- ● SET PIECE
- ● DIRECT FREE KICK
- ● PENALTY KICK
- ● OWN GOAL

득점 패턴2
38경기 **51골**
1 / 4 / 1 / 12 / 33

- ● COMBINATION PLAY
- ● SOLO PLAY
- ● DIRECT FREE KICK
- ● PENALTY KICK
- ● OWN GOAL

패스 시도
평균 **484**
55 / 17 / 412

- ● SHORT PASSES
- ● LONG BALLS
- ● CROSSES

패스 성공
평균 **397**
32 / 4 / 361

- ● SHORT PASSES
- ● LONG BALLS
- ● CROSSES

코너킥 형태
38경기 **201**
17 / 71 / 113

- ● INSWINGING CK
- ● OUTSWINGING CK
- ● STRAIGHT CK
- ● ET CETERA

땅볼 쟁탈전
평균 **76.9**
39.9 / 37.0

- ● 성공
- ● 실패

상대 슈팅 패턴
38경기 **543**
22 / 7 / 23 / 67 / 29 / 395

실점 패턴 1
38경기 **57골**
3 / 3 / 8 / 36 / 1

실점 패턴 2
38경기 **57골**
3 / 31 / 17 / 5

상대 패스 시도
평균 **463**
50 / 17 / 396

상대 코너킥 형태
38경기 **191**
24 / 100 / 67

공중전
평균 **25.1**
12.2 / 12.9

FORMATION SUMMARY | WHO SCORED | ACTION ZONE | PASSESS pg BY ZONE

선발 포지션별 전적

포메이션	승	무	패	득점	실점
4-2-3-1	4	6	6	15	18
4-3-3	7	3	6	30	29
5-4-1	2	0	1	4	3
3-4-2-1	0	0	1	0	1
3-3-3	0	0	1	0	3
4-1-4-1	0	0	1	2	3
TOTAL	13	9	16	51	57

포지션별 득점
FW진 31골
MF진 16골
DF진 3골
* 상대 자책골 1골

상대 포지션별 실점
DF진 9골
MF진 12골
FW진 33골
* 자책골 실점 3골

공격 방향
왼쪽 37% / 중앙 21% / 오른쪽 42%

볼 점유 위치
상대 진영 **26%**
중간 지역 **45%**
우리 진영 **29%**

평균 패스 성공
하프라인 위쪽 **189회**
하프라인 아래 **208회**

패스 성공률
하프라인 위쪽 **72%**
하프라인 아래 **89%**

STADE BRESTOIS 29

 Founded 구단 창립 1903년

 Owner 브레스트 시민구단

 CEO 드니 르생 1964.03.01

 Manager 에릭 로이 1967.09.26

 23-24 Odds 벳365 : 1000배 스카이벳 : 1000배

 Nationality ● 외국 선수 8명 ● 프랑스 16명

 Age 24명 평균 26.0세

Height 24명 평균 183cm

Market Value 1군 24명 평균 265만 유로

Game Points 22-23 : 44점 통산 : 734점

 Win 22-23 : 11승 통산 : 183승

 Draw 22-23 : 11무 통산 : 185무

 Loss 22-23 : 16패 통산 : 268패

 Goals For 22-23 : 44득점 통산 : 710득점

 Goals Against 22-23 : 54실점 통산 : 908실점

 More Minutes 마르코 비조트 3330분

 Top Scorer 제레미 르두아론 10골

 More Assists 로맹 델가스티오 6도움

 More Subs 카라모코 뎀벨레 15회 교체 IN

 More Cards 피에르 레스-멜루 Y10+R1

FRENCH LIGUE-1 0	**COUPE DE FRANCE** 0	**UEFA CHAMPIONS LEAGUE** 0	**UEFA EUROPA LEAGUE** 0	**FIFA CLUB WORLD CUP** 0	**UEFA-CONMEBOL INTERCONTINENTAL** 0

TOTO GUIDE 지난 시즌 상대팀별 전적

상대팀	홈	원정
Paris SG	1-2	0-1
Lens	1-1	2-3
Marseille	1-1	2-1
Rennes	1-2	1-3
Lille	0-0	1-2
Monaco	1-2	0-1
Lyon	2-4	0-0
Clermont	2-1	3-1
Nice	1-0	0-1
Lorient	1-2	1-2
Reims	0-0	1-1
Montpellier	0-7	0-3
Toulouse	3-1	1-1
Strasbourg	1-1	1-0
Nantes	2-0	1-4
Auxerre	1-0	1-1
AC Ajaccio	0-1	0-0
Troyes	2-1	2-2
Angers	4-0	3-1

RANKING OF LAST 10 YEARS

● 2부 리그

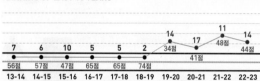

13-14	14-15	15-16	16-17	17-18	18-19	19-20	20-21	21-22	22-23
7	6	10	5	5	2	14	17	11	14
56점	57점	47점	65점	65점	74점	34점	41점	48점	44점

STADE FRANCIS-LE BLÉ

구장 오픈 / 증개축 1922년, 증개축 2회
구장 소유 브레스트 시
수용 인원 1만 5931명
피치 규모 105m X 68m
잔디 종류 천연 잔디

STRENGTHS & WEAKNESSES

OFFENSE		DEFENSE	
직접 프리킥	C	세트피스 수비	D
문전 처리	D	상대 볼 뺏기	C
측면 돌파	B	공중전 능력	A
스루볼 침투	C	역습 방어	C
개인기 침투	C	지공 방어	C
카운터 어택	C	스루패스 방어	C
기회 만들기	C	리드 지키기	C
세트피스	A	실수 조심	D
OS 피하기	C	측면 방어력	C
중거리 슈팅	C	파울 주의	D
볼 점유율	D	중거리슈팅 수비	D

매우 강함 **A** 강한 편 **B** 보통 수준 **C** 약한 편 **D** 매우 약함 **E**

위치	선수	국적	생년월일	출전(분)	출전경기	선발11	교체인	교체아웃	벤치출발	득점	도움	경고	경고누적	퇴장
GK	Marco Bizot	NED	91-03-10	3420	38	38	0	0	0	0	0	1	0	0
	Joaquín Blázquez	ARG	01-01-28	0	0	0	0	0	0	0	0	0	0	0
	Gregoire Coudert	FRA	99-04-03	0	0	0	0	0	38	0	0	0	0	0
DF	Lilian Brassier	FRA	99-11-02	3316	37	37	0	1	1	2	0	3	1	0
	Jean-Kévin Duverne	FRA	97-07-12	2997	34	34	0	1	1	0	2	6	1	0
	Brendan Chardonnet	FRA	94-12-22	2262	27	26	1	7	3	1	2	5	1	0
	Kenny Lala	FRA	91-10-03	1257	18	14	4	2	4	0	1	1	0	0
	Achraf Dari	MAR	99-05-06	1220	23	12	11	4	24	0	1	0	0	0
	Noah Fadiga	BEL	99-12-03	662	11	7	4	1	14	0	0	1	0	0
	Christophe Hérelle	FRA	92-08-22	143	5	1	4	1	12	0	0	0	0	0
	Bradley Locko	FRA	02-05-06	97	2	1	1	0	6	0	0	1	0	0
MF	Pierre Lees-Melou	FRA	93-05-25	3123	36	35	1	4	2	2	0	6	0	0
	Haris Belkebla	ALG	94-01-28	2892	35	32	3	7	3	5	8	6	0	0
	Mahdi Camara	FRA	98-06-30	2344	36	24	12	16	12	5	5	2	0	0
	Hugo Magnetti	FRA	98-05-30	1826	30	25	5	25	8	4	1	5	0	0
	Romain Del Castillo	FRA	96-03-29	662	15	7	8	4	9	0	0	3	0	0
	Mathias Pereira Lage	FRA	96-11-30	652	20	7	13	7	23	0	1	2	0	0
	Félix Lemaréchal	FRA	03-08-07	425	25	2	23	2	30	0	0	0	0	0
	Karamoko Dembélé	ENG	03-02-22	7	1	0	1	0	13	0	0	0	0	0
FW	Franck Honorat	FRA	96-08-11	2478	37	28	9	16	9	10	5	4	0	0
	Steve Mounié	BEN	94-09-29	2363	36	28	8	23	9	12	1	4	0	0
	Alberth Elis	HON	96-02-12	1067	34	9	25	9	29	2	1	0	0	0
	Jérémy Le Douaron	FRA	98-04-21	100	6	0	6	0	10	1	0	0	0	0
	Tairyk Arconte	FRA	03-11-12	61	4	0	4	0	4	2	0	1	0	0

STADE BRESTOIS 29 vs. OPPONENTS PER GAME STATS

브레스트 vs 상대팀

득점 / 슈팅 / 유효슈팅 / 코너킥 / 오프사이드 / PA 패스시도 / PC 패스성공 / P% 패스성공률 / TK 태클 / AD 공중전승리 / IT 인터셉트 / 파울 / 경고 / 퇴장

1.16 ⚽ 1.42	11.2 👟 13.0	3.7 ● 4.8	4.7 ⚑ 5.1	1.6 ⚑ 1.6	415 PA 514	324 PC 416
78% P% 81%	18.5 TK 16.3	16.8 AD 15.3	12.5 IT 9.7	13.1 ⬦ 12.7	1.66 ▨ 2.00	0.053 ■ 0.184

2022-23 SEASON SQUAD LIST & GAMES PLAYED

* 괄호 안의 숫자는 선발 출전 횟수, 교체 출전은 포함시키지 않음

LW
F.오노라(5), Y.벨라일리(2)
M.P.라지(2), J.L.두아론(2)

CF
S.무니에(20), I.슬리마니(11)
J.L.두아론(6), F.오노라(2)
T.아르콘트(1), I.카르도나(1)
M.P.라지(1)

RW
R.D.카스티요(6), M.P.라지(3)
F.오노라(2)

LAM
M.P.라지(2), J.L.두아론(2)
R.D.카스티요(1), Y.벨라일리(1)
F.오노라(1)

CAM
M.P.라지(3), R.D.카스티요(2)
J.L.두아론(1), P.레스-멜루(1)

RAM
F.오노라(2), R.D.카스티요(1)

LM
J.L.두아론(13), R.D.카스티요(3)
F.오노라(1), Y.벨라일리(1)

CM
M.카마라(19), H.벨케블라(23)
H.마네티(14), P.레스-멜루(13)
M.P.라지(4), R.D.카스티요(2)

RM
F.오노라(12), A.엘리스(2)
I.르마레샬(2), R.D.카스티요(1)
M.P.라지(1)

LWB
N/A

DM
P.레스-멜루(18), H.벨케블라(6)
H.마네티(5), M.카마라(1)

RWB
N/A

LB
J.뒤베른(21), L.브라시에(11)
J.우로넨(3), B.로코(2)
H.벨케블라(1)

CB
B.샤르도네(27), A.다리(15)
L.브라시에(24), C.에레뒤(12)
J.뒤베른(6)

RB
N.파디가(16), K.랄라(16)
J.뒤베른(6)

GK
M.비조트(37), J.블라스케스(1)

SHOTS & GOALS

38경기 총 427슈팅 - 44득점
38경기 상대 총 494슈팅 - 54실점

31-9
246-29
150-6

유효 슈팅 141		비유효 슈팅 286	
득점	44	블록 당함	100
GK 방어	97	골대 밖	175
유효슈팅률	33%	골대 맞힘	11

유효 슈팅 182		비유효 슈팅 312	
실점	54	블록	120
GK 방어	128	골대 밖	183
유효슈팅률	37%	골대 맞힘	9

151-4
297-42
46-8

GOAL TIME | POSSESSION

시간대별 득점

전체 평균 45% (75% / 25% / 50%)

홈경기 47% (75% / 25% / 50%)

독실차
전반 골 득실차 -5
후반 골 득실차 -5
전체 골 득실차 -10

원정경기 43% (75% / 25% / 50%)

시간대별 실점

TACTICAL SHOT & GOAL TYPES | PASSES PER GAME | CORNER | DUELS pg

슈팅 패턴 38경기 427
13 / 8 / 93 / 23 / 262 / 17
● OPEN PLAY
● FASTBREAK
● CORNER KICK
● SET PIECE
● DIRECT FREE KICK
● PENALTY KICK

득점 패턴1 38경기 44골
1 / 2 / 17 / 11 / 5 / 28
● OPEN PLAY
● FASTBREAK
● CORNER KICK
● SET PIECE
● DIRECT FREE KICK
● PENALTY KICK

득점 패턴2 38경기 44골
7 / 7 / 28
● COMBINATION PLAY
● SOLO PLAY
● DIRECT FREE KICK
● PENALTY KICK
● OWN GOAL

패스 시도 평균 415
20 / 65 / 330

패스 성공 평균 324
5 / 31 / 330
● SHORT PASSES
● LONG BALLS
● CROSSES

코너킥 형태 38경기 178
2 / 13 / 82 / 81
● INSWINGING CK
● OUTSWINGING CK
● STRAIGHT CK
● ET CETERA

땅볼 쟁탈전 평균 76.6
39.0 / 37.6
● 성공
● 실패

상대 슈팅 패턴 38경기 494
17 / 9 / 31 / 80 / 30 / 327

실점 패턴 1 38경기 54골
1 / 2 / 11 / 5 / 25 / 10

실점 패턴 2 38경기 54골
1 / 2 / 10 / 34

상대 패스 시도 평균 514
53 / 18 / 443

SB 29

상대 코너킥 형태 38경기 194
35 / 80 / 79

공중전 평균 32.1
15.3 / 16.8

상대 패스 시도 평균 514

FORMATION SUMMARY | WHO SCORED | ACTION ZONE | PASSESS pg BY ZONE

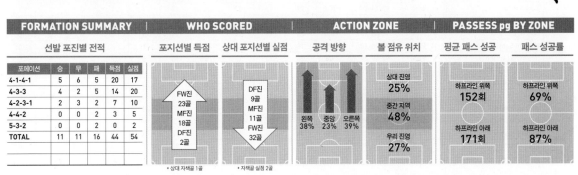

선발 포지션별 전적

포메이션	승	무	패	득점	실점
4-1-4-1	5	6	5	20	17
4-3-3	4	2	5	14	20
4-2-3-1	2	3	2	7	10
4-4-2	0	0	2	3	5
5-3-2	0	0	2	0	2
TOTAL	11	11	16	44	54

WHO SCORED

포지션별 득점
FW진 23골
MF진 18골
DF진 2골
* 상대 자책골 1골

상대 포지션별 실점
DF진 9골
MF진 11골
FW진 32골
* 자책골 실점 2골

ACTION ZONE

공격 방향
왼쪽 38% / 중앙 23% / 오른쪽 39%

볼 점유 위치
상대 진영 25%
중간 지역 48%
우리 진영 27%

PASSESS pg BY ZONE

평균 패스 성공
하프라인 위쪽 152회
하프라인 아래 171회

패스 성공률
하프라인 위쪽 69%
하프라인 아래 87%

Team Info

Founded 구단 창립
1906년

Owner 블루코

CEO 마크 켈러
1968.01.14

Manager 파트릭 비에라
1976.06.23

23-24 Odds 벳365 : 200배
스카이벳 : 250배

Nationality
●외국 선수 11명
●프랑스 17명

Age 28명 평균
25.5세

Height 28명 평균
182cm

Market Value 1군 28명 평균
379만 유로

Game Points 22-23 : 40점
통산 : 2884점

Win 22-23 : 9승
통산 : 758승

Draw 22-23 : 13무
통산 : 610무

Loss 22-23 : 16패
통산 : 865패

Goals For 22-23 : 51득점
통산 : 3089득점

Goals Against 22-23 : 59실점
통산 : 3276실점

More Minutes 마츠 셀스
3420분

Top Scorer 아비브 디알로
20골

More Assists 장-리크네 벨가르드
6도움

More Subs 레보 모티바
16회 교체 IN

More Cards 알렉산더 지쿠
Y8+R1

Honours

FRENCH LIGUE-1	COUPE DE FRANCE	UEFA CHAMPIONS LEAGUE	UEFA EUROPA LEAGUE	FIFA CLUB WORLD CUP	UEFA-CONMEBOL INTERCONTINENTAL
1	3	0	0	0	0

TOTO GUIDE 지난 시즌 상대팀별 전적

상대팀	홈	원정
Paris SG	1-1	1-2
Lens	2-2	1-2
Marseille	2-2	2-2
Rennes	1-3	0-3
Lille	0-3	0-2
Monaco	1-2	3-4
Lyon	1-2	2-1
Clermont	0-0	1-1
Nice	2-0	1-1
Lorient	1-1	1-2
Reims	1-1	2-0
Montpellier	2-0	1-2
Toulouse	1-2	2-2
Brest	0-1	1-1
Nantes	1-1	2-0
Auxerre	2-0	0-1
AC Ajaccio	3-1	2-4
Troyes	2-3	1-1
Angers	2-1	3-2

STADE DE LA MEINAU

구장 오픈 / 증개축
1914년, 증개축 5회
구장 소유
스트라스부르 시
수용 인원
2만 6109명
피치 규모
105m X 68m
잔디 종류
하이브리드 잔디

STRENGTHS & WEAKNESSES

OFFENSE		DEFENSE	
직접 프리킥	C	세트피스 수비	C
문전 처리	C	상대 볼 뺏기	B
측면 돌파	C	공중전 능력	A
스루볼 침투	C	역습 방어	C
개인기 침투	C	지공 방어	C
카운터 어택	C	스루패스 방어	C
기회 만들기	B	리드 지키기	D
세트피스	B	실수 조심	C
OS 피하기	C	측면 방어력	D
중거리 슈팅	C	파울 주의	D
볼 점유율	D	중거리슈팅 수비	C

매우 강함 **A** 강한 편 **B** 보통 수준 **C** 약한 편 **D** 매우 약함 **E**

RANKING OF LAST 10 YEARS

● 2부 리그
● 3부 리그

13-14	14-15	15-16	16-17	17-18	18-19	19-20	20-21	21-22	22-23
16 35점	4 65점	1 58점 / 67점	1 38점	15 49점	11 38점	10	15 42점	6 63점	15 40점

Squad

위치	선수	국적	생년월일	출전(분)	출전경기	선발11	교체인	교체아웃	벤치출발	득점	도움	경고	경고누적	퇴장
GK	Matz Sels	BEL	92-02-26	3420	38	38	0	0	0	0	0	2	0	0
	Eiji Kawashima	JPN	83-03-20	0	0	0	0	0	11	0	0	0	0	0
	Robin Risser	FRA	04-12-02	0	0	0	0	0	27	0	0	0	0	0
DF	Alexander Djiku	GHA	94-08-09	2681	31	31	0	3	2	1	2	8	0	1
	Ismaël Doukouré	FRA	03-07-25	2299	28	25	3	5	12	1	1	5	0	0
	Maxime Le Marchand	FRA	89-11-10	2017	26	23	3	4	4	0	1	5	1	0
	Lucas Perrin	FRA	98-11-19	1759	26	18	8	2	14	0	1	4	0	0
	Gerzino Nyamsi	FRA	97-01-22	1580	20	19	1	2	2	1	1	4	0	1
	Frédéric Guilbert	FRA	94-12-24	1464	18	17	1	4	1	0	1	3	0	0
	Thomas Delaine	FRA	92-03-24	1076	17	13	4	11	8	0	2	3	0	0
	Colin Dagba	FRA	98-09-06	960	21	12	9	12	15	0	0	3	0	0
	Eduard Sobol	UKR	95-04-20	868	15	9	6	4	7	0	1	2	0	0
	Franci Bouebari	FRA	03-09-12	74	2	0	2	0	13	0	0	0	0	0
	Antoine Nuss	FRA	03-12-19	0	0	0	0	0	12	0	0	0	0	0
MF	Jean-Ricner Bellegarde	FRA	98-06-27	2428	30	29	1	11	1	2	6	5	0	0
	Sanjin Prcić	BIH	93-11-20	1632	29	17	12	10	19	1	1	3	0	1
	Habib Diarra	SEN	04-01-03	1627	29	18	11	12	17	3	2	4	0	0
	Dimitri Liénard	FRA	88-02-13	1545	28	18	10	10	13	0	0	4	0	0
	Morgan Sanson	FRA	94-08-18	1429	18	18	0	12	0	1	2	1	0	0
	Ibrahima Sissoko	FRA	97-10-27	1306	26	13	13	8	15	0	2	1	0	0
	Jean-Eudes Aholou	CIV	94-03-20	1298	30	16	14	14	19	3	1	4	0	1
	Nordine Kandil	FRA	01-10-31	94	7	0	7	0	11	0	1	0	0	0
	Dany Jean	HAI	02-11-28	12	2	0	2	0	14	0	0	0	0	0
	Jordan Robinand	FRA	03-09-19	0	0	0	0	0	2	0	0	0	0	0
FW	Habib Diallo	SEN	95-06-15	2880	37	32	5	6	5	20	1	3	1	0
	Kévin Gameiro	FRA	87-05-09	2101	34	23	11	14	12	10	0	0	0	1
	Lebo Mothiba	RSA	96-01-28	425	19	3	16	3	30	3	0	0	0	0
	Yuito Suzuki	JPN	01-10-25	33	3	0	3	0	17	1	0	0	0	0

LIGUE 1 2022-23 SEASON

RC STRASBOURG ALSACE vs. OPPONENTS PER GAME STATS

RC 스트라스부르 vs 상대팀

득점 · 슈팅 · 유효슈팅 · 코너킥 · 오프사이드 · PA 패스시도 · PC 패스성공 · P% 패스성공률 · TK 태클 · AD 공중전승리 · IT 인터셉트 · 파울 · 경고 · 퇴장

1.34 ⚽ 1.55	11.9 👟 11.3	4.2 ◉ 4.6	3.8 🚩 4.6	1.1 🏴 2.2	435 PA 519	344 PC 417
79% P% 80%	18.2 TK 15.5	18.0 AD 15.2	11.5 IT 9.1	13.9 🔖 13.2	1.92 ▨ 1.79	0.184 ■ 0.184

2022-23 SEASON SQUAD LIST & GAMES PLAYED

* 골호 안의 숫자는 선발 출전 횟수, 교체 출전은 포함시키지 않음

LW	CF	RW
J.벨가르드(2), K.가메이로(1) M.산손(1)	H.디알로(31), K.가메이로(21) L.아조르케(9), L.모티바(3)	H.디아라(3), H.디알로(1)

LAM	CAM	RAM
N/A	A.토마손(4), A.토마손(4) M.산손(3), H.디아라(3) K.가메이로(1)	N/A

LM	CM	RM
M.산손(2), A.토마손(1) D.리에나르(1), T.들레느(1)	J.벨가르드(21), S.프르치치(16) J.아울루(15), I.시소코(13) M.산손(12), H.디아라(9) D.리에나르(6), A.토마손(5) I.두크레(2)	H.디아라(3), J.벨가르드(1) R.피에르-가브리엘(1)

LWB	DM	RWB
D.리에나르(8), T.들레느(7) E.소발(7), F.질베르(3) C.다그바(1)	S.프르치치(1), J.아울루(1)	C.다그바(8), F.질베르(9) T.들레느(4), R.피에르-가브리엘(3) J.벨가르드(1), I.두크레(1)

LB	CB	RB
D.리에나르(3), L.페랑(2) M.르마르손(2), E.소발(1) T.들레느(1)	A.지쿠(31), M.르마르산(21) G.남시(19), I.두크레(18) L.페랑(16), F.질베르(2) R.피에르-가브리엘(2)	I.두크레(4), C.다그바(3) F.질베르(2), R.피에르-가브리엘(1)

GK
M.셀스(38)

SHOTS & GOALS

38경기 총 452슈팅 – 51득점
38경기 상대 총 430슈팅 – 59실점

```
        32-10
       252-32
        168-9
```

유효 슈팅 160		비유효 슈팅 292	
득점	51	블록 당함	104
GK 방어	109	골대 밖	181
유효슈팅률	35%	골대 맞춤	7

유효 슈팅 174		비유효 슈팅 256	
실점	59	블록	105
GK 방어	115	골대 밖	143
유효슈팅률	40%	골대 맞춤	8

```
        138-5
       266-43
        26-11
```

GOAL TIME | POSSESSION

시간대별 득점

(11 9 / 5 9 / 7 10)

득실차
전반 골 득실차 -6
후반 골 득실차 -2
전체 골 득실차 -8

시간대별 실점

(10 9 / 9 16)

전체 평균
75% 46% 25% / 50%

홈경기
75% 47% 25% / 50%

원정경기
75% 44% 25% / 50%

TACTICAL SHOT & GOAL TYPES

슈팅 패턴
38경기 452 (7, 35, 21, 66, 303, 20)

득점 패턴1
38경기 51골 (1, 3, 4, 26, 9, 28)

득점 패턴2
38경기 51골 (5, 3, 14, 28)

- OPEN PLAY
- FASTBREAK
- CORNER KICK
- SET PIECE
- DIRECT FREE KICK
- PENALTY KICK

- OPEN PLAY
- FASTBREAK
- CORNER KICK
- SET PIECE
- DIRECT FREE KICK
- PENALTY KICK
- OWN GOAL

- COMBINATION PLAY
- SOLO PLAY
- DIRECT FREE KICK
- PENALTY KICK
- OWN GOAL

상대 슈팅 패턴
38경기 430 (11, 29, 18, 56, 25, 291)

실점 패턴 1
38경기 59골 (1, 4, 6, 37)

실점 패턴 2
38경기 59골 (1, 5, 14, 34)

PASSES PER GAME

패스 시도
평균 435 (59, 17, 359)

패스 성공
평균 344 (28, 5, 331)

- SHORT PASSES
- LONG BALLS
- CROSSES

- SHORT PASSES
- LONG BALLS
- CROSSES

상대 패스 시도
평균 519 (62, 17, 440)

RACING CLUB DE STRASBOURG ALSACE (RCS)

CORNER

코너킥 형태
38경기 143 (22, 45, 75)

- INSWINGING CK
- OUTSWINGING CK
- STRAIGHT CK
- ET CETERA

상대 코너킥 형태
38경기 174 (1, 31, 67, 75)

DUELS pg

땅볼 쟁탈전
평균 76.5 (37.1, 39.4)

- 성공
- 실패

공중전
평균 33.2 (15.2, 18.0)

LIGUE 1 Uber Eats

FORMATION SUMMARY

선발 포지션별 전적

포메이션	승	무	패	득점	실점
3-5-2	2	9	6	20	27
3-4-2-1	2	0	3	6	6
3-4-3	1	1	2	6	7
5-3-2	3	1	0	9	4
5-4-1	1	0	1	2	3
4-3-1-2	0	1	2	3	5
4-4-2	0	1	0	1	1
3-1-4-2	0	0	1	3	4
3-4-1-2	0	0	1	1	2
TOTAL	9	13	16	51	59

WHO SCORED

포지션별 득점
FW진 35골
MF진 10골
DF진 6골

상대 포지션별 실점
DF진 8골
MF진 17골
FW진 34골

* 상대 자책골 3골

ACTION ZONE

공격 방향
왼쪽 34% 중앙 27% 오른쪽 38%

볼 점유 위치
상대 진영 28%
중간 지역 47%
우리 진영 25%

PASSESS pg BY ZONE

평균 패스 성공
하프라인 위쪽 173회
하프라인 아래 171회

패스 성공률
하프라인 위쪽 69%
하프라인 아래 88%

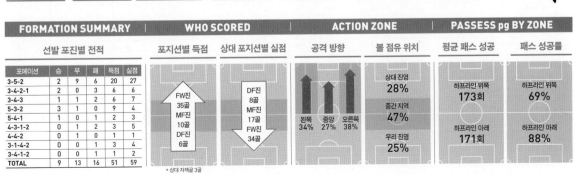

FC NANTES

 8 4 0 0 0 0

FRENCH LIGUE-1	COUPE DE FRANCE	UEFA CHAMPIONS LEAGUE	UEFA EUROPA LEAGUE	FIFA CLUB WORLD CUP	UEFA-CONMEBOL INTERCONTINENTAL

Founded
구단 창립
1943년

Owner
발데마르 키타
1953.05.07

CEO
발데마르 키타
1953.05.07

Manager
피에르 아리스투이
1979.12.20

23-24 Odds
벳365 : 350배
스카이벳 : 500배

Nationality
● 외국 선수 11명
● 프랑스 19명

Age
30명 평균
25.8세

Height
30명 평균
181cm

Market Value
1군 30명 평균
459만 유로

Game Points
22-23 : 36점
통산 : 3145점

Win
22-23 : 7승
통산 : 857승

Draw
22-23 : 15무
통산 : 576무

Loss
22-23 : 16패
통산 : 611패

Goals For
22-23 : 37득점
통산 : 2822득점

Goals Against
22-23 : 55실점
통산 : 2230실점

More Minutes
알반 라퐁트
3330분

Top Scorer
모스타파 모하메드
8골

More Assists
뤼도빅 블라스
5도움

More Subs
마르퀴 코코
20회 교체 IN

More Cards
사위엘 무투사미
Y8+R0

RANKING OF LAST 10 YEARS

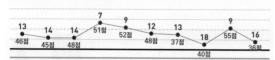

	13-14	14-15	15-16	16-17	17-18	18-19	19-20	20-21	21-22	22-23
순위	13	14	14	7	9	12	13	18	9	16
점수	46점	45점	48점	51점	52점	48점	37점	40점	55점	36점

TOTO GUIDE 지난 시즌 상대팀별 전적

상대팀	홈	원정
Paris SG	0-3	2-4
Lens	0-0	1-3
Marseille	0-2	1-2
Rennes	0-1	0-3
Lille	1-1	1-2
Monaco	2-2	1-4
Lyon	0-0	1-1
Clermont	1-1	0-0
Nice	2-2	1-1
Lorient	1-0	2-3
Reims	0-3	0-1
Montpellier	0-3	3-0
Toulouse	3-1	0-0
Brest	4-1	0-2
Strasbourg	0-2	1-1
Auxerre	1-0	1-2
AC Ajaccio	2-2	2-0
Troyes	2-2	0-0
Angers	1-0	0-0

STADE DE LA BEAUJOIRE

구장 오픈 / 증개축
1984년, 2017년
구장 소유
낭트 시
수용 인원
3만 5322명
피치 규모
105m X 68m
잔디 종류
하이브리드 잔디

STRENGTHS & WEAKNESSES

OFFENSE		DEFENSE	
직접 프리킥	C	세트피스 수비	B
문전 처리	D	상대 볼 뺏기	B
측면 돌파	C	공중전 능력	B
스루볼 침투	C	역습 방어	C
개인기 침투	C	지공 방어	C
카운터 어택	C	스루패스 방어	D
기회 만들기	C	리드 지키기	B
세트피스	B	실수 조심	C
OS 피하기	C	측면 방어력	C
중거리 슈팅	C	파울 주의	D
볼 점유율	D	중거리슈팅 수비	D

매우 강함 A 강한 편 B 보통 수준 C 약한 편 D 매우 약함 E

위치	선수	국적	생년월일	출전(분)	출전경기	선발11	교체인	교체아웃	벤치출발	득점	도움	경고	경고누적	퇴장
GK	Alban Lafont	FRA	99-01-23	3330	37	37	0	0	0	0	0	1	1	0
	Rémy Descamps	FRA	96-06-25	90	1	1	0	0	32	0	0	1	0	0
	Denis Petric	SRB	88-05-24	0	0	0	0	0	15	0	0	0	0	0
DF	Andrei Girotto	BRA	92-02-17	3153	36	36	0	6	1	1	1	7	1	0
	Jean-Charles Castelleto	CMR	95-01-26	2569	32	30	2	3	4	0	0	3	0	0
	Nicolas Pallois	FRA	87-09-19	2217	26	26	0	3	3	1	0	3	1	0
	Fabien Centonze	FRA	96-01-16	1691	23	19	4	5	7	0	0	4	0	0
	João Victor	BRA	98-07-17	840	13	9	4	2	8	0	1	5	0	0
	Jaouen Hadjam	FRA	03-03-26	805	13	8	5	5	9	0	1	1	0	0
	Sébastien Corchia	FRA	90-11-01	773	22	6	16	4	28	0	1	3	0	0
	Charles Traoré	MLI	92-01-01	480	12	6	6	4	9	0	0	2	0	0
	Nathan Zeze	FRA	05-06-18	60	1	1	0	1	2	0	0	0	0	0
	Robin Voisine	FRA	02-04-07	0	0	0	0	0	2	0	0	0	0	0
	Michel Diaz	FRA	03-07-23	0	0	0	0	0	9	0	0	0	0	0
MF	Ludovic Blas	FRA	97-12-31	2818	37	30	7	10	8	7	5	6	0	0
	Samuel Moutoussamy	FRA	96-08-12	2400	35	27	8	10	8	0	1	2	0	0
	Moses Simon	NGA	95-07-12	2358	34	28	6	18	6	5	4	3	0	0
	Pedro Chirivella	ESP	97-05-23	2042	26	25	1	15	3	0	1	1	0	0
	Moussa Sissoko	FRA	89-08-16	1923	30	22	8	13	10	2	0	3	0	0
	Florent Mollet	FRA	91-11-19	1088	19	11	8	6	8	1	2	2	0	0
	Lohann Doucet	FRA	02-09-14	83	9	0	9	0	21	0	0	0	0	0
	Gor Manvelyan	FRA	02-04-09	0	0	0	0	0	5	0	0	0	0	0
	Santiago Eneme	GNQ	00-09-29	0	0	0	0	0	1	0	0	0	0	0
FW	Mostafa Mohamed	EGY	97-11-28	1934	36	18	18	12	19	8	2	1	0	0
	Quentin Merlin	FRA	02-05-16	1802	24	22	2	14	3	1	2	2	0	0
	Ignatius Ganago	CMR	99-02-16	1519	28	16	12	11	13	5	3	4	0	0
	Evann Guessand	FRA	01-07-01	1257	30	15	15	13	17	3	2	2	0	0
	Marcus Coco	FRA	96-06-24	626	26	6	20	6	30	0	2	0	0	0
	Andy Delort	ALG	91-10-09	469	12	6	6	6	6	0	0	2	0	0
	Stredair Appuah	FRA	04-06-27	61	5	0	5	0	5	0	0	0	0	0

LIGUE 1 2022-23 SEASON

FC NANTES vs. OPPONENTS PER GAME STATS

FC 낭트 vs 상대팀

아이콘: 득점 | 슈팅 | 유효슈팅 | 코너킥 | 오프사이드 | 패스시도 | 패스성공 | 패스성공률 | 태클 | 공중전승리 | 인터셉트 | 파울 | 경고 | 퇴장

	득점		슈팅		유효슈팅		코너킥		오프사이드		패스시도 (PA)		패스성공 (PC)	
0.97		1.45	11.9	12.1	4.2	5.0	5.2	5.0	1.4	1.4	433	516	346	418

패스성공률 (P%)		태클 (TK)		공중전승리 (AD)		인터셉트 (IT)		파울		경고		퇴장	
80%	81%	18.7	18.0	15.7	15.9	11.3	8.8	12.7	11.4	1.71	1.61	0.105	0.132

2022-23 SEASON SQUAD LIST & GAMES PLAYED

* 괄호 안의 숫자는 선발 출전 횟수, 교체 출전은 포함시키지 않음

LW
M.사이먼(3), I.가나고(1)
E.게산(1), Q.메를랑(1)

CF
M.모하메드(18), I.가나고(11)
E.게산(4), M.사이먼(5)
L.블라스(3), A.델로(6)
M.코코(1)

RW
L.블라스(4), E.게산(5)
M.코코(1)

LAM
M.사이먼(9), I.가나고(3)
K.방바(1), Q.메를랑(1)

CAM
L.블라스(8), F.몰레(6)
M.시소코(4), I.가나고(1)
M.사이먼(1)

RAM
L.블라스(6), E.게산(6)
M.시소코(1), M.코코(1)

LM
M.사이먼(10), Q.메를랑(3)
J.하잠(1)

CM
P.치리벨라(7), M.시소코(13)
S.무투사미(16), A.지로투(4)
F.몰레(5), L.블라스(2)
M.코코(1)

RM
L.블라스(7), E.게산(3)
F.센통즈(2), S.코르시아(1)
M.코코(1)

LWB
Q.메를랑(3), D.아피아(1)

DM
S.무투사미(11), P.치리벨라(10)
A.지로투(7), M.시소코(4)

RWB
D.아피아(1), 파비우(1)
M.코코(1), F.센통즈(1)

LB
Q.메를랑(14), J.하잠(7)
C.트라오레(5), S.코르시아(1)
F.센통즈(1), D.아피아(1)

CB
J.카스텔레토(30), N.펠루아(26)
A.지로투(5), J.빅토르(4)
C.트라오레(1), D.아피아(1)
N.제제(1)

RB
F.센통즈(15), D.아피아(5)
J.빅토르(5), S.코르시아(3)
파비우(2)

GK
A.라퐁트(37), R.데캉(1)

SHOTS & GOALS

38경기 총 451슈팅 - 37득점
38경기 상대 총 460슈팅 - 55실점

38-10
231-21
182-6

유효 슈팅 159		비유효 슈팅 292	
득점	37	블록 당함	118
GK 방어	122	골대 밖	163
유효슈팅률	35%	골대 맞음	11

유효 슈팅 189		비유효 슈팅 271	
실점	55	블록	109
GK 방어	134	골대 밖	152
유효슈팅률	41%	골대 맞음	10

147-3
284-46
29-6

GOAL TIME | POSSESSION

시간대별 득점

전체 평균
75% 46% 25%
50%

홈경기
75% 47% 25%
50%

득실차
전반 골 득실차 -13
후반 골 득실차 -5
전체 골 득실차 -18

원정경기
75% 45% 25%
50%

시간대별 실점

TACTICAL SHOT & GOAL TYPES

슈팅 패턴
38경기 451
(24, 16, 84, 24, 298, 5)

득점 패턴1
38골
(3, 2, 21, 6, 2, 2)

득점 패턴2
37골
(3, 2, 5, 27)

- OPEN PLAY
- FASTBREAK
- CORNER KICK
- SET PIECE
- DIRECT FREE KICK
- PENALTY KICK

- OPEN PLAY
- FASTBREAK
- CORNER KICK
- SET PIECE
- DIRECT FREE KICK
- PENALTY KICK
- OWN GOAL

- COMBINATION PLAY
- SOLO PLAY
- DIRECT FREE KICK
- PENALTY KICK
- OWN GOAL

상대 슈팅 패턴
38경기 460
(12, 9, 19, 67, 28, 325)

실점 패턴 1
55골
(3, 4, 31, 1, 1)

실점 패턴 2
55골
(4, 12, 29, 31)

PASSES PER GAME

패스 시도
평균 433
(58, 22, 353)

패스 성공
평균 346
(29, 5, 312)

- SHORT PASSES
- LONG BALLS
- CROSSES

- SHORT PASSES
- LONG BALLS
- CROSSES

상대 패스 시도
평균 516
(54, 17, 445)

CORNER

코너킥 형태
38경기 196
(30, 77, 89)

- INSWINGING CK
- OUTSWINGING CK
- STRAIGHT CK
- ET CETERA

상대 코너킥 형태
38경기 191
(1, 33, 87, 70)

DUELS pg

땅볼 쟁탈전
평균 78.8
(39.4, 39.4)

- 성공
- 실패

공중전
평균 31.6
(15.9, 15.7)

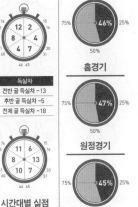

LIGUE 1 Uber Eats

FORMATION SUMMARY

선발 포진별 전적

포메이션	승	무	패	득점	실점
4-2-3-1	4	7	3	18	18
4-3-3	1	0	3	6	7
3-4-1-2	0	3	2	4	7
4-1-4-1	0	2	3	1	6
4-4-2	1	2	0	3	2
3-4-3	0	1	2	0	6
5-3-2	1	0	1	5	4
5-4-1	0	0	2	2	6
TOTAL	7	15	16	37	55

WHO SCORED

포지션별 득점
FW진 22골
MF진 10골
DF진 3골

* 상대 자책골 2골

상대 포지션별 실점
DF진 10골
MF진 9골
FW진 32골

* 자책골 실점 4골

ACTION ZONE

공격 방향
왼쪽 36% 중앙 23% 오른쪽 41%

볼 점유 위치
상대 진영 26%
중간 지역 46%
우리 진영 28%

PASSESS pg BY ZONE

평균 패스 성공
하프라인 위쪽 170회
하프라인 아래 176회

패스 성공률
하프라인 위쪽 68%
하프라인 아래 89%

LE HAVRE AC

Founded
구단 창립
1894년

Owner
르아브르
시민구단

CEO
빈센트 볼페
1983.12.19

Manager
루카 엘스네르
1982.08.02

23-24 Odds
벳365 : 750배
스카이벳 : 750배

Nationality
● 외국 선수 10명
● 프랑스 20명

Age
30명 평균
24.3세

Height
30명 평균
182cm

Market Value
1군 30명 평균
106만 유로

Game Points
22-23 2부 : 75점
통산 : 1011점

Win
22-23 2부 : 20승
통산 : 257승

Draw
22-23 2부 : 15무
통산 : 240무

Loss
22-23 2부 : 3패
통산 : 375패

Goals For
22-23 2부 : 46득점
통산 : 1003득점

Goals Against
22-23 2부 : 19실점
통산 : 1284실점

More Minutes
빅토르 레칼
3263분

Top Scorer
나빌 알리우이 +2명
3골

More Assists
얀 키탈라 +1명
4도움

More Subs
엘리에스 마흐무드
23회 교체 IN

More Cards
아루나 상간테
Y11+R0

RANKING OF LAST 10 YEARS

● 2부 리그

12	7	4	8	4	7	6	12	8	1
48점	55점	65점	54점	66점	54점	44점	47점	50점	75점
13-14	14-15	15-16	16-17	17-18	18-19	19-20	20-21	21-22	22-23

 0   1   0   0   0   0

FRENCH LIGUE-1	COUPE DE FRANCE	UEFA CHAMPIONS LEAGUE	UEFA EUROPA LEAGUE	FIFA CLUB WORLD CUP	UEFA-CONMEBOL INTERCONTINENTAL

TOTO GUIDE 지난 시즌 상대팀별 전적

상대팀	홈	원정
Metz	2-0	1-1
Bordeaux	1-0	2-1
SC Bastia	3-0	1-1
Caen	2-1	2-1
Guingamp	0-0	1-0
Paris FC	0-0	0-0
Saint-Etienne	2-2	6-0
Sochaux	1-0	1-1
Grenoble	0-0	0-0
Quevilly Rouen	0-0	1-0
Amiens	1-1	1-1
Pau FC	1-1	1-0
Laval	2-1	3-1
Valenciennes	0-2	0-1
Annecy	2-0	0-1
Rodez Aveyron	1-0	1-1
Dijon	1-0	0-0
Nimes	3-1	1-0
Niort	1-0	1-0

STADE OCÉANE

구장 오픈
2012년
구장 소유
르아브르 시
수용 인원
2만 5178명
피치 규모
105m X 68m
잔디 종류
하이브리드 잔디

FORMATION SUMMARY

선발 포메이션	승	무	패	득점	실점
4-3-3	18	11	3	40	16
4-1-4-1	1	3	0	5	3
4-2-3-1	1	0	0	1	0
4-4-2	0	1	0	0	0
TOTAL	20	15	3	46	19

위치	선수	국적	생년월일	출전(분)	출전경기	선발11	교체인	교체아웃	벤치출발	득점	도움	경고	경고누적	퇴장
GK	Arthur Desmas	FRA	94-04-07	2790	31	31	0	0	0	0	0	2	0	0
	Mathieu Gorgelin	FRA	90-08-05	630	7	7	0	0	30	0	0	0	0	0
	Mohamed Koné	CIV	02-03-07	0	0	0	0	0	8	0	0	0	0	0
DF	Christopher Operi	FRA	97-04-29	3150	35	35	0	0	0	2	2	10	0	0
	Arouna Sanganté	SEN	02-04-12	3125	35	35	0	1	0	3	1	11	0	0
	Oualid El Hajjam	FRA	91-02-19	3086	36	36	0	8	1	1	1	4	0	0
	Gautier Lloris	FRA	95-07-18	2430	27	27	0	0	2	3	3	3	0	0
	Nolan Mbemba	FRA	95-02-19	1300	30	13	17	8	19	0	0	2	0	0
	Terence Kongolo	NED	94-02-14	911	14	10	4	1	9	0	0	2	0	0
	Étienne Kinkoué	FRA	02-01-14	208	5	2	3	0	17	0	0	0	0	0
MF	Victor Lekhal	FRA	94-02-27	3263	37	37	0	3	0	6	0	6	0	0
	Amir Richardson	FRA	02-01-24	1999	28	24	4	20	4	2	4	4	0	1
	Yassine Kechta	MAR	02-02-25	1912	28	25	3	19	3	1	2	3	0	0
	Samuel Grandsir	FRA	96-08-14	917	14	11	3	11	3	2	2	2	0	0
	Oussama Targhalline	MAR	02-05-20	684	12	7	5	4	5	1	0	5	0	0
	Aloïs Confais	FRA	96-09-07	212	11	1	10	1	16	0	0	1	0	0
	Nassim Chadli	MAR	01-07-28	31	2	0	2	0	2	0	0	0	0	0
	Aristide Wam	CMR	02-02-18	0	0	0	0	0	1	0	0	0	0	0
FW	Josué Casimir	FRA	01-09-24	2306	34	29	5	24	5	2	2	7	0	0
	Nabil Alioui	FRA	99-02-18	1746	28	20	8	17	8	6	3	2	0	0
	Quentin Cornette	FRA	94-01-17	1537	31	18	13	16	14	6	2	5	1	0
	Yann Kitala	FRA	98-04-09	1348	32	16	16	15	16	2	4	3	0	0
	Jamal Thiaré	SEN	93-03-31	1144	24	10	14	10	14	4	3	9	0	1
	Elies Mahmoud	FRA	01-02-10	899	31	8	23	8	25	0	2	3	0	0
	Antoine Joujou	FRA	03-03-12	511	17	4	13	3	13	1	1	0	0	0
	Élysée Logbo	FRA	04-05-06	62	6	0	6	2	6	0	0	0	0	0
	Salifou Soumah	GUI	03-10-03	17	1	0	1	0	1	0	0	1	0	0
	Steve Ngoura	FRA	05-02-22	5	1	0	1	0	1	0	0	0	0	0
	Amadou Samoura	FRA	03-11-21	2	1	0	1	0	3	0	0	0	0	0
	Simon Ebonog	CMR	04-08-16	2	1	0	1	0	1	0	0	0	0	0

LIGUE 2(2부리그) 2022-23 SEASON

LE HAVRE AC vs. OPPONENTS PER GAME STATS

르아브르 AC vs 상대팀

득점	슈팅	유효슈팅	코너킥	오프사이드	패스시도	패스성공	패스성공률	태클	공중전승리	인터셉트	파울	경고	퇴장
1.34 ⚽ 0.50	11.0 👟 8.1	3.5 ◉ 2.3	4.9 ⚑ –	2.1 ⚑ 1.5	493 PA 394	408 PC 308							
83% P% 78%	16.0 TK 16.9	15.9 AD 14.4	10.9 IT 9.6	15.2 ✂ 14.4	2.45 ▨ 2.45	0.079 ■ 0.158							

2022-23 SEASON SQUAD LIST & GAMES PLAYED

* 괄호 안의 숫자는 선발 출전 횟수, 교체 출전은 포함시키지 않음

LW
N.알리우이(12), Q.코르네트(9)
S.그란시르(7), J.카시미르(2)
E.마무(2), A.리차드슨(1)

CF
Y.키탈라(16), J.카시미르(3)
J.티아레(10), N.알리우이(7)

RW
J.카시미르(18), Q.코르네트(5)
E.마무(5), A.주주(4)
S.그란시르(1)

LAM
Q.코르네트(2), J.카시미르(1)

CAM
A.리차드슨(1)

RAM
J.카시미르(2), S.그란시르(2)
E.마무(1)

LM
Y.크루타(19), 타르갈린(5)
A.리차드슨(4), N.음벰바(2)
Q.코르네트(2), S.그란시르(1)

CM
V.르칼(32), Y.크루타(5)
N.음벰바(2), A.리차드슨(2)
C.O.디아키테(1)

RM
A.리차드슨(20), N.음벰바(6)
A.바(2), S.그란시르(1)
C.O.디아키테(2), 크흐타(1)
O.타르갈린(1)

LWB

DM
V.르칼 4

RWB

LB
C.오페리(34), J.카시미르(2)
S.쿰베디(1)

CB
A.상가트(34), G.요리스(26)
T.콩골로(10), Z.디알로(2)
Y.킨쿠에(1)

RB
O.엘하잠(35), N.음벰바(2)

GK
A.데스마(30), M.고르즐렝(7)

SHOTS & GOALS

38경기 총 419슈팅 - 51득점
38경기 상대 총 309슈팅 - 19실점

52-15
204-24
163-9

유효 슈팅 134		비유효 슈팅 285	
득점	51	블록 당함	99
GK 방어	83	골대 밖	173
유효슈팅률	32%	골대 맞음	13

유효 슈팅 87		비유효 슈팅 222	
실점	19	블록	87
GK 방어	68	골대 밖	124
유효슈팅률	28%	골대 맞음	11

151-1
130-7
28-11

GOAL TIME | POSSESSION

시간대별 득점

16 6 6 10 5
46 45

전체 평균
75% 56% 25%
50%

득실차
전반 골 득실차 +6
후반 골 득실차 +21
전체 골 득실차 +27

홈경기
75% 56% 25%
50%

시간대별 실점

5 5 2 2 4 2
46 45

원정경기
75% 55% 25%
50%

TACTICAL GOALS & SHOTS | PASSES pg | DUELS pg | WHO SCORED | PASSES ZONE

슈팅 패턴
38경기 419
30 26 8 86 258 11

득점 패턴1
38경기 46골
5 3 4 2 10 22

득점 패턴2
38경기 46골
5 3 6 2 32

패스 시도
평균 493
44 18 431

땅볼 쟁탈전
평균 78.0
39.8 38.2

포지션별 득점
FW진 23골
MF진 11골
DF진 9골
* 자책골 실점 3골

평균 패스 성공
하프라인 위쪽 182회
하프라인 아래 230회

LIGUE 1 Uber Eats

- OPEN PLAY
- FASTBREAK
- CORNER KICK
- SET PIECE
- DIRECT FREE KICK
- PENALTY KICK

- OPEN PLAY
- FASTBREAK
- CORNER KICK
- SET PIECE
- DIRECT FREE KICK
- PENALTY KICK
- OWN GOAL

- COMBINATION PLAY
- SOLO PLAY
- DIRECT FREE KICK
- PENALTY KICK
- OWN GOAL

- SHORT PASSES
- LONG BALLS
- CROSSES

- 성공
- 실패

상대 슈팅 패턴
38경기 306
30 17 44 13 201 1

실점 패턴 1
38경기 19골
2 1 1 11

실점 패턴 2
38경기 19골
2 8 8

상대 패스 시도
평균 394
62 14 318

공중전
평균 30.3
14.4 15.9

상대 포지션별 실점
DF진 4골
MF진 7골
FW진 6골
* 자책골 실점 2골

패스 성공률
하프라인 위쪽 71%
하프라인 아래 90%

FC METZ

Founded 구단 창립 1932년	**Owner** 메스 시민구단	**CEO** 베르나르 세린 1950.09.17	**Manager** 라슬로 뵐뢰니 1953.03.11	**23-24 Odds** 벳365 : 1000배 스카이벳 : 1000배

	0		2		0		0		0		0
FRENCH LIGUE-1		**COUPE DE FRANCE**		**UEFA CHAMPIONS LEAGUE**		**UEFA EUROPA LEAGUE**		**FIFA CLUB WORLD CUP**		**UEFA-CONMEBOL INTERCONTINENTAL**	

27명 **Nationality** ●외국 선수 17명 ●프랑스 10명	**Age** 27명 평균 23.6세	**Height** 27명 평균 181cm	**Market Value** 1군 27명 평균 138만 유로	**Game Points** 22-23 2부 : 72점 통산 2829점

TOTO GUIDE 지난 시즌 상대팀별 전적

상대팀	홈	원정
Le Havre	1-1	0-2
Bordeaux	3-0	0-2
SC Bastia	3-2	0-1
Caen	0-0	0-1
Guingamp	3-6	1-1
Paris FC	1-1	4-1
Saint-Etienne	3-2	3-1
Sochaux	0-0	1-0
Grenoble	1-0	1-1
Quevilly Rouen	2-0	2-1
Amiens	3-0	2-0
Pau FC	1-0	1-1
Rodez Aveyron	1-1	4-1
Laval	1-0	3-3
Valenciennes	2-0	1-1
Annecy	0-0	3-0
Dijon	1-2	0-0
Nimes	2-0	4-1
Niort	0-0	3-1

STADE OCÉANE

구장 오픈 / 증개축 1923년, 증개축 2회
구장 소유 메스 시
수용 인원 3만명
피치 규모 105m X 68m
잔디 종류 하이브리드 잔디

Win 22-23 2부 : 20승 통산 : 741승	**Draw** 22-23 2부 : 12무 통산 : 607무	**Loss** 22-23 2부 : 6패 통산 : 912패	**Goals For** 22-23 2부 : 61득점 통산 : 2879득점	**Goals Against** 22-23 2부 : 33실점 통산 : 3360실점

More Minutes 마티외 위돌 3410분	**Top Scorer** 조르지 미카우타제 23골	**More Assists** 조르지 미카우타제 8도움	**More Subs** 레니 조셉 22회 교체 IN	**More Cards** 댄리 장자크 Y7+R1

FORMATION SUMMARY

선발 포메이션	승	무	패	득점	실점
4-2-3-1	17	9	6	53	31
4-1-4-1	2	2	0	6	1
4-3-3	0	1	0	1	1
4-4-2	1	0	0	1	0
TOTAL	20	12	6	61	33

RANKING OF LAST 10 YEARS

● 2부 리그

13-14	14-15	15-16	16-17	17-18	18-19	19-20	20-21	21-22	22-23
1 76점	19 30점	3	43점 14	20 65점	1 26점	34점 15	10 47점	19 31점	4 72점

위치	선수	국적	생년월일	출전(분)	출전경기	선발11	교체인	교체아웃	벤치출발	득점	도움	경고	경고누적	퇴장
GK	Alexandre Oukidja	ALG	88-07-19	2939	34	34	0	1	0	0	0	1	0	2
	Ousmane Ba	SEN	02-06-06	359	5	3	2	0	31	0	0	0	0	0
	Marc-Aurèle Caillard	FRA	04-05-12	121	2	1	1	0	4	0	0	1	0	0
	Alexis Mirbach	FRA	05-03-04	0	0	0	0	0	2	0	0	0	0	0
DF	Matthieu Udol	FRA	96-03-20	3410	38	38	0	2	0	3	5	2	0	0
	Fali Candé	GNB	98-01-24	3353	38	37	1	1	1	1	0	4	0	0
	Koffi Kouao	CIV	98-05-20	2745	33	30	3	0	3	1	1	6	0	0
	Ismaël Traoré	CIV	86-08-18	2558	30	28	2	2	9	0	1	2	0	0
	Aboubacar Lô	SEN	00-01-02	12	5	0	5	0	24	0	0	0	0	0
	Sofiane Alakouch	MAR	98-07-29	12	5	0	5	0	15	0	0	0	0	0
	Lilian Raillot	FRA	04-05-16	4	2	0	2	0	6	0	0	0	0	0
MF	Ablie Jallow	GAM	98-11-14	2425	34	30	4	26	6	6	5	1	0	0
	Danley Jean Jacques	HAI	00-05-20	2309	31	26	5	5	7	0	2	7	0	1
	Habib Maïga	CIV	96-01-01	2153	31	24	7	10	10	1	0	8	0	0
	Youssef Maziz	FRA	98-06-24	1977	29	23	6	18	8	8	5	1	0	0
	Cheikh Tidiane Sabaly	SEN	99-03-04	1858	28	21	7	18	8	3	2	1	0	0
	Kévin Ndoram	FRA	96-01-22	1546	22	18	4	5	4	1	0	3	0	0
	Arthur Atta	FRA	03-01-14	456	16	4	12	4	12	1	0	1	0	0
	Joseph N'Duquidi	FRA	04-10-31	309	14	3	11	2	23	0	0	3	0	0
	Lamine Camara	SEN	04-01-01	201	4	2	2	1	2	0	1	0	0	0
	Maïdine Douane	FRA	02-08-23	29	2	0	2	0	5	0	0	0	0	0
FW	Georges Mikautadze	GEO	00-10-31	3080	37	35	2	21	2	23	8	4	0	0
	Lamine Gueye	SEN	98-03-13	1674	29	18	11	15	12	3	2	1	0	0
	Lenny Joseph	FRA	00-10-12	669	29	7	22	6	24	3	0	2	0	0
	Xhuliano Skuka	ALB	98-08-02	67	9	0	9	0	10	0	0	0	0	0
	Malick Mbaye	SEN	04-04-06	10	2	0	2	0	5	0	0	0	0	0
	Pape Diallo	SEN	04-06-25	9	1	0	1	0	3	0	0	0	0	0

LIGUE 2(2부리그) 2022-23 SEASON

FC METZ vs. OPPONENTS PER GAME STATS

FC 메스 vs 상대팀

득점 · 슈팅 · 유효슈팅 · 코너킥 · 오프사이드 · 패스시도(PA) · 패스성공(PC) · 패스성공률(P%) · 태클(TK) · 공중전승리(AD) · 인터셉트(IT) · 파울 · 경고 · 퇴장

1.61	0.87	13.8	10.4	4.7	3.2	4.7	—	1.2	0.9	441 (PA) —	359 (PC) —
81% (P%) —		14.1 (TK) 18.7		13.6 (AD) 14.9		12.4 (IT) 9.9		12.8 11.8		1.61 1.63	0.211 0.211

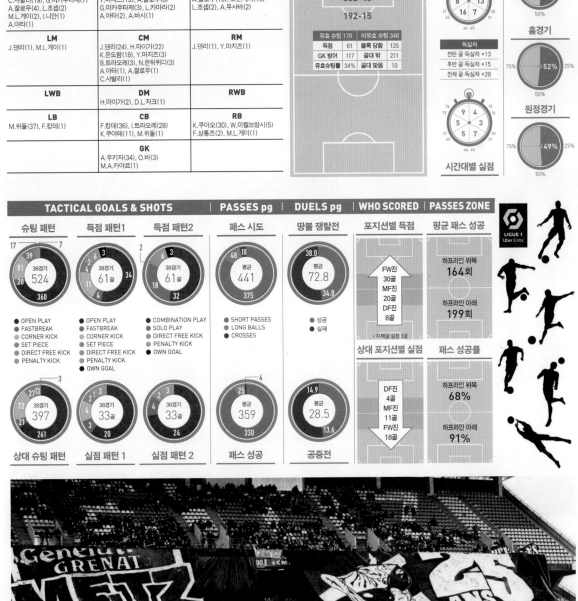

2022-23 SEASON SQUAD LIST & GAMES PLAYED

* 괄호 안의 숫자는 선발 출전 횟수, 교체 출전은 포함시키지 않음

LW
C.사발리(1)

CF
G.미카우타제(25), I.니안(10)
L.조셉(3), A.D.은디아이(1)

RW
M.L.게이(1)

LAM
C.사발리(19), G.미카우타제(7)
A.잘로우(4), L.조셉(2)
M.L.게이(2), I.니안(1)
A.아타(1)

CAM
Y.마지즈(19), A.잘로우(6)
G.미카우타제(3), L.카마라(2)
A.아타(2), A.바시(1)

RAM
A.잘로우(19), M.L.게이(13)
L.조셉(2), A.무사바(2)

LM
J.댄리(1), M.L.게이(1)

CM
J.댄리(24), H.마이가(22)
K.은드람(18), Y.마지즈(3)
B.트라오레(3), N.은뒤쿼디(3)
A.아타(1), A.잘로우(2)
C.사발리(1)

RM
J.댄리(1), Y.마지즈(1)

LWB
H.마이가(2), D.L.자크(1)

DM

RWB

LB
M.위돌(37), F.캉데(1)

CB
F.캉데(36), I.트라오레(28)
K.쿠아테(11), M.위돌(1)

RB
K.쿠아오(30), W.미켈브랑시(5)
F.상퐁즈(2), M.L.게이(1)

GK
A.우키자(34), O.바(3)
M.A.카야르(1)

SHOTS & GOALS

38경기 총 524슈팅 - 61득점
38경기 상대 총 397슈팅 - 33실점

박스 안쪽
332-46

192-15

유효 슈팅 178		비유효 슈팅 346	
득점	61	블록 당함	125
GK 방어	117	골대 밖	211
유효슈팅률	34%	골대 맞음	10

GOAL TIME | POSSESSION

시간대별 득점

10 | 7
8 | 13
16 | 7
46 45 / 31

득실차
전반 골 득실차 +13
후반 골 득실차 +15
전체 골 득실차 +28

시간대별 실점

9 | 5
5 | 3
5 | 7
46 45 / 30

전체 평균
75% 50% 25%
50%

홈경기
75% 52% 25%
50%

원정경기
75% 49% 25%
50%

TACTICAL GOALS & SHOTS | PASSES pg | DUELS pg | WHO SCORED | PASSES ZONE

슈팅 패턴
38경기 524
17 / 7 / 39 / 81 / 20 / 360

득점 패턴1
38경기 61골
3 / 34 / 2 / 11 / 4 / 32

득점 패턴2
38경기 61골
2 / 3 / 6 / 18 / 32

패스 시도
평균 441
18 / 48 / 375

땅볼 쟁탈전
평균 72.8
38.0 / 34.8

포지션별 득점
FW진 30골
MF진 20골
DF진 8골
* 자책골 실점 3골

평균 패스 성공
하프라인 위쪽
164회

하프라인 아래
199회

● OPEN PLAY
● FASTBREAK
● CORNER KICK
● SET PIECE
● DIRECT FREE KICK
● PENALTY KICK

● OPEN PLAY
● FASTBREAK
● CORNER KICK
● SET PIECE
● DIRECT FREE KICK
● PENALTY KICK
● OWN GOAL

● COMBINATION PLAY
● SOLO PLAY
● DIRECT FREE KICK
● PENALTY KICK
● OWN GOAL

● SHORT PASSES
● LONG BALLS
● CROSSES

● 성공
● 실패

상대 슈팅 패턴
38경기 397
3 / 2713 / 72 / 21 / 261

실점 패턴 1
38경기 33골
2 / 3 / 4 / 3 / 20

실점 패턴 2
38경기 33골
4 / 2 / 24

패스 성공
평균 359
4 / 25 / 330

공중전
평균 28.5
14.9 / 13.6

상대 포지션별 실점
DF진 4골
MF진 11골
FW진 18골

패스 성공률
하프라인 위쪽
68%

하프라인 아래
91%

LIGUE 1
Uber Eats

황희찬

오현규

이재성

정우영

황인범

월드 풋볼 스카우팅 리포트 2023-24 유럽 5대 리그

2023년 7월 25일 1판 1쇄 발행 | 2023년 8월 24일 1판 2쇄 발행

지은이 장원구 이석무 김태석

발행인 황민호 | **콘텐츠4사업본부장** 박정훈
편집기획 김순란 강경양 김사라 | **마케팅** 조안나 이유진 이나경
제작 최택순 성시원 | **디자인** 엔드디자인
발행처 대원씨아이(주) | **주소** 서울특별시 용산구 한강대로 15길 9-12
전화 (02)2071-2018 | **팩스** (02)797-1023 | **등록** 제3-563호 | **등록일자** 1992년5월11일
www.dwci.co.kr

ISBN 979-11-7062-902-3 13690

CONTENTS

COUNT DOWN 　　　　　　카운트다운 　　　　　• 4
ASIAN CUP PREVIEW 　　아시안컵 프리뷰 　　　• 6
STADIUM GUIDE 　　　　경기장 소개 　　　　　• 14
MATCH SCHEDULE 　　　경기 일정표 　　　　　• 18

Group A 　　　　　　　A조 판도 분석 　　　　• 20
QATAR 　　　　　　　　카타르 　　　　　　　• 22
CHINA PR 　　　　　　중국 　　　　　　　　• 24
TAJIKISTAN 　　　　　타지키스탄 　　　　　• 26
LEBANON 　　　　　　레바논 　　　　　　　• 28

Group B 　　　　　　　B조 판도 분석 　　　　• 30
AUSTRALIA 　　　　　호주 　　　　　　　　• 32
UZBEKISTAN 　　　　우즈베키스탄 　　　　• 34
SYRIA 　　　　　　　시리아 　　　　　　　• 36
INDIA 　　　　　　　인도 　　　　　　　　• 38

Group C 　　　　　　　C조 판도 분석 　　　　• 40
IRAN 　　　　　　　　이란 　　　　　　　　• 42
UNITED ARAB EMIRATES 　아랍에미리트연합 　• 44
HONG KONG 　　　　　홍콩 　　　　　　　　• 46
PALESTINE 　　　　　팔레스타인 　　　　　• 48

Group D 　　　　　　　D조 판도 분석 　　　　• 50
JAPAN 　　　　　　　일본 　　　　　　　　• 52
INDONESIA 　　　　　인도네시아 　　　　　• 54
IRAQ 　　　　　　　　이라크 　　　　　　　• 56
VIETNAM 　　　　　　베트남 　　　　　　　• 58

Group E 　　　　　　　E조 판도 분석 　　　　• 60
KOREA REPUBLIC 　　　대한민국 　　　　　　• 62
MALAYSIA 　　　　　　말레이시아 　　　　　• 64
JORDAN 　　　　　　　요르단 　　　　　　　• 66
BAHRAIN 　　　　　　바레인 　　　　　　　• 68

Group F 　　　　　　　F조 판도 분석 　　　　• 70
SAUDI ARABIA 　　　　사우디아라비아 　　　• 72
THAILAND 　　　　　　태국 　　　　　　　　• 74
KYRGYZ REPUBLIC 　　키르기스스탄 　　　　• 76
OMAN 　　　　　　　　오만 　　　　　　　　• 78

ASIAN CUP 2023 COUNT DOWN

	AFC ASIAN CUP HISTORY			
연도	개최국	우승	준우승	참가국 수
1956	홍콩	대한민국	이스라엘	4
1960	대한민국	대한민국	이스라엘	4
1964	이스라엘	이스라엘	인도	4
1968	이란	이란	미얀마	5
1972	태국	이란	대한민국	6
1976	이란	이란	쿠웨이트	6
1980	쿠웨이트	쿠웨이트	대한민국	10
1984	싱가포르	사우디아라비아	중국	10
1988	카타르	사우디아라비아	대한민국	10
1992	일본	일본	사우디아라비아	8
1996	아랍에미레이트	사우디아라비아	아랍에미레이트	12
2000	레바논	일본	사우디아라비아	12
2004	중국	일본	중국	16
2007	동남아 4국	이라크	사우디아라비아	16
2011	카타르	일본	호주	16
2015	호주	호주	대한민국	16
2019	아랍에미레이트	카타르	일본	24

───── '46억명 아시아인의 축구 잔치.' 2023 AFC 아시안컵은 2024년 1월 12일~2월 10일, 카타르 5개 도시 8개 구장에서 열린다. 당초 이 대회는 중국에서 올해 6~7월 열릴 예정이었다. 그러나 중국에서 코로나 팬더믹이 매우 심해졌고, 중국 정부는 방역 차원에서 대회 개최권을 AFC에 반납했다. AFC는 집행위원회를 열고 카타르를 새 개최국으로 선정했다. 이와 함께 개최 시기도 1~2월로 변경했다. 지난해 카타르 월드컵처럼 이번 아시안컵도 기후 문제로 일정을 바꾼 것이다. 카타르의 1~2월 평균 기온은 아침 최저 13℃, 낮 최고 21℃로 대한민국의 봄과 비슷하다. 전문가들은 대한민국과 일본을 가장 강력한 우승 후보로 꼽는다. 최근 메이저대회인 카타르 월드컵에서의 성적, 전체적인 선수 구성 등에서 당연해 보인다. 그리고 이란, 호주, 사우디아라비아, 카타르 등 4개국을 대한민국과 일본을 위협할 강팀으로 지목한다. 공교롭게도 이들 '6강'은 지난해 카타르 월드컵 때 아시아 대표로 출전했던 국가들이고, 모두 이번 대회에서 시드 배정을 받았다. 대한민국은 1회(1956년)와 2회(1960년), 2차례 우승했다. 이후 준우승만 4번 추가했을 뿐이다. 역대 월드컵에서는 아시아 다른 국가들과는 차원이 다른 좋은 성적을 냈지만, 아시안컵에서는 무척 아쉬웠다. 손흥민, 김민재, 이강인, 황인범 등 역대급 멤버들로 구성된 대한민국이 1960년 이후 63년 만에 정상을 탈환할까 기대가 크다. ●

대한민국 VS 일본

1956년 출범한 아시아 최고 권위 축구 대회

AFC 아시안컵은 1956년에 출범했다. 남미 코파아메리카(1916년), FIFA 월드컵(1930년)에 이어 3번째로 오래된 메이저 대회. 유로 대회 출범이 1960년인 것을 감안하면 꽤 오랜 역사를 지닌 셈이다. 1956년부터 1976년까지는 지역 예선을 거쳐 본선 4강 풀리그로 진행했고, 당시 아시아의 열악한 환경으로 인해 기권하는 팀도 많아 전체 참가국 수는 적었다. 하지만 점차 출전국을 늘렸고, 현재는 AFC 산하 최고 권위의 국가 대항전으로 성장했다.

아시안컵은 원래 우승 상금이 없는 대회였다. 그러나 2018년 5월 4일, 아시안컵 상금 수여를 공식적으로 확정했고, 2019년 UAE에서 열린 아시안컵 때 총 1480만 달러의 상금을 지급했다. 우승팀 500만 달러, 준우승팀 300만 달러, 4강 진출팀 100만 달러씩 분배했고, 본선 진출 24개국 모두에게 출전 수당 20만 달러씩 나눠줬다. AFC는 2019년부터 AFC 아시안컵 출전 국가를 기존 16개국에서 24개국으로 확대했다. 그리고 예선전 시스템을 바꿨다. FIFA 월드컵 아시아 예선을 아시안컵 예선과 연동시켰다. 이에 따라 월드컵 아시아 예선과 아시안컵 예선이 동시에 관심이 높아지게 되었다. ●

대한민국 일본 이란 호주 사우디 카타르 '빅6'

2023 AFC 아시안컵은 원래 중국에서 6월~7월에 개최될 예정이었다. 그런데 중국에 오미크론이 확산하면서 5월 14일, 개최권을 AFC에 반납했다. AFC는 10월 17일 회의를 열고 카타르를 새 개최국으로 선정했다. 카타르는 2022 FIFA 월드컵에 이어 2회 연속 메이저 토너먼트 개최권을 따냈다.

2023 아시안컵은 카타르의 혹서기인 6~7월을 피해 2024년 1~2월에 열린다. 평균 기온 13~22℃로 축구 하기 딱 좋은 날씨다.

이번 대회 우승 후보는 대한민국 일본 이란 사우디아라비아 호주 카타르 등 6개국이다. 이 팀들은 2022 FIFA 월드컵에 아시아 대표로 출전했고, 이번 아시안컵에서 나란히 시드 배정을 받았다.

조 추첨 결과 B조의 호주가 우즈베키스탄, 시리아 등과 묶여 '죽음의 조'에 편성된 반면, F조의 사우디아라비아는 오만, 태국, 키르기스탄과 묶이는 행운을 누렸다. 3개국 상대 통산 전적 18승 1무(!).

대한민국은 말레이시아, 바레인, 요르단과 한 조에 속해 무난하다는 평가를 받았다. 8강전에서 맞붙을 강호 이란과의 경기를 잘 넘긴다면 1960년 이후 63년 만의 정상 탈환이 가능할 것이다. ●

숙명의 라이벌

역대 최강 대한민국, 63년 만에 AC 우승 도전

대한민국은 2022 월드컵에서 '중꺾마 신드롬'을 일으키며 16강에 올랐다. 2010 남아공 월드컵 이후 12년 만에, 통산 3회째다.

대회 직후 파울루 벤투 감독이 물러났고, 후임으로 독일 레전드 공격수 출신 위르겐 클린스만이 지휘봉을 잡았다. 클린스만은 벤투가 다져놓은 '점유율 위주 빌드-업 축구'를 바탕으로 본인 특유의 다이렉트 플레이를 가미시켜 새로운 스타일을 만들었다.

현 대표팀 멤버는 역대 최강이다. 프리미어리그 득점왕 출신 손흥민, 월드 클래스 센터백 김민재 두 슈퍼스타가 공-수의 축이다. 여기에 천재 미드필더 이강인, 분데스리가에서 위력을 떨친 이재성, 만능 미드필더 황인범, 대표팀 새 공격수로 떠오른 오현규 등 유럽파들이 뒤를 받친다.

그리고 폭발적인 레프트백 김진수, 노련한 골키퍼 김승규, 월드컵 멀티골 조규성 등도 한몫 단단히 해주고 있다.

대한민국은 1956, 1960년 2회 연속 우승한 이후 준우승만 4번 추가했다. 하지만 승부의 세계에서 2등은 의미가 없다. 오직 우승만이 필요하다. 그래야 진정한 '아시아 최강'으로 인정받을 수 있다. ●

아시안컵 4회 우승 일본, 유럽파 다수 포진

일본은 역대 아시안컵 최다 우승(4회)팀이다. 특히 21세기에는 6차례 대회 중 3번이나 정상에 올랐다.

2022 월드컵 때 유럽의 강호 독일, 스페인을 연파하면서 조 1위로 16강에 올랐다. 또한, 16강전에서도 크로아티아와 대등한 경기를 펼쳤음에도 무승부를 기록한 뒤 승부차기에서 아깝게 패했다.

현 대표팀은 카타르 월드컵 당시 멤버와 거의 차이가 없다. 그렇기에 대한민국과 함께 가장 강력한 우승후보 '빅2'로 꼽힌다. 미토마 가오루, 아사노 다쿠마, 가마다 다이치, 구보 다케후사, 엔도 와타루, 도미야스 다케히로, 등 유럽 무대에서 활약 중인 선수가 주축을 이룬다. 아시아에서 가장 두터운 선수층을 자랑한다.

모리야스 하지메 감독은 월드컵 당시 독일, 스페인 등 한 수 위의 팀들을 상대하기 위해 철저히 역습 전술에 의존했다. 하지만 기본적으로 일본은 아시아에서 볼 점유율이 가장 높은 팀이다. 본선에서는 당연히 기존 전술(점유율+전방 압박)을 구사할 것이다.

D조에서 이라크가 까다로운 상대이나, 전반적으로 조 추첨은 잘 된 편이다. 일단 4강까지는 무난하게 올라갈 것으로 보인다. ●

중동 최고 CF 메흐디 타레미(이란)

월드컵 돌풍 주역 살렘 알도사리

AC 통산 1위 이란, 상위권 진출 100% 역사

이란은 역대 아시안컵에서 늘 꾸준한 성적을 내왔다. 통산 전적 41 승 19무 8패, 승점 142점으로 역대 랭킹 1위에 올라 있다. 또한, 1968년 이후 2019년까지 단 한 번도 예선에서 탈락한 적이 없고, 우승 3회, 3위 5회, 4위 1회, 5위 4회, 6위 1회 등 모든 대회에서 상위권에 진출했다. 이는 아시아 전체에서 이란이 유일하다.

이란은 2022 카타르 월드컵 때 조별리그에서 탈락했다. 하지만 이란 출신 갈리에노이 감독이 지휘봉을 잡고, 빠르게 팀을 수습했다. 그는 지난 3월 러시아(1-1무), 케냐(2-1승)와의 평가전을 통해 베테랑에게는 동기 부여를, 신예들에게는 출전 기회를 보장했다. 빠르고 시원한 다이렉트 플레이에 탄탄한 수비 조직을 재정비 했다.

세르다르 아즈문, 메흐티 타레미, 알리레자 자한바흐시 등 아시아 정상급 공격 파워는 여전히 막강하다. ●

WC 챔피언 아르헨 격파한 '중동 맹주' 사우디

2022년 11월 22일은 축구 역사상 길이 기억될 날이다. 카타르 월드컵 C조 첫 경기에서 사우디아라비아가 우승팀 아르헨티나를 2-1로 꺾은 날이기 때문이다. 이 경기는 월드컵 역사상 최대 이변이었다. 사우디는 환상적인 오프사이드 트랩으로 아르헨티나 공격을 무력화시켰고, 공격수들의 빼어난 결정력으로 승리를 만들어냈다.

일단 출발은 좋다. 지난 5월 11일 열린 본선 조 추첨에서 F조에 속해 오만, 태국, 타지키스탄과 한 조를 이뤘다. 시드 배정 6개국 중 가장 좋은 대진표를 받은 셈이다. 상대 3팀과의 통산 맞대결 성적은 무려 18승 1무(!). 큰 이변이 없는 한 조 1위는 확정적이다.

월드컵을 이끌던 르나르 감독이 떠난 게 아쉽다. 그러나 살렘 알도사리, 피라스 알부라이칸, 압둘렐라 알암리 등 카타르 월드컵 멤버들이 건재하기에 2007년 이후 16년 만에 결승 진출을 노리고 있다. ●

"AGAIN 2015" 부르짖는 월드컵 16강 호주

'사커루' 호주는 2007년부터 아시안컵에 참가했다. 2007년 7위, 2011년 준우승, 2015년 우승, 2019년 7위 등 꾸준한 성적을 냈다. 2022 카타르 월드컵에서도 기대 이상의 성적을 거뒀다. 튀니지와 덴마크를 각각 1-0으로 물리치고 조 2위로 16강에 올랐다.

이번 아시안컵 호주의 목표는 "AGAIN 2015"다. 홈그라운드에서 열렸던 지난 2015년 우승의 꿈을 재현하겠다는 것이다. 월드컵을 이끌던 그레이엄 아놀드 감독이 계속 팀을 지휘한다. 미첼 듀크, 아이딘 흐루스티치, 아워 마빌, 잭슨 어바인, 카이 로울스 등 월드컵 멤버들이 그대로 남아 있다. 여기에 월드컵 때 부상으로 결장했던 수비의

아시아 최고 GK 매슈 라이언(호주)

"홈 스위트 홈" 카타르, 목표는 AC 2연패(連霸)

카타르는 2022 FIFA 월드컵에 이어 2023 AFC 아시안컵까지 연달아 연다. 아시안컵은 1988년, 2011년에 이어 벌써 3번째다.

목표는 당연히 우승이다. 선수 구성도 괜찮고, '결과를 낼 줄 아는 지도자' 케이로스를 영입했다. 무엇보다도 지난해 월드컵의 참패(3전 전패, 조별리그 탈락)를 만회하겠다는 선수들의 각오가 대단하다.

베테랑 공격형 MF 하산 알하이도스, 득점력이 우수한 CF 알모에즈 알리, 수비형 미드필더 카림 부디아프, 수비의 핵 부알렘 쿠키와 압델카림 하산 등 주축 멤버들이 여전히 건재하다.

카타르는 조 추첨 결과 중국, 레바논, 타지키스탄을 만난다. 객관적인 전력과 홈어드밴티지를 봤을 때 조 1위를 할 가능성이 크다. 그럴 경우 16강전에서 다른 조 3위와 만나기에 8강까지는 무난하다.

이상 우승 후보 '빅6'에 관해 알아봤다. 유럽 베팅 사이트, 아시아 전문가들의 평가는 일단 대한민국과 일본이 가장 강하고, 이란 사우디 호주 카타르가 그 뒤를 바짝 쫓는다고 평가한다. 하지만 그 격차는 '종이 한 장 차이'다. 조별리그를 얼마나 쉽게 통과해 체력을 비축하느냐, 경기 당일 운이 얼마나 작용하느냐에 따라 결과는 완전히 달라질 것이다. 아시안컵에서 어느 팀이 웃을지는 정말 예측불허다. ●

핵 해리 수타가 복귀한 것도 긍정적이다. 무엇보다도 현역 아시아 최고의 골키퍼 매슈 라이언의 존재는 무척 든든해 보인다.

문제는 조 추첨 결과. B조에서 우즈베키스탄, 시리아를 상대해야 한다. 언론에서는 B조를 '죽음의 조'라고 부른다. ●

아시안컵 디펜딩 챔피언 카타르

브라질 출신 UAE 귀화선수 리마

14억 중국의 에이스 우레이

베트남 인기 스타 응우옌 반퀴엣

중동 복병 UAE, 파울루 벤투 감독 영입

UAE는 중동, 중앙아시아에서 늘 복병으로 꼽혀 온 팀이다. 2022 카타르 월드컵 최종예선에도 출전했고, 홈구장에서 최강 대한민국을 1-0으로 꺾으며 플레이오프까지 진출했다.

이 팀은 지난해 월드컵 예선 탈락 후 5차례 평가전을 치러 2승 3패를 기록했다. 그리고 올해 초 걸프컵에 출전해 1승 2패로 물러났다.

UAE 국내에서 아루아바레나 감독에 대해 비판이 일었다. "과연 이 감독으로 아시안컵을 치를 수 있겠느냐"는 언론과 팬들의 지적이 계속됐다. UAE 축구협회는 결국 지난 7월 9일, 전 대한민국 대표팀 감독이었던 파울루 벤투를 전격적으로 영입했다. 벤투는 브라질 출신 귀화선수인 CF 카이우, AM 리마 등을 중용할 것으로 보인다.

UAE는 C조에서 이란과 경쟁해야 한다. 월드컵 최종 예선 때 홈&어웨이 모두 0-1로 패한 만큼 설욕을 노리고 있다. ●

14억 중국, "아시안컵 찍고 북중미 월드컵 GO"

인구 '14억의 대국' 중국은 이번 아시안컵에 큰 의미를 부여하고 있다. 원래 이 대회는 중국에서 개최할 예정이었다. 그러나 오미크론이 확산하면서 방역 문제가 터지자 개최권을 반납했다. 아시안컵에서 성적을 내고, 좋은 이미지를 만들려고 했던 계획이 다 틀어진 셈.

그렇기에 이번 대회 4강 진출로 '축구 굴기'를 이루고, 2026 북중미 월드컵 출전의 초석을 다질 계획이다.

중국의 몇 안 되는 해외파 궈텐위, 리레이가 자국으로 복귀했고, 우샤오총, 아프덴 아스커 등이 유럽에 진출했으나 거의 출전 기회를 잡지 못하고 있다. 그나마 중국이 아시안컵에서는 비교적 괜찮은 성적을 내왔다는 점, 최근 위구르족 선수들의 선전은 나름 긍정적이다. 아시아 정상급 공격수 우레이의 활약에 기대를 걸어야 한다. ●

베트남, WCQ 이어 AC에서도 돌풍 준비 끝

베트남은 그동안 동남아시아에서 태국의 그늘에 가려져 있었다. 그러나 박항서 감독 취임 후 '일신우일신' 하며 '황금기'를 누렸다.

2018 AFF 챔피언십 우승, 2019 AFC 아시안컵 8강 진출, 2022 AFF 챔피언십 준우승, 2022 FIFA 월드컵 아시아 최종 예선 출전 등 자국 축구 역사상 역대급 퍼포먼스를 선보였다.

물론, AFF 챔피언십에서 여전히 태국에 밀리는 모습을 보였기에 아직까지는 확실한 지역 최강이라고 단언하기는 어렵다.

박항서 감독이 물러나고 프랑스 출신 필립 트루시에가 지휘봉을 잡았다. 그동안 어느 정도 결과를 내 왔기에 베트남에서 기대가 크다. '베트남의 메시'로 불리는 응우옌 꽝하이, 중앙 공격수 응우옌 티엔린, 베트남 수비의 미래 응우옌 딴빈을 앞세워 이변을 꿈꾼다. ●

복병 시리아, AC에서 또 '매운맛' 선사할까

시리아는 중동에서 늘 복병으로 꼽힌다. 아시안컵 2차 예선을 겸한 월드컵 2차 예선에서 7승 1패의 성적을 거둬 조 1위로 최종예선에 올랐다. 월드컵 본선 진출에는 실패했지만 나름대로 최선을 다했다. 시리아 축구협회는 2022년 9월~12월의 평가전에서 6전 전패를 기록했던 알사에드 감독을 해임하고, 2023년 2월 아르헨티나 출신 엑토르 쿠페르를 새 감독으로 임명했다. 그는 월드컵 예선에 출전했던 일부 노장을 남겼지만 젊은 선수들을 대거 기용했다. 향후 평가전 결과가 매우 중요하다.

시리아는 아시안컵 B조에서 호주, 우즈베키스탄을 만난다. 많은 전문가로부터 '죽음의 조'로 불리는 B조에서 어떤 퍼포먼스를 선보일지 궁금하다. 신예 공격수 알라 알달리, 개인기 좋은 레프트윙 모하메드 리하니에, 노장 센터백 오마르 미다니가 주축이다. ●

시리아 센터백 압둘라 알사미

걸프컵 무패 우승으로 다시 일어난 이라크

이라크는 AFC 아시안컵에서 통산 15승 8무 16패, 승점 53점으로 역대 8위에 올라 있고, 2007년 대회에선 대한민국, 사우디아라비아를 제치고 우승 트로피를 들어 올렸다. 월드컵 아시아 최종예선에 진출해 A조에서 이란, 대한민국, UAE에 이어 4위를 기록했다.

현재 팀은 헤수스 카사스 감독이 잘 만들어놨다. 이 팀의 기본 골격은 2022 카타르 월드컵 아시아 최종예선에 출전했던 CF 아이멘 후세인, CB 알리 파예즈다. 여기에 홈구장에서 열린 2023 걸프컵 우승 멤버 지단 이크발이 가세했다. 그는 20세의 공격형 미드필더로 '이라크의 지단'으로 불릴 정도로 개인기가 우수하다.

이라크는 걸프컵에서 사우디(2-0), 예멘(5-0), 카타르(2-1), 오만(3-2)에 연승하며 우승했다. 이 기세로 아시안컵에 도전한다. ●

이라크 공격 간판 알라 아바스

새 출발 레바논, 귀화선수들 공격 보강 시급

레바논은 2000년, 2019년에 이어 3번째 아시안컵에 출전한다. 역대 통산 기록을 보면 복잡한 국내 정치 사정 때문에 불참 또는 기권이 9차례나 되었다.

하지만 월드컵 2차 예선을 겸한 아시안컵 2차 예선에서 대한민국에 이어 H조 2위에 올라 본선에 나선다. 반면, 월드컵 최종예선에서는 A조 최하위로 탈락했다.

레바논은 변화가 필요했고, 중동 지역에서 풍부한 경험을 지닌 알렉산다르 일리치 감독을 영입해 새롭게 출발했다. 그러나 여전히 팀을 업그레이드해야 할 과제를 안고 있다. 가장 큰 문제는 득점력 부족. 2022년 1월~2023년 3월 사이에 치러진 각종 A매치 7경기에서 달랑 1골밖에 넣지 못했다. 귀화선수 공격수들이 분발해야 한다. ●

레바논 백전 노장 하산 마루크

우즈벡 FW 쇼무로도프   인도 MF 아니루드 타파   태국 FW 티라실 당다

무시할 수 없는 중앙아시아, 중동의 다크호스들

우즈베키스탄은 이번 대회에서 파란을 일으킬 복병 1순위다. 중앙아시아의 절대 강자로 월드컵 아시아 최종예선에 거의 단골손님으로 초대될 정도로 좋은 성적을 내왔다. 2022 카타르 월드컵 때는 2차 예선에서 멈췄다. 이번 아시안컵을 계기로 명예회복에 나선다.

현 대표팀은 카타르 월드컵 아시아 예선 출전 멤버를 축으로 20대 초반 젊은 선수들이 합류해 신구 조화를 이루고 있다. 이번 아시안컵 조 추첨에서 호주, 시리아와 만나 '죽음의 조'를 만들었다.

바레인과 요르단은 아시안컵 E조에서 대한민국과 한 조를 이뤘다. 바레인은 2차 예선을 C조 3위로 통과한 뒤 3차 예선에서 방글라데시, 말레이시아, 투르크메니스탄을 모두 제압하고 3전 전승으로 본선에 올랐다. CF 유수프 헬랄, MF 압둘와하브 알말루드, DF 왈리드 알하얌이 주축 멤버다.

요르단은 2차 예선 B조 3위에 올라 3차 예선을 치렀고, 네팔, 인도네시아, 쿠웨이트에 3연승을 거둬 본선에 합류했다. 특히 쿠웨이트를 3-0으로 대파한 게 눈에 띈다. 주전 공격수 야잔 알나이마트, 베테랑 센터백 아나스 바니야신이 공수의 핵을 이룬다.

팔레스타인은 이스라엘과의 문제로 1998년에야 겨우 AFC에 가입했다. 2000년 대회에 처음 출전했지만, 4회 연속 예선에서 탈락했다. 첫 출전한 2015년 대회 때는 3전 전패로 물러났고, 2019년 대회 때는 2무 1패로 참가 24개국 중 17위에 머물렀다. 하지만 꾸준히 전력을 업그레이드 시켰고, 이번 대회 2차 예선에서 몽골, 예멘. 필리핀을 연파하고 3전 전승, 10득점 무실점으로 본선 티켓을 따냈다. ●

"전력차 줄었다" 언제든 이변 일으킬 변방국들

"공은 둥글다"고 했고, "대소장단은 대어 보아야 안다"는 말이 있다. 스포츠에서 언제 어떤 일이 벌어질지 모른다는 교훈이다.

지난번 카타르 월드컵에서도 사우디가 아르헨티나를, 카메룬이 브라질을, 튀니지가 프랑스를 각각 조별리그에서 꺾은 바 있다.

이번 아시안컵에서도 깜짝 놀랄 이변이 일어나지 말라는 법은 없다. 그런 면에서 그동안 약체로 꼽혔던 남아시아, 중앙아시아 팀들을 다시 한번 주목할 필요가 있다.

그중에서도 인구 14억의 대국 인도를 눈여겨봐야 한다. 인도는 '크리켓의 나라'다. 인도 사람들은 브라질 국민들이 축구를 즐기는 것 그 이상으로 크리켓에 열광한다. 거의 종교다. 그렇기에 축구는 마이너 스포츠에 불과했다. 하지만 최근 2~3년간 축구의 인기가 지속적으로 높아졌고, 대표팀 경기력도 나날이 향상됐다.

현 대표팀은 2021년 SAFF(남아시아 축구연맹) 챔피언십 우승 멤버들이 주축을 이루고 있다. '인도의 메시' 수닐 체트리, 공격형 미드필더 브랜든 페르난데스, 중앙 수비수 산데시 징간이 핵심 멤버다.

동남아시아의 전통 축구 강국 태국도 주목해야 한다. 이 팀은 동남아시아 선수권대회(AFF 챔피언십)에서 역대 최다인 7차례 우승했다. 태국 축구의 살아있는 전설 티라실 당다, '태국의 메시'라는 차나티프 송크라신, 독일계 센터백 마누엘 비르 등이 주축을 이룬다.

중앙아시아의 타지키스탄과 키르기스스탄, 동남아시아의 홍콩은 객관적인 전력상 최하위권이다. 그러나 이들도 조별리그 통과를 위해 전력을 다할 것이다. ●

박항서 전 베트남 감독   김판곤 말레이시아 감독   신태용 인도네시아 감독

박항서 전 감독이 동남亞 축구에 남긴 유산

독일, 네덜란드, 프랑스, 세르비아 등은 해외로 유능한 축구 지도자(감독, 코치, 트레이너)를 많이 수출하는 나라들로 유명하다.

그런데 최근 3~4년간 대한민국도 이 반열에 올랐다고 해도 과언이 아니다. 바로 박항서, 김판곤, 신태용 감독이 동남아시아 축구를 한 단계 업그레이드 시켰기 때문이다.

박 전감독은 동남아에 한국 감독 열풍을 불러일으킨 선두주자다. 그는 2017년부터 2023년까지 2018 AFC U-23 아시안컵 준우승, 2018 자카르타 팔렘방 아시안게임 4위, 2018 동남아시아 선수권대회(AFF 챔피언십) 우승, 2019 AFC 아시안컵 8강 진출 등 각종 대회에서 역대 베트남 축구 사상 최고의 성적을 기록했다.

그리고 최고의 하이라이트는 역시 카타르 월드컵 아시아 최종예선 진출이었다. 박 전감독이 팀을 맡기 전까지만 해도 베트남이 월드컵 최종예선에 오른다는 건 아예 상상조차 하지 못하던 일이었다.

박 전감독은 베트남 선수들 기량의 한계를 잘 파악하고, 그 대처 방법을 완벽히 응용했다. 장점을 극대화시키고, 단점을 최소화했다. 선수들에게 아버지, 큰 형님 리더십을 보이며 매사 솔선수범했다. 국내 프로리그에서 지도자 생활을 할 때 여러 선배 감독들로부터 배운 전술 운용, 피지컬 트레이닝, 마인드 컨트롤 등을 철저히 적용시켰다. 여기에 더해 신뢰의 리더십을 보였기에 선수들로부터 존경을 받고 경기장에서 '전력+α'를 발휘할 수 있었다.

박 전감독이 베트남을 떠난 후 베트남 축구팬들이 그를 그리워한다는 보도가 자주 나오고 있다.●

김판곤의 말레이시아, 신태용의 인도네시아 주목

김판곤 감독은 한국 지도자의 동남아 진출 선구자격이다. 그는 선수, 코치, 감독, 기술위원장, 행정가 폭넓은 경험의 소유자다.

2003년 홍콩 레인저스 플레잉코치, 2008년 홍콩 사우스 차이나 AA 감독, 2009년 홍콩 대표팀 감독을 역임했다. 2018년 대한축구협회 기술위원장으로서 파울루 벤투를 대한민국 대표팀 감독으로 영입해 2022 카타르 월드컵 16강 진출의 초석을 다졌다. 그리고 2022년 1월 21일, 말레이시아 대표팀 감독으로 자리를 옮겼다.

김 감독의 말레이시아는 2023년 5월까지 19전 14승 5패, 승률 74%를 기록하며 순항 중이다. 아시안컵 3차 예선에서 투르크메니스탄에 3-1, 방글라데시에 4-1로 승리하면서 바레인에 1-2로 졌지만 2승 1패로 본선 진출을 이끌었다. 그리고 지난 3월 평가전에서 투르크메니스탄에 1-0, 홍콩에 2-0으로 승리했다.

인도네시아 대표팀을 지휘하고 있는 신태용 감독도 주목해야 한다. 그는 2018 러시아 월드컵 예선 도중 경질된 슈틸리케의 대타로 투입돼 간신히 본선 진출권을 따냈다. 월드컵 본선에서도 스웨덴, 멕시코에 연패하면서 코너에 몰렸다가 당시 세계 최강 독일을 2-0으로 격파하면서 상황을 반전시켰다. 월드컵 이후 잠시 쉬다가 2019년 12월 인도네시아 대표팀 지휘봉을 잡았다.

신 감독은 초반 잠시 고전했지만, 적응을 끝낸 후 팀 개혁을 주도하며 성과를 냈다. 아시안컵 예선 PO에서 대만에 2승(2-1, 3-0), 3차 예선 2승 1패(쿠웨이트 2-1, 요르단 0-1, 네팔 7-0)를 거둬 2007년 이후 16년 만에 인도네시아를 아시안컵 본선으로 이끌었다.●

ASIAN CUP STADIUMS

아시아 최고의 축구대회인 2023 AFC 아시안컵이 2024년 1월 12일~2월 10일 카타르에서 개최된다. 당초 이 대회는 2023년 6~7월, 중국에서 열릴 예정이었다. 그러나 중국에서 코로나 팬더믹이 더 심화되 심각한 방역 문제가 생겼고, 결국 개최권을 반납했다. AFC는 집행위원회 투표를 통해 카타르를 대체 개최국으로 결정했다. 정상적이라면 여름에 열려야 했지만, 카타르의 여름 기온이 최고 50℃까지 올라가기에 축구를 하기 불가능하다. 결국, 2022 카타르 월드컵처럼 이번 아시안컵도 여름이 아닌 겨울에 열릴 수밖에 없게 되었다. 카타르 월드컵을 개최했던 8개 스타디움 중 7개 경기장은 이번에도 주 무대로 축구 팬들의 주목을 받을 것이다. 단지, 스타디움 974는 월드컵 후 철거되었다. 대신, 도하의 압둘라 빈칼리파 스타디움과 자심 빈하마드 스타디움이 이번 아시안컵 때 활용된다. 이 대회 메인 스타디움은 루사일 경기장이다. 관중 8만 8966명을 수용하며 카타르-레바논의 개막전과 결승전이 열린다. 대회의 '시작과 끝'을 장식하는 셈이다. 대한민국의 E조 조별리그 3경기는 자심 빈하마드 (바레인전), 알투마마(요르단전), 압둘라 빈칼리파(말레이시아전)에서 각각 열린다.

LUSAIL STADIUM
루사일 스타디움

INFORMATION

소재지 : 루사일
구장 오픈 : 2021년
증개축 : –
형태 : 전용 구장
규모 : 8만 8996명
피치 : 105m x 68m
잔디 : 천연잔디
클럽 : —

MATCH SCHEDULE

01.12(금) 19:30 카타르 v 레바논
02.10(토) 18:00 결승전

2023 AFC ASIAN CUP STADIUMS

AL BAYT STADIUM
알바이트 스타디움

INFORMATION

- **소재지 :** 알코르
- **구장 오픈 :** 2021년
- **증개축 :** —
- **형태 :** 전용 구장
- **규모 :** 6만 8895명
- **피치 :** 105m x 68m
- **잔디 :** 천연잔디
- **클럽 :** 알코르 FC

MATCH SCHEDULE

날짜	시간	경기
01.17(수)	20:30	타지키스탄 v 카타르
01.21(일)	20:30	키르기스스탄 v 사우디아라비아
01.24(수)	14:30	이라크 v 베트남
01.29(월)	19:00	A1 v CDE3
02.03(토)	18:30	준준결승전

AL JANOUB STADIUM
알자누브 스타디움

INFORMATION

- **소재지 :** 알와크라
- **구장 오픈 :** 2019년
- **증개축 :** —
- **형태 :** 전용 구장
- **규모 :** 4만 4325명
- **피치 :** 105m x 68m
- **잔디 :** 천연잔디
- **클럽 :** 알와크라 SC

MATCH SCHEDULE

날짜	시간	경기
01.14(일)	20:30	이란 v 팔레스타인
01.18(목)	20:30	팔레스타인 v UAE
01.21(일)	17:30	오만 v 태국
01.23(화)	14:30	시리아 v 인도
01.30(화)	14:30	B2 v F2
02.03(토)	14:30	준준결승전

AL THUMAMA STADIUM
알투마마 스타디움

INFORMATION

- **소재지 :** 도하
- **구장 오픈 :** 2021년
- **증개축 :** –
- **형태 :** 전용 구장
- **규모 :** 4만 4400명
- **피치 :** 105m x 68m
- **잔디 :** 천연잔디
- **클럽 :** 알 아흘리

MATCH SCHEDULE

날짜	시간	경기
01.14(일)	17:30	UAE v 홍콩
01.17(수)	14:30	레바논 v 중국
01.20(토)	14:30	요르단 v 대한민국
01.22(월)	18:00	타지키스탄 v 레바논
01.25(목)	18:00	키르기스스탄 v 오만
01.31(수)	14:30	E1 v D2
02.07(수)	18:00	준결승전

ABDULLAH BIN KHALIFA STADIUM
압둘라 빈 칼리파 스타디움

INFORMATION

- **소재지 :** 도하
- **구장 오픈 :** 2013년
- **증개축 :** —
- **형태 :** 전용 구장
- **규모 :** 1만명
- **피치 :** 105m x 68m
- **잔디 :** 천연잔디
- **클럽 :** 알두하일 SC

MATCH SCHEDULE

날짜	시간	경기
01.13(토)	17:30	중국 v 타지키스탄
01.16(화)	17:30	태국 v 키르기스스탄
01.18(목)	17:30	인도 v 우즈베키스탄
01.19(금)	20:30	홍콩 v 이란
01.23(화)	14:30	호주 v 우즈베키스탄
01.25(목)	14:30	대한민국 v 말레이시아
01.31(수)	19:00	C1 v ABF3

2023 AFC ASIAN CUP STADIUMS

KHALIFA INTERNATIONAL STADIUM 칼리파 인터내셔널 스타디움

INFORMATION

소재지 : 알라이얀
구장 오픈 : 1976년
증개축 : 2005, 2017
형태 : 종합 경기장
규모 : 4만 5857명
피치 : 105m x 68m
잔디 : 천연잔디
클럽 : ―

MATCH SCHEDULE

01.14(일)	14:30	일본 v 베트남
01.16(화)	20:30	사우디아라비아 v 오만
01.22(월)	18:00	카타르 v 중국
01.25(목)	14:30	요르단 v 바레인
01.29(월)	14:30	D1 v BEF3

AHMAD BIN ALI STADIUM 아마드 빈알리 스타디움

INFORMATION

소재지 : 알라이얀
구장 오픈 : 2003년
증개축 : 2020년
형태 : 전용 구장
규모 : 4만 5032명
피치 : 105m x 68m
잔디 : 천연잔디
클럽 : 알라이얀 SC

MATCH SCHEDULE

01.13(토)	14:30	호주 v 인도
01.15(월)	20:30	말레이시아 v 요르단
01.19(금)	17:30	베트남 v 인도네시아
01.24(수)	14:30	일본 v 인도네시아
01.28(일)	19:00	A2 v C2
02.02(금)	14:30	준준결승전
02.06(화)	18:00	준결승전

EDUCATION CITY STADIUM 에주케이션 시티 스타디움

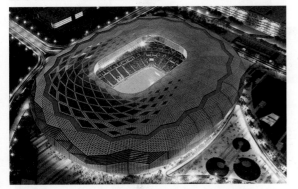

INFORMATION

소재지 : 알라이얀
구장 오픈 : 2020년
증개축 : ―
형태 : 전용 구장
규모 : 4만 4667명
피치 : 105m x 68m
잔디 : 천연잔디
클럽 : ―

MATCH SCHEDULE

01.14(일)	17:30	인도네시아 v 이라크
01.19(금)	14:30	이라크 v 일본
01.23(화)	18:00	이란 v UAE
01.25(목)	18:00	사우디아라비아 v 태국
01.30(화)	19:00	F1 v E2
02.02(금)	18:30	준준결승전

JASSIM BIN HAMAD STADIUM 자심 빈 하마드 스타디움

INFORMATION

소재지 : 알라이얀
구장 오픈 : 1975년
증개축 : 2004, 2010
형태 : 전용 구장
규모 : 1만 3030명
피치 : 105m x 68m
잔디 : 천연잔디
클럽 : 알사드

MATCH SCHEDULE

01.13(토)	20:30	우즈베키스탄 v 시리아
01.15(월)	14:30	대한민국 v 바레인
01.18(목)	14:30	시리아 v 호주
01.20(토)	17:30	바레인 v 말레이시아
01.23(일)	18:00	홍콩 v 팔레스타인
01.28(일)	14:30	B1 v ACD3

2023 ASIAN CUP

조별 그룹

A조
- QAT 카타르
- CHN 중국
- TJK 타지키스탄
- LBN 레바논

B조
- AUS 호주
- UZB 우즈베키스탄
- SYR 시리아
- IND 인도

C조
- IRN 이란
- UAE 아랍에미레이트
- HKG 홍콩
- PLE 팔레스타인

D조
- JPN 일본
- IDN 인도네시아
- IRQ 이라크
- VIE 베트남

GROUP MATCHES / Host Cities Stadiums / 수용 인원	MATCH DAY 1					MATCH DAY 2					MATCH DAY 3			
	FRI 1월12일	SAT 1월13일	SUN 1월14일	MON 1월15일	TUE 1월16일	WED 1월17일	THU 1월18일	FRI 1월19일	SAT 1월20일	SUN 1월21일	MON 1월22일	TUE 1월23일	WED 1월24일	THU 1월25일
루사일 루사일 8만 8896명	19:30 QAT v LBN													
알코르 알바이트 6만 8895명						20:30 TJK v QAT			20:30 KGZ v KSA				14:30 IRQ v VIE	
알와크라 알자누브 4만 4325명			20:30 IRA v PLE				20:30 PLE v UAE		17:30 OMA v THA			14:30 SYR v IND		
도하 알투마마 4만 4400명			17:30 UAE v HKG			14:30 LBN v CHN			14:30 JOR v KOR		18:00 TJK v LBN			18:00 KGZ v OMA
도하 압둘라빈칼리파 1만명	17:30 CHN v TJK				17:30 THA v KGZ	17:30 IND v UZB		20:30 HKG v IRA				14:30 AUS v UZB	14:30 KOR v MAS	
알라이얀 칼리파인터내셔널 4만 5857명		14:30 JPN v VIE			20:30 KSA v OMA						18:00 QAT v CHN		14:30 JOR v BHR	
알라이얀 아마드빈알리 4만 5032명	14:30 AUS v IND			20:30 MAS v JOR				17:30 VIE v IDN					14:30 JPN v IDN	
알라이얀 에주케이션시티 4만 4667명				17:30 IDN v IRQ				14:30 IRQ v JPN				18:00 IRN v UAE		18:00 KSA v THA
알라이얀 자심빈하마드 1만 3030명	20:30 UZB v SYR	14:30 KOR v BHR							14:30 SYR v AUS	17:30 BHR v MAS	18:00 HKG v PLE			

MATCH SCHEDULE

*경기 시간은 카타르 현지 시간, 대한민국은 카타르보다 6시간 빠름, 일정은 추후 변경될 수 있음

E조	F조
KOR 대한민국	KSA 사우디아라비아
MAS 말레이시아	THA 태국
JOR 요르단	KGZ 키르기스스탄
BHR 바레인	OMA 오만

KNOCKOUT STAGE

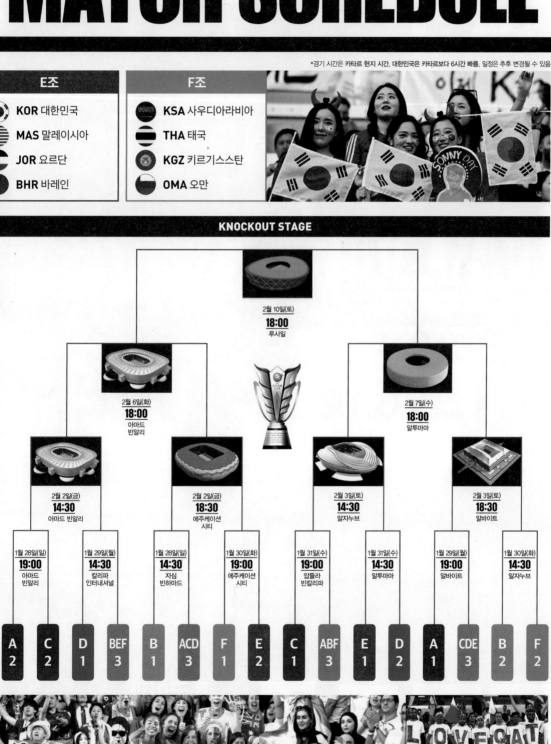

FINAL

2월 10일(토)
18:00
루사일

SEMI-FINALS

2월 6일(화)
18:00
아마드 빈알리

2월 7일(수)
18:00
알투마마

QUARTER-FINALS

2월 2일(금)
14:30
아마드 빈알리

2월 2일(금)
18:30
에주케이션 시티

2월 3일(토)
14:30
알자누브

2월 3일(토)
18:30
알바이트

ROUND OF 16

1월 28일(일)
19:00
아마드 빈알리

1월 29일(월)
14:30
칼리파 인터내셔널

1월 28일(일)
14:30
자심 빈하마드

1월 30일(화)
19:00
에주케이션 시티

1월 31일(수)
19:00
압둘라 빈칼리파

1월 31일(수)
14:30
알투마마

1월 29일(월)
19:00
알바이트

1월 30일(화)
14:30
알자누브

16 TEAMS

A2 | C2 | D1 | BEF3 | B1 | ACD3 | F1 | E2 | C1 | ABF3 | E1 | D2 | A1 | CDE3 | B2 | F2

A조

48ᵗʰ King's Cup 2022
การแข่งขันฟุตบอลชิงถ้วยพระราชทานคิงส์คัพ ครั้งที่ 48

同國異果

동국이과

'같은 개최국(同國)'인데 조 추첨 '결과는 다르다(異果)'는 뜻
카타르는 월드컵 조 추첨이 나빴으나, 이번 아시안컵 때는
오미크론 때문에 개최권을 반납한 중국은 명예회복을 노린

QATAR

CHINA PR

TAJIKISTAN

LEBANON

루사일 · 알바이트 스타디움 · 알투마마

압둘라 빈칼리파 · 칼리파 인터내셔널

카타르는 2022 FIFA 월드컵에 이어 2023 AFC 아시안컵도 개최한다. 두 대회 모두 개최국 자격으로 시드 배정을 받고 A조에 편성됐지만, 조 추첨 결과는 천지 차이였다. 월드컵 때는 2포트 네덜란드, 3포트 세네갈, 4포트 에콰도르 등 각 포트에서 최강팀들만 쏙 뽑혀 최악의 대진표를 받았다. 결과는 3전 전패. 그런데 이번 아시안컵에서는 2포트 중국, 3포트 레바논, 4포트 타지키스탄이 들어왔다. 각 포트별 중하위권 팀들만 모아났다. 이번 대회에선 조 1위로 16강에 오를 가능성이 매우 크다. 원래 이번 아시안컵 개최지는 중국이었다. 그런데 오미크론이 크게 확산하면서 중국은 2022년 5월 14일, 개최권을 AFC에 반납했고, 그해 7월 18일 카타르가 대한민국을 따돌리고 권한을 획득했다. '국제 대회 좋은 성적'이라는 명분은 대한민국에 있었으나, 카타르의 막대한 '오일 달러'를 도저히 견뎌낼 수 없었다. 카타르는 월드컵의 참패를 이번 아시안컵 우승으로 만회하면서 대회 2연패(連霸)를 이루겠다는 각오다. 노련한 승부사 카를로스 케이로스 감독을 영입한 것도 주목할 만하다. A조에서 카타르에 대항하는 팀은 중국이다. 이번 대회 목표는 4강 진출이다. 공격수 우레이, 주장 겸 미드필더 쉬신이 팀을 이끌 것이다. 레바논은 대회 복병으로 손색이 없다. 과거 월드컵 예선 때 대한민국의 발목을 잡았던 적도 몇 차례 있다. 백전노장 스트라이커 하산 마투크가 주목 대상이다.

+α 점수에서 카타르는 홈코트 어드밴티지 10점을, 나머지 국가는 역대 월드컵 통산 성적 점수를 부여함

TEAM SCOUTING REPORT

항목 만점	공격력 20점	수비력 20점	선수층 20점	감독 20점	조추첨 10점	+α 10점	TOTAL 100점	랭킹 24개국
카타르	16점	17점	16점	16점	9점	10점	84점	4위
중국	14점	15점	16점	15점	8점	9점	77점	9위
타지키스탄	12점	11점	11점	15점	6점	5점	60점	23위
레바논	13점	13점	13점	14점	7점	5점	65점	18위

SCHEDULE OF GROUP STAGE

날짜	현지 시간	한국 시간	도시	경기장	대진
1월 12일(금)	19:30	(토)01:30	루사일	루사일	카타르 v 레바논
1월 13일(토)	17:30	23:30	도하	압둘라 빈칼리파	중국 v 타지키스탄
1월 17일(수)	14:30	20:30	도하	알투마마	레바논 v 중국
1월 17일(수)	20:30	(목)02:30	알코르	알바이트	타지키스탄 v 카타르
1월 22일(월)	18:00	(화)00:00	알라이얀	칼리파 인터내셔널	카타르 v 중국
1월 22일(월)	18:00	(화)00:00	도하	알투마마	타지키스탄 v 레바논

*승-무-패

국가별 통산 맞대결

A조	카타르	중국	타지키스탄	레바논
카타르		6-5-8	2-0-1	7-0-0
중국	8-5-6		2-1-0	3-1-0
타지키스탄	1-0-2	0-1-2		0-0-0
레바논	0-0-7	0-1-3	0-0-0	

카타르

AFC ASIAN CUP HISTORY

아시안컵 출전 역사는 그리 길지 않다. 1956~1972년 대회까지는 영국 보호령으로서 출전 자격이 없었다. 독립 후 맞은 첫 대회인 1976년에는 예선에서 탈락했다. 하지만 1980~2019년까지 11회 대회 중 총 10차례나 본선에 진출했고, 2019년 UAE에서 열린 대회 우승을 비롯해 8강 진출 6회 등 매번 꾸준한 성적을 냈다. AFC 톱클래스라고 부르기는 힘들지만, 지역에서 중상위권 이상의 실력을 선보인 셈이다. 통산 13승 11무 15패, 승점 50점으로 역대 9위에 올라 있다.

TEAM ANALYSIS IN 2023

지난해 11월, 자국에서 열린 FIFA 월드컵에서 3전 전패로 맥없이 탈락했고, 올 1월 걸프컵 때는 브루누 피네이루 감독 대행이 이끄는 2군이 출전해 4강에서 탈락했다. 월드컵 실패의 책임을 지고 산체스가 물러나고, 카를로스 케이로스가 새로 지휘봉을 잡았다. 케이로스는 스리백을 포백으로 바꾸고, 중원 압박을 더 단단하게 만들 전망이다. 카타르는 지난달, 초청 케이스로 참가한 북중미 골드컵에 최정예 멤버로 출전하면서 아시안컵을 앞두고 전력을 점검했다.

MANAGER : Carlos Queiroz

카를로스 케이로스. 1953년 3월 1일 모잠비크 남풀라 출생. 현역 시절 골키퍼였지만 크게 성공을 거두지는 못했다. 그러나 지도자로서 풍부한 경험을 쌓았다. 1989년부터 34년간 스포르팅, 레알 마드리드, 맨체스터 Utd(대행) 등 유럽 빅클럽, 아랍에미리트, 남아공, 포르투갈, 이란, 콜롬비아, 이집트 등 국가대표팀까지, 두루 지도해봤다. 2022년 1월, 공석이던 카타르 대표팀 감독으로 부임했다. 그는 카타르의 2연속 아시안컵 우승 및 북중미 월드컵 예선 통과의 중책을 맡았다.

COUNTRY INFORMATION

State of Qatar
국가 : 평화를 위한 노래
수도 : 도하 / 공용어 : 아랍어
정부 형태 : 의원내각제 입헌군주국
면적 : 1만 1586㎢(세계 163위)
시간대 : UTC(세계 표준시)보다 3시간 빠름
인구 : 272만명(세계 142위)
종교 : 이슬람교(65%), 기독교(14%), 힌두교(15%), 불교(4%)
명목 GDP : 2213억 달러(세계 55위)
1인당 GDP : 8만 2877달러(세계 5위)
1인당 PPP : 11만 3675달러(세계 4위)
인간개발지수 : 0.855(세계 42위)
주요 산업 : 원유 생산 및 정제, 석유 화학, 액화 천연 가스 암모니아, 비료, 강철 철근, 시멘트, 상업 선박 수리, 관광
재래식 군사력 : 세계 65위(2023년 GFP 발표)

축구협회 창립 : 1960년 / FIFA 가입 : 1963년 / AFC 가입 : 1967년 / WAFF 가입 : 2009년

국제 대회
우승 - 준우승

AFC ASIAN CUP	ASIAN GAME FOOTBALL	*WAFF CHAMPIONSHIP
1 - 0	1 - 0	0 - 0

AFC U-23 ASIAN CUP	AFC U-20 ASIAN CUP	AFC U-17 ASIAN CUP
0 - 0	1 - 1	1 - 5

*서아시아 지역 대회

AFC ASIAN CUP RECORD

연도	팀수	순위	경기	승	무	패	득	실	승점	승점 그래프
1956	4	—	영국 보호령						—	
1960	4	—	영국 보호령						—	
1964	4	—	영국 보호령						—	
1968	5	—	영국 보호령						—	
1972	6	—	영국 보호령						—	
1976	6	—	예선 탈락						—	
1980	10	8위	4	1	1	2	3	8	4점	
1984	10	5위	4	1	2	1	3	3	5점	
1988	10	5위	4	2	0	2	6	6	6점	
1992	8	6위	4	0	2	2	1	3	2점	
1996	12	—	예선 탈락						—	
2000	12	9위	3	1	0	2	5	5	3점	
2004	16	14위	3	0	1	2	2	4	1점	
2007	16	14위	3	0	2	1	3	4	2점	
2011	16	7위	4	2	0	2	7	5	6점	
2015	16	13위	3	0	0	3	1	7	0점	
2019	24	우승	7	7	0	0	19	1	21점	★
통산		9위	39	13	11	15	52	47	50점	골 득실차 +5 / 승률 47% / 평균 승점 1.28점 / 승점률 43%

*승률(%)=((승리+무승부×0.5)÷경기수)×100 / 평균 승점=승점÷경기수 / 승점률(%)=(승점÷(경기수×3))×100

STAR PLAYERS

FW Almoez Ali(알모에즈 알리)

현역 카타르 최고의 센터포워드. 치명적인 골잡이다. 이번 아시안컵 2차 예선에서 아프가니스탄전 해트트릭을 포함, 총 6골을 터뜨리며 득점왕에 올랐다. 박스 안에서 무섭도록 침착하고, 득점 루트가 다양하며, 기회를 잡으면 '일발필살'의 능력으로 골을 터뜨린다. 2019년 아시안컵 결승 일본전에서 터뜨린 오버헤드킥 결승골은 지금도 인구에 회자 되고 있다. 유튜브에서 볼 수 있다.

MF Hassan Al-Haydos(하산 알하이도스)

'카타르의 메시'로 불리는 최고의 테크니션. 10번(공격형 MF), 9번(센터포워드), 11번(윙어)의 역할을 두루 수행할 수 있다. 가장 큰 장점은 드리블에서 바로 이어지는 슈팅. 박스 좌우 45° 근처에서 터뜨리는 드리블 다이렉트 슈팅은 최강의 무기다. 상대 수비 뒤쪽으로 날카롭게 침투하고, 박스 안에서 동물적인 감각으로 골을 넣는다. 팀의 프리킥, 페널티킥 전문 키커 중 1명으로 나선다.

DF Tarek Salman(타렉 살만)

카타르 수비진의 멀티-포지션 플레이어. 주 위치는 센터백이지만 좌우 풀백과 수비형 미드필더로도 뛸 수 있다. 어린 시절 스페인으로 축구 유학을 가 레알 소시에다드 유스팀에서 기본기를 다졌다. 뛰어난 축구 IQ로 예측 수비를 잘 한다. 위치를 잘 잡고, 정확히 클리어링 한다. 태클, 패싱 레인 수비도 OK. 공격 시에는 정확한 패스로 빌드업을 돕는다. 특히 장거리 패스는 단연 발군이다.

FIFA RANKING LAST 12MONTHS	2022	JUL	AUG	SEP	OCT	NOV	DEC	2023	JAN	FEB	MAR	APR	MAY	JUN
		49	48	48	50	50	60		60	60	60	61	61	61

TEAM POTENTIAL

84점-4위

⚔️	공격력 16점 20점 만점	🛡️ 수비력 17점 20점 만점	👥 선수층 16점 20점 만점
	감독 16점 20점 만점	🍲 조추첨 9점 10점 만점	SWEET HOME +α 10점 10점 만점

*평점은 참가 24개국 간 상대평가이다.

STYLE OF PLAY

공격	짧은 빌드업의 점유율 축구, 역습 적절히 가미 윙어들의 콤비네이션 플레이, 풀백의 오버래핑 공격형 MF와 CF의 카운터 어택과 변칙 공격
수비	수비 기본은 리트릿, 적절한 카운터 프레스 공격→수비 전환 좋음. 즉시 수비 블록 형성 선수들 압박, 태클, 가로채기 등 수비 기술 좋음

FORMATION

4-2-3-1

CF
A.알리
M.문타리 / K.무니엘 / Y.아브두리사그

LM
A.아피프
A.무스타파

AM
H.알하이도스
N.알하드리미 / A.하템
A.수라그

RM
K.무니르
A.알라엘딘

CM
A.마디보
M.와드, S.알하지리

CM
K.부디아프
A.하템 / A.아사달라

LB
H.아흐메드
A.하산

CB
A.하산
T.살만 / J.압둘살람
P.미겔 / B.알라위

CB
B.쿠키

RB
I.모하메드
P.미겔 / M.케데르

GK
M.바르샴
S.알시브 / Y.하산

PROBABLE SQUAD LIST

포지션	선수	생년월일	A출전	A득점
GK	Meshaal Barsham	1998.02.14	24	0
	Yousef Hassan	1996.05.24	9	0
	Salah Zakaria	1999.04.24	2	0
	Jasem Al-Hail	1992.01.29	0	0
DF	Abdelkarim Hassan	1993.08.28	133	15
	Boualem Khoukhi	1990.07.09	108	20
	Ró-Ró	1990.08.06	85	1
	Tarek Salman	1997.12.05	64	0
	Bassam Al-Rawi	1999.12.16	60	2
	Homam Ahmed	1999.08.25	39	3
	Musab Kheder	1993.01.01	33	0
	Jassem Gaber	2002.02.20	5	0
	Hazem Shehata	1998.02.02	3	0
	Ahmed Suhail	1999.02.08	2	0
	Yousef Aymen	1999.03.21	0	0
	Mohammed Al Nuaimi	2000.03.25	0	0
MF	Ali Assadalla	1993.01.19	67	12
	Assim Madibo	1996.10.22	51	0
	Mohammed Waad	1999.09.18	29	0
	Ahmed Fatehi	1993.01.25	13	0
	Abdelrahman Moustafa	1997.04.05	5	0
	Mostafa Meshaal	2001.03.28	4	0
FW	Hassan Al-Haydos	1990.12.11	172	36
	Akram Afif	1996.11.18	92	26
	Almoez Ali	1996.08.19	88	42
	Ahmed Alaaeldin	1993.01.31	56	4
	Mohammed Muntari	1993.12.20	55	15
	Yusuf Abdurisag	1999.08.06	19	1
	Khalid Muneer	1998.02.24	7	1
	Tamim Mansour	2002.10.05	5	1

*나이, A매치 출전-득점 기록은 2023년 6월 30일 기준

ROAD TO QATAR 2023

아시안컵 2차 예선 E조 1위 7승 1무

날짜	장소	상대국	결과
2019.09.05	홈	아프가니스탄	6-0 승
2019.09.10	홈	인도	0-0 무
2019.10.10	원정	방글라데시	2-0 승
2019.10.15	홈	오만	2-1 승
2019.11.19	원정	아프가니스탄	1-0 승
2020.12.04	홈	방글라데시	5-0 승
2021.06.03	원정	인도	1-0 승
2021.06.07	원정	오만	1-0 승

2023년 평가전 결과

날짜	장소	상대국	결과
2023.06.08	홈	크로아티아 U23	0-1 패
2023.06.15	홈	자메이카	2-1 승
2023.06.19	홈	뉴질랜드	경기중단

CHINA

중국

AFC ASIAN CUP HISTORY

중화인민공화국 수립 후 1972년까지는 대회에 출전하지 않았다. 그러나 첫 출전한 1976년 이란 대회 때 예상을 뒤엎고 4강까지 진출했다. 이후 2019년까지 12회 연속 출전했고, 준우승 2회(1984, 2004년), 4강 진출 4회, 8강 진출 4회 등 매 대회마다 일정 수준 이상의 성적을 냈다. 비록 우승컵을 들어 올리지는 못했지만, 기본 이상은 꾸준히 해낸 셈이다. 아시안컵 통산 성적은 23승 13무 20패, 승점 82점으로 이란, 대한민국, 일본에 이어 역대 랭킹 4위에 올라 있다.

TEAM ANALYSIS IN 2023

원래 이번 아시안컵 개최국이었으나 코로나 정책으로 개최권을 반납했다. 홈코트 어드밴티지가 날아간 셈이다. 중국의 몇 안 되는 해외파 궈톈위, 리레이가 자국으로 복귀했고, 우샤오총, 아프뎬 아스커 등이 유럽에 진출했으나 거의 출전 기회를 잡지 못하고 있다. 그나마 중국이 아시아컵에서는 비교적 괜찮은 성적을 내왔다는 점, 최근 위구르족 선수들의 선전 등은 나름 긍정적인 요소다. 아시아 정상급 공격수로 꼽히는 에이스 우레이의 활약에 기대를 걸어야 한다.

MANAGER : Aleksandar Janković

알렉산다르 얀코비치. 1972년 5월 6일, 세르비아 베오그라드 출생. 현역 시절 와이트 이글스(호주), AS 세르부르, 파우 FC(이상 프랑스), 캔자스시티 위저즈(미국 MLS) 등 외국 프로무대에서만 활약했다. 2007년부터 레드스타 베오그라드, 로커런, 메헬렌, 스탕다르 리에주 등 명문 클럽 지휘봉을 잡았다. 2018년부터 중국 연령별 대표팀을 맡았고, 2022년 일본에서 열린 동아시아컵 때 중국 임시 감독으로 대표팀을 지휘했다. 그리고 2023년 2월, 정식으로 A대표팀 감독이 되었다.

COUNTRY INFORMATION

People's Republic of China
국가 : 의용군 행진곡
수도 : 베이징 · 공용어 : 중국어
정부 형태 : 사회주의 공화국
면적 : 959만 6960㎢(세계 4위)
시간대 : UTC(세계 표준시)보다 8시간 빠름
인구 : 14억 1413만명(세계 2위)
종교 : 토속 종교(22%), 불교(18%), 기독교(5%), 무신론(52%)
명목 GDP : 17조 7340억 달러(세계 2위)
1인당 GDP : 1만 2556달러(세계 51위)
1인당 PPP : 2만 1291달러(세계 77위)
인간개발지수 : HDI에서 미발표
주요 산업 : 군수, 철, 철강, 알루미늄, 희토류, 석탄
기계 제조, 군비, 섬유, 의류, 석유, 시멘트, 화학, 관광
재래식 군사력 : 세계 3위(2023 GFP 발표)

축구협회 창립 : 1955년 / FIFA 가입 : 1931년 / AFC 가입 : 1974년 / EAFF 가입 : 2002년

국제 대회
우승 - 준우승

0 - 2	0 - 1	2 - 2
AFC ASIAN CUP	ASIAN GAME FOOTBALL	*EAFF E-1 CHAMPIONSHIP
0 - 0	1 - 3	2 - 0
AFC U-23 ASIAN CUP	AFC U-20 ASIAN CUP	AFC U-17 ASIAN CUP

*동아시아 지역 대회

AFC ASIAN CUP RECORD

연도	팀수	순위	경기	승	무	패	득	실	승점	승점 그래프
1956	4	–	불참						–	
1960	4	–	불참						–	
1964	4	–	불참						–	
1968	5	–	불참						–	
1972	6	–	불참						–	
1976	6	3위	4	1	1	2	2	4	4점	
1980	10	7위	4	1	1	2	9	5	4점	
1984	10	준우승	6	4	0	2	11	4	12점	
1988	10	4위	6	2	2	2	7	5	8점	
1992	8	3위	5	1	3	1	6	6	6점	
1996	12	8위	4	1	0	3	6	7	3점	
2000	12	4위	6	2	2	2	11	7	8점	
2004	16	준우승	6	3	2	1	13	6	11점	
2007	16	9위	3	1	1	1	7	6	4점	
2011	16	9위	3	1	1	1	4	4	4점	
2015	16	7위	4	3	0	1	5	4	9점	
2019	24	6위	5	3	0	2	7	7	9점	
통산	4위		56	23	13	20	88	65	82점	골 득실차 +23 / 승률 53% / 평균 승점 1.46점 / 승점률 49%

*승률(%)=((승리+무승부×0.5)÷경기수)×100 / 평균 승점=승점÷경기수 / 승점률(%)=(승점÷(경기수×3))×100

STAR PLAYERS

FW Wu Lei(우레이)

중국 최고의 스트라이커. 건바오 풋볼 아카데미 출신으로 2006년 상하이 상강에서 데뷔했다. 2019년 1월 스페인 RCD 에스파뇰로 이적해 3년간 1부와 2부를 넘나들며 리그 103경기-10골을 기록한 후 2022년 8월, 상하이 하이강으로 옮겼다. 오픈 상황의 풀스피드 직선 드리블, 공간 침투, 슈팅 능력 등은 평가를 받는다. 반면, 상대 수비와의 1대1, 전방 압박 등은 부족한 편이다.

MF Xu Xin(쉬신)

중국 중원의 핵. 미드필드 후방에 깊숙이 포진해 수비진을 보호한다. 시야가 넓고, 상대의 패스를 민첩하게 자르며, 전방으로 장단 패스를 부채살처럼 날린다. 15살 때 스페인 아틀레티코 마드리드 유스팀으로 축구 유학을 갔고, 이 팀 2군에서 58경기에 출전한 뒤 2016년 광저우 에버그란데로 복귀했다. 중국의 U-17, U-20, U-23 대표를 차례로 거친 전형적인 '축구 엘리트'다.

DF Zhu Chenjie(주천제)

중국의 차세대 센터백이다. 185cm, 79kg의 탄탄한 체격에 축구 IQ가 우수한 재목이다. 2018년 상화이 선화에서 프로 선수로 데뷔했다. 2018년 11월, 처음 중국 A대표로 발탁됐고, 2022년 3월 24일, 사우디와의 카타르 월드컵 예선 때 페널티킥 데뷔골을 넣었다. 그러나 2022년 7월 20일 대한민국과의 동아시아컵, 2023년 3월 26일 뉴질랜드 평가전 때 자책골을 넣어 비판받기도 했다.

FIFA RANKING LAST 12MONTHS	2022	JUL	AUG	SEP	OCT	NOV	DEC	2023	JAN	FEB	MAR	APR	MAY	JUN
		78	78	78	79	79	80		80	80	80	81	81	81

TEAM POTENTIAL

77점-9위

공격력 **14점** 20점 만점		수비력 **15점** 20점 만점		선수층 **16점** 20점 만점	
감독 **15점** 20점 만점		조추첨 **8점** 10점 만점		아시안컵 전통 **9점** 10점 만점	

*평점은 참가 24개국 간 상대평가이다.

STYLE OF PLAY

공격	다이렉트 플레이와 점유율 축구의 조화 2선 공격수들의 활발한 포지션 체인지 측면 콤비네이션 플레이 및 풀백 오버래핑
수비	리트릿이 기본. 공격→수비 트랜지션 양호 코너킥 수비는 지역방어에 기반한 존 디펜스 선수들 신체 조건 양호. 세트 피스 수비 좋음

FORMATION

BASIC

3-4-2-1

CF 탄룽
리우주룬 / 타오치안룽

AM 우레이
팡하오 / 리우루오팡

AM 천궈캉
야오슈첸

WB 원자바오
수시하오 / 슈하오핑

CM 다이웨이준
쉬위에

CM 우쉬
쉬신

WB 장린펑
슈하오핑 / 덩한원

CB 우샤오통
웨이전

CB 주천제
T.브라우닝

CB T.브라우닝
장성룽

GK 한지아치
옌준링 / 팡펑

PROBABLE SQUAD LIST

포지션	선수	생년월일	A출전	A득점
GK	Yan Junling	1991.01.28	47	0
	Wang Dalei	1989.01.10	28	0
	Liu Dianzuo	1990.06.26	3	0
	Han Jiaqi	1999.07.03	3	0
DF	Zhang Linpeng	1989.05.09	96	6
	Ren Hang	1989.02.23	32	1
	Wang Shenchao	1989.02.08	19	0
	Zhu Chenjie	2000.08.23	19	1
	Liu Yang	1995.06.17	17	0
	Tyias Browning	1994.05.30	16	1
	Gao Zhunyi	1995.08.21	13	0
	Li Lei	1992.05.30	6	0
	Ming Tian	1995.04.08	5	0
	Wei Zhen	1997.02.12	2	0
MF	Wu Xi	1989.02.19	82	9
	Liu Binbin	1993.06.16	14	1
	Xu Xin	1994.04.19	10	1
	Xie Pengfei	1993.06.29	8	0
	He Chao	1995.04.19	7	0
	Zhang Jiaqi	1991.12.09	6	0
	Wang Shangyuan	1992.06.02	5	0
	Lin Liangming	1997.06.04	4	1
	Chen Pu	1997.01.15	4	0
	Sun Guowen	1993.09.30	3	0
	Wang Qiuming	1993.01.09	2	0
FW	Wu Lei	1991.11.19	83	30
	Wei Shihao	1995.04.08	21	2
	Ai Kesen	1989.07.13	15	4
	Wang Ziming	1996.08.05	4	0
	Ba Dun	1995.09.16	2	1

*나이, A매치 출전-득점 기록은 2023년 6월 30일 기준

아시안컵 2차 예선 A조 2위 6승 1무 1패

날짜	장소	상대국	결과
2019.09.10	원정	몰디브	5-0 승
2019.10.10	홈	괌	7-0 승
2019.10.15	원정	필리핀	0-0 무
2019.11.14	원정	시리아	1-2 패
2021.05.30	원정	괌	7-0 승
2021.06.07	홈	필리핀	2-0 승
2021.06.11	홈	몰디브	5-0 승
2021.06.15	홈	시리아	3-1 승

2023년 평가전 결과

날짜	장소	상대국	결과
2023.03.23	원정	뉴질랜드	0-0 무
2023.03.28	원정	뉴질랜드	1-2 패
2023.0616	홈	미얀마	4-0 승
2023.06.20	홈	팔레스타인	2-0 승

TAJIKISTAN

타지키스탄

AFC ASIAN CUP HISTORY

1956년부터 1988년까지는 구소련에 속해있어 출전할 수 없었다. 소련 해체 후 독립한 타지키스탄은 1992년부터 2019년까지 불참 2회, 예선 탈락 6회로 본선에 오르지 못했다. 2023년 아시안컵에 사상 처음 출전한다. 이번 대회 2차 예선 F조에서 키르기스스탄, 몽골, 미얀마, 일본을 상대로 4승 1무 3패를 기록, 조 2위로 3차 예선에 진출했다. 3차 예선 F조에선 미얀마, 싱가포르, 키르기스스탄을 맞아 2승 1무를 기록하면서 조 1위를 차지, 아시안컵 출전을 확정했다.

TEAM ANALYSIS IN 2023

중앙아시아에서 우즈베키스탄의 아성에 도전한다. 카타르 월드컵 아시아 2차 예선 (아시안컵 2차 예선을 겸함) 당시 조 2위를 차지, 3차 예선에 아슬아슬하게 탈락했지만 나름 좋은 평가를 받았다. 지난해 9월 킹스컵에서 북중미의 트리니다드토바고를 2-1로 물리쳤고, 말레이시아와는 0-0으로 비겼다. 그리고 3차례 평가전에서 러시아, UAE 등 강팀들과 0-0 무승부를 이뤘고, 쿠웨이트에는 1-2로 졌다. 최근 퍼포먼스가 비교적 좋기에 아시안컵 본선에서도 선전이 기대된다.

MANAGER : Petar Šegrt

페타르 셰그르트. 1966년 5월 8일 크로아티아 주르제바츠 출생. 1984년부터 10년간 FV 칼루, TSV 슈바이카하임, SV 알므스바흐, FC 발도프, 발도프 만하임(아마추어) 등 유럽 마이너 클럽에서 수비수로 뛰었다. 은퇴 후 보훔, 뒤스부르크, 발도프 만하임등 독일 클럽에서 코치를 지냈고, 2001년 이후 유럽의 작은 클럽들에서 감독으로 일했다. 아프가니스탄, 몰디브 대표팀 감독을 거쳐 2022년 1월 타지키스탄 지휘봉을 잡아 첫 AFC 아시안컵 본선 진출을 이뤄냈다.

AFC ASIAN CUP RECORD

연도	팀수	순위	경기	승	무	패	득	실	승점	승점 그래프
1956	4	–	구 소련의 일부						–	
1960	4	–	구 소련의 일부						–	
1964	4	–	구 소련의 일부						–	
1968	5	–	구 소련의 일부						–	
1972	6	–	구 소련의 일부						–	
1976	6	–	구 소련의 일부						–	
1980	10	–	구 소련의 일부						–	
1984	10	–	구 소련의 일부						–	
1988	10	–	구 소련의 일부						–	
1992	8	–	불참						–	
1996	12	–	예선 탈락						–	
2000	12	–	예선 탈락						–	
2004	16	–	예선 탈락						–	
2007	16	–	불참						–	
2011	16	–	예선 탈락						–	
2015	16	–	예선 탈락						–	
2019	24	–	예선 탈락						–	

2023 AFC 아시안컵에 처음 출전함

STAR PLAYERS

FW Manuchekhr Dzhalilov(마누체흐르 잘릴로프)

득점 감각이 뛰어난 센터포워드. 타지키스탄 리그에서 4차례 득점왕에 오르며 6회 리그 우승을 이끌었다. 위치를 잘 잡고, 결정력이 뛰어나며, 다양한 슈팅 기술을 무기로 내외곽 어디에서든 득점포를 터뜨린다. 지난 2007년, 대한민국에서 개최된 FIFA U-17 월드컵 때 타지키스탄 대표로 출전했다. 2011년부터 타지키스탄 국가대표로 활약해왔고, 현재 A매치 20골을 돌파했다.

MF Amirbek Juraboev(아미르베크 주라보에프)

지구력이 우수한 '박스-투-박스 미드필더'. 그라운드 전 지역을 누비면서 공격과 수비의 밸런스를 유지한다. 간결한 전술적 드리블을 구사하고, 전방으로 정확한 장단 패스를 뿌려주며, 박스 외곽에서 과감한 중거리 슈팅을 날린다. 또한, 태클, 패스 커팅도 수준급이다. 2013년 CSKA 모스크바 2군에서 데뷔했고, 현재는 말레이시아 슈퍼리그 케다 다룰 아만에서 활약 중이다.

DF Manuchehr Safarov(마누체흐르 사파로프)

타지키스탄 수비의 미래. 라이트백, 센터백, 라이트윙 등 여러 위치에서 뛸 수 있다. 그는 2019년 시파르 후잔드 시절, 풋살을 겸했다. 지구력이 좋았던 그는 풋살의 영향으로 발재간이 더 좋아졌다고 한다. 2020년 후잔드 FC로 이적하면서 주목을 끌기 시작했고, 이스티콜, 페르세폴리스를 거쳐 2022년 로코모티브 타슈켄트로 옮겼다. 타지키스탄 국가대표로 20회 이상의 A매치에 출전했다.

48 King's Cup 2022

FIFA RANKING LAST 12MONTHS	2022	JUL	AUG	SEP	OCT	NOV	DEC	2023	JAN	FEB	MAR	APR	MAY	JUN
		108	109	109	108	108	108		108	108	108	109	109	109

TEAM POTENTIAL

60점-23위

공격력	12점 20점 만점	수비력	11점 20점 만점	선수층 11점 20점 만점
감독	15점 20점 만점	조추첨	6점 10점 만점	아시안컵 전통 5점 10점 만점

*평점은 참가 24개국 간 상대평가이다.

STYLE OF PLAY

공격	다이렉트 플레이와 카운터 어택 중시 골키퍼, 수비수가 타깃맨에게 롱볼 배달 좌우 풀백의 오버래핑 및 크로스 위력적
수비	수비 기본은 리트릿, 적절히 프레싱을 가미 중앙 미드필더 2명이 수비에 치중하는 스타일 공격→수비 트랜지션 OK. 블록 빠르게 형성

FORMATION

4-2-3-1

CF
M.잘릴로프
S.마바초에프 / S.사미에프

LM — M.하산 / K.투르수노프
AM — A.잘릴로프 / E.판즈샨베
RM — S.마바초에프 / M.라히모프

CM — A.주라보예프 / T.다블라트미르
CM — E.판즈샨베 / P.우마르비예프

LB — A.나자로프 / T.이슬로모프
CB — Z.주라보예프 / S.아스로로프
CB — V.하노노프 / M.사파로프
RB — M.사파로프 / Z.주라보예프

GK — R.야티모프

PROBABLE SQUAD LIST

포지션	선수	생년월일	A출전	A득점
GK	Rustam Yatimov	1998.07.13	34	0
	Shokhrukh Kirgizboev	2002.05.01	6	0
	Mukhriddin Khasanov	2002.09.23	1	0
	Daler Barotov	1999.01.29	0	0
DF	Akhtam Nazarov	1992.09.29	74	5
	Siyovush Asrorov	1992.07.21	46	0
	Zoir Dzhuraboyev	1998.06.16	28	1
	Manuchekhr Safarov	2001.05.31	27	0
	Tabrezi Davlatmir	1998.06.06	26	0
	Vakhdat Khanonov	2000.07.25	21	1
	Mekhrubon Karimov	2004.01.09	4	0
	Daler Imomnazarov	1995.05.31	4	0
	Sodikjon Kurbonov	2003.01.19	1	0
	Kholmurod Sharipov	1992.02.04	0	0
MF	Amirbek Juraboev	1996.04.13	51	0
	Mukhammadzhon Rakhimov	1998.10.15	45	2
	Ehson Panjshanbe	1999.05.12	43	5
	Parvizdzhon Umarbayev	1994.11.01	41	7
	Komron Tursunov	1996.04.24	27	6
	Alisher Dzhalilov	1993.08.29	18	5
	Alidzhoni Ayni	2004.08.06	9	0
	Khusrav Toirov	2004.08.01	2	0
	Murodali Aknazarov	2004.11.19	1	0
	Khurshed Abdulloev	2000.05.15	0	0
FW	Manuchekhr Dzhalilov	1990.09.27	51	20
	Shahrom Samiev	2001.02.08	19	4
	Shervoni Mabatshoev	2000.12.04	15	3
	Nuriddin Khamrokulov	1999.10.25	10	1
	Rustam Soirov	2002.09.12	9	0
	Muhammadali Azizboev	2003.01.04	1	0

*나이, A매치 출전-득점 기록은 2023년 6월 30일 기준

ROAD TO QATAR 2023

아시안컵 2차 예선 F조 2위 4승 1무 3패

날짜	장소	상대국	결과
2019.09.05	홈	키르기스스탄	1-0 승
2019.09..10	원정	몽골	1-0 승
2019.10.15	홈	일본	0-3 패
2019.11.14	원정	미얀마	3-4 패
2019.11.19	원정	키르기스스탄	1-1 무
2021.03.25	홈	몽골	3-0 승
2021.06.07	원정	일본	1-4 패
2021.06.15	홈	미얀마	4-0 승

아시안컵 3차 예선 F조 1위 2승 1무

날짜	장소	상대국	결과
2022.06.08	중립	미얀마	4-0 승
2022.0611	중립	싱가포르	1-0 승
2022.06.14	중립	키르기스스탄	0-0 무

2023년 CAFA 네이션스컵

날짜	장소	상대국	결과
2023.06.11	홈	투르크메니스탄	1-1 무
2023.06.14	원정	오만	1-1 무
2023.06.17	원정	우즈베키스탄	1-5 패

LEBANON

레바논

AFC ASIAN CUP HISTORY

1956년부터 1996년까지 40년간은 불참 6회, 기권 2회, 예선 탈락 2회 등으로 출전하지 못했다. 첫 출전 한 2000년 대회에선 2무 1패로 10위에 그쳤으나 나름 선전하면서 호평을 받았다. 2019년 대회에서는 1승 2패를 기록, 조 3위를 차지해 16강을 눈앞에 뒀으나 페어플레이 점수에서 밀려 베트남에게 밀린 뼈아픈 기억이 있다. 아시안컵 역대 1승 2무 3패, 승점 5점으로 통산 24위에 올라 있다. 이제 목표는 자국 역사상 첫 16강 진출이다. 목표 달성 가능성은 반반이다.

TEAM ANALYSIS IN 2023

카타르 월드컵 예선에서 탈락의 쓴잔을 들이켰다. 대대적인 변화가 필요했고, 중동 지역에서 풍부한 경험을 지닌 알렉산다르 일리치 감독을 영입해 새롭게 출발했다. 그러나 쿠웨이트(0-2패), UAE(0-1패), 오만(0-2패)에게 3연패. 여전히 팀을 업그레이드해야 할 과제를 안고 있다. 가장 큰 문제는 득점력 부족이다. 2022년 1월~2023년 3월 사이에 치러진 각종 A매치 7경기에서 달랑 1골밖에 넣지 못했다. 귀화 선수 공격수들이 분발하지 않으면 아시안컵 성공 가능성은 크지 않다.

MANAGER : Aleksandar Ilić

알렉산다르 일리치. 1969년 6월 26일 세르비아 니시 출생. 현역 시절 레드스타, 라드니츠키, 파닐리아코스, 클럽 브루쥐, 안데레흐트, 비테세 등에서 수비수로 활약했으나 대표 선수 출전 경험은 없다. 일리치는 '중동 축구의 대부'격이다. 은퇴 후 알아흘리, 알라에드, 알쇼르타, 알카디시아 등 주로 중동에서 경험을 쌓았다. 레바논이 카타르 월드컵 예선에서 탈락한 직후인 2022년 5월, 레바논 대표팀 지휘봉을 잡았다. 국가대표팀을 지휘하는 건 이번이 처음이다.

COUNTRY INFORMATION

Republic of Lebanon
국가 : 우리나라를 위하여 빛나는 깃발을 휘날릴 것이다
수도 : 베이루트 / 공용어 : 아랍어, 영어, 프랑스어
정부 형태 : 분권형 대통령제 공화국
면적 : 1만 400㎢ (세계 167위)
시간대 : UTC+2 / UTC+3 (섬머타임)
인구 : 535만명 (세계 121위)
종교 : 이슬람교(58%), 기독교(32%), 기타(5%)
명목 GDP : 181억 달러 (세계 114위)
1인당 GDP : 3383달러 (세계 132위)
1인당 PPP : 1만 1377달러 (세계 120위)
인간개발지수 : HDI에서 발표하지 않음
주요 산업 : 은행, 관광, 부동산, 건설, 식품, 보석
시멘트, 섬유, 광물, 목재, 가구, 정유, 금속 제조
재래식 군사력 : 세계 111위(2023년 GFP 발표)

축구협회 창립 : 1933년 / FIFA 가입 : 1936년 / AFC 가입 : 1964년 / WAFF 가입 : 2001년

국제 대회 우승 – 준우승		
0 - 0	0 - 0	0 - 0
AFC ASIAN CUP	ASIAN GAME FOOTBALL	*WAFF CHAMPIONSHIP
0 - 0	0 - 0	0 - 0
AFC U-23 ASIAN CUP	AFC U-20 ASIAN CUP	AFC U-17 ASIAN CUP

*서아시아 지역 대회.

AFC ASIAN CUP RECORD

연도	팀수	순위	경기	승	무	패	득	실	승점	승점 그래프
1956	4	—	불참						—	
1960	4	—	불참						—	
1964	4	—	불참						—	
1968	5	—	불참						—	
1972	6	—	예선 탈락						—	
1976	6	—	기권						—	
1980	10	—	예선 탈락						—	
1984	10	—	기권						—	
1988	10	—	불참						—	
1992	8	—	불참						—	
1996	12	—	예선 탈락						—	
2000	12	10위	3	0	2	1	3	7	2점	
2004	16	—	예선 탈락							
2007	16	—	기권							
2011	16	—	예선 탈락							
2015	16	—	예선 탈락							
2019	24	19위	3	1	0	2	4	5	3점	
통산	24위	6	1	2	3	7	12	5점	골득실차 -5 / 승률 33% / 평균 승점 0.83점 / 승점률 28%	

*승률(%)=(승리+무승부×0.5)÷경기수)×100 · 평균 승점=승점÷경기수 · 승점률(%)=승점÷(경기수×3))×100

STAR PLAYERS

FW Hassan Maatouk(하산 마투크)

레바논 축구 역사상 유일한 센추리 클럽 가입자이고, A매치에서 20골 이상을 기록했다. 노장 반열에 들어섰지만, 꾸준히 대표팀의 부름을 받고 있다. 이번 아시안컵이 그의 마지막 메이저 무대가 될 것이다. 지난해 1월부터 올해 3월까지 대표팀 무득점인 상황이 아쉽다. 최근에는 센터포워드 대신 공격형 미드필더로 출전할 때도 있다. 아시안컵에서는 어떤 위치에서 뛸지 궁금하다.

MF Daniel Lajud(다니엘 라주드)

레바논계 이민 2세로 멕시코의 베라크루스에서 태어났다. 2중국적이지만 레바논 국가대표를 선택했다. 몬테레이 유스 출신으로 케레타로, 푸에블라, 탐피코, 라야를 거쳐 2022년 아틀란테로 이적했다. 창조적인 플레이를 펼치는 공격형 미드필더다. 스피드가 빠르고, 볼을 잘 다루며 박스 외곽에서 날리는 중거리 슈팅이 위력적이다. 그의 형 로드리고도 축구 선수로 활약 중이다.

DF Joan Oumari(조안 우마리)

레바논계 이민 2세로 독일 베를린에서 태어났으나 레바논 국가대표를 선택했다. 2006년 라이니켄도르퍼에서 데뷔했고, 이후 독일의 마이너 클럽들에서 주로 경험을 쌓았다. 2018년 일본 사간도스로 이적했고, 비셀 고베, FC 도쿄를 거쳐 2022년 사간도스로 복귀했다. 센터백 우마리는 수비 리드, 태클, 커버 플레이 등에서 안정된 수비를 펼친다. 세트 플레이 헤더는 강력한 무기다.

FIFA RANKING LAST 12MONTHS	2022	JUL	AUG	SEP	OCT	NOV	DEC	2023	JAN	FEB	MAR	APR	MAY	JUN
		100	100	100	99	99	100		100	100	100	99	99	99

TEAM POTENTIAL

65점-18위

공격력 **13점** 20점 만점	수비력 **13점** 20점 만점	선수층 **13점** 20점 만점
감독 **14점** 20점 만점	조추첨 **7점** 10점 만점	아시안컵 전통 **5점** 10점 만점

*평점은 참가 24개국 간 상대평가이다.

STYLE OF PLAY

공격	점유율 축구와 다이렉트 플레이의 적절한 조화 공격형 MF, 윙어들의 인터 패스 또는 1대1 공격 풀백들의 전진 및 크로스, 중거리 슈팅 위력적
수비	리트릿과 카운터 프레스의 조화, 강력한 공중전 잘 조직된 수비, 터치라인으로 몰아서 압박함 공격→수비 트랜지션 굿, 볼 빼앗기면 7인 블록

FORMATION

4-2-3-1

CF
M.크두
H.엘헬웨 / F.안타르 / H.마투크

LM M.라주드
서즌 / M.자인

AM H.마투크
G.비타르

RM M.하이다르
H.자인

CM M.다이니
N.미타르

CM F.미켈
J.이유브

LB M.사브라
H.사이토우

CB J.우마리
N.만수르

CB A.미켈
K.엘제인 / K.칼길

RB A.아시
M.자인타한

GK M.마타르
M.힐밀 / A.사베

PROBABLE SQUAD LIST

포지션	선수	생년월일	A출전	A득점
GK	Mehdi Khalil	1991.09.19	52	0
	Mostafa Matar	1995.09.10	16	0
	Ali Sabeh	1994.06.24	8	0
	Antoine Al Douaihy	1999.03.18	1	0
DF	Hussein Zein	1995.01.27	25	0
	Mohammad El Hayek	2000.02.19	5	0
	Abdul Razzak Dakramanji	2001.02.22	3	0
	Maxime Aoun	2001.03.04	3	0
	Khalil Khamis	1995.01.12	3	0
	Andrew Sawaya	2000.04.30	1	0
MF	Nader Matar	1992.05.12	62	3
	George Felix Melki	1994.07.23	30	1
	Mouhammed-Ali Dhaini	1994.03.01	24	0
	Bassel Jradi	1993.07.06	17	1
	Walid Shour	1996.06.10	14	0
	Mahdi Zein	2000.05.23	13	1
	Hassan Kourani	1995.01.22	8	1
	Ali Tneich	1992.07.16	8	0
	Jihad Ayoub	1995.03.30	7	0
	Hasan Srour	2001.12.18	6	0
	Ali Shaitou	2002.10.05	1	0
FW	Hassan Maatouk*	1987.08.10	109	23
	Soony Saad	1992.08.17	30	7
	Mohamad Kdouh	1997.07.10	25	6
	Karim Darwich	1998.11.02	15	1
	Khalil Bader	1999.07.27	10	2
	Zein Farran	1999.07.21	10	0
	Ali Al Haj	2001.02.02	8	1
	Ali Markabawi	2000.12.19	6	0
	Mohamad Omar Sadek	2000.10.25	5	1

*나이, A매치 출전·득점 기록은 2023년 6월 30일 기준

ROAD TO QATAR 2023

아시안컵 2차 예선 H조 2위 3승 1무 2패

날짜	장소	상대국	결과
2019.10.10	홈	투르크메니스탄	2-1 승
2019.10.15	원정	스리랑카	3-0 승
2019.11.14	홈	대한민국	0-0 무
2021.06.05	홈	스리랑카	3-2 승
2021.06.09	원정	투르크메니스탄	2-3 패
2021.06.13	원정	대한민국	1-2 패

2023년 SAFF 챔피언십

날짜	장소	상대국	결과
2023.06.22	홈	방글라데시	2-0 승
2023.06.25	원정	부탄	4-1 승
2023.06.28	홈	몰디브	

B조

死亡之組

사망지조

2023 아시안컵 '죽음(死亡)의(之) 조(組)'가 만들어졌다.
호주가 한발 앞서 있지만, 조 추첨에서 행운을 누리지 못한
우즈베키스탄, 시리아는 각 포트에서 가장 강한 팀이었다.

AUSTRALIA　　**UZBEKISTAN**　　**SYRIA**　　**INDIA**

알자누브　　압둘라 빈칼리파

아마드 빈알리　　자심 빈하마드

'죽음의 조'다. 전체적인 판도는 '1강 2중 1약.' '사커루' 호주, 중앙아시아 강호 우즈베키스탄, 중동의 복병 시리아가 치열한 경쟁을 벌여야 한다. 객관적인 전력은 호주가 한발 앞서 있는 게 사실이다. 그러나 다른 조의 시드 배정국처럼 압도적인 강세를 보이는 건 아니다. 조 추첨 당시 시드 배정국들은 2포트의 우즈베키스탄, 3포트의 시리아를 가장 만나기 싫어했었다. 여기에 남아시아의 인도도 4포트 국가 중에선 나름 껄끄러운 상대다. 호주는 2022 카타르 월드컵 때 유럽 강호 덴마크를 꺾으며 조별리그를 통과했고, 우승팀 아르헨티나와의 16강전에서도 선전했다는 평을 받는다(1-2패). 그레이엄 아놀드 감독이 유임된 가운데 아워 마빌, 잭슨 어바인, 매슈 라이언 등 주축 멤버들이 건재하다. 우즈베키스탄은 중앙아시아에서 이란 다음의 강팀으로 꼽힌다. 올해로 부임 3년째를 맞는 스레츠코 카타네치 감독이 안정되게 팀을 이끌고 있고, 해외파 공격수 엘도르 쇼무로도프의 공격에 기대를 건다. 시리아는 카타르 월드컵 최종 예선 A조에서 5위로 탈락한 후 아르헨티나 출신 엑토르 쿠페르 감독을 영입해 팀을 잘 만들어왔다. 모하메드 리하니에, 알라 알달리 등 20대 초중반 젊은 선수들의 기세가 무섭다. 인도는 '크리켓의 나라'다. 그러나 최근 축구에 대한 국민들의 관심이 크게 높아졌다. '인도의 메시'로 불리는 수닐 체트리는 '센추리 클럽'에 가입한 베테랑 공격수다.

*AC 전통은 역대 아시안컵 통산 성적을 상대 평가로 기준 삼아 점수를 매김

TEAM SCOUTING REPORT							
항목 만점	공격력 20점	수비력 20점	선수층 20점	감독 20점	조추첨 10점	AC 전통 10점	TOTAL 100점	랭킹 32개국
호주	17점	17점	18점	16점	8점	8점	84점	4위
우즈베키스탄	14점	17점	15점	16점	7점	8점	77점	9위
시리아	15점	14점	14점	16점	6점	7점	72점	13위
인도	13점	13점	12점	14점	5점	6점	63점	19위

SCHEDULE OF GROUP STAGE					
날짜	현지시간	한국시간	도시	경기장	대진
1월 13일(토)	14:30	20:30	알라이얀	아마드 빈알리	호주 v 인도
1월 13일(토)	20:30	(일)02:30	알라이얀	자심 빈하마드	우즈베키스탄 v 시리아
1월 18일(목)	14:30	20:30	알라이얀	자심 빈하마드	시리아 v 호주
1월 18일(목)	17:30	23:30	알라이얀	압둘라 빈칼리파	인도 v 우즈베키스탄
1월 23일(화)	14:30	20:30	도하	압둘라 빈칼리파	호주 v 우즈베키스탄
1월 23일(화)	14:30	20:30	알와크라	알자누브	시리아 v 인도

*승-무-패

국가별 통산 맞대결				
B조	호주	우즈베키스탄	시리아	인도
호주		3-1-0	2-1-0	4-1-2
우즈베키스탄	0-1-3		2-1-3	1-1-0
시리아	0-1-2	3-1-2		0-0-0
인도	2-1-4	0-1-1	0-0-0	

호주

AFC ASIAN CUP HISTORY

호주는 원래 OFC(오세아니아주 축구연맹) 소속이었다. OFC 네이션스컵에서 4차례나 우승했던 그 지역 최강자였다. 그러나 2006년 독일 월드컵 이후 AFC로 옮겼고, 2007년 아시안컵부터 참가해 그해 7위를 기록했다. 2011년 대회에선 일본에 이어 준우승, 그리고 홈구장에서 열린 2015년 대회에서는 대한민국을 연장전 끝에 물리치고 첫 우승을 차지했다. 일단 대회에 출전하면 8강까지는 기본으로 올라갔다. 이번 대회에서는 4강 이상 우승을 목표로 도전한다.

TEAM ANALYSIS IN 2023

지난해 카타르 월드컵에서 예상을 뒤엎고 조별리그를 통과했다. 16강전에서는 우승팀 아르헨티나를 맞아 선전을 펼친 끝에 1-2로 아깝게 졌지만 큰 박수를 받았다. 당시 뛰었던 선수 중 상당수가 이번 아시안컵에 출전한다. 2023년 3월 홈구장에서 에콰도르와 2차례 평가전을 치러 1승 1패를 기록했다. 주전급으로 나선 1차전에선 3-1로 완승했고, 백업 멤버 위주로 출전한 2차전에선 1-2로 졌다. 시원시원한 직선 플레이를 선호하지만 상대에 따라 세밀한 패스 플레이를 병행한다.

MANAGER : Graham Arnold

그레이엄 아놀드1963년 8월 3일 호주 시드니 출생. 1980년 캔터베리-매릭빌에서 데뷔해 시드니 유나이티드를 거친 후 로다 JC, 스탕다르, 샬렐루아, NAC 브레다 등 네덜란드와 벨기에 리그에서 오래 활약했다. 현역 시절 공격수로서 소속팀 453경기-161골(리그 기준), 호주 국가대표로 56경기-19골을 각각 기록했다. 2006년 독일 월드컵 당시 호주 대표팀 코치로 거스 히딩크 감독을 보좌했고, 2010년부터 8년 간 클럽을 지도하다가 2018년에 국가대표 감독으로 복귀했다.

COUNTRY INFORMATION

Commonwealth of Australia
국가 : 호주여 굳게 전진하라
수도 : 캔버라
공용어 : 영어
정부 형태 : 의원 내각제 입헌 군주국
면적 : 774만 1220㎢(세계 6위)
시간대 : UTC(세계 표준시)보다 8~10시간 빠름
인구 : 2646만명(세계 54위)
종교 : 가톨릭(20%), 개신교(26%), 이슬람교(3%), 무신론(34%)
명목 GDP : 1조 5427억 달러(세계 13위)
1인당 GDP : 5만 9934달러(세계 10위)
1인당 PPP : 6만 2192달러(세계 20위)
인간개발지수 : 0.951(세계 5위)
주요 산업 : 광업, 산업 및 운송 장비, 식품, 화학 물질, 철강, 관광
재래식 군사력 : 세계 16위(2023 GFP 발표)

축구협회 창립 : 1961년 / FIFA 가입 : 1963년 / AFC 가입 : 2006년 / AFF 가입 : 2013년

국제 대회 우승 - 준우승			
1 - 1	0 - 0	4 - 2	
AFC ASIAN CUP	ASIAN GAME FOOTBALL	*OFC NATIONS CUP	
0 - 0	0 - 1	0 - 0	
AFC U-23 ASIAN CUP	AFC U-20 ASIAN CUP	AFC U-17 ASIAN CUP	

*오세아니아 대륙 선수권대회. 호주는 원래 OFC 소속이었으나 2007년부터 AFC로 옮겼다.

AFC ASIAN CUP RECORD

연도	팀수	순위	경기	승	무	패	득	실	승점	승점 그래프
1956	4	—	OFC 소속						—	
1960	4	—	OFC 소속						—	
1964	4	—	OFC 소속						—	
1968	5	—	OFC 소속						—	
1972	6	—	OFC 소속						—	
1976	6	—	OFC 소속						—	
1980	10	—	OFC 소속						—	
1984	10	—	OFC 소속						—	
1988	10	—	OFC 소속						—	
1992	8	—	OFC 소속						—	
1996	12	—	OFC 소속						—	
2000	16	—	OFC 소속						—	
2004	16	—	OFC 소속						—	
2007	16	7위	4	1	2	1	7	5	5점	
2011	16	준우승	6	4	1	1	13	2	13점	
2015	16	우승	6	5	0	1	14	3	15점	★
2019	24	7위	4	2	1	1	5	3	7점	
통산	11위	21	12	4	5	40	14	40점		

골 득실차 +26 / 승률 67% / 평균 승점 1.90점 / 승점률 63%
*승률(%)=((승리+무승부×0.5)÷경기수)×100 / 평균 승점=승점÷경기수 / 승점률(%)=(승점÷(경기수×3))×100

STAR PLAYERS

FW Awer Mabil(아워 마빌)

호주 공격의 핵으로 자리매김했다. 마빌은 전문 윙어다. 측면 빌드업 때 최적의 위치를 선점한 뒤 동료의 패스를 받아 쾌속 드리블로 돌파한다. 돌파 후 올리는 크로스, 컷백도 날카로운 편이다. 박스 안에서는 오버헤드킥, 발리킥 등 고난도 슈팅 기술을 선보인다. 남수단계 난민 부부의 자녀로 케냐에서 태어났다. 어린 시절 가족을 따라 호주로 이주했고, 그곳 시민권을 받았다.

MF Jackson Irvine(잭슨 어바인)

중원 사령관. 전형적인 '박스-투-박스' 미드필더로 카리스마 넘치는 선수다. 애런 무이와 짝을 이뤄 포백을 보호하다가 기회가 생기면 날카롭게 전진한다. 간결한 드리블과 정확한 패스로 빌드업을 주도한다. 수비에서는 저돌적으로 태클하고, 민첩하게 상대의 패스를 자른다. 축구계의 '저니맨'이다. 2009년 프랜스턴 파인스에서 데뷔한 이래 13년간, 소속팀이 9차례나 바뀌었다.

GK Matthew Ryan(매슈 라이언)

전 호주 대표 마크 슈워처는 아시아 축구 역사상 최고의 골키퍼로 꼽힌다. 그의 대를 잇는 라이언은 현역 아시아 No.1 골키퍼로 평가받는다. 골키퍼치고 큰 체격은 아니다. 그러나 뛰어난 반사신경으로 선방을 거듭한다. 집중력이 우수하기에 잔 실수를 적게 범한다. 킥이 정확해 빌드업도 OK. 2009년 블랙타운시티에서 데뷔했고, 아스널, 레알 소시에다드 등 빅리그 경험도 풍부한 선수다.

FIFA RANKING LAST 12MONTHS	2022	JUL	AUG	SEP	OCT	NOV	DEC	2023	JAN	FEB	MAR	APR	MAY	JUN
		39	39	39	38	38	27		27	27	27	29	29	29

TEAM POTENTIAL

84점-5위

공격력 **17점** 20점 만점	수비력 **17점** 20점 만점	선수층 **18점** 20점 만점
감독 **16점** 20점 만점	조추첨 **8점** 10점 만점	아시안컵 전통 **8점** 10점 만점

*평점은 참가 24개국 간 상대평가이다.

STYLE OF PLAY

공격	점유율 중시. 수비에서 전방으로 여유있게 측면 돌파 주력. 좌우 풀백 위치 높은 편 좌우 윙어, 수시로 중앙으로 컷-인 플레이
수비	리트릿과 프레싱의 적절한 조화 볼 빼앗기면 신속하고 강하게 프레싱 선수들 압도적인 신체 능력 적극 활용

FORMATION

4-2-3-1

CF M.듀크 J.맥클래런 / J.커밍스

LM A.마빌 C.구드윈 R.맥그리

AM A.흐루스티치 R.맥그리 / D.전로

RM M.레키 M.보일 / G.쿠올

CM J.어바인 바커스 / C.맷커프

CM A.무이 C.데블린

LB A.베비치 J.킹

CB K.로울스 T.뎅 T.세인스버리

CB H.수타 M.데게넥 B.라이트

RB 카라치치 N.애킨슨 M.데게넥

GK M.라이언 A.레드메인 / D.부코비치

PROBABLE SQUAD LIST

포지션	선수	생년월일	A출전	A득점
GK	Mathew Ryan	1992.04.08	81	0
	Andrew Redmayne	1989.01.13	4	0
	Joe Gauci	2000.07.04	1	0
	Tom Glover	1997.12.24	0	0
DF	Aziz Behich	1990.12.16	59	2
	Miloš Degenek	1994.04.28	44	1
	Harry Souttar	1998.10.22	16	6
	Kye Rowles	1998.06.24	10	0
	Nathaniel Atkinson	1999.06.08	7	0
	Joel King	2000.10.30	4	0
	Ryan Strain	1997.04.02	2	0
	Jordan Bos	2002.10.29	2	0
	Gianni Stensness	1999.02.07	2	0
	Alessandro Circati	2003.10.10	0	0
MF	Aaron Mooy	1990.09.15	57	7
	Jackson Irvine	1993.03.07	55	8
	Ajdin Hrustic	1996.07.05	24	3
	Riley McGree	1998.11.02	17	1
	Connor Metcalfe	1999.11.05	8	0
	Keanu Baccus	1998.06.07	7	0
	Denis Genreau	1999.05.21	5	0
	Aiden O'Neill	1998.07.04	3	0
	Cameron Devlin	1998.06.07	2	0
	Alexander Robertson	2003.04.17	2	0
FW	Mathew Leckie	1991.02.04	78	14
	Awer Mabil	1995.09.15	32	9
	Jamie Maclaren	1993.07.29	30	8
	Mitchell Duke	1991.01.18	27	9
	Brandon Borrello	1995.07.25	7	1
	Garang Kuol	2004.09.15	5	1

*나이, A매치 출전-득점 기록은 2023년 6월 30일 기준

ROAD TO QATAR 2023

아시안컵 2차 예선 B조 1위 8전 전승

날짜	장소	상대국	결과
2019.09.10	원정	쿠웨이트	3-0 승
2019.10.10	홈	네팔	5-0 승
2019.10.15	원정	대만	7-1 승
2019.11.14	원정	요르단	1-0 승
2021.06.03	홈	쿠웨이트	3-0 승
2021.06.07	홈	대만	5-1 승
2021.06.11	원정	네팔	3-0 승
2021.06.15	홈	요르단	1-0 승

2023년 평가전 결과

날짜	장소	상대국	결과
2023.03.24	홈	에콰도르	3-1 승
2023.03.28	홈	에콰도르	1-2 패
2023.06.15	중립	아르헨티나	0-2 패

AFC ASIAN CUP HISTORY

1956년~1988년은 구소련의 일부분으로서 아시안컵 출전이 불가능했다. 독립 후인 1992년에는 AFC에 가입되지 않은 상태였다. 1996년에 처음 AFC 아시안컵에 참가했고, 이후 2023년까지 8회 연속 출전한다. 2011년 4위, 2004년 6위, 2007년 7위 등 대회마다 기본 이상의 성적을 거뒀다. 2019년에는 조별리그를 통과해 24개국 중 10위에 올랐다. 아시안컵 대회 통산 13승 4무 11패, 승점 43점으로 역대 랭킹 10위다. 이번 대회에서는 8강 이상 진출하는 게 목표다.

TEAM ANALYSIS IN 2023

중앙아시아에서는 이란 다음의 강팀이다. 독립 이후 매번 월드컵 최종 예선에 출전했지만 2022 카타르 월드컵 때는 2차 예선에서 멈췄다. 이번 아시안컵을 계기로 명예회복에 나선다. 현 대표팀은 카타르 월드컵 아시아 예선 출전 멤버를 축으로 20대 초반 젊은 선수들이 합류해 신구 조화를 이루고 있다. 지난해 9월 이후 6차례 평가전을 치러 3승 2무 1패를 기록했다. 상대는 모두 유럽, 중남미, 아프리카 팀이었고, 아시아 팀은 없었다. 테스트는 일단 성공적이었다.

MANAGER : Srečko Katanec

스레츠코 카타네츠. 1963년 7월 16일 슬로베니아 류블리아나 출생. 현역 시절 수비형 미드필더 혹은 센터백으로 올림피아, 디나모 자그레브, 파르티잔, 슈투트가르트, 삼프도리아에서 뛰었고, 구 유고 연방 대표로도 활약했다. 은퇴 후 1997년 고리차 FC, 2002년 올림피아코스에서 지도한 것을 제외하곤 경력의 대부분을 국가 대표팀 감독으로 보냈다. 슬로베니아, 마케도니아, 아랍에미리트, 슬로베니아(복귀), 이라크를 거쳐 2021년 8월, 공석인 우즈베키스탄 감독으로 부임했다.

COUNTRY INFORMATION

Republic of Uzbekistan
국가 : 우즈베키스탄 공화국 국가
수도 : 파타슈켄트 / 공용어 : 우즈베크어
정부 형태 : 대통령 중심제 공화국
면적 : 44만 7400㎢(세계 58위)
시간대 : UTC(세계 표준시)보다 5시간 빠름
인구 : 3516만명(세계 43위)
종교 : 이슬람교(88%), 러시아정교(9%), 기타(3%)
명목 GDP : 800억 달러(세계 75위)
1인당 GDP : 2755달러(세계 147위)
1인당 PPP : 1만 1500달러(세계 124위)
인간개발지수 : HDI에서 발표하지 않음
주요 산업 : 섬유, 식품 가공, 기계 제조, 야금
광산, 탄화수소 추출, 화학 물질
재래식 군사력 : 세계 62위(2023년 GFP 발표)

축구협회 창립 : 1946년 / FIFA 가입 : 1994년 / AFC 가입 : 1994년 / CAFA 가입 : 2015년

국제 대회
우승 - 준우승

UFA

0 - 0	1 - 0	0 - 0
AFC ASIAN CUP	ASIAN GAME FOOTBALL	*CAFA NATIONS CUP
1 - 1	1 - 1	1 - 1
AFC U-23 ASIAN CUP	AFC U-20 ASIAN CUP	AFC U-17 ASIAN CUP

*중앙아시아 지역 대회. 2023년 6월 첫 대회 개최

AFC ASIAN CUP RECORD

연도	팀수	순위	경기	승	무	패	득	실	승점	승점 그래프
1956	4	–	구 소련의 일부						–	
1960	4	–	구 소련의 일부						–	
1964	4	–	구 소련의 일부						–	
1968	5	–	구 소련의 일부						–	
1972	6	–	구 소련의 일부						–	
1976	6	–	구 소련의 일부						–	
1980	10	–	구 소련의 일부						–	
1984	10	–	구 소련의 일부						–	
1988	10	–	구 소련의 일부						–	
1992	8		AFC 미가입							
1996	12	10위	3	1	0	2	3	6	3점	
2000	12	12위	3	0	1	2	2	14	1점	
2004	16	6위	4	3	1	0	5	2	10점	
2007	16	7위	4	2	0	2	10	4	6점	
2011	16	4위	6	3	1	2	8	7	10점	
2015	16	8위	4	2	0	2	7	6	6점	
2019	24	10위	4	2	1	1	7	3	7점	
통산	10위	28	13	4	11	42	47	43점	골득실차 -5 / 승률 54% / 평균 승점 1.54점 / 승점률 51%

STAR PLAYERS

FW Eldor Shomurodov(엘도르 쇼무로도프)

우즈베키스탄 축구 역사상 가장 성공한 해외파 공격수. 190cm의 대형 센터포워드로 박스 외곽에서 안으로 날카롭게 침투하고, 파워 넘치는 슈팅을 정확히 구사한다. 섬세한 포스트 피딩으로 동료에게 기회를 제공하고, 헤더 슈팅, 헤더 패스도 위력적이다. 분요드코르, 로스토프에서 득점포를 터뜨린 후 제노아로 이적했고, AS 로마를 거쳐 현재는 스페치아에서 임대 선수로 뛰고 있다.

MF Jaloliddin Masharipov(잘롤리딘 마샤리포프)

공격형 MF 겸 레프트윙. '우즈베키스탄의 메시'로 불리는 테크니션이다. 빠르게 드리블을 하며, 볼을 몰고 가면서 플립플랩, 마르세유턴, 스텝오버 등 고난도 기술을 가미해 상대 수비를 쉽게 제친다. 필드 후방에서 전방으로 40m 로빙 패스를 동료에게 연결하며, 박스 안으로 섬세한 킬패스를 찔러넣는다. 박스 외곽에서 오른발로 정확한 프리킥 또는 중거리 슈팅을 날린다.

DF Rustam Ashurmatov(루스탐 아슈르마토프)

우즈베키스탄 수비의 핵. 2015년 분요드코르에서 데뷔했고, 광주 FC, 강원 FC 등 K리그에서도 경험을 쌓았다. 186cm의 좋은 체격에 강력한 수비를 펼친다. 하프라인에서 적극적으로 압박한 후 빠르고 정교한 공격 빌드업을 전개한다. 2021시즌 강원에서의 퍼포먼스가 좋지 않아 2022년 우즈베키스탄 나브바호르 나망간으로 이적했고, 2023년엔 러시아 명문 루빈 카잔으로 옮겼다.

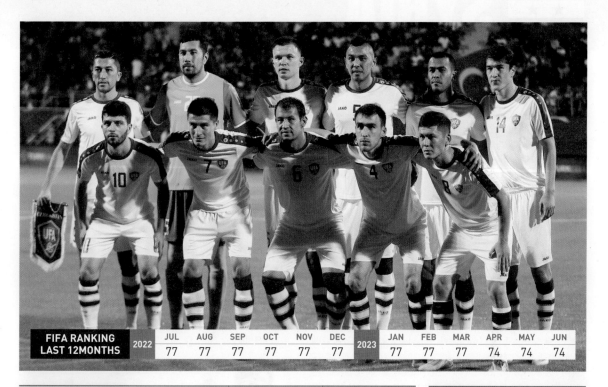

FIFA RANKING LAST 12MONTHS	2022	JUL	AUG	SEP	OCT	NOV	DEC	2023	JAN	FEB	MAR	APR	MAY	JUN
		77	77	77	77	77	77		77	77	77	74	74	74

TEAM POTENTIAL

77점-9위

공격력 14점 20점 만점	수비력 17점 20점 만점	선수층 15점 20점 만점
감독 16점 20점 만점	조추첨 7점 10점 만점	아시안컵 전통 8점 10점 만점

*평점은 참가 24개국 간 상대평가이다.

STYLE OF PLAY

공격	다이렉트 플레이와 역습 위주, 점유율 축구 보조 효율적 윙 어택, 크로스 또는 컷-인 플레이 위력 스루패스로 수비 배후 공략, 세트피스 공격 OK
수비	수비의 기본은 리트릿, 상황에 따른 전방 압박 커버링, 가로채기, OS 트랩 등 수비 메커니즘 OK 공격→수비 트랜지션 좋음, 빠른 수비 블록 형성

FORMATION

4-2-3-1

CF
E.쇼무로도프
I.세르게에프 / B.아브디콜리코프

LM
J.마샤리포프
A.투르군보에프
O.보조로프

AM
O.우르노프
A.야모노프 / I.알리에프

RM
K.에르키노프
D.캄디모프

CM
O.함로베코프
A.모즈고보이

CM
A.슈쿠로프
S.사비르코자에프
A.가니에프

LB
S.나스룰라에프
F.사이비에프

CB
U.에슈무로도프
H.알리쿨로프
A.다브로노프

CB
R.이슈루마토프
A.압둘라에프

RB
K.알리조노프
D.사이토프
S.미라사이도프

GK
U.유스포프
A.네마토프 / U.에르가셰프

PROBABLE SQUAD LIST

포지션	선수	생년월일	A출전	A득점
GK	Utkir Yusupov	1991.01.04	14	0
	Abduvohid Nematov	2001.03.20	6	0
	Botirali Ergashev	1995.06.23	1	0
	Valijon Rahimov	1995.02.16	1	0
DF	Farrukh Sayfiev	1991.01.17	40	1
	Khojiakbar Alijonov	1997.04.19	24	0
	Rustam Ashurmatov	1996.07.07	23	0
	Ibrokhimkhalil Yuldoshev	2001.02.14	15	1
	Umar Eshmurodov	1992.11.30	14	0
	Abdulla Abdullaev	1997.09.01	10	0
	Sherzod Nasrullaev	1998.07.23	8	0
	Dilshod Saitov	1999.02.02	5	0
	Alibek Davronov	2002.12.28	1	0
	Abdukodir Khusanov	2004.02.29	1	0
MF	Otabek Shukurov	1996.06.23	53	3
	Jaloliddin Masharipov	1993.09.01	47	11
	Odiljon Hamrobekov	1996.02.13	34	0
	Jamshid Iskanderov	1993.10.16	26	3
	Azizbek Turgunboev	1994.10.01	19	1
	Khojimat Erkinov	2001.05.29	16	2
	Sardor Sabirkhodjaev	1994.09.06	15	0
	Oston Urunov	2000.12.19	11	2
	Azizjon Ganiev	1998.02.22	11	0
	Akmal Mozgovoy	1999.04.02	8	0
	Jamshid Boltaboev	1996.10.03	1	0
	Abbosbek Fayzullaev	2003.10.03	1	0
FW	Eldor Shomurodov	1995.06.29	66	37
	Igor Sergeyev	1993.04.30	66	17
	Jasurbek Yakhshiboev	1997.06.24	7	2
	Bobur Abdikholikov	1997.04.23	5	0

*나이, A매치 출전-득점 기록은 2023년 6월 30일 기준

ROAD TO QATAR 2023

아시안컵 2차 예선 D조 2위 5승 3패

날짜	장소	상대국	결과
2019.09.05	원정	팔레스타인	0-2 패
2019.10.10	홈	예멘	5-0 승
2019.10.15	원정	싱가포르	3-1 승
2019.11.14	홈	사우디아라비아	2-3 패
2019.11.19	홈	팔레스타인	2-0 승
2021.06.07	홈	싱가포르	5-0 승
2021.06.11	원정	예멘	1-0 승
2021.06.15	원정	사우디아라비아	0-3 패

아시안컵 3차 예선 C조 1위 3전 전승

날짜	장소	상대국	결과
2022.06.08	중립	스리랑카	3-0 승
2022.06.11	중립	몰디브	4-0 승
2022.06.14	중립	태국	2-0 승

2023년 CAFA 네이션스컵

날짜	장소	상대국	결과
2023.06.14	홈	투르크메니스탄	2-0 승
2023.06.17	홈	타지키스탄	5-1 승
2023.06.20	홈	이란	0-1 패

SYRIA

시리아

AFC ASIAN CUP HISTORY

시리아가 AFC에 가입한 건 1970년이다. 그렇기에 1956년부터 1968년까지는 아시안컵 출전 자격이 없었다. 첫 출전 한 1972년부터 2019년까지의 13차례 대회 중 예선 탈락 6회, 기권 1회, 본선 진출에 성공한 건 6회다. 시리아는 10개국이 참가했던 1980년대에 나름 성적을 냈다. 1980년 대회 5위, 1984년과 1988년 대회 6위였다. 최근인 2019년 카타르 대회에선 1무 2패로 조별리그에서 탈락했다. 시리아의 아시안컵 통산 성적은 7승 3무 11패, 승점 24점으로 역대 14위다.

TEAM ANALYSIS IN 2023

시리아는 카타르 월드컵 아시아 최종예선에서 탈락한 후 후삼 알사에드에게 지휘를 맡겼다. 그런데 '알사에드호'는 2022년 9월~12월 사이에 치러진 평가전에서 6전 전패를 기록했다. 시리아 국내에서 여론이 들끓었다. 결국, 시리아 축구협회는 그를 해임하고, 2023년 2월 아르헨티나 출신 엑토르 쿠페르를 새 감독으로 임명했다. 쿠페르는 카타르 월드컵 예선에 출전했던 일부 베테랑들을 남겼지만 젊은 선수들을 대거 기용하면서 새 출발 했다. 향후 평가전 결과가 매우 중요하다.

MANAGER : Héctor Cúper

엑토르 쿠페르. 1955년 11월 16일 아르헨티나 산타페 출생. 현역 시절 페로카릴, 인데펜디엔테, 우라칸에서 센터백으로 활약했다. 1993년부터 2년간 친정팀 우라칸에서 지휘봉을 잡았고, 1997년부터 10년간 마요르카, 발렌시아, 인테르 밀란, 레알 베티스 등 스페인과 이탈리아 클럽을 지휘했다. 이집트 대표팀을 2018 러시아 월드컵에 진출시켰으나 우즈베키스탄과 콩고민주공화국 대표팀에선 부진을 면치 못했다. 2023년 2월에 부임한 시리아 대표팀에서 반전을 보여줄 수 있을까.

AFC ASIAN CUP RECORD

연도	팀수	순위	경기	승	무	패	득	실	승점	승점 그래프
1956	4	—	AFC 미가입						—	
1960	4	—	AFC 미가입						—	
1964	4	—	AFC 미가입						—	
1968	5	—	AFC 미가입						—	
1972	6	—	예선 탈락							
1976	6	—	기권							
1980	10	5위	4	2	1	1	3	2	7점	
1984	10	6위	4	1	1	2	3	5	4점	
1988	10	6위	4	2	0	2	5	5	6점	
1992	8	—	예선 탈락							
1996	12	—	3	1	0	2	3	6	3점	
2000	16	—	예선 탈락							
2004	16	—	예선 탈락							
2007	16	—	예선 탈락							
2011	16	9위	3	1	0	2	3	5	3점	
2015	16	—	예선 탈락							
2019	24	20위	3	0	1	2	2	5	1점	
통산		14위	21	7	3	11	17	28	24점	골실차 -11 / 승률 40% / 평균 승점 1.14점 / 승점률 38%

*승률(%)=((승리+무승부×0.5)÷경기수)×100 / 평균 승점=승점÷경기수 / 승점률(%)=(승점÷(경기수×3))×100

STAR PLAYERS

FW Alaa Al Dali(알라 알달리)

기존 CF 오마르 크리빈, 오마르 알소마를 벤치로 밀어냈다. 탄탄한 체격에 운동 능력이 뛰어나다. 골 냄새를 맡는 동물적인 감각의 소유자다. 위치를 잘 잡고, 양발을 두루 사용해 골을 터뜨린다. 강력한 슈팅, 재치 있는 칩 샷, 고난도 발리킥과 오버헤드킥, 속공 마무리 등 다양한 패턴으로 골을 넣는다. 시리아 U-20, U-23 대표 출신이고, 2021년부터 시리아 A대표로 활약해 왔다.

MF Mohamad Rihanieh(모하메드 리하니에)

'시리아 축구의 미래'로 불리는 22세의 2선 공격수. 주 위치는 레프트윙이지만 중앙, 오른쪽에서도 뛸 수 있다. '에너자이저'처럼 강한 지구력에 빠른 순간 스피드로 공간을 침투한다. 플레이가 간결하고, 박스 안에서 자신감 있게 마무리한다. 투쟁심이 강해 늘 부지런히 움직인다. 쾌속 드리블로 상대 수비를 쉽게 제치고, 정확한 패스를 구사한다. 시리아 U-23 대표와 A대표를 겸한다.

DF Omar Midani(오마르 미다니)

풍부한 경험을 지닌 센터백. 노장 아마드 알살레의 은퇴 이후 미다니의 역할이 더욱 커졌다. 체격은 평범하지만, 우수한 축구 IQ와 넓은 시야로 수비진을 이끈다. 중앙과 우측을 넘나들며 태클, 클리어링, 커버플레이, 패스 커팅 등 다양한 역할을 수행한다. 시리아 U-17, U-20, U-23 등 연령별 대표를 거쳐 국가대표까지 오른 전형적인 '축구 엘리트'다. 현재 쿠웨이트의 알나스르 소속이다.

FIFA RANKING LAST 12MONTHS	2022	JUL	AUG	SEP	OCT	NOV	DEC	2023	JAN	FEB	MAR	APR	MAY	JUN
		89	89	89	90	90	90		90	90	90	90	90	90

TEAM POTENTIAL

72점-13위

⚔	공격력 15점 20점 만점	🛡 수비력 14점 20점 만점	👥 선수층 14점 20점 만점
⚐	감독 16점 20점 만점	🥣 조추첨 6점 10점 만점	🏆 아시안컵 전통 7점 10점 만점

*평점은 참가 24개국 간 **상대평가**이다.

STYLE OF PLAY

공 격	다이렉트 플레이, 파이널 서드 직접 공략 윙어들 솔로 플레이, 컷-인으로 기회 포착 오픈 플레이, 대각선 패스, 배후 침투 등
수 비	수비의 기본은 리트릿, 필요할 때 프레싱 공격→수비 전환 빠름, 수비 블록 바로 조직 상황에 따라 4백, 3백, 5백 자유롭게 변환

FORMATION

4-2-3-1

PROBABLE SQUAD LIST

포지션	선수	생년월일	A출전	A득점
GK	Ibrahim Alma	1991.10.18	75	0
	Ahmad Madania	1990.01.01	20	0
	Taha Mosa	1987.05.24	5	0
	Shaher Al Shaker	1993.04.01	2	0
DF	Moayad Ajan	1993.02.16	63	1
	Omar Midani	1994.01.26	56	1
	Amro Jenyat	1993.01.15	42	1
	Hussein Jwayed	1993.01.01	37	0
	Thaer Krouma	1990.02.02	28	0
	Khaled Kurdaghli	1997.01.31	21	0
	Muayad Al Khouli	1993.10.16	11	0
	Fares Arnaout	1997.01.31	11	0
	Youssef Mohammad	1999.06.26	10	0
	Abdul Rahman Weiss	1998.06.14	8	0
MF	Mahmoud Al-Mawas	1993.01.01	88	15
	Fahd Youssef	1987.05.15	37	0
	Mohammad Al Marmour	1995.01.04	33	4
	Mouhamad Anez	1995.05.14	26	1
	Ahmed Ashkar	1996.12.12	26	1
	Kamel Hmeisheh	1998.07.23	26	0
	Oliver Kass Kawo	2001.12.03	8	1
	Mustafa Jneid	2000.01.11	5	0
	Hosam Aiesh	1995.04.14	3	0
	Moudi Najjar	2000.06.20	0	0
FW	Omar Khribin	1994.01.15	53	21
	Mardik Mardikian	1992.03.14	39	7
	Omar Al Somah	1989.03.28	36	19
	Alaa Al Dali	1997.01.03	16	2
	Yassin Samia	1998.02.22	5	0
	Molham Babouli	1993.01.02	3	0

*나이, A매치 출전-득점 기록은 2023년 6월 30일 기준

ROAD TO QATAR 2023

아시안컵 2차 예선 A조 1위 7승 1패

날짜	장소	상대국	결과
2019.09.05	원정	필리핀	5-2 승
2019.10.10	홈	몰디브	2-1 승
2019.10.15	홈	괌	4-0 승
2019.11.14	홈	중국	2-1 승
2019.11.19	홈	필리핀	1-0 승
2021.06.04	원정	몰디브	4-0 승
2021.06.07	원정	괌	3-0 승
2021.06.15	원정	중국	1-3 패

2023년 평가전 결과

날짜	장소	상대국	결과
2023.03.25	홈	태국	3-1 승
2023.03.28	원정	바레인	0-1 패
2023.06.20	원정	베트남	0-1 패

AFC ASIAN CUP HISTORY

남아시아(SAFA)의 독보적인 강팀이다. AFC 아시안컵 본선에는 1964, 1984, 2011, 2019년 등 4회 출전했고, 1964년의 준우승 이후 늘 중하위권에 머물렀다. 아시안컵 통산 3승 1무 9패 승점 10점으로 19위다. 인도는 '크리켓의 나라'로 축구의 인기가 그리 높지 않았다. 하지만 최근 자국 리그가 폭발적으로 성장하기 시작했고, 운동능력, 투쟁심이 뛰어난 시크교도 선수들의 존재 때문에 방심해서는 안 될 팀이기도 하다. 2023 아시안컵은 인도 축구의 전환점이 될 것이다.

TEAM ANALYSIS IN 2023

2019년 5월 부임한 이고르 시티마치 감독은 지난 4년간 꾸준히 팀을 만들어왔다. 젊은 선수들을 대거 기용하고, 다양한 전술을 시험했다. 2019 킹스컵 때 태국에 1-0 승, 2022 월드컵 아시아 예선 때 카타르와 무승부를 이루는 등 결과를 내기 시작했다. 물론, 방글라데시, 아프가니스탄 등 약체들과 비기는 굴곡은 있었지만 말이다. 지난해 9월 이후 4차례 평가전을 치러 2승(키르기스스탄, 미얀마), 1무(싱가포르), 1패(베트남)를 기록했다. 현시점, 대표팀 평균 연령은 26.3세로 젊다.

MANAGER : Igor Štimac

이고르 시티마치. 1967년 9월 6일 크로아티아 메트코비치 출생. 현역 시절 하이두크 스플리트, 카디스, 더비 카운티, 웨스트햄에서 활약하며 유럽 정상급 센터백으로 명성을 떨쳤다. 1987년 구 유고 연방 소속으로 FIFA U-20 월드컵에서 우승했고, 1998년 크로아티아 국가대표로 프랑스 월드컵 3위 입상의 주역 중 1명이었다. 2005년 감독으로 나서 2018년까지 8개 팀을 지도했고, 2019년 5월 인도 대표팀 감독으로 부임한 뒤 2021년 남아시아(SAFF) 챔피언십 우승을 이끌었다.

COUNTRY INFORMATION

Republic of India
국가 : 모든 국민의 마음
수도 : 델리 / 공용어 : 힌디어, 영어 외 14개 언어
정부 형태 : 의원 내각제 연방 공화국
면적 : 328만 7263㎢(세계 7위)
시간대 : UTC(세계 표준시)보다 5시간 30분 빠름
인구 : 14억 2863만명(세계 1위)
종교 : 힌두교(80%), 이슬람교(14%), 기독교, 시크교, 불교
명목 GDP : 3조 1734억 달러(세계 6위)
1인당 GDP : 2277달러(세계 133위)
1인당 PPP : 8293달러(세계 76위)
인간개발지수 : HDI에서 발표 안함
주요 산업 : 섬유, 화학, 식품 가공, 철강, 운송 장비
시멘트, 광업, 석유, 기계, 소프트웨어, 의약품
재래식 군사력 : 세계 4위(2023년 GFP 발표)

축구협회 창립 : 1937년 / FIFA 가입 : 1948년 / AFC 가입 : 1954년 / SAFF 가입 : 1997년

국제 대회 우승 - 준우승		
🏆 0 - 1	🥇 2 - 0	🏆 8 - 4
AFC ASIAN CUP	ASIAN GAME FOOTBALL	*SAFF CHAMPIONSHIP
🏆 0 - 0	🏆 1 - 0	🏆 0 - 0
AFC U-23 ASIAN CUP	AFC U-20 ASIAN CUP	AFC U-17 ASIAN CUP

*남아시아 지역 대회

AFC ASIAN CUP RECORD

연도	팀수	순위	경기	승	무	패	득	실	승점	승점 그래프
1956	4	—	불참						—	
1960	4	—	예선 탈락						—	
1964	4	준우승	3	2	0	1	5	3	6점	
1968	5	—	예선 탈락							
1972	6	—	불참							
1976	6	—	불참							
1980	10	—	불참							
1984	10	10위	4	0	1	3	0	7	1점	
1988	10	—	예선 탈락							
1992	8	—	예선 탈락							
1996	12	—	예선 탈락							
2000	12	—	예선 탈락							
2004	16	—	예선 탈락							
2007	16	—	예선 탈락							
2011	16	16위	3	0	0	3	3	13	0점	
2015	—	—	예선 탈락							
2019	24	17위	3	1	0	2	4	4	3점	
통산	19위	13	3	1	9	12	27	10점		

골 득실차 -15 / 승률 27% / 평균 승점 0.77점 / 승점률 26%
*승률(%)=((승리+무승부×0.5)÷경기수)×100 / 평균 승점=승점÷경기수 / 승점률(%)=(승점÷(경기수×3))×100

STAR PLAYERS

FW Sunil Chhetri(수닐 체트리)

'인도의 메시'로 불리는 38세의 노장. 나이는 많지만, 인도 대표팀에서 아직 체트리를 능가하는 공격수는 없는 실정이다. 체트리의 폼이 떨어지지 않았고, 최근에도 계속 득점포를 터뜨리고 있다. 시티마츠 감독의 입장에서는 체트리를 계속 소집할 수밖에 없다. 최전방과 2선을 자유롭게 넘나든다. 박스 안과 밖 여러 위치에서 양발을 고루 사용해 다양하게 골을 넣는다. 패스도 OK.

MF Brandon Fernandes(브랜든 페르난데스)

전형적인 공격형 미드필더. 대표팀과 소속팀 세트 피스 전문 키커다. 특히 간접 프리킥과 코너킥 때 '칼 택배'로 유명하다. 또한, 박스 외곽에서 날리는 오른발 중거리 슈팅은 가히 폭발적이다. 볼을 잘 다루기에 상대 수비 1명 정도는 드리블로 쉽게 제압한다. 또한, 연습에 최적화된 선수다. 2013년 ASD 케이프타운에서 데뷔했고, 스포르팅 고아, 뭄바이, 처칠 브라더스 등에서 활약했다.

DF Sandesh Jhingan(산데시 징간)

짙은 턱수염에 꽁지머리. 인상부터 강력한 카리스마를 내뿜는다. 188cm의 체격에 우수한 축구 IQ와 넓은 시야를 겸비했다. 위치를 잘 잡기에 결정적인 상황에 클리어링을 잘 해낸다. 또한, 박스 안에서 과감한 태클을 성공시켜 위기를 넘긴다. 최근 인도 대표팀 수비가 탄탄해진 건 징간의 존재가 큰 영향을 미쳤다. 공중전 승률도 꽤 높은 편이다. 2015년부터 인도 A대표로 활약해왔다.

FIFA RANKING LAST 12MONTHS	2022	JUL	AUG	SEP	OCT	NOV	DEC	2023	JAN	FEB	MAR	APR	MAY	JUN
		104	104	104	106	106	106		106	106	106	101	101	101

TEAM POTENTIAL

63점-19위

공격력 **13점** 20점 만점	수비력 **13점** 20점 만점	선수층 **12점** 20점 만점
감독 **14점** 20점 만점	조추첨 **5점** 10점 만점	아시안컵 전통 **6점** 10점 만점

*평점은 참가 24개국 간 **상대평가**이다.

STYLE OF PLAY

공격	미드필드부터 높은 템포의 콤비 플레이 수비수들이 최전방으로 빠르게 롱볼 빌드업 볼 탈취 후 빠르게 수비→공격 트랜지션
수비	리트릿 중시. 콤팩트한 수비 블록 유지 강력하고 조직적인 수비. 포백 공중전 능함 볼 빼앗긴 후 빠르게 공격→수비 트랜지션

FORMATION

4-2-3-1

- CF S.체트리 — M.싱 / L.창테 / L.콜라코
- LM A.타파 — A.쿠루니얀
- AM B.페르난데스 — L.판디타
- RM L.창테 — N.싱 / M.야시르
- CM J.싱 — R.다스 / R.쿠마르
- CM S.싱 — A.타파
- LB A.미슈라 — S.보세 / R.싱
- CB A.알리 — C.싱
- CB S.징간 — N.길롯
- RB P.코탈 — A.라이
- GK G.싱산두 — A.싱 / P.라첸파

PROBABLE SQUAD LIST

포지션	선수	나이	A출전	A득점
GK	Gurpreet Singh Sandhu	1992.02.03	62	0
	Amrinder Singh	1993.05.27	12	0
	Vishal KaithINJ	1996.07.22	4	0
	Gurmeet Singh	1999.12.03	0	0
DF	Sandesh Jhingan	1993.07.21	55	5
	Pritam Kotal	1993.09.08	52	0
	Subhasish Bose	1995.08.18	34	0
	Rahul Bheke	1990.12.06	22	1
	Akash Mishra	2001.11.27	20	0
	Anwar Ali	2000.08.28	16	1
	Chinglensana SinghOTH	1996.11.27	11	0
	Naorem Roshan SinghINJ	1999.02.02	9	0
	Mehtab Singh	1998.05.05	7	0
MF	Anirudh Thapa	1998.01.15	49	4
	Udanta Singh	1996.06.14	46	2
	Ashique Kuruniyan	1997.06.18	33	2
	Sahal Abdul Samad	1997.04.01	30	3
	Jeakson Singh	2001.06.21	17	0
	Suresh Singh WangjamINJ	2000.08.07	17	1
	Nikhil Poojary	1995.09.03	16	1
	Mohammad YasirINJ	1998.04.14	13	0
	Naorem Mahesh Singh	1999.03.01	11	1
	Rohit Kumar	1997.04.01	9	0
	Nandhakumar Sekar	1995.12.20	2	0
FW	Sunil Chhetri	1994.08.03	142	92
	Manvir SinghINJ	1995.11.07	34	6
	Lallianzuala Chhangte	1997.06.08	28	7
	Liston Colaco	1998.11.12	16	0
	Rahim Ali	2000.04.21	12	0
	Ishan PanditaINJ	1998.05.26	6	0

*나이, A매치 출전-득점 기록은 2023년 6월 30일 기준

ROAD TO QATAR 2023

아시안컵 2차 예선 E조 3위 1승 4무 3패

날짜	장소	상대국	결과
2019.09.05	홈	오만	1-2 패
2019.09.10	원정	카타르	0-0 무
2019.10.15	홈	방글라데시	1-1 무
2019.11.14	원정	아프가니스탄	1-1 무
2019.11.19	원정	오만	0-1 패
2021.06.03	홈	카타르	0-1 패
2021.06.07	원정	방글라데시	2-0 승
2021.06.15	홈	아프가니스탄	1-1 무

아시안컵 3차 예선 D조 1위 3전 전승

날짜	장소	상대국	결과
2022.06.08	중립	캄보디아	2-0 승
2022.06.11	중립	아프가니스탄	2-1 승
2022.06.14	중립	홍콩	4-0 승

2023년 A매치 결과

날짜	장소	상대국	결과
2023.03.22	홈	미얀마	1-0 승
2023.03.28	홈	키르기스스탄	2-0 승
2023.06.16	원정	대만	2-2 무
2023.06.19	원정	홍콩	1-0 승

C조

兩强再會

양강재회

C조의 '양강'은 이란과 아랍에미레이트연합이다.
두 팀은 카타르 월드컵 최종 예선 A조에서 자웅을 겨뤘다.
역대 통산 성적은 이란이 압도적이지만 결과는 알 수 없다

IRAN　　**UAE**　　**HONG KONG**　　**PALESTINE**

알자누브　　알투마마

에주케이션 시티　　자심 빈하마드

C조는 '2강-2약' 혹은 '1강-1중-2약'으로 요약할 수 있다. 어쨌든 이란과 아랍에미리트가 조 1위를 놓고 경쟁한다. 두 팀은 2022 카타르 월드컵 최종 예선 A조에 속해 자웅을 겨뤘다. 결과는 이란이 홈&어웨이 2경기 모두 1-0으로 승리했다. 두 팀이 2024년 1월 14일 아시안컵 조별리그 1차전에 맞붙는다면 약 2년여 만에 재회하는 셈이다. 이란은 아시안컵 통산 랭킹 1위에 빛나는 전통 축구 강국이다(대한민국은 2위). 그런데 카타르 월드컵 때는 첫 경기에서 잉글랜드에 2-6으로 대패한 뒤 웨일스를 1-0으로 꺾었으나, 미국에 0-1로 지면서 조별리그에서 탈락했다. 케이로스 감독이 떠나고, 이란 출신 갈레노에이 감독이 부임하면서 전열을 재정비했다. 아즈문, 타레미 등 아시아 정상급 공격진을 내세워 이번 대회 우승을 노린다. 아랍에미리트는 조 추첨 당시 2포트 국가 중 이라크와 함께 가장 강한 팀으로 꼽혔다. 대한민국을 카타르 월드컵 16강으로 이끌었던 파울루 벤투 감독을 영입해 눈길을 끈다. 이 팀의 핵은 브라질 출신 귀화 선수인 FW 카이우 카네두, MF 파비우 리마 등이다. 팔레스타인은 튀니지 출신 감독 마크람 다부브의 지도력을 바탕으로 아시안컵 3차 예선 3전 전승, 지난 3월 바레인 평가전 2-1 승리 등 상승세를 탔다. 주포 오데이 다바의 득점에 기대를 건다. 홍콩은 이번 대회 최약체 중 1팀으로 조별리그 통과도 쉽지 않아 보인다.

*AC 전통은 역대 아시안컵 통산 성적을 상대 평가로 기준 삼아 점수를 매김

TEAM SCOUTING REPORT

항목 만점	공격력 20점	수비력 20점	선수층 20점	감독 20점	조추첨 10점	AC 전통 10점	TOTAL 100점	랭킹 32개국
이란	18점	17점	18점	15점	9점	10점	87점	3위
UAE	15점	16점	16점	15점	8점	8점	78점	8위
홍콩	11점	12점	12점	14점	6점	5점	60점	23위
팔레스타인	14점	14점	14점	14점	7점	5점	68점	15위

SCHEDULE OF GROUP STAGE

날짜	현지시간	한국시간	도시	경기장	대진
1월 14일(일)	17:30	23:30	도하	알투마마	아랍에미레이트 v 홍콩
1월 14일(일)	20:30	(월)02:30	알와크라	알자누브	이란 v 팔레스타인
1월 18일(목)	20:30	(금)02:30	알와크라	알자누브	팔레스타인 v 아랍에미레이트
1월 19일(금)	20:30	(토)02:30	알라이얀	칼리파 인터내셔널	홍콩 v 이란
1월 23일(화)	18:00	(수)00:00	알라이얀	에주케이션 시티	이란 v 아랍에미레이트
1월 23일(화)	18:00	(수)00:00	알라이얀	자심빈하마드	홍콩 v 팔레스타인

*승-무-패

국가별 통산 맞대결

C조	이란	UAE	홍콩	팔레스타인
이란		12-3-1	6-0-0	4-2-0
UAE	1-3-12		2-1-0	1-1-0
홍콩	0-0-6	0-1-2		0-1-1
팔레스타인	0-2-4	0-1-1	1-1-0	

IRAN

이란

AFC ASIAN CUP HISTORY

대한민국, 일본과 함께 아시아축구 '빅3' 중 1팀이다. 아시안컵 통산 41승 19무 8패, 승점 142점으로 역대 1위에 올라 있다. 이란은 1956~1964년까지 불참했으나 1968년 첫 출전 하자마자 정상에 올랐고, 이후 1972, 1976년까지 3회 연속 우승했다. 그뿐만 아니라 3위 5회, 4위 1회, 5위 4회, 6위 1회 등 출전한 모든 대회에서 8강 이상의 성적을 냈다. 그야말로 '꾸준함의 대명사'다. 1976년 이후 우승 트로피를 들어 올리지 못했다. 47년 만에 정상 탈환을 노리고 있다.

TEAM ANALYSIS IN 2023

세르다르 아즈문, 메흐디 타레미, 알리레자 자한바흐시, 에산 하지사피, 마지드 호세이니. 현재 이란은 2022 카타르 월드컵 출전 멤버들이 주축을 이루고 있다. 신임 갈레노레이 감독은 전임자 케이로스가 만들어놓은 틀을 흔들지 않았다. 그는 지난 3월 러시아와 1대1 무승부, 케냐에 2대1 승리를 거두며 본인의 선택이 옳았음을 입증했다. 현재 이란의 선수 구성은 아시아 정상권이다. 단지 2022년 이란 시위로 인해 정치적인 상황이 좋지 않아 출전부터 걱정해야 할 상황이다.

MANAGER : Amir Ghalenoei

아미르 갈레노레이. 1963년 11월 21일 이란 테헤란 출생. 현역 시절 중앙 미드필더로 활약하며 이란 국가대표로 20회의 A매치에 출전했다. 은퇴 후 케샤바르즈, 바르그 테헤란, 에스테글랄, 세파한, 트락토르, 골고하르 등에서 선수들을 지도했다. 2007년 아시안컵 때 이란 대표팀을 맡아 당시 8강에서 대한민국에 승부차기에서 지며 계약 연장이 안 됐다. 카타르 월드컵 직후 전임 케이로스 감독이 물러나자 2023년 3월, 이란 대표팀 감독으로 복귀했다. 2007년 이후 16년 만이다.

COUNTRY INFORMATION

Islamic Republic of Iran
국가 : 이란 이슬람 공화국 국가
수도 : 테헤란 / 공용어 : 페르시아어
정부 형태 : 이슬람 공화국
면적 : 164만 8198㎢(세계 18위)
시간대 : UTC(세계 표준시)보다 3시간 30분 빠름
인구 : 8917만명(세계 17위)
종교 : 시아파 이슬람교(94%), 수니파 이슬람교(4%)
명목 GDP : 5812억 달러
1인당 GDP : 2만 261달러
1인당 PPP : 1만 8663달러
인간개발지수 : HDI에서 발표하지 않음
주요 산업 : 석유, 석유화학, 가스, 비료, 가성소다, 섬유, 건설 자재, 설탕, 식물성 오일, 철 및 비철 금속 제조, 군수
재래식 군사력 : 세계 17위(2023년 GFP 발표)

축구협회 창립 : 1920년 / FIFA 가입 : 1948년 / AFC 가입 : 1958년 / CAFA 가입 : 2015년

국제 대회
우승 - 준우승

3 - 0	4 - 2	1 - 0
AFC ASIAN CUP	ASIAN GAME FOOTBALL	*CAFA NATIONS CUP
0 - 0	4 - 1	1 - 2
AFC U-23 ASIAN CUP	AFC U-20 ASIAN CUP	AFC U-17 ASIAN CUP

*중앙아시아 지역대회. 2023년 6월 첫 대회 열림

STAR PLAYERS

FW Mehdi Taremi(메흐디 타레미)

손흥민과 함께 아시아 톱클래스 스트라이커로 꼽힌다. 2019-20시즌 포르투갈 리그 득점왕에 올랐고, 아시아 선수로는 최초로 월드컵 본선에서 멀티골을 터뜨린 공격수로 기록되었다(카타르 월드컵 잉글랜드전). 문전에서 발리킥, 시서스킥, 터닝 슈팅 등 고난도 기술을 선보인다. 또한 딥-라잉 포워드로 상대 수비를 끌어내고, 섬세한 포스트 피딩을 이용해 동료들의 득점을 돕는다.

MF Saeid Ezatolahi(사에드 에자톨라히)

수비형 미드필더. 카타르 월드컵 조별리그 3경기에 모두 출전했고, 지난 3월 열린 러시아와 평가전 때도 선발로 나섰다. 2012년 말라반에서 데뷔했고, 아틀레티코 마드리드, 로스토프, 안지, 레딩, 오이펜 등 유럽 여러 리그에서 경험을 쌓았다. 에자톨라히는 강력한 수비로 포백을 보호한다. 공격 때는 날카로운 장단 패스로 물꼬를 튼다. 로빙 롱볼, 깔아차기 롱볼 모두 정확하다.

DF Hossein Kanaani(호세인 카나니)

카타르 월드컵 때 벤치를 지켰으나 갈레노에이 감독 취임 후 다시 중용됐다. 3월 24일 러시아전, 29일 케냐전에 연속 선발 센터백으로 출전했다. 이란 U-17, U-20, U-23 등 연령별 대표를 모두 지낸 '축구 엘리트'이고, 2015년부터 이란 A대표로 활약해 왔다. 카나니는 '그라운드의 파괴자'로 불릴 정도로 전투적인 수비를 펼친다. 반면, 빌드업 때는 섬세한 패스로 기회를 만든다.

AFC ASIAN CUP RECORD

연도	팀수	순위	경기	승	무	패	득	실	승점	승점 그래프
1956	4	—	기권						—	
1960	4	—	예선 탈락						—	
1964	4	—	기권						—	
1968	5	우승	4	4	0	0	11	2	12점	★
1972	6	우승	5	5	0	0	12	4	15점	★
1976	6	우승	4	4	0	0	13	0	12점	★
1980	10	3위	6	3	2	1	10	3	11점	
1984	10	4위	6	3	1	2	8	3	10점	
1988	10	3위	6	2	2	2	8	4	8점	
1992	8	5위	3	1	1	1	2	1	4점	
1996	12	3위	6	3	2	1	14	6	11점	
2000	12	5위	4	2	1	1	7	3	7점	
2004	16	3위	6	4	0	2	14	8	12점	
2007	16	5위	4	2	2	0	6	3	8점	
2011	16	5위	4	2	1	1	6	2	9점	
2015	16	6위	5	3	1	1	8	5	10점	
2019	24	3위	6	4	1	1	12	4	13점	
통산		1위	68	41	19	8	131	48	142점	골득실차 +83 / 승률 74% / 평균 승점 2.09점 / 승점률 70%

*승률(%)=(승리+무승부×0.5)÷경기수×100 / 평균 승점=승점÷경기수 / 승점률(%)=(승점÷(경기수×3)×100

FIFA RANKING LAST 12MONTHS	2022	JUL	AUG	SEP	OCT	NOV	DEC	2023	JAN	FEB	MAR	APR	MAY	JUN
		23	22	22	20	20	24		24	24	24	24	24	24

TEAM POTENTIAL

88점-3위

공격력 18점	수비력 17점	선수층 18점
20점 만점	20점 만점	20점 만점
감독 15점	조추첨 10점	아시안컵 전통 10점
20점 만점	10점 만점	10점 만점

*평점은 참가 24개국 간 상대평가이다.

STYLE OF PLAY

공격	다이렉트 플레이, 위력적인 카운터 어택 풀백과 2선 공격수 간 콤비네이션 및 스위치 타깃맨에게 바로 이어지는 롱볼 플레이
수비	리트릿 위주. 하프코트 프레싱. 콤팩트 블록 선수들 경기 템포 조절 능함. 신체 조건 우수 공격→수비 트랜지션 비교적 잘 이뤄짐

FORMATION

4-3-3

CF
S.아즈문
M.타레미 / K.안사리파드

LW
M.타레미
V.아미리

RW
A.자한바흐시
A.골리자데

MF
E.하지샤피
O.누라프칸

MF
S.고도스
V.아미리 / M.사들라크

CM
S.에자톨라히
R.체시미

LB
M.모함마디
사락리

CB
M.호세이니
S.할릴자데

CB
H.카나니
M.푸랄리간지

RB
S.모하라미
R.레자이안

GK
A.베이란반드
H.호세이니 / A.아베드자데

PROBABLE SQUAD LIST

포지션	선수	생년월일	A출전	A득점
GK	Alireza Beiranvand	1992.09.21	57	0
	Hossein Hosseini	1992.06.30	9	0
	Payam Niazmand	1995.04.06	4	0
	Hossein Pour Hamidi	1998.03.26	1	0
DF	Ehsan Hajsafi	1990.02.25	129	7
	Vahid Amiri	1988.04.02	71	2
	Ramin Rezaeian	1990.03.21	53	4
	Morteza Pouraliganji	1992.04.19	51	3
	Milad Mohammadi	1993.09.29	48	1
	Hossein Kanaanizadegan	1994.03.23	40	2
	Shojae Khalilzadeh INJ	1989.05.14	26	1
	Sadegh Moharrami	1996.03.01	25	0
	Majid Hosseini	1996.06.20	24	0
MF	Alireza Jahanbakhsh	1993.08.11	69	14
	Saeid Ezatolahi	1996.10.01	53	1
	Mehdi Torabi	1994.09.10	42	7
	Saman Ghoddos WD	1993.09.06	34	2
	Rouzbeh Cheshmi	1993.07.24	25	2
	Omid Noorafkan	1997.04.09	18	0
	Mehdi Ghayedi	1998.12.05	10	2
	Mohammad Mohebi	1998.12.20	8	3
	Mohammad Karimi	1996.06.20	3	0
	Amirhossein Hosseinzadeh	2000.10.30	3	0
	Saeid Mehri	1995.09.16	1	0
	Alireza Alizadeh	1993.02.11	1	0
FW	Karim Ansarifard	1990.04.03	96	29
	Sardar Azmoun	1995.01.01	71	45
	Mehdi Taremi	1992.07.18	68	36
	Reza Asadi	1996.01.17	4	1
	Shahab Zahedi	1995.08.18	1	0

*나이, A매치 출전-득점 기록은 2023년 6월 30일 기준

ROAD TO QATAR 2023

아시안컵 2차 예선 C조 1위 6승 2패

날짜	장소	상대국	결과
2019.09.10	원정	홍콩	2-0 승
2019.10.10	홈	캄보디아	14-0 승
2019.10.15	원정	바레인	0-1 패
2019.11.14	원정	이라크	1-2 패
2021.06.03	홈	홍콩	3-1 승
2021.06.07	홈	바레인	3-0 승
2021.06.11	원정	캄보디아	10-0 승
2021.06.15	홈	이라크	1-0 승

2023년 CAFA 네이션스컵

날짜	장소	상대국	결과
2023.06.13	홈	아프가니스탄	6-1 승
2023.06.16	원정	키르기스스탄	5-1 승
2023.06.20	원정	우즈베키스탄	1-0 승

아랍에미레이트

AFC ASIAN CUP HISTORY

영국령이던 1956~1972년에는 아시안컵 출전이 불가능했다. 독립 후인 1976년에 처음 참가했으나 예선에서 탈락했다. 이후 1980년~2019년까지 총 10회 출전했고, 준우승 1회(1996년), 4강 3회, 8강 2회 등 꾸준히 일정 수준 이상의 성적을 내왔다. 대회 통산 15승 11무 18패, 승점 56점으로 역대 랭킹 6위에 올라 있다. UAE의 1차 목표는 준결승 진출이다. 물론, 4강에 간다면 그 이후는 무슨 일이 일어날지 모른다. 내친김에 우승까지도 노리겠다는 게 UAE의 야심 찬 목표다.

TEAM ANALYSIS IN 2023

2022 월드컵 예선 탈락 후 지난해 5차례 평가전을 치러 2승 3패를 기록했다. 당시 3패는 파라과이, 베네수엘라, 아르헨티나 등 남미 팀들을 상대한 결과였다. 그리고 올해 초 걸프컵에 출전해 1승 2패로 탈락했다. UAE 국내에서 아루아바레나 감독에 대해 비판이 나오기 시작했다. 하지만, 그는 본인의 플랜을 계속 진행했다. 일부 포지션에 새 얼굴을 기용했고, 포메이션 변화도 시도해봤다. 그리고 지난 3월 타지키스탄전(0-0 무), 태국전(2-0 승)을 거치며 정상 궤도에 올랐다.

MANAGER : Paulo Bento

파울루 벤투. 1969년 6월 20일 포르투갈 리스본 출생. 1988년 푸치볼 벤피카에서 데뷔한 후 비토리아, 벤피카, 오비에두, 스포르팅에서 뛰었다. 포르투갈 대표로 35회의 A매치에 출전했고, 2002 한일월드컵에도 참가했다. 은퇴 후 스포르팅, 포르투갈 대표팀, 크루제이루, 올림피아코스, 충칭 리판에서 선수들을 지도했고, 2018년 대한민국 대표팀 감독으로 부임해 2022월드컵 16강을 견인했다. 후방에서부터 정확한 패스로 빌드-업하고, 경기 주도권을 틀어쥐는 스타일을 고수한다.

AFC ASIAN CUP RECORD

연도	팀수	순위	경기	승	무	패	득	실	승점	승점 그래프
1956	4	—	영국령						—	
1960	4	—	영국령						—	
1964	4	—	영국령						—	
1968	5	—	영국령						—	
1972	6	—	영국령						—	
1976	6	—	예선 탈락						—	
1980	10	9위	4	0	1	3	3	9	1점	
1984	10	6위	4	2	0	2	3	3	6점	
1988	10	8위	4	1	0	3	2	4	3점	
1992	8	4위	4	2	0	2	3	3	6점	
1996	12	준우승	6	4	2	0	8	3	14점	
2000	12	—	예선 탈락						—	
2004	16	15위	3	0	1	2	1	5	1점	
2007	16	12위	3	1	0	2	3	5	3점	
2011	16	13위	3	0	1	2	0	4	1점	
2015	16	3위	6	3	1	2	10	8	10점	
2019	24	4위	6	3	2	1	8	6	11점	
통산	6위		44	15	11	18	41	59	56점	골득실차 -18 / 승률 47% / 평균 승점 1.27점 / 승점률 42%

*승률(%)=((승리+무승부×0.5)÷경기수)×100 / 평균 승점=승점÷경기수 / 승점률(%)=(승점÷(경기수×3))×100

STAR PLAYERS

FW Caio Canedo(카이우 카네두)

브라질 출신 귀화 선수. 볼타 헤돈다, 보타포구, 피게이렌제, 인테르나시오날, 비토리아, 알와슬을 거쳐 2019년 알아인으로 이적했다. 주 위치는 CF지만 윙어로 뛸 수도 있다. 박스 안에서의 결정력은 중동 지역에서 최상급으로 꼽힌다. 1990년생이라 이번 대회가 본인의 마지막 아시안컵 출전이 될 것이다. 주전 CF를 놓고 '살아 있는 전설' 알리 마브쿠트와 치열하게 경쟁할 것이다.

MF Fábio Lima(파비우 리마)

공격형 미드필더 겸 윙어. 브라질 출신답게 최고의 테크니션으로 꼽힌다. 풀 스피드 드리블을 하면서 체인지 템포, 체인지 디렉션을 자유롭게 가미한다. '일발필살'의 결정력으로 골을 터뜨리며, 박스 외곽에서 강렬한 중거리 슈팅을 날린다. 2014년 알와슬에 입단한 이후 경기 평균 0.76골의 놀라운 득점 레이스를 펼친다. UAE 대표팀에서도 2경기당 1골의 페이스를 유지하고 있다.

DF Khalifa Al Hammadi(칼리파 알하마디)

젊은 센터백. 178cm의 평범한 체격이지만 시야가 넓고, 축구 IQ가 우수하며 전투적인 수비를 펼친다. 태클, 마킹, 커버 플레이 등 수비의 기본에 충실하며 가끔 공격에 가담해 골도 터뜨린다. UAE U-23 대표 출신이고, 2019년부터 국가대표로 활약해 왔다. 오랜 기간 대표팀 수비의 핵심이었던 왈리드 아바스가 올해 38세 노장이기에 알하마디의 성장이 무척 중요하다.

FIFA RANKING LAST 12MONTHS	2022	JUL	AUG	SEP	OCT	NOV	DEC	2023	JAN	FEB	MAR	APR	MAY	JUN
		69	69	69	70	70	70		70	70	70	72	72	72

TEAM POTENTIAL

78점-8위

공격력 15점 20점 만점	수비력 16점 20점 만점	선수층 16점 20점 만점
감독 15점 20점 만점	조추첨 8점 10점 만점	아시안컵 전통 8점 10점 만점

*평점은 참가 24개국 간 상대평가이다.

STYLE OF PLAY

공격	후방 빌드업을 기본으로 한 점유율 축구 위주 상황에 따라 GK, CB가 CF에게 롱볼 직접 공급 풀백 고속 오버래핑, 중앙 MF의 볼 배급 좋음
수비	수비의 기본은 리트릿, 상황에 따라 전방 압박 볼 빼앗기면 상대 압박, 후퇴 후 즉시 블록 완성 유연한 수비 전술 변화, 공격→수비 전환 잘 됨

FORMATION

4-1-4-1

CF
C.카네두
Y.알가사니 / A.마부쿠트 / A.아메르

LM
S.탈리아부에
A.살멘 / A.압달라

AM
F.리마
M.라시드 / 알메르지

AM
A.라마단
M.하산 / Ab.살민

RM
H.수하일
H.압둘라 / F.리마

CM
M.압둘바시트
M.라산 / A.살민

LB
B.아브엘라지즈
W.아바스 / A.이드리스

CB
W.아바스
A.S.모하메드

CB
K.알하마디
K.무바라크

RB
K.알드하나니
A 알카르비

GK
K.에이사
M.알샴시 / K.알세나니

PROBABLE SQUAD LIST

포지션	선수	생년월일	A출전	A득점
GK	Ali Khasif	1987.06.11	70	0
	Khalid Eisa	1989.09.15	66	0
	Mohamed Al-Shamsi	1997.01.04	7	0
	Khaled Al-Senani	1989.10.04	1	0
DF	Walid Abbas	1985.06.11	112	6
	Abdulaziz Haikal	1990.09.10	47	1
	Bandar Al-Ahbabi	1990.07.09	45	2
	Khalifa Al Hammadi	1998.11.07	32	0
	Shahin Abdulrahman	1992.11.16	15	0
	Abdusalam Mohammed	1992.06.19	4	1
	Khalid Al-Hashemi	1997.03.18	4	0
	Bader Nasser	2001.09.16	4	0
	Abdulla Idrees	1999.08.16	2	0
	Abdullah Al Karbi	1998.08.26	2	0
MF	Majed Hassan	1992.08.01	68	1
	Ali Salmeen	1995.04.02	52	2
	Abullah Ramadan	1998.03.07	37	0
	Fábio Lima	1993.06.30	20	9
	Tahnoon Al-Zaabi	1999.04.10	19	0
	Majid Rashid	2000.05.16	9	0
	Abdulla Hamad	2001.09.18	8	0
	Mohammed Abdulbasit	1995.10.19	5	0
	Khalid Al-Balochi	1999.03.22	2	0
	Bilal Yousif	1995.05.25	2	0
FW	Ali Mabkhout	1990.10.05	109	80
	Caio Canedo	1990.08.09	31	7
	Harib Abdalla	2002.11.26	19	2
	Sultan Adil	2004.05.04	2	0
	Ahmed Amer	2001.07.09	1	0
	Abdulla Anwar	1999.06.02	0	0

*나이, A매치 출전-득점 기록은 2023년 6월 30일 기준

ROAD TO QATAR 2023

아시안컵 2차 예선 G조 1위 6승 2패

날짜	장소	상대국	결과
2019.09.10	원정	말레이시아	2-1 승
2019.10.10	홈	인도네시아	5-0 승
2019.10.15	원정	태국	1-2 패
2019.11.14	원정	베트남	0-1 패
2021.06.03	홈	말레이시아	4-0 승
2021.06.07	홈	태국	3-1 승
2021.06.11	원정	인도네시아	5-0 승
2021.06.15	홈	베트남	3-2 승

2023년 평가전 결과

날짜	장소	상대국	결과
2023.03.25	홈	타지키스탄	0-0 무
2023.03.28	홈	태국	2-0 승

홍콩

AFC ASIAN CUP HISTORY

아시안컵이 4개국, 5개국 본선 체제이던 시절 단골 출전국이었다. 그러나 본선 참가국이 늘어나기 시작한 1972년 아시안컵 이후 13회 연속 예선에서 탈락했다. 2023년 카타르 아시안컵으로 복귀하기까지 무려 55년이 걸린 셈이다. 동아시아에서는 대한민국, 일본, 중국 등과 비교해 전력 차이가 심하게 나는 편이다. 객관적인 전력상 이 지역에서 북한과 함께 최하위권이다. 아시안컵 통산 전적은 10전 3무 7패 9득점 23실점으로 29위. 이번 대회에서 아시안컵 사상 첫승을 노린다.

TEAM ANALYSIS IN 2023

2023년 6월 말 현재 FIFA 랭킹 147위. 이는 2023 AFC 아시안컵 출전 24개국 중 인도네시아(149위)에 이어 두 번째로 낮은 수치다. 이 랭킹은 현재 홍콩의 전력을 그대로 보여주고 있다. 팀의 기본 골격은 2022 동아시안컵에 출전했던 선수들을 주축으로 지난 3월 말레이시아와 평가전에 합류한 선수들이 조화를 이루고 있다. 평균 연령 27.7세, 평균 시장가치(예상 이적료)는 18만 유로 수준이다. 객관적인 전력에서 열세이기에 먼저 수비를 탄탄히 한 후 역습에 임할 것이다.

MANAGER : Jørn Andersen

욘 안데르센. 1963년 2월 3일 노르웨이 프레드릭스타트 출생. 1982년부터 19년간 노르웨이, 독일, 스위스를 넘나들며 리그 454경기에 출전해 119골을 터뜨린 공격수 출신이다. 1985년 볼라렌가 소속으로 노르웨이 리그 득점왕(23골), 1990년 프랑크푸르트 소속으로 분데스리가 득점왕(20골)에 각각 오른 경력이 있다. 2001년부터 지도자로 나서 2019년까지 11팀을 지도했다. 이중 북한 대표팀(2016~18년), 인천 유나이티드(2018~19년)를 맡아 한국 축구 팬에게 익숙하다.

COUNTRY INFORMATION

Hong Kong
- **국가** : 의용군 행진곡
- **최대 행정구역** : 샤틴
- **공용어** : 중국어, 영어
- **면적** : 1108㎢(세계 182위)
- **시간대** : UTC(세계 표준시)보다 8시간 빠름
- **인구** : 729만명(세계 105위)
- **종교** : 불교(28%), 기독교(12%), 이슬람교(4%), 무신론(54%)
- **명목 GDP** : 4446억 달러(세계 46위)
- **1인당 GDP** : 6만 달러(세계 18위)
- **1인당 PPP** : 6만 9987달러(세계 11위)
- **인간개발지수** : 0.952(세계 4위)
- **주요 산업** : 무역, 물류, 금융, 전문 서비스, 관광, 문화 의류 및 섬유, 운송, 전자 제품, 장난감, 시계

축구협회 창립 : 1914년 / FIFA 가입 : 1954년 / AFC 가입 : 1954년 / EAFF 가입 : 2002년

국제 대회
우승 - 준우승

0-0	0-0	0-0
AFC ASIAN CUP	ASIAN GAME FOOTBALL	*EAFF E-1 CHAMPIONSHIP
0-0	0-0	0-0
AFC U-23 ASIAN CUP	AFC U-20 ASIAN CUP	AFC U-17 ASIAN CUP

*동아시아 지역 대회

AFC ASIAN CUP RECORD

연도	팀수	순위	경기	승	무	패	득	실	승점	승점 그래프
1956	4	3위	3	0	2	1	6	7	2점	
1960	4	—	예선 탈락						—	
1964	4	4위	3	0	0	3	1	5	0점	
1968	5	5위	4	0	1	3	2	11	1점	
1972	6	—	예선 탈락						—	
1976	6	—	예선 탈락						—	
1980	10	—	예선 탈락						—	
1984	10	—	예선 탈락						—	
1988	10	—	예선 탈락						—	
1992	8	—	예선 탈락						—	
1996	12	—	예선 탈락						—	
2000	12	—	예선 탈락						—	
2004	16	—	예선 탈락						—	
2007	16	—	예선 탈락						—	
2011	16	—	예선 탈락						—	
2015	16	—	예선 탈락						—	
2019	24	—	예선 탈락						—	
통산	29위	10	0	3	7	9	23	3점		

골 득실차 -14 / 승률 15% / 평균 승점 0.3점 / 승점률 10%

*승률(%)=(승리+무승부×0.5)÷경기수×100 / 평균 승점=승점÷경기수 / 승점률(%)=승점÷(경기수×3)×100

STAR PLAYERS

FW Sun Ming Him(쑨밍힘)

윙어와 센터포워드를 넘나드는 최고의 스타. 왼발을 잘 써 '홍콩의 메시'로 불린다. 2선에서 기습적으로 침투한 뒤 다양한 패턴으로 골을 터뜨린다. 또한, 박스 외곽에서 날리는 왼발 중거리 슈팅 및 직접 프리킥은 강력한 무기다. 홍콩 U-14, U-16, U-18, U-20, U-23 등 연령별 대표를 차례로 거친 전형적인 '축구 엘리트'다. 18살 때인 2019년 5월, 대만전 때 홍콩 A대표로 데뷔했다.

MF Tan Chun Lok(탄춘록)

중원 사령관. 탄탄한 수비와 정확한 장단 패스를 구사한다. 순수 홍콩 출생 선수 중 거의 몇 안 되는 해외파다. 물론 해외파라고 해도 중국 슈퍼 리그에서 뛴 정도지만, 코로나 경제 위기 전까지 중국 리그는 나름 수준이 높았다는 걸 감안하면 무시할 수 없는 경력이다. 2021년부터 2022년 중순까지 소속팀의 차출 거부로 대표팀에 합류하지 못했지만, 지난해 동아시안컵 때 복귀했다.

DF Vas Nuñez(바스 누녜스)

영국 아버지와 멕시코 어머니 사이에 홍콩에서 태어난 '3중 국적자'로서 홍콩 축구 대표팀을 선택했다. 192cm의 큰 체격을 지닌 센터백이다. 현재 중국의 다롄 프로에서 활약 중이다. 2021년 중국리그 최고의 센터백으로 뽑혔다. 과감하게 도전하면서 수비하고, 정확한 태클, 위력적인 공중전, 정확한 커버플레이를 선보인다. 2022년 7월 24일 대한민국과의 동아시안컵에서 선발 출전했다.

FIFA RANKING LAST 12MONTHS	2022	JUL	AUG	SEP	OCT	NOV	DEC	2023	JAN	FEB	MAR	APR	MAY	JUN
		145	147	147	145	145	146		146	146	147	147	147	147

TEAM POTENTIAL

60점-23위

⚔️ 공격력 **11점** 20점 만점	🛡️ 수비력 **12점** 20점 만점	👥 선수층 **12점** 20점 만점
감독 **14점** 20점 만점	조추첨 **6점** 10점 만점	🏆 아시안컵 전통 **5점** 10점 만점

*평점은 참가 24개국 간 상대평가이다.

STYLE OF PLAY

공격	다이렉트 플레이에 기반한 카운터 어택 대각선 오픈 패스 콤비네이션 플레이 풀백이 지원하는 측면 공격. 얼리 크로스
수비	백라인 4~5명으로 딥 디펜스에 중점 리트릿 위주. 터치라인으로 몰면서 압박 공격→수비 트랜지션 시 빠르게 블록 형성

FORMATION

BASIC

4-3-3

- CF M.오어 — A.마하마 / A.아칸데 / 푼푸이힌
- LW 순밍힘 — 페르난두
- RW T.로 — 푼푸이힌 / 옹와이
- MF 옹와이 — 맘추밍
- MF 주잉지 — 탄춘록
- CM 우춘밍 — 탄춘록 / 렁퀀청
- LB 광충룽 — 웡초호
- CB V.누녜스 — 로쯔춘 / 렁퀀청
- CB 션체 — 휄리오
- RB 위체남 — 손체키킹
- GK 찬카호 — 홍파이 / P.세자르

PROBABLE SQUAD LIST

포지션	선수	생년월일	A출전	A득점
GK	Yapp Hung Fai	1990.03.21	85	0
	Paulo César	1986.03.27	4	0
	Tse Ka Wing	1999.09.04	1	0
	Leung Hing Kit	1989.10.22	1	0
DF	Hélio	1986.01.31	29	0
	Tsui Wang Kit	1997.01.05	20	0
	Wong Tsz Ho	1994.03.07	12	0
	Leung Kwun Chung	1992.04.01	11	0
	Yue Tze Nam	1998.05.12	11	0
	Leung Nok Hang	1994.11.14	9	0
	Yu Wai Lim	1998.09.20	7	0
	Li Ngai Hoi	1994.10.15	6	0
	Vas Nuñez	1995.11.22	5	0
	Shinichi Chan	2002.09.05	4	0
MF	Huang Yang	1983.10.19	70	1
	Ju Yingzhi	1987.07.24	43	4
	Wong Wai	1992.09.17	38	2
	Tan Chun Lok	1996.01.15	35	2
	Wu Chun Ming	1997.11.21	11	0
	Chan Siu Kwan	1992.08.01	11	1
	Ngan Cheuk Pan	1998.01.22	2	0
	Yu Joy Yin	2001.10.08	2	0
	Sohgo Ichikawa	2004.07.30	1	0
FW	Alex Akande	1989.02.09	29	10
	Law Tsz Chun	1997.03.07	21	1
	Sun Ming Him	2000.06.19	19	2
	Matt Orr	1997.01.01	13	3
	Mahama Awal	1991.06.10	4	0
	Poon Pui Hin	2000.10.03	3	0
	Chang Hei Yin	2000.04.06	1	0

*나이, A매치 출전-득점 기록은 2023년 6월 30일 기준

ROAD TO QATAR 2023

아시안컵 2차 예선 C조 4위 1승 2무 5패

날짜	장소	상대국	결과
2019.09.05	원정	캄보디아	1-1 무
2019.09.10	홈	이란	0-2 패
2019.10.10	원정	이라크	0-2 패
2019.11.14	홈	바레인	0-0 무
2019.11.19	홈	캄보디아	2-2 승
2021.06.03	원정	이란	1-3 패
2021.06.11	홈	이라크	0-1 패
2021.06.15	원정	바레인	0-4 패

아시안컵 3차 예선 D조 2위 2승 1패

날짜	장소	상대국	결과
2022.06.08	중립	아프가니스탄	2-1 승
2022.06.11	중립	캄보디아	3-0 승
2022.06.14	중립	인도	0-4 패

2023년 평가전 결과

날짜	장소	상대국	결과
2023.03.23	홈	싱가포르	1-1 무
2023.03.28	원정	말레이시아	0-2 패
2023.06.15	원정	베트남	0-1 패
2023.06.19	홈	태국	0-1 패

PALESTINE

팔레스타인

AFC ASIAN CUP HISTORY

1956~1996년의 40년간 AFC에 미가입했기에 출전 자격이 없었다. 1998년 AFC에 가입한 이후 2000년 아시안컵 예선에 처음 출전했으나 예선에서 탈락했다. 이후 2004, 2007, 2011년 4회 연속 본선에 오르지 못했다. 첫 출전 한 2015년에는 조별리그 3전 전패로 16개국 중 최하위에 머물렀고, 2019년에는 2무 1패를 기록하며 24개국 중 17위에 올랐다. 아시안컵 통산 2무 4패, 승점 2점으로 역대 30위다. 이번 아시안컵에서는 첫 승리와 함께 첫 16강 진출을 노린다.

TEAM ANALYSIS IN 2023

아시안컵 3차 예선에서 몽골(1-0 승), 예멘(5-0 승), 필리핀(4-0 승)을 상대로 3전 전승을 거둬 B조 1위로 본선 티켓을 따냈다. 또한, 올해 3월 바레인 원정을 가 평가전에서 2-1로 승리했다. 팔레스타인은 최근 팔레스타인계 외국 선수들을 수혈하며 중동 지역에서 무시할 수 없는 팀으로 거듭나고 있다. 라인을 올리고 압박 수비를 하며, 측면을 따라 빠르게 역습한 후 크로스를 올려 마무리하는 패턴을 즐긴다. 대회 다크호스로 꼽히며 일단 16강 진출을 목표로 하고 있다.

MANAGER : Makram Daboub

마크람 다부브. 1972년 12월 23일 튀니지의 튀니스 출생. 현역 시절 ES 튀니지(1989~1993년), ES 자르지스(1993~2008년)에서 골키퍼로 활약했다. 2021년부터 팔레스타인 대표팀 감독 대행을 맡았고, 2023년 아시안컵 본선 진출을 이끌었다. 그가 감독에 오를 때만 해도 반신반의하는 사람이 많았다. 심지어 "아시안컵 본선까지 지휘하기 어려울 것"이라고 말하는 전문가도 있었다. 하지만 지난 3월 바레인 평가전 때 팀을 지휘하며 승리를 이끌어 그대로 가게 될 것으로 보인다.

COUNTRY INFORMATION

State of Palestine
국가 : 인티파타의 노래
수도 : 라말라
공용어 : 아랍어, 영어
정부 형태 : 이원집정제 공화국
면적 : 6020㎢(세계 163위)
시간대 : UTC(세계 표준시)보다 2시간 빠름
인구 : 523만명(세계 120위)
종교 : 이슬람교(93%), 기독교(6%)
명목 GDP : 155억 달러(세계 121위)
1인당 GDP : 3239달러(세계 134위)
1인당 PPP : 6354달러(세계 145위)
인간개발지수 : HDI에서 발표하지 않음
주요 산업 : 관광, 석재, 청과류, 채소류
재래식 군사력 : 2023년 GFP 발표에서 145위 안에 들지 못함

축구협회 창립 : 1928년 / FIFA 가입 : 1998년 / AFC 가입 : 1998년 / WAFF 가입 : 2000년

국제 대회 우승 - 준우승			
	0 - 0 AFC ASIAN CUP	0 - 0 ASIAN GAME FOOTBALL	0 - 0 *WAFF CHAMPIONSHIP
	0 - 0 AFC U-23 ASIAN CUP	0 - 0 AFC U-20 ASIAN CUP	0 - 0 AFC U-17 ASIAN CUP

*서아시아 지역 대회.

AFC ASIAN CUP RECORD

연도	팀수	순위	경기	승	무	패	득	실	승점	승점 그래프
1956	4	—	AFC 미가입						—	
1960	4	—	AFC 미가입						—	
1964	4	—	AFC 미가입						—	
1968	5	—	AFC 미가입						—	
1972	6	—	AFC 미가입						—	
1976	6	—	AFC 미가입						—	
1980	10	—	AFC 미가입						—	
1984	10	—	AFC 미가입						—	
1988	10	—	AFC 미가입						—	
1992	8	—	AFC 미가입						—	
1996	12	—	AFC 미가입						—	
2000	12	—	예선 탈락						—	
2004	16	—	예선 탈락						—	
2007	16	—	예선 탈락						—	
2011	16	—	예선 탈락						—	
2015	16	16위	3	0	0	3	1	11	0점	
2019	24	17위	3	0	2	1	0	3	2점	
통산	30위		6	0	2	4	1	14	2점	골 득실차 -13 / 승률 17% / 평균 승점 0.33점 / 승점률 11%

*승률(%)=((승리+무승부×0.5)÷경기수)×100 / 평균 승점=승점÷경기수 / 승점률(%)=(승점÷(경기수×3))×100

STAR PLAYERS

FW Oday Dabbagh(오데이 다바)

팔레스타인 주포. 2015년 힐랄 알쿠드스에서 데뷔했고, 알살미야, 카드시아, 알아라비, 아로우카를 거쳐 2023년 1월 벨기에 샤를루아로 이적했다. 2018년부터 팔레스타인 국가대표로 활약하며 A매치에서 10골 이상을 넣었다. 탄탄한 체격에 몸동작이 민첩하고, 볼 키핑, 드리블, 패스, 마무리 등 공격수로서 장점이 많다. 역습에 최적화된 공격수이고, 세트플레이 헤더도 위력적이다.

MF Mohammed Rashid(모하메드 라시드)

중앙 미드필더로 소속팀에서는 공격에 종종 가담해 골을 터뜨린다. 그러나 대표팀에서는 좀 더 뒤쪽에 포진해 '딥-라잉 플레이메이커'를 담당한다. 문전에서 정확히 마무리한다. 박스 안으로 세밀한 침투 패스를 연결하며, 필드 후방에서 전방으로 40m 롱-볼을 이어준다. 간결하고 빠르게 드리블을 한다. 팔레스타인 U-23 대표를 거쳐 곧바로 국가대표로 발탁된 '축구 엘리트'다.

DF Yaser Hamed(야세르 하메드)

팔레스타인계 이민 2세로 스페인 레이오아에서 태어났다. 2중 국적이지만 팔레스타인 국가대표를 선택했다. 하메드는 188cm의 좋은 체격을 지닌 센터백이다. 큰 키에 높은 점프에서 나오는 공중전은 중동 최강급으로 꼽힌다. 박스 외곽에서 터뜨리는 중장거리 슈팅은 위력적이다. 태클, 마킹, 클리어링 등 수비수의 기본기가 잘 되어 있다. 후방에서 롱-볼 빌드-업으로 공격을 돕는다.

FIFA RANKING LAST 12MONTHS	2022	JUL	AUG	SEP	OCT	NOV	DEC	2023	JAN	FEB	MAR	APR	MAY	JUN
		94	94	94	94	94	93		93	93	93	93	93	93

TEAM POTENTIAL

68점-15위

공격력 **14점** 20점 만점	수비력 **14점** 20점 만점	선수층 **14점** 20점 만점
감독 **14점** 20점 만점	조추첨 **7점** 10점 만점	아시안컵 전통 **5점** 10점 만점

*평점은 참가 24개국 간 상대평가이다.

STYLE OF PLAY

공격	역습 위주의 경기 운영, 다이렉트 플레이 중시 세컨드볼 지원 위해 빠르게 전진하는 MF들 풀백들 오버래핑 후 CF에게 크로스 전달
수비	수비의 기본은 리트릿, 구간별 수비 블록 형성 필요한 경우 상대팀 FW들에게 전방 압박 시도 공격→수비 전환 시 많은 선수가 빠르게 후퇴

FORMATION

4-3-3

CF
O.다바
N.제단 / S.시하데

LW
M.와디
S.시하데

RW
T.세얌
B.무사

MF
M.야민
O.카루브

MF
M.아부와르다
J.칸틸라

CM
M.라시드
M.다르위시

LB
M.칼릴
S.준디

CB
M.살레
Y.이와이위

CB
Y.하메드
A.바다리

RB
M.알바타트
M.파라위

GK
R.하마데
T.알리 / N.아부아케르

PROBABLE SQUAD LIST

포지션	선수	생년월일	A출전	A득점
GK	Tawfiq Ali	1990.11.08	39	0
	Rami Hamadeh	1994.03.24	36	0
	Amr Kaddoura	1994.07.01	3	0
	Baraa Kharoub	1998.03.20	0	0
DF	Musab Al-Battat	1993.11.12	52	1
	Yaser Hamed	1997.12.09	22	5
	Mohammed Saleh	1993.07.18	22	0
	Mousa Farawi	1998.03.22	11	0
	Mohammed Khalil	1998.04.05	10	0
	Michel Termanini	1998.05.08	4	0
	Samer Jundi	1996.09.27	4	0
	Ameed Sawafta	2000.07.10	1	0
	Mahdi Issa	1998.11.03	0	0
	Bashar Shobaki	2000.04.16	0	0
	Mohammed Yousefin	1997.01.27	0	0
	Sajed Ghoul	1996.02.22	0	0
MF	Mohammed Yameen	1994.09.19	33	3
	Mohammed Rashid	1995.01.29	31	2
	Mohammed Rashid	1995.01.29	31	2
	Jonathan Cantillana	1992.05.26	23	10
	Oday Kharoub	1993.02.05	19	0
	Ataa Jaber	1994.10.03	0	0
FW	Tamer Seyam	1992.11.25	52	12
	Mahmoud Abu Warda	1995.05.31	24	2
	Islam Batran	1994.10.01	23	5
	Mahmoud Wadi	1994.12.19	17	0
	Saleh Chihadeh	1994.08.25	11	2
	Reebal Dahamshi	2002.06.08	6	0
	Samir Maarouf	2001.01.02	1	0
	Wajdi Nabhan	2001.07.27	0	0

*나이, A매치 출전-득점 기록은 2023년 6월 30일 기준

ROAD TO QATAR 2023

아시안컵 2차 예선 D조 3위 3승 1무 4패

날짜	장소	상대국	결과
2019.09.05	홈	우즈베키스탄	2-0 승
2019.09.10	원정	싱가포르	1-2 패
2019.10.15	홈	사우디아라비아	0-0 무
2019.11.14	원정	예멘	0-1 패
2019.11.19	원정	우즈베키스탄	0-2 패
2021.03.30	원정	사우디아라비아	0-5 패
2021.06.03	홈	싱가포르	4-0 승
2021.06.15	홈	예멘	3-0 승

아시안컵 3차 예선 B조 1위 3전 전승

날짜	장소	상대국	결과
2022.06.08	중립	몽골	1-0 승
2022.06.11	중립	예멘	5-0 승
2022.06.14	중립	필리핀	4-0 승

2023년 평가전 결과

날짜	장소	상대국	결과
2023.03.25	원정	바레인	2-1 승
2023.06.14	원정	인도네시아	0-0 무
2023.06.20	원정	중국	0-2 패

D조

青綠大戰

청록대전

'푸른 사무라이'와 '이슬람 녹색 전사'의 맞대결이 펼쳐진다
월드컵 16강 일본, 걸프컵 우승 이라크의 진검승부는 예측
박항서 전 감독의 베트남, 신태용 감독의 인니도 주목해보

JAPAN

INDONESIA

IRAQ

VIETNAM

알바이트 스타디움 · 칼리파 인터내셔널 · 에주케이션 시티 · 아마드 빈알리

'푸른색 사무라이' 일본과 '이슬람 녹색 전사' 이라크의 맞대결이다. 일본은 2022 카타르 월드컵 때 독일, 스페인 등 축구 강국을 연파하고, 조 1위로 16강에 진출했다. 아시아 팀 중 월드컵 조별리그 1위 통과는 일본이 유일했다. 당시 모리야스 하지메 감독을 비롯해 이토 준야, 미토마 가오루, 도안 리츠, 도미야스 다케히로, 다니엘 슈미트 등 주전 멤버들이 건재하다. 아시아 축구 전문가들은 이번 아시안컵에서 대한민국과 일본을 우승 후보 '빅2'로 꼽는 데 주저하지 않는다. 이라크는 아시안컵 조 추첨 당시 2포트 국가 중 최강으로 꼽혔다. 카타르 월드컵 최종 예선 탈락 후 스페인 출신 헤수스 카사스에 지휘봉을 맡겼고, 과감하게 신인들을 발탁하면서 팀을 재정비했다. 새로운 시스템의 이라크는 지난 1월 자국에서 열린 2023 걸프컵에서 사우디아라비아, 예멘, 카타르, 오만을 연파하고 우승컵을 들어올렸다. 당시 맹활약한 CF 아이멘 후세인, 공격형 MF 하산 사이드에 주목해야 한다. D조에서 또 하나 관심을 가질 사항은 바로 '대리 한일전'이다. 베트남에는 박항서 전 감독의 유산이 남아 있고, 인도네시아는 현재 신태용 감독이 지휘하고 있다. 이 두 동남아시아 국가는 예전에는 극동, 중동팀에 무조건 한 수 접고 들어갔으나, 이제는 당당히 맞대결을 펼칠 만큼 성장했다. 여전히 전력은 밀리지만 그 격차가 갈수록 좁아지고 있다. 모두 대한민국 전-현 지도자의 힘이다.

*AC 전통은 역대 아시안컵 통산 성적을 상대 평가로 기준 삼아 점수를 매김

TEAM SCOUTING REPORT								
항목 만점	공격력 20점	수비력 20점	선수층 20점	감독 20점	조추첨 10점	AC 전통 10점	TOTAL 100점	랭킹 32개국
일본	18점	19점	19점	16점	9점	10점	**91점**	1위
인도네시아	13점	11점	12점	15점	6점	5점	**62점**	20위
이라크	16점	17점	16점	15점	8점	8점	**80점**	7위
베트남	13점	14점	14점	15점	7점	5점	**68점**	15위

SCHEDULE OF GROUP STAGE				
날짜	현지시간	한국시간	도시	경기장	대진
1월 14일(일)	14:30	20:30	알라이얀	칼리파인터내셔널	일본 v 베트남
1월 15일(월)	17:30	23:30	알라이얀	에주케이션 시티	인도네시아 v 이라크
1월 19일(금)	14:30	20:30	알라이얀	에주케이션 시티	이라크 v 일본
1월 19일(금)	17:30	23:30	알라이얀	아마드 빈알리	베트남 v 인도네시아
1월 24일(수)	14:30	20:30	알라이얀	아마드 빈알리	일본 v 인도네시아
1월 24일(수)	14:30	20:30	알코르	알바이트	이라크 v 베트남

*승-무-패

국가별 통산 맞대결				
D조	일본	인도네시아	이라크	베트남
일본		4-1-1	7-2-1	4-1-0
인도네시아	1-1-4		0-1-4	6-8-5
이라크	1-2-7	4-1-0		3-1-0
베트남	0-1-4	5-8-6	0-1-3	

JAPAN

일본

AFC ASIAN CUP HISTORY

일본의 아시안컵 통산 성적은 이란(승점 142점), 대한민국(승점 124점)에 이어 3위(승점 102점)다. 그러나 우승 횟수만 따지면 일본이 4회로 최다. 21세기에 열린 6차례 아시안컵 중 일본이 딱 절반인 3회 정상에 올랐다. 일본이 금세기 아시아 축구 선두주자라는 평을 받는 이유다(물론, 한국 팬들은 그걸 인정하기 싫어하겠지만 말이다). 일본은 2019년 대회 때도 우승을 노렸지만, 카타르 돌풍에 휘말려 준우승에 그쳤다. 2011년 이후 12년 만에 아시안컵 트로피를 노린다.

TEAM ANALYSIS IN 2023

"AGAIN 2022." 일본은 카타르 월드컵 조별리그 E조에서 독일, 스페인을 연파하고 1위로 16강에 올랐다. 아시아 국가 중 조별리그 1위 통과는 일본이 유일하다. 비록 16강전에서 크로아티아에 승부차기로 밀려났지만, 일본의 선전은 충분히 박수를 받을만했다. 모리야스 하지메 감독은 당시 주축 멤버들을 이번 아시안컵에서도 거의 그대로 내세울 가능성이 크다. 여기에 지난 3월 우루과이, 콜롬비아 등 남미팀과의 평가전 때 기용했던 일부 신예들의 상승세도 눈여겨봐야 한다.

MANAGER : Moriyasu Hajime

모리야스 하지메. 1968년 8월 23일 일본 시즈오카현 가케가와 출생. 현역 시절 미드필더로 산프레체 히로시마, 교토 퍼플상가, 베갈타 센다이 등에서 활약했다. 일본 국가대표 선수로 '도하의 기적' 당시 멤버였다(일본 입장에선 '도하의 참사'). 2003년 현역에서 은퇴한 후 산프레체, 일본 U-20 대표팀, 일본 A대표팀 코치를 역임했고, 산프레체 감독으로 일했다. 2018년 7월, 일본 대표팀 지휘봉을 잡았고, 2019 아시안컵 준우승 및 2022 카타르 월드컵 16강을 견인했다.

AFC ASIAN CUP RECORD

연도	팀수	순위	경기	승	무	패	득	실	승점	승점 그래프
1956	4	—	기권						—	
1960	4	—	기권						—	
1964	4	—	기권						—	
1968	5	—	예선 탈락							
1972	6	—	기권						—	
1976	6	—	예선 탈락							
1980	10	—	기권						—	
1984	10	—	기권						—	
1988	10	10위	4	0	1	3	0	6	1점	
1992	8	우승	5	3	2	0	6	3	11점	★
1996	12	5위	4	3	0	1	7	3	9점	
2000	12	우승	6	5	1	0	21	6	16점	★
2004	16	우승	6	4	2	0	13	6	14점	★
2007	16	4위	6	3	1	1	7	7	9점	
2011	16	우승	6	4	2	0	14	6	14점	★
2015	16	5위	4	3	1	0	8	1	10점	
2019	24	준우승	7	6	0	1*	12	6	18점	
통산	3위		48	30	12	6	92	44	102점	골 득실차 +48 / 승률 75% / 평균 승점 2.13점 / 승점률 71%

*승률(%)=((승리+무승부×0.5)÷경기수)×100 / 평균 승점=승점÷경기수 / 승점률(%)=(승점÷(경기수×3))×100

FIFA RANKING LAST 12MONTHS	2022	JUL	AUG	SEP	OCT	NOV	DEC	2023	JAN	FEB	MAR	APR	MAY	JUN
		24	24	24	24	24	20		20	20	20	20	20	20

TEAM POTENTIAL

91점-1위

⚔️ 공격력 **18점** 20점 만점	🛡️ 수비력 **19점** 20점 만점	👥 선수층 **19점** 20점 만점
⚙️ 감독 **16점** 20점 만점	🏆 조추첨 **9점** 10점 만점	🏆 아시안컵 전통 **10점** 10점 만점

*평점은 참가 24개국 간 상대평가이다.

STYLE OF PLAY

공격	압도적인 점유율 축구, 적절한 카운터어택 빠른 수비→공격 트랜지션, 원터치 콤비네이션 풀백의 지원 받는 윙어택, 최고의 패스 플레이
수비	카운터 프레스 위주, 콤팩트한 지역 방어 볼 사이드의 강한 압박, 세트피스 수비 우수 유연한 공격→수비 트랜지션, 커버 플레이

FORMATION

BASIC

4-2-3-1

CF
우에다 A.
마에다 D. / 아사노 T. / 후루하시 K.

LM 미토마 K. / 소마 Y.
AM 가마다 T. / 구보 T. / 미나미노 T.
RM 이토 J. / 도안 R.

CM 엔도 W. / 다나카 A.
CM 모리타 H. / 후지타 J.

LB 나카야마 Y. / 이토 H.
CB 이타쿠라 K. / 다니구치 S. / 세코 A.
CB 도미야스 T. / 요시다 M.
RB 사카이 H. / 야마네 M.

GK
D.슈미트
D.고세이 / 곤다 S.

PROBABLE SQUAD LIST

포지션	선수	생년월일	A출전	A득점
GK	Daniel Schmidt	1992.02.03	13	0
	Nakamura Kosuke	1995.02.27	7	0
	Osako Keisuke	1999.07.28	4	0
	Tani Kosei	2000.11.22	1	0
DF	Yoshida Maya	1988.08.24	126	12
	Tomiyasu Takehiro	1998.11.05	32	1
	Itakura Ko	1997.01.27	20	1
	Taniguchi Shogo	1991.07.15	18	1
	Nakayama Yuta	1997.02.16	17	0
	Ito Hiroki	1999.05.12	10	1
	Sugawara Yukinari	2000.06.28	5	0
	Seko Ayumu	2000.06.07	3	0
	Morishita Ryoya	1997.04.11	1	0
MF	Endo Wataru	1993.02.09	50	2
	Minamino Takumi	1995.01.16	47	17
	Dōan Ritsu	1998.06.16	37	6
	Kamada Daichi	1996.08.05	29	6
	Kubo Takefusa	2001.06.04	25	2
	Morita Hidemasa	Marc Klok	24	2
	Tanaka Ao	1998.09.10	19	3
	Mitoma Kaoru	1997.05.20	17	7
	Soma Yuki	1997.02.25	11	4
	Kawabe Hayao	1995.09.08	5	1
	Hatate Reo	1997.11.21	3	0
FW	Itō Junya	1993.03.09	45	10
	Asano Takuma	1994.11.10	44	8
	Furuhashi Kyogo	1995.01.20	18	4
	Ueda Ayase	1998.08.28	14	1
	Maeda Daizen	1997.10.20	12	3
	Nakamura Keito	2000.07.28	2	1

*나이, A매치 출전-득점 기록은 2023년 6월 30일 기준

ROAD TO QATAR 2023

아시안컵 2차 예선 F조 1위 8전 전승

날짜	장소	상대국	결과
2019.09.10	원정	미얀마	2-0 승
2019.10.10	홈	몽골	6-0 승
2019.10.15	원정	타지키스탄	3-0 승
2019.11.14	원정	키르기스스탄	2-0 승
2021.03.30	원정	몽골	14-0 승
2021.05.28	홈	미얀마	10-0 승
2021.06.07	홈	타지키스탄	4-1 승
2021.06.15	홈	키르기스스탄	5-1 승

2023년 평가전 결과

날짜	장소	상대국	결과
2023.03.24	홈	우루과이	1-1 무
2023.03.28	홈	콜롬비아	1-2 패
2023.06.15	홈	엘살바도르	6-0 승
2023.06.20	홈	페루	4-1 승

인도네시아

AFC ASIAN CUP HISTORY

1956~1964년까지는 출전을 포기했고, 1968~1992년까지는 예선에서 탈락했다. 처음 출전했던 대회는 1996년 UAE 아시안컵이었고, 이후 4회 연속 본선에 올랐다. 2011, 2015년 대회에선 예선에서 탈락했고, 2019년 아시안컵 때는 '국가 (정부)는 축구협회에 일절 간섭하면 안 된다'는 룰을 어겨 FIFA로부터 제재를 받고 불참했다. 이번 대회 예선에선 플레이오프와 3차 예선을 치르는 강행군 끝에 본선에 올랐다. 지난 2007년, 공동 개최국 자격으로 참가한 지 16년 만이다.

TEAM ANALYSIS IN 2023

현 대표팀 골격은 신태용 감독 부임 이후부터 만들어졌다. 2020년 동남아시아 대회(스즈키컵) 때 평균 연령 23.8세의 젊은 팀을 이끌고 출전해 준우승을 차지했다. 이 팀을 기본으로 2022년 6월, 아시안컵 3차 예선에 나서 중동 강호 쿠웨이트를 2-1로, 약체 네팔을 7-0으로 각각 격파하면서 요르단에 이어 조 2위를 차지, 본선행 열차에 올랐다. 아스나위 망쿠알람 바하르, 프라타마 아르한, 위탄 술라에만 같은 해외파 선수들을 주축으로 사상 첫 토너먼트 진출을 노리고 있다.

MANAGER : Shin Taeyong

신태용. 1970년 경상북도 영덕 출생. 성남 일화 시절 K-리그에서 6차례나 우승 트로피를 들어 올렸다. 은퇴 후 친정팀 감독을 맡아 2010 AFC 챔피언스리그를, 대한민국 대표팀 감독으로서 2017 동아시아컵을 각각 들어 올렸다. 2018 러시아 월드컵 때 '카잔의 기적'을 쓰며 세계 최강 독일을 격파한 건 큰 성과였다. 2019년 12월, 인도네시아 대표팀을 맡아 초반 고전했지만, 적응을 끝낸 후 팀 개혁을 주도했고, 2007년 이후 16년 만에 인도네시아를 아시안컵 본선으로 이끌었다.

COUNTRY INFORMATION

Republic of Indonesia
국가 : 위대한 인도네시아 국가
수도 : 자카르타 / 공용어 : 인도네시아어
정부 형태 : 대통령 중심제 공화국
면적 : 190만 4569㎢(세계 15위)
시간대 : UTC(세계 표준시)보다 7~9시간 빠름
인구 : 2억 7753만명(세계 4위)
종교 : 이슬람교(87%), 개신교(7%), 가톨릭(3%), 힌두교(2%)
명목 GDP : 1조 1860억 달러(세계 16위)
1인당 GDP : 4292달러(세계 95위)
1인당 PPP : 1만 4638달러(세계 103위)
인간개발지수 : HDI에서 발표하지 않음
주요 산업 : 석유, 천연 가스, 고무, 섬유, 자동차, 의류, 신발, 광산
시멘트, 의료 기구, 가전, 수공예품, 화학 비료, 합판, 관광
재래식 군사력 : 세계 13위(2023년 GFP 발표)

축구협회 창립 : 1930년 / FIFA 가입 : 1952년 / AFC 가입 : 1954년 / AFF 가입 : 1984년

국제 대회
우승 - 준우승

INDONESIA

0 - 0	0 - 0	0 - 6
AFC ASIAN CUP	ASIAN GAME FOOTBALL	*AFF CHAMPIONSHIP

0 - 0	1 - 2	0 - 0
AFC U-23 ASIAN CUP	AFC U-20 ASIAN CUP	AFC U-17 ASIAN CUP

*동남아시아 지역 대회

AFC ASIAN CUP RECORD

연도	팀수	순위	경기	승	무	패	득	실	승점	승점 그래프
1956	4	–	기권							–
1960	4	–	기권							–
1964	4	–	기권							–
1968	5	–	예선 탈락							
1972	6	–	예선 탈락							
1976	6	–	예선 탈락							
1980	10	–	예선 탈락							
1984	10	–	예선 탈락							
1988	10	–	예선 탈락							
1992	8	–	예선 탈락							
1996	12	11위	3	0	1	2	4	8	1점	
2000	12	11위	3	0	1	2	0	7	1점	
2004	16	11위	3	1	0	2	3	9	3점	
2007	16	11위	3	1	0	2	3	4	3점	
2011	16		예선 탈락							
2015	16		예선 탈락							
2019	24		FIFA 제재							
통산	21위	12	2	2	8	10	28	8점	골 득실차 -18 / 승률 25% / 평균 승점 0.67점 / 승점률 22%	

*승률(%)=((승리+무승부×0.5)÷경기수)×100 / 평균 승점=승점÷경기수 / 승점률(%)=(승점÷(경기수×3))×100

STAR PLAYERS

FW Dendy Sulistyawan(덴디 슐리스티아완)

인도네시아 최고의 스트라이커. CF, LW, RW를 넘나든다. 볼 터치가 간결하고, 공간으로 날카롭게 침투하며, 정확히 마무리한다. 오른발잡이지만 왼발도 나름 잘 사용한다. 평범한 체격이지만 위치를 잘 잡아 헤더 골을 종종 터뜨린다. 그의 능력을 알아본 사람은 신태용 감독이다. 바양카라 소속이던 그를 2022년 9월 퀴라소 평가전 때 처음 발탁했고, 이후 주전 공격수로 기용하였다.

MF Marc Klok(마크 클록)

네덜란드 암스테르담에서 태어났다. 2011년부터 8년간 위트레흐트, 로스 카운티, 올드햄, 던디 등 유럽 프로무대에서 기량을 쌓았고, 2017년 인도네시아리그 PSM으로 이적한 이후 5년 거주한 다음 인도네시아 여권을 취득했다. 클록은 인도네시아 중원 사령관이다. 넓은 시야와 정확한 장단 패스로 공격을 조율한다. 오른발 킥이 강하고 정확해 '인도네시아의 베컴'으로 불린다.

DF Fachruddin Aryanto(파루딘 아리안토)

2012년 이후 11째 인도네시아 대표팀 센터백으로 활약 중이다. 50회 이상의 풍부한 A매치 경험을 토대로 수비진을 잘 이끈다. 대표팀에서 뛰며 2016, 2020년 두 차례 AFF(동남아시아) 선수권대회 준우승을 견인했다. 동남아시아권 선수치고 체격도 준수한 편이고(185cm), 커버 플레이, 패스 커팅, 리버커리에서 경쟁력을 선보인다. 기습적으로 공격에 가담해 골도 종종 터뜨린다.

#BeTheGameChanger

TEAM POTENTIAL

62점-20위

공격력 13점 20점 만점	수비력 11점 20점 만점	선수층 12점 20점 만점
감독 15점 20점 만점	조추첨 6점 10점 만점	아시안컵 전통 5점 10점 만점

*평점은 참가 24개국 간 상대평가이다.

STYLE OF PLAY

공격	다이렉트 플레이, 카운터 어택 위주 좌우 윙어의 세컨드 볼 지원 및 컷-인 좌우 윙백(풀백)의 역동적인 공격 참가
수비	리트릿 중시. 선수들 헌신적인 수비 콤팩트한 수비. 공격→수비 트랜지션 빠름 수비수들 공중전에 강하고 에너지 넘침

FORMATION

4-2-3-1

CF
D.슬리스티아완
L.스파소예비치 / M.라폴리 / I.자야

LM
R.캄부아야
E.비키리 / S.릴리팔리

AM
W.슬라에만
M.페르디난 / E.비키리

RM
S.람다니
E.비키리 / Y.사유리

CM
M.페르디난
J.이마트 / R.캄부아야

CM
M.클록
Y.사유리

LB
P.A.리파이
E.페브리안샤

CB
R.리드호
J.아마트

CB
F.W.아리안토
H.A.프라나타 / E.바고트

RB
A.망쿠알람
S.월시

GK
N.아르가위나타
S.트리스나 / M.리안디

PROBABLE SQUAD LIST

포지션	선수	생년월일	A출전	A득점
GK	Nadeo Argawinata	1997.03.09	21	0
	Syahrul Trisna	1995.10.26	7	0
	Ernando Ari	2002.02.27	3	0
	Reza Arya Pratama	2000.05.18	0	0
DF	Fachruddin Aryanto	1989.02.19	53	4
	Pratama Arhan	2001.12.21	31	3
	Asnawi Mangkualam	1999.10.04	31	1
	Rizky Ridho	2001.11.21	23	1
	Hansamu Yama	1995.01.16	19	2
	Elkan Baggott	2002.10.23	16	2
	Edo Febriansah	1997.07.25	12	0
	Jordi Amat	1992.03.21	7	1
	Yance Sayuri	1997.09.22	1	0
	Andy Setyo	1997.09.16	1	0
	Shayne Pattynama	1998.08.11	1	0
	Sandy Walsh	1995.03.14	0	0
MF	Witan Sulaeman	2001.10.08	30	8
	Rachmat Irianto	1999.09.03	27	3
	Ricky Kambuaya	1996.05.05	27	5
	Saddil Ramdani	1999.01.02	20	1
	Egy Maulana	2000.07.07	17	5
	Marc Klok	1993.04.20	15	4
	Marselino Ferdinan	2004.09.09	14	2
	Yakob Sayuri	1997.09.22	13	2
	Ivar Jenner	2004.01.10	2	0
FW	Stefano Lilipaly	1990.01.10	29	3
	Dendy Sulistyawan	1996.10.12	12	4
	Dimas Drajad	1997.03.30	9	3
	Ramadhan Sananta	2002.11.27	4	1
	Rafael Struick	2003.03.27	2	0

*나이, A매치 출전-득점 기록은 2023년 6월 30일 기준

ROAD TO QATAR 2023

아시안컵 2차 예선 G조 5위 1무 7패

날짜	장소	상대국	결과
2019.09.05	홈	말레이시아	2-3 패
2019.09.10	홈	태국	0-3 패
2019.10.10	원정	UAE	0-5 패
2019.10.15	홈	베트남	1-3 패
2019.11.19	원정	말레이시아	0-2 패
2021.06.03	원정	태국	2-2 무
2021.06.07	원정	베트남	0-4 패
2021.06.11	홈	UAE	0-5 패

아시안컵 예선 플레이오프 2전 전승

날짜	장소	상대국	결과
2021.10.07	중립	대만	2-1 승
2021.10.11	중립	대만	3-0 승

아시안컵 3차 예선 A조 2위 2승 1패

날짜	장소	상대국	결과
2022.06.08	중립	쿠웨이트	2-1 승
2022.06.11	중립	요르단	0-1 패
2022.06.14	중립	네팔	7-0 승

2023년 6월 평가전 결과

날짜	장소	상대국	결과
2023.06.14	홈	팔레스타인	0-0 무
2023.06.19	홈	아르헨티나	0-2 패

이라크

AFC ASIAN CUP HISTORY

이라크하면 대한민국 축구팬에게 '1994 도하의 기적'을 떠올리게 만드는 고마운 팀이다. 반면, 2007 아시안컵 때는 준결승에서 한국을 승부차기로 꺾은 국가로도 기억된다. 이라크는 당시 결승에서 사우디아라비아를 1-0으로 물리치고 사상 처음 정상에 등극했다. 이라크는 역대 아시안컵 예선에 10차례 출전했고, 모두 본선에 올랐다. 또한, 1996년부터 8회 연속 조별리그를 통과해 토너먼트에 진출했다. 통산 성적은 15승 8무 16패, 승점 53점으로 역대 랭킹 8위에 올라 있다.

TEAM ANALYSIS IN 2023

헤수스 카사스 감독이 팀을 잘 만들어놓았다. 이 팀의 기본 골격은 2022 카타르 월드컵 아시아 최종 예선 출전 선수들을 기본으로 2023 아라비안 걸프컵 우승 멤버들이 잘 조화를 이루고 있다. 이라크는 걸프컵에서 5전 4승 1무, 12득점 3실점의 좋은 퍼포먼스를 선보였다. 조별리그에서 사우디아라비아를 2-0으로, 준결승에서 카타르를 2-1로, 그리고 결승에서 오만을 3-2로 각각 제압하면서 이 지역의 진정한 강자임을 입증했다. 그 기세를 몰아 아시안컵 정상 도전에 나선다.

MANAGER : Jesús Casas

헤수스 카사스. 1973년 10월 23일 스페인 마드리드 출생. 1992년부터 10년간 스페인 마이너 클럽들에서만 뛰었다. 2003년부터 카디스B, 로타, 데포르테스 로메로, 코닐에서 감독을 역임했다. 2018년부터 3년간 스페인 코치를 지내다 2022년 11월 5일 이라크 대표팀 감독으로 옮겼다. 카사스는 2023년 1월, 25회 아랍컵에서 홈코트 잇점을 안고 이라크를 우승으로 이끌었다. 이 대회는 지난 1988년 이후 35년 만에, 그리고 2007년 아시안컵 우승 이후 16년 만에 정상에 올랐다.

COUNTRY INFORMATION

Republic of Iraq
국가 : 나의 조국
수도 : 바그다드 / 공용어 : 아랍어
정부 형태 : 대통령 중심제 공화국
면적 : 43만 8317㎢(세계 59위)
시간대 : UTC(세계 표준시)보다 3시간 빠름
인구 : 4551만명(세계 35위)
종교 : 시아파 이슬람교(65%), 수니파 이슬람교(37%)
명목 GDP : 2079억 달러(세계 51위)
1인당 GDP : 9000달러(세계 148위)
1인당 PPP : 1만 2408달러(세계 117위)
인간개발지수 : HDI에서 발표하지 않음
주요 산업 : 석유, 화학, 섬유, 가죽, 건축 자재
식품 가공, 비료, 금속, 금속 가공
재래식 군사력 : 세계 45위(2023년 GFP 발표)

축구협회 창립 : 1948년 / FIFA 가입 : 1950년 / AFC 가입 : 1970년 / WAFF 가입 : 2001년

국제 대회 우승 - 준우승		
1 - 0 AFC ASIAN CUP	1 - 1 ASIAN GAME FOOTBALL	1 - 3 *WAFF CHAMPIONSHIP
1 - 0 AFC U-23 ASIAN CUP	5 - 2 AFC U-20 ASIAN CUP	1 - 0 AFC U-17 ASIAN CUP

*서아시아 지역 대회.

AFC ASIAN CUP RECORD

연도	팀수	순위	경기	승	무	패	득	실	승점	승점 그래프
1956	4	—	AFC 미가입						—	
1960	4	—	AFC 미가입						—	
1964	4	—	AFC 미가입						—	
1968	5	—	AFC 미가입						—	
1972	6	6위	3	0	2	1	1	4	2점	
1976	6	4위	4	1	0	3	3	6	3점	
1980	10	—	기권						—	
1984	10	—	기권						—	
1988	10	—	기권						—	
1992	8	—	걸프 전쟁						—	
1996	12	6위	4	2	0	2	6	4	6점	
2000	12	7위	4	1	1	2	5	7	4점	
2004	16	8위	4	2	0	2	5	6	6점	
2007	16	우승	6	3	3	0	6	2	12점	★
2011	16	6위	4	2	0	2	3	3	6점	
2015	16	4위	6	2	1	3	7	7	7점	
2019	24	11위	4	2	1	1	7	6	7점	
통산	8위		39	15	8	16	44	45	53점	골득실차 -1 / 승률 49% / 평균 승점 1.36점 / 승점률 45%

*승률(%)=((승리+무승부×0.5)÷경기수)×100 / 평균 승점=승점÷경기수 / 승점률(%)=(승점÷(경기수×3))×100

STAR PLAYERS

FW Aymen Hussein(아이멘 후세인)

중동 지역 최강의 센터포워드. 190cm의 좋은 체격에 강력한 투쟁심으로 무장했다. 박스 내외곽에서 터뜨리는 왼발 슈팅은 미사일처럼 위력적이다. 발리킥, 시서스킥, 오버헤드킥, 헤더 등 다양한 패턴으로 골을 넣는다. 그뿐만 아니라 터닝 힐킥, 슈팅 페이크, 칩샷 등 섬세한 플레이도 자주 선보인다. 이라크 U-20, U-23 등 연령별 대표를 거쳐 2015년부터 이라크 A대표로 활약해 왔다.

MF Zidane Iqbal(지단 이크발)

'이라크의 메시'로 불리는 공격형 MF 겸 테크니션. 화려한 드리블을 구사하고, 마르세유턴, 스텝오버 등 고난도 기술을 선보인다. 칼날 스루패스로 결정적인 기회를 만든다. 양발을 사용해 정확히 골을 터뜨린다. 파키스탄 아버지와 이라크 어머니 사이에 맨체스터에서 태어났다. 2019년 맨체스터 Utd. 유스에 입단해 기본기를 다졌고, 2021년 UEFA 챔피언스리그 영보이즈전 때 데뷔했다.

DF Ali Faez(알리 파예즈)

투쟁심이 강한 중앙 수비수. 센터백 콤비 무스타파 나딤이 '리더형'이라면, 파예즈는 태클과 맨마킹에 강점이 있는 '파이터형'이다. 파예즈의 특기는 오른발 킥. 중거리 슈팅, 직접 프리킥, 페널티킥의 위력은 정말 폭발적이다. 가끔 45m 장거리 슈팅도 터뜨린다. 또한, '칼택배'처럼 정확한 장단패스를 날려준다. U-17, U-20, U-23 등 연령별 대표를 거쳤고, 2013년 이라크 A대표로 발탁됐다.

FIFA RANKING LAST 12MONTHS	2022	JUL	AUG	SEP	OCT	NOV	DEC	2023	JAN	FEB	MAR	APR	MAY	JUN
		70	70	70	68	68	68		68	68	68	67	67	67

TEAM POTENTIAL

80점-7위

	공격력 16점 20점 만점	수비력 17점 20점 만점	선수층 16점 20점 만점
	감독 15점 20점 만점	조추첨 8점 10점 만점	아시안컵 전통 8점 10점 만점

*평점은 참가 24개국 간 **상대평가**이다.

STYLE OF PLAY

공격	후방의 짧은 패스 빌드업 중시. 롱볼은 옵션 일반적으로 미드필드 플레이를 거쳐 감 박력 넘치는 풀백, 기술과 스피드 좋은 윙어
수비	전방 압박 중시. 강력한 하이 템포 게임 선호 견고하고 콤팩트한 수비 라인. 1대1 능력 공격→수비 트랜지션 비교적 잘 이뤄짐

FORMATION

4-2-3-1

CF
A.후세인
A.아바스 / A.로스탐 / A.알하마디

LM
H.자바르
A.파르한
I.바예시

AM
Z.이크발
I.바예시 / A.아신

RM
H.알리
H.압둘커림
S.카림

CM
A.알아마리
A.아부드 / R.아민
K.아메르 / Z.이크발

CM
A.아트완

LB
D.이스마일
M.자저
H.라에드

CB
M.나딤
A.파에즈 / H.자바르 / M.유니스 / Z.타신

CB
A.파에즈

RB
H.아마르
A.가셈
M.모하메드

GK
J.하산
F.탈리브 / A.바실

PROBABLE SQUAD LIST

포지션	선수	생년월일	A출전	A득점
GK	Jalal Hassan	1991.05.18	72	0
	Fahad Talib	1994.10.21	18	0
	Ahmed Basil	1996.08.19	2	0
	Ali Ebadi	2000.02.16	0	0
DF	Ali Faez	1994.09.09	48	4
	Mustafa Nadhim	1993.09.23	43	4
	Saad Natiq	1994.03.19	33	0
	Manaf Younis	1996.11.16	15	1
	Frans Putros	1993.07.14	10	0
	Alai Ghasem	2003.02.16	8	0
	Merchas Doski	1999.12.07	3	0
	Ahmed Yahya	1997.05.27	2	0
	Allan Mohideen	1993.11.11	2	0
MF	Humam Tariq	1996.02.10	75	3
	Amjad Attwan	1997.03.12	74	3
	Bashar Resan	1996.12.22	53	3
	Hussein Ali	1996.11.29	49	6
	Ibrahim Bayesh	2000.05.01	40	6
	Osama Rashid	1992.01.17	24	0
	Sherko Karim	1996.05.25	22	1
	Amir Al-Ammari	1997.07.27	17	1
	Hasan Abdulkareem	1999.04.17	13	1
	Zidane Iqbal	2003.04.27	3	0
	Kevin Yakob	2000.10.10	1	0
	André Alsanati	2000.01.06	0	0
FW	Aymen Hussein	1996.03.22	62	14
	Mohanad Ali	2000.06.20	37	17
	Alaa Abbas	1997.07.27	27	4
	Ali Al-Hamadi	2002.03.01	6	0
	Pashang Abdulla	1994.05.29	1	0

*나이, A매치 출전-득점 기록은 2023년 6월 30일 기준

ROAD TO QATAR 2023

아시안컵 2차 예선 C조 2위 5승 2무 1패

날짜	장소	상대국	결과
2019.09.05	원정	바레인	1-1 무
2019.10.10	홈	홍콩	2-0 승
2019.10.15	원정	캄보디아	4-0 승
2019.11.14	홈	이란	2-1 승
2019.11.19	홈	바레인	0-0 무
2021.06.07	홈	캄보디아	4-1 승
2021.06.11	원정	홍콩	1-0 승
2021.06.15	원정	이란	0-1 패

2023년 평가전 결과

날짜	장소	상대국	결과
2023.03.26	원정	러시아	0-2 패
2023.06.16	원정	콜롬비아	0-1 패

베트남

AFC ASIAN CUP HISTORY

아시안컵 초창기인 1956년과 1960년, 두 대회 모두 4개국 중 4위를 했다. 이후 1964년~1992년 대회는 불참, 1996년~2004년, 그리고 2011년~2015년 대회는 예선에서 탈락했다. 2007년과 2019년 대회에선 8강에 올라 동남아시아 국가 치고 선전한 셈이다. 아시안컵 통산 2승 3무 10패, 승점 9점으로 역대 랭킹 20위다. 이번 대회에서는 8강 이상을 노린다. 동아시아와 중동에 강팀들이 많기에 목표 달성이 쉽지는 않다. 그러나 트루시에 감독 이하 선수들의 투지가 대단하다.

TEAM ANALYSIS IN 2023

동남아시아에서 한동안 태국의 그늘에 가려져 있었다. 그러나 박항서 감독 취임 후 '일신우일신' 하며 2019년 AFC 아시안컵에서 8강에 오르고, 카타르 월드컵 최종 예선에도 진출하면서 지역 정상급 강자의 위치로 올라설 수 있었다. 물론, 동남아시아 선수권대회에서 라이벌 태국에 2회 연속 우승컵을 내줬기에 확실한 지역 최강이라고는 단언하기 힘들다. 박항서 감독이 물러나고 프랑스 출신 필립 트루시에가 지휘봉을 잡았다. 결과를 내는 감독이기에 베트남에서 기대가 크다.

MANAGER : Philippe Troussier

필립 트루시에. 1955년 3월 21일 프랑스 파리 출생. 선수 시절 레드 스타, 루앙, 스타드 렝에서 수비수로 뛰었지만 빛을 보지 못했다. 현역 은퇴 후 바로 지도자로 나섰다. 1983년부터 2015년까지 클럽과 국가대표 포함 19팀을 지도했다. 이중, 일본을 2000 아시안컵 우승, 2002 월드컵 16강으로 이끈 건 가장 큰 성과다. 박항서 전 감독이 2022년 동남아시아 축구 선수권 대회를 마지막으로 감독직을 사임하자 베트남 U-19 팀 감독이던 트루시에가 국가대표팀으로 승격했다.

COUNTRY INFORMATION

Socialist Republic of Viet Nam
국가 : 진군가
수도 : 하노이 / 공용어 : 베트남어
정부 형태 : 사회주의 공화국
면적 : 33만 1210㎢(세계 66위)
시간대 : UTC(세계 표준시)보다 7시간 빠름
인구 : 9886만명(세계 16위)
종교 : 무신론(86%), 가톨릭(6%), 불교(6%)
명목 GDP : 4089억 달러(세계 39위)
1인당 GDP : 4122달러(세계 139위)
1인당 PPP : 1만 2881달러(세계 111위)
인간개발지수 : 0.809(세계 58위)
주요 산업 : 식품 가공, 의류, 신발, 기계 제조, 석탄, 철강 시멘트, 화학 비료, 유리, 타이어, 석유, 휴대 전화
재래식 군사력 : 세계 19위(2023년 GFP 발표)

축구협회 창립 : 1960년 / FIFA 가입 : 1964년 / AFC 가입 : 1964년 / AFF 가입 : 1996년

국제 대회 우승 - 준우승	0 - 0 AFC ASIAN CUP	0 - 0 ASIAN GAME FOOTBALL	2 - 2 *AFF CHAMPIONSHIP
	0 - 1 AFC U-23 ASIAN CUP	2 - 0 AFC U-20 ASIAN CUP	0 - 0 AFC U-17 ASIAN CUP

*동남아시아 지역 대회

AFC ASIAN CUP RECORD

연도	팀수	순위	경기	승	무	패	득	실	승점	승점 그래프
1956	4	4위	3	0	1	2	6	9	1점	
1960	4	4위	3	0	0	3	2	12	0점	
1964	4		불참							
1968	5		불참							
1972	6		불참							
1976	6		불참							
1980	10		불참							
1984	10		불참							
1988	10		불참							
1992	8		불참							
1996	12		예선 탈락							
2000	12		예선 탈락							
2004	16		예선 탈락							
2007	16	8위	4	1	1	2	4	7	4점	
2011	16		예선 탈락							
2015	16		예선 탈락							
2019	24	8위	5	1	1	3	5	7	4점	
통산	20위	15	2	3	10	17	35	9점	골 득실차 -18 / 승률 23% / 평균 승점 0.60점 / 승점률 20%

*승률(%)=[(승리+무승부×0.5)÷경기수]×100 / 평균 승점=승점÷경기수 / 승점률(%)=[승점÷(경기수×3)]×100

STAR PLAYERS

FW Nguyễn Tiến Linh(응우옌 티엔린)

주전 CF 후보. 2016년 베카멕스 빈동에서 데뷔해 현재까지 8년째 뛰고 있다. 베트남 U-19, U-23 대표 출신이고, 베트남 국가대표로 평균 2경기당 1골씩 넣고 있다. 그는 전형적인 '골 사냥꾼'(Goal Poacher)'이다. 위치를 잘 잡고, '매의 눈'으로 기회를 포착한다. 기회를 잡으면 한치의 오차도 없이 골망을 가른다. 아시안컵 본선에서는 응우옌 반또안, 하득친과 경쟁할 것이다.

MF Nguyễn Quang Hải(응우옌 꽝하이)

'베트남의 메시'다. 2019년 '아시아 올해의 선수' 후보에 올랐다. 주로 공격형 미드필더로 출전하지만, 측면에서도 뛴다. 2017년부터 베트남 국가대표로 활약해 왔다. 왼발 아웃프런트로 짧게 치고 나가는 화려한 드리블은 최강의 무기. 최고 스피드로 볼을 몰면서 체인지 디렉션, 체인지 페이스를 자유롭게 가미한다. 정확한 크로스, 환상적인 스루패스, 날카로운 왼발 프리킥을 자랑한다.

DF Nguyễn Thanh Bình(응우옌 딴빈)

22세로 베트남 수비진 세대교체의 주역으로 꼽힌다. 백3의 중앙, 백4의 우측 센터백이 주 위치다. 센터백치고 작은 편인 180cm지만, 넓은 시야, 감각적인 움직임, 우수한 대인 방어를 자랑한다. 기술이 뛰어나 박스 안에서도 과감히 태클을 시도해 볼을 걷어낸다. 라인 컨트롤, 커버 플레이, 패스 커팅도 우수한 편이다. 베트남 U-23 대표 출신이고, 2021년부터 국가대표로 활약해 왔다.

FIFA RANKING LAST 12MONTHS	2022	JUL	AUG	SEP	OCT	NOV	DEC	2023	JAN	FEB	MAR	APR	MAY	JUN
		97	97	97	96	96	96		96	96	96	95	95	95

TEAM POTENTIAL

68점-15위

⚔ 공격력	🛡 수비력	👥 선수층
13점	14점	14점
20점 만점	20점 만점	20점 만점
감독	조추첨	🏆 아시안컵 전통
15점	7점	5점
20점 만점	10점 만점	10점 만점

*평점은 참가 24개국 간 상대평가이다.

STYLE OF PLAY

공격	빌드업 점유율 축구와 다이렉트 플레이 혼용 후방에서 천천히 빌드업, 전방에서 업 템포 윙 어택, 오프 더 볼 러닝, 스위치 플레이 좋음
수비	기본은 하프코트 프레싱, 상황에 따라 리트릿 수비 시 수적으로 우세하게, 측면 수비 강화 공격→수비 트랜지션 우수함, 빠르게 후퇴

FORMATION

3-5-2

FW 응우옌 꽁푸엉 / 응우옌 티엔린
FW 응우옌 반또안 / 하득친

AM 응우옌 뚜언아잉 / 판반득
AM 조홍중 / 응우옌 펑하이

WB 부반 타잉 / 도안 반하우
CM 응우옌 호앙득 / 응우옌 득친
WB 호떤 타이 / 부반 타잉

CB 도주이 마잉 / 부이호앙 벳아잉
CB 응우옌 딴빈 / 응우옌 타잉
CB 꿰응 혹하이 / 부이 띠엔중

GK 짠 응우옌 마잉 / 당반럼 / 응우옌 반또안

PROBABLE SQUAD LIST

포지션	선수	생년월일	A출전	A득점
GK	Đặng Văn Lâm	1993.08.13	38	0
	Trần Nguyên Mạnh	1991.12.20	33	0
	Trần Minh Toàn	1996.01.21	0	0
	Nguyễn Văn Việt	2002.07.12	0	0
DF	Quế Ngọc Hải	1993.05.15	74	6
	Đỗ Duy Mạnh	1996.09.29	51	1
	Bùi Tiến Dũng	1995.10.02	46	1
	Vũ Văn Thanh	1996.04.14	42	5
	Đoàn Văn Hậu	1999.04.19	37	1
	Nguyễn Phong Hồng	1996.06.13	32	0
	Hồ Tấn Tài	1997.11.06	22	4
	Nguyễn Thanh Bình	2000.11.02	12	1
	Phan Tuấn Tài	2001.01.07	3	0
MF	Nguyễn Quang Hải	1997.04.12	54	10
	Phan Văn Đức	1996.04.11	43	5
	Nguyễn Tuấn Anh	1995.05.16	35	1
	Đỗ Hùng Dũng	1993.09.08	33	1
	Nguyễn Hoàng Đức	1998.01.11	28	2
	Châu Ngọc Quang	1996.02.01	5	1
	Khuất Văn Khang	2003.05.11	4	1
	Nguyễn Hải Huy	1991.06.18	2	0
	Trương Tiến Anh	1999.04.25	2	0
	Nguyễn Thái Sơn	2003.07.13	1	0
	Hoàng Văn Toản	2001.04.01	1	0
FW	Nguyễn Văn Quyết	1991.07.01	57	16
	Nguyễn Công Phượng	1995.01.21	55	11
	Nguyễn Văn Toàn	1996.04.12	51	6
	Nguyễn Tiến Linh	1997.10.20	39	18
	Phạm Tuấn Hải	1998.05.19	18	3
	Nguyễn Văn Tùng	2001.12.07	2	0

*나이, A매치 출전-득점 기록은 2023년 6월 30일 기준

ROAD TO QATAR 2023

아시안컵 2차 예선 G조 2위 5승 2무 1패

날짜	장소	상대국	결과
2019.09.05	원정	태국	0-0 무
2019.10.10	홈	말레이시아	1-0 승
2019.10.15	원정	인도네시아	3-1 승
2019.11.14	홈	UAE	1-0 승
2019.11.19	홈	태국	0-0 무
2021.06.07	홈	인도네시아	4-0 승
2021.06.11	원정	말레이시아	2-1 승
2021.06.15	원정	UAE	2-3 패

2023년 평가전 결과

날짜	장소	상대국	결과
2023.06.15	홈	홍콩	1-0 승
2023.06.20	홈	시리아	1-0 승

E조

King's Cup 2022
การแข่งขันฟุตบอลชิงถ้วยพระราชทานคิงส์คัพ ครั้งที่ 48

覇王再挑

패왕재도

'아시아 최강팀(覇王)'이 아시안컵 우승에 '다시 도전(再挑
대한민국은 1956, 1960년 2회 우승 이후 아시안컵 무관(無
63년만에 3번째 우승에 성공해야 대륙 최강으로 인정받는

KOREA REPUBLIC

MALAYSIA

JORDAN

BAHRAIN

아마드 빈알리

알투마마

압둘라 빈칼리파

칼리파 인터내셔널

자심 빈하마드

대한민국이 AFC 아시안컵 우승에 도전한다. 1956, 1960년 우승 이후 63년 만이다. 대한민국은 아시아 국가로서는 국제대회에서 독보적인 실력을 발휘해왔다. FIFA 월드컵 10회 연속 출전 및 월드컵 역대 아시아 최고 성적(4위)이 이를 말해준다. 그러나 대륙 최고 권위인 아시안컵 우승이 없다면 '아시아 최강'이라고 부를 수 없다. 이제 대륙 챔피언의 자리를 되찾을 기회가 왔다. 대한민국은 2022 카타르 월드컵 때 기적적으로 16강에 올랐다. 현 대표팀은 2006 독일 월드컵 3위(독일), 2014 브라질 월드컵 16강(미국)을 이뤄냈던 위르겐 클린스만 감독이 지휘봉을 잡았다. 그리고 손흥민, 김민재, 이강인, 황인범, 이재성, 황희찬 등 유럽 프로 무대에서 활약 중인 스타들로 구성된 역대 최강의 멤버. 요르단은 2포트 국가 중 이라크, 우즈베키스탄, 아랍에미리트에 비해 전력이 약한 것으로 평가된다. 대한민국에 어느 정도 운이 따라준 셈. 그러나 CF 야잔 알나이마트, AM 무사 알타마리의 공격력은 결코 무시할 수 없다. 늘 긴장하고, 대비해야 한다. 요르단과 조 2위를 다툴 팀은 바레인이다. 포르투갈 출신 엘리우 수자 감독의 지도력, 스트라이커 유수프 헬랄의 득점력은 주목할 만하다. 말레이시아는 대한민국 출신 김판곤 감독의 용병술이 빛난다. 그가 지휘봉을 잡은 이후 팀이 매우 좋아졌다. 지난 3월 평가전에선 투르크메니스탄과 홍콩을 연파하는 등 상승세를 보이고 있다.

*AC 전통은 역대 아시안컵 통산 성적을 상대 평가로 기준 삼아 점수를 매김

TEAM SCOUTING REPORT

항목 만점	공격력 20점	수비력 20점	선수층 20점	감독 20점	조추첨 10점	AC 전통 10점	TOTAL 100점	랭킹 32개국
대한민국	19점	18점	19점	16점	9점	10점	91점	1위
말레이시아	12점	12점	12점	15점	6점	5점	62점	20위
요르단	14점	14점	15점	15점	8점	7점	73점	12위
바레인	13점	14점	14점	15점	7점	7점	70점	14위

SCHEDULE OF GROUP STAGE

날짜	현지시간	한국시간	도시	경기장	대진
1월 15일(화)	14:30	20:30	알라이안	자심 빈하마드	대한민국 v 바레인
1월 15일(화)	20:30	(수)02:30	알라이안	아마드빈알리	말레이시아 v 요르단
1월 20일(토)	14:30	20:30	도하	알투마마	요르단 v 대한민국
1월 20일(토)	17:30	23:30	알라이안	자심 빈하마드	바레인 v 말레이시아
1월 25일(목)	14:30	20:30	도하	압둘라 빈칼리파	대한민국 v 말레이시아
1월 25일(목)	14:30	20:30	알라이안	칼리파 인터내셔널	요르단 v 바레인

*승-무-패

국가별 통산 맞대결

E조	대한민국	말레이시아	요르단	바레인
대한민국		26-12-8	3-2-0	11-4-1
말레이시아	8-12-26		0-2-3	0-3-6
요르단	0-2-3	3-2-0		11-6-6
바레인	1-4-11	6-3-0	6-6-11	

KOREAREPUBLIC

대한민국

AFC ASIAN CUP HISTORY

아시안컵에 총 14회 출전해 36승 16무 15패, 승점 124점으로 142점의 이란에 이어 통산 2위다. 그동안 우승 2회, 준우승 4회, 3위 4회 등 꾸준히 정상권을 유지해왔다. 1956년 AFC 아시안컵 초대 우승팀이고, 2회 대회인 1960년에도 정상에 올랐다. 하지만 딱 거기까지였다. 이후 2019년까지 59년간 우승하지 못했다. 카타르 월드컵 16강으로 달아오른 축구 열기를 이어가려면 2023년 아시안컵에서 63년 만에 우승컵을 들어올려야 한다. 그래야 아시아 No.1으로 인정받는다.

TEAM ANALYSIS IN 2023

2022 월드컵에서 16강에 진출했다. 당시 파울루 벤투 감독의 대표팀은 '경기 주도권을 쥔 둔 빌드-업 축구'로 깊은 인상을 남겼다. 이제 위르겐 클린스만 감독이 그 상승세를 이어간다. 대표팀의 주축 멤버는 당연히 카타르 멤버들이다. 손흥민이 프리미어리그에서 다소 들쭉날쭉한 퍼포먼스를 보여 아쉽지만, 이탈리아 최고의 센터백으로 떠오른 김민재, 스페인 무대를 강타한 이강인, 꾸준한 모습을 보이는 이재성, 황인범 등이 63년 만의 아시안컵 우승을 향해 전진할 것이다.

MANAGER : Jürgen Klinsmann

위르겐 클린스만. 1964년 7월 30일 독일 괴핑겐 출생. 슈투트가르트, 인테르 밀란, AS 모나코, 토트넘 핫스퍼, 바이에른 뮌헨 등 유럽 명문 클럽들에서 두루 활약했고, 독일 국가대표로 108경기-47골을 기록하며 1990 이탈리아 월드컵 우승을 이끌었다. 대표팀 감독으로서 월드컵 3위(2006년 독일), 16강(2014년 미국)의 성적을 냈지만, 클럽 감독으로서 바이에른 뮌헨과 헤르타 베를린에서는 실패했다. 대한민국 대표팀에는 점유율 기반 빌드-업에 다이렉트 풋볼을 가미할 것이다.

COUNTRY INFORMATION

Republic of Korea
국가 : 애국가
수도 : 서울 / 공용어 : 한국어
정부 형태 : 대통령 중심제 공화국
면적 : 9만 970㎢(세계 108위)
시간대 : UTC(세계 표준시)보다 9시간 빠름
인구 : 5156만명(세계 29위)
종교 : 개신교(20%), 불교(15%), 가톨릭(8%), 무신론(56%)
명목 GDP : 1조 8102억 달러(세계 10위)
1인당 GDP : 3만 4983달러(세계 24위)
1인당 PPP : 5만 3574달러(세계 31위)
인간개발지수 : 0.925(세계 19위)
주요 산업 : 반도체, 전자, IT, 자동차, 조선, 통신
군수, 철강, 화학, 문화 한류(K-팝, 드라마, 영화)
재래식 군사력 : 세계 6위(2023년 GFP 발표)

축구협회 창립 : 1933년 / FIFA 가입 : 1948년 / AFC 가입 : 1954년 / EAFF 가입 : 2002년

국제 대회
우승 - 준우승
KFA

2 - 4 AFC ASIAN CUP	5 - 3 ASIAN GAME FOOTBALL	5 - 2 *EAFF E-1 CHAMPIONSHIP
1 - 1 AFC U-23 ASIAN CUP	12 - 5 AFC U-20 ASIAN CUP	2 - 2 AFC U-17 ASIAN CUP

*동아시아 지역 대회

AFC ASIAN CUP RECORD

연도	팀수	순위	경기	승	무	패	득	실	승점	승점 그래프
1956	4	우승	3	2	1	0	9	6	7점	★
1960	4	우승	3	3	0	0	9	1	9점	★
1964	4	3위	3	1	0	2	2	4	3점	
1968	5		예선 탈락						—	
1972	6	준우승	5	1	2	2	7	6	5점	
1976	6		예선 탈락						—	
1980	10	준우승	6	4	1	1	12	6	13점	
1984	10	9위	4	0	2	2	1	3	2점	
1988	10	준우승	6	5	1	0	11	3	16점	
1992	8		예선 탈락						—	
1996	12	7위	4	1	1	2	7	11	4점	
2000	12	3위	6	3	1	2	9	6	10점	
2004	16	6위	4	2	1	1	9	4	7점	
2007	16	3위	6	1	4	1	3	2	7점	
2011	16	3위	6	4	2	0	13	7	14점	
2015	16	준우승	6	5	0	1	8	2	15점	
2019	24	5위	5	4	0	1	6	2	12점	
통산		2위	67	36	16	15	106	64	124점	골 득실차 +42 / 승률 66% / 평균 승점 1.85점 / 승점률 62%

*승률(%)=[(승리+무승부×0.5)÷경기수]×100 / 평균 승점=승점÷경기수 / 승점률(%)=[승점÷(경기수×3)]×100

STAR PLAYERS

FW Son Heungmin(손흥민)

아시아인 최초로 EPL 100골-50어시스트를 넘었다. 지난 시즌 득점왕 등극에 이은 또 다른 쾌거다. 올 시즌 초반, 득점력 저하 및 안와골절로 힘든 시기를 보냈지만, 시즌 중반 이후 반등했다. 손흥민은 클린스만 감독 체제에서 '프리롤 공격형 MF'로 기용된다. 쾌속 드리블, 날카로운 장단 패스, 폭발적인 양발 슈팅을 마음껏 펼칠 것이다. 아시아 최고 스타의 마지막 아시안컵이다.

MF Lee Kangin(이강인)

대표팀 현시점 리더는 손흥민이다. 그러나 미래의 리더는 단연 이강인이다. 그는 대표팀 최고의 테크니션이다. 올 시즌 업그레이드 된 실력을 뽐내며 소속팀 마요르카 공격을 이끌었다. 헤타페전에 나온 70m 단독 드리블 골은 단연 경이적이었다. 또한, 지난 3월 우루과이, 콜롬비아 평가전 때 선보인 드리블, 패스, 슈팅도 돋보였다. 아시안컵에서도 제 몫을 충분히 해낼 것으로 보인다.

DF Kim Minjae(김민재)

'월드 클래스' 센터백. 나폴리 수비진을 이끌며 소속팀의 세리에 A 우승을 견인했다. 나폴리의 우승은 디에고 마라도나가 활약하던 1989-90시즌 이후 무려 33년 만의 일이다. 볼을 가진 상대와의 1대1, 마킹, 클리어링, 커버플레이, 공중전, 드리블 돌파, 패스 빌드업 등 모든 면에서 유럽 정상급 실력을 발휘한다. 정상 컨디션이라면 아시아권 공격수들은 김민재를 결코 넘어설 수 없다.

FIFA RANKING LAST 12MONTHS	2022	JUL	AUG	SEP	OCT	NOV	DEC	2023	JAN	FEB	MAR	APR	MAY	JUN
		28	28	28	28	28	25		25	25	27	27	27	27

TEAM POTENTIAL

91점-1위

공격력 **19점** 20점 만점	수비력 **18점** 20점 만점	선수층 **19점** 20점 만점
감독 **16점** 20점 만점	조추첨 **9점** 10점 만점	아시안컵 전통 **10점** 10점 만점

*평점은 참가 24개국 간 상대평가이다.

STYLE OF PLAY

공격	압도적인 점유율, 아시아 최강의 윙 어택 정밀한 빌드업과 시원한 다이렉트 플레이 조화 수비→공격 트랜지션 굿, 유연한 포지션 체인지
수비	강력한 전방 압박, 상황에 따른 리트릿 가미 빠른 공격→수비 트랜지션, 볼 리커버리 우수함 월드 클래스 CB 존재감, 조직적인 라인 컨트롤

FORMATION

BASIC

4-2-3-1

- CF 손흥민 / 조규성 / 오현규 / 황의조 / 정우영II
- LM 황희찬 / 손흥민 / 이강인
- AM 이강인 / 손흥민 / 이재성 / 정우영II
- RM 이재성 / 이강인 / 나상호
- CM 정우영 / 김진규 / 원두재
- CM 황인범 / 백승호 / 홍현석
- LB 김진수 / 이기제 / 설영우
- CB 김영권 / 박지수 / 김지수
- CB 김민재 / 권경원 / 김지수
- RB 김문환 / 김태환 / 설영우
- GK 김승규 / 조현우 / 송범근

PROBABLE SQUAD LIST

포지션	선수	생년월일	A출전	A득점
GK	Kim Seunggyu	1990.09.30	74	0
	Jo Hyeonwoo	1991.09.25	23	0
	Gu Sungyun	1994.06.27	4	0
	Song Bumkeun	1997.10.15	1	0
DF	Kim Younggwon	1990.02.27	102	7
	Kim Jinsu	1992.06.13	67	2
	Kim Minjae	1996.11.15	49	3
	Kwon Kyungwon	1992.01.31	30	2
	Kim Moonhwan	1995.08.01	26	0
	Kim Taehwan	1989.07.24	21	0
	Park Jisoo	1994.06.13	16	0
	Lee Kije	1991.07.09	5	0
	Park Kyuhyun	2001.04.14	2	0
	Seol Youngwoo	1998.12.05	1	0
	Kim Jisoo	2004.12.24	0	0
MF	Jung Wooyoung	1989.12.14	72	3
	Lee Jaesung	1992.08.10	71	9
	Hwang Inbeom	1996.09.20	45	5
	Na Sangho	1996.08.12	28	2
	Paik Seungho	1997.03.17	15	3
	Lee Kangin	2001.02.19	14	0
	Jeong Wooyeong	1999.09.20	11	2
	Won Dujae	1997.11.18	7	0
	Park Yongwoo	1993.09.10	2	0
	Hong Hyunseok	1999.06.16	2	0
FW	Son Heungmin	1992.07.08	111	37
	Hwang Uijo	1992.08.28	56	17
	Hwang Heechan	1996.01.26	53	10
	Cho Guesung	1998.01.25	24	6
	Oh Hyeongyu	2001.04.12	5	0

*나이, A매치 출전·득점 기록은 2023년 6월 30일 기준

ROAD TO QATAR 2023

아시안컵 2차 예선 H조 1위 5승 1무

날짜	장소	상대국	결과
2019.09.10	원정	투르크메니스탄	2-0 승
2019.10.10	홈	스리랑카	8-0 승
2019.11.14	원정	레바논	0-0 무
2021.06.05	홈	투르크메니스탄	5-0 승
2021.06.09	원정	스리랑카	5-0 승
2021.06.13	홈	레바논	2-1 승

2023년 평가전 결과

날짜	장소	상대국	결과
2023.03.24	홈	콜롬비아	2-2 무
2023.03.28	홈	우루과이	1-2 패
2023.06.16	홈	페루	0-1 패
2023.06.20	홈	엘살바도르	1-1 무

말레이시아

AFC ASIAN CUP HISTORY

1970년대 중반~1980년대 초반까지 동남아시아 강호였고, 예전 대한민국 정권 홍보를 위한 도구였던 박대통령컵 대회에도 종종 출전했다(차범근의 5분 3골 기록도 이 대회 말레이시아전이었다). 역대 아시안컵에는 17회 대회 중 총 3회 출전했다. 1976, 1980년, 그리고 홈구장에서 열린 2007년 대회에 참가한 게 전부다. 2007년 이후 본선 출전은 16년 만이고, 자력 출전은 1980년 이후 43년 만이다. 대회 통산 1승 3무 5패 승점 6점으로 역대 랭킹 23위다.

TEAM ANALYSIS IN 2023

2023년 6월 FIFA 랭킹 138위. 이번 아시안컵 출전 24개국 중 인도네시아(149위), 홍콩(147위)에 이어 뒤에서 세 번째다. 아시안컵 예선 과정을 1차, 2차, 3차 예선을 치르며 13경기를 거친 강행군 끝에 본선에 합류했다. 객관적인 전력에서 하위권임을 부인할 수는 없다. 그러나 담금질을 거치는 과정에서 팀이 한층 단단해졌다. 올해 3월 열린 투르크메니스탄(2-0승), 홍콩(1-0승)전에서 2연승을 거두며 자신감을 얻은 것도 수확이다. 이 평가전 멤버가 주축이 될 것이다.

MANAGER : Kim Pangon

김판곤. 1969년 5월 1일 경상남도 진주 출생. 현역 시절 울산 현대, 전북 현대, 홍콩의 더블 플라워, 불러 레인저스 등에서 윙어로 활약했다. 2002년 불러 레인저스 감독을 시작으로 부산 아이파크(코치), 사우스 차이나, 홍콩 U-23 대표팀, 홍콩 대표팀 감독을 역임했다. 2017년부터 4년간 대한축구협회 국가대표 감독 선임위원장을 맡아 파울루 벤투 감독을 영입해 카타르 월드컵 16강의 기틀을 다졌다. 그리고 2022년 1월, 말레이시아 대표팀 지휘봉을 잡으며 현장으로 복귀했다.

COUNTRY INFORMATION

Malaysia
국가 : 나의 조국
수도 : 쿠알라룸푸르 / 공용어 : 말레이어
정부 형태 : 의원내각제 입헌군주국
면적 : 32만 9847㎢(세계 67위)
시간대 : UTC(세계 표준시)보다 8시간 빠름
인구 : 3431만명(세계 46위)
종교 : 이슬람교(61%), 불교(20%), 기독교(9%), 힌두교(6%)
명목 GDP : 3727억 달러(세계 38위)
1인당 GDP : 1만 1371달러(세계 55위)
1인당 PPP : 3만 3113달러(세계 59위)
인간개발지수 : 0.803(세계 62위)
주요 산업 : 고무, 석유, 팜 가공, 천연가스, 제약, 의료 전자, 반도체, 목재, 식품 가공, 관광
재래식 군사력 : 세계 42위(2023년 GFP 발표)

축구협회 창립 : 1928년 / FIFA 가입 : 1948년 / AFC 가입 : 1954년 / AFF 가입 : 1984년

국제 대회 우승 - 준우승			
	0 - 0 AFC ASIAN CUP	**0 - 0** ASIAN GAME FOOTBALL	**1 - 3** *AFF CHAMPIONSHIP
	0 - 0 AFC U-23 ASIAN CUP	**0 - 3** AFC U-20 ASIAN CUP	**0 - 0** AFC U-17 ASIAN CUP

*동남아시아 지역 대회

AFC ASIAN CUP RECORD

연도	팀수	순위	경기	승	무	패	득	실	승점	승점 그래프
1956	4	—	예선 탈락							—
1960	4	—	예선 탈락							
1964	4	—	예선 탈락							
1968	5	—	예선 탈락							
1972	6	—	예선 탈락							
1976	6	5위	2	0	1	1	1	3	1점
1980	10	6위	4	1	2	1	5	5	5점
1984	10	—	예선 탈락							
1988	10	—	예선 탈락							
1992	8	—	예선 탈락							
1996	12	—	예선 탈락							
2000	12	—	예선 탈락							
2004	16	—	예선 탈락							
2007	16	16위	3	0	0	3	1	12	0점
2011	16	—	예선 탈락							
2015	16	—	예선 탈락							
2019	24	—	예선 탈락							
통산	23위	9	1	3	5	7	20	6점		

골 득실차 -13 / 승률 28% / 평균 승점 0.67점 / 승점률 22%
*승률(%)=((승리+무승부×0.5)÷경기수)×100 / 평균 승점=승점÷경기수 / 승점률(%)=(승점÷(경기수×3))×100

STAR PLAYERS

FW Darren Lok(대런 로크)

말레이시아계 이민 2세로 잉글랜드 소도시 헤일샴에서 태어났다. 2중 국적이지만 말레이시아 국가대표를 선택했다. 2012년 잉글랜드 세미 프로팀 이스트본 보로에서 데뷔했고, 2016년 말레이시아 리그로 이적해 현재 사바 FC 소속이다. 체격은 작지만, 중거리 슈팅, 칩샷, 발리킥 등 다양한 패턴으로 골을 터뜨린다. 화려한 드리블, 유연한 탈압박, 세밀한 패스도 장점으로 꼽힌다.

MF Brendan Gan(브렌던 간)

말레이시아 아버지와 호주 어머니 사이에 호주 서덜랜드에서 태어났다. 강력한 카리스마를 내뿜는 중원 사령관 겸 주장이다. 말레이시아 U-23 대표 시절부터 리더십을 발휘했고, A대표로 승격한 후에도 마찬가지였다. 그는 '패스의 회전'에 중점을 두는 정통파 미드필더다. 플레이가 간결하고, 정확한 장-단 패스를 부채살처럼 뿌려준다. 볼 리커버리, 역습 차단 능력에서도 인정을 받는다.

DF Shahrul Saad(샤흐룰 사드)

수비진의 핵. 김판곤 감독으로부터도 절대적인 신임을 얻고 있다. 센터백치고 체격은 크지 않다(180cm). 그러나 시야가 넓고, 마킹, 태클, 커버 플레이 등 센터백의 기본기가 잘 갖춰진 수비수다. 특히 박스 안에서도 백태클로 공격을 저지할 정도로 자신감 넘친다. 공격 전환 시 날리는 롱볼도 비교적 정확하다. 말레이시아 U-23 대표 출신이고, 2015년부터 A대표로 활약해 왔다.

King's Cup 2022
การแข่งขันฟุตบอลชิงถ้วยพระราชทานคิงส์คัพ ครั้งที่ 48

FIFA RANKING LAST 12MONTHS	2022	JUL	AUG	SEP	OCT	NOV	DEC	2023	JAN	FEB	MAR	APR	MAY	JUN
		147	148	148	146	146	145		145	145	145	138	138	138

TEAM POTENTIAL

62점-20위

	공격력 12점 20점 만점	수비력 12점 20점 만점	선수층 12점 20점 만점
	감독 15점 20점 만점	조추첨 6점 10점 만점	아시안컵 전통 5점 10점 만점

*평점은 참가 24개국 간 상대평가이다.

STYLE OF PLAY

공격	섬세한 패스 빌드업과 다이렉트 플레이 조화 좌우폭 넓게 사용, 풀백들의 적극적 오버래핑 김판곤 감독 이후 빨라진 수비→공격 트랜지션
수비	수비 기본은 리트릿, 상황에 따른 전방 압박 볼 빼앗긴 후의 민첩한 공격→수비 트랜지션 전력 차이에 따른 수비 위주 플레이 불가피함

FORMATION

4-2-3-1

CF
D.로크
A.라시드 / S.아흐마드

LM
M.F.할림
S.아구에로

AM
L.터크
M.이자말 / N.H.하산

RM
S.라시드
N.H.하산
D.로울리

CM
B.간
F.줄키플리

CM
S.윌킨
N.레인 / N.A.압둘아지

LB
R.벵가데샨
F.마줄란 / S.나짐

CB
D.탄
S.사드 / 퀜틴

CB
S.N.줄파카르
K.빈피

RB
퀜틴
M.데이비스
D.쿨

GK
S.하즈미
K.알하피즈 / R.라할림

PROBABLE SQUAD LIST

포지션	선수	생년월일	A출전	A득점
GK	Khairulazhan Khalid	1989.11.07	15	0
	Syihan Hazmi	1996.02.22	12	0
	Sikh Izhan Nazrel	2002.03.23	1	0
	Azri Ghani	1999.04.30	0	0
DF	Shahrul Saad	1993.07.08	51	5
	Matthew Davies	1995.02.07	41	0
	Syahmi Safari	1998.02.05	25	1
	La'Vere Corbin-Ong	1991.04.22	25	3
	Dominic Tan	1997.03.12	20	0
	Junior Eldstål	1991.09.16	17	0
	Azam Azmi	2001.02.12	7	0
	Daniel Ting	1992.12.01	2	1
	Feroz Baharudin	2000.04.02	2	0
MF	Syamer Kutty Abba	1997.10.01	32	1
	Mukhairi Ajmal	2001.11.07	12	0
	Stuart Wilkin	1998.03.12	11	4
	David Rowley	1990.02.06	5	0
	Nooa Laine	2002.11.02	3	0
	Endrick	1995.03.07	3	0
	Natxo Insa	1986.06.09	1	0
	Syahir Bashah	2001.09.16	0	0
FW	Safawi Rasid	1997.03.05	54	20
	Akhyar Rashid	1999.05.01	40	9
	Syafiq Ahmad	1995.06.28	37	10
	Faisal Halim	1998.01.07	23	11
	Darren Lok	1991.09.18	22	4
	Shahrel Fikri	1994.10.17	20	5
	Arif Aiman	2002.05.04	17	5
	Lee Tuck	1988.06.30	9	3
	Paulo Josué	1989.03.13	4	4

*나이, A매치 출전-득점 기록은 2023년 6월 30일 기준

ROAD TO QATAR 2023

아시안컵 1차 예선 2전 전승

날짜	장소	상대국	결과
2019.06.07	홈	동티모르	7-1 승
2019.06.11	원정	동티모르	5-1 승

아시안컵 2차 예선 G조 3위 4승 4패

날짜	장소	상대국	결과
2019.09.05	원정	인도네시아	3-2 승
2019.09.10	홈	UAE	1-2 패
2019.10.10	원정	베트남	0-1 패
2019.11.14	홈	태국	2-1 승
2019.11.19	홈	인도네시아	2-0 승
2021.06.03	원정	UAE	0-4 패
2021.06.11	홈	베트남	1-2 패
2021.06.15	원정	태국	1-0 승

아시안컵 3차 예선 E조 2위 2승 1패

날짜	장소	상대국	결과
2022.06.08	중립	투르크메니스탄	3-1 승
2022.06.11	중립	바레인	1-2 패
2022.06.14	중립	방글라데시	4-1 승

2023년 6월 평가전 결과

날짜	장소	상대국	결과
2023.06.14	홈	솔로몬제도	4-1 승
2023.06.20	홈	파푸아뉴기니	10-0 승

JORDAN

요르단

AFC ASIAN CUP HISTORY

중동의 다크호스. 아시안컵에 총 4회 출전해 6승 6무 3패, 승점 24점으로 통산 13위다. 2004년과 2011년 대회에선 6위에 오르며 주목받았다. 2019년 대회에선 당시 디펜딩 챔피언 호주를 잡는 등 대이변을 일으켰지만, 반대로 16강전에서는 다른 조에서 3위로 올라온 베트남에 덜미를 잡혀 '베트남 8강 신화'의 제물이 되기도 했다. 이번 대회에서는 2차 예선에서 B조 3위에 머물렀으나 3차 예선에서 네팔, 인도네시아, 쿠웨이트를 상대로 3전 전승을 거둬 본선 티켓을 따냈다.

TEAM ANALYSIS IN 2023

현 대표팀의 기본은 2022년 6월에 열린 아시안컵 3차 예선 3경기, 그리고 2022년 9월과 11월, 2023년 3월에 치러진 평가전 4경기 동안 완성됐다. 이 기간 요르단은 6승 1패를 기록했다. 중동 강호 쿠웨이트(3-0), 시리아(2-0), 오만(1-0)에 3연승 했고, 카타르 월드컵 직전 열린 유럽 강호 스페인전에서는 1-3으로 졌지만, 박수를 받았다. 3~4개의 포메이션, 점유율과 역습의 자유로운 변화, 압박 라인의 높낮이 조절 등 경기마다 다양한 전술을 시험하며 아시안컵을 준비했다.

MANAGER : Hussein Ammouta

후세인 아모우타. 1969년 10월 24일 모로코 케미세트 출생. 1988년 이티아드 케미세트에서 데뷔해 파트 유니온 스포르트, 알리야드, 알사드 SC, 샤르자, 카타르 SC, 제무아에서 미드필더로 활약했다. 감독으로서는 2003년 이후 20년 동안 9팀을 지도했다. 알사드를 이끌며 2012-13시즌 카타르 리그, 위다드 AC를 지도하며 2017년 CAF 챔피언스리그, 모로코 대표팀 감독으로서 2020년 아프리카 네이션스챔피언십(CAF 네이션스컵과는 다른 대회임)에서 팀을 우승으로 이끌었다.

COUNTRY INFORMATION

Hashiemite Kingdom of Jordan
국가 : 국왕 만세
수도 : 암만 / 공용어 : 아랍어, 영어
정부 형태 : 의원내각제 입헌군주국
면적 : 8만 9342㎢(세계 111위)
시간대 : UTC(세계 표준시)보다 3시간 빠름
인구 : 1134만명(세계 83위)
종교 : 수니파 이슬람(92%), 기독교(6%), 기타(2%)
명목 GDP : 453억 달러(세계 83위)
1인당 GDP : 4406달러(세계 94위)
1인당 PPP : 1만 1975달러(세계 118위)
인간개발지수 : HDI에 발표하지 않음
주요 산업 : 관광, 정보 기술, 의류, 비료, 칼륨, 인산염제약, 석유 정제, 시멘트, 무기 화학, 경공업
재래식 군사력 : 세계 81위(2023년 GFP 발표)

축구협회 창립 : 1949년 / FIFA 가입 : 1956년 / AFC 가입 : 1975년 / WAFF 가입 : 2015년

국제 대회 우승 - 준우승	0 - 0 AFC ASIAN CUP	0 - 0 ASIAN GAME FOOTBALL	0 - 3 *WAFF CHAMPIONSHIP
	0 - 0 AFC U-23 ASIAN CUP	0 - 0 AFC U-20 ASIAN CUP	0 - 0 AFC U-17 ASIAN CUP

*서아시아 지역 대회.

AFC ASIAN CUP RECORD

연도	팀수	순위	경기	승	무	패	득	실	승점	승점 그래프
1956	4	—	AFC 미가입						—	
1960	4	—	AFC 미가입						—	
1964	4	—	AFC 미가입						—	
1968	5	—	AFC 미가입						—	
1972	6	—	예선 탈락							
1976	6	—	불참							
1980	10	—	불참							
1984	10	—	예선 탈락							
1988	10	—	예선 탈락							
1992	8	—	불참							
1996	12	—	예선 탈락							
2000	12	—	예선 탈락							
2004	16	7위	4	1	3	0	4		6점	
2007	16	—	예선 탈락							
2011	16	6위	4	2	1	1	5	4	7점	
2015	16	9위	3	1	0	2	4	5	3점	
2019	24	9위	4	2	2	0	4	2	8점	
통산		13위	15	6	6	3	17	10	24점	골 득실차 +7 / 승률 60% / 평균 승점 1.60점 / 승점률 53%

*승률(%)={(승리+무승부 ×0.5)÷경기수}×100 / 평균 승점=승점÷경기수 / 승점률(%)=승점÷(경기수×3)×100

STAR PLAYERS

FW Yazan Al-Naimat(야잔 알나이마트)

아드난 하마드 감독 취임 후 요르단의 주전 공격수로 자리를 굳혔다. 알나이마트는 CF, LW, RW를 자유롭게 넘나든다. 몸동작이 유연하고 화려한 드리블을 구사한다. 박스 안에서 본능적으로 골 냄새를 맡고, 야수의 심정으로 무섭게 골을 터뜨린다. 박스 내·외곽 어디에서든 자유롭게 슈팅한다. 그가 자리를 잡으면서 요르단 A매치 최다득점자 함자 알다루드르는 벤치로 밀려났다.

MF Musa Al-Taamari(무사 알 타마리)

'요르단의 메시'로 불리는 크랙. 요르단에서는 드물게 유럽에서 활약하는 선수다. 키프로스 리그의 강팀 아필에서 뛰었고, 2020년 여름, 벨기에 뢰번으로 이적했다. 왼발잡이 테크니션으로 오른쪽에서 드리블로 돌파하다 다이렉트 슈팅을 날리거나 동료에게 기회를 제공한다. 또한, 우측면에서 중앙으로 날카롭게 컷-인 하면서 찬스를 만든다. 주 위치는 라이트윙이지만 중앙에서도 뛴다.

DF Anas Bani Yaseen(아나스 바니야신)

요르단 수비진의 핵. 올해 34세지만 여전히 좋은 퍼포먼스를 선보이고 있다. 베테랑 센터백으로 축구 IQ가 우수하고, 시야가 넓은 데다 노련하게 커버플레이를 펼친다. 공격 때도 효율적으로 빌드업에 참가한다. 요르단 U-20 대표 출신이고, 2008년부터 대표팀에서 활약해 온 전형적인 '축구 엘리트'다. 2011, 2015, 2019년 3차례의 아시안컵에 출전했다. 센추리클럽 가입 멤버다.

FIFA RANKING LAST 12MONTHS	2022	JUL	AUG	SEP	OCT	NOV	DEC	2023	JAN	FEB	MAR	APR	MAY	JUN
		86	86	86	84	84	84		84	84	84	84	84	84

TEAM POTENTIAL

73점-12위

⚔	공격력 **14점** 20점 만점	🛡	수비력 **14점** 20점 만점	👥	선수층 **15점** 20점 만점
	감독 **15점** 20점 만점		조추첨 **8점** 10점 만점	🏆	아시안컵 전통 **7점** 10점 만점

*평점은 참가 24개국 간 **상대평가**이다.

STYLE OF PLAY

공격	정교한 빌드업과 다이렉트 플레이 혼합 짧은 패스 게임, 롱볼 게임, 솔로 플레이 장신 선수들 조직력 활용한 세트 플레이
수비	수비 기본은 리트릿, 지역 분담 프레싱 헌신적인 수비, 볼 뒤로 7~8명 포진 하이 템포, 조직적인 방어, 커버 플레이

FORMATION

4-1-4-1

PROBABLE SQUAD LIST

포지션	선수	생년월일	A출전	A득점
GK	Yazid Abu Layla	1993.01.08	23	0
	Abdallah Al-Fakhouri	2000.01.22	10	0
	Malek Shalabiya	1988.02.20	1	0
	Mohammed Al-Emwase	1996.08.08	0	0
DF	Anas Bani Yaseen	1988.11.29	101	5
	Ihsan Haddad	1994.02.05	57	1
	Yazan Al-Arab	1996.01.31	43	1
	Abdallah Nasib	1994.02.25	17	2
	Mohammad Abu Hasheesh	1995.05.09	15	0
	Mohannad Khair Alla	1993.07.25	14	2
	Hadi Al-Hourani	2000.04.14	5	0
	Salim Obaid	1992.01.17	1	0
	Hijazi Maher	1997.09.20	0	0
MF	Khalil Bani Attiah	1991.06.08	83	6
	Ahmed Samir	1991.03.27	66	5
	Rajaei Ayed	1993.07.25	43	0
	Noor Al-Rawabdeh	1997.02.24	28	1
	Saleh Rateb	1994.12.18	19	0
	Ibrahim Sadeh	2000.04.27	18	1
	Obaida Al-Samarneh	1992.02.17	17	0
	Nizar Al-Rashdan	1999.03.23	2	0
	Mohammad Al-Kloub	1994.07.23	1	0
FW	Hamza Al-Dardour	1991.05.12	106	33
	Musa Al-Taamari	1997.06.10	52	12
	Mahmoud Al-Mardi	1993.10.06	28	5
	Ahmad Ersan	1995.09.28	26	4
	Yazan Al-Naimat	1999.06.04	24	6
	Ali Olwan	2000.03.26	25	8
	Mohammad Abu Zrayq	1997.12.30	19	2
	Anas Al-Awadat	1998.05.29	5	0

*나이, A매치 출전-득점 기록은 2023년 6월 30일 기준

ROAD TO QATAR 2023

아시안컵 2차 예선 B조 3위 4승 2무 2패

날짜	장소	상대국	결과
2019.09.05	원정	대만	2-1 승
2019.10.10	홈	쿠웨이트	0-0 무
2019.10.15	홈	네팔	3-0 승
2019.11.14	홈	호주	0-1 패
2019.11.19	홈	대만	5-0 승
2021.06.07	원정	네팔	3-0 승
2021.06.11	원정	쿠웨이트	0-0 무
2021.06.15	원정	호주	0-1 패

아시안컵 3차 예선 A조 1위 3전 전승

날짜	장소	상대국	결과
2022.06.08	중립	네팔	2-0 승
2022.06.11	중립	인도네시아	1-0 승
2022.06.14	중립	쿠웨이트	3-0 승

2023년 평가전 결과

날짜	장소	상대국	결과
2023.03.28	홈	필리핀	4-0 승
2023.06.16	원정	세르비아	2-3 패
2023.06.18	원정	자메이카	2-1 승

BAHRAIN

AFC ASIAN CUP HISTORY

과거 영국 식민지로서 1956, 1960, 1964년 3대회에 불참했고, 독립 후 나섰던 1968~1984년 대회까지는 예선 탈락, 혹은 기권패로 출전하지 못했다. 바레인이 처음 얼굴을 내민 대회는 1988년 카타르 대회 때였고, 당시 조별리그에서 2무 2패로 탈락했다. 1992, 1996, 2000년 3회 연속 예선에서 밀렸다. 그러나 2004년 중국 대회 때 의외로 선전하며 4강에 올랐고, 이후 5회 연속 본선에 모습을 드러낸다. 통산 5승 6무 12패 승점 21점으로 역대 아시안컵 랭킹 15위다.

TEAM ANALYSIS IN 2023

기본 골격은 2023년 1월에 열렸던 걸프컵 때 만들어졌다. 바레인은 이 대회 조별리그에서 UAE를 2-1로 눌렀고, 쿠웨이트와 1-1 무승부를 거두는 등 나름 선전했다. 포르투갈 출신 헬리우 수사 감독은 당시 주축 멤버들을 이번 아시안컵에서도 대부분 기용할 것으로 보인다. 선수들의 평균 연령은 20대 후반으로 높은 편이다. 오는 9월 A매치 때 바레인 국내리그에서 두각을 나타낸 일부 젊은 선수들을 추가로 발탁할 가능성은 남아 있다. 아시안컵 목표는 조별리그 통과이다.

MANAGER : Hélio Sousa

엘리우 수자. 1969년 8월 12일 포르투갈 세투발 출생. 1987년 비토리아 세투발에서 데뷔해 2005년까지 18년간 '원클럽맨'으로 활약했고, 청소년 대표로서도 두각을 나타냈다. 은퇴 직후 친정팀 비토리아 세투발에서 지휘봉을 잡았고, 코빌랴, 포르투갈 청소년 대표팀을 거쳐 2019년 바레인 국가대표로 부임했다. 수자는 철저한 실리 축구 신봉자다. 아시아 강팀들을 상대로는 극단적인 '先수비-後역습'을 구사하지만, 비슷한 전력의 팀을 상대로는 적극적인 경기를 운영한다.

COUNTRY INFORMATION

Kingdom of Bahrain
국가 : 우리의 바레인
수도 : 마나마 · 공용어 : 아랍어, 영어
정부 형태 : 이슬람 의회 군주제
면적 : 760㎢(세계 186위)
시간대 : UTC(세계 표준시)보다 3시간 빠름
인구 : 155만명(세계 155위)
종교 : 이슬람교(74%), 기독교(9%), 기타(17%)
명목 GDP : 389억 달러(세계 90위)
1인당 GDP : 2만 2232달러(세계 37위)
1인당 PPP : 5만 7921달러(세계 24위)
인간개발지수 : 0.875(세계 35위)
주요 산업 : 석유 가공 및 정제, 알루미늄 제련, 철 펠릿화, 비료, 이슬람 및 해외 은행, 보험, 선박 수리, 관광
재래식 군사력 : 2023 GFP 발표에서 145위 안에 들지 못함

축구협회 창립 : 1957년 / FIFA 가입 : 1968년 / AFC 가입 : 1957년 / WAFF 가입 : 2010년

국제 대회
우승 - 준우승

0 - 0	0 - 0	1 - 0
AFC ASIAN CUP	ASIAN GAME FOOTBALL	*WAFF CHAMPIONSHIP
0 - 0	0 - 1	0 - 1
AFC U-23 ASIAN CUP	AFC U-20 ASIAN CUP	AFC U-17 ASIAN CUP

*서아시아 지역 대회

AFC ASIAN CUP RECORD

연도	팀수	순위	경기	승	무	패	득	실	승점	승점 그래프
1956	4	—	영국 보호령						—	
1960	4	—	영국 보호령						—	
1964	4	—	영국 보호령						—	
1968	5	—	불참							
1972	6	—	예선 탈락							
1976	6	—	기권							
1980	10	—	기권							
1984	10	—	기권							
1988	10	9위	4	0	2	2	1	3	2점	
1992	8	—	예선 탈락							
1996	12	—	기권							
2000	12	—	예선 탈락							
2004	16	4위	6	1	3	2	13	14	6점	
2007	16	13위	3	1	0	2	3	7	3점	
2011	16	11위	3	1	0	2	6	5	3점	
2015	16	12위	3	1	0	2	3	5	3점	
2019	24	14위	4	1	1	2	3	4	4점	
통산	15위	23	5	6	12	29	38	21점	골득실차 -9 / 승률 35% / 평균 승점 0.91점 / 승점률 30%	

*승률(%)=(승리+무승부×0.5)÷경기수)×100 / 평균 승점=승점÷경기수 / 승점률(%)=(승점÷(경기수×3))×100

STAR PLAYERS

FW Yusuf Helal(유수프 헬랄)

오랫동안 체코 리그에서 활약하다 현재는 인도네시아 리그 페르시야 자카르타에서 활약하고 있다. 지난 시즌 FC 슬로반 리베레츠에서 제한적인 출전 기회 속에 7골-4도움을 기록했으며 현 소속팀으로 이적한 후에도 폼이 좋다. 몸동작이 유연하고, 등진 플레이, 마르세유 턴을 잘 하며 현란한 드리블을 구사한다. 박스 안에서의 마무리도 수준급이다. 바레인 A대표로 8골을 넣었다.

MF Abdulwahab Al-Malood(압둘와하브 알말루드)

바레인 중원의 핵이다. 체격은 작지만 리더십이 강하고, 활동 범위가 넓다. 2006년 알무하라크에서 데뷔했고, 2014년 알히드로 이적해 활약 중이다. 바레인 국가대표로 2011년, 2015년 두 차례의 AFC 아시안컵에 출전했다. 2선에서 기습적으로 침투해 종종 골을 터뜨린다. 왼발잡이로 장거리 프리킥 및 코너킥 전담 키커 중 1명이다. 좌우 날개로 이어주는 오픈 패스는 위력적이다.

DF Waleed Al-Hayam(왈리드 알하얌)

바레인 수비진의 핵. 센터백으로 아민 베나디와 콤비를 이룬다. 지난 2009년 알무하라크에서 데뷔해 현재까지 '원클럽맨'으로 활약하고 있고, 2010년 이후 바레인 국가대표팀에서 60회 이상의 A매치에 출전한 베테랑이다. 축구 IQ가 우수하고, 시야가 넓어 커버 플레이 및 패스 커팅을 잘 해낸다. 기본적인 패스 능력을 갖췄기에 팀 상황에 따라 수비형 미드필더로 올라갈 때도 있다.

FIFA RANKING LAST 12MONTHS	2022	JUL	AUG	SEP	OCT	NOV	DEC	2023	JAN	FEB	MAR	APR	MAY	JUN
		85	85	85	85	85	85		85	85	85	85	85	85

TEAM POTENTIAL

70점-14위

공격력 13점 20점 만점	수비력 14점 20점 만점	선수층 14점 20점 만점
감독 15점 20점 만점	조추첨 7점 10점 만점	아시안컵 전통 7점 10점 만점

*평점은 참가 24개국 간 상대평가이다.

STYLE OF PLAY

공격	다이렉트 플레이 중시. 최전방으로 롱볼 공급 볼 뒤에 늘 5~6명 선수 포진. 밸런스 유지 윙백들이 중앙으로 컷-인. 윙백 중 1명 전진
수비	리트릿 위주. 지역 분담 프레스 선수들 투쟁심 넘치는 수비. 간격 유지 좋음 공격→수비 트랜지션 빠르게 이뤄짐

FORMATION

4-2-3-1

CF Y.헬랄
H.S.이사 / M.아브둘자바르

LM M.마르혼
M.후마이단

AM K.알아스와드
A.알말루드 / I.알하탈

RM A.마단
A.알말루드

CM M.압둘라티프
A.하람

CM J.알사이흐
K.알아스와드

LB S.사이드
A.알할라시

CB W.히얌
R.알후티
A.부가마르

CB A.베나디
H.알삼산
A.알하야트

RB M.아델
S.이사

GK S.자파르
I.루트팔라 / A.아흐메드

PROBABLE SQUAD LIST

포지션	선수	생년월일	A출전	A득점
GK	Sayed Mohammed Jaffer	1985.08.25	133	0
	Sayed Shubbar Alawi	1985.08.11	26	0
	Ebrahim Lutfalla	1992.09.24	4	0
	Ammar Ahmed	1999.02.10	1	0
DF	Rashed Al-Hooti	1989.12.24	81	0
	Waleed Al-Hayam	1991.02.03	75	0
	Abdulla Al-Haza'a	1990.07.19	60	1
	Ahmed Abdulla Ali	1987.04.01	31	0
	Sayed Isa	1994.08.07	30	1
	Abbas Ayyad	1987.05.11	25	0
	Ahmed Bughammar	1997.12.30	18	1
	Mohamed Adel	1996.09.20	15	0
	Hamad Al-Shamsan	1997.09.29	15	0
	Amine Bennadi	1993.05.09	9	0
MF	Abdulwahab Al-Malood	1990.06.07	59	5
	Jasim Al-Shaikh	1996.02.01	33	3
	Mohamed Marhoon	1998.02.11	28	8
	Ali Haram	1988.12.11	26	4
	Mohamed Al-Hardan	1997.10.06	22	2
	Mohamed Abdulwahab	1989.11.13	15	0
	Ibrahim Al-Khatal	2000.09.19	7	2
	Mahdi Abdullatif	1993.02.15	7	0
FW	Sayed Dhiya Saeed	1992.07.17	91	7
	Ali Madan	1995.11.30	67	11
	Kamil Al-Aswad	1994.04.08	64	8
	Yusuf Helal	1993.06.12	59	5
	Mahdi Al-Humaidan	1993.05.19	29	3
	Mahdi Abduljabbar	1991.06.25	28	9
	Hashim Sayed Isa	1998.04.03	15	6

*나이, A매치 출전-득점 기록은 2023년 6월 30일 기준

ROAD TO QATAR 2023

아시안컵 2차 예선 C조 3위 4승 3무 1패

날짜	장소	상대국	결과
2019.09.05	홈	이라크	1-1 무
2019.09.10	원정	캄보디아	1-0 승
2019.10.15	홈	이란	1-0 승
2019.11.14	원정	홍콩	0-0 무
2019.11.19	원정	이라크	0-0 무
2021.06.03	홈	캄보디아	8-0 승
2021.06.07	원정	이란	0-3 패
2021.06.15	홈	홍콩	4-0 승

아시안컵 3차 예선 E조 1위 3전 전승

날짜	장소	상대국	결과
2022.06.08	중립	방글라데시	2-0 승
2022.06.11	중립	말레이시아	2-1 승
2022.06.14	중립	투르크메니스탄	1-0 승

2023년 평가전 결과

날짜	장소	상대국	결과
2023.03.25	홈	팔레스타인	1-2 패
2023.03.28	홈	시리아	1-0 승

沙阿微笑

사아미소

사우디아라비아(沙阿)가 빙그레 웃었다(微笑).
사우디는 이 대회 시드 배정국 중 가장 좋은 대진표를 받았
태국, 키르기스스탄, 오만을 상대로 통산 18승 1무를 올렸다

SAUDI ARABIA   THAILAND   KYRGYZSTAN   OMAN

 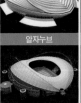 

| 알바이트 | 알자누브 | 알투마마 |
| 압둘라 빈칼리파 | 칼리파 인터내셔널 | 에주케이션 시티 |

메이저대회에서 조 추첨은 매우 중요하다. 그런 면에서 이번 아시안컵 F조의 사우디아라비아에는 정말 '알라신의 도움'이 있던 것 같다. 사우디아라비아는 태국, 키르기스스탄, 오만과 상대한다. 이들은 각 포트별로 가장 약한 팀이었다. 더구나 사우디아라비아는 이들 3개국을 상대로 통산 18승 1무(!)를 거뒀다. 태국에 12승 1무, 키르기스스탄에 2전 전승, 오만에 4전 전승이다. 이번 아시안컵 시드 배정 6개국 중 같은 조에 속한 상대 팀 전적에서 이 정도로 압도적인 성적을 낸 국가는 없다. 사우디아라비아는 2022 카타르 월드컵 조별리그 첫 경기에서 우승팀 아르헨티나에 2-1 역전승을 거두며 월드컵 역사상 최대 이변을 일으킨 바 있다. 이후 폴란드, 멕시코에 연패(連敗)하면서 탈락했으나, 사우디아라비아의 선전은 큰 감동을 줬다. 당시 활약했던 살렘 알도사리, 피라스 알부라이칸 등이 그대로 출전한다. 단지, 월드컵을 지휘했던 에르베 르나르 감독이 사우디 축구협회와 불화를 일으킨 후 프랑스 여자 대표팀 감독으로 떠난 게 아쉽다. 조 2위는 오만이 차지할 가능성이 크다. 이 팀은 2022 카타르 월드컵 최종 예선에서 일본에 '오만 쇼크'를 일으킨 바 있다. 크로아티아 출신 브란코 이반코비치 감독의 용병술, CF 이삼 알사브히의 득점력, AM 살라 알야흐야헤이의 드리블, 패스에 기대를 건다. 태국과 키르기스스탄은 3위 와일드카드를 노리고 맞대결을 펼쳐야 한다.

*AC 전통은 역대 아시안컵 통산 성적을 상대 평가로 기준 삼아 점수를 매김

TEAM SCOUTING REPORT

항목 만점	공격력 20점	수비력 20점	선수층 20점	감독 20점	조추첨 10점	AC 전통 10점	TOTAL 100점	랭킹 32개국
사우디 아라비아	17점	18점	17점	14점	10점	9점	85점	4위
태국	12점	11점	12점	14점	6점	6점	61점	22위
키르기스스탄	13점	14점	13점	14점	7점	5점	66점	17위
오만	15점	15점	16점	15점	8점	6점	75점	11위

SCHEDULE OF GROUP STAGE

날짜	현지시간	한국시간	도시	경기장	대진
1월 16일(화)	17:30	23:30	도하	압둘라 빈칼리파	태국 v 키르기스스탄
1월 16일(화)	20:30	(수)02:30	알라이안	칼리파 인터내셔널	사우디아라비아 v 오만
1월 21일(일)	17:30	20:30	알와크라	알자누브	오만 v 태국
1월 21일(일)	20:30	(월)02:30	알코르	알바이트	키르기스스탄 v 사우디아라비아
1월 25일(목)	18:00	(금)00:00	알라이안	에주케이션 시티	사우디아라비아 v 태국
1월 25일(목)	18:00	(금)00:00	도하	알투마마	키르기스스탄 v 오만

국가별 통산 맞대결

F조	사우디아라비아	태국	키르기스스탄	오만
사우디아라비아		12-1-0	2-0-0	4-0-0
태국	0-1-12		1-0-0	3-1-5
키르기스스탄	0-0-2	0-0-1		0-0-2
오만	0-0-4	5-1-3	2-0-0	

사우디아라비아

AFC ASIAN CUP HISTORY

AFC 아시안컵에서 대한민국, 이란, 일본과 함께 늘 우승후보로 꼽혔던 팀이다. 대회 통산 21승 13무 14패, 승점 76점으로 역대 5위에 올라 있다. 또한, 총 10회 출전해 우승 3회, 준우승 3회로 짧은 기간 압도적인 성적을 냈다. 1956년부터 1972년까지는 AFC 미가입으로 참가 자격이 없었고, 1976년과 1980년에는 출전 기회를 포기했다. 2019년 대회에는 좋지 않은 대진운과 전력의 한계로 16강에서 멈추는 부진을 보였다. 올해 대회는 어떤 모습을 보일지 관심이 모아진다.

TEAM ANALYSIS IN 2023

2022 FIFA 월드컵 때 당시 우승팀 아르헨티나를 꺾은 유일한 국가다. 대회 돌풍의 시작을 알린 팀이다. 당시 사령탑 에르베 르나르 감독은 그야말로 사우디의 영웅이었다. 하지만, 그는 사우디 협회와 불화를 겪은 이후 프랑스 여자 대표팀 감독으로 자리를 옮기면서 어수선한 상황이 펼쳐지고 있다. 1월 열린 걸프컵에서는 1승 2패로 탈락했고, 3월 개최된 베네수엘라전(1-2 패), 볼리비아전(1-2 패)에서 연속 패하면서 흔들린 모습을 보였다. 빨리 정상 궤도를 찾아야 한다.

MANAGER : Saad Al-Shehri

사드 알셰흐리. 1980년 1월 9일 사우디아라비아 담맘 출생. 현역 시절 알에티파크, 알나스르, 알카드시아, 알주바일, 알토크바에서 미드필더로 활약했다. 은퇴 후 2008년부터 2017년까지 알카드시아, 알나스르, 알에티파크 클럽에서 U-19, U-20, 1군 감독을 두루 거쳤다. 2018년, 사우디아라비아 U-23 대표팀 감독으로 부임해 팀을 이끌어왔다. 그리고 2022년 12월 23일, 전임 에르베 르나르 감독이 프랑스 여자 대표팀으로 떠나자, 사우디아라비아 임시 감독으로 부임했다.

COUNTRY INFORMATION

Kingdom of Saudi Arabia
국가 : 군주를 찬양하라
수도 : 리야드 / 공용어 : 아랍어
정부 형태 : 전제군주국
면적 : 214만 9690㎢(세계 13위)
시간대 : UTC(세계 표준시)보다 3시간 빠름
인구 : 3695만명(세계 40위)
종교 : 수니파 이슬람(85%), 시아파 이슬람(12%), 기타
명목 GDP : 1조 100억 달러(세계 18위)
1인당 GDP : 2만 7900달러(세계 43위)
1인당 PPP : 5만 5800달러(세계 27위)
인간개발지수 : 0.875(세계 35위)
주요 산업 : 원유 생산, 석유 정제, 석유 화학, 가스, 시멘트
수산화 나트륨, 비료, 플라스틱, 금속, 상업 선박 수리, 건설
재래식 군사력 : 세계 22위(2023년 GFP 발표)

축구협회 창립 : 1956년 / FIFA 가입 : 1956년 / AFC 가입 : 1972년 / WAFF 가입 : 2010년

국제 대회
우승 - 준우승

3 - 3	0 - 1	0 - 0
AFC ASIAN CUP	ASIAN GAME FOOTBALL	*WAFF CHAMPIONSHIP
1 - 1	3 - 2	2 - 0
AFC U-23 ASIAN CUP	AFC U-20 ASIAN CUP	AFC U-17 ASIAN CUP

*서아시아 지역 대회.

AFC ASIAN CUP RECORD

연도	팀수	순위	경기	승	무	패	득	실	승점	승점 그래프
1956	4	—	AFC 미가입						—	
1960	4	—	AFC 미가입						—	
1964	4	—	AFC 미가입						—	
1968	5	—	AFC 미가입						—	
1972	6	—	AFC 미가입						—	
1976	6	—	기권							
1980	10	—	기권							
1984	10	우승	6	3	3	0	7	3	12점	★
1988	10	우승	6	3	0	5	1		12점	★
1992	12	준우승	5	2	2	1		8점		
1996	12	우승	6	3	2	1	11	6	11점	★
2000	12	준우승	6	3	1	2			10점	
2004	16	13위	3	1	0	2	5		3점	
2007	16	준우승	6	4	1	1			13점	
2011	16	15위	3	0	0	3	1		0점	
2015	16	10위	3	1	0	2			3점	
2019	24	12위	4	2	0	2	6	3	6점	
통산		5위	48	21	13	14	69	48	76점	골 득실차 +21 / 승률 57% / 평균 승점 1.58점 / 승점률 53%

*승률(%)=[(승리+무승부×0.5)÷경기수]×100 / 평균 승점=승점÷경기수 / 승점률(%)=승점÷(경기수×3)×100

STAR PLAYERS

FW Firas Al-Buraikan(피라스 알부라이칸)

주전 CF. 전형적인 '골 사냥꾼(Goal Poacher)'이다. 박스 안에서 골 냄새를 기가 막히게 맡고, 위치를 잘 잡으며, 패스를 받으면 놀라운 감각으로 골을 터뜨린다. 위치, 각도 상 어려운 상황에서도 일단 슈팅을 하고 본다. 알나스르 유스 출신이다. 2017년 이 팀 1군에서 데뷔했고, 2021년 알파테흐로 이적했다. 사우디 U-20, U-23 대표 출신이고, 2019년부터 국가대표로 활약해 왔다.

MF Salem Al-Dawsari(살렘 알도사리)

2022 월드컵 C조에서 사우디의 3골 중 2골을 만들어 냈다. 우승팀 아르헨티나전에서 터뜨린 결승골은 압권이었다. 폴란드전 PK 실축 등 아쉬운 부분이 있지만, 그의 활약은 박수를 받을 만했다. 풀스피드로 드리블하면서 템포와 방향을 획획 바꾼다. 좌측면을 돌파한 후 박스 근처에서 바로 다이렉트 슈팅을 날린다. 발리킥, 터닝 슈팅, 오버헤드킥, 칩샷 등 다양한 패턴을 선보인다.

DF Abdulelah Al-Amri(압둘렐라 알암리)

라인을 컨트롤 하고, 최후방 리스크를 관리한다. 상대의 역습에 대처하는 능력은 최고다. 마킹, 태클, 커버 플레이 등 기본이 잘 되어 있다. 평균 신장이 작은 사우디에서 비교적 장신급(185cm)이라 공중전에서 중요한 역할을 맡는다. 2017년 알나스르에서 데뷔했고, 2018년 알웨흐다에서 임대 신분으로 활약한 후 2019년 알나스르로 복귀했다. 사우디 U-20, U-23 대표 출신이다.

TEAM POTENTIAL

85점-4위

⚔	공격력 **17점** 20점 만점	🛡	수비력 **18점** 20점 만점	👥	선수층 **17점** 20점 만점

	감독 **14점** 20점 만점		조추첨 **10점** 10점 만점	🏆	아시안컵 전통 **9점** 10점 만점

*평점은 참가 24개국 간 상대평가이다.

STYLE OF PLAY

공격	세밀한 빌드업에 의한 점유율 축구 중시 측면 콤비네이션 플레이로 파이널 서드 공략 우수한 개인 기술로 모험적인 패스 게임 시도
수비	리트릿이 수비의 기본, 필요할 때 프레싱 가미 공격→수비 트랜지션 훌륭함, 빠르게 블록 형성 최종 라인의 오프사이드 트랩 매우 잘 작동함

FORMATION

4-3-3

CF
S.알셰흐리
F.알부라이칸 / H.아시리 / H.카마라

LW
S.알도사리
H.바헤브리
A.가레브

MF
M.칸노
N.윌아베드
N.알도사리

MF
S.알파라지
S.알나게이
A.오타이프

RW
F.알부라이칸
A.알비시
A.알아부드

CM
A.알말키
A.알하산 / A.알하이바리

LB
Y.알샤흐라니
N.알도사리

CB
A.알알리
A.마두 / A.알불라이히

CB
H.알탐바크티
Z.알사하피

RB
S.압돌하미드
M.알부라이크

GK
M.알오와이스
M.알아미 / N.알아키디

PROBABLE SQUAD LIST

포지션	선수	생년월일	A출전	A특점
GK	Mohammed Al-Owais	1991.10.10	47	0
	Mohammed Al-Rubaie	1997.08.14	7	0
	Nawaf Al-Aqidi	2000.05.10	3	0
	Osama Al-Mermesh	2003.07.06	0	0
DF	Yasser Al-Shahrani	1992.05.25	73	2
	Mohammed Al-Breik	1992.09.15	42	1
	Ali Al-Bulaihi	1989.11.21	41	0
	Sultan Al-Ghannam	1994.05.06	28	0
	Saud Abdulhamid	1999.07.18	27	1
	Abdulelah Al-Amri	1997.01.15	25	1
	Ahmed Sharahili	1994.05.08	5	0
	Moteb Al-Harbi	2000.02.20	4	0
	Fawaz Al-Sqoor	1996.04.23	4	0
	Zakaria Hawsawi	2001.01.12	1	0
MF	Salem Al-Dawsari	1991.08.19	76	21
	Fahad Al-Muwallad	1994.09.14	74	17
	Mohamed Kanno	1994.09.22	43	1
	Abdulellah Al-Malki	1994.10.11	29	0
	Abdulaziz Al-Bishi	1994.03.11	21	1
	Abdulrahman Ghareeb	1997.03.31	16	1
	Abdullah Al-Khaibari	1996.08.16	14	0
	Nasser Al-Dawsari	1998.12.19	13	0
	Hussain Al-Qahtani	1994.12.20	2	0
	Fahad Al-Rashidi	1997.05.16	1	0
FW	Firas Al-Buraikan	2000.05.14	32	6
	Saleh Al-Shehri	1993.11.01	25	11
	Abdullah Al-Hamdan	1999.09.13	24	5
	Haroune Camara	1998.01.31	12	0
	Haitham Asiri	2001.03.25	10	1
	Abdullah Radif	2003.01.20	5	0

*나이, A매치 출전·득점 기록은 2023년 6월 30일 기준

ROAD TO QATAR 2023

아시안컵 2차 예선 D조 1위 6승 2무

날짜	장소	상대국	결과
2019.09.10	원정	예멘	2-2 무
2019.10.10	홈	싱가포르	3-0 승
2019.10.15	원정	팔레스타인	0-0 무
2019.11.14	원정	우즈베키스탄	3-2 승
2021.03.30	홈	팔레스타인	5-0 승
2021.06.05	홈	예멘	3-0 승
2021.06.11	원정	싱가포르	3-0 승
2021.06.15	홈	우즈베키스탄	3-0 승

2023년 평가전 결과

날짜	장소	상대국	결과
2023.03.24	홈	베네수엘라	1-2 패
2023.03.28	홈	볼리비아	1-2 패

태국

AFC ASIAN CUP HISTORY

동남아시아 축구 강국이다. 아시안컵 1956년, 1960년 대회엔 불참했다. 1964년~2019년의 15차례 대회 중 기권 1회, 예선 탈락 7회, 본선 진출 7회였다. 그중 1972년 대회에서 3위, 1992년 대회에서 7위에 각각 올랐다. 아시안컵 통산 2승 9무 13패, 승점 15점으로 역대 랭킹 14위다. 2023년 아시안컵 2차 예선 G조에서 2승 3무 3패를 기록, 4위에 머물렀으나, 3차 예선에서 몰디브(3-0 승), 스리랑카(2-0 승), 우즈베키스탄(0-2 패)을 상대로 2승 1패, 2위로 본선에 올랐다.

TEAM ANALYSIS IN 2023

2019 아시안컵 본선, 2022 월드컵 예선에서 지역 라이벌 베트남에 추월당해 자존심에 상처를 입었다. 하지만, AFF 챔피언십(동남아시아 선수권대회)에서 2연속 우승하면서 지역 강팀의 지위를 어느 정도 찾았다. 브라질 출신 알렉산드레 필킹 감독은 새 얼굴을 기용하고, 강한 압박과 역습을 바탕으로 효율적인 승부를 펼치고 있다. 올해 3월 시리아(1-3 패), UAE(0-2 패)와의 평가전에서 결과는 좋지 않았지만, 꾸준히 본인의 스타일을 유지하면서 아시안컵 본선에 대비할 것이다.

MANAGER : Alexandré Pölking

알렉산드레 필킹. 독일계 브라질인으로 1976년 3월 12일 브라질 몬치네그루에서 태어났다. 선수 시절 아르미니아 빌레펠트, SV 다름슈타트, 올림피아코스 니코시아, 아필에서 윙어로 활약했다. 2008년 은퇴한 후 4년간 코치로 일했고, 2012년 태국 U-23 대표팀에서 처음 지휘봉을 잡았다. 이후 아미 유나이티드, 수판부리, 방콕 유나이티드, 호치민 시티 감독을 역임했고, 2021년 12월 태국 대표팀 감독으로 부임했다. 그는 태국을 AFF 챔피언십 2회 연속 우승으로 이끌었다.

국제 대회
우승 - 준우승
THAILAND

	AFC ASIAN CUP	ASIAN GAME FOOTBALL	*AFF CHAMPIONSHIP
	0 - 0	0 - 0	7 - 3
	AFC U-23 ASIAN CUP	AFC U-20 ASIAN CUP	AFC U-17 ASIAN CUP
	0 - 0	2 - 0	1 - 1

*동남아시아 지역 대회

AFC ASIAN CUP RECORD

연도	팀수	순위	경기	승	무	패	득	실	승점	승점 그래프
1956	4	—	기권						—	
1960	4	—	기권						—	
1964	4	—	예선 탈락							
1968	5	—	예선 탈락							
1972	6	3위	5	0	3	2	6	9	3점	
1976	6	—	기권							
1980	10	—	예선 탈락							
1984	10	—	예선 탈락							
1988	10	—	예선 탈락							
1992	8	7위	3	0	2	1	1	5	2점	
1996	12	12위	3	0	0	3	2	13	0점	
2000	12	9위	3	0	2	1	2	4	2점	
2004	16	16위	3	0	0	3	1	8	0점	
2007	16	10위	3	1	1	1	3	4	4점	
2011	16		예선 탈락							
2015	16		예선 탈락							
2019	24	14위	4	1	1	2	4	4	4점	
통산		16위	24	2	9	13	19	52	15점	골득실차 -33 / 승률 27% / 평균 승점 0.63점 / 승점률 21%

*승률(%)=((승리+무승부)×0.5)÷경기수)×100 / 평균 승점=승점÷경기수 / 승점률(%)=(승점÷(경기수×3))×100

STAR PLAYERS

FW Teerasil Dangda(티라실 당다)

태국 축구의 '살아있는 전설.' 2007년 대표팀에 데뷔한 이래 2022년 5월 30일 현재 A매치 122경기-61골을 기록 중이다. 1선과 2선 전 위치를 넘나든다. 남미 선수를 연상케 하는 화려한 드리블을 구사하며 상대 수비 배후를 기습하는 칼날 스루패스를 찌른다. 양발을 고루 사용해 정확한 슈팅, 재치 있는 칩샷, 고난도 터닝 슈팅, 폭발적인 중거리 슈팅 등 다양한 패턴으로 골을 넣는다.

MF Chanathip Songkrasin(차나티프 송크라신)

대표팀 주장이자 에이스. J-1 리그 5년차로 현재 가와사키 소속이다. 어린 시절부터 디에고 마라도나, 리오넬 메시를 존경해 왔으며 플레이 스타일도 비슷하다. 낮은 무게 중심을 이용한 화려한 드리블로 상대 수비 2~3명을 단숨에 제압한다. 폭발적인 순간 스피드로 공간을 침투한다. 양발을 사용해 언제 어느 위치에서든 정확히 슈팅을 날린다. 동료에게 '핀포인트 패스'를 찔러준다.

DF Manuel Bihr(마누엘 비르)

독일 아버지와 태국 어머니 사이에 독일 헤렌베르크에서 태어났다. 슈투트가르트 유스 출신이고, 2012년 뉘른베르크 2군에서 데뷔했다. 이어 뉘른베르크 1군, 슈투트가르터 키커스를 거쳐 2016년 태국의 방콕 유나이티드로 이적했다. 185cm의 좋은 체격에 파워 넘치는 센터백이다. 태클 기술이 좋아 박스 안에서 정확히 볼만 걷어낸다. 상황에 따라 수비형 MF 혹은 LB를 볼 수도 있다.

FIFA RANKING LAST 12MONTHS	2022	JUL	AUG	SEP	OCT	NOV	DEC	2023	JAN	FEB	MAR	APR	MAY	JUN
		111	111	111	111	111	111		111	111	111	114	114	114

TEAM POTENTIAL

61점-22위

⚔️	공격력 **12점** 20점 만점	🛡️ 수비력 **11점** 20점 만점	👥 선수층 **12점** 20점 만점
	감독 **14점** 20점 만점	조추첨 **6점** 10점 만점	아시안컵 전통 **6점** 10점 만점

*평점은 참가 24개국 간 상대평가이다.

STYLE OF PLAY

공격	짧은 패스 빌드업과 다이렉트 플레이 병행 윙어와 풀백, 파이널 서드에서 업 템포 플레이 수비→공격 전환 좋음, 세컨드볼 찬스 잘 살림
수비	수비의 기본은 리트릿, 상황에 따른 프레싱 FW들 포어체킹, 나머지는 하프라인 뒤쪽에 공격→수비 전환 OK. 수비진 투쟁심 우수함

FORMATION

4-2-3-1

CF
T.당다
A.크라이손 / S.차이데드

LM
P.위르타에프
S.시리차르트

AM
C.송크라신
S.무에안타

RM
P.아르지비라이
S.무에안타

CM
W.폼판
S.유엔

CM
T.푸앙찬
P.참리치마이

LB
S.하이프라콘
T.분마탄

CB
K.카만
P.위라테프

CB
P.헴비분
M.비르

RB
S.부리라트
N.미켈슨

GK
K.파토마카쿨
K.탐사차난 / P.카마이

PROBABLE SQUAD LIST

포지션	선수	생년월일	A출전	A득점
GK	Chatchai Budprom	1987.04.04	17	0
	Kampol Pathomakkakul	1992.07.29	7	0
	Patiwat Khammai	1994.12.24	4	0
	Saranon Anuin	1994.03.24	0	0
DF	Theerathon Bunmathan	1990.02.06	91	8
	Narubadin Weerawatnodom	1994.07.12	37	1
	Peerapat Notchaiya	1993.02.04	35	1
	Kritsada Kaman	1999.03.18	24	0
	Sasalak Haiprakhon	1996.01.08	23	0
	Jakkapan Praisuwan	1994.08.16	9	0
	Chalermsak Aukkee	1994.08.25	9	0
	Elias Dolah	1993.04.24	7	0
	Chatmongkol Rueangthanarot	2002.05.09	4	0
	Nicholas Mickelson	1999.07.24	4	0
MF	Sarach Yooyen	1992.05.30	70	5
	Chanathip Songkrasin	1993.10.05	62	12
	Thitiphan Puangchan	1993.09.01	54	7
	Bordin Phala	1994.12.20	32	5
	Supachok Sarachat	1998.05.22	24	6
	Phitiwat Sukjitthammakul	1955.02.01	22	0
	Weerathep Pomphan	1996.09.19	19	0
	Pathompol Charoenrattanapirom	1994.04.21	17	1
	Worachit Kanitsribampen	1997.08.24	14	2
	Channarong Promsrikaew	2001.04.17	10	1
	Chakkit Laptrakul	1994.12.02	1	0
FW	Teerasil Dangda	1988.06.06	124	63
	Adisak Kraisorn	1991.02.01	56	21
	Supachai Chaided	1998.12.01	29	5
	Teerasak Poeiphimai	2002.09.21	4	0
	Anan Yodsangwal	2001.07.09	1	0

*나이, A매치 출전-득점 기록은 2023년 6월 30일 기준

ROAD TO QATAR 2023

아시안컵 2차 예선 G조 4위 2승 3무 3패

날짜	장소	상대국	결과
2019.09.05	홈	베트남	0-0 무
2019.09.10	원정	인도네시아	3-0 승
2019.10.15	홈	UAE	2-1 승
2019.11.14	원정	말레이시아	1-2 패
2019.11.19	원정	베트남	0-0 무
2021.06.03	홈	인도네시아	2-2 무
2021.06.07	원정	UAE	1-3 패
2021.06.15	홈	말레이시아	0-1 패

아시안컵 3차 예선 C조 2위 2승 1패

날짜	장소	상대국	결과
2022.06.08	중립	몰디브	3-0 승
2022.06.11	중립	스리랑카	2-0 승
2022.06.14	중립	우즈베키스탄	0-2 패

2023년 평가전 결과

날짜	장소	상대국	결과
2023.03.25	원정	시리아	1-3 패
2023.03.28	원정	UAE	0-2 패
2023.06.16	원정	대만	2-2 무
2023.06.19	원정	홍콩	1-0 승

키르기스스탄

AFC ASIAN CUP HISTORY

구소련의 일부로 1956년부터 1988년까지는 출전 자격이 없었다. 독립 후 첫 대회인 1992년 아시안컵 당시에는 AFC에 가입하지 않은 상태였다. 1996년부터 예선에 참가했으나 모두 예선 탈락했다. 지난 대회에 처음으로 출전한 키르기스스탄은 대한민국, 중국, 필리핀이 속한 쉽지 않은 조에서 조 3위로 토너먼트 진출에 성공했다. 16강에서 패하긴 했지만, 개최국인 아랍에미리트를 상대로 2-3으로 선전하며 박수를 받았다. 대회 역대 성적은 1승 3패, 승점 3점으로 통산 28위다.

TEAM ANALYSIS IN 2023

팀의 골격은 지난해 6월 개최된 아시안컵 3차 예선 출전 멤버다. 여기에 올해 3월 열린 미얀마, 인도와의 평가전 선수들이 조화를 이뤘다. 수비 위주의 안정된 플레이를 펼치다 빠르게 역습하는 전술을 주로 구사한다. 이런 패턴으로 아시안컵 본선 진출권을 땄다. 센터백 코주바예프, 미드필더 슈쿠로프, 센터포워드 마이어 등 '센터라인'이 비교적 탄탄한 편이다. 최근에는 유럽계 귀화 선수들을 대표팀에 불러들이고 있다. 대회 복병으로 꼽히며 16강 진출이 현실적인 목표다.

MANAGER : Štefan Tarkovič

시테판 타르코비치. 1973년 2월 18일 슬로바키아 프레쇼프 출생. 고향팀 타트란 프레쇼프에서 레프트백으로 활약했으나 국가대표 출전 경력은 없다. 은퇴 후 슬로바키아 U-19 여자 대표팀, 슬로바키아 U-18 대표팀 감독을 지냈다. 이어 코시체, 타트란 프레쇼프, 질리나 등 자국 클럽팀에서 선수들을 지도했다. 2018년부터 4년간 슬로바키아 대표팀 감독을 맡았다. 2023년 3월, 전 감독이던 알렉산드르 크레스티닌이 물러나자 4월, 공석이던 키르기스스탄 감독으로 부임했다.

COUNTRY INFORMATION

Kyrgyz Republic
국가 : 키르기스스탄 공화국 국가
수도 : 비슈케크 / 공용어 : 키르기스어, 러시아어
정부 형태 : 대통령 중심제 공화국
면적 : 19만 9951㎢(세계 86위)
시간대 : UTC(세계 표준시)보다 6시간 빠름
인구 : 674만명(세계 108위)
종교 : 이슬람교(90%), 기독교(6%), 기타(3%)
명목 GDP : 85억 달러(세계 138위)
1인당 GDP : 1276달러(세계 128위)
1인당 PPP : 5771달러(세계 150위)
인간개발지수 : HDI로 발표되지 않음
주요 산업 : 소형 기계, 섬유, 식품 가공, 시멘트
신발, 목재, 냉장고, 가구, 전기 모터, 금, 희토류
재래식 군사력 : 세계 107위(2023년 GFP 발표)

축구협회 창립 : 1992년 / FIFA 가입 : 1994년 / AFC 가입 : 1993년 / CAFA 가입 : 2015년

국제 대회
우승 - 준우승

0 - 0	0 - 0	0 - 0
AFC ASIAN CUP	ASIAN GAME FOOTBALL	*CAFA NATIONS CUP
0 - 0	0 - 0	0 - 0
AFC U-23 ASIAN CUP	AFC U-20 ASIAN CUP	AFC U-17 ASIAN CUP

*중앙아시아 지역 대회. 2023년에 첫 대회 열림

AFC ASIAN CUP RECORD

연도	팀수	순위	경기	승	무	패	득	실	승점	승점 그래프
1956	4	–	구 소련의 일부							
1960	4	–	구 소련의 일부							
1964	4	–	구 소련의 일부							
1968	5	–	구 소련의 일부							
1972	6	–	구 소련의 일부							
1976	6	–	구 소련의 일부							
1980	10	–	구 소련의 일부							
1984	10	–	구 소련의 일부							
1988	10	–	구 소련의 일부							
1992	8	–	AFC 미가입							
1996	12	–	예선 탈락							
2000	12	–	예선 탈락							
2004	16	–	예선 탈락							
2007	16	–	불참							
2011	16	–	예선 탈락							
2015	16	–	예선 탈락							
2019	24	15위	4	1	0	3	6	7	3점	
통산	28위		4	1	0	3	6	7	3점	골 득실차 -1 / 승률 25% / 평균 승점 0.75점 / 승점률 25%

*승률 (%)=(승리+무승부×0.5)÷경기수×100 / 평균 승점=승점÷경기수 / 승점률(%)=(승점÷(경기수×3))×100

STAR PLAYERS

FW Viktor Maier(빅토르 마이어)

독일 부모에게서 키르기스 칸트에서 태어났고, 생후 10개월 때 독일로 이주했다. 함부르크 SV 유스팀에서 기본기를 배웠다. 독일 U-16, U-17 대표를 지냈으나, 키르기스 국가대표를 선택했다. 탄탄한 체격에 저돌적인 플레이를 펼친다. 양발을 사용해 문전에서 정확히 마무리한다. 슈팅이 강력하고, 문전에서 재치 있는 침샷도 성공시킨다. 역습에 최적화된 공격수이기도 하다.

MF Alimardon Shukurov(알리마르돈 슈쿠로프)

'키르기스의 메시'로 불리는 최고의 테크니션. 키는 작지만 공격형 미드필더, 라이트윙, 레프트윙 등 2선 전 지역을 매우 자유롭게 넘나든다. 양발잡이로 슈팅이 매우 정확하다. 박스 외곽에서 날리는 중거리 슈팅도 위력적. 화려한 드리블로 상대 수비 1~2명쯤은 간단히 제친다. 심세한 스루패스와 날카로운 크로스를 연결한다. 프리킥, 코너킥 때 팀의 세트 플레이 전담 키커로 나선다.

DF Tamirlan Kozubayev(타미를란 코주바예프)

키르기스 수비진의 핵. 186cm의 좋은 체격에 운동 능력이 우수하다. 늘 도전적으로 수비하고, 태클, 마킹, 커버 플레이 등 센터백의 기본에 충실하다. 팀이 세트 플레이를 얻으면 헤더를 시도하기 위해 상대 박스 안으로 들어간다. 킥이 정확해 후방에서 롱볼 빌드업을 자신 있게 구사한다. 2012년 도로디 비세크에서 데뷔했고, 올해까지 12팀을 거쳤다. 키르기스 U-21 대표 출신이다.

FIFA RANKING LAST 12MONTHS	2022	JUL	AUG	SEP	OCT	NOV	DEC	2023	JAN	FEB	MAR	APR	MAY	JUN
		95	95	95	95	95	94		94	94	94	96	96	96

TEAM POTENTIAL

66점-17위

공격력 **13점** 20점 만점	수비력 **14점** 20점 만점	선수층 **13점** 20점 만점
감독 **14점** 20점 만점	조추첨 **7점** 10점 만점	아시안컵 전통 **5점** 10점 만점

*평점은 참가 24개국 간 **상대평가**이다.

STYLE OF PLAY

공격	점유율 축구, 다이렉트 플레이 적절한 조화 빠르고 위협적인 카운터 어택, 타깃맨 활용 선수들 기동력 우수, 포지션 체인지 활발함
수비	수비 기본은 리트릿, 전방 압박 적절히 가미 선수들 체력 좋음, 조직적 움직임, 투쟁심 굿 공격→수비 트랜지션 우수함, 공중전 강함

FORMATION

4-2-3-1

PROBABLE SQUAD LIST

포지션	선수	생년월일	A출전	A득점
GK	Erzhan Tokotayev	2000.07.17	12	0
	Anton Kochenkov	1987.04.02	1	0
	Sultan Chomoev	2003.01.20	0	0
	Artem Pryadkin	2001.09.18	0	0
DF	Kayrat Zhyrgalbek uulu	1993.06.13	52	3
	Valery Kichin	1992.10.12	41	4
	Tamirlan Kozubaev	1994.07.01	36	1
	Azamat Baymatov	1989.12.03	35	3
	Bekzhan Sagynbayev	1994.09.11	29	3
	Ayzar Akmatov	1998.08.24	16	1
	Aleksandr Mishchenko	1997.07.30	14	0
	Khristiyan Brauzman	2003.08.15	9	0
	Kayrat Izakov	1997.06.08	4	0
	Suyuntbek Mamyraliev	1998.01.07	3	0
MF	Farkhat Musabekov	1994.01.03	48	2
	Bakhtiyar Duyshobekov	1995.06.03	32	2
	Anton Zemlyanukhin	1988.12.11	30	12
	Tursunali Rustamov	1990.01.31	28	6
	Odilzhon Abdurakhmanov	1996.03.18	25	1
	Alimardon Shukurov	1999.09.28	22	5
	Erbol Atabayev	2001.08.15	8	0
	Azim Azarov	1996.09.20	5	1
	Magamed Uzdenov	1994.02.25	2	0
	Raul Dzhalilov	1994.07.20	1	0
FW	Mirlan Murzayev	1990.03.29	52	12
	Gulzhigit Alykulov	2000.11.29	20	3
	Ernist Batyrkanov	1998.02.21	18	2
	Eldar Moldozhunusov	1995.09.15	10	1
	Atay Dzhumashev	1998.09.15	3	0
	Joel Kojo	1998.08.21	1	0

*나이, A매치 출전-득점 기록은 2023년 6월 30일 기준

ROAD TO QATAR 2023

아시안컵 2차 예선 F조 3위 3승 1무 4패

날짜	장소	상대국	결과
2019.09.05	원정	타지키스탄	0-1 패
2019.10.10	홈	미얀마	7-0 승
2019.10.15	원정	몽골	2-1 승
2019.11.14	홈	일본	0-2 패
2019.11.14	홈	타지키스탄	1-1 무
2021.06.07	홈	몽골	0-1 패
2021.06.11	원정	미얀마	8-1 승
2021.06.15	원정	일본	1-5 패

아시안컵 3차 예선 F조 2위 2승 1무

날짜	장소	상대국	결과
2022.06.08	중립	싱가포르	2-1 승
2022.06.11	중립	미얀마	2-0 승
2022.06.14	중립	타지키스탄	0-0 무

2023년 평가전 & CAFA 네이션스컵

날짜	장소	상대국	결과
2023.03.25	원정	미얀마	1-1 무
2023.03.28	원정	인도	0-2 패
2023.06.16	홈	이란	1-5 패
2023.06.19	홈	오만	0-1 패

OMAN

AFC ASIAN CUP HISTORY

한국에는 '오만 쇼크'로 유명한 나라이고, 카타르 월드컵 최종 예선 때 일본에 일격을 가한 적도 있다. 1956~1980년에는 AFC에 가입되지 않아 아시안컵 예선 참가가 불가능했다. 1984년 처음 예선에 나섰으나 이후 2000년까지 5회 연속 탈락, 혹은 기권으로 출전하지 못했다. 2004년 대회에 처음 출전해 9위에 올랐고, 2007년 15위, 2015년 12위. 2019년 16위 등 매번 대회 중하위권에 머물렀다. 아시안컵 통산 전적은 3승 3무 7패, 승점 12점으로 역대 17위에 올라 있다.

TEAM ANALYSIS IN 2023

이반코비치 감독 부임 후 팀을 잘 만들었다. 선수들의 조직력을 앞세운 역습 전술로 아시아 강팀들을 상대한다. 아시안컵 예선을 겸한 카타르 월드컵 2차 예선 E조에서 6승 2패를 기록, 조 2위로 본선에 올랐다. 오만의 조직력은 올해 들어 극대화된 모습이다. 지난 1월 걸프컵에서 예멘, 사우디아라비아, 바레인을 연파하며 이라크에 이어 준우승을 차지했다. 또한, 지난 3월 레바논과의 평가전에서도 2-0으로 완승했다. 현재의 전력이 아시안컵에 그대로 유지될 가능성이 크다.

MANAGER : Branko Ivanković

브란코 이반코비치. 1954년 2월 28일 크로아티아 바라즈딘 출생. 1979년부터 1990년까지 바르텍스 '원클럽맨'으로 활약했다. 은퇴 직후 친정팀 바르텍스에서 지도자로 출발했고, 이후 독일, 크로아티아, 중국, 사우디, UAE 등 여러 국가에서 클럽 감독을 역임했다. 2002~2006년 이란 대표팀을 지휘했고, 2020년 1월, 오만 대표팀을 맡았다. 이반코비치의 오만은 카타르 월드컵 예선 때 일본을 격파하는 파란을 일으킨 바 있다. 물론, 본선 진출에는 실패했지만 말이다.

COUNTRY INFORMATION

Sultanate of Oman
국가 : 술탄의 노래
수도 : 무스카트 · 공용어 : 아랍어
정부 형태 : 이슬람 전제군주제
면적 : 30만 9500㎢(세계 71위)
시간대 : UTC(세계 표준시)보다 4시간 빠름
인구 : 464만명(세계 126위)
종교 : 이슬람교(86%), 기독교(6%), 힌두교(6%)
명목 GDP : 857억 달러(세계 64위)
1인당 GDP : 1만 6439달러(세계 64위)
1인당 PPP : 4만 1150달러(세계 49위)
인간개발지수 : 0.816(세계 54위)
주요 산업 : 원유 생산 및 정제, 천연 가스, LNG
건설, 시멘트, 구리, 철강, 화학, 광섬유
재래식 군사력 : 세계 76위(2023년 GFP 발표)

축구협회 창립 : 1978년 / FIFA 가입 : 1978년 / AFC 가입 : 1980년 / WAFF 가입 : 2010년

국제 대회
우승 - 준우승

0 - 0	0 - 0	0 - 0
AFC ASIAN CUP	ASIAN GAME FOOTBALL	*WAFF CHAMPIONSHIP
0 - 0	0 - 0	2 - 0
AFC U-23 ASIAN CUP	AFC U-20 ASIAN CUP	AFC U-17 ASIAN CUP

*서아시아 지역 대회.

AFC ASIAN CUP RECORD

연도	팀수	순위	경기	승	무	패	득	실	승점	승점 그래프
1956	4	—	AFC 미가입						—	
1960	4	—	AFC 미가입						—	
1964	4	—	AFC 미가입						—	
1968	5	—	AFC 미가입						—	
1972	6	—	AFC 미가입						—	
1976	6	—	AFC 미가입						—	
1980	10	—	AFC 미가입						—	
1984	10	—	예선 탈락							
1988	10	—	기권							
1992	8	—	예선 탈락							
1996	12	—	예선 탈락							
2000	16	—	예선 탈락							
2004	16	9위	3	1	1	1	4	3	4점	
2007	16	15위	3	0	2	1	1	3	2점	
2011	16	—	예선 탈락							
2015	16	12위	3	1	0	2	1	5	3점	
2019	24	16위	4	1	0	3	4	6	3점	
통산	17위	13	3	3	7	10	17	12점		골 득실차 -7 / 승률 35% / 평균 승점 0.92점 / 승점률 31%

*승률 (%)=((승리+무승부×0.5)÷경기수)×100 / 평균 승점=승점÷경기수 / 승점률 (%)=(승점÷(경기수×3))×100

STAR PLAYERS

FW Issam Al-Sabhi(이삼 알사브히)

카타르 월드컵 최종예선 일본전에서 결승골을 터뜨렸던 스트라이커. 당시 박스 안으로 낮게 깔리는 크로스가 올라오자, 순간적으로 마크맨을 따돌리고 오른발 원터치 슈팅으로 마무리하는 모습이 인상적이었다. 또한, 지난 3월 레바논 평가전에선 혼자 2골을 폭발시켜 승리의 주역이 되었다. 체격이 탄탄한 데다 골 냄새를 본능적으로 맡는 감각을 지녔다. 각국 수비진의 경계 대상 1호다.

MF Salaah Al-Yahyaei(살라 알야흐야에이)

'오만의 메시'로 불리는 최고의 테크니션. 주 위치는 공격형 MF지만, LW으로 뛸 수도 있다. 넓은 시야, 화려하고 빠른 드리블, 정확한 장-단 패스를 자랑한다. 지난 시즌까지 카타르SC에 임대되었고, 올 시즌 자국의 알시브로 복귀했다. 월드컵 예선 베트남전 PK 득점, 걸프컵 이라크전 선제골 등으로 강력한 인상을 남겼다. 오만 클럽 역사상 처음 알시브의 AFC컵 우승을 이끌었다.

DF Juma Al-Habsi(주마 알하브시)

주전 센터백. 오만 수비진에서 가장 젊은 선수로 향후 3년 이상 팀의 수비 리더로 활약할 것이다. 알하브시는 '오만의 바레시'로 불린다. 센터백치고는 작은 177cm이지만, 축구 IQ가 우수하고, 시야가 넓은 데다 커버 플레이, 패스 커팅, 라인 조율을 잘 해낸다. 2017년 알시브에서 데뷔했고, 2022년 알코르로 이적했다. 오만 U-19, U-23 대표를 거쳐 2021년 국가대표로 승격했다.

FIFA RANKING LAST 12MONTHS	2022	JUL	AUG	SEP	OCT	NOV	DEC	2023	JAN	FEB	MAR	APR	MAY	JUN
		75	75	75	75	75	75		75	75	75	73	73	

TEAM POTENTIAL

75점-11위

공격력 15점 20점 만점	수비력 15점 20점 만점	선수층 16점 20점 만점
감독 15점 20점 만점	조추첨 8점 10점 만점	아시안컵 전통 6점 10점 만점

*평점은 참가 24개국 간 **상대평가**이다.

STYLE OF PLAY

공격	후방 빌드업 플레이와 다이렉트 플레이 혼합 미드필드부터 다양한 공격, 침투 패스, 솔로 런 풀백들 모험적인 오버래핑과 날카로운 크로스
수비	리트릿이 기본, 카운터 프레스를 적절히 가미 에너지 넘치는 수비, 콤팩트한 수비 블록 형성 공격→수비 트랜지션 잘 이뤄짐, 공중전 강함

FORMATION

4-3-1-2

FW 알만도하르 K.알하지리 / M.알하시니

FW I.알사브히 R.알알라위

AM S.야흐야에이 A.알알라위 / O.알알키

MF Z.알아그바리 R.알알라위 / A.알파외즈 M.알미마리

CM H.알사디 M.알미마리 / A.다위시

MF J.알야마디 O.알파자리 / M.알알리

LB A.알카비 F.두르빈

CB J.알하브시 M.알무실라미 / A.알아다위

CB K.알브라이키 A.알카미시 / 알마트루시

RB A.알하르시 M.마브로크 / A.알카미시

GK I.알무카이니 A.알라와히 / F.알라시디

PROBABLE SQUAD LIST

포지션	선수	생년월일	A출전	A득점
GK	Faiz Al-Rushaidi	1988.07.19	62	0
	Ibrahim Al-Mukhaini	1997.06.20	8	0
	Ahmed Al-Rawahi	1994.05.05	5	0
DF	Mohammed Al-Musalami	1990.04.27	98	3
	Fahmi Durbin	1993.10.10	22	0
	Amjad Al-Harthi	1994.01.01	21	1
	Mahmood Al-Mushaifri	1993.01.14	21	0
	Juma Al-Habsi	1996.01.28	20	0
	Ahmed Al-Khamisi	1991.11.26	19	0
	Khalid Al-Braiki	1993.07.03	14	0
	Ahmed Al-Kaabi	1969.09.15	13	0
	Ahmed Al-Matrooshi	1997.05.26	1	0
	Awad Al-Shehri	2000.01.12	0	0
MF	Harib Al-Saadi	1990.02.01	55	0
	Jameel Al-Yahmadi	1996.07.27	39	2
	Salaah Al-Yahyaei	1998.08.17	35	6
	Arshad Al-Alawi	2000.04.12	21	4
	Rabia Al-Alawi	1995.03.31	19	6
	Zahir Al-Aghbari	1999.05.28	18	0
	Mataz Saleh	1996.05.28	12	1
	Omar Al-Malki	1994.01.04	3	1
	Mohamed Al-Amri	1994.09.20	3	0
	Musab Al-Mamari	2000.01.22	2	0
	Hatem Al-Rushadi	1996.02.15	1	0
FW	Muhsen Al-Ghassani	1997.03.27	32	7
	Issam Al-Sabhi	1997.05.01	17	4
	Yazed Al-Maashani	1998.05.13	5	0
	Ahmed Al-Adawi	1995.01.01	0	0
	Aiman Ibrahim	1997.02.28	0	0

*나이, A매치 출전-득점 기록은 2023년 6월 30일 기준

ROAD TO QATAR 2023

아시안컵 2차 예선 E조 2위 6승 2패

날짜	장소	상대국	결과
2019.09.05	원정	인도	2-1 승
2019.10.10	홈	아프가니스탄	3-0 승
2019.10.15	원정	카타르	1-2 패
2019.11.14	홈	방글라데시	4-1 승
2019.11.19	홈	인도	1-0 승
2021.06.07	홈	카타르	0-1 패
2021.06.11	원정	아프가니스탄	2-1 승
2021.06.15	원정	방글라데시	3-0 승

2023년 평가전 & CAFA 네이션스컵

날짜	장소	상대국	결과
2023.03.27	홈	레바논	2-0 승
2023.06.14	홈	타지키스탄	1-1 무
2023.06.17	원정	투르크메니스탄	2-0 승
2023.06.20	원정	키르기스스탄	1-0 승